O PROCESSO PENAL COMO INSTRUMENTO DE POLÍTICA CRIMINAL

Trabalho realizado com o apoio do **CNPC – Conselho Nacional de Pesquisa Científica** do Ministério da Educação e Cultura do Governo brasileiro.

FERNANDO FERNANDES
Professor Doutor do Curso de Direito
Universidade Estadual Paulista

O PROCESSO PENAL COMO INSTRUMENTO DE POLÍTICA CRIMINAL

ALMEDINA

TÍTULO:	O PROCESSO PENAL COMO INSTRUMENTO DE POLÍTICA CRIMINAL
AUTOR:	FERNANDO FERNANDES
EDITOR:	LIVRARIA ALMEDINA – COIMBRA www.almedina.net
DISTRIBUIDORES:	LIVRARIA ALMEDINA ARCO DE ALMEDINA, 15 TELEF. 239 851900 FAX 239 851901 3004-509 COIMBRA – PORTUGAL LIVRARIA ALMEDINA – PORTO RUA DE CEUTA, 79 TELEF. 22 2059773 FAX 22 2039497 4050-191 PORTO – PORTUGAL EDIÇÕES GLOBO, LDA. RUA S. FILIPE NERY, 37-A (AO RATO) TELEF. 21 3857619 FAX 21 3844661 1250-225 LISBOA – PORTUGAL LIVRARIA ALMEDINA ATRIUM SALDANHA LOJA 31 PRAÇA DUQUE SALDANHA, 1 TELEF. 231712690 atrium@almedina.net LIVRARIA ALMEDINA – BRAGA CAMPOS DE GUALTAR UNIVERSIDADE DO MINHO 4700-320 BRAGA TELEF. 253 678 822 braga@almedina.net
EXECUÇÃO GRÁFICA:	G.C. – GRÁFICA DE COIMBRA, LDA. PALHEIRA – ASSAFARGE 3001-453 COIMBRA E-mail: producao@graficadecoimbra.pt AGOSTO, 2001
DEPÓSITO LEGAL:	166334/01

Toda a reprodução desta obra, por fotocópia ou outro qualquer processo, sem prévia autorização escrita do Editor, é ilícita e passível de procedimento judicial contra o infractor.

In memorian de meu pai Domingos Luiz Fernandes e a todos que já partiram.
À minha mãe Conceição Andrade Fernandes.
Às minhas irmãs: Maria Dulce Fernandes
Sonia Fernandes.
Ao meu irmão Nicolás Rodrígues García.
Aos funcionários, ou melhor, amigos
da Faculdade de Direito da Universidade de Coimbra.

O texto que agora se dá à estampa corresponde, com alterações de pormenor, à dissertação de doutoramento em Ciências Jurídico-Criminais defendida em Maio de 2000 na Faculdade de Direito da Universidade de Coimbra.

O início da elaboração da dissertação deu-se quando de uma investigação científica realizada na Faculdade de Direito da Universidade de Coimbra, nos anos de 1994/95, com pesquisas realizadas também junto à Facultad de Derecho da Universidad de Sevilla (Espanha), Facultad de Derecho da Universidad de Salamanca (Espanha), Facoltà di Giurisprudenza da Università degli Studi di Torino.

Realizada a investigação científica, surgiu a motivação para a defesa da dissertação na Faculdade de Direito da Universidade de Coimbra, considerando-se as afinidades científicas e pessoais geradas por ocasião da permanência em Coimbra. Admitida a pretensão após criteriosa análise, a dissertação foi submetida às provas de doutoramento na referida Faculdade de Direito da Universidade de Coimbra, tendo sido aprovada, com distinção e louvor, por unanimidade, sendo o primeiro caso de estrangeiro a se doutorar na tradicional Instituição de Ensino Superior.

Não por mera formalidade, mas com profunda convicção, agradeço:

a **DEUS**, o verdadeiro Autor deste trabalho;

Ao **Prof. Dr. Jorge de Figueiredo Dias**, o verdadeiro artífice para que as coisas pudessem ter ocorrido como ocorreram, não só pela confiança em mim depositada, mas muito mais, em caráter presente e futuro, pelo trato filial que, para minha honra pessoal, me atribui.

Agradeço aos Professores Doutores:

José Barcelos de Souza, Titular da Faculdade de Direito da UFMG (Brasil);

Manuel da Costa Andrade, Associado da Faculdade de Direito da Universidade de Coimbra (Portugal);

José Francisco de Faria Costa, Associado da Faculdade de Direito da Universidade de Coimbra (Portugal);

Francisco Muñoz Conde, Catedrático da Facultad de Derecho da Universidad de Sevilla (Espanha);

Mario Chiavario, Ordinario da Facoltà di Giurisprudenza da Università degli Studi di Torino (Itália); pela inestimável acolhida e orientação, sem a qual esse trabalho não poderia ter sido realizado, e mesmo se fosse possível, não seria da forma como agora se apresenta.

Não por último, meu agradecimento especial aos Professores Doutores:

Jorge Leite Areias Ribeiro de Faria, Catedrático da Faculdade de Direito da Universidade do Porto;

Germano Marques da Silva, Extraordinário da Faculdade de Direito da Universidade Católica Portuguesa;

José Joaquim Gomes Canotilho, Catedrático da Faculdade de Direito da Universidade de Coimbra;

Manuel Henrique Mesquita, Associado da Faculdade de Direito da Universidade de Coimbra;

Anabela Maria Miranda Rodrigues, Auxiliar da Faculdade de Direito da Universidade de Coimbra que, juntamente com outros aqui já mencionados, em muito me honraram integrando o Júri perante o qual a dissertação foi defendida.

PREFÁCIO

A bem da verdade, a introdução de formas de simplificação e de diversificação nas reformas parciais ou totais da legislação processual penal de diversos ordenamentos jurídicos da actualidade deu-se por motivos especificamente pragmáticos, estando voltada para enfrentar o problema da perda de *eficiência* desse sector.

Disso decorre que permaneceu muitas vezes oculto o problema da compatibilidade constitucional dessas formas de diversificação processual, directamente relacionado com a necessidade de *garantia*, a qual, se é exigida nos demais sectores de cada ordenamento jurídico, no que se refere ao processo penal é possível afirmar que ela é imprescindível.

Portanto, não é de se estranhar que o principal crivo por que teve que passar a experiência das formas de diversificação processual foi justamente aquele de natureza constitucional, sendo por todos os lados ouvidos os brados dos defensores da manutenção da função estrita de garantia do processo penal. Bem ou mal pode ser dito que esses brados não encontraram eco, sendo suprimidos pelas necessidades pragmáticas e relegados ao escaninho, dito já empoeirado, do pensamento *garantidor*.

Não se pretende com esta afirmação alçar bandeiras em defesa do pensamento *garantidor* em termos estritos e criticar a sua flexibilização em prol de uma maior *eficiência* na administração do Sector Jurídico-Penal. Diversamente, o que se afirma é que, regra geral, nunca se explicou de forma convincente a compatibilidade entre essas duas necessidades, a de *garantia* e a de *eficiência*, limitando-se os teóricos a proclamar o surgimento de um "novo paradigma de justiça criminal", no qual alguns conceitos tradicionais deveriam ser vistos sob uma óptica mais moderna.

Assim ocorreu com o tradicional princípio da legalidade processual – para o qual se reclamou a necessidade de uma nova leitura –, com o princípio da verdade material – o qual foi alcunhado de utópico e irrealizável –, e, principalmente, com o importante princípio da culpabilidade – afirmando-se que no moderno Direito Penal já não havia sede para a sua permanência ou que, ao menos, deveria ser ele atenuado pela interferência da relevante manifestação de vontade do interessado.

Não negada a razão de alguma dessas ideias, a verdade é que elas nunca foram muito bem esclarecidas, sendo ofuscadas pela euforia – e termo melhor não há – gerada pelos resultados pragmáticos da eficiência processual: nunca se despachou tantos processos como na actualidade, principalmente aqueles que têm por objecto crimes de menor potencial ofensivo. Entretanto, salvo honrosas excepções, a demonstração de como se mostra possível a real compatibilidade dessas alternativas processuais com o vector *garantia* sempre foi mal cuidada.

Se assim ocorreu em relação ao vector *garantia*, é possível afirmar que em relação ao vector *funcionalidade* a questão nem mesmo foi cuidada, não se verificando qualquer tentativa de enquadramento político criminal dessas alternativas processuais. Impressiona em grande medida essa omissão quando se constata, e é essa a ideia do presente trabalho, que o fundamento dessas formas de diversificação processual é basicamente de política criminal. Não é que obras especializadas nessas formas de diversificação processual não tenham para a existência desse vínculo com a política criminal; ao revés, é possível mesmo a identificação de obras que, de forma louvável, dedicam capítulos específicos ao tema; porém, a questão é sempre tratada como um mero "pano de fundo", não sendo abordada a real possibilidade de integração político criminal do processo penal, antes, e das formas de diversificação processual, depois.

Para além da necessidade de demonstração do fundamento político-criminal dessas formas de diversificação processual, é imprescindível a análise da sua efectiva *funcionalidade*, ou seja, se elas se mostraram eficazes para a contribuição na obtenção das finalidades básicas de política criminal, relacionadas como o reforço da vigência das normas e com a não estigmatização dos envolvidos, visando o fim último para que, quanto a nós, deve estar direccionado o Direito Penal: a indispensável tutela dos bens jurídicos essenciais e a manutenção da viabilidade da vida em sociedade, a partir da contenção das condutas lesivas ou que exponham a perigo tais bens.

É verdade que a deflação do *Sistema Jurídico-Penal* é também um objectivo de política criminal importante, mas não é tudo. Inadmissível é, pois, a confusão dos conceitos de *eficiência* e *funcionalidade*: se o *Sistema Jurídico-Penal* deve ser eficiente é com vista à sua funcionalidade.

Não tendo sido opção inicial do presente trabalho fazer uma abordagem comparativa entre as experiências de diversificação processual introduzidas nos vários ordenamentos jurídicos, mas sim a demonstração, a partir de modelos já implantados há mais tempo, da necessária integração político-criminal dessas alternativas processuais, fica por realizar essa comparação e a demonstração da sua funcionalidade. Tentadora é, pois, a proposta de verificação se com o advento das formas de diversificação processual se verificou, para além da inequívoca *eficiência* na administração da Justiça Criminal, *também* uma certa *funcionalidade* na sua aplicação; ou seja, se houve não só um descongestionamento processual mas também uma redução dos índices da criminalidade de menor potencial ofensivo, obtida pelo reforço da expectativa de vigência das normas e pela não estigmatização dos envolvidos.

INTRODUÇÃO

Conforme o respectivo momento histórico da sua dinâmica, a *questão penal*[1] admite enfoques diversos, não sendo desarrazoado afirmar-se que é justamente essa sua dinâmica o motor que impulsiona o movimento de incessantes reformas verificadas nos sectores que dela se ocupam em cada ordenamento jurídico.

Se se pergunta hoje qual é o estado da *questão penal* e quais são os sentidos para que aponta essa sua dinâmica, a resposta evidentemente não poderá ser unívoca, tenha-se em conta mesmo esse seu permanente estado de ebulição e a complexidade que envolve a matéria.

Em virtude mesmo dessa complexidade da matéria, não se mostra viável, quiçá nem sequer possível, a sua abordagem por um único ponto de vista ou considerando apenas alguns dos sectores com ela relacionados[2]. Efectivamente, somente uma visão de conjunto pode fornecer elementos para uma compreensão o menos inadequada possível dessa *questão*.

Portanto, é necessário analisar a tentativa de *sistematização* da *questão penal*, de modo que, respeitados os limites que se reconhece

---

[1] A opção por esta expressão prende-se com o intuito de tornar o mais ampla possível a abordagem nessa primeira perspectiva, envolvendo todo o universo das questões relacionadas com o tema do delito, ante a constatação de que, ao menos por lógica, o que ocorre numa das partes do Ordenamento Jurídico que com ele lidam deverá repercutir-se em maior ou menor medida nas demais. Assim, ao utilizarmos a expressão "questão penal" nela estão abrangidos os problemas não só relacionados com o delito em si mesmo considerado mas também o seu tratamento dogmático (Direito Penal material), a forma da sua verificação e o Direito que lhe é correlato (Direito Processual Penal), a organização dos órgãos com ele relacionados (Organização Judiciária), enfim, tudo aquilo que tenha o crime e a pena como objecto – imediato ou mediato – de trabalho. Ademais, a escolha dessa expressão em detrimento da sua equivalente "problema penal" deve-se à prudência de que não seja confundido esse primeiro enfoque com a opção metodológica a seguir no texto.

[2] Conf. nota 1.

em tal ideia, se obtenha o máximo de rendimento possível para a superação da mencionada complexidade.

Por outro lado, é possível uma identificação das grandes linhas em que a *questão penal* se encontra actualmente posta, cujos reflexos em cada um dos sectores que dela se ocupam é inquestionável. Com efeito, a análise a respeito da *questão penal* irá revelar que a nível macroscópico verifica-se uma verdadeira tensão entre modelos denominados garantidores – "garantistas" – e modelos fundados numa maior preocupação com a "eficiência" e com a "funcionalidade" dos aparelhos estatais (normativos, estruturais, pessoais, entre outros) que estão incumbidos do seu tratamento[3].

Não se pretendendo ser definitivo, parece-nos que a linha ascendente dessa tensão se tornou mais vertical no momento em que se introduziu no Continente europeu a chamada legislação de emergência, sabidamente um movimento destinado a enfrentar o que se entendeu como sendo um recrudescimento da criminalidade, principalmente a organizada de índole terrorista. Papel coadjuvante exerceu a influência do modelo jurídico dos países de "commom law", representativo do máximo de pragmatismo e eficientismo na administração da questão penal, cujos ventos sopravam cada vez mais fortes nos ordenamentos estruturados nos moldes da "civil law"[4].

---

[3] Acerca da oposição "funcionalismo" – "garantismo" no seio do Direito Penal material, consultar: BITENCOURT, Cezar Roberto. *Juizados especiais criminais e alternativas à pena de prisão.* Porto Alegre: Livraria do Advogado, 1996, p. 44 e seguintes. A ideia dessa oposição encontra-se assente também no pensamento de AZEVEDO (AZEVEDO, David Teixeira. A culpa penal e a lei 9.099/95. *Revista Brasileira de Ciências Criminais*, São Paulo, a. 4, n° 16, p. 127-136, out/dez 1996, p. 129), salientando o Autor que a partir de uma opção política fundamental, modelada na Constituição, estabelece-se o modelo político-criminal do Estado, que poderá afeiçoar-se a um modelo garantidor ou a um modelo meramente pragmático, de engenharia social – leia-se: funcional e eficiente. Traduzindo em termos concretos o que acaba de ser afirmado, na área da dogmática penal a raiz do problema é o dilema gerado pela constatação de que "a pena que é útil para a obtenção de seus fins sociais se não está limitada pelo princípio da culpabilidade trata como coisa a pessoa que vai ser submetida a ela; porém a pena que é limitada pela culpabilidade de uma maneira mais do que marginal perde a sua funcionalidade", conf.: JAKOBS, Günther. El principio de culpabilidad. Trad. Manuel Cancio Meliá. *Derecho penal y criminologia*, Bogotá, v. XV, n° 50, p. 125-155, may/ago 1993, p. 126.

[4] Noticiando a evolução desse movimento no Ordenamento Jurídico brasileiro: JESUS, Damásio Evangelista de. *Lei dos juizados especiais criminais anotada.* São Paulo: Saraiva, 1995, p. 2 e seguintes.

Portanto, um dos polos da tensão é representado pela teoria que se pode convencionalmente designar "eficientista", ressalvadas as especificidades que esse género comporta. Conforme se verá ao longo do texto, como escopo de enfrentar o problema (e nesta altura o termo é justamente esse) da hipertrofia da questão penal, essa teoria sustenta a necessidade de uma maior eficiência na administração dessa questão, intentando-se alcançar uma maior racionalidade do problema, por via da qual se obtenha o descongestionamento das instâncias formais responsáveis pelo seu controle. Consequência directa dessas influências foi o desenvolvimento de teorias eficientistas acerca da questão penal, as quais deixaram as suas marcas nos sectores que dela se ocupam, mormente actuando nas reformas empreendidas nas estruturas dogmáticas, materiais e processuais.

Um suporte teórico a mais para a teoria do "eficientismo" é procurado na necessidade de uma maior *funcionalidade* na administração da questão penal, podendo ser entendida essa *funcionalidade* como sendo o direccionamento dos instrumentos que dessa questão cuidam para as reais consequências esperadas da sua actuação[5]. Desde logo, portanto, a distinção, nem sempre bem efectuada, entre "eficientismo" e "funcionalismo", ainda que esta última teoria seja frequentemente apontada como um dos fundamentos para a primeira.

Como reacção natural a essas teorias passaram a ser ouvidas as vozes do movimento "garantista", apregoando, em linhas mais do que epidérmicas, a retomada da tradição da Teoria Clássica do Direito Penal, com o emblema forte da necessidade da sujeição do próprio Estado, como agente da política penal[6], às regras do Estado de Direito. Ainda em linhas gerais, a Teoria do "garantismo" penal sustenta a necessidade de que o Direito Penal, em sentido amplo, seja um instrumento de defesa não só social, não só dos interesses do acusado e da vítima, mas também instrumento de defesa e limite das interferências do Poder Estatal na questão penal, através da sua sujeição às regras constitucionais asseguradoras dos direitos, garantias e liberdades individuais.

Conforme era de esperar, superada, em certa medida, a euforia em relação aos modelos eficientistas, intenta-se agora também a sua coor-

---

[5] Ou, como define BITENCOURT (BITENCOURT, Cezar Roberto. *Juizados...*, cit., p. 42), "funcional significa política de controle de condutas criminosas mediante instrumentos eficazes do Direito Penal".

[6] Intencionalmente ainda não utilizamos a expressão política criminal.

denação com as necessidades de garantia, verificando-se no interior tanto do "eficientismo" como do "garantismo" tendências para o hibridismo. Isso deve-se, inclusive, às questões que se podem colocar acerca da real ou aparente antinomia existente entre essas duas teorias.

Centrada a atenção no sector especificamente processual, mas não abandonando de todo o sector do Direito material – até mesmo por respeito à metodologia que no texto será sustentada – a análise da *questão penal* será feita no interior dessa tensão entre "eficientismo" e "garantismo", com particular interesse quanto à indagação sobre a possibilidade de uma instrumentalização ou, orientação, do processo penal em termos de política criminal.

Portanto, se em relação à *questão penal*, em sentido amplo, o embate entre essas tendências adquire contornos de enorme relevância prática, particularmente no que se refere ao processo penal o confronto torna-se agudo, verificando-se, por um lado, propostas no sentido de um maior *eficientismo* na sua actuação, com o escopo de obtenção de uma maior *funcionalidade*, e, por outro, a defesa da obtenção dessa maior *funcionalidade* com respeito pela tradicional função de *garantia* atribuída a esse sector do ordenamento jurídico[7].

Expressão dessa busca de uma maior *funcionalidade*, e não de um mero *eficientismo*, é a proposta de uma conformação do *processo penal como instrumento de política criminal*, intentando-se que, partindo da ideia de *sistematização* anteriormente proclamada, também ele possa contribuir para a obtenção das finalidades ligadas à *questão penal* como um todo. Uma concretização dessa proposta é a tentativa de introdução de diversificações no processo penal, fundadas num consenso entre as partes ou numa exclusão/atenuação do dogma da legalidade processual, sendo esse, por conseguinte, um termómetro adequado para se medir o acerto da ideia.

Sendo indispensável a concretização do plano teórico, somente a análise dos modelos de diversificação processual em espécie irá revelar as possibilidades de uma semelhante proposta e, ainda, sendo uma mani-

---

[7] Acerca do relacionamento entre os dois modelos, consultar as preciosas ponderações de SILVA FRANCO, Alberto. Novas tendências do direito penal. *Boletim IBCCrim – I Seminário Sul-Matogrossense de Direito Penal*, São Paulo, a. 5, nº 56, p. 2, jul. 1997, o qual, referindo-se à Lei 9.099/95 – que introduziu diversificações processuais no Ordenamento Jurídico brasileiro – diz que ela se insere na linha que desformaliza o processo ao serviço de uma eficiência anti-garantista.

Introdução 13

festação directa das ideias centradas na busca de um maior *eficientismo*, do mesmo modo imprescindível se mostra o cotejo desses modelos com o ordenamento constitucional respectivo e com os princípios que lhe são imanentes, com isso analisando a sua compatibilidade também com o movimento garantidor.

Registe-se que a eleição dos modelos a serem considerados nesta abordagem obedeceu ao critério cronológico, ou seja, buscando analisar as experiências já concretizadas há um certo tempo, pois são elas que melhor revelarão a eficácia da proposta após a euforia inicial aquando da sua implantação.

Em relação às experiências já em curso mas mais recentes, nelas incluída a Lei dos Juizados Especiais Criminais (Lei nº 9.099/95) do Ordenamento Jurídico brasileiro, por mais que já se tenha iniciado o processo de conversão da *law in book* em *law in action*, nada afasta a necessidade de se erigirem as matrizes axiológicas e referentes hermenêuticos que sustentam o texto da nova Lei, com vista à superação das lacunas ou conflitos de normas, as suas obscuridades ou incongruências[8].

---

[8] Nos mesmos termos a preocupação de COSTA ANDRADE aquando do advento do C.P.P. português de 1987, com o fundamento de que "o que é criado perde a legitimação que lhe emprestava a magia da sua vinculação à ordem cosmológica ou a relação de continuidade com o passado. O que significa que a sua legitimação se torna irreversivelmente problemática. Tratando-se de produtos culturais postos aí (*posita*) pela intervenção do Homem, a legitimação terá de pedir-se à sua intencionalidade e valência na direcção dos referentes normativos, axiológicos, estéticos, etc., que enquadram a ação humana e as suas obras", conf.: ANDRADE, Manuel da Costa. Consenso e oportunidade. *In*: *Jornadas de direito processual penal: o novo código de processo penal*. Coimbra: Livraria Almedina, p. 319-358, 1989, p. 323-324. No próprio Ordenamento Jurídico brasileiro, ainda no período de *vacatio legis* da Lei 9.099/95, à indagação acerca da sustentação teórica do novo modelo de administração de justiça criminal por ela propiciado, afirmava-se: "com certeza a construção dessa resposta será longa no tempo e colocará em relevância pontos não muitas vezes evidenciados no discurso acadêmico – mas sempre no discurso comum – que são a eficiência e o garantismo que devem permear a persecução penal", conf.: CHOUKR, Fauzi Hassan. Qual justiça penal?. *Boletim IBCCrim*, São Paulo, a. 3, nº 35, p. 15, nov. 1995. Eis uma tentativa de princípio de resposta, diríamos nós.

PARTE I
FUNDAMENTOS

SECÇÃO 1

Pensamento sistemático e Direito Penal

§ 1 – O método sistemático na realização do Direito.

De entre os diversos modelos metódicos de realização do Direito, destacam-se na actualidade aqueles voltados para uma sua maior racionalidade[1], ou seja, o pensamento *sistemático*, com a sua respectiva racionalidade de natureza *hermenêutica*, e o pensamento *problemático*, com a sua respectiva racionalidade fundada na *tópico-retórica*. Analisados inicialmente como opções metodológicas opostas e inconciliáveis, nada elimina a possibilidade de uma tentativa de reconstrução desses modelos metódicos a partir da integração dialéctica dos dois vectores que lhe são subjacentes: o *sistema* e o *problema*[2]. A tónica da qual decorrem os desdobramentos a seguir funda-se, pois, no entendimento de que "a oposição entre o pensamento sistemático e a tópica não é, assim, exclusivista. Ambas as formas de pensamento antes se completam

---

[1] Em geral, parece evidenciada a tendência da modernidade para uma maior *racionalidade*, conf.: ANDRADE, Manuel da Costa. *Consentimento e acordo em direito penal*. Coimbra: Coimbra Editora, 1991, p. 18.

[2] Escrevendo sobre a necessidade dessa conciliação, FIGUEIREDO DIAS (DIAS, Jorge de Figueiredo. A reforma do direito penal português – princípios e orientações fundamentais. *Boletim da Faculdade de Direito da Universidade de Coimbra*, Coimbra, v. XLVIII, p. 107-144, 1972, p. 118, nº 24) enfatiza que deve ser abandonada a postura metodólogia de se ver o Direito como um conjunto de princípios gerais e abstractos que, de forma padronizada, incidiria sobre qualquer situação concreta; mais adequada é a adopção de critérios reveladores de princípios que deverão desenvolver-se em contacto com a realidade, moldando-se à infinita variedade desta. Com isso, buscar-se-á uma "terceira via" para o pensamento jurídico, a qual "o liberte tanto do dogma da exacta subsunção logicamente imposta como da aventura da decisão voluntarista incontrolada".

mutuamente interpenetrando-se, até, em parte"[3]. Impõe-se, pois, desde logo, uma tentativa, ainda que epidérmica, de identificação de cada um desses modelos metódicos individualmente considerados.

Numa síntese mais do que apertada, consequência mesmo das limitações e da perspectiva desta abordagem, a noção do *pensamento problemático* no âmbito da metodologia jurídica não é em muito diversa daquela "ideia básica de que o Direito é e permanece uma técnica de resolução de problemas". Assim, "a Ciência do Direito deveria ser entendida como um processo especial de discussão de problemas, havendo que tornar tal esquema claro e seguro, graças ao desenvolvimento duma teoria da praxe"[4]. Sustentando a natureza *problemática* da Ciência do Direito, THEODOR VIEHWEG[5] dá bem uma ideia do que vem a ser essa opção metodológica ao sustentar que "qualquer disciplina especializada constitui-se através do aparecimento de uma problemática qualquer" e, citando Max Weber, "as ciências e aquilo com que elas se ocupam produzem-se quando surgem problemas de um determinado tipo que postulam alguns meios específicos para sua solução". Nessa óptica, "enquanto algumas disciplinas podem encontrar alguns princípios objectivos seguros e efectivamente fecundos no seu campo, e por isso são sistematizáveis, há outros, em contrapartida, que são não-sistematizáveis, porque não se pode encontrar no seu campo nenhum princípio que seja ao mesmo tempo seguro e objectivamente fecundo. Quando este caso se apresenta, só é possível uma discussão problemática. O problema fundamental previamente dado torna-se permanente, o que, no âmbito do actuar humano, não é coisa inusitada". E conclui: "nesta situação encontra-se, evidentemente, a jurisprudência". Com o próprio VIEHWEG, os pontos nucleares dessa perspectiva metodológica podem ser assim sintetizados: a estrutura total da jurisprudência somente pode

---

[3] CANARIS, Claus-Wilhelm. *Pensamento sistemático e conceito de sistema na ciência do direito*. Trad. António Menezes Cordeiro. Lisboa: Fundação Calouste Gulbenkian, 1989, p. 289. No mesmo sentido se dirige o pensamento de ROXIN, Claus. *Derecho penal. Parte general*. Trad. Diego-Manuel Luzón Peña, Miguel Díaz y García Conlledo y Javier de Vicente Remesal. Madrid: Civitas, 1997, p. 216, n. m. 49, que fala de uma frutífera e possível síntese, até um certo grau, entre o pensamento sistemático e o problemático.

[4] CORDEIRO, António Menezes. Introdução.... *In*: CANARIS, Claus-Wilhelm. Ob. cit., p. XLVI.

[5] VIEHWEG, Theodor. *Tópica e jurisprudência*. Trad. Tércio Sampaio Ferraz Júnior. Brasília: Imprensa Nacional, 1979, p. 88.

ser determinada a partir do problema; as partes integrantes da jurisprudência, os seus conceitos e proposições devem estar ligadas de um modo específico ao problema e somente por meio dele podem ser compreendidas; os conceitos e proposições da jurisprudência somente podem ser utilizados numa implicação que conserve a sua vinculação com o problema. Em termos práticos: perante um determinado problema, como sucede frequentemente no diálogo científico e na discussão das deliberações judiciais, primeiro colocar-se-iam sobre a mesa todas as soluções e argumentos imagináveis e, após uma análise acerca dos prós e contras, seria tomada uma decisão passível de consenso[6].

Postas nesses termos as coisas, os limites da possibilidade de identificação entre o pensamento jurídico e a tópico-retórica são informados por CASTANHEIRA NEVES[7]: "o tópico-retórico visa e procura fundamento num *a posteriori consensus*, enquanto o jurídico pressupõe e encontra fundamento numa *a priori* validade normativamente vinculante – o *consensus* é resultado contingente numa participação situacional, a validade é pressuposição universal (transindividual) que dá sentido e critério à própria comunicação participativa (...). Depois, na tópico-retórica os *topoi*, enquanto tais, são entre si equivalentes, a sua diferença de força persuasiva é função apenas da concludência concreta da argumentação, e no jurídico as objectivações da sua normatividade (nos valores, princípios, normas, etc.) têm uma índole dogmaticamente vinculante e preferem por isso a quaisquer outros *topoi* invocáveis". Enfim, a única instância de *controle* na tópico-retórica é a discussão, já no jurídico, especificamente enquanto decisão de realização judicativa, a instância de *controle* é o terceiro imparcial de uma institucional instância autoritária (*v.g.* o tribunal).

Por outro lado, partindo-se da ideia de unidade interna da ordem jurídica, ou seja, enquanto produto de *ordenação* e *unidade*, o papel do

---

[6] ROXIN, Claus. *Derecho penal*, cit., p. 215.

[7] NEVES, António Castanheira. O actual problema metodológico da realização do direito. Separata do *Boletim da Faculdade de Direito da Universidade de Coimbra*, Coimbra, nº especial: "Estudos em Homenagem ao Prof. Doutor António de Arruda Ferrer Correia", p. 3-50, nov. 1990, p. 40. A clareza e precisão da distinção efectuada, impôs a sua reprodução textual. Para uma abordagem a respeito das reais possibilidades deste modelo metódico no âmbito jurídico-penal: DIAS, Jorge de Figueiredo. Sobre o estado actual da doutrina do crime. Sobre os fundamentos da doutrina e construção do tipo-de-ilícito. *Revista Brasileira de Ciências Criminais*. São Paulo, nº especial lançamento, p. 23-52, dez. 1992, p. 25 s.

conceito de *sistema* é "o de traduzir e realizar *a adequação valorativa e a unidade interior da ordem jurídica*"[8]. Ou, de forma mais sucinta, o *sistema* compreende uma ordenação lógica dos conhecimentos particulares relativos a uma dada Ciência[9]. Mais emblematicamente, "as características do conceito geral do sistema são a ordem e a unidade. Eles encontram a sua correspondência jurídica nas ideias de adequação valorativa e de unidade interior do Direito", não se traduzindo em meros pressupostos de uma Ciência do Direito (jurisprudência) que pretenda para si própria a condição de Ciência nem tão pouco representando apenas premissas evidentes dos métodos tradicionais de interpretação, mas sim são consequências do princípio da igualdade e da tendência generalizadora da justiça. "A função do sistema na Ciência do Direito reside, por consequência, em traduzir e desenvolver a adequação valorativa e a unidade interior da ordem jurídica. A partir daí, o pensamento sistemático ganha também a sua justificação que, com isso, se deixa derivar mediatamente dos 'valores jurídicos mais elevados'"[10].

Já prenunciado algo a respeito do pensamento problemático, também aqui podem ser reconhecidos limites quanto à identificação entre o pensamento jurídico e a racionalidade hermenêutica, afim à ideia de sistema: tendo em vista a natureza praxístico-decisória e não simplesmente significativo-cognitiva do pensamento jurídico, a sua intenção e as suas exigências regulativas não se cumprem a partir de um "correcto compreender" mas sim a partir de um justo decidir; os valores a serem potenciados nesse pensamento não são a "correcção cognitiva" ou a verdade mas sim a "justeza decisória" ou a justiça; a compreensão dos fundamentos ou dos critérios previamente dados não basta para a decisão, pois entre esses fundamentos ou os critérios e a decisão concreta intervém a "mediação judicativa", com a sua específica dimensão problemática e com uma particular autonomia constitutiva; ainda quanto à oposição entre o carácter simplesmente especificante da concretização "hermenêutica" e a intencionalidade normativa da decisão judicativa, é de se salientar que "não se trata apenas de conhecer o sentido de uma significação cultural numa concreta situação de compreensão e em referência a esta, mas de ajuizar decisoriamente do mérito normativo de

---

[8] CANARIS, Claus-Wilhelm. *Pensamento...*, cit., p. 23.

[9] SCHÜNEMANN, Bernd. Introducción al razonamiento sistemático en derecho penal. Trad. Jesús-María Silva Sánchez. *In*: SCHÜNEMANN, Bernd (comp.). *El sistema moderno del derecho penal: cuestiones fundamentales*. Madrid: TECNOS, p. 31-80, 1991, p. 31.

[10] CANARIS, Claus-Wilhelm. *Pensamento...*, cit., p. 279 e seguintes.

um problema prático concreto na perspectiva de uma fundamentante validade – não se trata só de 'pragmática' significante, mas de justiça (justeza) decisória"[11].

Entre as duas opções expostas, ainda que se queira ater ao *pensamento problemático*, deve ser ponderado que também uma ordem jurídica "empírica", que segue tacteando de caso em caso e de regulação individual em regulação individual, cresce segundo princípios imanentes, que no conjunto originam um sistema interno, o qual é compreensível e possível de uma exposição científica. Em suma, sempre que nos deparamos com uma verdadeira *ordem* jurídica e que devemos dominá-la mentalmente, a ideia de sistema é irrenunciável[12]. Com efeito, abandonando a metodologia de parcelar o Sistema Jurídico em partes distintas, a partir das quais se buscava a solução dos problemas gerais, na moderna opção metedológica parte-se dos "valores jurídicos mais elevados" que devem inspirar todo o sistema para assim se atingir a solução ou tentativa de solução dos problemas sectoriais. Não seria adequada a afirmação de que estaríamos a fazer uma substituição de um processo de conhecimento baseado em um método indutivo por um dedutivo, uma vez que o que se busca com a nova metodologia diverge da ideia central daquele processo de conhecimento. Portanto, essa opção metodológica não implica uma adesão à ideia do puro *sistema lógico--formal* ou *axiomático dedutivo*, mas sim pressupõe, de modo necessário, uma integração entre a via *axiológica* e a *teleológica*[13]. As restrições

---

[11] NEVES, António Castanheira. O actual problema metodológico da realização do direito, cit., p. 41. Também aqui, relativamente às possibilidades ou, talvez, imprescindibilidade deste modelo metódico no âmbito especificamente penal – para além das considerações a serem detalhadas posteriormente: DIAS, Jorge de Figueiredo. Sobre o estado actual da doutrina do crime, cit., p. 26.

[12] ENGISCH, Karl. Sentido y alcance de la sistemática jurídica. Trad. Marcelino Rodriguez Molinero. *Anuario de Filosofia del Derecho*, Madrid, nueva epoca, t. III, p. 7-40, 1986, p. 39. Em sentido convergente, afirma ROXIN (ROXIN, Claus. *Derecho penal. Parte general*, cit, p. 216, n. m. 49) que a tópica não pode substituir o pensamento sistemático, sendo o procedimento tópico inidóneo como método geral de aplicação do Direito.

[13] A idéia é mais uma vez eco de CANARIS (CANARIS, Claus-Wilhelm. *Pensamento...*, cit., p. 280) quando afirma que "uma vez determinado o conceito de sistema com referência às ideias de adequação valorativa e unidade interior do Direito, deve-se definir o sistema jurídico como 'ordem axiológica ou teleológica de princípios jurídicos gerais   Também é imaginável uma correspondente ordem de valores, de conceitos teleológicos ou de institutos jurídicos".

à sistematização da *Jurisprudência* pela via do puro método *axiomático dedutivo* já foram, a seu tempo, perfeitamente e exaustivamente apontadas por ENGISCH[14], o qual salienta que as *conexões lógicas de fundamentação* no campo da Ciência do Direito não satisfazem nem por aproximação as pretensões actuais dedutivo-sistemáticas. É inútil o esforço tendente a ordenar os conceitos de um sistema jurídico concreto de forma a que os conceitos fundamentais sejam postos indefinidos no princípio e os demais conceitos se definam a partir desses conceitos fundamentais, como conceitos derivados, num desenvolvimento passo a passo. Em cada novo conceito jurídico aglutina-se nova matéria que não pode ser determinada por meio do resultado conceitual preexistente. Consequência da última das afirmações, por outro lado seria um verdadeiro "pecado" o raciocínio simplista da prevalência do sistema sobre o problema, não ultrapassando a mera racionalização do pré--juízo[15].

Postas assim as coisas, é plenamente fundada e metodologicamente aceitável a adesão ao entendimento de que "a dialéctica entre *sistema* e *problema* numa intenção judicativa de realização normativa é, pois, a racionalidade jurídica a considerar", postulando, por um lado, uma *validade* pressuposta e a objectivar-se numa dogmática e, por outro, uma concreta problematização praxística a exigir uma mediação judicativa[16]. Exclui-se, pois, tanto uma pura tópica como um estrito normativismo. É dizer, "se a intenção axiológico-normativa do direito vai logrando a sua objectiva manifestação e a sua universal determinação na normatividade do sistema jurídico (...), a consideração da dimensão problemática abre continuamente o sistema e só ela permite uma realização adequada e justa (materialmente correcta e normativamente plausível) da juridicidade"[17].

Portanto, mostra-se indispensável uma integração do problema no âmbito do sistema previamente estruturado, obtendo-se dessa forma o sentido e orientação para esse mesmo sistema bem como a sua necessária mobilidade. Já visto, uma via adequada para se realizar essa

---

[14] Sentido..., cit., p. 8/16. Registando a crítica: DIAS, Jorge de Figueiredo. Sobre o estado actual da doutrina do crime, cit., p. 25.

[15] ANDRADE, Manuel da Costa. *Consentimento...*, cit., p. 13.

[16] NEVES, António Castanheira. O actual problema metodológico da realização do direito, cit., p. 42.

[17] Idem, ibidem, p. 46.

integração é aquela que parte da orientação teleológica. Portanto, é justamente esse factor *teleológico* que imprime a mobilidade ao sistema, tornando-o apto a dar resposta aos problemas intra-sistémicos nele gerados. É TEUBNER[18] quem demonstra a transformação do Direito formal clássico, de orientação normativo-formal, num Direito teleologicamente orientado ("jurídico político-finalisticamente orientado"), enfatizando que "se é certo que não fora certamente incidental a não inclusão do método teleológico no catálogo de métodos de interpretação de Savigny nos finais do século passado, é também certo que a sua primazia sobre os restantes métodos é hoje facto mais ou menos expressamente reconhecido". À indagação de se uma interpretação jurídica teleológica, orientada para as consequências reais, tem perpectivas de futuro enquanto método universalmente aplicável e se ela oferece um fundamento para a compreensão dogmática da *ratio legis*, responde LUHMANN[19] que "a interpretação teleológica do direito põe ao serviço das classificações do input uma orientação às consequências extremamente simplificada"; do ponto de vista técnico, "a metódica de racionalização de decisões programadas segundo um fim não opõe resistência à sua limitação jurídica mediante proibições ou condicionamentos". Já tendo sido doutrinariamente questionada, de modo satisfatório, a pertinência de uma "teleologia técnica", baseada num finalismo tecnológico[20], talvez seja mais adequado reconhecer uma "teleologia prática", fundada numa prática normatividade material, na qual os fins são intenções práticas a sustentarem juízos práticos[21].

Dá-se a partir dessa integração teleológica o abandono da ideia da Ciência Jurídica como um sistema fechado, assumindo, ao invés, uma característica aberta, implicando: enquanto "sistema científico" (sistema de proposições doutrinárias), a naureza incompleta do conhecimento científico, em virtude da sua abertura a todas as outras Ciências;

---

[18] TEUBNER, Gunther. Juridificação – noções, características, limites, soluções. Trad. José Engrácia Antunes. *Revista de Direito e Economia*, Coimbra, a. XIV, p. 17-100, 1988, p. 43. No mesmo sentido, com a respectiva especulação sobre o tipo de finalismo que vem implicado nessa transformação: NEVES, António Castanheira. O actual problema metodológico da realização do direito, cit., p. 37 s..

[19] LUHMANN, Niklas. *Sistema juridico y dogmatica juridica*. Trad. Ignacio de Otto Pardo. Madrid: Centro de Estudios Constitucionales, 1983, p. 85.

[20] Sobre o modelo da *Tecnologia social, infra*, Parte II, Seção 1, § 1, 1.

[21] Nesse sentido, acompanhando novamente NEVES, António Castanheira. O actual problema metodológico da realização do direito, cit., p. 37 s..

enquanto "sistema objectivo" (sistema da ordem jurídica), estando sujeito à mutabilidade dos valores jurídicos fundamentais, em decorrência de ser o Direito um fenómeno situado no processo da história e, por isso, ser mutável[22].

Consequência mesmo da observação por último feita, ao sistema assim estruturado deve ser acrescido um conteúdo sociológico, de modo que ele se torne "um conjunto de elementos e um conjunto de relações existentes entre estes elementos, com o que todas as totalidades isomorfas do tipo assim definido são observadas como um e o mesmo sistema. O conjunto de relações entre os elementos constitui a estrutura do sistema"[23]. Com esse acréscimo pode ser obtida, ao lado da *finalidade* já mencionada, também uma maior *funcionalidade* do sistema.

Advirta-se, contudo, que na hipótese de uma dogmática jurídica que empregue as consequências como critérios do lícito e do ilícito existe o perigo de que um sistema jurídico do qual se exija uma orientação sociopolítica para as consequências abandone o seu auto-governo dogmático e já não se oriente por critérios que transcedam o programa de decisão, mas apenas directamente pelas próprias expectativas das consequências[24]. De acrescentar que uma dogmática jurídica orientada funcionalmente necessita de uma sua específica compreensão das normas e de uma especial interpretação dos seus vínculos, entretando, trata-se de uma vinculação não no sentido de imutabilidade mas sim de mutabilidade segundo condições dadas. "Nisto tem a sociedade de hoje a sua própria adequação, que a capacita para propor conceitos jurídicos adequados à sociedade"[25]. Portanto, o que importa é uma verdadeira abertura para o sistema social, possibilitando uma interacção com a sua complexidade, com vista a alcançar a realização da sua função. Dito em outras palavras: se, como veremos, um sistema jurídico aberto sugere que ele seja orientado para as consequências que pode produzir no

---

[22] CANARIS, Claus-Wilhelm. *Pensamento...*, cit., p. 281. De se acrescer, para que não pairem dúvidas, que, se o Direito positivo é fundamentalmente um sistema imóvel, ele compreende partes móveis (p. 282).

[23] BÜLLESBACH, Alfred. Enfoques de teoría de sistemas. *In*: KAUFMANN, Arthur, HASSEMER, Winfried (Ed.). *El pensamento jurídico contemporáneo*. Madrid: Editorial Debate, 1992, p. 314.

[24] LUHMANN, Niklas. *Sistema jurídico...*, cit., p. 90.

[25] Idem, ibidem, p. 106.

Pensamento Sistemático e Direito Penal 25

sistema social, impõe-se que ele assuma a complexidade deste último, numa compreensão pré-jurídica, para que possa realizar a sua função.

§ 2 – O método sistemático e a Ciência Jurídico-Penal[26].

O método anunciado no parágrafo anterior incide com grande potência na (re)construção do *Sistema Jurídico-Penal*, em especial na análise da sua incidência no âmbito do processo penal[27]. Também aqui, do que se trata é de uma busca de coexistência do *pensamento do problema* com o *pensamento do sistema*, de modo que a dialéctica entre eles possa ser igualmente útil nessa área[28].

---

[26] Essencial a respeito das vantagens e desvantagens do pensamento sistemático no âmbito jurídico-penal: ROXIN, Claus. *Derecho penal*, cit., p. 207, n. m. 31 e seguintes, com a conclusão enfática (p. 216, n. m. 50) de que o sistema é um elemento irrenunciável de um Direito Penal próprio do Estado de Direito. Também invocando razões de peso para fundar as vantagens do pensamento sistemático, inclusive com apelo à Teoria da linguagem: RODRIGUES, Anabela Maria M.. *A determinação da medida da pena privativa de liberdade*. Coimbra: Universidade de Coimbra, 1995, p. 246, n. 237. Particularmente no que se refere à Tteoria do delito, enfatiza JESCHECK (*Tratado de derecho penal. Parte General*. Trad. José Luis Manzanares Samaniego. Granada: Comares, 1993, p. 178/179) que os elementos do conceito geral do delito não permanecem desconectados entre si (ordenação tópica), mas situam-se numa relação interna (ordenação sistemática) que se configura conforme às leis lógicas da anteposição e da subordinação, a regra e a excepção. Invocando o paradigma dos Ordenamentos Jurídico-Penais de modelação anglo-saxónica, de modo crítico, e em divergência, afirma FARIA COSTA (COSTA, José Francisco de Faria. *O perigo em direito penal. contributo para sua fundamentação e compreensão dogmáticas*. Coimbra: Coimbra Editora, 1992, p. 103) que a ausência de um certo sistema, quer na articulação normativa, quer na ponderação de princípios ou regras, quer mesmo na forma de abordar e compreender o jurídico, não faz com que o intérprete e o aplicador do Direito se vejam envoltos na escravatura do reino da arbitrariedade, sendo essa asserção suficiente para deitar por terra qualquer pretensão de se considerar que os ordenamentos 'sistemáticos' são aqueles que melhor realizam a justiça penal.

[27] Menciona-se então a necessidade "de uma avaliação global dos sub-sistemas que operam na área da justiça criminal", conf.: RODRIGUES, José Narciso da Cunha. Direito processual penal – tendências de reforma na europa continental – o caso português. *Boletim da Faculdade de Direito da Universidade de Coimbra*, Coimbra, v. LXIV, p. 21-55, 1988, p. 39.

[28] Partindo da mesma indagação fundamental, relacionada com a possibilidade da coexistência harmónica dos dois modelos metódicos, FIGUEIREDO DIAS (A "ciência conjunta do Direito Penal". *In: Questões fundamentais do direito penal*. São Paulo: RT,

O Processo Penal como Instrumento de Política Criminal

A questão preliminar reside em analisar se em decorrência da ideia de *Sistema Jurídico* é possível falarmos em um *Sistema Jurídico- -Penal*, o qual englobaria os diversos sub-sistemas que cuidam do delito e da sanção, tanto a nível da sua previsão legal como da sua persecução, mais particularmente: do Direito Penal material e do processo penal, este último enquanto objecto de disciplina pelo Direito Processual Penal, obviamente[29]. Admitida essa possibilidade, será possível então falar-se de uma extensão dos fins perseguidos pelo Sistema Total aos diversos sub-sistemas parciais. Em termos genéricos, temos a lição no sentido de que "cumpre ao cientista de cada sector jurídico construir sistemas parciais dentro do sistema total, para cuja tarefa não devem ser negadas naturalmente as ideias fundamentais do sistema total"[30].

Ao que de perto nos interessa, efectivamente não há como negar "que o êxito da tarefa de domínio da criminalidade depende, na mais larga medida, dos esforços de modernização e de integração que se façam ao longo do inteiro *Sistema da Justiça Penal*, de acordo com a ideia de que o que se faz num sector daquele sistema afecta o que acontece noutros sectores e condiciona, em último termo, o sucesso ou insucesso da tarefa global"[31].

---

p. 19-49, 1999, p. 40) afirma que a integração dialéctica entre *sistema* e *problema* deve valer completamente para a dogmática jurídico-penal. A ideia é reforçada posteriormente (p. 37), sustentando o Autor que no âmbito jurídico-penal o pensamento do problema deve forçosamente coexistir com o pensamento do sistema numa indispensável relação de interpenetração ou integração.

[29] Ainda que a aproximação a ser feita a seguir se prenda mais com uma concepção formal-metodológica do *Sistema Jurídico-Penal*, ela não se apresenta dissociada de uma concepção formal-substancial desse *Sistema*, neste sentido entendido como *controle social punitivo institucionalizado* de que falam: ZAFFARONI, Eugenio Raúl, PIERANGELI, José Henrique. *Manual de direito penal brasileiro. Parte Geral.* 2ª Ed.. São Paulo: RT, 1999, p. 70.

[30] ENGISCH, Karl. Sentido..., cit., p. 33. Mesmo não perspectivando de modo estruturalmente sistémico o seu pensamento, FARIA COSTA (COSTA, José Francisco de Faria. O perigo em direito penal, cit., p. 108) pondera que conceber um sistema que abrangesse toda a complexidade seria hipotizar uma realidade sistemática cujo gigantismo determinaria a sua inoperacionalidade teórica, daí decorrendo a necessidade de se criarem subsistemas que, sem esquecerem a sua posição relativa dentro do sistema que os contém, se mostram como unidades funcionais do sentido explicativo do real-social.

[31] DIAS, Jorge de Figueiredo. Para uma reforma global do processo penal português – da sua necessidade e de alguma orientações fundamentais. *In: Para uma nova justiça penal.* Coimbra: Livraria Almedina, p. 189-242, 1983, p. 191.

Pensamento Sistemático e Direito Penal

Assim sendo, relacionada com a discussão anteriormente exposta acerca do *Sistema Jurídico*, também no âmbito do *Sistema Jurídico--Penal* a questão que se coloca é a oposição entre o método sistemático e o problemático de abordagem da questão penal.

Expressão de garantia e segurança jurídica, o método sistemático em Direito Penal não diverge da sua feição elaborada em relação à Ordem Jurídica como um todo, embora aqui reforçado o seu fundamento em atenção à regra do *nullum crimen sine lege*, conduzindo, por necessidade, à existência de uma dogmática jurídico-penal. Pode ser afirmado, então, que é justamente a existência de uma estrutura dogmática, com os seus elementos e princípios previamente traçados[32], que assegura e informa o *Sistema Jurídico-Penal*[33].

Entretanto, considerando mesmo que o Direito, em especial o Penal, é uma Ordem que incide sobre a realidade social, com as suas mais diversas implicações, um *Sistema Jurídico-Penal* fechado em termos dogmáticos pode conduzir a uma abstracção desmedida das categorias penais, abandonando-se por completo os aspectos particulares do caso concreto. É de se indagar mesmo se um modelo assim erigido, ainda que formalmente correcto, não poderá conduzir a resultados materialmente injustos. É dessa perspectiva que parte a tentativa de remodelação, ou mesmo re-construção, do *Sistema Jurídico-Penal*, buscando-se aqui também uma composição entre o pensamento sistemático, a dogmática jurídica, e o pensamento problemático, a política criminal.

Na linha de superação da ideia do *Sistema Penal* como sendo um sistema acabado, fechado sobre si mesmo e sobre os seus critérios exclusivamente lógico-categoriais, defende-se hoje a ideia de um sistema aberto[34], dotado de mobilidade e historicidade[35], consequência mesmo

---

[32] Leia-se, entre outros, como elementos, a tipicidade, a ilicitude e a culpabilidade; como princípios, exemplificativamente, o da ofensividade ou, lesividade, o da responsabilidade pessoal e o da culpabilidade.

[33] Segundo ROXIN (ROXIN, Claus. *Derecho penal*, cit., p. 193, n. m. 2) a dogmática jurídico-penal não se limita a expor conjuntamente e tratar sucessivamente as suas proposições doutrinárias, mas sim intenta estruturar a totalidade dos conhecimentos que compõem a teoria do delito em um "todo ordenado", com vista a tornar visível simultaneamente a conexão interna dos dogmas concretos.

[34] DIAS, Jorge de Figueiredo. Sobre o estado actual da doutrina do crime, cit., p. 28. Da mesmo forma expondo a oposição que actualmente se verifica em relação a um sistema axiomático dedutivo e a tendência para buscar uma ordem sistemática baseada em elementos juridicamente definidos – assegurando a sua conservação – mas

da mediação efectuada pelo pensamento problemático. Trata-se de provar que o Direito Penal não pode ordenar-se num sistema fechado nem abandonar-se à mercê de um pensamento tópico, o qual opere à margem do sistema, mas sim que, em lugar de tudo isso, se construa um sistema aberto, no qual cada novo problema seja discutido com conhecimento do sistema disponível e se resolva de um modo que possa integrar-se no referido sistema ou force a sua modificação[36]. Numa palavra, do que se trata é da solução do problema em particular conforme à realidade e à liberdade de oposição intrasistemática. Busquemos, pois, a fundamentação do que se propõe.

É lugar comum na doutrina a atribuição da génese da ideia de um *Sistema de Direito Penal* às construções desenvolvidas por LISZT, no princípio do século, acerca de um *modelo global de ciência penal* (*gesamte Strafrechtswissenschaft*)[37]. Sintetizando apertadamente o pensamento de LISZT, é possível afirmar que ele concebe "como tarefa imediata da Ciência do Direito Penal: compreender delito e pena como generalização conceitual em uma consideração puramente técnico-jurídica e desenvolver num sistema fechado os preceitos concretos da lei,

---

que apresentem uma certa porosidade e vaguidade útil para garantir a abertura do sistema: RODRIGUES, Anabela Maria M.. *A determinação da medida da pena privativa de liberdade*, cit., p. 247, nº 237. Não sendo ardoroso defensor do pensamento sistemático, ao invés, FARIA COSTA (COSTA, José Francisco de Faria. O perigo em direito penal, cit., p. 139) aponta a necessidade de se perfilar de forma aberta o sistema.

[35] ANDRADE, Manuel da Costa. Sobre o estatuto e função da criminologia contemporânea. *Revista da Ordem dos Advogados*, Lisboa, a. 44, p. 481-522, 1984, p. 507; CAMARGO, A. L. Chaves. Direito penal, processo penal e dogmática jurídica. *Revista do Advogado*, São Paulo, nº 42, p. 25-29, abr/94, p. 26.

[36] SCHÜNEMANN, Bernd. Introducción..., cit., p. 40. Em outros termos (p. 42-43): "o ideal da elaboração sistemática no Direito Penal (como na ciência jurídica, em geral) vem representado por um 'sistema aberto', que ordene e conserve os conhecimentos obtidos de modo seguro após o debate científico, porém que, por outro lado, não esteja imunizado frente à sua modificação, ou inclusive subversão, provocada pela aparição de novas soluções para os problemas ou de novos conhecimentos materiais". Já, com anterioridade, afirmava FIGUEIREDO DIAS (DIAS, Jorge de Figueiredo. *O problema da consciência da ilicitude em direito penal*. 3ª Ed.. Coimbra: Coimbra Editora, Limitada, 1987, p. 7) que é do problematismo próprio de cada situação que se deve partir para a determinação da totalidade normativa, acrescendo ainda que "na justa resolução do problema posto pela situação e na sua posterior integração no sistema há-de, pois, consistir a verdadeira e integral função da dogmática jurídica".

[37] MUÑOZ CONDE, Francisco. Prólogo.... *In*: HASSEMER, Winfried. Fundamentos del derecho penal. Barcelona: Bosch, 1984, p. XVII.

Pensamento Sistemático e Direito Penal

subindo até os últimos princípios e conceitos fundamentais". E mais, que a Ciência do Direito "deve ser, e continuar a ser, a ciência propriamente sistemática; pois somente a ordenação dos conhecimentos no sistema garante aquele domínio sobre todas as particularidades, seguro e sempre disposto, sem o qual a aplicação do Direito é sempre um diletantismo, abandonada ao acaso e à abirtrariedade"[38]. Ademais, reconheceu LISZT a impotência da dogmática jurídico-penal para controlar e dominar o fenómeno da criminalidade, devendo ser dada a devida atenção *autónoma* às disciplinas da Criminologia e da Política Criminal[39]. Desse modo, no quadro da *gesamte Strafrechtswissenschaft* a política criminal passa a desfrutar do estatuto de disciplina autónoma.

Se já na origem essa construção de LISZT encontrou objecções sérias, o mesmo pode afirmar-se da delimitação que o próprio Autor impôs ao modelo por ele criado, com referência ao tipo de relação a ser estabelecida entre a dogmática jurídico-penal, a política criminal e a criminologia.

Produto da influência positivista que estava na base do seu pensamento, que como é sabido rejeita qualquer forma de abstracção, LISZT, sustentando a distinção absoluta entre ciência e moral, proclama a sua célebre frase: "o Direito Penal é a intransponível barreira da política criminal". Desse modo consagra-se a cisão absoluta da Ciência do Direito Penal, caracterizando, no dizer de ROXIN[40], o Direito Penal, por um lado, como ciência social e, por outro, como ciência jurídica. Distinguem-se, assim, no plano da Ciência Penal, a dogmática jurídica – à qual corresponde a função liberal do Estado de Direito de assegurar a igualdade na aplicação do Direito e a liberdade individual contra o ataque do Estado – da política criminal, cuja missão inclui os métodos adequados, no sentido social, para a luta contra o delito, ou seja, a chamada missão social do Direito Penal. Enquanto o Direito Penal, como "magna carta do delinquente", protege não a comunidade e sim o indivíduo que se rebela contra ela, garantindo-lhe o direito de ser castigado somente sob os pressupostos e limites legais, à política criminal

---

[38] *Apud*: ROXIN, Claus. *Política criminal y sistema del derecho penal*. Trad. Francisco Muñoz Conde. Barcelona: Bosch, 1972, p. 17-18; ANDRADE, Manuel da Costa. Sobre o estatuto e função da criminologia contemporânea, cit., p. 490-491.

[39] DIAS, Jorge de Figueiredo, ANDRADE, Manuel da Costa. *Criminologia. O homem delinquente e a sociedade criminógena*. Coimbra: Coimbra Editora, 1984, p. 93.

[40] *Política criminal...*, cit., p. 16.

pertenceria a ideia da finalidade dessa parcela do Ordenamento jurídico. "A partir desta base, a missão do trabalho sistemático em Direito
penal deve ser alheia e, inclusive, contrária a toda a finalidade político-
-criminal"[41], ideia essa que se projectou na evolução posterior que foi
dada ao pensamento de LISZT. Ou, com FIGUEIREDO DIAS e COSTA
ANDRADE[42], no contexto das relações entre Direito Penal, Criminologia
e Política Criminal, o Direito Penal assumia o primeiro e indisputado
lugar, enquanto às duas outras restava o papel de meras "ciências auxiliares" da dogmática jurídico penal, unidas, todavia, as três no quadro
fundamentalmente unitário da Ciência Global do Direito Penal. No Ordenamento Jurídico brasileiro a tese original de VON LISZT encontra
assento na doutrina, sustentando-se que, sendo o Direito Penal "um
direito de garantia", por sua própria natureza, deve visar garantir o
cidadão perante o Estado, no confronto punitivo quando se pretende
aplicar o *jus puniendi* pela via jurisdicional penal, única possível num
Estado de Direito[43].

Partindo da análise desse posicionamento, ROXIN[44] é enfático em
asseverar que o caminho acertado somente pode consistir em deixar

---

[41] *Apud*: ROXIN, Claus. Política *criminal...*, cit., p. 16-17.

[42] *Criminologia*, cit., p. 94. Ou mais claramente, eram as exigências político-
-criminais que deveriam ceder ou moldar-se às exigências dogmático-sistemáticas da
ciência jurídico-penal, limitando-se a actuar no espaço por estas definido, segundo:
DIAS, Jorge de Figueiredo. Os novos rumos da política criminal e o direito penal
português do futuro. *Revista da Ordem dos Advogados*, Lisboa, p. 10, n° 10.

[43] BARBOSA, Marcelo Fortes. *Garantias constitucionais de direito penal e de
processo penal na constituição de 1988*. São Paulo: Malheiros Editores Ltda, 1993,
p. 58.

[44] *Política criminal...*, cit., p. 33; Como fundamento constitucional do que se
afirma, sustenta o Autor na mesma passagem que "un orden estatal sin una justicia
social, no forma un Estado material de Derecho, como tampoco un Estado planificador
y tutelar, pero que no consigue la garantía de la libertad como en el Estado de Derecho, no puede pretender el calificativo de constitucionalidad socioestatal". Com maestria,
MIR PUIG (MIR PUIG, Santiago. *Derecho Penal. Parte Geral*. 3ª Ed.. Barcelona: PPU,
1995, p. 71 e s.) invoca a tese que lhe é tão peculiar, no sentido da necessidade de se
analisar a função do Direito Penal no contexto do Direito próprio de um determinado
momento histórico-cultural, de acordo com a concepção do Estado em acto, para concluir que no modelo de Estado cunhado como de "Estado social e democrático de
Direito" o Direito Penal deverá assumir várias funções, correlatas aos distintos aspectos
que nele se combinam. Dito isso, segue MIR PUIG sustentando que "enquanto Direito
Penal de um Estado Social, deverá legitimar-se como sistema de proteção efectiva dos
cidadãos, o que lhe atribui a missão de prevenção na medida – e só na medida – do

Pensamento Sistemático e Direito Penal

penetrar as decisões valorativas político-criminais no Sistema do Direito Penal, de modo que a sua fundamentação legal, a sua clareza e legitimação, a sua combinação livre de contradições e os seus efeitos não estejam submetidos às vinculações do sistema positivista formal proveniente de LISZT. "A vinculação ao Direito e a utilidade político-criminal não podem contradizer-se, mas devem sim compaginar-se numa síntese, do mesmo modo que o Estado de Direito e o estado social não formam, na verdade, contrastes irreconciliáveis, mas sim uma unidade dialéctica". Em sentido convergente, afirma ANABELA RODRIGUES[45] que "um sistema de direito penal fundado nos valores político-criminais visa uma construção dogmática vizinha da realidade.

---

necessário para aquela protecção. Isso já constitui um limite da prevenção. Porém, enquanto Direito Penal de um Estado democrático de Direito, deverá submeter a prevenção penal a outra série de *limites*, em parte herdeiros da tradição liberal do Estado de Direito e em parte reforçados pela necessidade de preencher com conteúdo democrático o Direito Penal". *Demonstrando* amplamente a necessidade da mencionada síntese, na Doutrina brasileira consultar LUISI, Luiz. *Os princípios constitucionais penais.* Porto Alegre: Sérgio Antonio Fabris Editor, 1991, p. 9 e seguintes, o qual salienta que ao incorporar os princípios do Estado liberal (*Rechtsstaats*) e do Estado social (*Sozialstaats*), e ao conciliá-los, as Constituições modernas renovam as garantias individuais mas também introduzem uma série de normas destinadas a torná-las concretas, reais, tutelando igualmente valores de interesse geral. Também sustentando que a política criminal e a dogmática jurídico-penal só estarão adequadamente postas ao serviço da luta contra o delito quando forem consideradas como unidades que produzem efeitos reciprocamente relacionados, MAURACH/ZIPF (MAURACH, Reinhart, ZIPF, Heinz. *Derecho penal. Parte geral 1.* Trad. Jorge Bofill Genzsch y Enrique Aimone Gibson. 7ª Ed.. Buenos Aires: Astrea, 1994, p. 52) advertindo, contudo, que não seria correcto pretender deduzir dessa conclusão algo que seja contrário à autonomia dos campos da política criminal e da dogmática jurídico-penal. As decisões de tipo valorativo, próprias da política criminal, e as novas formas de configuração que a ela compete desenvolver, representam uma forma distinta de trabalho científico, condicionam um instrumento de trabalho diverso e exigem outra classificação teórico-científica.

[45] RODRIGUES, Anabela Maria M.. *A determinação da medida da pena privativa de liberdade*, cit., p. 245, nº 234. Digno de reprodução é, ademais, o adequado adensamento feito pela Autora (Ob. loc. cit.) em termos que: "uma ciência penal reconhecidamente valorativa e essencialmente crítica que não enjeite a sua responsabilidade política implica, *de lege ferenda*, uma política criminal autenticamente política e não apenas tecnocrática – que fixe os objectivos que o direito penal deve perseguir, com a consequente abertura da sua possibilidade de crítica; e, *de lege lata*, uma dogmática 'criadora', essencialmente orientada no sentido das finalidades político-criminais da lei, que não só constitua a superação de uma dogmática 'cega', 'de costas para a realidade', mas também evite uma dogmática acrítica e puramente técnica".

Uma estreita ligação entre normas jurídicas e realidade social é a premissa para a construção de um sistema que aspira a uma perspectiva de praticabilidade". Enfrentando a questão do *critério de valoração* a ser adoptado pelo legislador e pelo aplicador, com vista a valorar normativamente o substrato pré-jurídico, de natureza lógico-material, com que devem lidar, FIGUEIREDO DIAS[46] afirma que ele deve ser conformado pela busca de uma solução *justa* do caso concreto que seja simultaneamente adequada ao sistema jurídico-penal. Isso supõe, segue o Autor, uma "penetração axiológica" do problema jurídico-penal, a ser feita com referência teleológica a finalidades valorativas e ordenadoras de natureza político-criminal ou, *valorações político-criminais co-naturais ao sistema*. Um Sistema Punitivo Estatal que se pretenda moderno, funcional, evoluído quanto à orientação e às consequências, somente pode comprometer-se com uma função de antecipar e evitar a ocorrência dos conflitos; numa palavra: ser inspirado por motivos de política criminal. Obtém-se, dessa forma, um sistema estruturado a partir de uma ordem conceitual, referido à realidade e orientado para as finalidades político--criminais[47].

Sem voltas e falando às claras, do que se trata é da adopção no âmbito penal do *racionalismo teleológico-funcional (Zweckrationalismus)*,

---

[46] DIAS, Jorge de Figueiredo. A "ciência conjunta do direito penal". *In: Questões fundamentais do direito penal revisitadas*. São Paulo: RT, p. 19-49, p. 35 e s.. Esclarecendo melhor as coisas, de modo a ser possível uma adequada compreensão da natureza (axiológica, normativa, fáctica) de cada um dos elementos que integram a Ciência Conjunta do Direito Penal, é possível acompanhar MIR PUIG (MIR PUIG, Santiago. *Derecho Penal. Parte Geral*. 3ª Ed.. Barcelona: PPU, 1995, p. 19) quando, advertindo previamente o aspecto demasiadamente gráfico do modelo, recorre à estrutura tridimensional do Direito, nele distinguindo uma dimensão *normativa*, outra *fáctica* e uma terceira *valorativa*; assim sendo, cabe dizer que a dogmática jurídico-penal se ocupa do Direito Penal como norma, a Criminologia como facto, e a política criminal como valor. Portanto, na perspectiva de que ora nos ocupamos do que se trata é de utilizar os critérios axiológicos de política criminal para a valoração *normativa* do substracto *fático*, de modo a tender a uma solução que seja não só adequada ao *Sistema* mas que também seja a mais justa possível.

[47] É novamente ROXIN (ROXIN, Claus. *Derecho penal*, cit., p. 217, n. m. 52) quem assevera que as finalidades dirigentes que constituem o Sistema de Direito Penal somente podem ser do tipo político-criminal. Segundo informação segura de SILVA SÁNCHEZ (SILVA SÁNCHEZ, Jesús-María. Introducción.... *In*: SCHÜNEMANN, Bernd (comp.). *El sistema moderno del derecho penal...*, cit., p. 19), o intento de construir as categorias do sistema orientando-as para os fins do Direito Penal remonta à sistemática teleológica do neokantismo, não sendo, pois, apenas um fenómeno de "moda".

fundado na perspectiva de se estabelecer uma conexão directa entre os elementos integrantes do *Sistema Jurídico-Penal* e a sua respectiva função; a esse respeito prognosticando COSTA ANDRADE[48], menos em tom profético, que tudo permite antecipar que esta impostação virá a influenciar e co-determinar decisivamente o futuro (mais próximo) da dogmática penal, inaugurando uma nova etapa a ser acrescentada às grandes fases encontradas na trajectória da nossa Ciência.

No que ao aspecto teleológico-funcional toca, é possível antecipar, com RUDOLPHI[49], a vocação teleológica do Direito Penal, de modo que o conteúdo das normas penais, de conduta ou sanção, devem determinar-se a partir dos fins e objectivos que se propõem realizar. Perspectivado o Ordenamento Jurídico alemão, segue que, segundo a Lei Fundamental, ao Direito Penal está atribuída a missão de proteger a normal convivência dos indivíduos na actual sociedade – garantida pela própria

---

[48] ANDRADE, Manuel da Costa. A "dignidade penal" e a "carência de tutela penal" como referências de uma doutrina teleológico-racional do crime. *Revista Portuguesa de Ciência Criminal*. Lisboa, a. 2, fasc. 2, p. 173-205, abr/jun 1992, p. 174. É o mesmo COSTA ANDRADE (ANDRADE, Manuel da Costa. Consentimento..., cit., p. 21) quem, após reforçar que o *racionalismo funcional* pressuposto por este paradigma envolve uma re-orientação do sistema penal na direcção da fronteira do *out-put*, tornando-o aberto aos dados mediatizados pela representação cognitiva e zetética do real, o distingue da *sistemática teleológica* de SCHMIDHAÜSER (Autor alemão que também se preocupou com a modelação teleológica do *Sistema jurídico-Penal*. Em palavras mais do que simples, a distinção entre os dois modelos reside em que, enquanto SCHMIDHAÜSER procura orientar teleologicamente o *Sistema* tendo por referência um elemento que lhe é imanente, ou seja, a pena ou a punibilidade da conduta, o *racionalismo funcional* (Roxin e outros) toma como referência a própria função transcendente do *Sistema*: a protecção do bem jurídico essencial dos danos que podem provocar perturbações socialmente intoleráveis da convivência social constitucionalmente sancionada. Todavia, tendo sempre presente a advertência bem posta por FIGUEIREDO DIAS (DIAS, Jorge de Figueiredo. Sobre o estado actual da doutrina do crime, cit., p. 26) no sentido de que a opção por um sistema teleológico-funcional e teleológico-racional não implica a recusa da intervenção de considerações axiológicas, de pontos de vista de valor, de critérios de validade e de intencionalidades normativas no *Sistema jurídico-Penal*, nem significa um pronunciamento favorável a argumentos de pura "tecnologia social".

[49] RUDOLPHI, Hans-Joachim. El fin del derecho penal del estado y las formas de imputación jurídico-penal. Trad. Jesús-María Silva Sánchez. *In*: SCHÜNEMANN, Bernd (comp.). *El sistema moderno del derecho penal: cuestiones fundamentales*. Madrid: TECNOS, p. 81-93, 1991, p. 81 e seguintes. Antes, o Autor já havia concluído que o próprio conteúdo do Direito somente pode ser inferido plenamente a partir dos fins que persegue, perante o facto da sua natureza ser a de uma Instituição voltada para a consecução de determinadas finalidades.

Lei Fundamental – contra os possíveis ataques; equivale a dizer que incumbe ao Direito Penal a missão de evitar o comportamento socialmente danoso; a sua função limita-se, analogamente ao que ocorre no Direito policial, à defesa perante perigos, tendo por objecto uma *protecção preventiva de bens jurídicos*. No mesmo sentido e em termos mais normativos, entende ANABELA RODRIGUES[50], que "função do direito penal é a tutela do ordenamento jurídico, sendo por isso a pena justificada apenas enquanto necessária para garantir tal 'finalidade'". Dessa perspectiva normativa resulta que a intencionalidade teleológica própria do Direito Penal reside, de forma privilegiada, na protecção de bens jurídicos[51], no que coincide com a posição doutrinária por último citada.

Em termos propriamente metodológicos, de forma aguda salienta FIGUEIREDO DIAS[52] que no contexto antecipado "se compreende que o *pensamento do problema* deva, no processo metódico de aplicação do direito penal, sobrepor-se ao *pensamento do sistema*: é do problematismo próprio de cada situação da vida que há-de partir-se para a determinação da totalidade normativa". No que à função da dogmática jurídico-penal respeita, ela consistiria na justa resolução do problema posto por cada caso jurídico-penal e na posterior integração daquela no sistema, o qual se transformaria de sistema apriorístico fechado em um sistema aposteriorístico aberto. Decorrência disso é que se torna necessária uma mudança da consideração sobre o relacionamento entre a dogmática jurídico-penal e a política criminal, em virtude da confluência

---

[50] RODRIGUES, Anabela Maria M.. *A determinação da medida da pena privativa de liberdade*, cit., p. 183. A assertiva é encontrada em ROXIN e SCHULTZ.

[51] Idem, ibidem, p. 252.

[52] Os novos rumos da política criminal e o direito penal português do futuro, cit., p. 10-11; Idem, Sobre o estado actual da doutrina do crime, cit., p. 29; DIAS, Jorge de Figueiredo, ANDRADE, Manuel da Costa. *Criminologia*, cit., p. 95-96. Evidenciando o ambiente secularizado em que se encontra o Direito Penal no tempo presente, ANABELA RODRIGUES (RODRIGUES, Anabela Maria M.. *A determinação da medida da pena privativa de liberdade*, cit., p. 237) enfatiza a primazia e transcendência da política criminal em relação ao Direito Penal, consolidando a sua autonomia frente a este. Esclarecendo esta *unidade funcional*, temos que "a relação da política criminal com a dogmática jurídico-penal não se apresenta como um problema de incorporação de um campo no outro, mas sim como uma questão de cooperação óptima entre ambas", formando uma unidade cooperativa, conf.: MAURACH, Reinhart, ZIPF, Heinz. *Derecho penal. Parte geral 1*, cit., p. 53. Atente-se para o facto que a mudança metodológica versada no texto encontra-se exposta também na Obra por último citada, p. 54.

das vertentes liberal e social no moderno modelo de Estado de Direito de cariz social e democrático. Conservando a sua posição de plena autonomia, a política criminal deve ser transcendente em relação às demais ciências criminais, tornando-se trans-sistemática, de modo que entre ela e a dogmática jurídico-penal se estabeleça uma autêntica relação de *unidade funcional*.

Salientando que da elaboração sistemática de exigências do Estado de Direito não se pode obter nenhum argumento favorável à contraposição entre Direito Penal e política criminal ou contrário à sistematização segundo pontos de vista político-criminais, afirma ROXIN[53] que isso não significa que a política criminal dogmática e a legislativa tenham as mesmas competências; uma semelhante hipótese equipararia o juiz ao legislador e infringiria o princípio da divisão de poderes e da legalidade. Diversamente, a dogmática tem que exercer a política criminal no marco da lei, ou seja, dentro dos limites da interpretação. Esclarecendo, o Direito Penal é a forma, a veste, através da qual se exteriorizam as proposições de política criminal no *modus* da validade jurídica; vale isso por dizer, a política criminal somente pode exteriorizar-se através das normas de Direito Penal, respeitando os princípios estruturais deste último. Ademais, "as proposições político-criminais hão-de ser, também elas, procuradas dentro do quadro de valores integrantes do consenso comunitário e mediados ou 'positivados' pela Constituição democrática do Estado"[54]. Ou seja, se a política criminal é trans-sistemática em relação ao Direito Penal, ela deve ser imanente à concepção do Estado plasmada na Constituição. Assim, se a política criminal pode ser o elemento integrador do *Sistema*, não se lhe reconhece, porém, um primado absoluto por sobre as demais Ciências Criminais; não se lhe negando o papel trans-sistemático, exclui-se a sua consideração como elemento totalizador desse mesmo *Sistema*. Com COSTA ANDRADE[55]: na recuperação da *gesamte Strafrechtswissenschaft* a sua *unidade funcional* não poderá ser construída num sentido unívoco, com o primado absoluto de alguma das Ciências Criminais; ao

---

[53] ROXIN, Claus. *Derecho penal*, cit., p. 224 e 225. Do que se trata, na verdade, é da necessidade de que as concretas categorias do delito sejam desenvolvidas e sistematizadas a partir da sua função político-criminal.

[54] DIAS, Jorge de Figueiredo.Os novos rumos da política criminal e o direito penal português do futuro, cit., p. 12; ROXIN, Claus. *Política criminal...*, cit., p. 77.

[55] ANDRADE, Manuel da Costa. Sobre o estatuto e função da criminologia contemporânea, cit., p. 517.

36 *O Processo Penal como Instrumento de Política Criminal*

invés, o modelo global de Ciência Penal deverá adoptar um sentido policêntrico, edificado a partir de cada um dos sectores do *Sistema*.

É tudo quanto se pretende demonstrar em relação à tentativa de se estender também ao processo penal as ideias anteriores, partindo da sua consideração como integrante do *Sistema de Justiça Criminal* e, portanto, igualmente aberto a conformar proposições de política criminal, nos limites postos pelo modelo jurídico-constitucional (*infra*). Obtém-se com isso, pelo menos, uma coesão interna desse *Sistema* e a sua condução em termos não contraditórios[56]. Ainda aqui, porém, nos limites do marco legal, com vista a que as proposições de política criminal possuam vigência jurídica.

§ 3 – O processo penal no Sistema Jurídico-Penal.

Entrincheirados na autonomia do Direito Processual Penal, aqui não negada desde logo, e limitando a função do processo penal à reconstrução da verdade material, a doutrina tradicional restringe a relação entre o Direito Penal material e o processo penal à mera instrumentalidade deste frente àquele, igualmente inquestionável na medida em que o processo é a forma de realização do Direito material violado[57]. Portanto, parte-se logo da premissa de que injustificável seria uma assimilação completa entre o modelo de Direito Penal material e aquele do processo penal, este último modelado pelo Direito Processual Penal. Aliás, a ideia de uma absoluta congruência entre o modelo de Direito Penal e o respectivo modelo processual penal entraria em colisão com a ideia que cada vez ganha mais corpo na actualidade acerca do Direito Processual Penal dever perfilar-se "como um sistema normativo próprio, definindo-se e operando como um sistema auto-referente. Podendo –

---

[56] Uma vez mais incensurável é a lição de FIGUEIREDO DIAS (DIAS, Jorge de Figueiredo. Principes généraux de la politique criminelle portugaise. *Revue de Science Criminelle et de Droit Pénal Comparé*, Paris nº 1, p. 87-94, jan/mar 1987, p. 88) quando sustenta que, formando a política criminal um sub-sistema de controle social, o sucesso da busca do controle da criminalidade dependerá directamente dos esforços de modernização e de integração feitos ao longo de todo o *Sistema de Justiça Criminal*, de modo que a medida tomada em um dos seus sectores afecte o que se passa nos demais, condicionando assim o sucesso ou insucesso do objectivo global.

[57] Apontando esta característica e sediando-a historicamente, em especial na *Carolina* de 1532: SCHROEDER, Friedrich-Christian. *Strafprozessrecht*. München: VERLAGSBUCHHANDLUNG, 1997, p. 4.

Pensamento Sistemático e Direito Penal 37

não raro devendo – reportar-se aos resultados das demais instâncias, há-de, por via de regra, fazê-lo em termos de resposta à complexidade de ambiente, que condiciona mas não determina o sentido definitivo do desempenho sistémico"[58].

A indagação que se coloca reside em saber se é possível a recuperação da ideia de sintonia (não dizemos vinculação, muito menos dependência) entre o modelo de Direito Penal material e o respectivo modelo processual como forma de maximizar o ganho em coerência e consequente eficácia da Justiça Penal[59].

Partindo da constatação dos graves inconvenientes gerados por um descompasso entre o Direito Penal e as infra-estruturas do processo[60], não se pode deixar de reconhecer as influências que o modelo que se estabeleça para o primeiro determina no modelo processual respectivo[61]. Afirma-se mesmo que "a influência do direito penal substantivo na concepção do direito processual penal respectivo é uma velha verdade – ou, se se preferir, uma velha meia verdade – que nestes últimos tempos se tornou de uma insistente actualidade"[62]. Portanto, embora ainda numa visão especificamente formal, relacionada com a necessidade do direito processual para a concretização do direito substantivo, há a constatação de que "o direito processual penal constitui, em certo sentido que precisaremos já, *uma parte do direito penal*", sendo reconhecido que ambos "formam uma *unidade*". Assim, sob a designação de "direito penal total", Figueiredo Dias[63] reúne, ao lado do *direito*

---

[58] Andrade, Manuel da Costa. *Sobre as proibições de prova em processo penal.* Coimbra: Coimbra Editora, 1992, p. 27.

[59] É dessa indagação que parte também Figueiredo Dias (Dias, Jorge de Figueiredo. Para uma reforma global do processo penal português, cit., p. 192), ao constatar que "servindo o processo penal, por *necessidade*, a realização do direito penal substantivo, a falta de sintonia entre os dois ordenamentos constitui um óbice de tomo, se não mesmo intransponível, a um funcionamento eficaz de todo o sistema da justiça penal e a uma razoável probabilidade de êxito na tarefa de controlo do crime".

[60] Dotti, René Ariel. As bases constitucionais do direito penal democrático. *Revista de Informação Legislativa*, Brasília, a. 22, nº 88, p. 21-44, out./dez. 1985, p. 43.

[61] Ainda que numa perspectiva não coincidente com aquela a seguir sustentada no texto, fala Schroeder (*Strafprozessrecht*, cit., p. 4) de uma estreita ligação entre o Direito Penal material e o Direito Processual Penal ("Das Strafprozessrecht steht in enger Beziehung zum Strafrecht").

[62] Rodrigues, Anabela Maria M.. *A determinação da medida da pena privativa de liberdade*, cit., p. 40.

[63] Dias, Jorge de Figueiredo. *Direito processual penal.* Coimbra: Coimbra Editora, LDA, 1974. v. 1, p. 23 e seguintes.

penal substantivo e do *direito de execução das penas*, também o *direito processual penal*. Aliás, antes mesmo já era afirmado que, "se é certo que não pode já hoje duvidar-se da correlativa autonomia (normativa e dogmática) entre o direito material criminal e o direito processual criminal não é menos certo também que eles concorrem numa integrante *unidade* – aquela que encontra expressão numa certa relação de complementaridade (de instrumentalidade, se quisermos) e inclusive em determinada conexão de carácter imediatamente normativo"[64]. No mesmo sentido, segundo ROXIN[65] "a relação entre o Direito Processual Penal e o Direito Penal material é muito mais estreita. Sob os aspectos da política criminal as duas regulamentações estão numa relação de complementariedade. Às vezes institutos do Direito Penal material e do Direito Processual penal até são funcionalmente do mesmo valor (*v.g.*, as condições objectivas de punibilidade do Direito Material e as condições de procedibilidade do Direito procedimental; a eliminação de bagatelas através da interpretação dos tipos penais – 'lesões insignificantes' conforme o § 223 *StGB*, 'ameaça qualificada' do § 240 *StGB* – ou através de uma suspensão por motivo de insignificância conforme o § 153 *StPO*". Registe-se, desde logo, dois pontos mencionados por ROXIN que se referem à estrutura fundamental desta investigação: a evidenciada natureza político-criminal da relação de complementariedade entre os dois sectores; a consideração do § 153 *StPO* – conforme veremos, uma das formas de diversificação processual do Ordenamento Jurídico alemão – como sendo uma das hipóteses em que se pode comprovar essa complementariedade de natureza política criminal com institutos de Direito Penal material.

Em resposta à indagação sobre a forma como se relacionam esses sub-sistemas, reforça o próprio FIGUEIREDO DIAS[66] que "a relação entre

---

[64] CASTANHEIRA NEVES, António. *Sumários de processo criminal* (1967-1968). Coimbra, 1968, p. 9.

[65] ROXIN, Claus. *Strafverfahrensrecht*. 22ª Auflage. München: Beck, 1991, p. 6. Próximo da ideia núcleo versada no texto, também para RANFT (RANFT, Otfried. *Strafprozessrecht*. 2 neubearbeitete Auflage. Verlag, 1995, p. 273) "a limitação da punibilidade através de uma interpretação restritiva dos tipos penais e a suspensão do processo em virtude de insignificância podem ser vistos claramente numa relação de complementação".

[66] *Direito processual penal*, cit., p.28/29. Nos exemplos fornecidos pelo próprio Autor, "consoante se esteja perante um direito penal de retribuição factual-objectiva ('talião'), ou de retribuição da culpa, ou de prevenção geral (intimidação), ou de medidas

direito penal e direito processual penal é, sob diversos pontos de vista, uma *relação mútua de complementariedade funcional* que, só ela, permite também concebê-los como participantes de uma mesma unidade". Segue que, "logo a conformação teleológica fundamental do direito penal substantivo (*supra*) exercerá uma influência decisiva na concepção do direito processual penal respectivo. E não só, acrescente-se, a sua conformação fundamental: mesmo relativamente a problemas processuais dos mais concretos, ficam o seu sentido e a sua solução dependentes de uma certa tomada de posição da parte do direito substantivo, de tal modo que alterações deste (mesmo mínimas) se comunicam, por vezes com força potenciada, ao direito processual penal". Concebendo essas palavras como sendo o comando, a norma de conduta quanto a essa relação de complementariedade, a norma de sanção procede de ROXIN[67] quando adverte que "uma ordem de Direito Penal só será eficiente na prática, na medida em que o procedimento para a sua imposição assim permitir e, por outro lado, não é possível um regulamento do procedimento que seja satisfatório quando ele não é emoldurado pelo Direito material (...). Quando, *v.g.*, a sanção tenha de ser determinada sobretudo conforme aspectos de prevenção especial, o Direito Processual penal tem que levar em conta uma análise sobre a personalidade do agente e, conforme isso, orientar o procedimento a ser adoptado no processo".

Socorrendo-nos da linguagem sociológica, com vista mesmo a sugerir a limitação a que uma semelhante ideia de complementariedade deve estar condicionada, do que se trata é de uma "interpenetração de

---

terapêuticas ('defesa social' estrita); consoante aquele se perspective a partir do facto ou a partir do agente; consoante siga, em matéria de reações criminais, a via 'monista', ou a 'dualista', ou a do 'vicariato' – assim receberá a construção e explanação do direito processual penal o seu cunho específico"; Idem, *Direito processual penal. Lições...* Coimbra: Universidade de Coimbra, 1988-9, p. 5-6; ANDRADE, Manuel da Costa. Consenso e oportunidade, cit., p. 340; RODRIGUES, José Narciso da Cunha. O sistema processual penal português. *Polícia e Justiça – Revista do Instituto Nacional de Polícia e Ciências Criminais*, Lisboa, II Série, nᵒˢ 6-7, p. 13-30, dez 93/jun 94, p. 13. Embora também reconheça a existência de uma *complementaridade funcional* entre os dois sectores, COSTA PIMENTA (PIMENTA, José da Costa. *Introdução ao processo penal.* Coimbra: Livraria Almedina, 1989, p. 20) afirma que "já no plano *teleológico*, no entanto, o direito processual penal e o direito substantivo são *autónomos*", porquanto voltado este para o espaço alargado da convivência social, enquanto aquele situa-se no espaço restrito da relação processual.

[67] ROXIN, Claus. *Strafverfahrensrecht*, cit., p. 6.

sistemas autopoiéticos" de que fala LUHMANN[68], de modo que o mesmo dado, a mesma acção, igualmente pertinente a ambos os sistemas pode, contudo, ser objecto de referências sistémicas diferenciadas e assimétricas, não se descartando que o desempenho autoreferente de um dos sistemas, *v.g.*, a teleologia garantística própria do processo penal, possa contrariar a selecção operada pelo outro, *v.g.*, a teleologia funcional do Sistema Jurídico Penal, induzindo à frustração das suas expectativas e impondo uma solução do conflito estabelecido. Assim, sendo a proposição aqui sustentada no sentido de que o Direito Processual Penal deva operar no ambiente do *Sistema Jurídico-Penal* – um sistema mais complexo, reconhecidamente autónomo e autopoiético[69] –, possibilitando uma interpenetração entre ambos, não deve excluir a já reconhecida necessidade de compreensão do Direito Processual Penal como um sistema também ele autoreferente e autopoiético (*supra*), podendo, por vezes, provocar uma "irritação" naquele sistema mais complexo.

Assim, antecipada a necessidade de uma orientação político-criminal para o *Sistema Jurídico-Penal*, é essa conformação teleológica (porque direccionada às finalidades desse mesmo *Sistema*) que realizará a coordenação entre os demais *sub-sistemas*, em especial aquele processual, em plena sintonia com o entendimento de ROXIN acima mencionado[70].

É ainda FIGUEIREDO DIAS[71] quem, após defender a obtenção de um modelo axiomático "adequado à interpretação teleológica das

---

[68] *Apud*: ANDRADE, Manuel da Costa. Consentimento..., cit., p. 21. É sabido que na *Teoria do Sistema Social* proposta por LUHMANN avultam os conceitos de *autoreferência*, *autopoiese* e *interpenetração*.

[69] DIAS, Jorge de Figueiredo. A "ciência conjunta do Direito Penal". *In*: *Questões fundamentais do direito penal*. São Paulo: RT, p. 19-49, 1999, p. 37.

[70] Também para CAVALEIRO DE FERREIRA (FERREIRA, Manuel Cavaleiro de. *Curso de processo penal*. Lisboa: Editora Danubio, LDA, 1986. v. I, p. 17) "na estrutura do processo penal, como na elaboração dogmática do direito processual penal (que é o problema que ora nos ocupa) não pode deixar de atender-se à natureza e fins próprios do direito penal", revelando assim a existência de uma comunicação teleológica entre os dois ramos do Ordenamento Jurídico. Com um enfoque da problemática das *proibições de prova* em processo penal, algo divergente COSTA ANDRADE (ANDRADE, Manuel da Costa. *Sobre as proibições de prova...*, cit., p. 41) aponta a inscrição do Direito Penal substantivo e do Direito Processual Penal em distintos horizontes político-criminais e teleológicos, consequentemente apelando para universos não necessariamente sobreponíveis de tópicos hermenêuticos, sendo natural, assim, a incongruência e dissonância das respostas em ambos os Sectores da Ordem Jurídico-Penal.

[71] *Direito processual penal*, cit., p. 41.

singulares normas e à solução dos concretos problemas jurídico-processuais", adverte, contudo, que não se trata de legitimar "a solução de problemas jurídicos concretos por deduções lógicas retiradas da consideração do fim do processo: isso seria mero dedutivismo conceitualista, mesmo que merecesse então o cognome 'teleológico'". Trata-se, antes, da "revelação das grandes relações (enquadramentos) funcionais entre as singulares normas e problemas jurídico-processuais e a totalidade da ordem jurídica". Ao que de perto nos interessa, na medida em que as "ideas fundamentales" para o Sistema Jurídico-Penal sejam eleitas segundo pontos de vista de finalidade – o que, todavia, só ocorre parcialmente, uma vez que no Direito Penal jogam também um papel importante os pontos de vista morais e as considerações de justiça –, as normas jurídicas que se referem a essas ideias fundamentais estão determinadas teleologicamente[72].

Tudo, enfim, sob a ponderação de que essa *complementariedade funcional* se realiza sem prejuízo da autonomia reconhecida a cada um dos dois sectores do Ordenamento Jurídico, inclusive teleológica, na medida em que se relacionam com objectos distintos[73]. Vale isso por dizer que o *modus operandi* dessa *unidade funcional* parte da concepção de cada Ciência Criminal como um "sistema" autónomo – sub-sistema diríamos nós – dotado de fins e racionalidade próprios que, contudo, opera no "ambiente" determinado pelas demais Ciências Criminais, condicionando-lhe o equilíbrio e estimulando-lhe a adaptação e a "redução da complexidade"[74].

A anunciada ideia foi potenciada na previsão legislativa do Código de Processo Penal português de 1987, sendo expressamente reconhecida no próprio preâmbulo do Código a *influência do direito material no processo penal*, particularmente no que se refere ao *ideário resso-*

---

[72] ENGISCH, Karl. Sentido..., cit., p. 19.

[73] DIAS, Jorge de Figueiredo. *Direito processual penal*, cit., p. 32/34.

[74] ANDRADE, Manuel da Costa. Sobre o estatuto e função da criminologia contemporânea, cit., p. 516. Não muito distante do que ora se afirma temos o pensamento de CANOTILHO (CANOTILHO, José Joaquim Gomes. Teoria da legislação geral e teoria da legislação penal. *Boletim da Faculdade de Direito da Universidade de Coimbra: Estudos em Homenagem ao Prof. Dr. Eduardo Correia*, Coimbra, número especial, p. 827-858, 1984, p. 851-852), o qual substitui o conceito de *Sistema Penal* por Ciências Criminais, também englobante da Dogmática jurídico-penal, da criminologia e da política criminal, encontrando, nessa medida, plena justificação a ideia desta última – a política criminal – como a sabedoria legislativa do Estado.

cializador[75]. Ora bem, isso em nada contradiz o também disposto no preâmbulo do Código no sentido de que a intenção material do processo é "realização da *justiça* no caso, por *meios processualmente admissíveis* e por forma a assegurar a *paz jurídica dos cidadãos*". Ou seja, pertencendo as mencionadas finalidades ao aspecto *intencional* a que tende o processo, nada obsta a sua existência a que ele seja *funcionalmente* destinado à obtenção dos fins perseguidos pelo Direito Penal material[76].

Da necessidade de um diálogo entre a doutrina do direito penal e a do processo penal também em Itália nos fala MARAFIOTI[77], destacando de forma lapidar que não se trata de uma mera indicação metodológica "mas deve constituir o ponto de partida seja para um repensar dogmático das categorias do processo, seja para uma eventual nova sistematização da matéria por parte do legislador".

No Ordenamento Jurídico brasileiro, RIBEIRO LOPES[78] fala de uma "comunicação interactiva semântica e pragmática entre as normas penais e processuais", da qual resulta um sistema único de penetração dos seus valores no sistema legal positivo e que se ergue na protecção da liberdade individual dentro de um Estado Democrático de Direito Material, fundado na garantia da dignidade humana.

---

[75] PIMENTA, José da Costa. *Introdução...*, cit., p. 18. Com efeito, dispõe o n° 4, I, do Preâmbulo do Código: "por seu turno, de entre os condicionalismos decorrentes do Código Penal pode salientar-se, desde logo, o que se prende com a sua fidelidade ao ideário socializador". Vinculava-se assim directamente o processo penal aos objectivos de política criminal.

[76] Para uma semelhante distinção: PIMENTA, José da Costa. *Introdução...*, cit., p. 25.

[77] MARAFIOTI, Luca. *La giustizia penale negoziata*. Milano: Dott. A. Giuffrè Editore, 1992, p. 468-469. Também para FERRUA "il processo penale accusatorio esige un diritto sostanziale agli antipodi del vigente, vale a dire scarno, costruito su fattispecie lineari, nitide, agevolmente accertabili" (FERRUA, Paolo. *Studi sul processo penale II. Anamorfosi del processo accusatorio*. Torino: Giappichelli Editore, 1992, p. 13). Aliás, de há muito já era prognosticado que a reforma do *Codice di Procedura Penale* provocaria uma mudança definitiva no sistema de Direito Penal italiano: LEONE, Giovanni. Pena e processo, nuove prospettive. *In: Rivista Italiana di Diritto e Procedura Penale*, Milano, nuova serie, a. XXVI, p. 3-17, 1983, p. 3.

[78] LOPES, Maurício Antonio Ribeiro. Suspensão do processo e *vacatio legis*. *Boletim IBCCrim*, São Paulo, a. 3, n° 34, p. 4, out. 1995. Percebe-se, com facilidade, que a "comunicação interactiva semântica e pragmática" sustentada é vista ainda em uma perspectiva exclusivamente do Direito Penal *garantidor*, na qual – sem censura – o Direito Penal, sentido amplo, é um instrumento de limitação da actividade sancionatória estatal.

Saliente-se, contudo, que essa *complementariedade funcional* entre o Direito Penal material e o seu respectivo processo encontra-se limitada por determinados aspectos de natureza espistemológica, não se podendo falar em uma assimilação completa entre os dois sectores. Dessa forma, não se nega a autonomia dos princípios que dizem respeito a cada um desses sub-sistemas.

Feita a opção pela possibilidade e interesse na existência de uma *complementariedade funcional* entre o modelo de Direito Penal material e o correspondente processo penal, plasmado no Direito Processual Penal respectivo, há que se verificar a viabilidade de, assim como vimos em relação ao primeiro, também o segundo, o processo penal, poder ser orientado em termos de política criminal.

§ 4 – Orientação político-criminal do processo penal.

Integrado o Direito Processual Penal no *Sistema de Direito Penal*[79] e fortalecido o seu carácter dogmático, nos termos da construção de VON LISZT deveria manter-se ele impermeável a toda a integração político-criminal. Ou seja, estruturado dogmaticamente com vista à segurança do cidadão, através da finalidade de protecção que lhe é peculiar, estaria fora do âmbito das finalidades do Direito Processual Penal disciplinar o processo penal[80] de forma a perseguir qualquer utilidade político-criminal ou mesmo de não ser um obstáculo à sua obtenção. Bastaria desse modo que, voltado exclusivamente para a óptica do autor do delito, como instrumento de sua protecção, o processo penal adoptasse uma função retrospectiva, tendo como missão exclusiva a reconstrução dos factos passados para apenas orientar o *se* e o *em que medida* poderia ocorrer a interferência estatal na vida privada do indivíduo. Em termos metodológicos, bastaria a estruturação dogmática desse sector do ordenamento jurídico, em atenção à sua natureza sistemática, descon-

---

[79] Já visto, FIGUEIREDO DIAS (DIAS, Jorge de Figueiredo. *Direito penal. Sumários*.... Coimbra: Universidade de Coimbra, 1975, p. 5) esboça um *Direito penal em sentido amplo ou direito penal total*, situando ao lado do "direito penal em sentido estrito ou direito penal geral" e do "direito penal especial" o "direito processual penal".

[80] Para logo, o esclarecimento conceitual, válido para todo o texto, de que "formalmente considerado, o direito processual penal surge como o conjunto das normas jurídicas que orientam e disciplinam o processo penal", conf.: DIAS, Jorge de Figueiredo. *Direito processual penal. Lições...*, *cit.*, *p.* 12.

siderando-se a possibilidade da sua orientação político-criminal, pela via do método problemático. Estaria fora do processo penal qualquer tipo de preocupação com a utilidade que a prestação jurisdicional terá para a pessoa que a ele esteve sujeito (o acusado), para a pessoa que, ao final, era parte interessada no conflito existente (a vítima) e para o próprio Estado, enquanto representante de uma comunidade de interesses. Bastaria que o processo penal cumprisse a sua função de garantia, assegurada assim a vinculação ao Direito e, ao menos em tese, resguardada a liberdade individual. Para não se cometerem injustiças face ao génio de VON LISZT, produto de interpretações apressadas do seu pensamento, talvez seja mais adequado afirmar que a partir da sua concepção o processo penal – mais propriamente o Direito que o regulamenta – seria a infranqueável barreira dos objectivos de política criminal. Assim, se o processo penal deve perseguir alguma utilidade político-criminal isso somente pode ocorrer nos limites estritos postos pela dogmática processual penal.

Adoptando uma postura menos hermética, afirma ROXIN[81] que "a unidade sistemática entre Política criminal e Direito penal, que, em minha opinião, também deve incluir-se na estrutura da teoria do delito, é, portanto, só uma realização da missão que hoje tem de ser atribuída ao nosso Ordenamento Jurídico em todos os seus sectores", quanto a nós, entendemos ser possível incluir também o processo penal como um de todos os sectores mencionados. É o que expressamente afirma ZIPF[82] ao defender "a inserção do Direito processual no marco geral político-criminal", tendo em conta a sua significação absolutamente constitutiva para a realização da pretensão penal.

Inexistindo, por um lado, razões que desautorizem o enquadramento *sistemático* do processo penal, vista a função de garantia e segurança que a dogmática jurídica oferece, por outro lado, não é possível negar o indiscutível conteúdo *problemático* desse sector do Ordenamento Jurídico, em virtude mesmo do seu actuar a partir do caso concreto, do "real quotidiano"[83]. Ora, tudo se passa em termos de uma

---

[81] *Política criminal...*, cit., p. 34.

[82] ZIPF, Heinz. *Introducción a la política criminal*. Trad. Miguel Izquierdo Macías-Picavea. JAÉN: EDERSA, 1979, p. 128.

[83] É sobre essas bases a crítica de FARIA COSTA (COSTA, José de Faria. Diversão (desjudiciarização) e mediação: que rumos? *Boletim da Faculdade de Direito da Universidade de Coimbra*, Coimbra, v. LXI, p. 1-71, 1985, p. 12) ao pensamento sistemático, sustentando que ele "esquece ou não é capaz de compreender o contigente do caso

escolha, menos em oposição e mais em complementação, entre a persistência de um modelo processual exclusivamente fundado em premissas dogmáticas, voltado apenas para assegurar a igualdade e formalidade na aplicação do Direito Penal material, não sendo permeável às decisões valorativas de política criminal, e um outro modelo em que, paralelamente à sua missão de garantia, possa o processo penal também perseguir finalidades político-criminais, ou que, pelo menos, ele não seja obstáculo à obtenção dessas finalidades.

Não faltarão vozes a bradar no sentido da preferência por um processo penal isento de toda a orientação político-criminal, dogmaticamente fechado, com o fundamento de que a introdução da mencionada orientação pode pôr em risco a segurança jurídica e a consequente função protectora da liberdade individual atribuída ao processo penal. Uma afirmação dessa natureza teria a sua validade comprometida em virtude de se fundar em premissas equivocadas. Desde logo, como foi ressaltado, não estamos diante de uma hipótese de oposição, na qual um dos factores excluiria o outro. Ficou demonstrado que se trata na verdade de uma complementação entre o vector *garantia* e aquele da finalidade político-criminal para a maior *funcionalidade* do *Sistema*. Por outro lado, a mencionada oposição à tese aqui exposta certamente considera que sob o manto de uma possível orientação político-criminal se podem ocultar interesses diversos daqueles que efectivamente deveriam orientar o *Sistema*, v.g., políticos, ideológicos, contrários à segurança jurídica e à liberdade individual, minando, assim, as bases do Estado de Direito. Nada mais correcto e possível de ocorrer; porém, nesse raciocínio não se leva em conta a natureza característica do processo penal, mesmo na sua versão mais dogmática possível, que o torna perfeitamente vulnerável às interferências político-ideológicas.

---

concreto, ou seja, o real quotidiano. E esquece, outrossim, a própria lei, ela do mesmo jeito contingente"; assim sendo, afirma, é a própria lei que vai romper com a noção de sistema, porquanto a sua incomportável produção impossibilitou a respectiva sistematização teórica; é dizer, ao "input" da produção legislativa não correspondeu um adequado "output" que viabilizasse o equilíbrio do sistema. Defendendo, por outro lado, a abordagem sistemática do controle da criminalidade, como expressão da teoria criminológica do interaccionismo, e consistindo em "um estudo compreensivo e integrado do processo de aplicação da justiça penal, que permita dar uma maior consistência e uma maior eficiência – tal como elas devem ser medidas à luz dos principais objectivos ou metas sistémicas – ao 'sistema' com um todo": Dias, Jorge de Figueiredo, Andrade, Manuel da Costa. *Criminologia*, cit., p. 373-374.

Conforme veremos em detalhe, se há uma característica do processo penal a respeito da qual não se verifica dissenso é a de que ele é o "sintoma do espírito político-constitucional de um ordenamento jurídico"[84] e que, portanto, se apresenta extremamente permeável às ideologias políticas, sejam elas de que matiz forem. Por conseguinte, não é o rigor dogmático e a natureza hermética e juridicamente neutra que vão assegurar a imunidade do processo penal a elementos a ele estranhos. Quando muito poderia argumentar-se que no caso da orientação político-criminal a interferência dos citados interesses seria dissimulada enquanto na hipótese do sistema dogmaticamente neutro, que na verdade inexiste, diga-se de passagem, ela pressuporia alterações a nível dogmático, exteriormente sentidas e controláveis. Quanto a essa última objecção, a orientação político-criminal teria a vantagem de ser uma hipótese mais segura, uma vez que, como se procurará demonstrar, ela deveria partir da elaboração legislativa e não ser deixada para o momento da aplicação judicial, perante o risco de arbitrariedades. Obviamente que isso não culminaria na eliminação do processo jurisprudencial de interpretação legal, todavia, ao menos a nível de *Sistema* a mudança informal de orientação poderia ser melhor controlada.

Tudo nos conduz a reafirmar a possibilidade do enquadramento sistémico do processo penal e a admissibilidade da sua orientação político-criminal.

Desse modo, assim como o Direito Penal material, também o Direito Processual Penal seria um sub-sistema aberto, servindo o modelo de processo penal respectivo para a exteriorização das proposições de política criminal no *modus* da validade jurídica (aqui o seu aspecto *funcional*), nos limites fixados pelos valores e princípios constitucionais postos pelo modelo de Estado (aqui o seu aspecto *garantista*). Ou seja, como ocorre em relação ao Direito Penal material, o Direito Processual Penal deverá ser a veste, a forma, através da qual se exteriorizam as finalidades de política criminal, funcionando, ao mesmo tempo, como uma barreira a essas finalidades. A base teórica para essa integração político-criminal é buscada a partir do postulado de que o direito e o processo penais participam de uma ordenação axiológica, que os conduz a uma imprescindível consonância com os princípios ético-sociais de um determinado Direito[85].

---

[84] DIAS, Jorge de Figueiredo. Para uma reforma global..., cit., p. 6.

Impõe-se, pois, uma aproximação conceitual à política criminal, muito embora os seus elementos essenciais já tenham sido esboçados nas linhas anteriores.

1 – Aproximação conceitual à política criminal.

De entre as diversas concepções acerca da política criminal, tradicionalmente compreendida como a busca de uma constituição o mais adequada possível do Direito Penal para que possa corresponder à sua missão de proteger a sociedade[86], uma mais aprofundada consideração a respeito parte do problema de determinar a coordenação com o âmbito do Direito ou com o da política, particularmente a social. Nesses termos, a política criminal é um sector objectivamente delimitado da política jurídica geral: é a política jurídica no âmbito da justiça criminal[87]. Em síntese, "impõe-se especialmente à Política criminal a tarefa de rever e, em caso dado, delimitar novamente a zona penal, assim como medir a forma operativa das sanções segundo a missão da justiça criminal"[88].

Contra essa aproximação da justiça criminal à política jurídica geral insurge-se com o argumento fundado na necessidade de uma neutralidade ideológico-política das entidades pertencentes ao foro judiciário ou, por outras palavras, da necessidade de que a função de aplicação do Direito se mantenha distante das querelas do poder. Nesse diapasão, o magistrado, qualquer que seja a sua função, não deve aplicar a política

---

[85] HÜNERFELD, Peter. A pequena criminalidade e o processo penal. Trad. Manuel Costa Andrade. *Revista de Direito e Economia*, Coimbra, a. IV, nº 1, p. 25-47, jan/jun 1978, p. 27.

[86] De menção necessária à noção clássica oferecida por LISZT (LISZT, *Strafrechtliche ausfsätze und Vorträge*. Berlim: Guttentag, 1905. t. I, p. 292) concebendo-a como "conjunto sistemático dos princípios fundados na investigação científica das causas do crime e dos efeitos da pena, segundo os quais o Estado deve levar a cabo a luta contra o crime por meio da pena e das instituições com esta relacionadas". Não menos clássica é a sua defenição como *estratégia para se enfrentar o fenómeno criminal.*

[87] Próximo é o entendimento de MIR PUIG (*Derecho Penal*, cit., p. 18/19) ao sustentar que num primeiro sentido, a política criminal "consiste naquele sector da política que tem relação com a forma de tratar a delinquência através do Direito penal: refere-se ao conjunto de critérios empregados ou a empregar pelo Direito penal no tratamento da criminalidade".

[88] ZIPF, Heinz. *Introducción...*, cit., p. 3/4.

do governo, nem de nenhum outro grupo representativo, mas apenas a política da lei, objectivamente interpretável e devidamente fundamentada. Preservando o que há de correcto na afirmação, BARREIROS[89] aponta o vício metodológico de que ela padece, consistente na "indevida autonomização daquilo a que chama a *política da lei* relativamente à estrutura política tal qual ela resulta discutida e deliberada pelas instâncias soberanas do ordenamento constitucional", ideia essa que se funda no suporte teórico de que a Lei é suficiente para determinar os critérios de actuação da Justiça. Desmascarando o núcleo da ideia, afirma-se então que é a própria epistemologia jurídica a desnudar a pureza dessa "lateralidade das instâncias forenses, relativamente às opções determinantes do projecto de vivência colectiva", como também, na esfera penal, "a imutabilidade da tipificação criminal – indispensável corolário do princípio da legalidade incriminatória, que deve ser mantido – deve concatenar-se com o estabelecimento de um calendário de prioridades em matéria de acção penal, já que, à segurança do Estado de Direito interessa menos que toda a criminalidade seja perseguida, mas sobretudo que toda a delinquência grave em certo momento histórico seja enfrentada com êxito"[90].

Lançadas estavam as bases para a compreensão da política criminal como uma expressão da Política do Direito, representando um instrumento necessário à flexibilização das instâncias de controle, "com o desejável ajustamento dos órgãos judiciais e da administração judiciária às opções de política criminal", visando assim enfrentar o aumento exponencial, sobretudo da criminalidade violenta organizada"[91]. Isso torna-se tanto mais verdadeiro quando se observa que, a despeito do brilho e agudeza científica das grandes teorias do Direito em geral, e em especial do Direito Penal, tornam-se letra morta sem a respectiva sincronização com as outras instâncias de poder, com vista à obtenção da necessária estrutura operativa para a eficácia dos modelos cientificamente elaborados. Aliás, em outra perspectiva, o que se está a fazer quando se busca aliviar o Sistema Punitivo estatal da pesada carga que

---

[89] BARREIROS, José Antonio. Programa para um estatuto do ministério público. *In*: Sindicato dos Magistrados do Ministério Público. *O ministério público numa sociedade democrática*. Lisboa: Livros Horizonte LDA, p. 31-48, 1984, p. 36, e nº 7; Idem, Programa para um estatuto do ministério público. *Revista da Ordem dos Advogados*, Lisboa, p. 157-178, 1983, p. 164, nº 7.

[90] Ob. loc. cit..

[91] Ob. loc. cit..

sobre ele pesa (*infra*) senão um medida política que, a despeito do *eficientismo* buscado como opção de política criminal, serve também à redução do desgaste político gerado pelas altas cifras de delitos não perseguidos (cifra negra)[92], à diminuição dos custos financeiros necessários à persecução penal, ao fortalecimento da imagem política do Estado, obtido pela aparência de funcionamento dos órgãos públicos[93]. Em uma palavra, medidas que servem também a outras instâncias de poder.

Pelo exposto, numa aproximação conceitual a política criminal pode ser entendida como a projecção dos problemas jurídicos sobre o contexto mais amplo da política social[94]. Mais emblematicamente sobre a proeminência do papel da política criminal no tempo presente, afirma-se que é das suas proposições, obtidas através da projecção dos problemas jurídicos no contexto mais amplo da política social, que se poderá esperar uma contribuição para o domínio do problema do crime[95].

Enfatize-se, por último, que a noção da política criminal aqui versada não faz profissão de fé exclusiva ao seu aspecto de mecanismo tendente a melhorar e racionalizar as estratégias de prevenção e repressão do crime, alinhando-se, ao invés, à sua característica trans-sistemática, no sentido de competir-lhe mesmo a determinação dos limites em

---

[92] Do risco de uma "ridicolizzazione dell'ordinamento repressivo nel suo complesso", em virtude de uma desproporcional ampliação da "cifra negra", fala: PALIERO, Carlo Enrico. Note sulla disciplina dei reati "Bagatellari". *Rivista Italiana di Diritto e Procedura Penale*, nuova série, a. XXII, p. 920-991, 1979, p. 930-931.

[93] Paradigmática nesse sentido a experiência norte-americana.

[94] DIAS, Jorge de Figueiredo. Os novos rumos da política criminal e o direito penal português do futuro, cit., p. 5-40, 1983, p. 5-6. Nesta perspectiva, "a política criminal pode considerar-se, aliás, ciência aplicada: as decisões normativas que, de uma banda, lhe conferem a sua dimensão política, pressupõem, de outra, o conhecimento *científico* dos fenómenos que a decisão política tem por objecto e dos possíveis instrumentos a mobilizar e resultados pretendidos", impondo-se, necessariamente, uma "coordenação dialéctica entre norma jurídica e realidade social", de cuja interpenetração resultará consequências na aplicação da dogmática ao facto concreto a que se refere. Do que se trata é da necessidade de pôr a descoberto os interesses que, postos por detrás da formalização jurídica, determinam quer a forma quer o conteúdo das normas, conf.: RODRIGUES, Anabela Miranda. *A determinação...*, cit., p. 245. Também para MIR PUIG (*Derecho Penal*, cit., p. 19), cada ordenamento jurídico-penal responde a uma determinada orientação político-criminal e expressa uma concreta política criminal; nesse sentido, a política criminal não é uma disciplina teórica mas sim uma orientação do Direito Penal.

[95] DIAS, Jorge de Figueiredo. *Direito processual penal. Lições...*, cit., p. 17.

que deve operar a punibilidade, no interior dos quais deve actuar a dogmática jurídico-penal[96]. Ou seja, antes de se limitar à indagação do *como reagir-se*, a política criminal passa a preocupar-se também com aquilo *a que deve reagir-se*. Ela assume os seus próprios fins que, inclusive, "podem colidir com os fins inscritos no sistema jurídico--penal em nome da procura de alternativas não penais de controlo ou mesmo do propósito da abertura pura e simples de novos campos de tolerância"[97]. Isso torna-se evidente a partir de uma construção do processo penal como instrumento de política criminal, na medida em que a necessidade (conflito ou consenso) e a forma (sumário, sumaríssimo, abreviado, directo ou directíssimo) do procedimento são determinados, entre outros factores, por razões político-criminais. Ou seja, à política criminal não estará reservada apenas a missão de determinar como deve ser a reacção penal mas também a de seleccionar aquilo contra o que deverá reagir-se de modo mais formalizado ou não e o tipo dessa formalização (maior ou menor)[98].

Em suma, verificada uma afinidade funcional entre o Direito Penal substantivo e o processo penal, bem como uma certa fungibilidade técnico-legislativa entre eles, nada obsta a que "os conteúdos de valor utilizados no preenchimento dos diferentes conceitos hajam de apontar no mesmo sentido", operando dessa forma "uma transferência da política criminal para o processo"[99].

Ainda que se tenha que limitar uma compreensão ampla do processo penal como instrumento de política criminal, em atenção à sua também indispensável função de garantia, pelo menos não pode ele ser um obstáculo à realização dos fins político-criminais perseguidos pelo *Sistema Jurídico-Penal* como um todo, com vista a evitar contradições intra-sistémicas prejudiciais não só ao interesse estatal de persecução dos delitos mas também aos próprios envolvidos nessa actividade[100].

Concluindo com ENGISCH[101], a Ordem Jurídico-Penal deve ser

---

[96] DIAS, Jorge de Figueiredo, ANDRADE, Manuel da Costa. *Criminologia*, cit., p. 106.

[97] ANDRADE, Manuel da Costa. Sobre o estatuto e função da criminologia contemporânea, cit., p. 506.

[98] É o próprio critério prévio de diferenciação entre os diversos tipos de criminalidade (grave, média, menor potencial ofensivo, *infra*) a confirmar a afirmação.

[99] RIESS, Peter. Die Zukunft des Lagalitätsprinzips. *Neue Zeitschrift für Strafrecht*, p. 2-10, 1981, p. 6.

[100] Em relação ao acusado, porque lhe interessa a existência de um processo sem dilações indevidas, não somente quando acredita em não ser alcançado pelo poder

Pensamento Sistemático e Direito Penal 51

uma ordem e não uma desordem, tem que ser um todo unitário, sem contradições internas, um cosmos e não um caos. Isso supõe que o Sistema Jurídico-Penal tem que basear-se em uma ou algumas ideias fundamentais que não estejam em mútua contradição e logicamente consequentes: "a eleição das ideias fundamentais efectua-se 'segundo puras considerações finalistas', segundo pontos de vista 'de política criminal'".

Frise-se que, relacionada com a necessidade de compromisso entre *garantia* e *funcionalidade* no interior do processo penal, a proposta aqui sustentada em nada legitima uma adesão cega a um *eficientismo* processual. A ressalva é pertinente enquanto pende a demonstração de que esse *eficientismo* possa realmente colaborar para a obtenção daquela *funcionalidade*, sem prejuízo da característica de *garantia* imanente ao processo penal.

---

punitivo estadual mas também quando ciente está das dificuldades da sua situação processual. Na última das mencionadas hipóteses o interesse é sempre maior na medida em que se reduzem as perspectivas de prescrição. Quanto à vítima, a despeito de qualquer interesse de natureza patrimonial a que a conclusão do processo possa conduzir, desnecessária é a demonstração da satisfação das suas expectativas com o desfecho processual, em muitos casos ainda que se conclua pela exclusão da responsabilidade penal do acusado.

[101] Sentido..., cit., p. 17.

SECÇÃO 2

O processo penal como instrumento de política criminal[1].

Ressalvando a necessidade de preservação da tradicional função de *garantia* do processo penal, inerente à sua teleologia própria de natureza garantística, mas não eliminando a possibilidade de que também através dele se obtenha a viabilidade do *Sistema Penal*, com vista a uma maior *eficiência* mas também uma maior *funcionalidade*, talvez uma sua reconstrução em termos de política criminal se mostre idónea, conforme já estabelecido em premissa para o *Sistema Jurídico-Penal*[2].

Propõe-se, pois, *a inserção do processo penal no âmbito geral da política criminal, de modo que na sua estruturação se levem em conta também as intenções político-criminais que orientam o Sistema Jurídico-Penal como um todo.*

Utilizando uma terminologia mais apurada, apta a revelar a delimitação que se impõe à tese, do que se trata é do necessário "reflexo, que no processo penal se deve ver, de uma concepção básica da política criminal,

---

[1] A primeira indagação que pode surgir a este respeito reside em saber se na verdade não seriam as próprias instâncias formais de controle os instrumentos de política criminal e não o processo através do qual elas operam. Sem a pretensão de ter a última palavra a respeito, há que se ponderar que, utilizando as palavras de FIGUEIREDO DIAS e COSTA ANDRADE (DIAS, Jorge de Figueiredo, ANDRADE, Manuel da Costa. *Criminologia*, cit., p. 390), essas instâncias são os *destinatários da política criminal*, esta última determinada pela forma e estrutura processual respectiva.

[2] A proposta tem como pano de fundo o entendimento de que a introdução de determinadas alternativas processuais pode apresentar-se como um filtro de natureza elástica, susceptível de um controle mais de perto, podendo ser facilmente adaptado às rápidas mudanças das linhas de política criminal, conf.: PALIERO, Carlo Enrico. Note..., cit., p. 953. Desde logo, porém, a observação de que não deverá ser o processo penal o único instrumento de política criminal, nem mesmo se podendo falar em autonomia ou exclusividade dessa sua função, conf.: RODRIGUES, José Narciso da Cunha. Direito processual penal, cit., p. 40.

dos seus propósitos e metas fundamentais, das proposições e princípios directores de que num certo estádio da evolução ela se nutre"[3].

No que concerne ao Ordenamento Jurídico brasileiro, a ideia parece ter sido acolhida com o advento da Lei 9.099/95, afirmando-se que o exame dos critérios que nortearam a sua edição revela que o mencionado Diploma inaugura verdadeiramente uma nova fase no processo penal, na qual, antes de dar prioridade a repressão pura e simples da delinquência, se procurou a implementação de uma política criminal voltada para a *prevenção* da criminalidade[4].

§ 1 – O processo penal funcional e garantidor.

O pressuposto básico para que se intente a construção de um semelhante modelo processual reside na possibilidade de conciliar ao mesmo tempo as necessidades de *garantia* do cidadão com as não menos necessárias *funcionalidade* e *eficiência* do Sistema Punitivo total[5]. *Parte-se, pois, da ideia de se buscar uma maior eficiência e funcionalidade do processo penal no interior da sua tradicional função de garantia.*

Antes, porém, de se verificar a possibilidade dessa composição, importa analisar o porque e em que medida esses vectores são tão importantes para o processo penal, com vista a identificar-se o grau com que cada um deve contribuir para a construção do mencionado modelo processual.

---

[3] DIAS, Jorge de Figueiredo. Os princípios estruturantes do processo e a revisão de 1998 do código de processo penal. *Revista Portuguesa de Ciência Criminal*, Coimbra, a. 8, fasc. 2°, p. 199-213, abr-jun 1998, p. 201. Mencionamos a melhor aptidão do termo *reflexo* para delimitar a tese, face ao risco de que os termos anteriormente utilizados, *v.g.*, orientação, integração, intrumento, possam induzir a ver na proposição algo que extrapola os seus limites: o processo penal como um puro instrumento de política criminal, exclusivamente.

[4] SOARES, Olavo Berriel. Lei n° 9.099/95: uma nova política criminal. Boletim *IBCCrim*, São Paulo, a. 3, n° 35, p. 5, nov. 1995.

[5] No que se refere ao Direito Penal material, para a imprescindibilidade dessa conciliação advertiu ANABELA RODRIGUES (RODRIGUES, Anabela Maria M.. *A determinação da medida da pena privativa de liberdade*, cit., p. 365), apontando a necessidade de um seu repensar, tendente a tornar cada vez mais compatível o momento garantístico e o momento funcional do magistério punitivo.

O *Processo Penal como Instrumento de Política Criminal* 55

Desde logo, deve ser valorada a característica necessariamente dinâmica do processo penal e a sua natural destinação a um resultado, impondo-se uma constante tensão instrumental entre meios e fins, uma incessante investigação de respostas às necessidades que se agitam no seu interior. Nesse sentido, o processo penal joga a sua própria existência sobre a sua capacidade de funcionar de modo orgânico e eficaz, sem a qual ele não representa simplesmente um sistema degradado e sim um verdadeiro "não-sistema": uma simulação do que deveria ser[6]. Desse modo, não devendo a celeridade ser um fim em si mesmo mas devendo tender a uma maior funcionalidade, é de se indagar, pois, qual o vínculo existente entre uma maior eficiência do processo penal e os objectivos de política criminal, de forma a justificar a orientação aqui demonstrada.

Não é difícil apontar os efeitos nefastos de uma lenta tramitação para o processo penal em termos de política criminal: ela transpõe a actividade sancionadora para instâncias de penalização extra-estatais; quebra a confiança dos cidadãos numa tutela jurídica eficaz e fomenta as tendências de autodefesa. Ademais, a crescente distância temporal em relação ao facto dificulta a comprovação segura do que nele efectivamente ocorreu[7]. A isso acresce o entendimento de que a pena deveria seguir quanto antes ao delito, pois só assim recairá sobre o delinquente tal como era no momento de delinquir, e somente assim ele a compreenderá, podendo, inclusive, aceitá-la; só assim também pode ser restituida a paz jurídica gravemente perturbada pelo delito[8]. Percebe-se nitidamente a vinculação aos objectivos de política criminal inerentes aos posicionamentos citados: quanto ao primeiro momento, numa referência clara à relevância do movimento processual em relação a todos os cidadãos; quanto ao segundo, relativo às repercussões do movimento processual em relação ao próprio agente do facto.

Não é graciosa esta busca de *funcionalidade* do processo penal. Conforme veremos em detalhes, isso explica-se em virtude de essa tendência decorrer de uma necessidade verificada no âmbito do Direito Penal material, como forma de assegurar a sua "capacidade funcional"[9]. O Direito Penal material e o Direito Processual Penal estão, em

---

[6] PADOVANI, Tullio. Il nuovo codice di procedura penale e la riforma del codice penale. *Rivista Italiana di Diritto e Procedura Penale*, p. 916-939, 1989, p. 919.

[7] ZIPF, Heinz. *Introducción...*, cit., p. 130.

[8] BAUMANN, Jürgen. La situacion del proceso penal en alemania. Trad. Ursula Vestweber. *Justicia*, Barcelona, nº I, p. 87-108, 1983, p. 96.

última instância, em íntima relação funcional (*supra*) e, por isso, um Direito Processual Penal com todas as garantias do Estado de Direito somente é possível com um Direito Penal material baseado nos mesmos princípios. Ao invés, um Direito Penal maciçamente incriminador e funcional pressupõe, igualmente, um processo penal baseado em estratégias de actuação maciça, ou seja, funcional[10].

Vejamos então se é possível constatar essa busca de uma maior *funcionalidade* nos Ordenamentos Jurídicos abrangentes do objecto da nossa análise.

Escrevendo sobre as reformas verificadas no processo penal alemão na década de setenta, afirma HÜNERFELD[11] que se até então era reconhecido o primado à consolidação e aperfeiçoamento dos direitos e garantias dos acusados, actualmente "são sobretudo a celeridade, a concentração e o reforço da eficácia do processo que dominam as atenções do legislador".

Também as alterações introduzidas pela Lei 9.099/95 no modelo processual penal brasileiro aspiravam a uma desformalização do processo, "tornando-o mais simples, mais rápido, mais eficiente, mais democrático, mais próximo da sociedade"[12].

---

[9] Sobretudo para a justiça penal, constitui uma prova de fundamental importância a verificação da sua *racionalidade*, *praticabilidade* e *eficácia*. Assim, concebida como a "capacidade de produção de efeitos socialmente úteis para o indivíduo e para a colectividade", a funcionalidade é tida mesmo como um dos factores de que depende a legitimação da teoria da pena no âmbito do Direito Penal material, conf.: RODRIGUES, Anabela Maria M.. *A determinação da medida da pena privativa de liberdade*, cit., p. 182.

[10] HASSEMER, Winfried. Crisis y caracteristicas del moderno derecho penal. Trad. Francisco Muñoz Conde. *Actualidad Penal*, Madrid, n. 43-22, p. 635-646, nov. 1993, p. 644; BAUMANN, Jürgen. La situacion del proceso penal en alemania, cit., p. 107.

[11] A pequena criminalidade e o processo penal, cit., p. 26.

[12] GRINOVER, Ada Pellegrini, GOMES FILHO, Antonio Magalhães, FERNANDES, Antonio Scarance, GOMES, Luiz Flávio. *Juizados especiais criminais. Comentários à Lei 9.099 de 26.09.1995*. São Paulo: RT, 1996, p. 10. A própria Lei 9.099/95 (Lei dos Juizados Especiais Criminais) elegeu a economia processual e a celeridade como critérios orientadores do processo no Juizado Especial (art. 62). Aliás, esses critérios não se mostram desamparados de fundamentação constitucional, uma vez que resultam da garantia da realização do processo sem dilações indevidas ou, garantia do término da persecução penal em prazo razoável, prevista no art. 8°, n° 1, da *Convenção Americana sobre Direitos Humanos*, assinada em San José da Costa Rica em 1969, cujo texto foi aprovado pelo Congresso Nacional, através do Decreto Legislativo n° 27, de 26 de maio de 1992, e o integral cumprimento foi determinado pelo Decreto n° 678, de 06 de novembro de 1992.

O Processo Penal como Instrumento de Política Criminal

Se a exaltação do vector *funcionalidade* é algo incontroverso tanto na doutrina como na jurisprudência, não se deve esquecer a relevância também do vector *garantia*, em virtude da constatação fáctica de que o aumento da capacidade do Direito Penal actualmente é consequência do sacrifício de algumas garantias específicas do Estado de Direito, as quais representavam um obstáculo para a sua ampliação[13]. Ainda com HASSEMER[14], as garantias de um Direito Penal e processual não são simples formalidades que sobrevivem, senão que são, antes de mais nada, pressupostos necessários para uma justificação do Direito Penal. Diríamos nós, ademais da justificação essas garantias são a própria legitimação concreta do Direito Penal, tendo em vista que os visados, neles incluídos o acusado real e o potencial, somente reconhecerão a validade de uma intervenção de natureza penal que se faça sob as garantias necessárias. Isso é de crucial importância não só em termos dogmáticos como também por razões de política criminal: que o diga a finalidade de prevenção geral positiva. Aliás, adiantando a informação sobre a existência de limites de natureza epistemológica à *complementariedade funcional* entre o Direito Penal material e o respectivo processo penal, podemos afirmar que os aspectos peculiares do processo penal que devem ser mantidos e a respeito dos quais não se deve falar nessa *complementariedade funcional* são justamente os princípios garantísticos que lhe são imanentes. Somente com o resguardo desse vector garantia se torna possível aquela "irritação" a ser feita pelo "sistema pessoal" – estruturado na pessoa humana –, também ele autónomo, auto-referente e auto-poiético, no sistema social, frente à funcionalidade cada vez mais imposta pela racionalidade deste último[15]. Vejamos se esse primado do vector *garantia* pode ser efectivamente comprovado nos Ordenamentos eleitos como referência.

Considerando o princípio da legalidade processual como uma concentração de poder nas mãos do Estado, no Ordenamento Jurídico ale-

---

[13] HASSEMER, Winfried. Crisis y caracteristicas del moderno derecho penal, cit., p. 640.

[14] HASSEMER, Winfried. La ciencia jurídico penal en la república federal alemana. Trad. Hernán Hormazábal Malarée. *Anuario de Derecho Penal y Ciencias Penales*, Madrid, t. XLVI, f. I, p. 35-80, ene/abr 1993, p. 79.

[15] Detalhes a respeito desta mudança verificada em relação ao sistema pessoal, deixando de ser mero ambiente do sistema social para converter-se num sistema autónomo, auto-referente, autopoiético e figurando como seu próprio ambiente: ANDRADE, Manuel da Costa. *Liberdade de imprensa e inviolabilidade pessoal.Uma perspectiva jurídico-criminal.* Coimbra: Coimbra Editora, 1996, p. 26.

mão demonstra SCHÖNE[16] a imprescindibilidade do vector garantia para a integração político-criminal do processo penal, uma vez que, "como cada concentração de poder requer limitação e controle, o contrapeso necessário encontra-se nas garantias pessoais e na formalidade jurídico--processual, que domina cada passo do procedimento com o fim de proteger o inocente e de tratar correctamente o culpado".

Assim, se o Direito Processual penal deve prescrever-se e actuar-se de modo a oferecer-se "como um instrumento jurídico para uma válida e eficaz luta contra o crime, pela realização do direito criminal, não deve traduzir menos *uma garantia* jurídica dos cidadãos"[17]. É a escorreita lição que nos vem também do Ordenamento Jurídico português.

Postas as coisas nesses termos, importa agora verificar a tendência para uma solução de compromisso entre esses vectores da funcionalidade e da garantia.

No Ordenamento Jurídico brasileiro, MIRABETE[18] evidenciou a necessidade de composição entre os vectores do *eficientismo*, da *garantia* e da *funcionalidade*, ao asseverar que mister se fazia "um processo penal de melhor qualidade, com instrumentos mais adequados à tutela de todos os direitos, assegurando-se a utilidade das decisões judiciais, bem como a implantação de um processo criminal com mecanismos rápidos, simples e económicos de modo a suplantar a morosidade no julgamento de ilícitos menores, desafogando a Justiça Criminal, para aperfeiçoar a aplicação da lei penal aos autores dos mais graves atentados aos valores sociais vigentes". Perfeitamente identificável no comentário o destaque para os aspectos práticos e finalísticos (utilitarísticos), impulsionadores do movimento de reformas do *Sistema Jurídico Penal* em sentido amplo.

---

[16] SCHÖNE, Wolfgang. Líneas generales del proceso penal alemán. *In*: *Acerca del orden jurídico penal*. San José: Juricentro, 1992, p. 161-186, p. 163.

[17] CASTANHEIRA NEVES, António. *Sumários…*, cit., p. 7-8.

[18] MIRABETE, Julio Fabbrini. *Juizados especiais criminais*. São Paulo: Atlas, 1996, p. 16. Menciona-se, então, a necessidade de que a "resposta jurídica" adequada a cada conduta desviada deve ser ao mesmo tempo "justa e útil", conf.: GOMES, Luiz Flávio. *Suspensão condicional do processo penal*. 2ª Ed.. São Paulo: RT, 1997, p. 30. Ressaltada a importância da composição entre esses vectores, importa registar o comentário – ainda que envolvendo a *praxis* e não a estrutura legal – acerca da aplicação da Lei 9.099/95 no Ordenamento Jurídico brasileiro, no sentido de que "a informalidade e sobretudo a busca da conciliação ou da transacção a qualquer custo, vêm relegando a segundo plano *direitos e garantias fundamentais arduamente conquistados*", conf.: GIUNTINI, Ricardo Rui. Lei nº 9.099/95 e acessibilidade. *Boletim IBCCrim*, São Paulo, a. 6, nº 68, p. 14-15, jul. 1998.

O problema da oposição entre um "crime control model" e o "due process model" não se mostra ausente no Ordenamento Jurídico alemão, representando a necessidade de uma solução de compromisso entre as exigências de um Estado de Direito (vector *garantia*) e a eficácia do processo penal (vector *funcionalidade*). Sendo um conflito de valores, no qual a identificação do ponto de equilíbrio ainda não se deu de forma clara, o *Bundesverfassungsgericht* (Tribunal Constitucional Federal) acordou quanto a ser a eficácia do procedimento um valor de ordem constitucional (em *BVerfGE* 80, 367, 375)[19]. Afirmando que essa tensão é ainda hoje um tema controvertido e também reportando-se à posição do Tribunal Constitucional Federal (*BVerfGE, 33, 367-383, 1973; BVerfGE 33, 312-320, 1975; BVerfGE, in NJW, 1977, 2255*), afirma ESER[20] que o Estado de Direito deveria, de facto, garantir seja os direitos individuais de liberdade seja a funcionalidade na administra-

---

[19] JUNG, Heike. Le ministere public: portrait d'une institution. Trad. Claude Witz. *Archives de Politique Criminelle*, Lyon, n° 15, p. 15-27, 1993, p. 18. Uma abordagem ampla sobre essa oposição já tinha sido realizada anteriormente por JUNG (JUNG, Heike. Vers un nouveau modèle du procès pénal? Réflexions sur les rapports "la mise en état des affaires pénales". Trad. Claude Witz. *Revue de Science Criminelle et de Droit Pénal Comparé*, Paris, n° 3, p. 526-536, jui/sep 1991, p. 530-531), demonstrando que em grande parte dos ordenamentos jurídicos existentes, principalmente naqueles do Continente europeu, se erige uma barreira contra a busca da funcionalidade do processo penal por todos os meios. Afirmando que, efectivamente, a funcionalidade, por mais necessária que seja, não deve ser procurada a qualquer preço, o Autor entende que, elevados à categoria de um elemento da teoria do processo, os direitos do homem não podem mais ser considerados como um obstáculo a um processo penal eficaz, sendo perfeitamente possível a conjugação entre um "procès équitable" e um "procès efficace". É SCHÜNEMANN (SCHÜNEMANN, Bernd. Crisis del procedimiento penal? Marcha triunfal del procedimiento penal americano en el mundo? Trad. Silvina Bacigalupo. *In*: ESPANHA. CONSEJO GENERAL DEL PODER JUDICIAL. *Jornadas sobre la "reforma del derecho penal en alemania"*. Madrid: Consejo General del Poder Judicial, p. 49-58, 1991, p. 51) quem também identifica a perda de funcionalidade do processo penal alemão no facto de pertencer ele a um sistema judicial altamente formal, no qual se exige a verdade acima da efectividade e da rapidez.

[20] ESER, Albin. La posizione giuridica dell'imputato nel processo penale tedesco. Trad. Luca Marafioti. *Il Giusto Processo*, Roma, n° 9-12, p. 274-297, 1991, p. 283. É pertinente, todavia, a cuidadosa advertência bem posta por MARAFIOTI (MARAFIOTI, Luca, *In*: ESER, Albin. La posizione giuridica dell'imputato nel processo penale tedesco, cit., p. 282, nota), no sentido de que a expressão *Justizförmigkeit* adoptada pelo Autor no original, que correponderia ao vector garantia dessa tensão, talvez não possa perfeitamente ser traduzida por "garantismo", sendo preferível a significação de "justo processo".

60   *O Processo Penal como Instrumento de Política Criminal*

ção da justiça. Nesse sentido subsiste um dever de tutela não apenas em relação aos particulares como também um dever de tutela em relação à totalidade dos cidadãos. Conforme se acentua, também a colectividade tem interesse em que o processo se desenvolva de acordo com as regras processuais e que ninguém seja condenado injustamente. Essa ideia veio concretizada numa outra decisão do Tribunal Constitucional Federal[21], acentuando-se que "o Estado de direito somente se realiza quando haja a segurança de que se perseguirá o delinquente, que será sentenciado e se lhe aplique uma pena justa, dentro do marco da lei vigente (...) que ofereça protecção ao princípio de Estado de Direito, à missão do Estado de velar pela segurança dos cidadãos, e de proteger a sua confiança na funcionalidade das instituições estatais e o direito de todos a exigir um tratamento igualitário para o acusado no processo penal, logrando, fundamentalmente, que se leve adiante a pretensão penal". No aspecto político-jurídico seria sumamente pernicioso querer formar uma alternativa entre tramitação rápida e tramitação esmerada. A "cautela e prudência" e a rápida tramitação do processo não contrastam entre si, como tão pouco o esclarecimento geral dos factos e a celeridade do processo; por isso não deveriam opor-se à ordem de celeridade. Somente pode tratar-se, em todo o caso, de uma forma de trabalho rápida e esmerada[22]. Aliás, já PETERS[23] apontava a existência dessa tensão interna no processo penal: deve servir a verdade mas, por interesses individuais ou sociais, deve renunciar à investigação da verdade; deve servir a justiça mas ao mesmo tempo garantir a certeza do direito; ao mesmo tempo que devem gozar de poderes discricionários os órgãos da persecução penal estão sujeitos a vínculos. Sendo necessário uma profunda e realista compreensão da realidade processual para se encontrar um remédio para essa tensão, por vezes invocam-se considerações de oportunidade como meio de se enfrentar a situação.

Assim, com adequação se demonstra que tanto na aplicação das leis existentes como nas discussões de *lege ferenda* verifica-se no Ordenamento Jurídico alemão um certo movimento pendular entre a acentuação das garantias individuais e a funcionalidade do sistema

---

[21] *BVerfGE*, 46, 214, 222 e seguintes, conf.: GOSSEL, Karl-Heinz. Reflexiones sobre la importancia del principio de legalidad en el procedimiento penal del estado de derecho. Trad. Katrin Lemberg. *Nuevo Foro Penal*, n° 23, p. 5-29, 1984, p. 12

[22] ZIPF, Heinz. *Introducción...*, cit., p. 130.

[23] PETERS, Karl. Evoluzione del processo penale. Trad. Francesca Molinari. *Annali della Facoltà di Giurisprudenza*, Genova, a. XIII, p. 530-544, 1974, p. 531/532.

O Processo Penal como Instrumento de Política Criminal 61

penal, ou seja, "entre correntes que se orientam pelo princípio de *proporcionalidade* da actuação estatal, e outras, que optam pela *efectividade* da repressão da criminalidade". Entre os dois termos, sustenta--se que "a verdade há que ser buscada, como diz um refrão alemão..., no meio"[24]. Essa oscilação talvez resulte de razões mais profundas, relacionadas com a própria organização política estrutural, sendo oportuno destacar que o Estado alemão funda-se numa Ordem inspirada pelos princípios de um Estado de Direito ao mesmo tempo que orientada pelas exigências de um Estado Social[25]. Esse o entendimento de JESCHECK[26] ao destacar que é missão do Estado de Direito não somente garantir os direitos do particular mas como um *social* Estado de Direito também o de promover o bem da colectividade. Consequência disso, afirma, é que se exige a racionalização, a eficiência e a celeridade do processo penal.

Especificamente no que se refere às formas de diversificação processual, com particular acuidade afirma AMBOS[27] que "as restrições jurídicas, próprias do Estado de Direito, que acompanham a abreviação e aceleração do procedimento, em especial limitações à protecção jurídica, devem ser equilibradas e proporcionalmente compensadas".

Diversa não é a situação no Ordenamento Jurídico português[28], também em relação a ele sendo proclamado que o Estado de Direito não exige apenas a tutela dos interesses das pessoas e as garantias dela decorrentes, mas exige também uma eficaz administração da justiça penal, com vista à protecção das suas instituições[29]. Uma clara alusão à

---

[24] SCHÖNE, Wolfgang. Líneas generales del proceso penal alemán, cit., p. 165.

[25] ROXIN, Claus. Sobre el concepto global para una reforma procesal penal. *Universitas*, v. XXIV, nº 4, p. 311-318, 1987, p. 316.

[26] JESCHECK, Hans-Heinrich. Il contributo della comparazione del diritto alla riforma del processo penale tedesco. Trad. Francesca Molinari. *Annali della Facoltà di Giurisprudenza – Università degli Studi di Genova*, Milano, a. XIV, p. 96-112, 1975, p. 97/98.

[27] AMBOS, Kai. Procedimientos abreviados en el proceso penal alemán y en los proyectos de reforma sudamericanos. *Revista de Derecho Procesal*, Madrid, nº 3, p. 545-597, 1997, p. 551.

[28] No Ordenamento Jurídico português, essencial a respeito das antinomias básicas no interior do processo penal, em especial no que contende com a conflitualidade estrutural entre o Estado e o indivíduo: ANDRADE, Manuel da Costa. Sobre as proibições de prova..., cit., p. 66 e seguintes.

[29] DIAS, Jorge de Figueiredo. *Direito processual penal. Lições...*, cit., p. 50. Já antes a afirmação ainda mais impressiva, em termos que "o Estado de Direito não

62 O Processo Penal como Instrumento de Política Criminal

inafastável necessidade de um compromisso entre a máxima eficiência na reconstituição dos factos e perseguição dos criminosos, por um lado, e a tutela dos direitos do arguido e das pessoas em geral, marcadamente no que se refere ao princípio da presunção da inocência, por outro, foi muito bem feita por MOURA[30] em relação à fase preparatória no C.P.P. português de 1987. Desse modo, se nos é possível aproximar o vector *funcionalidade* do valor *justiça*, enquanto relacionado com a necessidade de que esta última seja efectivamente prestada com o menor custo possível, da mesma forma vem reforçada a ideia de uma *ponderação de valores conflituantes* entre aquele vector e o da *garantia*[31], ambos a serem eleitos como fins a serem perseguidos pelo processo penal.

---

exige apenas a tutela dos interesses das pessoas e o reconhecimento dos limites inultrapassáveis, dali decorrentes, à prossecução do interesse oficial na perseguição e punição dos criminosos. Ele exige também a protecção das suas instituições e a viabilização de uma eficaz administração da justiça penal. Também um unilateralismo sistemático no sentido da protecção do arguido ameaçaria o Estado de Direito mesmo nos seus fundamentos", conf.: DIAS, Jorge de Figueiredo. Para uma reforma global..., cit., p. 206. Assim, concretamente, os reflexos do moderno Estado de Direito e Social no processo penal seriam sentidos através da abertura para a conciliação, transacção e uma certa margem do princípio da oportunidade, conf.: DIAS, Jorge de Figueiredo. *Código de processo penal e outra legislação processual penal*. Lisboa: Aequitas Editorial Notícias, 1992, p. 31. Ao que de perto nos interessa, a proposta de uma dogmática jurídico-penal – e, por que não, também processual penal – empenhada nas tarefas de política criminal corresponde ao triunfo do Estado de Direito Social sobre o Estado de Direito Liberal e não parece ter hoje opositores, conf.: ANDRADE, Manuel da Costa. Sobre o estatuto e função da criminologia contemporânea, cit., p. 509.

[30] MOURA, José Souto de. Inquérito e instrução. *In: Jornadas de direito processual penal: o novo código de processo penal*. Coimbra: Livraria Almedina, p. 81-145, 1993, p. 85. A necessidade desse compromisso é identificada com a igual necessidade de superação da tensão entre o Estado de Direito e o Estado Social no âmbito da justiça criminal. Também aludindo ao C.P.P. de 1987, entende MOTA (MOTA, José Luís Lopes da. A revisão do código de processo penal. *Revista Portuguesa de Ciência Criminal*, Coimbra, a. 8, fasc. 2º, p. 163-198, abr-jun 1998, p. 165) que ele conferiu unidade e coerência ao processo, reforçando a eficácia do sistema e a tutela dos direitos fundamentais

[31] DIAS, Jorge de Figueiredo. *Direito processual penal*, cit., p. 45. Conforme lição do mesmo Autor (Idem, A "ciência conjunta do Direito Penal". *In: Questões fundamentais do direito penal*. São Paulo: RT, p. 19-49, 1999, p. 33), a ideia lançada no texto adequa-se ao modelo do *Estado de Direito material contemporâneo*, assim compreendido todo o Estado democrático e social, o qual, se por um lado conserva a sua vinculação ao Direito, e mesmo a um esquema rígido de legalidade, funcionando dessa forma como instância de garantia, por outro, e pela mesma razão, deixa-se mover, dentro daquele esquema, por considerações de justiça, devendo promover e realizar todas as condições – políticas, sociais, culturais, económicas – para o desenvol-

O *Processo Penal como Instrumento de Política Criminal*   63

Ainda nos primeiros tempos de vigência da reforma processual penal italiana, CHIAVARIO[32] destacava a importância da necessária correlação que deve ser feita entre *giustizia "semplice"* e *giustizia "giusta"*, sendo, portanto, mais adequado falar-se em uma "simplificação razoável" do processo, na medida em que não exponha a riscos o aspecto "giusto" que deve inspirá-lo. Digna de nota também é a vinculação feita entre a eficiência do processo e os Ordenamentos Jurídicos de inspiração liberal democrática, com destaque, entretanto, para a necessidade de que essa eficiência seja delimitada por princípios que assegurem a garantia individual. Aliás, conforme complementa o próprio CHIAVARIO[33], não resta dúvida que os próprios interesses sociais e colectivos são atendidos não apenas através de um processo "più giusto" mas também mediante um processo "più comprensibile" e sobretudo "più celere", que possibilite a ocorrência de decisões dotadas de crédito em um tempo mais razoável. Uma vez mais evidencia-se, pois, a necessidade de uma solução de compromisso entre a finalidade de deflação e as garantias tradicionais do processo penal, de tal modo que o objectivo de se evitar uma inflação na fase dos debates em audiência seja obtido sem substancial sacrifício das mencionadas garantias, ou seja, naqueles casos em que o recurso a essa fase central e fundamental do processo no seu desenvolvimento típico possa ser dispensada[34].

Ainda que na perspectiva do Direito Penal material, em relação ao princípio da reserva legal, afirma-se também no Ordenamento Jurídico brasileiro a existência de uma tensão dialéctica entre as noções de eficácia e garantia[35]. Reitere-se, porém, que a ideia da *complementarie-*

---

vimento o mais livre possível da personalidade ética de cada um. No sentido do texto, consultar também: RODRIGUES, José Narciso da Cunha. O sistema processual penal português, cit., p. 15-16.

[32] CHIAVARIO, Mario. Qualche sollecitazione per un confronto. *In*: *Il nuovo codice di procedura penale visto dall'estero*. Atti del Seminario di Torino 4-5 maggio 1990. A cura di Mario Chiavario. Milano: Dott. A. Giuffrè Editore, p. 3-20, 1991, p. 11; GALLO, Marcello. Introduzione.... *in*: *Il nuovo codice di procedura penale visto dall'estero*. Milano: Giuffrè Editore, 1991, p. 23-27, p. 24; FERRUA, Paolo. *Studi sul processo penale II*, cit., p. 13.

[33] CHIAVARIO, Mario. *Procedura penale un codice tra "storia" e cronaca*. Torino: Giappichelli Editore, 1994, p. 121.

[34] CHIAVARIO, Mario. *La riforma del processo penale. Appunti sul nuovo codice*. 2ª edizione. Torino: UTET – Unione Tipografico-Editrice Torinese, 1989, p. 50.

[35] LOPES, Mauricio Antonio Ribeiro, *In*: FIGUEIRA JUNIOR, Joel Dias, LOPES, Mauricio Antonio Ribeiro. *Comentários à lei dos juizados especiais cíveis e criminais*. São Paulo: RT, 1995, p. 260.

dade funcional permite perfeitamente a ampliação desse raciocínio ao processo penal.

Portanto, não resta dúvida que no cerne da questão penal dos Ordenamentos ora visitados reside a ideia acerca de uma solução de compromisso entre funcionalidade e garantia. Todavia, o grande dilema oferecido por um sistema assim articulado é justamente o grau de composição admitido entre os dois termos potenciados por cada uma das escolhas processuais: *garantia* e *funcionalidade*, de modo a evitar que uma não exclua a outra[36]. Em outros termos: assim como não se pode tolerar a adopção de um processo penal ágil, pronto a atender às necessidades de deflação do sistema de justiça criminal mas destituído das garantias processuais[37], não se admite um apego desmedido à sua tradicional função de garantia, sacrificando desse modo a exigência de prestar justiça célere. Em síntese, trata-se de adentrar naquela "terra de ninguém", onde as finalidades de política criminal se confundem com as exigências de tutela dos valores constitucionais e dos valores inscritos na Declaração Universal de Direitos do Homem e do Cidadão, sob a influência das mutações históricas e ideológicas que se produzem com o tempo[38].

Para a solução do problema não servem as soluções meramente nominalísticas, fundadas em uma confortável alegação de que a conjugação dos dois factores, garantia e celeridade, pressupõe a existência de opostos modelos processuais[39]. Com efeito, uma solução do tipo por

---

[36] Não é sem razão que se afirma que "la recherche de nouveaux points d'équilibre à ce sujet est un des problèmes les plus brûlants de l'aujourd'hui de la justice' en Italie": CHIAVARIO, Mario. Aperçus sur la procédure d'audience en italie entre réforme et "post-réforme". *Revue de Science Criminelle et de Droit Pénal Comparé*, Paris, nº 2, p. 207-215, avr/jui 1994, p. 215.

[37] FERRAJOLI, Luigi. Patteggiamenti e crisi della giurisdizione. *Questione Giustizia*, Milano, nº 2, p. 371-383, 1989, p. 374.

[38] GIARDA, Angelo. I tempi processuali nel sistema del nuovo processo penale. *In: Profili del nuovo processo penale*. Coordinati da Mario Garavoglia. Padova: CEDAM – Casa Editrice Dott. Antonio Milani, p. 141-153, 1988, p. 152.

[39] Conforme informa ACCATTATIS, "negli Stati Uniti è, comunque, del tutto incontroverso che *plea bargaining* e *due process of law* configurano opposti modelli processuali: il 'modelo amministrativo' ed il 'modelo processual-garantista', il *Crime Control Model* e il *Due Process Model*": o primeiro modelo baseado na necessidade de defesa social, pondo em evidência as exigências da eficiência, da informalidade e da velocidade da justiça; o segundo centrado na garantia jurídica à qual a repressão penal está condicionada, evidenciando a exigência de que a real justiça seja feita, valorando-se

último preconizada corre o risco de apenas conduzir a um movimento pendular entre exasperadas preocupações com a garantia por um lado e a sua absoluta supressão por outro[40].

Talvez tudo possa resumir-se na primeira manifestação do Tribunal Constitucional Federal do Ordenamento Jurídico alemão a esse respeito, já em 15 de Dezembro de 1965, caracterizando como dois princípios de igual importância para o Estado de Direito a garantia do direito do indivíduo à liberdade pessoal, por um lado, e as necessidades "de uma eficaz acção penal", por outro. Sedimentada essa posição jurisprudencial em decisões posteriores, o problema da medida em que cada um dos vectores deve prevalecer resolve-se pela afirmação de que "em caso de conflito, devem ser ponderados conjuntamente"[41]. Em outras palavras, o equilíbrio entre os interesses da persecução penal e aqueles da liberdade do acusado deverá resultar sempre de uma ponderação dos ditos interesses[42]. Segue-se que a perspectiva não será falsa, contanto que haja a coragem de reconhecer que, se se deseja um processo com o máximo de garantias onde elas forem necessárias, não se pode permitir o luxo de dispensá-las quando não seja efectiva a sua exigência[43].

Tudo se resume, pois, em introduzir no seio do próprio processo legal – sem prejuízo para os seus postulados essenciais – mecanismos tendentes à obtenção da sua maior eficácia, depurando-o daquelas garantias cuja previsão seja desnecessária. A observação releva em virtude

---

cuidadosamente os factos, a culpa e a responsabilidade do acusado (ACCATTATIS, Vincenzo. Il patteggiamento alla luce del diritto comparato e della normativa costituzionale. *In*: *Questione Giustizia*, Milano, nº 3-4, p. 577-607, 1992, p. 581-582).

[40] CHIAVARIO, Mario. Procedura penale un codice tra "storia" e cronaca, cit., p. 159.

[41] GÖSSEL, Karl-Heinz. A posição do defensor no processo penal de um estado de direito. Trad. Anabela Maria Miranda Rodrigues. *Boletim da Faculdade de Direito da Universidade de Coimbra*, Coimbra, v. LIX, p. 241-283, 1983, p. 270-271.

[42] ROXIN, Claus. Sobre el concepto global para una reforma procesal penal, cit., p. 313; Idem, Introduccion a la ley procesal penal alemana de 1877. Trad. Juan-Luis Gomez Colomer. *Cuadernos de Política Criminal*, Madrid, n. 16, p. 171-186, 1982, p. 173.

[43] CHIAVARIO, Mario. Procedura penale un codice tra "storia" e cronaca, cit., p. 61. Expressamente fala CHIAVARIO na necessidade "de faire une sorte de sélection parmi les garanties pour sauvegarder celles qui sont vraiment essentielles" (CHIAVARIO, Mario. Aperçus sur la procédure d'audience en italie entre réforme et "post-réforme", cit., p. 215). No Ordenamento Jurídico português, no sentido de um igual saneamento das garantias do processo penal no próprio texto constitucional manifestou-se: BARREIROS, José António. A nova constituição processual penal. *Revista da Ordem dos Advogados*, Lisboa, a. 48, p. 425-448, 1988, p. 438-439.

de que num regime constitucional fundado na regra do *Estado Democrático de Direito*, no qual prepondera a preocupação para com a tutela da *dignidade humana*, torna-se insustentável a existência de um modelo processual que renuncie à regra do devido processo legal e dos princípios que lhe são correlatos, em especial o do *nula poena sine judicio*.

Arrancando justamente dessa premissa, também no Ordenamento Jurídico português o problema angustia, sendo proposta uma adequada composição entre os interesses do arguido e a tutela dos interesses da sociedade representados pelo poder democrático do Estado, a partir do limite intransponível da protecção da dignidade humana. Ou seja, o interesse no eficaz funcionamento do sistema da justiça penal deve ir até ao limite em que seja intocada a *dignidade humana*. Por outro lado, tratando-se de interesses individuais que não contendam directamente com a garantia da dignidade da pessoa, ainda que surjam como emanações de direitos fundamentais, admissível é que possam ser limitados em proveito do interesse da funcionalidade[44]. A tese da admissibilidade da limitação desses interesses funda-se na necessidade de uma concordância prática de valores conflituantes, obtida não pela tutela do interesse preponderante à custa do interesse de menor hierarquia mas na *optimização* de cada um dos interesses em conflito. Aliás, essa concordância prática verifica-se mesmo a nível constitucional em relação a possíveis contradições que se verifiquem quanto aos direitos fundamentais[45]. Em termos gerais, identificadas no processo penal três teleologias antinómicas, *a realização da justiça do caso, por meios processualmente admissíveis e por forma a assegurar a paz jurídica dos cidadãos*, implicando cada uma o respectivo universo de valor, somente uma concordância prática das três pode conduzir a uma superação dessas antinomias[46].

---

[44] DIAS, Jorge de Figueiredo. Para uma reforma global..., cit., p. 206-207-208.

[45] Idem, ibidem, p. 208-209.

[46] GASPAR, António Henriques. Processos especiais. *In*: *Jornadas de direito processual penal: o novo código de processo penal*. Coimbra: Livraria Almedina, p. 359--377, 1993, p. 359. Acerca de cada uma dessas finalidades e da necessidade de uma "concordância prática" entre elas, consultar: DIAS, Jorge de Figueiredo. *Direito processual penal. Lições...*, cit., p. 21-26. Assumindo a impossibilidade da integral harmonização destas finalidades, tendo em vista o seu carácter irremediavelmente antinómico e antitético, FIGUEIREDO DIAS (DIAS, Jorge de Figueiredo. Os princípios estruturantes do processo e a revisão de 1998 do código de processo penal. *Revista Portuguesa de Ciência Criminal*, Coimbra, a. 8, fasc. 2º, p. 199-213, abr-jun 1998, p. 202) actualiza a

O Processo Penal como Instrumento de Política Criminal

Portanto, na linha das manifestações anteriores, oriundas dos modelos tomados como paradigma nesse texto, impõe-se uma ponderação entre os interesses da *funcionalidade* e *garantia*, tendo como limite a indispensabilidade ao máximo daquelas garantias que se fizerem necessárias para a tutela da dignidade humana. Desde que a atenuação de uma determinada garantia, *v.g.*, a presunção de inocência[47], implique um ataque à dignidade humana, qualquer medida funcional, incluídas aquelas decorrentes de uma maior celeridade processual, tornar-se-á absolutamente ilegítima. Ou seja, as finalidades de política criminal – que conduzem a uma maior funcionalidade do processo – devem mover-se dentro das balizas postas pelo vector garantia – principalmente aquela representada no respeito pela inviolável dignidade da pessoa humana –, mas com a consciência da necessidade de superação de todas aquelas garantias que, mesmo dizendo respeito a direitos e garantias pessoais, possam ser dispensadas.

§ 2 – Conteúdo prognóstico do processo penal.

O segundo ponto que julgamos de observação necessária para que se obtenha uma conformação do processo penal de acordo com as proposições de política criminal assenta numa modificação na sua perspectiva.

Para além do seu carácter retrospectivo, voltado para a reconstrução da verdade, o processo penal deve estar conformado levando-se em conta as conjecturas de natureza político-criminal no contexto social da sua aplicação.

O Direito Penal é um instrumento de coacção indirecta, não se admitindo um automatismo na aplicação das penas, devendo ser assegurados mecanismos que sujeitam a condenação do acusado à verifica-

---

necessidade de se operar a *concordância prática* entre elas, "optimizando os ganhos e minimizando as perdas axiológicas e funcionais; excepção feita à hipótese de em causa estar directamente a intocável dignidade da pessoa humana, caso em que se impõe a eleição da finalidade que a protege e respeita", já visto; mas – e aqui a novidade – tudo isso não só em relação aos concretos problemas processuais como também – e com força acrescida – em relação à estrutura fundamental do próprio processo.

[47] Recorde-se que são várias as garantias processuais que se relacionam com a tutela da dignidade humana, implicando a necessidade de confronto das medidas processuais aceleradoras, quiçá funcionais, com os princípios em que estão contidas: *infra*.

68   *O Processo Penal como Instrumento de Política Criminal*

ção da materialidade e autoria, da ilicitude do comportamento e da sua culpabilidade[48]. Nesse sentido, o processo penal serve a materialização da pretensão penal do Estado, contida nas normas de Direito Penal material[49]. Sendo verdadeira a afirmação, entretanto não se pode aceitar sem reservas a afirmação de que o processo penal é um mero instrumento de aplicação do Direito Penal material[50], restringindo a sua função à descoberta da verdade material, exclusivamente[51].

A bem da verdade, a missão do processo penal no Ordenamento Jurídico é muito mais rica do que uma exclusiva função instrumental. Não se duvida que é através do processo penal que as normas de Direito Penal encontram a sua actuação, porém, a essa sua atribuição devem ser acrescentadas outras finalidades, cuja escolha influirá directamente no modelo de processo que se adopte.

---

[48] BATISTA, Weber Martins, FUX, Luiz. *Juizados especiais cíveis e criminais e suspensão condicional do processo penal*. Forense: Rio de Janeiro, 1997, p. 306. Quanto à culpabilidade há que se distinguir, inclusive, a sua verificação meramente factual da sua comprovação legal, ou seja, não basta a afirmação de que o acusado realmente cometeu o delito e por ele pode ser responsabilizado – análise factual – e sim deve ser analisado se a responsabilidade do acusado foi comprovada segundo as adequadas regras processuais, assegurando-se-lhe todas as garantias legais: ACCATTATIS, Vincenzo. Il patteggiamento alla luce del diritto comparato e della normativa costituzionale, cit., p. 582.

[49] POTT, Christine. La pérdida de contenido del principio de legalidad y su manifestación en la relación entre el delito de encubrimiento por funcionario (§ 258, a, StGB) y el sobreseimiento (§ 153 sigs. StPO). Trad. Elena Iñigo Corroza y Guillermo Benlloch Petit. *In*: Instituto de Ciencias Criminales de Frankfurt (ed.). *La insostenible situación del derecho penal*. Granada: Comares, 2000, p. 84, fornecendo ampla fundamentação doutrinária.

[50] BETTIOL, Giuseppe. Su alcune caratteristiche giuridiche e politiche del processo penale. *In*: *Scritti Giuridici in onore di Francesco Carnelutti: Diritto Pubblico e Storia del Diritto*. Padova: CEDAM – Casa Editrice Dott. Antonio Milani, p. 121-133, 1950. v. 4, p. 126. Na doutrina mais recente: DALIA, Andrea Antonio, FERRAIOLI, Marzia. *Corso di diritto processuale penale*. Padova: CEDAM, 1992, p. 33.

[51] É com a devida prudência que deve ser vista a posição daqueles que ainda põem em relevo essa função meramente instrumental do processo penal (SIRACUSANO, D., GALATI, A., TRANCHINA, G., ZAPPALÀ, E.. *Diritto processuale penale*. Milano: Dott. A. Giuffrè Editore, 1994. v. I, p. 8-9). Na doutrina germânica, igual reserva deve ser feita à posição de BAUMANN (BAUMANN, Jürgen. *Derecho procesal penal. Conceptos fundamentales y principios procesales*. Trad. Conrado A. Finzi. Buenos Aires: Ediciones Depalma, 1986, p. 3), ao caracterizar os diversos direitos processuais, neles incluído o penal, como *derechos auxiliares*, sem mais.

Afirma-se, pois, que, em linha de princípio, o código de rito (Código de Processo Penal) não é, e não pode ser, uma série de "técnicas" de actuação do Direito Penal, neutra em relação às escolhas político--criminais que neste se exprimem, segundo a ideia de mera instrumentalidade do processo penal, por longo tempo cultivada pela doutrina *pansostanzialistica* que hoje pode, sem dúvida alguma, considerar-se morta e sepultada[52]. Na verdade, o processo já de longa data abandonou o papel modesto e discreto que o dogma da instrumentalidade pretendia atribuir-lhe. Ele transformou-se num "servo loquaz", sendo-lhe atribuído o papel de "sócio paritário" do Direito Penal na missão de definir os termos da relevância penal e da responsabilidade. "Através da recaída substancial dos instrumentos processuais (ritos especiais com privilégio sancionatório garantido, extinções promovidas e delações premiadas), perspectiva-se directamente uma instrumentalidade 'inversa' do Direito Penal em relação ao processo, o qual termina com a atitude de 'sócio tirano' e com a tendência de se propor como momento privilegiado e fase conclusiva do controle social"[53]. Com propriedade põe-se em evidência que é enraizada a convicção de que Direito Penal material e processo penal representam os dois pólos essenciais de um único Sistema, entre os quais, se de instrumentalidade se deve ainda falar, ocorre precisar que se trata de uma instrumentalidade ao mesmo tempo recíproca e complexa, seja pela interferência no âmbito da repressão dos crimes seja porque o Direito Penal e processual apresentam perfil diverso, mas entrelaçados por um único projecto político-criminal[54] (*supra*).

Na mesma linha, há o entendimento doutrinário sustentado no Ordenamento Jurídico português, fundado na ideia de que o processo penal é só um vector ou subsistema do sistema da política criminal, constituindo este por seu lado só o último vector ou subsistema do sistema de política social[55]. Adequada a finalização feita, no sentido de

---

[52] PADOVANI, Tullio. Il nuovo codice di procedura penale e la riforma del codice penale, cit., p. 916. Com absoluta fidelidade a esse entendimento: BARGI, Alfredo. *Procedimento probatorio e giusto processo*. Napoli: Jovene Editore, 1990, p. 119.

[53] PADOVANI, Tullio. Il crepuscolo della legalità nel processo penale. *L'indice penale*, Verona, a. II, nº 2, Mag/Ago, p. 527-543, 1999, p. 529.

[54] PADOVANI, Tullio. Il nuovo codice di procedura penale e la riforma del codice penale, cit., p. 917. Ainda mais uma vez a idéia encontra o assentimento de BARGI, Alfredo. *Procedimento probatorio e giusto processo*, cit., p. 119-120.

[55] DIAS, Jorge de Figueiredo. O novo código de processo penal. *Boletim do*

70   *O Processo Penal como Instrumento de Política Criminal*

que, integrado no sistema de política social, o sistema penal deve estar submetido ao princípio da *ultima ratio*, devendo ser utilizado apenas na hipótese da absoluta ineficácia dos demais instrumentos de política social. Aliás, para as consequências nefastas geradas pela falta de sintonia entre o programa político-criminal traçado pela Lei Penal substantiva e aquele plasmado na legislação processual penal respectiva a doutrina já chamava atenção[56].

São, pois, as próprias necessidades da política criminal a determinar uma sintonia entre o Direito Penal material e o processo penal[57]. Justamente por isso, o conteúdo político criminal que deve necessariamente estar contido no processo penal, tornando-o da mesma forma um instrumento eficaz na obtenção das finalidades primárias do sistema punitivo estatal não foi descuidado nas mais recentes reformas dos Códigos de Processo Penal de alguns Ordenamentos Jurídicos[58].

Trata-se, a bem da verdade, de uma alteração de critérios no processo penal: de um carácter retrospectivo, limitado à identificação dos elementos constitutivos da infracção, para um carácter prospectivo, voltado para a obtenção das finalidades de política criminal: agilidade na prestação jurisdicional como medida de prevenção, geral ou especial[59].

Inerte não ficou a doutrina italiana a este respeito, afirmando-se com clareza a necessidade de se estabelecer uma teoria finalística 'relativa' das intituições penais, em coordenação com uma mais moderna política criminal. Isso significa seja a consciência acerca das consequências a nível processual do abandono das teorias 'absolutas' da pena, seja a renovada sensibilidade para a opção por um direito penal

---

Ministério da Justiça, Lisboa, nº 369, p. 5-23, 1987, p. 8; Idem, La riforma del processo penale portoghese. *La Legislazione Penale*, Torino, nº 2, p. 229-243, 1989, p. 231.

[56] BARREIROS, José António. Os novos critérios penais: liberalismo substantivo, autoridade processual?. *Revista do Ministério Público*, Lisboa, a. 4, v. 14, p. 53-75, 1983, p. 70-71.

[57] HASSEMER, Winfried. La ciencia jurídico penal en la república federal alemana, cit., p. 49.

[58] Assim é que em Itália CHIAVARIO destaca os "aspectos mais delicados da temática acerca das relações entre o processo penal e a *'politica criminal'*", pondo em evidência a "idoneidade do novo *codice* para garantir uma 'eficiência das 'respostas' que as instituições são chamadas a dar diante das formas mas perigosas de delinquência e especialmente diante da criminalidade organizada" (CHIAVARIO, Mario. Qualche sollecitazione per un confronto, cit., p. 18).

[59] DIAS, Jorge de Figueiredo. Para uma reforma global..., cit., p. 217.

O Processo Penal como Instrumento de Política Criminal

'mínimo' ou 'limitado'. E nessa tarefa é necessário desfrutar a recente propensão da ciência penalística para se identificar com um modelo 'funcional-garantidor' de direito penal"[60].

Portanto, a introdução de qualquer alternativa de natureza processual à crise do *Sistema Punitivo estatal* somente será legítima se enquadrada no programa político criminal que inspira o mesmo *Sistema* (vector funcionalidade), observados os limites do devido processo legal (vector garantia), devendo ser afastadas apenas aquelas garantias a ele inerentes que, representando um óbice à actuação das medidas funcionalistas, não seja absoluta a sua exigência.

Por outro lado, não se deve estranhar a vinculação do problema da "crise" do Sistema Punitivo estatal ao programa político criminal que nele se adopte, desde que se aceite como certo ser "esta uma crise de identidade, na qual o que se questiona é o próprio modelo a adoptar e a sua autêntica utilidade social, e também uma crise de 'legitimidade epistemológica', de validade científica"[61]. Na perspectiva do direito material, afirma-se, pois, que "o conjunto de normas que denominamos Direito Penal tem a sua razão de ser em constituir um meio que possibilita o desenvolvimento da vida em sociedae (*sic*) segundo algumas regras de comportamento histórica e eticamente assentes"[62]. Para uma análise da tese na doutrina germânica, embora sustente NAUCKE[63] que "quem trabalhe com o Direito penal, deve no seu labor dar atenção a certas e importantes questões da Filosofia social" e que "uma orientação científico-social do Direito penal não pode obviar estas importantes questões de Filosofia social", conclui que na prática isso não implica

---

[60] MARAFIOTI, Luca. *La giustizia penale negoziata*, cit., p. 471. Aliás, já há muito era proclamado que o processo constitui para a sociedade uma autolimitação de poderes e, portanto, um meio de controle e de educação colectiva: BETTIOL, Giuseppe. Su alcune caratteristiche giuridiche e politiche del processo penale, cit.,. 4, p. 123.

[61] SILVA SÁNCHEZ, Jesús María. *Aproximación al derecho penal contemporáneo.* Barcelona: Jose Maria Bosch Editor, S. A., 1992, p. 14.

[62] LOPES, Mauricio Antonio Ribeiro, *In*: FIGUEIRA JUNIOR, Joel Dias, LOPES, Mauricio Antonio Ribeiro. *Comentários...*, cit., p. 256. Na mesma passagem afirma o Autor que "o fundamento da existência do ordenamento punitivo vincula-se à sua necessidade para manutenção de determinada ordem social".

[63] NAUCKE, Wolfgang. La filosofía social del derecho penal orientado a las ciencias sociales. Trad. Joan-Josep Queralt Jiménez. *In: Derecho penal y ciencias sociales.* Barcelona: Servicio de Publicaciones de la Universidad Autónoma de Barcelona, p. 73-96, 1982.

um melhor Direito Penal. "O único que fará a Filosofia social de um Direito penal científico-socialmente orientado será abrir a porta para um Direito penal da eficácia, obscuro e vacilante". Sendo evidente o carácter amplo atribuído ao Direito Penal enquanto *Sistema*, percebe-se a velada oposição manifestada quanto à sua orientação por critérios exclusivos de política criminal, voltado apenas para uma maior eficácia, reforçando a necessidade da tensão dialéctica entre esse vector e aquele da garantia. É a advertência necessária quanto ao risco de um apego desmedido à necessidade de eficiência sem a análise da funcionalidade que dela deve decorrer. No Ordenamento Jurídico português, ANABELA RODRIGUES[64] identifica a abertura e maior ligação que se dá hoje entre a dogmática penal e as Ciências Sociais, buscando-se com isso o estatuto de Ciência para a primeira. Na doutrina brasileira afirma-se que a orientação científico-social é a via para o abandono dos recursos metafísicos dentro do Direito Penal, devendo levar-se em conta a realidade social da aplicação da lei penal[65].

O que se busca também no sub-sistema processual penal é a sua própria legitimação no âmbito social e não para além dele, sendo necessário uma sua orientação no sentido da missão social do *Sistema* como um todo, abandonando-se a técnica de estruturá-lo em um universo abstracto, a-histórico e independente das realidades sócio-culturais. Diga-se, desde logo, que o problema da legitimação é uma questão que perpassa por todo o universo jurídico, devendo ser optimizada no ponto de confluência da legitimidade material com a legitimidade formal[66].

---

[64] RODRIGUES, Anabela Maria M.. *A determinação da medida da pena privativa de liberdade*, cit. p. 239. Também atribuindo às Ciências Sociais a característica de referências conaturais e irrenunciáveis do pensamento e do discurso dogmático: ANDRADE, Manuel da Costa. Consentimento..., cit., p. 24.

[65] CAMARGO, A. L. Chaves. Direito penal, processo penal e dogmática jurídica, cit., p. 27.

[66] Quanto ao Direito em geral, especificamente quanto ao problema do seu "para-quê", CASTANHEIRA NEVES (NEVES, António Castanheira. O actual problema metodológico da realização do direito, cit., p. 4/5) evidencia, no contexto amplo do seu laicismo, a sua necessária referência à contingência histórica (histórico-cultural, histórico-social e histórico-política). Especificamente quanto ao Direito Penal, não é sem razão a dedicada atenção que FARIA COSTA (COSTA, José Francisco de Faria. O perigo em direito penal, cit.) dedica ao problema da sua legitimação. Também ANABELA RODRIGUES (RODRIGUES, Anabela Maria M.. *A determinação da medida da pena privativa de liberdade*, cit. p. 244 s.) destaca a importância de se ter uma legitimação material para o Direito Penal – obtida mediante o conhecimento empírico dos efeitos que produz a

Discorrendo sobre o C.P.P. português de 1987, FIGUEIREDO DIAS[67] acentua que ele alcança tanto a legitimidade material, através de "soluções jurídicas dos problemas sociais reveladoras da máxima funcionalidade compatível com certos referentes axiológicos fundamentais", como a legitimidade formal, decorrente do amplo processo de argumentação e de consenso democráticos a que foi submetido em todas as instâncias politicamente representativas da comunidade.

Portanto, na estruturação do processo penal deve ser reservado um espaço para que na sua actuação concreta sejam considerados os prognósticos de natureza político-criminal, possibilitando uma diversificação de procedimentos em conformidade com o sentido para o qual apontam esses prognósticos bem como que ele seja suportado por uma legitimação material no corpo social.

§ 3 – Integração teleológica do processo penal.

O terceiro ponto a ser observado para que se mostre viável a integração político-criminal do processo penal diz respeito à necessária extensão das finalidades de política criminal orientadoras do *Sistema Jurídico-Penal* – globalmente considerado – também para o sub-sistema processual. A bem da verdade, trata-se da concretização das duas proposições anteriormente analisadas.

Desse modo, *o que se busca é uma harmonia entre as finalidades de política criminal imperantes num determinado Sistema Jurídico-Penal e o modelo de processo penal nele adoptado.*

Abordando o modelo processual da *cesura* (*Schuldinterlokut*), estruturado na separação dos juízos a serem realizados no âmbito penal (verificação da responsabilidade – medida da responsabilidade), VOLK[68]

---

aplicação da normas penais – e não apenas uma legitimação formal – buscada através da legitimidade do processo de elaboração das normas. Posteriormente (p. 253), enfatiza que o Direito Penal somente poderá aspirar à legitimação se e na medida em que se estruturar em termos teleológicos e, pois, orientar as suas decisões para a função que deve exercer na sociedade moderna, tendo sido já indicadas a protecção de bens jurídicos essenciais e a conformação da realidade social como pontos de referência privilegiados dessa função.

[67] La riforma del processo penale portoghese, cit., p. 243; Idem, O novo código de processo penal, cit., p. 6.

[68] VOLK, Klaus. Verità, diritto penale sostanziale e processo penale. Trad. Luca Marafioti. *Il Giusto Processo*. Roma, n° 8, p. 385-411, dic. 1990, p. 396. Antes (p. 394)

é enfático em exaltar a "felice" harmonia entre um projecto de Direito Penal substancial e a sua transposição no direito processual, operada em medida idónea e além disso conforme aos princípios expressos pelos direitos fundamentais. Portanto, deve aqui ser evidenciada a necessidade de que "na estruturação do processo penal moderno deva reflectir-se além do mais a *diversa concepção do direito penal material*", a partir mesmo de uma integração teleológica entre os dois sub-sistemas (material e processual), através das finalidades da sanção penal. Complementa JESCHECK[69] no sentido de que "no processo penal deve ter lugar a ressocialização do arguido, fim principal da administração da justiça penal". Preciso na demonstração da necessidade dessa integração teleológica que deve haver entre os dois sub-sistemas penais, BAUMANN[70] assevera que "o direito processual deve exibir a mesma *atitude fundamental* que ostenta o direito material que vai realizar. Assim, por exemplo, é completamente insensato prestar particular atenção, no direito penal material, à personalidade do autor e à prevenção especial se o direito processual não as leva em conta". No mesmo sentido posiciona-se MAIWALD[71], asseverando que "seria importante que os objectivos e as concepções perseguidas pelo direito penal material encontrassem correspondência no direito processual penal: um direito penal baseado no sentido de prevenção geral requer um tipo de processo penal e diversamente em relação a um direito penal no sentido da prevenção especial".

Diversa não é a situação no Ordenamento Jurídico português, também nele sendo enfatizada a necessidade "de procurar realizar num clima diferenciado os mesmos valores ou fins: tanto os valores do direito penal substantivo ao serviço dos quais o processo penal está pensado; como os valores ou fins autónomos, encabeçados no próprio processo penal como instituição essencial do Estado de Direito"[72].

---

o Autor já havia evidenciado os efeitos de retorno da "tecnica" processual sobre as premissas do direito penal substancial.

[69] Il contributo della comparazione del diritto alla riforma del processo penale tedesco, cit., p. 98.

[70] *Derecho procesal penal...*, cit., p. 25.

[71] MAIWALD, Manfred. Il processo penale vigente in germania. *In: Quaderni di procedura penale e diritto processuale comparato*, Messina, a. 1, n° 1, p. 9-43, 1992, p. 9-10.

[72] ANDRADE, Manuel da Costa. Consenso e oportunidade, cit., p. 335.

O Processo Penal como Instrumento de Política Criminal 75

Exemplar a cuidadosa síntese elaborada por LABORINHO LÚCIO[73] acerca da *natureza teleológica* do direito criminal no plano da sua validade, e os reflexos dela decorrentes na própria estrutura do processo penal, a partir mesmo do reconhecimento da "complementaridade funcional" que se estabelece entre o direito penal e o direito processual penal. Explícita a menção feita à integração pela via das finalidades da sanção penal (natureza teleológica), reconhecendo-se assim no processo penal um instrumento de política criminal.

A ideia está patente também no Ordenamento Jurídico brasileiro, onde se afirma que "a finalidade mediata do processo penal se confunde com a do Direito Penal, ou seja, é a protecção da sociedade – de bens jurídicos essenciais, dizemos nós –, a paz social, a defesa dos interesses jurídicos, a convivência harmónica das pessoas no território da nação"[74].

---

[73] LÚCIO, A. Laborinho. Sujeitos do processo penal. *In: Jornadas de direito processual penal: o novo código de processo penal*. Coimbra: Livraria Almedina, p. 35-57, 1993, p. 39-41.

[74] MIRABETE, Julio Fabbrini. *Processo penal*. 2ª Ed.. São Paulo: Atlas, 1992, p. 40. O carácter *mediato* que o Autor atribui à integração teleológica entre os dois Sub-sistemas em nada atenua o núcleo da afirmação: a necessidade da orientação do processo penal no sentido dos fins perseguidos pelo Direito Penal material. Contudo, na mesma passagem o Autor afirma categoricamente que o fim directo, imediato, do processo penal "é conseguir, mediante a intervenção do juiz, a realização da pretensão punitiva do Estado derivada da prática de uma infração penal, em suma, a realização do direito penal objectivo". Na linha da necessária composição entre os vectores da *funcionalidade* e *garantia* que vimos anteriormente, é com reservas que acatamos a afirmação lançada, face ao risco de que sendo aceite de forma absoluta, aí sim o processo penal perderia a sua natural e inafastável função de *garantia* do cidadão, transformando--se em mero expediente para a aplicação do Direito Penal material e estando ao serviço apenas dos objectivos de política criminal. Em síntese, o processo penal não seria orientado em termos de política criminal, delimitado pela intervenção da sua função de *garantia*, como pretendemos, mas seria ele próprio um mero instrumento para a obtenção das finalidades político-criminais. Abordando o que denomina como a *índole do processo penal*, TUCCI (TUCCI, Rogério Lauria. *Direitos e garantias individuais no processo penal brasileiro*. São Paulo: Faculdade de Direito, 1993. 501p. Tese (Titular de Direito Processual Penal) – Faculdade de Direito, Universidade de São Paulo, 1993, p. 23) afirma que "não se pode deixar de ter na devida conta que, estreitamente ligado ao Direito Penal, e atendendo às directrizes estabelecidas pelo escopo de suas respectivas normas – de *consecução do bem comum* e correlata *pacificação social*, garantidora da segurança pública, – o processo penal objectiva, concomitantemente, dupla finalidade, a saber: a) por um lado, a *tutela da liberdade jurídica do indivíduo*, membro da comunidade; e b) por outro, o de *garantia da sociedade* contra a prática de actos penalmente relevantes, praticados pelo ser humano, em detrimento da sua estrutura".

Por conseguinte, é imprescindível que haja uma sintonia entre as finalidades de natureza política criminal estruturantes do *Sistema* como um todo e aquelas que baseiam o modelo processual respectivo. De forma ainda mais elaborada: mesmo que não seja adequado abandonar a autonomia teleológica de cada um dos sub-sistemas integrantes do *Sistema Jurídico-Penal*, na mesma medida não deve haver uma exclusão recíproca das finalidades de política criminal em que cada um deles se alicerça.

***

Sintetizando os três aspectos mencionados nos tópicos anteriores, do que se trata, efectivamente, é da ideia de que a norma processual não seja "direccionada unicamente em relação ao bem jurídico ameaçado pelo preceito secundário da norma penal incriminadora, cuidando apenas para que as limitações a este sejam revestidas de um arsenal de garantias e procedimentos legais que confiram a certeza da legitimidade e da justiça dessa incidência limitativa"[75]. Em outros termos, o que se busca é que a norma processual penal não esteja direccionada exclusivamente para a tutela do bem jurídico de que é titular o acusado[76], através das inestimáveis garantias que lhe são correlatas, mas que também esteja estruturada de tal forma que não seja obstáculo aos objectivos de política criminal que, em última análise, somente se legitimam quando estejam voltados para a protecção dos bens jurídicos essenciais. De forma ainda mais explícita pode afirmar-se que o objectivo é que as normas processuais penais continuem a ser instrumento de *garantia*, através da limitação da forma e da medida da intervenção punitiva estatal, mas que também estejam em sintonia com o objectivo político criminal de protecção dos bens jurídicos essenciais.

---

[75] A defesa do sentido unidireccional da norma processual, cuja citação aproveitamos no texto, é de LOPES, Maurício Antonio Ribeiro. Suspensão do processo e *vacatio legis*. *Boletim IBCCrim*, São Paulo, a. 3, n° 34, p. 4, out. 1995. Diversamente do texto, o Autor defende o sentido bidireccional apenas para a norma penal incriminadora, a qual projecta os seus efeitos tanto no sentido da protecção de um bem jurídico socialmente relevante, através da tipificação de condutas lesivas, quanto se projecta na direcção também da protecção da liberdade – ameçada pela sanção penal –, bem jurídico igualmente relevante.

[76] O qual está a ser ameaçado de restrições pela incidência das conseqüências jurídicas do delito.

Em síntese acabada: identificada a existência de uma *política criminal tipicamente decorrente das máximas do Estado de Direito*, "instrumento por excelência desta política criminal é o *processo penal*: constituindo o direito penal substantivo e o direito processual penal uma 'unidade funcional', quaisquer princípios directores da política criminal possuem também necessariamente uma dimensão processual. Por isso, cada solução dada a um problema do processo penal – desde os mais significativos, que tocam a estruturação do próprio procedimento ou as suas opções fundamentais, aos aparentemente mais formalizados e triviais, que apenas respeitam à tramitação – há-de revelar daqueles princípios, ser por eles iluminada e, sobretudo, representar um passo na via da sua realização"[77].

---

[77] DIAS, Jorge de Figueiredo. Os princípios estruturantes do processo e a revisão de 1998 do código de processo penal. *Revista Portuguesa de Ciência Criminal*, Coimbra, a. 8, fasc. 2º, p. 201. Aliás, o mesmo Autor já havia afirmado que as proposições de política criminal têm repercussão imediata no processo penal, sendo possível afirmar ainda que o direito processual penal é a forma mediante a qual essas proposições se vazam no *modus* da validade e da vigência jurídicas, conf.: DIAS, Jorge de Figueiredo. *Direito processual penal. Lições...*, cit., p. 19.

SECÇÃO 3

Modelos estruturais do processo penal.

Postas as coisas nesses termos, não surge resolvida a questão de qual é o mais adequado modelo processual em sentido amplo, para que se tenha a mencionada integração com as finalidades de política criminal. Tal indagação conduz, inapelavelmente, à árdua questão dos sistemas processuais, a cujo respeito vários são os argumentos tecidos em sustentação de cada uma das hipóteses adoptadas nos diversos ordenamentos.

Destacando o caso português, FIGUEIREDO DIAS[1] entende que o modelo que melhor dá cumprimento ao critério da harmonização das

---

[1] DIAS, Jorge de Figueiredo. Os princípios estruturantes do processo e a revisão de 1998 do código de processo penal. *Revista Portuguesa de Ciência Criminal*, Coimbra, a. 8, fasc. 2°, p. 202. Antes: DIAS, Jorge de Figueiredo. O defensor e as declarações do arguido em instrução preparatória. *Revista de Direito e de Estudos Sociais*, Coimbra, a. XVIII, p. 159-226, 1971, p. 182; Idem, A nova constituição da república e o processo penal. *Revista da Ordem dos Advogados*, Lisboa, a. 36, p. 99-109, 1976, p. 105; Idem, *Direito processual penal. Lições...*, cit., p. 51. Ainda: DIAS, Jorge de Figueiredo. Due diverse incarnazioni del modello accusatorio. *In: Il nuovo codice di procedura penale visto dall'estero*. Atti del Seminario di Torino 4-5 maggio 1990. À cura de Mario Chiavario. Milano: Dott. A. Giuffrè Editore, p. 169-184, 1991, p. 171--172, demonstrando o Autor que através dessa integração se atende ao carácter indisponível do objecto e do conteúdo do processo penal e a sua destinação à obtenção da verdade material; atendem-se também aos indispensáveis limites face à liberdade do acusado, tenha-se em conta a necessidade de que não sejam colocados em causa a sua dignidade e o seu direito de defesa; equilibrados são também os princípios da total utilização da actividade probatória das partes, através do princípio da sua igualdade, reconhecido o amplo espaço de sua actuação no processo, e o princípio da verdade material. Acresce, no mesmo sentido: DIAS, Jorge de Figueiredo. A revisão constitucional e o processo penal. *In:* SINDICATO DOS MAGISTRADOS DO MINISTÉRIO PÚBLICO. *A revisão constitucional o processo penal e os tribunais*. Lisboa: Livros Horizonte LDA, p. 43-56, 1981, p. 50. Demonstrando a adopção deste modelo no C.P.P. de 1987: RODRIGUES, José Narciso da Cunha. O sistema processual penal português, cit., p. 15.

80   *O Processo Penal como Instrumento de Política Criminal*

finalidades em conflito no âmbito do processo penal é o que se fundamenta numa *estrutura acusatória integrada pelo princípio da investigação*. Especifiquemos, pois, as duas características.

Um *processo de tipo acusatório* pressupõe a "participação constitutiva dos sujeitos processuais na declaração do direito do caso"[2]. Assim, a estrutura acusatória do processo penal português patenteia-se na garantia de diversos princípios tais como o da oralidade, da imediação, do contraditório e da livre convicção[3].

Por *princípio da investigação* entenda-se "o poder-dever que ao *tribunal* pertence de esclarecer e instruir autonomamente – i. é, independentemente das contribuições da acusação e da defesa – o facto sujeito a julgamento, criando ele próprio as bases necessárias à sua decisão"[4].

A conjugação desses dois aspectos resulta de igual solução de compromisso acerca do modelo de Estado, de modo que no *Estado social de direito* a vertente "de direito" pede uma estrutura processual penal acusatória, enquanto a vertente "social" determina o princípio investigatório[5].

Num modelo processual assim estruturado, fundado no reconhecimento da participação activa dos sujeitos processuais na conformação da decisão final do processo, encontra plena cidadania a hipótese de uma justiça penal consensual, a qual é apontada como uma alternativa para o problema do *Sistema Jurídico-Penal*[6], com fundamento político-criminal. Vale a ressalva, contudo, de que "o processo penal contido no Código português de 1987 não é seguramente, sob qualquer perspectiva, um processo de partes"[7].

---

[2] DIAS, Jorge de Figueiredo. *Direito processual penal*, cit., p. 137.

[3] PIMENTA, José da Costa. *Introdução...*, cit., p. 61. Aliás, nos primeiros anos de vigência da Constituição portuguesa já se consignava a consagração nela feita de uma concepção democrática do processo penal, através da garantia de diversos princípios processuais como os citados, conf.: DIAS, Jorge de Figueiredo. A nova constituição da república e o processo penal, cit., p. 101.

[4] PIMENTA, José da Costa. *Introdução...*, cit., p. 60; DIAS, Jorge de Figueiredo. *Direito processual penal*, cit., p. 72.

[5] PIMENTA, José da Costa. *Introdução...*, cit., p. 70.

[6] O conteúdo consensual de algumas das diversificações no procedimento introduzidas em determinados ordenamentos jurídicos será objecto de abordagem posterior.

[7] DIAS, Jorge de Figueiredo. Sobre os sujeitos processuais no novo código de processo penal. *In*: *Jornadas de direito processual penal: o novo código de processo*

Modelos Estruturais do Processo Penal 81

O modelo acusatório adoptado no caso italiano expressa-se na afirmação de que ele não serve à mera repressão do delito, mas é instrumento de garantia da plena actuação dos direitos inalienáveis da pessoa humana[8]. Dissertando sobre o modelo processual adoptado no *Codice di Procedura Penale* italiano de 1989, AMODIO[9] sintetiza afirmando tratar-se de "un'anima accusatoria all'interno di un corpo, di un organismo continentale", expressando com isso a tendência para um sistema tipicamente acusatório, permeado, todavia, de elementos do tradicional processo da Europa continental. Talvez, adequadamente, se possa falar quanto ao modelo do vigente *C.P.P.* italiano numa afirmação programática de superação da acentuada inquisitoriedade existente no modelo anterior[10]. Portanto, afirmada a estrutura acusatória desse modelo, também ele não se mostra impeditivo de uma orientação político-criminal do processo penal.

Modelo da estrutura processual penal adoptada em Portugal[11], na Alemanha prepondera um sistema processual acusatório orientado

---

penal. Coimbra: Livraria Almedina, p. 3–34, 1993, p. 31; Idem, Os princípios estruturantes do processo e a revisão de 1998 do código de processo penal. *Revista Portuguesa de Ciência Criminal*, Coimbra, a. 8, fasc. 2°, p. 205; ANDRADE, Manuel da Costa. Sobre as proibições de prova..., cit., p. 206. Para uma cuidadosa reconstrução do conceito do *processo de partes* e para a mesma conclusão a que se chegou a respeito da sua não ocorrência no modelo português: SILVA, Germano Marques da. *Curso de processo penal.* Lisboa: Editorial Verbo, 1993, v. I, p. 95-101. A exclusão da consideração do modelo processual português como sendo um processo de partes decorre da conformação que é atribuída ao ministério público (*infra*), devendo actuar na mais estrita objetividade, não sendo interessado na condenação do arguido mas tão somente na obtenção de uma decisão justa; assim sendo, a vocação desse sujeito processual não é a de "parte" e sim de entidade unicamente interessada na descoberta da verdade e na realização do direito, conf.: DIAS, Jorge de Figueiredo. Código de processo penal e outra legislação processual penal, cit., p. 22.

[8] DALIA, Andrea Antonio, FERRAIOLI, Marzia. *Corso...*, cit., p. 10.

[9] AMODIO, Ennio. Un "accusatorio all'europea' per la riforma della procedura penale continentale. *In*: *Il nuovo codice di procedura penale visto dall'estero*. Atti del Seminario di Torino 4-5 maggio 1990. A cura di Mario Chiavario. Milano: Dott. A. Giuffrè Editore, p. 225-231, 1991, p. 226; MODONA, Guido Neppi. Processo accusatorio e tradizioni giuridiche continentali. *In*: *Il nuovo codice di procedura penale visto dall'estero*. Atti del Seminario di Torino 4-5 maggio 1990. À cura de Mario Chiavario. Milano: Dott. A. Giuffrè Editore, p. 263-273, 1991, p. 263; PISAPIA, Gian Domenico. *Lineamenti del nuovo processo penale*. 2ª Ed.. Padova: CEDAM, 1989, p. 15-16.

[10] CHIAVARIO, Mario. *Procedura penale un codice tra "storia" e cronaca*, cit., p. 118.

[11] A semelhança entre os dois modelos é apontada também por ANDRADE, Manuel da Costa. Sobre as proibições de prova..., cit., p. 204.

pelo princípio da investigação. Trata-se de um "Anklageverfahren mit Ermittlungsgrundsatz", que pode ser entendido como sendo um modelo processual tendencialmente acusatório orientado pelo princípio da investigação oficial[12]. Uma concretização desse sistema acusatório inspirado num princípio da investigação pode ser identificada na necessidade de se elevar o fim de averiguação da verdade material ao primeiro plano, considerando, entretanto, as "formas protectoras" do acusado por um lado e, por outro, um controlo institucional do cumprimento da obrigação de obtenção da justiça material, previsto no artigo 20°, § 3, da *Grundgesetz* (Lei Fundamental)[13]. Traduzindo com fidelidade o modelo processual do Ordenamento Jurídico alemão, JESCHECK[14] salienta que "o processo penal germânico, que segue ainda fundado sob o código de 1877, é um processo acusatório, o qual, todavia, por causa da obrigação do juiz de investigar a real situação de facto (*Aufklärungspflicht*) e de estar vinculado à verdade material, apresenta traços fortemente inquisitórios", sendo possível, portanto, o seu enquadramento na categoria de processo *misto*.

Pode ser afirmado que o processo penal alemão tem como características básicas: o princípio da instrução, pelo qual o juiz pratica pessoalmente a prova na audiência pública e tem a responsabilidade da sua correcção e da sua totalidade; a busca da verdade material, visto que ao juiz é atribuída a tarefa de buscar, como ocorria no velho procedimento inquisitivo, a chamada verdade material e, de ofício, impulsionar a acção penal do Estado, uma vez interposta a acusação; a indisponibilidade da acção penal[15]. Disso decorre o proeminente papel que assume o juiz

---

[12] ROXIN, Claus. *Strafverfahrensrecht*. 22ª ed.. München: Beck, 1991, p. 93.

[13] GÖSSEL, Karl-Heinz. Reflexiones sobre la situación del ministerio público en el procedimiento penal de un estado de derecho y sobre sus relaciones con la policía. Trad. Annelies Krempf de Villanueva y Julio B. J. Maier. *Doctrina Penal*, Buenos Aires, a. 4, n° 13-16, p. 621-659, 1981, p. 633.

[14] JESCHECK, Hans-Heinrich. Il nuovo codice di procedura penale italiano visto dalla germania. *In*: *Il nuovo codice di procedura penale visto dall'estero*. Atti del Seminario di Torino 4-5 maggio 1990. A cura di Mario Chiavario. Milano: Dott. A. Giuffrè Editore, p. 29-45, 1991, p. 29-45, p. 32; HASSEMER, Winfried. Fundamentos..., cit., p. 163; MAIWALD, Manfred. Il processo penale vigente in germania, cit., p. 10. Para SCHÖNE (SCHÖNE, Wolfgang. Líneas generales del proceso penal alemán, cit., p. 165) trata-se de um sistema processual "no soprendentemente" acusatório. Também revelando os traços inquisitórios deste modelo: JUNG, Heike. Vers un nouveau modèle du procès pénal?, cit., p. 526.

[15] SCHÜNEMANN, Bernd. Crisis del procedimiento penal?, cit., p. 50.

nesse modelo processual, incumbindo-lhe a responsabilidade da investigação das provas sobre as quais deverá decidir.

É possível estabelecer um confronto entre o modelo processual vigente na Alemanha e as características do modelo processual italiano, já visto. Enquanto no Ordenamento Jurídico italiano se procurou uma maior aproximação ao processo de partes anglo-americano, dada a ampla margem de direitos assegurados aos sujeitos processuais (introdução de meios de prova, art. 190º, o método da *cross examination*, art. 498º, escolha da estratégia a ser usada nos debates em audiência, sendo vedado ao juiz contrapor-se à opção feita, art. 499º, inciso 6), na experiência alemã, reduzida é a possibilidade de actuação autónoma das partes, reservando-se ao juiz o papel central, principalmente no que se refere à produção de provas, devendo os debates ser por ele conduzidos e sendo dificultada a escolha da estratégia a ser seguida nos debates em audiência. Tudo representando os "traços essenciais de forma inquisitória" deste último modelo[16]. Tal distinção decorre da cautela do Ordenamento Jurídico alemão quanto à vinculação a um puro *processo de partes* como aquele vigente nos Estados Unidos, sendo afirmado que "esta aproximação a um processo de partes tem tantas outras desvantagens que na Alemanha não se pensa seriamente em abandonar o princípio da investigação judicial: o acusado depende demasiado, no processo penal anglo-americano, da qualidade e habilidade do seu defensor"[17]. A esse respeito sentencia GÖSSEL[18] que não se pode negociar com a justiça; ela não pode chegar a ser objecto de uma persecução de interesses utilitários das partes: "se se considera que a ideia directriz superior do procedimento penal é o fim de averiguar a verdade material, daí surgirá, consequentemente, também de *lege ferenda*, o repúdio do processo de partes".

Em síntese, o modelo alemão diferencia-se seja do processo inquisitório do direito comum seja daquele acusatório puro, representando um processo *sui generis* regido pelas seguintes características: predo-

---

[16] JESCHECK, Hans-Heinrich. Il nuovo codice di procedura penale italiano visto dalla germania, cit., p. 41.

[17] TIEDEMANN, Klaus *In*: ROXIN, Claus, ARZT, Gunther, TIEDEMANN, Klaus. *Introducción al derecho penal y al derecho penal procesal*. Trad. Luis Arroyo Zapatero y Juan-Luis Gómez Colomer. Barcelona: Editorial Ariel, S.A., 1989, p. 162; BAUMANN, Jürgen. La situacion del proceso penal en alemania, cit., p. 88.

[18] Reflexiones sobre la situación del ministerio público…, cit., p. 637.

84   *O Processo Penal como Instrumento de Política Criminal*

mínio do princípio da investigação da verdade material, estando o tribunal vinculado a buscar a verdade também oficiosamente, podendo dar nova qualificação jurídica ao objecto do processo, impôr pena diversa da requerida pelo ministério público, ouvir testemunhas não propostas, investigar para além da confissão do acusado; as partes não deveriam ter poderes de disposição nem sobre a matéria nem sobre a modalidade de conclusão do processo[19].

Não diverge muito do modelo por último tratado aquele que se encontra na base do sub-sistema processual do Ordenamento Jurídico brasileiro. Também em relação a ele se afirma a existência de uma *inquisitividade dirigida ao apuramento da verdade material*, devendo a verdade ser perseguida incessantemente em todo o desenrolar da persecução penal – particularmente no que se refere à sua primeira fase –, sendo a natureza *acusatória* do procedimento o esquema formal apropriado à segunda fase[20]. Isso não conduz à negação da estrutura acusatória do modelo processual do Ordenamento jurídico brasileiro, tendo em vista mesmo a conformação que lhe foi dada pela Constituição de 1988, sendo afirmado que o poder de direcção sobre o procedimento que se atribui ao juiz – traduzido também na *inquisitividade dirigida ao apuramento da verdade material* –, visa subtrair o desenrolar dos actos e fases processuais do poder dispositivo das partes[21].

---

[19] BAUMANN, Jürgen. *Derecho procesal penal...*, cit., p. 76-79.

[20] TUCCI, Rogério Lauria. *Direitos e garantias individuais no processo penal brasileiro*, cit., p. 35 e seguintes. Mais precisamente afirma-se, então, que "o moderno processo penal se apresenta *inquisitório, substancialmente*, na sua essencialidade; e, *formalmente*, no tocante ao procedimento desenrolado na segunda fase da persecução penal, *acusatório*", pressupondo a contraditoriedade real e indispositiva e a plenitude da defesa, com todos os meios e recursos a ela inerentes. É pertinente, todavia, a observação bem posta pelo Autor quanto à distinção que necessariamente deve ser feita entre esta *inquisitoriedade* e o processo penal inquisitório, com origem no Direito Penal Romano e desenvolvido segundo o modelo canónico, este último em nada se confundindo com o modelo que se afirma vigente no Ordenamento brasileiro.

[21] MARQUES, José Frederico. *Elementos de direito processual penal*. Rio de Janeiro: Forense, 1961, v. 1, p. 65. À mesma conclusão do texto chega: MOSSIN, Heráclito António. *Curso de processo penal*. São Paulo: Atlas, 1997, v. 1, p. 47; MIRABETE, Julio Fabbrini. *Processo penal*. 8ª Ed.. São Paulo: Atlas, 1998, p. 41. O fundamento legal para o reconhecimento dessa conjugação da estutura acusatória com a *inquisitividade dirigida ao apuramento da verdade material* é o art. 156 do C.P.P., que em relação à actividade probatória estabelece: "a prova da alegação incumbirá a quem a fizer; mas o juiz poderá, no curso da instrução ou antes de proferir sentença, determinar, ex offício, diligências para dirimir dúvida sobre ponto relevante". O ónus da

Modelos Estruturais do Processo Penal 85

Porém, com o advento das formas de diversificação processual recentemente introduzidas nesse Ordenamento Jurídico, afirma-se que "no modelo consensual de Direito Penal, surgiu um novo processo de técnicas negociáveis; o processo, nesse modelo, é, sobretudo, um processo *de partes*"[22]. Não nos parece que a afirmação possa ser acatada na sua pureza, se tivermos em atenção que as formas de diversificação processual introduzidas não alteraram substancialmente o modelo vigente, não se podendo afirmar que foram feitas maiores concessões ao modelo anglo-americano de processo penal, conforme se procedeu na experiência italiana.

A discussão exposta adquire pertinência, uma vez que a conformação do modelo processual que se adopte influencia directamente a possibilidade de se obter um processo penal orientado em termos de política criminal. Assim, se um processo penal estruturado nos moldes de um processo de partes facilita a existência de soluções de natureza consensual, podendo propiciar uma maior eficiência ao seu funcionamento bem como uma redução do seu efeito estigmatizante, com vista ao fim de prevenção especial positiva, um modelo integrado pelo princípio da investigação, com traços inquisitórios, em maior ou menor medida, pode reforçar os fins de prevenção geral positiva, enquanto busca clarificar os conflitos existentes, tornando transparente a sua solução[23]. Registe-se que nesta primeira aproximação não se está a ligar exclusivamente qualquer uma das mencionadas finalidades político-criminais aos modelos respectivos, sendo verdadeiro que, dependendo da solução de compromisso que se adopte, essas finalidades podem encontrar espaço em ambos os modelos processuais.

---

prova mencionado na primeira parte do citado artigo liga-se directamente à estrutura acusatória do processo penal; o poder de instrução previsto na parte final corresponde à *inquisitividade dirigida ao apuramento da verdade material.*

[22] ABADE, Denise Neves. A suspensão condicional do processo e o ministério público: comentários à decisão do STF. *Boletim IBCCrim*, São Paulo, a. 6, n° 66, p. 5, mai. 1998.

[23] Digna de menção é a opinião de FERRAJOLI (FERRAJOLI, Luigi. *Derecho y razón. Teoría del garantismo penal.* Trad. Perfecto Andrés Ibáñez *et alli.* Madrid: Trotta, 1995, p. 747) no sentido de que é infundado o argumento generalizado segundo o qual são coerentes com o "sistema acusatório" os procedimentos especiais introduzidos no *C.P.P.It.* de 1989, particularmente o *giudizio abbreviato* e o *patteggiamento.* Afirma ainda que a tese, referendada pela doutrina até converter-se em lugar comum, de que essas duas formas de acordo são o resultado lógico do "método acusatório" e do "processo entre partes" é totalmente ideológica e mistificadora.

Os diversos aspectos até aqui abordados conduzem-nos, pois, com ROXIN[24] a vislumbrar a possibilidade de uma ideia orientadora que preserve o formalismo judicial do procedimento contencioso e a reforce até ao marco do que é políticamente realizável, porém que, ao lado da luta pelo direito – que até agora determinou de uma maneira demasiado unilateral a nossa imagem do processo penal – ensaie um processo de tipo misto que tenda a reconciliar uns com os outros acusado, a vítima e a sociedade, obtendo por essa via relevantes vantagens de política criminal.

---

[24] Sobre el concepto global para una reforma procesal penal, cit., p. 313.

SECÇÃO 4

A influência do modelo de processo penal no estado do Sistema Jurídico-Penal.

§ 1 – Processo penal e modelo de Estado.

Na actualidade já não se pode mais pôr em dúvida a estreita ligação existente entre o processo penal e o sistema político, assumindo o primeiro as próprias características do modelo de Estado, determinando a necessidade de um equilíbrio entre os direitos e garantias individuais e a exigência do controlo estatal do fenómeno criminal[1].

Com efeito, na Alemanha reconhece-se o quanto se repercutem no direito processual as ideias políticas em vigor em determinado momento histórico e as mudanças na concepção fundamental que estrutura o Estado[2]. A tese confirma-se historicamente, atente-se que a necessária divisão do processo penal em diversas fases e sob a direcção de órgãos distintos corresponde à ideia básica da teoria da divisão de poderes e foi possível graças a ela[3]. Sendo o instrumento de equilíbrio entre o Estado e o indivíduo, o processo penal apresenta grande sensibilidade

---

[1] DALIA, Andrea Antonio, FERRAIOLI, Marzia. *Corso...*, cit., p. 6; CONTI, Giovanni, MACCHIA, Alberto. *Il nuovo processo penale.* 3ª Ed.. Roma: Buffetti Editore, 1991, p. 1. Com reservas no que se refere ao aspecto abrangente da assertiva: CHIAVARIO, Mario. *Procedura penale un codice tra "storia" e cronaca*, cit., p. 6-7. Desenvolvidamente: PIMENTA, José da Costa. *Introdução...*, cit., p. 63-70. Da mesma forma, no Ordenamento Jurídico brasileiro afirma-se com muita propriedade que "os institutos fundamentais do Direito Processual refletem evidentemente o 'clima político' do País, expresso na Constituição", conf.: VARGAS, José Cirilo de. *Processo penal e direitos fundamentais.* Belo Horizonte: Del Rey, 1992, p. 57.

[2] BAUMANN, Jürgen. *Derecho procesal penal...*, cit., p. 30.

[3] GÖSSEL, Karl-Heinz. Reflexiones sobre la situación del ministerio público..., cit., p. 628.

88 *O Processo Penal como Instrumento de Política Criminal*

às mudanças políticas e sociais, traduzindo-se, na linguagem doutrinal, num verdadeiro direito constitucional aplicado[4]. Portanto, de grande importância é esse vínculo entre o processo penal e a Ciência Política, particularmente no que se refere à interacção com a ordem constitucional que disso decorre, uma vez que na prática abre-se a possibilidade para o interessado de se opor à violação dos seus direitos fundamentais (garantia), mesmo após o esgotamento da via judicial ordinária[5].

FIGUEIREDO DIAS[6] fala de uma dupla dimensão dessa conexão entre o Direito Processual Penal e a Ordem Constitucional: no sentido de serem os fundamentos do Direito Processual Penal simultaneamente os alicerces constitucionais do Estado bem como naquele de "a concreta regulamentação de singulares problemas processuais ser conformada jurídico-constitucionalmente".

Para além das implicações de cunho genérico que essa vinculação à Ciência Política determina no processo penal, aspectos particulares da sua conformação sistemática também são alcançados, dessa forma podendo influenciar directamente a opção legislativa sobre a matéria. Consequência directa é que em virtude dessa vinculação e das mudanças no comportamento das partes processuais, na vida social e na própria função do processo penal, verifica-se nos últimos anos o surgimento de problemas totalmente novos nesse sector do ordenamento jurídico[7]. Com efeito, o surgimento dos Estados modernos, fundados, como se sabe, na tentativa de contenção do poder político pela sua

---

[4] KÜHNE, Hans-Heiner. Germany. *In*: C. Van Den Wyngaert (ed.). *Criminal procedure systems in the european community*. Londres: Butterworths, p. 137-162, 1993, p. 138; DIAS, Jorge de Figueiredo. *Direito processual penal. Lições...*, cit., p. 35.

[5] ROXIN, Claus. Introduccion a la ley procesal penal alemana de 1877, cit., p. 182. A referência feita no texto refere-se à possibilidade existente no Ordenamento Jurídico alemão do interessado se dirigir ao Tribunal Constitucional Federal (*BVerfG*), arguindo a violação dos seus direitos fundamentais, mesmo após a apreciação do seu caso pelos Tribunais ordinários. Saliente-se, ainda, que uma alternativa a mais se abre nessa mesma perspectiva no âmbito da Europa Comunitária em virtude existência do Tribunal Europeu.

[6] *Direito processual penal*, cit., p. 74. No que se refere ao Ordenamento Jurídico português, consultar ainda: CANOTILHO, J. J. Gomes, MOREIRA, Vital. *Constituição da república portuguesa anotada*. 3ª Ed.. Coimbra: Coimbra Editora, 1993, p. 202.

[7] MAIWALD, Manfred. Il processo penale vigente in germania, cit., p. 25. Quanto à primeira parte da assertiva: DIAS, Jorge de Figueiredo. A revisão constitucional e o processo penal, cit., p. 47; Idem, A nova constituição da república e o processo penal, cit., p. 99.

A Influência do Modelo de Processo Penal no Estado do Sistema Jurídico-Penal 89

submissão à lei[8], deu lugar ao chamado "estado do império da lei". Essa opção não deixou de se repercutir na conformação dos sistemas legais existentes em cada Estado em particular e, por consequência, com repercussões também no âmbito do *Sistema Jurídico-penal*.

§ 2 – Princípio da legalidade.

Expressão maior dessa ideologia no âmbito do *Sistema* foi a plena adopção do princípio da legalidade tanto na conformação do Direito Penal material como no processo penal. Embora ainda discutida a origem histórica exacta do princípio em análise, um consenso parece haver no sentido de que foi a partir da pregação dos teóricos do *Iluminismo* que o princípio da legalidade adquire foros de real expressão política, traduzindo-se em um instrumento de garantia dos chamados direitos do homem[9].

1 – No Direito Penal.

Embora frequentemente tratado como princípio da legalidade, do que se trata mais amplamente com essa regra é da função de garantia da lei penal, abrangendo: a proibição da retroactividade (*nullum crimen, nulla poena sine praevia lege*), a proibição da analogia incriminatória, a proibição do recurso ao direito consuetudinário, a necessidade de determinação da lei penal (princípio da legalidade em sentido estrito). Pressupõe, pois, esse princípio a exigência de lei penal, escrita (*lex scripta*), anterior (*lex praevia*), certa (*lex certa*) e estrita (*lex stricta*)[10].

---

[8] Não se abordará nesta sede os reais objectivos subjacentes a uma tal postura ideológica e os verdadeiros interesses a que ela visava atender, bastando por ora a indagação sobre ter sido ou não em atenção à tutela dos direitos e liberdades individuais da maioria.

[9] LUISI, Luiz. *Os princípios constitucionais penais*, cit., p. 14; CERNICCHIARO, Luiz Vicente, COSTA Jr., Paulo José. *Direito penal na constituição*. 2ª ed.. São Paulo: Editora Revista dos Tribunais, 1991, p. 14.

[10] MAURACH, Reinhart, ZIPF, Heinz. *Derecho penal. Parte general 1*, cit., p. 157; ESER, Albin, BURKHARDT, Björn. *Derecho penal*. Trad. Silvina Bacigalupo y Manuel Cancio Meliá. Madrid: Colex, 1995, p. 50-67; DIAS, Jorge de Figueiredo. *Direito Penal. Lições*. Coimbra: Universidade de Coimbra, 1975, p. 90; NEVES, A. Castanheira.

2 – No processo penal.

Por sua vez, o princípio da legalidade processual é explicitado e enfatizado também a partir da época do *Iluminismo*, como decorrente da necessidade da contenção do arbítrio judicial e, portanto, como um instrumento de *garantia* atribuído ao cidadão. Ou seja, "o princípio de legalidade processual ao possuir, segundo opinião geralmente admitida, um alto valor desde o ponto de vista da ideia do Estado de Direito e gozar de grande prestígio, é considerado como garantia indispensável para toda a administração da justiça que pretenda actuar com proporcionalidade, com independência frente à posição do processado e, por isso mesmo, que queira ser justa"; perspectivado o Ordenamento Jurídico alemão, segue que ele é visto "como 'actualização da interdição da arbitrariedade, princípio jurídico básico e geral da Lei Fundamental' (BverfG, *NStZ*, 1982, p. 430)"[11]. É PETERS[12] também quem sedia na Revolução Francesa e no movimento político que a sucedeu a introdução de determinadas garantias para o indivíduo, dentre elas aquela conferida pelo princípio da legalidade.

O princípio da legalidade criminal. Separata do *Boletim da Faculdade de Direito da Universidade de Coimbra*, Coimbra, n° especial: Estudos em Homenagem ao Prof. Doutor Eduardo Correia, p. 1-165, 1984, v. I, p. 10 e seguintes. Acrescenta o Autor por último citado (p. 165) a conclusão, em termos metodológicos, de que "o princípio *nullum crimen sine lege* não é susceptível de ser cumprido no seu sentido normativo essencial, que toca os valores capitais da juridicidade, só ao nível da legislação, nem bastará para tanto a estrita obediência legal do julgador; o seu cumprimento só é possível pela mobilização nessa intenção de todas as dimensões e de todas as instâncias do universo jurídico. Não é tarefa só do legislador ou só do juiz, é tarefa e responsabilidade de todo o pensamento jurídico".

[11] POTT, Christine. La pérdida de contenido del principio de legalidad..., cit. p. 79, com ampla sustentação doutrinária acerca da manutenção da relevância do princípio da legalidade processual.

[12] Evoluzione del processo penale, cit., p. 537/538; HASSEMER, Winfried. Derecho penal y filosofía del derecho en la república federal de alemania. Trad. Francisco Muñoz Conde. *Doctrina Penal*, Buenos Aires, a. 14, n. 53-54, p. 87-100, ene/jun 1991, p. 91. Historicamente, porém, segundo RANFT (RANFT, Otfried. *Strafprozessrecht*, cit., p. 68) quando da instituição da StPO no Ordenamento Jurídico alemão, o princípio da legalidade foi inserido para assegurar que o ministério público, integrado no executivo e subordinado ao monarca, perseguisse cada acto criminal sem consideração da pessoa, com fundamento numa eventual desconfiança por parte do monarca quanto à actuação ministerial. Em termos de política criminal, isso decorre da ideia de retribuição então prevalente, segundo a qual o Estado deveria garantir a justiça absoluta, devendo punir, sem excepção, cada infracção à Lei Penal.

À guisa de premissa, convém esclarecer que na sua manifestação processual o princípio da legalidade comporta ao menos duas expressões: exclusão de qualquer discricionariedade no exercício da acção penal, com a consequente obrigação do ministério público promover a acção penal também no caso de provável não fundamento da *notitia criminis* (BverfG, *NStZ* 1982, 430); exclusão do poder do ministério público de dispor da acção penal já proposta[13]. Portanto, as sucessivas referências a serem feitas ao mencionado princípio deverão levar em conta esses dois aspectos, considerando serem ambos indispensáveis para a obediência aos ditames que a garantia expressa.

Assim idealizado o princípio da legalidade, tanto na ordem material como naquela processual, passa a ser ele a expressão maior, ou melhor, o estandarte do conjunto de *garantias* inerentes ao sistema penal. Em reduzidas palavras, o princípio da legalidade pode ser concebido como o emblema do *garantismo* penal.

Em termos criminológicos, o princípio da legalidade na promoção e prossecução processual encontra a sua base no cunhado "modelo azul", correspondendo a uma concepção do Direito Penal substantivo que articula o sistema sancionatório a partir da trilogia: *retribuição, prevenção geral de intimidação, repressão* de todos os crimes e *punição* dos agentes respectivos. Numa tal perspectiva prepondera a tese da *judiciarização* integral de toda a matéria penal, com vista a alcançar as finalidades próprias do Sistema[14].

Vale ressaltar que à agudeza da doutrina alemã não escapou também uma relevância político-criminal sediada no princípio da legali-

---

[13] ACCATTATIS, Vincenzo. Il patteggiamento alla luce del diritto comparato e della normativa costituzionale, cit., p. 606; FIGUEIREDO DIAS (DIAS, Jorge de Figueiredo. *Direito processual penal. Lições...*, cit., p. 94), o qual fala em exclusão tanto da renúncia quanto da desistência da acusação.

[14] COSTA, José de Faria. Diversão (desjudicialização) e mediação: que rumos?, cit., p. 10 e 11; DIAS, Jorge de Figueiredo. *Direito penal português – parte geral II. As consequências jurídicas do crime.* Lisboa: Aequitas, 1993, p. 58. Para uma adequada síntese acerca dos diversos modelos de política criminal, neles incluídos também o vermelho (*infra*), o da defesa social, o da nova defesa social e o verde, consultar, do mesmo Autor: O sistema sancionatório do direito penal português no contexto dos modelos da política criminal. *Boletim da Faculdade de Direito da Universidade de Coimbra*, Coimbra, nº especial: Estudos em Homenagem ao Prof. Doutor Eduardo Correia, p. 783-825, 1984, v. I, p. 795 e seguintes.

dade, em termos de prevenção geral do delito[15], revelando assim um aspecto igualmente funcional a ele inerente.

§ 3 – Consequências do princípio da legalidade para o Estado e para o cidadão: segurança versus liberdade.

Conforme se demonstrou, o princípio da legalidade passou a ser então a expressão maior da garantia reservada pelo Estado às liberdades individuais, ancorado nos dogmas do modelo de Estado Democrático, do Estado de Direito, do princípio da determinação e do princípio da igualdade, devendo ser o legislador a criar as pré-condições para a actuação do Direito Penal, não deixando essa decisão para os órgãos de persecução de crimes no caso concreto. Todavia, não sem intenção, a adopção do princípio provocou de igual forma uma concentração da actividade punitiva nas mãos do Estado.

1 – Estado: monopólio da administração punitiva.

Ao Estado ficou reservado, com exclusividade, o poder de definição dos crimes e das respectivas sanções no âmbito do Direito Penal material e a exclusividade na persecução criminal, pela via do processo penal[16]. Esse objectivo foi alcançado através da ideia de que desse modo se atendia a uma necessidade de segurança para os cidadãos (ao lado da liberdade, uma das bandeiras ideológicas da revolução francesa), os quais teriam a segurança de que só poderiam sofrer a interferência do Estado na sua esfera privada quando houvesse a anterior previsão legal (crime) e a determinação do alcance dessa interferência (sanção), determinada também a competência exclusiva dos órgãos estatais para realizar essa interferência (legalidade processual). Efectivamente, uma das consequências do *dever de administração e realização da justiça penal* atribuído ao Estado é justamente o *monopólio estadual da função jurisdicional*[17].

---

[15] Citando FEUERBACH: LUISI, Luiz. *Os princípios constitucionais penais*, cit., p. 15. Tal relação pode ser encontrada também na doutrina portuguesa, conf.: DIAS, Jorge de Figueiredo. *Direito processual penal. Lições...*, cit., p. 95-96.

[16] Por certo, não esquecidas aqui as hipóteses em que a "iniciativa" da acção compete ao particular; registe-se, desde logo, que do que se trata é de iniciativa.

[17] DIAS, Jorge de Figueiredo. *Direito processual penal*, cit., p. 24.

A óptica por que era observado o problema estava centrada na figura do acusado de uma infracção penal (delinquente), sendo possível compreender-se agora a outra já clássica expressão de LISZT[18] no sentido de ser o Código Penal a magna carta do delinquente.

Conforme afirmado, obteve-se assim, por via reflexa, a concentração do poder punitivo nas mãos do Estado, tendo por consequência a sua incapacitação para dominar ou controlar sob níveis suportáveis o fenómeno da criminalidade[19]. Numa palavra, além de não eficiente, o *Sistema Jurídico-Penal* revelou uma insuportável não funcionalidade.

2 – Cidadão: Estado providência em matéria de segurança.

Por detrás da não negada função de garantia do princípio da reserva legal para a liberdade individual da pessoa[20], é inegável que ele gera uma situação de confiança no magistério punitivo estatal, pela qual o Estado teria plena condição de prever – através do estabelecimento dos crimes e respectivas sanções – e resolver – mediante a persecução do delito cometido – todos os conflitos de natureza penal. Verificava-se, então, uma atitude de transferência de responsabilidades, onde a comunidade não via o fenómeno criminal como sendo coisa sua, transferindo exclusivamente para o Estado essa responsabilidade, o qual também nessa matéria deveria ser providente[21] É TEUBNER[22] quem acentua que

---

[18] *Supra.*

[19] DIAS, Jorge de Figueiredo. O sistema sancionatório do direito penal português no contexto dos modelos da política criminal, cit., p. 801-802.

[20] LUISI, Luiz. *Os princípios constitucionais penais*, cit., p. 18. Essa função de garantia foi evidenciada por RIBEIRO LOPES (LOPES, Mauricio Antonio Ribeiro, *In*: FIGUEIRA JUNIOR, Joel Dias, LOPES, Mauricio Antonio Ribeiro. *Comentários...*, cit., p. 260), ao sustentar que o princípio da legalidade tem um sentido plurívoco, na medida em que "ao definir o que é crime, define também o seu contrário por um processo de exclusão lógica. Se por um lado autoriza a intervenção estatal com o recurso à pena criminal diante dos comportamentos socialmente nocivos, também, por outro lado, garante o ideal de liberdade pelo banimento da sanção de todas as condutas diversas daquelas expressas nos tipos incriminadores". Isso nada mais é do que a concretização da citada ideia preconizada por LISZT faz já um século.

[21] COSTA, José de Faria. Diversão..., cit., p. 15.

[22] Juridificação..., cit., p. 32. Na mesma perspectiva e apontando os custos gerados pelo *Welfare State*: CANOTILHO, José Joaquim Gomes. Teoria da legislação geral e teoria da legislação penal, cit., p. 835.

"o contexto histórico próprio do fenómeno da juridificação – entre outras formas, expressado pela *inundação de leis* – evidencia-se quando visto em conexão com a emergência do actual Estado (de Bem-Estar) Social, ou Estado-Providência".

A partir de uma perspectiva da sociologia do Direito, no que concerne ao aspecto processual "a juridificação aparece descrita como um processo pelo qual os conflitos humanos são inteiramente despojados da sua dimensão existencial própria através do formalismo jurídico, e desnaturados em virtude da respectiva submissão a processos de resolução de natureza jurídica: assim entendida, a juridificação surge como uma *expropriação do conflito*"[23]. Na linguagem criminológica assinala--se que nessa perspectiva o processo penal formal subtrai o conflito do âmbito da vítima e do autor; o processo, afirma-se, faz invisível esse conflito, despersonaliza a vítima, impede o seu encontro pessoal com o autor e converte-a numa "não-pessoa"[24]. Uma maior legitimidade alcançou esse *roubo do conflito* da esfera privada efectuado pelo Estado, levando-se em conta que os próprios envolvidos no conflito não só lhe outorgaram a competência exclusiva para dirimir os conflitos como também acreditaram na sua capacidade de resolução[25].

A crítica subjacente é a de que, dessa forma, "a juridificação não resolve os conflitos, mas simplesmente aliena-os: ou seja, mutila os conflitos sociais, reduzindo-se a um mero caso judicial, e deste modo exclui qualquer possibilidade de uma resolução socialmente adequada e prospectivamente orientada"[26]. Uma vez mais evidenciada a erosão provocada no objectivo de funcionalidade.

---

[23] TEUBNER, Gunther. Juridificação..., cit., p. 26.

[24] SCHNEIDER, Hans Joachim. La posicion juridica de la victima del delito en el derecho y en el proceso penal. Trad. Silvina Bacigalupo. *Cuadernos de Política Criminal*, Madrid, n. 35, p. 355-376, 1988, p. 358.

[25] Segundo COSTA ANDRADE (ANDRADE, Manuel da Costa. Consenso e oportunidade, cit., p. 331) com a expressão roubo do conflito pretende-se traduzir "o esvaziamento do estatuto criminal da vítima, num sistema penal que veio a estruturar-se em termos diádicos delinquente-estado, pela via da hipostasiação dos interesses do Estado e sua progressiva sub-rogação na posição originária da vítima". Uma ampla explanação acerca desse "roubo do conflito" pode ser encontrada em GOMES, Luiz Flávio. *Suspensão...*, cit., p. 81 e seguintes.

[26] TEUBNER, Gunther. Juridificação..., cit., p. 26.

SECÇÃO 5

A crise no sistema punitivo estatal.

Inicialmente vale a observação de que ao mencionarmos a existência de uma crise no sistema punitivo estatal acompanhamos de perto o entendimento de SILVA SÁNCHEZ[1], ao sustentar que "a crise, na realidade, é algo co-natural ao Direito penal como conjunto normativo ou, no mínimo, resulta, desde logo, imanente ao Direito penal moderno, surgido da Ilustração e plasmado nos primeiros Estados de Direito. Neles, com efeito, a antinomia entre liberdade e segurança (expressa no âmbito penal na tensão entre prevenção e garantias, ou inclusive, se se quiser, entre legalidade e política criminal), começa a não ser resolvida automaticamente em favor da segurança, da prevenção; assim se detecta já um princípio de crise, de tensão interna, que permanece nos nossos dias". Para além dessa observação, deve ser ponderado também que somente é possível falar numa crise da política criminal na medida, e só nessa, em que são ultrapassadas as margens de tolerância da não operacionalidade e não funcionalidade dos modelos respectivos[2]. Possível é, pois, a constatação preliminar de que, antes de representar um fenómeno negativo, essa "crise" é "o motor da evolução do Direito penal"; mais propriamente: "o negativo, mais que essa realidade, seriam os intentos de ocultá-la, criando telas ideológicas que tratam de aparentar harmonia onde há uma confrontação essencial"[3].

Conforme se verificará, isso reflecte a síntese acabada da tensão existente também quanto às alternativas de cunho processual imaginadas para enfrentar a "crise" do sistema punitivo estatal, ou seja, uma oposição permanente entre legalidade (garantia) e política criminal

---

[1] SILVA SÁNCHEZ, Jesús María. *Aproximación...*, cit., p. 13.
[2] COSTA, José de Faria. Diversão..., cit., p. 16.
[3] SILVA SÁNCHEZ, Jesús María. Aproximación..., cit., p. 14.

96   O Processo Penal como Instrumento de Política Criminal

(funcionalidade), traduzida na dialéctica que se estabelece entre a necessidade de segurança de um lado e as finalidades do *Sistema* do outro.

§ 1 – Situação do problema.

Consequência lógica da situação anteriormente demonstrada foi a verificação da ineficiência do Estado para atender à demanda que lhe era proposta, resultando numa inflação legislativa (Direito Penal material) e num congestionamento processual (lentidão e não resolução dos processos). Além desse não *eficientismo*, o *Sistema Penal* deixou de atender às finalidades que, teleologicamente, vinculavam os seus diversos sectores, culminando também na incoerência e não *funcionalidade* de todo o *Sistema*. É facil perceber que quanto mais forem sendo adoptadas soluções particularizadas em cada um dos sectores, muitas vezes inspiradas em princípios particulares (diversos do princípio geral unificador do *Sistema*), maior será a sua incoerência e menor a sua capacidade para a obtenção dos propósitos a que se encontra vinculado.

1 – Inflação legislativa em matéria penal.

Foi no contexto do modelo do Estado Social, com a correspondente fundamentação no positivismo jurídico[4], que se acentuou o crescimento desmedido das normas penais incriminadoras[5], provocando um "alargamento incontrolável das áreas de criminalização"[6] e uma verdadeira inflação legislativa penal[7]. Desde então, criaram-se as bases que culmi-

---

[4] Para uma caracterização precisa deste momento, particularmente no que se refere ao estatuto da política criminal que ele pressupunha: DIAS, Jorge de Figueiredo. A "ciência conjunta do direito penal". *In: Questões fundamentais do direito penal revisitadas*. São Paulo: RT, p. 19-49, p. 29 s..

[5] LUISI, Luiz. Os princípios constitucionais penais, cit., p. 27.

[6] ANDRADE, Manuel da Costa. Consentimento..., cit., p. 62.

[7] CORDERO, Franco. *Procedura penale*. Milano: Giuffrè, 1991, p. 195. Traduzindo o mesmo fenómeno e identificando como uma das suas causas também a gradual transformação do Estado liberal em Estado social, a partir de uma crescente expansão da intervenção pública em sectores anteriormente reservados à autonomia dos particulares, PALIERO (PALIERO, Carlo Enrico. Note..., cit., p. 921-922) caracteriza-o como "ipertrofia del diritto penale". Melhor dizendo com PADOVANI, mais do que inflação

nariam no fenómeno da *overload* do sistema punitivo estatal, sobrecarregado tanto no que se refere à previsão dos crimes e respectivas sanções como também nos mecanismos de aplicação do Direito Penal, tornando-o não eficiente e não funcional. De carácter universal, se apresenta o fenómeno na maioria dos Ordenamentos Jurídicos, qualquer que seja a linha epistemológica que se encontra nas suas bases. Ressalte-se, entretanto, que um maior agravamento do problema verifica-se naqueles Ordenamentos Jurídicos centrados num maior apego às preocupações para com as garantias a serem atribuídas ao cidadão, com a correlativa rigidez conceitual do dogma da legalidade (material e processual), dadas as exigências dele decorrentes.

Não que seja esse um problema moderno e nem mesmo pode ser afirmado que o fenómeno da *overload* seja consequência exclusiva da hipertrofia do *Sistema Punitivo estatal*. Se a degeneração da produção normativa em matéria penal é um dos aspectos mais salientes do problema, a ela devem ser acrescidas razões de natureza estrutural do próprio *Sistema* que impedem a sua gestão racional[8].

---

legislativa há na verdade uma "psicosi legislativa", determinando consequências nocivas para todo o sistema punitivo estatal, mormente a morosidade processual (PADOVANI, Tullio. Il nuovo codice di procedura penale e la riforma del codice penale, cit., p. 916-939, 1989, p. 926). No Ordenamento Jurídico português fala-se a esse respeito de um "fenómeno da 'sobrecriminalização'", conf.: DIAS, Jorge de Figueiredo. A lei criminal – o processo legal-social de criminalização e de descriminalização. *In: Ciências Criminais: Sumários das Lições Proferidas ao Curso Complementar de Ciências Jurídicas da Faculdade de Direito*. Coimbra: João Abrantes, p. 189-208, 1976, p. 192-193. Retratando semelhante processo no Ordenamento Jurídico brasileiro: JESUS, Damásio Evangelista de. *Lei...*, cit., p. 1 e seguintes.

[8] Quanto ao primeiro dos aspectos mencionados, em Itália – e a afirmação enquadra-se perfeitamente nos demais Ordenamentos, em especial no caso brasileiro – a excessiva produção legislativa em matéria penal é utilizada como um meio para tranquilizar a opinião pública e induzir o consenso demagógico de que a alternativa para o problema do controle social é a criação desmedida de delitos e respectivas sanções penais e o agravamento das penas já existentes: CASTELLI, Claudio. Esigenze di deflazione e risposte possibili tra obbligatorietà e discrezionalità dell'azione penale. *In: Questione Giustizia*, Milano, nº 1, p. 97-106, 1990, p. 97. Também no Ordenamento Jurídico português há a afirmação de que a inflação incriminatória galopante e a destinação dos instrumentos próprios da política criminal para condutas em relação às quais aqueles não foram pensados, nem são adequados, produz o maior descrédito sobre o próprio Direito Penal e a função que primariamente lhe incumbe, conf.: DIAS, Jorge de Figueiredo. A reforma do direito penal português, cit., p. 113; Idem, Lei

Sintetizando os efeitos desse problema no termo *juridificação*, enquanto ampliação da área de alcance do Direito, pode ser dito que o fenómeno da "juridificação da sociedade pode ter repercussões desastrosas no próprio Direito e, frequentemente, as exigências de regulamentação provindas do sistema político e social acabam por colocar aquele perante os limites da sua própria eficácia"; antes de ser a própria implementação prática do Direito inadequada, são os esforços de aumento da sua eficácia que determinam repercussões negativas na estrutura interna do sistema jurídico[9].

Especificamente em relação à inflação legislativa no Direito Penal, citando Franck (FRANCK, Reinhart. *Die Uberspannung Der Staatlichen Strafgewalt, in: Zstw*, 1989, p. 733), LUIZ LUISI[10] também destaca a hipertrofia gerada no *Sistema Penal* pela tendência para a excessiva criminalização, evidenciando o enfraquecimento produzido na eficácia intimidatória da sanção, comparada à ineficácia provocada pela abusiva aplicação de um medicamento a uma determinada enfermidade. Como pode ser facilmente percebido, esse efeito relaciona-se directamente com a *funcionalidade* do *Sistema*, na medida em que dificulta ou impede que ele alcance as reais consequências a que se destina[11]. É o que expressamente reconhece PALIERO[12] ao estabelecer um vínculo entre a hipertrofia do Direito Penal e as finalidades de prevenção geral, afir-

---

criminal e controlo da criminalidade – o processo legal-social de criminalização e de descriminalização. *Revista da Ordem dos Advogados*, Lisboa, a. 36, p. 69-98, 1976, p. 76.

[9] TEUBNER, Gunther. Juridificação..., cit., p. 61.

[10] *Os princípios constitucionais penais*, cit., p. 28. No sentido da observação feita: TOLEDO, Francisco de Assis. *Princípios básicos de direito penal*. São Paulo: Saraiva, 1991, p. 5.

[11] Ainda que compreenda a estruturação sistémica como resultante da sua funcionalização e não ao contrário, a advertência lançada no texto encontra eco também no pensamento de FARIA COSTA (COSTA, José Francisco de Faria. O perigo em direito penal, cit., p. 99), assim pronunciando-se a esse respeito: "o sistema é, por definição e intencionalidade objectivante, muito mais que a mera adição. Daí que, ao permitir-se a adição incontrolada de normas, se abra mão a curto prazo daquele complexo estruturado e funcionalmente conseguido". Lucidamente, acrescenta ainda o Autor (p. 100) que para o sistema poder sobreviver à avalanche normativa, em jactos de mera adição, mister era prover um critério redutor e controlador daquele fenómeno de produção legislativa, o qual não se bastava com a sua adequação formal e estática ao sistema, pressupondo ainda uma estratégia norteada pela eficácia.

[12] PALIERO, Carlo Enrico. "Minima non curat praetor". Ipertrofia del diritto penale e decriminalizzazione dei reati bagatellari. Padova: CEDAM, 1985, p. 151.

mando que a escolha de um modelo de criminalização em si mesmo considerado não garante de facto a eficiência da tutela. Assim, a concretização de um semelhante modelo consolida o deficit da prevenção geral.

2 – Congestionamento processual.

A sobrecarga produzida na actividade dos tribunais, com o consequente reflexo negativo na presteza da prestação jurisdicional é um fenómeno que não depende de demonstração[13], conduzindo à ineficiência do *Sistema*. O surgimento de novas situações sociais que põem em risco valores comunitários fundamentais, como consequência do crescimento e do aumento da complexidade das relações, debilitam a actuação das instâncias informais de controlo – família, vizinhança, pequenas comunidades –, determinando uma ampliação do âmbito de alcance do Direito Penal; com isso, às instâncias formais de controle são postas novas e acrescidas tarefas, cuja realização excede notoriamente a sua capacidade de resposta[14].

Adoptando a terminologia comum de "morosidade da justiça" para o problema, pode ser verificado que ele tem origem tanto em razões ligadas ao aparelhamento (humano e técnico) dos órgãos judiciários

---

[13] Apontando a existência de uma relação directa entre a hipertrofia do Direito Penal e a sobrecarga dos tribunais: PALIERO, Carlo Enrico. Note..., cit., p. 923-924. Retratando a indissolubilidade do binómio e a responsabilidade pela sua ocorrência principalmente em função da previsão de sanções penais para delitos de menor potencial ofensivo: LUISI, Luiz. Os princípios constitucionais penais, cit., p. 27-28. Segundo CERNICCHIARO (CERNICCHIARO, Luiz Vicente, COSTA Jr., Paulo José. *Direito penal na constituição*, cit., p. 179), "o Poder Judiciário, como toda a população, preocupa-se com a celeridade dos julgamentos, tentando obter o ideal, ou seja, solução rápida e eficiente. Com isso, dissipam-se as incertezas, restabelecendo a paz social. Repete-se que justiça tardia é injustiça". No que ao Ordenamento Jurídico alemão se refere, há o posicionamento de KAI AMBOS (AMBOS, Kai. Procedimientos abreviados en el proceso penal alemán..., cit., p. 547-548), sustentado por ampla e sólida análise estatística, no sentido de que é possível concluir que a maior parte da criminalidade comum é resolvida (processada e julgada) de forma relativamente rápida e sem contratempos. Informa ainda o Autor que numa análise comparativa internacional resulta a imagem de uma justiça penal bastante rápida e eficiente na Alemanha.

[14] DIAS, Jorge de Figueiredo. Lei criminal e controlo da criminalidade..., cit., p. 74-75.

como também em questões relacionadas com o próprio processo. Nesse sentido, adequada é a lição de GAITO[15] ao afirmar que "a análise do problema da lentidão dos procedimentos penais segue tradicionalmente uma dupla linha, separando-se as razões de lentidão estranhas à disciplina processual das razões internas do processo".

Quanto ao que nos interessa, no que concerne às razões internas ao próprio processo um dos aspectos salientes refere-se à sua duração, mais propriamente, ao tempo gasto para a efectiva prestação jurisdicional. Revelada não só pela tendência actual de reforma dos textos legislativos atinentes à matéria do processo penal mas também pela própria lógica do *Sistema*, o factor tempo surge na actualidade como um dos elementos mais importantes nesse sector do Ordenamento Jurídico dos diversos países[16], em virtude da morosidade processual a que ele pode conduzir. Efectivamente, se fosse possível sediar num mesmo contexto temporal o facto jurídico representado pelo delito e o juízo a seu respeito, grande seria a economia normativa e reduzida a quantidade de actos necessários para o seu esclarecimento[17], com consequente

---

[15] GAITO, Alfredo. Accusa e difesa di fronte ai nuovi istituti: problemi di scelta e strategia processuale. *In*: *Questioni nuove di procedura penale*. Padova: Cedam, p. 7-30, 1989, p. 10; CHIAVARIO, Mario. Qualche sollecitazione per un confronto, cit., p. 4. Na Alemanha, afirma AMBOS (AMBOS, Kai. Procedimientos abreviados en el proceso penal alemán..., cit., p. 551) ser "evidente que a 'sobreçarga' de trabalho nos Juízos e Tribunais pode ser atribuída, em todo caso – paralelamente a um desenvolvimento possivelmente excessivo da criminalidade e a uma sobreincriminação material – a *razões imanentes* ao procedimento".

[16] Destacando a consideração do factor tempo para o processo penal mas não o considerando como o mais importante: CHIAVARIO, Mario. *Procedura penale un códice tra "storia" e cronaca*, cit., p. 59. Evidenciando o problema da duração excessiva do processo penal também no Ordenamento Jurídico português e destacando a importância do factor tempo para a consecução das finalidades político-criminais: DIAS, Jorge de Figueiredo. Para uma reforma global do processo penal português, cít., p. 221; RODRIGUES, José Narciso da Cunha. O sistema processual penal português, cit., p. 14. No Ordenamento Jurídico brasileiro, semelhante preocupação tem WEBER BATISTA (BATISTA, Weber Martins, FUX, Luiz, *Juizados...*, cit., p, 284):

[17] Particularmente sobre este aspecto, adequada é a observação de CONTI e MACHIA em relação ao modelo processual italiano, afirmando-se que "in un sistema che pone a suo fondamento il canone della oralità, solo una rapida celebrazione del dibattimento consente infatti una ricostruzione dei fatti che non sia alterata od offuscata nel ricordo dei protagonisti del processo" (CONTI, Giovanni, MACCHIA, Alberto. Il nuovo processo penale, cit., p. 206-207).

simplificação do processo. Todavia, esse objectivo não pode ser conseguido, verificando-se, ao invés, um espaço de tempo, por vezes longo, entre a ocorrência do facto e o juízo que o tem por objecto[18].

Tal fenómeno é potenciado pela rigidez do princípio da legalidade, material e processual, principalmente quando se observa que grande parte das condutas cuja existência determina a incidência da tutela penal referem-se a insignificantes lesões nos bens jurídicos protegidos, ou, noutra perspectiva, incidem sobre bens jurídicos de escasso valor. É PETERS[19] mais uma vez quem constata que a aplicação estrita do princípio da legalidade provocaria uma sobrecarga na actividade dos tribunais em virtude da persecução de delitos insignificantes.

No que à *funcionalidade* importa, afirma-se que não é segredo nem novidade como a "lentidão do processo penal, produto de alguns estrangulamentos e disfuncionalidades do sistema, conduzindo ao protelamento da decisão do direito do caso, torna ineficaz o sistema de justiça criminal, não permitindo a realização dos fins das penas, e, além disso, contribui para o aumento das cifras dos "casos cinzentos", não esclarecidos, e não assegura, tanto quanto possível de maneira aceitável, a paz jurídica aos cidadãos"[20]. Portanto, ainda mais relevantes são as consequências geradas pela morosidade processual no âmbito da justiça criminal, considerando-se as finalidades esperadas da sanção penal, uma vez que quanto maior for o congestionamento do sistema, maior será o prazo entre o delito e a pena correspondente, menor a eficácia preventiva[21] *(infra)*. Valem aqui as considerações de que o efeito de prevenção geral do sistema penal depende muito menos, ou quase nada, da severidade das penas do que do grau da probabilidade

---

[18] DALIA, Andrea Antonio, FERRAIOLI, Marzia. Corso..., cit., p. 14.

[19] PETERS, Karl. Le ministère public. *Revue Internationale de Droit Pénal*, Toulouse, a. 34, n. 3-4, p. 3-17, 1963, p. 9; BOTTCHER, R.. The relations between the organization of the judiciary and criminal procedure in the federal republic of germany. *Revue Internationale de Droit Pénal*, Toulouse, France, a. 60, p. 973-991, 3º et 4º trimestres 1989, p. 974.

[20] GASPAR, António Henriques. Processos especiais, cit., p. 363.

[21] PALMIERI, Ettore. I procedimenti speciali nel nuovo cpp. *In: Quaderni di Procedura Penale e Diritto Processuale Comparato*, Messina, a. 1, nº 1, p. 127-142, 1992, p. 128. Para uma semelhante aproximação do factor tempo aos objectivos de política criminal, em especial o da prevenção geral: DIAS, Jorge de Figueiredo. *Direito processual penal. Lições...*, cit., p. 18.

da punição e do *lapso de tempo dentro do qual ela venha a efectivar-se*. A isso deve ser acrescido que também a probabilidade de justiça da decisão varia na razão inversa do tempo que esta demore a ter lugar. Ainda, o próprio princípio da presunção de inocência vem directamente ofendido quando a paz jurídica do acusado, quebrada pela promoção do processo, somente pode ser restaurada após vários anos[22].

Tendo em vista a relevância do factor tempo para o processo penal, a solução dos concretos problemas verificados em cada ordenamento jurídico é buscada a partir de uma tentativa de identificação de mecanismos que o acelerem, com vista à obtenção de uma maior eficácia[23]. O que se busca, em última instância, é uma *racional gestão dos tempos de processamento criminal*, assumindo, em todas as suas consequências, a necessidade de que ele "se transforme num valioso instrumento de política criminal". Dessa forma, em detrimento embora de um agravamento sancionatório, busca-se alcançar uma maior presteza do veredicto, com a consequente projecção ao nível da prevenção geral e especial, inclusive da própria ressocialização, que estariam comprometidas frente ao decurso de um excessivo lapso de tempo entre a comissão da infracção e a sua sujeição a julgamento[24].

É a clara tradução da tentativa desesperada de aumento da eficiência do processo penal, motivada pelas necessidades decorrentes da ampliação do Direito Penal material. Enquanto voltada apenas para um maior *eficientismo*, não se valora nessa opção que a eficiência em termos judiciais não se limita a um critério quantitativo, relacionado com o

---

[22] DIAS, Jorge de Figueiredo. Para uma reforma global do processo penal português, cit., p. 222.

[23] Aliás, no que ao Ordenamento Jurídico português importa, o *Relatório* do C.P.P. de 1987 apontava dois dos seus mais importantes Institutos, a *suspensão provisória do processo* e o *processo sumaríssimo*, como instrumentos destinados ao controlo da pequena criminalidade em termos de *eficácia* e *celeridade*. Sendo cognoscível o sentido do objectivo de *celeridade*, na tentativa de conceituar o fim de *eficácia* CRUCHO DE ALMEIDA (ALMEIDA, Maria Rosa Crucho de. A suspensão provisória do processo penal. Análise estatística do biénio 1993-1994. *Revista do Ministério Público*, Lisboa, a. 19, n. 73, p. 49-84, jan/mar 1998, p. 52) arrola diversas possíveis hipóteses, cujo conteúdo político-criminal não pode ser ignorado: prevenção de comportamentos delituosos; confirmação da validade das normas jurídicas, entre outras alternativas.

[24] BARREIROS, José António. Programa para um estatuto do ministério público. *Revista da Ordem dos Advogados*, Lisboa, p. 157-178, 1983, p. 168 e nota 11.

aumento da produtividade processual, mas deve ser analisado também qualitativamente, ou seja, quanto a evitar a ocorrência de consequências injustas e arbitrárias[25] (garantismo) e, acrescente-se, quanto à própria *funcionalidade* do *Sistema Punitivo estatal*.

---

[25] HASSEMER, Winfried. Crisis y caracteristicas del moderno derecho penal, cit., p. 642. Noutra fonte (HASSEMER, Winfried. Unferfügbares im Strafprozess. *In*: *Festschrift Maihofer*, p. 183 s.), denuncia HASSEMER o facto de a produção normativa se ter precipitado sobretudo através de "mudanças legislativas menos empenhadas em plasmar em direito positivo os princípios fundamentais do processo penal do que em assegurar reacções eficazes e economicamente racionais à ameaça pública dos desenvolvimentos da criminalidade e às perturbações do processo penal", *apud*: ANDRADE, Manuel da Costa. Sobre as proibições de prova..., cit., p. 66/67.

SECÇÃO 6

Alternativas aventadas.

§ 1 – Medidas de Direito material.

1 – Considerações gerais.

O movimento actual em favor de uma intervenção do direito penal somente nos casos de insuportável violação dos bens fundamentais da comunidade "é, sem dúvida, também consequência da exigência processual de que os tribunais penais não sejam submersos por uma multidão de infracções de duvidoso relevo ético-social"[1]. Aliás, a partir desse princípio verifica-se uma *influência do processo no direito material*, na medida em que o movimento para que o Direito Penal material actue apenas quando estiverem em causa violações de *bens fundamentais* decorre também "da exigência *processual* de que os tribunais não fiquem sobrecarregados com o dever de decidir causas de mais do que duvidoso relevo ético"[2].

A nível geral, portanto, as alternativas aventadas para se enfrentar a "crise" no *Sistema Jurídico-Penal* foram procuradas, num primeiro momento, exclusivamente no âmbito do Direito Penal material, culminando em duas hipóteses antagónicas: reforço da resposta estatal ao crime, através do acréscimo do catálago das figuras delituosos e do agravamento das penas[3]; deflação do Direito Penal material, através de

---

[1] DIAS, Jorge de Figueiredo. *Direito processual penal*, cit., p. 31.

[2] PIMENTA, José da Costa. *Introdução...*, cit., p. 19.

[3] Com essa proposta espera-se a solução da inflação legislativa e do congestionamento processual por uma via inversa e de difícil compreensão; ou seja, espera-se que o rigor punitivo e persecutório diminua o fenómeno da criminalidade e, como consequência, se chegue a um real descongestionamento dos tribunais penais.

medidas de descriminalização. A última das mencionadas opções revigorou os já esquecidos princípios da proporcionalidade e o da intervenção mínima, de tão grande importância para o Direito Penal.

1.1 – Princípio da intervenção mínima.

Partindo-se de um critério mais geral, limitador da interferência do Estado na vida do particular, chega-se ao critério especificamente penal da intervenção mínima, o qual limita o poder de criação de normas penais e respectivas sanções, estando restritamente reservadas para as hipóteses de necessidade real de protecção de um determinado bem jurídico relevante[4].

Trata-se, a bem da verdade, de uma consequência directa do não menos importante princípio da ofensividade ou, lesividade, pelo qual o Direito Penal não se deve preocupar em modelar moralmente as pessoas sujeitas à sua incidência, mas tão somente incidir naqueles casos em que se verifique uma ofensa a um determinado bem jurídico digno de tutela por esse sector do Ordenamento Jurídico.

Consequência prática relevante do princípio em análise é que com a sua observação resguarda-se o prestígio da Ciência Penal e do magistério punitivo contra os males da exaustão e da insegurança a que conduz a chamada *inflação legislativa*[5].

1.2 – Princípio da *última ratio*.

Enquanto através do princípio da intervenção mínima se restringe a intervenção estatal de natureza penal às hipóteses de lesão a um bem jurídico relevante, a essa delimitação há que se acrescer a limitação da incidência penal somente quando ocorra o esgotamento de todas as outras formas de protecção não penais (civis, administrativas, entre outras). Afirma-se então que o direito penal deve ser a "última ratio" do Sistema,"cuja presença só se legitima quando os demais ramos do direito se revelam incapazes de dar a devida tutela a bens de relevância para a própria existência do homem e da sociedade"[6].

---

[4] LUISI, Luiz. Os princípios constitucionais penais, cit., p. 25; BITENCOURT, Cezar Roberto. *Juizados...*, cit., p. 37-38.

[5] DOTTI, René Ariel. As bases constitucionais..., cit., p. 27.

[6] Idem, ibidem, p. 27.

1.3 – Princípio da proporcionalidade.

Estabelecido que o Direito Penal somente deve incidir nos casos de lesão de um bem jurídico relevante e em que esta intervenção seja justificada pela ineficácia da protecção oferecida por outros sectores do Ordenamento Jurídico, necessário é, igualmente, que a interferência penal seja proporcional, ou seja, esteja em relação com a efectiva e real gravidade da lesão provocada pelo delito e em conformidade com o grau de reprovabilidade que pode ser atribuído ao comportamento do seu autor.

Na senda de ANABELA RODRIGUES[7], pode ser afirmado que a proporcionalidade diz com a mútua referência a ser estabelecida entre a ordem axiológica constitucional e a ordem jurídico-penal, não se exigindo uma escrupulosa equiparação entre o valor ofendido pelo agressor e o valor restringido pela sanção penal, consequência mesmo de não ser uma relação de identidade ou recíproca cobertura a exigida entre aquelas duas ordens. Desse modo, envolvendo a aplicação da pena sempre uma restrição de direitos com reflexo constitucional, essa restrição deve ser ponderada com a restrição de direitos que a conduta do agressor envolveu, também estes últimos obrigatoriamente com reflexos constitucionais, justificando assim a intervenção penal. Impõe--se, pois, a existência apenas de uma proporcionalidade entre a sanção penal e o bem protegido pelo Direito Penal, para tanto devendo ser levado em conta o valor (importância) do bem jurídico tutelado, como também as consequências da sua lesão (considerada na sua forma).

Na sua expressão mais actual, o princípio explicitamente se relaciona com a necessidade de uma proporção entre a culpa demonstrada pelo agente no facto e a medida da sanção que se pretende lhe seja imposta. Com efeito, parece não haver mais dúvidas acerca da necessidade de que o Direito Penal de um moderno modelo de Estado de Direito deva estar submetido ao princípio da culpabilidade. Se ainda não houve um consenso quanto à conjugação desse princípio com as necessidades de prevenção e, muito menos, com qual das finalidades preventivas essa conjugação se deveria operar (prevenção geral, negativa ou positiva, prevenção especial, negativa ou positiva) ou mesmo em relação à medida em que cada uma delas operaria, verifica-se que

---

[7] RODRIGUES, Anabela Maria M.. *A determinação da medida da pena privativa de liberdade*, cit. p. 297, n. 332.

108   O Processo Penal como Instrumento de Política Criminal

prepondera em todas as opções a medida da culpa do agente como o tecto máximo para a resposta penal estatal[8].

Percebe-se facilmente que esse princípio conduz-nos directamente para o terreno movediço da medida da pena e dos seus pressupostos, determinando uma dupla função para o princípio da proporcionalidade no Direito Penal. Por um lado, o princípio impõe um confronto entre as finalidades político-criminais perseguidas através da cominação das penas (prevenção de factos socialmente danosos) – efeito positivo – com o sacrifício imposto aos direitos fundamentais da pessoa, sendo necessária uma proporcionalidade entre ambos; por outro lado, afirma- -se que "todas as vezes que os danos decorrentes da criminalização, para o indivíduo e para a sociedade, não surgem, pelo menos, contraba- lançados pela danosidade social da conduta, o Estado deveria renunciar ao emprego da sanção criminal"[9]. Não sendo esta a sede para uma detida abordagem do problema da medida da pena[10], importa uma refe- rência às implicações desse princípio na contracção do Sistema, limita- damente no que se refere à busca de medidas penais alternativas.

Sabidamente, uma das projecções do princípio da proporcionali- dade no âmbito do Direito Penal material reside justamente na adopção de determinadas medidas que possam ser aplicadas alternativamente às sanções criminais típicas: as chamadas penas alternativas.

---

[8] Explicitemos um pouco mais: ainda que se verifique certa controvérsia no que se refere à possibilidade das finalidades de prevenção poderem actuar baixando a medida da sanção penal aplicável até mesmo abaixo do mínimo da moldura penal abstratamente prevista ou até mesmo conduzir a uma dispensa da aplicação da pena (o problema do marco punitivo mínimo), no geral verifica-se a defesa de que em hipótese alguma as necessidades de prevenção deverão determinar que a pena ultrapasse o máximo da medida da culpa.

[9] DOLCINI, Emilio. Sanzione penale o sanzione amministrativa: problemi di scienza della legislazione. In: Diritto penale in trasformazione. A cura di Giorgio Marinucci e Emilio Dolcini. Milano: Dott. A. Giuffrè Editore, p. 371-402, 1985, p. 388.

[10] Para uma introdução a este, ainda tormentoso, problema, consultar, com as respectivas bibliografias, entre vários outros: RODRIGUES, Anabela Maria M.. A deter- minação da medida da pena privativa de liberdade, cit.; ROXIN, Claus. Culpabilidad y prevencion en derecho penal. Trad. Francisco Muñoz Conde. Madrid: Reus, 1981; ZIPF, Heinz. Princípios fundamentales de la determinación de la pena. Trad. Santiago Mir Puig. Cuadernos de Política Criminal, Madrid, n. 17, p. 353-359, 1982. Ainda que numa abordagem não perfunctória, nesta mesma sede consultar sobre o tema a Parte IV, Seção 1 e §§, infra.

Sendo essa uma *solução de Direito Material*, a sua adopção determina consequências também no âmbito do processo penal, pressupondo modelos processuais adequados para a imposição dessas *alternativas penais*, como é o caso do processo sumaríssimo da experiência portuguesa[11] (*infra*).

2 – Direito penal mínimo.

Analisados em conjunto os mencionados princípios, fala-se então num *direito penal mínimo*, propugnando-se não só uma "abolição" de figuras penais de menor gravidade como também um abandono da tendência de se criar crimes de perigo, crimes de natureza formal e até mesmo de se objectivar de modo desmedido o delito[12]. Numa adequada síntese menciona-se que no direito penal mínimo deverá verificar-se uma "mínima intervenção, com máximas garantias"[13].

Dessa forma, verifica-se o reconhecimento de que as alternativas de natureza processual deverão ser complementadas "pela descriminalização de muitas infracções, que poderão perfeitamente ser transformadas em ilícitos administrativos"[14]. Na acertada afirmação de DOTTI[15], "nenhuma iniciativa para desburocratizar a justiça criminal poderá ter bons resultados se não houver, previamente, a declaração da irrelevância penal de muitos comportamentos". Sustenta-se, então, que somente as tipificações bem delimitadas, com um mínimo de elementos normativos e subjectivos, permitem que as investigações sumárias possam ser relativamente simples e coroadas de êxito[16].

Na Alemanha há posicionamentos doutrinários defendendo a submissão de certas acções típicas a um controlo social não penal, suge-

---

[11] PIMENTA, José da Costa. *Introdução...*, cit., p. 19.

[12] Com precisão, BITENCOURT (BITENCOURT, Cezar Roberto. *Juizados...*, cit., p. 42) estabeleceu as características da política criminal do *Direito Penal funcional*, o qual, procurando que esse ramo do ordenamento jurídico possa atingir as reais consequências que dele se esperam, produz uma "mudança semântico-dogmática: 'perigo' em vez de 'dano'; 'risco' em vez de ofensa efectiva a um bem jurídico; 'abstracto' em vez de concreto; 'tipo aberto' em vez de fechado; 'bem jurídico colectivo' em vez de individual, etc.".

[13] GOMES, Luiz Flávio. *Suspensão...*, cit., p. 86.

[14] GRINOVER, Ada Pellegrini, *et alli*. *Juizados...*, cit., p. 89.

[15] As bases constitucionais..., cit., p. 41.

[16] BAUMANN, Jurgen. La situacion del proceso penal en alemania, cit., p. 95.

110   *O Processo Penal como Instrumento de Política Criminal*

rindo-se a criação de uma terceira categoria de ilícitos, situados abaixo dos delitos menos graves (*Vergehen*), a que se propõe denominar *Verfehlung* ("não cumprimento de um dever")[17].

É necessário que se faça a advertência de que não satisfaz à adopção desse direito penal mínimo uma despenalização de fachada, meramente voltada para a transferência de determinados ilícitos para o sector administrativo ou, o que talvez seja mais grave, através da devolução do conflito para o âmbito do direito privado, com recurso a institutos como o do ressarcimento do dano[18].

Nessa mesma linha, no Ordenamento Jurídico português uma fundamentação para esse Direito Penal mínimo é obtida mesmo a partir da concepção adoptada acerca da culpabilidade. Desse modo, reconhece-se ao Direito Penal a missão de proteger interesses socialmente relevantes, bens jurídicos, e de forma alguma a de impôr qualquer *concepção moral* em sentido estrito. Ou seja, o Direito Penal deverá preocupar-se, configurando como delitos, apenas aquelas condutas que, lesando bens jurídicos essenciais, sejam uma exteriorização da personalidade mal conformada com o Ordenamento Jurídico, considerada essa má conformação como base do princípio da culpabilidade[19].

---

[17] HIRSCH, Hans-Joachim. Zur Behandlung der Bagatellkriminalität in der Bundesrepublik Deutschland. *Zeitschrift fur die Gesamte Strafrechtswissenschaft-ZStW*, Heft 90, p. 218-254, 1980, p. 245 e seguintes. Conforme será esclarecido posteriormente, na Alemanha distinguem-se os ilícitos penais em *verbrechen* (crimes), que são os factos ilícitos para os quais é cominada pena privativa da liberdade de no mínimo um ano, e *vergehen* (delitos), que são os factos ilícitos para os quais é cominada pena privativa da liberdade de medida inferior ou pena pecuniária, conforme previsão no § 12 *StGB*.

[18] CASTELLI, Claudio. Esigenze di deflazione e risposte possibili tra obbligatorietà e discrezionalità dell'azione penale, cit., p. 99.

[19] DIAS, Jorge de Figueiredo. A reforma do direito penal português, cit., p. 141-142. Ainda mais impressivamente, a reprovabilidade de que se reveste o juízo da culpabilidade distancia-se de quaisquer ideias de admoestação ou reprovação moral, traduzindo somente "um específico sentido ético-social de desvalor da personalidade do delinquente. Ao Direito Penal deverá interessar apenas a tradução externa, a *máscara*, do modo de ser que o agente revela para o Direito e para a comunidade jurídica e social". Noutra oportunidade (Idem, O sistema sancionatório do direito penal português no contexto dos modelos da política criminal, cit., p. 804-806) o Autor muito apropriadamente afirma que "para um eficaz domínio e controlo do crime, o Estado e o seu sistema penal formalizado não devem fazer mais, mas *menos*". Advirta-se que não implica este posicionamento a adesão a qualquer das teses radicais do abolicionismo penal, voltadas para a supressão do sistema formal de controlo, mas sim na proposta de

Com propriedade afirma-se que, para além desse aspecto do "Direito Penal mínimo", considerado como "negativo", no sentido de implicar uma redução do campo de abrangência desse Sector, importa, igualmente, uma sua visão em termos "positivos", relacionada com a necessidade de se impedir a elevada cifra de impunidade, com vista ao resguardo do princípio da igualdade[20].

A expectativa depositada na obtenção desse *direito penal mínimo* conduz até mesmo ao questionamento sobre a necessidade das soluções de natureza processual, pretendendo-se com isso preservar a já citada função de garantia atribuída ao processo penal[21]. Sustenta-se, então, que uma ampla despenalização dos crimes e uma drástica redução das penas esvaziaria de sentido a necessidade de medidas alternativas ao processo ao mesmo tempo que prestigiaria a certeza e a estrita legalidade do direito penal[22].

Diverso não é o entendimento da doutrina germânica, sendo afirmado que "se se lograsse eliminar do Código Penal todo o ilícito de bagatela (por exemplo, o furto de 10 centavos) (e incluí-lo na terceira parte da lei sobre infrações à ordem), seria possível renunciar, em grande parte, à 'função de freio de segurança' dos § 153 e ss. da Ordem Processual Penal"[23]. Em tom crítico, segundo HASSEMER[24] seria uma

---

um recuo das fronteiras da repressão e do tratamento coactivo em proveito da concertação social, obtida através da ampliação do espaço do discurso, do consenso e da tolerância (Idem, La riforma del processo penale portoghese, cit., p. 233-234).

[20] GOMES, Luiz Flávio. *Suspensão...*, cit., p. 32-33.

[21] FERRUA, Paolo. *Studi sul processo penale II*, cit., p. 18.

[22] FERRAJOLI, Luigi. Patteggiamenti e crisi della giurisdizione, cit., p. 746.

[23] BAUMANN, Jurgen. *Derecho procesal penal...*, cit., p. 8-9.

[24] HASSEMER, Winfried. La persecución penal: legalidad y oportunidad. Trad. M. A. Cobos Gomez de Linares. *Jueces para la Democracia*, Madrid, n. 4, p. 8-11, Sep. 1988, p. 9. Paradigmática nesse sentido é ainda a posição de RIESS (RIESS, Peter. Die Zukunft des Lagalitätsprinzips, cit., p. 2), declarando que a decisão sobre se um determinado comportamento lesivo merece ou não a intervenção do Direito Penal deve ser tomada no âmbito desse ramo do Ordenamento Jurídico, ou seja, do Direito material. Na mesma linha, acresce a posição, do mesmo modo crítica, de POTT (POTT, Christine. La pérdida de contenido del principio de legalidad..., cit. p. 100), asseverando que todos os argumentos esgrimidos contra o princípio da legalidade acabam por se revelar como erros de Direito material. Disso decorre que um "retorno" ao princípio da legalidade processual somente terá êxito na medida em que o Direito Penal no conjunto seja submetido a uma redução, limitando-se ao chamado "Direito Penal nuclear" – no sentido de mínimo. É necessária uma restrição do Direito Penal conforme a ideia de *ultima ratio* e uma sua reelaboração a partir das ideias do Direito Penal clássico, próprio do

112 *O Processo Penal como Instrumento de Política Criminal*

fraude ao *Sistema*, teoricamente, e politicamente uma defraudação da colectividade, promulgar publicamente leis penais incriminatórias (de bagatelas, por exemplo) para excluí-las clandestinamente através do processo penal. Assim, quanto mais se oriente o Direito Penal material para os princípios da proporcionalidade e da fragmentariedade, menos oportunidades sobrariam para um processo penal oportunista.

Por outro lado, sustentando que a descriminalização seria um problema jurídico-material e que deveria ser resolvido pelo legislador, *v.g.*, mediante a diminuição dos tipos penais, ou também pela conversão dos factos puníveis em infracções à ordem administrativa, não devendo essa função própria do legislador ser atribuída ao ministério público, pondera, todavia, GÖSSEL[25] que deve ser levado em conta o facto de serem bastante fluídos os limites entre o Direito Material e o Direito Processual penal. "Se, por isso, a exigência de descriminalização não pode permanecer limitada ao âmbito jurídico-material, também não se vê por que já no transcurso do procedimento penal, com a questão da culpabilidade aberta, ainda sem absolvição formal, não se deva pretender a descriminalização especial, e com isso, indirectamente também, a ressocialização". Percebe-se que o argumento utilizado para atenuar a crítica às alternativas processuais, fundada na necessidade de um Direito Penal mínimo, também resulta do reconhecimento do próprio processo penal como um instrumento de política-criminal, voltado para a obtenção de um efeito ressocializador.

Adequada, pois, é a crítica dirigida à escolha de mecanismos que agilizem a prestação jurisdicional penal, com o único escopo de uma deflação do sistema punitivo estatal, inspirado exclusivamente numa lógica "produttivistica ed efficientistica"[26]. Sendo incontestado que a economia processual é um valor a ser afirmado e potenciado, não é um

---

Estado de Direito liberal. Somente assim, continua, será possível defender, com alguma probabilidade de êxito, o princípio da legalidade processual das investidas de um Direito Penal constituído tão somente sobre a base de considerações de política criminal.

[25] GÖSSEL, Karl-Heinz. Principios fundamentales de las formas procesales descriminalizadoras, incluidas las del procedimiento por contravenciones al orden administrativo y las del proceso por orden penal, en el proceso penal aleman. Trad. Vicente Gimeno Sendra y Juan-Luis Gómez Colomer. *Justicia*, Barcelona, n. IV, p. 877-892, 1985, p. 883.

[26] DIAS, Jorge de Figueiredo. Due diverse incarnazioni del modello accusatorio, cit., p. 182.

valor absoluto que deva ser obtido a todo o custo[27]. A denúncia sobre a substituição da *lógica de justiça* pela *lógica de produção* já foi devidamente feita, provocando essa substituição a consideração da eficácia do processo de reacção como um fim em si mesmo; verifica-se, então, uma concorrência entre o objectivo formal do tribunal de realizar a justiça e o objectivo informal de "despachar casos"[28].

É a crítica que também no Ordenamento Jurídico brasileiro se faz à introdução de determinadas formas de diversificação processual, afirmando-se, categoricamente, que a finalidade de efectividade dos sistemas de controle social não deve sobrepor-se à dignidade da pessoa humana, mesmo que retoricamente se pretenda que a renúncia a essa dignidade, *v.g.*, a imposição de pena sem o reconhecimento da culpabilidade e sem processo, contraditoriamente signifique a sua afirmação[29].

Também na Alemanha se questiona a eleição da deflação processual como um valor absoluto, a ser perseguido a todo o custo, alertando-se para o risco do estímulo a um clima geral de "permissividade" em relação à investigação dos delitos, favorecendo uma crescente desconfiança na vontade e capacidade do Estado de cumprir a sua missão protectora[30], com isso comprometendo os objectivos de política criminal que, eventualmente, podem estar na base dessas alternativas. Por isso, para além das razões de economia processual, trata-se sobretudo de saber se com a introdução de novas alternativas, entre elas aquelas fundadas em razões de oportunidade, o direito pro-

---

[27] CHIAVARIO, Mario. I procedimenti speciali. *In*: ASSOCIAZIONE TRA GLI STUDIOSI DEL PROCESSO PENALE (Itália). *Il codice di procedura penale: esperienze, valutazioni, prospetive*, 23-24 ott. 1992. Roma. Milano: Dott. A. Giuffrè Editore, 1994, p. 87. Assim, a deflação processual não é um fim que se "debba essere perseguita a tutti i costi": ILLUMINATI, Giulio. I procedimenti a conclusione anticipata e speciali nel nuovo codice di procedura penale. *Politica del Diritto*, Bologna, a. XXI, n° 2, p. 251-296, giugno 1990, p. 255. PALIERO (PALIERO, Carlo Enrico. Note..., cit., p. 924-925) menciona a necessidade de se evitar soluções só abstractamente económicas, mas que na realidade podem frustrar essenciais objectivos de política criminal.

[28] DIAS, Jorge de Figueiredo, ANDRADE, Manuel da Costa. *Criminologia*, cit., p. 380.

[29] AZEVEDO, David Teixeira. A culpa penal e a lei 9.099/95, cit., p. 135.

[30] SCHÖNE, Wolfgang. Líneas generales del proceso penal alemán, cit., p. 180. No mesmo sentido, sustenta JUNG (JUNG, Heike. Le rôle du ministère public en procédure pénale allemande. Trad. Claude Witz. *Revue de Science Criminelle et de Droit Pénal Comparé*, Paris, n° 1, p. 223-233, jan/mar 1983, p. 232) que "l'efficacité n'est pas le seul but à atteindre dans le procès pénal!".

114   *O Processo Penal como Instrumento de Política Criminal*

cessual "abriu por este meio o caminho a uma reacção menos estigmatizante para os autores de pequenos crimes, não perigosos, e simultaneamente em harmonia com os valores jurídico-penais"[31].

Ou seja, nada a censurar à introdução de alternativas processuais ao problema do *Sistema Jurídico-Penal*, desde que delas se possa esperar, para além de uma maior eficiência, também uma maior funcionalidade desse mesmo *Sistema*. Registe-se uma vez mais que deve ser demonstrada a decorrência directa de uma maior funcionalidade de um modelo eficiente de administração da Justiça Penal, sem prejuízo das garantias que essa actividade pressupõe[32].

Rematando tudo o que foi exposto sobre a alternativa de Direito material (Direito Penal mínimo) imaginada para se enfrentar o problema da crise no sistema punitivo estatal e o seu cotejo com as propostas de introdução de formas de diversificação processual, temos a inexcedível lição de MAURACH-ZIPF[33]:

"A sucessão automática de facto punível-persecução penal-sanção retributiva foi paulatinamente substituída por um modelo criminalizador flexível e dinâmico no qual as noções político-criminais básicas sobre os fins são consideradas nas três etapas. No campo da criminalização e da demarcação da zona penal há que valorizar a danosidade social de determinadas formas de conduta como também formular tanto os tipos penais como as marcos da pena, tarefas nas quais, em todo o caso se consideram também outros pontos de vista – (Direito Penal mínimo). A ideia de persecução penal sem excepção de todo o facto punível, exigência que deriva do *princípio da legalidade*, tem validade

---

[31] HUNERFELD, Peter. A pequena criminalidade e o processo penal, cit., p. 38; LUDERSSEN, Klaus. Petty offenses. *In*: SYMPOSIUM: THE NEW GERMAN PENAL CODE. *The American Journal of Comparative Law*, v. 24, p. 754-767, 1976, p. 759; HERRMANN, Joachim. Diversion and mediation – Federal Republic of Germany. Trad. Marc E. Leistner. *Revue Internationale de Droit Pénal*, Toulouse, a. 54, p. 1043--1058, 3° et 4° trim 1983, p. 1047, chamando a atenção o Autor por último citado para o facto de que uma mera substituição das medidas da Lei criminal por medidas de diversão não é suficiente para se evitar a estigmatização, devendo ser estas últimas modeladas de forma a reduzir esse efeito ao mínimo possível. No mesmo sentido para o Ordenamento Jurídico português: COSTA, José de Faria. Diversão..., cit., p. 18-19.

[32] Pode-se apontar como lógica subjacente à ponderação lançada no texto a ideia da proeminência e prevalência de princípio da tutela de bens jurídicos pelo direito penal substantivo frente aos interesses imanentes ao processo penal, conf.: ANDRADE, Manuel da Costa. Sobre as proibições de prova..., cit., p. 238.

[33] *Derecho penal. Parte geral 1*, cit., p. 112, n° m. 18.

somente em relação à criminalidade grave. Em relação a delitos menos graves encontramos actualmente uma persecução penal selectiva que considera amplamente pontos de vista de oportunidade. Nesta última se reflecte a aplicação de concepções valorativas de política-criminal e de conveniência – (excepções/atenuações ao princípio da legalidade; justiça penal consensual)".

§ 2 – Medidas de natureza processual.

Demonstrado o ingente esforço de se conseguir atenuantes para o problema da inflação do Sistema Punitivo estatal no âmbito do Direito Penal material, a verdade é que se verificou a insuficiência das medidas preconizadas para isoladamente oferecerem uma adequada resposta à questão. Efectivamente, já se adiantou a insuficiência da contracção do Direito Penal para isoladamente se contrapor à "crise" do *Sistema*. Recordou-se então que, integrado teleologicamente na estrutura punitiva do Estado[34], também o processo penal poderia contribuir para a viabilização do sistema de controle social, mediante a sua integração nas grandes linhas de política criminal[35].

Assim, sendo possível mencionar a necessidade de uma proporcionalidade também no que se refere ao processo penal, ela resulta da constatação de que os instrumentos de política criminal, os quais formulam as opções em ordem à aplicação da sanção penal, devem ser manejados com maior cuidado, sempre que se queira permanecer ancorado às concepções fundadas no entendimento de que as sanções penais, enquanto arma mais aguda do controle social, devem ser aplicadas apenas como *extrema ratio*[36].

---

[34] *Supra.*

[35] BOTTCHER, R.. The relations..., cit., p. 977. Sobre uma certa perplexidade acerca do papel do processo penal frente à alegada crise do *Sistema de Justiça Criminal*, consultar: RODRIGUES, José Narciso da Cunha. *Direito processual penal*, cit., p. 21.

[36] VOLK, Klaus. Verità, diritto penale sostanziale e processo penale, cit., p. 402; DIAS, Jorge de Figueiredo. *Direito processual penal. Lições...*, cit., p. 6. O Autor por último citado evidencia ainda (p. 8) que o mandamento da *intervenção mínima* a que se vincula o Direito Penal material nada mais é do que resultante "da exigência processual de que os tribunais penais não sejam submersos por uma multidão de infracções de duvidoso relevo ético-social ou que poderiam ser devidamente sancionadas através de outros meios". Por sua vez, analisando o problema dos crimes de bagatela, PALIERO

116   O Processo Penal como Instrumento de Política Criminal

Já visto o chamado "modelo azul", esta concepção do processo penal pode ser reconduzida a uma outra concepção político-criminal, cunhada de "modelo vermelho", a qual parte da trilogia jurídico-penal substantiva fundada nas ideias de: *prevenção especial, recuperação (reinserção) social do delinquente* e *internamento para cura.* Correlativo jurídico-processual desse "modelo" na sua expressão mais pura será, pois, a abertura para um *princípio da oportunidade* na promoção processual e da aplicação das reacções criminais, *individualização das sanções* a serem aplicadas e *diálogo terapêutico*[37].

Embora directamente relacionadas com o escopo de deflação processual, por vezes apenas ligadas ao problema do não eficientismo do Sistema, são muitas as razões que determinam a busca de alternativas ao processo penal tradicional e formal bem como são diversas as suas formas de manifestação[38]. Em consequência, desde já é possível extrair um argumento a mais de justificação para uma consideração do processo penal como instrumento de política criminal.

1 – Controle sobre o exercício da acção penal.

Não sendo uma genuína forma de diversificação processual mas sendo também apontada como via adequada, uma das alternativas de natureza processual imaginadas para a viabilização do funcionamento do Sistema punitivo estatal[39] foi a introdução nos códigos de processo penal de um maior rigor quanto ao controle sobre o exercício da acção penal.

(PALIERO, Carlo Enrico. Note..., cit., p. 920) intui uma feição processual para o princípio"minima non curat praetor", correspondente a uma superação do princípio da legalidade processual.

[37] COSTA, José de Faria. Diversão..., cit., p. 14; DIAS, Jorge de Figueiredo. *Direito penal português – parte geral II*, cit., p. 59.

[38] Para um elenco dessas várias razões, consultar MÁRIO TORRES (TORRES, Mário. O princípio da oportunidade no exercício da acção penal. *Cadernos da Revista do Ministério Público: Jornadas de Processo Penal*, Lisboa, n° 2, p. 221-243, 1987, p. 239), o qual enumera, especificando-as: I) razões relacionadas com a ordem jurídica geral; II) razões relacionadas com o próprio crime; III) razões relacionadas com o infractor; IV) razões relacionadas com a relação entre a vítima e o infractor; V) razões relacionadas com o uso de medidas alternativas.

[39] Ainda aqui, funcionalidade e não mero eficientismo.

Sem maior esforço, essa tendência pode ser verificada nas reformas imprimidas ou em curso na legislação processual penal dos diversos ordenamentos jurídicos, através da introdução de mecanismos de controle sobre o exercício da acção penal, inspirados não somente no interesse de deflação do sistema punitivo estatal como também em motivos tendentes a tutelar o "status dignitatis" do cidadão, evitando que sejam submetidas aos contrangimentos de um processo pessoas cuja não responsabilidade penal possa ser verificada "initio littis"[40].

1.1 – Itália.

Assim ocorreu na reforma processual penal italiana, onde a previsão constante no artigo 125 das *norme di attuazione* do *C.P.P.* estabelecia uma discricionariedade moderada do ministério público, determinando o arquivamento da notícia do crime sempre que os elementos resultantes das *indagini preliminari* não fossem suficientes para sustentar a acusação em juízo. A concretização da mencionada discricionariedade encontra-se no artigo 408° do *C.P.P.It.*, o qual prevê a possibilidade do ministério público solicitar o arquivamento em virtude da não

---

[40] A respeito do aspecto por último salientado, registe-se a afirmação correcta no sentido de que "como tem sido ressaltado em importantes estudos sociológicos, o processo penal é sobretudo um cerimonial de degradação do *status* social do indivíduo submetido à persecução. E os sistemas jurídicos frequentemente utilizam a humilhação do acusado como uma sanção pouco custosa e, ao mesmo tempo, de grande força nos mecanismos simbólicos da repressão", conf.: GOMES FILHO, Antonio Magalhães. "O princípio da presunção de inocência na constituição de 1988 e na convenção americana sobre direitos humanos (pacto de são josé da costa rica)". *Revista do Advogado*, São Paulo, n° 42, p. 30-34, abr/94, p. 32. Retratando com muita propriedade o ataque feito ao *status dignitatis* pela simples sujeição ao processo FRIEDMAN (FRIEDMAN, Lawrence M.. *Il sistema giuridico nella prospettiva delle scienze sociali*. Trad. Giovanni Tarello. Bologna: Il Mulino, 1978, p. 184) evidencia que "ser preso e submetido a julgamento ocasiona sofrimento também para aquele que, ao final, é absolvido; é uma pena aguardar o julgamento numa cela imunda, na ansiedade, na vergonha, na solidão, exposto à crueldade e à indiferença, comendo alimentos de péssima qualidade, respirando mau cheiro, separado da família e dos amigos, temeroso quanto ao futuro. E depois, frequentemente, aquele que esteve na prisão, mesmo se absolvido, é despedido pelo empregador" e, citando Harold Garfinkel, segue afirmando que "o processo penal é 'um cerimonial de degradação do *status social*' que prepara o acusado para a descida ao inferno de uma existência decaída e menos digna, que o despoja, passo a passo, da dignidade" humana, acrescentaríamos.

idoneidade probatória dos elementos colhidos nas *indagini preliminari* e do não fundamento da notícia do crime[41].

Sendo essa a hipótese em que a iniciativa de arquivamento compete ao ministério público, no que se refere ao provimento jurisdicional que põe termo às *indagini preliminari* previa o texto original do art. 425º, inciso 1, do *C.P.P.It.* que a acção penal não seria iniciada ou não deveria ter prosseguimento, entre outras, quando "resulta evidente que o facto não subsiste ou que o acusado não o cometeu ou que o facto não constitui crime ou que se trata de pessoa não imputável ou não punível por qualquer outra causa"[42].

O arquivamento surge assim como a via mais indicada para os casos de fragilidade probatória dos elementos colhidos nas *indagini preliminari*, tendo em vista a possibilidade da sua reabertura motivada por novas investigações disposta no artigo 414º *C.P.P.It.*[43]. Com efeito,

---

[41] Particularmente no que se refere à possibilidade de arquivamento feito por motivos de não idoneidade probatória, escreveu GREVI que "anche sul terreno dell'economia processuale e, quindi, della funzionalità dei meccanismi del nuovo processo dovrebbero avvertirsi, poi, i vantaggi della soluzione normativa recepita in materia di archiviazione, con particolare riguardo all'esigenza della deflazione dei dibattimenti": GREVI, Vittorio. Archiviazione per "inidoneità probatoria" ed obbligatorietà dell'azione penale. *In*: *Il nuovo processo penale dalla codificazione all'attuazione*. Atti del Convegno presso l'Università di Bari Ostuni, 8-10 settembre 1989. Milano: Dott. A. Giuffrè Editore, p. 53-104, 1991, p. 99.

[42] A *evidência* requerida pelo texto legal gerou inúmeras dúvidas, uma vez que, se por um lado a exigência comprometia o efeito de deflação esperado, face à necessidade de que na maioria dos casos ocorresse o *rinvio a giudizio*, por outro lado, a sua verificação poderia determinar uma antecipação do juízo de mérito, contrariando assim o princípio da presunção de não culpabilidade (CORDERO, Franco. *Codice di procedura penale*. 2ª Ed.. Torino: UTET, 1992, p. 509). Excluídas ponderações mais detalhadas quanto à não menos problemática situação gerada pela previsão legal no que se refere às hipóteses de inimputabilidade do acusado, a constatação de que em termos de *udienza preliminare* o juízo que se cumpre refere-se ao rito e não ao mérito da acção penal determinou a alteração legislativa, introduzida pelo art. 1º da *Legge n.* 105 de 08-04-1993, suprimindo do art. 425º do *Codice* o termo "evidente". Portanto, na pronúncia emitida na *udienza preliminare*, a requerimento do ministério público, não se decide sobre a culpabilidade do acusado, não se referindo ao objecto principal do juízo mas apenas sobre o correcto exercício da acção penal, embora a base da decisão ainda seja o fundamento ou não da acusação (NAPPI, Aniello. *Guida al codice di procedura penale*. Quarta Edizione. Milano: Giuffrè Editore, 1995, p. 306-310).

[43] Para uma panorâmica a respeito do arquivamento no regime do *C.P.P.It.*, inclusive destacando ser ele uma das possíveis consequências do filtro representado pela *udienza preliminare*, *Vide*: CHIAVARIO, Mario. *La riforma del processo penale*, cit., p. 47-48.

Alternativas Aventadas 119

em resguardo inclusive do interesse estatal no esclarecimento dos delitos ocorridos, o imprudente exercício da acção penal representaria uma medida "suicida para o acusador", pois favoreceria uma eventual impunidade do acusado, o qual poderia ser definitivamente absolvido num juízo inadequadamente sustentado pela acusação[44].

1.2 – Alemanha.

No que se refere ao órgão da acusação, o crivo a que devem ser submetidas as informações colhidas nas investigações preliminares encontra-se disciplinado no § 170, número 2, da *StPO*, estabelecendo esse dispositivo que se as investigações não oferecerem suficientes motivos para o exercício da acção penal pública o ministério público arquivará o processo, informando o arguido dessa providência, desde que ele já tenha sido interrogado nessa condição ou se já tenha sido decretada contra ele uma ordem de prisão cautelar; a informação também deverá ser feita quando o inculpado tenha requerido a comunicação da decisão ou tiver visivelmente um interesse especial em ter o conhecimento a esse respeito[45]. Não sem razão, pois, a afirmação generalizada na doutrina no sentido de que o procedimento preliminar se destina à finalidade de alcançar uma decisão do ministério público a respeito do exercício da acção penal.

Para além dessa hipótese de controle exercida pelo próprio ministério público e não mencionando, por ora, as diversas formas de controle informal, o filtro processual do exercício da acção penal no Ordenamento Jurídico germânico pode ser considerado o *procedimento intermédio*. Previsto nos §§ 199 e seguintes da *StPO*, através dele verifica-se a existência de "suspeitas suficientes" contra o arguido em relação ao facto perseguido (§ 203 *StPO*)[46]. Trata-se da fase denominada *Eröffnungsverfahren*, a qual visa proteger o cidadão contra os atentados

---

[44] "Insomma, per le stesse esigenze di difesa sociale, quando il quadro offerto dalle indagini sia incompleto, confuso o barcollante, è forse preferibile un'archiviazione suscettibile di ulteriori sviluppi investigativi che l'azzardo di un'accusa destinata a crollare rovinosamente nel dibattimento": FERRUA, Paolo. *Studi sul processo penale II*, cit., p. 15.

[45] SCHLUCHTER, Ellen. *Derecho procesal penal*. 2ª Ed.. Valencia: Tirant lo Blanch, 1999, p. 93 s., especial, p. 98.

[46] Idem, ibidem, p. 106 s..

públicos à sua reputação nos casos de acusação desprovida de "suspeitas suficientes"[47]. Muito embora o destaque dado seja restrito à protecção do arguido, não se pode ignorar a economia processual que essa fase propicia ao Sistema de Justiça criminal.

Grande é a divergência doutrinária sobre o que se pode entender por "suspeitas suficientes" para os fins de realização desse controle, tendo em vista o risco de que a admissibilidade da acusação implique um pré-julgamento da causa em desfavor do acusado. Para SCHÖNE[48], "como 'suspeita suficiente' se entende um prognóstico positivo em relação a um resultado condenatório na fase de julgamento. Este prognóstico depende não só da situação probatória, mas também da existência dos chamados 'pressupostos do procedimento'".

---

[47] AMELUNG, Knut. Constitution et procès pénal en Allemagne. *Revue de Science Criminelle et de Droit Pénal Comparé*, Paris, n° 3, p. 459-476, jul./sep. 1994, p. 474; TRIFFTERER, Otto. The pre-trial phase (the police and prosecution). *In*: THE CRIMINAL JUSTICE SYSTEM OF THE FEDERAL REPUBLIC OF GERMANY, 12 apr. 1980, Chicago. *Nouvelles Études Pénales*, n° 2. Toulouse, AIDP-Erès, p. 29-63, 1981, p. 29.

[48] Líneas generales del proceso penal alemán, cit., p. 166, n. 18. Em sentido convergente é o entendimento de SCHLUCHTER (*Derecho procesal penal*, cit, p. 98) sustentando que para interpor a acção pública é necessário que decorra *motivo suficiente* das diligências efectuadas (§ 170, 1). Consequência é a necessidade da abertura do procedimento principal pelo Tribunal competente (§ 199, 1), a qual se condiciona à existência de suspeitas suficientes de ter sido o imputado o autor de um facto punível (§ 203), ou seja, "a probabilidade da condenação". Segue que, a probabilidade da condenação (§§ 170, 1; 203) condiciona-se a três pressupostos. Em primeiro lugar, que a acusação (ou, se for o caso, a solicitação de ordem penal (*Strafbefehlantrag*) deve estar baseada numa descrição de factos, cuja demonstração, previsivelmente, poderá ser feita através dos meios de prova. Ressalte-se que aqui se trata de razões fácticas. Em segundo lugar, os factos narrados têm que estar em conformidade com um ou vários tipos penais da Parte Especial do *StGB* ou das Leis Penais especiais. Nesse caso as razões são de natureza jurídica, podendo incluir não só a questão da tipicidade como também da própria ilicitude e culpabilidade. Em terceiro lugar, por razões de natureza processual, requer-se a ausência de obstáculos processuais, já que o Tribunal neste último caso deverá rejeitar a abertura do procedimento principal (§ 204) ou arquivar o processo (§ 206, a̲), conforme seja a fase processual em que isso ocorra. Se já se iniciou o procedimento principal, será emitido uma sentença de arquivamento de acordo com o § 260, a̲. Impõe-se alertar para o facto de que, nos termos do § 152, 2, *StPO*, se já no princípio do procedimento preliminar é conhecida a ausência dos mencionados requisitos, não se realizarão nem mesmo as diligências prévias, não produzindo efeitos a informação sobre a ocorrência do delito que foi apresentada.

Demonstrando a grande incidência dos mecanismos voltados para o fim de se evitar o exercício da acção penal no Ordenamento Jurídico alemão, revela JESCHECK[49] que, considerando o princípio da legalidade disciplinado no § 152, número 2, e levando em conta as excepções contidas nos seus §§ 153 e seguintes bem como a hipótese de arquivamento contida no § 170, número 2, todos da *StPO*, não se pensaria que efectivamente 72,6% dos procedimentos instrutórios acabam por ser arquivados sendo, inclusive, um grande número já na própria polícia; deste número somente 4,2% é arquivado por provocação e os 68,4% restantes conforme o § 170, número 2, da *StPO*. Em suma, frente a estes dados estatísticos de 1974 conclui-se que somente 27,4% dos procedimentos instrutórios chegam diante do Tribunal e, conforme veremos, uma grande parte culmina numa conclusão por decreto penal (*Strafbefehlsverfahren*). Actualizando os dados, informa SCHLUCHTER[50] que somente 50% das diligências preliminares realizadas conduzem à acusação. Na maioria dos casos o ministério público arquiva o procedimento, seja por falta de suspeita suficiente de criminalidade, segundo o princípio da legalidade previsto no § 170, 2, seja, apesar de existir suspeita suficiente (§170, 1), por aplicação do princípio da oportunidade previsto nos §§ 153 s.

1.3 – Portugal.

Reportando-se directamente ao plano constitucional, em Portugal afirma-se doutrinariamente a compatibilidade entre o *controle judicial da acusação* e o princípio da acusação, visando esse controle evitar acusações manifestamente gratuitas ou inconsistentes, visto os danos que a simples sujeição a julgamento penal pode provocar no *status dignitatis do cidadão*[51].

Como consequência, as formas típicas de controle sobre o exercício da acção penal no modelo português estão arroladas no art. 277 do C.P.P., dizendo respeito aos casos de arquivamento do inquérito, senão vejamos.

---

[49] Il contributo della comparazione del diritto alla riforma del processo penale tedesco, cit., p. 111.

[50] SCHLUCHTER, Ellen. *Derecho procesal penal*, cit., p. 93.

[51] CANOTILHO, J. J. Gomes, MOREIRA, Vital. *Constituição da república portuguesa anotada*, cit., p. 206.

No nº 1 do art. 277 estão arrolados os casos de arquivamento por falta de pressupostos da acusação, especificamente relacionados com as hipóteses em que não houve crime, o arguido não o ter praticado a qualquer título ou, ainda, nos casos de ser legalmente inadmissível o procedimento. O arquivamento é a medida prevista também nos casos em que não tiver sido possível ao ministério público obter indícios suficientes da verificação de crime ou de quem foram os agentes (art. 277, nº 2). Afirma-se que "os indícios só serão suficientes e a prova bastante quando, *já em face deles*, seja de considerar *altamente prová-vel* a futura *condenação* do acusado, ou quando esta seja *mais provável* do que a absolvição"[52]. Segundo CASTANHEIRA NEVES[53], nesses "indí-cios suficientes" verifica-se "a mesma exigência de prova e de convic-ção probatória, a mesma exigência de 'verdade' requerida pelo julga-mento final – só que a instrução preparatória (e até a contraditória) não mobiliza os mesmos elementos probatórios e de esclarecimento, e por-tanto de convicção, que estarão ao dispor do juiz na fase de julgamento, e por isso, mas só por isso, o que seria insuficiente para a sentença pode ser bastante ou suficiente para a acusação". Importa destacar que não são reconhecidos efeitos preclusivos a essa modalidade de arquiva-mento, de tal sorte que o procedimento poderá ter continuidade desde que posteriormente sejam descobertos novos factos e obtida prova que invalide o fundamento da mencionado medida[54].

Por outro lado, é a própria existência da fase de *instrução* – facul-tativa no C.P.P. português de 1987 (art. 286, nº 2) – a também exercer um papel de controle sobre o exercício da acção penal, na medida em que ela se presta a uma *comprovação judicial* da decisão tomada pelo ministério público de deduzir ou não acusação[55]. Expressamente:

---

[52] MOTA, José Luís Lopes da. A fase preparatória do processo penal. O processo penal português. Comunicação apresentada na École Nationale de la Magistrature sobre "La phase préparatoire du procès pénal", 14-18 mar. 1994, Paris, 26p. digitadas, p. 20; DIAS, Jorge de Figueiredo. A nova constituição da república e o processo penal, cit., p. 103; Idem, *Direito processual penal*, cit., p. 133.

[53] *Sumários...*, cit., p. 39. Sobre a distinção entre instrução preparatória e contra-ditória, fases processuais existentes no modelo processual vigente em Portugal antes da reforma de 1987, *infra*.

[54] SILVA, Germano Marques da. *Curso de processo penal*. Lisboa: Editorial Verbo, 1994, v. III, p. 108.

[55] RODRIGUES, Anabela Miranda. O inquérito no novo código de processo penal. *In*: *Jornadas de direito processual penal: o novo código de processo penal*. Coimbra:

Alternativas Aventadas 123

"a decisão de submeter ou não alguém a julgamento funciona como filtro de selecção que impedirá o assoberbamento dos tribunais com casos inviáveis"[56]. Implicando uma certa disponibilidade por parte dos envolvidos de algum interesse processual, não há como deixar de reconhecer que o critério facultativo atribuído à fase de instrução no C.P.P. português de 1987 configura essa fase como um direito disponível para o assistente e para o arguido[57].

Desse modo, face à generalizada insatisfação existente quanto à excessiva duração média do processo penal, o Legislador do C.P.P. português de 1987 viu por bem atacar o problema naquelas fases consideradas como responsáveis pelo seu maior alongamento, genericamente englobadas na rubrica de *fase preliminar* e *fase intermédia*[58], perseguindo dessa forma o objectivo de uma maior racionalidade da fase preliminar ao julgamento[59].

A conclusão, pois, no sentido de que "com um inquérito obrigatório no processo comum, dirigido pela mesma entidade (o Ministério Público) que no final decide da acusação ou não-acusação e com uma instrução judicial (a cargo do juiz de instrução) facultativa – contribui-se assim para uma decisiva simplificação da estrutura do processo penal na fase preliminar, essencial a uma eficaz política judiciária e criminal"[60].

1.4 – Brasil.

No que se refere ao Ordenamento Jurídico brasileiro, a forma mais característica de controle sobre o exercício da acção penal condenatória encontra-se prevista no art. 43° do C.P.P.[61], onde estão previstas

---

Livraria Almedina, p. 59-79, 1993, p. 64; DIAS, Jorge de Figueiredo. Sobre os sujeitos processuais..., cit., p. 16; Idem, Para uma reforma global do processo penal português, cit., p. 225; PIMENTA, José da Costa. *Introdução*..., cit., p. 125-126.

[56] MOURA, José Souto de. Inquérito e instrução, cit., p. 84.

[57] Idem, ibidem, p. 116.

[58] Que no período anterior à reforma compreendia o *inquérito preliminar* (Dec.--Lei 605/75), a *instrução preparatória*, a *instrução contraditória* e a *acusação e defesa* (*infra*).

[59] RODRIGUES, Anabela Miranda. O inquérito no novo código de processo penal, cit., p. 63-64.

[60] Idem, ibidem, p. 65.

[61] "Art. 43°. A denúncia ou queixa será rejeitada quando: I – o facto narrado evidentemente não constituir crime; II – já estiver extinta a punibilidade, pela prescrição

124   *O Processo Penal como Instrumento de Política Criminal*

determinadas hipóteses, frente às quais o juiz deverá rejeitar a denúncia ou queixa, estas duas os instrumentos típicos para que se possa exercitar a acção penal.

É lugar comum na doutrina a consideração dessas hipóteses – nos moldes do que se passa no âmbito do processo civil[62] – como sendo as condições da acção penal[63] ou, numa linguagem mais adequada, condições para o exercício da acção penal. Analisadas as coisas por esta óptica, o exercício da acção penal estaria condicionado aos requisitos da *possibilidade jurídica do pedido*, do *interesse de agir* e da *legitimidade de parte*, viabilizando dessa forma o mencionado controle.

Acerca da *possibilidade jurídica do pedido*, afirma-se, pois, que ela estaria prevista no art. 43º, I, C.P.P, correspondendo à necessidade de que a denúncia ou queixa descreva um facto típico[64]. Parte da doutri-

---

ou outra causa; III – for manifesta a ilegitimidade da parte ou faltar condição exigida pela lei para o exercício da ação penal. Parágrafo único. Nos casos do nº III, a rejeição da denúncia ou queixa não obstará ao exercício da acção penal, desde que promovida por parte legítima ou satisfeita a condição". Não se desconhece que, obviamente, o art. 41º do mesmo Diploma legal, ao estabelecer os requisitos formais para a denúncia e a queixa, do mesmo modo acaba por ser uma forma de filtro ao exercício da acção penal. Porém, tratando-se de condicionamento de natureza formal, não será objecto de considerações mais detalhadas. Acerca dos requisitos formais da denúncia ou da queixa, consultar: Souza, José Barcelos de. *Teoria e prática da ação penal*. São Paulo: Saraiva, 1979, p. 120 e seguintes; Mirabete, Julio Fabbrini. *Processo penal*. 8ª Ed., cit., p. 125 e seguintes; Fernandes, Fernando Andrade. *Da ação penal condenatória*. Belo Horizonte: Faculdade de Direito, 1992. Dissertação (Mestrado em Direito) – Faculdade de Direito, Universidade Federal de Minas Gerais, 1992, p. 57 e seguintes. Registe-se, desde logo, que a referência a ser feita no texto se restringe às formas de controle do exercício da acção penal *condenatória*, não se desconsiderando a existência de outras modalidades de acção no âmbito do sub-sistema processual penal.

[62] Dispõe o Código de Processo Civil: "Art. 267. Extingue-se o processo, sem julgamento do mérito: (...) VI – quando não concorrer qualquer das condições da acção, como a possibilidade jurídica, a legitimidade das partes e o interesse processual;".

[63] Em detalhes sobre o assunto a obra, já clássica, de Grinover, Ada Pellegrini. *As condições da acção penal*. São Paulo: Bushatsky Editor, 1977. Consultar ainda: Souza, José Barcelos. *Direito processual civil e penal*. São Paulo: Forense, 1995, p. 45 e seguintes; Mirabete, Julio Fabbrini. *Processo penal*. 8ª Ed., cit., p. 105 e seguintes; Fernandes, Fernando Andrade. *Da acção penal condenatória*, cit., p. 64 e seguintes, onde afirmamos: "que são necessários determinados requisitos para o exercício da acção penal condenatória não resta dúvida, contudo, indispensável se mostra a elaboração de critérios específicos para o processo penal, evitando-se a mera transposição de conceitos mais adequados ao processo civil".

[64] Marques, José Frederico. *Elementos...*, v. 1, cit., p. 318; Tourinho Filho, Fernando da Costa. *Processo penal*. 9ª Ed.. São Paulo: Saraiva, 1986, v. 1, p. 448.

na, todavia, além da tipicidade do facto, vincula a *possibilidade jurídica do pedido* também à efectiva probabilidade da imposição da sanção, de forma que se estiver extinta a punibilidade ausente estará a condição para o exercício da acção penal. Nessa concepção a possibilidade jurídica do pedido estaria abrigada nos incisos I e II do artigo 43º do C.P.P.[65]. Revelando o carácter controvertido do assunto, várias são as objecções levantadas aos dois últimos posicionamentos, levando-nos a concluir que "a possibilidade jurídica do pedido não figura como requisito para a acção penal no vigente Código de Processo Penal, sendo inaplicável ao processo penal a noção que se tem da possibilidade jurídica no processo civil"[66].

Quanto ao *interesse em agir*, parte da doutrina entende que ele se refere à efectiva condição para se impor uma sanção penal ao agente, estando ausente nos casos em que a punibilidade já estiver extinta. Base legal para essa hipotética condição da acção seria o art. 43º, inciso II, C.P.P.[67]. Também esse entendimento acaba por ser contrariado, sustentando-se que é de direito material, envolvendo o mérito da acção, a natureza jurídica da sentença que declara a extinção da punibilidade, não se podendo falar em *interesse em agir*, cuja natureza é de direito processual[68]. Em outra perspectiva, procura-se aproximar o *interesse de agir* ao direito material invocado na denúncia ou queixa, de modo que

---

[65] BARROS, Romeu Pires de Campos. *Direito processual penal brasileiro*. São Paulo: Sugestões Literárias, 1971, v. 2, p. 410.

[66] FERNANDES, Fernando Andrade. *Da ação penal condenatória*, cit., p. 122. Descartando a localização da possibilidade jurídica do pedido nos incisos I e II do art. 43º do C.P.P., GRINOVER (GRINOVER, Ada Pellegrini. *As condições...*, cit., p. 79-80) entende que essa condição, do mesmo modo que no processo civil, somente poderá ser aceite em termos negativos, ou seja, quando houver proibição expressa no ordenamento jurídico para que o juiz se pronuncie sobre a matéria do pedido, ou quando este é condicionado à satisfação de determinados requisitos prévios. Entendendo que a rejeição da denúncia com fulcro no art. 43º, inciso I, C.P.P. se refere à inépcia da inicial, também JOSÉ BARCELOS DE SOUZA contesta a vinculação da possibilidade jurídica do pedido à tipicidade do facto descrito naquela peça processual (SOUZA, José Barcelos de. *O princípio do prejuízo na teoria das nulidades do processo penal*. Belo Horizonte: UFMG, 1991, 114p.. Tese – Faculdade de Direito, Universidade Federal de Minas Gerais, 1991, p. 79; Idem, *Direito processual civil e penal*, cit., p. 66) bem como discorda de que ela se refira à verificação da extinção da punibilidade (Idem, *Teoria e prática da ação penal*, cit., p. 137).

[67] TORNAGHI, Hélio. *Comentários ao código de processo penal*. Rio de Janeiro: Forense, 1956, v. 1, t. 2, p. 861.

[68] GRINOVER, Ada Pellegrini. *As condições...*, cit., p. 74-77.

só haveria essa condição para o exercício da acção penal quando presentes os elementos mínimos que demonstrem ser fundada a acusação. Ou seja, para a existência do interesse de agir seria indispensável uma adequação mínima entre o pedido deduzido em juízo e o suporte fáctico que lhe dá sustentação[69]. Divergindo desse posicionamento, por considerar que nele se verifica uma indevida identificação entre institutos de natureza processual e de direito material, conclui GRINOVER[70] "no sentido de o interesse de agir não ser condição de admissibilidade da acção penal condenatória, por estar implícito em toda a acusação".

Não menos controvertida é a condição da acção relacionada com a legitimidade de parte, inserida no art. 43º, inciso III, C.P.P.. Com efeito, se em relação ao pólo activo da acção penal condenatória a legitimação para agir pode ser perfeitamente considerada uma condição para o seu exercício, tendo em vista a distinção existente no nosso modelo processual entre acção pública e de iniciativa privada, já não tão tranquila é a sua aceitação em relação ao pólo passivo; ou seja, dúvida há se é possível questionar a legitimidade para agir quanto a esse pólo, pois o que se discute a respeito é se o acusado foi ou não autor ou participante do fato supostamente ilícito, podendo culminar num juízo sobre o próprio mérito[71].

É justamente em virtude das considerações anteriormente tecidas que se procura identificar uma outra condição que possa realmente funcionar como controle sobre o exercício da acção penal condenatória. Temos então a tentativa de se erigir o que se convencionou chamar de *justa causa* como uma quarta condição para o exercício da acção penal condenatória[72]. Legalmente prevista no art. 648º, I, do C.P.P. como motivo para a concessão de *habeas corpus*, a falta de *justa causa* – que originariamente se ligava aos casos de prisão decorrente de coacção ilegal, atentatória da liberdade de locomoção – teve o seu sentido dou-

---

[69] MARQUES, José Frederico. *Tratado de direito processual penal*. São Paulo: Saraiva, 1980, v. 2, p. 73 e seguintes.

[70] *As condições...*, cit., p. 131; MIRABETE, Julio Fabbrini. *Processo penal*. 8ª Ed., cit., p. 105-106; FERNANDES, Fernando Andrade. *Da ação penal condenatória*, cit., p. 123.

[71] FERNANDES, Fernando Andrade, Ob. loc. cit.. Segundo JOSÉ BARCELOS (SOUZA, José Barcelos. *Direito processual civil e penal*, cit., p. 76) "no processo penal condenatório, é de raríssima ocorrência o problema da ilegitimidade passiva".

[72] Amplamente a esse respeito: FERNANDES, Fernando Andrade. Ob. cit., p. 99 e seguintes; SOUZA, José Barcelos. *Direito processual civil e penal*, cit., p. 147 e seguintes.

trinariamente ampliado para alcançar também as hipóteses de indevido exercício da acção penal condenatória, tendo em conta a ilegalidade impediente da instauração do processo. Assim, a *justa causa* corresponderia a "um suporte probatório mínimo em que se deve lastrear a acusação, tendo em vista que a simples instauração do processo penal já atinge o chamado *status dignitatis* do imputado"[73]. Salientando que a própria sujeição a um processo de natureza penal já é um sofrimento imposto ao acusado, seja ele culpado ou inocente, WEBER BATISTA[74] filia-se a este último entendimento, sustentando "que não se pode instaurar o processo sem que haja prova do facto típico e um princípio – indícios, na linguagem imprópria da lei – de prova de autoria", resumidos esses elementos mínimos no conceito de *justa causa*, "erigida à condição de uma quarta condição da acção".

Não sendo esta a sede própria para reafirmarmos a nossa convicção de que a *justa causa* se relaciona com o mérito da causa, mais propriamente com o suporte probatório da acusação[75], importa destacar que ela possui a mesma complexidade e a mesma teleologia das equivalentes expressões verificadas no estudo dos Ordenamentos Jurídicos precedentes, ou seja, *idoneidade probatória* do modelo italiano, *suspeitas*

---

[73] JARDIM, Afrânio Silva. *Direito processual penal – estudos e pareceres*. Rio de Janeiro: Forense, 1987, p. 70; Idem, *Direito processual penal*. 4ª Ed.. Rio de Janeiro: Forense, 1991, p. 195.

[74] *Juizados...*, cit., p. 307.

[75] Matéria já tratada noutra oportunidade, conf.: FERNANDES, Fernando Andrade. *Da acção penal condenatória*, cit., p. 116-117, limitando-nos agora a enfatizar a nossa oposição aos entendimentos que vinculam a *justa causa* apenas aos pressupostos formais do procedimento ou às hipóteses constantes no art. 43º do C.P.P., já previstas em dispositivo legal específico, sendo absolutamente desnecessária a referência à intrigante expressão. Próxima à nossa convicção é o entendimento de JOSÉ BARCELOS (SOUZA, José Barcelos. *Direito processual civil e penal*, cit., p. 77) quando, escrevendo sobre a *justa causa*, afirma que "em seu sentido estrito e mais característico, de existência de um facto delituoso imputável ao acusado, quer segundo a narrativa da denúncia ou queixa, quer no que concerne à prova apresentada, ela diz respeito sempre à matéria ligada ao mérito do pedido (isso não significando, porém, que a decisão sobre a falta dela configure sentença de mérito), não podendo, por isso mesmo, constituir uma condição da acção, por definição questão alheia ao mérito da causa". O entendimento do Autor (Ob. loc. cit.) de que "trata-se de caso de libelo inepto" certamente remonta às lições de FREDERICO MARQUES (MARQUES, José Frederico. O recebimento da denúncia. *In: Estudos de direito processual penal*. Rio de Janeiro: Forense, p. 145-148, 1960, p. 148), que expressamente acolhe a ideia da inépcia da denúncia por faltar uma das condições da acção.

128 *O Processo Penal como Instrumento de Política Criminal*

suficientes do Ordenamento germânico e *indícios suficientes* da experiência portuguesa; todas se ligam à ideia da necessidade de se estabelecer um determinado controle sobre o exercício da acção penal, verificando-se, pelo menos, a prova da existência do crime, na sua materialidade, e fundada suspeita de autoria[76], com vista tanto a cortar no nascedoiro acções penais inviáveis, congestionadoras do *Sistema* – vector *eficiência* – quanto a tutelar o tão propalado *status dignitatis* da pessoa humana – vector *garantia*[77].

Vale salientar que esse controle sobre o exercício da acção penal é que representa a verdadeira tutela do *status dignitatis* da pessoa humana contra os constrangimentos gerados pela instauração de um indevido processo de natureza penal e não através de determinadas formas de diversificação processual, no interior das quais, como afirmado em relação à Lei 9.099/95, se encontra a meia verdade de ser o processo mais aflitivo que a própria sentença criminal[78].

---

[76] Tornaghi, Hélio. *Curso de processo penal.* 4ª Ed.. São Paulo: Saraiva, 1987, v. 1, p. 12.

[77] É pena que muitas vezes, prestigiando inadvertidamente os vectores da *funcionalidade* e, por que não, também do *eficientismo*, se limite ao máximo o alcance das hipóteses de reconhecimento da ausência de *justa causa*, restringindo a sua análise *initium litis*, principalmente quando alegada em sede de *habeas corpus*, sob a alegação – tão cara à jurisprudência – de que não se deve permitir a análise aprofundada de provas na via estreita deste Instituto bem como de que não se deve negar à acusação o direito de demandar e produzir a prova que tiver. Ora, a formulação da acusação já configura o risco de lesão à dignidade humana, independentemente da instauração efectiva do processo, devendo por isso mesmo a peça acusatória vir lastreada de fundados elementos de convicção, inclusive, para viabilizar a efectiva defesa do acusado. Grande é a perda para o tão almejado objectivo de *eficiência* processual quando somente após um "longo e tenebroso" processo se reconhece a sua inutilidade. Não valem aqui, obviamente, argumentos empíricos de que poucos são os casos em que isso ocorrerá tão pouco se mostram adequadas soluções – essas sim claramente apenas eficientistas – que para obviarem esse problema prestigiam alternativas em que se sacrificam garantias processuais do acusado, acelerando a prestação jurisdicional, oferecendo um prémio pela sua colaboração. Porém, este não é o momento oportuno para se aprofundar esta questão.

[78] A afirmação constante na parte final é de Azevedo (Azevedo, David Teixeira. A culpa penal e a lei 9.099/95, cit., p. 131), acrescentando que com base na falsa premissa expressa por essa meia verdade, nas mencionadas formas de diversificação processual está a oferecer-se o suposto menos (pena) em troca do suposto mais (inexistência de decisão de mérito, como se fosse necessariamente prejudicial ao acusado).

***

Expostos os critérios relacionados com o controle sobre o exercício da acção penal como alternativa de natureza processual para enfrentar os problemas verificados no *Sistema Jurídico Penal*, entre as demais alternativas de particular actualidade é justamente aquela centrada na proposta de introdução de uma diversificação nas formas de processo típicas, em especial no que se refere àquelas de cunho consensual. Dada a complexidade do tema e as implicações que dele decorrem para a estruturação do processo penal em termos de política criminal, mais adequado se mostra o seu tratamento em separado, porém não se esquecendo que ele nada mais é do que uma alternativa de natureza processual para o estado de "crise" que se atribui ao *Sistema*.

PARTE II

DIVERSIFICAÇÃO DE RITOS PROCESSUAIS

Secção 1

Diversão.

Segundo HÜNERFELD[1] a questão da necessidade e da possibilidade de uma *flexibilidade da perseguição penal estadual* "não pode hoje esgotar-se na discussão vulgar em termos de um sim ou não incondicionais". Essa *flexibilidade* resulta de um programa mais amplo, genericamente denominado *diversão*, o qual implica a tentativa de encontrar alternativas para a solução dos conflitos de natureza penal diversas do modelo tradicional.

Um conceito sintético de *diversão* pode ser encontrado em JAKOBS[2], como sendo um "desvio antes de chegar à solução jurídico-penal", compreendendo "desde a inactividade da polícia nos casos de bagatela (*diversion to nothing*) até aos programas de educação intensiva". Como dimensão mais radical dos diversos mecanismos alternativos ao processo penal tradicional, na *diversão* "o conflito jurídico-penal é resolvido fora do sistema formal de aplicação da justiça, distanciando assim o réu daquele sistema e da correlata 'indução à delinquência', ou ao menos parte dela"[3].

Podemos falar nesse caso de um processo de verdadeira desjudicionalização. Desse modo, ao lado das mencionadas diversificações do rito processual e paralelamente às propostas de descriminalização, a "desjudi-

---

[1] A pequena criminalidade e o processo penal, cit., p. 34.

[2] JAKOBS, Günther. *Derecho penal – parte general*. Trad. Joaquin Cuello Contreras y Jose Luis Serrano Gonzales de Murillo. Madrid: Marcial Pons, 1995, p. 17.

[3] DIAS, Jorge de Figueiredo. Due diverse incarnazioni del modello accusatorio, cit., p. 180. Idem, O sistema sancionatório do direito penal português no contexto dos modelos da política criminal, cit., p. 808. Apontando uma equivalência conceitual entre diversão e desjudicialização, FARIA COSTA (COSTA, José de Faria. Diversão..., cit., p. 5) também se filia a esse conceito de diversão. Para semelhante definição no Ordenamento Jurídico brasileiro: GOMES, Luiz Flávio. *Suspensão...*, cit., p. 106.

cialização" vem apontada como medida indispensável para a contracção do sistema punitivo estatal[4], como forma de se contrapor ao fenómeno da *overload*.

Partindo da noção já anteriormente avançada da *expropriação do conflito*, as formas mais radicais de *diversão* estariam no exigir de uma "expropriação dos expropriadores", tendo como sentido geral "o desenvolvimento de métodos informais de resolução dos conflitos, subtraindo estes aos juristas e devolvendo-os aos actores sociais directamente envolvidos – tal resolução deverá ser assim alcançada no mundo social real, e não apenas no mundo formal dos conceitos e procedimentos legais"[5].

Especificado o termo, avassaladora é a crítica dirigida à tese, no sentido de que um retorno à justiça informal resultaria num abandono da sorte dos conflitos às existentes constelações de poder social; além do que as propostas fundadas nessa ideia "parecem menosprezar certos aspectos cruciais de uma resolução dos conflitos operada num cenário de separação funcional dos papeis sociais, que caracteriza a sociedade moderna" e ainda subestimam a "função do Direito no universo social funcionalmente diferenciado, consistente na utilização prospectiva dos conflitos como veículo de generalização e sedimentação de expectativas sociais congruentes"[6].

Como uma atenuação dessa espécie de *diversão* de cunho mais absoluto, existem outros mecanismos alternativos no âmbito da Justiça Criminal que, sem excluir toda a formalidade, procuram atribuir uma maior flexibilidade à solução dos conflitos de natureza penal.

Disso resulta a amplitude do termo *diversão*, abrangendo tanto a mencionada hipótese em que o conflito é resolvido fora do sistema formal de aplicação da justiça como, ao que nos interessa, os casos em que, no âmbito mesmo dos aparelhos formais de controle, o conflito sofre um "desvio" ou diversificação.

Consequência da insistente preocupação com a integração no processo penal dos fins de política criminal, a diversificação de ritos

---

[4] FRAGOSO, Heleno Cláudio. *Lições de direito penal – A nova parte geral*. 8ª Ed.. Rio de Janeiro: FORENSE, 1985, p. 17-18. No Ordenamento Jurídico português, afirmando a intervenção das ideias de *descriminalização* e *desjudicialização* nos trabalhos preparatórios do C.P.P. de 1987: RODRIGUES, José Narciso da Cunha. O sistema processual penal português, cit., p. 14.

[5] TEUBNER, Gunther. Juridificação…, cit., p. 27.

[6] Idem, ibidem, p.28.

processuais destina-se à obtenção de uma diminuição do *Sub-Sistema* processual através da adopção de ritos mais céleres que conduzam a uma economia processual, com isso atendendo aos fins do *Sistema* no seu complexo[7].

É possível afirmar-se, com certa propriedade, que a introdução das modernas tendências em sede do processo penal culminaram na adopção de um outro princípio entre aqueles que regem essa parcela da Ciência Jurídica: princípio da adequação. O mencionado princípio pode ser explicado em termos simples como sendo a necessidade de que se adopte uma diversificação de ritos processuais, adequando-os na conformidade da gravidade do delito e da complexidade da sua persecução, ainda numa linha aproximativa entre o Direito Penal substantivo e aquele processual[8]. Com efeito, observados os Ordenamentos Jurídicos que procuraram introduzir uma estratégia processual diferenciada nos seus sub-sistemas processuais, particularmente os casos italiano, alemão, português e brasileiro, verificar-se-á que o critério distintivo para cada uma das opções processuais aventadas reside na gravidade do delito, mais propriamente considerada a partir da medida da pena, em abstracto[9] ou em concreto, a incidir em cada caso. Todavia, também razões fundadas na complexidade probatória podem influenciar essa diversidade processual.

Acertada é a informação de que a busca de uma diversidade de formas de procedimento se funda em razões de política criminal e processual, determinando a existência de uma pluralidade de ritos processuais em que se diferem não só os actos e a coordenação existente entre eles mas também a natureza jurídica desses mesmos actos. Por seu

---

[7] Aliás, a economia processual é um dos "princípios" em que se funda a Lei dos Juizados Especiais Criminais da experiência brasileira, conf.: BATISTA, Weber Martins, FUX, Luiz. *Juizados...*, cit., p. 286.

[8] MIRABETE, Julio Fabbrini. *Juizados...*, cit., p. 28; LOPES, Mauricio Antonio Ribeiro, *In*: FIGUEIRA JUNIOR, Joel Dias, LOPES, Mauricio Antonio Ribeiro. *Comentários...*, cit., p. 265-266. Evidentemente que em relação aos crimes de menor gravidade ou, de menor potencial ofensivo, essa adequação pode implicar um efeito de "desformalização", buscando-se, pois, a adopção de procedimentos mais simples e informais, conf.: GRINOVER, Ada Pellegrini, *et alli. Juizados...*, cit., p. 69.

[9] Essa a opção adoptada no Ordenamento Jurídico brasileiro, conf.: MIRABETE, Julio Fabbrini. *Juizados...*, cit., p. 30. Também para WEBER BATISTA (BATISTA, Weber Martins, FUX, Luiz. *Juizados...*, cit., p. 290) "o potencial ofensivo dos delitos pode medir-se pela pena imposta".

turno, essas razões podem ser de índoles diversas: a natureza do crime, os objectivos de economia processual, a disponibilidade de meios, entre outras[10]. Assim, o princípio da adequação sugere a transposição para o processo penal da sábia máxima que impõe o tratamento desigual das situações desiguais, tudo voltado para a obtenção de uma igualdade efectiva. Acolhido e respeitado vem assim o princípio da igualdade, previsto nas Constituições dos países objecto da análise comparada neste texto[11].

Consequência do novo posicionamento foi o abandono do mito de um modelo processual único, válido para qualquer necessidade ou exigência, em atenção nem tanto a um mero fim de economia processual e sim a uma maior racionalidade de todo o sistema, e por que não dizer, à própria escolha feita pelo modelo acusatório[12].

Não obstante, não resta dúvida de que as formas de diversificação processual decorrem de uma necessidade verificada no Direito Penal material[13]. Desde logo, portando, essa constatação já indicia a necessidade de uma sintonia entre a teleologia que se encontra na base do modelo de Direito Penal material e as respectivas alternativas processuais aventadas.

Por outro lado, se através dessa diversidade de ritos processuais se busca a contracção do *Sistema Jurídico-Penal*, limitando a incidência da *ultima ratio* que é o Direito Penal, nada obstante é possível acompanhar VOLK[14] quando, partindo da perspectiva inversa, demonstra que "os méto-

---

[10] SILVA, Germano Marques da. *Curso…*, v. III, cit., p. 10.

[11] Quanto à Itália a previsão encontra-se no artigo 3° da Constituição, significando também que um tratamento igual somente se assegura às situações iguais: BARGI, Alfredo. *Procedimento probatorio e giusto processo*, cit., p. 126.

[12] Sobre o "mito di un unico modello processuale" criticamente manifestou-se GAITO (GAITO, Alfredo. Accusa e difesa…, cit., p. 11), sustentanto a tese da adopção de mecanismos processuais alternativos, reservando-se o rito ordinário para os casos em que a situação probatória se mostra mais delicada ou quando for necessário celebrar o juízo assistido do máximo de garantias. Assim também, com propriedade, TAORMINA (TAORMINA, Carlo. Premessa per una rimeditazione sugli obiettivi di una strategia processuale differenziata. *La Giustizia Penale*, Roma, a. C (XXXVI della 7ª serie), fasc. 1, p. 1-13, gen 1995. p. 2/3), que fala numa mais racional actuação do Ordenamento Jurídico através de uma resposta mais adequada às exigências de acertamento penal, atendendo-se tanto a um objectivo de justiça como de maior eficiência.

[13] BAUMANN, Jürgen. La situacion del proceso penal en alemania, cit., p. 92.

[14] Expressamente: "i metodi processuali 'disinvolti' si offrono però come valvola quando la pressione del diritto penale sostanziale diviene troppo intensa, vale a dire

Diversão

dos processuais 'desenvoltos'", fundados na aceleração do procedimento, são, na verdade, formas de reforço da tendência de judicionarização quando a tutela do bem jurídico surge insuficientemente garantida. Ou seja, a despeito de tender a um objectivo de aliviar o sistema punitivo estatal, através da supressão do seu âmbito de determinadas matérias menos valoradas, o surgimento das formas de diversificação processual apresenta-se também como uma tentativa de manter a amplitude do alcance do *Sistema*, a partir da redução dos "custos" processuais gerados pela persecução penal[15].

É a síntese elaborada por JUNG[16], ao constatar que o recurso às estratégias de "não intervenção" ou às demais alternativas processuais que possuem um conteúdo preventivo objectiva salvaguardar o papel sancionador da lei penal e, pela mesma via, descongestionar os tribunais. Em outros termos: as alternativas processuais são vistas como uma forma de se obter "a maximização da *eficácia* no controlo da pequena criminalidade", determinada pelo risco de que "o alastramento dum sentimento colectivo de ausência de direito e de tutela nesta zona teria, a longo prazo, consequências incontroláveis. Parte-se do raciocínio de que não se pode converter em questão de bagatela a solução do problema da criminalidade de bagatelas, solução inevitável, pesem embora as dificuldades conhecidas"[17].

Também no Ordenamento Jurídico brasileiro não se deixou de perceber uma aproximação entre o processo de criminalização e as alternativas processuais dirigidas ao escopo de "simplificação e remoção de obstáculos formais a uma *imediata* e *funcional* resposta penal"[18]. É o

---

allorché, sotto la direttiva rappresentata dal bene giuridico, i concetti di diritto penale sostanziale vengono talmente diversificati o risultano formulati in modo così angusto che proprio la tutela del correlativo bene giuridico non appare più sufficientemente garantita" (Verità, diritto penale sostanziale e processo penale, cit., p. 401).

[15] É o que se pode verificar claramente na velada posição daqueles que defendem acirradamente a mitigação do princípio da obrigatoriedade da acção penal, ainda que de forma regrada, ao escopo do incalculável proveito e retorno social, conf.: LOPES, Mauricio Antonio Ribeiro, *In*: FIGUEIRA JUNIOR, Joel Dias, LOPES, Mauricio Antonio Ribeiro. *Comentários à lei dos juizados especiais cíveis e criminais*. 2ª Ed.. São Paulo: RT, 1997, p. 464.

[16] JUNG, Heike. Le rôle du ministère public en procédure pénale allemande, cit., p. 224.

[17] HÜNERFELD, Peter. A pequena criminalidade e o processo penal, cit., p. 28.

[18] BITENCOURT, Cezar Roberto. *Juizados...*, cit., p. 42.

138   *O Processo Penal como Instrumento de Política Criminal*

que claramente pode ser constatado no pensamento de WEBER BATISTA[19], ao afirmar que se a implantação dos Juizados Especiais Criminais não concorreu para desafogar o trabalho excessivo das varas criminais, vai permitir que as infracções de menor potencial ofensivo sejam decididas pela Justiça. Asseverando que essa é uma solução feliz, segue o Autor afirmando que, não sendo necessário – na maioria das vezes impossível – pôr na cadeia os autores dessas infracções, nem sendo isso que se visa, "é imprescindível julgá-los e, se for o caso, puni-los de forma branda, como previsto na lei".

De forma ainda mais contundente, o modelo processual não diversificado e excessivamente formalizado mostrou-se inaplicável em todo o fenómeno da criminalidade, em virtude principalmente da pressão exercida pela criminalidade de pequeno potencial ofensivo; ora bem, para que esse tipo de criminalidade pudesse continuar a ser alcançado pelo *Sistema Jurídico-Penal* idealizou-se a implantação de procedimentos menos formalizados que não o sobrecarregassem em demasia. Portanto, antes de se procurar excluir do alcance do *Sistema* esse tipo de criminalidade, insiste-se na sua criminalização, ainda que a persecução seja menos formalizada.

Em conclusão, o movimento actual de reformas que se verifica no processo penal nada mais é do que o reflexo das necessidades sentidas no Direito Penal material, tendo em vista a sua inequívoca hipertrofia[20]. Não negada a grande contribuição que poderá advir do processo penal para enfrentar as mencionadas dificuldades do *Sistema*, grande deve ser a cautela a tomar para que o processo não se torne a panaceia para todos os problemas verificados no *Sistema Punitivo* estatal, vulgarizando a sua missão de instrumento de controle e garantia para o cidadão frente às investidas do Estado[21], justas ou injustas. Aliás, é justamente esse o

---

[19] *Juizados...*, cit., p. 284. A ideia é posteriormente reforçada (p. 289), afirmando o Autor que só o facto de permitir que as contravenções penais e os crimes menos graves sejam julgados "é um dos motivos de aplauso com que deve ser recebida a Lei nº 9.099/95". Também para LOPES JÚNIOR (LOPES JÚNIOR, Aury Celso Lima. Breves considerações..., cit., p. 335) o legislador andou muito bem, pois "em vez de legalizar delitos cuja reprovação é duvidosa ou, se existe, ainda é mínima, preferiu deixá-los com o *status* de crime, mas sem que se lhes aplique uma pena privativa de liberdade, ou, ao menos, deu soluções alternativas a essa pena".

[20] HASSEMER, Winfried, MUÑOZ CONDE, Francisco. *La responsabilidad por el producto en derecho penal*. Valencia: Tirant lo blanch, 1995, p. 38.

[21] Idem, ibidem, p. 38-39.

risco apontado por aqueles que sustentam o não esgotamento dos recursos através dos quais o Direito Penal poderá contribuir para o aliviar do sistema como um todo, preservando-se dessa forma a missão de garantia reservada ao processo penal. Adequado, pois, é o limite imposto a essas políticas de diversão, na medida em que elas deverão funcionar não como um "contra-sistema", oposto ao ordenamento penal estabelecido, mas sim dentro do próprio *Sistema Penal*, orientando dessa forma a produção legislativa[22].

§ 1 – Modelo consensual de justiça criminal.

Analisadas as questões gerais acerca das formas de diversificação processual, é chegada a hora de se verificar a adequação da introdução no *Sistema Jurídico-Penal* de um modelo processual penal fundado em soluções consensuais[23], partindo sempre do pressuposto de que as maiores dificuldades surgem quando aparecem fenómenos jurídicos novos, para os quais o Sistema existente até agora ainda não tem rubrica. Isso não é raro, devido a que a evolução do Sistema Jurídico, juntamente com a evolução das relações de vida reguladas, são concebidas em contínuo fluir. Pode ver-se agora que há que estar dispostos a admitir que estamos diante um denominado Sistema "aberto". Por sempre a ponderação de que, não obstante, o jurista tem que contar com o facto de que o sistema as vezes está constituído de tal maneira que nele não podem encontrar lugar alguns fenómenos jurídicos novos[24].

Já concretizada por vários lados a experiência *normativa* da introdução de modelos processuais fundados em um consenso entre as partes, importa agora analisar a compatibilidade desses modelos com o *Sistema Jurídico-Penal*, partindo-se mesmo da sua "reconstrução" previamente

---

[22] COSTA, António Manuel de Almeida. Alguns princípios para um direito e processo penais europeus. *Revista Portuguesa de Ciência Criminal*, Lisboa, a. 4, nº 2, p. 199-215, 1994, p. 204.

[23] Talvez não seja irrazoável apontar como um dos factores que contribuiram para esta abertura às manifestações de consenso o movimento de ideias, já em curso no século XIX, centrado num avanço da civilização orientado no sentido da maximização e estabilização progressivas das margens de liberdade, com repercussões directas na ampliação dos espaços reconhecidos à autonomia pessoal, de que nos dá notícia ANDRADE, Manuel da Costa. Consentimento..., cit., p. 30.

[24] ENGISCH, Karl. Sentido..., cit., p. 36.

demonstrada. Advirta-se desde logo que o modelo de justiça penal negociada é um fenómeno extremamente complexo, podendo ser afirmado, inclusive, que ele determina uma nova leitura das bases que fundamentam o processo penal. Portanto, exceptuada a dimensão mais radical da diversão, entre as formas de diversificação ao rito ordinário destacam-se aqueles fundados num consenso entre as partes. Trata-se da introdução no âmbito da justiça criminal de um modelo consensual de solução dos conflitos de natureza penal[25]. Ressalte-se, logo, que não se está diante de uma total alteração de modelos: de um fundado no conflito para um baseado no consenso e sim de uma complementariedade entre ambos.

A opção por uma ampliação maior da margem de consenso no âmbito do processo penal deve-se certamente da constatação, por todos os lados sentida, de que hoje não se pode compreender nem aceitar uma decisão que surja como epifania inefável da graça do juiz, "à margem de toda a intervenção conformadora e legitimadora dos demais sujeitos processuais"[26].

Demonstrado o ingente esforço na busca de uma maior funcionalidade para o processo penal, a orientação consensual é um conceito tentador que promete uma facilitação em dois sentidos da resolução de problemas verificados no processo penal: aumenta a capacidade de trabalho do *Sistema* e diminui os seus problemas de legitimação. O problema do aumento da criminalidade pode ser enfrentado mediante o recurso a negociações no processo penal, processos sumários e através de processos mais curtos inspirados na técnica do consenso; todos esses mecanismos voltados para imprimir uma maior aceleração ao processo[27]. Manifestando-se sobre a tendência surgida na década de sessenta na Alemanha, no sentido de informalizar a administração da justiça criminal, como forma de adequar o processo penal aos fins preventivos predominantemente esperados do Direito Penal, MAIWALD[28] pondera que "um processo penal não pode, todavia, em caso algum transformar-se numa conversa em que os participantes sejam colocados todos sob o mesmo plano; uma indicação disto é fornecida pelos símbolos que se encontram

---

[25] GOMES, Luiz Flávio. *Suspensão...*, cit., p. 40.
[26] ANDRADE, Manuel da Costa. Consenso e oportunidade, cit., p. 326.
[27] HASSEMER, Winfried. Pacta sunt servanda – auch im Strafprozess? – *BGH, NJW 1989, 2270. Juristische Schulung*, Heft 11, p. 890-895, 1989, p. 893.
[28] Il processo penale vigente in germania, cit., p. 34.

Diversão 141

na sala de audiências". Portanto, há que estabelecer limites a esse modelo consensual do processo penal, com vista à sua compatibilidade com o *Sistema Jurídico-Penal*.

Nessa perspectiva, a substituição do ritual da condenação por soluções de natureza consensual presta-se ao fim de atenuar o efeito de estigmatização dos criminosos, representando, dentro de certos limites, uma forma adequada de alcançar os objectivos de ressocialização e de estabilização contrafáctica das normas que o Direito Penal se propõe tutelar. Desde logo, a observação de que esse programa só se mostra legítimo na medida em que seja definido na lei, seja controlado por uma entidade judiciária independente e, por fim, se submeta ao consentimento do arguido[29]. Portanto, ainda com maior razão o modelo fundado num encontro entre as partes deve ser inserido no programa mais amplo de orientação político-criminal do processo penal, sendo legítimo e admissível apenas na medida em que, para além da eficiência que pode proporcionar, se mostrar também funcional e não elimine aquelas garantias essenciais inerentes a esse sector da Ciência Jurídica.

De ressaltar que a adopção de um modelo de consenso no processo penal, antes de ser uma alteração puramente técnica, traduz-se numa modificação filosófica, "que se apresenta como uma verdadeira e própria revolução do modo de conceber o processo penal em relação aos objectivos da sociedade, privilegiando, marcadas por exigências máximas de equidade, soluções rápidas da controvérsia em detrimento de decisões jurisprudenciais"[30]. A observação por último mencionada sugere um maior aprofundamento da lógica que está na base dos modelos de justiça penal negociada, visando identificar a sua legitimidade.

1 – Fundamento filosófico.

Antecipe-se que, dada a novidade que ainda pode ser afirmada na experiência da diversificação processual, bem como considerando que as actuais correntes filosóficas às quais se buscam ligar esse fenómeno constituem-se, na linguagem informática, "páginas em construção" no eterno porvir da busca do conhecimento, as ideias que agora serão

---

[29] COSTA, António Manuel de Almeida. Alguns princípios para um direito e processo penais europeus, cit., p. 213.

[30] ARICÒ, Giovanni. Aplicazione della pena su richiesta delle parti. *In: I procedimenti speciali*. Napoli: Jovene Editore, p. 97-113, 1989, p. 112-113.

lançadas podem não conduzir a uma resposta definitiva acerca da fundamentação filosófica invocada, porém poderão servir de critérios norteadores para a busca dessa fundamentação.

Remotamente, não se pode negar a origem comum das tendências para um Sistema Punitivo estatal orientado para as consequências e, portanto, também aquele de orientação político-criminal na teoria filosófica do *utilitarismo*, enquanto centrado na metodologia do *output*, ou seja, do maior rendimento possível[31].

Da *Teoria Sistémico-Social* vem a clarificação a respeito desta opção metodológica, afirmando LUHMANN[32] que "um centro de gravidade na fronteira do output significaria que o sistema considera como seu problema principal a produção de determinados efeitos no ambiente e procura obter informações como meio para alcançar este fim, ou seja, conforme o critério de um específico interesse em produzir efeitos. Do ponto de vista da sociedade no seu conjunto, um centro de gravidade na fronteira do input deveria estar assegurado mediante uma permitida indiferença em relação às consequências". Expressamente, essa mudança de uma orientação *input* para uma outra *output* parte da alteração da justificação do Direito Penal a partir do *conceito* e do *sistema* para uma sua justificação através das consequências que produz[33].

---

[31] HASSEMER, Winfried. Derecho penal y filosofía del derecho en la república federal de alemania, cit., p. 92; BITENCOURT, Cezar Roberto. *Juizados...*, cit., p. 45. Inserindo a lei penal no âmbito de uma assim denominada *política pública de regulação penal*, é também CANOTILHO (CANOTILHO, José Joaquim Gomes. Teoria da legislação geral e teoria da legislação penal, cit., p. 846) quem acentua que nesse enquadramento teórico "a legislação penal visa produzir resultados concretos (*output, outcome*) que se podem considerar, tendencialmente, como conteúdo da *política criminal* (prevenção geral, prevenção especial, ressocialização)". Também associando o modelo de um *Sistema Jurídico-Penal* teleologicamente orientado – cabendo à pena o ónus de optimizar os resultados – às finalidades de prevenção ANABELA RODRIGUES (RODRIGUES, Anabela Maria M.. *A determinação da medida da pena privativa de liberdade*, cit., p. 306 s.) impõe-lhe limites. Desse modo, resultando desta orientação para as consequências um Direito Penal mais próximo das necessidades sociais, impondo-lhe tempos e métodos de trabalho mais rápidos, fundados em esquemas eficientistas, tais como o da relação fins--meios ou da análise custos-benefícios, há que se repudiar absolutamente uma "coerência" sem limites com as finalidades de política criminal preventiva. Aliás, como estamos repetidamente insistindo, não deve ser seriamente considerado o afastamento de princípios que tradicionalmente enriquecem o património penal: garantia da liberdade individual e subsidiariedade do aparato penal, actuando como *ultima ratio*, entre outros.

[32] LUHMANN, Niklas. Sistema juridico y dogmatica juridica, cit., p. 48.

[33] HASSEMER, Winfried. La ciencia jurídico penal en la república federal alemana, cit., p. 51. Escrevendo sobre a introdução das formas de diversificação processual no

Diversão

É do sector da *tecnologia social* que vem a constatação da ocorrência de uma mudança da orientação social básica do *passado* para o *futuro*, cujo resultado é que as decisões jurídicas em último termo somente podem justificar-se pelas suas consequências e não a partir do acervo de dados de tipo normativo ou fáctico. Esta orientação para as consequências também se impôs ao Direito[34].

Ordenamento Jurídico brasileiro, asseverou DOORGAL (ANDRADA, Doorgal Gustavo B. de. *A suspensão condicional do processo penal.* 2ª Ed.. Belo Horizonte: Del Rey, 1996, p. 31) que "visa essa filosofia nova afastar-se das formalidades, muitas vezes prejudiciais às suas finalidades e razão de ser, para prestigiar a busca de resultados, mesmo atropelando fórmulas e conceitos antigos, priorizando um julgamento rápido, tão exigido pelos sujeitos e pela vida moderna".

[34] LUHMANN, Niklas. Sistema juridico y dogmatica juridica, cit., p. 22. Os traços essenciais dessa orientação tecnológica da Ciência do Direito são-nos fornecidos por CASTANHEIRA NEVES (NEVES, António Castanheira. O actual problema metodológico da realização do direito, cit., p. 27 s.): essa perspectiva prefere as decisões situacionalmente oportunas e científico-tecnologicamente adequadas e eficientes à certeza analítica e à objectivo-formal impessoalidade dedutiva. Isso sem que tenha de abandonar a pressuposição do direito prescritivo, pois continua vendo na prévia prescrição das regras jurídicas a legítima objectivação normativa do programa político-social, relevando tanto no sentido de definidora do sistema de fins a que programaticamente se deve obediência quanto como metódico factor de controle. As regras prescritas demarcariam no seu quadro linguístico o campo das possibilidades decisórias. A opção em concreto entre essas possibilidades decisórias seria dada não pelas regras em si mesmas, ou pela sua simples interpretação, mas sim será orientada pelos fins programados e determinada pelos efeitos das alternativas verificáveis em concreto. Decorrem disso as seguintes características: "o direito em si como uma estratégia político-social finalisticamente programada, a decisão concreta como uma táctica de realização ou execução consequencial, a própria função judicial como uma instituição funcionalmente adequada a essa estratégia/táctica". Quanto à primeira característica, trata-se no fundo, da aplicação ao domínio jurídico-social do modelo epistemológico, e de racionalidade, definido pelo "racionalismo crítico", segundo o qual a Ciência é resolução de problemas pela formulação de hipóteses sistematicamente explicativas (*teorias*), sujeitas não a uma directa comprovação ou verificação, mas a uma crítica "falsificação", através de experiências decisivas que solicitariam outras hipóteses-explicações alternativas a serem confrontadas com as primeiras. Esse modelo epistemológico e de racionalidade seria assim aplicável: "no pressuposto do *contexto histórico-cultural*, que se assumiria num pluralismo aberto à discussão crítica, determinar-se-iam heuristicamente os 'fins' e as 'ideias' regulativas que a sociedade se proporia e que lhe constituiriam a sua concepção ou o seu plano de sociedade (o seu 'programa político'). Para a realização desses fins e o cumprimento dessas ideias, pela resolução dos problemas sociais que provocassem, construir-se-iam *metodologicamente* modelos (modelos institucionais) ou projectos de solução (...) que deviam obedecer tanto ao *princípio da congruência* (ou da possibilidade sistemática das soluções no

quadro do global contexto científico-cultural) como aos princípios da *realizabilidade* e da *explicabilidade*. Quanto à segunda característica, àcerca da decisão concreta, resulta ela da aplicação à decisão jurídica da "teoria da decisão", segundo a qual "o tradicional método dogmático-normativo não seria na realidade o determinante das soluções-decisões concretas, que não passaria esse método de uma forma de justificação ou legitimação *a posteriori* dessas decisões, obtidas na verdade por pragmáticas ponderações teleológicas aferidas pelos efeitos (…), e daí desde logo que fosse lícito pensar a substituição daquele método tradicional por esquemas metódicos de racionalização deste tipo de ponderações". Quanto à terceira característica, relacionada com a função judicial, temos o modelo de "justiça científica", essencialmente funcional, teleológica, instrumental, evolutiva e pragmática, sendo considerada justa a solução mais adequada ao objectivo proposto pelo planificador social, assumindo um papel secundário a consideração de valores materiais ou de regras formais; o juiz estaria vinculado a decidir levando em conta as finalidades sociais e políticas que presidam às instituições e mecanismos no seio dos quais se oferecem estes standards, interesses e conceitos, transformando-o em administrador, devendo operar como agente da mudança social. O Autor já havia informado (p. 9 s.), como contexto gerador desse modelo, a proposição no sentido de uma mudança de perpectiva em relação ao Direito: a passagem da validade à estratégia, da normatividade à tecnologia, do sentido fundamentante ao finalismo consequencial, do dever-ser regulativo à mera condicionalidade reflexiva; pois, segundo se entende, somente desse modo se poderia resolver o trilema prático-problemático das sociedades actuais: "a incongruência entre a unidade intencional-regulativa do direito tradicional e a actual sociedade plural-complexa, fragmentária, neocorporativa em independentes sistemas autopoiéticos; a sobre-legislação ou sobrejuridicização da sociedade, como consequência do intervencionismo providencialista – e aqui a vinculação ao nosso objecto –; a sobre-socialização do direito pela sua progressiva instrumentalização económico-social". Implicando isso na substituição de uma justiça axiologicamente referida, normativamente fundamentada e prático-dialecticamente realizanda, por uma justiça funcional, finalística, instrumental, deixando de se posicionar em transcendência normativa face à realidade social para se inserir no seio do global processo económico, político e social, e convertendo o agente da sua realização concreta, o *iuris-dicens* e *juiz* em um *social engineer*. Enfim, todo esse quadro estaria em coerência com o paradigma cultural do nosso tempo, caracterizado, no plano ontológico, pela preterição dos fundamentos a favor dos efeitos; no plano axiológico, pelo abandono da *justiça* (da validade axiológico-material) a favor da utilidade (a oportuna e estratégica eficiência); no plano metodológico, pela substituição da racionalidade material-fundamentante pela racionalidade instrumental-funcional. Entre as críticas a uma tal concepção do pensamento jurídico e da sua realização metódica, tomadas da mesma fonte (p. 35 s.), consideremos duas de nosso particular interesse: considerados os dois últimos momentos do *trilema* acima mencionado, os modelos tecnológicos só acentuariam a sobrejuridicização da sociedade como consequência da sobresocialização do direito, o que, também no plano jurídico, culmina na crise do "Estado providência" e as propostas para a superar – a retracção do direito prescritivo

É num *Sistema Jurídico-Penal* orientado para as consequências que se admite a inserção no quadro actual do processo penal de um modelo fundado no consenso. Esse modelo consensual vai ao encontro da necessidade de atribuir mais valor não às formalidades e sim às consequências do processo (*output- anstelle von inputorientierung*), ou seja, uma orientação *output* e não *input*[35].

Igual ideia pode ser verificada no Ordenamento Jurídico brasileiro, onde há muito tempo o jurista "se preocupa com um processo penal de melhor qualidade", propondo-se alterações no C.P.P. de 1940, "com o intuito de alcançar um 'processo de resultados', ou seja um processo que disponha de instrumentos adequados à tutela de todos os direitos, com o objectivo de assegurar praticamente a utilidade das decisões"[36].

Assim, frente a uma igual orientação para as consequências do Direito Penal material, o reflexo a nível processual não poderá deixar de implicar também uma maior plasticidade à ideia da legalidade da perseguição[37]. Registe-se que essa maior plasticidade do princípio da legalidade é um dos pressupostos essenciais para que se admita uma ampliação dos espaços de consenso no processo penal.

A orientação consensual promete um processo penal humano e um aumento da disponibilidade para aceitar os seus resultados, de modo que, na perspectiva do acusado, quem antes aceitou o desfecho do processo, pela via da negociação, depois não poderá queixar-se; pelo lado do tribunal, quem conseguiu o consenso do acusado sobre a decisão não precisa de legitimar o veredicto. Nesse sentido o consenso dos participantes no processo assume de certo modo o mesmo papel que o Contrato

---

(deslegalização, descriminalização, "formas alternativas de justiça", etc.); "o direito deixa de ser tanto uma normatividade de *garantia* (por ex. nos termos de um princípio de legalidade a cumprir) como uma *axiologia* ou um sistema de validades materialmente pressupostas (com imediata expressão, desde logo, nos 'direitos fundamentais') que se subtraia à contingência decisória numa intenção regulativa, e converte-se ele próprio num instrumento de todo relativizado ao *a posteriori* da sua própria *performance*, relativizado às suas consequências de momento e variáveis".

[35] HASSEMER, Winfried. Pacta sunt servanda – auch im Strafprozess?, cit., p. 893.

[36] ALBERTON, Genacéia da Silva. Considerações sobre o juizado especial criminal: competência, infracções de menor potencial ofensivo e audiência preliminar. *Ajuris*, Porto Alegre, a. 23, nº 67, p. 252-275, jul. 1996, p. 256; GRINOVER, Ada Pellegrini, *et alli. Juizados...*, cit., p. 9.

[37] Idem, ibidem, loc. cit.; ANDRADE, Manuel da Costa. Consenso e oportunidade, cit., p. 339-340.

Social da Filosofia do Direito da época moderna desempenhou na legitimação da Ordem Jurídica[38].

Retornando directamente ao nosso propósito, na perspectiva filosófica propriamente dita pretende-se uma aproximação entre o modelo de justiça penal centrado no encontro de vontade entre as partes e uma das mais modernas tendências filosóficas da actualidade, a conhecida *Teoria do Agir Comunicativo*[39]. Não se pretendendo realizar à exaustão uma abordagem dessa *Teoria*, o que, além de extrapolar os limites desta investigação, encontraria a barreira natural também na limitação do conhecimento sobre o tema, nada obsta a uma incursão nos seus postulados fundamentais, com vista à avaliação acerca da sua pertinência com os ritos centrados num encontro de vontade entre as partes no processo penal.

Nenhuma censura parece merecer o entendimento de que a tese central da *Teoria do Agir Comunicativo* se refere à criação de uma situação ideal de comunicação, na qual os papeis sejam simetricamente dis-

---

[38] HASSEMER, Winfried. Pacta sunt servanda – auch im Strafprozess?, cit., p. 893. *In verbis*: "os indivíduos afectados por esta Ordem Jurídica decidem de uma forma autónoma sobre os limites dos seus direitos de liberdade e sobre as consequências de uma lesão ao Direito. A aceitação pelo delinquente no que diz respeito à decisão do seu julgamento é uma legitimação muito forte do veredicto, sobretudo se for levado em consideração que o Contrato Social era uma condição ideal, fictícia, da possibilidade da justificação jurídica (existindo apenas na cabeça dos filósofos do Direito), enquanto o consenso das partes no processo é um dado real, concreto, que se refere às condições reais de desfecho e às suas consequências".

[39] Conforme informação de: SCHREIBER, Hans-Ludwig. *Die Bedeutung des Konsenses der Beteiligten im Strafprozess. In*: JAKOBS, Günther (Ed.). *Rechtsgeltung und Konsens*, 1976, p. 81; HASSEMER, Winfried. Fundamentos..., cit., p. 163. Sabidamente, a *Theorie des Kommunikativen Handelns* é produto do pensamento de JÜRGEN HABERMAS, Autor pertencente à segunda geração da importante *Escola de Frankfurt*, a qual, num primeiro momento (primeira geração), sob a denominação de Instituto de Investigação Social (*Institut für Sozialforschung*) abrigou destacados filósofos como HORKHEIMER, ADORNO e MARCUSE, cujas ideias tinham como ponto de partida a *teoria crítica* da sociedade em oposição à *teoria tradicional*. O movimento intelectual dessa primeira geração de pensadores liga-se directamente ao pensamento marxista. Seguindo a trilha da teoria crítica da sociedade, porém já totalmente reformulada no pós-guerra, HABERMAS nela introduz a razão comunicativa. Nesse sentido a expressão *agir comunicativo*, cunhada por HABERMAS, refere-se, em termos mais do que simples, a um mecanismo para coordenar as acções, implicando que os participantes do processo comunicativo procurem obter um entendimento sobre uma determinada situação, sobre os seus planos de acção, coordenando-os através de um acordo nas situações que admitem o consenso.

Diversão

tribuídos e a decisão seja o produto de uma discussão isenta de coacção, podendo a todo o momento ser problematizada e corroborada (fundamentada) pela via do discurso, da discussão[40].

Nas palavras do próprio HABERMAS[41]: "chamo ideal a uma situação de comunicação na qual as comunicações não somente não são impedidas por influxos externos contingentes, nem pelas coacções que se seguem da própria estrutura da comunicação. A situação ideal de comunicação exclui as distorções sistemáticas da comunicação. E a estrutura da comunicação deixa de gerar coacções somente se para todos os participantes no discurso é dada uma distribuição simétrica das oportunidades de eleger e executar actos de comunicação. Desta exigência geral de simetria podem deduzir-se para as distintas classes de actos de comunicação exigências especiais de distribuição equitativa das oportunidades de eleger e executar actos de comunicação". Acrescenta ainda que as situações ideais de comunicação necessitam de cumprir, primeiramente, duas condições triviais: "1) todos os participantes potenciais num discurso têm que ter a mesma oportunidade de empregar actos de fala comunicativos, de sorte que em todo o momento tenham a oportunidade tanto de abrir um discurso como de perpetuá-lo mediante intervenções e réplicas, perguntas e respostas; 2) todos os participantes no discurso têm que ter igual oportunidade de fazer interpretações, afirmações, recomendações, dar explicações e justificações e de problematizar, raciocinar ou refutar as pretensões de validade delas, de sorte que ao máximo nenhum prejuízo resulte subtraído à tematização e à crítica"[42]. A essas duas condições triviais HABERMAS[43] acresce duas outras, consideradas não triviais: necessidade de que para o discurso somente se permitam interlocutores que como agentes, equivale a dizer, nos contextos de acção, tenham iguais oportunidades de empregar actos de comunicação representativos, ou seja, de expressar as suas atitudes, sentimentos e desejos; necessidade de que para o discurso somente se permitam

---

[40] ANDRADE, Manuel da Costa. Consenso e oportunidade, cit., p. 328, n. 17.

[41] HABERMAS, Jürgen. *Teoría de la acción comunicativa: complementos y estudios previos*. Trad. Manuel Jiménez Redondo. 2ª Ed.. Madrid: Ediciones Cátedra, 1994, p. 153; Idem, Osservazioni propedeutiche per una teoria della competenza comunicativa. *In*: *Teoria della società o tecnologia sociale*. Milano: Etas Libri, p. 67-94, 1973, p. 91 e seguintes.

[42] HABERMAS, Jürgen. *Teoría de la acción comunicativa*, loc. cit..

[43] Idem, ibidem, p. 153-154.

interlocutores que como agentes tenham a mesma oportunidade de empregar actos de comunicação regulativos, isto é, de mandar e opor-se, de permitir e proibir, de fazer e retirar promessas, de dar razão e exigi-la. Especificamente no que se refere ao plano normativo, "a dimensão cognitiva das normas não se limita ao conteúdo propositivo das expectativas de conduta normativamente previstas. A pretensão de validade normativa, enquanto tal, é cognitiva no sentido da suposição (mesmo que apenas contrafáctica) de que será possível corroborá-la discursivamente, apoiando-a num consenso dos participantes, obtido por via de argumentação"[44].

Do que sucintamente foi exposto desta *Teoria* tenta-se extrair a ideia da aplicação jurisdicional do direito também como momento comunicativo, realizado não como um monólogo, mas através de uma troca intersubjectiva de argumentos que adquirem a pretensão de plausibilidade. O processo é visto como o lugar de uma comunicação livre de domínio e da coacção. "O processo que não é 'discurso' nem se resolve em uma 'comunicação bem sucedida' é fruto de uma 'assimétrica' e 'patológica' repartição dos papeis e das possibilidades de troca de conhecimentos entre os sujeitos processuais"[45]. Com outras palavras, o processo desenvolver-se-ia à margem de toda a coerção e domínio e desembocaria em decisões finais comunicativamente obtidas e isentas de todo o conteúdo de frustração[46].

Na mesma linha, no que respeita à necessidade de investigação da verdade material no processo penal, demonstra VOLK[47] a existência de entendimentos sustentando que "a uma verdade 'material' assim entendida deveria, ao contrário, substituir-se aquela 'formal', que se autolegitima na medida em que é produto de um processo discursivo e que, em uma hipótese ideal, vem delineada através do consenso dos sujeitos processuais". Em uma palavra, tratar-se-ia da substituição da

---

[44] HABERMAS, Jürgen. *Problemas de legitimación en el capitalismo tardío*. Buenos Aires: Amorrortu, 1975, p. 127-128.

[45] Conf. informação de MARAFIOTI, Luca. *La giustizia penale negoziata*, cit., p. 463/465.

[46] Conf. demonstra ANDRADE, Manuel da Costa. Consenso e oportunidade, cit., p. 327.

[47] Verità, diritto penale sostanziale e processo penale, cit., p. 392. Em uma perspectiva crítica a tese pode ser encontrada em: SCHREIBER, Hans-Ludwig. Verfahrensrecht und Verfahrenswirklichkeit. *Zeitschrift für die gesamte* Strafrechtswissenschaft, Heft 88, p. 117-161, 1976, p. 141 e seguintes; Idem, *Die Bedeutung des Konsenses der Beteiligten im Strafprozess*, cit., p. 71 e seguintes..

Diversão

verdade material, tradicionalmente entendida como um dos objetivos do processo penal, por uma *verdade consensual*, produto de um consenso entre os sujeitos processuais.

Portanto, alguns autores partem do pressuposto de que no processo penal a *teoria do agir comunicativo* encontra uma sede natural de incidência, uma vez que nesse sector do Ordenamento Jurídico de grande importância é a escolha táctica feita pelas partes postas em posição de um certo antagonismo dialéctico, não podendo ser a hipótese confundida com a regra do contraditório, essa já inerente ao processo tradicional. Assim, num modelo fundado no encontro de vontade entre partes admite-se que entre elas se estabeleça um processo comunicativo, através do qual se antecipam determinadas tácticas que serão futuramente adoptadas no procedimento, gerando para o antagonista uma expectativa que lhe possibilita planejar o seu *agir* futuro nos termos do processo *comunicativo* anteriormente estabelecido[48].

A pronta oposição a essa tese é formulada pelo citado VOLK[49], ao argumentar que a ideia fundamental de uma comunicação desordenada não é apenas utópica mas também perigosa. "A conclusão que tal ideia contrasta de forma notória com a nossa actual representação do estado de direito deveria ser óbvia".

Efectivamente, a essa tentativa de se trazer para o âmbito do processo penal a *Teoria do agir comunicativo* desenvolvida por HABERMAS, a partir da ideia de que no processo haveria uma situação linguística ideal e que nele é possível uma interacção livre entre o tribunal e os participantes, pode objectar-se, por um lado, que o próprio HABERMAS excluiu de sua teoria o procedimento jurídico; por outro, essa estrutura não se adequa mesmo ao processo judicial, na medida em que há o direito do

---

[48] Conf. demonstração feita por CORDERO, Franco. *Procedura penale*, cit., p. 98.

[49] Verità, diritto penale sostanziale e processo penale, cit., p. 392; SCHREIBER, Hans-Ludwig. *Die Bedeutung des Konsenses der Beteiligten im Strafprozess*, cit., p. 85.Segundo HASSEMER (HASSEMER, Winfried. Fundamentos..., cit., p. 168), as condições básicas pressupostas pelo modelo processual penal *institucionalmente* fundado (em que assentam grande parte dos actuais ordenamentos jurídicos) "muestran el profundo abismo existente entre el discurso institucional y el discurso libre de dominación en el Derecho penal". Sendo equivocado estimar que o *institucional* seja um modo deficiente, deformado, do discurso livre de dominação em que se baseia a Teoria do agir comunicativo, "la producción del discurso libre de dominación supondría la supresión del proceso y, com ello, la de la posibilidad de aplicar el Derecho de acuerdo com las formas jurídicas".

150 *O Processo Penal como Instrumento de Política Criminal*

acusado ao silêncio, o qual pode inviabilizar qualquer processo comunicativo[50]. Com efeito, é o próprio HABERMAS[51] quem exclui do âmbito da sua *Teoria* o discurso jurídico, visto que "os papeis dos participantes no processo são definidos de tal maneira que a aceitação das provas não está estruturada no sentido de uma busca cooperativa da verdade de permanente carácter discursivo". Dada a imanência entre a estrutura do poder político e a estrutura do processo penal, não pode ele ser entendido como um discurso carente de poder; uma tal postura implicaria necessariamente uma retirada da sustentação da acção estatal interveniente no conflito de natureza penal: a intervenção do Estado nesse tipo de conflito resulta de um interesse público e não apenas do particular interesse das partes envolvidas (acusado e vítima).

Também objectando contra um processo penal perspectivado e estruturado em termos de uma consensualidade absoluta, COSTA ANDRADE[52] acresce que ele está sujeito ao jogo das partes, as quais visam não a procura da verdade mas sim uma decisão favorável; o próprio juiz, muita das vezes, vê-se obrigado a sobrepor ao fim de averiguação da verdade a necessidade de obter decisões mais céleres; por fim, o debate judicial não pode ser concebido como discurso. Ademais, a *problemlösenden Gemeindschaft* (comunidade-para-a-solução de problemas) de HABERMAS não teria aplicação num processo de natureza penal, "ao fim e ao cabo preordenado à aplicação de uma pena, cuja efectivação não depende da aceitação do condenado".

Nesse sentido, o processo penal presta-se a canalizar e dominar através de regras aqueles comportamentos menos nobres, mas que são reais, criando oportunidades iguais de influência para todos. Não são as qualidades particulares dos participantes do processo que garantem as formas protectoras do processo penal, mas, diversamente, são as formalidades do Direito Processual Penal que viabilizam essas qualidades e as protegem caso seja necessário[53]. Tenha-se sempre em mente que o Direito Penal se justifica, pois, na medida em que consegue formalizar o controle social. Assim, deve ser questionado o movimento que se veri-

---

[50] RÜPING, Hinrich. Sociedad y procedimiento penal. *Universitas*, v. XIX, n° 2, p. 107-111, 1981, p. 107.

[51] HABERMAS, Jürgen. *Faktizität und Geltung. Beiträge zur Diskurstheorie des Rechts und des demokratischen Rechtsstaats*. Frankfurt: Suhrkamp Verlag, 1992, p. 289.

[52] Consenso e oportunidade, cit., p. 327 e seguintes.

[53] HASSEMER, Winfried. Pacta sunt servanda – auch im Strafprozess?, cit., p. 894; *Idem, Fundamentos del derecho penal*, cit., p. 163-168.

fica actualmente no seu interior de se passar dessa missão de formalização e vinculação aos princípios valorativos para uma *tecnologia social*, centrada, no que se refere ao processo penal, apenas na obtenção de uma maior funcionalidade da administração da justiça penal[54].

Seguindo essa mesma trilha, após descartar o êxito dessa teoria no processo penal, FIGUEIREDO DIAS[55] defende, porém, que no interior deste último "a tentativa de consenso deve ser levada tão longe quanto possível, para o que importa melhorar sensivelmente as *estruturas de comunicação* entre os diferentes sujeitos e as diferentes formas processuais".

Reflectindo essas críticas, uma negativa ao relevo processual do consenso é buscada na teoria filosófica da *legitimação através do processo* de Niklas Luhmann[56], que, já esboçado acima, se centra na busca de um aumento da disponibilidade para aceitar os resultados. O Direito seria assim um instrumento de regulação dos conflitos, através da satisfação e consolidação das expectativas sociais. No Direito Penal, o seu respectivo processo surge como instrumento de satisfação das expectativas decorrentes da violação da norma (recomposição da ordem jurídica, satisfação do ofendido, etc...), obtendo-se assim a legitimação do poder punitivo do Estado (*Legitimation durch Verfahren*)[57].

Conforme a magistral exposição da teoria feita por COSTA ANDRADE[58], "a atitude do destinatário da decisão, nomeadamente a sua convicção quanto ao respectivo bem-fundado e validade intrínseca, carece de relevo autónomo em sede de legitimação. Isto é, o seu relevo circunscreve-se apenas ao contributo que pode oferecer para aquela aceitação fáctica". Assim, "a legitimação através do processo não leva necessariamente a um consenso real, à harmonização social de opiniões quanto ao lícito e ao ilícito", apresentando-se apenas como "um processo de aprendizagem no sistema social, que por princípio, tende a ser indiferente à circunstância de aquele que tem de modificar as suas expectativas, concordar ou não". "O consenso não representa um *fim* para o processo" mas apenas conforma as frustrações inevitáveis a um ressentimento privado

---

[54] HASSEMER, Winfried. Derecho penal y filosofía del derecho en la república federal de alemania, cit., p. 94/95.

[55] Para uma reforma global..., cit., p. 220.

[56] Conforme notícia de: JUNG, Heike. Vers un nouveau modèle du procès pénal?, cit., p. 530.

[57] GÖSSEL, Karl-Heinz. A posição do defensor no processo penal..., cit., p. 262

[58] Consenso e oportunidade, cit., p. 326-327.

e difuso, impedindo que se transforme numa instituição. Na perspectiva da *Legitimation durch Verfahren* de Niklas Luhmann o processo é visto como um sistema formal de solução de litígios que conduz os sujeitos envolvidos a aceitarem as decisões tomadas, no nosso caso, judicialmente, como premissas vinculativas da sua acção futura. Ou seja, através da formalização propiciada pelo processo obtém-se a legitimação da decisão, a despeito mesmo de não ser ela produto de um consenso. Em outros termos, o aspecto formal do processo seria necessário para dissipar as frustrações decorrentes da decisão. Assim, se de consenso se pode falar, este somente tem relevância num momento anterior a cada processo concreto (*consenso fundamental*), na medida em que leva os sujeitos a aceitarem as decisões judiciais como vinculativas. A função do processo judicial consistiria numa reestruturação das expectativas normativas do indivíduo acerca do seu direito, que devem ser convertidas em expectativas aprendidas, "cognitivas", ou seja, do que se trata é de que o sujeito não ponha novamente em questão o resultado de um processo que contradiz as suas expectativas iniciais, aceitando, pois, o resultado. Desse modo, "a legimitação de uma resolução jurídica não assenta na 'verdade' ou na 'justiça', mas sim num 'processo' acertado"[59].

A visão das coisas até aqui demonstrada carece de paternidade, pressupondo então o recurso ao pensamento do próprio idealizador da *Legitimação através do Processo*, de modo a confirmar as informações anteriores. Ressalva feita que também aqui não se pretende uma ampla explanação da teoria *luhminiana*, em virtude dos condicionamentos implicados nessa pretensão, do mesmo modo que vimos acerca da *Teoria do Agir Comunicativo*.

É, pois, o próprio LUHMANN[60] quem afirma que a função do procedimento "não consiste em impedir desilusões, mas sim em trazer as desilusões inevitáveis para uma forma última de ressentimento particular difuso, que não pode converter-se em instituição". Segue-se que a existência do procedimento não é geralmente um motivo suficientemente forte para conseguir dos receptores das decisões um reconhecimento, ou mesmo uma inovação pessoal, mas em todo o caso leva-os ao exercício

---

[59] Noticia: HASSEMER, Winfried. Fundamentos..., cit., p. 124/125.

[60] Sobre o que se .segue, consultar: LUHMANN, Niklas. *Legitimação pelo procedimento*. Trad. Maria da Conceição Côrte-Real. Brasília: Editora Universidade de Brasília, 1980, p. 95.

de "um trabalho protocolar não remunerado"[61]. A existência do procedimento conduz as partes a especificar o seu descontentamento e a destacar os poucos pontos de discussão que estão em aberto, a partir mesmo da influência das ordenações jurídicas e sua retórica. No funil do procedimento as partes têm de se mover para chegar a uma decisão e somente através da observância dos limites do possível, que se vão estreitando progressivamente, é que podem esperar obter uma decisão favorável. Tendendo a alcançar pontos susceptíveis de consenso, as partes têm de limitar a sua liberdade, escolher determinadas dúvidas, apontar argumentos, entre outros. Ressalta LUHMANN, todavia, que isso não representa um acto de violência da burocracia contra o qual a colectividade deveria defender-se; diversamente, trata-se de uma questão problemática da lei da expropriação à sentença contrária do tribunal.

Em suma, "a função do procedimento é, portanto, a especificação do descontentamento e o fraccionamento e absorção dos protestos. A força motriz do procedimento é, porém, a incerteza quanto aos resultados. Esta incerteza constitui a força impulsionadora do procedimento, o factor efectivo de legitimação", devendo assim ser tratada e mantida no procedimento através dos meios do protocolo[62]. "A legitimação pelo

---

[61] "Através da sua participação no procedimento todos os intervenientes são induzidos a expor o âmbito decorativo e a seriedade do acontecimento, a distribuição dos papeis e competências de decisão, as premissas da decisão procurada, na verdade todo o direito, na medida em que não se discute a sua apresentação e confirmação por esse meio. Não basta que os representantes do poder anunciem com solenidade unilateral os princípios da sua opção e decisões. O que tem um valor especial é, precisamente, a cooperação daquelas que possivelmente ficam para trás, valor esse que apoia a confirmação das normas para a sua fixação como premissas obrigatórias de comportamento e de compromisso pessoal" (p. 96-97).

[62] LUHMANN, Niklas. *Legitimação...*, cit., p. 97-98. Cita-se como exemplo desses meios do protocolo a declaração enfática da independência e imparcialidade do juiz, evitando determinadas promessas de decisão e dissimulando opções já tomadas. A curiosidade deve ser mantida desperta até à proclamação da sentença. "Aplica-se a incerteza para levar os receptores das decisões a um trabalho de protocolo não-remunerado. Depois de o ter cumprido, ele encontra-se como alguém que confirma as regras na sua validade e os decisores nos seus cargos e a si próprio como alguém que aproveitou as possibilidades para generalizar os seus interesses como capazes de aprovação e para constituir grandes alianças sociais ou políticas em relação aos seus objectivos". Assim, quase já não tem sentido uma revolta contra a decisão, refreando-se mesmo um sofrimento público pelo efeito de uma injustiça moral. A decisão é aceite como obrigatória sem que isso dependa de uma disposição interior. A envergadura do reconhecimento institucional da jurisdição propicia uma situação inequivocamente estruturada,

procedimento não leva, pois, necessariamente, ao consenso efectivo, à harmonia colectiva de opiniões sobre justiça e injustiça" nem à articulação do poder com compromissos efectivos. "A legitimidade não pode ser totalmente concebida como 'interiorização' duma instituição, como consciencialização pessoal de convicções socialmente constituídas. Tratase, no fundo, dum processo de reestruturação das expectativas jurídicas, portanto do estudo, no sistema social, que pode tornar-se consideravelmente indiferente quer esteja, ou não, de acordo, quem tem de modificar as suas expectativas"[63]. Enfim, a observação feita no sentido de que a função social de um mecanismo de solução de conflitos deve ser compreendida não como a provocação de determinados processos psíquicos da aceitação, mas sim como a imunização do sistema social contra esses processos[64].

A teoria de LUHMANN parte de uma substituição da dimensão axiológica do "jurídico" por uma "decisão generalizadora sobre a contingência", com vista a alcançar ou manter funcional uma determinada estrutura ou ordem; nesse diapasão também o processo penal deveria estar separado de qualquer interferência axiológica. Sendo essa a repercussão que se pretende da tese de LUHMANN no processo penal, segue-se a observação no sentido de que a forma mais adequada de o processo contribuir para a criação da legitimação estadual reside em ele reger-se por regras que lhe possibilitem um funcionamento eficaz e livre de entraves e não em assumir a racionalidade do sistema total[65].

Contra a tese da *Legitimação pelo procedimento* de LUHMANN pode opor-se o argumento de que os conteúdos materiais não podem ser

---

que subtrai ao indivíduo qualquer possibilidade, facilitando a aceitação da decisão como premissa própria de comportamento, sem que isso implique a expectativa de que o perdedor isolado aceite novas orientações de valores ou que se adapte às circunstâncias de interesses profundos ou formas de tratamento das experiências.

[63] LUHMANN, Niklas. *Legitimação...*, cit., p. 99-100.

[64] De se acrescentar ainda que as características sistemáticas do procedimento referido pressupõem: "o procedimento tem de ser diferenciado por meio de normas jurídicas específicas da organização e por meio duma separação de papeis socialmente institucionalizada, como um sistema especial de acção; tem de adquirir uma certa autonomia graças à ligação com as normas jurídicas para se poder individualizar, por meio duma história própria; tem de ser suficientemente complexo para poder submeter ao debate os seus conflitos e poder deixar na incerteza, durante algum tempo, as soluções desses conflitos".

[65] DIAS, Jorge de Figueiredo. Para uma reforma global..., cit., p. 202-203; Idem, DIAS, Jorge de Figueiredo. *Direito processual penal. Lições...*, cit., p. 53

eliminados eficientemente do processo[66]; ou seja, o processo não pode ser visto apenas como um instrumento de legitimação, na medida em que favorece a aceitação da decisão pelo acusado: ele possui também um conteúdo material. Ou, conforme acentua FARIA COSTA[67], "se se atinge a legitimação por mor do processo, não resulta uma tal consequência das características intrínsecas à processualidade. O percorrer determinados caminhos, legal ou institucionalmente definidos, só determina a eventual legitimação se essas mesmas vias metódicas estiverem também já fundamentadas", é dizer: é porque se entende como juridicamente valioso um determinado procedimento que o seu trilhar leva a que a decisão juridicamente relevante, e resultante daquele processo, seja tida e aceite como legítima, não sendo, pois, o processo na sua veste meramente formal que pode suscitar a transferência para um discurso material. Na mesma linha, a objecção de que "não se pode seguir aquelas concepções que querem fundar o exercício do poder estatal no reconhecimento de um debate carente de poder ou na mera realização de um procedimento (legitimação por meio do procedimento"[68]. Partindo-se da ideia de que os conflitos são resolvidos através da sua formalização, desde que o acusado possa ser visto como capaz de realizar essa resolução, o que importa não é a solução do conflito a todo o preço mas sim a solução de uma maneira de acordo com a justiça. Sendo possível e desejável um consenso real a partir dessa premissa, entretanto, se o acusado nega cabalmente o procedimento, a legitimação necessária resulta do reconhecimento institucional que se outorga à persecução judicial do caso, reconhecimento esse que se sustenta pelo conceito fundamental do interesse público. Ressalte-se que essa hipótese teórica somente tem validade na medida em que o procedimento concede ao acusado possibilidades efectivas de autoafirmar-se e de defender-se frente à acção do Estado[69].

---

[66] RÜPING, Hinrich. Sociedad y procedimiento penal, cit., p. 108.

[67] COSTA, José Francisco de Faria. O perigo em direito penal, cit., p. 107, n° 50.

[68] GÖSSEL, Karl-Heinz. Reflexiones sobre la situación del ministerio público..., cit., p. 630. Posteriormente (GÖSSEL, Karl-Heinz. A posição do defensor no processo penal..., cit., p. 262) afirma o Autor que "não se duvida que um processo penal comprometido com o objectivo de justiça possa legitimar adequadamente o exercício do poder estadual e também ser reconhecido pelo acusado. O que se tem de dizer é que deixa escapar o mais importante – a saber, a capacidade de orientação pelo sentido, da actividade estadual".

[69] RÜPING, Hinrich. Sociedad y procedimiento penal, cit., p. 110-111.

A *legitimação através do processo* de LUHMANN talvez pudesse encontrar cidadania no âmbito de uma "justiça processual pura", onde "não há critério independente para o resultado justo: em vez disso, existe um processo correcto ou equitativo que permite que o resultado, seja ele qual for, será igualmente correcto ou equitativo desde que o processo tenha sido devidamente respeitado"[70]. Acontece que o julgamento em processo criminal é exemplo da justiça processual imperfeita; "o resultado desejado é que o réu seja considerado culpado se, e apenas se, cometeu o crime de que é acusado. Neste sentido, o processo de julgamento é orientado para a busca e a determinação da verdade. Mas parece ser impossível o traçar as regras jurídicas de forma a que elas conduzam sempre ao resultado correcto"[71]. Segue-se que, "um julgamento – penal – é, portanto, uma manifestação de justiça processual imperfeita. Ainda que a lei seja rigorosamente respeitada e que o processo seja justo e correctamente conduzido, pode chegar-se a um resultado errado; um inocente pode ser condenado, o culpado pode ser julgado inocente"[72].

Portanto, consistentes são os argumentos a serem opostos à transferência da tese da legitimação através do processo para o âmbito do processo penal[73], do mesmo modo que vimos a não habilidade da *Teoria do Agir Comunicativo* para fundamentar validamente as alternativas processuais diversificadas. Portanto, se é certo que de uma fundamentação filosófica carecem essas alternativas, está por se resolver qual é a mais pertinente, ou mesmo quais os aspectos das variadas formas de fundamentação que podem ser aproveitados para esse mister.

2 – Fundamento criminológico.

Para além da tentativa de fundamentação filosófica aqui demonstrada, uma base criminológica para o modelo de *diversão* e, por via de consequência, para a justiça penal consensual pode ser procurada a par-

---

[70] O conceito de "justiça processual pura" é tomado de RAWLS, John. *Uma teoria da justiça*. Trad. Carlos Pinto Correia. Lisboa: Editorial Presença, 1993, p. 86

[71] Idem, ibidem.

[72] Idem, ibidem.

[73] Da mesma forma crítico quanto a esta transferência: HASSEMER, Winfried. Fundamentos..., cit., p. 125 s..

tir da teoria do *labeling approach*[74]. Esta teoria criminológica parte do substrato comum de que "as questões centrais da teoria e da prática criminológicas deixam de se reportar ao 'delinquente' ou mesmo ao 'crime', para se dirigirem, sobretudo, ao próprio *sistema de controlo*, como conjunto articulado de instâncias de produção normativa e de audiências de reacção"[75]. O campo natural de investigação dessa criminologia deixa de ser os "motivos" do delinquente para centrar-se sobre os critérios de selecção utilizados pelas agências ou instâncias formais de controle[76].

É para a *selecção* informal realizada pelas instâncias formais de controle que aponta a teoria do *labbeling aproach*, residindo na base dessa *selecção* a inviabilidade de um sistema exclusivamente fundado no princípio da legalidade ou no da oportunidade no exercício da acção penal[77]. Nesse caso, a crítica em relação à justiça penal e relativa a tais fenómenos de "etichettamento" e de "stigmatizzazione" unilateral por

---

[74] ANDRADE, Manuel da Costa. Consenso e oportunidade, cit., p. 321, n. 3; JUNG, Heike. Le rôle du ministère public en procédure pénale allemande, cit., p. 227.

[75] Segundo ANABELA RODRIGUES (RODRIGUES, Anabela Maria M.. *A determinação da medida da pena privativa de liberdade*, cit., p. 310, nº 382), a teoria criminológica em causa, "por oposição às teorias que qualifica como etiológicas, apegadas que são à procura dos factores da criminalidade, relembra que não há criminalidade sem criminalização, ou seja, que a criminalidade é (também) o resultado dos processos sociais e estaduais de definição do que é crime, uma realidade construída humana e institucionalmente, não uma realidade previamente existente".

[76] DIAS, Jorge de Figueiredo, ANDRADE, Manuel da Costa. *Criminologia*, cit., p. 42-43; DIAS, Jorge de Figueiredo. Lei criminal e controlo da criminalidade..., cit., p. 72. Para uma cuidadosa abordagem do problema da selecção que se verifica no âmbito das instâncias formais de controle, com a demonstração do processo de formação da "cifra negra" após a submissão do caso a cada uma delas, consultar: ANDRADE, Manuel da Costa. A polícia e as instâncias não formais de controle. *In: Ciências Criminais: Sumários das Lições Proferidas ao Curso Complementar de Ciências Jurídicas da Faculdade de Direito*. Coimbra: João Abrantes, p. 209-236, 1976, p. 211 e seguintes.

[77] TORRES, Mário. O princípio da oportunidade no exercício da acção penal, cit., p. 237. Distinguindo, com propriedade inexcedível, as hipóteses de selecção nos ordenamentos em que vigora o princípio da oportunidade nas suas mais diversas formas, nos quais a actividade selectiva é geralmente incumbência dos órgãos titulares da acção penal pública e, portanto, sendo passível de um maior controle, daquelas verificadas nos ordenamentos em que impera o princípio da legalidade processual, onde a selecção quase sempre é realizada pela actividade de polícia ou pela renúncia da vítima quanto à persecução do delito, sendo, porém, menos controlável: PALIERO, Carlo Enrico. Note..., cit., p. 928-929.

parte do aparato de persecução penal torna-se exasperada e transformada na aspiração de abrir também à outra parte um poder de definição e uma "competenza comunicativa", de modo a poder exercitar uma influência sobre o processo de selecção[78]. Na base, pois, desta teoria criminológica quatro são os tópicos de política criminal: *descriminalização, não-intervenção radical, diversão* e *due process*. Ao que nos interessa, por ora, na diversão verifica-se a busca de soluções informais e não institucionais, com vista a evitar o efeito estigmatizante do Sistema de Justiça Criminal[79].

Numa perspectiva inversa, não seria de todo irrazoável uma fundamentação da diversão – no particular sentido das formas de diversificação processual – também no movimento criminológico fundado na *eficácia preventiva do desconhecimento*[80], na medida em que louva a existência dos mecanismos de selecção e das cifras negras no âmbito penal, consideradas como não necessariamente disfuncionais, uma vez que seria justamente o alcance pela Lei Penal de todas as condutas a ela subsumíveis em tese que poderia revelar-se disfuncional, em virtude do consequente dano para as normas caso viesse a ser descoberta e sancionada toda a *deviance*. Ora, em regra, quanto mais formalizada é a solução do conflito maior é a sua exposição, de modo que a informal superação do conflito pode ocultar que a norma está a ser objecto de ataques – dada a sua menor visibilidade – e, pois, maior a eficácia preventiva.

***

Traçada a proposta de introdução das formas de diversificação processual, nelas contidas aquelas fundadas no consenso no âmbito do processo penal, e analisada a tentativa da sua fundamentação filosófica e

---

[78] VOLK, Klaus. Verità, diritto penale sostanziale e processo penale, cit., p. 393. Para uma ampla exposição sobre a significação da teoria do *labelling approach* no sentido da demonstração e esclarecimento dos problemas de selecção no processo penal, consultar: ZIPF, Heinz. *Introducción...*, cit., p. 116/123.

[79] DIAS, Jorge de Figueiredo, ANDRADE, Manuel da Costa. *Criminologia*, cit., p. 359-360. Antes (p. 49) já se aludira aos programas de descriminalização e despenalização decorrentes da teoria interaccionista. A não-intervenção radical implica um alargamento das margens de tolerância nas hipóteses em que o carácter desviante do comportamento pode ser relativizado. Finalmente, na manifestação de *due process* o interaccionismo trata de denunciar os perigos dos processos judiciais informais e das reacções indeterminadas, características das *ideologias de tratamento*.

[80] De que nos dá notícia: ANDRADE, Manuel da Costa. Consentimento..., cit., p. 118, n. 231.

criminológica, aberta está a via para um ulterior aprofundamento desse modelo de distribuição de justiça penal.

Uma observação prévia impõe-se à análise dos ritos fundados num encontro de vontade entre as partes no processo penal sob pena de se estabelecer uma restrição preliminar a esse modelo processual. Efectivamente, sob a óptica do modelo processual tradicional, centrado predominantemente na garantia a ser atribuída à dignidade da pessoa humana, a experiência do consenso no processo penal gera inúmeras perplexidades, em virtude de uma certa atenuação da preocupação com as citadas garantias em vantagem de claros objectivos de eficiência.

Assim, já demonstrada em termos genéricos a necessidade de uma aproximação entre o Direito Penal e o Processo Penal, integrados principalmente pela consideração da finalidade do sistema das sanções (*supra*), no que se refere particularmente ao módulo de acordo entre as partes no âmbito do processo penal a experiência poderá ser sistematicamente enquadrada apenas numa nova óptica polifuncional do processo e da pena, tornando indispensável um ulterior passo decisivo no sentido do reconhecimento da inadequação de uma distinta consideração do Direito e do processo penal.

Abordando as diversas críticas que pesam sobre o Sistema Jurídico-penal na actualidade, GOMES[81] aponta a existência de uma *desconexão* entre o Direito Penal material e o Direito Processual Penal. Com propriedade insuperável sustenta-se então que "essa *desconexão* entre o direito material (penal) e o direito processual fica superada quando se passa da política criminal 'paleorrepressiva' para a política criminal *consensual*. Destarte, tratando-se do Ordenamento Jurídico brasileiro, "a suspensão condicional do processo, permitida pelo art. 89 da Lei 9.099/95, veio também para cumprir esse papel de conectar o sistema (pelo menos até onde vai o seu raio de acção)". Não é sem razão, pois, o reconhecimento da natureza híbrida, material e processual, das quatro medidas introduzidas no Ordenamento Jurídico brasileiro através da Lei 9.099/95[82] (*infra*).

---

[81] *Suspensão...*, cit., p. 80.

[82] GRINOVER, Ada Pellegrini, *et alli. Juizados...*, cit., p. 19; MIRABETE, Julio Fabbrini. *Juizados...*, cit., p. 170 e seguintes. Aliás, comentando o art. 90 da Lei 9.099/95, o qual determina a aplicação subsidiária das disposições do Código Penal e do Código de Processo Penal, RIBEIRO LOPES (LOPES, Mauricio Antonio Ribeiro, *In*: FIGUEIRA JUNIOR, Joel Dias, LOPES, Mauricio Antonio Ribeiro. *Comentários....* 2ª Ed., cit., p. 677) demonstrou a pertinência dos ordenamentos penal e processual penal ao *Sistema Jurídico Penal* considerado no seu todo.

É de se registar, inclusive, que o defendido diálogo necessário entre o Direito Penal e o processo penal, particularmente em relação aos ritos consensuais, não deve ser estabelecido apenas num único sentido, ou seja, aquele partindo do segundo para o primeiro; diversamente, também o Direito Penal deverá moldar-se aos novos ritos processuais, fornecendo a tutela indispensável para que eles tenham plena actuação[83]. Fala-se mesmo em "una riforma indiretta e non dichiarata del diritto penale sostanziale", pela via do processo penal, particularmente no que se refere às hipóteses em que o consenso pressuponha uma redução operada na medida da pena a ser imposta[84]. Adequada, pois, a advertência de MARZADURI[85] de que a adopção de novos ritos processuais com base em acordo entre as partes exige uma "articulação calibrada" de todo o sistema penal, não sendo acertada a atribuição a uma Lei Especial, limitada na sua possibilidade de reforma, a responsabilidade da introdução de uma "orgânica e complexa operação de política processual a favor de um radical potenciamento das formas de flexibilidade do rito". Para as consequências de um descompasso entre a reforma empreendida no *Codice di Procedura Penale* italiano e aquela pressuposta também pelo Direito Penal substancial, particularmente quanto aos novos ritos introduzidos naquele, chamou atenção FIANDACA[86], o qual põe em evidência como a excessiva preocupação com os objectivos de simplificação e eficiência do processo determinou o abandono de "um esforço integrado de reforma idóneo a restituir credibilidade e eficácia ao sistema penal complexivamente considerado". Em virtude do mencionado

---

[83] Menciona-se então a necessidade de a legislação penal se adequar aos fins perseguidos pelo processo penal, com primazia aquele da celeridade na prestação jurisdicional, através de uma sua formulação como a *extrema ratio* do sistema, abarcando apenas aqueles delitos absolutamente indispensáveis: PATERNITI, Carlo. Influenze e rapporti del nuovo codice di procedura penale con la legislazione penale sostanziale. *In: Quaderni di Procedura Penale e Diritto Processuale Comparato*, Messina, a. 1, n. 1, p. 117-120, 1992, p. 118.

[84] FERRAJOLI, Luigi. Patteggiamenti e crisi della giurisdizione, cit., p. 382.

[85] MARZADURI, Enrico. *L'applicazione di sanzioni sostitutive su richiesta dell'imputato*. Milano: Dott. A. Giuffrè Editore, 1985, p. 45-46.

[86] FIANDACA, Giovanni. Pena "patteggiata" e principio rieducativo: un arduo compromesso tra logica di parte e controllo giudiziale. *Il Foro Italiano*. Bologna, p. 2385-2393, 1990, p. 2386. Textualmente menciona o Autor que somente a contemporaneidade das duas reformas, ao menos a nível de projecto, permitiria uma visão de conjunto necessária para evitar contradições entre o "sottosistema penale sostanziale e il sottosistema processuale".

Diversão

descompasso, foi feita a prognose de que a falta de correspondência entre os dois pólos nevrálgicos do *Sistema* provocará a insuficiência de uma reforma que, mesmo profunda e orgânica, resta, em termos de complexidade, meramente sectorial, provocando assim a ausência de funcionalidade de ambos os sectores[87]. Em conclusão, "somente uma consideração integral e comum do objecto, do fundamento e da função de ambas as disciplinas pode abrir horizontes novos na percepção e na ulterior regulamentação do fenómeno, bem como estabelecer ao reparo de uma excessiva 'desmistificação' do processo em termos burocráticos e tecnocráticos"[88].

Torna-se necessário, portanto, a construção também do modelo dos ritos negociais com recurso à integração teleológica-funcional, procurando-se a composição dos dois vectores: *garantia* e *funcionalidade*[89].

Também aqui o grande dilema oferecido por um sistema assim articulado é justamente o grau de composição admitido entre os dois termos potenciados por cada uma das escolhas processuais: "da un lato, il rito ordinario, scandito da articolate garanzie, ma pocco effettivo, come un oggetto troppo lussuoso per non essere riservato a pochi; dall'altro, i riti negoziali, effettivi e funzionali, ma scarsamente garantiti, sia per l'imputato sia per la vittima del reato"[90].

Particularmente quanto ao aspecto teleológico da integração funcional, como já mencionado, a resultante decorre da aproximação entre as finalidades procuradas com a adopção dos acordos em sede do processo penal e aquelas perseguidas através da imposição das sanções penais: retribuição na medida da culpabilidade, prevenção geral e especial.

Se pela óptica da Ciência Processual tradicional o processo penal tem natureza predominantemente instrumental e persegue a finalidade de *defesa social*, devendo concluir-se o mais rápido possível para que consiga uma eficaz recomposição da ordem social violada, nas modernas tendências, as quais visam a revalorização do processo através da superação da sua mera instrumentalidade, a finalidade perseguida é a

---

[87] PADOVANI, Tullio. Il nuovo codice di procedura penale e la riforma del codice penale, cit., p. 920.

[88] MARAFIOTI, Luca. *La giustizia penale negoziata*, cit., p. 469.

[89] PISANI, M., MOLARI, A., PERCHINUNNO, V., CORSO, P.. *Appunti di procedura penale*. 2ª Ed.. Bologna: Monduzzi Editore, 1994, p. 387.

[90] FERRUA, Paolo. *Studi sul processo penale II*, cit., p. 16. FERRAJOLI, Luigi. Patteggiamenti e crisi della giurisdizione, cit., p. 377.

emenda do condenado mais do que a retribuição, dando prioridade ao aspecto da garantia do acusado em detrimento do fim de defesa social[91].

Já demonstrado que as modernas tendências verificadas no processo penal são uma resultante da necessidade produzida no âmbito do Direito Penal material, particularmente no que se refere aos novos ritos processuais, neles incluídos aqueles de natureza negocial, a experiência italiana mostra que "corresponde aos ritos especiais a difícil missão de absorver a sobrecarga penal, segundo o deplorável hábito de verter sobre o terreno processual os problemas não resolvidos pelo direito material"[92]. De forma genérica fala-se então de uma reforma indirecta e não declarada do Direito Penal material pelo processo penal[93].

Também na Alemanha pode ser afirmado, com HASSEMER[94], que "não é por mera coincidência que precisamente as matérias penais 'modernas' – ambiente[95], drogas[96] e sistema económico[97] – são apontadas pela

---

[91] PALMIERI, Ettore. I procedimenti speciali nel nuovo cpp, cit., p. 128, n. 3.

[92] FERRUA, Paolo. *Studi sul processo penale II*, cit., p. 14.

[93] FERRAJOLI, Luigi. *Derecho y razón*, cit., p. 750.

[94] HASSEMER, Winfried. *Três temas de direito penal*. Trad. Carlos Eduardo Vasconcelos. Porto Alegre: Fundação Escola Superior do Ministério Público, 1993, p. 49.

[95] Ligando-os ao escopo de prevenção geral, no que se refere à prática de arquivamentos consensuais em matéria ambiental, consultar: ESER, Albin. La tutela penale dell'ambiente in germania. Trad. Mauro Catenacci. *L'Indice Penale*, Padova, a. XXIII, p. 231-247, 1989, p. 241-242. Considerando-se o seu teor explícito, merece integral citação o posicionamento de um dos artífices do Direito Penal Ambiental na Alemanha, GÜNTER HEINE, que a esse respeito escreveu: "na Alemanha, os agentes do ministério público que têm competência sobre o meio ambiente conduzem as suas investigações para exercer pressão sobre as empresas. Por exemplo, nos casos de envenenamento de águas, os agentes entram em negociações com os empresários, para conseguir que não se repitam acontecimentos desta natureza. Em tal processo de salvação ocorre inclusive a possibilidade de reorganizações empresariais, através de eventuais inversões em programas de segurança. Como 'contraprestação' à colaboração empresarial é suspenso o processo penal. Porém, estas 'práticas' limam gravemente os princípios clássicos do processo penal, tais como a presunção de inocência, o *in dubio pro reo* e o princípio de legalidade. Tais práticas foram qualificadas por alguns como processualmente incorrectas, contrárias ao procedimento jurídico. Porém, de outra parte, não faltam aqueles que se congratulam com estas novas tendências actuais, na medida em que melhoram a prevenção e reduzem o potencial de ameaça ao meio ambiente pelas empresas", conf.: HEINE, Günter. Derecho penal del medio ambiente. Especial referencia al derecho penal aleman. Trad.: Miguel Polaino Navarrete. *Cuadernos de Política Criminal*, Madrid, n° 61, p. 51-67, 1997, p. 62-63.

[96] Quanto à ampla possibilidade de suspensão do processo – segundo os §§ 153 e seguintes da *StPO* do Ordenamento Jurídico alemão – nos casos de realização das

Diversão 163

doutrina como os campos mais apropriados para a realização de acordo ou conciliação", reforçando, pois, o entendimento de que esse fenómeno é uma reacção do processo penal à sua saturação, a qual deve ser creditada "à específica hipertrofia do Direito Penal material". Emblemática a respeito é a posição crítica de BAUMANN[98], manifestada pouco antes da implantação da exclusão/atenuação do princípio da legalidade no § 153, a, da *StPO*, no sentido de que com a ampliação do princípio da oportunidade estariam a ser "perseguidas finalidades de direito material com instrumentos processuais".

Segundo PALIERO[99], na vontade do legislador e das orientações que disciplinam a "política penal" a ser adoptada pelo ministério público, a "selecção" propiciada pelas formas de diversificação processual deve estar ancorada não só no critério de economia processual – diminuição dos procedimentos –, mas também no critério de *justiça material*, relacionado com o merecimento de pena – reconhecimento da natureza de bagatela dos factos não merecedores de pena. Asseverando que na actualidade não se pode descartar o recurso à "giustizia penale consensuale", não negada a sua importância, CHIAVARIO[100] pondera que ela não é tudo, devendo ser abandonada tanto a crença na supremacia do objectivo de eficiência da justiça penal como a ilusão de que todo o crime deva

---

condutas típicas para o próprio consumo e em quantidade insignificante de droga, consultar: KREVZER, Arthur. Las drogas en la republica federal de alemania – problematica y aspectos politicos-criminales. Trad. Pablo Martín Sainz. *In*: Marino Barbero Santos *et alli* (Ed.). *La reforma penal*. Madrid: Edissa, p. 71-98, 1982, p. 80. Registe-se que a própria *Gesetz über den Verkehr mit Betäubungsmitteln* (*Betäubungsmittelgesetz – BtMG*), de 28 de Julho de 1981, (Lei sobre o tráfico de estupefacientes) prevê no seu § 37 a possibilidade da suspensão provisória do processo, se não for previsível a imposição de uma pena superior à de dois anos de privação de liberdade e com o consentimento do tribunal competente para o procedimento principal, quando o acusado der motivo à suspeita de ter cometido o delito em virtude da sua dependência de estupefacientes e provar que, pelo menos há três meses, e por causa da sua dependência dos estupefacientes, se enconta submetido a tratamento, resultando esperada a sua ressocialização.

[97] Sobre os acordos entre defensor e ministério público nas causas penais económicas na Alemanha: TIEDEMANN, Klaus. El derecho penal económico: visión global del derecho substantivo y del derecho procesal penal. Trad. Teresa Martín. *In*: *Lecciones de derecho penal económico*. Barcelona: PPU, p. 25-53, 1993, p. 30-31.

[98] BAUMANN, Jürgen. Minima non curat praetor. *In*: *Einheit und Vielfalt des Strafrechts – Festschrift für Karl Peters zum 70. Geburtstag*. Tübingen, 1974, p. 4.

[99] "Minima non curat praetor", cit., p. 332.

[100] I procedimenti speciali, cit., p. 91-92.

ser perseguido até ao fundo. O problema, conclui, é encontrar o modo e a medida em que os dois termos possam ser conciliados.

Consequência da necessidade de um novo modelo processual, inspirado tanto na *garantia* como na *funcionalidade*, uma outra observação preliminar à introdução ao estudo das específicas estratégias processuais de ordem negocial refere-se ao facto de que a estrutura organizacional do aparelho judiciário utilizada para a aplicação do processo tradicional não suporta a simples introdução das novas técnicas processuais; torna-se necessário uma alteração estrutural dos órgãos de actuação da justiça criminal e da própria mentalidade dos operadores jurídicos[101].

---

[101] CHIAVARIO, Mario. *Procedura penale un codice tra "storia" e cronaca*, cit., p. 79-83. Lapidarmente, em passagem posterior (p. 140) o Autor aponta essa reorganização estrutural como requisito para que haja um equilíbrio mais real e num nível mais elevado entre as exigências de garantia da pessoa e aquelas de uma justiça que seja sempre menos forte com os fracos e sempre menos fraca com os fortes.

PARTE III

DOS MODELOS DE DIVERSIFICAÇÃO PROCESSUAL EM ESPÉCIE

Duas são as vias que se nos abrem para tentar fazer a demonstração das proposições teóricas até então avançadas: através da análise dos modelos de diversificação processual que são orientados em termos de política criminal num sentido mais repressivo[1], ou pela abordagem daqueles modelos centrados em maiores concessões a medidas de natureza consensual. Conforme já deixámos sugerido, a opção recai sobre o modelo processual fundado num maior consenso, sendo em relação a ele que se pretende demonstrar a tentativa, para não dizer, por ora, possibilidade de uma orientação do processo penal em termos de política criminal. Ressalte-se, contudo, que também o outro modelo, de conteúdo mais repressivo, serviria perfeitamente para a demonstração dessa orientação político-criminal do processo penal que está a ser paulatinamente introduzida nos diversos ordenamentos jurídicos.

Atendendo à necessidade de uma melhor sistematização da matéria bem como levando-se em conta as particularidades dos elementos envol-

---

[1] Tenham-se em vista algumas leis recentemente editadas no Ordenamento Jurídico brasileiro, nas quais são suprimidas determinadas garantias processuais, tais como a possibilidade de concessão da liberdade mediante pagamento de fiança, a possibilidade de liberdade provisória, a interdição do apelo em liberdade, a ampliação dos prazos de prisão provisória, a delação premiada, entre outros, claramente voltadas para a obtenção das finalidade político-criminais, seja de repressão ou prevenção de delitos de maior gravidade, rotulados como hediondos.

vidos, a abordagem dos referidos modelos de diversificação processual[2] será feita especificamente em relação a cada um dos Ordenamentos Jurídicos abordados.

---

[2] A afirmação não invalida a natureza consensual dos demais Institutos de natureza processual existentes em cada ordenamento jurídico, enquanto expressão de uma opção por uma diversificação processual. O que se pretende é centrar a atenção naquelas hipóteses em que o encontro de vontade entre as partes se manifesta de forma mais saliente, por vezes mesmo apresentando-se como um "negócio" ou "pacto" entre elas celebrado.

SECÇÃO 1

Modelo italiano.

Entre os motivos justificadores do advento de ritos processuais alternativos ao procedimento ordinário, também no Ordenamento Jurídico italiano se destaca o interesse de deflação do *Sistema*, traduzido na necessidade de se resolverem no tempo mais breve possível os processos de natureza penal[1]. Somada a outros factores, essa maior agilidade na prestação jurisdicional implicaria um descongestionamento do *Sistema*, propiciando assim a obtenção da finalidade de deflação esperada das reformas.

A preocupação com a deflação do sistema punitivo estatal e o consequente objectivo de aceleração processual não encontra o seu fundamento apenas num interesse de aliviar o aparelho judiciário da pesada carga que sobre ele pesa; diversamente, a esse escopo deve ser acrescentada a finalidade de assegurar ao acusado o direito de ser julgado num prazo razoável de tempo, conforme estabelece a Convenção Europeia para a Salvaguarda dos Direitos do Homem e o Pacto Internacional sobre Direitos Civis e Políticos (art. 14°)[2]. O imperativo da efectivação da mencionada regra inserida na Convenção Europeia tem também uma explicação prática: a maior parte das condenações sofridas pela Itália na

---

[1] PISAPIA, Gian Domenico. *Lineamenti del nuovo processo penale*, cit., p. 10-11; CONTI, Giovanni, MACCHIA, Alberto. *Il nuovo processo penale*, cit., p. 2; ARICÒ, Giovanni. Aplicazione della pena su richiesta delle parti, cit., p. 97. Finalidade expressamente prevista na *Relazione al progetto preliminare del codice di procedura penale, In Suplemento Ordinario, n. 2 alla Gazzetta Ufficiale del 24 ottobre 1988, n. 250*, p. 107, onde se encontra a expectativa, compartilhada por grande parte da doutrina, de que entre 80 e 90% dos processos deveriam ser resolvidos através dos ritos especiais; LOZZI, Gilberto. Aplicazione della pena su richiesta delle parti. *In: I procedimenti speciali*. Napoli: Jovene Editore, p. 115-143, 1989, p. 142; PAOLOZZI, Giovanni. I meccanismi di semplificazione del giudizio di primo grado. *In: Questioni nuove di procedura penale*. Padova: Cedam, p. 31-60, 1989, p. 36.

[2] GAITO, Alfredo. Accusa e difesa…, cit., p. 10.

Corte Europea antes do advento do *Codice* de 1989 tinha como fundamento a excessiva duração dos procedimentos penais[3].

Em virtude mesmo da predominância do escopo de deflação da justiça penal e contraditada a adequação dos novos ritos aos princípios de um sistema processual de natureza acusatória, surge a questão se a bem da verdade estaríamos diante não de diversificações do rito processual típico mas muito mais de uma alternativa ao próprio processo[4]. Assim, antes de qualquer outra referência, a designação que se adopte em termos genéricos, processo ou procedimento, revelará a intenção de se considerarem os ritos alternativos ao ordinário como uma sequência de actos teleologicamente orientados para um determinado fim – processo –, ou na sua consideração como uma simples sucessão de actos processuais que revelem o aspecto formal daquele e, nesse sentido, traduzindo-se num procedimento.

Em Itália, onde se estabelece uma separação entre procedimento e processo a partir do divisor representado pelo ingresso do juiz para verificar uma determinada imputação proposta pelo ministério público, ou seja, o exercicio da acção penal, distinguindo-se plenamente as actividades tipicamente processuais daquelas referidas ao procedimento amplamente considerado[5], a adopção legislativa do termo "procedimenti speciali" encontra certa resistência doutrinária, uma vez que, sendo pos-

---

[3] GIARDA, Angelo. I tempi processuali nel sistema del nuovo processo penale, cit., p. 141.

[4] FERRAJOLI, Luigi. Patteggiamenti e crisi della giurisdizione, cit., p. 380; ACCATTATIS, Vincenzo. Il patteggiamento..., cit., p. 579.

[5] A ideia vem confirmada pela afirmação no sentido de que "os dados adquiridos no curso das *indagini preliminari* não podem, portanto, tornar-se prova, senão nos casos e modos previstos na lei" (ARICÒ, Giovanni. Aplicazione della pena su richiesta delle parti, cit., p. 107). Também para LOZZI "as *indagini preliminari* (as quais são efectuadas antes da acção penal e dirigidas para as determinações inerentes ao exercício de tal acção) não podem valer como prova senão em casos excepcionais" (LOZZI, Gilberto. Aplicazione della pena su richiesta delle parti, cit., p. 136). Resumindo a questão, enfatizam DALIA e FERRAIOLI que "definitivamente, segundo o sistema vigente, o *genus* é constituído pelo 'procedimento penal' em cujo âmbito se identificam duas *species*, o 'procedimento para as *indagini preliminari*' e o 'processo' (DALIA, Andrea Antonio, FERRAIOLI, Marzia. *Corso...*, cit., p. 30). Relevante, todavia, a observação de ANIELLO NAPPI (NAPPI, Aniello. *Guida...*, cit., p. 23) de que "a distinção entre procedimento e processo, todavia, não é assumida num improvável sentido teórico, nem é respeitada sempre e rigorosamente pelo próprio legislador, o qual, tendendo a referir o conceito de processo somente à fase sucessiva ao exercício da acção penal, emprega o termo 'procedimento' como compreensivo de ambas as fases".

Modelo Italiano 169

sível a ocorrência de alguns deles na fase exclusivamente procedimental, no curso das *indagini preliminari* (investigações preliminares), outros, respeitadas algumas variações ao rito ordinário, representam um verdadeiro e próprio processo[6]. Impugnando a consideração de que se possa ter a ocorrência de alguns dos ritos especiais na fase das *indagini preliminari*, Conso[7] sustenta que é preferível qualificar todos os ritos diferenciados, em todas as suas manifestações, como "processos" especiais, em virtude da confirmação de que a separação entre processo e procedimento se dá com o exercício da acção penal.

Aponta-se ainda uma outra inadequação terminológica na definição dos novos ritos, em virtude de se ter eleito a denominação *procedimenti speciali* considerando-se apenas a diferenciação operada quanto ao rito ordinário e desprezando-se a própria finalidade político-criminal subjacente a esses procedimentos: deflação processual, cuja verificação conduziria a outras opções, *v.g.*, "procedure accelerate" ou "procedimenti semplificati"[8].

Registe-se que o efeito de deflação procurado com a adopção de ritos alternativos no processo penal italiano parte da tentativa de se

---

[6] Aricò, Giovanni. Aplicazione della pena su richiesta delle parti, cit., p. 97, nº 1.

[7] Conso, Giovanni. I nuovi riti differenziati tra "procedimento" e "processo". *La Giustizia Penale*. Roma, fasc. III, p. 193-201, 1990, p. 201. Entende o Autor que o início de todos os ritos especiais dá-se apenas com a iniciativa do ministério público (iniciativa da *richiesta* ou consenso à que formulou o acusado), mesmo naqueles casos em que a propositura da *richiesta* seja feita pelo acusado, de tal modo que sendo assim e considerando esse seu acto como verdadeiro exercício da acção penal (*infra*), o rito que se segue somente poderá ser qualificado como processo.

[8] Riccio, Giuseppe. Procedimenti speciali. *In*: *Profili del nuovo codice di procedura penale*. A cura di Giovanni Conso e Vittorio Grevi. Seconda edizione. Padova: CEDAM – Casa Editrice Dott. Antonio Milani, p. 347-399, 1992, p. 348. Acirrada é a crítica formulada também por Taormina quanto à distinção entre ordinário e especial, afirmando que não há como assegurar que um tipo de procedimento tenha maior ou menor aplicação em virtude de se assemelhar mais ao sistema acusatório. A quantidade de incidência – segue – não diz nada sobre a ordinariedade ou especialidade do procedimento, uma vez que ela fica condicionada à realidade concreta a que o Legislador subordinou determinado rito; assim, *v.g.*, não sendo comum uma *evidência probatória* é lógico que aqueles procedimentos que a tenham como requisito terão menor incidência, não implicando isso a sua consideração como especial (Taormina, Carlo. Premessa..., cit., p. 3/5). No mesmo sentido da crítica por último avançada e apontando uma inadequação do enquadramento de todos os ritos "diferenciados" numa mesma categoria, em virtude da diversidade existente entre eles: Illuminati, Giulio. I procedimenti a conclusione anticipata e speciali nel nuovo codice di procedura penale, cit., p. 251.

170 O Processo Penal como Instrumento de Política Criminal

evitar a fase do *giudizio* ou, debates em audiência[9]. Com essa informação não se ignora que foram introduzidos ritos processuais voltados também para a *antecipação* dessa fase processual (*giudizio direttissimo* e *giudizio immediato*), tudo enfim voltado para uma maior agilização do processo. O problema posto pela realização da fase dos debates em audiência ou, instrução e julgamento, surge especialmente agravado num sistema de natureza acusatória, considerando-se a centralização da produção de provas nessa fase processual, pressupondo sempre o recurso ao contraditório e às demais garantias a ele inerentes[10]. Justamente esse o motivo que levou o legislador italiano a procurar evitar o uso do procedimento ordinário, cuja característica principal é a realização da fase dos debates em audiência, consciente da impraticabilidade de se aplicar esse rito mais oneroso em termos de tempo e de empenho do juiz aos acusados de todos os delitos[11]. Aliás, a confirmação da preponderância do objectivo de se evitar a fase dos debates em audiência (*giudizio*) resulta do próprio enquadramento sistemático dos ritos alternativos: disciplinados no Livro VI, entre o Livro V, relativo às *indagini preliminari* (investigações preliminares) e *udienza preliminare* (filtro por que passa o procedimento antes de chegar ao *giudizio*), e o Livro VII, relativo ao *giudizio* (julgamento propriamente dito), de tal modo a constituírem um verdadeiro obstáculo ao debate em audiência e à eventual fase de recurso[12].

Para além das dificuldades geradas pela celebração da fase dos debates em audiência, não pode ser esquecido um outro factor que também em Itália contribui para a morosidade da justiça, relacionado com a utilização de medidas meramente dilatórias pelas partes. As medidas dilatórias, voltadas para um prolongamento artifical da duração dos processos de natureza penal, são vistas como distorções dos institutos inerentes a um processo garantidor e, por conseguinte, aptas a provocar

---

[9] SOTTANI, Sergio. Osservazioni critiche sul nuovo patteggiamento. *In*: *Questioni nuove di procedura penale*. Padova: Cedam, p. 119-129, 1989, p. 126; CONTI, Giovanni, MACCHIA, Alberto. *Il nuovo processo penale*, cit., p. 205.

[10] ILLUMINATI, Giulio. I procedimenti a conclusione anticipata e speciali nel nuovo codice di procedura penale, cit., p. 255.

[11] PISANI, M., MOLARI, A., PERCHINUNNO, V., CORSO, P.. *Appunti...*, cit., p. 386.

[12] PALMIERI, Ettore. I procedimenti speciali nel nuovo cpp, cit., p. 128. Não se ignore a crítica dirigida a esse enquadramento dos *procedimenti speciali* nos primeiros tempos de vigência do *Codice* de 1989: VIVIANI, Agostino. *Il nuovo codice di procedura penale: una riforma tradita*. Itália: Spirali/Vel, 1990, p. 197.

Modelo Italiano

perdas da funcionalidade da justiça penal e o comprometimento da eficiência do sistema punitivo estatal no seu complexo[13].

Sendo o critério a ser utilizado para a diversificação processual tanto a gravidade do delito como a complexidade da sua persecução, uma especial consideração a esse respeito merece a forma adoptada no modelo italiano, no qual também pode ser verificada uma distinção de critérios de eleição entre os chamados *procedimenti differenziati*. Antes mesmo de se analisarem os critérios que influenciam a opção por cada um dos procedimentos diferenciados, importa evidenciar o próprio critério a ser utilizado na escolha entre o recurso a eles ou ao procedimento ordinário.

Afirma-se, então, que os procedimentos especiais disciplinados pelo novo *Codice* encontram o seu pressuposto lógico na constatação de que é totalmente irracional e não económico enfrentar toda a forma de criminalidade mediante o esquema do processo unitário[14]. Assim, os chamados procedimentos especiais referem-se a mecanismos adoptados para processos mais simples, ou seja, para os casos de delinquência individual de natureza leve, enquanto o rito ordinário, mais sofisticado e complexo, se reserva para a hipótese de criminalidade organizada ou de processos com grande dificuldade probatória; em síntese, o procedimento ordinário (ou típico) destina-se aos crimes de excepcional gravidade assim como o procedimento especial se destina aos crimes de ordinária administração[15].

Assim exposto, se os termos peremptórios do artigo 444° do *C.P.P.It.*, no sentido da admissibilidade da *applicazione della pena su richiesta* nos casos de pena concreta *não superior a dois anos*, não deixam dúvidas a respeito do condicionamento de Direito Penal material imposto ao

---

[13] PAGLIARO, Antonio. Riflessi del nuovo processo sul diritto penale sostanziale. *Rivista Italiana di Diritto e Procedura Penale*, Milano, p. 36-54, 1990, p. 41.

[14] PAOLOZZI, Giovanni. I meccanismi di semplificazione del giudizio di primo grado, cit., p. 38-39.

[15] *Idem, ibidem*, p. 40. Já no período anterior à reforma empreendida no *Codice* apontava-se a *differenziazione dei riti* como a tendência inspiradora não só das reformas como também dos ritos baseados num consenso: MARZADURI, Enrico. *L'applicazione di sanzioni sostitutive su richiesta dell'imputato*, cit., p. 45. No mesmo sentido, asseverando o favor prestado pela diferenciação de ritos ao escopo de agilidade e simplificação processual e também vinculando a estratégia à medida da sanção penal a ser imposta: CHIAVARIO, Mario. *Procedura penale un codice tra "storia" e cronaca*, cit., p. 65.

mencionado rito especial[16] (assim também no caso do procedimento por decreto) o mesmo raciocínio não prevalece quanto aos demais *procedimenti differenziati*. Com efeito, percebe-se que tratando-se do *procedimento abbreviato*, do *procedimento immediato* e do *procedimento direttissimo* o critério de eleição resulta da maior ou menor complexidade probatória oferecida pela concreta situação fáctica[17].

§ 1 – *Giudizio abbreviato*.

Doutrinariamente designado por *patteggiamento sul rito*, em virtude de nele ocorrer um acordo entre ministério público e acusado acerca do rito processual que será adoptado, o *giudizio abbreviato* é um procedimento especial em que a decisão ocorre *allo stato degli atti*, ou seja, consideram-se os elementos de prova até então recolhidos na fase de investigação e aqueles que forem obtidos até à sua celebração[18].

---

[16] PISANI, M., MOLARI, A., PERCHINUNNO, V., CORSO, P.. *Appunti di procedura penale*, cit., p. 404; PROTO, Pietro. Questioni sul c.d. "patteggiamento": compatibilità e incidenza sulla determinazione quantitativa della pena. *Giurisprudenza di merito*, Milano, p. 827-836, 1990, p. 829. DELL'ANNO, Pierpaolo. Problemi di costituzionalità del patteggiamento sulla pena con riferimento al controllo giurisdizionale. *La Giustizia Penale*, Roma, p. 364-380, 1990, III, p. 374; DOLCINI, Emilio. Razionalità nella commisurazione della pena: un obiettivo ancora attuale? *Rivista Italiana di Diritto e Procedura Penale*, p. 797-814, 1990, p. 798.

[17] Segundo TAORMINA (TAORMINA, Carlo. Premessa..., cit., p. 2) é possível estender o criterio da complexidade probatória a todos os ritos diferenciados, visto que no caso do *procedimento por decreto* o Legislador não condicionou a sua incidência a "una consistenza probatoria a carico dell'indagato di particolare spessore" (p. 5) e no caso do *patteggiamento*, mesmo na presença dos pressupostos para a aplicação da pena requerida, o juiz não poderá fazê-lo quando "sono presenti gli estremi per l'affermazione di innocenza del prevenuto" (p. 7). No mesmo sentido o entendimento de ILLUMINATI, Giulio. I procedimenti a conclusione anticipata e speciali nel nuovo codice di procedura penale, cit., p. 254.

[18] Sobre o que se segue, consultar: SOMMA, Emanuele. Il giudizio abbreviato. *In: I riti differenziati nel nuovo processo penale*. Milano: Dott. A. Giuffrè Editore, p. 65-137, 1990; FERRAIOLI, Marzia. Giudizio abbreviato. *In:* DALIA, Andrea Antonio. *I procedimenti speciali*. Napoli: JOVENE, p. 3-30, 1989; RAMAJOLI, Sergio. *I procedimenti speciali nel codice di procedura penale*. Padova: CEDAM, 1993, p. 1-31; STEFANI, Eraldo. *La difesa attiva nel giudizio abbreviato e nel patteggiamento*. Milano: GIUFFRÈ, 1994, p. 55 e seguintes.

Modelo Italiano 173

Em termos mais do que simples, pode ser afirmado que no *giudizio abbreviato* verifica-se a definição do processo na própria *udienza preliminare*[19], ou em qualquer outro momento enquanto não tiver sido solicitada a abertura da audiência principal em primeira instância, evitando-se a celebração da fase de julgamento (*giudizio*) propriamente dita, com uma correlata redução da pena concretizada[20]. A partir desta última observação é possível concluir que o objectivo principal deste procedimento especial é o de evitar a celebração da fase de julgamento, mais propriamente os debates da audiência de instrução oral, alcançando-se desta forma uma substancial economia dos tempos processuais[21].

Desde logo a observação de que, sendo essas as linhas gerais do *giudizio abbreviato* típico, disciplinado no Livro VI, Título I, arts. 438° a 443° do *C.P.P.It.*, admissível é a transformação dos demais ritos alternativos, excepção feita à *applicazione della pena su richiesta delle parti* (*patteggiamento sulla pena*: *infra*), no procedimento que ora se aborda, com variações relevantes em relação à sua forma típica[22].

Trata-se de um procedimento em que, com a solicitação (*richiesta*) do acusado e consenso do ministério público, se o juiz entende poder decidir no estado em que se encontra o processo ele poderá emitir uma sentença de mérito na própria *udienza preliminare*, evitando assim os debates orais na fase de julgamento.

A solicitação do *giudizio abbreviato* poderá ocorrer em duas hipóteses distintas: antes do início ou no curso da audiência preliminar.

No primeiro caso, tendo o ministério público depositado a solicitação de abertura da fase de julgamento na secretaria do juízo, o juiz, no prazo de dois dias após esse depósito, fixará o dia, lugar e hora para a

---

[19] Audiência preliminar: considerada como um filtro pelo qual têm que passar as investigações preliminares que foram realizadas, onde se decide não só a passagem para a fase do *giudizio* (julgamento) propriamente dita mas também qual o procedimento que deverá ser adoptado na sequência.

[20] FERRAJOLI, Luigi. *Derecho y razón*, cit., p. 744.

[21] PISAPIA, Gian Domenico. *Lineamenti...*, cit., p. 58; PAOLOZZI, Giovanni. *Il giudizio abbreviato nel passaggio dal modello "tipo" al modello pretorile*. Padova: CEDAM, 1991, p. 15.

[22] São as seguintes as possibilidades de transformação em *giudizio abbreviato*: *giudizio diretissimo* (art. 452, n° 2, *C.P.P.It.*); *giudizio immediato* (art. 458, *C.P.P.It.*); *procedimento per decreto penale* (art. 461, n° 3, *C.P.P.It.*). Para uma informação actualizada dessas formas de conversão em *giudizio abbreviato* dos demais ritos especiais: LORUSSO, Sergio. *Provvedimenti "allo stato degli atti" e processo penale di parti*. Milano: Giuffrè, 1995, p. 582 e seguintes.

audiência preliminar, não podendo transcorrer mais de trinta dias entre a data do depósito e a data fixada para a celebração da audiência (art. 418º, *C.P.P.It.*); o lugar e a hora da audiência deverão ser comunicadas ao ministério público e ao defensor com antecedência de dez dias da data fixada (art. 419º, inciso 4, *C.P.P.It.*). A solicitação do acusado de celebração do juízo abreviado seguida do consenso do ministério público deverá ser depositada na secretaria do juízo no prazo de até cinco dias antes da audiência preliminar, seguindo-se um despacho do juiz, admitindo ou não o rito especial; o despacho deverá ser depositado na secretaria do juízo no prazo de pelo menos três dias antes da data fixada para a audiência (art. 439º, inciso 1, c/c art. 440º, inciso 2, *C.P.P.It.*).

Na segunda hipótese, já no curso da audiência preliminar, a solicitação do acusado e o consentimento do ministério público poderão ser apresentados até ao momento em que o defensor não tenha formulado as suas conclusões nos termos dos arts. 421º e 422º *C.P.P.It.*, suspendendo-se a audiência preliminar para que o juiz decida imediatamente, via despacho, sobre a admissibilidade do procedimento.

Em conformidade com o que dispõe o art. 438º, *C.P.P.It.*, pressupostos necessários para o *giudizio abbreviato* típico são a solicitação do acusado (*richiesta*) e o consenso do ministério público.

Sendo formulada na própria audiência preliminar, a *richiesta* do acusado assumirá a forma oral; nos demais casos em que se admite o procedimento ela será proposta por escrito. É de acrescer, ainda, que essa solicitação deverá ser formulada pessoalmente pelo acusado ou por meio de procurador com poderes especiais, devendo a assinatura ser autenticada por oficial de registo público, por pessoa autorizada ou pelo defensor (art. 583º, nº 3).

Sobre o pressuposto do consenso do ministério público há que observar que, face ao seu dissenso, o *giudizio abbreviato* não poderá ser celebrado nem aplicada a redução de pena, obviamente, não produzindo qualquer efeito a solicitação formulada pelo acusado[23].

---

[23] Registe-se a polémica suscitada com o advento da sentença da *Corte Costituzionale* nº 66 de 1990, na medida em que, manifestando-se sobre as normas de transição (actuação e coordenação) entre o *Codice* anterior e aquele de 1988, declarou a ilegitimidade constitucional do art. 247º, c. 1, 2 e 3 dessas normas de actuação, em virtude de nelas não se prever a necessidade de motivação pelo ministério público do seu dissenso à solicitação do *giudizio abbreviato*. Em vista dessa manifestação pretendeu-se estender também aos processos iniciados já na vigência do *C.P.P.* de 1988 a necessidade de motivação do dissenso.

À solicitação do acusado deve seguir-se, pois, o consenso do ministério público, efectuando-se a seguir o depósito junto à secretaria do juízo, o que deverá ocorrer no prazo de cinco dias antes da data fixada para a celebração da audiência preliminar, já visto.

Na hipótese de serem apresentadas na própria audiência preliminar, a solicitação do acusado e o consenso do ministério público poderão ser formulados até o momento em que não tenha havido as conclusões (alegações finais) do defensor, também já visto.

Além desses pressupostos – alterando a previsão original desse procedimento especial – a sentença da *Corte Costituzionale* n° 176, de 23 de abril de 1991, introduziu um pressuposto de natureza objectiva ao declarar a ilegitimidade constitucional do art. 442°, inciso 2, na parte em que previa que o *giudizio abbreviato* poderia ser celebrado também no caso de crimes punidos com a pena de prisão perpétua (*ergastolo*), a qual, em caso de condenação, seria substituída por uma pena de reclusão de trinta anos como contrapartida do acusado. Consequência dessa manifestação foi a declaração também da Suprema Corte (*Cass., Sez. un., 6 marzo 1992, Piccillo ed altro, in: Cass. Pen., 1992, p. 1776 e seguintes*) no sentido da inadmissibilidade desse procedimento especial no caso de pena de prisão perpétua[24].

Contrapartida oferecida ao acusado pela economia processual que a sua *richiesta* possibilita é que, em caso de condenação, a pena imposta, considerada todas as circunstâncias, será diminuída de um terço; já visto, se na previsão original do procedimento em causa se admitia que, na hipótese de pena de reclusão perpétua essa contrapartida se traduzisse na substituição pela pena de trinta anos de prisão, após a manifestação da *Corte Costituzionale* foi suprimida essa possibilidade.

Apresentadas a solicitação e o consenso do ministério público, estabelece o art. 440°, *C.P.P.It.*, que o juiz decidirá, mediante despacho, sobre a possibilidade da adopção do rito especial, autorizando o *giudizio abbreviato* se entender que o processo pode ser resolvido no estado em que se encontra (*allo stato degli atti*). Se a solicitação e o consenso foram formulados antes da audiência, o despacho que autoriza ou denega a aplicação do procedimento será depositado na secretaria do juízo pelo menos até três dias antes da mencionada audiência; se formulados na própria audiência o juiz decidirá imediatamente nela própria.

---

[24] Detalhes em: CRISTIANI, Antonio. *Le modifiche al nuovo processo penale e la giurisprudenza costituzionale*. Torino: Giappichelli, 1993, p. 151 e seguintes.

176 *O Processo Penal como Instrumento de Política Criminal*

Negada a aplicação deste rito especial, a solicitação poderá ser reformulada até ao prazo limite anteriormente visto. Todavia, vedada encontra-se a possibilidade de recurso contra a denegação da aplicação do *giudizio abbreviato*, face à ausência de previsão legal a esse respeito[25].

Portanto, no caso do *giudizio abbreviato* o juiz conserva plenamente os seus poderes jurisdicionais, podendo absolver ou condenar o acusado e, nesta última hipótese, fixar livremente a medida da pena que será imposta, visto que a redução premial será efectuada após a determinação concreta da medida da sanção, já visto.

Observada a prática judiciária, apontado vem o "scarso sucesso" do *giudizio abbreviato* mesmo após transcorridos os cinco anos iniciais de vigência do *C.P.P.It.* de 1988. São identificadas como causas desse escasso sucesso as circunstâncias da natureza de decisão do processo na condição em que se encontra e a ineficácia da função de filtro que deveria ser exercida pela audiência preliminar[26]. Concretizando esta informação há o dado estatístico de que o *giudizio abbreviato* é dos procedimentos especiais o menos utilizado, representando apenas 1,80% do total dos procedimentos de natureza penal[27].

Ao que mais de perto nos interessa, um interessante confronto entre o conteúdo "eficientista" desse procedimento especial e a necessidade de "garantia" foi estabelecido por PAOLOZZI[28], relacionado com o problema da demonstração da culpabilidade do acusado como meio de excluir a hipótese de inocentes optarem pelo rito com o objectivo de se libertarem do procedimento de forma mais ágil e económica. De tal modo, a fixação da possibilidade de se propor a celebração do *giudizio abbreviato* na própria audiência preliminar – até ao momento em que não tenham sido formuladas as conclusões, já visto – presta-se a permitir que o acusado possa avaliar o carácter incontroverso dos elementos de prova conducentes à demonstração da sua culpabilidade. Assim, este

---

[25] Ressalva feita à abertura introduzida pela sentença da *Corte Costituzionale* n° 363, de 23 de julho de 1991, na medida em que declarou constitucionalmente ilegítimo o art. 443°, inciso 3, enquanto não admite ao ministério público recorrer contra a sentença de condenação emitida no final do rito abreviado.

[26] LORUSSO, Sergio. *Provvedimenti "allo stato degli atti"*, cit., p. 540, n. 3.

[27] UFFICIO V DELLA DIREZIONE GENERALE AFFARI PENALI DEL MINISTERO. Nuovo codice di procedura penale monitoragio. *Documenti Giustizia*, n° 11, 1994, p. 14.

[28] *Il giudizio abbreviato*, cit., p. 245-253.

Modelo Italiano 177

procedimento especial atende aos interesses dos acusados "con le spalle al muro", porque agravada a sua situação por uma multiplicidade de elementos probatórios contrários.

§ 2 – *Giudizio direttissimo.*

Diversamente do que vimos em relação ao *giudizio abbreviato*, no qual a definição do processo ocorre na própria *udienza preliminare*, em sede do *giudizio direttissimo* o que se verifica é uma antecipação da fase de julgamento (*giudizio*) propriamente dita, não pressupondo a celebração prévia da audiência preliminar[29].

Na sua forma típica disciplinado nos artigos 449º a 452º do *C.P.P.It.*, neste procedimento especial abre-se a possibilidade da apresentação do acusado directamente à audiência de julgamento (*giudizio*), sendo pois da competência do juiz destinado legalmente para essa fase: juiz dos debates em audiência (*giudice del dibattimento*).

Pressuposto elementar para a possibilidade de celebração do *giudizio direttissimo* é a existência de uma evidência probatória, tornando desnecessária a realização de ulteriores investigações especiais[30]. Consequência mesmo deste pressuposto, as hipóteses em que serão admissíveis este procedimento são: prisão em flagrante delito; confissão da prática do delito feita pelo acusado no curso do interrogatório.

No primeiro caso, quando uma pessoa é presa em flagrante[31], se o ministério público considera que deve iniciar o procedimento, poderá apresentar directamente o acusado perante o juiz da fase de julgamento (*giudice del dibattimento*) a fim de que ratifique a prisão em flagrante e determine, se for o caso, a celebração do julgamento no prazo de quarenta e oito horas, contado a partir da data da prisão (art. 449º, *C.P.P.It.*).

---

[29] GAITO, Alfredo. Giudizio direttissimo. *In*: DALIA, Andrea Antonio. *I procedimenti speciali*, cit., p. 175-208, 1989; DALIA, Andrea Antonio. Il giudizio direttissimo. *In*: *I riti differenziati nel nuovo processo penale*, cit., p. 191-222, 1990; RAMAJOLI, Sergio. *I procedimenti speciali...*, cit., p. 59-84.

[30] DALIA, Andrea Antonio. Giudizio direttissimo. *In*: DALIA, Andrea Antonio. *I procedimenti speciali*. Napoli: JOVENE, p. 147-174, 1989, p. 158 e seguintes.

[31] Art. 382 *C.P.P.It*: "encontra-se em estado de flagrante delito o sujeito que é surpreendido no acto de cometer o delito ou que, imediatamente após cometer o delito, é perseguido pela polícia judiciária, ou também o sujeito que seja surpreendido com coisas ou pistas das quais é possível deduzir que acaba de cometer o delito".

178 *O Processo Penal como Instrumento de Política Criminal*

Para a convalidação da prisão em flagrante terá lugar uma audiência específica, cujas regras se encontram disciplinadas no art. 391º do mesmo diploma legal. Mais amplamente: verificando-se a prisão em flagrante pela polícia, o acusado deverá ser apresentado ao ministério público no prazo de 24 horas, seguindo-se o seu interrogatório por esta autoridade; se o ministério público entende que deve iniciar o procedimento, apresenta o acusado ao *giudice del dibattimento* para que proceda a ratificação (convalidação) da prisão; convalidada a prisão no prazo de quarenta e oito horas após a sua realização, o julgamento realizar-se-á imediatamente (art. 449º, inciso 3); se não convalidada a prisão em flagrante, os autos deverão ser devolvidos ao ministério público, admitindo-se mesmo assim a celebração do *giudizio direttissimo* se o acusado e o ministério público o solicitarem (art. 449º, inciso 2); se a prisão em flagrante já tinha sido ratificada anteriormente, o ministério público poderá solicitar a celebração do *giudizio direttissimo*; neste último caso, o acusado será apresentado a julgamento no prazo de quinze dias a contar da detenção (art. 449º, inciso 4). Considerado admissível o *giudizio direttissimo*, o ministério público conduzirá directamente à audiência o acusado preso em flagrante ou em prisão cautelar; se o acusado está em liberdade, o ministério público vai citá-lo para comparecer na audiência prevista para esse rito especial, não podendo o prazo para comparecimento ser inferior a três dias (art. 450º, incisos 1 e 2).

Na segunda hipótese, desde que no curso do interrogatório o acusado tenha confessado o delito, o ministério público poderá solicitar o *giudizio direttissimo* contra ele. Nesse caso, o acusado que se achar em estado de liberdade será citado para comparecer em audiência no prazo de quinze dias desde a inscrição do delito no registo correspondente; se o acusado se encontrar em estado de prisão provisória será apresentado à audiência no mesmo prazo (art. 449º, inciso 5).

Dispõe o inciso 6 do art. 449º que, se o delito pelo qual se solicitou o *giudizio direttissimo* estiver em concurso com outros delitos, em relação aos quais não se verificam as condições para a celebração desse rito especial, deverá ser realizada a separação dos procedimentos, procedendo-se separadamente quanto aos outros delitos e demais acusados, salvo na hipótese em que essa separação for prejudicial à investigação; no caso de o processamento em conjunto dos delitos ser indispensável, deverá ser adoptado o procedimento ordinário.

Acerca da forma desse *giudizio direttissimo*, estabelece o artigo 451º, inciso 1, que deverá ser adoptada aquela prevista para a audiência de

Modelo Italiano 179

julgamento nos artigos 470° e seguintes do mesmo *C.P.P.It.*; verificam-se, todavia, algumas particularidades relacionadas com uma maior informalidade, como o são: a possibilidade de citação oral da pessoa ofendida e das testemunhas pelo oficial de justiça ou agente da polícia judiciária; a admissibilidade do ministério público, do acusado e da parte civil apresentarem testemunhas na audiência sem prévia citação, entre outras.

Destaque-se, ainda, a possibilidade de conversão do *giudizio direttissimo* em juízo abreviado, já visto, ou na aplicação da pena por requerimento das partes (*infra*), conforme estabelece o art. 451°, inciso 5, *C.P.P.It.*. No caso de conversão em juízo abreviado a possibilidade justifica-se em virtude de não se prever para o *giudizio direttissimo* o "prémio" da redução de pena estabelecida em relação ao primeiro, além de possibilitar uma maior actividade probatória; disciplinado no art. 452°, o *giudizio abbreviato* que se seguirá tem a característica específica de ser celebrado perante o juiz da fase de julgamento (*giudice del dibattimento*), o qual, se considera que não pode decidir o processo na condição em que se encontra (*allo stato degli atti*), indicará que as partes completem as investigações efectuadas, devendo ser realizados os demais actos necessários para a decisão.

Em termos de política criminal, a "funcionalidade" esperada desse procedimento especial vem destacada na medida em que ele foi idealizado com o "intento dichiarato di aumentare l'efficacia (intimidativa ed effettuale) della pena, per la sua immediata consecutività alla commissione del reato, e di abbreviare i termini di carcerazione preventiva"[32].

Nos cinco anos iniciais de vigência do *C.P.P.It.* de 1988 (1989 a 1993) verificou-se o total de 30.545 casos de apresentação ou citação para o *giudizio direttissimo*, culminando no final numa prevalência do número de condenações (11.843) frente ao número de absolvições (1.570), em virtude mesmo dos pressupostos exigidos para a sua celebração. Registe-se, ademais, a ocorrência de 6.935 casos de conversão no rito da aplicação da pena a requerimento da partes e 2.958 casos de transformação em juízo abreviado[33].

---

[32] GAITO, Alfredo. Giudizio direttissimo, cit., p. 175.
[33] UFFICIO V DELLA DIREZIONE GENERALE AFFARI PENALI DEL MINISTERO. Nuovo codice di procedura penale monitoragio, cit., p. 14.

§ 3 – *Giudizio immediato.*

Assim como foi visto acerca do *giudizio direttissimo*, também no *giudizio immediato* se verifica uma aceleração da celebração do julgamento propriamente dito (*giudizio*), prescindindo-se da audiência preliminar; realizadas as investigações preliminares passa-se ao julgamento. Aliás, uma certa perplexidade pode ser sentida na doutrina quanto aos precisos limites entre os dois procedimentos especiais[34].

Portanto, também este procedimento especial se liga directamente ao objectivo de um maior "eficientismo" penal, pela via processual, estando voltado para a finalidade de "permitir uma aceleração dos tempos do desenvolvimento do processo". Ainda que, fundamento para a busca desta maior agilização do desenvolvimento do processo resida em que uma sentença emitida muitos anos depois atenua a confiança da colectividade na Justiça, torna sem efeito a eficácia dissuasiva da sanção e, por outro lado, não restabelece a imagem violada do acusado que venha a ser declarado inocente[35].

Estabelece o art. 453, inciso 1, *C.P.P.It.* que, quando da prova se deduza claramente a responsabilidade penal, o ministério público, após o prévio interrogatório do acusado, poderá solicitar o juízo imediato. A solicitação do ministério público deve conter os requisitos para a solicitação da abertura da fase de julgamento, previstos no art. 417 *C.P.P.It*[36]. O prazo de que o ministério público dispõe para apresentar a solicitação de juízo imediato na secretaria do juiz competente para as investigações preliminares é de noventa dias contados da data da inscrição da notícia do delito no registo competente.

---

[34] DALIA, Andrea Antonio. Giudizio immediato. *In*: DALIA, Andrea Antonio. *I procedimenti speciali*, cit., p. 211-247; GAITO, Alfredo. Giudizio immediato, Ibidem, p. 249-265; ILLUMINATI, Giulio. Il giudizio immediato. *In*: *I riti differenziati nel nuovo processo penale*, cit., p. 139-177; RAMAJOLI, Sergio. *I procedimenti speciali...*, cit., p. 85-105.

[35] RIVELLO, Pier Paolo. *Il giudizio immediato*. Padova: CEDAM, 1993, p. 84.

[36] Os requisitos são os seguintes: os dados pessoais do acusado e as demais indicações pessoais que sirvam para identificá-lo, bem como os dados da pessoa ofendida pelo delito quando não seja possível a sua identificação; a exposição do facto, das circunstâncias agravantes e daquelas que impliquem a aplicação de medidas de segurança, com as indicações relativas aos preceitos legais aplicáveis; a indicação das fontes de prova obtidas; a solicitação ao juiz para que emita despacho fixando a audiência; a data e a assinatura.

Modelo Italiano 181

A solicitação de juízo imediato poderá ser feita também pelo acusado, na hipótese de renunciar à celebração da audiência preliminar, conforme disciplinado no art. 419º, inciso 5, do *C.P.P.It.*

Pressuposto objectivo deste procedimento especial é a evidência probatória: da prova decorre claramente a responsabilidade penal da pessoa acusada e a suficiência dos indícios para conduzir o caso a julgamento. Ressalte-se que, diversamente do *giudizio direttissimo*, a evidência probatória não decorre da prisão em flagrante ou da confissão da prática do delito no curso do interrogatório, mas sim resulta das investigações realizadas durante o prazo em que o procedimento pode ser proposto, ou seja, nos noventa dias como anteriormente informado.

Com o Decreto Legislativo nº 12 de 14/01/91 foram introduzidas as seguintes modificações acerca dos pressupostos necessários para a celebração do juízo imediato: necessidade de que a pessoa submetida às investigações preliminares seja interrogada sobre os factos dos quais decorre a evidência probatória, ou ao menos que a mesma, convidada a comparecer nos termos do art. 375º (citação da pessoa objecto das investigações para comparecimento perante o ministério público no caso de realização de actos que dependam da sua presença) não tenha comparecido sem aduzir um legítimo impedimento[37].

Se o crime pelo qual foi requerido o *giudizio immediato* resulta conexo com outros crimes, para os quais faltam as condições que justificam a escolha de tal rito, procede-se separadamente em relação a esses outros crimes e aos demais acusados, salvo se isso prejudicar gravemente as investigações; se a reunião é indispensável, prevalece o rito ordinário (art. 453º, nº 2, *C.P.P.It.*).

Apresentado o requerimento, no prazo de cinco dias o juiz despachará determinando a instauração do juízo imediato ou, diversamente, rejeitará a solicitação, determinando a entrega dos autos ao minitério público. No despacho que dispõe a celebração do juízo imediato deve estar contida a informação ao acusado de que ele pode pedir a celebração do juízo abreviado ou a aplicação acordada da pena (art. 444º). A justificação para esta previsão reside na necessidade de não excluir que o acusado possa usufruir dos benefícios ligados à celebração dos dois ritos especiais mencionados, sob pena de violação dos direitos da defesa e do princípio da igualdade de tratamento constitucionalmente previstos[38].

---

[37] RIVELLO, Pier Paolo. Il giudizio immediato, cit., p. 159-160.
[38] FUMU, Giacomo. Giudizio immediato. *In*: CHIAVARIO, Mario (coord.). *Commento al nuovo codice di procedura penale*. Torino: UTET, p. 835-858, 1990, p. 853.

182   *O Processo Penal como Instrumento de Política Criminal*

O acusado, sob pena de decadência, pode requerer a celebração de *giudizio abbreviato* depositando na secretaria do juiz competente para as investigações preliminares a solicitação, com a prova da posterior notificação ao ministério público, no prazo de sete dias da notificação do despacho determinando o juízo imediato. O ministério público tem o prazo de cinco dias a partir da notificação da solicitação para manifestar o seu consenso (art. 458º, nº 1, *C.P.P.It.*). Se a solicitação é admissível e o ministério público manifestou o seu consenso, o juiz fixa, por despacho, a audiência dando a ciência, ao menos cinco dias antes, ao ministério público, ao acusado, ao seu defensor e à vítima.

Considerado bastante modesto em relação às expectativas, o número de solicitações de *giudizio immediato* nos cinco anos iniciais de vigência do *C.P.P.It.* de 1988 foi de 26.335 casos, verificando-se um grande índice de acolhimento da solicitação do ministério público face a apenas 1.310 casos de restituição dos autos ao ministério público[39].

§ 4 – *Procedimento per decreto.*

Os traços gerais do procedimento especial que ora se aborda foram previstos no art. 2º, nº 46, da *Legge Delega* de 16 de fevereiro de 1987[40].

Concretizado nos artigos 459º e seguintes do *C.P.P.It.*, este rito especial corresponde à possibilidade de, nos procedimentos por crimes que podem ser perseguidos de ofício, se o ministério público entender que ao caso deve ser aplicada apenas uma sanção pecuniária, ainda que em substituição de uma pena privativa de liberdade, poderá solicitar ao juiz que é o competente para actuar na fase das investigações preliminares (*giudice per le indagini preliminari*) que emita um decreto de condenação, indicando a medida da pena a ser imposta e a eventual pena acessória; à defesa se reserva um prazo dentro do qual poderá opor-se ao decreto emitido.

---

[39] UFFICIO V DELLA DIREZIONE GENERALE AFFARI PENALI DEL MINISTERO. Nuovo codice di procedura penale monitoragio, cit., p. 14.

[40] Consultar: RAMAJOLI, Sergio. *I procedimenti speciali...*, cit., p. 108-125; LEMMO, Elio. Il procedimento per decreto penale. *In*: *I riti differenziati nel nuovo processo penale*, cit., p. 179-190; KALB, Luigi. Procedimento per decreto. *In*: DALIA, Andrea Antonio. *I procedimenti speciali*, cit., p. 303-324.

Modelo Italiano 183

O efeito premial ligado à celebração deste procedimento resulta da faculdade reconhecida ao ministério público de solicitar a aplicação de uma pena diminuída até metade do mínimo legal (art. 459°, inciso 2, *C.P.P.It.*). Sendo a manifestação premial mais ampla entre os demais ritos especiais, isso deve-se ao facto de ser o *procedimento per decreto* aquele que mais atende ao "eficientismo" penal, propiciando uma grande economia processual, justificando, dessa forma, um maior incentivo à sua aceitação pelo acusado[41].

Desde logo, o âmbito de incidência do *procedimento per decreto* refere-se aos delitos que possam ser perseguidos de ofício, em relação aos quais entenda o ministério público que deva ser aplicada apenas uma sanção de natureza pecuniária, mesmo que em substituição de uma pena privativa de liberdade[42].

Pressuposto para a adopção desse *procedimento* é a solicitação do ministério público, devendo indicar a medida da pena bem como a eventual pena acessória a serem impostas; indispensável é, todavia, que a solicitação seja devidamente fundamentada (motivada) pelo ministério público. O prazo para que o ministério público formule a solicitação é de seis meses a partir da data da inscrição do delito no registo correspondente[43]. Pressuposto de natureza objectiva é o de que não seja aplicável ao caso uma medida de segurança pessoal (art. 459°, inciso 4, *C.P.P.It.*)[44].

Sendo o competente para emitir o decreto de condenação, o *giudice per le indagini preliminari* poderá não acolher a solicitação do ministério nos casos em que deva pronunciar sentença absolutória em conformidade com o art. 129° *C.P.P.It.*[45]. Se o juiz não acolhe a solicitação

---

[41] Antes mesmo da vigência do *C.P.P.It.* de 1989 já era reconhecida essa função de agilização processual do *procedimento per decreto*, conf.: PALIERO, Carlo Enrico. "Minima non curat praetor", cit., p. 459.

[42] Rebatendo os fundamentos que levaram o Legislador a optar por restringir a utilização do procedimento em espécie aos delitos em que se possa proceder de ofício, defendeu SELVAGGI (SELVAGGI, Eugenio. Procedimento per decreto. *In*: CHIAVARIO, Mario (coord.). *Commento al nuovo codice di procedura penale*, cit., p. 864-865) que teria sido possível a sua extensão também aos crimes perseguidos mediante queixa.

[43] Alteração do texto original do *Codice*, que previa o prazo de quatro meses, introduzida pelo art. 3°, do Decreto Legislativo n° 161 de 22/6/1990, publicado na *G.U.* n° 145 de 23/6/1990.

[44] As medidas de segurança encontram-se previstas no art. 215 do *Codice Penale* italiano.

[45] "Art. 129. Obrigação de pronunciamento imediato de sentença absolutória. 1. Em qualquer fase ou grau do processo, se o juiz reconhece que o facto não existiu ou

nem é o caso de pronunciar sentença absolutória nos termos anteriormente vistos, ele devolverá os autos ao ministério público (art. 459°, inciso 3, *C.P.P.It.*).

Entre os vários requisitos que devem estar contidos no decreto de condenação, previstos nas alíneas a) a h) do inciso 1, art. 460°, destaque-se a necessidade de uma breve exposição dos motivos de facto e de direito sobre os quais se funda a decisão, incluídas, se for o caso, as razões que determinaram a diminuição da pena abaixo do mínimo legal; a informação ao acusado e à pessoa civilmente obrigada pela pena pecuniária de que poderão opor-se ao procedimento no prazo de quinze dias desde a data em que se notificou o decreto, bem como de que o acusado poderá solicitar, através da oposição, a conversão em juízo imediato, juízo abreviado ou a aplicação da pena nos termos do art. 444° (aplicação da pena mediante solicitação das partes); a advertência ao acusado e à pessoa civilmente obrigada pela pena pecuniária de que na ausência de oposição o decreto será executado.

Revelando um aspecto vinculativo do *procedimento*, com o decreto de condenação o juiz aplicará a pena na medida solicitada pelo ministério público, especificando, se for o caso, a diminuição da pena abaixo do mínimo legal (art. 460°, inciso 2, *C.P.P.It.*). Ou seja, "o juiz não pode acolher a *richiesta* de decreto modificando a medida da pena proposta, mas, quando entenda que tal pena é incongruente, pode somente rejeitar a *richiesta* do ministério público, restituindo-lhe os autos (art.459/3)"[46].

Devendo ser notificados do decreto o ministério público, o condenado e, se for o caso, a pessoa civilmente obrigada pela pena pecuniária, desde que não seja possível efectuar essa notificação por ausência do acusado, o juiz revoga o decreto penal de condenação, restituindo os autos ao ministério público. Tem-se dessa forma a manifestação da natureza consensual do *procedimento per decreto*.

Digno de nota é que, emitido o decreto penal de condenação, ainda que seja executável, não terá eficácia na esfera civil e administrativa

---

que o acusado não o cometeu, ou que o facto não constitui crime, ou não esteja previsto por lei como crime, ou que o crime se extinguiu, ou falta uma condição de procedibilidade, declarará de ofício através de sentença. 2. Quando se verifique uma causa de extinção do delito, porém dos autos resulte evidente que o facto não existiu, ou que o acusado não o cometeu, ou que o fato não constitui crime, ou não esteja previsto na lei como crime, o juiz pronunciará sentença absolutória ou de arquivo".

[46] NAPPI, Aniello. *Guida...*, cit., p. 477.

Modelo Italiano 185

(art. 460°, inciso 5, *C.P.P.It.*). Trata-se de um outro efeito premial desse procedimento, com vista a incentivar a não oposição pelo acusado.

No prazo de quinze dias, a contar da notificação do decreto, o acusado e a pessoa civilmente obrigada pela pena pecuniária, pessoalmente ou por meio do seu defensor, se for o caso nomeado este último, poderão apresentar oposição, através de declaração depositada na secretaria do juiz das investigações preliminares que emitiu o decreto, ou na secretaria da *Pretura* do lugar em que reside o oponente (art. 461°, inciso 1, *C.P.P.It.*).

São requisitos que necessariamente devem ser indicados na oposição, sob pena de inadmissibilidade: os termos do decreto penal de condenação; a data e o juiz que o emitiu; admissível é que o oponente indique um defensor de sua confiança, caso não o tenha feito anteriormente.

Revelando também aqui a flexibilidade dos procedimentos especiais no Ordenamento Jurídico italiano, na oposição o acusado poderá pedir ao juiz que emitiu o decreto de condenação a sua conversão em juízo imediato, juízo abreviado ou aplicação da pena mediante solicitação das partes.

No caso de inadmissibilidade da oposição, em virtude de ser apresentada fora do prazo (art. 461°, inciso 4, *C.P.P.It.*), o acusado e a pessoa civilmente obrigada pela pena pecuniária poderão obter a prorrogação desse prazo, desde que provem que a impossibilidade de apresentá-la em tempo hábil se deveu a motivos de caso fortuito ou força maior previstos no art. 175° do *Codice* (art. 462,*C.P.P.It.*). A oposição será também recusada se proposta por pessoa ilegítima.

Se a oposição não foi proposta ou se foi declarada inadmissível, o juiz que emitiu o decreto de condenação ordenará a sua execução. Contra o despacho de não admissão o oponente poderá interpor recurso.

Tratando-se de concurso de agentes, a execução do decreto de condenação emitido em relação a várias pessoas pela prática do mesmo crime permanecerá suspensa quanto aos acusados que não tenham oferecido oposição, até ao momento em que a oposição apresentada pelos outros acusados não tenha sido irrevogavelmente decidida. Se a oposição foi proposta por um só dos acusados ou somente pela pessoa civilmente responsável pela pena pecuniária, os efeitos estendem-se também aos que não propuseram a oposição.

Quanto ao juízo sobre a oposição apresentada, estabelece o art. 464° que, se o oponente solicitou juízo imediato, o juiz emitirá um decreto de acordo com os artigos 456°, incisos 1, 3 e 5; se solicitou juízo abreviado

186   *O Processo Penal como Instrumento de Política Criminal*

ou a aplicação da pena *patteggiada* (art. 444º), o juiz fixará, mediante despacho, um prazo para que o ministério público manifeste o seu consenso, determinando que a solicitação e o despacho sejam notificados ao ministério público pelo próprio oponente. No caso do ministério público não dar o seu consentimento no prazo estabelecido, ou o acusado não ter formulado na oposição nenhum requerimento, o juiz emite despacho determinando a celebração do juízo imediato. Iniciado o juízo sobre a oposição apresentada, o juiz revoga o decreto penal de condenação. Admissível é que o juiz aplique uma pena diversa e mais grave do que aquela estabelecida no decreto de condenação, podendo também revogar os benefícios já concedidos.

Com a sentença que absolve o acusado porque o facto não subsiste, não se encontra previsto na lei como crime ou foi cometido a coberto de uma causa de justificação, o juiz revoga o decreto de condenação também em relação aos outros acusados pelo mesmo crime que não propuseram oposição.

Revelando a grande incidência deste procedimento especial na prática, nos cinco primeiros anos de vigência do *C.P.P.It.* (1989-1993) houve 46.957 casos de solicitação pelo ministério público da sua aplicação, tendo sido efectivamente celebrados 37.376 procedimentos perante o juiz competente para as investigações preliminares; em 1.898 casos os autos foram devolvidos ao ministério público e em 2.242 casos foram emitidas sentenças de absolvição nos termos do art. 129 *C.P.P.It.*. Foram formuladas 8.898 oposições, culminando em 116 pronúncias de inadmissibilidade, 5.335 casos de conversão para juízo imediato, 693 casos de conversão para juízo abreviado e 949 casos de conversão em aplicação da pena *patteggiada*. No final do juízo de oposição verificou-se a existência de 1.774 casos de absolvição, 1.281 de condenação, 754 casos de aplicação acordada da pena (art. 444) e 32 sentenças declaratórias de incompetência[47].

✳✳✳

Analisados estes quatro procedimentos especiais da experiência italiana[48], afirmava-se insistentemente que o êxito de toda a reforma do *C.P.P.It.* estava condicionada ao maior ou menor recurso que a eles se

---

[47] UFFICIO V DELLA DIREZIONE GENERALE AFFARI PENALI DEL MINISTERO. Nuovo codice di procedura penale monitoragio, cit., p. 14 e 15.

[48] Sobre a *applicazione della pena su richiesta delle parti, infra.*

Modelo Italiano 187

fizesse. A argumentação tecida era a de que, havendo um grande recurso aos ritos alternativos, haveria uma deflação da justiça criminal, por consequência menor seria o tempo de duração dos processos; desmotivada assim uma expectativa do acusado na ocorrência de uma prescrição naqueles casos que fossem efectivamente ao debate em audiência[49]. É fácil perceber como há uma centralização no escopo de economia processual, ligado inequivocamente ao objectivo de um maior "eficientismo" penal.

Entretanto, confirmando a tese de que nem sempre se verifica uma correspondência unívoca entre a *Law in books* e a *Law in action*, "os quatro anos de experimentação do novo *codice di procedura penale* evidenciaram de facto um modesto recurso aos ritos de deflação da acção penal, com o consequente aumento da sobrecarga de debates, ao ponto que hoje nos encontramos diante de uma verdadeira e própria paralisia da justiça penal"[50]. Vale relembrar que era essa situação de paralisia que se procurava evitar através do recurso aos procedimentos especiais, alternativos ao ordinário[51]. Culminando essa situação numa provável necessidade de nova intervenção legislativa no âmbito do processo penal, decorridos apenas cinco anos de vigência do novo *Codice*, torna-se evidente a desilusão quanto ao esperado resultado de estabilidade normativa no Ordenamento Jurídico italiano[52].

Não se pode deixar de lembrar a advertência manifestada por altura dos primeiros anos de vigência da reforma do *C.P.P.It.*, fundada numa eventual irresponsabilidade do legislador em subordinar drasticamente o bom êxito das reformas empreendidas a uma livre e espontânea renúncia pelas partes às mais importantes garantias que lhe são asseguradas pelo rito ordinário[53].

---

[49] ILLUMINATI, Giulio. I procedimenti a conclusione anticipata..., cit., p. 254.

[50] STEFANI, Eraldo. *La difesa attiva nel giudizio abbreviato e nel patteggiamento*, cit., p. 7.

[51] Aliás, conforme também CHIAVARIO já prognosticava, a resultante do confronto entre a "law in action" e a "law in the books" só seria ideal se houvesse uma "contribution respective à l'économie globale d'un système de justice" (CHIAVARIO, Mario. La justice negociee: une problematique a construire. *In: Archives de Politique Criminelle*, Lyon, n° 15, p. 27-35, 1993, p. 35).

[52] Idem, *Procedura penale un codice tra "storia" e cronaca*, cit., p. 144.

[53] FERRUA, Paolo. *Studi sul processo penale II*, cit., p. 16.

§ 5 – *Applicazione della pena su richiesta delle parti.*

1 – Noção.

No Ordenamento Jurídico italiano a forma de consenso típica vem disciplinada nos artigos 444º-448º do *Codice di Procedura Penale*, correspondendo à *aplicazione della pena su richiesta delle parti*.

Nos expressos termos do *Codice* (art. 444º), trata-se de um procedimento especial no qual o acusado e o ministério público podem pedir ao juiz a aplicação, na natureza e quantidade indicadas, de uma sanção substitutiva ou de uma pena pecuniária, diminuída até um terço, ou de uma pena privativa de liberdade, quando esta, levando-se em conta todas as circunstâncias, e diminuída até um terço, não supere os dois anos de reclusão ou detenção, isolada ou conjuntamente com a pena pecuniária.

Em termos de política criminal, a expectativa depositada na *applicazione della pena su richiesta* era de que a sua adopção poderia propiciar uma rápida resposta à ofensa ao Ordenamento Jurídico e ao Código Penal e que, reconhecendo o mal por ele mesmo cometido, o acusado abster-se-ia de cometer novos crimes, viabilizando assim a sua recuperação de forma mais rápida[54].

2 – Antecedentes.

Sem precedente legislativo idêntico, em Itália a *aplicazione della pena su richiesta delle parti*, também designada *patteggiamento*, encontra a sua génese[55] na Lei nº 698, de 24.11.81[56], aplicável aos crimes de

---

[54] ANCA, Giovanna Maria. Pena, applicazione su richiesta delle parti. *In: Digesto – Discipline Penalistiche*, Torino, v. IX, p. 365-416, 1995, p. 381.

[55] Própria é a expressão génese, uma vez que maioritariamente a doutrina aproxima os dois institutos tão somente quanto ao esboço de *patteggiamento* caracterizado pela *applicazione delle sanzioni sostitutive* da Lei nº 689 de 1981, sendo enfatizado que mais do que uma modificação amplificadora do precedente Instituto, foi estruturado um modelo inteiramente novo que do primeiro manteve apenas um distante eco (MACCHIA, Alberto. *Il patteggiamento*. Milano: Giuffrè Editore, 1992, p. 6). Assim também: ARICÒ, Giovanni. Aplicazione della pena su richiesta delle parti, cit., p. 112. De "desenvolvimento ampliativo" fala: RAMAJOLI, Sergio. *I procedimenti speciali...*, cit., p. 33; SOTTANI, Sergio. Osservazioni critiche sul nuovo patteggiamento, cit., p. 120; LUPO, Ernesto. Il giudizio abbreviato e l'applicazione della pena negoziata. *In: Questioni nuove di*

Modelo Italiano 189

procedura penale. Padova: Cedam, p. 61-82, 1989, p. 72. PAOLOZZI, Giovanni. I mecca-nismi di semplificazione del giudizio di primo grado, cit., p. 34. Embora centrada a atenção no aspecto processual da Lei n° 698, de 24.11.81, não se desconhece que ela estava voltada para uma modificação do sistema penal (*modifiche al sistema penale*), envolvendo uma ampliação da despenalização dos delitos de menor potencial ofensivo bem como regulando a matéria das infracções administrativas; escopo da Lei era concre-tizar o princípio do Direito Penal como *extrema ratio* e da pena privativa de liberdade como *extrema ratio* do *Sistema*.

[56] Que previa o procedimento alternativo através do qual, por iniciativa exclusiva, o acusado podia requerer a aplicação de sanção substitutiva (liberdade vigiada ou sanção pecuniária – art. 77°, inc. 1°) no caso de crimes punidos com pena detentiva breve (não superior a três meses, isolada ou cumulada com pena pecuniária). O requerimento devia ser formulado pela primeira vez antes da abertura da audiência de julgamento, estando condicionado ao parecer favorável do ministério público como condição necessária para evitar a sequência do processo. Para o acusado implicava a obtenção da substituição da pena, mesmo que mínima, adequada à pena a ser substituída. Comportava ainda a citada Lei a exclusão de toda a pena acessória ou medida de segurança, excepção feita ao confisco obrigatório. A forma da substituição vinha prevista nos artigos 53-76° da Lei, de modo que, ao pronunciar a sentença, se o juiz aplicasse uma pena detentiva não superior a seis meses, poderia substituí-la pela semi-detenção; se aplicasse uma pena até ao limite de três meses, poderia substituí-la pela liberdade vigiada; se aplicasse pena detentiva no limite de um mês, poderia substituí-la por uma pena pecuniária da espécie correspondente. Sendo consequência do encontro de vontades entre o acusado e o minis-tério público, a sentença não era passível de apelação, estando sujeita apenas ao recurso de *Cassazione*. A sanção substitutiva poderia ser aplicada também no curso do processo, sempre que o acusado tivesse formulado o requerimento no prazo previsto no art. 77° da Lei, ou se ainda não cumprida a primeira formalidade de abertura da audiência de julgamento. O benefício não podia ser concedido aos acusados que precedentemente já dele havíam usufruído ou aos que sofreram pena detentiva anterior. Da possibilidade de se valer do benefício deveria ser informado o acusado. Tratando-se de norma processual, as disposições da II Seção da Lei aplicavam-se também aos crimes cometidos antes da sua entrada em vigor. Os artigos 77-80° da mencionada Lei foram substituídos pelo novo *patteggiamento*, conforme art. 234 *n. coord.* (normas de coordenação entre a legislação precedente e o vigente *C.P.P.It*). Todavia, segundo ARICÒ (ARICÒ, Giovanni. Aplicazione della pena su richiesta delle parti, cit., p. 103, n° 10) os mencionados artigos continuaram em vigor para os casos em que o acusado tenha formulado a *richiesta*, segundo o *patteggiamento* anterior, antes da entrada em vigor do *Codice* de 1989 e não se tenha valido da faculdade de pedir que o processo fosse definido ao estado dos autos, nos termos do art. 442, ou mediante a aplicação da pena *su richiesta* do art. 444° *C.P.P.It*. Intentava-se resolver desta forma o problema de retroactividade do *C.P.P.It*. Quanto ao aspecto por último citado, no mesmo sentido: LOZZI, Gilberto. Aplicazione della pena su richiesta delle parti, cit., p. 121, n° 6. Para a distinção entre o

190 O Processo Penal como Instrumento de Política Criminal

bagatela, assim compreendidos os delitos punidos com pena mínima, ou seja, pena detentiva não superior a três meses[57]. Tratava-se, pois, de um procedimento no qual o acusado podia requerer, com a anuência do ministério público, a aplicação de uma pena substitutiva, concluindo-se com uma sentença em que o juiz aplica a pena requerida, se for favorável, e na mesma sentença declara a extinção do crime. Não se tratava propriamente de um acordo ou pacto, pois o encontro de vontades deveria ocorrer em aberto e diante do juiz, ao qual eram dirigidos tanto o requerimento como o consenso do ministério público[58]. A busca de um conteúdo político-criminal para a Lei nº 689 de 1981 irá conduzir à verificação de um compromisso entre a suficiente eficácia coactiva da sanção (proporcional ao delito) e a sua idoneidade para fomentar a reinserção social do condenado ou, pelo menos, para impedir uma ulterior dessocialização[59], registada já a intenção de concretizar o princípio do Direito Penal como a última *ratio* do *Sistema*.

Consequência de sucessivas modificações, foi aprovada a Lei nº 81, de 16.02.87, "*Delega legislativa al Governo della Repubblica per l'emanazione del nuovo codice di procedura penale*", publicada no *Suppl. Ord. alla G.U., Serie generale, nº 6 del 16-3-1987*, contendo no art. 2º a directiva (instrução) nº 45 relativa à disciplina do *patteggiamento*. Tal directiva previa um mecanismo para obter a definição antecipada do procedimento sem *dibattimento* (sem *istruttoria dibattimentale, cross examination*, e debates em audiência), posteriormente à concordância das partes (requerimento do ministério público com o consenso do acusado ou vice-versa), no sentido da aplicação de uma sanção substitutiva ou de uma pena detentiva correspondente àquela prevista para o crime objecto da acusação, quando, levando em conta as circunstâncias e diminuída em um terço, a pena não supere dois anos de reclusão, isolada ou conjuntamente com a pena pecuniária[60].

Instituto e o actual *patteggiamento* bem como para a análise dos problemas sucitados durante a sua vigência, *vide*: ANCA, Giovanna Maria. Pena, applicazione su richiesta delle parti, cit., p. 378

[57] ANCA, Giovanna Maria. Pena, applicazione su richiesta delle parti, cit., p. 366. MACCHIA, Alberto. *Il patteggiamento*, cit., p. 5.

[58] ANCA, Giovanna Maria. Pena, applicazione su richiesta delle parti, cit., p. 373.

[59] PALIERO, Carlo Enrico, MONACO, Lucio. Variazioni in tema di "crisi della sanzione": la diaspora del sistema commisurativo. *Rivista Italiana di Diritto e Procedura Penale*, Milano, v. 2, p. 421-456, 1994, p. 430.

[60] ANCA, Giovanna Maria. Pena, applicazione su richiesta delle parti, cit., p. 380.

Modelo Italiano 191

Sendo estes os precedentes legislativos do *patteggiamento* previsto no art. 444°, antes de se chegar à sua aprovação no texto do *C.P.P.It.* vários foram os pontos discutidos e grande foi a problemática surgida: a começar por questões estruturais do próprio processo, o qual seria visto como "uma técnica de composição dos conflitos e não como uma técnica punitiva, aflitiva"; problemas relacionados com a compatibilidade do Instituto com a ordem jurídico-constitucional, particularmente em relação ao princípio da obrigatoriedade da acção penal; dificuldades práticas como aquela da obtenção da anuência do ministério público para um procedimento tendencialmente favorável ao acusado; questões concretas relacionadas com a amplitude da moldura penal passível de ser objecto de sentença *patteggiada*. Conforme se verificará, as mencionadas questões foram enfrentadas tanto pela doutrina como pela jurisprudência, obtendo-se por essa via a tradução do Instituto na prática.

3 – Terminologia.

De grande relevo é a questão terminológica que envolve as formas de consenso no âmbito do processo penal, sendo perfeitamente verificável uma distinção do conteúdo e da forma adoptada em cada ordenamento jurídico conforme a terminologia que se empregue. Em outras palavras, a terminologia utilizada para descrever as várias formas de consenso irá revelar a abrangência e o condicionamento formal a que ficam sujeitos.

Particularmente no que se refere à terminologia empregada para descrever o Instituto em análise, a opção feita por *applicazione della pena su richiesta delle parti* não deixou de produzir efeitos quanto ao seu entendimento[61]. Desde logo, a integração da *applicazione della pena su richiesta delle parti* aos *procedimenti speciali* revela o interesse de se chegar a uma sentença na fase das *indagini preliminari* (investigações preliminares) ou, mais em geral, fora do debate em audiência[62], onde o

---

[61] A começar mesmo pela possibilidade oferecida de diferenciação do *patteggiamento* previsto na Lei n° 689 de 1981, a qual limitadamente aludia à possibilidade de aplicação *su richiesta* apenas de *sanzioni sostitutive*, enquanto no regime do *Codice* se generaliza a hipótese de *richiesta* de aplicação de pena e também da anterior *sanzioni sostitutive* (LUPO, Ernesto. Il giudizio abbreviato e l'applicazione della pena negoziata, cit., p. 73).

[62] PISAPIA, Gian Domenico. *Lineamenti...*, cit., p. 58; STEFANI, Eraldo. La difesa attiva nel giudizio abbreviato e nel patteggiamento, cit., p. 4-5.

192   O Processo Penal como Instrumento de Política Criminal

termo *speciali* conota o seu enquadramento como remédio posto em alternativa ao rito ordinário[63]. Em decorrência da circunstância de que o acordo pode ser celebrado entre as partes antes mesmo da intervenção jurisdicional, a doutrina passou a defini-lo como *patteggiamento*[64], traduzindo assim o conteúdo de ajuste que ele contém[65]. Ao contrário do que possa parecer, a observação assume grande relevância prática, uma vez que, conforme salienta CORDERO[66], a possibilidade de que à *richiesta* apresentada por uma parte se siga o consenso da outra ou que ambas a apresentem conjuntamente na fase da *indagini preliminari*, onde ainda não há processo nem mesmo acusação formalizada, revela em plenitude o conteúdo negocial inerente ao *patteggiamento*.

Comparado com os demais procedimentos especiais, precisa é a distinção terminológica encontrada na doutrina, concebendo-se o juízo abreviado (*giudizio abbreviato*) como um acordo sobre o tipo de procedimento e o *patteggiamento* como um acordo sobre o tipo, espécie e *quantum*, da pena a ser aplicada[67]. É em virtude dessa característica comum de acordo que se afirma que somente estes dois procedimentos propiciam uma efectiva diferenciação processual da pena, de acordo com o procedimento escolhido pelo acusado, e merecem nesse sentido a designação de procedimentos diferenciados[68].

---

[63] Destaque merece a crítica avançada no sentido de que a terminologia utilizada não foi feliz. O fundamento reside em que, por um lado, tendendo a evitar o rito ordinário (a ser aplicado apenas nos casos mais complexos) este último é que deveria ser especial em relação aos demais, por outro lado, o esperado fim de evitar o debate em audiência ocorre apenas nos casos de *giudizio abbreviato* e no *patteggiamento*, pois nos demais o que se verifica é apenas uma maior celeridade imprimida aos debates (ARICÒ, Giovanni. Aplicazione della pena su richiesta delle parti, cit., p. 99 e nota 3).

[64] CORDERO, Franco. *Procedura penale*, cit., p. 837-838; ARICÒ, Giovanni. Aplicazione della pena su richiesta delle parti, cit., p. 103; RAMAJOLI, Sergio. I procedimenti speciali..., cit., p. 34. Destacando, igualmente, o carácter negocial do rito: DEAN, Giovanni. L'accertamento giudiziale nei procedimenti semplificati e l'efficacia extrapenale del giudicato. *In: Questioni nuove di procedura penale*. Padova: Cedam, p. 345-362, 1989, p. 357; DALIA, Andrea Antonio, FERRAIOLI, Marzia. *Corso...*, cit., p. 431. Ressaltando que se trata de uma "transazione" e que, concernente ao mérito da acção, maior é a complexidade do rito: NAPPI, Aniello. *Guida...*, cit., p. 453.

[65] CHIAVARIO, Mario. La justice negociee..., cit., p. 29.

[66] *Procedura penale*, cit., p. 840.

[67] ANCA, Giovanna Maria. Pena, applicazione su richiesta delle parti, cit., p. 367; LOZZI, Gilberto. Aplicazione della pena su richiesta delle parti, cit., p. 119; LUPO, Ernesto. Il giudizio abbreviato e l'applicazione della pena negoziata, cit., p. 80; PAOLOZZI, Giovanni. I meccanismi di semplificazione del giudizio di primo grado, cit., p. 53-54.

[68] FERRAJOLI, Luigi. *Derecho y razón*, cit., p. 745.

Modelo Italiano

4 – A *applicazione della pena su richiesta delle parti* e o sistema acusatório.

Já demonstrada a defesa da natureza acusatória atribuída ao modelo processual adoptado em Itália, mister é a análise da compatibilidade entre o *patteggiamento* e o mencionado modelo

É possível verificar que nem sempre ocorre uma perfeita adequação entre os sistemas processuais típicos e os novos ritos consensuais introduzidos pela reforma processual empreendida. Sendo verdadeiro que um rito processual centrado numa maior comunicação entre as partes encontra a sua base de aplicação num sistema de natureza acusatória[69], desde que se observe a ausência de debates em audiência que caracteriza algum dos ritos alternativos, especificamente na *aplicazione della pena su richiesta delle parti* da experiência italiana, afirma-se que os ritos sem debates em audiência não podem, pela falta desta fase, ser qualificados nem mesmo tendencialmente como acusatório[70].

---

[69] CONTI, Giovanni, MACCHIA, Alberto. *Il nuovo processo penale*, cit., p. 7. Aliás, a possibilidade de escolha do rito por obra das partes é vista como uma consequência da implantação do modelo acusatório no vigente *C.P.P.It.*, sendo natural aos princípios do rito acusatório a exaltação dos poderes dispositivos das partes em relação ao objecto do processo (PAOLOZZI, Giovanni. I meccanismi di semplificazione del giudizio di primo grado, cit., p. 50-51). Da mesma forma destacando a acentuação dos poderes das partes e a igualdade entre elas no *C.P.P.It.*: DALIA, Andrea Antonio, FERRAIOLI, Marzia. *Corso...*, cit., p. 7.

[70] ARICÒ, Giovanni. Aplicazione della pena su richiesta delle parti, cit., p. 103, n. 9. Seguindo de perto este posicionamento, LUPO, embora reconheça que o *patteggiamento* está mais ligado ao sistema acusatório, não deixa de apontar características também do sistema inquisitório no rito alternativo, estas últimas particularmente no que se refere à forma de aquisição das provas (LUPO, Ernesto. Il giudizio abbreviato e l'applicazione della pena negoziata, cit., p. 81-82). Do mesmo modo PAOLOZZI assevera que tanto nos ordenamentos que adoptam um sistema processual mais próximo do acusatório como naqueles em que há um maior compromisso com o sistema inquisitório percebe-se a tendência no sentido de se adoptarem mecanismos de simplificação do tradicional rito ordinário, sendo interessante observar que, enquanto a adopção de medidas de simplificação de clara conotação acusatória se verifica com maior destaque nos sistemas com características inquisitórias, ao invés, nos modelos de tradição acusatória as medidas adoptadas tendem a uma concessão maior ao sistema inquisitório (PAOLOZZI, Giovanni. I meccanismi di semplificazione del giudizio di primo grado, cit., p. 32). Especificamente em relação ao novo *Codice di Procedura Penale* italiano, CHIAVARIO regista que sendo certo que o "nerbo ideale" da escolha acusatória se possa constatar por um apego ao contraditório, uma coerente distribuição dos papeis processuais, de modo a servir a um

O argumento vem prontamente contraditado, afirmando-se que errónea é a consideração da fase dos debates em audiência como o centro do sistema acusatório bem como que este pressuponha a aquisição de provas pelas partes somente naquela fase; diversamente, afirma-se que a *conditio sine Qua non* para a existência de um processo acusatório é a disponibilidade do material probatório e que ela convive plenamente com a ausência de publicidade e de oralidade, características típicas do rito ordinário[71].

Todavia, sendo certo que o ponto de encontro entre os ritos negociais e o sistema acusatório reside no poder dispositivo atribuído às partes não se pode considerar que a sua presença por si só já assegura a plenitude acusatória da "justiça penal negociada". Com propriedade se questiona, inicialmente, a própria efectividade do poder dispositivo das partes nos ritos consensuais, tendo em vista que ele é condicionado directamente pela obtenção de vantagens quanto à sanção a ser imposta, ou, por outra óptica, é exercitado em virtude do risco de se sujeitar a uma pena mais grave, não se podendo falar em livre disposição. Por outro lado, para a identificação de um modelo acusatório não basta apenas esse critério do poder dispositivo das partes, sendo fundamental a referência ao método de formação da prova, oralidade e contraditório, características nem sempre naturais aos ritos consensuais[72].

Tendo em vista que a característica basilar do sistema acusatório é a indispensável distinção entre o órgão da acusação e aquele incumbido do julgamento, se considerarmos a não exclusão expressa de que a aplicação da sanção *su richiesta* do modelo consensual adoptado em Itália seja realizada pelo próprio juiz das *indagini preliminari*, ao qual incumbe

---

correcto esclarecimento da verdade, é necessário analisar a capacidade do sistema para reagir a uma queda da responsabilidade de todos os envolvidos na actuação do processo, responsabilidade essa que é uma característica inerente ao sistema de matiz inquisitória (CHIAVARIO, Mario. Qualche sollecitazione per un confronto, cit., p. 9.

[71] TAORMINA, Carlo. Premessa per una rimeditazione sugli obiettivi di una strategia processuale differenziata, cit., p. 3.

[72] FERRUA, Paolo. *Studi sul processo penale II*, cit., p. 24-25. O risco da ausência de uma autonomia da vontade foi evidenciado também por BEVERE (BEVERE, Antonio. Il patteggiamento: la gestione negoziale degli affari penali, le parti e i loro diritti; i poteri e i doveri del giudice. *Questione Giustizia*, n° 2, p. 352-369, 1992, p. 358), tendo em vista que a abdicação feita dos direitos de defesa pode decorrer apenas de uma pressão gerada pela particular situação em que se encontra o acusado, principalmente nos casos de ocorrência de uma prisão de natureza cautelar.

Modelo Italiano 195

o controle da fase procedimental de investigação, violada seria a máxima desse modelo processual[73]. Afirma-se mesmo que o modelo de justiça consensual, na espécie particular do *patteggiamento* italiano, representa uma violação do princípio acusatório, em virtude do papel marginal atribuído ao debate em audiência, sendo o instituto mais coerente com o sistema inquisitório[74].

Em suma, assevera-se que a pretendida aproximação entre os módulos de justiça penal negociada, aqui considerado especificamente o *patteggiamento* da experiência italiana, e o sistema acusatório é puramente ideológica, nem mesmo podendo ser afirmado que se trata de uma autêntica manifestação de um "processo de partes". Ausente o argumento teórico, resta apenas aquele pragmático no sentido de que a celebração através do rito expedito na maioria dos casos torna viável a aplicação dos princípios do sistema acusatório nos restantes[75].

Aliás, como já se assinalou, o apelo aos cânones dispositivo-acusatório não pode representar o argumento suficiente para eliminar todas as preocupações e perplexidades geradas por um modelo fundado no encontro de vontade das partes, justamente porque os comportamentos de natureza dispositiva não resultam plenamente de um sistema acusatório nem são inspirados na pura igualdade de armas[76] (contraditório).

A conclusão por último mencionada não tem, todavia, o condão de deslegitimar por si mesma os novos ritos processuais, uma vez que, conforme agudamente salientado, já vai longe o tempo em que o significado cultural de uma reforma do processo penal podia resumir-se exclusivamente a um exercício retórico sobre a antítese entre o sistema acusatório e aquele inquisitório[77].

---

[73] FERRAJOLI, Luigi. Patteggiamenti e crisi della giurisdizione, cit., p. 379. O argumento mencionado funda-se na inexistência de uma distinção expressa entre o "giudice per l'udienza preliminare" (juiz para a audiência preliminar), chamado a definir o *patteggiamento* em primeira instância, e o já mencionado "giudice per indagini preliminari" (juiz para as investigações preliminares), havendo, ao contrário, a previsão no artigo 4º das normas de actuação do novo *C.P.P.* da possibilidade de concentração, onde possível, de todos os incidentes ocorridos na fase tipicamente procedimental na pessoa deste último. A ressalva feita pelo próprio artigo 4 à possibilidade efectiva da concentração retira parte da procedência da argumentação tecida.

[74] ACCATTATIS, Vincenzo. Il patteggiamento alla luce del diritto comparato e della normativa costituzionale, cit., p. 600.

[75] FERRAJOLI, Luigi. Patteggiamenti e crisi della giurisdizione, cit., p. 376.

[76] MARAFIOTI, Luca. *La giustizia penale negoziata*, cit., p. 472.

[77] CHIAVARIO, Mario. *Procedura penale un codice tra "storia" e cronaca*, cit., p. 64.

5 – Campo de incidência.

Na experiência italiana o rito consensual típico do *patteggiamento* condiciona-se à medida da pena a ser imposta ao caso concreto, não podendo ultrapassar os dois anos de reclusão ou detenção.

Embora seja esse limite considerado como abrangente dos crimes de menor potencial ofensivo, há entendimentos no sentido de que o acordo entre partes conducente à aplicação de pena *su richiesta* teve o seu limite de aplicação consideravelmente ampliado com o *Codice de Procedura Penale* de 1988[78], aumentando por consequência "l'area penalistica delle composizioni"[79], ao ponto de ser questionável a limitação da aplicação do instituto tão somente aos casos de pequena criminalidade.

Em sentido contrário, afirma-se que na previsão do âmbito de incidência dos ritos diferenciados, especificamente do *patteggiamento*, o Legislador italiano circunscreveu uma área "assai ristretta di categorie di reati", temendo possibilitar a aplicação do instituto aos crimes de gravidade média-alta[80].

A relevância da oposição entre os dois posicionamentos reside em que dela pode resultar tanto uma ampliação como uma restrição do âmbito de incidência dos módulos de justiça penal consensual na modalidade do *patteggiamento*. Prova disso é que se verifica em Itália uma tendência no sentido de ampliar o espectro de incidência da justiça penal negociada, falando-se mesmo de *patteggiamento allargato*, a partir de uma proposta de ampliação do limite penal passível da aplicação de pena *su richiesta* para três anos no caso de crimes contra a administração pública. Em defesa do princípio da igualdade de previsão constitucional, a referida proposta legislativa foi alterada, optando-se por uma

---

[78] No sistema anterior à reforma a admissibilidade de ritos alternativos ao ordinário, particularmente o *patteggiamento* previsto pela Lei 689 de 24 de novembro de 1981, estava circunscrita aos casos "di contenzioso di modesta entità e di non rilevante alarme sociale": MARZADURI, Enrico. *L'applicazione di sanzioni sostitutive su richiesta dell'imputato*, cit., p. 43.

[79] CORDERO, Franco. *Procedura penale*, cit., p. 837; CONTI, Giovanni, MACCHIA, Alberto. *Il nuovo processo penale*, cit., p. 210.

[80] CHIAVARIO, Mario. I procedimenti speciali, cit., p. 84. Partindo-se dessa óptica pode ser afirmado que em Itália os ritos alternativos destinam-se aos crimes de não grande alarme social, com uma reduzida conflitualidade entre acusação e defesa: PALMIERI, Ettore. I procedimenti speciali nel nuovo cpp, cit., p. 128.

Modelo Italiano 197

proposta de alteração do próprio art. 444º *C.P.P.It.*, ampliando-se o limite de pena aplicável para os três anos, genericamente. Não obstante a iniciativa de propostas legislativas, o prognóstico é de que o resultado concreto não se verificará em tempo breve[81].

Ressalte-se que a reserva dos procedimentos especiais para os delitos de menor gravidade não conduz à conclusão no sentido de que seja apenas em relação a esses delitos que se projecta o efeito positivo para o *Sistema Penal*; diversamente, a eficiência e racionalidade propiciadas pelos novos ritos processuais determina por via reflexa uma maior capacitação do sistema para enfrentar a grande criminalidade[82]. Acentue-se que neste caso o critério será tanto o do limite da pena abstractamente prevista (critério de Direito Penal material), de modo que seja assegurada uma maior garantia na apuração dos delitos para os quais se comine pena mais grave, como o da maior complexidade exigida pelo caso concreto, reservando-se os mecanismos mais articulados para as hipóteses mais complexas[83].

Também em relação ao tipo de sanção que pode ser objecto de consenso pela via do *patteggiamento* se verificou certa perplexidade na sua aplicação prática.

Nos termos expressos do Código podem ser objecto de aplicação mediante requerimento das partes: uma sanção substitutiva, conforme os artigos 53º e seguintes da Lei nº 689 de 24 de novembro de 1981; uma pena pecuniária; uma pena detentiva não superior a dois anos de reclusão ou detenção, isolada ou conjuntamente com a pena pecuniária.

Discutida foi, então, a aplicabilidade de sanções substitutivas às penas de natureza pecuniária, visto não estar prevista essa modalidade no regime da *applicazione delle sanzioni sostitutive su richiesta delle parti* (Lei nº 689, de 1981) anteriormente à reforma. Em decorrência da previsão constante na directiva 45 da *legge-delega* de 1987 no sentido da aplicabilidade da sanção substitutiva apenas nos casos da sua admissibilidade nos termos da Lei nº 689 de 1981, MACCHIA[84] entende que em

---

[81] ANCA, Giovanna Maria. *Pena, applicazione su richiesta delle parti*, cit. p. 416.

[82] Assim ocorreu no Ordenamento Jurídico italiano, conforme acentua: CONTI, Giovanni, MACCHIA, Alberto. *Il nuovo processo penale*, cit., p. 7.

[83] No sentido do último dos critérios mencionados: BARGI, Alfredo. *Procedimento probatorio e giusto processo*, cit., p. 125.

[84] *Il patteggiamento*, cit., p. 14. A confirmação jurisprudencial desse posicionamento foi feita através do despacho nº 442 de 9 de dezembro de 1991 da *Corte Costituzionale*.

198   *O Processo Penal como Instrumento de Política Criminal*

sede de *patteggiamento* a sanção substitutiva somente poderia ser requerida em relação a penas de natureza detentiva e não assim no caso de penas pecuniárias. Face à dúvida sobre a constitucionalidade da hipótese de que a pena que se pretenda aplicar através da *richiesta* seja também aquela de natureza pecuniária, visto que a directiva nº 45 da Lei Delegada não previa essa possibilidade, manifestou-se a *Corte Costituzionale* no sentido da legitimidade constitucional do art. 444 do *C.P.P.It.* a esse respeito, através da sentença nº 141 de 06-04-1993[85].

6 – Objecto.

Envolvendo um "acordo", é evidente que este procedimento pressupõe que ambas as partes envolvidas disponham de algo para pôr na mesa de negociação.

6.1 – De natureza pública (sanção).

Sendo o comportamento processual cooperativo ou não obstativo a *partida* oferecida pelo acusado, cabe analisar a *contrapartida* que lhe é oferecida na celebração do *patteggiamento*.

Sem maiores considerações por ora, a contrapartida incentivadora reside na adopção de "meccanismi di premialità", tendentes a assegurar ao acusado que opta pelos ritos alternativos um tratamento sancionatório mais favorável[86].

Põe-se desse modo como pressupostos da existência de ritos diferenciados no âmbito do processo penal, por um lado, a ocorrência de uma leal e honesta colaboração processual do acusado e, por outro, um prémio material (sancionatório) capaz de incentivar tal colaboração[87].

O primeiro e talvez mais importante objecto que pode estar contido numa negociação no âmbito do processo penal é a própria sanção a ser aplicada, admitindo-se uma divisão quanto a esse aspecto conforme a pena seja alterada em consequência de um consenso sobre a imputação ou directamente sobre a operação da medida da pena.

---

[85] NAPPI, Aniello. *Guida...*, cit., p. 454.

[86] ARICÒ, Giovanni. Aplicazione della pena su richiesta delle parti, cit., p. 100-101, o qual salienta que "ausência de debates em audiência e 'premialidade' estão, com efeito, na lógica da reforma, em uma relação de causa e efeito".

[87] BARGI, Alfredo. *Procedimento probatorio e giusto processo*, cit., p. 129.

6.1.1 – A imputação (*guilt plea*).

Considerando-se como objecto do consenso os factos incriminados, nesta primeira hipótese o acusado confessaria os factos não na forma como efectivamente ocorridos e sim na forma pactuada com o Ministério Público, disso decorrendo a imposição das consequências previstas na lei para o delito na forma em que foi confessado. Como pode ser facilmente observado, neste caso ocorre uma preservação do princípio da legalidade material, uma vez que haveria uma correlação entre o facto-crime "formalmente" reconstruído e a respectiva e prévia sanção penal estabelecida no Código Penal.

Em relação ao Ordenamento Jurídico italiano, admissível se mostra uma análise comparada a respeito da possibilidade de ser a imputação o objecto do *patteggiamento*.

Muito embora seja lugar comum a afirmação de que o modelo processual adoptado pela reforma do *Codice di Procedura Penale* italiano de 1989 foi aquele existente na experiência dos Estados Unidos da América e não negada a clara inspiração que foi procurada nesse Ordenamento Jurídico, esse reconhecimento não admite que se conclua no sentido de uma identidade fiel entre modelo e cópia.

Tal ausência de identidade ocorre principalmente quanto aos módulos de justiça penal negociada, a respeito dos quais podem ser verificadas determinadas variações entre o modelo norte-americano e aquele adoptado em Itália, em especial no que se refere à comparação entre a *plea bargaining* prevista no primeiro e o *patteggiamento* acolhido no segundo.

Conforme demonstra MACCHIA[88], na experiência norte-americana o objecto dos acordos celebrados nos termos da *plea bargaining* pode envolver tanto negociações sobre a pena a ser aplicada, *sentence bargaining*, nas quais ao acusado é prometida a aplicação de uma pena específica ou determinada em troca da sua declaração de culpabilidade, como também envolver composições sobre a própria imputação, *charge bargaining*, culminando no não exercício da acção penal pelo ministério público em relação a outros delitos ou na acusação por um crime menos grave em troca dc um rcconhecimento da responsabilidade pelo acusado.

Propriamente em relação ao *patteggiamento* italiano, MACCHIA[89] posiciona-se no sentido de que se fosse admitida a modificação da impu-

---

[88] *Il patteggiamento*, cit., p. 3-4.
[89] Idem, ibidem, p. 13, n° 24.

tação, isso deveria vir expressamente mencionado na *richiesta* e no consenso, de modo a não inviabilizar o controle do juiz sobre a exactidão da determinação da pena acordada. Complementa posteriormente que "às partes não se atribui nenhum poder dispositivo em relação à imputação", nem mesmo quanto à alteração da qualificação do facto em relação ao qual está a ser proposta a *richiesta*, sendo que se ela contiver uma tal alteração deverá o juiz realizar a sua valoração e correcção, rejeitando a proposta quando entender incorrecta a qualificação[90].

Afirma-se mesmo que qualquer negociação que tenha por objecto modificações da imputação contrastaria com o artigo 112º da Constituição italiana, em virtude da inderrogabilidade do princípio da obrigatoriedade da acção penal, o qual exclui todo o poder negocial do ministério público quanto ao objecto da acusação[91].

Da essência dos procedimentos fundados num consenso, essa proibição não impede, todavia, um eventual acordo sobre o rito ou sobre a medida da pena[92] (*infra*).

6.1.2 – As consequências jurídicas do delito.

Desde que mantido o objecto da acusação conforme aos factos ocorridos, ou seja, uma vez realizada a imputação pelo ministério público de acordo com o resultado das investigações empreendidas, o consenso entre as partes pode incidir sobre as consequências jurídicas do delito.

6.1.2.1 – A medida da pena.

Assume acentuado relevo essa possibilidade de se ter como objecto do consenso a pena a ser aplicada ao acusado, tendo em vista que, mais uma vez tendendo a uma integração no Sistema Punitivo total, a questão diz respeito ao problema da medida da pena, ponto nevrálgico da actual problemática do Direito Penal.

No Ordenamento Jurídico italiano, conforme já demonstrado, o acusado e o ministério público poderão pedir ao juiz a aplicação, na natu-

---

[90] Idem, ibidem, p. 35; Igual o entendimento de ILLUMINATI, o qual sustenta que esse é o argumento decisivo para se confirmar a não derrogação do princípio da obrigatoriedade da acção penal no Ordenamento Jurídico italiano (ILLUMINATI, Giulio. I procedimenti a conclusione anticipata e speciali nel nuovo codice di procedura penale, cit., p. 280).

[91] BEVERE, Antonio. Il patteggiamento..., cit., p. 365.

[92] BARGI, Alfredo. *Procedimento probatorio e giusto processo*, cit., p. 134.

reza e na medida indicadas, de uma sanção substitutiva ou de uma pena pecuniária, diminuída até um terço, ou de uma pena detentiva quando esta, levando-se em conta as circunstâncias e diminuída de um terço, não supere dois anos de reclusão ou detenção, isolada ou conjuntamente com a pena pecuniária (art. 444º, *C.P.P.It.*)

Portanto, desde que haja um consenso sobre a medida da pena a ser aplicada, o acusado é favorecido com a redução de um terço da pena que efectivamente deveria ser imposta, com vista ao enquadramento no limite de dois anos previsto para a adopção do rito diferenciado.

A redução resulta numa outra vantagem para o acusado, pelo facto de ela favorecer a concessão da suspensão condicional da pena naqueles casos em que, aplicada pena pecuniária cumulativa, a sua conversão em dias de pena privativa de liberdade, para os fins de aferição da obediência ao limite máximo de pena que pode ser suspenso (art. 135 *C.P.It.*), tornaria impraticável a suspensão[93].

Trata-se, por conseguinte, de um "prémio" que é atribuído ao acusado em virtude do seu comportamento processual não impeditivo, com reflexos directos na operação da medida da pena, visto serem as partes que a efectuam.

No particular os novos ritos são justificados com o apego a uma alteração de critérios: de um sistema de *direito punitivo-direito clemencial* para um sistema centrado num dualismo *direito punitivo-direito premial*. Este último caracterizado por um *sistema penal-preventivo*, no qual os eventuais benefícios atribuídos ao acusado devem encontrar justificativa não mais em procedimentos de indulgência e sim em comportamentos meritórios, entre os quais assume particular relevo a sua conduta processual, identificada na sua leal colaboração, seja através da admissão da própria responsabilidade seja através da aceitação do procedimento simplificado[94].

Denota-se aqui um problema de compatibilidade entre os ritos processuais fundados num consenso e o sub-sistema penal, tendo em vista a atribuição de valor a um comportamento do acusado posterior ao facto hipoteticamente delituoso para os fins de medida da pena. Na doutrina italiana há a sustentação da admissibilidade de tal valoração, devendo

---

[93] TAFI, Francesco. Sugli aspetti premiali connessi al ricorso alla "applicazione della pena su richiesta delle parti". *Archivio nuova procedura penale*, Piacenza, p. 493-499, 1993, p. 496.

[94] BARGI, Alfredo. *Procedimento probatorio e giusto processo*, cit., p. 130.

202   *O Processo Penal como Instrumento de Política Criminal*

ser digno da maior consideração o posterior comportamento cooperativo do acusado, uma vez que denota uma recuperação que ele realiza por si mesmo em relação à sua conduta anterior[95]. O mencionado entendimento encontra o aval da *Corte Costituzionale* (sentença nº 284 de 1990), com o fundamento de que a redução de pena se enquadra na norma do artigo 133º, inciso 2, número 3 do *Codice Penale* italiano, pela qual a conduta subsequente ao delito é considerada um dos critérios gerais para a medida da pena.

Pontual a crítica a esse posicionamento, no sentido de que o disposto no art. 133º do *C.P.It.* não valoriza a conduta subsequente ao delito em si mesma mas sim apenas como indício revelador de uma não reincidência, sendo necessário demonstrar efectivamente a menor necessidade de pena para que o comportamento posterior interfira na medida da sanção[96].

Por conseguinte, não se pode deixar de verificar que o problema do encontro de vontades em sede processual penal diz respeito aos dois momentos mais sensíveis de toda a actividade persecutória, ou seja, o exercício da acção penal pelo ministério público e a determinação da medida da pena. Fácil de perceber que é justamente nesses dois momentos do procedimento penal, em sentido amplo, onde se opera a maior discricionariedade tanto do órgão da acusação, privado ou público, como do juiz, considerando-se ainda reservada a este último a operação da medida da pena no modelo processual convencional.

Logicamente, em ambos os casos não estamos diante de um ilimitado poder e sim da chamada discricionariedade mitigada ou regrada, uma vez que assim como o ministério público se encontra vinculado pelo princípio da obrigatoriedade da acção penal, ficando por isso condicionado ao resultado das investigações realizadas e do material probatório recolhido, o juiz deve levar em conta na sua actividade de fixação da medida da pena os indicadores, mesmo que genéricos, fornecidos pelo legislador como guia para a realização da determinação da pena. Quanto ao último, devendo ser respeitados a especificação do delito, os limites da moldura penal e a verificação das circunstâncias (atenuantes e agravantes).

---

[95] PATERNITI, Carlo. Influenze e rapporti del nuovo codice di procedura penale con la legislazione penale sostanziale, cit., p. 119.

[96] DOLCINI, Emilio. Razionalità nella commisurazione della pena, cit., p. 806, nº 29; CERQUA, Luigi Domenico. Riti alternativi e incentivi premiali: implicazioni di natura sostanziale. *Cassazione Penale*, v. XXXII, p. 1702-1707, 1992, p. 1705.

Nesse sentido a discricionariedade é vista como um dos aspectos da própria actividade jurisdicional, necessário para a actuação nas particulares situações subjectivas processuais; porém, devendo ser sempre exercitada nos limites oferecidos pela própria finalidade da norma e do instituto correlato[97].

Interessante, pois, a distinção apontada entre hermenêutica e integração discricionária, na medida em que a primeira das operações mencionadas, relacionada com a identificação da norma aplicável e tendo como objecto o conteúdo descritivo da norma, precede a segunda, esta um juízo de valor que leva em conta os parâmetros teleológicos e sistemáticos característicos da norma[98].

Assim, respeitada a determinação da pena base e das circunstâncias incidentes, verifica-se uma possibilidade da actuação das partes na fixação da medida da pena no resíduo de discricionariedade atribuído ao juiz pelo modelo convencional.

6.1.2.1.1 – Natureza jurídica da redução de pena.

Uma vez demonstrada a possibilidade de que o objecto do acordo seja a medida da pena a ser imposta e verificado que isso pode conduzir à oferta ao acusado de uma redução da sanção como contrapartida premial do seu comportamento cooperativo, mister é a identificação da natureza jurídica dessa diminuição de pena, com vista a enquadrá-la no Sistema Legal.

A questão não é de pouca relevância, uma vez que dela depende a legalidade da contrapartida oferecida, suficiente para viciar a legitimidade de todo o modelo de justiça penal negociada.

Com base em posicionamento jurisprudencial, há a informação de que "'a diminuição prevista no art. 444º c.p.p. deve ser qualificada como uma causa de redução da pena regulada em conformidade com as atenuantes do art. 63º c.p. por manter-se como norma relativa a todas as causas que influenciam a quantificação da pena', assim, Sez. VI, 18-2-1991, *GP*, 1991, III, 434, n. 133 ed, ancora Sez. VI, 10-7-1990, in *Arch. n. proc. pen.*, 1991, 439 para o qual 'a diminuição do art. 444º c.p.p., ainda que não possa ser inserida entre as atenuantes em sentido técnico, enquanto não correlatas às circunstâncias subjectivas e objectivas men-

---

[97] BARGI, Alfredo. *Procedimento probatorio e giusto processo*, cit., p. 71.
[98] Idem, ibidem, cit., p. 64.

cionadas pelo art. 70° c.p. como causas de redução da pena, resta ainda sempre disciplinada, de modo semelhante às atenuantes, do art. 63° c.p. e do art 65° do próprio código que costitui o complemento normativo"[99]. Por conseguinte, nesse primeiro posicionamento a redução de pena vem ligada às circunstâncias atenuantes, devendo ser disciplinada nos moldes destas, ainda que ela não possa ser considerada atenuante no sentido técnico do termo.

Enfático o argumento contrário de MACCHIA[100], afirmando que "la diminuente di cui Qui si tratta non può essere compresa nel novero delle circostanze attenuanti, giacché la stessa, prescindendo dal reato e dalla personalità dell'imputato, si incentra esclusivamente sulla 'meritorietà processuale dello stesso', coniugandosi quindi intimamente allo speciale rito cui accede". Nesta perspectiva vem reforçada a natureza processual da redução, funcionando apenas como um "prémio" correlato à opção pelo rito especial feita pelo acusado, nada tendo a ver com as circunstâncias atenuantes próprias.

Também considerando irrelevante a opção feita pelo acusado quanto ao rito para os fins de determinar a gravidade do delito e prognosticar a capacidade de delinquir, há o entendimento de que com toda a evidência a redução de pena não é, e não pode ser, considerada circunstância geral do delito. Voltada para assegurar a celeridade e agilidade do sub-sistema processual, através do incentivo proporcionado ao acusado, sugere-se que a redução de pena no *patteggiamento* assume a função de uma típica exigência de prevenção geral[101]. Na jurisprudência a posição por

---

[99] ANCA, Giovanna Maria. Pena, applicazione su richiesta delle parti, cit., p. 389; RAMAJOLI, Sergio. *I procedimenti speciali...*, cit., p. 40.

[100] *Il patteggiamento*, cit., p. 17, citando jurisprudência a respeito: *Cass. sez.* 1-10-1991; *Cass. sez.* 4-9-1990; *Cass.* 10-7-1990. No mesmo sentido: FERRAJOLI, Luigi. Patteggiamenti e crisi della giurisdizione, cit., p. 378; DOLCINI, Emilio. Razionalità nella commisurazione della pena, cit., p. 800. Ainda, considerando-a como uma mera diminuição de natureza processual: FAZIO, Giuseppe. L'equità della pena nel patteggiamento, cit., p. 1950.

[101] PADOVANI, Tullio. Il nuovo codice di procedura penale e la riforma del codice penale, cit., p. 932-933. Também identificando um conteúdo de prevenção geral na redução: DOLCINI, Emilio. Razionalità nella commisurazione della pena, cit., p. 807. Para uma divergência com esse entendimento, v. PAGLIARO (PAGLIARO, Antonio. Riflessi del nuovo processo sul diritto penale sostanziale, cit., p. 40), o qual parte do argumento de que também nos procedimentos especiais do *giudizio direttissimo* e *giudidizio imme-diato* se persegue o fim da celeridade processual, portanto, servindo a prevenção geral positiva, nada obstante a inexistência em ambos de qualquer redução na medida da pena.

último citada é sustentada nas sentenças da *Corte Costituzionale* n°s 66, 183, 264 e 277 de 1990, nesta última com o fundamento de que a diminuição de pena nada mais é do que um estímulo à solicitação da definição do *giudizio*, em nada interferindo na condição do acusado e no delito já ocorrido[102].

6.1.2.1.2 – Medida da redução.

Considerando-se a possibilidade de que a contrapartida oferecida ao acusado seja a redução da pena a ser imposta e já visto o problema da sua natureza jurídica, resta-nos analisar em que medida pode ocorrer essa diminuição, de modo a que não ocorra a violação dos princípios que imperam em sede penal, particularmente o da proporcionalidade entre a pena e a culpabilidade do acusado.

Com efeito, uma das questões suscitadas com o advento do *patteggiamento* no novo *C.P.P.It.* refere-se à previsão no art. 444º do *Codice* da diminuição da pena privativa de liberdade até um terço para fins de verificação da possibilidade da aplicação do rito diferenciado.

A análise do problema pressupõe uma compreensão do procedimento prévio a ser seguido antes da apresentação da *richiesta*: por iniciativa das partes, ministério público e acusado, ou por algum deles separadamente, parte-se da definição do delito hipoteticamente ocorrido com base nos elementos de prova até então recolhidos (no estado em que se encontram os autos); identificado o delito hipotético será verificada a moldura penal (mínimo e máximo) fixando-se a pena base; na pena base incidirão as circunstâncias atenuantes e agravantes, no sentido de se encontrar a pena a ser imposta; identificada a pena a ser imposta incidirá uma redução de até um terço na sua medida, chegando-se, pois, à pena aplicável ao caso concreto no entender das partes; se o resultado desta operação não ultrapassar o limite máximo de dois anos de prisão

---

[102] CERQUA, Luigi Domenico. Riti alternativi e incentivi premiali, cit., p. 1702-1703. Para o Autor (Ob. loc. cit.) a redução não pode ser enquadrada entre as atenuantes genéricas, por um lado, porque enquanto elas possuem natureza meramente processual, as atenuantes genéricas são aplicadas em função do delito e da personalidade do acusado; por outro lado, na própria previsão do *patteggiamento* o *Codice* separa distintamente a operação da medida da pena, na qual são valoradas as atenuantes genéricas, daquela realizada para determinar a redução processual; acresce ainda o argumento de que também no caso do concurso formal de delitos e de crime continuado o aumento de pena antecede a redução.

ou detenção, isolada ou conjuntamente com outras penas pecuniárias, passível é a aplicação do rito diferenciado.

Em síntese, as partes, ou uma delas, realiza por iniciativa própria a operação de medida da pena – atribuição natural do juiz[103] – e, identificada a pena a ser aplicada e reduzida em um terço, se não ultrapassado o limite de dois anos mencionado, requer a sua aplicação; disso se conclui que a pena máxima a ser aplicada na hipótese de sentença *patteggiada* é de dois anos de prisão ou arresto[104].

A perplexidade resultante do texto da Lei referia-se à dúvida no sentido de que se ao prever a redução de um terço o *Codice* estabelecia um limite máximo da redução que poderia ser efectuada ou, ao contrário, previa o tecto máximo de pena que poderia resultar após a aplicação da diminuição: um terço; ou seja, no primeiro entendimento a redução máxima a ser efectuada seria de um terço da pena, sendo os dois terços restantes objecto de confrontação com o limite máximo de dois anos; no segundo entendimento a redução poderia ser efectuada até dois terços e o um terço resultante é que seria comparado com o limite legal de dois anos[105].

Conforme salienta ANCA[106], a controvérsia não teve fim enquanto não houve o pronunciamento da *Sezioni Unite della Corte di cassazione*

---

[103] Embora não se possa desconsiderar que "l'intero meccanismo di determinazione della sanzione è sottoposto al controllo del giudice, che può rigettare la proposta anche per ragioni di merito inerenti alla commisurazione della pena base" (NAPPI, Aniello. *Guida...*, cit., p. 459). Sobre a operação do juiz destinada a verificar os critérios que as partes adoptaram quanto ao reconhecimento das atenuantes aplicáveis ao caso bem como das agravantes a incidir na medida da pena, entende MACCHIA (MACCHIA, Alberto. *Il patteggiamento*, cit., p. 36) que nada impede que ele verifique a ocorrência de outras das mencionadas circunstâncias que não foram valoradas pelas partes, devendo rejeitar a *richiesta* no caso de constatação positiva. Ou seja, ainda que não seja por ele realizada, a operação da medida da pena pode sujeitar-se ao controle do juiz e influenciar o acolhimento ou rejeição da *richiesta*.

[104] Neste sentido, com acerto, afirma RAMAJOLI (RAMAJOLI, Sergio. I procedimenti speciali..., cit., p. 34) que o "l'art. 444° determina soltanto il 'teto' non superabile della pena irrogabile".

[105] Este último o entendimento de SOTTANI, Sergio. Osservazioni critiche sul nuovo patteggiamento, cit., p. 128.

[106] Pena, applicazione su richiesta delle parti, cit., p. 399; MACCHIA, Alberto. *Il patteggiamento*, cit., p. 17; RAMAJOLI, Sergio. *I procedimenti speciali...*, cit., p. 39-40; NAPPI, Aniello. *Guida...*, cit., p. 455; CONSO, Giovanni, BARGIS, Marta. *Glossario della nuova procedura penale*. Milano: Giuffrè Editore, 1992, p. 17; DALIA, Andrea Antonio, FERRAIOLI, Marzia. *Corso...*, cit., p. 431.

(*Cass. S. U.*, 24-3-1990, *CP*, 1990, II, 118, 49) "pronunciando-se a favor da leitura sistemática da mencionada norma, entendendo a locução 'até a um terço' como referida à redução e não já à pena, como seria de entender do ponto de vista gramatical e sintático, pelo que a redução não pode superar a medida de um terço e a pena não pode descer abaixo dos dois terços daquela legalmente calculada". Segue-se que a mencionada locução "diminuita fino a un terzo" se refere à quantidade máxima de pena que pode ser reduzida e não ao resultado último da operação do cálculo (*Cass., Sez.* IV, 2-7-1990; *Cass.*, 15-7-1990; *Cass.*, 20-3-1991).

Pacificada, em termos, a discussão sobre o "quantum" de pena que pode ser reduzida no rito do *patteggiamento*, uma outra questão passou a ser levantada, ainda no tocante à medida da redução passível de ser efectuada. O problema refere-se à apontada violação que a redução de pena pode implicar ao art. 132º do *Codice Penal* italiano, o qual estabelece que a incidência das circunstância gerais do delito (atenuantes e agravantes) não pode conduzir a uma pena concreta inferior ao mínimo da moldura penal. Portanto, como já salientado, assegurando a vigência do princípio da legalidade material.

Como é óbvio, a mencionada restrição parte do pressuposto de que a redução de pena prevista no *patteggiamento* possui a mesma natureza jurídica das circunstâncias do delito (*accidentalia delicti*) e, por consequência, está sujeita ao mesmo regime legal previsto para estas.

Já demonstrado, argumenta-se em oposição a este entendimento a tese predominante de que as circunstâncias do delito são elementos relativos a um crime já perfeito na sua estrutura, cuja presença incide sobre a graduação do desvalor do facto, provocando uma variação da quantidade de pena prevista para a sua caracterização na forma simples: trata-se de elementos que abstractamente representam um aspecto particular do facto típico. Já a redução de pena no *patteggiamento* é prevista exclusivamente para efeito da escolha do rito (circunstância processual), não estando subordinada aos elementos incidentes sobre o aspecto representativo e valorativo do facto[107].

Exposta a controvérsia e demonstrada a fundamentação da tese predominante, pondera PROTO[108] que não se pode fundar a inaplicabilidade da regra do art. 132º ao *patteggiamento* com recurso à natureza

---

[107] PROTO, Pietro. Questioni sul c.d. "patteggiamento": compatibilità e incidenza sulla determinazione quantitativa della pena, cit., p. 830.

[108] Idem, ibidem, p. 831.

208   *O Processo Penal como Instrumento de Política Criminal*

processual da redução de pena prevista para o Instituto, uma vez que, embora situada no *C.P.P.It.*, ao influenciar na medida da pena ela acaba por atingir a situação *material* do acusado. Assim, é preferível efectuar a exclusão pela própria norma do art. 132º do *C.P.It.*, que na sua parte final prevê a excepção "salvi i casi espressamente determinati dalla legge". Seja por este fundamento seja pela natureza processual da redução de pena, prevalece então o entendimento da possibilidade que a redução de pena possa alcançar uma medida inferior ao mínimo legal. De acrescer ainda o argumento de que isso não viola o princípio da reserva legal, tendo em vista que a redução decorre da norma legal prevista no art. 444 *C.P.P.It.*[109].

6.1.2.2 – Contrapartida diversa da redução de pena.

Ainda em relação às consequências jurídicas do delito como objecto da transacção, não somente a questão da sua medida pode ser posta na mesa de negociação mas também admissíveis são outros tipos de "ofertas" que podem ser feitas ao acusado como medida premial em troca do seu comportamento cooperativo.

6.1.2.2.1 – Substituição.

De grande importância é a possibilidade conferida pelo art. 444º *C.P.P.It.* da conversão da pena privativa de liberdade em pena pecuniária ou pena substitutiva (semi-detenção ou liberdade controlada), do mesmo modo ficando atribuído às partes a operação da fixação da sua medida, admitindo o *Codice* a sua diminuição até um terço[110].

Os casos de substituição e as respectivas medidas substitutivas são previstas pelo inciso I do artigo 53º da Lei nº 689/81. Estabelece a citada norma que ao pronunciar sentença condenatória, quando entender fixar a duração da pena detentiva em até seis meses, o juiz poderá substituir tal pena pela semi-detenção; quando entender fixá-la em até três meses pode substituí-la pela liberdade controlada; quando a pena fixada for de até um mês a substituição poderá ser por uma pena pecuniária da espécie correspondente.

A grande inconveniência apontada quanto à Lei nº 689/81, entre tantas outras críticas a que foi submetida, era o exíguo espaço de aplicação que ela conferia ao *patteggiamento*, estabelecendo o seu art. 54º a

---

[109] Idem, ibidem, p. 832.
[110] CONTI, Giovanni, MACCHIA, Alberto. *Il nuovo processo penale*, cit., p. 210.

Modelo Italiano 209

aplicação das penas substitutivas somente no caso de crimes da competência do Pretor. Incorporada a Lei nº 689/81 pela reforma do *Codice* no restrito aspecto da aplicação de sanções substitutivas (art. 53º e 54º), é evidente que ela trouxe consigo as críticas dirigidas ao modelo anterior, particularmente quanto à estreita aplicação.

Consequência dessas críticas foi a edição da Lei nº 296 de 12 de agosto de 1993, em cujo artigo 5º se ampliou a medida da pena em que é possível ocorrer a aplicação da sanção substitutiva, além de estender também aos crimes da competência do tribunal essa possibilidade. Em relação a este último aspecto a citada Lei afastou o mencionado artigo 54º da Lei nº 689/81.

Quanto à ampliação do âmbito de incidência, o artigo 5º da Lei nº 296/93 admite a substituição da pena detentiva de duração até um ano pela semi-detenção, a pena detentiva de duração até seis meses pela semi-liberdade e a pena detentiva de duração até três meses pela pena pecuniária, mantida a previsão da redução da pena substitutiva em um terço.

Se por um lado a ampliação da incidência da substituição aos crimes de competência do tribunal permitiu o alcance de crimes de considerável gravidade, por outro, a ampliação da quantidade de pena em que poderá incidir a substituição pela pena pecuniária determinará que essa seja uma das soluções usuais de conclusão do processo no Ordenamento Jurídico italiano, a despeito mesmo da possibilidade da suspensão condicional da pena.

Considerando o argumento de que a solução se mostra inaplicável a um considerável número de casos, em virtude da maioria dos acusados não terem como efectuar o pagamento de uma sanção de natureza pecuniária, o próprio Legislador italiano viu por bem estabelecer no artigo 26 da Lei nº 689/81 a possibilidade de se efectuar um parcelamento da pena imposta entre três e trinta meses, sempre que as condições económicas do acusado assim exigirem e ele assim o requerer.

6.1.2.2.2 – A suspensão condicional da pena.

Um outra hipótese dá-se com a possibilidade prevista no nº 3 do art. 444º do *C.P.P.It.* de as "partes" no momento de formularem o pedido de aplicação de sanção substitutiva condicionarem o mesmo à concessão da suspensão condicional da pena[111].

---

[111] Possibilidade considerada como uma compensação ao período previsto no *Codice* para a extinção do crime, de forma a não desestimular a formulação da *richiesta* (PAOLOZZI, Giovanni. I meccanismi di semplificazione del giudizio di primo grado, cit., p. 59).

210   *O Processo Penal como Instrumento de Política Criminal*

Desde logo não se pode descuidar a lúcida observação lançada por PADOVANI[112], no sentido de que também a suspensão condicional da pena, como uma das contrapartidas ao comportamento cooperativo do acusado no *patteggiamento*, deve ser reconduzida a uma finalidade político-criminal, identificando-se com os fins de prevenção especial, face à demonstração que ela pressupõe da ausência da necessidade da pena privativa de liberdade.

A esse respeito manifestou-se a jurisprudência na *S. C. (Sez.* VI, de 20-3-1991, *in: Riv. Pen.*, 1992, 678), no sentido de que somente o acusado pode submeter à condição da suspensão condicional da pena o próprio requerimento ou consenso. Ficou afirmado que "no caso em que o ministério público subordina o próprio consenso à condição de que não venha concedida a suspensão condicional da pena" tal condição deve ser entendida como não aposta, ficando interrompida a validade do consenso prestado. O fundamento para tanto reside em que no procedimento previsto no art. 444° *C.P.P.It.*, "caracterizado pela formação de um negócio jurídico de natureza processual, as declarações de vontade das partes não podem ser submetidas a condições a não ser que isso seja expressamente consentido pela Lei, o que se verifica apenas em relação ao acusado, na hipótese prevista no inciso 3 do mencionado artigo"[113].

Ainda em relação às divergências geradas a respeito da concessão da suspensão condicional da pena a seguir à sentença de *patteggiamento*[114], o controle de constitucionalidade teve que incidir também sobre a necessidade de motivação da parte da sentença que concede ou

---

[112] Il nuovo codice di procedura penale e la riforma del codice penale, cit., p. 929; PALIERO, Carlo Enrico, MONACO, Lucio. Variazioni in tema di "crisi della sanzione", cit., p. 444.

[113] ANCA, Giovanna Maria. Pena, applicazione su richiesta delle parti, cit., p. 387, n 126; MACCHIA, Alberto. *Il patteggiamento*, cit., p. 24 e 43. Da impossibilidade de se condicionar inclusive a um procedimento administrativo estranho à autoridade judiciária, como o é a expulsão do estrangeiro do próprio território do Estado, manifestou-se NAPPI, Aniello. *Guida al codice di procedura penale*, cit., p. 456.

[114] Destaque-se desde logo que, superando a divergência existente no regime da Lei n° 689 de 1981, quanto ao *patteggiamento* do *Codice* "não pode haver dúvida alguma sobre a admissibilidade da suspensão condicional na hipótese de irrogação de sanção substitutiva, na medida em que o art. 444°, inciso 3° expressamente prevê a referência da suspensão condicional a todas as hipóteses delineadas nos incisos precedentes" (LOZZI, Gilberto. Aplicacione della pena su richiesta delle parti, cit., p. 130).

Modelo Italiano	211

rejeita a suspensão condicional da pena bem como sobre a possibilidade da concessão de ofício por parte do juiz no caso de ausência da manifestação das partes.

Quanto ao primeiro aspecto, paradigmático é o disposto na *Cass., Sez. V*, 7-5-1991 no sentido de que "quando o acordo envolve a concessão ou a denegação da concessão da suspensão condicional da pena, o juiz tem o dever de efectuar uma adequada motivação sobre esse ponto", tanto em decorrência de imposição do Direito Penal material (art. 164º, 1º, *C.P.It.*) como também do próprio art. 144º, 3º, *seconda parte, C.P.P.It*[115].

Sobre a concessão de ofício da suspensão condicional da pena em sede de *patteggiamento*, predomina o entendimento jurisprudencial no sentido da sua impossibilidade, fundado, por um lado, no dever imposto ao juiz pelo inciso 3º do art. 444º de rejeitar integralmente a *richiesta* quando entender pela não aplicação do rito alternativo, representando um julgamento "ultra petita" a concessão de ofício e, por outro lado, pelo facto de impedir uma prévia oposição do ministério público (*Cass., Sez. III*, 10-11-1990; *Cass., Sez. III*, 16-11-1990)[116]. Considerando "stupisce questa visione autoriduttiva", ANCA[117] defende posição contrária apoiando-se na possibilidade concedida ao juiz de inclusive absolver o acusado, nos termos do art. 129º *C.P.P.It.*, sendo assim uma hipótese de "favor rei" que legitima plenamente o juiz a conceder a suspensão condicional de ofício mesmo no caso de ausência de acordo entre as partes, desde que presentes os pressupostos legais. Manifestando-se a este respeito, CORDERO[118] entende que, embora nada se deva objectar à

---

[115] ANCA, Giovanna Maria. Pena, applicazione su richiesta delle parti, cit., p. 400.

[116] BEVERE, Antonio. Il patteggiamento: la gestione negoziale degli affari penali, cit., p. 366/368; RAMAJOLI, Sergio. *I procedimenti speciali...*, cit., p. 51, o qual cita outras jurisprudências sobre o tema: *Cass. Sez. fer.*, 21-08-1990, *ric. Esposito, in Cass. Pen.*, 1990, II, p. 336, m. 134. Filiando-se nesse posicionamento e também indicando recentes decisões jurisprudenciais no mesmo sentido (*Cass. Sez. V*, 31-10-1991, *Sifi*; *Cass. Sez. V*, 13-02-1992, *Giordano*; *Cass. Sez. un.*, 11-05-1993, *Iovine*; *Cass. Sez. I*, 11-02-1994): NAPPI, Aniello. *Guida...*, cit., p. 468.

[117] Pena, applicazione su richiesta delle parti, cit., p. 400-401. Posicionamento semelhante adopta MACCHIA (MACCHIA, Alberto. *Il patteggiamento*, cit., p. 16, nº 45), assinalando que o condicionamento à concessão se refere a um elemento acidental do negócio jurídico, cuja ausência conduz à atribuição ao juiz do poder de se manifestar a respeito; acrescenta ainda que tal possibilidade decorre da própria obrigação imposta ao juiz de analisar a adequação da proposta contida na *richiesta* à finalidade de prevenção especial, de modo que, se entende que a suspensão é apta à satisfação do escopo penal, o juiz deve conceder a suspensão.

[118] *Codice di procedura penale*, cit., p. 539.

212   *O Processo Penal como Instrumento de Política Criminal*

sentença que não suspende a execução da pena aplicada na ausência de requerimento nesse sentido, tão pouco pode merecer censura a hipótese contrária em que a *sospensione* seja aplicada mesmo sem o prévio requerimento.

Vale ressaltar, todavia, a questão bem posta por MACCHIA[119] no sentido de que, embora não haja restrições à concessão do *patteggiamento* no caso de pena detentiva cumulada com sanção pecuniária, observados os limites legais, na hipótese de *richiesta* subordinada ao deferimento da suspensão condicional da pena a questão torna-se mais complexa. Ou seja, devendo ser a pena pecuniária considerada para fins de deferimento da suspensão, a impossibilidade do deferimento desta pode determinar a rejeição da *richiesta* de aplicação de pena.

Da mesma forma, tendo em vista a necessidade de que na concessão da suspensão condicional da pena, mesmo a requerimento ou condicionada pela parte, o juiz verifique a presença dos requisitos previstos nas normas que disciplinam o *patteggiamento*, no caso deles estarem ausentes deverá rejeitar integralmente a *richiesta*, frente à impossibilidade de operar uma mudança desta última. Poderá, entretanto, exclusivamente condicionar a suspensão ao pagamento das despesas processuais a favor da parte civil, pois o condicionamento ao ressarcimento do dano implicaria uma indirecta condenação de natureza civil, estando impedida essa possibilidade legalmente[120].

Conforme se verá, esta aproximação do objecto do *patteggiamento* às consequências jurídicas do delito determinará implicações directas na integração político-criminal do processo penal, sendo avaliada a pertinência deste rito diversificado à luz das finalidades esperadas da sanção penal.

7 – Sujeitos processuais.

A eficácia dos ritos alternativos ao ordinário em sede do processo penal, particularmente aqueles baseados num encontro de vontades entre as partes, encontra-se indissoluvelmente condicionada ao papel a ser assumido pelos sujeitos processuais.

Confirmando a afirmação, é de destacar que o modesto recurso que se verificou aos ritos especiais nos quatro anos iniciais de vigência do

---

[119] *Il patteggiamento*, cit., p. 16, nº 32.
[120] Idem, ibidem, p. 16, nº 44-45.

Codice di Procedura Penale italiano resultou justamente da incapacidade dos sujeitos processuais, especialmente os advogados e o ministério público, de se adaptarem à nova realidade, estando ainda presos aos esquemas do modelo tradicional[121].

Para o êxito dos modelos de justiça penal consensual é imprescindível uma mudança de mentalidade de todos os envolvidos no processo, particularmente no que se refere à posição dos acusados e à actuação dos respectivos defensores. Dos primeiros pode destacar-se a necessidade de que venham devidamente esclarecidos da sua situação processual bem como de todas as alternativas que possuem, de modo a viabilizar uma adequada escolha em termos de comportamento no processo; quanto aos defensores, aos quais estaria atribuída a função esclarecedora mencionada, indispensável é uma grande lealdade no sentido de não induzir o acusado a ter infundadas esperanças de um êxito certo do processo pelas vias normais, devendo ser previsto, inclusive, um adequado sistema de controle, a partir do qual as violações seriam severamente sancionadas[122].

A mencionada mudança de mentalidade acerca dos sujeitos processuais e a consequente alteração na forma de actuação de cada um deles encontra-se vinculada ao estabelecimento de um equilíbrio entre as posições da acusação e defesa, colocando-se no mesmo plano ministério público e defensor, de modo a assegurar um tratamento paritário entre interesse punitivo estatal, concretizado com a prática do delito, e o interesse na liberdade individual[123].

Por outro lado, para a satisfação da premência de uma efectiva paridade de tratamento entre acusação e defesa faz-se necessário tutelar com maior rigor os casos de acusados débeis economicamente, desprovidos de condições para serem assistidos no processo por um defensor de confiança.

---

[121] STEFANI, Eraldo. *La difesa attiva nel giudizio abbreviato e nel patteggiamento*, cit., p. 7.

[122] PAOLOZZI, Giovanni. *I meccanismi di semplificazione del giudizio di primo grado*, cit., p. 57-58.

[123] GAITO, Alfredo. *Accusa e difesa di fronte ai nuovi istituti: problemi di scelta e strategia processuale*, cit., p. 13. Aliás, esse objectivo de paridade entre acusação e defesa foi eleito à categoria de princípio inspirador da reforma empreendida no *Codice di Procedura Penale* italiano, conforme se infere da directiva nº 3 da Legge-Delega que determinou as bases do texto legislativo actual.

214   *O Processo Penal como Instrumento de Política Criminal*

Tal quadro pode vir a ser resolvido por meio de dois mecanismos diferenciados: se por um lado é possível rever, ou na maioria dos casos apenas tornar eficaz, os mecanismos de assistência judiciária, por outro, ao próprio juiz é atribuída a missão de nesses casos controlar com maior escrúpulo a própria formação da prova e regular a assistência que está a ser prestada ao acusado. Necessário é considerar o risco desta última alternativa tender a uma restauração inquisitória no âmbito do processo penal[124].

No caso italiano a situação de assistência judiciária vem expressamente disciplinada no próprio *Codice* (art. 97º *C.P.P.It.* e art. 29º *disp. att.*)[125]. Destaque-se, porém, que já nos primeiros tempos de vigência do *Codice* CHIAVARIO[126] manifestava a sua preocupação quanto à "gravissima carenza" do sistema de assistência legal, sem o qual muitas garantias preconizadas na reforma se limitariam a uma previsão meramente formal, determinando assim uma substancial lesão ao princípio da igualdade processual.

7.1 – Ministério público.

Imprescindível à análise do papel do ministério público na efectivação dos modelos de justiça penal consensual é a verificação da sua posição institucional.

A objectividade de actuação imposta ao ministério público, significando a necessidade de cumprir todos os actos necessários não só para a sustentação da acusação mas também aqueles que possam favorecer o acusado, parece ser um emblema de alguns Ordenamentos Jurídicos.

Em Itália esse dever de objectividade encontra-se previsto no próprio art. 358º *C.P.P.It.*, sendo justificado doutrinariamente pelo facto de que, se as *indagini preliminari* (investigações preliminares) se prestam a esclarecer o órgão da acusação sobre o exercício ou não da acção penal, o ministério público deverá do mesmo modo "accertare tutti i fatti necessari a verificare se la notizia di reato è 'infondata' (art. 408º) o se ricorrano altri casi di archiviazione (art. 411º)"[127].

Hierarquicamente, o dever de objectividade do ministério público e a sua correlata autonomia tem fundamento no facto de que os seus

---

[124] Idem, ibidem, p. 15.
[125] ANIELLO NAPPI (NAPPI, Aniello. *Guida...*, cit., p. 52.
[126] Qualche sollecitazione per un confronto, cit., p. 17.
[127] NAPPI, Aniello. *Guida...*, cit., p. 60.

Modelo Italiano 215

membros são qualificados como magistrados, submetidos ao mesmo regime de carreira e disciplina dos juízes[128]. Ou seja, esse dever de objectividade atribuído ao ministério público no modelo italiano[129] decorre da sua previsão como magistrados a pleno título, entendida a expressão não como um aumento das suas prerrogativas institucionais e, porque não dizer, dos seus privilégios, mas muito mais de uma maior responsabilidade na actuação judicial, especialmente aquela de natureza penal.

Assim, transposto o umbral do exercício da acção penal, na fase tipicamente processual reforçada vem a autonomia do ministério público, traduzida tanto na objectividade de actuação já mencionada como na exigência de que os seus membros assumam as próprias determinações com base no contraditório e não em função de instruções previamente recebidas dos superiores hierárquicos. Entretanto, essa autonomia e esse dever de objectividade, ao que de perto nos interessa, aplicam-se plenamente também à audiência "ad hoc" que, como veremos, pode ser fixada para a *applicazione della pena su richiesta delle parti* no curso das investigações preliminares[130].

Nesse mesmo sentido, a autonomia e objectividade do ministério público vêm particularmente reforçadas no rito especial do *patteggiamento*, sendo atribuída aos seus membros uma certa margem de escolha sobre o mérito da acção penal, delimitada pela última palavra pertencente ao juiz[131]. É justamente com apego a essa delimitação judicial no caso italiano que se afirma a existência de uma tendência limitativa da discricionariedade do ministério público frente aos ritos fundados num acordo de vontades[132]. Não poderia mesmo ser relegada a necessidade dessa delimitação, considerando-se que a esfera de poder a ser atribuída ao ministério público é um dos pontos sensíveis num sistema articulado como o do *patteggiamento*, face ao risco de ocorrer uma expropriação de poderes exclusivos do juiz em vantagem do actor público[133].

É a advertência segura feita por FERRAJOLI[134], ao asseverar que nos ritos negociais o ministério público foi investido de um enorme poder

---

[128] CHIAVARIO, Mario. Qualche sollecitazione per un confronto, cit., p. 16; DALIA, Andrea Antonio, FERRAIOLI, Marzia. *Corso...*, cit., p. 302.

[129] CHIAVARIO, Mario. La riforma del processo penale, cit., p. 95.

[130] NAPPI, Aniello. *Guida...*, cit., p. 70.

[131] CORDERO, Franco. *Procedura penale*, cit., p. 182.

[132] CHIAVARIO, Mario. La justice negociee..., cit., p. 33.

[133] DOLCINI, Emilio. Razionalità nella commisurazione della pena, cit., p. 804.

[134] *Derecho y razón*, cit., p. 750.

de pré-determinação, tanto do método como do conteúdo do juízo, o que contradiz a sua natureza de parte em situação de igualdade com o acusado – que é o sinal mais característico do sistema acusatório – e compromete o princípio constitucional da obrigatoriedade da acção penal.

7.2 – Defensor.

Afirmada a grande responsabilidade do ministério público para a eficácia dos procedimentos fundados num encontro de vontade entre as partes, maior ainda é a relevância da actuação do defensor para que ocorra a efectivação desse modelo processual, uma vez que a ele compete quase sempre a escolha da estratégia mais adequada para a defesa dos interesses do seu cliente, conforme já demonstrado.

Pode-se afirmar, pois, que no Ordenamento Jurídico italiano o defensor permanece vinculado de forma estreita ao seu cliente muito menos no sentido da adesão à vontade por ele manifestada e mais no de que haja uma vinculação responsável, voltada para o esclarecimento adequado sobre as suas perspectivas processuais, de forma a possibilitar uma escolha consciente e inteligível sobre o rito mais adequado[135]. No exercício desta última missão o defensor estará indiscutivelmente a cumprir também o seu papel de velar pelo interesse público sem, todavia, estar comprometido exclusivamente com os objectivos de celeridade do pronunciamento jurisdicional e descoberta da verdade material.

Sendo assim, a consciencialização mais importante que deve haver em relação a este sujeito processual é no sentido de que a escolha da táctica consensual também constitui uma defesa efectiva e concreta do acusado, não se justificando em absoluto o preconceito fundado no entendimento de que a competência profissional somente poderá ser eficientemente demonstrada mediante uma brilhante actuação da capacidade oratória e escrita do defensor[136].

Particularmente no que se refere aos módulos de justiça penal consensual, como já foi salientado, a actuação do defensor torna-se indispensável para o devido esclarecimento da opção a ser feita pelo acusado, em função de que uma qualquer pré-disposição deste para um consenso pode soar como uma admissão da responsabilidade penal e,

---

[135] STEFANI, Eraldo. La difesa attiva nel giudizio abbreviato e nel patteggiamento, cit., p. 30.
[136] Idem, ibidem, p. 8-9.

Modelo Italiano   217

portanto, sujeitá-lo à expiação da pena[137]. Obviamente que essa missão de esclarecimento pressupõe que o defensor seja devidamente informado pelo acusado sobre a verdade dos factos objecto do processo, possibilitando assim não só a adequada escolha entre a instrução do processo e o rito consensual como também para a definição da melhor estratégia a ser seguida na hipótese por último mencionada[138].

Fala-se então na necessidade de uma defesa activa no regime do *patteggiamento*, significando a possibilidade e até o imperativo de que o defensor procure autonomamente efectuar diligências em favor do interesse do seu constituinte, incubindo-lhe investigar meios de prova, inclusive na fase pré-processual das investigações preliminares. Se a intenção teórica é louvável, a sua efectivação prática torna-se problemática, levando-se em conta o facto de que em alguns casos o acusado somente tem conhecimento do processo após o exercício da acção penal pelo ministério público, através da citação para depor em juízo, inviabilizando a constituição de um defensor para a fase das *indagini preliminari*[139].

Pode ser afirmado, ainda, que a introdução do *patteggiamento* veio prestigiar a figura do defensor, tendo em vista atribuir-lhe também a própria operação de medida da pena, diversamente da situação anterior, onde a defesa deveria actuar no espaço restrito oferecido pela hipótese deduzida na acusação[140].

Deste modo assume especial importância o aspecto deontológico que irá inspirar a actuação do defensor, destacadamente em relação aos ritos consensuais, frente à indispensável e genérica correcção e ética profissional exigida no exercício da sua actividade. Portanto, a escolha pela via do consenso naqueles casos em que as circunstâncias estão a indicar como estratégia mais adequada constitui mesmo um dever de natureza deontológia para o defensor[141]. Não obstante o afirmado, grande

---

[137] ILLUMINATI, Giulio. I procedimenti..., cit., p. 257-258; PISANI, M., MOLARI, A., PERCHINUNNO, V., CORSO, P.. *Appunti...*, cit., p. 405.

[138] STEFANI, Eraldo. La difesa attiva nel giudizio abbreviato e nel patteggiamento, cit., p. 2-3.

[139] PADOVANI, Tullio. Il nuovo codice di procedura penale e la riforma del codice penale, cit., p. 924.

[140] MASSELLI, Graziano. L'applicazione della pena su richiesta delle parti. *In*: GARAVOGLIA, Mario (Coord.). *Profili del nuovo processo penale*. Padova: CEDAM, p. 164-171, 1988, p. 168.

[141] STEFANI, Eraldo. La difesa attiva nel giudizio abbreviato e nel patteggiamento, cit., p. 28.

deverá ser a cautela por parte do defensor naqueles casos em que, embora convencido de que a via consensual é a mais indicada, o seu cliente relute em seguir o rito ordinário[142]. Se o defensor não se encontra vinculado à obtenção da verdade material no interior do processo, é de suma importância o seu adequado esclarecimento sobre a verdade dos factos para que possa orientar o seu cliente (*supra*); por conseguinte, nos casos em que houver o dissenso do constituinte deverá o advogado limitar-se a reforçar a orientação e actuar na conformidade do que foi estabelecido pelo acusado, principalmente nos casos em que a complexidade do processo não permite uma opção tranquila pelo rito alternativo.

Não menos relevante é a existência de instrumentos de controle efectivo da actuação profissional do defensor, de modo a evitar o extremo oposto, ou seja, o empenho do advogado pela via do consenso tão somente para uma rápida resolução do feito e consequente presteza no recebimento dos honorários. É quanto a este particular aspecto que grande pode ser a contribuição do Direito Penal para o estabelecimento da efectiva comunicação com o processo penal, seja através de uma restrição do alcance de delitos como o do favorecimento pessoal, possibilitando ao defensor uma margem maior de actuação em favor do seu constituinte, seja, na perspectiva inversa, mediante uma ampliação do tipo do crime de falso testemunho de forma a alcançar não só as informações prestadas perante a autoridade judiciária[143].

A última observação feita é relevante para o Ordenamento Jurídico italiano, uma vez que, sendo possível ao ministério público realizar actividades de investigação na fase das *indagini preliminari* e alcançando os crimes contra a administração da justiça apenas os factos ocorridos perante a autoridade judiciária, os actos realizados pelo ministério público (audição de testemunhas e depoimentos do acusado) naquela fase preambular ao processo poderiam ficar sem a devida tutela[144].

---

[142] É com toda a reserva então que se menciona o posicionamento de STEFANI (Idem, ibidem, p. 31) no sentido de que "si deve ricorrere ai riti alternativi non solo quando ciò sia pacificamente accettato dall'assistito, ma anche quando lo stesso opponga forti dubbi; è ovvio, in tal caso lo si dovrà convincere".

[143] FERRUA, Paolo. *Studi sul processo penale II*, cit., p. 16-17.

[144] PADOVANI, Tullio. Il nuovo codice di procedura penale e la riforma del codice penale, cit., p. 922.

7.3 – Acusado.

Particularmente quanto a este sujeito processual, resulta destacado o problema da *consciência* e *voluntariedade* com que ele participa no consenso.

A importância do elemento *consciência* reside em que, com o pleno conhecimento dos factos da causa e dos elementos de prova existentes (a favor ou não) bem como a partir de uma razoável prognose sobre o resultado do processo, o acusado pode escolher o mal menor que lhe seja mais interessante, nem sempre representado pela escolha da via do consenso[145].

Reportando-se ao inciso 1 do art. 60º do *C.P.P.It.*, o qual prevê que assume a qualidade de acusado a pessoa em relação à qual o ministério público tenha exercido a acção penal, ANIELLO NAPPI[146] destaca que mesmo na fase procedimental, anterior ao exercício da acção penal, exige-se que a pessoa submetida às investigações (*indagini*) esteja em condições de intervir *conscientemente* nos actos que requerem a sua participação.

Não menos relevante é o elemento da *voluntariedade*, justamente por isso sendo afirmado que na base dos módulos de justiça penal negociada reside um encontro de vontades entre as partes. Especificamente quanto ao *patteggiamento* italiano, a *voluntariedade* da manifestação de vontade, envolvendo a livre escolha feita pelo acusado, é pressuposto essencial para a validade da *richiesta* e do consenso[147].

Não é de se estranhar, portanto, o constante recurso a esse elemento da *voluntariedade* do acusado como solução para os diversos problemas gerados pelas formas de consenso no processo penal. Nem mesmo deve ser desconsiderada a tese que demonstra a tendência também no processo penal para uma prevalente subjectivação, através da abertura para o

---

[145] MARAFIOTI, Luca. *La giustizia penale negoziata*, cit., p. 473.

[146] *Guida...*, cit., p. 49-50. Conforme manifestação posterior (p. 72) demonstra o Autor que, obviamente, com maior razão na fase tipicamente processual a exigência dessa capacidade é ainda mais acentuada.

[147] ARICÒ, Giovanni. *Aplicazione della pena su richiesta delle parti*, cit., p. 104. Não sem razão portanto a crítica dirigida à opção do Legislador italiano de depositar todas as esperanças da reforma do *Codice* nos ritos especiais, nos quais se verifica uma renúncia pelas partes às garantias mais elementares do rito ordinário (*supra*), sendo questionável "se per molti imputati non sia solo apparenza la 'libertà' e la 'spontaneità' della rinuncia" (FERRUA, Paolo. *Studi sul processo penale II*, cit., p. 16).

220   *O Processo Penal como Instrumento de Política Criminal*

Direito Penal do comportamento interior[148]. Aliás, esse predomínio da vontade das partes é exaltado como o principal emblema do chamado "processo de partes", sendo essa a estrutura que se afirma ter sido introduzida com a reforma do *Codice di Procedura Penale* italiano[149].

Tal é a relevância do controle da manifestação de vontade emitida pelo acusado no *patteggiamento, richiesta* ou consenso, que o legislador viu por bem atribuir carácter pessoalíssimo a essa declaração, não valendo para tanto os ordinários poderes defensivos constantes de procuração outorgada ao defensor, devendo, ao contrário, ser formulada pessoalmente ou por procurador com poderes específicos, condicionada ainda à autenticação prevista no art. 583°, inciso 3, *C.P.P.It.* que poderá ser feita pelo próprio defensor[150].

Acerca do conteúdo da procuração, embora não se admita uma genérica atribuição de poderes para a solicitação do rito especial, também não se justifica uma absoluta precisão dos termos do negócio jurídico a ser celebrado, sendo admissível a sua revogação antes que o *patteggiamento* esteja em curso[151].

Tratando-se, pois, de uma declaração de vontade, ainda com MACCHIA[152], disso decorre a consequência de que, nos casos em que se verifique um vício no processo formativo da vontade ou no elemento declarativo que aquela vontade visa exprimir, será o próprio requerimento de aplicação de pena que resulta viciado, impondo-se a sua rejeição.

7.4 – Vítima.

A introdução da vítima no Sistema de Justiça Criminal, particularmente nos modelos consensuais, conduz à problemática questão da sua consideração ou não como um verdadeiro sujeito processual, dada a relevância da sua manifestação de vontade em determinadas formas de justiça penal negociada.

Tenha-se por suposto que a relevância que aqui será considerada é mais específica do que aquelas hipóteses em que, sendo atribuído ao

---

[148] BARGI, Alfredo. *Procedimento probatorio e giusto processo*, cit., p. 132. Quanto ao sector do Direito Penal material essa subjectivação, ao que parece, carece de demonstração cabal, tendo em conta as mais recentes teorias engendradas sobre o elemento subjectivo do delito e a culpabilidade.

[149] RICCIO, Giuseppe. Procedimenti speciali, cit., p. 349-350.

[150] LOZZI, Gilberto. Aplicazione della pena su richiesta delle parti, cit., p. 139.

[151] MACCHIA, Alberto. *Il patteggiamento*, cit., p. 70-71.

Modelo Italiano

ofendido o direito à jurisdição, a sua manifestação de vontade também é relevante para o processo. Nesta última hipótese referimo-nos aos casos da acção penal privada e da acção penal privada subsidiária da pública, já objecto de análise anterior.

Embora seja alvo das preocupações da doutrina, a vítima não foi especialmente considerada no *C.P.P.It*, inexistindo a previsão da sua participação activa nos módulos de justiça penal consensual.

O problema do papel da vítima no processo penal conduz, inapelavelmente à complexa questão da reparação dos danos, com particular interesse tratando-se de ritos fundados num consenso.

A ideia de substituir a sanção penal pela obrigação de reparar o dano provocado pelo delito não é nova e sugere-se, como seu fundamento, o argumento de que o mal realizado deve ser, na medida do possível, reparado por aquele que lhe deu causa, sendo essa uma exigência elementar de justiça[153].

Todavia, o grande dilema oferecido por esta tese é o de que o dano provocado não tem como prejudicado apenas o ofendido, particularmente lesado pelo delito, mas também o próprio corpo social como um todo, tornando difícil a identificação de uma medida que satisfaça ambas as necessidades de reparação.

Devem ser acrescidas ainda duas outras ordens de factores que dificultam uma conciliação entre as mencionadas necessidades: embora incorporada no rol das penas principais, a sanção de natureza pecuniária em muitos casos não encontra um critério adequado para corresponder ao dano provocado pelo delito, não sendo mesmo destinada à sua reparação; sendo geralmente alcançados pelo sistema punitivo estatal apenas os criminosos mais débeis economicamente, a imposição da reparação do dano poderia tornar-se letra morta[154].

Uma aproximação ao modelo de consenso que tem como contrapartida do acusado o cumprimento das obrigações cíveis resultantes do delito pode ser encontrada na previsão do art. 12º do *C.P.P.It.* anterior à

---

[152] Idem, ibidem, p. 11.

[153] DEL VECCHIO, Giorgio. Nota sul risarcimento del danno in relazione alla pena. *In: Scritti Giuridici in onore di Francesco Carnelutti: Filosofia e Teoria Generale del Diritto*. Padova: CEDAM – Casa Editrice Dott. Antonio Milani, p. 335-344, 1950. v. 1, p. 338.

[154] Para esse último aspecto já chamava a atenção DEL VECCHIO (Ob. cit., p. 341), afirmando ainda que a pena, com todo o seu teor aflitivo, deveria ser reservada apenas para os delitos que ofendessem de forma mais grave a ordem social.

222   *O Processo Penal como Instrumento de Política Criminal*

reforma de 1989, no qual se previa a proibição do ofendido de apresentar queixa, tratando-se de acção penal privada, não só nos casos de já ter sido deduzida a acção cível, visando a restituição ou a reparação do dano, como também nos casos em que havia transacção sobre esse dano[155].

Com prudência agiu o Legislador italiano do *Codice* de 1989 quanto a esta alternativa, vedando a utilização da coisa julgada penal no juízo cível em relação a sujeitos que não intervieram no processo penal e restringindo a interferência no sector não penal de grande parte das decisões resultantes dos procedimentos simplificados, neles incluídos a *applicazione della pena su richiesta delle parti*[156] (art. 445°, n° 1)[157], excepção feita ao caso de pronúncia após o juízo de impugnação (art. 448°, inciso 1).

Um fundamento legitimador para esta opção pode ser identificado no entendimento de que não deve ser relegada para plano inferior a tradicional função atribuída ao processo penal de "soffocamento volontario" (sufocamento voluntário) do instinto vingativo sempre presente no particular e nas multidões[158].

Todavia, partindo da premissa de que nenhuma das finalidades entendidas como próprias da pena pode prejudicialmente entender-se incompatível com o fim ressarcitório/reparatório e da sentida necessidade de se reintegrar a vítima no sistema penal, DEMURO[159] sustenta que a ideia

---

[155] Em virtude da previsão legal, lecciona GREVI que "dans des situations de ce genre l'auteur de l'infraction (ou celui qui le remplace) a la possibilité d'éviter la poursuite pénale simplement en vertu de l'accord transactionnel sur le dommage conclu avec la personne lésée, titulaire du droit de plainte, sans qu'il soit besoin d'aucune intervention de l'autorité judiciaire: laquelle, d'ailleurs, une fois la transaction conclue, se trouvera empêchée d'exercer l'action pénale (GREVI, Vittorio. Déjudiciarisation (diversion) et médiation. *Revue Internationale de Droit Pénal*, Toulouse, a. 54, p. 1017--1035, 3° et 4° trim 1983, p. 1024).

[156] PALMIERI, Ettore. I procedimenti speciali nel nuovo cpp, cit., p. 134, n. 8.

[157] Segundo o qual a sentença emitida no *patteggiamento* não produzirá efeitos no juízo civil ou administrativo, *infra*.

[158] BETTIOL, Giuseppe. Su alcune caratteristiche giuridiche e politiche del processo penale, cit.,. 4, p. 124.

[159] DEMURO, Gian Paolo. Finalità risarcitoria e teorie della pena. *La Giustizia Penale*, Roma, v. XCIX, n. II, p. 641-656, 1994, p. 654 e seguintes. Árduo o trabalho do Autor para realizar a confrontação entre o fim ressarcitório/reparatório e as finalides tradicionalmente atribuídas à sanção penal: distinguindo as teorias que consideram a pena como retribuição moral, jurídica ou, mais modernamente, retribuição da culpabilidade e do facto, conclui no sentido de que a exigência de ressarcimento/reparação não

Modelo Italiano 223

da introdução nesse sistema de medidas voltadas para a reparação e o ressarcimento do dano, antes de buscar fundamentação numa forçada tentativa conciliatória com as mencionadas finalidades da sanção penal, deve ser feita com função autónoma e assumir um papel específico na teoria da pena.

Ao lado dos sectores aplicativos de Direito Material em que isto poderia ocorrer, através da consideração do ressarcimento/reparação como pena isolada ou cumulativa, na perspectiva propriamente processual propõe DEMURO[160] que poderia ser estudada uma nova disciplina das condições de procedibilidade ou, ao menos, das causas supervenientes de não punibilidade que leve em consideração o acordo das partes e a reparação da lesão.

Uma adequada consideração do problema deve levar em conta que, enquanto as finalidades entendidas como próprias da sanção penal, em especial a da prevenção geral, tendem à tutela do bem abstracto, o ressarcimento/reparação tem por objecto aquele particular e concreto bem ofendido pelo delito. Ainda, a pena, diversamente da reparação do dano, refere-se ao elemento não reparável do delito[161].

7.5 – Juiz.

Desde logo é necessário observar que no modelo processual tradicional seria totalmente inadequada a inclusão do juiz no rol dos chamados "sujeitos processuais", considerando-se a sua posição supra-partes. Porém, em atenção ao proeminente papel que ele assume num modelo processual centrado no consenso, não seria irrazoável essa inclusão.

---

se concilia com as três primeiras teorias (moral, jurídica, culpabilidade), adequando-se à teoria da retribuição pelo facto, correspondendo ao próprio dano decorrente do delito (p. 647); considerando-se que as vítimas são representantes qualificados da colectividade, é possível concluir que o ressarcimento/reparação, ao menos em relação a um certo tipo de crimes e um certo nível de gravidade, satisfaça em tudo ou em parte as exigências de prevenção geral, com a vantagem de não expor ao risco de desproporcionada aplicação da sanção penal como fim intimidativo (tendo em vista que a proporcionalidade seria oferecida pela própria medida do dano provocado) (p. 650/651); possível, por fim, uma contribuição especial-preventiva do ressarcimento do dano, realizável, naturalmente, somente de modo indirecto, considerando-se que na prevenção especial domina a figura do acusado, enquanto na finalidade ressarcitória/reparadora a da vítima, dois sujeitos, por definição, opostos (p. 652).

[160] Idem, ibidem, p. 656. Antes o Autor já havia delimitado o âmbito de aplicabilidade da sua proposta aos delitos de menor potencial ofensivo (p. 653/654).

[161] Idem, ibidem, p. 646.

224   *O Processo Penal como Instrumento de Política Criminal*

Na perspectiva de um modelo de justiça penal consensual, grandes devem ser as preocupações para com a função de *garantia* e *controle* a serem exercidas pelo juiz, com maior razão face à mesma missão que lhe incumbe também no modelo processual tradicional.

No Ordenamento Jurídico italiano a atribuição ao juiz das actividades de *garanzia* e de *controllo* alcança também a fase pré-processual, anterior ao exercício da acção penal, cuja direcção é da competência do juiz para as investigações preliminares (*G.I.P.*)[162]. Prevalecendo também na fase processual a competência do *giudice per le indagini preliminari* (*G.I.P.*), é ele quem vai actuar nos ritos alternativos propostos nessa fase[163], exercendo a mesma função de garantia e controle.

A despeito dessa função de garantia e controle, já vista, no *patteggiamento* a operação da medida da pena é directamente atribuída às próprias partes. Todavia, embora subtraído ao juiz o poder de determinar a espécie e quantidade da pena a ser imposta no caso concreto, pertence-lhe a última palavra sobre a congruência da pena com os fins esperados da sua imposição, conforme ficou estabelecido na Sentença nº 313 da *Corte Costituzionale*[164]. Desse modo, no caso de entender incongruente

---

[162] NAPPI, Aniello. *Guida...*, cit., p. 57.

[163] Idem, ibidem, p. 66.

[164] A intervenção da Corte Constitucional ocorreu em boa hora, uma vez que efectivamente havia posição doutrinária e jurisprudencial em sentido contrário, conforme se vê naquela sustentada por ARICÒ (ARICÒ, Giovanni. Aplicazione della pena su richiesta delle parti, cit., p. 105), ao afirmar que o artigo 444º, inciso 2º, certamente não confere ao órgão jurisdicional o poder-dever de controlar a congruência da pena requerida com os parâmetros previstos no Código Penal e com a finalidade que lhe é atribuída pela Constituição. No mesmo sentido o pronunciamento de LOZZI (LOZZI, Gilberto. Aplicazione della pena su richiesta delle parti, cit., p. 132), afirmando que o juiz (nos casos em que a qualificação jurídica do facto esteja correcta e não haja nada a objectar sobre a subsistência das circunstâncias propostas bem como sobre a sua comparação) deverá inevitavelmente aplicar a pena acordada, mesmo que a considere manifestamente contrastante com os parâmetros do art. 133º C.P.It. Igual perplexidade, se bem que de modo crítico à tese centrada na proibição do controle judicial sobre a congruência da pena: MARZADURI, Enrico. Interventi.... in: *I riti differenziati nel nuovo processo penale*. Milano: Dott. A. Giuffrè Editore, p. 235-241, 1990, p. 240-241; VIVIANI, Agostino. *Il nuovo codice di procedura penale*, cit. p. 201; FERRANTE, Umberto. L'applicazione della pena su richiesta delle parti dinanzi alla Corte costituzionale. *Giurisprudenza di Merito*, v. XXII, p. 840-851, 1990, p. 843/845. LUPO, Ernesto. Il giudizio abbreviato e l'applicazione della pena negoziata, cit., p. 78; CORDERO, Franco. *Procedura penale*, cit., p. 842. Todavia, a perplexidade viu-se excluída após a pronúncia relatada, sendo afirmado que os termos resultantes da Sentença da *Corte* limitaram os poderes negociais das partes: RAMAJOLI, Sergio. *I procedimenti speciali...*, cit., p. 43).

Modelo Italiano

a pena requerida pelas partes o juiz não pode modificá-la mas pode apenas rejeitar o requerimento, reservado às partes o direito de escolher uma nova pena, acordando-se sobre a base dos elementos de prova já adquiridos durante a instrução[165].

A restrição à possibilidade de alteração da *richiesta* pelo juiz resulta do aspecto voluntarístico do *patteggiamento*, produto de um encontro de vontade entre as partes, a impedir uma interferência judicial na formação e nos termos do acordo[166]. Esse aspecto da predominância da autonomia de vontade das partes projecta os seus efeitos inclusive a nível dos recursos, sendo intangíveis os termos do acordo também em sede de "impugnazione" (*Cass., 3ª sez., 19 ottobre 1990, Macario, Riv. pen., 1991, 745; Cass., 6ª sez., 6 novembre 1990, Cracco, Giust. pen., 1991, III, 316*)[167].

Uma outra questão que importa ser abordada reside em saber se para a análise da congruência da pena acordada o juiz pode determinar a produção de novos elementos de prova ou se ele se encontra adstrito a uma pronúncia "allo stato degli atti", ou seja, apenas com base nos elementos probatórios produzidos até ao momento da *richiesta* de aplicação da pena acordada[168].

Na perspectiva de uma orientação político-criminal do processo penal, essa atribuição ao juiz do poder de verificar a congruência da pena *richiesta* pelas partes não basta para eliminar as críticas dirigidas ao *patteggiamento* no que se refere às finalidades perseguidas pela sanção penal. Com efeito, considerando-se que a valoração que o juiz irá efectuar sobre a congruência da pena somente ocorrerá após o "acordo" já celebrado e fixada a sanção correspondente pelas próprias partes, a ele apenas competirá um controle negativo, ou seja, recusar ou não a *richiesta* proposta, impedindo-o de realizar uma análise da adequação

---

[165] MACCHIA, Alberto. *Il patteggiamento*, cit., p. 15; NAPPI, Aniello. *Guida...*, cit., p. 459; ANCA, Giovanna Maria. Pena, applicazione su richiesta delle parti, cit., p. 369. Pertinente a observação crítica de FERRUA (FERRUA, Paolo. *Studi sul processo penale II*, cit., p. 33) quanto à possibilidade de rejeição por parte do juiz, uma vez que ela compromete inexoravelmente a estratégia da defesa, em virtude de gerar uma presunção de culpabilidade que poderá interferir directamente sobre o desenrolar do processo.

[166] PISANI, M., MOLARI, A., PERCHINUNNO, V., CORSO, P.. *Appunti...*, cit., p. 404.

[167] BEVERE, Antonio. Il patteggiamento..., cit., p. 355.

[168] Efectivamente, a dúvida persistia nos primeiros tempos de vigência do *C.P.P.It.* de 1989, conforme demonstra: PALMIERI, Ettore. I procedimenti speciali nel nuovo cpp, cit., p. 136, nº 13.

226 *O Processo Penal como Instrumento de Política Criminal*

da pena à personalidade do acusado para os fins de prevenção especial. E mais, a limitação dos elementos de prova colhidos até ao momento da *richiesta*, consequência da antecipação dos tempos processuais e da ausência de contraditório sobre eles, impedem o juiz de realizar uma adequada análise sobre a congruência da pena para os fins de ressocialização, conforme o previsto na Constituição italiana e exigido pela sentença nº 313 de 1990[169].

Por sentença da *Corte Costituzionale* (*sent. C. Cost. nº 443 del 12-10-1990*) foi declarada a inconstitucionalidade do inciso 2º do art. 444º do *C.P.P.It.*, na parte em que não prevê que o juiz possa condenar o acusado ao pagamento das despesas processuais em favor da parte civil. Salvo na hipótese de entender que é o caso de dispensar, por justo motivo, a compensação total ou parcial, o juiz poderá decidir a esse respeito[170].

A autonomia decisória do juiz manifesta-se também quanto à concessão da suspensão condicional da pena, sendo afirmado que se a *richiesta* é formulada sem o condicionamento à concessão do mencionado benefício, é legítima a sentença que não se pronuncie a esse respeito (*Corte di Cassazione Sez.* III, 18-09-1990, *ric. Vatiero*); assim também, o consenso do ministério público à *richiesta di applicazione della pena* condicionada à concessão da suspensão condicional da pena não vincula o juiz, o qual deve valorar se subsistem as condições legais para o deferimento do benefício previstas nos artigos 163º e 164º *C.P.It.* (*Sez.* III, *c.c.* 19-04-1990, *ric. Patrizi*)[171].

Através da sentença nº 86 de 1992 da *Corte Costituzionale* foi declarada a inconstitucionalidade do art. 34º, inciso 2, *C.P.P.It.* (onde se enumeram as causas de incompatibilidade do juiz derivadas de actuações anteriores no procedimento) na parte em que não prevê a incompatibilidade de participar no *giudizio* (julgamento) do juiz que rejeitou a *richiesta di applicazione di pena* acordada nos termos do art. 444º *C.P.P.It.*. Posteriormente, através da sentença da *Corte Costituzionale* nº 124 de 1992, o mesmo artigo foi declarado inconstitucional na parte em que não prevê a incompatibilidade para participar na audiência de julgamento do juiz para as investigações preliminares (*G.I.P.*) que tenha

---

[169] FIANDACA, Giovanni. Pena "patteggiata" e principio rieducativo, cit., p. 2392.

[170] ANCA, Giovanna Maria. Pena, applicazione su richiesta delle parti, cit., p. 387 e 402; RAMAJOLI, Sergio. I procedimenti speciali..., cit., p. 37.

[171] DALIA, Andrea Antonio, FERRAIOLI, Marzia. *Corso...*, cit., p. 433.

Modelo Italiano 227

indeferido o requerimento de aplicação de pena acordada em virtude do não reconhecimento de circunstâncias atenuantes. Acresça-se ainda a sentença da *Corte Costituzionale* n° 439 de 16-12-1993 que declarou a incompatibilidade de participar no *giudizio abbreviato* do juiz para as investigações preliminares que rejeitou a *richiesta* de aplicação de pena acordada nos termos do art. 444° *C.P.P.It.*[172].

Demonstrado o espaço de *controle* e *garantia* reservado à actuação do juiz no *patteggiamento* e relatada a ampliação que nele se verificou a partir da sentença n° 313 de 1990, urge agora indagar sobre a natureza jurídica dessa actuação, cuja definição sofrerá os efeitos da própria natureza atribuída a esse procedimento especial. Indaga-se, pois, se no rito especial do *patteggiamento* a actividade judicial se reveste de uma natureza *homologatória*, *garantística* ou *jurisdicional*.

No primeiro caso, considerada como uma actividade meramente *homologatória*, o juiz não deve interferir no "negócio" jurídico celebrado entre as partes, limitando-se a homologar o resultado decorrente do consenso a que elas chegaram. Configura-se assim um verdadeiro "processo de partes" na acepção mais pura da expressão. Entendida como uma actividade de natureza *garantística*, um reservado poder de controle seria atribuído ao juiz, ao qual estaria incumbida a missão de verificar a autonomia da manifestação de vontade das partes. Por último, desde que considerada como actividade tipicamente jurisdicional, ainda que com determinadas variações, ao juiz é reconhecido o poder de dizer a última palavra sobre a admissibilidade ou não do consenso havido entre as partes.

Consequência mesmo do maior compromisso com um sistema processual de natureza acusatória, pelo qual amplos são os poderes e a autonomia das partes envolvidas, nos países de *common law*, mais propriamente na prática da *plea bargaining* norte-americana, a relevante questão da participação, melhor que controle, do juiz nos acordos realizados resolve-se pelo mínimo possível. Ou seja, limitado é o poder de controle do juiz sobre os acordos celebrados, quase sempre restrito à verificação do conhecimento (*intelligence*) e voluntariedade da adesão prestada[173].

Diversamente, ainda que sob o emblema do sistema acusatório e com atribuição de grande autonomia às partes, nos ordenamentos jurídicos

---

[172] ANCA, Giovanna Maria. Pena, applicazione su richiesta delle parti, cit., p. 397; NAPPI, Aniello. *Guida...*, cit., p. 67-68; CRISTIANI, Antonio. *Le modifiche al nuovo processo penale, cit.*, p. 168.

228   *O Processo Penal como Instrumento de Política Criminal*

mais próximos da nossa realidade processual o encontro de vontades por elas manifestado sujeita-se, em maior ou menor medida, ao controle exercido pelo juiz, podendo abranger algo mais do que a simples verificação da voluntariedade e inteligência (consciência) do acordo celebrado[174].

Entre as alternativas apontadas, posiciona-se ANCA[175] no sentido de que é melhor escolher o mal menor do assim chamado *patteggiamento*, tornando possível a administração da justiça, e, embora subtraído ao juiz o poder de determinar a espécie e quantidade da pena a ser imposta no caso concreto, a ele pertence a última palavra sobre a congruência com os fins esperados da sua imposição (Sentença da *Corte Costituzionale* nº 313 de 1990, que declarou parcialmente ilegítimo o art. 444º, inciso 2º). Assim sendo e caracterizando a autêntica actividade jurisdicional exercida, o acordo que se encontra na base do *patteggiamento* não vincula o juiz, o qual mantém o seu poder jurisdicional, não exercendo um simples controle notarial a respeito da legitimidade do requerimento e dos seus pressupostos para no final se limitar à homologação, mas, diversamente, ele pode optar pela absolvição do acusado (art. 129º *C.P.P.It.*) e ainda exercer um controle sobre a congruência da pena pedida[176], já visto.

Reforçando a natureza jurisdicional da actuação do juiz, necessário é que se verifique a sua autonomia também face à ausência de consenso ou dissenso do Ministério Público. Nesse caso se o juiz no final do julgamento entende legítimo o requerimento do acusado, ou seja, correcta a qualificação jurídica do facto, adequada a aplicação e o cálculo das circunstâncias e da diminuição de um terço da pena e não existindo as condições de não punibilidade conducentes à absolvição do acusado

---

[173] MACCHIA, Alberto. *Il patteggiamento*, cit., p. 4-5.

[174] Conforme veremos em detalhe, no que se refere ao Ordenamento Jurídico italiano, de facto, a discricionariedade das partes na escolha do rito é sempre feita sob a mediação da discricionariedade do juiz, atenuando assim os riscos de abuso, visto o sistema de controle previsto no art. 448º, inciso 1, do *C.P.P.It.* (PAOLOZZI, Giovanni. I meccanismi di semplificazione del giudizio di primo grado, cit., p. 51-53).

[175] Pena, applicazione su richiesta delle parti, cit., p. 369.

[176] CORDERO, Franco. *Codice di procedura penale*, cit., p. 538; ANCA, Giovanna Maria. Pena, applicazione su richiesta delle parti, cit., p. 376. Ampliando esse dever de verificação a que fica obrigado o juiz, MARZADURI (MARZADURI, Enrico. Interventi..., cit., p. 238) sustenta que se faz necessário um juízo histórico que deverá fornecer as premissas para a realização do juízo jurídico, somente podendo ser acolhida a *richiesta* se ela vier sustentada pelas conclusões decorrentes de ambos os juízos.

Modelo Italiano 229

(art. 129° *C.P.P.It.*)[177], ele pode aplicar a sanção substitutiva, a pena pecuniária ou a pena detentiva reduzida até ao máximo de um terço, conforme requerida. Na hipótese, caso o Ministério Público tenha manifestado o seu dissenso poderá interpor apelo da sentença[178].

Na verdade, é essa natureza jurisdicional da actuação do juiz no caso de composição sobre a pena que distingue o *patteggiamento* italiano da *plea bargaining* do direito anglo-saxão, invocada como o seu paradigma, uma vez que na aplicação da pena pactuada do art. 444° do *C.P.P.It.* o juiz não se encontra vinculado ao acordo, competindo-lhe estabelecer se o afirmado crime ocorreu, qual a pena que merece ser aplicada e até que ponto o acusado é digno de tratamento premial[179].

Obviamente que, assim como ocorre em relação à *plea bargaining*, também no que se refere ao *patteggiamento* o controle sobre a voluntariedade e consciência da manifestação de vontade das partes insere-se na actividade jurisdicional exercida pelo juiz[180], todavia, ele não se limita apenas a essa verificação. Aliás, há quem afirme que ao juiz pertence a última palavra também no que se refere à escolha do rito, exercendo um controle sobre a opção efectuada pelas partes[181].

Em síntese, nos módulos de justiça penal consensual surge a necessidade de um novo paradigma do *da mihi factum, dabo tibi ius*, tendo em vista as consideráveis alterações que devem ser verificadas na actuação dos sujeitos processuais.

8 – Pluralidade de sujeitos e pluralidade de objecto.

A especialidade de rito pressuposta pelo modelo consensual de justiça penal exige, igualmente, uma análise dos casos em que uma circunstância de Direito Penal material determina situações anómalas,

---

[177] Na análise da possibilidade de incidência desse art. 129° o juiz deverá considerar não só a existência de provas positivas da inocência do acusado mas também a falta de prova da culpabilidade (NAPPI, Aniello. *Guida...*, cit., p. 456-457).

[178] ANCA, Giovanna Maria. Pena, applicazione su richiesta delle parti, cit., p. 386.

[179] CORDERO, Franco. *Procedura penale*, cit., p. 835. A confirmação vem em passagem posterior (p. 841), na qual se enfatiza que a função do juiz na *applicazione della pena su richiesta* traduz-se em "accertamento giurisdizionale, dunque".

[180] PIGNATELLI, Amos. Patteggiamento e giurisdizione: il punto di vista della corte costituzionale. *Questione Giustizia*, Milano, v. IX, n° 2, p. 347-360, 1990, p. 349.

[181] DALIA, Andrea Antonio, FERRAIOLI, Marzia. *Corso...*, cit., p. 430.

230   *O Processo Penal como Instrumento de Política Criminal*

para cuja solução a resposta deverá levar em conta as próprias características do rito diferenciado. Trata-se do concurso de agentes e do concurso de delitos.

Portanto, já analisada a questão dos sujeitos intervenientes no "acordo", nela incluída o problema do acusado, bem como abordada também a matéria do objecto desse encontro de vontades, abrangendo os factos incriminados, mister é o estudo das situações em que esses dois elementos se apresentam de forma diferenciada no momento do consenso.

8.1 – Concurso de agentes.

Nenhuma dificuldade existe para a *applicazione di pena su richiesta* no caso de concurso de agentes em que todos optam pelo rito diferenciado, restando ao juiz a missão de emitir uma única sentença em relação a todos, concluindo desse modo o processo. Ressalva feita apenas à necessidade de individualização do comportamento de cada acusado para os fins de se analisar a incidência de atenuantes e agravantes e assim verificar a obediência ao limite máximo de pena previsto para a incidência do rito especial: dois anos[182].

No caso de concurso de agentes em que apenas alguns dos acusados formulam a *richiesta di applicazione di pena* ou prestam o seu consenso à formulação do ministério público, deverá ser promovida a automática separação dos processos, seguindo-se o rito especial para aqueles que por ele optaram, desde que presentes as condições legais[183]. Vale ressaltar que há posições divergentes, afirmando a possibilidade de se prosseguir até à realização dos debates e, posteriormente à *istruttoria dibattimentale*, o juiz decidiria, do mesmo modo que em presença do dissenso ou não manifestação do ministério público, sobre a admissibilidade de se aplicar o rito especial em relação aos que formularam a *richiesta*, seguindo em relação aos demais o rito ordinário, sem a separação dos processos. A favor do posicionamento por último citado e

---

[182] CREMONESI, Luca. Il patteggiamento nel concorso di persone. *Difesa Penale*, Bucalo-Latina, p. 76-90, 1991, p. 76.

[183] NAPPI, Aniello. *Guida...*, cit., p. 471, apoiado no entendimento jurisprudencial (*Corte Costituzionale*, 10-06-1992, nº 266); PISANI, M., MOLARI, A., PERCHINUNNO, V., CORSO, P.. *Appunti...*, cit., p. 410; GRANATA, Antonino. Patteggiamento e coimputati di concorso nel medesimo reato. *Archivio nuova procedura penale*, Piacenza, 1994, p. 699; RAMAJOLI, Sergio. *I procedimenti speciali...*, cit., p. 57.

enfático no sentido de que diante de uma participação criminosa hete-rogénea os procedimentos não devem ser separados, CREMONESI[184] sustenta que além de ser uma consequência da necessidade de obtenção da verdade material, eleita em atenção ao co-acusado que eventualmente prefira o rito ordinário, é o próprio *Codice* que induz a essa solução em diversos dispositivos. Para a solução do problema suscitado por esta tese quanto à qualificação jurídica do acusado que requer o *patteggiamento* em relação à sequência do processo, afirma-se que deve persistir a sua consideração como acusado e não como testemunha a ser ouvida no rito ordinário, tendo em vista que uma das causas impeditivas do testemunho no *C.P.P.It.* é justamente o estado de concurso no mesmo crime ou em crime conexo (art. 197º, inciso 1, letra *a*)[185]. Sintetizando este posicionamento, pode ser dito que na presença de concurso de agentes com a *richiesta* de aplicação de pena somente por um ou alguns dos acusados, o juiz celebra a audiência de debates (instrução), do mesmo modo que ocorre quando há um dissenso do ministério público (art. 448º, inciso 2, *C.P.P.It.*), decidindo em relação a todos eles e colocando o acusado que solicitou o rito especial na situação anterior à abertura da audiência[186].

Segundo MACCHIA[187], esta solução não atende ao efeito de defla-ção esperado do *patteggiamento*. Sustenta então que no caso de concurso de agentes, havendo a possibilidade de absolvição nos termos do art. 129º *C.P.P.It*, parece não ser discutível que o juiz deva absolver os acusados não puníveis em razão dessa norma e dispor a aplicação da pena em relação aos outros. Recuperada seria assim a tese da separação dos processos, excluindo-se o acusado que foi absolvido nos termos do art. 129º *C.P.P.It.*, aplicando-se a pena em relação aos acusados que a requereram e seguindo o processo quanto aos demais.

---

[184] Il patteggiamento nel concorso di persone, cit., p. 89-90. Entre outros dispositi-vos legais cita o Autor aqueles dos arts. 449º, inciso 6, e 453, inciso 2, que respectiva-mente admitem a separação dos procedimentos nos casos de *giudizio direttissimo* e *giudizio immediato*, afirmando então que não há a correspondente previsão legal quanto ao *patteggiamento* pelo facto de que, ao contrário dos outros dois ritos, ele pode ser celebrado também perante o juiz da fase dos debates em audiência.

[185] Idem, ibidem, p. 80.

[186] Idem, ibidem, p. 85.

[187] *Il patteggiamento*, cit., p. 18 e 34.

232 O Processo Penal como Instrumento de Política Criminal

8.2 – Concurso de delitos.

No Ordenamento Jurídico italiano é perfeitamente possível a ocorrência do *patteggiamento* na hipótese de crime continuado e concurso formal, obviamente restrito aos casos de pequenos delitos, infracções leves, cuja medida da pena, observada a continuidade delituosa (*art. 81º, C.P.It.*) e as regras do art. 444º *C.P.P.It.*, não ultrapasse o limite legal (dois anos de pena detentiva)[188]. Nesse caso o prazo de extinção do delito previsto no *art. 445º, 2º co.* do *C.P.P.It.* (cinco anos em caso de delito e dois na hipótese de contravenção) decorre novamente para todos os crimes objecto do concurso, a partir da data em que se tornou imutável a última sentença[189]. Mais precisamente, no caso de crime continuado procede-se à individualização do delito mais grave, levando-se em conta as eventuais circunstâncias agravantes e/ou atenuantes que incidem em cada crime particular; identificado o delito mais grave e fixada a pena base, sobre ela deve incidir o aumento resultante da continuação e, posteriormente, a redução de até um terço para fins de *applicazione della pena su richiesta*[190].

Admite-se, igualmente, a aplicação das regras do concurso formal e da continuidade delituosa nos casos em que concorram crimes em que para alguns deles a pena é aplicada *su richiesta delle parti* e outros crimes perseguidos através do procedimento ordinário ou mediante algum dos outros ritos alternativos (*art. 137º, 2º co. n. att.*)[191].

Uma terceira hipótese pode verificar-se quando ocorrer o trânsito em julgado de sentenças pronunciadas a seguir ao *patteggiamento* e que admitam a regra do concurso formal ou do crime continuado. Nesse caso as partes poderão requerer ao juiz da execução a aplicação das mencionadas regras[192] e, não sendo ultrapassados os limites previstos no art. 444º *C.P.P.It.*, um novo *patteggiamento*[193].

---

[188] NAPPI, Aniello. *Guida...*, cit., p. 472.

[189] ANCA, Giovanna Maria. *Pena, applicazione su richiesta delle parti*, cit., p. 407; MACCHIA, Alberto. *Il patteggiamento*, cit., p. 20; ARICÒ, Giovanni. *Aplicazione della pena su richiesta delle parti*, cit., p. 101, nº 6. Vale a ressalva de que no caso de crime continuado a redução de um terço prevista não deve ser calculada antes mas sim depois de se ter efectuado o aumento resultante da continuação (RAMAJOLI, Sergio. *I procedimenti speciali...*, cit., p. 41).

[190] DALIA, Andrea Antonio, FERRAIOLI, Marzia. *Corso...*, cit., p. 431.

[191] ANCA, Giovanna Maria. *Pena, applicazione su richiesta delle parti*, cit., p. 407; MACCHIA, Alberto. *Il patteggiamento*, cit., p. 20; NAPPI, Aniello. *Guida...*, cit., p. 472.

[192] Estabelece o art. 671º, inciso 1, que na hipótese de várias sentenças ou decretos penais transitados em julgado, emanados em processos distintos contra a mesma pessoa,

Modelo Italiano 233

Portanto, a aplicação da pena requerida nos termos do *patteggiamento* não impede a incidência da disciplina do concurso formal e do crime continuado no caso de concurso com crimes perseguidos por outros ritos; mas no caso de mais sentenças de aplicação de pena mediante requerimento das partes, pronunciadas em procedimentos distintos contra a mesma pessoa, esta e o ministério público poderão pedir ao juiz da fase de execução a aplicação da mencionada disciplina somente quando estão de acordo sobre a espécie da pena substitutiva, ou da pena, desde que esta última não supere os dois anos de reclusão ou detenção, isolada ou conjutamente com uma pena pecuniária[194].

Dúvida parece não existir na hipótese em que se proceda conjuntamente para uma pluralidade de crimes não unificados pela continuação, devendo referir-se a cada um deles o limite de pena a que a norma do art. 444º *C.P.P.It.* condiciona a admissibilidade do *patteggiamento*[195].

Na hipótese de concurso de crimes em que o juiz verifique que é o caso de proceder nos termos do art. 129º *C.P.P.It.* (absolvição) em relação a algum deles e as próprias partes se manifestem nesse sentido, deverá ser feita a separação da *richiesta*, nada impedindo que o juiz pronuncie a absolvição para algum dos crimes objecto da imputação e aplique a pena conforme solicitado a outros; quando, porém, as partes apresentem uma pena determinada e única para as diversas imputações, desconhecendo a possibilidade de absolvição em relação a alguma delas, o juiz deverá declarar essa absolvição quanto aos crimes em que for possível, rejeitando a *richiesta* em relação aos demais para que se proceda a um novo acordo, descontando-se as imputações que foram excluídas[196].

---

o condenado ou o ministério público poderão solicitar ao Juiz da Execução penal a aplicação do regime do concurso formal ou do crime continuado, sempre que isso não tenha sido expressamente excluído pelo Juiz da fase de conhecimento.

[193] SANNA, Alessandra. Applicazione della pena negoziata e reato continuato. *Giurisprudenza Italiana*, Torino, v. 142, p. 435-440, 1990, p. 437; MACCHIA, Alberto. *Il patteggiamento*, cit., p. 20; ARICÒ, Giovanni. Aplicazione della pena su richiesta delle parti, cit., p. 101, nº 8; NAPPI, Aniello. *Guida...*, cit., p. 472-473.

[194] ANCA, Giovanna Maria. Pena, applicazione su richiesta delle parti, cit., p. 392, nº 162.

[195] NAPPI, Aniello. *Guida...*, cit., p. 471.

[196] MACCHIA, Alberto. *Il patteggiamento*, cit., p. 34.

9 – Natureza jurídica.

A análise do problema da natureza jurídica do consenso impõe, a título preliminar, uma identificação da própria essência subjacente a este modelo de justiça penal. Portanto, antes de se atacar o problema da natureza jurídica do acordo entre as partes enquanto já integrado num procedimento judicial, mister se faz a análise do acordo em si mesmo, enquanto manifestação de vontade das partes.

Não restam dúvidas que na base de um modelo de justiça negociada se encontra um consenso, ontologicamente entendido como um encontro de vontades[197], pressuposto essencial para que se chegue às consequências jurídicas legalmente previstas e esperadas pelas partes[198]. Independentemente do que seja almejado, definição do objecto do processo ou da sanção a ser aplicada, é imprescindível que isso venha acertado entre as partes, através de uma comunicação mantida previamente, na qual a vontade de ambas seja reduzida a um sentido comum[199].

No modelo italiano é de destacar, inclusive, que ao possibilitar tanto ao ministério público como ao acusado a iniciativa de *richiesta* de aplicação de pena o *Codice* torna evidente que o *patteggiamento* não se restringe à esfera de interesse apenas de uma das partes, não sendo um exclusivo benefício atribuído ao acusado mas sim interessando igualmente a ambas[200]. Muito embora seja de destacar que na prática não é a parte pública a assumir a iniciativa, ainda que possa contribuir para o convencimento do acusado no sentido da escolha pela via do rito especial[201].

Assim, é esse aspecto de "encontro de vontades" que irá fornecer as indicações para se determinar a natureza jurídica dos institutos de ordem consensual e, por outro lado, todas as questões que gravitarem em torno deles (procedimento, forma, conteúdo, vinculação, conclusão) serão consequências dessa própria natureza jurídica.

---

[197] Conforme salienta CHIAVARIO, é adequada a expressão encontro de vontades, uma vez que, a bem da verdade, a expressão justiça negociada, bastante difundida no meio dos juristas *francophones* poderá induzir à ideia de uma necessária comercialização, produzindo uma apreciação negativa em termos de juízo de valor (CHIAVARIO, Mario. La justice negociee…, cit., p. 28, nº 3).

[198] PISAPIA, Gian Domenico. *Lineamenti…*, cit., p. 58.

[199] ILLUMINATI, Giulio. I procedimenti…, cit., p. 257.

[200] MACCHIA, Alberto. *Il patteggiamento*, cit., p. 12-13. Assim também: LUPO, Ernesto. Il giudizio abbreviato e l'applicazione della pena negoziata, cit., p. 73.

[201] PISANI, M., MOLARI, A., PERCHINUNNO, V., CORSO, P.. *Appunti…*, cit., p. 405.

Na perspectiva da experiência italiana, afirma CORDERO[202] que os acordos no âmbito do processo penal operam segundo uma lógica contratual, confirmada a afirmação em relação ao *patteggiamento* pela impossibilidade do juiz interferir no negócio estabelecido entre as partes: se discorda dos termos em que foi formulada a *richiesta* não pode modificá-los espontaneamente e sim deve determinar o *rinvio a giudizio*, em virtude da variação do objecto. Aliás, representando a plena manifestação do conteúdo negocial do Instituto, temos a possibilidade da *riquiesta di applicazione della pena* ocorrer no curso das investigações preliminares, sendo que os termos do "negócio" são previamente e livremente fixados pelas partes, somente após esta providência submetendo o resultado ao controle judicial; nesta hipótese fala-se mesmo em um "dialogo fuori dal processo"[203].

Desde que excluído o enquadramento como negócio processual – visto como um resquício da teoria do negócio jurídico –, esquema transaccional e negócio de acertamento, em sentido divergente opina MACCHIA[204], no sentido de que o acordo sobre a pena assume as características de um "complexo declarativo" que, mesmo não destinado a resolver uma situação anteriormente duvidosa entre as partes, determina sempre o efeito de excluir que sobre o mérito da controvérsia processual as partes se coloquem em posição de contraste; disto resulta um quadro de certeza no momento em que a "proposta" é apresentada ao juiz. Afirma-se, então, que no *patteggiamento* a *richiesta* o consenso assume as características próprias de uma declaração de vontade que visa a obtenção de determinados efeitos de natureza processual e material.

9.1 – Revogabilidade.

Contudo, desde que admitida a lógica contratual dos acordos no processo penal, a opção feita incide directamente na questão da revogabilidade ou não da manifestação de vontade feita pelas partes. A este respeito há que centralizar a atenção no encontro de vontades ocorrido ainda durante as investigações preliminares (uma vez excluída a natureza

---

[202] *Codice di procedura penale*, cit., p. 536. Afirmando tratar-se de um negócio (processual) bilateral, é esse também o entendimento de PALMIERI, Ettore. I procedimenti speciali nel nuovo cpp, cit., p. 135, n. 12.

[203] CORDERO, Franco. *Codice di procedura penale*, cit., p. 543.

[204] *Il patteggiamento*, cit., p. 10-11.

236 *O Processo Penal como Instrumento de Política Criminal*

tipicamente processual desta fase), verificando-se grande divergência dou-trinária sobre a possibilidade de retractação da manifestação de vontade inicialmente feita.

Em virtude do disposto no art. 447°, inciso 3, *C.P.P.It.* sobre a irre-vogabilidade e inalterabilidade da *richiesta* proposta na fase das inves-tigações preliminares enquanto a outra parte não exprimir o seu consen-so ou dissenso, decorrido esse termo dúvida havia se persistia ou não essa imutabilidade até à decisão do juiz; a mesma dúvida havia em relação ao período anterior à notificação da outra parte para se manifes-tar sobre o acordo[205].

Predominou uma primeira tendência no sentido da possibilidade de alteração da *richiesta* nesses dois períodos[206], admitindo-se a revogação tanto unilateral como bilateral do acordo. Como um desdobramento desta linha de entendimento, há aqueles que sustentam a possibilidade de revogação, conquanto seja ela bilateral. Dessa forma, se não existem argumentos sólidos para inviabilizar a hipótese de retractação bilateral

---

[205] Para uma visão panorâmica da grande divergência suscitada sobre o tema na jurisprudência: BEVERE, Antonio. Il patteggiamento…, cit., p. 353/354; CENCI, Daniele. Giustizia negoziata, volontà delle parti e possibilità di ripensamenti. *In: Materiali d'esercitazione per un corso di procedura penale*. Padova: CEDAM, p. 265-281, 1995, p. 267

[206] CAPRIOLI, Francesco. Il consenso dell'imputato all'applicazione della pena: revocabile o no?. *Giurisprudenza Italiana*, Torino, p. 17-30, 1993, p. 30; ANCA, Giovanna Maria. Pena, applicazione su richiesta delle parti, cit., p. 393, onde se regista que uma vez decorrido o prazo fixado pelo juiz, a *richiesta* não vincula mais aquele que a propôs. Entende ARICÒ (ARICÒ, Giovanni. Aplicazione della pena su richiesta delle parti, cit., p. 108) que o art. 447°, inciso 3°, dá margem a fundamentais quesitos relativos à imodificabilidade e irrevogabilidade da *richiesta* também depois de decorrido o prazo de interpelação da outra parte e, embora a interpretação mais correcta seja no sentido de não consentir a revogação, sendo essa a solução adequada ao "spirito della normativa", em termos técnicos a delimitação temporal contida de modo preciso na norma mencio-nada sugere a inexistência de uma proibição na outra fase anterior à decisão judicial. Do mesmo modo MACCHIA (MACCHIA, Alberto. Il patteggiamento, cit., p. 25) entende que às partes deve ser reconhecido, antes que intervenha a decisão do juiz, o mais amplo espaço não somente de modificar o conteúdo do pedido mas também de revogá-lo, quando elas próprias ou também apenas uma exprima uma vontade contrária à que foi anteriormente manifestada; acrescenta, apropriadamente, que é a hipótese típica quando não haja um prévio acordo entre as partes e que após a manifestação de uma sobre a *richiesta* formulada pela outra admita-se uma reavaliação dos termos inicialmente conti-dos na formulação. O posicionamento doutrinário encontra apoio jurisprudencial: *Cass., Sez.* I, 24-06-1991, n° 2381, *Grossi e altri (Mass. dec. pen.*, n° 188.612).

após formado o "acordo", o mesmo não ocorre quanto à revogação unilateral da manifestação da vontade, sendo afirmada a irrevogabilidade unilateral da *richiesta* ou do consenso, com fundamento nos próprios termos legais que dão sustentação à *applicazione della pena su richiesta*[207].

Uma investigação mais actualizada revela, porém, que a natureza negocial do acordo levou a jurisprudência predominante a afirmar a impossibilidade de modificação da *richiesta* formulada pelo acusado no curso das *indagini preliminari*, após o consenso do ministério público[208].

9.2 – Incumprimento.

Uma outra questão relacionada com a natureza jurídica das hipóteses de consenso no âmbito do processo penal refere-se aos casos de incumprimento do acordo firmado.

Analisando o problema do incumprimento do acordo pelo ministério público, pondera-se que tal situação conduziria a um resultado duplamente grave, na medida em que é o Estado a não manter a promessa – um sujeito em posição de supremacia – e a sofrer as consequências o sujeito, por definição mais débil, pelo qual o Estado democrático não pode absolutamente desinteressar-se[209]. Assim sendo, devem ser previstos mecanismos destinados a obstar à ocorrência de incumprimentos, principalmente por parte do actor público e do magistrado, assegurando

---

[207] CORDERO, Franco. *Procedura penale*, cit., p. 838. RAMAJOLI entende não ser admissível a retractação unilateral da manifestação de vontade após o consenso da parte contrária, pois, se fosse admitida, comprometida estaria a escolha a ser efectuada pelo juiz (RAMAJOLI, Sergio. *I procedimenti speciali...*, cit., p. 38). Atacando a atribuição da natureza de negócio jurídico processual aos acordos, CENCI entende admissível a revogação no momento anterior à notificação da outra parte para se manifestar sobre a *richiesta* e bilateralmente revogável após a formação do "acordo", variando apenas no que se refere à necessidade de fundamentação a que fica obrigado o ministério público e a desnecessidade da manifestação das razões em relação ao acusado (CENCI, Daniele. Giustizia negoziata..., cit., p. 268). Em conclusão posterior (p. 277) CENCI ressalta a exclusão da possibilidade de revogação unilateral após já formado o acordo.

[208] NAPPI, Aniello. *Guida...*, cit., p. 463/464. Em sustentação da mencionada tese o Autor demonstra a tendência jurisprudencial: *Cass. Sez.* V, 20-11-1991, *Pasquarelli*; *Cass. Sez.* III, 12-12-1991, *Pizzale Mass. uff.* n. 188884; *Cass. Sez.* I, 14-04-1994, *Consentino*; *Cass.* 27-4-1991, *Canzio in Foro It.* 1992, II, 158; *Cass. Sez.* V, 19-12--1991, *Ducret..*

[209] MARAFIOTI, Luca. *La giustizia penale negoziata*, cit., p. 474-475.

238   *O Processo Penal como Instrumento de Política Criminal*

ao acusado a plena condição de livre escolha do caminho a ser seguido, sem o risco de se sujeitar a um acordo, cujo resultado final confirme a existência de um simples expediente articulado para a obtenção de uma confissão ou renúncia da sua parte.

9.3 – Confissão.

Grande é a perplexidade acerca da questão de se considerar como *confissão* a natureza jurídica da manifestação de vontade que o acusado emite no momento da celebração do *patteggiamento*.

Asseverando que é de se excluir que à *richiesta* ou ao consenso do acusado se possa atribuir o valor de confissão como prova legal, MACCHIA[210] reconhece que o requerimento formulado é uma manifestação de vontade e, quando não possa ser traduzido num implícito reconhecimento do facto, coloca o acusado numa situação de não negar a sua responsabilidade, exprimindo com a sua declaração uma renúncia à contestação do fundamento da acusação.

Não se desconhece, entretanto, a existência de dúvidas quanto à não caracterização do comportamento do acusado como confissão, ainda que formalmente assim não seja considerada[211].

A aversão verificada na doutrina italiana em relação à confissão, ao invés do que ocorre na realidade germânica, resulta da aproximação que se faz entre ela e os sistemas processuais de natureza inquisitória, nos quais se destaca o interesse da obtenção da verdade material como meio de reconstrução da ordem jurídica violada pelo delito[212].

Posto isto, o problema da natureza jurídica dos acordos celebrados no processo penal projecta os seus efeitos directamente na própria pronúncia que põe termo ao procedimento, por consequência, influenciando decisivamente a sua eficácia (*infra*).

---

[210] *Il patteggiamento*, cit., p. 30; PAOLOZZI, Giovanni. I meccanismi di semplificazione del giudizio di primo grado, cit., p. 47; NAPPI, Aniello. *Guida...*, cit., p. 456. Revelando igual dúvida sobre o valor da confissão como prova legal e destacando que nem a *richiesta* nem o consenso prestado à *richiesta* formulada pelo ministério público podem ser considerados como confissão: LOZZI, Gilberto. Aplicazione della pena su richiesta delle parti, cit., p. 135. Asseverando que "l'imputato che si accorda sulla propria sanzione, non ammette il fatto, non fa alcuna narrativa, non riconosce di essere colpevole", também RAMAJOLI nega o valor de confissão à manifestação de vontade prestada no *patteggiamento* (RAMAJOLI, Sergio. *I procedimenti speciali...*, cit., p. 50)

[211] FERRAJOLI, Luigi. Patteggiamenti e crisi della giurisdizione, cit., p. 380.

[212] DALIA, Andrea Antonio, FERRAIOLI, Marzia. *Corso...*, cit., p. 8.

10 – Procedimento.

Conforme salienta ANCA[213], a bem da verdade existem dois procedimentos alternativos de aplicação de pena a requerimento das partes; o primeiro deles, *rito contratto*, de breve duração, no qual se verifica o encontro de vontades de ambas as partes, não necessariamente consequência de um acordo mas, por vezes, apenas decorrente da anuência ou não oposição à vontade da parte oposta; no segundo caso, face à ausência de consenso tempestivo do ministério público ou mesmo diante do seu dissenso, o juiz, após todas as fases do procedimento ordinário, acolhe o requerimento formulado pelo acusado.

Ainda que sejam assimiláveis as duas situações, profundas são as diferenças entre os pronunciamentos emitidos em cada uma das mencionadas formas de *patteggiamento*. Com efeito, são diversas as características da sentença emitida a seguir à formulação da *richiesta* pelas partes daquela emitida no final dos debates em audiência ou no juízo de impugnação, considerando que nas duas últimas situações a sentença nada mais fará que fundar-se sobre as provas produzidas no próprio debate em audiência e não no estado dos autos como no primeiro caso; são do mesmo modo diferentes os respectivos efeitos[214].

Portanto, tratando-se de sentença de *pattegiamento* emitida após os debates em audiência, onde também se verifica um tratamento premial concedido ao acusado, ele decorre da preliminar *richiesta* formulada e é admitido em virtude da análise feita pelo juiz da adequação da medida da pena requerida e da sua congruência para a obtenção dos efeitos de reinserção social do condenado.

Assim também são diversos os efeitos produzidos pelas sentenças emitidas nas duas situações, ocorrendo no caso de acolhimento da *richiesta* apenas no final dos debates uma restrição daqueles previstos no inciso primeiro do art. 445º para a sentença de acolhimento a seguir à *richiesta* acordada pelas partes (art. 444º, inciso 2), restando, todavia, o efeito comum de ineficácia em sede extrapenal previsto no inciso 3 do artigo 448º *C.P.P.It.*[215].

Também quanto ao consenso duas são as situações possíveis: a ausência de manifestação no tempo legal ou dissenso do ministério

---

[213] Pena, applicazione su richiesta delle parti, cit., p. 386.

[214] MACCHIA, Alberto. *Il patteggiamento*, cit., p. 104.

[215] Idem, ibidem, p. 106.

público poderá ser posteriormente alterada através da sua adesão tardia; o dissenso do acusado ou a sua não anuência à proposta do ministério público torna impossível a realização do *patteggiamento*[216].

Vale assinalar, do mesmo modo, que não se admite *richiesta* ou consenso condicional (excepto o condicionamento à suspensão condicional da pena), parcial ou ambíguo, entendendo-se como dissenso quanto à totalidade da *richiesta* a subordinação do consenso a condições. A ausência do consenso conduz à nulidade do acto, atingindo a sentença que acolheu a *richiesta*[217].

Distinguem-se assim a *richiesta* conjunta das partes da *richiesta* cujo consenso foi negado pelo ministério público: na primeira hipótese estamos diante de um negócio jurídico bilateral; na segunda trata-se de um negócio jurídico unilateral que pode tornar-se bilateral caso o ministério público no curso do processo mude de ideia e concorde com o requerimento formulado[218].

Por outro lado, o dissenso por parte do acusado não se encontra condicionado à necessidade de fundamentação, já o ministério público

---

[216] ANCA, Giovanna Maria. Pena, applicazione su richiesta delle parti, cit., p. 392.

[217] MACCHIA, Alberto. *Il patteggiamento*, cit., p. 23.

[218] Também distinguindo as duas situações, para ANIELLO NAPPI quando a aplicação da pena ocorre a seguir à *richiesta* conjuntamente formulada pelas partes verifica-se uma simplificação do rito e quando ela se verifica no final dos debates em audiência de primeiro ou segundo grau traduz-se melhor num benefício para o acusado (NAPPI, Aniello. *Guida...*, cit., p. 453). A evolução até se chegar a essa desvinculação do parecer do ministério público foi penosa, precedida de inúmeras ponderações, como aquela fundada numa violação do princípio da igualdade inscrito na Constituição italiana, uma vez que, enquanto o parecer favorável emitido pelo ministério público teria mero carácter consultivo, o parecer desfavorável vincularia a decisão do juiz, culminando na referida ofensa ao cânone constitucional; de igual modo, ofensa ocorreria também ao poder jurisdicional que detém o juiz, considerando que o mesmo estaria impedido de divergir do posicionamento adoptado pela acusação pública mesmo se entendesse injustificados os fundamentos oferecidos para a recusa; também o próprio princípio do contraditório seria violado, uma vez que impediria uma manifestação da defesa sobre os motivos do dissenso do ministério público. Tudo foi resolvido através da sentença da *Corte Costituzionale* (Sentença n° 120 de 30-4-1984, *in Giur. Cost.*, 1984, I, p. 618 s.), declarando que a subordinação da aplicação da sanção substitutiva ao parecer favorável do ministério público operaria apenas na instrução e no momento anterior aos debates em audiência, tendo como efeito a preclusão do procedimento antecipado, ficando livre o juiz para aplicar a sanção requerida após o debates de primeiro ou segundo graus de jurisdição; em síntese, o parecer actua apenas no sentido da escolha do rito processual, impedindo a aplicação antes do debate em audiência (LOZZI, Gilberto. Aplicazione della pena su richiesta delle parti, cit., p. 122-128).

deve obrigatoriamente enunciar as razões da sua oposição. A explicação para a diversidade de tratamento entre os dois sujeitos processuais pode ser encontrada em MACCHIA[219], sendo afirmado que, enquanto a faculdade atribuída ao acusado decorre do exercício do seu direito de defesa, portanto, prescindindo de qualquer ónus de motivação do seu dissenso, no que toca ao ministério público representa um *munus*, traduzido sempre numa discricionariedade e não numa arbitrariedade, que o obriga à fundamentação da sua manifestação de vontade. No caso de dissenso fundamentado do ministério público obviamente ele deverá envolver questões relacionadas com o objecto do *patteggiamento*, ou seja, medida e espécie de pena, tipo de sanção substitutiva, balanceamento das circunstâncias, suspensão condicional da pena, nunca podendo envolver questões da própria admissibilidade teórica do rito especial. Portanto, justificada é a preocupação com as matérias que podem ser alegadas pelo ministério público na hipótese de dissenso, devendo estar relacionadas com o problema da determinação da medida da pena e da pretensão punitiva do Estado, não se admitindo a alegação de motivos que, no fundo, demonstrem apenas o ferrenho apego a um ideal persecutório, seja ele público ou privado[220].

11 – Forma.

A *richiesta* ou o consenso são formulados oralmente se o *patteggiamento* ocorre no curso da audiência; nas demais hipóteses o enunciado declarativo assume a forma escrita. Se a manifestação de vontade ocorre antes da abertura, porém, no momento da audiência fixada para os debates (limite temporal para a formulação), a apresentação da *richiesta* previamente por escrito pressupõe a sua exposição oral em sede daquela audiência. Relevante se apresenta essa última observação em virtude de

---

[219] *Il patteggiamento*, cit., p. 72-73.

[220] BEVERE, Antonio. Il patteggiamento..., cit., p. 359/360. Sobre a possibilidade de se fundamentar o dissenso na relutância do acusado em reparar o dano causado pelo delito, após demonstrar a tendência para se considerar injustificado esse motivo, o Autor pondera no sentido de que, sendo a reparação do dano um indício de satisfação da finalidade reeducativa da pena (escopo estendido para a pena *patteggiada* pela sentença nº 313/1990 da *Corte Costituzionale*), em determinados casos o dissenso do ministério público fundado na ausência da reparação pode perfeitamente decorrer dessa valoração.

242   *O Processo Penal como Instrumento de Política Criminal*

que, havendo divergência entre o que consta no relatório da sentença e as declarações das partes reduzidas a termo acerca do consenso, prevalecerão estas últimas[221].

12 – Momento da realização.

Já avançada a informação sobre a distinção adoptada no Ordenamento Jurídico italiano entre processo e procedimento e identificado como marco divisor o exercício da acção penal, relevante é a verificação da possibilidade de *richiesta di applicazione della pena* ainda no curso das *indagini preliminare*, antes mesmo da propositura da acção penal.

A questão pressupõe uma análise sobre os prazos estabelecidos para se formular a *richiesta* de aplicação de pena.

12.1 – Termo final.

Invertendo a ordem, iniciemos pela verificação do termo final fixado para o recurso ao rito especial do *patteggiamento*.

O prazo para a formulação da *richiesta* encontra-se previsto na directiva nº 45 da *Legge-delega*, ou seja, antes da abertura dos debates em audiência. Tal limite temporal encontra a sua justificação na própria finalidade do rito especial, concernente à necessidade de se evitar a citada audiência de debates, cujo começo, na ausência de uma declaração formal de abertura pelo presidente, pode ser entendido como sendo qualquer dos actos previstos nos arts. 484º e ss. do *Codice*.

Quanto à natureza jurídica desse prazo, há o entendimento de que não se trata de decadência o seu escoamento mas sim apenas de um efeito preclusivo gerado pela superação de uma determinada fase processual, facto esse que impediria a recontagem do prazo no caso de renovação dos actos introdutórios, mesmo na hipótese de alteração no quadro da acusação (excepção feita ao surgimento de facto novo)[222].

A fixação desse prazo limite para a formulação da *richiesta* não deixou de provocar uma grande controvérsia no que se refere ao aspecto por último citado. Trata-se do problema da alteração do objecto da acusação após um acordo anteriormente firmado ou, mesmo no caso de

---

[221] MACCHIA, Alberto. *Il patteggiamento*, cit., p. 69-70.

[222] Idem, ibidem, p. 67.

Modelo Italiano 243

ausência de anterior *patteggiamento*, a ocorrência dessa alteração posteriormente ao prazo fixado para a *richiesta* (abertura da fase dos debates em audiência), inviabilizando assim o acesso ao rito especial caso ele pareça interessante.

A questão relaciona-se com as hipóteses previstas nos artigos 516° a 518° do *C.P.P.It.*, os quais configuram a possibilidade de alteração dos factos que fundamentam a acusação no momento dos debates em audiência (instrução e julgamento)[223].

Efectivamente, considerando-se que os artigos 516° a 518° do *C.P.P.It.* admitem a integração ou modificação da imputação no momento dos debates em audiência, dúvida surgiu quanto à possibilidade de se interpor a *richiesta* após a ocorrência dessas alterações. No que se refere ao art. 518°, estando previsto que a integração do facto novo pressupõe a anuência do acusado para que ele seja discutido em audiência, desde que não haja uma sua oposição não poderá queixar-se de ter sido impedido de formular a *richiesta* em relação à imputação complementar contestada em audiência (*Corte Costituzionale*, 17-02-1994, n° 41). Quanto aos arts. 516° e 517°, foi declarada a ilegitimidade parcial desses dispositivos, na parte em que neles não se prevê a possibilidade do acusado formular *richiesta* ao juiz, relativamente ao facto diverso ou ao crime concorrente contestado na própria audiência, quando a nova contestação se refere a um facto que já constava nos autos das investigações no momento do exercício da acção penal ou quando o acusado havia tempestivamente e com as devidas formalidades interposto a *richiesta* em relação à imputação originária (*Corte Costituzionale*, 30-06-1994, n° 265)[224].

---

[223] Art. 516: "Se no curso dos debates em audiência o facto resulta diverso da forma como foi qualificado no momento do *rinvio a giudizio* – e não seja da competência de um juiz superior, o Ministério Público modificará a imputação e efectuará a qualificação oportuna"; art. 517°: "Se no curso dos debates em audiência surge um delito conexo, segundo o previsto no artigo 12, 1, *b*, ou circunstância agravante que não constava no momento do *rinvio a giudizio*, o Ministério Público informará sobre tal delito ou circunstância, sempre que o seu conhecimento não corresponda à competência de um juiz superior"; art. 518°, 1: "além dos casos previstos no artigo 517°, o Ministério Público procederá na forma ordinária se no curso dos debates em audiência surge uma nova imputação contra o acusado por um facto não previsto no momento do *rinvio a giudizio* e pelo qual não se deva proceder de ofício"; art. 518°, 2: "todavia, quando o Ministério Público assim o solicite, o presidente poderá autorizar a sua discussão na mesma audiência, se há o consentimento do acusado presente e se não resulta prejuízo algum para a celeridade do procedimento".

[224] NAPPI, Aniello. *Guida...*, cit., p. 461.

244   *O Processo Penal como Instrumento de Política Criminal*

Contrariamente ao exposto, posiciona-se BEVERE[225] no sentido da impossibilidade de escolha do rito especial após o momento inicial da abertura da fase dos debates em audiência, mesmo nas hipóteses de alteração do objecto da acusação.

Um outro problema posto por esse limite "ad quem" refere-se à dúvida levantada por RAMAJOLI[226], retratada na sentença do *Trib. Bolzano*, *ord.* 27-05-1992, *in G. U.* de 16-09-1992, 1ª série spec., nº 39, p. 20, relativa ao caso em que seja declarada a revelia do acusado e posteriormente ele se apresente provando a ocorrência de justo motivo e demonstrando interesse na apresentação da *richiesta*. Considerando-se as várias possibilidades previstas nos arts. 485º e seguintes *C.P.P.It.* de exclusão do efeito da revelia no caso de não comparecimento nos debates em audiência ou mesmo em relação à *udienza preliminare* (audiência preliminar), visto ser amplamente admissível a prova da ausência de culpa do acusado ausente[227], aceitável é o entendimento de que também quanto à *aplicazione della pena su richiesta* ao acusado não culpado se possibilite a renovação do prazo para a formulação da *richiesta*.

Por fim, pertinente é a observação muito bem posta por CHIA-VARIO[228] quanto a esse limite *ad quem*, no sentido de que, a bem da verdade, ele não atende directamente ao objectivo de efectiva eficiência processual, tendo em vista o escopo predominante dos *procedimenti speciali*, centrado na preclusão da fase do debate em audiência (*supra*): se já foi atingida essa fase não se pode falar tranquilamente numa deflação processual.

12.2 – Termo inicial.

Sendo previsto o prazo limite *ad quem* para a formulação da *richiesta*, o Legislador italiano excluiu qualquer limite *a quo* que não seja aquele representado pela pendência de investigações sobre uma certa *notitia criminis* e em relação a uma pessoa determinada; isto pressupõe, pois, um estágio mais avançado das investigações preliminares de forma a possibilitar ao ministério público e ao acusado uma ade-

---

[225] Il patteggiamento…, cit., p. 364. Esse também o entendimento de DI IASI (DI IASI, Camilla. Un'elasticità non funzionale al fine deflattivo del patteggiamento. *Critica del Diritto*, Torino, a. XX, nº 2, p. 68-70, aprile 1994.

[226] *I procedimenti speciali*…, cit., p. 52, nº 68.

[227] NAPPI, Aniello. *Guida*…, cit., p. 71-72.

[228] I procedimenti speciali, cit., p. 80.

Modelo Italiano   245

quada escolha a respeito do rito especial[229]. Tal situação justifica-se em face de no *patteggiamento* ocorrer um acordo sobre o próprio mérito do processo, podendo verificar-se em qualquer momento processual, desde que no limite final visto anteriormente.

Nesse caso, se o juiz para as investigações preliminares (*GIP*) acolhe o requerimento contendo a pena determinada e requerida pelas partes, a sanção é aplicada numa audiência própria para essa finalidade ("ad hoc"). Se, ao contrário, o juiz rejeita o requerimento as *indagini preliminare* têm prosseguimento[230].

Na hipótese da aplicação da pena *su richiesta* ocorrer no curso das investigações preliminares, à audiência "ad hoc" designada para essa finalidade aplicam-se as regras previstas para o caso de celebração do *patteggiamento* no momento da audiência preliminar, ou seja, admissibilidade do juiz ordenar a exibição dos autos contendo os elementos colhidos pelo ministério público, especificamente: a notícia do crime, as provas produzidas nas *indagini* e as declarações verbais prestadas diante do *giudice per le indagini preliminari* (*GIP*). A justificativa para essa situação decorre da necessidade de o juiz exercer o controle sobre o acatamento ou rejeição da *richiesta* com base nos elementos já existentes nos autos, não se limitando, pois, a uma mera função formal[231].

Alguma perplexidade verifica-se na doutrina em relação à valoração que o juiz realiza dos elementos de prova colhidos nas investigações preliminares, cujo valor probatório é questionável, uma vez produzidas fora do processo considerado em sentido estrito, como já foi visto. A questão vem solucionada pela natureza de convalidação que se atribui à *richiesta* ou ao consenso prestado pelo acusado, admitindo-se que as referidas provas sejam consideradas tanto para os fins da absolvição prevista no art. 129º C.P.P.It. como também para o controle sobre o negócio jurídico do *patteggiamento*[232].

---

[229] MACCHIA, Alberto. *Il patteggiamento*, cit., p. 79-80; no mesmo sentido: LOZZI, Gilberto. Aplicazione della pena su richiesta delle parti, cit., p. 137; PAOLOZZI, Giovanni. I meccanismi di semplificazione del giudizio di primo grado, cit., p. 44-45. Diversamente, entende ARICÒ que, mesmo sendo uma decisão ao estado dos autos, a apreciação da *richiesta* deve ser feita independentemente da validade probatória dos elementos até então recolhidos (ARICÒ, Giovanni. Aplicazione della pena su richiesta delle parti, cit., p. 108).

[230] ANCA, Giovanna Maria. Pena, applicazione su richiesta delle parti, cit., p. 385.

[231] Idem, ibidem, p. 408.

[232] PAOLOZZI, Giovanni. I meccanismi di semplificazione del giudizio di primo grado, cit., p. 55

No caso em que o juiz rejeita a *richiesta* apresentada na audiência "ad hoc", a consequência será a restituição dos autos ao ministério público para que promova o exercício da acção penal, comportando, inclusive, a possibilidade de uma reabertura das próprias investigações preliminares[233].

Justificada, entretanto, é a reserva ao entendimento de MACCHIA[234] no sentido de que, mesmo não tendo finalidade instrutória, prestando-se apenas à verificação da voluntariedade, os elementos decorrentes da audiência "ad hoc" designada para esse fim, caso compareça o acusado e seja ouvido, podem ser aproveitados para efeitos do julgamento. Contrapondo-se adequadamente a esse entendimento, salienta LOZZI[235] que, sendo o mencionado comparecimento destinado unicamente à verificação da voluntariedade, o Legislador não admite uma investigação dirigida a identificar as razões da *richiesta* ou da prestação do consenso para o fim de valorar se podem ou não valer como confissão. Diga-se de passagem que o grande problema enfrentado para a admissibilidade de um *patteggiamento* entre acusação e defesa no curso das investigações preliminares é justamente o do valor probatório que desse modo se atribui às investigações realizadas com exclusividade pelo ministério público, portanto sem a devida submissão à garantia do contraditório.

Uma solução para o dilema é procurada mediante o recurso à posição privilegiada que se reconhece à autonomia da vontade das partes no modelo italiano, sobretudo com referência ao procedimento probatório, de modo que o consenso prestado pelo acusado sobre a reconstrução dos factos, ou a sua *richiesta*, conferem valor probatório aos elementos colhidos unilateralmente nessa fase procedimental[236].

Confirma-se, pois, que no Ordenamento Jurídico italiano o acordo pode ocorrer tanto num momento tipicamente processual, hipótese comum, como também na fase propriamente procedimental, anterior ao exercício da acção penal.

12.3 – Exercício da acção penal.

Todavia, a última conclusão a que se chegou não resolve a questão, igualmente relevante, relacionada com o destino da acção penal na

---

[233] MACCHIA, Alberto. *Il patteggiamento*, cit., p. 85.
[234] Idem, ibidem, p. 75-77.
[235] Aplicazione della pena su richiesta delle parti, cit., p. 135.
[236] BARGI, Alfredo. *Procedimento probatorio e giusto processo*, cit., p. 128-129.

Modelo Italiano   247

sequência da qual ocorre a formulação conjunta e acolhimento da *richiesta* de aplicação de pena. Ou seja, sendo a *richiesta di applicazione della pena* formulada no curso das investigações preliminares surge a questão da natureza do acto através do qual, ao mesmo tempo que exercita a acção penal, formulando a imputação, o ministério público se manifesta sobre a *richiesta* apresentada pelo acusado, particularmente no caso em que emite o seu consenso.

CORDERO[237] opina no sentido de que a acusação seguida de uma anuência do ministério público à *richiesta* formulada pelo acusado não constitui verdadeiro exercício da acção penal; assim sendo, se o juiz acolhe a manifestação consensual das partes, tudo termina com esse acto, sem processo. Necessário é observar, todavia, que, escrevendo sobre a audiência *ad hoc* a ser fixada pelo juiz para a aplicação da pena *su richiesta* no curso das *indagini preliminari*, o próprio CORDERO[238] asseverou que "se l'udienza qui contemplata sai già processo; è teoricamente possibile che il pubblico ministero formuli l'imputazione quando richiede una data pena o aderisce alla richiesta ex adverso".

Segundo MACCHIA[239] a *richiesta* da parte determina o encerramento das investigações preliminares bem como da disponibilidade do material probatório recolhido pelo ministério público e sobre o qual o juiz é chamado a pronunciar-se. Para que isso ocorra é indispensável que à *richiesta* e ao consenso se junte a formulação da imputação, ou seja, o exercício da acção penal; resulta, pois, que a fase em que se celebra o *patteggiamento* tem natureza processual e a aplicação da pena *su richiesta* pressupõe a intervenção do juiz e o início do processo. Acrescenta ainda que em todos os casos de rejeição da *richiesta* é a própria acção penal que não vem exercida, devendo ser proposta novamente. Nesse mesmo sentido, a afirmação taxativa de que o acto de consenso do ministério

---

[237] *Procedura penale*, cit., p. 214-215; ARICÒ, Giovanni. Aplicazione della pena su richiesta delle parti, cit., p. 111; ANCA, Giovanna Maria. Pena, applicazione su richiesta delle parti, cit., p. 394. Também PISAPIA (PISAPIA, Gian Domenico. *Lineamenti...*, cit., p. 62) entende que a sentença emitida após a audiência "ad hoc" que acolhe a *richiesta* encerra o procedimento – sem o início do processo –, em virtude mesmo de não caber apelação contra ela.

[238] *Codice di procedura penale*, cit., p. 543.

[239] *Il patteggiamento*, cit., p. 82. Compartilhando do entendimento de que a *richiesta* da parte, no caso o ministério público, põe termo à fase das *indagini preliminari*: DALIA, Andrea Antonio, FERRAIOLI, Marzia. *Corso...*, cit., p. 432.

248 *O Processo Penal como Instrumento de Política Criminal*

público deverá conter a formulação da acusação, equivalendo assim ao exercício da acção penal[240].

A mencionada situação conduz ainda a uma outra perplexidade. Desde que se considere a *richiesta di applicazione della pena* formulada pelo ministério público no curso das investigações preliminares como sendo uma hipótese de exercício da acção penal, face à rejeição pelo juiz o prosseguimento posterior implicaria uma violação do princípio da imutabilidade da acção penal, ou seja, o ministério público exercitaria a acção e posteriormente dela desistiria através da *richiesta*; na hipótese contrária, não se considerando a *richiesta* formulada como exercício da acção penal, ocorreria uma excepção ao princípio "ne precedat iudex ex officio". Sugere-se a solução do dilema mediante a consideração da natureza de não processo do acolhimento da *richiesta*[241].

13 – Pronunciamento jurisdicional.

Uma das perplexidades acerca do *patteggiamento* – objecto de grande discussão mesmo em relação ao modelo vigente antes do *C.P.P.It.* de 1989 – refere-se justamente à aparente incongruência verificada quanto à sentença final a ser emanada: ao mesmo tempo que declarava a extinção do delito aplicava a sanção substitutiva requerida[242]. Portanto, levando-se em conta a própria controvérsia existente acerca da natureza jurídica do consenso celebrado no *patteggiamento*, também controvertido é o enquadramento jurídico do pronunciamento jurisdicional que põe termo a esse procedimento especial, havendo uma grande divergência doutrinária e jurisprudencial a esse respeito.

13.1 – Verificação da responsabilidade penal.

O problema acaba por implicar a necessidade de um aprofundamento de uma outra questão com ele directamente vinculada, relativa à apuração

---

[240] RICCIO, Giuseppe. Procedimenti speciali, cit., p. 369; CONSO, Giovanni. I nuovi riti differenziati tra "procedimento" e "processo", cit., p. 198; ILLUMINATI, Giulio. I procedimenti a conclusione anticipata e speciali nel nuovo codice di procedura penale, cit., p. 278.

[241] ANCA, Giovanna Maria. Pena, applicazione su richiesta delle parti, cit., p. 394.

[242] Idem, ibidem, p. 381.

Modelo Italiano 249

ou não da responsabilidade penal no caso de transacção sobre as consequências jurídicas do delito.

A questão da necessidade ou não da verificação da responsabilidade penal já se repercutia mesmo na vigência da Lei nº 689 de 1981, particularmente no que se refere ao problema da natureza da sentença que aplica a pena *su richiesta*, sendo afirmado que, desde que se optasse pela natureza de sentença penal condenatória, a comprovação da responsabilidade penal seria indispensável, tendo em vista a vigência do princípio do *nulla poena sine iudicio* e o princípio da presunção de inocência[243]. Concluia-se então no sentido de que um mínimo de prova da responsabilidade penal é necessário para que não seja violado o segundo dos mencionados princípios[244].

Diversamente, sustentando que a sanção substitutiva decorrente da aplicação do *patteggiamento* previsto na Lei nº 689 de 1981 não parece susceptível de ser classificada como sanção penal *tout court*, GREVI[245] conclui no sentido de que a sentença que a aplica "ne peut en aucune façon se manifester comme la conséquence d'une décision de condamnation".

Dada a complexidade do problema e a sua relevância prática, em virtude das consequências que projecta, torna-se necessária uma análise mais detida da própria estrutura do *patteggiamento*.

Estando previsto na *Relaz. Prog. Prelim.* do *Codice di Procedura Penale* italiano que as atribuições do juiz no caso de *patteggiamento* estariam circunscritas à missão de verificar as condições para a pronúncia de absolvição nos termos do art. 129º e, em caso negativo, a adequação da moldura penal proposta pelas partes (qualificação jurídica, circunstâncias e comparação), alguma perplexidade se verifica quanto à necessidade de se determinar a responsabilidade penal do acusado para o cumprimento dessa operação. Em outros termos, trata-se da "dificuldade de conciliar uma pronúncia de condenação com a ausência de uma investigação sobre a culpabilidade do acusado"[246].

Parte da doutrina e da jurisprudência entende que, não obstante o facto da sentença que o juiz é levado a emitir ser uma pronúncia ao estado dos autos, vedando qualquer integração probatória, é claro que se

---

[243] LOZZI, Gilberto. Aplicazione della pena su richiesta delle parti, cit., p. 124.
[244] Idem, ibidem, p. 135-136.
[245] Déjudiciarisation…, cit., p. 1028.
[246] MACCHIA, Alberto. *Il patteggiamento*, cit., p. 31.

250   *O Processo Penal como Instrumento de Política Criminal*

faz necessário uma base fáctica mínima sobre a qual ele vai realizar o juízo de absolvição previsto no art. 129º *C.P.P.It.* e as demais operações que lhe são impostas em termos de *patteggiamento*. Disso se extrai a impossibilidade de realizar uma cisão absoluta entre o binómio reconheci- mento da responsabilidade – aplicação de pena, não se podendo prescin- dir, pois, da prova sobre a responsabilidade do acusado[247]. A confirmação desse entendimento é procurada na própria necessidade de que o juiz efectue a valoração da adequação da pena acordada aos fins de prevenção especial previsto na Constituição, pois somente com a verificação da res- ponsabilidade se poderá falar em reinserção social do condenado[248]. Foi esse o entendimento adoptado na já mencionada sentença nº 313 da *Corte Costituzionale*, onde se afirmou a exigência da verificação da responsabi- lidade no *patteggiamento*, entre outros motivos pelo facto de que a sen- tença que incide no rito especial se sujeita ao artigo 546º, letra e, do *C.P.P.It.*, o qual exige que o juiz indique as provas que fundamentam a sua decisão[249]. Nessa mesma linha, sendo afirmação corrente que o trata- mento premial atribuído ao acusado é consequência da sua contribuição para a finalidade de deflação da justiça criminal, indaga-se doutrinaria- mente sobre o que ele pode oferecer a título de comportamento coopera- tivo para além da própria declaração de culpabilidade[250].

Enfático é ARICÒ[251] ao sustentar posição contrária, afirmando que a aplicação da pena *su richiesta delle parti* é um Instituto que, pelo

---

[247] Idem, ibidem, p. 32, posicionamento extraído da manifestação da *Corte Costituzionale*, reproduzida em *Cass.*, 19-02-1990, *Migliardi*, in *Cass. Pen.*, 1990, II, nº 15; No mesmo sentido: CORDERO, Franco. *Procedura penale*, cit., p. 841; MARZADURI, Enrico. Interventi..., cit., p. 235-236; ILLUMINATI, Giulio. I procedimenti a conclusione anticipata e speciali nel nuovo codice di procedura penale, cit., p. 281. Falando da imprescindibilidade do acertamento do "fato storico": PAOLOZZI, Giovanni. I meccanismi di semplificazione del giudizio di primo grado, cit., p. 45. Também GREVI (GREVI, Vittorio. Archiviazione per "inidoneità probatoria" ed obbligatorietà dell'azione penale, cit., p. 99) subordina a disposição do acusado em prestar o consenso nos ritos diferen- ciados à existência de uma base probatória mais do que idónea a tornar verosímil a condenação em juízo.

[248] No sentido integral do texto: CORDERO, Franco. *Codice di procedura penale*, cit., p. 537-538; MACCHIA, Alberto. *Il patteggiamento*, cit., p. 38.

[249] PIGNATELLI, Amos. Patteggiamento e giurisdizione, cit., p. 354; LOZZI, Gilberto. *Lezioni di procedura penale*. Torino: G. Giappichelli Editore, 1994, p. 226-229.

[250] FERRAJOLI, Luigi. Patteggiamenti e crisi della giurisdizione, cit., p. 377-378

[251] Aplicazione della pena su richiesta delle parti cit., p. 106-107. Também para LUPO (LUPO, Ernesto. Il giudizio abbreviato e l'applicazione della pena negoziata, cit.,

Modelo Italiano   251

novo *Codice*, normativamente deve prescindir da valoração de qualquer elemento de prova, não podendo ser a *richiesta* rejeitada pela inexistência de prova da responsabilidade. Acresce ainda que o posicionamento contrário não encontra amparo legal e que, embora a prova da inocência do acusado deva impedir a aplicação da pena *su richiesta*, a ausência da prova da responsabilidade não deve impedir a referida aplicação.

Daí decorre a oposição à tese jurisprudencial sustentada na *Cassazione, Sez.* IV, 10 *giugno* 1993, *Consoli*, no sentido de que com a apresentação da *richiesta* o acusado renuncia ao direito de contestar a acusação e os elementos em que ela se funda, renunciando ainda ao direito de ver reconhecida a própria inocência nos termos do art. 129º *C.P.P.It.*, em virtude da adesão ao rito especial implicar uma admissão da própria culpabilidade. Afirmando que o juízo que o juiz efectua é "allo stato degli atti", pondera SAMMARCO[252] que, enquanto a ausência ou insuficiência da prova da culpabilidade equivale à prova da inocência, a ausência ou insuficiência da prova da inocência não pode implicar a prova da culpabilidade, cuja verificação deve ser positiva. Com isso, aderindo à tese da inexistência de reconhecimento da responsabilidade no *patteggiamento*, rejeita-se a posição versada na *Cassazione* citada, admitindo-se a possibilidade de que o juiz decida pela absolvição (de acordo com o art. 129º *C.P.P.It.*) mesmo face à *richiesta* do acusado.

Torna-se necessário indagar, ademais, sobre os motivos que conduzem o acusado a sujeitar-se a uma determinada sanção, cuja medida não há como afirmar-se que seria aquela a ser imposta com a regular e efectiva verificação do mérito, ou mesmo que ele efectivamente está a ser favorecido com o desconto de pena que lhe é oferecido. A esse respeito importa destacar que, no fundo, a grande contrapartida que o

---

p. 74) o juiz não deve efectuar uma positiva verificação da responsabilidade do acusado. Não se dispensa a menção de alguns posicionamentos jurisprudenciais a este respeito, valioso auxílio para o deslinde da questão: "a sentença com a qual o juiz aplica a pena *su richiesta* das partes não implica um acertamento da responsabilidade do acusado em relação ao crime que lhe está a ser atribuído, devendo o juiz limitar-se a examinar se (*allo stato degli atti*) é possível excluir-se a prova da inocência" (*Sez.* VI *c.c.* 14-11--1990); "o juiz, portanto, não deve realizar um exame sobre a suficiência das provas para uma sentença de condenação, mas deve apenas verificar que não subsistem os pressupostos para a imediata absolvição "(*Sez.* VI *ud.* 10-07-1990, *ric. Cimino*).

[252] SAMMARCO, Angelo Alessandro. Ammissione di colpevolezza e rinuncia al proscioglimento ex art. 129º C.p.p. nella richiesta di applicazione della pena da parte dell'imputato. *La Giustizia Penale*, Roma, v. XCV, n. III, p. 249-257, 1994, p. 255/257.

acusado recebe pela sua contribuição para a "economia" processual é justamente a não qualificação como culpado, considerando-se as consequências de cunho social seguidas a uma constatação dessa natureza[253]. Sendo assim, obviamente que um reconhecimento da responsabilidade ou, melhor, a fundamentação da sentença de *patteggiamento* numa afirmação da culpabilidade do acusado seria um desestímulo ao recurso ao rito negocial. Por essa perspectiva, portanto, são também as razões de política criminal, fundadas no objectivo de não estigmatização do acusado, que determinariam a não afirmação da culpabilidade no *patteggiamento*.

Por outro lado, nos termos do inciso 2° do art. 444° do *C.P.P.It.*, o acusado somente será absolvido se houver elementos nas investigações realizadas pelo ministério público no sentido da sua irresponsabilidade no cometimento do delito (art. 129° *C.P.P.It.*) e não no caso de insuficiência de prova da sua culpabilidade. Nesta última hipótese as investigações devem ter prosseguimento até à definição sobre a existência ou não de elementos de prova para o exercício da acção penal. Por consequência, se apenas ao acusado culpado interessa, a princípio, o *patteggiamento*, também para o ministério público o consenso será interessante somente quando as fontes de prova recolhidas forem ainda insuficientes para prognosticar uma condenação final. Assim, a necessidade de verificação da responsabilidade penal do acusado no *patteggiamento* tornaria não só inócuo o rito negocial como também incoerente, pois não haveria sentido em conceder tratamento punitivo premial ao acusado cuja culpabilidade ficou demonstrada. São estes, portanto, os argumentos utilizados pela corrente que sustenta a inexistência do reconhecimento da responsabilidade no rito especial do *patteggiamento*.

Entretanto, a esta lógica deverá ser oposto o argumento de que em respeito pelo princípio da culpabilidade, explicitamente ou implicitamente reconhecido na Constituição dos diversos Ordenamentos Jurídicos, a imposição de uma sanção de natureza penal condiciona-se inafastavelmente à verificação da responsabilidade do acusado. Para tanto não basta a mera verificação negativa, ou seja, a verificação da ausência de elementos no sentido da absolvição do acusado, conforme se sustenta no Ordenamento Jurídico italiano.

Ao argumento por último citado contrapõe-se a alegação de que, embora configure uma implícita admissão da responsabillidade penal, a *richiesta* ou o consenso prestado pelo acusado resulta de uma *voluntária*

---

[253] FERRUA, Paolo. *Studi sul processo penale II*, cit., p. 28.

Modelo Italiano

renúncia por ele feita às garantias do modelo processual tradicional, sendo esta uma característica típica do *processo di parti*, no qual se confia às partes a escolha da forma de exercitar as garantias fundamentais[254]. Disso decorre a legitimação constitucional do *patteggiamento* italiano, levando-se em conta que nele não ocorre uma condenação sem provas e sim a valoração probatória dos elementos obtidos na fase das investigações preliminares, mediante o consenso do acusado[255]. Não podendo ser considerados como confissão, o consenso do acusado ou a sua *richiesta* seriam, assim, uma manifestação de vontade que, atribuindo valor probatório aos elementos da investigação, representariam uma limitada admissão da responsabilidade penal[256].

Demonstrando a mais actual tendência a este respeito e asseverando que a aplicação da pena *su richiesta* conserva a natureza de julgamento, ainda que a verificação da responsabilidade penal seja apenas sumária ou incompleta, ANIELLO NAPPI[257] informa que a jurisprudência predominante exclui que a sentença pronunciada a seguir ao *patteggiamento* contenha a verificação da responsabilidade do acusado e considera inválida a decisão que declare essa responsabilidade no dispositivo (*Cass. Sez.* I, 12-01-1994, *Rusciano*; *Cass. Sez.* V, 24-01-1994; *Cass. Sez.* I, 05-04-1994, *Botta*).

Aos argumentos contidos nas jurisprudências mencionadas e na doutrina citada deve ser acrescida a circunstância de que no modelo italiano os acordos são concretizados *sub judice*, sendo de natureza jurisdicional o pronunciamento emitido no final, não se limitando a intervenção judicial a uma mera actividade homologatória de natureza formal (*supra*).

Face à ainda efervescente polémica, inviabilizando um posicionamento mais concreto, resta apenas a alternativa de se dosear o grau de

---

[254] RICCIO, Giuseppe. Procedimenti speciali, cit., p. 376. Na mesma linha o entendimento de que a *richiesta* de aplicação de pena, mesmo não podendo ser considerada admissão da responsabilidade penal, comporta a renúncia a defender-se: PISANI, M., MOLARI, A., PERCHINUNNO, V., CORSO, P.. *Appunti...*, cit., p. 405. Cabível, entretanto, a advertência avançada por LOZZI (LOZZI, Gilberto. *Lezioni di procedura penale*, cit., p. 230), no sentido de que a renúncia se refere unicamente ao contraditório na formação da prova, ao qual o acusado entende poder renunciar, reconhecendo, implicitamente, a dignidade de prova às investigações preliminares efectuadas.

[255] PADOVANI, Tullio. Il nuovo codice di procedura penale e la riforma del codice penale, cit., p. 927.

[256] ILLUMINATI, Giulio. I procedimenti..., cit., p. 282.

[257] *Guida...*, cit., p. 457.

254   *O Processo Penal como Instrumento de Política Criminal*

convicção da responsabilidade penal do acusado necessária para a admissibilidade do rito negocial, sendo questionável se essa dosagem não implicará a negação indirecta do princípio da culpabilidade[258]. Com efeito, transcorridos dez anos de vigência do *C.P.P.It.*, a verdade é que persiste o questionamento sobre a necessidade ou não da determinação da responsabilidade no *patteggiamento*, sustentando LOZZI[259] que não é convincente a argumentação jurídica da tese que dispensa essa verificação, sendo insuperáveis as dúvidas de legitimidade constitucional que ela sugere.

13.2 – Natureza jurídica.

É a partir do conjunto das informações anteriores que deve ser tentada a identificação da natureza jurídica da sentença que encerra o "negócio" jurídico celebrado pelas partes no *patteggiamento*.

Preliminarmente deve ser destacada a inexistência de consenso sobre o tema, do mesmo modo que ocorre quanto à questão da descoberta ou não da responsabilidade penal, como já foi visto.

Uma primeira observação é cabível quanto à sentença que aplica a pena *su richiesta delle parti*, no sentido de que não se trata de uma típica e verdadeira sentença ao estado dos autos, pronunciada em antecipação da situação final; ao contrário, ela própria constitui-se na situação final[260].

No entendimento de ANCA[261], salvo diversa disposição legal, a sentença que aplica a pena requerida é equiparada, nos termos do

---

[258] FERRUA, Paolo. *Studi sul processo penale II*, cit., p. 31.

[259] LOZZI, Gilberto. Il patteggiamento e l'accertamento di responsabilità: un equivoco che persiste. *Rivista Italiana di Diritto e Procedura Penale*, Milano, nuova serie, a. XLI, p. 1396-1403, 1998, p. 1403.

[260] Idem, Aplicazione della pena su richiesta delle parti, cit., p. 138. Segundo MARZADURI (MARZADURI, Enrico. Interventi..., cit., p. 239) uma tal conclusão não contraria o sentido da expressão "sulla base degli atti", desde que ela seja compreendida como a necessidade de se verificar, através dos elementos até então constantes nos autos, a admissibilidade da *richiesta*, ou seja, "di colpevolezza dell'imputato". No sentido de vedar uma ulterior integração probatória para que o juiz emita a sua pronúncia: LUPO, Ernesto. Il giudizio abbreviato e l'applicazione della pena negoziata, cit., p. 75.

[261] Pena, applicazione su richiesta delle parti, cit., p. 390. No mesmo sentido: SOTTANI, Sergio. Osservazioni critiche sul nuovo patteggiamento, cit., p. 121-122; MARZADURI, Enrico. Interventi..., cit., p. 236; LUPO, Ernesto. Il giudizio abbreviato e l'applicazione della pena negoziata, cit., p. 78-79; PAOLOZZI, Giovanni. I meccanismi di

art. 445°, inciso primeiro, última parte, a uma condenação; mas, se o *Codice* não a identifica como verdadeira e própria sentença dessa natureza, talvez seja porque a prévia verificação do crime é efectuada apenas sobre a base dos autos existentes e não a seguir a uma verdadeira e própria instrução probatória que conduza a uma verificação completa da existência do facto e da responsabilidade do acusado. Acrescenta, todavia, que ela é relevante para os fins de verificação da reincidência, da habitualidade e profissionalidade no crime; não comportando, por outro lado, a sujeição do acusado ao pagamento das despesas processuais. Um outro argumento utilizado em sustentação desta tese resulta da constatação de que é óbvio que, sendo a sanção substitutiva a ser imposta no *patteggiamento* qualificada como sanção penal, deverá inevitavelmente ser atribuída a natureza e conteúdo de sentença de condenação (ainda que de efeitos limitados) à pronúncia que a imponha[262].

Asseverando que a questão se relaciona com o problema mais amplo da constatação se com o *patteggiamento* ocorre ou não a verificação da responsabilidade penal (*supra*), MACCHIA[263] resolve a questão mais ampla no sentido afirmativo e filia-se à corrente que atribui a natureza condenatória à sentença que aplica a pena *su richiesta*. Consequência do posicionamento adoptado na já mencionada sentença n° 313 de 1990, no sentido da necessidade da comprovação da responsabilidade do acusado

---

semplificazione del giudizio di primo grado, cit., p. 59; CHIAVARIO, Mario. La riforma del processo penale, cit., p. 52. Na jurisprudência: *Cass.*, 03-04-1991, *Bozzoli, in Cass. Pen.*, 1992, n. 91; *Cass.*, 26-03-1991, *Negri, Mass. uff.*, n° 187831. Eclético, CORDERO (CORDERO, Franco. *Procedura penale*, cit., p. 844-845) afirma que é possível a evocação de um *tertium genus* designado por "sentença em hipótese", todavia, "equiparata a una condanna" como quer o *Codice*.

[262] LOZZI, Gilberto. Aplicazione della pena su richiesta delle parti, cit., p. 122. Para o fim de elucidação da natureza da sanção aplicada *su richiesta*, argumentava-se na vigência da Lei n° 689 de 1981 sobre o problema da sua reversão em caso de incumprimento das condições impostas; ou seja, imposta uma pena de semi-detenção ou liberdade controlada sujeita a determinadas condições, o não cumprimento das prescrições previstas poderia determinar a reversão à pena substituída na parte restante a ser cumprida; neste caso, a reversão implicaria uma solução de continuidade entre a pena substituída e a medida substituta, admitindo-se uma natureza diversa entre ambas. Por outro lado, no regime do *patteggiamento* previsto no *Codice*, se for entendido que ocorre uma continuidade entre sanção substituída e substituta, inegável é a sua natureza penal. Declarando a natureza penal da sanção substitutiva nos termos da Lei n° 689 de 1981 pronunciou-se a *Corte Costituzionale* com a sentença n. 148 de 1984.

[263] *Il patteggiamento*, cit., p. 51-56.

no *patteggiamento*, foi o reforço da tese que defende a natureza condenatória da sentença que aplique a pena *su richiesta*[264].

Fundado no mesmo argumento, todavia em sentido contrário, afirma RAMAJOLI[265] que não ocorre uma verificação da responsabilidade penal no *patteggiamento* e que, portanto, isso enfraquece a tese de que se trata de uma sentença de condenação. Resulta da mencionada ponderação o entendimento de que a decisão que aplica a pena *su richiesta* não pode ser enquadrada no rol das sentenças tipicamente condenatórias[266].

Desde que se negue a natureza condenatória da sentença a seguir ao *patteggiamento*, é necessário atentar na implicação ulterior da recusa de acolhimento pelo juiz da *richiesta* formulada pelo acusado, face ao risco de uma presunção de culpabilidade, mesmo que ela não seja considerada uma confissão[267].

Portanto, em estreita adequação ao problema da verificação da responsabilidade penal do acusado, também aqui não há como se concluir acerca da natureza jurídica da sentença que aplica a pena *su richiesta*, variando os posicionamentos conforme a opção que se faça quanto à primeira questão.

13.3 – Efeitos.

Exposta a tentativa de aproximação da natureza jurídica da sentença que incide sobre o acordo celebrado pelas partes àquela tipicamente

---

[264] TAORMINA, Carlo. Qualche altra riflessione sulla natura giuridica della sentenza di patteggiamento. *La Giustizia Penale*, Roma, III, p. 649-653, 1990, p. 653; MONTI, Umberto. La sentenza di "patteggiamento" come sentenza di condanna: una soluzione che sembra l'unica possibile. *Archivio nuova procedura penale*, Piacenza, p. 175-178, 1992, p. 176/177; FAZIO, Giuseppe. L'equità della pena nel patteggiamento, cit., p. 1949.

[265] *I procedimenti speciali...*, cit., p. 50-51. Na jurisprudência, *vide*: *Cass.*, 19-2--1990, *CP*, 1990, II, 44,15. *Cass.*, 26-06-1991, *Garetto*, in *Cass. Pen.*, 1992, n° 90; *Cass.*, 28-06-1991, *Del Sorbo*, in *Cass. Pen.* 1992, n° 237.

[266] BOSCHI, Marco. Sentenza di condanna atipica per l'applicazione di pena patteggiata. *La Giustizia Penale*, Roma, v. XCV, III, p. 645-648, 1990; FRONTINI, Giorgio. In tema di qualificazione della sentenza emessa a seguito di patteggiamento. *Temi Romana*, Milano, III, p. 256-260, 1990, p. 259; MACCARRONE, Attilio. Ancora sulla natura della sentenza emessa ex art. 444 c.p.p.. *La Giustizia Penale*, Roma, a. XCIX, fasc. VII, p. 413-416, luglio, 1994.

[267] CHIAVARIO, Mario. La justice negociée..., cit., p. 32.

Modelo Italiano 257

condenatória, é necessária a verificação da coincidência ou divergência entre os efeitos que de ambas decorrem.

13.3.1 – Efeitos no juízo cível e administrativo.

Em Itália a sentença que aplica a pena *su richiesta* carece de qualquer eficácia no juízo cível ou administrativo, estando ausente qualquer efeito extra-penal[268].

Tendo em vista o discutido argumento de que no *patteggiamento* não ocorre uma verificação da responsabilidade do acusado, na disciplina legislativa do Instituto ficou previsto que a sua aplicação não gera efeitos relativamente à pretensão da parte civil deduzida no próprio juízo penal (art. 445°, n° 1). Ao mencionado argumento acrescenta-se ainda que uma solução diversa diminuiria o incentivo do acusado em optar pelo rito alternativo, considerando o risco de uma condenação no âmbito civil. Mais técnico, porém, prevalece o argumento fundado na existência de uma sede própria para se perseguir essa pretensão (juízo cível), não estando prejudicados os interesses da parte civil (*sent. C. Cost. n° 443 del 12-10-1990*), uma vez que não há a decisão sobre essa pretensão na aplicação da pena *su richiesta*[269]. Com isso a *Corte Costituzionale* acentuou o regime de separação da pretensão de reparação do dano decorrente do delito daquela propriamente punitiva, com inevitáveis reflexos sobre as relações entre a decisão penal e a acção civil, reservando a esta última a sua sede própria e natural no juízo cível[270].

---

[268] MACCHIA, Alberto. *Il patteggiamento*, cit., p. 63. Relacionando a questão ao caráter acessório da ação cível frente à ação penal e filiando-se a esse entendimento: RAMAJOLI, Sergio. I procedimenti speciali..., cit., p. 37. A inconstitucionalidade desse entendimento foi afastada por sentença da *Corte Costituzionale* (*sent.* 26-09/12-10-1990, nc 443, *in Cass. Pen.*, 1990, II, p. 372, m.145).

[269] MACCHIA, Alberto. *Il patteggiamento*, cit., p. 16, n. 39-40; DEAN, Giovanni. L'accertamento giudiziale nei procedimenti semplificati e l'efficacia extrapenale del giudicato, cit., p. 358; RAMAJOLI, Sergio. *I procedimenti speciali...*, cit., p. 46, o qual sustenta que, excluída a manifestação judicial sobre a pretensão de natureza civil, nada impede que a parte se manifeste sobre questões que irão influenciar o convencimento do juiz quanto à admissibilidade da *richiesta*. Expondo amplamente os fundamentos utilizados na sentença 443 de 1990 e demonstrando, inclusive, que um dos argumentos que se encontra na sua base é uma vez mais aquele da agilização da prestação jurisdicional, a qual ficaria comprometida se abrangida no âmbito penal a decisão da pretensão de natureza cível: CRISTIANI, Antonio. Le modifiche al nuovo processo penale, cit., p. 163-165.

[270] CONSO, Giovanni. La giustizia costituzionale nel 1990. *Il Foro Italiano*, Bologna, a. CXVI, n° 3, p. 109-160, mar 1991, p. 133.

Moderando a potencial ofensa aos interesses da parte privada que essa previsão poderia implicar, conforme já demonstrado a *Corte Costituzionale* (*sent. C. Cost. n° 443 del 12-10-1990*) declarou a inconstitucionalidade do inciso 2° do art. 444° do *C.P.P.It.*, na parte em que não prevê que o juiz possa condenar o acusado no pagamento das despesas processuais em favor da parte civil; salvo se entender que é o caso de dispensar, por justo motivo, a compensação total ou parcial, o juiz poderá decidir a esse respeito[271].

Embora o *Codice* a este respeito guarde o silêncio, no que se refere ao civilmente obrigado pela pena pecuniária, há o entendimento no sentido de que, sendo totalmente estranho ao acordo celebrado entre o acusado e o ministério público e à correlata determinação da pena, é de se entender que a sentença que aplica *su richiesta* a pena pecuniária não produz efeitos quanto a ele[272].

Tratando-se de sentença pronunciada após o *dibbattimento* de primeiro ou segundo grau, acolhendo o requerimento de aplicação de pena formulado pelo acusado, ao qual não foi prestado o consenso oportuno do ministério público ou mesmo com o seu dissenso, ela não produz efeitos no juízo cível ou administrativo, excepto na hipótese do inciso 3 do art. 448° (sentença pronunciada no juízo de impugnação)[273].

13.3.2 – Efeitos quanto à extinção do crime.

A sentença a seguir à *aplicazione della pena su richiesta* comporta a extinção do crime se no prazo de cinco anos, quando se tratar de um delito, ou de dois anos, nos casos de contravenção, o acusado não cometer um delito ou uma contravenção da mesma natureza[274]. Ressalte-se que o texto legal (art. 445°, n° 2, *C.P.P.It.*) utiliza a expressão "il reato è estinto", ou seja, sugere que é o crime que é extinto e não a sua punibilidade. Embora sejam estes os termos expressos no *Codice*, parece que a previsão legal não se relaciona com o efeito de ausência de criminalidade do facto mas sim com a extinção da sua punibilidade.

Sendo de cinco anos o prazo para a extinção do crime no caso de delito e de dois anos no caso de contravenção, este efeito da sentença

---

[271] ANCA, Giovanna Maria. Pena, applicazione su richiesta delle parti, cit., p. 387 e 402; MACCHIA, Alberto. *Il patteggiamento*, cit., p. 16, n. 40-41; CRISTIANI, Antonio. Le modifiche al nuovo processo penale, cit., p. 163.

[272] MACCHIA, Alberto. *Il patteggiamento*, cit., p. 16, n. 42.

[273] ANCA, Giovanna Maria. Pena, applicazione su richiesta delle parti, cit., p. 390.

[274] DALIA, Andrea Antonio, FERRAIOLI, Marzia. *Corso...*, cit., p. 436.

que aplica a pena requerida pelas partes somente não ocorre tratando-se de reincidência qualificada (específica), ou seja, quando o acusado comete um crime da mesma natureza daquele que foi objeto da sentença de *patteggiamento* no período mencionado. Ressalte-se, ainda, que a concessão da aplicação da pena requerida não obsta à possibilidade de uma suspensão condicional da pena, desde que atendidos os pressupostos legais[275].

Justificada é também a observação de MACCHIA[276] no sentido de que pouco importa que a nova condenação, eficaz para interromper o prazo de extinção, seja consequência de um rito ordinário ou resultante de um novo *patteggiamento* e, o que mais importa, que é irrelevante que a condenação sobrevenha antes ou depois de expirarem os mencionados prazos de extinção, tendo em vista que o importante é a data de cometimento do crime e não a da sentença condenatória. O prazo para a extinção do crime mencionado acima prevalece, igualmente, no caso de unificação de sentenças pronunciadas em relação a diversos crimes, devendo ser contado a partir da data em que transita em julgado a última sentença[277].

Igualmente relevante é a observação relativa à previsão contida no art. 136° das normas de actuação do *C.P.P.It.*, estabelecendo que, no caso de subtracção voluntária do acusado à execução da pena substituída, o efeito extintivo não se produz. Face à dúvida sobre se essa consequência seria definitiva, como uma sanção ao comportamento do acusado, ou meramente suspensiva, MACCHIA[278] entende que, considerando que a expressão adoptada pelo legislador não parece dirigida a excluir o efeito da extinção mas apenas a torná-lo inoperante pelo período em que se verificou a voluntária subtracção à execução da pena, deverá ocorrer apenas a suspensão do prazo, o qual volta a ser contado no momento em que se verifica o início da execução.

13.3.3 – Efeitos quanto às penas acessórias, às medidas de segurança e ao confisco.

Na mesma linha do *patteggiamento* previsto na Lei n° 689 de 1981 são as disposições que excluem a aplicação de penas acessórias e medi-

---

[275] ANCA, Giovanna Maria. Pena, applicazione su richiesta delle parti, cit., p. 390.

[276] *Il patteggiamento*, cit., p. 64.

[277] Idem, ibidem, p. 390.

[278] Idem, ibidem, p. 65.

das de segurança no caso de aplicação de pena *su richiesta*, excepção feita aos casos de confisco obrigatório previsto no art. 240º *C.P.*[279]. Todavia, não são poucos os aspectos problemáticos desta transposição, levando-se em conta a considerável ampliação operada no âmbito de aplicabilidade do Instituto no *C.P.P.It.* de 1989, abrangendo delitos de uma especial gravidade, face aos quais, por exemplo, o juiz deverá rejeitar a *richiesta* caso entenda ser aplicável uma medida de segurança. Somam-se a essas dificuldades a própria questão acerca da configuração de determinadas prescrições como sendo ou não penas acessórias[280].

Já avançada a informação, a sentença que aplica a pena requerida não comporta a condenação ao pagamento das custas processuais[281].

---

[279] DALIA, Andrea Antonio, FERRAIOLI, Marzia. *Corso...*, cit., p. 436.

[280] MACCHIA, Alberto. *Il patteggiamento*, cit., p. 57-58. A título de exemplo é citada a hipótese da proibição de frequentar lugares onde se desenvolvem determinados tipos de desportos, relativamente aos condenados por delitos cometidos na ocasião de manifestações desportivas, cuja natureza de pena acessória é extremamente discutida na jurisprudência; o mesmo entendimento aplica-se à ordem de demolição de obras abusivas, entendida como uma prescrição de natureza administrativa, da competência da Administração Pública, que o juiz aplica apenas em substituição do Poder Executivo; não há dúvida quanto à suspensão da autorização para conduzir veículos, expressamente reconhecida no *Codice Della Strada* como pena acessória e, portanto, inaplicável com o *patteggiamento*. Sobre esses pontos manifestou-se RAMAJOLI (RAMAJOLI, Sergio. I procedimenti speciali..., cit., p. 35-36), entendendo que é inequívoca a natureza de pena acessória da suspensão da habilitação para dirigir veículos (*Cass. Sez.* IV, 14-05-1990, *ric. Casol, in Cass. Pen.*, 1990, II, p. 338, m. 135); o mesmo entendimento prevalece quanto à proibição de frequentar lugares onde se realizam manifestações desportivas, no caso de delitos relacionados (*Cass. Sez.* VI, 20-11-1990, *ric. Galatà, in Cass. Pen.*, 1992, p. 114, m. 93; contra: *Cass. Sez.* VI, 07-11-1990, *ric. Palucioli, in Cass. Pen.*, 1992, p. 114, m. 94); quanto ao confisco de bens, fixada a sua não exclusão no caso em que for obrigatório (art. 240, inc. II *C. P.*) e salvo os casos em que, por exemplo, o veículo apreendido constitua o preço do crime ou na hipótese de veículos subtraídos à livre disponibilidade particular, *v.g.*, veículos de guerra, inaplicável é também a medida constritiva do confisco. Para uma farta demonstração da oscilação jurisprudencial na matéria: NAPPI, Aniello. *Guida...*, cit., p. 467.

[281] A esse respeito é bom que se esclareça a possibilidade de condenação do acusado ao pagamento das despesas com a sua manutenção, verificadas durante o período em que esteve em prisão cautelar, tendo em vista a ausência de natureza processual relativamente a elas (RAMAJOLI, Sergio. I procedimenti speciali..., cit., p. 35). O mesmo ocorrendo com as despesas para a conservação e a custódia de coisas sequestradas (*Cass. Sez.* IV, 24-01-1994, *Tirindelli*) cfr.: NAPPI, Aniello. *Guida al codice di procedura penale*, cit., p. 467.

Por último, é questionada a própria proibição da imposição de pena de confisco, tendo em vista a amplitude gerada na aplicação do novo *patteggiamento*, abarcando hipóteses em que, para além do confisco obrigatório previsto no art. 240º *C.P.It.*, parecem constituir um excessivo benefício do acusado[282].

13.3.4 – Efeitos quanto à habitualidade, reincidência e profissionalidade.

De modo semelhante às demais sentenças pronunciadas em juízo, também a sentença a seguir ao *patteggiamento* transita em julgado, incidindo sobre ela a proibição do *bis in idem* e adquirindo força executiva. Disso decorre que, salvo disposição em contrário, ela produz os mesmos efeitos de uma pronúncia de condenação, ou seja, gera a reincidência e revela a habitualidade em caso de futuras condenações e até mesmo de sucessivo *patteggiamento*. Exclui-se, todavia, por específica previsão legal (art. 689º, inciso 2, letras <u>a</u> e <u>e</u> *C.P.P.It.*) a menção da condenação nos certificados expedidos a pedido do acusado[283].

13.4 – Fundamentação.

Controvertida é a questão relativa à necessidade de fundamentação da sentença que aplica a pena *su richiesta*, considerando-se que, mesmo predominando a resposta positiva a esse quesito, incerto e impreciso é o alcance dessa fundamentação, persistindo a incerteza tanto a nível doutrinário como jurisprudencial[284].

---

[282] MACCHIA, Alberto. *Il patteggiamento*, cit., p. 60-61.

[283] Idem, ibidem, p. 61-62. Acerca da habitualidade, há posicionamento jurisprudencial que entende que é de se excluir que o juiz possa declarar o acusado como delinquente habitual (*Cass. Sez.* V, 20-01-1994, *Guaglianone*), conf.: NAPPI, Aniello. *Guida...*, cit., p. 467.

[284] Afirmando a necessidade de fundamentação: PINI, Valeria. La struttura della sentenza nelle decisioni patteggiate. *Cassazione Penale*, Milano, v. XXXV, nº 2, p. 357--359, 1995, p. 359; MACCHIA, Alberto. *Il patteggiamento*, cit., p. 91-99; LOZZI, Gilberto. Aplicazione della pena su richiesta delle parti, cit., p. 138; DALIA, Andrea Antonio, FERRAIOLI, Marzia. *Corso...*, cit., p. 435. Effectivamente, tal obrigação viu-se reforçada com o advento da *sentenza* n. 313 de 1990, que ampliou os poderes de controle do juiz em relação ao acordo firmado entre as partes, justificando assim a maior atenção para com a respectiva fundamentação: RAMAJOLI, Sergio. *I procedimenti speciali...*, cit., p. 44.

262 *O Processo Penal como Instrumento de Política Criminal*

ANIELLO NAPPI[285] demonstra a diversidade jurisprudencial sobre o conteúdo da fundamentação, informando que de acordo com a *Corte de Cassazione* há que distinguir entre o conteúdo de verificação positivo da sentença, relativo aos pressupostos de rito e de mérito do *patteggiamento* (acordo entre as partes, correcta qualificação do facto, congruência da pena e concessão da suspensão condicional), e o conteúdo de verificação negativo, acerca das condições de absolvição previstas no art. 129° do *Codice*; assim distinguido, segundo o entendimento da *Corte* a verificação positiva requer uma fundamentação sucinta, embora argumentada; a verificação negativa requer uma motivação meramente enunciativa, apenas implícita, demonstrando a existência dos elementos concretos que possam justificar a absolvição, nos termos do art. 129° do *Codice* (*Cass. Sez. un.*, 27-03-1992, *Di Benedetto*; *Cass. Sez.* I, 12-01--1994, *Di Modugno*); jurisprudência posterior tem entendido ser suficiente uma motivação meramente enunciativa, por vezes "solo implicita" (*Cass., Sez.*, V, 17-11-1993, *Gualandi*), abrangida a referência também aos pressupostos do *giudizio* (*Cass. Sez.* VI, 11-02-1994, *Laaouanat*).

Dúvida parece não existir acerca da necessidade de ampla fundamentação da sentença que aplica a pena após os debates em audiência de primeiro ou segundo graus, considerando-se que nesse caso o fundamento decorrerá do próprio material probatório produzido na audiência, obtido com respeito pela regra do contraditório (*Cass. Sez.* II, 28-02-1994, *Superbo*).

Não se trata de mera discussão doutrinária, tendo-se em vista que ao exigir a adequada motivação da sentença que aplica a pena *su richiesta* está a ser afirmada a natureza indisponível do objecto do processo penal, somente transigível sob a homologação judicial[286]. Assim é que qualquer dispensa da obrigatoriedade de fundamentar a sentença de *patteggiamento* afrontaria directamente o artigo 111°, inciso 1°, da Constituição italiana, que a esse dever vincula o juiz[287].

Afirma-se, pois, que o juiz não deve limitar-se a uma mera ratificação da *richiesta* mas, diversamente, deve expor concisamente os motivos

---

[285] *Guida...*, cit., p. 465-466. Pela necessidade de fundamentação também no que se refere ao aspecto positivo (presença das condições para o *patteggiamento*): SAU, Silvio. Sulla motivazione della sentenza che applica il patteggiamento. *Giurisprudenza Italiana*, Torino, v. 146, n° II, p. 569-573, 1994, p. 572.

[286] CORDERO, Franco. *Procedura penale*, cit., p. 843.

[287] TRANCHINA, Giovanni. Patteggiamento e principî costituzionali: una convivenza piuttosto difficile. *Il Foro Italiano*. Bolongna, p. 2394-2396, 1990, p. 2396.

Modelo Italiano 263

nos quais se baseia a sua decisão, devendo motivar, sobretudo, a não opção pela via da absolvição do acusado nos termos do art. 129º *C.P.P.It.*[288].

14 – Recursos.

Por expressa previsão legal (art. 448º, inciso 2, *C.P.P.It.*), a sentença que aplica a pena *su richiesta* é inapelável, ficando aberta apenas a via da *cassazione*, o que torna excepcional a possibilidade de recurso em sede de *patteggiamento*[289]. De resto cabe mencionar a possibilidade de o ministério público recorrer quando a pena é aplicada após os debates em audiência de primeiro ou segundo graus, contrariando um seu dissenso anterior[290].

15 – Delimitação da aplicação (vector garantia).

Pode ser afirmado que a questão da adopção de um modelo de consenso no processo penal encontra a sua principal barreira na necessária confrontação que deve ser feita entre o modelo tradicional e as alternativas idealizadas, particularmente no que se refere à conciliação das novas propostas com os já sedimentados princípios que orientam essa parcela da Ciência Jurídica.

Não seria irrazoável afirmar que os limites postos aos ritos fundados num consenso no âmbito do processo penal, inspirados por razões de *funcionalidade* do sistema (ainda que resultantes de uma maior *eficiência*), decorrem justamente do vector *garantia*, expresso pelos princípios correlatos.

Relativamente às inovações introduzidas em Itália, salienta ANCA[291] que é necessário distinguir entre o aspecto teórico e o prático da questão da justiça penal negociada, informando que pelo discurso teórico a composição sobre a pena pode estar em contraste com os princípios

---

[288] ANNUNZIATA, Pietro Maria. Patteggiamento e principio rieducativo, cit., p. 186; DE ROBERTO, Giovanni. La motivazione della sentenza di "patteggiamento" secondo le sezioni unite della corte di cassazione. *Giurisprudenza Italiana*, Torino, v. CXLV, p. 203-206, 1993, p. 206.

[289] MACCHIA, Alberto. *Il patteggiamento*, cit., p. 99-102.

[290] LOZZI, Gilberto. Aplicazione della pena su richiesta delle parti, cit., p. 139.

fundamentais do processo penal italiano, não sendo possível o seu enquadramento na tradição jurídica peninsular; visto na prática, todavia, "não se pode ignorar a grande utilidade prática de tais instrumentos, os quais respondem às exigências do nosso tempo de garantir uma justiça ágil", reservando-se o procedimento ordinário para os casos mais graves e importantes.

Reconhecendo que seria melhor a opção por outros ritos alternativos diversos do *patteggiamento*, *v.g.*, o *giudizio direttissimo* ou o *giudizio immediato*, nos quais se verifica uma maior fidelidade aos princípios fundamentais do processo penal, mormente o do contraditório, ANCA[292] aponta o igual fenómeno congestionante que se verificaria em sede de audiência pela restrição ao recurso a esses procedimentos.

Todavia, excluídas algumas críticas fundadas em interesses, se assim pode ser dito, meramente corporativos de reserva de poder[293], algumas perplexidades decorrem da adopção dos mecanismos processuais alternativos quando confrontados com os princípios processuais, justificando uma atitude de reserva e discricionária delimitação.

15.1 – Limites constitucionais.

Sendo a Constituição o vértice de onde irradiam consequências para todo o Sistema legal de um determinado Ordenamento, é evidente que a primeira delimitação oferecida à introdução de um instituto jurídico refere-se justamente aos parâmetros oferecidos pela Carta Constitucional. O controle de constitucionalidade reclamado em qualquer inovação legislativa é assim pressuposto para a própria legitimidade das alterações introduzidas e o termómetro para se aferir a sua aceitação.

Prova do afirmado é que no ano de 1990 em Itália 269 incidentes de constitucionalidade (35,4 por cento do total) versaram sobre matéria relativa ao novo *Codice di procedura penale*, com incidência sobretudo na questão dos *procedimenti speciali*[294]

---

[291] Pena, applicazione su richiesta delle parti, cit., p. 369.

[292] Idem, ibidem, p. 369.

[293] Como aquelas ocorridas em Itália por época da entrada em vigor do *Codice di Procedura Penale*, através da preocupação do segmento da magistratura para com a limitação dos seus poderes processuais, a partir da adopção dos procedimentos especiais: MODONA, Guido Neppi. Processo accusatorio e tradizioni giuridiche continentali, cit., p. 268.

[294] CONSO, Giovanni. La giustizia costituzionale nel 1990, cit., p. 129.

Análise feita a nível constitucional, segundo ANCA[295] "o acordo no *patteggiamento* pode ocorrer, mas deve ter lugar com o respeito pelos princípios constitucionais e do processo penal que estão na base do nosso sistema".

Justamente em função da necessidade dessa adequação constitucional e levando-se em conta que a Constituição italiana nada dispõe expressamente sobre os módulos de justiça penal negociada, ao invés, vinculando-se mais a um modelo garantidor, é que se afirma que a legitimação prestada pela *Corte Costituzionale* ao instituto do *patteggiamento* elevou os princípios prevalentes nessa forma de justiça negociada à categoria constitucional, sendo que não há vantagem para ninguém nessa situação, visto que a Corte Constitucional é e deve continuar a ser uma fundamental instância de garantia jurídica[296].

Ressurge aqui, com destacada relevância, o problema da opção por um sistema processual teleologicamente orientado para o predominante fim de máxima deflação (*eficientismo*) ou por um sistema que tenha como elemento integrador ou teleológico as opções de política criminal, mas que mantenha o resguardo das garantias inerentes à sujeição de uma pessoa aos rigores da sanção de natureza penal (*funcional-garantidor*). Já demonstrada a necessidade de, pelo menos, introduzir uma nova feição ao modelo tradicional da justiça penal para o agasalhamento das formas consensuais, para não dizer a sua total alteração, torna-se claro que essa operação somente será legítima nos demarcados espaços permitidos pela Constituição dos diversos Ordenamentos Jurídicos, levando-se em conta principalmente a regra do devido processo legal.

No Ordenamento Jurídico italiano afirma-se que o princípio da máxima economia processual, expresso no artigo 2º da *Legge Delega* para a elaboração do novo *C.P.P.*, não se enquadra na Constituição ("non è rinvenibile nella Costituzione"), tendo sido elevado à categoria constitucional pela *Corte Costituzionale* apenas para a salvaguarda do instituto do *patteggiamento*[297].

---

[295] Pena, applicazione su richiesta delle parti, cit., p. 377.

[296] ACCATTATIS, Vincenzo. Il patteggiamento alla luce del diritto comparato e della normativa costituzionale, cit., p. 605. Com precedência (p. 594) o mesmo Autor já afirmara que o *patteggiamento* sobre a pena, além de contrastar com específicas normas constitucionais, está em contraste com o quadro geral das garantias delineado pela Constituição republicana.

[297] Idem, ibidem, p. 592-593.

266   *O Processo Penal como Instrumento de Política Criminal*

A Constituição rígida, assevera ACCATTATIS[298], não tolera que tal princípio prevaleça sobre as normas constitucionais; prevaleça, por exemplo, sobre a presunção de não culpabilidade, colocada seriamente à prova num processo com efectivas garantias. A Constituição italiana não quer a auto-incriminação dos acusados, ao passo que, com a admissibilidade do *patteggiamento* sobre a pena, o novo *Codice* a favorece; "portanto, o *patteggiamento* sobre a pena viola a Constituição italiana", embora evitada a declaração de inconstitucionalidade, acrescentamos. Aliás, ressalte-se que o vínculo primário da nova sistemática processual italiana, considerado fundamental e explicitamente formulado no preâmbulo da *Legge Delega*, é com a actuação dos princípios constitucionais e com a adequação às normas internacionais de tutela dos direitos humanos[299], sendo questionável essa vinculação no que se refere aos ritos negociais. Recuperando-se a tão valorosa idéia do equilíbrio, talvez a solução ainda seja a de se encontrar um ponto intermédio que atenda ao mesmo tempo às necessidades de um processo justo, revestido das maiores garantias possíveis, e às exigências de celeridade indispensáveis para o adequado funcionamento da justiça criminal[300] (*supra*).

Entretanto, a proposta não nos retira do lugar comum quanto ao problema de se encontrar esse ponto de equilíbrio sem permitir um retorno às características do processo de natureza mista, herdado por grande parte dos Ordenamentos Jurídicos nacionais, e que já demonstrou as suas mazelas.

Sustenta-se, então, que antes de assegurar as garantias do acusado através da *forma* dos institutos, o mesmo resultado pode ser obtido através do reconhecimento da relevância da sua manifestação de *vontade*, por cuja actuação seriam potenciados os níveis de certeza e celeridade da aplicação das sanções, através de um mecanismo processual mais simplificado. O fundamento ético da tese residiria no entendimento de que o próprio acusado é o melhor garante dos seus próprios interesses[301].

---

[298] Idem, ibidem, p. 592.

[299] CHIAVARIO, Mario. *Procedura penale un codice tra "storia" e cronaca*, cit., p. 109; RICCIO, Giuseppe. Procedimenti speciali, cit., p. 367.

[300] É essa a expectativa de CHIAVARIO (CHIAVARIO, Mario. *Procedura penale un codice tra "storia" e cronaca*, cit., p. 121), sustentando que "è fuor di dubbio, infatti, che la collettività si attende dalla riforma, non soltanto un processo 'più giusto', ma anche un processo 'più comprensibile' e soprattutto 'più celere', che consenta di avere decisioni credibili in tempi ragionevoli".

[301] PAGLIARO, Antonio. Riflessi del nuovo processo sul diritto penale sostanziale, cit., p. 41; BARGI, Alfredo. *Procedimento probatorio e giusto processo*, cit., p. 124.

Teríamos dessa forma um modelo processual fundado na conjugação dos dois vectores, *funcionalidade* e *garantia*, este último, diversamente do seu valor meramente formal, seria directamente influenciado pelo consenso posto pelo acusado, de modo que onde a exclusão da garantia fosse um produto de livre manifestação da vontade a funcionalidade poderia prosperar. Obviamente desde que não sejam comprometidas aquelas garantias fundamentais reconhecidas a todo o acusado, as quais podem ser ofendidas por qualquer limitação arbitrária da liberdade e da dignidade pessoal[302].

15.1.1 – Estado de Direito.

É pressuposto essencial que os ritos processuais alternativos, em especial os módulos de justiça penal negociada, sejam compatíveis com o princípio do Estado de Direito, tendo em vista que ele sintetiza a sujeição do próprio Estado à Ordem Jurídica como um todo, por consequência sujeitando também esses modelos diversificados às regras que presidem a esta última.

A análise da mencionada compatibilidade sugere um enquadramento das actuais tendências do processo penal com os respectivos modelos constitucionais, face ao já demonstrado vínculo existente entre a ordem constitucional e a estrutura processual.

Carece de demonstração a constatação de que a uma ordem constitucional fundada no Estado de Direito corresponde mais o modelo processual inspirado na garantia atribuída ao acusado, funcionando a lei como barreira limítrofe para a intervenção estatal na esfera privada.

Entretanto, não se pode desconhecer que esse mesmo Estado de Direito tem como escopo também a tutela do acusado no sentido de ser julgado em tempo razoável e de se livrar da sujeição processual o quanto antes nos casos de inocência.

Em virtude dessas premissas, não seria razoável apontar uma contradição entre a necessidade de *funcionalidade* do processo e o modelo do Estado de Direito, embora ele se relacione mais com o vector *garantia*.

Por outro lado, cotejada a *funcionalidade* esperada dos novos ritos com o Estado Social, não resta dúvida que entre as finalidades desse

---

[302] PAGLIARO, Antonio. Riflessi del nuovo processo sul diritto penale sostanziale, cit., p. 42; BARGI, Alfredo. *Procedimento probatorio e giusto processo*, cit., p. 122-123.

268   *O Processo Penal como Instrumento de Política Criminal*

modelo de Estado se encontram também os objectivos de política criminal, especialmente a prevenção geral e a especial, como forma de enfrentar eficazmente o fenómeno da criminalidade.

Não negada a tendência verificada nos Estados modernos de procurar conjugar satisfatoriamente as características do modelo de Estado de Direito com aquele do Estado Social, aberta estaria a via para a introdução dos ritos alternativos, incluídos os de base consensual.

15.1.2 – Dignidade Humana.

Se a estrutura política de um Estado de Direito não inviabiliza a introdução de uma *estrutura processual funcional*, isso por si só não legitima os ritos alternativos.

Com efeito, deixada livre essa busca de *funcionalidade* processual, ela poderia implicar a transformação do acusado num mero instrumento para a obtenção dos fins de política criminal, rompendo dessa forma com as bases de um processo também submetido às regras do Estado de Direito. Urge, pois, estabelecer os limites além dos quais a busca da *funcionalidade* transbordaria para o campo da ilegitimidade.

Limite por excelência dessa busca é a protecção da dignidade da pessoa humana, sendo inadmissível qualquer medida inovadora no âmbito do processo penal que ponha em causa essa protecção, sob pena de se transformar o ser humano em simples instrumento para a obtenção das finalidades político-criminais que orientam o *Sistema Jurídico-Penal*.

Em síntese, a *dignidade humana* da qual é dotado todo o cidadão num Ordenamento Jurídico inspirado no Estado de Direito é uma barreira intransponível que os ritos alternativos não podem ultrapassar, principalmente aqueles de natureza consensual, face ao risco de se transformar a liberdade individual numa mera mercadoria a ser comercializada no mercado dos tribunais.

15.1.3 – Direitos e garantias fundamentais.

Síntese das *garantias* reconhecidas num Estado de Direito, a sujeição dos novos ritos processuais aos direitos e garantias individuais é o requisito elementar para a sua validade jurídica.

15.1.3.1 – Princípio do direito à jurisdição.

Na maioria dos sistemas jurídicos actuais um dos princípios que encontra assento garantido, assumindo mesmo papel fundamental – tendo

Modelo Italiano

em vista que de nada valeria o reconhecimento dos direitos caso não houvesse a respectiva garantia da sua efectividade –, é o princípio do direito à jurisdição, o qual assegura aos cidadãos a possibilidade de se socorrerem de um tribunal independente para a solução dos conflitos, designadamente aqueles de natureza penal[303]. Aliás, no âmbito penal o princípio nada mais é do que uma consequência inarredável do aforismo latino "nulla poena sine iudicio", sendo vedada a aplicação de penas pela via administrativa ou, no que nos interessa, convencionadas pelas partes sem a intervenção do juiz[304].

Postas nestes termos as coisas e havendo o risco de que nos ritos fundados num encontro de vontade entre as partes ocorra uma supressão da garantia inserida no princípio do *nulla poena sine judicio*, urge indagar sobre a relevância desta regra para a estrutura do devido processo legal e até que ponto ela é efectivamente comprometida pela introdução do modelo de justiça penal consensual.

Aponta-se uma possível derrogação do princípio do *nulla poena sine judicio* a partir da adopção de ritos processuais fundados em um consenso, tendo em vista a substituição da actividade de dizer o direito no caso concreto (jurisdição) pela negociação havida entre as partes[305]. O risco verificado refere-se então à adopção de uma lógica "mercantilista" em relação aos ritos consensuais, centrados exclusivamente numa troca, inspirados na lógica *do ut des*, excluindo-se qualquer forma de controle por parte do órgão jurisdicional.

Quanto ao aspecto por último mencionado, no Ordenamento Jurídico italiano a hipótese de uma lesão do princípio da tutela jurisdicional, provocada pela adopção de ritos fundados num consenso, vem afastada a partir de uma nova leitura do conceito de jurisdição, reservando-se uma mais ampla incidência da vontade das partes na elaboração do provimento final; característica de um processo de natureza acusatória, valoriza-se dessa forma a contribuição que as partes possam oferecer para o acertamento do facto e para a superação dos interesses contrapostos[306].

---

[303] Convenção para a Salvaguarda dos Direitos do Homem e das Liberdades Fundamentais, artigo 5, inciso 4. Tratado também nas Cartas Políticas dos vários Estados, o princípio é expresso no artigo 24° da *Costituzione* da Itália. Reflectindo o pensamento também da doutrina italiana nesse mesmo sentido: DALIA, Andrea Antonio, FERRAIOLI, Marzia. *Corso...*, cit., p. 18.

[304] CORDERO, Franco. *Procedura penale*, cit., p. 13.

[305] FERRAJOLI, Luigi. Patteggiamenti e crisi della giurisdizione, cit., p. 379.

[306] NAPPI, Aniello. *Guida...*, cit., p. 459.

Sinteticamente, afirma-se que a compatibilidade entre o princípio em análise e os novos procedimentos especiais é, com efeito, assegurada na medida em que o consentimento pessoal e livre do acusado (prestado seja antes seja depois) é uma condição indispensável do seu desenvolvimento ou da sua aptidão para produzir o efeito de coisa julgada[307].

15.1.3.2 – Princípio da presunção de inocência.

Levando-se em conta a tese de que a aplicação da pena *su richiesta* não depende da verificação da responsabilidade penal, alguma dúvida pode surgir sobre uma possível violação do princípio da presunção da inocência pelo *patteggiamento*[308].

Saliente-se que a interpretação mais adequada sobre o dogma da presunção da inocência é, sem dúvida, aquela que identifica no princípio muito mais uma presunção de não culpabilidade.

Uma vez mais a solução procurada para a legitimação do rito consensual funda-se na autonomia da vontade reconhecida ao acusado, sendo afirmado que o consenso que ele presta ao acordo processual tem o efeito de atribuir valor probatório ao material obtido nas investigações realizadas, geralmente por iniciativa exclusiva do ministério público, de tal modo que o seu acto afasta a presunção de não culpabilidade que o Ordenamento Jurídico reconhecia a seu favor[309]. Entende-se estar reafirmada assim a necessidade de que a culpabilidade venha demonstrada nos termos legais, pondo-se em evidência a forma como a decisão foi efectivamente obtida.

---

[307] CHIAVARIO, Mario. Aperçus sur la procédure d'audience en italie entre réforme et "post-réforme", cit., p. 208. Não se pode apontar uma inovação no pensamento do Autor, tendo em vista que posição semelhante à sustentada já havia sido formulada anteriormente, através da demonstração da inexistência de uma oposição entre a renúncia ao direito de se sujeitar a uma sanção penal, a não ser mediante um "giusto processo", e a *Convenção Europeia* dos Direitos do Homem e do Cidadão e o *Patto Internazionale* sobre direitos humanos CHIAVARIO, Mario. *Processo e garanzie della persona.* 2ª Ed.. Milano: Dott. A. Giuffrè Editore, 1982, p. 75-76.

[308] Esclarecendo que pelo mencionado princípio o juiz pode absolver quando faltem provas da responsabilidade mas não pode condenar se não dispõe dessas mesmas provas, PAOLOZZI (PAOLOZZI, Giovanni. I meccanismi di semplificazione del giudizio di primo grado, cit., p. 47) salienta que, embora no *patteggiamento* ocorra de forma indirecta um reconhecimento da responsabilidade, a verificação dessa responsabilidade não é aprofundada, sendo assegurado o respeito pelo princípio da presunção de não culpabilidade pela ausência de plenitude dessa verificação.

[309] BARGI, Alfredo. *Procedimento probatorio e giusto processo*, cit., p. 134.

Afirma-se, por consequência, que a *richiesta* de aplicação de pena é uma forma de admissão da responsabilidade pelo acusado, o qual explicitamente e voluntariamente renuncia ao direito de se valer da presunção de não culpabilidade[310].

Por outro lado, partindo-se do entendimento de que no art. 27°, inciso 2, da Constituição italiana não se encontra prevista uma presunção de inocência ou uma não presunção de culpabilidade mas sim a proibição de uma qualquer presunção, vem reafirmada a não existência de incompatibilidade constitucional do *patteggiamento*[311].

15.1.3.3 – Princípio da igualdade.

No que se refere ao princípio da igualdade o problema reside na virtual ofensa que pode ser feita pelo *patteggiamento* naqueles casos em que, havendo concurso de agentes, parte deles opte pelo rito alternativo e o outro (ou outros) persistam no rito ordinário, potenciando o risco de um tratamento punitivo diferenciado.

À objecção opõe-se o argumento de que justamente em virtude do princípio tender a assegurar que apenas os casos idênticos sejam valorados do mesmo modo, o comportamento cooperativo do acusado que se sujeita ao rito é a justificação para que ele receba um tratamento diferenciado (premial) face aos que optaram pelo rito ordinário[312].

Já demonstrada a opção feita pela natureza processual da redução de pena que é oferecida ao acusado, entende PADOVANI[313] que não se verifica uma violação do princípio da igualdade no *patteggiamento*, considerando-se que a diminuição da sanção a ser aplicada resulta de um comportamento cooperativo demonstrado no processo, não sendo extensivo o "prémio" ao acusado que não implementou a condição para obtê-lo, tendo em conta a sua escolha pelo procedimento ordinário. Há que observar, todavia, que o próprio acusado que se sujeitou ao rito diferen-

---

[310] BEVERE, Antonio. Il patteggiamento..., cit., p. 362.

[311] ARICÒ, Giovanni. Aplicazione della pena su richiesta delle parti, cit., p. 109. Aliás é de convir que nenhuma outra alternativa seria admissível, uma vez que a "presunzione di non colpevolezza non possa essere intesa alla stregua di un 'acidente' subordinato alla volontà degli interessati" (MARZADURI, Enrico. Interventi..., cit., p. 236).

[312] FAZIO, Giuseppe. L'equità della pena nel patteggiamento, cit., p. 1950.

[313] Il nuovo codice di procedura penale e la riforma del codice penale, cit., p. 934. Também para PAGLIARO (PAGLIARO, Antonio. Riflessi del nuovo processo sul diritto penale sostanziale, cit., p. 44) a redução de pena é a contrapartida oferecida ao acusado que colabora em detrimento de outro que opta pelo rito ordinário.

272   *O Processo Penal como Instrumento de Política Criminal*

ciado pode vir a ser prejudicado por um posterior resultado favorável no final do rito ordinário, mostrando-se o argumento insuficiente para eliminar o risco de violação do princípio.

Diga-se mais que, em Itália a própria selecção do âmbito de incidência da justiça penal negociada pelo critério da moldura penal correu riscos de afrontar o princípio da igualdade, visto a tentativa de ampliação dos seus limites máximos e mínimos exclusivamente em relação a determinados delitos. Semelhante problema sucedeu em relação ao Projecto de Lei nº 1085, apresentado em 18.3.1993, no qual se pretendia uma alteração legislativa no sentido da admissibilidade da ampliação da moldura penal do *patteggiamento*. A ampliação do limite de dois anos dar-se-ia exclusivamente nos casos de crimes contra a administração pública, de modo a permitir a sua aplicação também na hipótese de concussão. A aplicação restringir-se-ia aos delitos cometidos no ano e não além de 31.12.1992, incidindo também nos processos em curso na data de entrada em vigor da Lei bem como sendo admissível nos casos de julgamento em curso em que o acusado requeresse a suspensão da decisão. Face ao flagrante risco de violação do princípio da igualdade, optou-se por um outro projecto de ampliação geral da moldura penal passível de incidência do *patteggiamento*, evitando assim diferenças de tratamento em relação aos acusados e ao tempo em que o delito foi cometido[314].

Uma observação é pertinente, todavia, no sentido de que seria inadequado um excessivo apego ao cânone da isonomia no âmbito do processo penal, pois não é missão do sub-sistema processual assegurar a perfeita igualdade entre todos os acusados, devendo limitar-se tão somente a reconhecer e assegurar a igualdade formal e não material[315].

15.2 – Limites processuais.

Transposta a barreira constitucional, também no plano tipicamente processual a viabilidade e admissibilidade de um modelo fundado no consenso das partes ou, genericamente, de ritos processuais alternativos àquele ordinário, só se mostra pertinente desde que resguardados estejam

---

[314] ANCA, Giovanna Maria. Pena, applicazione su richiesta delle parti, cit., p. 370.

[315] ILLUMINATI, Giulio. I procedimenti a conclusione anticipata e speciali nel nuovo codice di procedura penale, cit., p. 258.

Modelo Italiano 273

os princípios tradicionais do processo penal, principalmente aqueles relativos às garantias do acusado[316].

Diga-se, desde logo, que não se desconhece que os princípios a seguir abordados podem encontrar assento na própria constituição dos diversos ordenamentos jurídicos, por vezes até de forma explícita, comprometendo a distinção feita entre limites constitucionais e limites processuais. Porém, a distinção visa demonstrar que o modelo de processo penal interage também com outros princípios constitucionais, além daqueles tipicamente processuais.

15.2.1 – Princípio da legalidade.

A importância do princípio da legalidade num modelo de Estado de Direito é maximizada ao ponto de ser ele uma clara expressão de um outro princípio de não menos relevância: o princípio da igualdade. Assim, o princípio da legalidade, tanto na sua manifestação como obrigatoriedade da propositura da acção penal como da sua indisponibilidade, proíbe discriminações por parte do órgão da acusação, como ocorreria se o ministério público utilizasse medidas de valoração diversas para situações objectivamente semelhantes[317].

A bem da verdade, da acusação depende todo o processo, pressupondo, pois, o exercício da acção penal pelo ministério público, em conformidade com o princípio da legalidade[318].

Acentue-se que inevitavelmente o ministério público goza de uma certa discricionariedade na formação da prova naqueles ordenamentos jurídicos em que lhe compete a condução das investigações do delito, podendo ter reflexos no princípio da legalidade. Todavia, essa sua discricionariedade está relacionada apenas com a verificação da existência dos elementos essenciais para que possa promover a acção penal[319].

Afirmando a existência de três significados para o termo *discricionariedade*, CORDERO[320] destaca que na sua expressão mais forte ele se

---

[316] Segundo PAOLOZZI (PAOLOZZI, Giovanni. I meccanismi di semplificazione del giudizio di primo grado, cit., p. 35) a adoção dos novos ritos no Ordenamento Jurídico italiano não implicou em uma derrogação dos princípios fundamentais do processo típico.

[317] DALIA, Andrea Antonio, FERRAIOLI, Marzia. *Corso...*, cit., p. 302; FERRAJOLI, Luigi. Patteggiamenti e crisi della giurisdizione, cit., p. 379; BARGI, Alfredo. *Procedimento probatorio e giusto processo*, cit., p. 52.

[318] CORDERO, Franco. *Procedura penale*, cit., p. 362.

[319] DALIA, Andrea Antonio, FERRAIOLI, Marzia. *Corso...*, cit., p. 303-304.

[320] *Procedura penale*, cit., p. 402.

274   *O Processo Penal como Instrumento de Política Criminal*

traduz na possibilidade atribuída ao ministério público de se abster da acusação ou de dispor daquela já formulada por "criteri metalegali", podendo ocorrer que conceda a impunidade ao acusado; "è figura aliena dal sistema penalistico italiano", conclui.

Diversa da anteriormente mencionada é a chamada discricionariedade limitada, residindo a distinção entre ambas na preventiva indicação dos limites ou dos indícios que se deve ter em vista na investigação do significado de valor do caso concreto, os quais são ditados pela própria norma[321]. No que se refere ao exercício da acção penal, esta discricionariedade limitada traduz-se na legalidade mitigada ou oportunidade regrada, consequência do controle a que fica submetida a escolha operada pelo ministério público.

É comum centrar-se a discussão acerca da adopção de mecanismos fundados num encontro de vontades no processo penal na questão do risco de uma violação do princípio da legalidade, sustentando-se que os acordos em sede processual penal limitariam a vinculação do ministério público no sentido de propor e não dispor da acção penal sempre que tenha elementos que indiciam a ocorrência de um delito.

Mesmo com a adopção do *patteggiamento* no *C.P.P.* italiano, afirma ANCA[322] que "o ministério público está sempre vinculado pela obrigatoriedade da acção penal". Assim, um verdadeiro e próprio *patteggiamento* como transacção, baseado sobre recíprocas concessões, não só não se encontra previsto no *Codice*, mas, pondo-se de lado os limites previstos pelo *Codice Penale* e pelo de *procedura penale*, além dos quais a redução da pena não pode baixar, seria também o próprio mecanismo do *patteggiamento* a estar contra a lei se admitisse a violação dos princípios fundamentais do processo. Se essa é a realidade após o advento do *Codice* de 1989, com maior razão se afirma que menores eram os espaços reservados à discricionariedade no período anterior, verificando-se um claro domínio do princípio da obrigatoriedade, não se admitindo mesmo uma sua leitura mais flexível[323].

---

[321] BARGI, Alfredo. *Procedimento probatorio e giusto processo*, cit., p. 58.

[322] Pena, applicazione su richiesta delle parti, cit., p. 367-368.

[323] "En définitive – assevera GREVI –, des innovations significatives n'étant survenues depuis lors ni sur le plan des principes, ni sur le plan de la réglementation législative concrète, le principe d'obligation de l'action pénale continue aujourd'hui à dominer l'horizon du procès pénal italien, laissant ainsi des marges très réduites pour l'admission dans le système de mécanismes supposent l'attribution au ministère public de pouvoirs

Modelo Italiano 275

É acertado ponderar também que a obrigação imposta ao ministério público de promover a acção penal em todos os casos em que se verifique a hipótese da ocorrência de um delito não limita o seu poder discricionário de adoptar ritos alternativos que culminem num resultado antecipado do processo, desde que nos limites legais[324]. Ou seja, a discricionariedade opera tão somente quanto à escolha do rito processual e não quanto ao objecto da acção penal.

No que se refere propriamente à obrigatoriedade da acção penal[325], sustenta-se que a discricionariedade reconhecida na actuação do ministério público se relaciona com aquela que é atribuída ao juiz no sentido de valorar a aplicação de uma atenuante genérica ou da suspensão condicional da pena, culminando em que ambos não exercitam uma discricionariedade instrumental, "orientata al risultato e ispirata a criteri di opportunità", mas meramente de verificação dos pressupostos que condicionam o exercício do poder que lhes é reconhecido[326].

A bem da verdade, e parece haver um consenso neste sentido, a adopção de ritos alternativos ao ordinário no âmbito do processo penal não impõe uma derrogação do princípio da legalidade, observado tanto no seu aspecto de obrigatoriedade como no de indisponibilidade da acção penal. Pode ser afirmado, ao invés, que a adopção dos mecanismos consensuais provocou uma nova leitura do princípio da legalidade, afastando a estrita interpretação preconizada para ele pela cultura liberal do iluminismo[327].

---

discrétionnaires en ce qui concerne l'instauration du procés pénal" (GREVI, Vittorio. Déjudiciarisation..., cit., p. 1020.

[324] GAITO, Alfredo. Accusa e difesa di fronte ai nuovi istituti: problemi di scelta e strategia processuale, cit., p. 12; DALIA, Andrea Antonio, FERRAIOLI, Marzia. Corso..., cit., p. 429.

[325] Especificamente quanto à vinculação do ministério público em propor a acção penal, CHIAVARIO (CHIAVARIO, Mario. Qualche sollecitazione per un confronto, cit., p. 17) destaca que se poderia chegar a consentir que em determinados casos o ministério público possa renunciar a perseguir infracções penais de escassa relevância social e até mesmo admitir-se que em casos de infracções em concurso se opere uma separação entre aquelas de natureza grave e as de leve natureza, perseguindo-se penalmente apenas as primeiras; entretanto, em ambos os casos e coerentemente com a tradição jurídica italiana, indispensável se mostra o controle da autoridade jurisdicional.

[326] NAPPI, Aniello. Guida..., cit., p. 20-21.

[327] Sobre o princípio da obrigatoriedade da acção penal, na experiência italiana envolvendo tanto a obrigatoriedade na propositura como a indisponibilidade da acção já proposta, CHIAVARIO (CHIAVARIO, Mario. Qualche sollecitazione per un confronto, cit.,

276   *O Processo Penal como Instrumento de Política Criminal*

Tendo sido demonstrado que o *background* que determinou o fortalecimento do princípio da legalidade processual foi aquele ditado pelo *Iluminismo*, mais propriamente, pela linha nele iniciada e que culminou no modelo do Estado Social, indaga-se sobre a adequação da persistência de uma sua exasperada leitura face a uma realidade jurídica e cultural diversa[328].

Um outro argumento de indiscutível peso a favor de uma interpretação mais aberta do princípio da legalidade resulta do próprio mecanismo através do qual actua o procedimento, podendo ser verificado que os elementos relevantes para os fins penais são transmitidos à polícia judiciária, esta elabora esses dados e transmite-os ao ministério público, que por sua vez deve submetê-los a uma valoração e transmiti-los posteriormente ao juiz, dando margem a um natural mecanismo de selecção que propicia uma atenuação informal do rigor da legalidade estrita[329]. Por outro lado, a própria existência dessas diversas instâncias permite um adequado controle sobre a legalidade da acção penal pelo juiz, principalmente no que se refere ao seu não exercício, sendo essa a característica típica de uma interpretação estrita do princípio da obrigatoriedade[330]. Reforçada dessa forma a inviabilidade de qualquer conclusão

---

p. 17) sustenta que "si è ormai in parecchi ad auspicarne un'interpretazione meno rigida di quella tradizionale, che ne salvi la portata di garanzia contro le pressioni e gli arbitrii soggettivi, ma che non soffochi aprioristicamente la possibilità di potenziare le iniziative deflattive nei confronti di carichi di giustizia che si sanno già *ab origine* 'in perdita'". Embora reconheça que a adopção dos novos ritos processuais no Ordenamento Jurídico italiano provocou uma erosão do art. 112º da Constituição, o qual prevê o princípio da legalidade processual, observa também PISAPIA (PISAPIA, Gian Domenico. Allocuzione.... *In: Il nuovo codice di procedura penale visto dall'estero*. Atti del Seminario di Torino 4-5 maggio 1990. A cura di Mario Chiavario. Milano: Dott. A. Giuffrè Editore, p. 114-118, 1991, p. 115) que continua ainda plenamente vigente o mencionado princípio, conquanto agora entendido de uma forma mais razoável do que aquela em que se costuma concebê-lo. Ainda no sentido de uma redefinição do princípio da legalidade: AMODIO, Ennio. Un "accusatorio all'europea' per la riforma della procedura penale continentale, cit., p. 230.

[328] CHIAVARIO, Mario. *Procedura penale un codice tra "storia" e cronaca*, cit., p. 166.

[329] AMODIO, Ennio. Un "accusatorio all'europea' per la riforma della procedura penale continentale, cit., p. 229. Mencionando que uma verdadeira e própria obrigatoriedade da acção penal em Itália foi sempre um objectivo a ser alcançado, uma tendência, mais que uma realidade efectiva: CASTELLI, Claudio. Esigenze di deflazione e risposte possibili tra obbligatorietà e discrezionalità dell'azione penale, cit., p. 98.

[330] MODONA, Guido Neppi. Processo accusatorio e tradizioni giuridiche continentali, cit., p. 263.

Modelo Italiano 277

precipitada no sentido da absoluta susbstituição do princípio da legalidade por um princípio baseado na pura oportunidade sobre o exercício da acção penal.

Feita esta profissão de fé, todavia o que mais importa é fixar os limites desta nova leitura do princípio, levando-se em conta que, conforme salientado, ele encontra sede natural nas constituições dos diversos ordenamentos jurídicos modernos, correspondendo a uma indispensável função de garantia para o cidadão. Ou seja, se é indispensável uma nova leitura do princípio da legalidade processual, importa que se conservem os elementos básicos do princípio, os quais conduzam à existência de uma igualdade real entre os cidadãos, assegurada principalmente pela presença de critérios gerais pré-estabelecidos tanto em relação ao perfil do Direito Penal substantivo como àquele processual[331].

Portanto, uma análise mais detida dos mecanismos de justiça penal consensual adoptados em alguns países da Europa Continental permite concluir então que a sua adopção não conduz a uma colisão directa com o princípio da obrigatoriedade, uma vez que neles não se põe em causa a essência da acção penal, relativa ao direito de se pedir uma decisão jurisdicional sobre uma determinada *notitia criminis*[332].

15.2.2 – Princípio da disponibilidade.

Antes de incidir directamente no tema do exercício da acção penal e da sua obrigatoriedade, o problema da justiça penal consensual no Ordenamento Jurídico italiano parece investir no problema da actividade probatória das partes, evidenciando uma possível contradição com o princípio da indisponibilidade probatória dominante neste sector da Ciência Processual[333].

Acentua-se assim o amplo poder atribuído às partes no âmbito da justiça penal consensual de dispor livremente do material probatório que pretendem seja deduzido em juízo, dispensando-se livremente aquelas provas consideradas descartáveis[334].

---

[331] CASTELLI, Claudio. Esigenze di deflazione e risposte possibili tra obbligatorietà e discrezionalità dell'azione penale, cit., p. 103.

[332] BARGI, Alfredo. *Procedimento probatorio e giusto processo*, cit., p. 142.

[333] Pontual nesse sentido é a lição de PALMIERI, Ettore. I procedimenti speciali nel nuovo cpp, cit., p. 133.

[334] Justifica-se desse modo aquele entendimento de que a essência do sistema acusatório reside na garantia absoluta "della disponibilità della prova in capo alle parti" e que essa disponibilidade pode ser assegurada mediante a reserva da fase dos debates

278   *O Processo Penal como Instrumento de Política Criminal*

Ressalte-se que no Ordenamento Jurídico italiano se verifica a existência de uma ampla margem de admissibilidade probatória durante todo o rito, sendo reservada às partes a prerrogativa de pedir a produção de provas em toda a fase dos debates em audiência, com destaque para o caso de prova superveniente[335].

A análise feita conduz de forma directa ao problema do postulado da verdade material, da mesma forma predominante no modelo processual tradicional.

15.2.3 – Princípio da verdade material.

Em Itália não se verifica nenhuma previsão legal expressa do dever do juiz de investigar a verdade material, estando previsto que ele pode determinar a produção de novas provas, após o encerramento da instrução, apenas quando elas forem *absolutamente* necessárias (art. 507º *C.P.P.It.*)[336].

Muito embora tenha sido a opção do Legislador italiano não tratar explicitamente no novo *Codice* do princípio da verdade material, na sentença nº 255 de 1992 a *Corte Costituzionale* manifestou-se no sentido de ser a investigação da verdade o fim primário e inelidível do processo penal[337]. Posteriormente, através da sentença nº 111 de 24-26/

---

em audiência para os casos de maior complexidade probatória: TAORMINA, Carlo. Premessa per una rimeditazione sugli obiettivi di una strategia processuale differenziata, cit., p. 8.

[335] Este princípio geral – afirma-se – constitui o lógico corolário do princípio dispositivo e do direito das partes à produção probatória, fundado no art. 190º *C.P.P.It.*, e é funcional à necessidade de assegurar a plena realização do direito constitucional de defesa e o eficaz exercício da acção penal, ainda mais de satisfazer a exigência de economia processual e de redução dos gravames: BASSI, Alessandra. Principio dispositivo e principio di ricerca della verità materiale: due realtà di fondo del nuovo processo penale. *Cassazione Penale*, Milano, p. 1370-1380, 1993, p. 804.

[336] Há, inclusive, posicionamento doutrinário sustentando a dispensa do objectivo de obtenção da verdade material mesmo no regime processual pré-vigente à reforma de 1989, fundado sobre a consideração de que somente a "verità processuali" (ou formal) é que o juiz pode estabelecer sobre a base da reconstrução, através de provas, de um antecedente acontecimento histórico, como tal irrepetível: PALMIERI, Ettore. I procedimenti speciali nel nuovo cpp, cit., p. 133 e nº 8. A lógica do princípio seria então a de que não existe a *verdade material* mas apenas a *verdade processual* e que esta é produto do conflito entre os opostos interesses, cuja efectividade ocorre apenas se as partes forem colocadas em condição de paridade, através da garantia do contraditório: ACCATTATIS, Vincenzo. Il patteggiamento alla luce del diritto comparato e della normativa costituzionale, cit., p. 578.

[337] NAPPI, Aniello. *Guida...*, cit., p. 17-18.

Modelo Italiano

/3/1993 a *Corte* declarou a inexistência de um poder dispositivo das partes em matéria probatória, também assim reafirmando o princípio[338].

Na linha das mencionadas decisões, afirma-se, pois, que o modelo processual inaugurado pelo *Codice* de 1989 não é perfeitamente acusatório nem plenamente dispositivo, tendo ainda como escopo a verificação da verdade material, ressalva feita ao poder integrativo do juiz em matéria de provas, o qual somente poderá ser exercitado face à necessidade de complementar a actividade probatória realizada pelas partes[339].

Por essa óptica, em vez de representar uma antinomia, também o *contraditório* dialéctico entre acusação e defesa é um instrumento para a obtenção da *verdade material*, na medida em que a verificação da correspondência entre a acusação e o facto reconstruído se faça mediante um processo cognitivo aberto ao controle intersubjectivo, como meio de evitar o erro judiciário[340].

Ainda que o *Codice* tenha feito uma opção pelo contraditório na formação da prova ("*per*' la prova") e não apenas para a sua apreciação ("*sulla*' prova), no sentido de que também as actividades de investigação sejam realizadas via oposição dialéctica entre as partes, a confirmação do reconhecimento do contraditório como meio de obtenção da verdade material resulta do objectivo de se conservar o debate em audiência como meio natural de produção das provas[341].

Transferidas as considerações acima feitas para o plano do consenso no âmbito do processo penal, relativamente ao modelo italiano sustenta-se a necessidade de se admitir que em certas situações a obtenção de soluções processuais adequadas às razoáveis instâncias "económicas" e "equitativas" possa (sem maiores danos para a justiça substancial) também ser confiada a renúncias, mais ou menos parciais, a um completo aprofundamento na investigação dos factos. Continua, porém, imprescindível que seja a lei a ditar os métodos e percursos a serem praticados para esse fim[342].

---

[338] CHIAVARIO, Mario. *Procedura penale un codice tra "storia" e cronaca*, cit., p. 161.

[339] BASSI, Alessandra. Principio dispositivo e principio di ricerca della verità materiale..., cit., p. 1372.

[340] FERRUA, Paolo. *Studi sul processo penale II*, cit., p. 75-76.

[341] CHIAVARIO, Mario. La riforma del processo penale, cit., p. 131; SIRACUSANO, D., GALATI, A., TRANCHINA, G., ZAPPALÀ, E.. *Diritto processuale penale*, cit., p. 362.

[342] CHIAVARIO, Mario. *Procedura penale un codice tra "storia" e cronaca*, cit., p. 160. Para o Autor, "em suma, verdade e legalidade, formal e material, devem andar constantemente juntas".

280 *O Processo Penal como Instrumento de Política Criminal*

Justamente em função da parte final deste último comentário, sustenta-se não ser a investigação da verdade material o fundamento da actividade do juiz na aquisição e formação da prova mas sim, da dialéctica entre o interesse estatal na imposição da sanção e o interesse do acusado na liberdade e em função da dificuldade da produção de provas num e outro sentido, as partes são induzidas a um acordo sobre o rito ou sobre a espécie da pena a ser imposta, como ocorre no *patteggiamento*[343].

15.2.4 – Princípio do contraditório.

Verdadeiro apanágio do sistema acusatório, expressão peculiar do devido processo legal, afirma-se que num regime de civilidade jurídica não se deveria solicitar, com uma redução de pena, a renúncia apriorística, total, irrevogável ao contraditório na formação da prova, justamente como ocorre, sob uma nuvem de fumaça, nos ritos negociais[344].

O afrontamento do problema da convivência entre a justiça penal consensual e o princípio do contraditório pressupõe uma melhor compreensão dos próprios elementos que o integram, de modo a verificar a sua hipotética violação.

Resumidamente podem ser apontados como elementos do princípio do contraditório: a possibilidade de conhecimento por uma parte das opiniões, argumentações e conclusões formuladas pela outra; a condição de manifestar as próprias razões bem como de oferecer os supostos fácticos e jurídicos em que elas se baseiam; a possibilidade de indicar e ouvir as testemunhas reciprocamente indicadas; em suma, a possibilidade de promover e exercer controle no desenvolvimento do processo.

Confrontadas estas características com o modelo processual centrado no encontro de vontade entre as partes, temos que nem sempre ocorre a

---

[343] MODONA, Guido Neppi. *Processo accusatorio e tradizioni giuridiche continentali*, cit., p. 269.

[344] FERRUA, Paolo. *Studi sul processo penale II*, cit., p. 19. Com inexcedível propriedade, em passagem posterior (p. 21) o Autor estabelece um confronto entre o aspecto funcional e o de garantia revelado pelo contraditório, afirmando que uma atenção toda concentrada sobre os danos que o antagonismo entre as partes produz na tutela da colectividade induz a descuidar aqueles que são produzidos pela sua ausência. No mesmo sentido crítico e afirmando que o princípio do contraditório é comprimido de forma máxima no *patteggiamento*, visto que, requerendo a aplicação da pena acordada, o acusado renuncia, pura e simplesmente, ao contraditório: ACCATTATIS, Vincenzo. *Il patteggiamento alla luce del diritto comparato e della normativa costituzionale*, cit., p. 603.

perfeita adequação necessária para a não violação do princípio em análise. Particularmente no que se refere à necessária oposição dialéctica entre as articulações das partes, afirma-se que o consenso é justamente o oposto desse confronto público entre elas, retratada a divergência tanto pela ausência de nítida separação dos papeis exercidos pelos sujeitos processuais como pela disparidade de condições com que cada um actua[345].

Em suma, "a negociação entre acusação e defesa é exactamente o contrário do juízo contraditório característico do método acusatório e remete, antes, às práticas persuasivas permitidas pelo segredo nas relações desiguais próprias da inquisição. O contraditório, de fato, consiste na confrontação pública e antagónica, em condições de igualdade entre as partes. E nenhum juízo contraditório existe entre partes que, em vez de contender, pactuam entre si em condições de desigualdade"[346].

15.2.5 – Princípio da publicidade.

Em Itália, destaca ANCA[347] "a aversão da opinião pública em relação a toda a forma de justiça negociada", considerando-a como suspeita e como benefício exclusivamente voltado para facilitar a vida dos acusados culpados, tendo em vista a ausência de publicidade que lhes é inerente, em suma, concebendo-a como um estímulo à delinquência. Nenhuma censura à crítica num Estado onde se entende que a publicidade realiza a participação directa do povo na administração da justiça (art. 102º, inciso 3 da *Costituzione*), imprimindo-lhe uma dimensão mais democrática[348].

Um aspecto particular dessa ausência de publicidade dos ritos especiais foi arguido em relação à *applicazione della pena su richiesta*, em virtude da necessidade de que a sentença que aplique a pena acordada pelas partes no curso das investigações preliminares fosse emitida em audiência pública. Posto isto, aponta-se uma eventual inconstitucionalidade parcial do mencionado rito especial, tendo em conta a inexistência de previsão a esse respeito na disciplina legal do *patteggiamento*.

---

[345] FERRAJOLI, Luigi. Patteggiamenti e crisi della giurisdizione, cit., p. 377.

[346] Idem, *Derecho y razón*, cit., p. 748.

[347] Pena, applicazione su richiesta delle parti, cit., p. 368; CHIAVARIO, Mario. Qualche sollecitazione per un confronto, cit., p. 14.

[348] DALIA, Andrea Antonio, FERRAIOLI, Marzia. *Corso...*, cit., p. 277.

A objecção apontada funda-se na Convenção Europeia para a Salvaguarda dos Direitos do Homem e das Liberdades Fundamentais, ratificada pela Itália através da Lei nº 848 de agosto de 1955, na qual se prevê a obrigatoriedade de que toda a sentença de condenação seja pronunciada publicamente.

Através da sentença nº 251 de 06 de junho de 1991 a *Corte Costituzionale* rejeitou a arguição de inconstitucionalidade parcial do *patteggiamento* quanto a este aspecto, para tanto tendo que novamente enfrentar a questão da natureza jurídica da sentença emitida na *applicazione della pena patteggiata*[349].

15.2.6 – Princípio da ampla defesa.

No *patteggiamento* do *Codice di procedura penale* italiano, embora possa parecer que a *richiesta* formulada pelo acusado ou o seu consenso prestado àquela formulada pelo ministério público representam uma renúncia ao exercício do direito de defesa, é necessário que se observe que essa renúncia opera restritamente no que tange ao contraditório na formação da prova, deixando imune o direito de defesa no seu complexo[350].

---

[349] CHIAVARIO, Mario. I procedimenti speciali, cit., p. 85-86. Destacando o perfil de "negozialità" do novo rito, na sentença da *Corte Costituzionale* sustentou-se que a investigação do juiz a respeito da responsabilidade do acusado pode ser limitada a aspectos determinados, sem implicar aquela verificação plena e incondicionada sobre factos e sobre provas, que no rito ordinário representa a premissa necessária para a aplicação da sanção penal; assim, em virtude da ausência de natureza puramente condenatória, a sentença não viola o princípio da publicidade, até mesmo porque, sendo proferida no curso das investigações preliminares e considerando a restrita publicidade dessa fase procedimental, o provimento jurisdicional nela emitido segue a mesma restrição: CRISTIANI, Antonio. Le modifiche al nuovo processo penale, cit., p. 165-167.

[350] LOZZI, Gilberto. Aplicazione della pena su richiesta delle parti, cit., p. 136; CHIAVARIO, Mario. *Procedura penale un codice tra "storia" e cronaca*, cit., p. 115. Em relação à citada garantia, é de destacar que a não ocorrência de um fundamental momento de contraditório, como é aquele dos debates em audiência, não comporta, diversamente do que ocorre no modelo vigente – C.P.P.It. de 1930 –, uma derrogação ao princípio do *audiatur et altera pars*: PAOLOZZI, Giovanni. I meccanismi di semplificazione del giudizio di primo grado, cit., p. 37. Citando pronunciamento jurisprudencial a respeito, também para RAMAJOLI (RAMAJOLI, Sergio. *I procedimenti speciali...*, cit., p. 51) não ocorre a violação do direito de defesa, uma vez que o livre exercício de escolha pelo rito diferenciado evidencia um resguardo ao mencionado direito. Na jurisprudência a tese encontrou apoio na *Cass., 4ª sez., 19 marzo 1991, Giannelli, Mass. dec. pen., n. 188.252*.

Modelo Italiano 283

Todavia, numa visão ampliadora dessa renúncia feita pelo acusado no *patteggiamento*, inclusive com reconhecimento jurisprudencial (*sent. 3 aprile 1991, nº 617, Pelella, Mass. dec. pen., n. 9838 e Cass., 6ª sez., 9 luglio 1991, nº 1339, ivi, n. 12891*), afirma-se que a *richiesta* de aplicação de pena equivale à renúncia implícita do direito de fazer valer todas as nulidades dos actos cumpridos antes, de modo que o fim de deflação do *patteggiamento* bem pode nascer e desenvolver-se no terreno das nulidades[351].

15.2.7 – Princípio da igualdade.

Na experiência italiana, enquanto, por um lado, se verifica a tendência doutrinária de procurar uma ampliação da aplicabilidade da justiça negociada, por outro, destacam-se as já mencionadas críticas da opinião pública à sua ocorrência, dirigidas principalmente ao risco de ofensa do princípio da igualdade; afirma-se, então, a preferência por um processo igual para todos e para todo o tipo de crimes, sem o reconhecimento do interesse público de deflação da administração da justiça criminal[352].

As críticas nesse sentido fundam-se em que, enquanto para alguns acusados os ritos negociais implicam uma grande vantagem quanto à sanção a ser imposta, em virtude do desconto nela realizado, para os que não possuem uma condição financeira favorável a escolha do rito está fortemente condicionada por razões de ordem económica[353].

15.2.8 – Princípio da oralidade.

Uma particular violação do princípio da oralidade pode ocorrer no *patteggiamento*, em virtude do disposto no inciso 2 do art. 447º do *C.P.P.It.* (audiência "ad hoc" para a aplicação da pena *su richiesta* no curso das investigações preliminares), na medida em que ele prevê exclusivamente a audição do ministério público e do defensor se eles comparecem na audiência, nada mencionando sobre a possibilidade de se ouvir o acusado[354].

15.3 – Limite temporal.

Uma outra delimitação da aplicabilidade do modelo de justiça penal negociada refere-se à coordenação dos novos Institutos de natureza

---

[351] BEVERE, Antonio. Il patteggiamento..., cit., p. 364.
[352] ANCA, Giovanna Maria. Pena, applicazione su richiesta delle parti, cit., p. 368-369.
[353] FERRUA, Paolo. *Studi sul processo penale II*, cit., p. 22.
[354] MACCHIA, Alberto. *Il patteggiamento*, cit., p. 84.

284 — *O Processo Penal como Instrumento de Política Criminal*

consensual com o modelo anterior, na vigência do *C.P.P.It.* de 1930. Trata-se do delicado problema da coordenação entre os modelos de justiça penal negociada e o modelo processual tradicional, tendo em vista que as manifestações dos primeiros se verificaram a partir da introdução de reformas, parciais ou totais, nos Códigos até então vigentes, justificando assim uma análise sobre a compatibilidade dos novos ritos com os processos em curso.

Não ignorado o problema pelo legislador italiano, na reforma do *Codice di Procedura Penale* foram elaboradas determinadas regras destinadas à coordenação entre a situação anterior e aquela pós-reforma, designadas por normas de *coordinamento* e de *diritto transitorio*. O princípio geral adoptado para a disciplina dos diversos casos foi o de possibilitar a incidência do texto reformado em todos os casos nos quais não fosse alterada a estrutura essencial do processo, desde que atendidas as exigências de simplificação do sistema e respeitadas as garantias para o acusado e para a parte privada e seus defensores[355].

Relativamente à *applicazione della pena su richiesta delle parti*, a questão envolvia necessariamente a coordenação com o *patteggiamento* anterior, previsto na Lei nº 689 de 24 de Novembro de 1981. Ficou prevista a aplicação do "velho" *patteggiamento* nos casos de *richiesta* formulada antes da entrada em vigor do *Codice* e nos casos de não exercício da faculdade de valer-se do "novo" *patteggiamento*, conforme admitiam as normas de coordenação[356].

Mais propriamente em relação à *applicazione della pena su richiesta delle parti* no regime do Código, a solução encontrada tem sede na própria finalidade do Instituto: deflação processual mediante a supressão da fase de debates em audiência. Assim, em relação aos processos pendentes por época da entrada em vigor do *Codice*, previu-se que seria aplicado o Instituto apenas nos casos em que tal escopo pudesse ser alcançado, ou seja, quando ainda não se tivesse chegado à fase dos debates em audiência[357], o que, no modelo processual anterior, correspondia à fase *istruttoria*.

---

[355] LEMMO, Elio. Il passaggio dal vecchio al nuovo processo penale: problemi di coordinamento e di diritto transitorio. *In: Il nuovo processo penale dalla codificazione all'attuazione*. Atti del Convegno presso l'Università di Bari Ostuni, 8-10 settembre 1989. Milano: Dott. A. Giuffrè Editore, p. 181-210, 1991, p. 200.

[356] Idem, ibidem, p. 204.

[357] CONSO, Giovanni. La giustizia costituzionale nel 1990, cit., p. 132.

Modelo Italiano 285

O critério adoptado não ficou imune a críticas, sendo afirmado que nada legitima a escolha do momento da abertura dos debates em audiência como marco para a aplicação ou não do *patteggiamento* aos velhos processos, sacrificando-se a possibilidade do acusado ser favorecido por uma notável redução de pena[358]. O fundamento constitucional para a crítica funda-se em que, admitindo-se o *patteggiamento* apenas para os procedimentos em curso que se encontravam numa fase diversa daquela de instrução (antes da audiência de debates em primeiro grau), ocorreria uma violação do art. 3º da *Costituzione* italiana, implicando a atribuição do mesmo tratamento a situações diferentes, uma vez que os actos cumpridos até esse momento no regime do *Codice* anterior não correspondiam aos cumpridos até à abertura dos debates em audiência do *C.P.P.* de 1989.

Partilhando a crítica ao limite imposto para a aplicação do *patteggiamento* aos processos pendentes aquando da reforma, sustenta TAORMINA[359] que nos casos de processos ainda na fase de "giurisdizioni di merito" (art. 248º *C.P.P.It.* anterior) deveria simplesmente ser abolido o mencionado limite; nos casos de processos em curso perante a *Corte di Cassazione* deveriam ser anulados os actos já praticados, retornando os autos ao juízo de segundo grau de jurisdição para que o juiz decida sobre a *richiesta di applicazione di pena*.

Contrapondo-se a este argumento, alega-se que o igual tratamento de situações desiguais não significa necessariamente violação do princípio da igualdade, particularmente se não ocorre uma injustificada discriminação ou irracional paridade entre os acusados[360].

16 – Perspectivas.

A tentativa de qualquer prognose sobre o futuro da justiça penal negociada deverá considerar que somente a prática judiciária deste modelo de justiça poderá revelar a sua adequação ao Sistema Jurídico

---

[358] DELL'ANNO, Pierpaolo. Problemi di costituzionalità del patteggiamento sulla pena..., cit., p. 371.

[359] TAORMINA, Carlo. Patteggiamento sulla pena e vecchi processi: correto e ragionevole lo sbarramento temporale?. *La Giustizia Penale*, Roma, v. XCV, III, p. 159-166, 1990, p. 166.

[360] FERRANTE, Umberto. L'applicazione della pena su richiesta delle parti dinanzi alla Corte costituzionale, cit., p. 842.

Total, uma vez que existindo um direito livresco e um vivo, tornado efectivo por todos aqueles que exercitam os relativos poderes, no âmbito privado ou na esfera pública: onde os interessados divergem sobre o texto legal e os órgãos jurisdicionais o interpretam no caso concreto; em última análise o direito efectivo é aquele que os juízes pronunciam ou pronunciariam se a isso fossem chamados[361].

Claro exemplo disso é a experiência italiana, onde, se houve uma certa desilusão inicial quanto às estatísticas relacionadas com os ritos especiais em geral (*supra*), no que se refere ao *patteggiamento*, no período compreendido entre 24 de outubro de 1989 a 30 de junho de 1991, 15.526 procedimentos emitidos pelo juiz para as investigações preliminares (*G.I.P.*) e 14.837 procedimentos no curso dos debates em audiência foram definidos através deste rito especial, neste último caso representando 20,25% do total de procedimentos que chegaram à citada fase processual (70.305)[362].

Considerada como uma confirmação do nível de sucesso da *aplicazione della pena su richiesta delle parti*, uma análise estatística mais actualizada, relativa aos quatro anos iniciais de vigência do *C.P.P.It.* (1989-1993), irá revelar que a incidência desse rito especial a nível nacional obedeceu à seguinte distribuição: 38.309 casos na fase das investigações preliminares; 50.339 casos no curso da audiência preliminar e 42.612 casos na fase dos debates em audiência. Acerca do último dos dados mencionados, considerando-se que o total de processos que chegaram ao julgamento nesse período foi de 200.095, o *patteggiamento* ocorreu em 21,29% dos casos[363].

---

[361] CORDERO, Franco. *Procedura penale*, cit., p. 5.
[362] BEVERE, Antonio. Il patteggiamento..., p. 368.
[363] UFFICIO V DELLA DIREZIONE GENERALE AFFARI PENALI DEL MINISTERO. Nuovo codice di procedura penale monitoragio, cit., p. 14.

SECÇÃO 2

Modelo alemão.

Na prática processual penal na Alemanha verifica-se um certo abuso do direito à prova por parte dos defensores, com fins meramente dilatórios, justificando uma precipitação dos tribunais, o que coloca em dificuldade a administração da justiça criminal. "Efectivamente pode dizer-se que os defensores abusam por vezes deste instituto para estender o processo e praticar um tipo de política obstrucionista"[1]. Essa prática produz uma dilação artificial do processo penal, justificando a preocupação com a obtenção de uma deflação e consequente economia processual.

Vale ressaltar que, adoptada a Convenção Europeia para a Salvaguarda dos Direitos do Homem como Lei Ordinária na Alemanha e prevendo o seu artigo 6º, nº 1, o direito a um processo sem dilações indevidas, o objectivo de deflação processual visa também respeitar esse dispositivo legal[2].

Consequentemente, também na Alemanha existem diversificações ao rito ordinário, fundadas na mesma preocupação com a deflação do procedimento. Ao lado do *procedimento de acção privada* (acção penal privada), considerado doutrinariamente como uma alternativa ao rito ordinário, encontramos ainda o *procedimento "acelerado"* e o *procedimento por decreto de "ordem penal"*[3].

---

[1] MAIWALD, Manfred. Il processo penale vigente in germania, cit., p. 23.

[2] AMELUNG, Knut. Constitution et procès pénal en Allemagne, cit., p. 475; GREBING, Gerhard. La procedure acceleree dans le proces penal en republique federale d'allemagne. *Archives de Politique Criminelle*, Lyon, France, nº 5, p. 151-159, 1982, p. 151; JESCHECK, Hans-Heinrich. Il contributo della comparazione del diritto alla riforma del processo penale tedesco, cit., p. 98.

[3] Para uma afirmação da correspondência entre os dois procedimentos por último citados "com o esforço geral de aceleração do processo penal", v.: GREBING, Gerhard. La procedure acceleree..., cit., p. 151.

288   *O Processo Penal como Instrumento de Política Criminal*

Desde logo a informação de que, a bem da verdade, não se trata de típicos procedimentos especiais mas mais propriamente de determinadas variações operadas no procedimento ordinário. Ressalva feita às particularidades de que se revestem o *procedimento acelerado* e o *procedimento por decreto de ordem penal*, que os distanciam em certa medida daquele ordinário. Advirta-se, ainda, que não são somente essas as diversificações processuais existente neste Ordenamento, conforme se percebe pela existência também da "suspensão do processo contra regras e ordens", igualmente objecto da nossa abordagem (*infra*).

§ 1 – Procedimento de acção privada (*Privatklageverfahren*).

No que se refere ao primeiro (*procedimento de acção privada*) há que distinguir as duas formas de iniciativa privada admitidas no Ordenamento Jurídico alemão. Nos *delitos perseguidos por solicitação da parte* "é necessário o impulso processual da pessoa afectada pelo facto. Por certo, tão somente o impulso. O procedimento ulterior é assunto que incumbe aos órgãos estatais da persecução penal". Já nos *delitos de acção privada* "é necessário, às vezes, algo mais que o simples impulso do procedimento penal estatal", ou seja, o acusador privado "deverá então investigar, reunir as provas e promover a acção", assumindo então a posição do ministério público, embora não disponha das suas possibilidades e de seus poderes coercivos[4].

Disciplinado nos §§ 374 e ss. da *StPO*, o *procedimento de acção privada* constitui uma excepção ao monopólio da acusação pelo ministério público, atribuindo-se ao ofendido ou aos seus representantes a titularidade da acção penal, desde que não se verifique um interesse público na intervenção da acusação pública[5].

---

[4] BAUMANN, Jürgen. *Derecho procesal penal...*, cit., p. 46-47. No mesmo sentido e também estabelecendo a necessária distinção entre "delitos de acção privada" e "delitos perseguidos por solicitação de parte": ROXIN, Claus, ARZT, Gunther, TIEDEMANN, Klaus. *Introducción...*, cit., p. 176.

[5] TRIFFTERER, Otto. The pre-trial phase, cit., p. 50. Quanto à parte final da afirmação constante do texto, prevê o § 376, *StPO*, que nos casos do § 374 o ministério público somente intentará a acção penal pública se houver um interesse público na persecução. Neste último caso, encontra-se estabelecido na *RiStBV* (*Richtlinien für das Strafverfahren und das Bussgeldverfahren*: linha directiva proposta pela jurisprudência federal) nº 234 I, 243 III, que deve ser distinguido o interesse especial constante no

Modelo Alemão 289

A consideração desse procedimento como uma alternativa ao rito ordinário e como uma das formas de atenuação do princípio da legalidade deve-se ao facto de que, embora sejam delitos em que a iniciativa da persecução compete ao ofendido ou aos seus representantes, desde que se verifique o interesse público o ministério público é chamado a iniciar o procedimento ou a intervir naquele já iniciado, já visto. Ora bem, a não actuação do acusador público por falta do respectivo interesse não deixa de ser uma excepção ao princípio da legalidade[6], reforçada essa condição pelo papel de filtro exercido pelo § 380, *StPO*, conforme se demonstrará

Os delitos em que pode ser utilizado esse *procedimento de acção privada* encontram-se descritos no § 374 *StPO*[7] e há uma expectativa da restrição à sua utilização apenas nos casos de fracasso da tentativa de conciliação (*Sühneversuch*) perante a autoridade estatal (§ 380 *StPO*)[8]. Efectivamente, dispõe o § 380 *StPO* que somente será admissível o exercício da acção nos casos de invasão de domicílio, injúria, difamação

---

§ 232 *StGB*, prevendo este parágrafo que as lesões corporais leves dolosas (§ 223, *StGB*) e as lesões corporais decorrentes de negligência (§ 230, *StGB*) somente serão perseguidas por solicitação da parte, a menos que a autoridade, em virtude do especial interesse público na persecução, entenda ser oportuna a intervenção de ofício. De se acrescer, ainda quanto à parte final da afirmação constante do texto que, segundo a *RiStBV* nº 86, 2, o ministério público intervirá também quando o delito altera a paz jurídica para além do círculo pessoal do ofendido.

[6] ROXIN, Claus. *Strafverfahrensrecht*, cit., p. 411. Aliás, afirma-se doutrinariamente que na hipótese do § 376 o princípio da oportunidade se revela de forma mais precisa do que naquelas decorrentes da aplicação dos §§ 153 e s., ambos *StPO*, conf.: SCHLÜCHTER, Ellen. *Derecho procesal penal*, cit., p. 6, n. 10.

[7] Os casos são os seguintes: violação de domicílio (§ 123, *StGB*); injúria, difamação, calúnia, difamação política, ofensa à memória de pessoa falecida (§§ 185 a 187, a, e 189, *StGB*), nos casos em que não seja dirigida contra alguma das corporações públicas políticas mencionadas no § 194, nº 4, *StGB*; violação do segredo de correspondência (§ 202, *StGB*); lesão corporal (§§ 223, 223, a, e 230, *StGB*); ameaça (§ 241, *StGB*); dano (§ 303, *StGB*); crimes punidos nos §§ 4, 6, c, 12, 15, 17, 18 e 20 da Lei contra a Concorrência desleal; crimes punidos conforme o § 142, 1, da Lei de Patentes, § 25, 1, da Lei sobre Modelos Registados, § 10, 1, da Lei de Protecção Semiondutora, § 39, 1, da Lei de Protecção às Espécies, § 143, 1, e I, a, e § 144, 1 e 2, da Lei de Marcas, § 14, 1, da Lei de Modelo Estético, §§ 106 a 108 da Lei sobre Direito de Autor e § 33 da Lei relativa ao Direito de Autor sobre Obras das Artes Gráficas e da Fotografia. De acrescer, ainda, que na evolução deste Instituto houve um acréscimo dos delitos que podem ser perseguidos por meio dele, antes restrito aos casos de injúria e lesões corporais.

[8] ROXIN, Claus. Introduccion a la ley procesal penal alemana de 1877, cit., p. 179.

e calúnia, violação do segredo de correspondência, lesão corporal, ameaça e danos depois de ter sido tentada, sem êxito, a conciliação por uma autoridade para esse fim designada pela Administração de Justiça do *Land* (sobre o conceito de *Land*, *infra*). O autor da acção privada apresentará o certificado a esse respeito juntamente com a acção penal.

São legitimados na condição de acusador privado o próprio ofendido que tenha capacidade de estar em juízo como também o seu representante nomeado (§ 374, *caput*, 2 e 3)[9]. A forma de exercício da acção privada encontra-se prevista no parágrafo 381, o qual dispõe que ela será formulada na acta da secretaria do Tribunal ou por escrito, devendo conter os requisitos previstos no § 200, 1, *StPO* e ser entregue com cópias.

As objecções levantadas a esse procedimento de acção privada são as seguintes: as dificuldades encontradas pelo seu titular para a instrução do processo, visto não possuir nenhum poder de coacção para a obtenção dos meios de prova, restando-lhe apenas o direito de solicitar a produção das provas que entenda necessárias; a necessidade de se valer de advogado para a solicitação por último citada, envolvendo, pois, custos; o número reduzido de delitos em que se possibilita o uso do procedimento[10].

O número de procedimentos de acção penal privada que finalmente chegam a ser sentenciados é muito pequeno, cerca de 2 a 3%. O condicionamento imposto pelo § 380 *StPO*, mencionado acima, no sentido do não êxito da tentativa de conciliação, funciona como um filtro ao uso do procedimento, sendo que mais de metade dos casos terminam num acordo

---

[9] Com efeito, dispõe o nº 2 do § 374 que a acção penal privada também poderá ser interposta por aquele que, juntamente com o ofendido ou no seu lugar, esteja autorizado a apresentar uma queixa crime. Do mesmo modo, poderão interpor a acção privada as pessoas nomeadas no § 77, 1, *StGB*, (autorização ao prejudicado para o oferecimento da queixa), desde que a queixa tenha sido apresentada pelo autorizado para tanto. Por sua vez, estabelece o nº 3 do § 374 que se o ofendido tem um representante legal, então a competência para a interposição da acção privada será observada por esse representante legal e, tratando-se de corporações, sociedades e outras associações ofendidas, que como tal podem apresentar uma demanda em acções de natureza civil, a interposição da acção privada caberá às mesmas pessoas pelas quais elas sejam representadas nos referidos litígios civis.

[10] ESER, Albin. Acerca del renacimiento de la víctima en el procedimiento penal. Trad. Fabricio O. Guariglia y Fernando J. Córdoba. *In*: MAIER, Julio B. J. (comp.). *De los delitos y de las víctimas*. Buenos Aires: AD-HOC S.R.L., p. 13-52, 1992, p. 21.

Modelo Alemão 291

amigável. Ademais, o ofendido desiste frequentemente da acção privada, já que se encontra obrigado ao pagamento adiantado das custas (§ 379, a, *StPO*) ou, sendo estrangeiro, a oferecer garantias pelas custas eventualmente a serem pagas pelo acusado[11].

Não é difícil identificar, pois, o resultado de deflação obtido através do mecionado § 380 *StPO*, uma vez que ele propicia a oportunidade de um consenso prévio entre as partes envolvidas, evitando-se dessa forma a propositura da acção penal. Estando ligada ao escopo de uma maior eficiência do *Sistema*, da reconciliação pode decorrer também um conteúdo funcional, na medida em que possa ser alcançada com êxito a paz jurídica através de um acordo amigável[12]. Na mesma linha, digna de menção é a previsão constante no § 383, nº 2, *StPO*, dispondo que "se a culpabilidade do agente é mínima, o Tribunal pode suspender o processo. A suspensão é admissível também no julgamento. Contra a resolução pode ser interposto recurso de queixa imediato"[13].

§ 2 – Procedimento acelerado (*beschleugnite Verfahren*).

Quanto ao *procedimento acelerado*, pode ser dito que, previsto originariamente nos §§ 212 e ss. da *StPO*, actualmente ele encontra-se disciplinado nos §§ 417-420 *StPO*[14], destinando-se igualmente à simplificação e aceleração do processo penal nos casos que não apresentam especial complexidade.

No procedimento ora em análise celebra-se uma audiência de julgamento, porém admite-se prescindir do procedimento intermédio (§ 418, 1) e de certas formalidades da acusação, simplificando o procedimento preliminar como também a preparação da audiência de julgamento, a qual deve ser realizada o mais rapidamente possível, logo a seguir à ocorrência do delito. Nele não se requer acusação por escrito, pois o ministério público poderá fazê-la oralmente, constando em acta o

---

[11] Idem, ibidem, p. 23.

[12] Idem, ibidem, loc. cit.

[13] Enfatiza SCHLÜCHTER (*Derecho procesal penal*, cit., p. 39) que a suspensão pode ocorrer "sem o consentimento do acusador privado".

[14] Conforme as alterações introduzidas pela *Gesetz zur Änderung des Strafgesetzbuchs, der Strafprozessordnung und anderer Gesetz* (Lei para a alteração do Código Penal, do Código de Processo Penal e de outras leis) de 28.10.94, *in*: *BGBl* I, 3186

seu conteúdo essencial (§ 418, 3); verifica-se um encurtamento do prazo de citação para vinte e quatro horas, a qual será efectuada somente se o acusado não se apresentar voluntariamente na audiência ou não for conduzido ao Tribunal (§ 418, 2). Os pressupostos necessários para a sua celebração são: competência do juiz singular (*Strafrichter*) ou do tribunal de escabinos (*Schöffengericht*)[15]; a simplicidade da causa, revelada pela evidência dos factos e pela existência de prova clara, possibilitando um rápido processamento (§ 417); não ser previsível a imposição de pena privativa de liberdade superior a um ano nem medida de segurança (§ 419, 1)[16]. Detalhemos estas informações, com vista à melhor compreensão acerca da distinção entre os momentos aceleradores e de garantia previstos neste procedimento.

Especificamente, nos processos perante o juiz singular ou perante o Tribunal de Escabinos poderá o ministério público interpor, por escrito ou oralmente, a solicitação de julgamento pela forma do *procedimento acelerado*, desde que as circunstâncias sejam simples, a situação probatória seja clara, sendo possível o julgamento rápido (§ 417).

Se o ministério público interpôs a solicitação, o julgamento será realizado de imediato ou será celebrado num curto prazo[17], não se requerendo uma resolução judicial determinando a abertura da fase de julgamento (§ 418, 1). Não se requer, igualmente, a apresentação da acusação por escrito; não sendo apresentada por escrito, a acusação será formulada oralmente no início do julgamento, transcrevendo-se o seu conteúdo principal para a acta da audiência (§ 418, 3).

Somente será necessária a citação do imputado quando ele não tiver comparecido voluntariamente ao julgamento ou não tiver sido conduzido coactivamente para o Tribunal. Na citação que for realizada será informado do facto que lhe está a ser atribuído; o prazo para essa citação é de 24 horas (§ 418, 2).

---

[15] Sobre estes dois órgãos de administração da justiça: *infra*. Todavia, com a ampliação da competência do juiz singular (*Strafrichter*) para o julgamento em primeira instância dos casos em que não seja de esperar uma pena privativa de liberdade superior a dois anos (§ 25, I, nº 2, *G.V.G. – Gerichtsverfassungsgesetz*: Lei Orgânica dos Tribunais) pouca margem resta para a actuação do Tribunal de Escabinos (*Schöffengericht*).

[16] Acerca da conformação original do procedimento em análise, antes da introdução das mencionadas alterações: ROXIN, Claus. Introduccion a la ley procesal penal alemana de 1877, cit., p. 176.

[17] Segundo consta no *Bundestag Drucksachen – BT-Drs* (Impressos do Parlamento) 12/6853, p. 36, o prazo deve ser de uma ou duas semanas.

Modelo Alemão

O juiz singular ou o Tribunal de Escabinos concordarão com a solicitação formulada pelo ministério público se a causa for apropriada para se tramitar na forma do *procedimento acelerado* (§ 419, nº 1). Em sentido contrário, a aplicação do *procedimento acelerado* deverá ser recusada quando a causa não for apropriada para se tramitar através desse procedimento[18]. Não poderá ser imposta neste procedimento uma pena privativa de liberdade superior a um ano ou uma medida de correcção e de segurança. Admite-se, todavia, a aplicação da suspensão da habilitação para dirigir veículos (§ 419, 1).

A tramitação através do *procedimento acelerado* poderá ser recusada também no julgamento, até ao momento da publicação da sentença. A decisão não está sujeita a recurso. Se for recusada a aplicação do *procedimento acelerado*, deverá ser apresentada uma nova acusação (§ 419, 2 e 3). Portanto, se a forma do *procedimento acelerado* não é apropriada, a solicitação é rejeitada por decisão irrecorrível, devendo ser fixada a abertura da audiência de julgamento, desde que se verifique a existência de *suficiente suspeita* da ocorrência de *delito*. Se não estiver presente uma *suficiente suspeita* e não for fixada a abertura da audiência, o ministério público pode prescindir de formular nova acusação (§ 419, nº 3).

Se o Tribunal entende ser apropriada a forma do *procedimento acelerado*, celebra-se a audiência de julgamento, para a qual estão previstas determinadas medidas aceleradoras. Como medidas tendentes a uma maior simplificação do procedimento estabelece o § 420, *StPO*, que: "o interrogatório de uma testemunha, perito ou participante pode ser substituído pela leitura de actas a respeito de um interrogatório anterior, assim como de documentos que contenham uma declaração escrita por eles emitida" (nº 1); também poderão ser lidas em audiência as declarações de autoridades a respeito das informações de que dispõem, desde que não tenham cabimento as condições previstas no § 256, *StPO*[19]

---

[18] Segundo AMBOS (AMBOS, Kai. Procedimientos abreviados en el proceso penal alemán..., cit., p. 580, nº 164), a decisão a este respeito depende de circunstâncias fácticas e jurídicas. "O procedimento acelerado é inadequado por razões *fácticas* quando a causa é complicada e a prova não é clara, de modo que para o *exacto esclarecimento* resulte necessária uma audiência (§ 417, I, e.c.). É *juridicamente* inadequado quando a competência prevista seja não apropriada, levando-se em conta as consequências legais (§ 419, I, 2, 3) ou se opõem outras razões jurídicas, em especial a falta de suficiente suspeita de delito".

[19] Onde estão previstas certas condições para a admissibilidade de, no julgamento, se proceder à leitura de declarações ou informações emitidas por autoridades públicas ou

(nº 2). Revelando um aspecto garantidor do procedimento, as duas possibilidades por último anunciadas pressupõem a aprovação do acusado, da defesa e do ministério público, estando presentes no julgamento (§ 420, 3). Ademais, são postos limites ao direito do ministério público e do acusado proporem a produção de provas, cabendo ao juiz singular determinar o alcance da prática probatória (§ 420, 4)[20].

Analisado na sua formulação original, afirmava-se que a relevância prática deste procedimento era muito pequena, sendo confirmada a sua pouca expressão pela análise estatística. Segundo informação de GREBING[21], sobre o total de 940.173 procedimentos penais concluídos em 1976, somente 39.924 (4,2%) foram resolvidos através do *procedimento acelerado*. Actualizando e complementando, informa AMBOS[22] que no ano de 1993 o ministério público formulou 17.776 solicitações de audiência imediata nos termos do *procedimento acelerado* (ainda na vigência do § 212, *StPO*), correspondendo a 0,5% do total de 3.686.469 procedimentos; em 0,46% do total de procedimentos (16.441) foi formulada uma solicitação para a realização do procedimento juvenil simplificado, previsto no § 76 da *J.G.G. – Jugendgerichtsgesetz* (Lei sobre o Tribunal de Menores). Face ao *Amtsgericht* foram celebrados 927 procedimentos com condenação na forma do *procedimento acelerado*, correspondendo a 0,13% do total de 699.434 procedimentos. No ano de 1994 o ministério público formulou a solicitação (ainda nos termos do § 212, *StPO*) em 15.490 casos, correspondendo a 0,4% do total de 3.996.024 procedimentos; em 0,4% do total de procedimentos (16.723) foi formulada uma solicitação para a realização do procedimento juvenil simplificado, previsto no § 76 da *J.G.G. – Jugendgerichtsgesetz* (Lei sobre o Tribunal de Menores). Face ao *Amtsgericht* foram celebrados 932 procedimentos com condenação na forma do *procedimento acelerado*, correspondendo a 0,12% do total de 752.763 procedimentos.

---

médicos de um serviço de medicina forense, com exclusão, *v.g.*, de certificados de boa conduta, assim como de certificados médicos sobre lesões corporais que não sejam graves.

[20] Conforme prevê o próprio parágrafo citado, isso sem prejuízo do disposto no § 244 *StPO*, o qual prevê que para a verificação da verdade o tribunal amplia de ofício a prática das provas até todos os factos e meios de prova que sejam importantes para a decisão.

[21] GREBING, Gerhard. La procedure acceleree…, cit., p. 153.

[22] AMBOS, Kai. Procedimientos abreviados en el proceso penal alemán…, cit., p. 583.

Modelo Alemão 295

Um dos motivos do fracasso deste procedimento na prática resultava da exigência legal de que os factos devem carecer de complexidade. Ora, o simples facto da assistência do acusado por um defensor já inviabiliza a sua aplicação, face à tendência de o processo se tornar mais complexo em virtude disso[23].

Na discussão de *lege ferenda* criticavam-se as reduções das garantias processuais e, por outro lado, acentuavam-se as vantagens de uma reacção rápida face a delitos como os de trânsito ou de demonstrações ou tumultos em estádios de futebol[24].

No que às críticas diz respeito, objecta-se que em virtude da aceleração que se verifica no procedimento em análise, restrito é o tempo para se averiguar sobre a motivação fáctica e a personalidade do agente, necessárias para a compreensão de especiais aspectos preventivos[25]. Para obviar a esse problema, prevê o nº 146, 1, das *RiStBV* (*Richtlinien für das Strafverfahren und das Bussgeldverfahren*: linhas directivas propostas pela jurisprudência federal) que o *procedimento acelerado* não é apropriado quando existem razões para se investigar adequadamente a personalidade do imputado ou quando a sua defesa se veja limitada pela forma prevista para esse procedimento.

Face à mencionada objecção, opina-se, ademais, que o âmbito em que a aplicação do *procedimento acelerado* se mostra conforme à regra do Estado de Direito – criminalidade de bagatela de massa – é tão pequeno, que se deve questionar se é justificada a sua existência, face a outras alternativas processuais[26].

As críticas incidem também no que se refere à restrição dos prazos previstos para que o imputado possa preparar a sua defesa. Com efeito, o curto prazo previsto no *procedimento acelerado* pode contrariar o

---

[23] BAUMANN, Jürgen. La situacion del proceso penal en alemania, cit., p. 91.

[24] SCHÖNE, Wolfgang. Líneas generales del proceso penal alemán, cit., p. 167, nº 21.

[25] Na lição de ROXIN (*Strafverfahrensrecht*, cit., p. 404): "Dieser unbestreitbare Vorzug der Raschheit wird jedoch mit erheblichen Einbussen an der Justizförmigkeit des Verfahrens erkauft. Ausserdem ist im beschleunigten Verfahren eine Erforschung der Täterpersönlichkeit und der darauf beruhenden Strafzumessungsgründe praktisch ausgeschlossen". Ou seja, a preferência indisputável pela aceleração torna-se adquirida, porém com perdas consideráveis para o aspecto jurídico-processual formal. Além disso, a possibilidade de uma operação de medida da pena fundada na verificação da personalidade do agente está praticamente excluída no *procedimento acelerado*.

[26] AMBOS, Kai. Procedimientos abreviados en el proceso penal alemán..., cit., p. 585.

disposo no art. 6°, III, <u>b</u>, da C.E.D.H. (Convenção Europeia dos Direitos do Homem), que obriga todos os Estados membros a proporcionarem ao imputado pelo menos tempo e oportunidade suficientes para a preparação da sua defesa, implicando, por um lado, que ele conheça a imputação fáctica e possa reflectir sobre ela e, por outro, que tenha contacto com o seu defensor nos casos de defesa necessária[27].

Contudo, "as possibilidades defensivas encontram-se consideravelmente limitadas não só sob o ponto de vista temporal, mas também sob a perspectiva de uma *defesa adequada e completa*". Primeiramente, há que se observar que o imputado não dispõe de recurso legal algum contra a acusação do ministério público nem contra a decisão judicial (diversamente do que se verifica em relação ao direito de oposição previsto para o *procedimento por ordem penal*: *infra*). Aponta-se também o risco propiciado pelo *procedimento acelerado* de que o imputado seja conduzido à audiência de julgamento sem a existência de suficiente suspeita de delito. Alega-se, ainda, que o *direito formal de consentimento* que o § 420, n° 3, *StPO*, outorga ao imputado na hipótese de prática das provas em conformidade com o § 420, n°s 1 e 2, *StPO*, não pode compensar a limitação de garantias decorrente da aplicação do parágrafo por último citado, tendo em vista que o imputado – geralmente estrangeiro ou sem defesa – poucas vezes terá a consciência da transcendência do seu consentimento; com isso, abre-se a possibilidade à celebração de acordos extralegais, nos quais somente uma defesa técnica poderá conduzir a resultados que sejam favoráveis ao imputado. Do mesmo modo passível de pesada crítica é a previsão constante do § 420, n° 4, que circunscreve o alcance da produção da prova unicamente ao dever de esclarecimento de ofício a que está sujeito o juiz; com isso, as solicitações de prova convertem-se, de facto, em meras *sugestões* de prova, uma vez que poderão ser rejeitadas quando o julgador entenda já ter formado o seu convencimento. Enfim, também no que se refere ao objectivo de agilização o *procedimento acelerado* é criticado: a duração do procedi-

---

[27] Idem, ibidem, p. 585-586. Quanto a este aspecto sugere o Autor (p. 596), *de lege ferenda*, que se inclua no § 418, n° 2, após a primeira frase, o seguinte complemento: "neste caso deve dar-se ao imputado um *prazo* de pelo menos quatro e no máximo seis dias para a suficiente preparação da sua defesa". A contagem do prazo deverá iniciar-se com o conhecimento da imputação; caso contrário, deve notificar-se ao imputado e com a notificação a imputação do facto. O *prazo de notificação* é de pelo menos quatro e no máximo seis dias.

Modelo Alemão 297

mento acaba por ser longa, em média alcançando até quatro meses, tendo em vista que a designação da respectiva audiência se condiciona à agenda do Tribunal; ainda que não empiricamente comprovado, as abreviações previstas pelo legislador para o procedimento podem dar margem à interposição de recursos[28].

Portanto, nítida resulta a oposição verificada no interior do *procedimento acelerado* entre uma débil garantia processual a ser assegurada ao acusado, aqui também com centro na sua manifestação de vontade, e a necessidade de eficiência do *Sistema* em relação a determinados delitos específicos.

§ 3 – Procedimento por decreto de ordem penal (*Strafbefehlsverfahren*)[29].

O *procedimento por decreto de "ordem penal"* encontra-se previsto nos §§ 407 e seguintes da *StPO*, permitindo ao Tribunal emitir uma sentença sem a realização dos debates orais em audiência, desde que estejam presentes os pressupostos para se promover a acção pública e se considere desnecessária a celebração da referida audiência de julgamento. Abrangendo apenas os casos menos graves da competência do *Amtsgericht*[30], dele resultam somente consequências jurídicas (sanções) de limites reduzidos. No caso de uma oposição formal do imputado ao procedimento ele converte-se no rito ordinário.

O primeiro requisito para o procedimento que ora se analisa é, pois, que se verifiquem os pressupostos aos quais o § 170, I, condiciona o exercício da acção penal pública.

No que se refere à competência, o *Strafbefehlsverfahren* – através do qual são resolvidos a maior parte dos casos que seguem um rito diverso do ordinário – é atribuição do *Strafrichter* (juiz penal singular)

---

[28] Idem, ibidem, p. 586 e seguintes.

[29] Trata-se do *Strafbefehlsverfahren* ("procedimento por ordem penal"), que na sua evolução legislativa sofreu as seguintes modificações: pela *Strafverfahrensänderungsgesetz* (*StVÄG*) 1979, de 5.10.1978, *in BGBI*, I, 1645 (prevendo a ampliação do âmbito de incidência aos crimes da competência do *Schöffengericht*: tribunal de escabinos); pela *Strafverfahrensänderungsgesetz* (*StVÄG*) 1987, de 27.1.1987, *in BGBI*, I, 475 (estabelecendo a possibilidade de incidência também depois de iniciada a audiência: conf. o novo § 408, a, *StPO*); pela *Rechtspflegeentlastungsgesetz*, *in BGBI*, 1993, I, 50, 51 (ampliação do âmbito de aplicação aos delitos menos graves).

[30] A respeito da sua organização, *infra*.

ou do Tribunal de Escabinos (*Schöffengericht*)[31], como expressamente previsto no § 407, 1, *StPO*. Não obstante, tendo sido ampliada a competência do *Strafrichter* para o julgamento em primeira instância dos casos em que não seja de esperar uma pena privativa de liberdade superior a dois anos (*infra*) e considerando a limitação até um ano das consequências privativas de liberdade que podem ser impostas no *Strafbefehlsverfahren*, cabe a advertência de que praticamente só o juiz penal singular (*Strafrichter*) e não o Tribunal de Escabinos (*Schöffengericht*) é competente para o procedimento em análise[32].

Estabelece o § 407, 1, que o *Strafbefehlsverfahren* representa um instrumento posto à disposição do Ministério Público nos casos de *delitos* (*Vergehen*: crimes punidos com uma pena privativa de liberdade mínima inferior a um ano ou com pena pecuniária – § 12, 2, *StGB*)[33]. Portanto, nos processos da competência do *Strafrichter* e naqueles em que competente é o *Schöffengericht*, tratando-se de um *delito*, o ministério público pede por escrito ao juiz a emissão de uma pronúncia de condenação, fixando as consequências jurídicas a serem impostas, quando entenda não ser necessária a audiência de julgamento ou mesmo a formulação do pedido de envio a julgamento, tendo em vista o resultado das investigações. Importa esclarecer que, segundo esse mesmo dispositivo, a solicitação escrita do ministério público equivale ao exercício da acção penal[34].

---

[31] JESCHECK, Hans-Heinrich. Il nuovo codice di procedura penale italiano visto dalla germania, cit., p. 44. Vale a observação do Autor, em nota esclarecedora, que o *Schöffengericht* é um juízo colegial composto pelo *Strafrichter* (ou na composição mais alargada por dois juízes togados) e dois juízes populares.

[32] AMBOS, Kai. Procedimientos abreviados en el proceso penal alemán..., cit., p. 570. Porém, tendo em vista a previsão legal, segue-se no texto o critério da dupla competência que foi informado.

[33] Com maiores detalhes, informa KAI AMBOS (Ob. cit., p. 573) que se trata em especial dos seguintes delitos e grupos delituosos: lesões simples (§ 223 do *StGB*), delitos de trânsito (§§ 315c, 316, *StGB*), constrangimento ilegal (§ 240, *StGB*), simples delitos contra a propriedade (§§ 242, 246, 263, *StGB*). Acrescenta o Autor as informações, oriundas de um estudo empírico realizado: que a aplicação do *Strafbefehlsverfahren* varia conforme o território considerado; que geralmente o Tribunal acata a solicitação de emissão da *ordem* formulada pelo ministério público; que em relação à prática de furtos o montante do dano provocado determina a opção pelo *Strafbefehlsverfahren* ou por outras medidas (arquivamento ou acusação); que predominantemente se aplica a ordem penal a agentes sem reincidência penal específica.

[34] GÖSSEL, Karl-Heinz. Principios fundamentales..., cit., p. 890.

Modelo Alemão 299

Conforme expressa previsão no citado § 407, 1, *StPO*, o *procedimento por ordem penal* condiciona-se também ao entendimento do ministério público no sentido de não ser necessária para a audiência de julgamento ou mesmo a formulação do pedido de envio a julgamento. Em regra, isso ocorrerá nos casos de situação probatória simples, particularmente quando se verificar a inequívoca confissão do imputado, e a operação de medida da pena não apresentar maiores complexidades, sendo suficientes as actuações policiais escritas[35].

Na sua previsão original, através da *ordem penal* somente podiam ser impostas, isoladas ou conjuntamente, consequências jurídicas que consistissem numa pena pecuniária ou alguma outra sanção menor ou acessória (§ 407, n° 2, alínea 1, *StPO*): advertência com reserva de pena[36], proibição de circulação, confisco, destruição, inutilização, publicação da condenação[37] e multa por contravenção à ordem; a multa é a consequência a ser imposta contra uma pessoa jurídica ou associação; pode ser imposta, ainda, a suspensão da habilitação para dirigir veículos por um período não superior a dois anos (§ 407, n° 2, alínea 2, *StPO*); dispensa da pena. Inovadora a esse respeito foi a previsão inserida nesse § 407, 2, no sentido de ser admissível a imposição através da *ordem penal* também de uma pena privativa de liberdade de duração até um

---

[35] AMBOS, Kai. Procedimientos abreviados en el proceso penal alemán..., cit., p. 569, n. 107.

[36] Prevista no § 59 *StGB*: se alguém mereceu a imposição de uma pena pecuniária até cento e oitenta dias de multa, o tribunal pode fazer-lhe uma advertência mediante a declaração da culpabilidade e determinar a pena, suspendendo a condenação desde que: seja de esperar que no futuro o acusado não cometerá mais factos penais, ainda que sem condenação a uma pena; tendo em vista as particulares circunstâncias do facto e a personalidade do autor, seja oportuno não impor a condenação; a defesa do ordenamento jurídico não exige a condenação à pena. A este respeito consultar: ZIPF, Heinz, *In*: MAURACH, Reinhart, GÖSSEL, Karl Heinz, ZIPF, Heinz. *Derecho penal – parte general.* Trad. Jorge Bofill Genzsch. 7ª Ed.. Buenos Aires: Astrea, 1995, v. 2, p. 850 e seguintes.

[37] § 200 *StGB* (faculdade de publicação): no. 1 – Imposta pena em virtude de ofensa cometida em público ou por meio de divulgação de escritos, gravuras ou representações, atribui-se ao ofendido a faculdade de proclamar publicamente a sentença condenatória, à custa do condenado. O modo da publicação bem como o prazo da mesma devem ser determinados na sentença; no. 2 – se a ofensa foi levada a efeito em um jornal ou revista, então, a pedido do ofendido, a parte dispositiva da sentença deve ser publicada nos jornais e, precisamente se possível, no mesmo jornal ou revista e na mesma parte e com os mesmos caracteres gráficos, como aconteceu na impressão da ofensa; no. 3 – à custa do condenado deve ser fornecida ao ofendido uma cópia da sentença.

ano, possibilitada a sua suspensão condicional, desde que o imputado tenha um defensor. Nesta última hipótese, se o imputado não dispõe de um defensor e a *ordem penal*, contendo a mencionada consequência jurídica privativa de liberdade, é admitida, o Tribunal deverá nomear-lhe um defensor (§ 408, <u>b</u>), aplicando-se de forma análoga o disposto no § 141, 3, que prevê a possibilidade de nomeação do defensor já no procedimento preliminar. Para a emissão da *ordem penal* não se requer a prévia audiência do imputado, podendo esta ser emitida sem nenhum contraditório nem interrogatório e, sobretudo, sem debate em audiência (§ 407, nº 3, *StPO*).

Se o presidente do Tribunal de Escabinos considerar que a competência é do juiz singular, remeter-lhe-à causa por intermédio do ministério público; o despacho a esse respeito emitido vinculará o juiz singular, reservado o direito do ministério público propor recurso imediato. Se o juiz singular considera que a competência é do Tribunal de Escabinos, remeterá os autos ao presidente, por intermédio do ministério público, para que decida (§ 408, no. 1, *StPO*).

Se o Tribunal do *Amtsgericht* (juiz singular ou Tribunal de Escabinos) considerar que não há suficientes indícios de criminalidade contra o imputado rejeitará a *ordem penal* – equivalendo a decisão àquela prevista no § 204, que recusa a abertura da audiência de julgamento – cabendo recurso imediato do ministério público contra a decisão (§ 408, 2)[38].

Devendo a *ordem penal* indicar uma consequência jurídica determinada, se o Tribunal do *Amtsgericht* considera correcta a escolha do rito realizada pelo Ministério Público, ou seja, considera o pedido adequado ao âmbito objectivo de aplicabilidade do instituto (elemento formal) e, ao mesmo tempo, entende inútil o debate em audiência, "não havendo dúvidas", emite o *Strafbefehl* (§ 408, no. 3, *StPO*).

---

[38] A discussão que se abre a este respeito reside em saber qual a providência adequada nos casos em que o Tribunal ao qual se dirige o recurso (segundo o § 73, nº 1, da Lei Orgânica dos Tribunais – *Gerichtsverfassungsgesetz* – *GVG*: o *Landgericht*) considera improcedente a recusa da emissão da *ordem penal*: determinar ao Tribunal do *Amtsgericht* que emita o *Strafbefehl*; determinar a designação de data para a audiência de julgamento ou; deixar a critério do próprio *Amtsgericht* a opção a ser feita. Sendo esta última a opinião predominante, o certo é que o *Landgericht* não pode emitir por ele próprio a *ordem penal*, tendo em vista a atribuição legal da competência para tanto ao *Amtsgericht*, conf.: AMBOS, Kai. Procedimientos abreviados en el proceso penal alemán..., cit., p. 570, n. 112.

Todavia, revelando o carácter vinculativo da solicitação apenas no que se refere à medida solicitada, o Tribunal do *Amtsgericht* designará data para o julgamento quando entenda ser inconveniente decidir sem a respectiva audiência[39] ou quando pretender impor consequência jurídica diversa daquela solicitada e o ministério público persistir na solicitação (§ 408, no. 3, *StPO*). Ou seja, se o Tribunal pode negar a emissão do decreto penal de condenação, determinando então a celebração da audiência de julgamento, não pode modificar a consequência jurídica cuja imposição o ministério público solicitou. Na hipótese de designação da audiência, juntamente com a citação será enviada ao imputado uma cópia da solicitação da *ordem penal*, sem constar a consequência jurídica solicitada.

Dispõe o vigente § 408a, *StPO*, que se a audiência perante o *Amtsgericht* (juiz singular ou Tribunal de Escabinos) já tiver sido iniciada, o ministério público pode apresentar uma solicitação de *ordem penal*, desde que estejam presentes os pressupostos previstos no § 407, nº 1, e se o não comparecimento ou ausência do imputado, ou outro motivo relevante, não se opuserem à execução da audiência[40]. Trata-se do procedimento de ordem penal atípico, ao qual se aplica o disposto no § 408, no. 3, *StPO*, já visto.

São requisitos que devem estar contidos no decreto de ordem penal que será notificado ao imputado (§ 409): os dados pessoais do imputado e dos possíveis demais participantes; o nome do defensor; a exposição do facto que foi atribuído ao imputado, a data e lugar em que foi cometido e a exposição dos aspectos legais desse facto; os dispositivos legais aplicáveis; os meios de prova; a determinação das consequências jurídicas; a informação sobre a possibilidade de oposição e o prazo e

---

[39] Pelas razões acima já adiantadas.

[40] Segundo o nº 175, a, das *RiStBV* (*Richtlinien für das Strafverfahren und das Bussgeldverfahren*: linhas directiva propostas pela jurisprudência federal), o *procedimento por ordem penal* atípico (§ 408, a, *StPO*) é possível nas seguintes hipóteses: o imputado com residência conhecida vive no estrangeiro, porém a citação para a realização da audiência não foi possível ou não foi adequadamente realizada; quando o imputado não comparece justificadamente à audiência, em virtude de uma enfermidade prolongada, ainda que a sua capacidade de deliberação não se encontre afectada; quando o imputado não comparece à audiência e esta não pode ser realizada sem a sua presença, nos termos do § 232; quando existam consideráveis razões que impeçam a produção imediata da prova em audiência e não se verifiquem os pressupostos do § 251, nº 2, (possibilidade de substituição da audição de uma testemunha, perito ou participante pela leitura de depoimentos e declarações escritas, anteriormente prestadas), porém os factos estejam suficientemente claros considerando-se o conteúdo dos autos.

302 *O Processo Penal como Instrumento de Política Criminal*

forma prescritos para isso, assim como a indicação de que a *ordem penal* se tornará definitiva e executável se o imputado não interpuser essa oposição, por escrito ou deduzida para a acta da secretaria judicial, conforme estabelecido no § 410 *StPO*, que prevê para tanto o prazo de duas semanas após a notificação. O decreto de ordem penal será comunicado também ao representante legal do imputado.

Conforme esboçado no parágrafo anterior, de grande relevância é a mencionada possibilidade de o imputado se opor à *ordem penal*. Agora expressamente: "o imputado pode interpor oposição contra a ordem penal, por escrito ou para a acta da secretaria judicial, no prazo de duas semanas após a notificação, no Tribunal que decretou a ordem penal" (§ 410 *StPO*). Ressalte-se que a oposição pode restringir-se a determinados pontos, como, por exemplo, às consequências jurídicas cuja imposição foi solicitada (§ 410, nº 2). Serão aplicáveis, igualmente, as regras relativas à matéria de recursos, previstas nos §§ 297 a 300 e 302, 1 e 2, *StPO*. Digno de nota é o realce atribuído a essa possibilidade de o imputado formular oposição ao decreto penal, considerada jurisprudencialmente como a salvaguarda do direito que ele possui de ser ouvido perante o tribunal (*rechtliche Gehör*), previsto no art. 103, nº 1, da *Grundgesetz* (Lei Fundamental)[41].

Se a oposição foi interposta fora do prazo ou se é inadmissível por outros motivos, então ela será rejeitada por meio de decisão, sem a realização da audiência, adquirindo a *ordem penal* a força de coisa julgada; contra essa decisão caberá o recurso de queixa imediato (§ 411, 1, *StPO*).

Verificando-se a oposição oportuna por parte do imputado, será designada data para a audiência de julgamento, na qual ele poderá ser representado por defensor com poderes outorgados por escrito (§ 411, 1, *fine*, 2).

Até à notificação da sentença em primeira instância será admissível a desistência da *ordem penal* e da oposição formulada pelo, já agora, acusado[42] (§ 411, nº 3). Observa AMBOS[43] que, estabelecendo o § 156,

---

[41] *BVerfG*, 18/12/64, *NJW*, 1954, P. 69; *BVerfG*, 21/01/69, *NJW*, 1969, P. 1103.

[42] A mudança terminológica justifica-se à luz do que dispõe o § 157, *StPO*: considera-se imputado aquele contra o qual houve o exercício da acção penal pública; considera-se acusado aquele contra o qual já se encontra disposta a abertura do procedimento principal em audiência.

[43] AMBOS, Kai. Procedimientos abreviados en el proceso penal alemán..., cit., p. 572, nº 121. Informa o Autor que na jurisprudência há posicionamento contrário, conf.: *Oberlandesgericht (O.L.G.) Karlsruhe*, *In*: *NStZ* 91, 602.

StPO, que após a abertura da audiência no procedimento ordinário não é possível a desistência da acção pública e considerando que a emissão da *ordem penal* solicitada corresponde à mencionada abertura, então, a princípio, a acusação (contida na *ordem penal*) somente poderá ser retirada, nos termos do § 411, nº 3, até à emissão da ordem; todavia, esta possibilidade de retirada renasce com a ocorrência de uma oposição admissível. Em segunda instância a desistência da acusação contida na *ordem* será regida pelo § 303, *StPO*, pressupondo a aprovação da parte contrária (acusado), ainda que seja desnecessária a aprovação do autor acessório quando a desistência do recurso for feita pelo acusado. Estabelece o § 411, 3, *fine*, que se a *ordem penal* foi decretada após a abertura da audiência (§ 408, a̱) não estará sujeita à possibilidade de desistência.

Na sentença pronunciada em audiência de julgamento, a seguir à oposição, o Tribunal não se encontra vinculado aos termos em que foi emitida a *ordem penal* de condenação (§ 411, no. 4). Assim, se a oposição foi interposta sem limitações – abrangendo tanto a questão da culpabilidade como a das consequências jurídicas – o juiz decide com total independência do que constou na *ordem penal*, tendo por base apenas o que resultou da audiência realizada; diversamente, se a oposição é limitada, *v.g.*, à questão das consequências jurídicas, o juiz deve basear a decisão na parte não contida na oposição, ou seja, na questão da culpabilidade.

Se no começo da audiência de julgamento o acusado não estiver presente nem for representado por um defensor, não tendo justificado de forma suficiente o seu não comparecimento, proceder-se-á na forma prevista para o não comparecimento na audiência destinada ao julgamento da apelação[44] (§ 412 *StPO*). Ou seja, nos termos do § 329, *StPO*, será recusada a oposição, não se realizando a audiência (nº 1); nesse caso poderá o acusado, no prazo de uma semana após a notificação da sentença, solicitar a retomada do procedimento, desde que não tenha agido com culpa, conforme estabelece o § 44 *StPO* (nº 3); caso não se proceda na forma anteriormente mencionada no nº 1, será ordenada a condução coactiva ou a prisão do acusado, prescindindo-se dessa providência quando for de esperar que ele comparecerá na audiência que for designada novamente, sem a necessidade de medidas coactivas (nº 4).

---

[44] Sendo este o recurso a ser interposto contra sentenças emitidas pelo juiz singular ou pelo tribunal de escabinos

304 *O Processo Penal como Instrumento de Política Criminal*

Para se evitar o problema da *ordem penal* desembocar no juízo formal, há a orientação contida nas *Regras Uniformes de Processo Penal* no sentido de que o *Strafbefehl* seja requerido somente nos casos em que se verifique uma confissão[45].

No caso de ausência de oposição por parte do imputado e não havendo dúvidas a respeito, o Tribunal emite a *ordem penal*, a qual se torna exequível, revestindo-se da autoridade de coisa julgada. Assim também ocorrerá nos casos em que o Tribunal, após a audiência, rejeita a oposição proposta pelo acusado. Escrevendo antes da reforma de 1987, afirmava GÖSSEL[46] que, tendo em vista o carácter sumário do procedimento, o efeito de coisa julgada é limitado. Assim, se após a ocorrência do trânsito em julgado se verifica outro ponto de vista jurídico que não foi considerado no momento da emissão do *Strafbefehlsverfahren*, o qual motiva uma maior punibilidade, deverá ser admitida uma nova persecução do facto, descontando-se as consequências jurídicas impostas com a *ordem penal*. Nessa hipótese, "o facto será perseguido no processo ordinário". Ressalte-se que o Autor já prognosticava a necessidade de reforma do procedimento quanto aos efeitos da coisa julgada.

Na jurisprudência (*BGHSt*, 28, 69) há o entendimento no sentido da possibilidade da persecução do imputado por um *crime* (*Verbrechen*) em relação aos mesmos factos objecto da condenação pela via do procedimento por decreto. Todavia, a doutrina mostra-se contrária a essa orientação, sendo afirmado que ela já não tem razão de ser face à norma introduzida com a *StVAG* de 1987, sugerindo-se então a possibilidade de revisão (*Wiederaufnahme*) *in pejus*, ex § 373, a, *StPO*[47], sempre que surjam elementos de prova que, isolados ou conjuntamente com aqueles já existentes, justifiquem uma condenação por um *Verbrechen* (crime).

Vistos os traços gerais em que se encontra inserido no texto legal – e a análise não poderia deixar de ser estritamente dogmática –, importa

---

[45] SESSAR, Klaus. Prosecutorial discretion in germany. *In*: McDONALD, William F. (ed.). *The prosecutor*. Beverly Hills-London: SAGE, 1979, p. 456.

[46] Principios fundamentales..., cit., p. 890; ROXIN, Claus. Introduccion a la ley procesal penal alemana de 1877, cit., p. 180.

[47] Dispõe este parágrafo que "a revisão de um processo concluído mediante uma *ordem penal* com força de coisa julgada também é admissível, mesmo em prejuízo do condenado, desde que surjam novos factos ou meios probatórios que, isolados ou juntamente com as provas anteriores, são apropriados para fundamentar uma condenação por *crime*".

Modelo Alemão

agora verificar a adequação do *procedimento por ordem penal* aos objectivos de eficiência, funcionalidade e garantia, ou seja, o seu enquadramento em termos político-criminais.

Segundo HÜNERFELD[48] "a justificação deste modelo processual não deve procurar-se, unilateralmente, segundo as coordenadas da economia processual. Pelo contrário, estão também em jogo interesses muito respeitáveis do acusado, tanto no que concerne às vantagens dum processo escrito, subtraído aos holofotes da publicidade, como até no que se refere ao valor ético da sua disposição para uma reconciliação tão rápida quanto possível com o Direito".

A despeito do autorizado posicionamento, por outro lado afirma-se que, muito embora este procedimento em certa medida seja proveitoso para o imputado, enquanto evita que ele seja submetido à audiência pública de julgamento, todavia há que se admitir que o Legislador não levou isso em conta: "A ele – Legislador – importava oferecer uma forma processual simplificada que favorecesse somente a economia processual, com o fim de dominar a massa da criminalidade leve, tendo por objectivo evitar uma audiência principal, a qual é sempre longa e custosa"[49]. Dessa forma, é possível uma análise desse procedimento à luz dos objectivos de política criminal, objectando-se que nele a influência pedagógica sobre o acusado se efectua de modo muito deficiente, visto a ausência de um contacto directo com o juiz (o que possibilitaria uma admoestação) e a impossibilidade de impor regras de conduta juntamente com a sanção imposta, tudo, enfim, "faz deste procedimento penal sem juízo oral um 'cauce' procedimental cujo único objectivo pode ser a intimidação e a prevenção geral"[50].

Desse modo, sendo destacada a aceleração que o *Strafbefehlsverfahren* produz no processo penal e, por consequência, inequívoco o seu papel na deflação do Sistema Punitivo Estatal, contribuindo para que os órgãos de persecução penal possam concentrar a sua atenção nas hipóteses da criminalidade mais grave, não se encontra imune a críticas. Trata-se do necessário confronto também com o vector *garantia*.

Desde logo, alega-se que se se segue um critério sustentado com frequência e quiçá prevalente na prática, não é necessário o convencimento judicial a respeito da culpabilidade do imputado para a emissão

---

[48] A pequena criminalidade e o processo penal, cit., p. 43.

[49] GÖSSEL, Karl-Heinz. Principios fundamentales…, cit., p. 889.

[50] BAUMANN, Jürgen. La situacion del proceso penal en alemania, cit., p. 91.

da *ordem penal*, mas sim, como resulta de uma interpretação a *contrario sensu* do § 408, nº 2, basta tão somente a existência de uma *suficiente suspeita* de delito[51]. Como última consequência, assinala AMBOS[52], isso significa que em todos os casos em que uma *ordem penal* é emitida definitivamente – e trata-se de milhares de procedimentos – aceita-se uma conclusão do procedimento equivalente à sentença, dotada de efeitos jurídico-penais, com base apenas numa suficiente suspeita de delito. Segue que "isto vulnera o princípio da culpabilidade e da presunção de inocência e vai contra o Direito internacional (art. 14º, inc. 2, Pacto Internacional de Direitos Civis e Políticos – P.I.D.C.P., 6, inc. 2, e 8, inc. 2, da Convenção sobre Direitos Humanos Europeia e Americana, respectivamente – C.E.D.H e C.A.D.H) e Direito constitucional (art. 20º, III, da Lei Fundamental, princípio da Estado de Direito". A ideia reforça-se pela constatação de que se depreende da Exposição de Motivos oficial da Lei que a emissão da *ordem penal* tem como pressuposto o *convencimento a respeito da culpabilidade do acusado*, só assim podendo ser verificado o requisito de "não ter dúvidas" (§ 408, nº 3) o Tribunal quando emite o *Strafbefehl*.

Uma outra crítica que se dirige contra o *Strafbefehlsverfahren* refere--se à possível lesão que esse procedimento pode provocar no *rechtliche gehör* (direito a ser ouvido perante um tribunal independendente), previsto no art. 103º, nº 1, da *Grundgesetz* (Lei Fundamental)[53].

Em resposta a esta crítica argumenta-se que "é perfeitamente possível uma situação em que haja de se decidir pela aplicação de uma *Strafbefehl* na base do que consta nos autos, em que a voz do arguido não se fez, em absoluto, ouvir: é que ele pode ter eventualmente exercido o seu direito legal ao silêncio". Ademais, mesmo quando ocorra a audiência e os respectivos debates, a bem da verdade "o juiz competente para a decisão só toma contacto com o processo através dos autos que lhe são remetidos pelo Ministério Público e após o seu recebimento"[54].

---

[51] ROXIN, Claus. *Strafverfahrensrecht*, cit., p. 430.

[52] AMBOS, Kai. Procedimientos abreviados en el proceso penal alemán..., cit., p. 575. Registe-se que nas conclusões lançadas no trabalho citado o Autor (p. 594) sugere, *de lege ferenda*, a "inclusão por parte do legislador do *convencimento sobre a culpabilidade* como pressuposto para a emissão de uma ordem penal, como complemento do § 408, nº3".

[53] GREBING, Gerhard. La procedure acceleree..., cit., p. 153, n. 7.

[54] HÜNERFELD, Peter. A pequena criminalidade e o processo penal, cit., p. 44.

Modelo Alemão

Alega-se, ademais, a existência de uma correcção para esse problema através da possibilidade de oposição que se reconhece ao imputado, podendo conduzir à realização da audiência. Porém, segundo AMBOS[55] há que observar que se trata somente de uma possibilidade de interposição da oposição, cuja efectividade está consideravelmente relativizada por exigências restritivas de prazo (dentro de duas semanas) e de forma (por escrito ou por inserção na acta), o que, na melhor das hipóteses, cria um auxílio *ex post facto* que implica uma renúncia à possível e anterior audiência (judicial) prevista para o procedimento normal ou, ordinário.

Em relação à crítica fundada numa possível lesão do princípio da verdade material, uma vez limitada a base de decisão aos elementos constantes dos autos, pondera-se que o procedimento em discurso "compensa o déficit co-natural quanto à maximização da procura da verdade através da concordância do arguido com este modelo processual"[56]. É o elemento da autonomia da manifestação da vontade a ser invocado para sanar essa possível lesão.

Contra a forma atípica de *ordem penal*, realizada após o início da audiência (§ 408a, *StPO*), argumenta-se que ela favorece a prática de acordos *praeter legem*, os quais podem conduzir à realização do procedimento sem a observância dos pressupostos legalmente previstos. Enfim, é essa também a crítica geral dirigida contra o *Strafbefehlsverfahren*, tendo em vista a prática habitual, frequentemente distanciada da Lei[57].

Pese embora as críticas que nele incidem, a relevância do *Strafbefehlsverfahren* para o funcionamento da justiça penal na Alemanha pode ser avaliada pela análise estatística: num total de 970.577 procedimentos penais no ano de 1977, 431.762 (44,5%) foram resolvidos através deste Instituto, tendo sido 129.269 por solicitação dos acusados[58].

Uma análise estatística ainda anterior, considerando os anos de 1971, 1972 e 1973 e realizada em confronto com o *procedimento acele-*

---

[55] AMBOS, Kai. Procedimientos abreviados en el proceso penal alemán..., cit., p. 576-577.

[56] HÜNERFELD, Peter. A pequena criminalidade e o processo penal, cit., p. 43.

[57] AMBOS, Kai. Procedimientos abreviados en el proceso penal alemán..., cit., p. 578-579.

[58] GREBING, Gerhard. La procedure acceleree..., cit., p. 152, n. 6. Conforme informa GÖSSEL (GÖSSEL, Karl-Heinz. Principios fundamentales..., cit., p. 889), no ano de 1978 essa percentagem foi de 30% de todos os processos que tramitaram perante o *Amtsgerichte*.

308   *O Processo Penal como Instrumento de Política Criminal*

rado revela que "em todos estes anos requereu-se a aplicação de uma *Strafbefehl* em mais de 50% dos casos – concretamente, cerca de 470.000, em média, dos processos pendentes nos *Amtsgericht* – enquanto os casos de requerimento de aplicação do processo acelerado atingiram apenas a cifra de 5%. No que concerne à aplicação da *Strafbefehl* verifica-se o seguinte balanço, digno de nota: quase quatro quintos dos casos requeridos terminaram com decisões de *Strafbefehl* que não suscitaram qualquer impugnação". A importância destes dados reside em evidenciar que nesse caso "os interesses da economia processual e os valores da justiça do caso concreto se sobrepõem aqui em grande medida"[59].

Actualizando e complementando, informa AMBOS[60] sobre os dados estatísticos que se seguem. Nos anos 1977 e 1987 a quantidade de solicitações de ordem penal formuladas pelo ministério público – considerando-se a quantidade total de procedimentos (1.319.878 e 1.494.229, respectivamente) – alcançou os 17,8% e 16,2%, respectivamente. Face aos *Amtsgericht* a quota das solicitações, medida sobre o total de procedimentos penais (970.595 e 975.639, respectivamente), alcançou 44,5% e 46,4%, respectivamente. Foram interpostas oposições contra 29,9% e 32,7%, respectivamente, das referidas solicitações; 0,5% e 0,88%, respectivamente, das solicitações foram rejeitadas; respectivamente, em 31% e 30,8% do casos – considerando-se o total de procedimentos – a *ordem penal* foi mantida, ou seja, em quase um terço dos procedimentos tramitados perante os *Amtsgericht* a conclusão deu-se pela via da *ordem penal*. Nos procedimentos em que foram interpostas oposições, 43,3% e 38,5% dos casos, respectivamente, foram concluídos por sentença; em 27,4% e 31,3%, respectivamente, a conclusão deu-se por desistência da oposição, e em 0,6% e 0,3%, respectivamente, por desistência da acção. No ano de 1993 o ministério público solicitou a *ordem penal* em 643.904 casos, ou seja, 17,5% do total de 3.686.469 procedimentos que foram tramitados; em 1994 a solicitação ocorreu em 669.006 casos, corres-

---

[59] HÜNERFELD, Peter. A pequena criminalidade e o processo penal, cit., p. 42.

[60] AMBOS, Kai. Procedimientos abreviados en el proceso penal alemán..., cit., p. 573-574. É necessário esclarecer, com o Autor, que nos dados relativos a 1994, por último indicados no texto, a estatística judicial não indica o número de *ordens penais* que se tornaram definitivas, mas sim indica apenas o número de *ordens* emitidas em audiência (conf. § 408a) e as solicitações decididas por sentença (conf. § 407). Assim, os números aumentaram de 9.800 e 55.135, respectivamente, em 1991, para 18.672 e 68.303, respectivamente, no ano de 1994, ainda que também deva ser levado em consideração o aumento da totalidade das decisões definitivas, de 614.880 para 752.763.

Modelo Alemão 309

pondendo a 16,7% do total de 3.996.024 procedimentos que foram tramitados. No total, a cifra de solicitações de *ordem penal* perante o *Amtsgericht* aumentou entre 1990 e 1994 de 486.900 para 585.880.

Em termos conclusivos, é este procedimento por decreto de ordem penal uma manifestação clara do predomínio das razões ligadas ao "eficientismo" penal em detrimento das razões fundadas numa maior funcionalidade do *Sistema* e nas garantias inerentes ao *sub-Sistema* processual penal[61].

§ 4 – Limitações ao dever de acusação (*Durchbrechungen des Anklagezwanges*)[62].

De forma geral, por ora, o princípio da legalidade processual implica, por um lado, o dever de investigações imposto ao ministério público quando há uma suspeita da ocorrência de crime e, por outro lado, a obrigação de formular a acusação quando há suspeitas suficientes da ocorrência do crime de acordo com o resultado das investigações realizadas[63].

Assim sendo, na linha de outros Ordenamentos Jurídicos que também adoptaram formas de diversificação no âmbito do processo penal, não merece censura a afirmação de que na Alemanha as críticas que pesam sobre algumas das formas diversificadas de administração da justiça penal recaem principalmente na atenuação que elas determinam do princípio da legalidade[64], considerando-se que nesse caso se dá um autêntico não exercício da acção penal pelo ministério público, face à inexistência de consequências jurídicas decorrentes de um pronunciamento jurisdicional.

Com efeito, enaltecida por todos a importância da manutenção do princípio da legalidade, as medidas processuais que determinam uma

---

[61] Entretanto, não se pode desconhecer que na actualidade o procedimento em discurso divide a primazia de utilização com a *Einstellung gegen Auflagen und Weisungen* (arquivamento condicionado prevista no § 153, a, *StPO, infra*).

[62] A terminologia adoptada para agrupar o conjunto de medidas processuais a seguir abordadas no texto é a mesma que utiliza ROXIN, Claus. *Strafverfahrensrecht*, cit., p. 69.

[63] Idem, ibidem, p. 68.

[64] TIEDEMANN, Klaus *In*: ROXIN, Claus, ARZT, Gunther, TIEDEMANN, Klaus. *Introducción...*, cit., p. 172.

sua atenuação são vistas como excepções à regra ou mera limitações daquele princípio[65]. Portanto, uma forma de reconduzir a um denominador comum essas hipóteses radica justamente no reconhecimento de que elas implicam, em maior ou menor medida, uma atenuação ao rigor do princípio da legalidade, com abertura para uma maior incidência do princípio da oportunidade. Interferindo no princípio da legalidade na perspectiva da *obrigatoriedade* da acção penal (dever de formular a acusação), o princípio da oportunidade implica uma margem de actuação para o ministério público, permitindo a escolha entre a formulação ou abstenção da acusação, desde que das investigações resulte uma grande probalidade de que o agente cometeu um facto punível[66]; é o que ocorre no Ordenamento Jurídico alemão nas hipóteses previstas nos §§ 153 e seguintes da *StPO*[67]. Em outros termos: nesses casos verifica-se o dever de agir do ministério público, em virtude do qual, segundo os princípios gerais, o processo não poderia ser afastado do seu próprio *iter*[68].

Em conclusão, uma forma ampla para expressar todos esses fenómenos alternativos ao processo tradicional parece ser a de *atenuações ao princípio da legalidade*, verificando-se uma certa discricionariedade por parte do ministério público no exercício da acção penal[69].

Feita a identificação genérica, segundo ROXIN[70] a *StPO* prevê actualmente quatro grandes grupos nos quais é possível a suspensão do pro-

---

[65] RIESS, Peter *In*: LÖWE, Ewald, ROSENBERG, Werner. *Die Strafprozessordnung und das Gerichtsverfassungsgesetz. Grosskommentar.* 24ª Auflage. Berlin, 1987-1989, § 152, nº m. 9 s..

[66] A respeito da divergência sobre o grau desta probabilidade: *infra*.

[67] Sobre ser uma ruptura do princípio da legalidade: SCHLÜCHTER, Ellen. *Derecho procesal penal*, cit., p. 102.

[68] Citando farto apoio da doutrina alemã: CORDERO, Giuditta. Oltre il "patteggiamento" per i reati bagatellari? La limitata discrezionalità dell'azione penale operante nell'ordinamento tedesco-federale e il "nostro" art. 112° cost.. *La Legislazione Penale*, Roma, a. VI, p. 658-669, 1986, p. 660.

[69] SESSAR, Klaus. Prosecutorial discretion in germany, cit., p. 264. Em tom vivamente crítico, segundo POTT (POTT, Christine. La pérdida de contenido del principio de legalidad..., cit. p. 98) ainda quando formalmente se mantenha o princípio da legalidade, já há muito tempo que no Direito Processual Penal deu entrada um novo princípio que já não pode ser considerado como uma simples excepção, mas sim que constitui um verdadeiro princípio autónomo, ao lado ou, inclusive, por cima do princípio da legalidade. Concebida essa modificação como uma manifestação do abolicionismo, segue-se o veredicto, tomado de empréstimo a Birkmeyer, no sentido de que "se esta (a possibilidade de dispor da acção punitiva) é estabelecida na própria lei, a lei acabará por converter-se em verdugo de si mesma".

[70] *Strafverfahrensrecht*, cit., p. 69.

Modelo Alemão

311

cesso, apesar da suspeita de crime: a) quando o acto é insignificante e não existe um interesse público na persecução; b) quando o interesse público pode ser satisfeito de outra maneira; c) quando existem interesses estatais contrários à persecução e d) quando o próprio ofendido pode proceder à persecução.

1 – Noção.

Desde logo é necessário traçar as linhas básicas em que se estruturam as atenuações ao princípio da legalidade típicas no Ordenamento Jurídico alemão, ou seja, aquelas hipóteses fundadas principalmente num objectivo de economia processual[71]. Essas hipóteses são aquelas previstas nos parágrafos 153 e seguintes da *StPO*, criminologicamente distinguidas em medidas de *diversão simples*, estabelecidas no § 153, e medidas de *diversão com intervenção*, § 153, a, visto o condicionamento a que fica esta última hipótese à sujeição do imputado ao cumprimento de determinadas regras de conduta ou injunções[72].

É de observar, com BAUMANN[73], que diversos são os fundamentos que se encontram na base das excepções ao princípio da legalidade no Ordenamento Jurídico germânico: critérios relacionados com a economia processual; outros assinalam implicações de Direito Penal material ou pretendem alcançar objectivos político criminais determinados (denúncia

---

[71] Para uma confirmação da exposição que será feita sobre as hipóteses legais de atenuação do princípio da legalidade no Ordenamento Jurídico alemão, consultar: TIEDEMANN, Klaus *In*: ROXIN, Claus, ARZT, Gunther, TIEDEMANN, Klaus. *Introducción...*, cit., p. 172-173; BAUMANN, Jürgen. *Derecho procesal penal...*, cit., p. 64-66; SCHÖNE, Wolfgang. Líneas generales del proceso penal alemán, cit., p. 177-179; JUNG, Heike. Le rôle du ministère public en procédure pénale allemande, cit., p. 226/227; GÖSSEL, Karl-Heinz. Principios fundamentales..., cit., p. 882 e 884; HÜNERFELD, Peter. A pequena criminalidade e o processo penal, cit., p. 36.

[72] HERRMANN, Joachim. Diversion and mediation, cit., p. 1049.

[73] *Derecho procesal penal...*, cit., p. 62. Para uma análise detalhada das razões que estão na base dos §§ 153 e seguintes da *StPO* consultar: DREHER, Eduard. Die Behandlung der Bagatellkriminalität. *In: Festschrift für Hans Welzel zum 70. Geburtstag*, Berlim, p. 917-940, 1974, p. 933 e seguintes, o qual menciona a necessidade de uma solução de natureza processual para o problema da criminalidade de bagatela, a exigência de alternativas de economia processual e o interesse na identificação de medidas que não implicassem a dessocialização do imputado.

312   *O Processo Penal como Instrumento de Política Criminal*

de factos puníveis), etc.. Segundo BOTTCHER[74] seria um equívoco atribuir as mudanças introduzidas na *StPO*, tendentes a uma maior contracção do princípio da legalidade, exclusivamente à situação de sobrecarga em que se encontra o *Sistema de Justiça Criminal*. A força motriz que se encontra por trás do § 153, a, *StPO* (*infra*) pode ser identificada numa diversa avaliação da pequena criminalidade e numa prontidão para compreender o procedimento criminal mais como uma forma de cooperação. Não obstante, sem a pressão criada pela sobrecarga no aparato da justiça criminal essa atenuação ao princípio da legalidade dificilmente teria sido alcançada.

Ao que de perto nos interessa, razões directas de economia processual predominam nas hipóteses dos §§ 153, 153, a, 154 e 154, a, da *StPO*, com destaque para o implícito carácter consensual dos dois dispositivos primeiramente citados[75]. Não negado, pois, o aspecto comum das diversas alíneas dos §§ 153 e 154 da *StPO* no sentido de serem excepções ao princípio da legalidade e reconhecidas em todas elas razões de economia processual, a conciliação da manifestação mais acentuada deste último aspecto com a natureza consensual dá-se no caso dos §§ 153 e 153, a, motivo da delimitação adoptada nesta abordagem.

2 – Antecedentes[76].

Apesar de moderadamente utilizada, já na formulação original da *StPO* de 1877 estava prevista uma limitação ao princípio da legalidade no próprio § 152 que o prevê, sendo restringida a obrigatoriedade dele decorrente pela previsão "enquanto não estiver determinado legalmente

---

[74] The relations between the organization of the judiciary and criminal procedure in the federal republic of germany, cit., p. 978. Da mesma forma identificando na previsão do § 153, a, *StPO*, os objectivos de política criminal, no sentido do aliviar do sistema e da redução do efeito estigmatizante: BLAU, Gunter, FRANKE, Einhard. Diversion and mediation – Federal Republic of Germany. *Revue Internationale de Droit Pénal*, Toulouse, a. 54, p. 929-940, 3º et 4º trim 1983, p. 932.

[75] GÖSSEL, Karl-Heinz. Principios fundamentales…, cit., p. 884; HIRSCH, Hans-Joachim. Zur Behandlung der Bagatellkriminalität in der Bundesrepublik Deutschland, cit., p. 218.

[76] A esse respeito consultar, especialmente: POTT, Christine. La pérdida de contenido del principio de legalidad…, cit. p. 86 e seguintes; RANFT, Otfried. *Strafprozessrecht*, cit., p. 274, nm. 1145.

Modelo Alemão 313

o contrário", conforme o n° 2 do referido parágrafo[77]. Considerando mesmo esta última observação, é de convir que originariamente as excepções ao princípio da legalidade no Ordenamento Jurídico alemão deveriam estar vinculadas directamente à lei, sendo atribuição do Legislador a formulação das respectivas hipóteses.

Na reforma da *StPO* em 1924 (*Reforma Emminger*) já foi introduzido o § 153, admitindo o não exercício da acção penal no caso de delitos insignificantes, representando uma primeira atenuação ao princípio da legalidade no processo penal[78]. Uma tentativa de identificação do momento histórico em que surgiram as primeiras preocupações com uma deflação do processo penal na Alemanha irá revelar, com PETERS[79], que na sucessão da primeira guerra mundial as necessidades económicas induziram à emissão de procedimentos cujo fim precípuo era o de propiciar uma economia dos custos processuais, através de um afrouxamento do rigor do princípio da legalidade.

Vale a observação de que a Lei de Introdução à Nova Parte Geral do Código Penal de 02.03.74 (*Einführungsgesetz zum neuen Allgemeinen Teil des Strafgesetzbuches* de 02 de Março de 1974 – *EGStGB, in: BGBl* I, 469, 508), que introduziu o § 153, a, na *StPO*, insere-se no conjunto das reformas legislativas realizadas em 1974, com vigência a partir de 1975, todas inspiradas no objectivo de aceleração do processo penal[80].

---

[77] TIEDEMANN, Klaus *In*: ROXIN, Claus, ARZT, Gunther, TIEDEMANN, Klaus. *Introducción...*, cit., p. 171; RIESS, Peter *In*: LÖWE, Ewald, ROSENBERG, Werner. *Die Strafprozessordnung...*, cit., § 152, n° m. 10.

[78] TIEDEMANN, Klaus *In*: ROXIN, Claus, ARZT, Gunther, TIEDEMANN, Klaus. *Introducción...*, cit., p. 172; BAUMANN, Jürgen. *Derecho procesal penal...*, cit., p. 64; Idem, *Minima non curat praetor*, cit., p. 5-6; JUNG, Heike. Le rôle du ministère public en procédure pénale allemande, cit., p. 225, acentuando este último que o advento dessas hipóteses de atenuação ao princípio da legalidade "fortifie la position du ministère public".

[79] Evoluzione del processo penale, cit., p. 538; VOLKMANN-SCHLUCK, Thomas. La evolucion del proceso aleman en el siglo XX. Trad. José Vicente Gimeno Sendra. *Cuadernos de política criminal*, Madrid, n. 9, p. 75-84, 1979, p. 75.

[80] ROXIN, Claus. Introduccion a la ley procesal penal alemana de 1877, cit., p. 184. As outras reformas integrantes desse conjunto, também mencionadas pelo Autor, foram: a Primeira Lei de Reforma do Direito Processual Penal (*Erstes Gesetz zur Reform des Strafverfahrensrechts*) de 09.12.74 e a Lei Complementar à Primeira Lei de Reforma do Direito Processual Penal (*Gesetz zur Ergänzung des 1.StVRG*) de 20 de dezembro de 1974. No sentido do texto, ainda: VOLKMANN-SCHLUCK, Thomas. La evolucion del proceso aleman en el siglo XX, cit., p. 76. Para a confirmação da influência das medidas

314 *O Processo Penal como Instrumento de Política Criminal*

Posteriormente, através da *Rechtspflegeentlastungsgesetz* de 11 de Janeiro de 1993, *in BGBI*, 1993, I, 50, foram introduzidas novas alterações na disciplina legal dessas atenuações ao princípio da legalidade.

3 – Âmbito de incidência.

A eleição dos critérios a serem utilizados para o tratamento processual diferenciado no Ordenamento Jurídico alemão sugere um maior aprofundamento da questão da própria função que se atribui ao Direito Penal.

Efectivamente, considerando-se que os conceitos utilizados no texto legal nem sempre são unívocos, não sendo possível a identificação directa e imediata das razões que determinaram a sua existência, torna-se necessário o recurso à interpretação para a identificação do conteúdo de uma expressão utilizada pelo Legislador. Especificamente, por vezes o Legislador vale-se de determinados conceitos jurídicos indeterminados, cujo esclarecimento pressupõe um processo interpretativo.

Entre os diversos métodos de interpretação idealizados, *v.g.*, gramatical, histórico, sistemático, teleológico, parece não ser inadequada a individualização do último mencionado, ou seja, a *interpretação teleológica-objectiva*[81], na qual se procura identificar – ao contrário da vontade subjectiva do legislador histórico – a finalidade do conteúdo objectivo da lei; trata-se de estabelecer os interesses em questão (ou do conflito de interesses) e da sua melhor solução dentro das respectivas considerações do caso.

Em Direito Penal, a finalidade orientadora da interpretação deve ser a "função actual da regulação penal". Por sua vez, a função geral do Direito Penal deve ser o ponto de orientação geral para determinar a finalidade objectiva de conteúdo da norma penal: deve-se partir da protecção dos bens jurídicos – mediante a aplicação de sanções – com o

---

de diversão na génese legislativa posterior a essas alterações, consultar o tratamento dado ao problema dos acusados dependentes de droga na Lei respectiva (*Betäubungsmittelgesetz*), que entrou em vigor em 1982, conf.: HERRMANN, Joachim. Diversion…, cit., p. 1053.

[81] Diverge esse método da chamada *interpretação teleológica-subjectiva*, na qual se procura identificar a vontade do legislador ou, mais precisamente, parte-se da identificação do que quis dizer ou qual foi a intenção do legislador histórico – concreto – ao empregar o conceito em questão.

Modelo Alemão

315

devido respeito pela intangibilidade da dignidade humana e pela defesa da justiça material e a formalidade do Estado de Direito[82].

Sendo a *protecção de bens jurídicos* a finalidade que deve orientar a interpretação teleológica no Direito Penal, este método pode conduzir facilmente a um sobredimensionamento do âmbito da punibilidade. Portanto, torna-se necessária uma correcção – imanente a toda a interpretação razoável – através do *princípio da insignificância lesiva*, segundo o qual é necessário excluir desde logo "as ingerências mínimas no bem jurídico" protegido por determinados tipos penais quando estes sejam materialmente insignificantes[83].

Esta interpretação conduz, pois, à distinção entre crimes graves e crimes de menor potencial ofensivo (delitos). Previamente à análise dogmática do conceito, pode ser dito que, enquanto relacionados com a categoria dos delitos de bagatela, os crimes de menor potencial ofensivo ligam-se à tentativa de uma graduação do ilícito penal. Deste modo, os delitos de bagatela seriam aqueles em que se verifica um escasso conteúdo do ilícito penal, apresentando uma mínima relevância ético--social. Por sua vez, a aferição desses critérios far-se-ia através da constatação da ocorrência de uma "culpabilidade leve" e de uma "escassa danosidade social" do facto.

No Ordenamento Jurídico germânico a especificação dos delitos de menor potencial ofensivo faz-se a partir da distinção entre *vergehen* e *verbrechen*. A diferenciação entre esses tipos de crimes reflecte diferentes graus de seriedade. Diferentes mínimos e máximos de pena são requeridos pela lei para cada uma dessas categorias[84]. Nos termos expressos do § 12 *StGB*, *verbrechen* (crimes) são os factos ilícitos para os quais é cominada pena privativa de liberdade de ao menos um ano; *vergehen* (delitos) são os factos ilícitos para os quais é cominada pena privativa de liberdade de medida inferior ou pena pecuniária; não se consideram, para os fins da distinção, as agravantes ou as atenuantes previstas nas disposições da Parte Geral para hipóteses particularmente graves ou leves[85].

---

[82] ESER, Albin, BURKHARDT, Björn. *Derecho penal*. Trad. Silvina Bacigalupo y Manuel Cancio Meliá. Madrid: Colex, 1995, p. 28.

[83] Idem, ibidem, p. 29.

[84] SESSAR, Klaus. Prosecutorial discretion in germany, cit., p. 257.

[85] "§ 12. Verbrechen und Vergehen. (1) Verbrechen sind rechtswidrige Taten, die im Mindestmass mit Freiheitsstrafe von einem Jahr oder darüber bedroht sind. (2) Vergehen sind rechtswidrige Taten, die im Mindestmass mit einer geringeren Freiheitsstrafe

316   *O Processo Penal como Instrumento de Política Criminal*

Já visto em relação ao *Strafbefehlsverfahren* (procedimento por ordem penal), também os demais ritos fundados numa excepção ao princípio da legalidade do modelo alemão se aplicam, em regra, aos delitos (*vergehen*), previstos no § 12, 2, *StGB*. Particularmente no que se refere ao § 153, *StPO*, a persecução de crimes (*verbrechen*) não poderá ser afastada mesmo que se possa esperar uma pena reduzida – em virtude da ocorrência de um crime não muito grave, no caso de atenuantes genéricas ou na hipótese de pequeno teor do ilícito ou da culpabilidade[86]. Ou seja, considerando-se a grande incidência desses "delitos" de menor potencial ofensivo ou, *vergehen*, também no Ordenamento Jurídico alemão se sustenta a necessidade de assegurar um tratamento simplificado e rápido para esse tipo de criminalidade, através do aumento dos casos de abandono do princípio da legalidade[87].

Uma razão a mais para a existência de possibilidades de atenuação do princípio da legalidade em relação aos delitos de menor potencial ofensivo no Ordenamento Jurídico alemão pode ser identificada no facto de que, enquanto para os assuntos graves só estão previstas duas instâncias, para os assuntos leves (bagatelas) é possível o recurso a três instâncias de jurisdição[88].

---

oder die mit Geldstrafe bedroht sind. (3) Schärfungen oder Milderungen, die nach den Vorschriften des Allgemeinen Teils oder für besonders schwere oder minder schwere Fälle vorgesehen sind, bleiben für die Einteilung ausser Betracht".

[86] RIESS, Peter *In*: LÖWE, Ewald, ROSENBERG, Werner. *Die Strafprozessordnung...*, cit., § 153, n° m. 7.

[87] HÜNERFELD, Peter. A pequena criminalidade e o processo penal, cit., p. 36. Revelando a incidência predominante da pequena criminalidade no fenómeno criminal na Alemanha, de acordo com as estatísticas criminais da polícia em 1976 um terço dos crimes contra a propriedade causaram danos de menos de 100 DM (marco alemão), conf.: SESSAR, Klaus. Prosecutorial discretion in germany, cit., p. 259.

[88] BAUMANN, Jürgen. *Derecho procesal penal...*, cit., p. 144; TIEDEMANN, Klaus *In*: ROXIN, Claus, ARZT, Gunther, TIEDEMANN, Klaus. *Introducción...*, cit., p. 189; SCHÖNE, Wolfgang. Líneas generales del proceso penal alemán, cit., p. 164, n. 9; ROXIN, Claus. Introduccion a la ley procesal penal alemana de 1877, cit., p. 178. Efectivamente, uma análise da Lei Orgânica dos Tribunais do Ordenamento Jurídico alemão (*Gerichtsverfassungsgesetz – GVG*, com edição de 09 de Maio de 1975, *in*: *BGBI*, I, p. 1.077, reformulada pela Lei de 20 de Dezembro de 1984, *in*: *BGBI*, I, p. 1654) irá revelar a existência de três graus de jurisdição, respectivamente o *Amtsgericht* (Tribunal Oficial com competência em primeira instância), os Tribunais dos *Land* (com competência no âmbito dos Estados Federados) e o *Bundesgerichtshof* (Tribunal Supremo Federal para causas penais), detalhes em: ROXIN, Claus. Introduccion a la ley procesal penal alemana de 1877, cit., p. 176/177. Os *Amtsgericht* (Tribunais de primeira instância) são

Modelo Alemão

Essa delimitação do âmbito de incidência das formas de consenso, ou atenuações do princípio da legalidade, a partir da gravidade do delito, ou seja, considerando-se a pena a ser imposta em perspectiva, não deixa

---

constituídos por Juízes técnicos monocráticos (*Der Einzelrichter*) e pelo Tribunal de Escabinos (*Schöffengericht*). Disciplinados pelos §§ 24, 25 da *GVG*, os *Einzelrichter* (juízes monocráticos técnicos: § 25 *GVG*) possuem competência para o julgamento em primeira instância das acções penais privadas (§ 25, 1) e quando o *Staatsanwalt* (ministério público) exercite a acção face ao juiz monocrático e não seja de esperar uma pena privativa de liberdade superior a dois anos (§ 25 *GVG*). Da sentença emitida pelo *Einzelrichter* é possível interpor o recurso de apelação para a *Pequena Câmara Penal*, integrante do Tribunal do *Land* (*Landgericht*) (§ 74, n° 3), cuja composição se dá pelo Presidente do Tribunal e dois *Escabinos* (juízes leigos) (§ 76, n° 2, I, *GVG*). Da decisão do *Landgericht*, pela sua *Pequena Câmara Penal*, caberá o recurso de cassação dirigido à *Câmara Penal para Recursos e Queixas* do Tribunal Superior do *Land* (*Oberlandesgericht*) (§ 121, n° 1, I, <u>b</u>, *GVG*), composta por três juízes técnicos (§ 122, n° 1, *GVG*), como terceira e última instância. O *Tribunal de Escabinos* (*Schöffengericht*), regido pelos §§ 28 e ss. da *GVG*, é composto por um ou dois juízes técnicos (Juízes do *Amtsgericht*) e dois juízes leigos (§ 29, n° 1 e 2, *GVG*), sendo competente para julgar em primeira instância as causas penais pertencentes à esfera de competência do *Amtsgerichte* e não abrangida pelo juiz monocrático (*Einzelrichter*) (§ 28 *GVG*), ou seja, os crimes com pena privativa de liberdade mínima de um ano, ou superior a um ano, desde que: a) não sejam da competência da *Câmara de Jurados*, também integrante do Tribunal do *Land* (*Landgericht*), ou do Tribunal Superior do *Land* (*Oberlandesgericht*); b) não se espere no caso concreto uma pena privativa de liberdade superior aos quatro anos, ou o internamento do acusado num hospital psiquiátrico, seja como medida única ou conjuntamente com uma pena ou medida de segurança; c) que não exercite a acção o ministério público, em virtude da especial importância do caso, face ao *Landgericht* (§ 24, n° 1 e 2, *GVG*). Para uma melhor compreensão do que acaba de ser informado, importa uma distinção preliminar entre a figura do escabino e a do jurado, a partir da diferenciação entre o juízo da culpabilidade e o juízo da punibilidade; no sistema do tribunal de jurados compete-lhes a decisão sobre o juízo da culpabilidade, cabendo ao juiz técnico a missão de impor a pena; no escabinato os juízes letrados e leigos decidem em comum ambas as questões (conf.: VOLKMANN-SCHLUCK, Thomas. La evolucion del proceso aleman en el siglo XX, cit., p. 79; SCHLÜCHTER, Ellen. *Derecho procesal penal*, cit., p. 18, n° 41). Da sentença emitida pelo *Tribunal de Escabinos* caberá recurso de apelação para a *Pequena Câmara Penal* ou para a *Grande Câmara Penal* (§§ 74, n° 3 e 74, <u>c</u>, n° 1 *GVG*), integrantes do Tribunal do *Land* (*Landgericht*), sendo que a última mencionada é composta por três juízes técnicos, sendo um deles o Presidente, e dois Escabinos (§ 76, n° 2, 3ª frase *GVG*). Da decisão do Tribunal do *Land* caberá recurso de cassação dirigido à *Câmara Penal para Recursos e Queixas* do Tribunal Superior do *Land* (*Oberlandesgericht*) (§ 121, n° 1, I, <u>b</u>, *GVG*), cuja composição já se demonstrou, atingida, assim, a terceira e última instância. Para uma melhor compreensão da matéria importa distinguir a apelação da cassação; enquanto a apelação é um recurso ilimitado, que conduz à revisão jurídica e fáctica das decisões do *Amtsgericht* (juiz monocrático ou

318   *O Processo Penal como Instrumento de Política Criminal*

de gerar certas perplexidades, tendo em vista que se trata de um juízo hipotético, realizado previamente à completa elucidação dos factos e, na maioria das vezes, na esfera de deliberações exclusiva do ministério

---

tribunal de escabinos), a cassação é um recurso limitado que permite apenas a revisão jurídica da sentença (SCHLÜCHTER, Ellen. *Derecho procesal penal*, cit., p. 168). A título complementar, há ainda o recurso de queixa (*Beschwerde*), previsto nos §§ 304 e seguintes da *StPO*, utilizável contra resoluções do tribunal ou acórdãos do seu presidente, conf.: ROXIN, Claus. Introduccion a la ley procesal penal alemana de 1877, cit., p. 178. Excluídas as hipóteses mencionadas acima, os demais crimes estão sujeitos apenas a dois graus de jurisdição: sendo a competência originária atribuída à *Câmara de Jurados* (§§ 74, n° 2, 74, a, e 74, c), somente se admite um recurso de cassação para a *Câmara Penal* do *Tribunal Supremo Federal* (*Bundesgerichtshof*) (§ 135, n° 1, *GVG*); sendo a competência originária do *Tribunal Superior do Land* (*Oberlandesgericht*), pela sua *Câmara Penal de Primeira Instância* (§§ 74, a, 74, a, n° 2, e 120, n° 1), apenas é admissível recurso de cassação também para o *Tribunal Supremo Federal* (*Bundesgerichtshof*), pela sua *Câmara Penal* (§ 135, n° 1, *GVG*). Analisadas as matérias que definem a competência no caso de dois graus e no de três graus de jurisdição percebe-se sem esforço que a última hipótese compreende apenas a criminalidade leve ou média, podendo afirmar-se que a matriz comum tanto dos procedimentos que se iniciam perante o juiz monocrático do *Amtsgericht* como dos que são da competência originária do *Tribunal de Escabinos* são delitos de menor potencial ofensivo, não podendo a pena privativa de liberdade ser superior aos quatro anos, podendo ser, quando muito, reconhecida a média gravidade, somente a eles sendo reconhecidas as três instâncias. Ora bem, conjugando-se o facto de ser a criminalidade de pequena e média gravidade aquela de maior incidência com o factor de maior dilação processual atribuída pela existência de três graus de jurisdição, não é de se estranhar a previsão de mecanismos que atenuem a obrigatoriedade da persecução penal nesses casos. É a conclusão a que chega BAUMANN (BAUMANN, Jürgen. *Derecho procesal penal...*, cit., p. 145), ao asseverar que a segunda instância sobre matéria fáctica e, em suma, terceira instância para os assuntos penais graves conduziria ao inconveniente – que não se apresentaria desde que se exigisse a limitação da competência e o fortalecimento dos órgãos que emitem sentença – à prolongação da duração do procedimento, efeito este que se procura evitar, através da atenuação do princípio da legalidade frente aos delitos para os quais se prevêem os três graus de jurisdição. Ainda na perspectiva dos recursos, de grande importância é o tratamento dado ao problema da criminalidade de bagatela através da redacção dada ao § 313, *StPO*, pelo art. 14°, n° 4, da *Rechtspflegeentlastungsgesetz*. Assim dispõe o actual § 313, *StPO*: " (1) se o acusado foi condenado a uma pena pecuniária de não mais de quinze dias de multa ou, se, no caso de advertência com reserva de pena, a pena reservada não é superior a quinze dias de multa, ou se uma condenação se verifica em multa, então a apelação somente será admissível se for fundada. O mesmo é válido para o caso de absolvição do acusado ou se o processo foi suspenso e o ministério público solicitou a imposição de uma pena pecuniária de não mais de trinta dias de multa. (2) A apelação será admitida se não for infundada de forma evidente. A não ser assim, a apelação será recusada por inadmissível".

Modelo Alemão

público. Ademais, é TIEDEMANN[89] quem evidencia que a regulamentação global do § 153, a, *StPO*, é frequentemente criticada sob o ponto de vista de que ela alcança até o campo da criminalidade de gravidade média. De facto, sutenta ROXIN[90] que o princípio da legalidade está sujeito a tantas limitações na actualidade que no campo da criminalidade leve e também da criminalidade média vale praticamente o princípio da oportunidade. Sendo aplicável aos delitos de menor potencial ofensivo a hipótese de arquivamento prevista no § 153 *StPO*, em relação à criminalidade média-grave o arquivamento faz-se nos termos do § 153, a, *StPO*, face à existência de um interesse público na persecução[91], particularmente reforçada essa distinção após a entrada em vigor da já citada *Rechtspflegeentlastungsgesetz*.

Todavia, também em relação ao Ordenamento Jurídico alemão se afirma que a discricionariedade reconhecida ao ministério público em relação à pequena criminalidade o capacita para dedicar a maior parte dos seus recursos ao problema da criminalidade grave[92].

4 – Pressupostos.

Podendo ser considerado como pressuposto básico, foi demonstrado que o âmbito de incidência desses casos de atenuação do princípio da legalidade na Alemanha são fundamentalmente aqueles que têm por objecto um *vergehen*, compreendendo os delitos para os quais se encontra prevista pena mínima inferior a um ano, conforme estabelece o § 12, nº 2, *StGB*, e os casos de criminalidade média.

Sendo esse o pressuposto básico e ressalvada a existência de outros requisitos previstos especificamente para cada modalidade legal, de grande interesse são as variações a esse respeito consoante se considere, por um lado, a regra do § 153 e, por outro, a regra do § 153, a, ambos da *StPO*.

Desde logo, pode ser afirmado que, enquanto a abstenção da acusação nos termos do § 153, *StPO*, se condiciona à verificação de uma

---

[89] *In*: ROXIN, Claus, ARZT, Gunther, TIEDEMANN, Klaus. *Introducción...*, cit., p. 173.

[90] ROXIN, Claus. *Strafverfahrensrecht*, cit., p. 69.

[91] GÖSSEL, Karl-Heinz. Principios fundamentales..., cit., p. 884; HIRSCH, Hans-Joachim. Zur Behandlung der Bagatellkriminalität in der Bundesrepublik Deutschland, cit., p. 251.

[92] SESSAR, Klaus. Prosecutorial discretion in germany, cit., p. 259.

320   *O Processo Penal como Instrumento de Política Criminal*

culpabilidade leve (*Geringe Schuld*), a actual redação do § 153, a̲, *StPO*, exige apenas que o grau da culpabilidade não se oponha ao arquivamento provisório[93]; quanto ao outro pressuposto, a falta de interesse público na persecução (*Öffentliches Interesse an der Verfolgung*), embora exigido na hipótese do § 153, caso se verifique a sua ocorrência o § 153, a̲, admite que ele seja eliminado através da imposição de determinadas regras de conduta[94], a cujo cumprimento fica sujeito o acusado alcançado pela medida.

A determinação desses dois pressupostos é o "calcanhar de aquiles" das excepções ao princípio da legalidade no Ordenamento Jurídico germânico, havendo grande divergência doutrinária e jurisprudencial a seu respeito. Efectivamente, os pressupostos mencionados integram o rol dos chamados conceitos jurídicos indeterminados, cabendo a advertência de que eles podem ser ilegitimamente interpretados quando se prescinde totalmente dos princípios jurídico-administrativos que também regem (*BGHZ* – Tribunal Supremo Federal para causas cíveis: 72, 81, 84) a actividade do ministério público[95].

4.1 – Falta de interesse público na persecução (*Fehlen des öffentlichen Interesses an der Verfolgung*).

Uma interpretação de todo genérica do *interesse público* (*Öffentliches Interesse*), cuja ausência é requisito para a excepção ao princípio da legalidade estabelecido no § 153, 1 e 2, da *StPO*, relaciona-se com a exigência de um procedimento subtraído à disposição das partes, no qual deverá ser examinado claramente (princípio da verdade material) se a pretensão penal estatal surgiu[96]. Como se percebe, nesta interpretação o interesse público é relacionado com o princípio da verdade material.

---

[93] Na redacção original do § 153, a̲, estava previsto o pressuposto da "culpabilidade leve", do mesmo modo que previsto em relação ao § 153. Com a alteração introduzida pela *Rechtspflegeentlastungsgesetz*, subordinando apenas a que o grau da culpabilidade não se oponha ao arquivamento, sustenta-se na doutrina (SCHLÜCHTER, Ellen. *Derecho procesal penal*, cit., p. 104) que houve uma ampliação da aplicabilidade do § 153, a̲, alcançando-se a criminalidade de gravidade média.

[94] RANFT, Otfried. *Strafprozessrecht*, cit., p. 279.

[95] Conf.: SCHLÜCHTER, Ellen. *Derecho procesal penal*, cit., p. 12. Também concebendo os citados pressupostos como conceitos jurídicos indeterminados: RIESS, Peter *In*: LÖWE, Ewald, ROSENBERG, Werner. *Die Strafprozessordnung...*, cit., § 152, n° m. 11.

[96] BAUMANN, Jürgen. *Derecho procesal penal...*, cit., p. 4.

Segundo a "directiva geral da jurisprudência federal sobre o processo penal e sobre o procedimento de imposição de multas" (*Richtlinien für das Strafverfahren und das Bussgeldverfahren – RiStBV*) há interesse público quando a paz jurídica é abalada num grau acima do "círculo vital" do ofendido e a persecução penal represente um interesse actual de todos[97]. Na mesma linha, afirma-se doutrinariamente que há interesse público "quando o acto abala a comunidade para além do círculo vital do ofendido, quando existe o interesse em esclarecer o 'fundo criminógeno' do acto, ou também 'quando não se pode exigir do ofendido que ofereça a queixa, em virtude da sua relação pessoal com o agente, e mesmo assim a persecução correponda a um anseio actual da sociedade'"[98]. Esse conceito de interesse público na persecução é obtido pela interpretação da regra prevista no § 376[99], *StPO*, afirmando-se então que ele se verifica naqueles casos em que, além da esfera dos ofendidos directos, a paz jurídica geral é alterada, como, por exemplo, na injúria dirigida a um amplo círculo de pessoas, ou por motivos racistas[100].

Mais específico e valendo-se da integração político-criminal, a partir da perspectiva das finalidades da sanção penal, sustenta TIEDEMANN[101]

---

[97] *RiStBV*, 1977, n° 86, II.

[98] RANFT, Otfried. *Strafprozessrecht*, cit., p. 276, nm. 1151.

[99] Este parágrafo refere-se às hipóteses em que se admite o exercício da acção penal pública pelo ministério público, mesmo tratando-se de delitos perseguidos através de acção privada, desde que se verifique um interesse público. Literalmente: "a acção pública somente será exercida pelo ministério público, em relação aos factos puníveis mencionados no § 374, se houver interesse público".

[100] ESER, Albin. Acerca del renacimiento de la víctima en el procedimiento penal, cit., p. 22.

[101] *In*: ROXIN, Claus, ARZT, Gunther, TIEDEMANN, Klaus. *Introducción...*, cit., p. 172. Nessa mesma linha de uma delimitação político-criminal, entende JUNG (Le ministere public: portrait d'une institution, cit., p. 18) que o ministério público já não pode adoptar uma concepção de interesse público que o conduza à persecução penal a qualquer preço; diversamente, ele deve identificar esse interesse a partir de considerações de ordem preventiva. A confirmação do que se afirma decorre de uma outra afirmação feita anteriormente por JUNG (JUNG, Heike. Vers un nouveau modèle du procès pénal?, cit., p. 526) no sentido de que "depuis quelque temps une intrusion d'éléments préventifs dans la procédure pénale de nature répressive qui ont encore accentué le déséquilibre existant dans la phase préparatoire du procès". Também para HANACK (HANACK, Ernst--Walter. Das Legalitätsprinzip und die Strafrechtsreform. *In*: *Festschrift für Wilhelm Gallas zum 70. Geburtstag*, Berlin, p. 339-364, 1973, p. 339 s. e 347 s.) a questão do interesse público deverá ser avaliada sob pontos de vista tanto da prevenção geral como da prevenção especial. Aliás, a delimitação do interesse público a partir das finalidades da sanção penal é um lugar comum na doutrina do processo penal alemão.

que na avaliação da questão sobre a existência de um interesse público na persecução há que se levar em conta os fins penais de prevenção geral e especial; esclarecendo: para a verificação desse interesse será decisivo verificar se se trata de autor primário ou se já sofreu condenação anterior ou se o dano é leve. Quanto à prevenção especial, pois, o interesse público verifica-se quando a não imposição da sanção pode estimular o acusado à prática de novos delitos, admitindo-se, portanto, a valoração dos seus antecedentes para esse fim.

Uma concretização dessa noção de interesse público na persecução é-nos dada por GÖSSEL[102], a partir de um exemplo relacionado com as infracções de trânsito: não ocorreria uma excepção ao princípio da legalidade no caso de dirigir veículo automotor com concentração alcoólica superior à permitida por lei, em virtude do interesse público existente na persecução dessas condutas, visto o grande número de acidentes verificados recentemente na Alemanha por causa de embriaguez ao volante. Vê-se, pois, que a noção de interesse público na persecução se relaciona com o fim de política criminal de prevenção da ocorrência de delitos, variando de acordo com a necessidade de protecção do bem jurídico penalmente protegido (no exemplo citado: a segurança no trânsito)[103].

Em suma, esse interesse público decorre da necessidade "de afirmar o interesse da comunidade na perseguição penal em relação àqueles delitos que, além do mais pela sua frequência, alarmam a sociedade e comportam o perigo de indução na vida social de potenciais de ilegalidade"[104].

Saliente-se que, escrevendo nos primeiros anos de vigência da *Reforma* de 1975, concluiu SESSAR[105] que embora o critério da ausência de interesse público forneça ao ministério público uma certa margem de discricionariedade, na prática isso não era utilizado como uma eficiente medida para reduzir o problema da *overload* do *Sistema*. Diversamente, a elevada taxa de ocorrência de um determinado tipo de ofensa era interpretado pelo ministério público como revelador da existência de um risco para o interesse público, implicando na sua persecução, com repercussões directas na *eficiência* e *funcionalidade* do *Sistema Jurídico-Penal*.

---

[102] Principios fundamentales..., cit., p. 883.

[103] Essencial a este respeito as considerações tecidas na PARTE IV, Seção 2, *infra*.

[104] RIESS, Peter *In*: LÖWE, Ewald, ROSENBERG, Werner. *Die Strafprozessordnung...*, cit., § 153, a, nº m. 21.

[105] Prosecutorial discretion in germany, cit., p. 268.

Modelo Alemão 323

4.2 – Culpabilidade leve (*geringe Schuld*).

Também pressuposta para a atenuação do princípio da legalidade nos termos dos §§ 153 e seguintes da *StPO*[106], quanto à noção da culpabilidade leve (*geringen Schuld*) é possível iniciar a sua análise a partir da concretização propiciada, uma vez mais, pelo exemplo prático citado por GÖSSEL[107]: não se pode reconhecer como leve a culpabilidade daquele que, consciente de que vai conduzir um veículo, consome bebidas alcoólicas num grau elevado, não procurando evitar a infracção penal, através, por exemplo, da utilização de outros meios de locomoção.

Preciso nas suas construções científicas, ENGISCH[108] dá bem a ideia de como é possível que num Sistema Jurídico-Penal que se pretende orientado pelo princípio da culpabilidade se admita em certas circunstâncias a renúncia à pena e, por que não, também ao processo, em virtude da exiguidade desse elemento. Distinguindo as "contradições do sistema", essas inadmissíveis, dos "desvios do sistema", ENGISCH enquadra nesta última hipótese a renúncia à sanção penal no caso de reduzida culpabilidade do agente, embora mantido o princípio de que o Direito Penal deve expiar a culpa. Enquanto as contradições ao sistema geram problemas jurídicos aparentes, os desvios que nele se verificam não causam perturbações.

Com efeito, havendo alguns desenvolvimentos doutrinários expressivos[109], o *Sistema de Justiça Criminal* do Ordenamento Jurídico alemão continua dominado pelo princípio da culpabilidade, o qual exerce a função de freio no esforço de introdução de medidas processuais inspiradas na diversão. Como a estrita aplicação deste princípio requer que o grau de culpabilidade seja um factor decisivo na *determining sentence*, medidas processuais de diversão somente serão admissíveis onde o princípio da culpabilidade não impeça a sua ocorrência; isso ocorrerá, pois,

---

[106] Já adiantado, este pressuposto assume particular relevância tratando-se do § 153, tendo em vista as alterações introduzidas pela *Rechtspflegeentlastungsgesetz* no § 153, a, *StPO*.

[107] Principios fundamentales…, cit., p. 883. Registe-se, desde logo, um espaço que fica aberto na dogmática a partir desse conceito de culpabilidade leve, adequado à influência de razões de política criminal. A esse respeito consultar as considerações tecidas na PARTE IV, Seção 2, *infra*.

[108] Sentido…, cit., p. 17.

[109] No sentido de uma *funcionalização* do conceito da culpabilidade, conforme *infra*: PARTE IV, Seção 1, § 2, nº 2.

nos casos de pequena criminalidade, em atenção ao pequeno grau de culpabilidade do imputado[110].

Pode ser afirmado, então, que a noção de culpabilidade leve não diverge do modo como ela vem tratada no Direito Material, pressupondo a compreensão do carácter ilícito do facto (imputabilidade), a potencial consciência dessa ilicitude e a evitabilidade da conduta realizada. Quanto ao grau, pode afirmar-se que a tenuidade ou leveza da culpabilidade mede-se de acordo com a reprovação atribuída à conduta do agente, a partir da constatação hipotética da indiferença por ele demonstrada para com o Ordenamento Jurídico. Assim, no exemplo citado por GÖSSEL, se o condutor realiza a conduta confiando que não será abordado pela polícia é óbvio que não se pode falar em culpabilidade ínfima.

Acompanhando de perto RIESS[111], nessa perspectiva o conceito de culpabilidade leve é obtido a partir do que dispõe o § 46, nº 2, *StGB*[112], parágrafo que estabelece as circunstâncias que deverão ser consideradas a favor ou contra o acusado na operação da medida da pena. A valoração desta norma para esse efeito estaria em conformidade com o § 49 *StGB*, onde se disciplinam as atenuantes especiais (*besondere gesetzliche milderungsgründe*). Efectivamente, também para RANFT[113] "um auxílio para o esclarecimento da questão da 'culpabilidade leve' oferece o § 46, 2, *StGB*. A medida da oposição ao dever, o modo de execução e as consequências do facto atribuído ao agente, a qualidade ética dos motivos assim como a intensidade criminal e os antecedentes do agente são importantes para essa averiguação. A culpabilidade deverá ser considerada leve quando fica abaixo da medida média de culpabilidade verificada nos delitos de mesma espécie. Um dano objectivamente elevado não

---

[110] HERRMANN, Joachim. Diversion..., cit., p. 1044.

[111] RIESS, Peter *In*: LÖWE, Ewald, ROSENBERG, Werner. *Die Strafprozessordnung...*, cit., § 153, nº m. 21; HANACK, Ernst-Walter. Das Legalitätsprinzip und die Strafrechtsreform, cit., p. 348.

[112] § 46 *StGB*. Princípios para a medida da pena. (1) ... (2) Para a medida da pena o juiz deverá valorar as circunstâncias favoráveis e contrárias ao agente. Deverão ser consideradas as seguintes circunstâncias: os motivos e os fins perseguidos pelo agente; a atitude e a vontade do agente retratadas no facto; a medida da oposição ao dever (*das Mass der Pflichtwidrigkeit*); o modo de execução e as consequências do facto atribuído ao agente; os antecedentes, as circunstâncias pessoais e económicas do agente; o comportamento posterior ao facto, especialmente voltado para a reparação do dano bem como os seus esforços para acordar uma compensação ao ofendido.

[113] RANFT, Otfried. *Strafprozessrecht*, cit., p. 275, nm. 1150.

Modelo Alemão 325

contraria necessariamente a suposição de 'culpabilidade leve'; mas ele pode ser significante para a avaliação do interesse público". Ou seja, a identificação desse grau de culpabilidade faz-se a partir de um juízo comparativo, através da confrontação entre a culpabilidade demonstrada no facto pelo agente – se ela fosse efectivamente provada – e aquela média verificada em crimes da mesma espécie, devendo a primeira ficar abaixo desta última[114].

Há que observar, ainda, que no juízo sobre a culpabilidade leve que o ministério público é chamado a fazer não deve ser considerado somente um valor máximo do dano fixado mas sim deverá ser também considerada a proporcionalidade do valor patrimonial efectivamente lesado. Exemplificativamente: dado que os veículos motorizados são geralmente mais caros que as bicicletas, o furto de um veículo que custe 200 dólares pode ser visto como menos sério que o furto de uma bicicleta "nova em folha" que custe 100 dólares[115]. Ou seja, não deve o ministério público ater-se apenas ao dano em dinheiro provocado e sim deverá realizar um cotejo com o valor do objecto em si mesmo considerado.

Portanto, é possível um argumento de ordem dogmática para a definição do requisito da culpabilidade leve. Parte-se do raciocínio de que nada obsta a uma delimitação do princípio da legalidade processual a partir mesmo de uma delimitação geral das disposições de punibilidade do Direito Material: se a culpabilidade deve ser levada em conta na medida da pena, o seu grau deve poder actuar também no que se refere à decisão sobre a persecução do delito. Assim, sendo a proporção entre o grau da culpabilidade e a medida da pena reduzida de forma tal que a necessidade de imposição desta última se mostre mínima ou inexistente, também a necessidade de persecução penal poderia ser eliminada[116].

---

[114] KAUSCH, Erhard. Der Staatsanwalt. *Ein Richter vor dem Richter? (Untersuchungen zu § 153a StPO)*. Berlim, 1980, p. 29. Também para SCHMIDT-HIEBER (SCHMIDT-HIEBER, Werner. *Verständigung im Strafverfahren: Möglichkeiten und Grenzen für die Beteiligten in den Verfahrensabschnitten*. München: C. H. Beck, 1986, p. 25, nº m. 47) "'gering' ist die Schuld dann, wenn sie unter dem Durchschnitt vergleichbarer Fälle liegt", ou seja, a culpabilidade é leve quando ficar abaixo da medida média daquela verificada em delitos da mesma espécie, como no texto. É esta a orientação (linha directiva) proposta pela jurisprudência federal (*Richtlinien für das Strafverfahren und das Bussgeldverfahren – RiStBV*) para o conceito de culpabilidade leve.

[115] SESSAR, Klaus. Prosecutorial discretion in germany, cit., p. 260.

[116] GÖSSEL, Karl-Heinz. Reflexiones sobre la importancia del principio de legalidad..., cit., p. 18-19.

326 O Processo Penal como Instrumento de Política Criminal

Em poucas palavras, influindo a medida da culpabilidade na medida da pena a ser imposta, essa culpabilidade poderá ser de tal modo reduzida que a reduzida medida da pena a ser imposta conduza à eliminação da necessidade de persecução penal do delito. Também para HÜNERFELD[117] a orientação de recorrer ao conceito de culpabilidade relativa à medida da pena para o fim de aferição da culpabilidade leve é justificada e adequada do ponto de vista prático, de modo que "a culpabilidade neste sentido é um conceito quantitativo, sendo compreendida na aplicação quotidiana da justiça como expressão da gravidade de um facto à luz do juizo de culpa – culpabilidade –. De especial apenas o tratar-se do resultado duma apreciação meramente hipotética". Portanto, como já advertimos acima, a análise da culpabilidade será hipotética em virtude de decorrer de um prognóstico sobre o resultado final do processo, não se verificando uma verificação positiva a esse respeito.

Sendo estes os aspectos relevantes a respeito do pressuposto da culpabilidade leve, digna de destaque é a informação de que uma investigação realizada em 1974 pelo Instituto Max-Planck para o Direito Penal Internacional de *Freiburger* revelou que a possibilidade legal de suspender o processo contra regras de injunção e conduta (§ 153, a̲) foi utilizada não só nos casos de culpabilidade leve mas também nas hipóteses de culpabilidade grave, demonstrando desse modo que o consenso do acusado é que fundamenta as negociações[118]. Essa prática alinha-se com a alteração introduzida pela *Rechtspflegeentlastungsgesetz* no § 153, a̲, *StPO*.

Partindo da hipótese de que a avaliação da culpabilidade é vinculada ao montante do dano envolvido, a análise estatística revelou que, independentemente da importância do dano causado, o ministério público é relativamente livre na determinação sobre se a culpabilidade é leve ou não. Portanto, esse critério não impede o exercício de um amplo poder discricionário pelo ministério público[119]. Disso decorre a confirmação da

---

[117] A pequena criminalidade e o processo penal, cit., p. 39.

[118] SCHÜNEMANN, Bernd. Die Verständigung im Strafprozess – Wunderwaffe oder Bankrotterklärung der Verteidigung? *Neue Juristische Wochenschrift*, Heft 31, 1989, p. 1896.

[119] SESSAR, Klaus. Prosecutorial discretion in germany, cit., p. 268. É o que criticamente destaca também LÜDERSSEN (LÜDERSSEN, Klaus. Petty offenses, cit., p. 762-763), o qual põe em evidência a variedade de factores que acabam por influenciar a determinação da criminalidade de um facto, incluídos aqueles pragmáticos de natureza político-criminal.

Modelo Alemão

conclusão já esboçada acima de que não é o critério do menor dano e sim o critério mais abstracto da não existência de interesse público que opera como condição para o exercício do poder discricionário do ministério público[120]. De modo ainda mais enfático: a análise empreendida sobre a discricionariedade do ministério público antes das reformas de 1975 revelou que, embora houvesse um certo poder discricionário quanto à definição dos requisitos da "culpabilidade leve" e do interesse público no procedimento, havia uma barreira para a extensão dessa discricionariedade. O montante dos danos ocasionados não impedia necessariamente a classificação da culpabilidade demonstrada pelo agente como leve. Entretanto, a frequência de ocorrência de uma determinada ofensa revelava o interesse público na sua persecução, indiferentemente do montante dos danos envolvidos. Esse resultado está em contradição com a análise custo/benefício. Assim, as reformas de 1975 não mudaram consideravelmente esse resultado, visto que a existência do interesse público continua como o mais importante critério a ser considerado pelo ministério público alemão[121].

Ressalte-se, todavia, que não é difícil perceber que, assim como ocorre com a noção de interesse público na persecução, também a noção de culpabilidade leve pode relacionar-se directamente com os fins de política criminal, sendo possível a verificação de uma distinção entre as finalidades a que cada uma se encontra vinculada. Efectivamente, o pressuposto da culpabilidade leve nada mais revela do que a ausência da necessidade de prevenção especial, face à escassa reprovabilidade que se pode atribuir ao comportamento do agente, ou mesmo a necessidade de se evitar uma dessocialização. Nesse caso encontra-se ausente uma relevante necessidade de ressocialização ou reintegração do acusado, não sendo de grande monta o carácter anti-social da conduta por ele praticada[122]. Por outro lado, já visto, a ausência de interesse público na persecução relaciona-se directamente com o fim de prevenção geral, na medida em que, no caso concreto, a não intervenção persecutória e punitiva estatal não implique um enfraquecimento do valor dos bens

---

[120] SESSAR, Klaus. Prosecutorial discretion in germany, cit., p. 269.

[121] *Idem, ibidem*, p. 272.

[122] Registe-se, porém, o entendimento no sentido da insignificância do papel que a finalidade de reabilitação joga nos casos do § 153, a, *StPO*, opinando-se no sentido do predomínio do objectivo de alívio da pesada sobrecarga do *Sistema de Justiça Criminal*, confirmada a tendência pela própria escolha das medidas que geralmente são impostas ao acusado (*infra*), conf.: HERRMANN, Joachim. Diversion..., cit., p. 1050.

328 *O Processo Penal como Instrumento de Política Criminal*

jurídicos tutelados, por consequência, não envolva um enfraquecimento do próprio ordenamento jurídico que os tutela. A confirmação do que por último se expôs decorre da própria natureza das condições (*Auflagen und Weisungen*: injunções e regras de conduta) a que fica sujeito o imputado na hipótese do § 153, a, *StPO*, para o fim de eliminar o interesse público na persecução. Em todas essas injunções verifica-se o objectivo de confirmação da validade da norma que o imputado anteriormente violou com a prática do delito (*infra*).

Em virtude do carácter vago dos requisitos em análise, eles raramente podem servir como efectivas directrizes. Entretanto, no que diz respeito ao ministério público a brecha na interpretação desses pressupostos foi fechada por directivas emitidas pelos ministros da justiça dos *landers* ou pelos procuradores gerais. Essas directivas geralmente indicam os tipos de delito e o máximo de danos em relação ao quais a diversão será admissível. Há dois tipos de delitos em relação aos quais a diversão, especialmente a diversão com intervenção (§ 153, a), será admitida: delitos menos sérios contra o património, particularmente furtos em lojas de centros comerciais e utilização de transporte público sem pagar bilhete; pequenas ofensas (lesões leves) no trânsito. O valor máximo do dano em que se admite a diversão varia entre 100 DM e 800 DM[123] (marco alemão). Vale acrescentar que na prática o ministério público geralmente recusa suspender o processo quando o montante do dano excedeu o *standard* máximo previsto nas directivas gerais e, ao que agora nos interessa, quando o imputado possui algum registo criminal anterior, principalmente se esse registo se refere a um delito semelhante àquele para que se pretende a suspensão[124].

Especificados esses pressupostos para as excepções ao princípio da legalidade, importa agora uma análise da conformação dogmática de cada uma das hipóteses, a partir da qual aflorarão outros requisitos, de modo especial o concernente à manifestação de vontade dos envolvidos.

5 – Características.

5.1 – Não persecução por razões de insignificância (§ 153, *StPO*).

Nos casos de uma insignificância absoluta, nos quais a culpabilidade do agente é leve e o acto é sem importância, um procedimento

---

[123] Idem, ibidem, p. 1050.
[124] Idem, ibidem, loc. cit..

judicial muito complexo em muitos casos não é oportuno. Por isso, a Lei atenua a obrigação de persecução quando são delitos em que a culpabilidade do agente é leve e não existe um interesse público. Nesse caso, o pressuposto básico é que haja uma probabilidade da condenação[125].

É justamente em relação ao pressuposto básico por último mencionado que se verifica uma grande divergência doutrinária e jurisprudencial. Trata-se da questão a respeito das exigências quanto ao estado das investigações realizadas. Ou seja, esse pressuposto relaciona-se com a necessidade ou não da verificação de uma suficiente base indiciária para o exercício da acção penal pública, constatada seja a existência de suficientes indícios fácticos (§ 152, 2, *StPO*) – ainda que parcialmente – seja pela existência de suspeitas razoáveis (§ 170, 1). Não se pode afirmar que haja um consenso a respeito da correcta interpretação do alcance desse pressuposto, senão vejamos.

Escreve ROXIN[126] que "durch den Wortlaut des § 153 ist nunmehr klargestellt, dass die Einstellung wegen Geringfügigkeit nicht den vollen Schuldnachweis, sondern nur die Wahrscheinlichkeit der Verurteilung voraussetzt". Ou seja, segundo o Autor, resulta claro pelos termos do § 153 que para a abstenção por motivo de insignificância não é necessária a plena prova da culpabilidade, mas apenas a probabilidade da condenação, que, já visto, é um dos requisitos apontados como necessário para que se tenha uma suspeita suficiente. Assim, entende parte da doutrina que para a admissibilidade do arquivamento é necessário que as investigações estejam evoluídas até ao grau exigido para a formulação da acusação, de modo que lacunas quanto à prova do delito e da culpabilidade opõem-se à aplicabilidade do § 153, *StPO*.

Todavia, segundo a opinião hoje dominante, o arquivamento do processo nos termos do § 153, *StPO*, não pressupõe uma detalhada investigação que atinja o ponto em que o caso esteja "maduro para a

---

[125] ROXIN, Claus. *Strafverfahrensrecht*, cit., p. 70. Registe-se o questionamento acerca desta delimitação dos casos de não persecução apenas às hipóteses de insignificância, sendo afirmado que já há muito tempo não é correcta a opinião mantida, quase sem excepção, segundo a qual os factos susceptíveis de suspensão abarcam unicamente as infracções insignificantes e, com isso, aqueles factos que podem ser designados absoluta ou relativamente como delitos de bagatelas, conf.: POTT, Christine. La pérdida de contenido del principio de legalidad..., cit. p. 90.

[126] Ob. loc. cit..

acusação"[127]. Na mesma linha e amplamente, segundo RANFT[128] certo é que em casos onde a suspeita de delito não pode ser comprovada conforme as investigações realizadas até então, a suspensão deve acontecer. De resto, a utilização do conjuntivo previsto no § 153 ("quando a culpabilidade do agente poderia ser considerada leve") revela que o Legislador não vinculou a medida ao pressuposto de uma averiguação já completa no sentido da acusação. A presunção de inocência (Art. 6°, n° 2, *MRK*[129]) não é contrariada por isso, tendo em vista que se trata apenas de uma avaliação hipotética de culpabilidade (*BVerfG in: NStZ* 1987, 421, 422). Outros interesses do imputado não são prejudicados, considerando que enquanto a acusação pública não for promovida o efeito de estigmatização decorrente de um procedimento de investigação pode ser avaliado ainda como pequeno. Portanto, por razões de deflação processual podem ser reduzidas as actividades necessárias. Também na jurisprudência do Tribunal Constitucional Federal (*BVerfG in: NJW* 1990, 2741) há o entendimento de que não é necessária a existência de uma suficiente suspeita de criminalidade, bastando um "juízo hipotético acerca da culpabilidade".

Informada a divergência, no caso do n° 1 do § 153, *StPO*, poderá o ministério público prescindir da persecução, com a aprovação do tribunal competente para a abertura do procedimento principal, quando a culpabilidade do agente poderia ser considerada leve e não existir interesse público na persecução. Portanto, nessa primeira modalidade o ministério público necessita fundamentalmente do assentimento do Tribunal para o arquivamento. Porém, na parte final da redacção original do § 153, n° 1, estava previsto que não seria necessária a aprovação do tribunal no caso de delito punível com pena privativa de liberdade inferior a um ano, desde que tivesse sido praticado contra um património alheio, não estivesse prevista uma pena elevada ao mínimo e quando os danos causados fossem de pouca monta. Conforme a redacção introduzida nesse parágrafo pela já mencionada *Rechtspflegeentlastungsgesetz* de 11 de Janeiro de 1993, a aprovação do Tribunal não será necessária nos casos em que não esteja abstractamente prevista para o delito uma pena eleva-

---

[127] RIESS, Peter *In:* LÖWE, Ewald, ROSENBERG, Werner. *Die Strafprozessordnung...*, cit., § 153, n° m. 32.

[128] RANFT, Otfried. *Strafprozessrecht*, cit., p. 274, nm. 1148.

[129] Convenção Europeia para a Protecção dos Direitos Humanos e das Liberdades Fundamentais, de 4 de novembro de 1950.

Modelo Alemão 331

da ao mínimo[130] e no qual as consequências ocasionadas forem mínimas[131], com isso restringindo os requisitos necessários para o arquivamento sem o consentimento do Tribunal. Percebe-se que nas duas hipóteses a iniciativa pertence ao ministério público, não se condicionando ao consenso do imputado nem mesmo ao cumprimento de alguma condição da sua parte, variando apenas quanto à dependência em que fica da aprovação do tribunal no primeiro caso e a desnecessidade no segundo.

No caso do arquivamento segundo esse § 153, nº 1, *StPO*, vale a ressalva de que a aprovação do tribunal a que fica sujeita a medida se limita à verificação dos pressupostos legais exigidos (crime menos grave: *vergehen*, culpabilidade leve e ausência de interesse público). Não sendo recorrível a decisão a respeito dessa aprovação, ela vincula o ministério público. Se o Tribunal entende que não se verificam os pressupostos legais e requer informações mais detalhadas, a solicitação de arquivamento pode ser renovada desde que se venham a verificar posteriormente os requisitos. Se o Tribunal entender que a medida a aplicar é aquela do § 153, a, *StPO*, o ministério público pode proceder ao arquivamento nesses termos, sem a necessidade de nova aprovação do tribunal.

Por seu turno, estabelece o nº 2 do § 153, *StPO*, que se a acção penal já tiver sido exercitada, poderá o Tribunal arquivar o processo, em qualquer fase do mesmo, sob os mesmos pressupostos exigidos no nº 1 – culpabilidade leve e ausência do interesse público na persecução –, requerendo-se nesse caso a aprovação do ministério público e do imputado[132]. Quanto à autorização do imputado, ela pode ser dispensada quando a audiência principal não puder ser realizada pelos motivos indicados no § 205, ou for realizada, nos casos do § 231, nº 2, e dos §§ 232 e 233, na sua ausência[133]. Quanto à competência para proceder ao arqui-

---

[130] Ponderando que a nova redacção implicou um aumento de competência para o ministério público, SCHLÜCHTER (*Derecho procesal penal*, cit., p. 104 e nota 577a) informa que a medida mínima é elevada se a Lei agrava a pena mínima em hipóteses especialmente graves, como ocorre no abandono proibido do lugar do acidente, previsto no § 142, *StGB*.

[131] Neste caso, o limite do dano em que se consideram como mínimas as consequências situa-se nos 50 DM, conf.: JESCHECK, Hans-Heinrich. *Tratado...*, cit., p. 685, nº 46.

[132] Entende RANFT (*Strafprozessrecht*, cit., p. 275, nm. 1148) que dessa forma o imputado tem nas mãos o meio para forçar uma absolvição.

[133] Consta nos parágrafos citados: § 205. Arquivamento provisório. Se durante longo tempo se opuser à realização da audiência principal a ausência do imputado ou

332   *O Processo Penal como Instrumento de Política Criminal*

vamento judicial nessa hipótese, ela pertence ao juiz singular (*Einzelrichter*), ao Tribunal de apelação ou ao de cassação. O prazo "ad quo" para a realização desse arquivamento judicial é o momento do exercício da acção penal e o termo "ad quem" é aquele da produção do caso julgado, ainda que em fase de recurso. Para esta modalidade de arquivamento a anuência do ministério público é necessária (§ 153, 2, 1ª frase), muito embora o seu dissenso não impeça a realização, sendo-lhe reconhecido apenas o direito de interpor queixa contra a medida[134]. Condiciona-se ainda esse arquivamento ao consenso do imputado, o qual, todavia, não poderá submeter a qualquer tipo de condição a aceitação da medida.

Em síntese, características desta modalidade de arquivamento (§ 153, 2, *StPO*) são: competência e iniciativa do Tribunal; arquivamento da acção penal já proposta; aprovação do ministério público; não sujeição a condições; dependência ou não da aprovação do imputado.

5.2 – Arquivamento contra injunções e regras de conduta (*Einstellung gegen Auflagen und Weisungen*: § 153, a, 1, *StPO*)[135].

Diversamente das hipóteses do § 153 até então versadas, nas quais se exige a ausência de interesse público na persecução, nos casos previstos no § 153, a, que se passa a analisar, embora existente o interesse público na persecução, ele pode ser excluído mediante a sujeição do

---

outro obstáculo derivado da sua pessoa, poderá o Tribunal arquivar provisoriamente, por meio de auto, o processo. O Presidente assegurará, na medida do necessário, as provas; § 231. Obrigação de estar presente do imputado. (1) O imputado que comparece não poderá afastar-se da sala de audiências. O Presidente do Tribunal poderá adoptar as medidas apropriadas para evitar o afastamento; poderá, inclusive, determinar a custódia do imputado durante uma interrupção da audiência. (2) Se apesar disso se afastar o imputado ou estiver ausente na continuação da audiência principal que foi interrompida, ela poderá ser concluída na sua ausência, se ele já tiver sido interrogado sobre a acusação e o Tribunal não considerar necessária a sua presença posterior; § 232. Audiência principal apesar do não comparecimento do imputado.; § 233. Dispensa do imputado da obrigação de comparecer.

[134] Já informado, o recurso de queixa (*Beschwerde*), previsto nos §§ 304 e seguintes da *StPO*, é utilizável contra resoluções do tribunal ou acórdãos do seu presidente

[135] Advirta-se que, enquanto em relação à hipótese anteriormente analisada (§ 153, *StPO*) talvez não seja adequada a utilização do termo "suspensão", na medida em que, conforme a própria *StPO*, o que ocorre é uma "não persecução por motivo de insignificância", no caso do § 153, a, o termo adequa-se perfeitamente, dadas as características da medida, muito embora seja frequente a utilização da expressão "arquivamento".

Modelo Alemão 333

imputado ao cumprimento de determinadas regras de conduta ou injunções. Ou seja, conforme já salientado, com a introdução do § 153, a, na *StPO*, através da Reforma da Parte Geral da Lei Penal material em 1975 (*EGStB*), criou-se a possibilidade de suspender a persecução de determinados delitos, originariamente tidos por insignificantes, mesmo quando inicialmente exista o interesse público nessa persecução, mas ele poderá ser eliminado por meio da imposição de determinadas regras de conduta ou injunções ao imputado[136].

Muito embora originariamente se afirmasse a necessidade do pressuposto da culpabilidade leve como sendo comum às hipóteses dos §§ 153 e 153, a, *StPO*, verificava-se na doutrina uma divergência acerca do grau dessa culpabilidade a ser aferida em cada uma das citadas hipóteses. Sustentava-se, então, que a natureza leve da culpabilidade podia ser menor no caso do § 153, a, comparativamente à hipótese do § 153[137]. A questão encontrou resposta normativa através das alterações introduzidas pela *Rechtspflegeentlastungsgesetz* no § 153, a, cuja nova redacção passou a exigir tão somente que o grau da culpabilidade não se oponha à suspensão.

Diz o nº 1 do § 153, a, que: "com a aprovação do Tribunal competente para a abertura do procedimento principal e do imputado, poderá o ministério público prescindir provisoriamente do exercício da acção pública no caso de um delito, impondo ao mesmo tempo ao imputado:

I. proporcionar determinada prestação para a reparação dos danos causados pelo facto;

II. pagar uma quantia em favor de uma instituição de utilidade pública ou do Estado;

III. proporcionar outras prestações de utilidade pública;

IV. Cumprir obrigações alimentícias num determinado valor, desde que essas condições e mandatos sejam apropriados para suprimir o interesse público na persecução e não se oponha a gravidade da culpabilidade".

Analisadas em espécie cada uma das condições previstas no § 153, a, *StPO*, vale destacar que no caso da prestação para reparar os danos causados pelo delito (I) o cálculo faz-se de acordo com as regras do Direito Civil. Neste caso, mesmo que o valor da reparação seja fixado por sentença de natureza cível num outro processo dessa natureza pro-

---

[136] ROXIN, Claus. *Strafverfahrensrecht*, cit., p. 71.
[137] KAUSCH, Erhard. *Der Staatsanwalt...*, cit., p. 106 e seguintes.

334   *O Processo Penal como Instrumento de Política Criminal*

movido pela parte, ela não vincula a condição no âmbito penal, embora possa vir a ser considerada para este efeito. Nessa mesma linha, há a recomendação de que o ressarcimento dos danos não implica o reconhecimento da responsabilidade penal.

Segundo ROXIN[138], entre os casos de arquivamento na fase pré-instrutória nos termos do § 153, a, *StPO*, aquele subordinado ao ressarcimento do dano cumpre uma quota de apenas 1 a 1,5%, a qual é um pouco mais alta, mas não muito, quando a medida é aplicada na fase do procedimento principal, após o exercício da acção. Também DÜNKEL-RÖSSNER[139] demonstram que o uso da injunção de reparação dos danos é insignificante na prática, apresentando um declínio desde 1977. Informam ainda que, em 1983, 98% dos casos envolveram a imposição da injunção de pagamento de um determinado valor a uma instituição de utilidade pública ou do Estado, 1,1% a prestação de serviços à comunidade e apenas 0,5% a reparação dos danos.

Quanto à injunção prevista no § 153, a, nº 1, II, StPO, a quantia de dinheiro a ser paga a favor da entidade de utilidade pública ou do Estado é muitas vezes determinada em relação à multa que teria sido imposta pelo Tribunal para o caso em análise. Geralmente o ministério público fixa o montante em quantias certas, por exemplo, 100 DM ou 200 DM (marco alemão). Portanto, esta medida de intervenção é determinada essencialmente de acordo com o dano provocado pelo delito mais do que em virtude da condição pessoal do imputado. Isto é obviamente governado pelo desejo de tratar os casos semelhantes de maneira uniforme[140]. Mais especificamente, na fixação do valor do pagamento a favor da instituição de utilidade pública ou do Estado deverão ser consideradas, regra geral, a proporcionalidade com o dano causado e a relação com o interesse público, as condições sócio-económicas do imputado, a

---

[138] ROXIN, Claus. Risarcimento del danno e fini della pena. Trad. Luciano Eusebi. *Rivista Italiana di Diritto e Procedura Penale*, Milano, nuova serie, a. XXX, p. 3-23, 1987, p. 4.

[139] DÜNKEL, Frieder, RÖSSNER, Dieter. Law and practice of victim/offender agreements. *In*: WRIGHT, Martin, GALAWAY, Burt (ed.). *Mediation and criminal justice*. London: SAGE, p. 152-177, 1989, p. 155. Para uma mais ampla confirmação do afirmado em termos estatísticos, em 1980 a imposição da medida de pagamento de um determinado valor a uma instituição de utilidade pública ou do Estado ocorreu em 96% dos casos de suspensão do processo nos termos do § 153, a, *StPO*. Confirmando os dados mencionados: KAUSCH, Erhard. *Der Staatsanwalt...*, cit. p. 115 e seguintes.

[140] HERRMANN, Joachim. Diversion..., cit., p. 1051.

Modelo Alemão 335

viabilidade do cumprimento, não podendo o valor ser superior ao da pena pecuniária que eventualmente poderia ser imposta. Quanto a esta última informação, cabe ainda uma outra distinção em relação ao valor desse pagamento à instituição de utilidade pública ou do Estado: a maior incidência do procedimento ocorre no caso de delitos de bagatelas e nesta hipótese o valor imposto é de baixo montante; tratando-se da criminalidade média, em cujo caso a incidência do procedimento é menor, o valor geralmente é negociado com o imputado, alcançando altas somas em dinheiro. Não se verifica, outrossim, um uso distorcido do procedimento, do modo como ocorre não frequentemente com o § 153, *StPO*, no sentido da sua utilização apenas como meio de evitar uma absolvição[141].

Relativamente à incidência prática de cada uma das regras de conduta ou injunções, verifica-se uma preponderância maciça na aplicação dessa injunção de pagar um determinado valor a favor de uma instituição de utilidade pública ou do Estado (§ 153, a, nº 1, II), sendo reduzida a imposição da medida de proporcionar determinada prestação para a reparação dos danos causados pelo delito (§ 153, a, nº 1, I)[142], como já foi antecipado. O motivo que determina a prioridade do pagamento à instituição de utilidade pública ou do Estado em detrimento da injunção da reparação dos danos é, ademais da "pigrizia dei pubblici ministeri", para os quais seria trabalhoso controlar a prestação por último citada, a aspiração à imposição de uma "quase-pena" através daquela injunção[143].

A medida consistente na prestação de outra utilidade pública (III) na maioria dos casos é de carácter complementar, concretizando-se na realização de determinada actividade de natureza pessoal.

Na modalidade de cumprimento de obrigações alimentícias (IV), além do pagamento em dinheiro – hipótese mais comum –, a injunção admite também a prestação em espécie concreta.

---

[141] RIESS, Peter *In*: LÖWE, Ewald, ROSENBERG, Werner. *Die Strafprozessordnung...*, cit., § 153, a, nº m. 23.

[142] Idem, ibidem, § 153, a, nº m. 23; HIRSCH, Hans-Joachim. Zur Behandlung der Bagatellkriminalität in der Bundesrepublik Deutschland, cit., p. 224. Segundo JESCHECK (JESCHECK, Hans-Heinrich. *Tratado...*, cit., p. 686), em 1981 quase 97% de todas as obrigações impostas pelo ministério público consistiram em multas administrativas (*Geldbussen*), da mesma forma sendo essa modalidade a obrigação mais frequentemente imposta nos arquivamentos judicialmente realizados.

[143] HIRSCH, Hans Joachim. Il risarcimento del danno nell'ambito del diritto penale sostanziale. Trad. Gabriele Fornasari. *In: Studi in Memoria di Pietro Nuvolone*. Milano: Dott. A. Giuffrè Editore, p. 275-304, 1991. v. 1, p. 298.

336   *O Processo Penal como Instrumento de Política Criminal*

A determinação da regra de conduta ou injunção a ser imposta resulta também do confronto com o interesse público na persecução, variando a gravidade da regra conforme o grau desse interesse. Ademais, considerações de ordem preventiva poderão também influenciar na escolha da regra no caso concreto, do mesmo modo que se passa em relação às demais circunstâncias que possam revelar essa necessidade de prevenção (antecedentes, reparação dos danos, entre outras). Nessa determinação mostra-se admissível, ainda, a combinação de mais de uma regra[144] e a prorrogação do prazo de seu cumprimento uma só vez por mais três meses (§ 153, a, n° 1, IV).

A aprovação do Tribunal competente para a abertura da audiência principal deve envolver também o tipo da regra de conduta, sendo possível que por sua iniciativa seja proposta a sujeição do imputado a outras condições, desde que entenda que aquelas propostas pelo ministério público não satisfazem de forma adequada o interesse público na persecução. Neste último caso o ministério público poderá anuir à proposta do Tribunal ou, diversamente, seguir com o procedimento.

Ainda acerca das injunções ou regras de conduta a serem impostas ao imputado, uma outra observação a ser feita é a de que o rol é previsto de forma taxativa, sendo vedada a imposição de outra regra que não esteja elencada no n° 1 do § 153, a, *StPO* (*OLG* Stuttgart – Tribunal Superior do Land em Stuttart – *in*: *NJW*, 1980, 1009), ainda que mais adequada ao caso concreto[145].

O grande problema existente quanto a esta hipótese de arquivamento refere-se à natureza jurídica das regras de conduta e injunções a que fica sujeito o acusado, havendo grande divergência a esse respeito.

Representando o posicionamento doutrinário maioritário a esse respeito, afirma GÖSSEL[146] que é pouco discutível que o legislador conside-

---

[144] RIESS, Peter *In*: LÖWE, Ewald, ROSENBERG, Werner. *Die Strafprozessordnung...*, cit., § 153, a, n° m. 39.

[145] Idem, ibidem, § 153, a, n° m. 38; ROXIN, Claus. *Strafverfahrensrecht*, cit., p. 71. Não se desconhece aqui a existência de propostas no sentido de uma ampliação do catálogo legal das regras de conduta, visando sobretudo a inclusão de regras de natureza não financeira, conf.: BLAU, Gunter, FRANKE, Einhard. Diversion..., cit., p. 937.

[146] Reflexiones sobre la importancia del principio de legalidad..., cit., p. 20/21. Acompanhando o entendimento de GÖSSEL e na maioria dos casos tecendo críticas à introdução do § 153, a, na *StPO*: DENCKER, Friedrich. Die Bagatelledelikte im Entwurf eines *EGStGB*. *Juristenzeitung*, p. 144-151, 1973, p. 149 e seguintes; HIRSCH, Hans--Joachim. Zur Behandlung der Bagatellkriminalität in der Bundesrepublik Deutschland,

Modelo Alemão 337

ra as imposições mencionadas no § 153a, inciso 1, *StPO*, como sanções sem sentença penal. Assim como as graves consequências do delito que sofre o agente podem ser levadas em conta pelo juiz para o fim de renunciar à aplicação da pena (§ 60 *StGB*)[147] e pelo ministério público durante a formulação da acusação (§ 153, b, *StPO*)[148], não se entende porque razão o ministério público não pode considerar um acto determinado, posterior ao facto punível – as regras de conduta ou injunções –, como motivo para negar o interesse público na persecução penal e, por esta razão, prescindir da formulação da acusação. Com isso se reconhece o carácter sancionador das regras de conduta, ainda que atenuado o efeito penal em relação às sanções tradicionais, defendida, porém, a legitimação do ministério público para a sua imposição[149].

Opondo-se energicamente a este posicionamento, afirma HÜNER-FELD[150] que "pretender falar aqui duma sanção – ideia que também não esteve arredada do horizonte da fundamentação oficial do projecto – parece-nos, antes de mais nada, irremediavelmente errado", face à dependência em que fica a sua aplicação da anuência do imputado e do não reconhecimento da culpabilidade (*infra*). Na mesma medida enfático, escreve RIESS[151] que "seguro parece, desde logo, que as injunções e

---

cit., p. 218-224-225; SCHMIDHÄUSER, Eberhard. Freikaufverfahren mit Strafcharakter im Strafprozess? *Juristenzeitung*, p. 529-536, 1973, p. 529 e 533 e seguintes; SCHMITT, Rudolf. Das Strafverfahren zweiter Klasse. *Zeitschrift für die Gesamte Strafrechtswissenschaft*, nº 89, 1977, p. 640.

[147] Diz o § 60 *StGB*: "O juiz renuncia à pena quando as consequências do facto que atingem o autor são assim tão graves que a aplicação de uma pena seria patentemente errónea. Esta disposição não se aplica se o autor merece uma pena detentiva superior a um ano"

[148] "Se ocorrerem os pressupostos em função dos quais o tribunal poderia prescindir da pena, poderá o ministério público abster-se do exercício da acção penal, com a aprovação do tribunal que seria competente para a audiência principal".

[149] Esse também o argumento que será posteriormente utilizado (*infra*) para se opor à crítica de que o ministério público estaria a exercer uma actividade sentenciadora e dessa forma a invadir a esfera de competência do Poder Judiciário.

[150] A pequena criminalidade e o processo penal, cit., p. 40. Acompanham HÜNERFELD: KLEINKNECHT, Theodor, MEYER, Karlheinz. *Strafprozessordnung*. München: VERLAGSBUCHHANDLUNG, 1985, § 153a, nº 12; DREHER, Eduard. Die Behandlung der Bagatellkriminalität, cit., p. 938-939.

[151] *In*: LÖWE, Ewald, ROSENBERG, Werner. *Die Strafprozessordnung...*, cit., § 153, a, nº m. 8. Segue-se que (nº m. 9) "do ponto de vista do Direito Penal substantivo, trata-se aqui de uma *sanção de índole especial não penal* a que não está ligada a censura ético-jurídica da pena nem a correspondente comprovação da culpabilidade. É significa-

regras de conduta não são nenhuma pena no sentido do Direito Penal material. Nem configuram sequer uma sanção de natureza para-penal".

Na linha de sustentação anteriormente traçada, através das injunções "o arguido *confirma a validade da norma que eventualmente tenha desrespeitado*, o que faz tanto em relação a ele próprio como em relação à comunidade jurídica em geral. E isto no sentido de que se apaga a provocação social duma possível – e, neste caso, impune – violação do direito". Assim concebidas as regras de conduta e injunções, "parece possível uma aplicação do § 153, a, da *StPO* plenamente justificada e simultaneamente razoável do ponto de vista da política criminal", para tanto devendo ser assegurado que a referida prestação seja *necessária e operante*; a *necessidade* afere-se segundo o perigo para a norma concretamente posta em causa e o seu carácter *operante* pela eficácia dela esperada[152].

Nem mesmo se pode argumentar que no caso de algumas condições, *v.g.*, o pagamento de determinada quantia a uma instituição de utilidade pública ou do Estado (§ 153, a, nº 1, II) ou a prestação de serviços à comunidade (§ 153, a, nº 1, III), não se verifica um reforço específico e directo do valor do bem jurídico tutelado. A esse possível argumento contrapõe-se o raciocínio no sentido de que, não havendo dúvida de que o juízo sobre a ilicitude do facto se perfaz com a verificação da sua oposição ao ordenamento jurídico como um todo e não apenas em relação à norma directamente afectada, também a recomposição do valor normativo do bem jurídico há que ser feita em relação à integralidade do ordenamento jurídico. Destarte, se a condição proposta se presta de modo suficiente para reafirmar o valor do ordenamento jurídico como um todo e, por via de consequência, também basta para recompor a "dignidade" da norma concretamente violada, satisfeita está a necessidade de prevenção geral no seu aspecto positivo e, portanto, excluído o interesse público na persecução. Ademais das necessidades de prevenção a serem consideradas para o fim de apuração do mencionado interesse público, já visto, poderão também ser levados em conta outros requisitos, tais como os antecedentes, determinados precedentes específicos, a reparação dos danos, entre outros.

---

tivo para o efeito que o imputado não possa ser coagido nem à aceitação das injunções e regras de conduta nem ao respectivo cumprimento: o efeito de sanção que lhe está ligado assenta na liberdade de decisão do acusado".

[152] HÜNERFELD, Peter. A pequena criminalidade e o processo penal, cit., p. 40.

Estabelece ainda o § 153, a, n° 1, IV, *StPO*, que o ministério público fixará um prazo para o imputado cumprir as regras de conduta ou injunções, o qual será no máximo de seis meses nos casos das condições previstas nos números de I a III desse dispositivo legal (determinada prestação para a reparação dos danos; pagamento de determinado valor a favor de instituição de utilidade pública ou do Estado; proporcionar outra prestação de utilidade pública) e de no máximo um ano no caso do n° IV (pagar obrigações alimentícias em determinada quantidade). Prevê também o dispositivo que esse prazo poderá ser prolongado somente uma vez por um período de três meses. Durante o prazo fixado para o cumprimento das injunções ou regras de conduta o prazo prescricional interrompe-se (§ 153, a, n° 3).

Não há divergência no que se refere à possibilidade de modificar as regras antes do início do prazo para o seu cumprimento. Todavia, divergente é o entendimento quanto à possibilidade da modificação após o início desse prazo[153]. A este respeito a *StPO* (§ 153, a, IV) limita-se a dispor que o ministério público, com o consentimento do imputado, poderá modificá-las posteriormente. Ademais, o ministério público poderá revogar as condições e mandados posteriormente; poderá ainda, com a aprovação do imputado, impor outras condições e mandados, também posteriormente.

5.2.1 – Natureza Jurídica.

Fundado na necessidade de que o imputado se submeta a determinadas "ordens de injunção" para que se elimine o interesse público na persecução do delito e, por consequência, se torne possível o arquivamento provisório do processo nos termos do § 153, a, *StPO*, afirma BAUMANN[154] que se trata de um "quase-contrato entre o ministério público e o imputado". Posto isto, a prática concreta do procedimento previsto no § 153, a, revela o seu conteúdo negocial, uma vez que se verifica a possibilidade de o próprio imputado sugerir alguma condição

---

[153] RIESS, Peter *In*: LÖWE, Ewald, ROSENBERG, Werner. *Die Strafprozessordnung...*, cit., § 153, a, n° m. 51 a 57.

[154] *Derecho procesal penal...*, cit., p. 66. Acompanhando de perto esse entendimento ao afirmar que se reconhecem no procedimento desse § 153, a, *StPO*, diversos elementos similares aos contratuais: RIESS, Peter *In*: LÖWE, Ewald, ROSENBERG, Werner. *Die Strafprozessordnung...*, cit., § 153, a, n° m. 10. De um vínculo de natureza processual fala: SCHMIDT-HIEBER, Werner. *Verständigung im Strafverfahren*, cit., p. 110.

340 *O Processo Penal como Instrumento de Política Criminal*

que esteja disposto a cumprir e até mesmo o prazo em que se dispõe a fazê-lo. De grande importância, pois, é a manifestação de vontade do imputado, a qual deve ser feita de forma expressa e clara.

Acerca da questão da manifestação da vontade, ENGISCH[155] menciona a necessidade de uma decisão básica a ser tomada pelo Legislador Civil, a qual agora se estende de certo modo ao Sistema Penal, a saber: se devem as relações recíprocas dos membros que compõem a comunidade jurídica ser estabelecidas de modo contínuo e definitivo, ou se deve ficar ao arbítrio daqueles a eleição das novas máximas adequadas de comportamento que determinem a sua conduta recíproca futura. Devem, portanto, os membros da comunidade jurídica estar sujeitos a uma planificação e direcção estatal universal, ou deve conceder-se um campo à autonomia privada? Respondendo à pergunta, o próprio Autor chama a atenção para o aparato burocrático e procedimental que seria necessário para a resposta no primeiro sentido e que, por conseguinte, "mais interessante é, não obstante, o sistema baseado na autonomia privada".

É evidente que isto não pode, sem mais, ser transferido para o Sistema Jurídico-Penal, particularmente para o sector do processo penal. Efectivamente, uma semelhante ideia implicaria a adesão a um puro processo de partes que, definitivamente, não se coaduna com um modelo processual que prima também por reconhecer a necessidade da segurança jurídica e das garantias indispensáveis a este ramo da Ciência Penal. De acrescentar que um tal modelo não seria adequado a uma realidade criminológica como a que se procura com ele enfrentar. No mínimo, seria necessário levar em conta os mecanismos de "obstaculização do tráfico negocial", estimados para as relações de natureza civil, ou seja, trata-se de intervir juridicamente quando a inacção, o modo de expressar, o erro, a coacção e coisas semelhantes põem em perigo o desenlace sem obstáculos do tráfico jurídico-privado[156]. Frise-se, porém, que tais medidas são insuficientes para a atribuição de uma relevância tão acentuada à manifestação de vontade das partes no processo penal fazendo-se mister inúmeras correcções posteriores.

Dizendo respeito ao problema da natureza jurídica, com ênfase após a afirmação da característica quase-contratual do arquivamento, em relação à revogabilidade afirma-se que até ao momento em que as regras de conduta estejam fixadas definitivamente é possível ao imputado revogar

---

[155] Sentido..., cit., p. 20.
[156] Idem, ibidem, p. 20.

Modelo Alemão 341

o seu consenso. Após a fixação definitiva dessas regras o consenso é irrevogável sob a alegação de falta de manifestação da vontade, inadmitindo-se também a retractação[157]. Todavia, a falta de consenso do imputado não implica necessariamente o prosseguimento do processo, podendo o ministério público optar pelo arquivamento – desde que se verifiquem os pressupostos para isso – na modalidade prevista no § 153 *StPO*, para a qual não se pressupõe aquele consenso.

Podem ser apontados como elementos dessa hipótese de arquivamento prevista no § 153, a, *StPO*: a iniciativa do ministério público; a sujeição ao cumprimento de condições por um prazo de seis meses ou um ano; o condicionamento à aprovação do Tribunal competente para a abertura da audiência principal; a necessidade de aprovação pelo imputado; a revogabilidade das regras de conduta e a possibilidade de prorrogação por uma única vez, por mais três meses.

Como o § 153, a, nº 1, *fine*, faz referência ao § 153, nº 1, *fine*, também em relação à modalidade de arquivamento em análise o ministério público tem a possibilidade de arquivar o procedimento sem o consentimento do Tribunal, sempre que as consequências do facto forem mínimas e não somente quando se trate de delitos patrimoniais, como ocorria antes da entrada em vigor da *Rechtspflegeentlastungsgesetz*.

5.3 – § 153, a, 2, *StPO*.

Relacionadas as informações anteriormente prestadas, na sua maior parte, com as hipóteses de suspensão efectuadas por iniciativa do ministério público, uma observação há a fazer mais especificamente sobre os casos de suspensão com imposição de regras de conduta determinada pelo próprio Tribunal, após a dedução da acusação (§ 153, a, nº 2, *StPO*).

Segundo o nº 2 do § 153, a, *StPO*, se a acção já tiver sido exercida poderá o Tribunal arquivar provisoriamente o processo, com a aprovação do ministério público e do imputado, até ao final da audiência principal, na qual podem ser examinadas pela última vez as razões de facto, e impor ao mesmo tempo ao imputado as condições e mandados (regras de conduta e injunções) descritos no nº 1 desse parágrafo.

---

[157] RIESS, Peter *In*: LÖWE, Ewald, ROSENBERG, Werner. *Die Strafprozessordnung...*, cit., § 153, a, nº m. 35.

Por informação de HERRMANN[158] à época, pouco se sabia sobre as medidas de diversão praticadas pelos tribunais. Admitia-se, porém, que o Tribunal normalmente tem uma ampla base de provas para fundamentar a sua decisão e a opção pela suspensão com imposição de regras de conduta. Até ao julgamento ele tem uma oportunidade de se inteirar das particularidades do delito e do imputado. Essas particularidades são relevantes para a questão sobre a opção ou não por uma medida de diversão. No que diz respeito à selecção das regras de conduta a serem impostas, as particularidades raramente são vistas como significantes, pois também nesse caso o pagamento de uma quantia em dinheiro a uma instituição de caridade figura como a condição mais frequentemente imposta pelos juízes.

É fácil perceber que elementos desse arquivamento são: competência do Tribunal; arquivamento da acção penal já proposta; necessidade de aprovação do ministério público; necessidade de aprovação do imputado; sujeição ao cumprimento de regras de conduta ou injunções; prazo até final da audiência principal.

Da análise destas medidas de arquivamento previstas na *StPO* é possível concluir que, quanto ao momento do procedimento, elas poderão ocorrer tanto antes como após o exercício da acção penal pelo ministério público.

No que se refere às consequências, desde logo importa salientar que nos casos previstos no § 153, *StPO*, o arquivamento não se reveste de carácter provisório como ocorre nas hipóteses do § 153, a, *StPO*, conforme se verá posteriormente.

À pergunta a respeito de qual dos dispositivos deve ser aplicado no caso concreto, o do § 153 ou aquele do § 153, a, ambos da *StPO*, responde-se justamente por apelo à tenuidade ou inexistência do interesse público no primeiro caso e a possibilidade da sua ocorrência no segundo. Obviamente, pois, que no segundo caso se mostra necessária uma maior probabilidade de ter sido o imputado o autor do delito, conforme se exige no § 203, *StPO*, para a abertura do procedimento principal (*hauptverfahren*)[159]. Portanto, já demonstrada a polémica acerca das

---

[158] HERRMANN, Joachim. Diversion..., cit., p. 1051.

[159] *In verbis*: "§ 203 Decisão sobre a abertura. O Tribunal decidirá pela abertura do procedimento principal quando, segundo os resultados do procedimento investigatório, o acusado parecer suficientemente suspeito da prática de um fato punível".

Modelo Alemão

343

exigências quanto ao estado das investigações realizadas no caso do § 153, quanto à hipótese do § 153, a, parece seguro ser necessário que do procedimento investigatório resulte uma probabilidade da condenação.

6 – Controle.

Dada a relevância dos interesses em jogo, imprescindível se mostra a existência de um controle sobre o poder de decisão do ministério público sobre o processo, particularmente no que se refere às hipóteses de arquivamento por razões de oportunidade constantes nos §§ 153 e seguintes da *StPO*. A análise dessas formas de controle pressupõe uma identificação das formas do poder de decisão sobre o processo executadas pelo ministério público. Envolvendo esse domínio processual tanto as decisões positivas, voltadas para o exercício da acção penal, como aquelas de natureza negativa, abstenção da acusação, ele deve ser analisado em ambas as perspectivas.

Quanto às decisões de natureza positiva, ou seja, aquelas em que o ministério público decide pelo exercício da acção penal, no Ordenamento Jurídico alemão há um controle judicial sobre esse seu poder, através da possibilidade de revisão a que se encontra sujeito no momento do procedimento intermédio (§ 203 *StPO*), estabelecido como forma de se analisar a viabilidade da acusação (*supra*), e, em todo o caso, no procedimento principal, em virtude da livre apreciação do objecto do processo que se reconhece ao Tribunal aquando da sentença (§§ 261, 264 e 266, nº 1, *StPO*).

Ao que nos interessa, em relação às decisões de cunho negativo há que se distinguir os casos de abstenção da acusação por arquivamento na sua forma típica, geralmente relacionados com a inexistência de motivos que suportem a acusação, daqueles em que a inércia quanto à acusação se dá como forma de atenuação do princípio da legalidade ou, se se preferir, por razões de oportunidade. A questão sugere um esclarecimento prévio.

Identificam-se como arquivamento na sua forma típica aqueles casos em que o não exercício da acção penal ocorre em virtude de determinados impedimentos legalmente previstos, os quais obstam a que o ministério público possa deduzir a pretensão punitiva estatal.

Esses impedimentos podem ser tanto de *forma* como de *fundo*.

344   *O Processo Penal como Instrumento de Política Criminal*

Quanto à *forma* eles relacionam-se com a ausência de determinados pressupostos (*Prozessvoraussetzungen*: pressupostos processuais), que, embora impeçam o regular exercício da acção penal, não atingem o direito de fundo que radica na base da pretensão punitiva estatal; sanada que seja essa ausência, quando possível, removido está o impedimento[160]. Segundo SCHLÜCHTER[161], há circunstâncias de cuja verificação depende a possibilidade do processo contra o imputado. Assim, entende-se um pressuposto processual como sendo uma circunstância de cuja verificação depende a *decisão sobre o fundo do assunto* ou a realização de uma fase processual. Mais propriamente, trata-se de circunstâncias de cuja presença depende a decisão *material* sobre o assunto, sendo denominadas de forma inexacta pressupostos processuais, pois o processo terminará no caso de ausência de algum deles; em lugar de ausência de pressupostos processuais dever-se-ia falar da presença de obstáculos processuais. Desse modo, para além da competência territorial e da competência funcional, previstos respectivamente nos § 16, e § 6, <u>a</u>, ambos da StPO, o Tribunal ou o ministério público deverão analisar se se verificam os pressupostos processuais durante cada fase do processo. No caso de ausência *definitiva* de algum deles ou se se constata a presença de um obstáculo processual, o processo terminará por manifestação do ministério público ou do órgão jurisdicional[162]. Os mencionados pressupostos processuais são relativos: ao imputado; ao órgão jurisdicional; ao objecto do processo.

---

[160] A respeito: ROXIN, Claus. *Strafverfahrensrecht*, cit., p. 129, s., que lucidamente adverte que os pressupostos processuais devem ser distinguidos das condições objectivas de punibilidade do Direito Penal material (Die voraussetzungen sind von den objektiven Bedingungen der Strafbarkeit zu unterscheiden).

[161] SCHLÜCHTER, Ellen. *Derecho procesal penal*, cit., p. 85 e s.. Diverso não é o entendimento de JESCHECK (*Tratado...*, cit., p. 815), leccionando que "os pressupostos processuais são circunstâncias que devem verificar-se no caso concreto para que possa ter sequência um processo penal". Assim sendo, "se falta um pressuposto processual ou existe um obstáculo processual (um pressuposto processual negativo) não pode haver nenhum processo penal. Se, apesar disso se chega à audiência principal – juízo oral –, *não se absolve o acusado*, mas sim o processo é *arquivado* mediante sentença (§ 260, nº 3, *StPO*) ".

[162] Ainda segundo SCHLÜCHTER (Ob.loc. cit.), impõe-se diferenciar: arquivamento por parte do ministério público nas investigações preliminares, conforme o § 170, nº 2, *StPO*; não abertura do procedimento principal por parte do Tribunal (§ 204, *StPO*); arquivamento na audiência principal, fora do juízo oral, por parte do Tribunal (§ 206, <u>a</u>); sentença de arquivamento após o juízo oral, conforme o § 260, nº 3.

Mais delicada é a questão dos impedimentos de *fundo*, na maioria dos casos passíveis de serem enquadrados na regra geral da "ausência de indícios suficientes".

Na Alemanha a hipótese corresponde aos *motivos suficientes para o exercício da acção pública* ou, suspeitas razoáveis, conforme previsão do § 170, nº 1, da *StPO*, em virtude da qual o ministério público somente exercitará a acção penal na presença de motivos suficientes, resultantes da investigação empreendida ou, numa palavra, se o ministério público tiver por provável a condenação[163].

Caso avalie que estão ausentes os motivos suficientes para o exercício da acção pública, o ministério público determina o arquivamento do processo (§ 170, 2, *StPO*), com isso possuindo um considerável poder de decisão sobre ele[164]. Todavia, arquivado o processo nesses termos, o ministério público pode posteriormente retomar as diligências prévias, chegando a uma decisão diferente, tendo em vista que as suas "decisões" não se revestem da característica do caso julgado. Não obstante, as "decisões" de arquivamento do ministério público parecem-se, quanto à forma e quanto ao conteúdo, com as decisões judiciais, requerendo a devida fundamentação (§ 34, *StPO* e *RiStBV* nº 89, II 2, 3, 4 – Directivas sobre o processo penal e sobre o procedimento de imposição de multas). A necessidade de fundamentação por último mencionada resulta do facto de que a pessoa que formula uma "denúncia" ou "queixa" ao ministério público (§ 158, 1) tem o direito de conhecer as razões em que se funda o arquivamento (§ 171, 1), com vista inclusive à possibilidade de interpor o *Klageerzwingungsverfahren* (procedimento para forçar a acusação) – tratado a seguir. Do arquivamento é notificado o imputado, porém sem a menção das razões[165].

É possível um maior aprofundamento desse poder de decisão do ministério público sobre o processo. Considerando que também nesse poder de decisão se verifica uma grande discricionariedade do ministério público alemão, SESSAR[166] procura apontar os factores que influenciam

---

[163] ROXIN, Claus. Introduccion a la ley procesal penal alemana de 1877, cit., p. 175.

[164] Registe-se, para logo, a informação de POTT (POTT, Christine. La pérdida de contenido del principio de legalidad..., cit. p. 86), no sentido de que a não observância desta regra, que representa como que o reverso do princípio da legalidade, pode conduzir à tipificação descrita nos §§ 336 e 344 do *StGB*, que disciplinam as condutas relacionadas com a prevaricação.

[165] SCHLÜCHTER, Ellen. *Derecho procesal penal*, cit., p. 102.

[166] Prosecutorial discretion in germany, cit., p. 267. A preocupação do ministério público em submeter à acusação os crimes graves, mesmo face a uma menor suficiência

346   *O Processo Penal como Instrumento de Política Criminal*

essa decisão. Para já a informação de que se o dano foi considerável e o suspeito já foi anteriormente condenado, o ministério público está menos inclinado a suspender a acusação mesmo se a prova for frágil. Partindo da distinção entre crimes insignificantes e sérios, afirma, então, que o ministério público parece ser mais criterioso quanto à necessidade de indícios suficientes em relação à criminalidade leve do que em relação à criminalidade grave; ou seja, o ministério público sujeita o exercício da acção penal à existência de uma maior suficiência de indícios frente à criminalidade leve do que em relação à criminalidade grave. Condicionando a persecução da criminalidade grave à existência de uma menor suficiência de indícios, o ministério público tenciona que, mesmo nos casos em que no final as provas não suportem a acusação, esta última seja em si mesma já uma forma de sanção. A forma de controle desse poder de decisão sobre o processo exercitado pelo ministério público, nos casos de não exercício da acção penal, é o *Klageerzwingungsverfahren* (procedimento para forçar a acusação), previsto no nº 1 do § 172 da *StPO*.

Esclarecendo esse procedimento para forçar a acusação (§§ 172 e ss. da *StPO*)[167], pode ser afirmado que se trata da possibilidade assegurada ao requerente da instauração da acção penal pública (nos casos em que ele for também o ofendido) de recorrer à *Secção Penal do Tribunal Superior do Land* (*Oberlandesgericht*) contra o arquivamento das investigações. Se a *Secção Penal* decide que a acção penal pública deverá ser promovida, o ministério público *deverá* executar essa decisão e promover a acção pública (§ 175). Tendo em vista que o Legislador desconfia do ministério público obrigado a promover a acção contra a sua vontade (ele poderá não se empenhar na reunião do material probatório), a parte que interpôs o procedimento para forçar a acusação assume a posição de acusador conjunto (§ 395, nº 1, 3)[168].

De forma mais abrangente: numa primeira fase esse procedimento possibilita um controle administrativo da decisão, sendo reconhecido ao

---

de indícios, vem explicada pelo valor que essa Instituição atribui à existência de registos criminais como prova contra o imputado; assim, verifica-se a consideração de um maior valor probatório pelo ministério público nos casos de reincidência, ao contrário dos juízes que costumam absolver mais reincidentes que réus primários.

[167] Para o que se segue consultar a pequena referência feita por SESSAR, Klaus. Prosecutorial discretion in germany, cit., p. 266.

[168] BAUMANN, Jürgen. *Derecho procesal penal...*, cit., p. 60.

Modelo Alemão

347

ofendido pelo delito o direito de se opor à decisão de arquivamento no prazo de duas semanas após a sua comunicação, mediante recurso ao funcionário superior do ministério público § 172, nº 1, *StPO*. Conforme estabelece o nº 2 do § 172 da *StPO*, contra a decisão denegatória do funcionário superior do ministério público poderá o ofendido pelo delito pedir uma resolução judicial sobre o arquivamento, no prazo de um mês a partir do conhecimento da recusa. A competência para decidir sobre esse procedimento é da Secção Penal do Tribunal Superior do Land (*Oberlandesgericht* – § 172, nº 4). Se não se verifica uma base suficiente para o exercício da acusação pública, então o Tribunal denega a petição, comunicando a esse respeito ao requerente, ao ministério público e ao imputado (§ 174, *StPO*). Se o Tribunal considera fundada a solicitação do ofendido determinará o exercício da acção pública (§ 175), o que na prática raramente ocorre.

Percebe-se, pois, que o procedimento para forçar a acusação possibilita um controle sobre a decisão do ministério público de se abster da acusação, num primeiro momento pela via hierárquica e em seguida pela via judicial, caso necessária. Inúmeras são as críticas tecidas contra esta forma de controle do poder de decisão sobre o processo do ministério público, sendo destacada a limitação da sua incidência na prática[169].

Importa agora analisar as formas de controle do poder de decisão do ministério público sobre o processo fundado em razões de oportunidade.

Especialmente no que se refere aos casos de "culpabilidade leve" (*supra*), afirma-se que existem significativas possibilidades de controle hierárquico sobre a decisão do ministério público. Com efeito, de acordo com as Regras Administrativas emitidas por alguns dos Ministros de Justiça dos *Länder* (estados), o representante do ministério público deve submeter cada caso que ele quer arquivar em virtude de "culpabilidade leve" à aprovação do seu superior hierárquico. Para além desse controle concreto, é também possível que sejam emitidas instruções (directivas) sobre os critérios-padrão (*standart*) para que se considere a culpabilidade como leve, *v.g.*, o limite máximo de dano patrimonial que pode ser considerado para esse efeito[170].

---

[169] GOSSEL, Karl-Heinz. Reflexiones sobre la importancia del principio de legalidad..., cit., p. 25.

[170] SESSAR, Klaus. Prosecutorial discretion in germany, cit., p. 266. É ainda esse Autor (p. 269-270) a evidenciar que, na prática, não se verifica sempre uma diferenciação

348   *O Processo Penal como Instrumento de Política Criminal*

Quanto a esse aspecto, acirrada é a crítica dirigida ao arquivamento nos termos do § 153, a, da *StPO*, em virtude da não previsão de uma forma de controle a ser exercida pelo ofendido em relação à decisão do ministério público, a qual geralmente é tomada de modo arbitrário e muitas vezes na ausência dos pressupostos fixados pela lei[171]. Aliás, é a própria *StPO* a estabelecer no § 172, nº 2, *fine*, que não será cabível o controle judicial nos termos do *procedimento de acusação forçada* (*Klageerzwingungsverfahren*) quando o processo tiver como objecto exclusivamente um delito que possa ser perseguido pelo ofendido através da acção privada, ou quando o ministério público houver prescindido da persecução nos termos do § 153, nº 1, do § 153, a, nº 1, frase 1ª, 6ª, ou do § 153, b, nº 1; o mesmo regerá nos casos dos §§ 153, c, a 154, nº 1, assim como dos §§ 154, b, e 154, c. Evidencie-se que a restrição alcança também aquelas hipóteses em que o ministério público pode proceder ao arquivamento mesmo sem a aprovação do Tribunal, tendo em conta o dispositivo legal citado mencionar os §§ 153, nº 1, e 153, a, nº 1. Portanto, mesmo nos casos em que o arquivamento não se condiciona à aprovação do Tribunal o *Klageerzwingungsverfahren* não pode ser manejado, assim também nas hipóteses de *procedimento por acção privada* quando ausente o interesse público[172].

Salientando a necessidade de submeter ao controle judicial a decisão de arquivamento tomada pelo ministério público nos termos dos

---

clara entre as razões que determinam o arquivamento do processo em virtude de uma discricionaridade do ministério público. É dizer, muitas vezes há uma certa flexibilização da distinção entre a ausência de indícios suficientes para a acusação e a culpabilidade leve como fundamentos para o arquivamento. Assim, se por exemplo, o ministério público tem dificuldades de prova num caso insignificante, escolherá a via do arquivamento por motivo de culpabilidade leve, pois desse modo evitará um possível recurso judicial contra a sua decisão por parte do ofendido (atente-se na discussão sobre a possibilidade desse recurso tratando-se de arquivamento com fundamento na culpabilidade leve do acusado: *infra*). Em conclusão, "the separation of the evaluation of evidence from the evaluation of guilt is often fictitious".

[171] HIRSCH, Hans Joachim. Il risarcimento del danno nell'ambito del diritto penale sostanziale, cit., p. 278, particular referência p. 297; LÜDERSSEN, Klaus. Petty offenses, cit., p. 759-760.

[172] JUNG, Heike. Le rôle du ministère public en procédure pénale allemande, cit., p. 231. Expressamente: "il faut encore ajouter que ce recours est impossible lorsqu'il s'agit d'un classement sans suite pour des raisons d'opportunité ou bien lorsqu'il s'agit d'un délit privé (*Privatklagedelikt*), c'est-à-dire un délit dont la poursuite est de toute manière à la charge de la victime si le parquet en a nié l'intérêt public".

§§ 153 e seguintes da *StPO*, afirma GÖSSEL[173] que esse controle surge suficientemente garantido nas hipóteses em que o Tribunal deve aprovar o arquivamento, embora na prática ele nem sempre se mostre suficiente. Nas demais hipóteses – continua a afirmar – um controle judicial deveria aplicar-se por meio da modificação do § 172, n° 2, *StPO*, de modo a tornar possível o procedimento para forçar a acusação, ressalvada a necessidade de uma modificação de *lege ferenda* desse procedimento para torná-lo mais eficaz. Por seu turno, também ROXIN[174] entende que na perspectiva da protecção do ofendido é duvidosa a total exclusão da possibilidade de se valer do procedimento para forçar a acusação nos casos de arquivamento por razões de oportunidade. Tendo em vista a compressão progressiva por que passa o princípio da legalidade processual, de *lege ferenda* deveriam ser previstas formas de controle sobre esse poder de decisão do ministério público. Segundo o Autor para esse efeito não serve a submissão a que fica sujeito o arquivamento ao consenso judicial, pois o assentimento quase nunca é recusado. Melhor seria dispensar o consenso judicial e admitir-se amplamente o procedimento para forçar a acusação nos casos de arquivamento por razões de oportunidade, porém restringindo o seu uso aos casos de uma má utilização da discricionariedade pelo ministério público.

Uma forma de controle desse poder de decisão sobre o processo é aquele hierárquico, pelo qual o ofendido pode "reclamar" ao funcionário superior do ministério público contra o arquivamento efectuado nos termos dos §§ 153 e seguintes, *StPO*. Todavia, embora seja admissível o recurso hierárquico, a decisão do funcionário superior do ministério público não se encontra sujeita ao posterior controle judicial. Trata-se da chamada "queixa de serviço", a qual não possui carácter formal nem judicial[175]. O fundamento para as duas afirmações por último lançadas é procurado na necessidade de se preservar a titularidade exclusiva da acção penal pelo ministério público.

Nos casos em que se verifique uma divergência entre o superior e o subordinado quanto ao resultado desse "recurso hierárquico", sustenta-se

---

[173] Reflexiones sobre la importancia del principio de legalidad..., cit., p. 28-29.

[174] ROXIN, Claus. *Strafverfahrensrecht*, cit., p. 262-263.

[175] É SESSAR (SESSAR, Klaus. Prosecutorial discretion in germany, cit., p. 267) quem confirma a informação ao asseverar que a vítima pode apenas propor uma queixa administrativa fundada na omissão do dever quando o processo é arquivado por razão de culpabilidade leve. "A motion for a judicial review is excluded".

que o Chefe da Instituição deverá confiar o procedimento a um outro procurador ou avocá-lo directamente para si, tomando uma decisão a respeito da acusação neste último caso. Como fundamento para essa solução argumenta-se que nenhum integrante do ministério público deveria ser obrigado, mediante uma directiva superior, a promover uma acusação que ele pessoalmente não considera sustentável, assim como não deveria ser-lhe imposto o arquivamento do procedimento contra a sua pessoal convicção[176]. Também no entendimento de SCHÖNE[177] uma diferença de pareceres permite ao funcionário superior do ministério público empregar o seu direito de substituição e avocação (§ 145 *Gerichtsverfassungsgesetz*), contudo não lhe permite exigir do subordinado uma actuação concreta contrária à sua consciência e convicção jurídica. Divergindo do posicionamento anterior, afirma, porém, que tudo isso rege em relação ao princípio da legalidade; já em relação às decisões de oportunidade, como se verifica na aplicação do critério do "interesse público" contido, *v.g.*, nos §§ 153 e seguintes *StPO*, a ordem do superior tem que ser obedecida.

Assim, nos casos de arquivamento por motivos de oportunidade (§§ 153 ss. *StPO*) cabe apenas o recurso hierárquico para o funcionário superior do ministério público, cuja decisão não se encontra sujeita ao controle judicial. Sendo assim, insiste-se na doutrina que nos casos da justiça penal negociada o ministério público detém um poder considerável,

---

[176] MAIWALD, Manfred. Appunti sul ruolo del pubblico ministero nell'esperienza processuale tedesca. Trad. Alessandra Ippoliti. *Il Giusto Processo*, Roma, n. 13-16, p. 8-24, 1992, p. 14/15. Considerando esse posicionamento como fruto de autorizada doutrina, o Autor (p. 16) demonstra a existência de um entendimento em sentido contrário, o qual parte da premissa de que a diferença entre as funções exercidas pelos juízes e pelos representantes do ministério público, enquanto conduz à independência dos primeiros (os juízes), determina que os segundos (ministério público) sejam submetidos às directivas dos seus superiores.

[177] Líneas generales del proceso penal alemán, cit., p. 170-171. Acrescenta MUHM (MUHM, Raoul. Dependência do ministério público do executivo na alemanha. Trad. Eduardo Maia Costa. *Revista do Ministério Público*, Lisboa, a. 16, n. 61, p. 121-128, jan/mar 1995, p. 125) que em virtude da organização hierárquica e nos termos deste § 145 *GVG* "o superior tem ainda, em qualquer fase do inquérito, o poder de devolução, ou seja, de avocação, do inquérito, e de substituição do procurador encarregado do processo. Enquanto o direito de substituição pode ser exercido também pelo ministro da Justiça, o poder de devolução, ou seja de avocação, compete unicamente aos superiores, enquanto membros da procuradoria da República. Isto significa que será o procurador-geral do *Land* ou o procurador federal a exercer, eventualmente sob instruções do ministro da Justiça, como último superior hierárquico 'interno', o direito de devolução".

Modelo Alemão

o qual deve ser domesticado por um sistema de controle, visando a obtenção de uma maior transparência na sua actuação[178].

Ressaltada a insuficiência das demais alternativas, uma forma genérica de controle da decisão do ministério público quanto à abstenção do exercício da acção penal consiste na incriminação dos casos de favorecimento pessoal, prevista no § 258a, *StGB*[179].

Na perspectiva inversa da até agora abordada, faz-se necessária uma forma de controle também naqueles casos em que o ministério público não efectua o arquivamento por razões de oportunidade, mesmo estando presentes os pressupostos legais. Ou seja, trata-se da necessidade de uma forma de controle a ser exercida naquelas hipóteses em que, satisfeitos todos os requisitos necessários para o arquivamento nos termos dos §§ 153 e seguintes da *StPO*, o ministério público opta por não o efectuar.

Face à lacuna legal, GÖSSEL[180] propõe que para examinar a negativa do ministério público a respeito do arquivamento poderia ser prevista a necessidade de uma decisão formal sobre a mesma, a pedido do imputado ou do seu defensor, a qual seria passível de revisão por meio de recurso dirigido ao Tribunal (órgão julgador), do mesmo modo que se encontra previsto para o procedimento de acusação forçada. Ou seja,

---

[178] JUNG, Heike. Le ministere public: portrait d'une institution, cit., p. 22. Antes (p. 19) o Autor já mencionava a necessidade da existência de um "métaprincipes procéduraux", qual seja a transparência.

[179] ROXIN, Claus. *Strafverfahrensrecht*, cit., p. 48; RIESS, Peter *In*: LÖWE, Ewald, ROSENBERG, Werner. *Die Strafprozessordnung...*, cit., § 152, n° m. 37. De forma céptica, segundo POTT (POTT, Christine. La pérdida de contenido del principio de legalidad..., cit. p. 95) o âmbito de aplicação do § 258a, *StGB*, depende da extensão dos preceitos que disciplinam o princípio da oportunidade processual. Disso decorre que actualmente se encontra fora do âmbito de aplicação do preceito justamente aquela conduta para a qual foi criada, a seu tempo, a norma de Direito material: a omissão da acção penal pública por parte do ministério público, por motivos de conveniência e apesar de possuir suficientes indícios objectivos de criminalidade. E conclui: "os preceitos denominados de oportunidade não só produzem efeitos de natureza processual; contribuem do mesmo modo, de forma directa, para uma mudança no conteúdo do Direito Penal material. Por outro lado, o § 258a, *StGB*, só está em condições de garantir aquilo que o princípio da oportunidade deixou em pé do princípio da legalidade. A tese da garantia jurídico--material do princípio da legalidade está, portanto, tão vazia de conteúdo como a da sua garantia processual".

[180] Reflexiones sobre la importancia del principio de legalidad..., cit., p. 28/29. Também defendendo a introdução de determinadas reformas no modelo vigente: SCHMITT, Rudolf. Das Strafverfahren zweiter Klasse, cit., p. 647 e seguintes.

352 O Processo Penal como Instrumento de Política Criminal

face a um dissenso do ministério público quanto ao arquivamento do processo nos termos dos §§ 153 e seguintes da *StPO* propõe-se um controle hierárquico pela própria Instituição, provocado pelo imputado ou pelo seu defensor, o qual poderia ser revisto através de um posterior controle judicial, do mesmo modo que ocorre nos casos de acusação forçada contra a decisão de arquivamento que vimos acima. Em síntese, é proposto um controle hierárquico ao qual se seguiria um controle judicial caso necessário. Vale a observação feita de que no caso de controle judicial o Tribunal somente poderia decidir sobre o arquivamento do processo, inclusive em oposição à decisão do ministério público; porém, a decisão do Tribunal deveria ser tomada unicamente com base na opinião do plenário, por via de revisão e mediante uma sentença susceptível de ser controlada por meio dos recursos legais[181].

Uma outra proposta é a de transformar as razões de arquivamento em condições do processo (condições de procedibilidade). Parte-se da ideia da necessidade de se conservar fundamentalmente o princípio da legalidade, não deixando ao poder discricionário dos órgãos de persecução penal as excepções ao princípio, mas sim transformando-as cabalmente em impedimentos processuais gerais. Desse modo o ministério público somente poderia exercitar a acção penal quando não verificadas essas razões, possibilitando assim, de forma simples, um controle judicial. Para a política criminal isso significa a missão de conseguir os critérios para a limitação da persecução penal e sediá-los na lei[182]. Esses critérios que conduzem à não persecução seriam determinados em função do agente, do ofendido e dos interesses estatais: quanto ao agente deveria ser levada em conta a escassa atitude anti-social, ser ele afectado pelas consequências do delito e a existência de situações conflituais, o que implica a tarefa de precisar a noção de culpabilidade leve; em relação ao ofendido deveria ser considerada a não necessidade de reparação do dano e a própria cumplicidade no facto; acerca do Estado, seria necessária uma precisão do conceito de interesse público para a ocorrência da persecução[183].

Os inconvenientes desta proposta seriam que, levada às suas últimas consequências, as condições de arquivamento, de maneira oficial,

---

[181] GOSSEL, Karl-Heinz. Reflexiones sobre la importancia del principio de legalidad..., cit., p. 29.

[182] ZIPF, Heinz. *Introducción...*, cit., p. 125.

[183] Idem, ibidem, p. 126. Notícias, aderindo à idéia, em ROXIN, Claus. *Strafverfahrensrecht*, cit., p. 72.

Modelo Alemão 353

poderiam ser revistas em todas as etapas do processo; com isso a aceitação da sentença, o caso julgado formal e as ilimitadas reprimendas revisórias, não poderiam constituir nenhum limite para a interposição do recurso de revisão[184]. A argumentação é pertinente, uma vez que efectivamente a subordinação do processo à condição da ausência dos pressupostos legais que autorizam o arquivamento implicaria uma acentuada valorização do vector *garantia* do imputado, com o comprometimento directo e grave do vector *funcionalidade*, inviabilizando assim a própria teleologia que se encontra na base das atenuações ao princípio da legalidade. É dizer, na prática essa proposta transformar-se-ia numa medida dilatória, de modo que seria lugar comum a invocação pela defesa da existência dos pressupostos do arquivamento, mesmo quando ausentes, provocando assim um controle judicial e, por essa via, a dilação artificial do processo. De observar-se a complexidade da análise a ser efectuada quanto à presença dos pressupostos do arquivamento, geralmente vinculada a um juízo prognóstico sobre o resultado do processo (medida da pena a ser imposta), favorecendo em demasia o efeito dilatório mencionado. Já salientado, mister é a identificação de mecanismos que procurem balancear as necessidades de *garantia* do imputado com os não menos importantes imperativos de *funcionalidade*. Não se desconhece a possibilidade de se vincular essa proposta a uma suspensão do prazo prescricional, Instituto já existente em diversos ordenamentos jurídicos, evitando assim as medidas meramente dilatórias.

Na Alemanha, pois, a decisão do ministério público no sentido do arquivamento do processo por razões de oportunidade encontra-se sujeita apenas ao controle hierárquico pelo funcionário superior da Instituição, inexistindo previsão legal de um controle sobre o seu dissenso quanto a esse mesmo arquivamento.

7 – Sujeitos processuais.

Uma visão panorâmica do *status* dos diversos sujeitos processuais no Ordenamento Jurídico germânico pode ser obtida a partir da estruturação da fase anterior ao julgamento, no encerramento da qual ocorrem as mais amplas manifestações de discricionariedade da acusação.

---

[184] GOSSEL, Karl-Heinz. *Reflexiones sobre la importancia del principio de legalidad...*, cit., p. 29.

354 *O Processo Penal como Instrumento de Política Criminal*

A fase anterior ao julgamento é dominada pelo ministério público, como cabeça das investigações (*Herr des Ermittlungsverfahrens*); de acordo com a Lei (§ 152 *Gerichtsverfassungsgesetz*: Lei Orgânica dos Tribunais), a polícia tem apenas a posição de auxiliar da acusação; o imputado e o seu defensor, na condição de parte do processo criminal, podem assumir apenas um muito limitado papel, que consiste essencialmente na possibilidade de se valer das medidas contra as ilegais limitações da liberdade e dos direitos pessoais; no procedimento ordinário a vítima não é uma parte[185].

Também no Ordenamento Jurídico alemão se menciona a responsabilidade do ministério público pela escassa prática das medidas de "diversão" nos primeiros tempos da respectiva previsão legal, paticularmente no que se refere à hipótese do § 153, a, *StPO*.

7.1 – Ministério público.

O ministério público alemão é uma função estatal, cujos membros são juristas geralmente nomeados em razão da sua vida profissional. Eles pertencem ao *Staatsanwaltschaft* (correspondente à Instituição do ministério público), a qual é organizada como parte do Poder Executivo. Não pertencendo ao Poder Judiciário, o ministério público alemão é visto como órgão de administração da justiça (*Organ der Rechtspflege*), governado mais pelos princípios do Sistema de Justiça Criminal do que pelas regras da administração. Trata-se de uma Instituição hierarquicamente estruturada, de modo que cada representante não é independente, como são os juízes, mas estão sim sujeitos a directivas (*weisungsgebunden*), implicando que eles devem seguir as ordens do superior em muitos casos. Os superiores da Instituição são o *Oberstaatsanwalt*, como chefe de repartições específicas do ministério público, o *Generalstaatsanwalt* (equivalente ao Procurador Geral da República) e o *Justizminister* (Ministro da Justiça)[186].

Essas informações genéricas acerca do *status* do ministério público alemão carecem de um mais detido aprofundamento.

Desde logo, deve ser dado o devido destaque ao dever de objectividade a que fica sujeito o ministério público alemão, em função do qual

---

[185] TRIFFTERER, Otto. The pre-trial phase, cit., p. 32; KÜHNE, Hans-Heiner. Germany, cit., p. 140.

[186] TRIFFTERER, Otto. The pre-trial phase, cit., p. 33.

Modelo Alemão

ele deve investigar e colher provas não somente contra mas também a favor do imputado (§ 160, nº 2, *StPO*). Sendo muitas vezes considerada a *objektivste Behörde der Welt* (a mais objectiva função no mundo), na prática verifica-se que ocasionalmente o ministério público tende a assumir um papel parcial, realizando investigações mais ou menos dirigidas somente no sentido de provar que a acusação pode ser fundada e que há suficientes indícios para conduzir a uma acusação formal[187]. Com efeito, sendo propalado o dever de objectividade do ministério público, há, todavia, o entendimento de que a ideia segundo a qual o ministério público é a encarnação da objectividade resulta meramente teórica, apresentando-se frente ao imputado como o seu adversário natural, preocupado não com a investigação da verdade material e sim com o reforço do direito de punir[188]. Não obstante, esse dever de objectividade a que fica vinculado o ministério público conduz à sua qualificação como autoridade da justiça, distinto do papel de parte processual, incumbindo aos seus membros a meta de salvaguarda do ordenamento jurídico e investigação também das circunstâncias favoráveis ao imputado[189].

O dever de objectividade do ministério público não induz à conclusão de que os seus agentes exercem actividades jurisdicionais propriamente ditas; diversamente, após longa polémica prevalece o enquadramento do ministério público junto do Poder Executivo, sendo considerado como um *órgão da administração da justiça*[190], como já salientado. Esse o sentido da sua consideração como autoridade judiciária. Portanto, "para a jurisprudência e a doutrina maioritária, o ministério público é um órgão de administração da justiça *sui generis* (*Organ der Rechtspflege sui generis*), integrado de qualquer forma no poder executivo"[191]. Tendo em vista o facto de a actividade do ministério público servir a justiça, atra-vés da investigação da verdade, e estar voltada para a aplicação da

---

[187] Idem, ibidem, p. 34.

[188] JUNG, Heike. Le rôle du ministère public en procédure pénale allemande, cit., p. 229.

[189] TIEDEMANN, Klaus *In*: ROXIN, Claus, ARZT, Gunther, TIEDEMANN, Klaus. *Introducción*..., cit., p. 179; SCHÖNE, Wolfgang. Líneas generales del proceso penal alemán, cit., p. 170; MAIWALD, Manfred. Il processo penale vigente in germania, cit., p. 18.

[190] GÖSSEL, Karl-Heinz. Reflexiones sobre la situación del ministerio público..., cit., p. 633 e 635.

[191] MUHM, Raoul. Dependência do ministério público do executivo na Alemanha, cit., p. 124.

lei penal, segundo Peters[192] os seus agentes exercem uma actividade judiciária: trata-se de um órgão da justiça "n'est que formellement qu'il est, en vertu de la structure hiérarchique, une autorité administrative"; em decorrência de serem reconhecidos como autoridade judiciária e estando separados da administração geral, há a garantia de que as suas opiniões e decisões sejam tomadas sob um ponto de vista judiciário e que a sua reputação pública fique assegurada.

A competência do ministério público alemão acompanha a dos respectivos tribunais. Os membros do ministério público que correspondem aos *Amtsgericht* (tribunais de primeira instância) e aos tribunais do *Land* (*Landgericht*) estão subordinados a um procurador chefe; nos tribunais Superiores do *Land*, pertencentes ao Estado Federado (*Bundesland*), ficam sujeitos à supervisão e direcção do procurador geral do *Land* respectivo; o *generalbundesanwaltschaft* (procurador geral federal) actua junto do Tribunal Supremo Federal (*Bundesgerichtshof*) – e junto dos Tribunais Superiores (quando decidem em primeira instância) –, auxiliado por um ou vários procuradores federais (§ 142, nº 1, *GVG*), sendo dependente do Ministro da Justiça do Governo Federal e não sendo hierarquicamente superior ao ministério público dos Estados Federados[193]. Ou seja, na Alemanha a administração da justiça é bipartida, sendo da competência de cada um dos estados (*länder*), "de maneira que os procuradores da República junto dos tribunais de primeira e de segunda instância estão submetidos ao ministro da Justiça do *Land*. Só a Procuradoria Federal da República junto do Supremo Tribunal Federal está submetida à administração federal e portanto ao Ministro federal da Justiça"[194].

Em termos organizacionais, para o desempenho das suas actividades o ministério público serve-se, além da polícia normal, de uma outra categoria de funcionários, designados por "funcionários ajudantes do ministério público" (*Hilfsbeamten der Staatsanwaltschaft* – § 152 *GVG*), os quais lhe estão submetidos mas que gozam de determinados poderes coactivos que a polícia comum não possui[195].

---

[192] Le ministère public, cit., p. 4 e 5.

[193] Schöne, Wolfgang. Líneas generales del proceso penal alemán, cit., p. 169. Consultar ainda: Peters, Karl. Le ministère public, cit., p. 5.

[194] Muhm, Raoul. Dependência do ministério público do executivo na Alemanha, cit., p. 124; Volkmann-Schluck, Thomas. La evolucion del proceso aleman en el siglo XX, cit., p. 82; Maiwald, Manfred. Appunti sul ruolo del pubblico ministero nell'esperienza processuale tedesca, cit., p. 11/12.

[195] Roxin, Claus. Introduccion a la ley procesal penal alemana de 1877, cit., p. 175.

Característico em relação ao ministério público é o regime de legalidade que vincula a sua actuação no processo penal. A inserção do princípio da legalidade na *StPO* decorreu da necessidade de garantia de que o ministério público, como parte do executivo subordinado ao monarca, perseguisse cada delito sem consideração da pessoa. Esta ideia correspondia a uma conformação político-criminal de natureza retributiva do Direito Penal, impondo ao Estado a manutenção de uma *justiça absoluta*, devendo, por isso, punir sem excepção cada infracção da Lei Penal. Portanto, o próprio princípio da legalidade possui uma fundamentação político-criminal. Desse modo, o disposto no § 152, n° 2, da *StPO* obriga o ministério público a uma intervenção genérica em relação a todos os factos puníveis que possam ser perseguidos, conquanto existam suficientes indícios fácticos e não esteja previsto legalmente o contrário; este dever de intervenção abstracto concretiza-se com a obrigação de averiguação dos factos (§ 160, n° 1) e, se essas investigações oferecerem suficientes motivos, com a formulação da acusação (§ 170, n° 1)[196].

Percebe-se, pois, que o ministério público é titular de um grande poder de decisão sobre o processo, como vimos, uma vez condicionada a sua obrigação de actuar a uma série de excepções, cuja deliberação a esse respeito lhe compete com exclusividade. Senão vejamos.

Inicialmente pode ser verificado que o dever de intervenção previsto no § 152, n° 2, *StPO*, se encontra condicionado pelo pressuposto da

---

[196] ROXIN, Claus. *Strafverfahrensrecht*, cit., p. 68. Coincidente com a parte final da exposição feita no texto é o entendimento de POTT, Christine. La pérdida de contenido del principio de legalidad..., cit. p. 85/86. Embora exista esse dever genérico de intervenção, na prática é a polícia quem inicia directamente uma investigação, na qual, principalmente nos casos menos graves, toda a prova passível de ser obtida é colhida independentemente de qualquer notícia para o ministério público. Nesses casos, somente depois de terminar as suas investigações é que a polícia remete o "dossier" para o ministério público, contendo um relatório final (*Schlussbericht*), o qual avaliará as investigações realizadas. Sem realizar outras actividades a não ser verificar amplamente o "dossier", em muitos casos o ministério público usa parte do relatório final contido nas investigações realizadas pela polícia para a sua acusação. Excepção feita aos casos mais graves, em relação aos quais se processa nos termos legalmente previstos, devendo a polícia remeter a notícia do crime feita por particular ou decorrente das informações que ela própria possui ao ministério público, aguardando que este último indique o que deve ser feito e o que deve ser investigado. Uma forma utilizada para a diminuição dos tempos necessários para esta forma de tratamento dos casos é a prática de se transmitir via telefone as informações ao ministério público e, por essa via, receber as indicações sobre as investigações que serão necessárias. Conf.: TRIFFTERER, Otto. The pre-trial phase, cit., p. 32.

358 *O Processo Penal como Instrumento de Política Criminal*

existência de "indícios suficientes e verdadeiros", atribuindo-se ao ministério público autonomia para fazer uma avaliação a esse respeito. Mencionando esse nº 2 do § 152 da *StPO* o dever de intervenção em relação aos "factos puníveis que possam ser perseguidos", também assim está configurado o poder de decisão sobre o processo do ministério público, tendo em vista ser da sua competência a apreciação da natureza punível ou não do facto e da possibilidade da sua persecução. Todavia, esse poder de decisão sobre o processo mostra-se especialmente acentuado, ainda em virtude do disposto nesse mesmo § 152, nº 2, *StPO*, na medida em que delimita o dever de intervenção do ministério público àqueles casos em que "não estiver previsto legalmente o contrário".

O mesmo ocorre em relação ao dever de formular a acusação segundo o § 170, nº 1, *StPO*: compete exclusivamente ao ministério público decidir sobre a existência de "suficientes motivos" para a formulação ou não da acusação. Cabe a observação no sentido de que nesta última hipótese se o ministério público opta pelo arquivamento do procedimento, a decisão não adquire força de sentença transitada em julgado[197].

Portanto, nos termos dos §§ 170, nº 1, e 152, nº 2, o ministério público deverá acusar desde que existam indícios suficientes ou "causa provável". Para a verificação da referida *probabilidade* deverá o agente do ministério público tentar prever se a condenação do suspeito é provável, considerando os factos ocorridos. Esse prognóstico poderá ser feito por meio de uma confrontação com casos semelhantes, ou seja, analisando se o Tribunal competente decidiu no sentido da condenação num caso semelhante[198].

Do grupo das limitações legais ao dever de persecução penal pelo ministério público sobressaem as possibilidades de arquivamento previstas nos §§ 153 e seguintes da *StPO*, nas quais, sob determinadas condições legais, "se reconhece ao ministério público uma determinada margem de decisão sobre se continua ou se desiste da persecução penal"[199]. Trata-se dos casos que a doutrina convencionou reconhecer como sendo de incidência do princípio da oportunidade, o qual atribui ao ministério

---

[197] MAIWALD, Manfred. Appunti sul ruolo del pubblico ministero nell'esperienza processuale tedesca, cit., p. 15/16.

[198] SCHLÜCHTER, Ellen. *Derecho procesal penal*, cit., p. 31.

[199] Acerca de todo o exposto até aqui em relação ao poder de decisão do ministério público sobre o processo, consultar: GOSSEL, Karl-Heinz. Reflexiones sobre la importancia del principio de legalidad..., cit., p. 15. Para uma análise do controle desse poder de decisão do ministério público, *supra*.

Modelo Alemão

público o poder de escolher entre formular ou abster-se da acusação, naquelas hipóteses, legalmente formuladas, em que as investigações conduzam à probabilidade, próxima da certeza[200], de que o acusado cometeu um facto punível[201]. Tendo sido apontada a base político-criminal do princípio da legalidade numa concepção de *justiça absoluta* (Teorias penais absolutas), na medida em que essa concepção perde espaço, sendo paulatinamente substituída por Teorias relativas, fundadas na prevenção geral e especial – as quais ligam a punição à necessidade social – o critério da legalidade perdeu a sua base teórica original[202], possibilitando a mencionada margem de oportunidade. Acerca dessas possibilidades de atenuação do princípio da legalidade previstas na *StPO* afirma-se que o ministério público goza de amplos poderes no âmbito da pequena criminalidade, sendo tantas as limitações que são impostas ao princípio nesta área da criminalidade, e também naquela de nível médio, que vale praticamente o princípio da oportunidade[203]. Em tal sentido, sustenta-se frequentemente que aquela Instituição exercita, mesmo que parcialmente, uma actividade de jurisdição[204].

Efectivamente, uma das várias críticas que se dirige à atenuação do princípio da legalidade no Ordenamento Jurídico germânico reside justamente na "autoridade sancionadora" de que se reveste o ministério público nos casos de pequena criminalidade contra o património, tendo em conta a dispensa da autorização do Tribunal competente para a abertura da acção penal, conforme o previsto na parte final do § 153, nº 1, e do § 153, a, nº 1[205].

Um outro argumento a que se recorre para a identificação da natureza sentenciadora da decisão tomada pelo ministério público quanto ao

---

[200] Recorde-se a divergência a este respeito, *supra*.

[201] Em sentido convergente: RANFT, Otfried. *Strafprozessrecht*, cit., p. 272, nm. 1139.

[202] ROXIN, Claus. *Strafverfahrensrecht*, cit., p. 68.

[203] Idem, ibidem, p. 69.

[204] LÜDERSSEN, Klaus. Petty offenses, cit., p. 766; MAIWALD, Manfred. Il processo penale vigente in germania, cit., p. 19; JUNG, Heike. Le ministere public: portrait d'une institution, cit., p. 24.

[205] BAUMANN, Jürgen. *Derecho procesal penal...*, cit., p. 66. KAUSCH, Erhard. *Der Staatsanwalt...*, cit.; HANACK, Ernst-Walter. Das Legalitätsprinzip und die Strafrechtsreform, cit., p. 358. Conforme demonstra JUNG (JUNG, Heike. Le rôle du ministère public en procédure pénale allemande, cit., p. 227), parte da doutrina fala mesmo em uma usurpação pelo ministério público dos poderes restritamente judiciários. Saliente-se, inclusive, a já demonstrada ampliação de competência propiciada pelas alterações introduzidas pela *Rechtspflegeentlastungsgesetz* de 11 de Janeiro de 1993.

arquivamento do processo refere-se à possibilidade prevista no § 153, a, de se impor determinadas regras de conduta ao imputado para que ele seja favorecido com o arquivamento provisório do processo. Considerando a competência do ministério público para essa imposição e levando-se em conta a controvérsia sobre a natureza sancionatória dessas regras de conduta, assevera-se que caracterizado estaria o aspecto sentenciador da decisão, com a consequente invasão da competência judicial.

Afirmando que não se pode negar que o Legislador considerou as condições arroladas no § 153, a, nº 1, como sanções sem condenação penal, pondera GÖSSEL[206] que parece incerto que isso implique o reconhecimento de que o ministério público cumpra deveres judiciais. Na base desse entendimento está o argumento de que, apesar da determinação da sanção que as condições implicam, o arquivamento segundo o § 153, a, não pode ser considerado como uma actividade "sentenciadora", mas apenas uma medida processual de descriminalização e de ressocialização já no momento da formulação da acusação, a qual não está reservada somente ao juiz, face à mínima gravidade daquelas condições. Ainda com GOSSEL[207], a formulação da acusação e a decisão a esse respeito não podem ser tomadas, no moderno processo penal, como actividades judiciais segundo a sua natureza; a opinião contrária conduz ao já superado processo inquisitivo do direito comum. Um outro argumento contrário à identificação da natureza sentenciadora no caso do § 153, a, parte da consideração das regras de conduta como sendo um comportamento posterior ao delito, o qual tem o efeito de negar o interesse público na persecução penal e, por essa razão, autorizar que se prescinda da formulação da acusação[208].

Ainda quanto a ser caracterizado como "autoridade sancionadora", argumenta MAIWALD[209] que a opinião hoje dominante na Alemanha é a

---

[206] Principios fundamentales…, cit., p. 887, *supra*.

[207] Reflexiones sobre la importancia del principio de legalidad…, cit., p. 19. Também opondo-se à crítica formulada: HÜNERFELD, Peter. A pequena criminalidade e o processo penal, cit., p. 41. Na doutrina não germânica há o entendimento de CHIAVARIO (CHIAVARIO, Mario. La justice negociee…, cit., p. 33) segundo o qual, quanto à hipótese legal de arquivamento condicionado da experiência alemã (§ 153 a *StPO*), a iniciativa do ministério público "semble s'accorder avec un pouvoir entièrement discrétionnaire de l'organe de poursuite, lequel n'est pas obligé, mais seulement autorisé, à classer sous condition"

[208] GOSSEL, Karl-Heinz. Reflexiones sobre la importancia del principio de legalidad…, cit., p. 21.

[209] Appunti sul ruolo del pubblico ministero nell'esperienza processuale tedesca, cit., p. 12.

de que o novo poder atribuído ao ministério público no âmbito da micro-
-criminalidade não só se tornou indispensável por razões de economia
processual como também se verifica que ele vem exercitado pelos vários
integrantes do ministério público de forma totalmente responsável.

Por outro lado, há que acrescentar que não obstante a constatação
do amplo poder de decisão que o ministério público detém sobre o
processo, isso não implica a sua caracterização como uma autêntica
parte processual. Portanto, cabe ainda a advertência de que, possibilitado ao ministério público o arquivamento nos termos dos parágrafos
153 e seguintes e 170 da *StPO*, a sua recondução a um autêntico papel
de parte implicaria o risco do não exercício da acção penal na maioria
dos casos[210]. Justificada, assim, a reserva do Legislador germânico em
fazer maiores concessões a um puro *processo de partes* como, ao menos
tedencialmente, se verificou no modelo italiano.

A repercussão da estrutura hierárquica do ministério público alemão na prática das excepções ao princípio da legalidade pode ser sentida
através das propostas de instituição pelo Procurador Geral (vinculado ao
ministro da justiça) de linhas gerais de actuação (directivas) nesses casos[211].
Estando previsto nos §§ 146[212] e 147 da *GVG* (*Gerichtsverfassungsgesetz*)
um poder de direcção do superior hierárquico do ministério público, ele
pode emitir instruções (directivas) não só genéricas como também específicas[213]. Essas directivas podem dizer respeito não só aos aspectos de

---

[210] BAUMANN, Jürgen. *Derecho procesal penal...*, cit., p. 22. O Autor já tinha
anteriormente (p. 21) rechaçado a condição de parte do *staatsanwalt* germânico, tendo
em vista o dever de objectividade que lhe incumbe, devendo tomar providências também
a favor do acusado, quando possíveis; em síntese, incumbindo-lhe, de modo semelhante
ao Tribunal, descobrir e sustentar a verdade material.

[211] TIEDEMANN, Klaus *In*: ROXIN, Claus, ARZT, Gunther, TIEDEMANN, Klaus.
Introducción..., cit., p. 173; JUNG, Heike. Le ministere public: portrait d'une institution,
cit., p. 25-26.

[212] Diz o § 146 *GVG*: "Sujeição às ordens. Os funcionários do ministério público
acatarão as ordens do seu superior que se refiram ao serviço".

[213] Concretizando: o chefe de um determinado departamento do ministério público
tem o direito de emitir instruções para todos os membros desse departamento, enquanto
o Procurador Geral goza de um semelhante direito em relação a todos os membros
integrantes dos diversos departamentos na sua área. Nesses casos a denominação utilizada é "direito interno de emitir ordens". Ao lado desse há o "direito externo de emitir
ordens" de que desfruta o Ministro da Justiça. O Ministro da Justiça federal é autorizado
a emitir instruções para o Procurador Geral federal e o Ministro da Justiça de cada *Land*
para o representante do ministério público do *Land* em questão. Essa prerrogativa inclui

362   *O Processo Penal como Instrumento de Política Criminal*

organização da Instituição mas também a questões de natureza processual, tais como a determinação dos pressupostos para o exercício da acção penal condicionada ao princípio da oportunidade ou sobre a existência dos pressupostos para o arquivamento em caso de dúvida.

Grandes são as reservas a esse poder de emitir linhas gerais de actuação, visto que "essas instruções do superior hierárquico não estão sujeitas a qualquer formalidade, na medida em que não são obrigatoriamente motivadas nem documentadas". De acrescentar que "uma instrução verbal, por exemplo, seria absolutamente válida". Ademais, "contra as instruções do superior hierárquico não está prevista tutela judicial"[214].

Tenham-se em linha de conta, entretanto, os limites impostos pelo próprio princípio da legalidade ao dever de obediência às ordens do superior, não estando vinculado o agente do ministério público nos casos de violação do princípio[215].

Nesse sentido a orientação constante nas "Regras Uniformes de Processo Penal", adoptadas pelo Ministro Federal da Justiça e pelos Ministros da Justiça dos diversos *Lander*, em termos que, "dada a complexidade da vida, as directivas são apenas para ser seguidas nos casos normais. Assim, o agente do MP tem de, em cada caso, com independência e consciência da sua responsabilidade, ponderar que medidas devem ser tomadas, e pode desviar-se destas directivas devido ao carácter especial do caso concreto"[216]. No que se refere especificamente às hipóteses dos §§ 153 e seguintes da *StPO*, pondera ROXIN[217] que nessa

---

o direito de estabelecer linhas gerais de actuação e também ordens em relação a casos específicos, conf.: BOTTCHER, R.. The relations between the organization of the judiciary and criminal procedure in the federal republic of germany, cit., p. 982.

[214] MUHM, Raoul. Dependência do ministério público do executivo na Alemanha, cit., p. 125.

[215] SCHÖNE, Wolfgang. Líneas generales del proceso penal alemán, cit., p. 170; MAIWALD, Manfred. Appunti sul ruolo del pubblico ministero nell'esperienza processuale tedesca, cit., p. 15; ROXIN, Claus. Strafverfahrensrecht, cit., p. 48, que exemplifica ponderando que um procurador geral deve desobedecer a uma directiva emitida pelo Ministro da Justiça, cujo conteúdo seja a não persecução de um caso de suborno imputado a altas personalidades. Com cepticismo em relação à eficácia limitadora do princípio da legalidade nestes casos, considerando-se a amplitude das formas legais de arquivamento por razões de oportunidade: POTT, Christine. La pérdida de contenido del principio de legalidad..., cit. p. 96/97.

[216] KLEINKNECHT-MEYER, *Strafprozessordnung, Appendix H 1 "richtlinien für das strafverfahren und das bussgeldverfahren"*. 37ª ed.. München, 1985, p. 1643.

Modelo Alemão   363

área, pertinente ao princípio da oportunidade, não se trata de questões de justiça, na medida que, mantidos os limites de avaliação e discricionariedade, o poder de emitir ordens pelos funcionários superiores é admissível.

Na linha da integração político-criminal do processo penal, ainda que o ministério público esteja vinculado à função de imprimir uma maior *funcionalidade* ao processo penal, essa sua actividade deverá ser cumprida nos limites legais, correspondendo à necessária delimitação imposta pelo vector *garantia*. Reforçado é, desse modo, o papel do ministério público como fiscal da lei, tanto em atenção à maior *funcionalidade* do processo penal como às necessárias *garantias* a serem asseguradas ao imputado.

7.2 – Inculpado.

Importa preliminarmente distinguir o tratamento legal dado ao inculpado no Ordenamento Jurídico alemão no que se refere à terminologia. Com efeito, conforme o § 157 *StPO*: o *Angeschuldigter* corresponde à figura do imputado, ou seja, àquele contra o qual ocorreu o exercício da acção penal pública; o *Angeklagter* corresponde ao acusado, ou, àquele contra o qual foi admitida a abertura do procedimento principal. Por fim, a expressão *Beschuldigter* (inculpado) refere-se à pessoa contra a qual existem indícios suficientes de ter cometido um delito para o fim de submetê-la a uma investigação. Muito embora não legalmente prevista, dada a abrangência maior desta última expressão é ela o termo genérico utilizado quanto a esse sujeito processual, exceptuando-se apenas algumas situações em que a especificação terminológica se mostra necessária.

Sendo importante para a fixação do início do exercício dos seus direitos de defesa, acerca do momento a partir do qual surge a condição de inculpado existe uma acesa controvérsia doutrinária e jurisprudencial. Segundo SCHLÜCHTER[218] o conceito de natureza formal-material parece o mais adequado para a fixação do momento constitutivo da condição de inculpado. Nessa perspectiva a constituição da condição de inculpado dar-se-á com a realização de um acto de inculpação por parte de um órgão público[219] (critério formal), existindo uma suspeita inicial no

---

[217] ROXIN, Claus. *Strafverfahrensrecht*, cit., p. 48.

[218] SCHLÜCHTER, Ellen. *Derecho procesal penal*, cit., p. 42 e s..

[219] Refere-se à realização de determinadas medidas que poderão ser adoptadas contra o inculpado, por exemplo, investigações corporais como a extracção de sangue.

364 O Processo Penal como Instrumento de Política Criminal

sentido do § 152, nº 2, *StPO* (critério material). Conforme a mesma fonte, há um consenso quanto ao fim da condição de inculpado, que ocorre simultaneamente com o final da persecução penal nos termos do critério formal[220].

A principal observação a ser feita quanto a este sujeito processual é a evolução que sofreu o seu *status*, deixando de ser mero objecto para se constituir em verdadeiro sujeito do processo penal, podendo activamente participar e conformar o seu desenvolvimento[221]. Efectivamente, somente no Séc. XIX, com a introdução das ideias liberais no *processo penal reformado*, o inculpado passou a ser reconhecido como sujeito processual. Actualmente há um predomínio do entendimento no sentido de se considerar o inculpado como sujeito do processo penal (parcialmente garantido até mesmo na *Grundgesetz*: Lei Fundamental)[222]. Resulta essa posição jurídica nada mais do que da vinculação aos princípios fundamentais do processo penal de um Estado de Direito, devendo ser reconhecida e respeitada a autonomia de vontade do inculpado.

Ressalvado que a posição do inculpado na fase anterior ao julgamento é mais débil em comparação com a fase de julgamento e também face aos direitos reconhecidos ao ministério público, o seu mais importante direito naquela fase é o de ser ouvido. Trata-se do *Rechtliches Gehör*, que vem previsto no art. 103, nº 1, da *Grundgesetz* (Lei Fundamental). Esse direito fundamental tem como finalidade garantir que nenhuma acusação pode ser levada a um veredicto final se o inculpado não teve suficiente oportunidade de se manifestar sobre ela e sobre as provas que basearam a condenação[223]. Na fase anterior ao julgamento o *rechtliches Gehör* é especialmente garantido nos parágrafos 136 e 163, a, *StPO*. Encontra-se previsto nesses parágrafos que o inculpado, quando for ouvido pela primeira vez, já deverá ser expressamente informado de que é livre para se manifestar ou não sobre a acusação que lhe está a ser dirigida, podendo antes do interrogatório consultar um defensor que

---

[220] Sobretudo em relação às hipóteses de não abertura do procedimento principal por parte do Tribunal (§ 204, *StPO*) ou a pronúncia de sentença penal condenatória (§§ 260, 267).

[221] SCHROEDER, Friedrich-Christian. *Strafprozessrecht*, cit., p. 4, que sedia o momento histórico dessa mudança no período do iluminismo; TRIFFTERER, Otto. The pretrial phase, cit., p. 38.

[222] ROXIN, Claus. *Strafverfahrensrecht*, cit., p. 94.

[223] TRIFFTERER, Otto. The pre-trial phase, cit., p. 38.

tenha constituído[224]; será informado também de que poderá manifestar-se por escrito; poderá, ademais, não só defender-se a si mesmo contra a acusação mas também requerer a produção de novos meios de prova. Por conseguinte, relevante é o valor atribuído à liberdade de declaração e de decisão que se reconhece ao inculpado[225]. Disso decorre a ampla possibilidade de que ele exerça esse seu direito para chegar a um consenso com o ministério público, de forma a obter uma discricionariedade por parte deste último.

Sendo possível, pois, a admissibilidade do inculpado como objecto de prova, a sua autonomia pessoal não poderá ser violada com vista a alcançar essa finalidade; as suas declarações somente poderão ser utilizadas se prestadas sem coacção[226]. Porém, embora a própria *StPO* estabeleça que as declarações prestadas pelo imputado somente poderão ser valoradas como prova se forem feitas voluntariamente e livres de toda a coacção ou influência não permitida, estando vedadas a ameaça e a promessa de vantagens não previstas na lei ao inculpado (§ 136, a), na prática é difícil estabelecer o limite entre as não permitidas promessas e as vantagens legalmente admissíveis que podem ser prometidas. Muitas vezes a polícia e/ou ministério público prometem ajudar o inculpado a receber uma mitigada sanção penal e a liberdade provisória que, no final do julgamento, jaz apenas na habilidade táctica da acusação. Pese embora esta constatação, as negociações (consenso) decorrentes dessa prática

---

[224] É crescente a importância atribuída à necessidade de se instruir o inculpado sobre o seu direito de ser assistido por um defensor. Se essa informação é omitida poderá dar causa a uma violação do § 136, n° 1, *StPO*, sendo inutilizáveis no processo as declarações eventualmente prestadas pelo inculpado sem a assistência do defensor (*BGHSt* 4ª T. 38, 372, 373) ou mesmo se não lhe é concedida a ajuda necessária para a adequada selecção do defensor (*BGH* 5ª T. *in*: NStZ 1996, 291 e s..). Por seu turno, a 1ª T. do *BGH* (*in*: StV 1996, 409, 410) pronunciou-se no sentido de que os §§ 136, n° 1, e 137 se referem ao direito do inculpado decidir se e quando deseja cooperar ou fazer declarações, inclusive sem a assistência do defensor; a falta de instrução sobre a possibilidade de consulta ao defensor somente conduzirá ao resultado de proibição de utilização das declarações prestadas se o acusado aponta o vício tempestivamente, na audiência principal.

[225] Tal é o relevo desta liberdade que se aponta como um dos casos em que é possível a recusa do juiz, por temor de imparcialidade, aquele em que ele deixa patente ao acusado ou testemunha, com direito a não prestar declarações, a sua desaprovação pela decisão tomada por esses sujeitos processuais no sentido do exercício desse direito (*BGHSt* 1, 34, 37).

[226] ROXIN, Claus. *Strafverfahrensrecht*, cit., p. 96.

são cada vez mais bem sucedidas para ambas as partes, ocorrendo muitas vezes na fase anterior ao julgamento, envolvendo o Tribunal, o ministério público e o defensor[227]

Sendo imprescindível para a análise das hipóteses de atenuações ao princípio da legalidade o problema da automia da vontade, a questão apresenta algumas peculiaridades no Ordenamento Jurídico alemão. Fundamental nesse sentido são os termos expressos do já citado § 136, a, da *StPO*, enquanto dispõe que as declarações do inculpado obtidas mediante violência e ameaça ou através da promessa de vantagens ilegítimas não podem ser utilizadas mesmo quando ele preste o seu consenso à utilização[228].

Regra geral, a posição jurídica do inculpado no Ordenamento Jurídico alemão pode ser vista através de dois aspectos complementares. Por um lado, é-lhe reconhecido o mais amplo direito de intervenção e declaração em prol da sua defesa, sendo-lhe garantida a oportunidade efectiva de se pronunciar contrariamente aos factos que lhe são atribuídos, com vista a opor-se às suspeitas ou acusações formuladas; sobressai aqui o limite imposto pelo princípio do "nemo tenetur se ipsum accusare", que veda a imposição da obrigação do inculpado se pronunciar contra si próprio[229]. Por outro lado, o reconhecimento da autonomia de vontade do inculpado impõe a tutela da sua liberdade de declaração, impedindo a utilização de todos os mecanismos voltados para a obtenção de declarações auto-incriminatórias por meios enganosos, *v.g.*, falsas promessas ou por medidas coactivas. Vê-se, pois, que não obstante reconhecida a autonomia de vontade do inculpado, a própria *StPO* limita o seu alcance.

É justamente em virtude do disposto nesse § 136, a, *StPO* que se critica o arquivamento previsto no § 153, a, *StPO*, uma vez que pode implicar uma indevida pressão sobre o inculpado[230]. Ou seja, embora o cumprimento das regras de conduta e injunções ocorra teoricamente de forma voluntária, na prática pode caracterizar uma coacção do inculpado, em virtude da ameaça de sujeição ao procedimento penal[231].

---

[227] TRIFFTERER, Otto. The pre-trial phase, cit., p. 40-41.

[228] § 136, a, n° 3, *StPO*. Consultar: ESER, Albin. La posizione giuridica dell'imputato nel processo penale tedesco, cit., p. 279.

[229] A limitação vale tanto para os interrogatórios policiais como também para aqueles realizados pelo ministério público.

[230] DENCKER, Friedrich. Die Bagatelledelikte im Entwurf eines *EGStGB*, cit., p. 149.

[231] ROXIN, Claus. *Strafverfahrensrecht*, cit., p. 71.

Exaltando a importância da manifestação de vontade do inculpado, GÖSSEL[232] põe em dúvida a crítica fundada na alegação de que essa voluntariedade é fictícia, em virtude da pressão em que ele se encontra pelo temor de uma pena mais grave, visto que na experiência diária o que se verifica é um grande interesse da maioria pelas hipóteses de arquivamento decorrentes de atenuações ao princípio da legalidade.

Relacionada com o problema da necessidade de que o inculpado venha devidamente esclarecido sobre a sua situação processual e sobre as perspectivas processuais para que possa efectivamente exercer o seu direito à manifestação da vontade está a questão da assistência aos acusados débeis economicamente. Na Alemanha, a primeira previsão de que o Estado deveria prover os recursos para custear a defesa do inculpado, respondendo por elas mesmo no caso de condenação, ocorreu com um projecto de 1979, *Arbeitskreis Strafprozessreform: Die Verteidigung*, o qual não se efectivou em Lei[233]. Detalhes a respeito desta assistência serão explicitados no tópico a seguir.

7.3 – Defensor.

A posição do defensor no processo penal alemão cumpriu uma longa jornada evolutiva que ainda hoje não se pode afirmar pacificamente concluída. A perplexidade resulta da consideração do defensor como órgão da administração da justiça (*BverfGE* 53, 207, 214; *BGHSt* 12, 367, 369), sendo indispensável tanto para a protecção do inculpado[234] como para a investigação da verdade[235]. Diz o § 1 da *BRAO* (*Bundesrechtsanwaltsordnung*: Lei Federal sobre a advocacia) que o advogado não é o representante do inculpado, senão que, como órgão de administração da justiça (*Rechtspflege*), actua numa situação de independência.

Como órgão da administração da justiça o defensor é independente não só do Tribunal e do ministério público mas também do seu próprio

---

[232] Principios fundamentales…, cit., p. 887.

[233] JESCHECK, Hans-Heinrich. Il nuovo codice di procedura penale italiano visto dalla germania, cit., p. 36.

[234] A terminologia adoptada atende à necessidade de tratar de forma mais abrangente este sujeito processual, de modo a alcançar inclusive o seu estado no momento das investigações preliminares, antes mesmo de se tornar acusado (após o exercício da acção penal). Detalhes a respeito no tópico em que se aborda o *status* desse sujeito processual.

[235] TIEDEMANN, Klaus, *In*: ROXIN, Claus, ARZT, Gunther, TIEDEMANN, Klaus. *Introducción*…, cit., p. 183.

cliente. Assim, em determinadas situações ele pode e deve exercer a defesa mesmo contra ordens dadas expressamente pelo inculpado; exemplificativamente, se o seu cliente quer admitir factos pelos quais não é responsável ou se ele pretende recusar testemunhas que lhe sejam favoráveis[236].

Enquanto, por um lado, o defensor deve actuar como ajudante do inculpado, procurando defender os seus interesses, por outro, limites à sua actuação são impostos no interesse da administração da justiça criminal. É justamente essa duplicidade de sentidos da função do defensor que propicia uma grande perplexidade a respeito do seu *status* processual.

Demonstrando a controvérsia sobre o tema, ESER[237] entende que a função de defesa não significa certamente que o defensor possa ser entendido como unilateral representante dos interesses do inculpado, já que ele representa sempre "um órgão de administração da justiça", não podendo no curso do seu esforço defensivo obstruir o esclarecimento do facto. Por seu turno, afirma MAIWALD[238] que, não obstante o dever de objectividade a que ficam sujeitos o Tribunal e o ministério público, o defensor é indispensável para operar em favor do inculpado; não sendo possível que ele fique dependente do Tribunal, do mesmo modo deve estar vinculado às finalidades perseguidas pela justiça, ou seja, a verdade e a justiça, incumbindo-lhe actuar de modo eficaz "nos casos em que o seu mandante não está em condições de avaliar adequadamente a própria situação e, portanto, não pode exercitar de modo efectivo os próprios direitos". Com a costumeira precisão, afirma ROXIN[239] que justamente porque o ministério público e o Tribunal devem averiguar amplamente os factos imputados, a defesa deve compensar a debilidade de posição em que se encontra o inculpado, de modo a propiciar um equilíbrio entre estes sujeitos processuais.

Assim, face à falta de conhecimento necessário sobre as questões jurídico-processuais e materiais que o inculpado possui, sobressai a fun-

---

[236] TRIFFTERER, Otto. The pre-trial phase, cit., p. 41. Os limites a essa independência estão previstos nos §§ 297 e 302, nº 2, da *StPO*, estabelecendo, respectivamente, que "o defensor poderá interpor recursos em favor do acusado, porém não contra a sua vontade expressa" e que nos casos de desistência ou renúncia de um recurso o defensor deverá requerer autorização especial.

[237] La posizione giuridica dell'imputato nel processo penale tedesco, cit., p. 296, nota 45.

[238] Il processo penale vigente in germania, cit., p. 35.

[239] ROXIN, Claus. *Strafverfahrensrecht*, cit., p. 100.

ção do defensor de esclarecimento do seu constituinte, para o que "não se limita o defensor à informação abstracta sobre questões jurídicas e fácticas, mas sim deve aconselhar sobre uma actuação determinada"[240].

Uma adequada posição acerca da função do defensor no processo penal parece ser aquela que parte do reconhecimento do direito fundamental à dignidade humana que possui o inculpado, de modo que ele não seja apenas um objecto da decisão judicial mas que, ao invés, possa participar activamente na elaboração dessa decisão, "influenciando assim o processo e o seu resultado". Para assegurar essa sua dignidade humana é imprescindível que se reconheça ao inculpado o direito de ser ouvido no processo em condições de "igualdade de armas"; se a acusação contra ele formulada se funda numa argumentação elaborada por um jurista especializado, o seu direito a nomear um defensor é o único meio de que dispõe para se opor a essa acusação valendo-se também de um jurista especializado[241]. Portanto, na perspectiva do imputado o acompanhamento por um defensor atende a um genérico dever de assistência.

Quanto à sua missão concreta, "a tarefa do defensor consiste em garantir, *exclusivamente em face do arguido*, o respeito pela lei e pela justiça por parte dos órgãos que exercem a acção penal". Ou seja, como consequência do direito fundamental da garantia de defesa da dignidade humana, o defensor vincula-se a uma actividade unilateral, apenas em favor do inculpado, de "exercer um controlo no sentido de evitar, no processo, infracções à lei ou violações da justiça *contra* o seu cliente"; não lhe compete, porém, evitar que exista, "por parte do poder punitivo, um processo ilegal ou injusto" que, afinal, favoreça o inculpado[242]. Em síntese, "através deste controlo, compete-lhe assegurar que a investigação da verdade pelo Tribunal e pelo ministério público seja efectuada de acordo com as normas legais e justas, *na medida em que* favoreça o réu"[243]. Os limites postos a esse poder de controle do defensor foram adequadamente sintetizados a partir da ponderação de que: "a quem competir a tarefa de fazer valer a lei e a justiça – mesmo que, unilateralmente, apenas a favor do réu – nega-se o próprio fundamento da sua

---

[240] TIEDEMANN, Klaus *In*: ROXIN, Claus, ARZT, Gunther, TIEDEMANN, Klaus. *Introducción...*, cit., p. 187; PETERS, Karl. Le ministère public, cit., p. 11.

[241] GÖSSEL, Karl-Heinz. A posição do defensor no processo penal de um estado de direito, cit., p. 268.

[242] Idem, ibidem, p. 276. Expressamente (p. 279), "é, portanto, tarefa do defensor exercer um controlo sobre o poder de aplicar penas que compete ao Estado".

[243] Idem, ibidem, p. 277.

actividade sempre que se afastar de um processo legal e justo, de uma sentença legal e justa, combatendo activamente o ordenamento jurídico através da violação do direito"[244].

Por conseguinte, embora reconhecida como essencial a função do defensor de assegurar a legalidade e a justiça do exercício da acção penal, ainda que na perspectiva exclusiva dos interesses do inculpado, não se lhe reconhece a possibilidade de exercer essa sua actividade em oposição à própria lei e aos princípios que regulam o processo penal num determinado ordenamento jurídico, alcançando, inclusive, as limitações de ordem constitucional. Desse modo, qualquer medida tomada pelo defensor que contrarie a própria lei e os mencionados princípios deverá ser tida por absolutamente ilegítima e ser devidamente controlada[245]. Sujeita-se, pois, o defensor ao dever de veracidade, impedindo-o de falsear o material probatório.

Uma ulterior consequência pode ser extraída desta limitação no que se refere às medidas de cunho nitidamente dilatório e que, portanto, atentam directamente contra o objectivo de *funcionalidade*, também ele eleito como um fim a ser buscado pela ordem jurídica num Estado de Direito: embora legitimadas numa necessidade de *garantia*, desde que no caso concreto se verifique a natureza protelatória ou impeditiva de certa medida da defesa deverá ser reconhecida a proeminência do vector *funcionalidade* para, nos termos legais, anular aquele efeito, seja impondo um ónus à execução da medida seja proibindo a sua realização[246]. Pode-se constatar, pois, que no Ordenamento Jurídico alemão o defensor assume a missão de tutelar a *garantia* reconhecida ao acusado, devendo actuar também no sentido da *funcionalidade* quando ela for interessante para o seu constituinte. Entretanto, isso não implica o reconhecimento

---

[244] Idem, ibidem, p. 279/280.

[245] Ainda que o defensor possa negar diante do Tribunal que seu cliente cometeu o crime, mesmo após ter recebido uma confissão confidencial, não lhe é permitido mentir. Se o inculpado prestou uma confissão por si mesmo, o defensor não pode declarar ao Tribunal que sabia ou pensava que o seu cliente fosse inocente. Neste último caso o que ele pode fazer é sustentar diante do Tribunal que as provas encontradas não são suficientes para uma condenação, conf.: TRIFFTERER, Otto. The pre-trial phase, cit., p. 43; ROXIN, Claus. *Strafverfahrensrecht*, cit., p. 104.

[246] Um exemplo da primeira alternativa encontra-se na hipótese da suspensão do prazo prescricional perante a suspensão provisória do processo. A título de exemplo, vejam-se ainda as propostas relativas a uma igual suspensão nos casos de recurso exclusivo da defesa.

Modelo Alemão

de um direito de obstrução do defensor, através de medidas dilatórias; se ele não está obrigado a impedir as medidas injustas e não funcionais que sejam um benefício para o seu cliente, também não pode ser causa dessas medidas.

Evidenciando a importância do papel do defensor, estabelece o § 141, *StPO*, que nos casos de defesa necessária (§ 140, n°s 1 e 2, *StPO*) do inculpado que não tenha constituído um defensor ser-lhe-á nomeado um pelo presidente do Tribunal competente para o procedimento principal, ou pelo presidente do Tribunal onde se tramita o processo.

O defensor executa as suas funções no processo a partir do exercício dos seguintes direitos: examinar o processo e os instrumentos de prova custodiados oficialmente (§ 147, *StPO*), após o término das investigações realizadas pelo ministério público[247]; acesso ilimitado ao inculpado preso preventivamente (§ 148 *StPO*)[248]; inexistência de controle sobre a correspondência mantida entre o inculpado e o seu defensor; direito de participação em toda a actividade de investigação que requeira a presença do inculpado, podendo estar presente tanto no interrogatório deste último como no interrogatório de testemunhas e peritos[249]; direito de ser informado sobre as actividades de investigação realizadas pelo Tribunal; direito de não ter a presença restringida durante a audiência[250]. Nos casos de acusações graves e de defesa obrigatória o julgamento não pode ser realizado sem a presença do defensor (§ 140 *StPO*)[251].

---

[247] Em acréscimo, dispõe o § 147: n° 2) o direito poderá ser denegado se o agente do ministério público não fez constar no processo o término das investigações e o exame dos autos ou dos instrumentos de prova custodiados oficialmente puser em perigo a finalidade da investigação; n° 3) em nenhum momento do processo poderá ser denegado o exame do interrogatório do inculpado constante dos autos, como também do resultado das averiguações judiciais, em cuja realização se permitia a presença do defensor. O mesmo prevalece em relação às informações dos peritos.

[248] Excepção feita aos casos de acusações de terrorismo (§ 148, n° 2, 148, a, *StPO*) e às restrições constantes no *Kontaktsperregesetz* de 30/09/77.

[249] Este direito de estar presente alcança os interrogatórios perante o ministério público (§163, a, n° 3 c/c 168, c, *StPO*). Porém, não há previsão legal do direito de presença no interrogatório de testemunhas e peritos realizado pelo ministério público, tão pouco em interrogatórios policiais do inculpado.

[250] Em relação ao inculpado, uma restrição a esse direito encontra-se descrita no § 168, c, n° 3, *StPO*: "o Tribunal poderá excluir o inculpado da presença no acto quando a sua presença puser em perigo a finalidade da investigação. Isso ocorrerá especialmente quando houver o temor de que a testemunha não diga a verdade na presença do inculpado".

[251] KÜHNE, Hans-Heiner. Germany, cit., p. 143.

372   *O Processo Penal como Instrumento de Política Criminal*

Em relação aos meios de controle da actividade do defensor, sugere-se doutrinariamente que seja atribuída aos próprios órgãos superiores da classe esta missão; para esse fim poderia ser utilizado o *Estatuto Federal da Advocacia (Bundesrechtsanwaltsordnung:BRAO)*[252].

Perspectivada a função de controle do defensor face às atenuações ao princípio da legalidade previstas nos §§ 153 e seguintes da *StPO*, parece claro que a sua tarefa reside basicamente em evitar que, em atenção a um exclusivo objectivo de *eficiência* do Sistema Punitivo estatal, sejam sacrificadas as *garantias* inerentes ao acusado num processo penal de um Estado de Direito.

Ainda com fundamento na subordinação do processo penal às regras do Estado de Direito, pode-se dizer que, obtida a tutela da dignidade humana do inculpado através do reconhecimento do seu direito à actuação efectiva no processo, a concretização dessa tutela dá-se, entre outras formas, pela possibilidade dele ser ouvido; é evidente, pois, que maior ainda deverá ser o seu direito de actuar efectivamente num modelo de justiça consensual, devendo ser desenvolvidos mecanismos que viabilizem essa actuação. É justamente na necessidade de tutela desse direito do inculpado que reside a relevância do defensor para as hipóteses de atenuação do princípio da legalidade no Ordenamento Jurídico alemão. Aliás, há quem defenda que, em respeito ao princípio da presunção de inocência, não se pode mais contentar com o dever de objectividade do ministério público como instrumento de garantia da defesa, sustentando-se, pois, que o mencionado princípio "exige la participation active de l'accusé, jusqu'à présent sous-développée au cours de l'enquête"[253], através do seu defensor, obviamente.

A última informação não nos conduz ao reconhecimento da existência no Ordenamento Jurídico alemão de uma defesa activa na fase das investigações preliminares; diversamente, restritas são as possibilidades de intervenção da defesa nessa fase processual, estando previsto na própria *StPO* (§ 163, a, nº 2) que se o inculpado solicita a produção de determinados meios de prova visando a sua exclusão da culpa, elas somente serão produzidas no caso de serem consideradas importantes, não obrigando, pois, nem a polícia nem o ministério público[254]. Considerando

---

[252] BAUMANN, Jürgen. La situacion del proceso penal en alemania, cit., p. 106.

[253] JUNG, Heike. Le ministere public: portrait d'une institution, cit., p. 20.

[254] JUNG, Heike. Le rôle du ministère public en procédure pénale allemande, cit., p. 231; TRIFFTERER, Otto. The pre-trial phase, cit., p. 35-36. Entende ESER (ESER, Albin.

que as atenuações ao princípio da legalidade ocorrem, na maioria dos casos, no encerramento da fase de investigações, importa reconhecer que essa restrição à actuação da defesa nesta fase processual implica uma redução da incidência do vector *garantia* com proveito para o vector *funcionalidade* na experiência germânica.

Comparando-se esta situação com aquela existente no modelo italiano, no qual se defende a necessidade de uma defesa activa na fase das investigações preliminares para a legitimidade do *patteggiamento*, não deve ser descuidada a *diferença* existente entre as duas formas de substituição do rito ordinário: enquanto no modelo alemão ocorre uma verdadeira abstenção do exercício da acção pelo ministério público, o contrário ocorre em Itália, onde se verifica uma determinação consensual da medida da pena a ser imposta e mesmo assim devendo ser submetida à apreciação judicial.

7.4 – Vítima.

Originariamente o processo penal germânico revestia-se de uma natureza tipicamente compositiva. O crime não era um assunto público e o processo penal versava somente sobre o conflito entre acusado e vítima. Mesmo a partir de uma incipiente concepção publicista do processo penal a intervenção pública limitava-se a assegurar uma justa composição do dano entre acusado e vítima[255].

Na situação normativa posterior a participação da vítima no processo penal germânico era limitada, podendo ocorrer apenas nas seguintes hipóteses: propondo a acção penal privada (*supra*), prevista para alguns delitos, *v. g.*, a injúria; como parte civil, funcionando ao lado do ministério público e sustentando a acusação em audiência (acção adesiva prevista no § 395 *StPO*); através de um processo de adesão (§ 403, *StPO*), diverso da acção adesiva, no qual a vítima pode, já no curso da acção penal, fazer valer a sua pretensão de natureza civil ao ressarci-

---

La posizione giuridica dell'imputato nel processo penale tedesco, cit., p. 292) que algumas das atividades necessárias para uma defesa ativa do inculpado na fase preliminar (inspeção do lugar do crime, audição de testemunhas favoráveis, requerimento de perícias) "podem ser executadas somente a partir de uma cooperação voluntária, haja visto não ser admissível qualquer poder do defensor realizá-las de forma coativa".

[255] Acerca das considerações evolutivas a seguir e as implicações de política criminal: KRAUSS, Detlef. La vittima del reato nel processo penale. *Dei delitti e delle pene*, a. I, n. 2, p. 283-298, mag/lug 1983, p. 283-290.

374 O Processo Penal como Instrumento de Política Criminal

mento do dano. Digna de menção é também a possibilidade contemplada no § 172, *StPO*, de iniciar o procedimento para forçar a acusação, já visto.

No *StGB* (Código Penal) a vítima é despersonalizada na descrição da figura típica, não se valorando a sua culpa na causação do delito (concurso de culpa) e sendo reduzida a influência do seu comportamento na operação da medida da pena; na *StPO* o papel da vítima encontra-se limitado à função de iniciar o procedimento em alguns delitos e como meio de prova, verificando-se uma tentativa de evitar os contactos entre ela e o acusado aquando dos debates em audiência[256].

Quanto à sua importância para iniciar o procedimento penal, segundo ESER[257] somente entre 2 a 9% de todos os procedimentos preliminares se originam no conhecimento de ofício por um órgão encarregado da persecução; em todos os demais casos o procedimento desencadeia-se mediante a correspondente denúncia à autoridade pública (*Strafantrag*)[258]. Sendo facultada a qualquer pessoa essa denúncia (§ 158, n° 1, *StPO*), entre 73 e 86% dos casos é o ofendido quem a formula.

Demonstrando o vínculo do processo penal com os fins de política criminal mesmo historicamente, a ausência de uma preocupação para com a vítima nessa fase normativa dava-se em virtude das finalidades de cunho absoluto atribuídas ao Sistema Penal, voltado no seu complexo para a retribuição ao autor do delito e para a intimidação dos autores em potencial. O Direito Penal estava construído para a protecção de bens jurídicos tidos como "istituzioni di una vita comunitaria eticamente consolidata", sem consideração para com os interesses do indivíduo concreto[259]. A condição para a viabilidade de um Sistema Penal concebido

---

[256] Segundo KERNER (KERNER, Hans-Jürgen. Conciliacion victima-ofensor y reparacion de dãnos en el derecho penal aleman. Consideraciones sobre la nueva situacion juridica y las experiencias de la aplicacion practica. *Cuadernos de Política Criminal*, Madrid, n° 62, p. 367-383, 1997, p. 372), a vítima é sistematicamente considerada como mero "elemento" na "construção" do sistema da "teoria do delito" e estimada como objecto de busca da verdade processual no sumário, como um meio de prova no direito penal processual probatório.

[257] Acerca del renacimiento de la víctima en el procedimiento penal, cit., p. 19.

[258] A tradução literal do termo é *requisição*, podendo, todavia, ser identificada com a notícia do crime à autoridade pública para a apuração da ocorrência de um delito.

[259] Ou seja, segundo JUNG (JUNG, M. Heike. La reconstrucció d'una posició: el paper de la víctima en el procediment penal. *Justiforum*, II època, n° 5, p. 27-39, 1996, p. 27), "la teoria alemanya del bé protegit (la Rechtsgutslehre) ha donat lloc a una noció

Modelo Alemão

dessa forma abstracta devia-se à subsidiariedade reconhecida ao Direito Penal, o qual era coadjuvado por eficientes instituições na solução dos problemas sociais. Era a pressão social para um comportamento conforme ao Direito que excluía o delinquente da sociedade.

Manifestando-se sobre a crítica que se dirigia nessa época ao facto de a vítima do delito ter pouca oportunidade para influenciar o processo nos casos de pequenos furtos, LÜDERSSEN[260] opinava que essa crítica não levava em conta que a participação da vítima no procedimento criminal é de todas as maneiras um anacronismo. Afirmava ainda que a persecução criminal é uma matéria de interesse público, na qual toda a possível influência da vítima deveria ser evitada; se a matéria fosse atinente apenas à vítima então deveria ser apreciada pelos tribunais civis.

Pese embora este posicionamento, a preocupação com a vítima do delito resulta da mudança verificada quanto aos fins da pena, de um modelo de retribuição para um de prevenção, como consequência da atribuição ao Direito Penal de uma maior capacidade – quase exclusiva – para regular as necessidades sociais. Disso decorrem as propostas fundadas numa pacificação entre todas as pessoas envolvidas no delito, o acusado, a vítima e a própria sociedade. Mais precisamente, JUNG[261] fala de uma superação da teoria da pena fundada num compromisso lábil entre a noção clássica da retribuição e a noção moderna da prevenção, redescobrindo, dessa forma, uma *política penal restauradora*, através da qual o problema da vítima passou a enquadrar-se na ordem do dia das reformas verificadas nos diversos ordenamentos jurídicos.

Hodiernamente, pois, cresceu o interesse do processo penal alemão, e também do Direito Penal[262], pela vítima do delito, culminando

---

abstracta d'interès protegit que s'ha separat de la persona victimitzada". Na mesma passagem o Autor discorre sobre o afastamento da vítima do processo penal, afirmando que por muitos séculos a política criminal se dedicou a concretizar apenas as relações entre Estado e acusado, relegando a vítima para um segundo plano, sendo considerada um personagem irrelevante para o processo penal.

[260] Petty offenses, cit., p. 763.

[261] JUNG, M. Heike. La reconstrucció d'una posició…, cit., p. 28. Em passagem posterior (p. 31) o Autor afirma que uma construção da justiça penal que negue à vítima toda a forma de cooperação corre o risco de não alcançar o seu objectivo, é dizer, o restabelecimento da paz social.

[262] Quanto às medidas de Direito Penal, consultar KERNER (KERNER, Hans-Jürgen. Conciliacion victima-ofensor…, cit., p. 381), com especial destaque para as alterações introduzidas pela Lei de Protecção da Vítima de 1986 no § 46 do *StGB* (que trata da

376   *O Processo Penal como Instrumento de Política Criminal*

na elaboração de uma legislação especificamente voltada para a protecção das vítimas. A este respeito, a primeira Lei data de 1976, versando sobre a indemnização das vítimas de delitos graves. Dois anos após, em 1986, uma nova Lei sobre a protecção das vítimas entrou em vigor (*in: BGBI*, I, 2496), reforçando a posição do ofendido como sujeito processual; conteúdo da Lei por último citada foi a ampliação da possibilidade de constituição de parte civil, podendo a vítima, frequentemente através do seu procurador, actuar activamente no sentido da condenação do acusado[263]. Desse modo, em verdade, o defensor acaba por ter que se contrapor em alguns processos não só a um acusador e sim a dois: ministério público e a parte civil[264].

Entre as críticas que pesam sobre a regulamentação de 1986 destaca-se aquela relacionada com o aumento das despesas processuais, particularmente no caso de condenação do inculpado ao seu pagamento, o que na maioria dos casos inviabilizaria o processo de ressocialização[265].

Quanto à melhor forma de lhe atribuir relevância, entende SCHÖNE[266] que, para além das responsabilidades do Estado de tutelar a vítima no

---

operação de medida da pena). Segundo esse preceito a culpabilidade do autor é o fundamento da operação de medida da pena (I), devendo ser levada em consideração a conduta do autor após a realização do delito, especialmente os seus esforços no sentido de reparar os danos e de alcançar a conciliação com o ofendido (II, *fine*).

[263] Como prerrogativas que lhe são atribuídas podem ser citadas: deve ser informada sobre o resultado do processo, na medida em que a afecte (§ 406, d); direito de acesso aos autos (§ 406, e); ser assistida por um advogado no processo penal, ou ser por este representada (§ 406, f).

[264] MAIWALD, Manfred. Il processo penale vigente in germania, cit., p. 21; AMELUNG, Knut. Constitution et procès pénal en Allemagne, cit., p. 468. Por vezes tomado como negativo este último aspecto, argumenta SCHNEIDER (SCHNEIDER, Hans Joachim. La posicion juridica de la victima del delito en el derecho y en el proceso penal, cit., p. 366) que a crítica improcede, uma vez que ela menospreza a situação real do Tribunal, quando afirma que ele poderá deixar-se influenciar na sua decisão a favor do acusado só pelo facto de que há dois acusadores frente a um único defensor. Sucessivamente aos Diplomas Legais mencionados no texto podem ser citadas: a Primeira Lei de Reforma da Lei de Tribunais de Menores, de 1990, que prevê a possibilidade de se colocar frente a frente o menor e a vítima (§ 45, nº 2), como forma adequada para superar traumas, incrementar a reparação e reduzir riscos de futuros comportamentos delituosos; a Lei de Combate ao Delito de Dezembro de 1994, que introduziu oficialmente a conciliação vítima-ofensor no Direito Penal alemão, contendo parcialmente o Projecto Alternativo de Lei de Reparação das Vítimas elaborado por um grupo de professores alemães.

[265] MAIWALD, Manfred. Il processo penale vigente in germania, cit., p. 21.

[266] SCHÖNE, Wolfgang. Reforma constitucional y orden jurídico-penal. *In: Acerca del orden jurídico penal*. San José: Juricentro, p. 187-254, 1992, p. 232.

que se refere à sua condição pessoal e patrimonial – com isso confirmando a reserva existente no Ordenamento Jurídico alemão para com "uma estrutura discutível do processo penal que incorpora obrigatoriamente o aspecto muito distinto da indemnização civil" –, o que importa "é prever mecanismos de direito processual para mitigar, na medida do possível, preocupações e temores da vítima que se fundam numa dependência total da boa vontade dos órgãos estatais" na persecução do delito. Portanto, nessa perspectiva defende-se a atribuição de uma maior relevância processual à vítima, no sentido de coadjuvar na actividade persecutória.

Uma hipótese em que se verifica este maior relevo processual da actuação do ofendido pode ser encontrada na possibilidade de acção acessória, interposta em adesão à acção penal pública. Já adiantada a sua previsão na regulamentação anterior, esta possibilidade foi muito ampliada com o advento da *Opferschutzgesetz* (Lei de Protecção das Vítimas). Efectivamente, dispõe o § 395, *StPO*, que na acção pública interposta poderá intervir como acusador privado todo aquele que for ofendido por um acto ilícito entre aqueles especificados nesse mesmo parágrafo. O procedimento previsto para a admissibilidade da adesão encontra-se disciplinado no § 396, *StPO*, sendo de destacar o disposto no nº 3 desse parágrafo, estabelecendo que se o Tribunal decide suspender o processo nos termos do § 153, nº 1, § 153 a, § 153 b, nº 1, ou § 154, nº 1, deverá, acto seguido, pronunciar-se sobre a autorização para a adesão.

Contudo, para ROXIN[267] à vítima os direitos processuais interessam muito menos do que a reparação. Implica isso em dizer que o interesse predominante da vítima é a reparação dos danos sofridos. Por outro lado, também os interesses da comunidade jurídica na prevenção alcançariam satisfação através desta reparação, devendo, portanto, ser acolhida

---

[267] Sobre el concepto global para una reforma procesal penal, cit., p. 316; KRAUSS, Detlef. La vittima del reato nel processo penale, cit., p. 291; ESER, Albin. Acerca del renacimiento de la víctima en el procedimiento penal, cit., p. 28; JUNG, M. Heike. La reconstrucció d'una posició..., cit., p. 32. Afirma KERNER (KERNER, Hans-Jürgen. Conciliacion victima-ofensor..., cit., p. 374) que em dois sentidos se encaminha o tratamento da vítima no Ordenamento Jurídico germânico: a sua consideração como sujeito no processo penal; o reconhecimento das exigências e necessidades de que ela carece. Em relação ao último dos mencionados sentidos, papel de destaque é atribuído ao critério da reparação dos danos, que assume tanto o aspecto de ressarcimento no âmbito civil como de expiação punitiva no âmbito penal.

no seio do processo penal. Disso decorre a ligação directa do problema da vítima no Sistema de Justiça Criminal à questão da reparação dos danos causados pelo delito[268].

Não sem razão, portanto, o facto de a reparação dos danos à vítima por parte do autor do delito ter sido reconhecida como uma sanção independente pela ONU e pelo Conselho da Europa[269].

Na Alemanha esta é a base para a construção de um modelo processual que supere os acordos informais ocorridos na prática, através da atribuição de uma relevância aos comportamentos de natureza reparatória. A concretização da ideia encontra-se no *Alternativ-Entwurf Wiedergutmachung (AE-WGM)*[270].

É nessa sede que a ideia do modelo processual centrado na plenitude do consenso ganha corpo, encontrando até mesmo uma fundamentação de ordem criminológica que impressiona. Com efeito, afirma-se que o Sistema Jurídico-Penal deve orientar-se para um conceito de recompensação (recomposição), o qual implica uma extensão do conceito de tratamento – até então centrado no autor – para a vítima do delito e para a sociedade. Há que se conceber a recompensação como um processo de interacção entre o autor, a vítima e a sociedade, que resolve o conflito criminal e restabelece a paz entre os implicados. Não se trata precisamente de pagar uma certa quantia de dinheiro e de articular algumas desculpas. A recompensação é um processo criativo, uma contribuição pessoal e social que requer um supremo esforço de confissão e de luto psíquico e social por parte do agente e com a qual ele assume a sua responsabilidade pelo cometimento do delito face à vítima e à sociedade[271].

Em termos de política criminal esta visão criminológica conduz à afirmação de que, através da recompensação, a solução do conflito

---

[268] HIRSCH, Hans Joachim. Il risarcimento del danno nell'ambito del diritto penale sostanziale, cit., p. 278.

[269] No que se refere às Nações Unidas, o documento básico em que se disciplina a matéria é a *Declaration of Basic Principles of Justice for Victims of Crime and Abuse of Power* (*United Nations*, 1986, 43-48); quanto ao Conselho da Europa a Recomendação nesse sentido encontra-se no conjunto de Recomendações para a melhoria da situação jurídica das vítimas no Direito e Processo Penal, aprovadas em 28 de Junho de 1985 pelo Conselho de Ministros.

[270] *Alternativ-Entwurf Wiedergutmachung (AE-WGM)*, München, 1992.

[271] SCHNEIDER, Hans Joachim. Recompensacion en lugar de sancion. Restablecimiento de la paz entre el autor, la victima y la sociedad. *Derecho Penal y Criminologia*, Bogotá, v. XV, n. 49, p. 153-168, ene/abr de 1993, p. 159.

Modelo Alemão 379

criminal – ou seja, o restabelecimento da paz entre autor, vítima e sociedade – produz no corpo social uma consciência do Direito que é muito mais importante para o controle do delito do que a intimidação dos cidadãos pela legislação e pela execução penal. A compensação requer uma transformação da finalidade de toda a justiça criminal[272].

A concretização processual deste modelo pode ser identificada em propostas voltadas para a implantação de um procedimento precedente ao processo penal formal, onde o autor e a vítima se sentam a uma mesa e tentam solucionar eles mesmos o seu conflito por meio de um processo informal, sob a direcção e mediação de um juiz ou com a ajuda do ministério público, do defensor e talvez de um perito. Pressuposto para um semelhante modelo processual é que não haja dúvida quanto à culpabilidade e que todos os implicados tenham expressado o seu consentimento para esse procedimento. Competindo à justiça criminal apenas a ajuda na sua realização, o objecto desse procedimento seria o arranjo de uma compensação entre o autor e a vítima, prevendo-se instrumentos que impelem ao cumprimento das obrigações assumidas[273].

A este respeito a experiência no modelo germânico mostra-se hesitante, verificando-se um abandono quase completo do tema mesmo na já citada Lei de Protecção da Vítima de 1986 (*Opferschutzgesetz*), em virtude de se considerar que o problema da conciliação entre acusado e vítima, através do ressarcimento do dano, ainda não se encontra maduro o suficiente para decisão[274].

Na maioria dos casos, mesmo nas hipóteses de expressa previsão legal (§ 153, a, nº 1, I), a reparação dos danos surge apenas como uma reacção de natureza suplementar, quando não, é imposta nos casos de dificuldade probatória somente para evitar que o inculpado altamente suspeito se livre sem qualquer consequência sancionatória[275]. A prefe-

---

[272] Idem, ibidem, p. 160.

[273] Idem, ibidem, p. 162.

[274] ROXIN, Claus. La posizione della vittima nel sistema penale. Trad. Mauro Catenacci. *L'Indice Penale*, Padova, a. XXIII, p. 5-18, 1989, p. 7. Recorde-se, porém, a informação já adiantada de que a Lei de Combate ao Delito de Dezembro de 1994 introduziu oficialmente a conciliação vítima-ofensor no Direito Penal alemão.

[275] Idem, Risarcimento del danno e fini della pena, cit., p. 5. Traduzindo em termos percentuais o que acaba de ser afirmado, é de se registar que a reparação dos danos não alcança na Alemanha a percentagem de 2% (dois por cento) das obrigações impostas em assuntos penais, conf.: KERNER, Hans-Jürgen. Conciliacion victima-ofensor..., cit., p. 382. Na mesma passagem o Autor acrescenta uma interessante informação:

380   O Processo Penal como Instrumento de Política Criminal

rência pela imposição da regra do pagamento de um determinado valor em proveito de uma instituição de utilidade pública ou do Estado (§ 153, a, nº 1, II), em detrimento da regra da reparação dos danos (§ 153, a, nº 1, I), explica-se em virtude da identificação que é feita da primeira regra mencionada com a inflição de um mal e, portanto, uma sanção apta a satisfazer a necessidade de pena (*supra*). Há o temor de que a imposição ao inculpado da mera obrigação de reparar o dano não corresponda à punição suplementar que a consciência jurídica tradicional exige, visto tratar-se de uma obrigação independente da punibilidade[276].

A perplexidade sobre o tema resulta da dificuldade de se determinar a reparação dos danos como missão do Direito Penal, face ao limite que se procura estabelecer entre esse sector do Ordenamento Jurídico e aquele do Direito Civil. Nesse sentido, assume um certo peso o argumento de que a essência da reparação dos danos consiste em que a sua determinação serve para reparar, restituir uma situação contrária ao Direito por outra ajustada à ordem jurídica; diversamente, quem sofre uma pena não cancela através do seu sofrimento uma situação antijurídica. Pela sua determinação a pena é algo distinto da reparação[277]. Portanto, não serve para a solução do problema a proposta de se elevar a reparação dos danos ao nível da pena estatal, conforme pretendem os representantes da *Teoria Abolicionista* do Direito Penal[278].

Apesar das expectativas dos penalistas de que os delitos violentos não se mostravam adequados às técnicas de conciliação vítima-ofensor, a prática criminológica revelou o contrário. Com efeito, 60% (sessenta por cento) dos casos de conciliação ocorreram em relação às lesões corporais de todo tipo; 9% (nove por cento) nos casos de crimes de dano; 8% (oito por cento) nos casos de crime de furto; 5% em crimes de injúria, distribuindo-se o restante entre os diversos tipos.

[276] ROXIN, Claus. La posizione della vittima nel sistema penale, cit., p. 9.

[277] Idem, La reparación civil dentro del sistema de los fines penales. *Universitas*, v. XXIV, n. 3, p. 213-221, 1987, p. 213/214; ESER, Albin. Acerca del renacimiento de la víctima en el procedimiento penal, cit., p. 17. Também distinguindo os dois institutos, afirma HIRSCH (HIRSCH, Hans Joachim. Il risarcimento del danno nell'ambito del diritto penale sostanziale, cit., p. 281) que o direito ao ressarcimento do dano, isto é a parte civil do facto, refere-se à reparação do dano material, e eventualmente moral, causado pelo autor do delito; a pena consiste, ao contrário, no acréscimo de um mal ulterior.

[278] HIRSCH, Hans Joachim. Il risarcimento del danno nell'ambito del diritto penale sostanziale, cit., p. 279.

Modelo Alemão 381

A despeito das demais soluções apontadas para o problema[279] e aproveitando alguns dos seus aspectos, ROXIN[280] entende que o ressarcimento poderia ser configurado como um "terzo binario" do Direito Penal, entre a pena e a medida de segurança, ou seja, como sanção penal autónoma poderia substituir a pena ou, integrando-a, mitigar-lhe os efeitos, nos casos em que corresponda aos fins desta última e às necessidades da vítima. O fundamento para esta tese é encontrado uma vez mais na integração político-criminal da medida, a partir da sua vinculação às finalidades da sanção penal típica. Afirma-se, então, que o ressarcimento do dano, no sentido indicado, pode ser eficaz seja do ponto de vista da prevenção geral seja da prevenção especial[281].

O Ressarcimento atenderia à finalidade de *prevenção geral integradora*, desdobramento da *prevenção geral positiva*, na medida em que propicia o restabelecimento da paz jurídica perturbada pelo delito; numa palavra: actua na *pacificação* do conflito surgido[282].

Por sua vez, vários são os efeitos de prevenção especial apontados como resultantes do ressarcimento do dano[283].

A partir do dever de reparação o inculpado, antes de mais nada, é induzido a colocar-se diante do dano causado pelo delito de modo totalmente diverso daquele em que a figura da vítima permanece abstracta e

---

[279] As soluções fundam- se nas seguintes teses: previsão de uma causa de exclusão da punibilidade no caso em que o acusado realize o ressarcimento do dano ou ao menos se obrigue contratualmente a realizá-lo antes que a autoridade tenha notícia do facto, em síntese, uma composição privada do conflito; utilização do ressarcimento como uma sanção penal autónoma, ao lado da reclusão e da pena pecuniária; identificação no ressarcimento do dano de um novo fim da pena, a ser obtido com a prestação reparatória de natureza civil. Conforme, com a devida crítica: ROXIN, Claus. Risarcimento del danno e fini della pena, cit., p. 11-15.

[280] Idem, ibidem, p. 22.

[281] Idem, ibidem, p. 20.

[282] Idem, ibidem, p. 17/19. Na mesma passagem a demonstração estatística de que entre 85 a 90% de todos os procedimentos de natureza penal (com destaque para os crimes contra a propriedade e o património) são instaurados por motivo de denúncia particular e que para o ofendido-denunciante importa muito mais o ressarcimento do que a condenação. Sendo o ofendido nada mais que um representante qualificado da sociedade, continua a expectativa de que o ressarcimento, ao menos para determinados crimes e até um certo nível de gravidade, satisfaça as exigências de prevenção geral ou, de qualquer maneira, a reduza de modo essencial.

[283] Sobre o que se segue: ROXIN, Claus. Risarcimento del danno e fini della pena, cit., p. 19-20.

anónima. Esse contacto pode suscitar uma transformação interior favorável à ressocialização.

O ressarcimento representa uma prestação construtiva sob o perfil social, cuja inflição, diversamente da prisão, pode ser espontaneamente vista como justa e significativa também pelo próprio inculpado; nesse sentido pode conduzir este último a reconhecer a validade do direito.

Se espontâneo, o ressarcimento pode favorecer a reconciliação entre vítima e inculpado, de modo que, sendo recebida pela colectividade na perspectiva da prevenção geral integradora, a finalidade de uma resolução do conflito orientada para a ressocialização é plenamente alcançada.

Enfim, o ressarcimento surge como um elemento anulador das objecções feitas ao fim de ressocialização, na medida em que funciona como um limite de garantia correspondente ao princípio da culpabilidade, em virtude de ser ligado ao facto, impedindo assim a sujeição do inculpado a um tratamento de duração indeterminada. A medida evita, por outro lado, o efeito deletério da prisão.

Face à crítica fundada na desigualdade gerada em relação aos acusados que não possuem condições para a reparação do dano[284], propõe-se uma valoração dos esforços seriamente empreendidos nesse sentido bem como a alternativa de prestação de serviços à comunidade, destinando-se o proveito arrecadado para um fundo de ressarcimento das vítimas do delito.

Por outro lado, para que a sanção pecuniária não seja um obstáculo ou contra-estímulo à reparação, esta última deveria ser enquadrada como um pressuposto para aquela ou mesmo como uma medida suficiente para se evitar a pena de multa. Aliás, já em 1985 um Projecto de Lei (*Bundesminister der Justiz*, 1985, 8, 1985a, 47 e seguintes) previa que em determinados casos se poderia prescindir da execução da pena pecuniária ou da prisão substitutiva desta quando o acusado tivesse realizado prestações apropriadas para a reparação, a qual reparasse o valor da pena pecuniária que deveria ser satisfeita; todavia, a ideia não se concretizou na Lei de Protecção da Vítima de 1986. Uma concretização a esse respeito encontra-se no § 459, a, nº 1, prevendo a possibilidade da autoridade incumbida da execução das penas pecuniárias conceder facilidades para o seu pagamento se, sem essa concessão, a reparação dos danos por parte do condenado for dificultada de forma considerável.

---

[284] A crítica é mencionada por: JUNG, M. Heike. La reconstrucció d'una posició..., cit., p. 33.

[285] ROXIN, Claus. Risarcimento del danno e fini della pena, cit., p. 22.

Em termos propriamente processuais poderia ser prevista uma audiência voltada para o consenso entre acusado e ofendido, sujeita à condição da reparação do dano, evitando com isso o trâmite normal do processo[285].

Segue-se a crítica ao posicionamento doutrinário sustentado até aqui, afirmando-se que a função de *pacificação* da pena concreta reside, quanto à colectividade, na confiança numa confirmação da eficácia do ordenamento jurídico decorrente da justa punição e, quanto ao ofendido, na reparação representada pela imposição do justo castigo ao autor do delito[286]. Acompanhando o entendimento de que o ressarcimento do dano pode efectivamente produzir efeitos de prevenção geral e que não se pode contestar o facto de o acusado o sentir como um mal, adverte HIRSCH[287] que esses critérios não são suficientes para afirmar a sua natureza jurídica como sendo pena, pois a prevenção geral e a sensação de um mal estão presentes em todas as consequências jurídicas desvantajosas que atingem um particular como decorrência de um seu comportamento.

Mais especificamente em relação ao efeito de *prevenção-integração* decorrente da reparação, objecta-se que os seus defensores desconsideram que o aspecto penal de um caso concreto representa apenas uma parte da sua solução no plano jurídico; a consideração da reparação de danos como uma sanção penal autónoma implica o reconhecimento de uma competência penal plena, tendo por consequência que todos os efeitos jurídicos do delito deveriam ter natureza penal. Isso conduziria à eliminação do fim do processo penal consistente na reprovação especificamente penal do autor. Pondera-se, outrossim, que a inclusão da reparação entre os fins tradicionais do Direito Penal representaria um atavismo, por pressupor uma reactivação da teoria da retribuição[288].

Os fins da pena ou os fins do Direito Penal relacionam-se com as consequências jurídicas de natureza *especificamente* penal, ou seja, com aqueles instrumentos que possuem uma eficácia sobre o autor; que a vítima obtenha o ressarcimento constitui, diversamente, um *aliud* estranho às mencionadas finalidades[289]. Com isto vem combatida a ideia anteriormente demonstrada acerca da possibilidade do enquadramento da reparação como uma finalidade a mais do Direito Penal[290].

---

[286] HIRSCH, Hans Joachim. Il risarcimento del danno nell'ambito del diritto penale sostanziale, cit., p. 284.

[287] Idem, ibidem, p. 281.

[288] Idem, ibidem, p. 284/285.

[289] Idem, ibidem, p. 284.

[290] A essa visão centrada no autor do delito opõe-se SCHNEIDER (SCHNEIDER, Hans Joachim. La posicion juridica de la victima del delito en el derecho y en el proceso

Por fim, sentenciando que o "terzo binario" proposto pela tese anterior é não só uma sanção jurídica estranha ao Direito Penal mas que também resulta inaceitável nas suas consequências, propõe-se a atribuição de relevância penal à reparação dos danos, conservando, porém, a sua natureza civil. Mais propriamente, a reparação deve ser inserida no Direito Penal de modo a possibilitar ao autor do delito documentar, através do ressarcimento de natureza civil ou de um adequado esforço nesse sentido, a sua reconciliação com a Ordem Jurídica e de merecer com isso um privilégio quanto à pena a que deve sujeitar-se[291].

Cabe mencionar que na Lei de Protecção da Vítima de 1986 foi introduzida a possibilidade de os tribunais imporem ao autor do delito, como sanção independente, a reparação do dano que a vítima sofreu. Se o tribunal não põe em prática essa possibilidade deve expor por escrito os motivos que fundamentam a sua decisão. Tanto os amigos como os parentes da vítima podem igualmente exercer os direitos à indemnização contra o autor no processo penal, na medida em que a tenham ajudado economicamente[292].

Pondo em evidência que a introdução na *StPO* de determinadas "faculdades do ofendido" (§§ 406, d, seguintes) pela Lei de Protecção da Vítima de 1987 não foi suficiente para resolver o problema de carência de protecção "naqueles casos em que o ministério público arquiva o processo penal nos termos do § 153 *StPO*", TIEDEMANN[293] demonstra que "uma solicitação para forçar a acusação é inadmissível nesse caso, conforme dispõe o § 172, nº 2, frase 3ª, *StPO*".

Destacando que a satisfação dos interesses da vítima não é uma finalidade da sanção penal, reconhecida como tal pela actual concepção

---

penal, cit., p. 359), afirmando que esse entendimento desconsidera que serve também ao interesse do autor do delito, e principalmente o da sociedade, que se dê à vítima no processo penal o lugar que lhe corresponde. Reconhecer os interesses da vítima não significa em absoluto que se esteja ligado a uma política criminal repressiva que cause prejuízos ao autor do delito e que restrinja os seus direitos constitucionais. Trata-se, na verdade, de uma compensação de interesses, de uma pacificação entre o autor, a vítima e a sociedade (*supra*).

[291] HIRSCH, Hans Joachim. Il risarcimento del danno nell'ambito del diritto penale sostanziale, cit., p. 287.

[292] SCHNEIDER, Hans Joachim. La posicion juridica de la victima del delito en el derecho y en el proceso penal, cit., p. 360/361.

[293] *In*: ROXIN, Claus, ARZT, Gunther, TIEDEMANN, Klaus. *Introducción...*, cit., p. 176-177.

Modelo Alemão

da teoria estatal da pena, um outro posicionamento doutrinário sustenta que somente é possível um impulso eficaz para o ressarcimento da vítima do delito instrumentalizando os meios para que o próprio Estado tome a seu cargo o ressarcimento como função pública[294]. Nesta perspectiva caberia ao Estado a indemnização à vítima, particularmente nas hipóteses de factos puníveis contra a vida e a integridade corporal, devendo estar previstas para os demais delitos, em especial os de natureza patrimonial, possibilidades de contratação de seguros privados[295].

7.5 – Tribunal.

Da mesma forma que ocorre no Ordenamento Jurídico italiano, na Alemanha os juízes são independentes e submetidos unicamente à Lei (art. 97, nº 1, *Grundgesetz*). As notas características dessa independência estão previstas no nº 2 do citado § 97, dispondo que os juízes, empregados como funcionários em carácter permanente e definitivo, não poderão, contra a sua vontade: serem destituídos antes de expirar a sua função; serem suspensos do seu cargo, definitiva ou temporariamente; serem transferidos para outro posto; serem reformados, salvo em virtude de decisão judicial e unicamente pelos motivos e com obediência às formalidades legais. As limitações constantes no mencionado parágrafo referem-se à possibilidade de a legislação fixar limites de idade, passados os quais os juízes nomeados vitaliciamente se aposentarão. Assim também, desde que haja uma modificação na organização judiciária os juízes poderão ser transferidos para outro Tribunal, porém com a garantia da integralidade dos vencimentos.

O relevo desta questão para as formas de diversificação processual reside na necessária mudança de paradigma do seu estatuto, de modo que o Tribunal não se mantenha numa posição inacessível, "como Júpiter a trovejar oculto atrás das nuvens", alheio às expectativas dos outros sujeitos processuais, devendo, ao invés, abrir-se também para o

---

[294] ZIPF, Heinz. *Introducción...*, cit., p. 176. Como se denota do pensamento do próprio Autor (p. 177), essa consideração da natureza pública do ressarcimento parece decorrer da ideia já anteriormente extremada por FERRI (*Sociologia criminale*. Torino, 1930, v. 2, p. 460), ao sustentar que "lo Stato non ha saputo prevenire il delitto, spesso non lo sa reprimere, e dunque manca al suo ufficio, per il quale i cittadini pagano le imposte, e poi si fa dare un compenso (la pena pecuniaria) per tutto questo".

[295] ZIPF, Heinz. *Introducción...*, cit., p. 176/180.

386   *O Processo Penal como Instrumento de Política Criminal*

acusado, considerando o seu ponto de vista sobre as coisas e sobre a matéria do processo[296].

De particular interesse, também na Alemanha o encontro de vontade entre as partes, nas modalidades legalmente previstas nos §§ 153 e 153, a, da *StPO*, realiza-se "mit zustimmung des für die Eröffnung des Hauptverfahrens zuständingen Gerichts und des Beschuldigten", ou seja, condiciona-se não só à submissão ao juiz responsável para a abertura do procedimento principal (*hauptverfahrens*) como também ao próprio consentimento do inculpado (*Beschuldigten*), exceptuando-se os casos de delitos que produziram consequências leves, para os quais a Lei não prevê uma pena elevada ao mínimo.

Já identificada a organização judiciária na Alemanha, importa agora atentar no papel exercido pelo juiz no momento processual em que se verifica a maior incidência dos acordos processuais: a *Ermittlungsverfahren*.

O procedimento preliminar (*Ermittlungsverfahren*) é realizado sob o controle de um "juiz de investigação" (*Ermittlungsrichter*), o qual, pese embora a denominação, não investiga, limitando-se a prestar um "auxilio *ex officio*" (*Amtshilfe*) ao ministério público, principalmente no que se refere ao controle da legalidade (e não da idoneidade) das medidas a serem tomadas nessa fase do procedimento[297]. A sua actividade não pertence ao campo da jurisdição (excepto em casos de medidas de investigação urgentes) e a actuação em acto anterior do procedimento impede-o de tomar parte no Tribunal que depois decidirá o caso[298], inclusive, nas hipóteses dos §§ 153 e ss. da *StPO*.

Na hipótese de juízo colegial, ao Tribunal reconhece-se um poder de decisão sobre o processo segundo os §§ 153 e seguintes da *StPO*, dispositivos esses que consagram alguns casos nos quais, sob determinados pressupostos legais, ele possui uma margem de decisão em relação à continuação da persecução penal ou ao arquivamento do processo[299].

---

[296] SCHREIBER, Hans-Ludwig. *Die Bedeutung des Konsenses der Beteiligten im Strafprozess*, cit., p. 81.

[297] Exemplificativamente, incumbe-lhe a decisão sobre a prisão preventiva, sobre a prova de sangue, entre outras medidas.

[298] SCHÖNE, Wolfgang. *Líneas generales del proceso penal alemán*, cit., p. 171; ROXIN, Claus. *Introduccion a la ley procesal penal alemana de 1877*, cit., p. 175; TRIFFTERER, Otto. *The pre-trial phase*, cit., p. 46-47.

[299] GOSSEL, Karl-Heinz. *Reflexiones sobre la importancia del principio de legalidad...*, cit., p. 17.

Dignas de destaque nesse pormenor são as hipóteses previstas no § 153, nº 2, e § 153, a, nº 2, ambos da *StPO*, que, conforme já visto, conferem um poder de arquivamento ao Tribunal quando a acção já tiver sido exercitada pelo ministério público e se verificarem os pressupostos legais. Obviamente que nesses casos ocorre uma extrapolação das funções de *garantia* e *controle*, reconhecidas como típicas do juiz ou tribunal no modelo de justiça penal consensual, uma vez que se verifica uma verdadeira iniciativa do próprio órgão julgador. O controle desse poder de decisão é exercido pelo ministério público, através do condicionamento à sua aquiescência para que o Tribunal possa realizar o arquivamento[300].

Já é bem outro e muito mais acentuado o poder de domínio que possui o Tribunal no momento da *Hauptverhandlung* (audiência de instrução e julgamento), incumbindo-lhe a sua condução e iniciativa. Competindo-lhe presidir à produção da prova, é sob a sua direcção que ocorre a audição e interrogatório das testemunhas[301]. É nessa fase, pois, que se concentra a produção da prova, inclusive com a repetição de algumas daquelas produzidas no procedimento preliminar. O fundamento para tanto reside em que o Tribunal somente poderá decidir de acordo com a sua livre convicção formada nessa fase (princípio do livre convencimento: § 261, *StPO*).

8 – Pronunciamento jurisdicional.

Na hipótese do § 153, nº 1, *StPO*, a aprovação que o Tribunal competente para a abertura da audiência principal é chamado a emitir restringe-se à verificação da presença dos pressupostos legais para o arquivamento, ausência de interesse público, culpabilidade leve, entre outros. Já visto, no caso do § 153, nº 1, *fine*, *StPO*, o ministério público procede ao arquivamento sem a necessidade de aprovação do Tribunal, desde que se verifiquem os pressupostos ali consignados (casos de delitos que produziram consequências leves, para os quais a Lei não prevê uma pena elevada ao mínimo.).

---

[300] Idem, ibidem, p. 22.

[301] Não sendo poucas as objecções levantadas contra este modelo, conducentes a uma empenhada proposta de reforma, particularmente no sentido da adopção do *adversary sistem* de modelação anglo-saxónica, com vista à introdução da *Wechselverhör* (audição cruzada: interrogatório directo e contra-interrogatório).

O arquivamento nos termos do § 153, n° 2, *StPO* é realizado pelo Tribunal através de despacho, portanto, sem atingir o mérito. Este despacho deverá ser necessariamente motivado, indicando-se a base legal em que se funda o arquivamento. É essa também a forma do pronunciamento jurisdicional na hipótese do § 153, a, n° 2.

A aprovação do Tribunal pressuposta para o arquivamento do processo nos termos do § 153, a, envolve a verificação dos pressupostos legais para a medida bem como a análise da adequação das regras de injunção e conduta propostas pelo ministério público para a eliminação do interesse público. Se o Tribunal entender inadequadas as regras impostas poderá propor outras; neste último caso o ministério público ou acata as novas regras propostas ou segue com o processo.

8.1 – Natureza jurídica (condenatório/absolutório).

As medidas de atenuação ao princípio da legalidade previstas nos §§ 153 e 153, a, da *StPO* possuem natureza exclusivamente processual. O arquivamento operado pelo ministério público conforme o § 153 não produz o efeito da preclusão, da mesma forma que aquele realizado pelo juiz e pelo ministério público nos termos do § 153, a, constitui uma causa de improcedibilidade em relação ao facto perseguido[302]. Ressalva feita à natureza de caso julgado limitado que se verifica quando o arquivamento se dá por iniciativa do ministério público, estabelecendo o § 153, a, que "se o inculpado cumpre as injunções ou regras de conduta, então o acto já não pode ser perseguido como delito".

Mencionando as graves objecções de índole constitucional que pesam sobre o procedimento do § 153, a, *StPO*, ROXIN[303] enfatiza que se apesar disso ele encontra uma grande aceitação prática, isso não se deve ao simples facto do descongestionamento do trabalho em que está interessada a justiça, uma vez que nem mesmo os advogados e inculpados estão descontentes com esta norma. A seu ver, isso deve-se ao facto de que nesses casos se abre para um importante número de delitos a possibilidade de escapar à antagónica alternativa "condenação ou absolvição" e de se achar um caminho intermédio, equilibrado, que satisfaça as necessidades da prevenção, satisfazendo também o inculpado. As vantagens

---

[302] KLEINKNECHT, Theodor, MEYER, Karlheinz. *Strafprozessordnung*. München, 1985, § 153, n. 37 e 38, § 153, a, n. 52.

[303] Sobre el concepto global para una reforma procesal penal, cit., p. 314.

Modelo Alemão 389

para este último residem em poder sair livre sem o estigma da condenação e, ademais, poder sentir que realizou algo socialmente útil com o cumprimento das condições que lhe foram impostas. Disso decorre que a decisão sobre o arquivamento, além de não constituir uma sentença, não assume o papel de pronunciamento condenatório nem absolutório.

8.2 – Reconhecimento da culpabilidade.

Directamente relacionada com o problema da natureza jurídica da decisão que determina o arquivamento do processo é a questão do reconhecimento ou não da culpabilidade do inculpado.

Criticando acirradamente a atribuição da natureza jurídica de sanções às injunções e regras de conduta a que fica sujeito o inculpado no caso de arquivamento nos termos do § 153, a, *StPO*, afirma HÜNERFELD[304] que "decisivo é, pelo contrário, o tratar-se da aceitação voluntária duma prestação que nem sequer assenta numa prévia averiguação da culpabilidade".

Considerando que a polícia geralmente conduz as suas investigações com autonomia e sob a sua própria responsabilidade, as medidas processuais de diversão a serem tomadas pelo ministério público tornam-se admissíveis somente quando e logo que as investigações policiais tenham sido concluídas. Então, em sentido diverso do posicionamento anteriormente citado, afirma-se que esta aproximação assegura que o inculpado não será submetido a medidas de diversão muito cedo, ou seja, antes que a sua culpabilidade tenha sido satisfatoriamente determinada[305].

Portanto, embora o primeiro posicionamento se coadune mais com a natureza não condenatória da decisão a respeito do arquivamento em termos divertidos, o argumento imediatamente anterior conduz ao entendimento de que a culpabilidade deve ser ao menos satisfatoriamente determinada, ainda que não declarada.

8.3 – Fundamentação.

Uma das críticas dirigidas às atenuações ao princípio da legalidade no Ordenamento Jurídico germânico reside em não se ter previsto a obri-

---

[304] A pequena criminalidade e o processo penal, cit., p. 40; HASSEMER, Winfried. La persecución penal: legalidad y oportunidad, cit., p. 9, n° 7.

[305] HERRMANN, Joachim. Diversion…, cit., p. 1046.

gatoriedade da fundamentação da decisão sobre o arquivamento. Perante esta objecção propõe-se que, como forma de limitar os perigos que a introdução de um princípio da oportunidade representa para o Estado de Direito, deve necessariamente haver a exigência de fundamentação para toda a decisão de arquivamento baseada nesse motivo, pois com isso não somente o afectado pela medida mas também o público interessado podem comprovar as razões que a determinaram[306].

8.4 – Efeitos.

8.4.1 – Caso Julgado.

No que se refere à coisa julgada, variam os efeitos conforme as hipótese de arquivamento previstas na *StPO*.

Arquivado o processo pelo ministério público conforme o § 153 *StPO*, falta todo o efeito de coisa julgada: o processo pode ser reaberto a todo o momento pelo acusador público, independentemente do surgimento de novos factos ou outros meios de prova. Entretanto, ao arquivamento realizado pelo Tribunal (judicial: § 153, nº 2, *StPO*) reconhece-se um efeito de caso julgado limitado: "se forem conhecidos factos novos que somente conduzem a uma maior culpabilidade, o arquivamento permanece"; apenas se os novos factos conduzirem a uma nova tipificação, implicando uma punibilidade maior, o processo pode ser reaberto[307].

Na primeira hipótese mencionada a decisão é irrecorrível, excepção feita ao caso de verificação de impedimentos de natureza processual, admitindo-se então o recurso de queixa (§ 304, *StPO*)[308]. No segundo caso, verificados os novos factos ou os novos meios de prova que determinem a reabertura do processo, uma nova acção deverá ser proposta pelo ministério público, não implicando, pois, uma revogação do arquivamento judicial efectuado mas sim dando lugar a um novo processo, no

---

[306] HASSEMER, Winfried. La persecución penal: legalidad y oportunidad, cit., p. 11.

[307] GÖSSEL, Karl-Heinz. Principios fundamentales..., cit., p. 886; BAUMANN, Jürgen. *Derecho procesal penal...*, cit., p. 65; SCHLÜCHTER, Ellen. *Derecho procesal penal*, cit., p. 103.

[308] Como impedimentos de natureza processual leia-se a questão do delito que se persegue: no caso de se constatar um *Verbrechen* e não um *Vergehen*, ou a ausência da anuência do ministério público. Não se enquadram nestes impedimentos processuais o problema da culpa leve e do interesse público na persecução.

Modelo Alemão

qual serão verificadas as circunstâncias e requisitos de procedibilidade existentes nesse momento[309].

Quanto ao efeito de caso julgado incidente na hipótese de arquivamento prevista no § 153, a, nº 1 a 4, da *StPO*, vale ressaltar que se trata de uma eficácia limitada: se o inculpado cumpriu as regras de conduta que lhe foram impostas ele não pode estar sujeito à reabertura do procedimento, como consequência de uma alteração dos factos que conduza a um outro delito (*Vergehen*), pois de todo o modo ele já cumpriu a injunção imposta, surgindo um impedimento processual (*Verfahrenshindernis*)[310]; porém, se dessa alteração resulta um delito castigado com pena privativa de liberdade mínima igual ou superior a um ano (*Verbrechen*) o procedimento pode ser reaberto[311]. Explicitando melhor, se o surgimento de novos factos ou outras provas conduzem à verificação da ocorrência de um outro delito (*Vergehen*), as injunções e regras de conduta que o acusado já cumpriu pelo delito inicialmente perseguido determinam a não reabertura do procedimento.

Se o inculpado não cumpre as obrigações que lhe foram impostas o ministério público retoma o exercício da acção penal, requerendo a citação do agente, não se procedendo à restituição das prestações que ele houver já efectuado em cumprimento das injunções e regras de conduta (§ 153, a, nº 1, IV, *fine*).

8.4.2 – Reincidência.

Apontado como um elemento favorável para se evitar a estigmatização, não é realizada a anotação no Registo Federal Central (*Federal Central Register*) se ocorre a suspensão do processo de acordo com os §§ 153 e 153, a, *StPO*. Não obstante, o ministério público informalmente frustra essa opção do Legislador, na medida em que mantém registos especiais com a lista dos processos que foram suspensos. Isto é feito para se prevenir *recidivists* de benefícios por diversão[312]. A despeito deste contorno que é feito da intenção do Legislador, uma outra crítica que pesa sobre as formas de atenuação do princípio da legalidade nos termos dos § 153, a, da *StPO* é a de que, impedindo o

---

[309] Tribunal Supremo, *in*: *NJW* (*Neue Juristische Wochenschrift*), 1975, p. 1830.

[310] ROXIN, Claus. *Strafverfahrensrecht*, cit., p. 71.

[311] GÖSSEL, Karl-Heinz. Principios fundamentales..., cit., p. 886; RIESS, Peter *In*: LÖWE, Ewald, ROSENBERG, Werner. *Die Strafprozessordnung...*, cit., § 153, a, nº m. 51.

[312] HERRMANN, Joachim. Diversion..., cit., p. 1050.

392   O Processo Penal como Instrumento de Política Criminal

registo do caso para os fins de antecedentes criminais, essa possibilidade favorece a não identificação dos reincidentes[313].

8.4.3 – Prescrição.

Outro efeito relevante no caso do arquivamento provisório do § 153, a, STPO é a suspensão da prescrição durante o prazo de cumprimento das injunções ou regras de conduta (§ 153, a, n° 3). ..

Em termos genéricos, é GÖSSEL[314] quem afirma que "esses efeitos do arquivamento conforme o § 153 StPO demonstram claramente que esta forma processual de proceder tem também um efeito ·descriminalizador considerável".

9 – Recursos.

Não cabe recurso contra a decisão do ministério público no sentido do arquivamento do processo segundo o § 153, n° 1, StPO bem como irrecorrível é o pronuncimento do Tribunal no caso de necessidade da sua aprovação. A recusa do Tribunal, fundada na ausência dos pressupostos para a medida, não exclui uma nova iniciativa de arquivamento, desde que assim o permita uma alteração das circunstâncias. Assim também, admissível se mostra um arquivamento nos termos do § 153, a, e não do § 153, n° 1, se o Tribunal ao denegar a aplicação desta última norma entende possível a medida constante naquela[315].

Já demonstrado, uma das críticas dirigidas às excepções ao princípio da legalidade nos termos do § 153, n° 1, final, é justamente a inexistência de controle da decisão de arquivamento tomada pelo ministério público sem a necessidade de aprovação do Tribunal.

Sendo o arquivamento operado pelo Tribunal conforme o § 153, n° 2, StPO, a decisão é irrecorrível verificando-se o consenso do ministério público e do inculpado. Se o arquivamento é realizado ·sem o consenso do ministério público, assiste-lhe a faculdade de interpor o recurso previsto no § 304, StPO.

Já visto aquando do estudo dos instrumentos· de controle do poder de decisão do ministério público sobre o processo, no caso do § 153, a,

---

[313] BAUMANN, Jürgen. La situacion del proceso penal en alemania, cit., p. 92.

[314] Principios fundamentales..., cit., p. 883.

[315] RIESS, Peter In: LÖWE, Ewald, ROSENBERG, Werner. Die Strafprozessordnung..., cit., § 153, n° m. 44.

Modelo Alemão 393

não há a possibilidade de recurso judicial por parte do inculpado contra a imposição das regras de injunção e conduta, competindo-lhe apenas o dissenso quanto a essa imposição, hipótese em que o procedimento segue a sua tramitação normal.

Nos termos expressos do § 153, a, n° 2, *fine*, *StPO*, a decisão de arquivamento tomada pelo Tribunal após o exercício da acção penal é irrecorrível. Todavia, se a decisão é tomada pelo Tribunal sem o consenso do inculpado é-lhe reconhecida a faculdade de recurso, assim como ao ministério público se reconhece um direito de recurso nos casos de errónea classificação do delito como *vergehen* quando na verdade corresponde a um *verbrechen*[316].

10 – Delimitação da aplicação.

Verificado em relação ao modelo do consenso típico da experiência italiana, também às atenuações/excepções legais ao princípio da legalidade do modelo germânico podem ser impostos determinados limites de aplicabilidade, com vista à sua compatibilidade com a Ordem Jurídica geral.

Cabível, previamente, é a advertência bem feita por JUNG[317] no sentido de que, embora possível um agrupamento dos diversos princípios processuais que delimitam a aplicabilidade das formas de justiça penal consensual, conforme atendam à "preeminência do direito", à "protecção das pessoas" ou à "qualidade do processo", essa classificação não é isenta de certa arbitrariedade, uma vez que determinados princípios podem encontrar a sua sede em mais de um dos mencionados grupos.

O que se pode afirmar, com segurança, é que as limitações a um semelhante modelo de administração da justiça penal encontram sede tanto em princípios jurídicos básicos de carácter constitucional como de natureza processual[318].

10.1 – Limites constitucionais.

Acerca dos limites constitucionais postos ao modelo de justiça penal consensual na Alemanha, a análise deve ser feita na linha das garantias igualmente previstas para o chamado processo tradicional.

---

[316] Distinção conf. § 12, *StGB*, *supra*.

[317] Vers un nouveau modèle du procès pénal?, cit., p. 532.

[318] HASSEMER, Winfried. La ciencia jurídico penal en la república federal alemana, cit., p. 71.

A esse respeito vale salientar que a Lei Fundamental (*Grundgesetz*) "omet des droits fondamentaux importants en matière de procès pénal". Todavia, essa omissão não significa que esses direitos e garantias não possuam valor constitucional na Alemanha; "ao contrário, as jurisdições deduzem esses direitos fundamentais de outros dispositivos mais gerais, cobrindo assim as carências deixadas pelos redactores da Lei Fundamental"[319].

Nessa perspectiva, as possibilidades oferecidas pelos parágrafos 153 e seguintes da *StPO*, principalmente aquelas em que se permite ao ministério público decidir sem a concordância do Tribunal, são por vezes consideradas inconstitucionais, na medida em que nelas não se prevê um procedimento que garanta suficientemente os direitos do inculpado e o papel da Lei[320].

10.1.1 – Estado de Direito Democrático.

O princípio da legalidade no âmbito do processo penal funda-se no princípio da legalidade do Estado de Direito, no princípio da sujeição à Lei, que no Ordenamento Jurídico alemão se encontra descrito no art. 20, n° 3, da *Grundgesetz*. Disto decorre a circunstância de ser o Direito Penal um instrumento de coacção indirecta, pressupondo o processo penal para a materialização da pretensão resultante das normas que aquele contém. A realização da mencionada pretensão penal deve ser considerada como uma consagração do princípio do Estado de Direito contido no art. 20 da *Grundgesetz*, gozando, desse modo, de natureza constitucional. Daí se pode extrair que também o princípio da legalidade processual penal possui um fundamento constitucional[321].

---

[319] AMELUNG, Knut. Constitution et procès pénal en Allemagne, cit., p. 461. Registe-se que mesmo na perspectiva da *Teoria do Sistema Social*, que em algumas das suas vertentes – como na de AMELUNG – privilegia extremamente os interesses sistémicos em prejuízo dos interesses individuais, ao ponto da protecção destes últimos ser necessária apenas pelo relevo que representa para o Sistema Social, as restrições que a Constituição impõe ao carácter absoluto atribuído à busca de manutenção e sobrevivência do Sistema, em respeito ao valor autónomo da pessoa, são consideradas como um custo necessário a ser suportado pelo próprio Sistema. Desta forma, os princípios constitucionais funcionam como limites às medidas tendentes a superar a danosidade social, concebida esta como todas aquelas situações que impedem ou dificultam que o sistema social supere os problemas da sua sobrevivência e manutenção, das quais o crime é apenas uma forma especial e raramente a mais grave, conf.: AMELUNG, Knut. *Rechtsguterschutz und Schutz der Gesellschaft*, 1972, p. 385 s..

[320] TRIFFTERER, Otto. The pre-trial phase, cit., p. 53.

[321] POTT, Christine. La pérdida de contenido del principio de legalidad..., cit. p. 84.

Sendo um dos aspectos do Estado de Direito a divisão de poderes e sendo reflectida essa divisão no processo penal, o princípio da oportunidade põe em perigo o princípio da divisão de poderes naqueles casos em que a autoridade instrutória – ministério público – pode decidir sobre a não persecução dos delitos[322].

Uma outra objecção feita às hipóteses de atenuação ao princípio da legalidade, tendo em vista o modelo do Estado de Direito, reside em que no modelo alemão os pressupostos jurídicos para a sua aplicação são pouco precisos (danos de pouca importância, culpabilidade leve, interesse público, *supra*), possibilitando desse modo uma infracção do princípio da segurança jurídica[323].

Não obstante, afirma-se que, "apesar dos vários questionamentos a este respeito, a erosão provocada pelo princípio da oportunidade no princípio da legalidade não significa um abalo no princípio do Estado de Direito", na medida em que a aplicação das prescrições relativas a ele esteja submetida a certos critérios. Assim, as condições para a relevância dos aspectos de conveniência inerentes ao princípio da oportunidade devem ser previstas legalmente. Ademais, uma integração de aspectos de oportunidade pode estar em conformidade com necessidades do Estado de Direito, como ocorre com o desejável descongestionamento da justiça propiciado pela não persecução de actos insignificantes e da pequena criminalidade. Nesse caso, sob o ponto de vista da finalidade da sanção a punição da criminalidade de bagatela seria questionável[324].

10.1.2 – Direito à jurisdição.

A utilização do princípio da oportunidade já na fase preliminar do processo penal desvaloriza o poder de dizer o direito no caso concreto no momento da audiência de instrução e julgamento, subtraindo à apreciação do Poder Judiciário um número considerável de casos[325].

10.1.3 – Presunção de Inocência.

O princípio da presunção de inocência (Art. 6, II, MRK) e o seu núcleo central, o *in dubio pro reo*, fundamentam-se em que a meta do processo penal não é a condenação do culpado – pretensão de direito

---

[322] HASSEMER, Winfried. La persecución penal: legalidad y oportunidad, cit., p. 8.

[323] BAUMANN, Jürgen. La situacion del proceso penal en alemania, cit., p. 93.

[324] RANFT, Otfried. *Strafprozessrecht*, cit., p. 272.

[325] HASSEMER, Winfried. La persecución penal: legalidad y oportunidad, cit., p. 8.

material quando ocorre a violação da lei penal – e sim a "decisão sobre uma suspeita", havendo sempre a possibilidade da sua descomprovação (ou a impossibilidade da sua comprovação)[326].

Particularmente no que se refere às hipóteses de atenuação ao princípio da legalidade, afirma-se que na hipótese prevista no § 153, *StPO*, não há uma violação do princípio da presunção da inocência, tendo em vista que se trata apenas de uma avaliação hipotética de culpabilidade – "*hypothetische* Schuldbeurteilung" (*BverfG, in: NStZ* 1987, 421, 422)[327].

Todavia, uma virtual violação do princípio da presunção de inocência pode ocorrer na hipótese do § 153, a, *StPO*, em que se verifica a imposição de injunções ou regras de conduta com fundamento apenas numa suspeita razoável de culpabilidade.

Portanto, a despeito das vantagens propiciadas ao Sistema Punitivo estatal pela atenuação ao princípio da legalidade, importa reconhecer que o princípio da presunção de inocência não pode resolver-se numa avaliação prognóstica da justiça processual penal em termos de "custos--vantagens", uma vez que o seu significado consiste justamente em excluir desde o início um cálculo dessa natureza[328].

10.1.4 – Princípio da igualdade de armas.

Como uma decorrência do princípio da igualdade, a análise da justiça penal consensual pode ser feita também à luz do princípio da igualdade de armas que, em linhas gerais, pressupõe o reconhecimento de iguais oportunidades à acusação e à defesa para a actuação no processo.

Inexistente uma previsão específica no Ordenamento Jurídico alemão do princípio da igualdade de armas – diversamente da sua menção nos textos das Convenções Internacionais defensoras dos direitos e garantias individuais –, ele é deduzido do princípio do *Rechtliches Gehör* (direito a ser ouvido) constante no art. 103, n° 1, da *Grundgesetz* (Lei Fundamental).

Para os fins de confrontação da justiça penal consensual com o referido princípio há que se ter em conta que o reconhecimento do primado da igualdade de armas implica menos a mera adesão ao processo de partes, concebido na sua forma pura, mas mais o reconhecimento de uma relação equilibrada entre direitos e deveres da acusação e da defesa.

---

[326] SCHÖNE, Wolfgang. Líneas generales del proceso penal alemán, cit., p. 163.

[327] RANFT, Otfried. *Strafprozessrecht*, cit., p. 275.

[328] VOLK, Klaus. Verità, diritto penale sostanziale e processo penale, cit., p. 398.

Assim, "a meta processual do esclarecimento da suspeita é alcançada na melhor forma por meio de um processo dialéctico, no qual sejam postos em discussão aspectos inculpatórios e exculpatórios, assim como argumentos e contra-argumentos ponderados entre si"[329].

Portanto, em relação ao consenso no processo penal o que se impõe é o cuidado para que se tenha a efectividade desses direitos e a rigorosa verificação dos deveres por parte dos "actores" processuais, através da mediação do juiz, o que não se mostra de fácil realização nesse modelo de justiça, face à informalidade que ele pressupõe.

10.2 – Limites Processuais.

10.2.1 – Legalidade.

Não obstante as hipóteses de abstenção do exercício da acção penal previstas no Ordenamento Jurídico germânico, em linha de princípio esse exercício encontra-se vinculado ao regime da *obrigatoriedade* e como tal vigendo plenamente o princípio da legalidade, ressalvada a incidência do princípio da oportunidade para os crimes de escassa importância[330].

Segundo ROXIN[331], embora sujeito a determinadas atenuações, "o princípio da legalidade não se encontra actualmente ultrapassado. A democracia, o Estado de Direito, o princípio da determinação (Art. 103, II, *GG*) – legalidade – e também o princípio da igualdade (Art. 3 *GG*) exigem que o Legislador determine as condições jurídico-penais para a persecução penal, não deixando para o caso concreto a decisão acerca da punibilidade. As excepções ao princípio da legalidade são consequência do princípio constitucional da proporcionalidade, ou seja, da ideia de que num caso específico é possível desistir de uma punição quando assim impõem razões preventivas (...). Uma concepção orientada nesses princípios ainda falta no Direito actual". Especifiquemos melhor estas densas ponderações, tendo em vista que nelas reside o motor principal

---

[329] TIEDEMANN, Klaus *In*: ROXIN, Claus, ARZT, Gunther, TIEDEMANN, Klaus. *Introducción...*, cit., p. 184.

[330] DREHER, Eduard. Die Behandlung der Bagatellkriminalität, cit., p. 934; JESCHECK, Hans-Heinrich. Il nuovo codice di procedura penale italiano visto dalla germania, cit., p. 33; RUGGIERI, Francesca. Imputazione in diritto processuale penale comparato. Digesto, Torino, v. VI, p. 292-296, 1992, p. 294.

[331] ROXIN, Claus. *Strafverfahrensrecht*, cit., p. 68.

que impulsionou a presente investigação. Com efeito, é justamente visando cobrir a lacuna mencionada por ROXIN, no sentido de uma fundamentação das atenuações ao princípio da legalidade em razões preventivas, que se move este trabalho.

Sendo o Estado de Direito formalmente concebido como a delimitação do poder estatal, através do princípio da separação de poderes, estando sujeito ao princípio da proporcionalidade e à autosujeição ao ordenamento jurídico, acertado é o entendimento de que "o princípio do Estado de Direito é o princípio organizador do processo penal"; regulando o processo penal, não resta dúvida que esse princípio disciplina também o poder de persecução penal[332].

Considerando mesmo a delimitação que sugere a concepção do princípio do Estado de Direito, de maneira alguma ela é contrariada pela promulgação e execução de disposições legais que atenuem o dever de aplicação das regulamentações penais materiais, de certa maneira contrapostas, até chegar à sua derrogação; o princípio da sujeição à lei e a consequente obrigação de todas as autoridades estatais de aplicar as disposições legais sem excepção obriga a observar o princípio da legalidade legalmente formulado assim como as excepções previstas[333]. Ou seja, sendo legalmente previstas as excepções ao princípio da legalidade, a prática dessas excepções encontra-se sujeita à lei e, portanto, em adequação ao princípio do Estado de Direito.

Ainda, a protecção e a realização da justiça material, requeridas pelo princípio do Estado de Direito e limitadas por sua vez pela salvaguarda do princípio da igualdade, não exigem propriamente a total e estrita persecução dos factos puníveis, mas sim proibem as decisões arbitrárias em relação à persecução dos factos delituosos. Isso significa que o Estado, obrigado a cumprir com a justiça material, não se encontra de modo algum forçado a guiar-se pelo princípio da legalidade no que toca à persecução penal; diversamente, o legislador é livre para regular a actividade estatal de persecução penal de forma diferenciada, sempre e quando a diferenciação escolhida esteja baseada em pontos de vista justos e objectivos, considerando-se a proibição da arbitrariedade[334].

---

[332] GOSSEL, Karl-Heinz. Reflexiones sobre la importancia del principio de legalidad..., cit., p. 6/7.

[333] Idem, ibidem, p. 9/10.

[334] Idem, ibidem, p. 11.

Ademais, estando também integrado no princípio do Estado de Direito, o princípio da proporcionalidade conduz a uma definição do princípio da legalidade como sendo uma obrigação do poder estatal para com a persecução penal que, todavia, admite excepções[335].

Revelando a directriz de política criminal que preside à conjugação entre os mencionados princípios, afirma-se, pois, que "os deveres de persecução decorrentes do princípio da legalidade processual e as autorizações legais de não persecução devem ser entendidas como integrando um todo constituído pelo sistema de reacção político-criminal, de modo que estas e aquelas não se distinguem no fundamental, mas sim apenas gradualmente"[336]

Portanto, embora os §§ 153 e seguintes da *StPO* contenham uma certa atenuação ao princípio da legalidade, em virtude da discricionariedade que é atribuída ao ministério público, desde logo importa sublinhar "que se trata de uma discricionariedade (não de carácter livre, senão) vinculada com e pela ideia geral de proporcionalidade: o exercício do poder discricionário deve ser igual em casos iguais"[337], assegurando-se assim a incidência do vector *garantia*, ao lado da *funcionalidade* que se espera do *Sistema*. É a chamada discricionariedade regulada ou mitigada[338].

Frequentemente afirma-se que um dos aspectos mais problemáticos da discricionariedade do ministério público no Ordenamento Jurídico alemão é a potencial violação do princípio da igualdade[339] – aliás, não diversamente dos outros Ordenamentos –, sem, contudo, oferecer uma fundamentação para a apontada relevância.

---

[335] Idem, ibidem, p. 13; MUHM, Raoul. Dependência do ministério público do executivo na alemanha, cit., p. 126.

[336] RIESS, Peter *In*: LÖWE, Ewald, ROSENBERG, Werner. *Die Strafprozessordnung...*, cit., § 152, n° m. 39.

[337] SCHÖNE, Wolfgang. Líneas generales del proceso penal alemán, cit., p. 177. Segundo JUNG (JUNG, Heike. Le rôle du ministère public en procédure pénale allemande, cit., p. 229) trata-se de uma oportunidade legal, relevante unicamente nos domínios da lei e com as restrições impostas pela Constituição.

[338] GÖSSEL (GOSSEL, Karl-Heinz. Reflexiones sobre la importancia del principio de legalidad..., cit., p. 6) fala em "discricionariedade mais ou menos controlada". Na perspectiva inversa fala-se de um princípio da oportunidade regulado ou, limitado, conf.: RIESS, Peter. Die Zukunft des Lagalitätsprinzips, cit., p. 2 e seguintes; HANACK, Ernst-Walter. Das Legalitätsprinzip und die Strafrechtsreform, cit., p. 339.

[339] LÜDERSSEN, Klaus. Petty offenses, cit., p. 761-762.

Uma demonstração dessa relevância pode ser extraída da já salientada relação existente entre o princípio da igualdade e aquele da legalidade da persecução penal. "Com isso, o princípio da legalidade tutela a igualdade na aplicação do direito – cada facto deve ser perseguido e submetido a juízo sem consideração da pessoa –, garantindo-se assim a igualdade de todos perante a lei nos termos do art. 3º, nº 1GG" (*Grundgesetz*: Lei Fundamental)[340]. Também para AMELUNG[341] "o princípio da legalidade se fundamenta no princípio da igualdade de tratamento garantido pela Constituição: qualquer um que for suspeito de ter cometido uma infracção penal deve ser submetido à persecução penal". Com efeito, tendo em conta a inexistência de uma consagração expressa do princípio da legalidade (*Legalitätsprinzip*) na Lei Fundamental, ele é deduzido do princípio da igualdade previsto no artigo 3º da *Grundgesetz*[342].

Segundo MAIWALD[343], antes de qualquer outro é o princípio da legalidade que vem ofendido pelos acordos processuais, "posto que já não são os imperativos e as proibições do direito penal material a determinar o curso do procedimento e sim a probabilidade de induzir a outra parte a um acordo", ficando condicionada a uma série de factores causais tais como o tipo de material probatório de que a acusação dispõe até àquele momento bem como as dificuldades decorrentes do tempo necessário para a conclusão do processo.

Demonstrada a importância do princípio da legalidade num ordenamento jurídico inspirado na regra do Estado de Direito, cabe a ressalva de que nem sempre a sua atenuação implica uma adopção irrestrita do seu oposto: o princípio da oportunidade. Assim, muitas vezes o que se toma por adopção do princípio da oportunidade nada mais é do que uma interpretação mitigada do princípio da legalidade.

Pertinente para o esclarecimento do equívoco, por vezes generalizado, de centrar o problema do consenso no âmbito do processo penal

---

[340] TIEDEMANN, Klaus, *In*: ROXIN, Claus, ARZT, Gunther, TIEDEMANN, Klaus. *Introducción...*, cit., p. 170. É o mesmo entendimento de PETERS (PETERS, Karl. Le ministère public, cit., p. 9), ao ressaltar que "le principe de légalité a pour objet de garantir l'application uniforme de la loi pénale sans acceptation de persone".

[341] Constitution et procès pénal en Allemagne, cit., p. 471. Em linha de convergência, no sentido do fundamento do princípio da legalidade no princípio da igualdade: RIESS, Peter. Die Zukunft des Lagalitätsprinzips, cit., p. 5 e seguintes.

[342] MUHM, Raoul. Dependência do ministério público do executivo na alemanha, cit., p. 125.

[343] Il processo penale vigente in germania, cit., p. 31.

na oposição legalidade/oportunidade é a lição de SCHÖNE[344], no sentido de que "cabe evitar o mal-entendido de que a ideia da oportunidade pode influenciar o começo do procedimento; neste momento rege rigorosamente o princípio da legalidade; o ministério público deve reagir frente a uma suspeita inicial e somente quando ocorrem os pressupostos de uma acusação pode perguntar pelas razões para prescindir dela". Ademais, é de se salientar que, muito embora a *StPO* acolha, ainda que em medida limitada, o princípio da oportunidade, admitindo assim a possibilidade do arquivamento de alguma das imputações dirigidas contra o acusado quando de escasso valor face a outras mais graves, em nenhum caso se encontra prevista a possibilidade de negociar a pena tratando-se de crimes graves, com o objectivo de reduzir o trabalho dos tribunais. Se o tribunal procede da forma mencionada lesa evidentemente o princípio da legalidade[345].

Para além dos argumentos até então tecidos em sustentação de uma atenuação ao rigor do princípio da legalidade, seria ingénuo não reconhecer a existência informal de uma semelhante alteração. Parte-se da regra geral, informada por ROXIN[346], de que "para a polícia vale o princípio da legalidade sem limitações, diversamente das que existem para o ministério público. Tendências no sentido da relativização da obrigação policial de persecução devem ser combatidas". Reforçadamente: "a polícia não tem um espaço para decidir acerca da suspensão do processo, na medida em que para ela vale incondicionalmente o princípio da legalidade".

Porém, pese embora esta regra geral deve ser reconhecido que a própria polícia possui em grande medida um poder de decisão sobre o processo – apesar do dever estrito de investigação a que se encontra vinculada, conforme dispõe o § 163, nº 1, da *StPO*. Estabelecendo o nº 2 do citado § 163 um poder de controle pelo ministério público das decisões sobre o processo exercitadas pela polícia, face ao dever de remessa imediata das actuações que ela tiver realizado àquela Instituição, na prática não chegam a ser esclarecidos delitos ocorridos – cometidos por crianças e pessoas "consideradas" pelas autoridades policiais

---

[344] Líneas generales del proceso penal alemán, cit., p. 177.

[345] MAIWALD, Manfred. Il processo penale vigente in germania, cit., p. 31. Todavia, registrando uma certa propensão ao abuso das hipóteses legais reconhecidas ao princípio da oportunidade: KÜHNE, Hans-Heiner. Germany, cit., p. 146.

[346] ROXIN, Claus. *Strafverfahrensrecht*, cit., p. 69.

como inimputáveis (inclusive em casos de furto e outros delitos contra a propriedade) –, omitindo-se a investigação dos delitos denunciados ou não remetendo as actuações ao ministério público, sob o pretexto de que a persecução penal "não vale a pena"[347].

Segundo RÜPING[348], na instância policial opera-se uma verdadeira "descriminalização diferenciada", favorecendo uma selecção negativa, de modo que são concedidas oportunidades distintas aos grupos de suspeitos quanto ao fim de escapar a uma sanção. Desfavorece, por exemplo, os jovens que se fazem mais notórios pelos factos cometidos perante o público, favorecendo em troca os acusados de colarinho branco que não chamam a atenção. Esta selecção negativa prossegue inclusive na instância do ministério público.

Pelos citados motivos afirma-se que toda a consideração de uma reforma do Sistema de Justiça-Penal deverá partir do pressuposto de que a persecução penal não pode abarcar amplamente nem mesmo os factos puníveis conhecidos, antes está obrigada a uma selecção. Para a justiça criminal isso significa que, numa consideração realista, quando muito é concebível um incremento muito moderado da sua participação global, porém não uma quota de incremento que pudesse conduzir a uma expectativa de punição geral de todos os factos puníveis conhecidos[349].

Para HÜNERFELD[350], pois, "há que esconjurar os receios de uma mais gravosa compressão do *princípio da legalidade*", tendo em vista que é notório, antes e hoje, "que de modo algum se pode aspirar a um efectivo – nem sequer a um possível – processamento formal de todas as condutas puníveis". É justamente no domínio da criminalidade menos grave que se verifica o fenómeno da *cifra negra* "já que é o próprio carácter de bagatela dos delitos que constitui um incentivo de peso para a renúncia à sua participação" às autoridades. Tudo isto a inviabilizar a "aplicação do princípio da legalidade com toda a sua rigidez" em relação a esses delitos. Uma consideração que dá alento a esta constatação funda-se no argumento de que as investigações da Sociologia Jurídica sugerem a hipótese de que para o funcionamento de sistemas sociais de normas não se requer uma penalização geral da conduta discrepante,

---

[347] GOSSEL, Karl-Heinz. Reflexiones sobre la importancia del principio de legalidad..., cit., p. 16; HERRMANN, Joachim. Diversion..., cit., p. 1048-1049.

[348] Sociedad y procedimiento penal, cit., p. 108.

[349] ZIPF, Heinz. *Introducción...*, cit., p. 124.

[350] A pequena criminalidade e o processo penal, cit., p. 40-41.

senão que há em cada caso uma quota óptima de penalização que assegura, do melhor modo, a obrigatoriedade de uma norma[351].

Tendo sido sustentado que a tónica das alternativas ao processo tradicional talvez se encontre numa composição entre os princípios da legalidade e o da oportunidade, como expressão do igual compromisso entre *garantia* e *funcionalidade*, razão assiste a HASSEMER[352] quando faz a prognose de que o êxito de uma semelhante "mixtura" depende da ética das autoridades e tribunais, do controle do público e da confiança da população no Direito.

No que à *funcionalidade* diz respeito, o que se propõe é uma nova concepção do princípio da legalidade, ainda ancorada numa complementariedade funcional entre o processo penal e o Direito Penal material, de modo que este princípio possa também contribuir para a obtenção das finalidades deste último, ou seja, do Direito Penal[353]

10.2.2 – Publicidade.

Não se deve ignorar que, a *contrario sensu* do que dispõe o § 169, nº 1, da Lei Orgânica do Tribunais (*Gerichtsverfassungsgesetz*), a actividade dos órgãos de persecução não é pública no procedimento de investigação e no intermédio[354]. Não sendo pública essa fase sumarial do processo penal, as práticas inspiradas no princípio da oportunidade que nela são realizadas violam directamente o princípio da publicidade. Com efeito, haverá uma forte tendência para "arranjar as coisas" já na fase preliminar para se evitar a publicidade, principalmente tratando-se de inculpados importantes. Em determinados casos, a própria autoridade instrutora tende a "arranjos" mais discretos com o inculpado[355].

Importa considerar que, sendo uma "instituição básica do Estado de Direito" e estando ligada também a ideias de prevenção geral, a publicidade pode chocar com os interesses da prevenção especial, implicando a existência de determinadas excepções legalmente previstas[356]. Sendo assim, a indagação que resta é se esse espaço de excepção comporta as atenuações ao princípio da legalidade, a partir da confrontação

---

[351] ZIPF, Heinz. *Introducción...*, cit., p. 124.

[352] La persecución penal: legalidad y oportunidad, cit., p. 11.

[353] RIESS, Peter. Die Zukunft des Lagalitätsprinzips, cit..

[354] BAUMANN, Jürgen. *Derecho procesal penal...*, cit., p. 108.

[355] HASSEMER, Winfried. La persecución penal: legalidad y oportunidad, cit., p. 8.

[356] SCHÖNE, Wolfgang. Líneas generales del proceso penal alemán, cit., p. 182.

404   *O Processo Penal como Instrumento de Política Criminal*

com as mesmas finalidades de política criminal. Ou seja, em determinados casos a publicidade do processo produz um efeito negativo quanto à prevenção especial, por comprometer as finalidades de reinserção social do inculpado. Isso dá-se em virtude do estigma decorrente da submissão a um procedimento de investigação que não culminou numa decisão sobre a responsabilidade penal. Comparado esse efeito negativo com aquele de prevenção geral esperado da prática da atenuação ao princípio da legalidade, mister é distinguir qual é o maior proveito.

10.2.3 – Igualdade.

Objecta-se contra as excepções legais ao princípio da legalidade na Alemanha por força de uma possível lesão do princípio da igualdade, visto a diversidade de condições dos inculpados frente a uma solução consensual, especialmente no que se refere à hipótese do § 153, a, *StPO*, tendo em conta determinadas injunções e regras de conduta a que ficam sujeitos. Segue que, se o Direito Penal se implanta de forma desigual no processo penal, isso repercute-se negativamente no Sistema de Justiça Criminal no conjunto. Com efeito, considerando que o cidadão confia em que o Estado sancionador traduza em acto a realidade das normas penais que promulga sobre o papel, a aplicação do princípio da oportunidade provoca uma impressão de desigualdade, inconsequência e desilusão[357].

A contraposição a estes argumentos, em favor do princípio da oportunidade, parte da constatação fáctica de que são falsas as imagens de eficácia apresentadas em sustenção do princípio da legalidade; definitivamente, não se pode falar de aplicação igualitária nem, em absoluto, completa aplicação do Direito Penal, de forma que a ética do princípio da legalidade não pode ser convertida em realidade. Existem várias *cifras negras* que o Direito Penal não alcança[358]. Frente à ponderação de que o princípio da oportunidade não pode excluir com segurança que o poder social (político, financeiro, pessoal) determine a aplicação das normas penais e com isso prejudique o mandato da igualdade de tratamento, é possível ponderar, em socorro à sua adopção, que a curto prazo – em termos económicos – e a longo prazo – em termos políticos – não é inteligente obrigar da mesma maneira e intensidade as autoridades instrutoras ao esclarecimento de todos os delitos. Tal circunstância

---

[357] HASSEMER, Winfried. La persecución penal: legalidad y oportunidad, cit., p. 8.
[358] Idem, ibidem, p. 9.

Modelo Alemão

decorre da escassez de recursos materiais e pessoais que conduzem a uma actividade instrutória de maneira selectiva[359]. Face ao dilema provocado pelas opções heterogéneas, talvez ainda aqui a composição se mostre a via mais indicada.

10.2.4 – Verdade Material.

No Ordenamento Jurídico-penal alemão o juiz está vinculado à obrigação de investigar a verdade material (§ 244, 2, *StPO*)[360].

Consequência mesmo do princípio da investigação, que integra o sistema acusatório adoptado no Ordenamento Jurídico germânico, o princípio da verdade material pode ser considerado o grande apanágio desse modelo processual, incumbindo ao Tribunal o dever de ofício de esclarecer a verdade, libertando-o "da vontade das partes (e de seus pactos)"[361], ao que nos interessa. Este dever de esclarecimento pelo Tribunal afasta--se do processo inquisitivo experimentado pela grande maioria dos Ordenamentos Jurídicos, na medida em que o exame da verdade se limita ao objecto exposto na acusação para julgamento. O Tribunal não pode ir para além desse facto ao emitir a sentença (§ 155 e 264 *StPO*), tendo porém, o dever de julgar exaustivamente[362].

Embora este princípio tenha incidência maior na fase de julgamento, também na fase anterior o ministério público se encontra a ele vinculado, ao menos na forma como será avaliada a prova obtida. Portanto, na fase anterior ao julgamento a importância do princípio da verdade material é fortemente diminuída e depende das medidas que serão tomadas. Ou seja, a importância desse princípio depende do grau de suspeita requerida pela lei e da gravidade da medida processual que a polícia ou

---

[359] Idem, ibidem, p. 8 e 9.

[360] JESCHECK, Hans-Heinrich. Il nuovo codice di procedura penale italiano visto dalla germania, cit., p. 40. Literalmente estabelece o citado n. 2 do § 244 da *StPO* que "o tribunal determinará de ofício, com o fim de indagar a verdade, a prática das provas de todos os factos e meios de prova que forem de importância para a decisão".

[361] SCHÖNE, Wolfgang. Líneas generales del proceso penal alemán, cit., p. 181; KÜHNE, Hans-Heiner. Germany, cit., p. 145, complementando que é justamente por essa razão que legalmente não se admite a *plea bargaining* no Ordenamento Jurídico alemão, embora ela ocorra na prática sob a forma de "acordos informais", tendo sido a possibilidade admitida pelo *BGH* (*Bundesgerichtshof*: Tribunal Supremo Federal) e pelo *BVerfG* (*Bundesverfassungsgericht*: Tribunal Constitucional Federal).

[362] GÖSSEL, Karl-Heinz. Reflexiones sobre la situación del ministerio público..., cit., p. 641.

406   *O Processo Penal como Instrumento de Política Criminal*

o ministério público determinarão que se realize ou pretendem que seja ordenada pelo Tribunal[363].

Sendo certo, pois, que o juiz é obrigado a investigar a *verdade material* e que o seu convencimento a respeito do desenvolvimento do facto é a base da decisão (*livre convicção*), uma variação sobre esse duplo aspecto decorre da tendência no sentido de substituir o convencimento judicial pelo consenso ou, todavia, pelo resultado de um compromisso entre os sujeitos envolvidos no processo[364]. Dessa variação decorre que a verdade "formal", obtida através do modelo por último mencionado, permanece interessante apenas na medida em que ele requer uma mais intensa comunicação entre os sujeitos processuais e a atribuição do poder jurídico da sua participação no processo de investigação da verdade[365]. Visto isto, base da decisão pode ser apenas aquela verdade que surja independentemente, em linha de princípio, da habilidade de negociação dos sujeitos processuais respectivamente envolvidos, tanto por imposição das regras do Estado de Direito como pelo interesse de prevenção geral, pois de outro modo a norma jurídica não poderia mais funcionar como "directiva de orientação para os comportamentos fieis ao direito"[366].

Não sem razão a advertência feita por GREBING[367], válida para as diversas hipóteses de agilização processual, no sentido de que os interesses gerais e individuais na aceleração do procedimento, juridicamente fundados, encontram os seus limites no dever elementar e primário de investigação da verdade material que prepondera no processo penal.

Entretanto, é sempre bom recordar a tão conhecida decisão da *Câmara Penal* do *Tribunal Supremo Federal* (*Bundesgerichtshof*)[368], no

---

[363] Exemplo do primeiro aspecto é o facto de que, mesmo com uma confissão do inculpado, o ministério público não pode, em caso de dúvidas, tomá-la como suspeita suficiente para deduzir a acusação perante o Tribunal. Quanto ao grau da suspeita e à gravidade da medida processual a ser tomada, exemplificativamente, a mera dedução de uma acusação em juízo não requer que a suspeita seja tão alta como deverá ser para a aplicação de uma prisão cautelar. Enquanto para a prisão cautelar a suspeita deverá ser urgente, para a dedução da acusação é necessário que ela seja apenas suficiente, conf.: TRIFFTERER, Otto. The pre-trial phase, cit., p. 54.

[364] VOLK, Klaus. Verità, diritto penale sostanziale e processo penale, cit., p. 385.

[365] Idem, ibidem, p. 392.

[366] Idem, ibidem, p. 393.

[367] La procedure acceleree..., cit., p. 152.

[368] *In: Entscheidungen des Bundesgerichtshofs in Strafsachen* (*BGHSt*), tomo 14, p. 358 seguintes.

Modelo Alemão

sentido de que não é objectivo do processo penal a investigação da verdade a todo o custo[369]. Efectivamente, manifestando-se a respeito do que passou a ser conhecido como *o caso do gravador*, em 1960, o *BGHSt* firmou o entendimento de que "não é nenhum princípio da ordenação processual penal que a verdade tenha de ser investigada a todo o preço"[370]. Posteriormente, o mesmo *BGH* firmou essa posição ao pronunciar-se no conhecido como *o (primeiro) caso do diário*, declarando que "o objectivo do esclarecimento e punição dos crimes é, seguramente, do mais elevado significado; mas ele não pode representar sempre, nem sob todas as circunstâncias, o interesse prevalecente do Estado"[371].

10.2.5 – Oralidade.

Na sua formulação mais rígida o princípio da oralidade somente rege a parte essencial do procedimento, a audiência de julgamento, não incidindo directamente no procedimento preliminar e no intermédio. Considerando que na Alemanha a grande maioria das práticas de atenuação/excepção ao princípio da legalidade ocorrem na fase da investigação preliminar ou a seguir ao exercício da acção pelo ministério público[372], sustenta-se que não há uma violação do princípio por essa prática.

11 – Críticas.

Analisadas em espécie cada uma das hipóteses mencionadas e precisado o papel a ser desempenhado pelos respectivos sujeitos processuais, verifica-se uma permanente crítica doutrinária a cada uma dessas modalidades de arquivamento por razões de oportunidade, em grande parte já antecipadas nas considerações anteriores.

Regra geral, critica-se a imprecisão que envolve os critérios para a atenuação ao princípio da legalidade nas suas várias modalidades, em especial no que se refere ao problema conceitual, *v.g.*, interesse público,

---

[369] Um comentário sobre essa linha de entendimento do *BGH* pode ser encontrado em: PETERS, Karl. Evoluzione del processo penale, cit., p. 540/542. Referência também em RÜPING, Hinrich. Sociedad y procedimiento penal, cit., p. 110.

[370] Conf.: *NJW*, 1960, p. 1582.

[371] Conf. *NJW*, 1964, p. 1142.

[372] BAUMANN, Jürgen. *Derecho procesal penal...*, cit., p. 81.

408 *O Processo Penal como Instrumento de Política Criminal*

culpabilidade leve[373], com isso pondo em risco o princípio da determinação previsto no Art. 103, II, *Grundgesetz*; propõe-se, então, que esses critérios sejam fixados abstractamente para que possam ser transparentes e passíveis de revisão, precisando desse modo os motivos que determinam a não persecução penal[374].

As críticas ao arquivamento nos termos do § 153, *StPO*, principalmente na modalidade independente da aprovação do Tribunal, são de ordem prática e envolvem principalmente problemas de conivência entre os membros do governo e as Procuradorias da República. "A este propósito, saliente-se que os procuradores da República decidiram com frequência o arquivamento autonomamente, aplicando o princípio da oportunidade precisamente naqueles casos em que estavam envolvidas personalidades do mundo político e da alta finança"[375].

Grandes são as objecções doutrinárias acerca do arquivamento condicionado previsto no § 153, a, da *StPO*[376].

---

[373] KAUSCH, Erhard. *Der Staatsanwalt...*, cit., p. 105 e seguintes; HIRSCH, Hans--Joachim. Zur Behandlung der Bagatellkriminalität in der Bundesrepublik Deutschland, cit., p. 228; SCHMIDHÄUSER, Eberhard. Freikaufverfahren mit Strafcharakter im Strafprozess?, cit., p. 535, o qual aponta um risco de diversidade de tratamento entre os diversos inculpados, em virtude dessa imprecisão.

[374] ZIPF, Heinz. *Introducción...*, cit., p. 125; BLAU, Gunter, FRANKE, Einhard. Diversion..., cit., p. 937.

[375] MUHM, Raoul. Dependência do ministério público do executivo na Alemanha, cit., p. 126. A este respeito informa o Autor (p. 121) sobre a realização de inquéritos parlamentares instaurados para apurar essas irregularidades, que culminaram na constatação efectiva da sua ocorrência (p. 128).

[376] Uma resenha destas críticas pode ser lida em ROXIN, Claus. *Strafverfahrensrecht*, cit., p. 71. Quanto às críticas formuladas logo a seguir à introdução do § 153, a, na *StPO*, consultar: HANACK, Ernst-Walter. Das Legalitätsprinzip und die Strafrechtsreform, cit., p. 339 e seguintes; HIRSCH, Hans-Joachim. Zur Behandlung der Bagatellkriminalität in der Bundesrepublik Deutschland, cit., p. 221 e seguintes; ARZT Gunther. Offener oder versteckter Rückzug des Strafrechts vom Kampf gegen Ladendiebstahl? *Juristenzeitung*, 1976, p. 55, o qual, escrevendo logo a seguir à *Reforma* de 1975, que introduziu o § 153, a, *StPO*, salientou: "a introdução de *plea-bargaining* no exacto momento em que, nos Estados Unidos, a crise do princípio da oportunidade e os acordos entre o *prosecutor* e o acusado estão no primeiro plano das discussões de política criminal é surpreendente mesmo a partir de um preliminar ponto de vista". Do mesmo modo colocando reservas a essa introdução, na medida em que ela ampliou a discricionariedade do ministério público, e ponderando que, tendo em vista que as razões para a suspensão do processo frente à pequena criminalidade diferem de delito para delito, elas não deveriam ser genericamente abrangidas na *StPO*: LÜDERSSEN, Klaus. Petty offenses, cit., p. 765.

Modelo Alemão   409

De modo geral questiona-se, inicialmente, a não intervenção do Tribunal nos casos de crime contra o património alheio em que os danos causados forem ínfimos (§ 153, nº 1, *fine* e 153, a, nº 1, IV, *fine*)[377], considerada como uma lesão ao princípio da divisão dos poderes do Estado (Art. 20, III, *Grundgesetz*), tendo em vista que o ministério público pode dispor da acção penal sem a apreciação do Tribunal.

Critica-se também o facto da comercialização do arquivamento, visto que em 98% dos casos a condição a que fica sujeito o arquivamento consiste no pagamento de uma soma em dinheiro, favorecendo apenas os inculpados economicamente mais afortunados[378].

Ainda, aponta-se o risco de que inculpados inocentes se submetam às condições, particularmente à de pagar determinada soma em dinheiro, para se livrar mais agilmente do procedimento e não se expor ao juízo público. Não menos questionável é o facto da "oferta" pelo inculpado depender exclusivamente da escolha discricionária do ministério público, possibilitando uma violação ao princípio do *nullum crimen sine lege*[379].

Mais amplamente, assevera-se que a imposição de injunções e regras de conduta sem que primeiramente a culpabilidade do inculpado seja determinada perante um tribunal é incompatível com o princípio da presunção de inocência, havendo também o risco de se sancionar alguém que seja de facto inocente[380].

---

[377] A crítica reforça-se tendo em vista as alterações introduzidas pela *Rechtspflegeentlastungsgesetz*, limitando o requisito à exigência apenas de que do delito tenham resultado consequências leves e que a Lei não preveja uma pena elevada ao mínimo. Tal alteração é vista como um questionável "aumento de competência para o ministério público", conf.: SCHLÜCHTER, Ellen. *Derecho procesal penal*, cit., p. 104.

[378] HANACK, Ernst-Walter. Das Legalitätsprinzip und die Strafrechtsreform, cit., p. 349/350; SCHMIDHÄUSER, Eberhard. Freikaufverfahren mit Strafcharakter im Strafprozess?, cit., p. 529, 535, aliás, o próprio título do artigo é sugestivo a esse respeito.

[379] Conforme demonstra: SCHÖNE, Wolfgang. Líneas generales del proceso penal alemán, cit., p. 179; HIRSCH, Hans-Joachim. Zur Behandlung der Bagatellkriminalität in der Bundesrepublik Deutschland, cit., p. 230.

[380] Fala-se então num contraste entre o § 153, a, *StPO* e os princípios da verdade material e o da presunção de não culpabilidade, conf.: DENCKER, Friedrich. Die Bagatelledelikte im Entwurf eines *EGStGB*, cit., p. 144; HIRSCH, Hans-Joachim. Zur Behandlung der Bagatellkriminalität in der Bundesrepublik Deutschland, cit., p. 232. Já vista a posição de RANFT (RANFT, Otfried. *Strafprozessrecht*, cit., p. 275) a respeito da crítica primeiro apontada no texto, afirmando que nos casos de arquivamento conforme o § 153, *StPO*, a presunção de inocência não é contrariada, tendo em vista que se trata somente de uma avaliação hipotética de culpabilidade.

Além disso, é enfatizado que o inculpado não é verdadeiramente livre para recusar o consentimento necessário para a imposição das injunções e regras de conduta; ele sentir-se-á compelido a consentir na imposição das regras de conduta, visto que sabe muito bem que de outra maneira estará sujeito à continuação do processo e a uma possível condenação[381]. Efectivamente, ponderando o argumento de RIESS no sentido de que os arquivamentos são instrumentos eficazes para enfrentar a pequena criminalidade, ROXIN[382] acentua que isso não invalida as objecções principais que podem ser levantadas contra essas medidas. Assim, especialmente problemático é que, apesar de no plano teórico o cumprimento das regras de conduta e injunções ocorrer voluntariamente, na prática surgem como uma imposição coactiva, face à ameaça da sujeição a um procedimento de natureza penal.

Já visto, argumenta-se também que ao determinar as injunções e regras de conduta a que ficará sujeito o inculpado o ministério público estará a exercer uma função que deveria ser reservada aos juízes.

Fazendo uma ampla demonstração de todas essas críticas, HERRMANN[383] opõe-se a elas, afirmando que na prática são infundadas; nem as pessoas que são afectadas pelas regras de conduta manifestaram alguma queixa e, ainda, nem as investigações empíricas revelaram quaisquer irregularidades[384]. À crítica fundada na hipotética imposição da regra de conduta sem a averiguação prévia da culpabilidade responde-se com o já anunciado entendimento de que a suspensão do processo nos termos do § 153,

---

[381] DENCKER, Friedrich. Die Bagatelledelikte im Entwurf eines *EGStGB*, cit., p. 149.

[382] ROXIN, Claus. *Strafverfahrensrecht*, cit., p. 71.

[383] HERRMANN, Joachim. Diversion…, cit., p. 1051-1052. A respeito da possibilidade de ocorrência de irregularidades na prática, informa o Autor que em uns poucos casos soube-se que processos foram suspensos pelo Tribunal, após o pagamento de uma considerável quantia de dinheiro para instituições de caridade, mesmo havendo dúvidas se a culpabilidade do inculpado poderia ser considerada como leve ou se ela teria que ser totalmente examinada. Visto isto, pondera que o questionamento a ser feito é se casos isolados desta natureza devem conduzir à total rejeição de um expediente que tem evidentemente sido aplicado satisfatoriamente em quase 150.000 casos por ano. Também opondo-se a essas críticas: DREHER, Eduard. Die Behandlung der Bagatellkriminalität, cit., p. 937 e seguintes.

[384] Em divergência, expressamente informa ROXIN (*Strafverfahrensrecht*, cit., p. 71) que "pesquisas empíricas revelaram que na prática até hoje a posição social do inculpado influencia, não directamente mas através de uma técnica de defesa, no sentido de um certo favorecimento. Ou seja, quanto mais rico maiores são as facilidades de arquivamento".

a, *StPO*, pressupõe que a culpabilidade seja estabelecida com anterioridade, a partir das investigações que foram realizadas pela polícia. Quanto à crítica no sentido da possível ausência de liberdade de escolha do inculpado, afirma-se que se ele é inocente ou se entende que a sua culpabilidade não pode ser provada, deverá recusar o seu consentimento à medida de diversão e enfrentar o procedimento do mesmo modo que um inculpado ao qual não se abre a possibilidade de diversão.

À crítica fundada no hipotético favorecimento em relação aos mais afortunados economicamente, considerando que "podem livrar-se da persecução penal mediante 'compra'", responde GÖSSEL[385] com o argumento de que podem ser impostas condições de outra natureza, *v.g.*, a prestação de serviços de utilidade pública (§ 153, a, n° 1, III), representando essa possibilidade de arquivamento "uma benção", sobretudo para os inculpados primários. A ausência da natureza de penas típicas das injunções e regras de conduta é invocada para se opor à crítica de que o ministério público estaria a exercer uma função legalmente reservada ao juiz, ademais ele já exerce outras formas de poder de decisão sobre o processo (exercendo a acção penal e propondo o Decreto de Ordem Penal) sem que sejam consideradas uma usurpação da função judicial.

Também acompanhando a oposição a essas críticas, nos pontos focados, podem ser citados BLAU-FRANKE[386], os quais salientam ainda que o argumento de que na prática da suspensão do processo (§ 153, a, *StPO*) se verifica um julgamento pelo ministério público sem prévia condenação judicial não pode prosperar, visto que o voluntário consentimento ao cumprimento de regras de conduta não é condenação nos termos do Direito Penal, em sentido amplo. Acrescentam que na perspectiva dos advogados esse dispositivo legal simplesmente veio legalizar uma prática que já ocorria *praeter-legem*, não se compreendendo, pois, o motivo das críticas. Quanto ao suposto favorecimento propiciado aos inculpados mais afortunados, afirma-se que os que formulam esse argumento esquecem-se que na determinação da quantia a ser paga pelo inculpado a autoridade competente obviamente levará em conta o quanto ele é capaz de pagar.

---

[385] Principios fundamentales..., cit., p. 887; HÜNERFELD, Peter. A pequena criminalidade e o processo penal, cit., p. 41.

[386] Diversion..., cit., p. 936.

412   *O Processo Penal como Instrumento de Política Criminal*

12 – Estatísticas.

Não obstante a controvérsia que pesa sobre estas atenuações ao princípio da legalidade previstas na *StPO*, a análise estatística revela a sua importância para a viabilidade do funcionamento do processo penal no Ordenamento Jurídico alemão.

Vale salientar, preliminarmente, que a despeito do grande esforço empreendido no Ordenamento Jurídico alemão para o enfrentar do problema da *overload* do *Sistema*, através da descriminalização de condutas, da dependência da continuação do procedimento do assentimento do ofendido, da transformação de crimes graves (*Verbrechen*) em delitos leves (*Vergehen*), da ampliação da discricionáriedade do ministério público, incluídas, portanto, medidas processuais de conteúdo político-criminal, o número de pessoas acusadas continuou a aumentar, sendo apontada uma percentagem de 30% de aumento entre os anos de 1965 e 1976[387].

Tomando-se como referência o ano de 1978, mais ou menos na metade dos casos o ministério público promoveu a acção penal pública; a outra metade foi objecto de arquivamento: 70 % motivado por insuficiência de provas e 30% por razões de oportunidade; ou seja, mais ou menos 375.000 dos 2.500.000 processos que foram objecto de conhecimento pelo ministério público foram arquivados por razões de oportunidade[388].

Aliás, o quadro actual está a anular a reserva inicial quanto à utilização da hipótese de arquivamento prevista no § 153, a, *StPO*, represęntada pelo baixo número verificado a seguir à reforma de 1975, introdutória deste Instituto no Ordenamento Jurídico germânico[389]. Muito embora venha apontada essa pequena expressão prática no uso do Instituto nesse período inicial, salientado é que, face ao facto de que uma grande parte do fenómeno criminal na Alemanha é representado

---

[387] SESSAR, Klaus. Prosecutorial discretion in germany, cit., p. 272. A alegação de uma não actualidade dos dados apontados é impertinente frente aos objectivos perseguidos nesta investigação, visto que foi justamente no período citado (1975) que ocorreu a introdução do arquivamento contra injunções e regras de conduta (§ 153, a, *StPO*), por conseguinte, sendo um termómetro eficiente para revelar os primeiros passos dessa medida processual de conteúdo político-criminal.

[388] JUNG, Heike. Le rôle du ministère public en procédure pénale allemande, cit., p. 227.

Modelo Alemão

pela pequena criminalidade, a extensão da discricionariedade do ministério público alemão parece ser considerável[390].

Com efeito, afirma-se que não obstante uma certa relutância inicial em aplicar a suspensão do processo prevista no § 153, a, *StPO*, verificou-se um aumento da sua aplicação nos anos subsequentes. No ano de 1980 aproximadamente 102.000 procedimentos foram encerrados pelo ministério público nos termos do § 153, a, *StPO*. Se for levado em conta que o ministério público preferiu deduzir a acusação em aproximadamente 728.000 casos naquele ano, isso significa que para cada sete acusações houve um caso de encerramento através de medidas de diversão. De acrescentar que aproximadamente 50.000 processos foram suspensos pelos tribunais após a dedução da acusação, em conformidade com o § 153, a, nº 2, *StPO*. As estatísticas demonstraram ainda que um considerável número de processos foram concluídos por medidas de *diversão simples*, de acordo com o § 153, *StPO*. No que se refere ao ministério público, a proporção entre o número de casos de suspensão com intervenção (§ 153, a, *StPO*) e de suspensão simples (§ 153, *StPO*) foi de aproximadamente quatro para três, respectivamente[391].

Porém, paradigmáticas em relação à análise estatística são as actualizadas informações fornecidas por AMBOS[392], conforme se segue. O número de procedimentos que foram concluídos nos termos dos §§ 153, 153, a, aumentou para o triplo entre 1977 e 1989 (de 148.308

---

[389] É HÜNERFELD (HÜNERFELD, Peter. A pequena criminalidade e o processo penal, cit., p. 38) quem informa que na segunda metade de 1975 apenas num total de 2.160 casos se fez uso do novo regime. Em *Estugarda* "dos 1.320 processos, 745, ou seja apenas metade, ocorreram sem a colaboração judicial. Entre os casos de arquivamento, 1.141, ou seja mais de 80% recaíram sobre delitos patrimoniais, apenas 55 em matéria de trânsito, 4 de poluição do ambiente, 5 em matéria de géneros alimentícios e 115 sobre outros delitos".

[390] SESSAR, Klaus. Prosecutorial discretion in germany, cit., p. 259-260. Combinadas todas as reformas introduzidas na Alemanha em meados dos anos setenta, houve um decréscimo de 4,3% no número de pessoas acusadas entre os anos de 1974 e 1975. Todavia, do mesmo modo que ocorreu com a introdução do *Gesetz über Ordnungswidrigkeiten* (Código das Pequenas Infrações) em 1968, as reformas de 1975 aliviaram o *Sistema de Justiça Criminal* apenas por um curto período, pois a mesma fonte revela que em 1976 o número de submissões de casos perante os tribunais aumentou enormemente.

[391] HERRMANN, Joachim. Diversion..., cit., p. 1050.

[392] AMBOS, Kai. Procedimientos abreviados en el proceso penal alemán..., cit., p. 552, n. 33.

414 *O Processo Penal como Instrumento de Política Criminal*

para 410.693), mesmo mantendo-se quase constante o número das condenações (607.307 contra 608.548). Os 443.758 casos de todos os arquivamentos (realizados pelo ministério público e judiciais) do ano de 1989 somaram 42,17% de todos os encerramentos processuais *estatisticamente informados* (os arquivamentos e condenações totalizaram 1.052.306 casos). Algo mais da metade (235.356) foram arquivamentos subordinados ao cumprimento de injunções e regras de conduta, nos termos do § 153, a, da *StPO*. No ano de 1993 a parte percentual dos arquivamentos realizados pelo ministério público, medidos sobre a cifra total de encerramentos processuais, atingiu os 24,2% (foram concluídos 3.686.469 procedimentos de investigação), dessa cifra, 20,3% foram hipóteses de arquivamentos incondicionados (§§ 153, 153, b, 153, c, 154, 154, b, e e; § 45 da Lei dos Tribunais de Menores: *Jungendgerichtsgesetz – J.G.G.*). Nos Tribunais a quota de arquivamentos alcançou os 25,3% (*Amtsgericht – A.G.*: 25,6%; *Landgericht – L.G.*: 7,3%; *Oberlandesgericht – O.L.G.*: 22,6%; o total de casos concluídos nos *A.G., L.G.* e *O.L.G.* foi de 714.632); do número de arquivamentos judiciais informado, 3,3% foram nos termos do § 153, n° 2, e 5,5% nos termos do § 153, a, n° 2. No ano de 1994 a cifra de arquivamentos realizados pelo ministério público atingiu os 26,1% (dessa percentagem, 20,3% foram arquivamentos não sujeitos ao cumprimento de injunções e regras de conduta); nos Tribunais a percentagem de arquivamentos foi de 25,8% (*Amtsgericht – A.G.*: 26,2%; *Landgericht – L.G.*: 8,1%; *Oberlandesgericht – O.L.G.*: 14%); do número de arquivamentos informado, 4,3% foram nos termos do § 153, n° 2, e 7,83% nos termos do § 153, a, n° 2.

Para além da demonstração feita em termos estatísticos da grande incidência prática destas atenuações ao princípio da legalidade, constata-se que, não se verificando no conjunto de tal normativa um abuso, o juízo da opinião pública sobre a matéria é positivo[393]. O dado é animador para aqueles Ordenamentos Jurídicos em que as experiências de alternativas ao modelo processual tradicional ainda estão a dar os primeiros passos.

Afirma-se, pois, que apesar das críticas incidentes nessa forma de arquivamento, não se vislumbram reformas legais porque as formas de

---

[393] MAIWALD, Manfred. Appunti sul ruolo del pubblico ministero nell'esperienza processuale tedesca, cit., p. 13; BOTTCHER, R.. The relations between the organization of the judiciary and criminal procedure in the federal republic of germany, cit., p. 978, o qual aponta o percentual de 200.000 processos que foram finalizados por essa via em 1985.

Modelo Alemão 415

administração de justiça forçam essa evolução, ainda que de modo insatisfatório, e não há um *lobby* por parte dos ofendidos nem suficiente poder político de realização por parte da Ciência[394].

Apesar de tudo isso, informa ROXIN[395] o entendimento doutrinário sustentando que as tentativas de ampliar a área de aplicação do § 153, a, para além dos casos de culpabilidade leve devem ser energicamente rejeitadas.

§ 5 – Acordos informais (*Vergleiches*).

Mais importantes do que as hipóteses até então demonstradas, destacam-se na Alemanha as atenuações informais ao princípio da legalidade, representadas pela existência na prática processual de acordos envolvendo confissões de culpabilidade pelo inculpado e determinada contrapartida por parte da acusação[396].

Assim, embora esses acordos informais sejam estranhos ao processo penal alemão, governado pelo princípio da legalidade e estruturado com alguns traços do método inquisitivo, na prática verifica-se uma grande incidência de acordos entre as partes, em todos os estágios do procedimento. Isso é particularmente verdadeiro nos casos de criminalidade grave, em relação à qual a aplicação do § 153, a, ou do *Strafbefehl* (procedimento de ordem penal: *supra*) é excluída[397].

Também informando sobre uma contrariedade entre os acordos informais e o processo penal alemão, KLEINKNECHT[398] aponta o seu fundamento num interesse de deflação processual, principalmente nos delitos de natureza económica.

---

[394] HIRSCH, Hans Joachim. La posicion del ofendido en el derecho penal y en el derecho procesal penal, con especial referencia a la reparacion. Trad. Roberto L. Sánchez--Ocaña Chamorro. *Cuadernos de política criminal*, Madrid, n° 42, p. 561-575, 1990, p. 564.

[395] ROXIN, Claus. *Strafverfahrensrecht*, cit., p. 72.

[396] KÜHNE, Hans-Heiner. Germany, cit., p. 157.

[397] BOTTCHER, R.. The relations between the organization of the judiciary and criminal procedure in the federal republic of germany, cit., p. 978-979. Desde logo, a informação de que, do mesmo modo que as atenuações ao princípio da legalidade previstas na Lei, também esses acordos informais são consequência directa, ainda que não exclusiva, do fenómeno da sobrecarga que pesa sobre os tribunais no Ordenamento Jurídico alemão.

[398] KLEINKNECHT, Theodor, MEYER, Karlheinz. *Strafprozessordnung*. 41ª ed.. München: C. H. Beck'scheVerlagsbuchhandlung, 1993, p. 28. De redução da sobrecarga

416 *O Processo Penal como Instrumento de Política Criminal*

Acerca da incidência dessa prática os números realmente impressionam: numa pesquisa realizada em 1986 entre juízes, ministério público e advogados, resultou que a prática dos acordos informais ocorre em 25 a 35% dos casos penais e que, segundo a opinião de 95% dos juízes e ministério público e 83% dos advogados, deram bons resultados[399].

Com efeito, importa destacar que nos últimos anos se assistiu na Alemanha a um aumento, de forma bastante diferenciada, dos acordos *praeter legem* na prática processual germânica, havendo uma oposição doutrinária entre defensores e adversários de tais acordos[400].

A própria diversidade terminológica utilizada para descrever esses acordos informais retrata a perplexidade doutrinária e jurisprudencial a seu respeito. A expressão *Absprachen* vem utilizada geralmente por aqueles que se opõem a essa prática, significando os acordos autênticos, em que ocorre uma combinação entre as partes; o termo *Vergleiches* corresponde também à ideia de acordo, todavia, implicando que cada parte ganha alguma coisa ou de algum modo fica beneficiada: resulta de um abandono de posições antagónicas que culmina numa aproximação favorável a todos; traduzindo a negociação celebrada entre as partes, a expressão *Deal* vem utilizada como uma aproximação à prática norte-americana da *plea bargaining*; a expressão *Verständigung* (entendimento) é apontada como um eufemismo, uma tentativa de "colorir" os acordos informais; além desses, há outros termos menos usuais como *Mauschelei*, *Kuhhandel* (regateio)[401].

Podem ser citados como antecedentes desses acordos informais em sede do processo penal a prática já existente nesse sentido no âmbito do processo civil e do processo do trabalho[402].

---

dos tribunais fala KÜHNE (KÜHNE, Hans-Heiner. *Strafprozesslehre*. 4ª ed.. Heidelberg: C. F. Müller Juristischer Verlag, 1993, p. 270).

[399] SCHÜNEMANN, Bernd. Crisis del procedimiento penal?, cit., p. 52; HASSEMER, Winfried. Pacta sunt servanda – auch im Strafprozess?, cit., p. 893; MAIWALD, Manfred. Il processo penale vigente in germania, cit., p. 32.

[400] ROXIN, Claus. Sobre el concepto global para una reforma procesal penal, cit., p. 315; MAIWALD, Manfred. Il processo penale vigente in germania, cit., p. 29-30.

[401] SCHÜNEMANN, Bernd. Die Verständigung im Strafprozess, cit., p. 1895.

[402] RÖNNAU, Thomas. *Die Absprache im Strafprozess. Eine rechtssystematische Untersuchung der Zulässigkeit von Absprachen nach dem geltenden Strafprozessrecht.* Baden Baden: Nomos Verlagsgesellschaft, 1990, p. 17; KLEINKNECHT, Theodor, MEYER, Karlheinz. *Strafprozessordnung*. 41ª ed., cit., p. 27.

Modelo Alemão 417

Quanto às suas características, pode ser dito que na verdade trata-se de um acordo destituído de toda a formalidade, baseado na confiança da ocorrência de um comportamento posterior previamente acertado; neles o inculpado não se declara culpado nos moldes da *plea bargaining* do modelo anglo-saxão, senão que formaliza uma confissão que é valorada pelo Tribunal como o meio de prova geral para a sua culpabilidade[403].

Envolvendo concessões recíprocas entre as partes, nos acordos informais da experiência germânica verifica-se a troca de uma suspensão ou redução de pena da parte dos órgãos de persecução por um comportamento cooperativo do inculpado, com primazia para aquele correspondente a uma confissão da culpabilidade. Ou seja, por um lado implica uma aceitação plena ou limitada da acusação pelo inculpado, por outro, uma transigência na medida da pena pelo ministério público e Tribunal, contentando-se com uma sanção moderada, cuja medida se encontra num nível inferior àquele que se costuma atribuir ao delito concreto[404].

Segundo KÜHNE[405] a regra que está na base dos acordos informais e que determina a sua persistência na prática é a de que os fins justificam os meios, de modo que troca-se deflação processual por redução da medida da pena.

O mencionado comportamento cooperativo diverso da confissão geralmente efectiva-se através da renúncia pela defesa à produção de um determinado meio de prova ou ao não exercício do direito ao recurso[406] e até mesmo a desistência daquele já proposto. Quanto à renúncia ou desistência do recurso, vale a observação de que tal comportamento cooperativo é formalmente inexigível, não gerando um vínculo para as partes envolvidas. A garantia do cumprimento do pacto fundado nesse objecto é de ordem prática, ou seja, a ameaça de não poder celebrar novos acordos no processo, ou em outros processos, a que fica sujeito o defensor que falta com a palavra dada[407]. Trata-se de um instrumento de sanção de natureza fáctica, fundado numa relação de confiança[408].

---

[403] SCHÜNEMANN, Bernd. Crisis del procedimiento penal?, cit., p. 51.

[404] Idem. Die Verständigung im Strafprozess, cit., p. 1895; KLEINKNECHT, Theodor, MEYER, Karlheinz. *Strafprozessordnung*. 41ª ed., cit., p. 28.

[405] *Strafprozesslehre*. 4ª ed.., cit., p. 271.

[406] RÖNNAU, Thomas. *Die Absprache im Strafprozess*, cit., p. 49; KLEINKNECHT, Theodor, MEYER, Karlheinz. *Strafprozessordnung*. 41ª ed., cit., p. 27-28.

[407] DENCKER, Friedrich, HAMM, Rainer. *Der Vergleich im Strafprozess*. Frankfurt an Main: Metzner, 1988, p. 114.

[408] RÖNNAU, Thomas. *Die Absprache im Strafprozess*, cit., p. 36.

418   *O Processo Penal como Instrumento de Política Criminal*

Entretanto, objecto por excelência dos acordos informais no Ordenamento Jurídico alemão é uma confissão por parte do inculpado. Nesse sentido e mais especificamente, fala-se de uma antecipação do resultado do processo (*antizipation des Verfahrensergebnisses*), que se verifica no caso em que os envolvidos ainda não chegaram a um acordo sobre o procedimento, mas simplesmente um dos sujeitos do processo, em regra o Tribunal, faz uma espécie de previsão sobre o seu próprio comportamento (nessa hipótese, sobretudo em relação ao conteúdo do veredicto final), partindo da premissa de um comportamento dos outros envolvidos (sobretudo uma confissão por parte do inculpado); uma antecipação desse género pode ser um estágio para um acordo autêntico ou representar ela mesma uma forma autónoma de negociação[409].

Sob outra óptica, SCHMIDT-HIEBER[410] fala de uma *hypothetische erklärung*, na qual o Tribunal fornece apenas uma *declaração hipotética*, destituída de qualquer efeito vinculante, de que, considerando as circunstâncias do processo e sob a premissa de uma confissão no futuro, pode ser admissível uma determinada medida de pena mais moderada. Assim, com fundamento na regra prevista no § 46, *StGB*, a qual estabelece que o comportamento do acusado posterior ao facto deve ser considerado para os fins de determinação da medida da pena, reconhece-se validade à confissão como uma circunstância atenuante[411].

Manifestando-se sobre o tema, o *Bundesverfassungsgericht* (Tribunal Constitucional Federal)[412] entendeu que os acordos informais não violam as regras do Estado de Direito, não sendo interdito que o juiz e as partes cheguem a um acordo extraprocessual sobre o resultado do julgamento. O que é vedado pelos princípios do Estado de Direito é que a determinação e a qualificação jurídica do facto bem como a operação da medida da pena sejam deixadas ao arbítrio e disponibilidade das partes e do juiz. Os comentários sucessivos a esta decisão do Tribunal Constitucional Federal cuidaram de evidenciar o seu carácter vago e impreciso, registando que ela deixou em aberto várias questões suscitadas pela prática dos acordos informais[413]. Reportando-se a essa decisão,

---

[409] SCHÜNEMANN, Bernd. Die Verständigung im Strafprozess, cit., p. 1896; KLEINKNECHT, Theodor, MEYER, Karlheinz. *Strafprozessordnung*. 41ª ed., cit., p. 29.

[410] *Verständigung im Strafverfahren*, cit., p. 70 e seguintes.

[411] Idem, ibidem, p. 81.

[412] *BVerfG*, in *Wistra*, 1987, p. 134.

[413] SCHÜNEMANN, Bernd. Die Verständigung im Strafprozess, cit., p. 1898; RÖNNAU, Thomas. *Die Absprache im Strafprozess*, cit., p. 73; DENCKER, Friedrich, HAMM, Rainer. *Der Vergleich im Strafprozess*, cit., p. 121.

Modelo Alemão 419

segundo JESCHECK[414] o *Bundesverfassungsgericht* tolera os acordos informais sempre que o esclarecimento da real situação de facto não sofra nenhuma limitação, a congruência da sanção em relação à culpabilidade seja garantida e o inculpado não venha a ser constrangido a uma confissão. Salienta, porém, que existe razão para a perplexidade quanto à efectiva observância dessas condições na prática.

MAIWALD[415] cita um outro caso jurisprudencial, julgado pelo *Bundesgerichtshof* (Tribunal Supremo Federal para assuntos civis e causas penais), no qual durante uma pausa na audiência de julgamento o juiz-presidente se dirigiu a um dos defensores indagando se celebraria um acordo com o ministério público; respondendo à indagação do juiz o defensor, por sua vez, indagou se, em conformidade com os costumes do Tribunal, ele poderia confiar que haveria uma vinculação entre a pena requerida pelo ministério público e a posterior sanção a ser fixada; "o presidente respondeu que de facto a Câmara penal habitualmente permanecia no âmbito do requerimento do ministério público". Em pausa posterior da audiência o juiz percebeu que o defensor estava para formular por escrito um pedido de produção de prova; aproximando-se novamente do defensor, o juiz indagou-lhe se aquilo era realmente necessário, uma vez que ele pensava que já havia sido celebrado um acordo entre defesa e ministério público; respondendo ao juiz o defensor informou-o que realmente já tinha conhecimento das bases do pedido de condenação que seria formulado pelo ministério público; perante a resposta o juiz manifestou-se no sentido de que: "bem, agora podemos seguir em frente". Tendo o ministério público formulado um pedido de condenação em quatro anos, o Tribunal condenou o inculpado em cinco anos e meio de pena detentiva. Em função do ocorrido o defensor apelou da decisão, requerendo a anulação do procedimento, sob a alegação de que o Tribunal não se ateve à garantia que foi dada pelo Presidente de que não ultrapassaria a pena requerida pelo ministério público. O *Bundesgerichtshof* anulou a sentença da Câmara penal, com o fundamento de que havia sido violado o princípio do justo processo, uma vez que "se o Presidente fez surgir, na forma descrita, o entendimento de que não seria superada a medida da pena requerida pelo ministério

---

[414] Il nuovo codice di procedura penale italiano visto dalla germania, cit., p. 35.

[415] Il processo penale vigente in germania, cit., p. 30/31. Trata-se da decisão do *BGH, in NJW*, 1989, p. 2270, que mereceu um amplo comentário interpretativo de HASSEMER, Winfried. Pacta sunt servanda – auch im strafprozess?, cit., p. 890-895.

público, então, também a Câmara penal deveria ater-se às declarações do seu Presidente". Caso contrário, se o Presidente, no momento do julgamento junto aos seus pares, percebe que não poderá manter a garantia afirmada, deverá retornar à sala de audiências e informar o defensor sobre a mudança da situação.

De facto, comentando a decisão mencionada, entendeu HASSEMER[416] que "auch der *Senat* hält das für unfair", ou seja, que a matéria objecto do recurso não tinha sido decidida de forma justa pelo Tribunal *a quo*. Ademais, digno de destaque é que também sobre essa decisão pesa a crítica da ambiguidade e do carácter vago do pronunciamento sobre os acordos informais[417].

Do caso jurisprudencial por último citado é possível extrair algumas considerações acerca do comportamento dos sujeitos envolvidos nesses acordos informais.

Já vista a composição colegial dos tribunais alemães em algumas instâncias, envolvendo tanto juízes togados como leigos (*supra*), é fácil perceber que em relação aos acordos infomais o juiz (no caso de órgão colegial através do Presidente ou Relator) assume geralmente uma participação efectiva, dirigida a incrementar, influenciar e assegurar a execução dos acordos, actuando por vezes sem o conhecimento dos demais integrantes do Tribunal (em especial dos juízes leigos). Aponta-se a essa situação uma virtual violação da organização colegial desses Tribunais[418].

A participação do inculpado na celebração do acordo é meramente marginal e totalmente eventual[419]. Na maioria dos casos, verifica-se uma plena actuação do defensor na prática dos acordos, marginalizando totalmente a figura do inculpado, o qual nem mesmo é informado sobre os aspectos da negociação em curso. Através do resultado de uma pesquisa realizada, demonstra SCHÜNEMANN[420] que 50% dos defensores entrevis-

---

[416] Pacta sunt servanda – auch im Strafprozess?, cit., p. 891.

[417] Idem, ibidem, p. 895.

[418] RÖNNAU, Thomas. *Die Absprache im Strafprozess*, cit., p. 222/227.

[419] Idem, ibidem, p. 161.

[420] Die Verständigung im Strafprozess, cit., p. 1901. Pela sua importância, *in verbis*: "Danach entscheiden 50% der Anwälte allein über die Aufnahme von Gesprächen zur Herbeiführung informeller Verständigungen, d.h. ohne den Mandanten an der Entscheidungsfindung zu beteiligen; 38% informieren den Mandaten nicht klar über diese Absicht, sondern deuten es nur an oder unterlassen jegliche Information; und nach erfolgter Absprache informieren nur 40% ihren Mandanten darüber in vollem Umfange,

Modelo Alemão 421

tados conduzem autonomamente o acordo e que a maioria não fornece nenhuma informação adequada ao inculpado sobre a evolução da transacção. Esse papel marginal revela-se também sob a óptica dos juízes, resultando da pesquisa que apenas 5% deles considera importante a participação do inculpado no acordo.

Na perspectiva dos defensores nada há de inconveniente nos acordos, visto não possuirem nenhum compromisso com os princípios do processo tradicional e com o seu aspecto formal, noticiando-se, inclusive, a ideia de se elaborar uma lista (código) de critérios a serem considerados nas negociações, com vista a torná-las mais eficientes; nessa perspectiva a perda de oportunidade para realizar um acordo é considerada mesmo um erro profissional. Tudo, no final, confirmado pela constatação de que 73% dos avogados defendem essa prática. Não obstante, os acordos informais representam para os defensores um elemento de risco, uma vez que significam um caminho sem volta, pois a partir do momento em que se entabula uma negociação compromete-se a tese da defesa, tornando difícil uma posterior negação da responsabilidade penal[421].

Em termos de política criminal, os acordos informais parecem favorecer a substituição da ideia de retribuição por um conceito racional de prevenção, através do qual se acentua a necessidade e a legitimidade de formas de solução baseadas na economia processual e orientadas para o consenso. Em assim sendo, à primeira vista nenhum escândalo haveria no cultivo de formas destinadas ao fim de obter um resultado sancionatório máximo, dentro do sistema utilitarista do Direito Penal preventivo, senão que, ao invés, em função do consenso dos participantes parece possível um fortalecimento das normas e da dinâmica de ressocialização, cuja legitimação se mostra ausente no processo tradicional[422].

---

während 51% nur vom Ergebnis unterrichten und 9% sogar eine strikte Vertraulichkeit wahren, d.h. den Mandanten völlig im dunkeln tappen lassen".

[421] Idem, ibidem, p. 1899.

[422] Idem. Crisis del procedimiento penal?, cit., p. 53. Com efeito, "die fundamentale Neuorientierung unseres materiellen Strafrechts von einem an der abstrakten Gerechtigkeitsidee orientierten Vergeltungsdenken zum zweckrationalen *Präventionsprinzip* dazu geführt, in der Steigerung des Sanktionierungsoutput durch Verständigung – worin im Kontext der Vergeltungstheorie ein die heiligsten Grundfesten der Rechtspflege erschütternder 'Handel mit der Gerechtigkeit' gelegen hätte – nichts per se Anstössiges mehr zu finden", conf.: Idem, Die Verständigung im Strafprozess, cit., p. 1898.

422 *O Processo Penal como Instrumento de Política Criminal*

A despeito dessas vantagens objectivas, que sob o aspecto da economia judicial resultam indiscutíveis e sob o prisma da realização dos fins de um Direito Penal moderno, preventivo, parecem altamente plausíveis, os acordos informais revelam uma utilidade paralela para os distintos participantes no processo. A diminuição das exigências técnicas e da complexidade de trabalho favorece a redução do stress gerado pelos conflitos e frustrações bem como o aumento das probabilidades de êxito profissional. Quanto a este último aspecto, em relação aos juízes ele manifesta-se na melhoria das possibilidades de ascensão funcional, face ao acréscimo do número de sentenças; em relação aos advogados verifica-se a possibilidade de agilizar os honorários decorrentes do encerramento do processo, através de um acordo[423].

Demonstradas as características básicas desses acordos informais e exaltados os seus aspectos positivos, expressiva é a controvérsia que sobre eles pesa.

Representando a posição minoritária e não deixando de apontar a necessidade de determinadas correcções na prática, os que defendem esse modelo de Justiça Penal consideram os acordos informais um *notwendiges übel*, ou seja, um mal necessário[424].

Na linha de oposição a esses acordos informais, MAIWALD[425] posiciona-se no sentido de que eles violam vários princípios do direito processual penal alemão. Também HASSEMER[426] entende que a tendência de "despachar" o processo penal através de acordos informais tem um sentido ameaçador. Tem efeitos manifestos e secundários, cujo resultado desformalizador sobre a constituição jurídica e prática do processo penal é visível desde logo, expondo a perigo diversos princípios processuais.

A principal objecção que é feita a esses acordos informais é, sem dúvida, o facto de não possuirem até ao momento uma clara base legal[427].

---

[423] Idem. Crisis del procedimiento penal?, cit., p. 53.

[424] SCHMIDT-HIEBER, Werner. *Verständigung im Strafverfahren*, cit., p. 8.

[425] Il processo penale vigente in germania, cit., p. 31; HASSEMER, Winfried. Crisis y caracteristicas del moderno derecho penal, cit., p. 644; SCHÜNEMANN, Bernd. Die Verständigung im Strafprozess, cit., p. 1896; DENCKER, Friedrich, HAMM, Rainer. *Der Vergleich im Strafprozess*, cit., p. 50 seguintes; KLEINKNECHT, Theodor, MEYER, Karlheinz. *Strafprozessordnung*. 41ª ed.., cit., p. 28; KÜHNE, Hans-Heiner. *Strafprozesslehre*. 4ª ed.., cit., p. 270.

[426] Pacta sunt servanda – auch im Strafprozess?, cit., p. 892.

[427] BOTTCHER, R.. The relations between the organization of the judiciary and criminal procedure in the federal republic of germany, cit., p. 979; SCHMIDHÄUSER, E. Freikaufverfahren mit Strafcharakter im Strafprozess?, cit., p. 536.

Especificamente, apontam-se as seguintes objecções: violação do princípio da indisponibilidade, perante a falta de poderes de disposição sobre o objecto do processo; violação do conteúdo material das garantias asseguradas pelos princípios da oralidade (*Mündlichkeitsprinzip*), da imediação (*Unmittelbarkeitprinzip*)[428], da publicidade (*Öffentlichkeit*: § 169 *GVG*) e do juiz legal; violação do direito do inculpado estar presente como sujeito e não objecto do processo; violação do princípio da presunção da inocência, tendo em conta a iniciativa do juiz de obter uma confissão antes da prática total das provas na audiência de debates e julgamento ou pelo facto de emitir uma sentença condenatória fundada apenas numa confissão não qualificada[429].

Sendo o segredo e o sigilo os elementos típicos, senão as condições, de uma negociação que satisfaça os interesses dos envolvidos, verifica-se uma incompatibilidade desses acordos informais com o princípio da publicidade. Segundo HASSEMER[430] "der nicht-eingeweihten Öffentlichkeit wird notfalls, nachdem die Sache im Richter –, im Beratungszimmer, vor dem Sitzungssaal oder im Hotel entschieden wurde, das Theater des offenen Verfahrensausgangs vorgespielt"; significa dizer, depois de decidir a questão no gabinete do juiz, no escritório, fora da sala da audiência ou no hotel, apresenta-se ao público o teatro de um desfecho do processo público. Também para MAIWALD[431] um dos problemas gerados pelos acordos informais é o carácter secreto de que eles se revestem, caracterizando um verdadeiro acordo de cavalheiros (*gentleman's agreement*), sendo frequentemente celebrados no gabinete do juiz, no corredor do Tribunal ou na sala do Ministério Público; tal situação viola directamente o princípio da publicidade, um dos cânones fundamentais do processo penal.

Diversamente de assegurar a incidência da regra da presunção de inocência, os acordos informais dão lugar a uma presunção de culpabilidade; a oferta de vantagens pelo Tribunal ao acusado, no sentido de um

---

[428] Um resultado processual fundado em elementos de prova obtidos apenas com base na negociação entre alguns dos sujeitos processuais pode conduzir a uma retomada do processo inquisitivo: RÖNNAU, Thomas. *Die Absprache im Strafprozess*, cit., p. 156.

[429] SCHÜNEMANN, Bernd. Crisis del procedimiento penal?, cit., p. 54.

[430] Pacta sunt servanda – auch im Strafprozess?, cit., p. 892. No mesmo sentido crítico: RÖNNAU, Thomas. *Die Absprache im Strafprozess*, cit., p. 163; SCHMIDT-HIEBER, Werner. *Verständigung im Strafverfahren*, cit., p. 90.

[431] Il processo penale vigente in germania, cit., p. 31.

424   *O Processo Penal como Instrumento de Política Criminal*

tratamento benevolente, representa uma ofensa aos costumes em relação à pessoa, a qual até à prova da sua culpabilidade é inocente[432].

Uma das principais críticas dirigidas aos acordos informais centra--se na violação dos §§ 136 e 136, a, *StPO*, uma das manifestações legais da garantia do *nemo tenetur se detegere-Grundsatz*. Nesse sentido, ainda que a *Grundgesetz* não preveja expressamente a regra do *nemo tenetur se ipsum accusare*, há um consenso doutrinário no sentido de ela ser uma hipótese de "direito constitucional não escrito". Não menor é a relevância atribuída pela jurisprudência ao princípio em análise, sendo várias as manifestações jurisprudenciais afirmando a sua sede na Lei Fundamental[433]. Assim, os mencionados dispositivos legais da *StPO* consagram a garantia constitucional de não declarar contra si mesmo, estendendo-se à proibição da promessa de vantagens, pois estas possuem um efeito reverso de ameaça, tendo em vista a desvantagem em caso de recusa do acusado, constituindo assim uma forma de coacção à confissão[434].

Nesse mesmo sentido, uma outra crítica que se faz aos acordos informais refere-se à prática usual de cada parte extremar o valor dos elementos que possui, desvalorizando os da outra parte, como forma de criar um situação prejudicial e assim forçar a celebração do acordo[435].

Já demonstrada a posição marginal que assume o inculpado nos acordos informais, eles podem violar também a regra do *anspruch auf rechtliches gehör* (direito a ser ouvido perante o Tribunal: art. 103, nº 1, *Grundgesetz* – Lei Fundamental), na medida em que limitam o direito à participação do inculpado no acordo, não sendo admissível a relevância da manifestação de vontade para os fins de sanar essa lesão[436].

Aliás, na já citada decisão do Tribunal Constitucional Federal (*Bundesverfassungsgericht*, 1987, *supra*) ficou sublinhado que o acusado

---

[432] DENCKER, Friedrich, HAMM, Rainer. *Der Vergleich im Strafprozess*, cit., p. 53; RÖNNAU, Thomas. *Die Absprache im Strafprozess*, cit., p. 174/177.

[433] Cite-se, a título exemplificativo, a decisão do *Bundesverfassungsgericht* (*BVerfG*) de 31/01/81, *in*: *NJW* (1981), p. 1431.

[434] SCHÜNEMANN, Bernd. Crisis del procedimiento penal?, cit., p. 54; DENCKER, Friedrich, HAMM, Rainer. *Der Vergleich im Strafprozess*, cit., p. 97; HASSEMER, Winfried. Pacta sunt servanda – auch im Strafprozess?, cit., p. 892. Limitando a crítica aos casos de ameça injusta, que pode influenciar a capacidade de vontade do inculpado, com a exclusão das hipóteses de mero esclarecimento da situação processual negativa: RÖNNAU, Thomas. *Die Absprache im Strafprozess*, cit., p. 190/191.

[435] RÖNNAU, Thomas. *Die Absprache im Strafprozess*, cit., p. 192.

[436] Idem, ibidem, p. 202; HASSEMER, Winfried. Pacta sunt servanda – auch im Strafprozess?, cit., p. 894.

Modelo Alemão 425

não pode ser objecto do processo penal, devendo ser-lhe oferecida a oportunidade de influenciar o desenvolvimento e o resultado do processo[437].

Considerando que a maior defesa em favor dos acordos informais parte justamente dos operadores jurídicos, importa destacar a crítica dirigida pelos defensores a essa prática, fundada na objecção à tendência dos juizes de utilizarem instrumentos para pressionar a realização dos acordos, através da ameaça da continuação de uma prisão preventiva, complicações do processo, demoras e imposição de penas pesadas. Nesse sentido os acordos informais transformam-se numa arma nas mãos dos juizes, diversamente de serem um recurso para a defesa como ocorria anteriormente[438].

Relativamente aos princípios da instrução (*Instruktionsprinzip*) e da verdade material (*Aufklärungspflicht*), grande é o comprometimento que neles pode causar a prática dos acordos informais. Efectivamente, traduzindo-se na obrigatoriedade a que está sujeito o Tribunal de "ex officio" esclarecer todas as circunstâncias que podem ser relevantes para a análise da acusação, também o princípio da investigação pode ser violado pelos acordos informais, na medida em que neles não se chega a um efectivo conhecimento do crime objecto da acusação, mas tão somente à verdade formal que é acordada pelas partes[439].

Assim, considerando que a principal vantagem do consenso em termos de economia processual é a de evitar a audiência de debates e julgamento, há que se reconhecer que os acordos informais são geralmente celebrados com base no material colhido apenas na instrução preliminar, servindo a confissão do acusado como substitutivo da celebração da mencionada audiência. Verifica-se, inclusive, a prática da leitura pelos advogados de confissões escritas dos seus clientes ou a elaboração técnica de uma confissão, previamente acertada com o presidente do Tribunal[440]. Nesses acordos informais verifica-se, então, a decaída da obrigação de esclarecimento judicial dos factos, ou seja, a substituição da prática completa da prova na audiência de debates e julgamento pela aceitação do resultado da instrução preliminar pelo inculpado.

---

[437] Um dos receios que se deve ter quanto aos acordos informais é justamente o risco de que eles se tornem um assunto de juristas profissionais, figurando o acusado como objecto e não sujeito do processo, conf.: HASSEMER, Winfried. Pacta sunt servanda – auch im Strafprozess?, cit., p. 894.

[438] Idem, ibidem, p. 893/894.

[439] MAIWALD, Manfred. Il processo penale vigente in germania, cit., p. 31.

[440] SCHÜNEMANN, Bernd. Crisis del procedimiento penal?, cit., p. 54.

Quanto ao valor atribuído à confissão do inculpado, objecta-se que ela não pode significar de maneira alguma uma prova concludente da existência de um determinado elemento fáctico, a esse respeito somente podendo ter valor a *confissão qualificada*. Esta última pressupõe que o Tribunal deve comprovar o seu conteúdo verdadeiro por todos os meios; como consequência, a finalidade do acordo informal entre as partes, que é precisamente uma canalização consensual da matéria do processo, resulta necessariamente frustrada[441].

Aliás, peculiar é o tratamento dado à confissão no Ordenamento Jurídico germânico, justificando a ressalva feita a seu respeito relativamente aos acordos informais. Com efeito, na afirmação de ALBIN ESER[442] o discurso e o comportamento do acusado, aquilo que ele diz e o modo como se comporta, podem perfeitamente ser submetidos ao convencimento e à valoração judicial como qualquer outro meio de prova. Decorrente da regra do livre convencimento do juiz (§ 261, *StPO*), efectivamente a confissão pode assumir um relevante papel como meio de prova, verificando-se, inclusive, determinadas situações em que ocorre uma renúncia aos demais meios de prova, celebrando-se a audiência de debates e julgamento sem testemunhas[443]. Por isso mesmo sustenta JUNG[444] que a confissão do inculpado figura como critério decisivo para a decisão do ministério público quanto ao destino da acção penal em dois sentidos: a confissão é uma base sólida e económica para a imposição de qualquer sanção; ela assume um papel relevante nas decisões de oportunidade, uma vez ser considerada como um gesto de submissão do inculpado que é reconhecido válido pela justiça.

O fundamento em que repousa este entendimento no modelo germânico reside em que, embora o valor da confissão como elemento para a aquisição de uma certeza em relação aos factos seja limitado, ela ajuda o juiz no momento de assumir a responsabilidade pelo resultado processual[445].

Entretanto, não se deve ignorar que esse valor atribuído à confissão encontra uma delimitação progressiva no confronto com a evolução do

---

[441] Idem, ibidem, p. 55. Aliás, escrevendo sobre o princípio da investigação (*Ermittlungsgrundsatz*), ROXIN (ROXIN, Claus. *Strafverfahrensrecht*, cit., p. 77) é enfático ao afirmar que "o Tribunal não pode estar vinculado à confissão do acusado".

[442] La posizione giuridica dell'imputato nel processo penale tedesco, cit., p. 276.

[443] ROXIN, Claus. *Strafverfahrensrecht*, cit., p. 81.

[444] Le rôle du ministère public en procédure pénale allemande, cit., p. 228.

[445] VOLK, Klaus. Verità, diritto penale sostanziale e processo penale, cit., p. 391.

direito do inculpado de não declarar contra si próprio, já evidenciado anteriormente; assim, garantir-lhe o direito de falar ou calar parece pressupor, vice-versa, a consciência em relação ao facto de que também no processo penal não se trata de encontrar a verdade a todo o custo mas apenas de demonstrar a culpabilidade do autor do crime com respeito pela sua dignidade pessoal[446].

Por outro lado, a valoração somente dos elementos colhidos na instrução preliminar, para os fins dos acordos informais, oferece uma visão mutilada da realidade, a qual é percebida apenas pela óptica dos órgãos de persecução penal, visto a ausência da contribuição a ser oferecida pelo inculpado no momento da audiência de instrução e julgamento. A manifestação de vontade deste último, via confissão, ainda que atribua validade aos mencionados elementos, não conduz à demonstração da verdade material[447].

Muito embora a experiência prática, revelada pela pesquisa estatística, demonstre que a maioria dos envolvidos confirmou a necessidade de um respeito pelos compromissos assumidos, uma outra crítica que pesa sobre os acordos infomais reside na sua realização "keine normativen garantien", ou seja, sem garantias jurídicas para o seu cumprimento. Isso pode dar lugar a uma violação do princípio do *fair trial* (julgamento justo), na medida em que a inexistência de vínculo jurídico da parte do Tribunal, após a promessa de confissão do inculpado, gera um prejuízo para a defesa, que é forçada a "abrir todas as cartas que possui"[448].

Um outro princípio que pode eventualmente ser violado pela prática dos acordos informais é aquele da igualdade jurídica, tendo em vista que a ausência de condição ou a não disposição do acusado para negociar pode gerar uma indisposição no juiz, podendo exercer influência na operação de medida da pena[449]. Sustenta-se então que os acordos informais podem propiciar um tratamento sancionatório desigual entre aqueles que colaboram e os que não querem ou não podem colaborar no processo. Assim, "aquele que não pode oferecer nada ao Tribunal vem

---

[446] ESER, Albin. La posizione giuridica dell'imputato nel processo penale tedesco, cit., p. 278.

[447] SCHÜNEMANN, Bernd. Crisis del procedimiento penal?, cit., p. 56.

[448] Idem, Die Verständigung im Strafprozess, cit., p. 1897; No mesmo sentido: DENCKER, Friedrich, HAMM, Rainer. *Der Vergleich im Strafprozess*, cit., p. 99.

[449] HASSEMER, Winfried. Pacta sunt servanda – auch im Strafprozess?, cit., p. 892.

por isso mesmo golpeado pela lei com todo o seu rigor e isso mesmo quando tudo pode depender da circunstância do caso"[450].

A despeito das vantagens em termos de política criminal antes apontadas, os acordos informais nem sempre se conformam aos fins penais[451]. Nesse sentido, afirma-se que os acordos informais violam a justiça do caso concreto, o mesmo ocorrendo em relação ao princípio da culpabilidade, com o que se perde a substância moral do Direito Penal.

Segundo MAIWALD[452], a prática dos acordos informais subtrai ao inculpado uma parcela considerável da protecção que os institutos do processo penal lhe atribuem, resultando importante para a determinação da pena não mais a verdade que o tribunal deverá investigar, "servindo-se de todos os meios que tem à sua disposição e na plena salvaguarda dos princípios do Estado de Direito, mas sim a capacidade de negociação e as possibilidades tácticas que o inculpado tem à sua disposição e que constituem num certo sentido a sua base de actuação".

Assim, na prática dos acordos informais a medida da pena resulta não da culpabilidade pelo facto e sim do comportamento cooperativo do inculpado, pela via da sua capitulação processual; consequência disso é que já não é possível falar de uma individualização séria da pena. Argumenta-se, então, que o comportamento posterior do inculpado pode influenciar na verificação da culpabilidade apenas em limites modestos, sendo-lhe reconhecida somente uma significação indiciária.

Segundo HASSEMER[453], os acordos informais deixam em aberto a questão da culpabilidade, comprometendo também o princípio da livre apreciação das provas e do *in dubio pro reo*, uma vez que a convicção do juiz não decorre do material probatório acerca da culpabilidade; é a negociação entre as partes que fixa o resultado do processo.

Tendo em vista a tendência no Ordenamento Jurídico alemão em só admitir a influência dos fins preventivos no espaço delimitado pela culpabilidade demonstrada no facto, ainda quando se afaste da pena documentada na culpabilidade e se intente outorgar prioridade à ideia de prevenção na individualização da mesma, tão pouco se chegaria a um bom êxito através dos acordos informais.

---

[450] MAIWALD, Manfred. Il processo penale vigente in germania, cit., p. 31/32.

[451] Sobre a exposição a seguir, consultar: SCHÜNEMANN, Bernd. Crisis del procedimiento penal?, cit., p. 56 e 57.

[452] Il processo penale vigente in germania, cit., p. 32.

[453] Pacta sunt servanda – auch im Strafprozess?, cit., p. 892; KÜHNE, Hans-Heiner. *Strafprozesslehre*. 4ª ed.., cit., p. 270.

Do ponto de vista da prevenção especial a atenuação consensual da pena não seria adequada, pois o condenado não levaria a sério a sentença resultante do acordo, sentindo-se apenas como a parte mais fraca de uma transacção. O arrependimento e a compreensão da própria culpabilidade, como motores da auto-ressocialização, não podem fundar-se numa atenuação da pena proveniente de um acordo que, se não indica justamente o contrário, pode até estar em contradição com aqueles objectivos.

Em relação à prevenção geral integradora, ou seja, a que persegue o fim fundamental da pena dirigido à reparação simbólica da Ordem Jurídica, mediante a imposição de lesões insuportáveis a bens jurídicos, objecta-se que o mero reconhecimento do facto feito pelo inculpado não constitui um fundamento suficiente para a determinação da medida da pena. Por outro lado, a submissão a uma norma, e à sentença em que ela se funda, somente conduz a um efeito reafirmador dessa mesma norma, justificando assim uma atenuação da pena, quando a submissão ocorre de forma incondicionada. Diversamente, a submissão resultante de um acordo somente certifica a força da coacção estatal, porém nada diz sobre a inquebrantabilidade do Direito, razão pela qual não pode legitimar uma atenuação de pena.

Todas essas críticas conduzem à conclusão de que "in der Tat wäre dieses starke Lesart des Grundsatzes 'pacta sunt servanda' die vollständige Abdankung des Strafprozessrechts und seiner notwendigen Förmlichkeiten, eine Kooperation nicht im Strafverfahren, sondern na seiner Statt"[454]. Ou seja, uma leitura vigorosa do princípio "pacta sunt servanda" seria a completa desistência do Direito Processual Penal e das suas formalidades necessárias; ao contrário da admissibilidade de uma cooperação no âmbito do processo penal teríamos a sua substituição por aquela. Melhor dizendo, uma concessão extremada à regra do "pacta sunt servanda" implicaria em substituir o processo penal por uma negociação, ao invés de integrá-la nele.

Estabelecendo um paralelo com o *patteggiamento* da experiência italiana, afirma MAIWALD[455] que, diversamente do que ocorre na Alemanha, "onde os acordos em sede de processo penal são desenvolvidos fora da lei e a sua forma concreta depende das preferências, das possibi-

---

[454] HASSEMER, Winfried. Pacta sunt servanda – auch im Strafprozess?, cit., p. 892.
[455] Il processo penale vigente in germania, cit., p. 32.

430   *O Processo Penal como Instrumento de Política Criminal*

lidades e da capacidade das partes, em Itália o Código de Processo Penal estabeleceu de modo preciso os seus limites". Dessa forma, o acordo já não é secreto e são precisamente definidos os casos em que ele é possível assim como é estabelecido o modo em que pode ter lugar.

Escrevendo sobre os diversos mecanismos de selecção verificados no processo penal, neles incluídos também aqueles de natureza informal, posiciona-se ZIPF[456] no sentido de que, se não cabe discutir a respeito dessa selecção dentro da persecução penal, resulta para a política criminal uma dupla função: canalizar juridicamente a selecção e excluir uma selecção irregular e deformante.

Portanto, a proposta central em relação a esses acordos informais é a de encaminhá-los para o âmbito da formalidade, submetendo-os ao controle jurídico[457]. Predomina, pois, uma tendência para buscar espaços de legitimidade para os acordos processuais no âmbito mesmo da disciplina legal, partindo do pressuposto de que o processo penal não se resume a uma contraposição a todo o custo entre as partes. Nesse sentido a afirmação de que os acordos entre as partes no processo não podem ser considerados ilegítimos apenas em virtude da ausência de previsão legal a esse respeito[458].

Numa visão pragmática, embora os acordos informais possam entrar em colisão com a Ordem Jurídica em vigor, colidindo com o princípio do Estado de Direito e com a presunção de inocência, é possível afirmar que o modelo centrado na obtenção da verdade material na audiência de debates e julgamento (definido na *StPO*) não é o único que está de acordo com essa regra do Estado de Direito. Assim sendo, a princípio seria possível admitir uma introdução dos acordos infomais na Ordem Jurídica estabelecida, pela via de uma reforma global do processo penal; porém isso ainda não é viável, tendo em conta os princípios processuais operantes na prática actual[459].

De modo crítico quanto à solução do problema pela via da legalização dos acordos informais (correcção exterior), face à limitada capacidade de intervenção do Estado no fenómeno, HASSEMER[460] acentua a

---

[456] *Introducción…*, cit., p. 123.

[457] ROXIN, Claus. Sobre el concepto global para una reforma procesal penal, cit., p. 315.

[458] SCHMIDT-HIEBER, Werner. *Verständigung im Strafverfahren*, cit., p. 4 e 6.

[459] SCHÜNEMANN, Bernd. Die Verständigung im Strafprozess, cit., p. 1899.

[460] Pacta sunt servanda – auch im Strafprozess?, cit., p. 894/895.

natureza secreta (segredo consensual) que envolve essa prática. Destaca, outrossim, a impossibilidade de suprimir toda a informalidade do âmbito da administração da justiça, tendo em vista ser essa uma característica de todo o processo de comunicação. É de fácil constatação que os programas informais são muito resistentes contra intervenções do legislador e da suprema jurisdição (*dass informelle Programme gegen Interventionen des Gesetzgebers und der höchstrichterlichen Rechtsprechung äusserst resistent sind, ist leicht zu sehen*). Por conseguinte, a perspectiva acerca dos acordos informais do Ordenamento Jurídico alemão é a de que continuem a possuir traços de informalidade, apesar das tentativas de enquadramento legal do fenómeno.

SECÇÃO 3

Modelo português.

Também no Ordenamento Jurídico português pode ser identificada uma tentativa de diversificação do procedimento penal típico, com vista a alcançar a viabilidade do *Sistema Jurídico-Penal*. Ou seja, o Legislador procurou adoptar procedimentos mais céleres para o processo penal, em atenção ao escopo político criminal de não estigmatização do delinquente e da sua participação constitutiva na definição do direito do caso concreto, inclusive, através do consenso[1].

Assim, a máxima celeridade na administração da justiça penal foi plenamente adoptada no C.P.P. português de 1987, todavia, tendo como limite inafastável a sua compatibilidade com as *garantias* de defesa do arguido. Para além da adequação aos ditames constitucionais (art. 32°, n° 2, *fine*, da Constituição portuguesa), a celeridade integrada nessa conjugação atende directamente aos objectivos de política criminal de prevenção, geral e especial[2].

Muito bem posta a observação feita por ISASCA[3], face à identificação dos objectivos de economia processual com os objectivos de política criminal tão somente na perspectiva do interesse estatal na celeridade da punição, no sentido de que, a despeito desse interesse, prepondera a tutela da presunção de inocência do arguido, de modo que a justiça célere torna-se mais justa quando confirma, ou não, essa presunção de inocência. A ideia não é órfã, visto que já FIGUEIREDO DIAS[4] vinculava

---

[1] DIAS, Jorge de Figueiredo. Due diverse incarnazioni del modello accusatorio, cit., p. 178.

[2] PIMENTA, José da Costa. *Introdução...*, cit., p. 83-84.

[3] ISASCA, Frederico. *Alteração substancial dos factos e sua relevância no processo penal português*. Coimbra: Livraria Almedina, 1992, p. 197, n° 2.

[4] A revisão constitucional e o processo penal, cit., p. 53; Idem, *Código de processo penal e outra legislação processual penal*, cit., p. 36.

434 O Processo Penal como Instrumento de Política Criminal

directamente o princípio da presunção da inocência à necessária celeridade processual.

Os efeitos dessa maior agilização do processo penal, particularmente nas suas fases preliminares, são analisados na perspectiva da vítima e da sociedade em geral (o sentido de impunidade gerado pela morosidade), das instâncias judiciárias (maiores dificuldades probatórias com o passar do tempo) e do próprio arguido (respeito pelo seu direito ao julgamento rápido), não esquecidas as vantagens em termos de política criminal, relacionadas com os propósitos de ressocialização[5].

Em síntese, a adopção de mecanismos diferenciados para a solução do conflito de natureza penal somente se justifica desde que, evitada a "cerimónia degradante" do juízo público e as respectivas sequelas estigmatizantes, se obtenha a reconciliação mais rápida com o Direito sem lesar a confiança da colectividade na Ordem Jurídica[6].

De se observar a tentativa de construção das diversificações ao rito ordinário típico a partir de uma solução de compromisso entre a busca de uma maior celeridade do processo penal e as garantias que lhe são inerentes. Não obstante, analisadas em conjunto e em concreto as formas de diversificação processual tendentes a essa maior racionalização na administração da Justiça Criminal, afirma-se que Portugal é um dos Países que tem dado passos mais lentos no sentido da simplificação de procedimentos, estando bem distante dos critérios recomendados pelo Comité de Ministros do Conselho da Europa na *Recomendação nº R (87), 18, de 17 de Setembro*[7].

Também para MOTA[8], apesar das intenções da reforma empreendida em 1987 e daquelas que a sucederam, a experiência de aplicação do Código, num contexto caracterizado pela subida e pela alteração

---

[5] MOURA, José Souto de. Inquérito e instrução, cit., p. 100.

[6] DIAS, Jorge de Figueiredo. Due diverse incarnazioni del modello accusatorio, cit., p. 180. Acerca do Instituto de base mais tipicamente consensual do C.P.P. português de 1987, a *suspensão provisória do processo*, *infra*, afirma-se que nesta hipótese não se trata de deixar de punir o arguido, mas tão somente de não o sujeitar à acusação e julgamento, conf.: OLIVEIRA, Alberto Augusto Andrade de, SILVA MIGUEL, João Manuel da. O inquérito e instrução no projecto do código de processo penal (breves considerações). *Cadernos da Revista do Ministério Público: Jornadas de Processo Penal*, Lisboa, nº 2, p. 77-103, 1987, p. 80.

[7] RODRIGUES, José Narciso Cunha. Discurso da sessão de abertura do ano judicial de 1997. *Revista do Ministério Público*, a. 18, nº 69, p. 23-32, jan/mar 1997, p. 25. A afirmação tem como base os dados estatísticos verificados até 1996.

[8] A revisão..., cit., p. 168.

Modelo Português 435

qualitativa da criminalidade – com o desenvolvimento da criminalidade urbana e da criminalidade económica e organizada –, revela que, por razões várias, não se conseguiram alcançar, na prática, os objectivos de celeridade e eficácia esperados, contibuindo para que, em análises menos rigorosas, surgissem dúvidas sobre o mérito do próprio modelo. Dessa forma, não obstante o esforço dos operadores judiciários, a justiça criminal continuou, em regra, a ser lenta e, em muitos casos, ineficaz, pois, as alterações não atacaram, em qualquer momento, os "pontos de estrangulamento" que contribuem para a ineficácia e morosidade da justiça penal. Este foi um dos principais argumentos entre aqueles que determinaram o advento da Lei nº 59/98, de 25 de Agosto[9], que no seu conjunto insistiu na busca dessa maior simplificação e racionalização[10]. Conforme se afirmou doutrinariamente, "impunha-se agir, decididamente, no sentido de restituir a confiança na justiça penal, introduzindo no Código, em escrupulosa observância do quadro axiológico e normativo consagrado na Constituição – vector garantia –, as alterações necessárias no sentido do seu aperfeiçoamento, tendo em vista a celeridade – vector eficiência – e eficácia – vector funcionalidade – do sistema"[11].

§ 1 – Procedimento dependente de queixa ou de acusação particular.

De forma similar àquela verificada no Ordenamento Jurídico alemão, também em Portugal a dependência da iniciativa privada a que fica sujeita a propositura e o prosseguimento da acção penal em determinados casos vem considerada como uma alternativa de natureza processual para o problema da hipertrofia do *Sistema de Justiça criminal*[12].

---

[9] Já observada nas considerações a seguir no texto.

[10] Com efeito, conforme se verá, esta busca de uma maior simplificação e racionalização foi adoptada em relação à Reforma introduzida no C.P.P. pela Lei nº 59/98, de 25 de Agosto, resultante do Anteprojecto elaborado por uma Comissão Revisora nomeada pelo Ministro da Justiça através do despacho nº 54/MJ/96, publicado no *Diário da República*, II Série, de 27 de Março de 1996, em cujo teor pode ser lida a recomendação à mencionada Comissão no sentido de apresentar propostas de natureza legislativa que, sendo legal e constitucionalmente admissíveis, potenciassem uma maior celeridade, eficiência e eficácia da justiça penal. Percebe-se, pois, que estão reunidos nesse despacho os objectivos que estamos destacando como sendo de necessária conciliação no âmbito do processo penal: celeridade, eficiência, eficácia e garantia.

[11] MOTA, José Luís Lopes da. A revisão..., cit., p. 168-169.

[12] COSTA, José de Faria. Diversão..., cit., p. 60-61; DIAS, Jorge de Figueiredo. *Direito processual penal. Lições...*, cit., p. 91; Idem, *Direito penal português – parte*

O Processo Penal como Instrumento de Política Criminal

Uma explicação para essa consideração da acção penal dependente da iniciativa privada como sendo uma alternativa ao congestionamento do *Sistema* pode ser procurada no próprio cotejo entre o princípio da *legalidade* e aquele da *oportunidade* na persecução penal[13]. Implicando o princípio da *legalidade* a vinculação estrita do ministério público de oferecer acusação por todas as infracções, cujos pressupostos repute verificados, isto pode resultar em que os tribunais se vejam submergidos por um sem-número de processos penais de duvidoso valor e interesse comunitário. Diversamente de se enfrentar a situação pela via do reconhecimento do princípio da *oportunidade*, o alargamento das hipóteses de crimes de acção privada pode conduzir a um efeito de deflação, na medida em que deixa ao interesse particular a deliberação sobre a conveniência do processo[14].

Ainda em sintonia com o tratamento dado à matéria no Ordenamento Jurídico alemão, no Ordenamento Jurídico português distinguem-se os casos em que a legitimidade do ministério público para promover o processo fica dependente da queixa do ofendido e de outras pessoas daqueles em que o procedimento fica dependente de acusação particular, do ofendido ou de outras pessoas.

A primeira hipótese, *legitimidade em procedimento dependente de queixa*, encontra-se disciplinada no art. 49 do C.P.P. português de 1987, sendo que a ampliação verificada no Código Penal do número de crimes que se sujeitam a esse pressuposto é uma clara manifestação do movimento de descriminalização que se verifica no âmbito do Direito Penal material[15].

---

geral II, cit., p. 667; Idem, A lei criminal – o processo legal-social de criminalização e de descriminalização, cit., p. 198.

[13] Segundo FIGUEIREDO DIAS (DIAS, Jorge de Figueiredo. *Direito penal português – parte geral II*, cit., p. 665), "tendo o legislador pensado porventura que os tempos não estavam ainda maduros para a introdução, no nosso sistema legislativo processual penal, do princípio da oportunidade terá preferido atender a alguns interesses político-criminais ponderosos que o recomendavam pela via do alargamento das hipóteses de crimes particulares".

[14] Foi o que ocorreu em Portugal com o advento do D.L. nº 41.074, de 17-4-57, conforme informa FIGUEIREDO DIAS (DIAS, Jorge de Figueiredo. *Direito processual penal*, cit., p. 121).

[15] Acerca da informação constante no texto e sobre o que a seguir será exposto: PIMENTA, José da Costa. *Código de processo penal anotado*. 2ª Ed..Lisboa: Rei dos Livros, 1991, p. 166 e seguintes.

Os crimes que pressupõem a queixa para que o ministério público possa promover o processo estão elencados na Lei Penal substantiva (Código Penal ou Legislação avulsa), recebendo, por isso, a designação de crimes *semipúblicos*. Ressalte-se que a apresentação da queixa não obriga o ministério público a promover o processo, uma vez que a ele compete, com exclusividade, decidir sobre o destino a ser-lhe dado (art. 53°, n° 2, a, C.P.P.). A queixa é, portanto, uma manifestação de vontade, facultativa, renunciável e revogável, através da qual o sujeito passivo do crime[16] (ou outro titular do direito) remove um obstáculo à promoção do processo penal, sem carácter vinculante em relação ao ministério público[17]. "O instituto do direito de queixa, condição objectiva de procedibilidade, é de natureza processual, sendo as suas modificações de aplicação imediata" (Ac. STJ de 18 de Junho de 1985, *in: BMJ*, 348, 280). Ainda, a queixa pode ser apresentada pelo titular do direito respectivo, por mandatário judicial ou por mandatário munido de poderes especiais. Nos casos por último mencionados, não existe qualquer necessidade de ratificação de queixa apresentada no prazo legal pelo mandatário judicial munido de simples procuração forense (Ac. do Plenário das secções criminais do STJ de 27 de Setembro de 1994, *in: DR (Diário da República)*, I-A série, de 4 de Novembro de 1994).

Considerada como uma exigência de política criminal, através da subordinação da promoção do procedimento à queixa obtém-se a conciliação do interesse privado (relacionado com a tutela do *status dignitatis* do cidadão) com o interesse público da persecução dos crimes.

Na segunda hipótese, ou seja, procedimento dependente de acusação particular, previsto no art. 50 do C.P.P., o procedimento só poderá seguir desde que se verifique a acusação, a qual exerce o papel de condição de procedibilidade. "Trata-se dos crimes que é uso designar por *particulares* e que, contrariamente aos semi-públicos, escasseiam no CP"[18], envolvendo alguns dos crimes contra a honra.

---

[16] Titular dos interesses que a lei especialmente quis proteger com a incriminação.

[17] A queixa encontra-se sujeita ao *princípio da indivisibilidade*, na medida em que, oferecida contra um dos participantes no crime, torna o procedimento extensivo aos demais (art. 114° do C.P. português); o mencionado princípio incide tanto no que se refere à apresentação da queixa, como à sua desistência e não exercício tempestivo (art. 115, n° 2, C.P.)

[18] GONÇALVES, M. Maia. *Código de processo penal anotado e comentado*. 11ª Ed.. Coimbra: Livraria Almedina, 1999, p. 174.

438 O Processo Penal como Instrumento de Política Criminal

Nos crimes cujo procedimento dependa de acusação particular, o ministério público somente adquire legitimidade para iniciar ou prosseguir se estiverem presentes os seguintes pressupostos, apontados como condições de procedibilidade: apresentação de queixa; declaração de posterior constituição de assistente; efectiva constituição de assistente; acusação particular, por meio do assistente. Ou seja, apresentada e recebida a queixa, contendo a declaração de posterior constituição de assistente, o ministério público adquire legitimidade para promover o procedimento e, em consequência, realizar as diligências de inquérito; findo este, a pessoa a quem a Lei confere o direito de acusação particular é notificada para que, querendo, o exerça, isto é, se constitua assistente e deduza a acusação; se assim fizer, o ministério público pode, querendo, acompanhar a acusação; não sendo ela deduzida, arquivará os autos, por falta de legitimidade[19].

O ministério público procede oficiosamente a quaisquer diligências que julgar indispensáveis à descoberta da verdade e que caibam na sua competência, participa em todos os actos processuais em que intervier a acusação particular, acusa conjuntamente com esta e recorre autonomamente das decisões judiciais (art. 50º, nº 2, C.P.P.). Ressalva feita a que a "descoberta da verdade" aludida no dispositivo legal refere-se apenas aos factos constantes da queixa ou outros que não impliquem a sua *alteração substancial*.

Analisadas as duas hipóteses em que se verifica a relevância da intervenção particular no procedimento penal, importa a sua análise à luz das necessidades de eficiência, funcionalidade e garantia do *Sistema Jurídico-Penal*.

Desde logo, sobreleva quanto aos Institutos em análise o disposto no art. 113, nº 5, C.P.[20], estabelecendo que "quando o direito de queixa

---

[19] "I – Se o ofendido em crime de natureza particular não declarar, na denúncia, que pretende intervir no processo como assistente, pode fazê-lo posteriormente, por si ou por mandatário, quer espontaneamente quer por sugestão do MP, desde que não tenha decorrido o prazo de caducidade do direito de queixa. II – A legitimidade do MP é de reconhecer se, havendo denúncia, o denunciante, mesmo que só depois de notificado para o efeito, vier declarar aquela intenção de se constituir assistente (Ac. RP de 10 de Novembro de 1993; *CJ* XVIII, tomo 5, 252).

[20] Este artigo não constava na versão original do Código, sendo apontada pela doutrina (GONÇALVES, M. Maia. *Código penal português anotado e comentado*. 13ª Ed.. Coimbra: Livraria Almedina, 1999, p. 389) a "lacuna a colmatar" bem como reclamada a sua previsão (DIAS, Jorge de Figueiredo. *Direito penal português – parte geral II*, cit., p. 672).

Modelo Português   439

não puder ser exercido porque a sua titularidade caberia apenas, no caso, ao agente do crime, pode o Ministério Público dar início ao procedimento se especiais razões de interesse público o impuserem"[21]. Denota-se na parte final deste artigo o espaço de oportunidade aberto à actuação do ministério público, na medida em que possibilita uma discricionariedade quanto à avaliação acerca da existência das "especiais razões de interesse público".

Conforme já visto, inequívoco é o papel exercido por estas duas hipóteses no alívio da sobrecarga que pesa sobre os tribunais, na medida em que, mesmo sem aderir a critérios de oportunidade na promoção da acção penal, permite que o próprio titular do interesse violado avalie a conveniência de submeter o caso a julgamento, podendo acontecer que, por diversos motivos, opte por não fazê-lo; na hipótese de assim ocorrer, alcançado será o efeito de deflação esperado.

Todavia, cabe aqui a advertência bem posta sobre a necessidade de se ter critérios na efectivação da ampliação do âmbito de incidência da acção penal dependente da iniciativa privada. Literalmente, "a privatização criminal, potenciando a pequena litigação, socialmente indiferente, não favoreceria devidamente o controle acusatório, pois que, à falta de uma conveniente interiorização dos valores e das prioridades sociais, o cidadão mais facilmente sustentaria a sua bagatela penal, do que as infracções mais gravosas para a conveniência social do que para os interesses privativos dos indivíduos"[22].

Assim, uma vez mais verifica-se o privilégio reconhecido ao interesse num eficaz funcionamento do *Sistema*, não se eliminando o risco de uma perda de funcionalidade e da garantia que o processo representa. Se estes Institutos estão em sintonia com o propósito de uma específica protecção da vítima, através da garantia de que o seu *status dignitatis* não venha a ser atingido (caso não ponha as condições necessárias para a persecução do delito), isso não se liga sempre à obtenção da paz jurídica entre os cidadãos, a qual pode tornar-se uma incógnita. É inegável

---

[21] A extensão do alcance desta norma também aos casos de procedimento dependente de acusação particular decorre da expressa previsão constante no art. 117º, C.P..

[22] BARREIROS, José António. Programa..., cit., p. 174-175. Acresce o Autor, de forma lapidar, que "é porque a oficialidade – princípio da oficialidade – garante a prossecução de uma política criminal exequível (...) que ela não deve, no presente momento histórico, sofrer substanciais derrogações em benefício da privatização das instituições penais".

440 *O Processo Penal como Instrumento de Política Criminal*

que a não pesecução de um determinado delito, ainda que por opção do próprio titular do interesse lesado, não implica, por si mesma, em que o autor do delito será motivado a não voltar a cometê-lo nem tão pouco que o valor das normas jurídicas se veja reforçado.

Uma outra alternativa que pode servir a deflação do *Sistema* nesta matéria é a possibilidade de homologação da desistência da queixa ou da acusação particular, prevista no art. 51° do C.P.P..

Estabelece este art. 51°, C.P.P., que nos casos de procedimento dependente de queixa (art. 49°) ou de acusação particular (art. 50°) a intervenção do ministério público no processo cessa com a homologação da desistência da queixa ou da acusação particular. A competência para essa homologação vem especificada no n° 2 do art. 51°, correspondendo ao ministério público se o conhecimento da desistência ocorrer durante o inquérito, ao juiz de instrução caso se verifique durante a instrução, ou ao presidente do tribunal se tiver lugar durante o julgamento.

Disciplinada também no art. 116°, n° 2[23], e 117 do Código Penal, a desistência da queixa ou da acusação particular vem qualificada como um *quase-negócio jurídico* (abdicativo) unilateral que não exige a aceitação da parte contrária mas tão somente a sua não oposição[24]. Com efeito, estabelece o art. 51°, n° 3, que "logo que tomar conhecimento da desistência, a autoridade judiciária competente para a homologação notifica o arguido para, em cinco dias, declarar, sem necessidade de fundamentação, se a ela se opõe. A falta de declaração equivale a não oposição".

Trata-se de um direito público subjectivo, de carácter pessoal e intransmissível, que pode ser exercido pessoalmente ou por meio de procurador com poderes especiais, extinguindo-se com a morte do seu titular; falecido o queixoso ou o acusador particular, sustenta-se que já não pode haver em momento algum a desistência da queixa ou da acusação particular.

Sendo titular desse direito a pessoa que apresentou a queixa ou deduziu a acusação particular, a desistência é regida pelo princípio da indivisibilidade; assim, apresentada a desistência, ela estende-se a todos

---

[23] Estabelece este dispositivo legal que "o queixoso pode desistir da queixa, desde que não haja oposição do arguido, até à publicação da sentença da 1ª instância. A desistência impede que a queixa seja renovada".

[24] A este respeito e em relação ao que se segue no texto: PIMENTA, José da Costa. *Código de processo penal anotado*, cit., p. 175 e seguintes.

Modelo Português   441

os participantes no crime[25]. A desistência é irretractável, impedindo que a queixa ou acusação particular sejam renovadas; ademais, ela deve ser pura e simples, não se admitindo a sua sujeição a termo ou condição[26].

A desistência pode ser: processual, exercitada perante o ministério público, juiz de instrução ou juiz de julgamento, conforme a fase em que se encontre o processo, admitindo-se a forma oral; extraprocessual, devendo ser encaminhada para a autoridade perante a qual corre o processo, não se admitindo a desistência tácita.

A desistência somente poderá ser apresentada em primeira instância, devendo ser realizada até ao momento da publicação da sentença (ou acórdão: juízo colegial) (art. 116º, nº 2 C. P.). A publicação da sentença é a sua leitura ou proferimento oral ou escrito nos processos sumário ou sumaríssimo.

Já visto, a desistência condiciona-se à não oposição por parte do arguido, devendo ele ser notificado para se pronunciar a esse respeito. Se o arguido não tiver defensor nomeado e for desconhecido o seu paradeiro, a notificação efectua-se por meio de edital (art. 51º, nº 4). Na hipótese de pluralidade de arguidos, se algum ou vários se opuserem o processo seguirá os seus termos em relação a eles, extinguindo-se o procedimento frente aos que não manifestaram oposição.

Se o arguido está presente no acto presidido pela autoridade competente para a homologação da desistência, a indagação sobre o interesse em se opor será feita de imediato, ficando resgistada a resposta na acta; se a resposta for afirmativa a desistência não será homologada, seguindo--se os termos do processo; se for negativa será proferido o despacho de homologação. Se a desistência for apresentada na ausência do arguido,

---

[25] Quanto à indivisibilidade em relação ao pólo activo, ou desistentes, o Decreto Lei nº 48 de 15 de Março de 1995, que modificou o Código Penal, suprimiu a exigência contida no art, 114º, nº 4, no sentido de que, sendo o direito de queixa exercido por várias pessoas (ou sendo várias as pessoas que deduziram a acusação particular), a sua desistência bem como a renúncia pressuporia o acordo de todas elas. Já agora disciplinada a desistência no art. 116º, C.P., em relação à indivisibilidade estabelece o nº 3 desse artigo que "a desistência da queixa relativamente a um dos comparticipantes no crime aproveita aos restantes, salvo oposição destes, nos casos em que também não puderem ser perseguidos sem queixa".

[26] Quanto a este último aspecto, na jurisprudência: "o perdão do ofendido ou a desistência da queixa não podem ser condicionais e produzem efeitos plenos, uma vez concedidos, mesmo que expressos sob condição (ac. RL de 17 de Julho de 1986; *CJ*, X, tomo 4, 166).

442   *O Processo Penal como Instrumento de Política Criminal*

instaura-se um incidente processual para verificar o seu interesse na oposição, sendo-lhe fixado o prazo de cinco dias para essa finalidade, já visto[27].

Tendo em vista que a partir do oferecimento da oposição pelo arguido frustra-se, em certa medida, o interesse em que o processo não seja submetido às instâncias formais de controle e, portanto, não atendendo ao objectivo de deflação processual, pode ser afirmado que nessa hipótese o "eficientismo" cede espaço ao "propósito de salvaguardar a verdade e autenticidade da conflitualidade real", pressupondo a intervenção de "toda a plétora de garantias processuais" decorrentes do modelo de Estado de Direito[28], desde que necessárias, acrescentaríamos nós.

§ 2 – Processo sumário[29].

O *processo sumário* do C.P.P. português de 1987 insere-se na linha demarcada pelos fins de eficácia, prontidão e celeridade ponderadas do processo penal. Portanto, foi concebido como um processo especial, tendo como pressupostos a circunstância da constatação imediata dos factos e a dispensa de investigação preliminar, por um lado, e a tutela dos direitos de defesa do arguido e a "impositiva redução da complexidade inerente à celeridade e imediatismo da decisão do caso", por outro[30].

---

[27] O prazo previsto na redacção original do C.P.P. era de três dias. Foi o art. 1º da Lei nº 59/98, de 25 de Agosto, que alargou o prazo para cinco dias. A mencionada Lei também acresceu o já citado nº 4 à redacção original do art. 51.

[28] ANDRADE, Manuel da Costa. Consenso e oportunidade, cit., p. 336.

[29] O esquema geral do processo sumário resulta do nº 67, do art. 2º, da Lei nº 43/86, *Autorização Legislativa em matéria de processo penal*. A sua estruturação na redacção original do C.P.P. de 1987 estava prevista em termos análogos aos do período anterior à reforma: aplicação aos casos de flagrante delito, limite de três anos de pena abstractamente prevista, eliminação da presunção probatória constante dos *autos de notícia* bem como das mais sensíveis restrições aos direitos de defesa.

[30] GASPAR, António Henriques. Processos especiais, cit., p. 363. A ideia não é órfã, já tendo sido sustentada a necessidade de se "adaptar a estrutura do processo em função do carácter mais ou menos *evidente* da prova efectivamente indagada, processar, em suma, com maior formalismo apenas quando se tratar de factos menos claros e mais *imperceptíveis*, dispensando o ritual quando, a todas as luzes, a prova emergir com meridiana clareza", conf.: BARREIROS, José Antonio. Processo penal: os anos do fim. *Boletim do Ministério da Justiça*, Lisboa, nº 343, p. 5-47, fev. 1985, p. 18. Vale ressaltar que *celeridade, eficiência* e *eficácia*, obtidas através da "(f) instituição de procedimentos

Dispõe o art. 381º do C.P.P.[31]:

"1 – São julgados em processo sumário os detidos em flagrante delito por crime punível com pena de prisão cujo limite máximo não seja superior a três anos, quando à detenção tiver procedido qualquer autoridade judiciária ou entidade policial e a audiência se iniciar no máximo de quarenta e oito horas após a detenção, sem prejuízo do disposto no artigo 386º.

2 – São ainda julgados em processo sumário, nos termos do número anterior, os detidos em flagrante delito por crime punível com pena de prisão de limite máximo superior a três anos, mesmo em caso de concurso de infracções, quando o Ministério Público, na acusação, entender que não deve ser aplicada, em concreto, pena de prisão superior a três anos."

Portanto, os pressupostos genéricos do processo sumário estão arrolados neste artigo 381º, implicando: detenção em flagrante delito; crime punível com pena de prisão cujo limite máximo não seja superior a três anos; que a detenção tenha sido efectuada por qualquer autoridade judiciária ou policial; que a audiência possa ser iniciada no prazo máximo de 48 horas ou, nas situações previstas no artigo 386º, de trinta dias após a detenção[32]. Face ao disposto no nº 2, é de se acrescer o pressuposto do entendimento do ministério público acerca da pena concreta a ser aplicada (não superior a três anos), nos casos de crime punível com pena de prisão de limite máximo superior a três anos, ainda que em concurso de infracções.

Especificando o primeiro desses pressupostos, o art. 256º do C.P.P. dispõe que é flagrante delito todo o crime que se está cometendo ou se acabou de cometer (nº 1) bem como o caso em que o agente for, logo após o crime, perseguido por qualquer pessoa ou encontrado com objectos

---

céleres relativos à pequena criminalidade, ampliando-se os casos em que podem ser usadas formas simplificadas de processo...", foram alguns dos objectivos propostos para a Comissão de Reforma do Código de Processo Penal (criada pelo Despacho 54/MJ/96, pub. *In DR* II série, nº 74, de 27-03-1996, que culminou na Lei nº 59/98, de 25 de Agosto.

[31] Redacção dada pelo artigo 1º da Lei nº 59/98, de 25 de Agosto, que entrou em vigor no dia 15 de Setembro de 1998.

[32] Na redacção original do C.P.P. de 1987 estava previsto um pressuposto negativo, consistente na impossibilidade do processo sumário quando o arguido não tivesse, ao tempo do facto, completado 18 anos. A Lei nº 59/98, de 25 de Agosto, suprimiu o pressuposto negativo mencionado.

ou sinais que mostrem claramente que acabou de o cometer ou nele participar (nº 2). A doutrina distingue terminologicamente as três situações, definindo-as, respectivamente, como flagrante delito em sentido estrito (nº 1, primeira parte), quase flagrante delito (nº 1, segunda parte) e presunção legal de flagrante delito (nº 2)[33]. Tratando-se de crime permanente, o estado de flagrante delito só persiste enquanto se mantiverem sinais que mostrem claramente que o crime está a ser cometido e o agente está a participar nele (art. 256º, nº 3).

É pertinente a observação no sentido de que a constatação da actualidade – referida ao tempo e não necessariamente à visibilidade da conduta –, se liga com a referência do agente ao facto conhecido e constatado, através de sinais ou objectos que indiciem que ele acabou de cometer o crime ou nele participar, não excluída, portanto, a eventual possibilidade de uma certa solução de continuidade temporal[34].

No caso de procedimento dependente de queixa, a detenção somente se manterá quando a ela se seguir imediatamente a queixa respectiva (art. 255º, nº 3); em assim sendo e considerando a necessidade da detenção em flagrante delito para ter lugar o procedimento sumário, também a queixa passa a ser um pressuposto deste processo especial na hipótese mencionada[35].

Esse primeiro pressuposto liga-se, pois, à circunstância da constatação imediata dos factos e à dispensa de investigação preliminar, possibilitando uma maior facilidade probatória.

Quanto ao âmbito de incidência, vale ressaltar que o limite máximo não superior a três anos de pena de prisão em que o processo sumário se mostrava admissível na redacção original do C.P.P. de 1987 não foi alterado mesmo com a edição do DL 317/95, de 28/11 – que alargou a competência do tribunal singular aos crimes puníveis até cinco anos (e nos termos do art. 16º, nº 3, nos casos em que o Ministério Público realize um juízo de prognose futura de que concretamente não vai ser aplicada uma pena superior a cinco anos) – [36]. Para o problema

---

[33] GONÇALVES, M. Maia. *Código de processo penal...*, 11ª Ed., cit., p. 504.

[34] GASPAR, António Henriques. Processos especiais, cit., p. 366.

[35] Registe-se, porém, que "nunca são julgados em processo sumário os crimes *particulares* – dependente de acusação particular – (basicamente os de difamação e injúrias particulares)", visto dispor o art. 255º, nº 4, que nessa espécie de crimes não há lugar a detenção, mas tão só identificação do infractor: PIMENTA, José da Costa. *Código de processo penal anotado*, cit., p. 761.

[36] Doutrinariamente há a proposta de ampliação do âmbito de incidência do processo sumário, de modo a alcançar os casos de média criminalidade, ou seja, crimes

Modelo Português

do concurso de crimes a solução jurisprudencial era no sentido de que "só podem ser julgados em processo sumário os detidos em flagrante por uma autoridade judiciária ou entidade policial, por um ou mais crimes, cuja pena máxima abstractamente aplicável (mesmo em concurso de infracções) não seja superior a três anos de prisão" (Ac. RP de 22 de Junho de 1988; BMJ, 378, 780). Já visto, com o advento da Lei 59/98, de 25 de Agosto, foi possibilitado o julgamento em processo sumário dos detidos em flagrante delito por crime punível com pena de prisão de limite máximo superior a três anos, ainda que em concurso de infracções, nos casos em que o ministério público entenda não dever ser aplicada, em concreto, pena de prisão superior a três anos. Essa limitação do âmbito de incidência pressuposta pelo processo sumário atende à sua vocação, no sentido de estar voltado para incidir nos casos de criminalidade leve.

O terceiro pressuposto para o processo sumário é o de que a detenção em flagrante delito e apresentação do detido para julgamento tenha sido realizada por qualquer autoridade judiciária ou entidade policial. Especificando: autoridade judiciária é o juiz, juiz de instrução ou ministério público (art. 1º, b, C.P.P.); autoridade de polícia criminal são os directores, oficiais, inspectores e sub-inspectores de polícia e todos os funcionários policiais a quem as leis respectivas reconhecerem a qualificação de entidades policiais (art. 1º, d, C.P.P.).

Portanto, nos casos em que a detenção é efectuada por particulares não cabe a forma do processo sumário[37]. Quanto a este último aspecto há uma grande controvérsia, sendo debatida a admissibilidade do julga-

---

puníveis com prisão até cinco anos: DÁ MESQUITA, Paulo. Os processos especiais no código de processo penal português – respostas processuais à pequena e média criminalidade. *Revista do Ministério Público*, Lisboa, a. 17, nº 68, p. 101-117, out/dez 1996, p. 109; RODRIGUES, Anabela Miranda. Os processos sumário e sumaríssimo ou a celeridade e o consenso no código de processo penal. *Revista Portuguesa de Ciência Criminal*, Coimbra, a. 6, fasc. 4, p. 525-544, out/dez 1996, p. 527 e seguintes.

[37] GONÇALVES, M. Maia. *Código de processo penal...*, 11ª Ed., cit., p. 696. A observação é pertinente, visto que no modelo anterior à reforma, face à dúvida a esse respeito, havia o posicionamento doutrinário no sentido de que "os flagrantes presenciados por particulares que se tenham encarregado da captura do infractor podem ser julgados em processo sumário", fundado em que o processo sumário pressupunha tão somente a existência do flagrante delito e não a elaboração do *auto de notícia* pelos agentes da autoridade, cfr.: BARREIROS, José António. *Processo penal*. Coimbra: Livraria Almedina, 1981. v. 1, p. 234.

mento sob a forma sumária dos detidos em flagrante delito por qualquer pessoa, com objectos ou sinais que mostrem claramente que acabaram de cometer o crime ou nele participar, sendo entregues num curto espaço de tempo à entidade policial.

Por um lado, há os que entendem que o art. 381º C.P.P. impede o processo sumário nas mencionadas situações, em virtude da norma impor que a detenção tenha sido realizada por autoridade policial ou judiciária. O fundamento para a restrição ao uso do processo sumário no caso de detenção efectuada por qualquer pessoa (art. 255º, nº 1, b) reside em que, como visto, um dos pressupostos para esse rito especial é a maior facilidade da prova, tendo em vista que o arguido foi preso em flagrante, portanto, possibilitando à própria autoridade judiciária ou entidade policial ter contacto directo com o crime ocorrido, o que não ocorre na hipótese de detenção realizada por qualquer pessoa[38].

Por outro lado, há os que defendem que, não obstante a detenção inicial não ter sido realizada por autoridade policial, quando esta procede à detenção logo após, ainda se está numa situação de flagrante delito nos termos do art. 256º, do C.P.P. e, assim, a situação se subsume na previsão do art. 381[39].

Estabelecendo o art. 28º, nº 1, da Constituição portuguesa a necessidade de submissão da prisão sem culpa formada à decisão judicial de validação ou manutenção no prazo máximo de quarenta e oito horas, essa previsão irradia efeitos também no que se refere ao processo sumário. Com efeito, pelo conjunto dos pressupostos elencados anteriormente deduz-se que o prazo para a realização da audiência em processo sumário deverá ser o de quarenta e oito horas contadas a partir da detenção e apresentação ao ministério público, podendo ampliar-se até aos trinta dias sucessivos àquele evento nas hipóteses do artigo 386º C.P.P.[40]. Portanto, o prazo normal para a realização do rito sumário é de 48 horas a seguir à detenção em flagrante, tendo em vista ser esse um dos pres-

---

[38] SILVA, Germano Marques da. *Curso...*, v. III, cit., p. 18.

[39] DÁ MESQUITA, Paulo. Os processos especiais..., cit., p. 106-107. O Autor restringe a sua adesão aos casos em que o arguido é apresentado de imediato à autoridade policial, tendo ainda escondido os objectos subtraídos na hipótese de furto.

[40] Na redacção original do C.P.P. de 1987 o prazo era de cinco dias nas hipóteses do art. 386, motivando inúmeras críticas e sugestões de reforma por parte da doutrina: RODRIGUES, Anabela Miranda. Os processos sumário e sumaríssimo..., cit., p. 527 e seguintes; DÁ MESQUITA, Paulo. Os processos especiais..., cit., p. 108-109.

Modelo Português 447

supostos do rito conforme visto anteriormente, podendo ser estendido até trinta dias nas hipóteses do art. 386[41].

Desde que verificados os pressupostos mencionados, o ministério público não pode escolher a forma comum, "o julgamento deve ser efectuado em processo sumário, salvo se puder ter lugar em processo sumaríssimo"[42]. A afirmação só pode ser compreendida se limitada pelo disposto no art. 384°, admitindo a possibilidade do *arquivamento em caso de dispensa da pena* ou *suspensão do processo*, constantes respectivamente nos artigos 280°, 281° e 282°.

O procedimento inicia-se com a apresentação pela autoridade judiciária ou entidade policial (que tiverem procedido à detenção) do detido em flagrante ao ministério público, *imediatamente* ou no mais *curto prazo possível*[43] (art. 382°, n° 1). Segue-se a leitura pelo ministério público das informações que lhe foram transmitidas, procedendo ao interrogatório sumário do arguido, caso entenda ser necessário. Duas são as possibilidades a seguir.

Caso entenda que os elementos recolhidos possibilitam o atendimento do prazo para a tramitação do processo pelo rito sumário, o ministério público procede à apresentação do detido em flagrante ao tribunal competente para o julgamento (art. 382°, n° 2).

Na hipótese do ministério público entender que "os prazos de julgamento em processo sumário não poderão ser respeitados, determina a tramitação sob outra forma processual" (art. 382°, n° 3). Nesse caso o *auto de notícia*[44] passa a ser a notícia do crime, seguindo-se a elaboração

---

[41] Quanto aos prazos para a realização do processo sumário, o modelo existente antes da reforma de 1987 suscitava algumas dúvidas, sendo apontada uma difícil compatibilização entre alguns preceitos do Código de 1929 (com as sucessivas reformas) a esse respeito, mormente a compatibilidade entre o art. 67°, *in fine*, e o art. 556°, divergindo este último do primeiro e, portanto, defendida a sua revogação; tudo cotejado com o já mencionado dispositivo constitucional do art. 28°, n° 1, cfr.: BARREIROS, José António. *Processo penal*, cit., p. 235, n° 11.

[42] SILVA, Germano Marques da. *Curso...*, v. III, cit., p. 19.

[43] Significa que "não deve ocorrer qualquer demora, não se deve interpor qualquer lapso de tempo entre a detenção e os sequentes e necessários procedimentos (v.g. a elaboração do auto de notícia) e a apresentação ao M° P°, que não seja determinado pela praticabilidade material e física dessa apresentação – a distância, a hora, os tempos de funcionamento dos serviços do M° P° e do Tribunal" (GASPAR, António Henriques. Processos especiais, cit., p. 368).

[44] Notícia do crime que deve ser elaborada e transmitida pela autoridade judiciária ou órgão de polícia criminal, a partir do conhecimento de qualquer crime de denúncia

448   *O Processo Penal como Instrumento de Política Criminal*

do inquérito; o arguido é posto imediatamente em liberdade, ficando sujeito à identificação e informação de residência e ainda alguma medida de coacção ou de garantia patrimonial aplicadas pelo juiz, se for o caso (art. 382º, nº 4). O poder de decisão do ministério público sobre o processo aqui manifestado (nº 3) não é impugnável. No caso de tramitação pela forma do processo comum, a dispensa da intervenção do tribunal justifica-se em virtude de que a opção por esta forma mais solene não implica qualquer prejuízo para o arguido[45].

Retornando à hipótese em que os pressupostos necessários estão presentes e que os prazos fixados poderão ser respeitados, passa-se directamente para o julgamento em processo sumário[46], com a peculiaridade de que os actos e termos do julgamento são reduzidos ao mínimo indispensável ao conhecimento e boa decisão da causa (art. 385º, nº 2)[47], seguindo-se no mais as regras para o julgamento por tribunal singular.

Já adiantada a informação, sem prejuízo da manutenção da forma sumária é possível o adiamento da audiência até ao limite do trigésimo dia posterior à detenção em virtude de: o arguido solicitar esse prazo para a preparação da sua defesa; faltarem ao julgamento testemunhas de

---

obrigatória, devendo conter: os factos que constituem o crime; o dia, a hora, o local e as circunstâncias em que o crime foi cometido; tudo o que puderem averiguar acerca da identificação dos agentes e dos ofendidos, bem como os meios de prova conhecidos, nomeadamente as testemunhas que puderem depor sobre os factos (art. 243º).

[45] SILVA, Germano Marques da. *Curso...*, v. III, cit., p. 19.

[46] Regulando-se pelas disposições relativas ao julgamento por tribunal singular, particularmente no que se refere à documentação da audiência (esta última disciplinada no art. 364º) e à ausência de deliberação e votação a que se referem os artigos 368º e 369º.

[47] O que se traduz nas providências constantes no art. 389º, a saber: a possibilidade do tribunal proceder à substituição do ministério público pelo substituto legal, nos casos em que aquele não estiver presente no início da audiência e não puder comparecer de imediato; a advertência logo no início da audiência, sob pena de nulidade (sanável, segundo ac. da RE, de 14.3.89, CJ, 1989, tomo 2, p. 292), a quem tiver legitimidade para recorrer (o arguido, o assistente e o ministério público) de que pode requerer a documentação dos actos da audiência, através dos adequados meios técnicos ou ditando o juiz para a acta o que resultar das declarações prestadas; a possibilidade do ministério público substituir a apresentação da acusação pela leitura do auto de notícia formulado pela autoridade que tiver procedido à detenção; a exposição sucinta feita pelo juiz sobre o objecto do processo e a indicação pelo ministério público e pelos advogados, sumariamente, dos factos que se propõem provar; as alegações orais feitas pelo ministério público, pelos representantes do assistente e das partes civis e pelo defensor, por um prazo máximo de 30 minutos, finda a produção da prova; "a sentença pode ser proferida verbalmente e ditada para a acta".

que o Ministério Público, o assistente ou o arguido não prescindam; o tribunal, oficiosamente ou a requerimento do Ministério Público, considerar necessário que se proceda a quaisquer diligências de prova essenciais à descoberta da verdade e que possam previsivelmente realizar-se dentro daquele prazo (art. 386º, nº 1, C.P.P.). Segundo MAIA GONÇALVES[48] o requerimento do arguido solicitando prazo para organizar a sua defesa não tem que ser fundamentado nem admite oposição, determinando, *ipso facto*, o adiamento, até ao limite máximo legalmente previsto; as demais hipóteses prestam-se a atender a necessidade de realização da justiça, através da investigação da verdade material. Se a audiência for adiada, o juiz adverte o arguido de que ela prosseguirá na data designada, mesmo sem o seu comparecimento, sendo representado por defensor (art. 386º, nº 2, C.P.P.).

Se a audiência de julgamento não puder ser realizada em acto contínuo à detenção e apresentação do arguido ao ministério público, mas possa ser efectivada ainda no prazo de quarenta e oito horas, o rito sumário ainda é possível e o arguido *poderá* ser posto em liberdade – sem que o ministério público seja a isso obrigado –, ficando sujeito à identificação e informação de residência; todavia, ultrapassado o prazo constitucional das quarenta e oito horas, ainda sendo possível a tramitação pelo rito sumário até aos trinta dias sucessivos, o arguido *deverá* ser posto imediatamente em liberdade (art. 387º, nº 1, a)[49]. Se a detenção

---

[48] GONÇALVES, M. Maia. *Código de processo penal anotado.* Coimbra: Livraria Almedina, 1994, p. 554

[49] A este respeito há duas interpretações: a possibilidade do ministério público libertar o arguido se não realizada a audiência a seguir à detenção e apresentação deve ser sempre utilizada, a não ser que haja receio de fuga, perigo de perturbação da ordem pública ou da continuação da actividade criminosa; embora disposto que ultrapassadas as quarenta e oito horas seguintes à detenção e apresentação o arguido deva ser obrigatoriamente libertado, a verdade é que o arguido não deverá ser libertado quando lhe for aplicável prisão preventiva, o que se verificará, tratando-se do processo sumário, quando se tratar de pessoa que tiver penetrado e permaneça irregularmente no território nacional, ou contra a qual estiver em curso processo de extradição ou de expulsão (art. 202º, nº 1, b), cfr.: PIMENTA, José da Costa. *Código de processo penal anotado*, cit., p. 768. Aponte-se que esta possibilidade foi considerada inconstitucional por época do ainda Projecto de C.P.P., com o fundamento de se tratar de poder jurisdicional exercido pelo ministério público, conf.: ANDRÉ, Adélio Pereira. Processo penal, justiça criminal e garantias fundamentais. *Cadernos da Revista do Ministério Público: Jornadas de Processo Penal*, Lisboa, nº 2, p. 19-75, 1987, p. 34, nº 32. Anteriormente à reforma de 1998 a jurisprudência era enfática: "Não é essencial para que se siga a forma de processo

450   *O Processo Penal como Instrumento de Política Criminal*

ocorrer fora do horário de funcionamento normal da secretaria judicial, a entidade policial que tiver procedido à detenção sujeita o arguido a termo de identidade e residência, liberta-o e notifica-o para comparecer perante o Ministério Público no primeiro dia útil seguinte, à hora que lhe for designada, sob pena de, faltando, incorrer no crime de desobediência[50] (art. 387º, nº 2). De se notar, porém, que a possibilidade de libertação do arguido só pode ocorrer nos casos de crimes puníveis com pena de prisão até três anos – que podem ser julgados em processo sumário –, relativamente aos quais não é admissível prisão preventiva. No caso de não comparecimento, se o ministério público não determinar a tramitação sob outra forma processual, requer ao juiz a detenção do arguido que não compareceu, quando a audiência ainda puder ter lugar nas quarenta e oito horas posteriores à detenção (art. 387º, nº 3). Acrescenta o nº 4 do art. 387º que se o arguido não comparecer será lavrado auto de notícia, o qual será entregue ao Ministério Público e servirá de acusação pelo crime de desobediência, devendo ser julgado juntamente com os outros crimes, se for mantida a forma sumária[51].

Atendendo à necessária ponderação a ser feita entre os objectivos de eficácia processual e garantia do arguido, em proveito desta última estabelece ainda o art. 390º do Código o *reenvio do processo para a forma comum* sempre que se verificar: "a) a inadmissibilidade, no caso, do processo sumário; ou b) a necessidade, para a descoberta da verdade, de diligências de prova que não possam previsivelmente realizar-se no prazo de 30 dias após a detenção". Nessa hipótese o tribunal decide, por despacho irrecorrível, remetendo os autos ao ministério público para a tramitação sob outra forma processual[52], admitindo-se, pois, a tramitação também pela forma do *processo abreviado*.

---

sumário, que a audiência se inicie no prazo máximo de 48 horas se o arguido foi libertado, devendo ela ter lugar, em tal caso, até ao limite do quinto dia posterior à detenção" (Ac. RC de 21 de Fevereiro de 1990; CJ, XV, tomo 1, 110).

[50] As testemunhas são igualmente notificadas para comparecer (art. 387º, nº 2).

[51] Os números 2, 3 e 4 do art. 387º foram incluídos pela Lei nº 59/98, de 25 de Agosto.

[52] Na redacção anterior à Reforma introduzida pela Lei nº 59/98, de 25 de Agosto, estava previsto o reenvio do processo para a "forma comum" e não para "outra forma processual" bem como havia a previsão de um rol mais extenso dos casos que em esse reenvio deveria ocorrer: inadmissibilidade legal, no caso, do processo sumário; a complexidade da causa; ou a necessidade, para a descoberta da verdade, de diligências de prova que não poderão previsivelmente realizar-se no prazo máximo de cinco dias após

Modelo Português 451

Relativamente à decisão do tribunal fala-se de uma jurisdição *semiplena* tratando-se de processo sumário, visto ter ele um poder mais limitado quanto à verificação da pretensão punitiva: pode condenar mas não absolver, ou vice-versa[53].

No que se refere à possibilidade de impugnação, estabelece o artigo 391º que "em processo sumário só é admissível recurso da sentença ou de despacho que puser termo ao processo"[54].

Em suma, "imediatismo, rapidez de decisão, pressuposição de eficácia, redução da complexidade, predominância das exigências da verdade material e da investigação necessária contra as injunções do tempo: são estes os traços essenciais que caracterizarão o *modelo em acção* do processo sumário"[55].

Em função mesmo dos traços essenciais anteriormente relatados, embora o processo sumário seja incluído entre as alternativas processuais genericamente rotuladas como "processos especiais", não se lhe reconhecem as características do consenso e de manifestação do princípio da oportunidade[56]. Portanto, é possível constatar que na forma do processo sumário ocorre uma adequada solução de compromisso entre os objectivos de eficiência processual e garantia a ser reconhecida ao arguido, sem a necessidade de maiores concessões a um ilimitado princípio da oportunidade ou a margens intoleráveis de consenso. Quanto aos estritos objectivos de política criminal, a simplificação propiciada por este processo especial impõe-se face às exigências e expectativas comunitárias, especialmente dirigidas à criminalidade de rua e de massa, situações em que uma resposta tardia gera o descrédito da justiça penal, a qual, pela sua morosidade, pode perder qualquer potencialidade reintegradora da ordem jurídica[57].

---

a detenção. Perante essa redação original, defendia a doutrina a exclusão do fundamento na "complexidade da causa" (art. 390º, b, C.P.P.) e a atribuição da natureza taxativa ao rol de motivos previstos nesse dispositivo legal, conf.: RODRIGUES, Anabela Miranda. Os processos sumário e sumaríssimo..., cit., p. 527 e seguintes

[53] PIMENTA, José da Costa. *Código de processo penal anotado*, cit., p. 54.

[54] Em sentido diverso, estabelecia o art. 561º do Código de 1929 a possibilidade de um recurso geral sobre matéria de Direito e de facto e o art. 20º do Dec.-Lei nº 605/75 um recurso circunscrito à matéria de Direito.

[55] GASPAR, António Henriques. Processos especiais, cit., p. 372.

[56] ANDRADE, Manuel da Costa. Consenso e oportunidade, cit., p. 319, nº 1.

[57] DÁ MESQUITA, Paulo. Os processos especiais..., cit., p. 103.

Não obstante, levando-se em conta os números relativos a 1994[58], "a experiência prática da aplicação do CPP revela-nos que o recurso a esta forma de processo tem sido discreta no âmbito global do funcionamento da justiça penal". Entre as razões apontadas para essa escassa utilização destacam-se: a existência de inúmeras detenções em flagrante delito que não são inicialmente realizadas por uma autoridade judiciária ou policial, a quem os detidos apenas são entregues num momento posterior; a circunstância de muitos dos crimes cujos agentes são detidos em flagrante delito por uma entidade policial serem puníveis com penas superiores a três anos de prisão[59].

Ponderando que as alterações legislativas em relação ao processo sumário não deveriam contender com a estrutura e o regime garantista do C.P.P., mas propondo uma ampliação dos casos em que a sua utilização seja possível, DÁ MESQUITA[60] sugeriu alguns correctivos a serem aplicados ao Instituto, além daqueles já vistos anteriormente, alguns já adoptados. Visando o reforço do vector garantia o Autor defendeu: a possibilidade do Ministério Público entender inadequado o julgamento através do processo sumário no caso concreto, determinando a tramitação sob a forma comum; a possibilidade do arguido requerer um prazo para preparar a sua defesa e de o tribunal a todo o momento poder considerar inadmissível ou inconveniente (em especial, pela complexidade da causa) a tramitação do processo sob a forma sumária; a imposição de que, sob pena de nulidade, o tribunal avise quem tiver legitimidade de que pode requerer a documentação dos actos transcorridos na audiência; a imposição legal de, em todos os casos, o defensor na audiência de julgamento ser advogado. Visando o reforço dos vectores eficiência/funcionalidade, propôs-se: a possibilidade do desvio da competência (previsto no art. 16°, n° 3, C.P.P.) também em relação ao processo sumário; o alargamento do âmbito de incidência para abarcar os casos de detenção realizada por outra pessoa, com *imediata* entrega do detido a uma autoridade judiciária ou policial; a admissibilidade do tribunal, oficiosamente, determinar a remessa dos autos para a forma comum.

---

[58] Portanto, anterior à reforma introduzida pela Lei n° 59/98, de 25 de Agosto, que procurou obviar a algumas das causas que conduziam à disfuncionalidade do Instituto.

[59] DÁ MESQUITA, Paulo. Os processos especiais…, cit., p. 105-106.

[60] Idem, ibidem, p. 108-109.

§ 3 – Processo abreviado.

Expressão da persistência do Legislador em reforçar os mecanismos de simplificação, aceleração e consenso relativamente à pequena e média criminalidade, porém sem pôr em causa o princípio da legalidade que molda o processo português, o direito de defesa e as garantias do processo equitativo, o processo abreviado foi introduzido no C.P.P. pelo artigo 3º, alínea a̱, da Lei nº 59/98, de 25 de Agosto.

Trata-se, na verdade, de uma alternativa para se alcançar uma rápida submissão do caso a julgamento, através de uma substancial aceleração nas fases preliminares, mas que conserva as garantias de formalismo próprio do julgamento em processo comum, com ligeiras alterações de natureza formal, justificadas pela pequena gravidade do crime e pelos pressupostos que o fundamentam.

Confirmando a sua destinação aos casos de criminalidade não grave, estabelece o art. 391-A que o âmbito de incidência do processo abreviado é aquele compreendido pelos crimes puníveis com pena de prisão não superior a cinco anos ou puníveis com pena de multa, da competência do tribunal singular. Todavia, a despeito desse critério da medida da pena abstractamente cominada, a admissibilidade do processo sumário encontra-se condicionada também à menor complexidade da causa, estabelecendo o citado dispositivo legal que para que ele tenha lugar torna-se necessário que haja provas simples e evidentes de que resultem indícios suficientes de se ter verificado o crime e de quem foi o seu agente. Ademais, há que se ter uma proximidade do facto, traduzida na necessidade de que entre a data em que o crime foi cometido e a dedução da acusação não tenham decorrido mais de noventa dias. Ou seja, há aqui a plena incidência do princípio, por nós cunhado de *princípio da adequação*, fundado na necessidade de se adoptar uma diversificação de ritos processuais, adequando-os na conformidade da gravidade do delito e da complexidade da sua persecução. Especifiquemos, pois, esses critérios ou pressupostos.

Pode ser afirmado que a menor gravidade do delito a que se liga o processo abreviado se traduz na constatação de que não há a necessidade de aplicação de medida de coacção privativa da liberdade.

No que à menor complexidade diz respeito, trata-se da necessidade da existência de prova simples e evidente do crime, que pode verificar-se, por exemplo, nos casos de flagrante delito não abrangidos pelo processo sumário, de prova documental ou de outro tipo, que permitam

454   *O Processo Penal como Instrumento de Política Criminal*

um juízo inequívoco acerca da ocorrência do crime e de quem foi o seu autor. A respeito deste último critério há o posicionamento doutrinário no sentido de que, nos termos legalmente previstos, o processo abreviado sugere algumas observações e reservas, "particularmente no que concerne à existência de provas simples e evidentes de que resultem indícios da verificação do crime e de quem foi o seu agente, que fica ao critério do MP sem possibilidade de eficaz oposição desde logo do arguido que só depois poderá requerer debate instrutório (art. 391º-C)". Segue-se que, admitir desde logo a evidência da verificação do crime e de que o arguido foi o seu agente significa, de certo modo, uma quase condenação antecipada do arguido. Seria preferível, sugere-se, a utilização de outra expressão, menos contundente, como *evidência probatória ou prova indiciária segura*[61]. Saliente-se, contudo, o entendimento de que "o conceito de prova simples e evidente não aponta, pois, para uma presunção de culpa – que também o conceito de indícios suficientes para que apela não pressupõe –, tão-só significa que a prova *está facilitada*"[62].

Em relação ao critério temporal, o prazo não superior a noventa dias entre a ocorrência do facto e a dedução da acusação liga-se à necessidade da actualidade da prova produzida e à maior facilidade da sua apreensão. A Exposição de Motivos da Proposta de Lei governamental, que propôs a admissibilidade do processo abreviado, fala em "frescura da prova"[63]. ANABELA RODRIGUES[64] entende que não se vê razão para que o prazo para a dedução da acusação não seja contado a partir da *notícia do crime*, tendo em vista a manifesta vantagem que essa solução traria para o alargamento do âmbito de aplicação desta forma de processo especial. Com PEREIRA[65], acresça-se a informação de

---

[61] GONÇALVES, M. Maia. *Código de processo penal...*, 11ª Ed., cit., p. 706. Acresce o Autor que, sendo certa a existência de casos incontroversos, em cujo rol podem figurar também os de confissão integral e sem reservas, de difamação através da imprensa e de emissão de cheques sem provisão, "em casos menos frisantes será sempre aqui recomendável grande dose de contenção e de prudência quanto à existência da prova simples e evidente da verificação do crime e de quem foi o seu agente".

[62] RODRIGUES, Anabela Miranda. A celeridade no processo penal..., cit., p. 248-249.

[63] Aliás, na Proposta de Lei estava previsto que o prazo não poderia ser superior a sessenta dias e não noventa como constou da redacção definitiva.

[64] RODRIGUES, Anabela Miranda. A celeridade no processo penal..., cit., p. 248, nº 32.

[65] PEREIRA, Luís Silva. Os processos especiais do código de processo penal após a revisão de 1998. *Revista do Ministério Público*, Lisboa, a. 20, nº 77, p. 139-154, jan/mar 1999, p. 147.

Modelo Português 455

que, tratando-se de mais de um crime o prazo contar-se-á desde a data em que o primeiro deles tiver sido cometido.

Analisados os mencionados pressupostos, afirma-se que"tratar-se-á, em síntese, de casos de prova indiciária sólida e inequívoca que, face ao auto de notícia ou perante um inquérito rápido, fundamenta a imediata sujeição do facto ao juiz, concentrando-se, desta forma, o essencial do processo na sua fase crucial, que é o julgamento"[66].

Confirmando que nas formas de diversificação processual destacado é o papel do ministério público como gestor da política criminal em acção, compete-lhe a iniciativa de optar por este processo especial. Efectivamente, face ao auto de notícia ou realizado inquérito sumário, pode o ministério público deduzir acusação para julgamento em processo abreviado, desde que no prazo de noventa dias mencionado. Portanto, a iniciativa do ministério público concretiza-se com a dedução da acusação – em prazo mais curto que o normal –, que deve conter os elementos gerais previstos no artigo 283°, n° 3, C.P.P., podendo a identificação do arguido e a narração dos factos serem efectuadas, no todo ou em parte, por remissão para o auto de notícia ou para a denúncia (art. 391°-B, n° 1). Dispõe o n° 2 do art. 391°-B que "se o procedimento depender de acusação particular a acusação do Ministério Público tem lugar depois de deduzida a acusação nos termos do artigo 285°".

Preservando-se o direito de defesa e as garantias do processo equitativo, no prazo de dez dias a contar da notificação da acusação o arguido pode requerer ao juiz de instrução a realização de debate instrutório[67], com o objectivo de submeter à comprovação judicial a opção do ministério público de sujeitar o arguido a julgamento. Neste caso, caberá ao juiz de instrução identificar se resultam indícios de facto e

---

[66] MOTA, José Luís Lopes da. A revisão…, cit., p. 173-174. A conclusão repete o texto da já citada Exposição de Motivos.

[67] Pertinente é a observação bem posta por MAIA GONÇALVES (*Código de processo penal…*, 11ª Ed., cit., p. 707), no sentido de que a Lei disse menos do que queria no art. 391°-C, n° 1, tendo em vista que, "na realidade, o que o arguido pode requerer é a realização de instrução, que nesta forma processual se resume à realização dos actos absolutamente indispensáveis, e não só do debate instrutório". A comprovação do que se afirma é obtida por meio da confrontação com o n° 4 do mesmo artigo, que faz remissão para o art. 287°, n° 2, C.P.P. (o qual menciona: os actos de instrução que o requerente desejaria que fossem levados a cabo pelo juiz, os meios de prova não considerados no inquérito e os factos que, por meio de uns e de outros, se espera provar) e com o n° 3 do art. 391°-E, que menciona expressamente a *produção da prova* durante a instrução.

elementos de direito suficientes para a submissão do caso a julgamento, num critério de exigência aferido em função da probabilidade de ao arguido poder ser aplicada uma pena[68]. Por outro lado, revelando o interesse numa maior aceleração dos tempos processuais, o juiz de instrução encerra o debate instrutório no prazo máximo de trinta dias a contar do requerimento, podendo o despacho de pronúncia ser efectuado por remissão para a acusação. Ou seja, mesmo tratando-se do processo abreviado admite-se a realização de um debate instrutório, prévio ao julgamento, de forma acelerada, que pode culminar na pronúncia do arguido, com a consequência da sua submissão a julgamento[69]. Portanto, o arguido – nem mesmo o juiz, diga-se de passagem – não pode opor-se a esta forma de processo, podendo apenas requerer a realização do debate instrutório, cuja finalidade é a mesma do debate instrutório requerido em processo comum[70].

Acerca do aspecto por último anunciado, importa destacar que não se refere o Código à possibilidade do assistente requerer a realização de instrução, reforçada a ideia da exclusão expressamente consignada no art. 286º, nº 3, da hipótese dessa providência nas formas de processo especiais, salvo, por suposto, a excepção demonstrada neste processo abreviado. As razões apontadas para a exclusão dessa possibilidade são de duas ordens: tal seria incompatível com o princípio da celeridade subjacente a esta forma de processo especial; com a noção de que se a prova do crime é simples e evidente e é deduzida acusação, não haveria fundamento para que o assistente pudesse controlar a posição assumida pelo ministério público. Exposta a questão, posiciona-se PEREIRA[71] no sentido de que, embora de verificação rara e excepcional, não será de todo correcto, pese embora a pertinência das razões apontadas, negar-se ao assistente a possibilidade de requerer debate instrutório relativamente

---

[68] MOTA, José Luís Lopes da. A revisão…, cit., p. 174.

[69] Segundo ANABELA RODRIGUES (RODRIGUES, Anabela Miranda. A celeridade no processo penal…, cit., p. 249-250) mal se compreende que, havendo material probatório que justifica o prazo mais curto em que o inquérito pode ser concluído, continue a existir uma fase intermédia, anterior ao julgamento, visando comprovar a decisão do ministério público de deduzir acusação. "Esta comprovação pode e deve ser assegurada em julgamento – onde não se verifica nenhuma diminuição de garantias ao nível da produção da prova –, assim se ganhando em encurtamento do tempo de processo".

[70] Idem, ibidem, p. 248.

[71] PEREIRA, Luís Silva. Os processos especiais do código de processo penal…, cit., p. 149 e s..

Modelo Português

a factos não abrangidos pela acusação do ministério público, quer se traduzam numa simples circunstância qualificativa ou agravante do tipo legal imputado ao arguido, quer sejam subsumíveis em outro tipo legal de crime. O fundamento legal e a forma para o reconhecimento dessa possibilidade são procurados na alegação de nulidade, uma vez, por um lado, constituir-se nulidade insanável o emprego de uma forma de processo especial fora dos casos previstos na Lei – art. 119°, al. f, C.P.P. –, por outro, constitui igualmente nulidade, embora dependente de arguição, a insuficiência do inquérito traduzida na omissão de diligências indispensáveis à descoberta da verdade – art. 120°, n° 2, d, C.P.P..

Findo o debate instrutório facultativo, os autos são remetidos ao juiz de julgamento; recebidos os autos, o juiz realiza o saneamento do processo, pronunciando–se, por despacho irrecorrível[72], sobre as nulidades e outras questões prévias ou incidentais que impeçam a apreciação do mérito da causa, se puder desde logo delas conhecer, designando a seguir dia para audiência (art. 391°-D, n° 1). Se o processo tiver sido remetido para julgamento sem ter havido debate instrutório, o juiz poderá: rejeitar a acusação, se a considerar manifestamente infundada[73]; não aceitar a acusação do assistente ou do Ministério Público na parte em que ela representa uma alteração substancial dos factos[74].

O julgamento regula-se pelas disposições relativas ao julgamento em processo comum, sendo que, no início da audiência, o tribunal, sob pena de nulidade, avisa quem tiver legitimidade para recorrer da sentença de que pode requerer a documentação dos actos nela ocorridos (art. 391°-E, n°s 1 e 2). Concluída a produção da prova é concedida a

---

[72] Segundo PEREIRA (Idem, ibidem, p. 151) há que ter dúvidas sobre a constitucionalidade da irrecorribilidade deste despacho, designadamente quando o mesmo se traduza na invocação de uma excepção peremptória dirimente da responsabilidade penal do arguido, mas não será este o momento adequado para aprofundar a questão.

[73] Diz o art. 311°, n° 3, do C.P.P. que a acusação considera-se manifestamente infundada: quando não contenha a identificação do arguido; quando não contenha a narração dos factos; se não indicar as disposições legais aplicáveis ou provas que a fundamentam; se os factos não constituírem crime.

[74] Art. 284°, n° 1: "até 10 dias após a notificação da acusação do Ministério Público, o assistente pode também deduzir acusação pelos factos acusados pelo Ministério Público, por parte deles ou por outros que não importem alteração substancial daqueles". Art. 285°, n° 3: "o ministério público pode, nos cinco dias posteriores à apresentação da acusação particular, acusar pelos mesmos factos, por parte deles ou por outros que não importem uma alteração substancial daqueles".

458   *O Processo Penal como Instrumento de Política Criminal*

palavra ao Ministério Público, aos representantes do assistente e das partes civis e ao defensor, os quais podem usar dela por um máximo de trinta minutos, prorrogáveis se necessário e se assim for requerido, admitindo-se a réplica por um máximo de dez minutos (art. 391º-E, nº 3). No intuito de maior simplificação, dispõe o nº 4 desse art. 391º-E que a sentença pode ser proferida verbalmente e ditada para a acta, semelhante ao que se prevê para o processo sumário.

Em termos conclusivos, julga-se que pela via do processo abreviado "se possibilitará, sem tocar os direitos da defesa, uma considerável aceleração do processamento da criminalidade menos grave, que, segundo as estatísticas conhecidas, representa cerca de 85% dos casos submetidos a julgamento, com resultados que se esperam de grande reforço na credibilidade do sistema de justiça"[75].

§ 4 – Processo sumaríssimo[76].

Estruturado conforme um modelo fundado no consenso, o processo sumaríssimo do C.P.P. português de 1987 persegue, para além dos objectivos de eficácia processual, também finalidades de política criminal, voltadas para uma diminuição do efeito estigmatizante característico de um modelo conflitivo e formal de solução dos conflitos jurídico-penais[77]. Afirma-se doutrinariamente que se trata, "com ele, de uma assunção da culpa pelo arguido que não significa um recuo inadmissível da verdade, designadamente porque se está no campo da pequena criminalidade", domínio por excelência das formas consensuais[78]. Se no *pro-*

---

[75] MOTA, José Luís Lopes da. A revisão..., cit., p. 174.

[76] Previsto no art. 2º, nº 2, nº 68 da Lei nº 43/86, *Autorização Legislativa em matéria de processo penal.*

[77] GASPAR, António Henriques. Processos especiais, cit., p. 373. Escrevendo sobre o processo sumaríssimo, FIGUEIREDO DIAS (DIAS, Jorge de Figueiredo. Código de processo penal e outra legislação processual penal, cit., p. 11) enfatiza que ele tende a reduzir ao mínimo a estigmatização social do delinquente, a potenciar o consenso e, por consequência, a oferecer hipóteses acrescidas ao princípio político criminal da ressocialização.

[78] RODRIGUES, Anabela Miranda. Os processos sumário e sumaríssimo..., cit. p. 535. É justamente em função das características informadas no texto que se afirma que o processo sumaríssimo se aproxima mais da *plea guilty* do que da *plea bargaining* do direito anglo-americano, tendo em vista que, diversamente desta última, na forma

cesso abreviado a característica básica é a verificação de uma substancial aceleração nas fases preliminares, tratando-se do processo sumaríssimo o que se busca é um "aligeiramento, tanto do rito indagatório como da tramitação subsequente destinada à aferição da responsabilidade e à individualização da medida"[79].

Os pressupostos para a sua ocorrência encontram-se descritos no art. 392° do C.P.P.[80], sendo eles: a natureza não grave do delito, apurada a partir da pena abstractamente aplicável, ou seja, crime punível com pena de prisão não superior a três anos ou só com pena de multa; entendimento do ministério público que ao caso deve ser concretamente aplicada pena ou medida de segurança não privativas da liberdade. Se o procedimento depender de acusação particular, o requerimento de tramitação pela forma sumaríssima pressupõe, ainda, a concordância do assistente.

Na redacção original do C.P.P. de 1987 o âmbito de incidência do processo sumaríssimo alcançava apenas os crimes puníveis com pena de prisão não superior a seis meses, ainda que com multa, em virtude do Código Penal prever para os crimes puníveis com essa medida de pena a substituição por multa. Esta restrição do âmbito de incidência era considerada como um factor que limitava de forma intensa o horizonte de aplicação do Instituto, não incentivando uma adaptação dos tribunais ao mesmo[81]. Já visto, com as alterações introduzidas pela Lei n° 59/98, de 25 de Agosto, passou a ser de três anos o limite de pena abstractamente cominada pressuposto para este processo sumaríssimo, igualmente com fundamento na possibilidade prevista no CP de substituição da prisão por multa.

---

sumaríssima não se verifica uma negociação sobre o crime, factos e pena, mas tão somente o reconhecimento pelo arguido dos factos e crimes imputados, bem como a aceitação das sanções propostas, conf.: DÁ MESQUITA, Paulo. *Os processos especiais...*, cit., p. 110-111.

[79] GONÇALVES, M. Maia. *Código de processo penal...*, 11ª Ed., cit., p. 710.

[80] Redacção dada pelo art. 1° da Lei n° 59/98, de 25 de Agosto, que alterou o n° 2 originariamente previsto neste artigo, no qual constava a admissibilidade da aplicação em processo sumaríssimo da inibição do direito de conduzir.

[81] DÁ MESQUITA, Paulo. *Os processos especiais...*, cit., p. 111. A afirmação é reforçada pelo Autor com a informação de que no texto original do C.P. de 1982 existiam apenas 28 tipos de crime com uma moldura que não ultrapassava os seis meses de prisão; no texto de 1995 existem apenas 16 tipos de crime que, abstractamente, podiam ser tramitados sob a forma de processo sumaríssimo se mantida essa moldura.

Ao ministério público compete a iniciativa do processo sumaríssimo, a partir de um juízo prognóstico a respeito da pena concreta a ser aplicada, somente podendo ser impostas pena ou medida de segurança não privativas de liberdade. Ou seja, o segundo pressuposto para a admissibilidade do processo sumaríssimo é que, partindo de um juízo prognóstico realizado pelo ministério público, seja de esperar que ao caso deva ser concretamente aplicada pena ou medida de segurança não privativas da liberdade. No que se refere à pena de multa, não estando especificados no C.P.P. os limites a que se vincula, entende-se como sendo aqueles previstos em termos gerais para esse tipo de sanção no art. 47°, n° 1, do Código Penal. Entretanto, não se exclui a possibilidade de conhecimento em processo sumaríssimo de infracções puníveis apenas com pena de multa com limites diversos daquele do CP, face à ausência de limitação da fórmula utilizada[82].

O pressuposto consistente na concordância do assistente, nos casos de procedimento dependente de acusação particular, foi introduzido a partir das alterações determinadas pela Lei n° 59/98, conforme modificação do teor do n° 2 do art. 392° e de alteração do art. 393, ambos C.P.P.[83].

A iniciativa concretiza-se com um requerimento escrito formulado pelo ministério público. De grande importância a informação de que, em virtude das suas características particulares, *"deve o MP requerer o uso do processo sumaríssimo; trata-se de um poder vinculado, de um poder-dever, o que se deduz da finalidade com que o processo sumaríssimo foi introduzido, e da expressão literal – o MP requer"*[84]. O requerimento deve conter as indicações tendentes à identificação do arguido, a descrição dos factos imputados e a menção das disposições legais violadas, a prova existente e o enunciado sumário das razões pelas quais entende que ao caso não deve concretamente ser aplicada pena de prisão (art. 394°, n° 1). O requerimento termina com a indicação precisa das sanções cuja aplicação o ministério público concretamente propõe (art. 394°, n° 2). A especificação no requerimento da pena

---

[82] GASPAR, António Henriques. Processos especiais, cit., p. 374.

[83] Na normativa anterior estava previsto no n° 1 do art. 393°: "não é permitida, em processo sumaríssimo, a intervenção de assistente, sem prejuízo do dever do Ministério Público de ouvir, antes de formular o requerimento, as pessoas que como tal se pudessem constituir ou se achem já constituídas".

[84] GONÇALVES, M. Maia. *Código de processo penal anotado*, cit., p. 559.

Modelo Português 461

concreta proposta pelo ministerio público é considerada como medida indispensável para a caracterização do espaço de consenso, face à necessidade do conhecimento pelo arguido a esse respeito, para os fins de poder decidir sobre a aceitação ou não do rito[85]. A bem da verdade, esse requerimento acaba por se traduzir, na prática, num misto entre a acusação[86] e a sentença, decorrente de uma avaliação prognóstica feita pelo ministério público sobre a pena a ser imposta no caso concreto[87].

Importa salientar o condicionamento a que fica sujeita a proposta do ministério público à concordância do tribunal. Com efeito, estabelecia o nº 3 do art. 394º do C.P.P. que, "havendo motivos para rejeitar o requerimento do Ministério Público, o tribunal profere despacho de reenvio do processo para outra forma processual". Alterado esse condicionamento[88], como salvaguarda da natureza jurisdicional do procedimento em apreciação o art. 1º da Lei nº 59/98, de 25 de Agosto, alterou também o art. 395º do C.P.P.[89], estabelecendo este que o juiz rejeita o requerimento e reenvia o processo para a forma comum[90] quando: a) for legalmente inadmissível o procedimento; b) o requerimento for manifestamente infundado, nos termos do art. 311º, nº 3[91]; c) quando

---

[85] GASPAR, António Henriques. Processos especiais, cit., p. 374.

[86] A este respeito há a afirmação taxativa de que "o requerimento do MP corresponde a uma acusação", cfr.: SILVA, Germano Marques da. Curso..., v. III, cit., p. 22.

[87] GONÇALVES, M. Maia. Código de processo penal anotado, cit., p. 561.

[88] O mencionado número 3 foi suprimido pelo art. 1º da Lei nº 59/98, de 25 de Agosto.

[89] A redacção original deste dispositivo legal previa a admissibilidade da ocorrência do arquivamento ou suspensão do processo (nos termos dos arts. 280º, 281º e 282º do C.P.P.) em sede do processo sumaríssimo. Segundo MAIA GONÇALVES (Código de processo penal anotado, cit., p. 561) essa possibilidade poderia prestar-se a equívocos, pois se o ministério público optar pelo uso do processo sumaríssimo é porque renunciou ao arquivamento nos termos do art. 280º ou à suspensão provisória prevista no art. 281º; e, inversamente, se usar das faculdades dos arts. 280º ou 281º é porque renunciou à opção pelo processo sumaríssimo.

[90] A possibilidade de o Tribunal reenviar o processo para a forma comum ou sumária foi identificada na Autorização Legislativa como uma medida tendente a ser utilizada nos casos em que o processo sumaríssimo implicar "um encurtamento inadmissível das garantias de defesa".

[91] O art. 311º, nº 3, explicita as hipóteses em que a acusação deve ser considerada manifestamente infundada pelo Tribunal no momento do julgamento: quando não contenha a identificação do arguido; quando não contenha a narração dos factos; se não indicar as disposições legais aplicáveis ou as provas que a fundamentam; se os factos não constituírem crime.

discordar da sanção proposta. No caso previsto nesta alínea c) o juiz pode fixar sanção diferente, na sua espécie ou medida, daquela proposta pelo Ministério Público, desde que com a concordância deste[92].

Portanto, os motivos de rejeição poderão resultar de "divergente interpretação dos factos no respectivo relacionamento material com a prova existente e apresentada e/ou divergência sobre a pena que num juizo de prognose deva ser adequada ou justificada: divergência sobre a natureza, a espécie e também – nada o afasta – sobre a medida concreta proposta"[93]. Com efeito, é afirmado que "verifica-se, pois, um juízo por parte do juiz, ainda que sumário, sobre a justiça da sanção proposta e será em função desse juízo que o requerimento pode ser rejeitado"; sustenta-se, ainda, que em atenção à natureza do Instituto o tribunal não deve ser demasiado exigente na ponderação que efectue, devendo rejeitar o requerimento "quando entenda que a sanção proposta é manifestamente inadequada na sua espécie, que não no seu limite"[94].

Se o juiz reenviar o processo para a forma comum, o requerimento do Ministério Público equivale à acusação (art. 395º, nº 3), não cabendo recurso do despacho de reenvio (art. 395º, nº 4). Digno de menção é, ademais: se o juiz recusar a homologação do acordo, por discordar da sanção proposta, nomeadamente por considerá-la injusta ou desproporcionada, ordenando o prosseguimento do processo para julgamento, nele poderá intervir "sem quebra de imparcialidade, uma vez que não lhe foi solicitada a apreciação da prova indiciária, mas tão somente a do conteúdo da proposta do Ministério Público, com a sua própria autonomia funcional"[95].

Excluída a mencionada hipótese de rejeição, o juiz ordena a notificação ao arguido do requerimento do ministério público e, se for o caso, do despacho judicial que fixou sanção diferente daquela proposta no requerimento, para, querendo, se opor no prazo de quinze dias. Se o arguido não tem advogado constituído ou defensor nomeado, o juiz

---

[92] Advirta-se que a submissão da proposta à concordância do juiz deverá ser feita previamente à notificação do arguido, de modo a evitar que a discordância daquele posteriormente à não oposição deste último quanto à sanção proposta possa implicar um factor de surpresa.

[93] GASPAR, António Henriques. Processos especiais, cit., p. 375.

[94] SILVA, Germano Marques da. Curso..., v. III, cit., p. 23-24.

[95] Exposição de Motivos da Proposta que deu origem à Lei nº 59/98, de 25 de Agosto.

Modelo Português 463

nomeia-lhe um defensor (art. 396º, nº 1)[96]. Visando o reforço do vector garantia, a mencionada notificação deve ser pessoal, contendo, obrigatoriamente: a informação do direito do arguido se opor à sanção proposta e da forma de o fazer; a indicação do prazo para a oposição e do seu termo final; o esclarecimento sobre os efeitos da oposição e da não oposição (art. 396º, nº 2, a, b e c). Do mesmo modo voltada para o reforço da garantia do direito de defesa é a previsão da notificação do requerimento também ao defensor (art. 396º, nº 3). Trata-se de um verdadeiro procedimento de notificação do requerimento do ministério público, possibilitando a oposição do arguido à sanção proposta. A oposição pode ser deduzida por simples declaração (art. 396º, nº 4).

Não se verificando a oposição do arguido, por despacho o juiz procede à aplicação da sanção, acrescentando a condenação em custas, sendo a taxa de justiça reduzida a um terço. A natureza deste despacho é de sentença condenatória que transita imediatamente em julgado (art. 397º, nºs 1 e 2)[97]. Acresce o nº 3 do art. 397º que "é nulo o despacho

---

[96] De acordo com a redacção original deste artigo no C.P.P. de 1987, o arguido deveria ser notificado para comparecer, acompanhado de defensor, se o desejasse, no dia, hora e local que o tribunal indicasse (art. 396º, nº 1); comparecendo o arguido na data aprazada, o tribunal informava-o do requerimento do ministério público, indagando--lhe se aceitava as sanções propostas, acrescidas da indemnização civil, das taxas de justiça e custas, esclarecendo-o ainda de que uma resposta negativa implicaria o reenvio do processo para outra forma processual (art. 396º, nº 2); aceites as sanções propostas, o juiz mandava escrever esta declaração, dava-a a assinar ao arguido e proferia despacho de concordância com o requerimento do ministério público, ao qual acrescentava a condenação em taxa de justiça e custas, reduzidas a metade, podendo esse despacho ser proferido verbalmente e ditado para a acta (art. 396º, nº 3). Quanto à natureza deste despacho, estabelecia o nº 4 do art. 396º que ele valia como sentença condenatória e transitava imediatamente em julgado, levando a doutrina a afirmar a impossibilidade de o arguido ser absolvido através desse pronunciamento, conf.: PIMENTA, José da Costa. *Código de processo penal anotado*, cit., p. 777.

[97] Na redacção original do C.P.P de 1987 o art. 397º previa que em processo sumaríssimo o arguido poderia fazer-se representar, para todos os efeitos, por defensor constituído (nº 1). Nesse caso tratava-se da possibilidade do defensor, representando o arguido, aceitar ou rejeitar as sanções propostas. Estabelecia ainda o citado artigo que se o arguido não comparecesse nem se fizesse representar por defensor constituído, o juiz deveria condenar aquele nos termos do artigo 116º, nº 1, – que prevê para a falta injustificada a condenação do faltoso ao pagamento de uma soma entre duas e dez Ucs –, reenviando o processo para a forma comum (nº 2). Nesse caso a disposição do Código significava que tratando-se do processo sumaríssimo não deveria haver adiamento por ausência do arguido. Essa possibilidade de o arguido não comparecer nem se fazer representar era identificada como mais uma manifestação do espaço de consenso pro-

464 *O Processo Penal como Instrumento de Política Criminal*

que aplique pena diferente da proposta ou fixada nos termos do disposto nos artigos 394°, n° 2 e 395, n° 2".

Havendo a oposição pelo arguido, o juiz determina o reenvio do processo para a forma comum, valendo como acusação o requerimento do ministério público formulado nos termos do artigo 394° (art. 398°)[98].

Em matéria de recursos, digna de menção é a alteração efectuada pelo art. 1° da Lei n° 59/98, de 25 de Agosto, suprimindo o disposto no art. 400°, n° 1, c, do C.P.P., que previa a inadmissibilidade de recurso de decisões proferidas no processo sumaríssimo[99].

Considerando o privilégio atribuído ao interesse numa maior simplificação processual na previsão original do processo sumaríssimo, argumentava MAIA GONÇALVES[100] que "não pesa a circunstância de esta substancial simplificação ter sido feita à custa de um apoucamento dos direitos processuais dos participantes no processo, porquanto os meios que falecem nesta expedita forma sumaríssima sempre poderão ser

---

piciado por este processo especial, sendo valorado o seu comparecimento como uma postura de colaboração pronta e uma disposição a uma rápida reconciliação com o Direito (GASPAR, António Henriques. Processos especiais, cit., p. 375). Entretanto, tinha plena aplicação à hipótese a possibilidade de *justificação da falta de comparecimento*, prevista no art. 117° do C.P.P., *v.g.*, nos caso decorrentes de situações análogas às que conduzem à exclusão da ilicitude ou da culpabilidade, ou ainda por motivo de doença.

[98] No texto original do C.P.P. de 1987 estava previsto neste artigo que, reenviado o processo para outra forma processual, o requerimento perderia a eficácia e o ministério público não se encontrava vinculado pelo que naquele requerimento houvesse proposto, em especial no que se refere à proposta concreta de espécie e medida da pena.

[99] O argumento utilizado para fundamentar esta proibição residia em que: "trata-se, como se sabe, de uma forma de processo especial que corresponde à ideia de privilegiar, no tratamento da pequena criminalidade, soluções de consenso. A não aceitação, pelo arguido, das sanções propostas, acrescidas da indemnização civil, do imposto de justiça e custas, ou a falta e não representação do arguido em audiência importam o reenvio do processo para a forma comum. O direito de impugnação do arguido assume aqui a forma de oposição, *rectius* de não aceitação", cfr.: RODRIGUES, José Narciso da Cunha. Recursos. *In: Jornadas de direito processual penal: o novo código de processo penal*. Coimbra: Livraria Almedina, p. 379-471, 1993, p. 390. Também fundamentando a previsão anterior, ressalte-se o relevo reconhecido à autonomia da manifestação da vontade a que se condiciona o processo sumaríssimo, aspecto da sua natureza consensual, prevendo-se na própria *Autorização Legislativa* a necessidade "da anuência do arguido, a qual valerá também como renúncia ao recurso".

[100] *Código de processo penal anotado*, cit., p. 559. Também enfatizando a dependência em que fica esse rito especial da concordância do ministério público, do arguido e do juiz: SILVA, Germano Marques da. *Curso...*, v. III, cit., p. 23; PIMENTA, José da Costa. *Código de processo penal anotado*, cit., p. 173.

Modelo Português

achados através do recurso à forma comum, que se faculta integralmente àqueles que dela pretendam fazer uso": ao ministério público é a própria condição da sua iniciativa a revelar esse aspecto; ao arguido, que nem mesmo está obrigado a comparecer à audiência sumaríssima, sendo, pois, livre para rejeitar o procedimento; ao tribunal, que não está obrigado a anuir ao requerimento do ministério público; ao assistente, que pode não dar o seu consenso no casos de procedimento dependente de acusação particular.

Porém, analisada a sua concreta aplicação na vigência da redacção original do C.P.P. de 1987, afirmava-se que o processo sumaríssimo representava um caso paradigmático de *law in books* que não se traduziu em *law in action*, tendo em vista que o número de processos tramitados por esta forma sumaríssima foi irrelevante nos sete anos iniciais de vigência do Código.

São os dados estatísticos a confirmar a pouca utilização do Instituto. Considerando-se que a utilização mais significativa do processo sumaríssimo ocorreu nos crimes de burla para a obtenção de alimentos, bebidas ou serviços, consumo de drogas e relativos à Lei do serviço militar, apesar de os arguidos condenados por esses delitos o terem sido, por regra, em pena de multa, só um número muito pequeno de processos seguiu a forma sumaríssima. Nos anos de 1997 e 1998 foram condenados pela prática do crime de burla para a obtenção de alimentos, bebidas ou serviços 181 e 195 arguidos, respectivamente; dessas condenações, 146 e 164, respectivamente, foram em pena de multa; porém, somente em 10 e 5 casos, respectivamente, o processo sumaríssimo foi utilizado. Ou seja, em 1997 a pena de multa foi aplicada em 80% das condenações pela prática do crime de burla para a obtenção de alimentos, bebidas ou serviços, tendo o processo sumaríssimo sido utilizado apenas em 5,5% dos casos. Quanto ao consumo de drogas, nos referidos anos de 1997 e 1998 verificou-se um total de 2.023 e 2.442 condenações, respectivamente; desse total, 1.392 e 1.784, respectivamente, foram em pena de multa; contudo, apenas em 11 e 9 casos, respectivamente, a forma utilizada foi o processo sumaríssimo. Ainda em relação aos anos de 1997 e 1998, ocorreram 192 e 246 condenações por infracções à Lei do serviço militar, respectivamente; dessas condenações, 145 e 182, respectivamente, foram em pena de multa; porém, somente em 22 e 12 casos, respectivamente, o processo sumaríssimo foi utilizado. Em síntese, de 1997 para 1998 diminui para a metade o número total de processos julgados na forma sumaríssima, de 71 para 36, respectiva-

O Processo Penal como Instrumento de Política Criminal

mente, ao mesmo tempo que aumentou o número dos arguidos condenados pela prática dos crimes em que se verificou a sua utilização mais significativa[101].

A escassa aplicação era atribuída não só à mentalidade predominantemente conservadora dos aplicadores do direito mas, essencialmente, à própria timidez do Legislador de 1987, que criou requisitos muito apertados para a tramitação em processo sumaríssimo e fez com que ele fosse aplicável apenas a um universo muito restrito de crimes[102].

Revelando a necessidade de ponderação entre os interesses de eficácia processual e de resguardo das garantias a serem reconhecidas ao arguido, pode-se perceber, pois, que as alterações introduzidas pela Lei nº 59/98, de 25 de Agosto, na disciplina legal do processo sumaríssimo destinam-se justamente à obtenção de um reforço do estatuto da defesa, com vista a dar expressão a uma forma de processo que praticamente não estava a ter aplicação e que poderá desempenhar um papel importantíssimo no controle das chamadas bagatelas penais.

§ 5 – Método concreto de determinação da competência.

Ainda que não integrando o rol dos chamados *processos especiais*, uma outra alternativa de natureza processual aventada para o problema do congestionamento da administração da justiça criminal no Ordenamento Jurídico português é aquela que pode ser denominada de desvio da competência[103].

---

[101] FERNANDO, Rui do Carmo Moreira. O ministério público face à pequena e média criminalidade (em particular, a suspensão provisória do processo e o processo sumaríssimo). *Revista do Ministério Público*, Lisboa, a. 21, nº 81, p. 129-150, jan/mar 2000, p. 136.

[102] DÁ MESQUITA, Paulo. Os processos especiais…, cit., p. 110. Face a esta disfuncionalidade, também para o *processo sumaríssimo* ANABELA RODRIGUES (Os processos sumário e sumaríssimo ou a celeridade e o consenso no código de processo penal, cit. p. 538 e seguintes) propôs alterações: ampliação dos limites da pena de prisão aplicável ao crime cometido em que ele ainda pode incidir, passando-se de seis meses para três anos; restrição dos motivos que poderiam levar à rejeição desse *processo* aos casos em que o requerimento do ministério público fosse manifestamente infundado ou fosse legalmente inadmissível a sua aplicação.

[103] FERREIRA, Manuel Marques. Art. 16º – nº 3 e nº 4 do cpp – normas de efeitos restritos e meramente processuais. *Tribuna da Justiça*, Lisboa, nº 2, p. 101-116, fev/mar 1990, p. 102.

Parte-se da informação de que, consoante o modelo adoptado em Portugal antes mesmo da reforma empreendida no C.P.P. em 1987, o julgamento de um grande número de infracções em primeira instância é da competência de um tribunal colectivo, o que, face ao procedimento específico previsto para a tramitação do processo, determinava um agravamento do problema da morosidade da justiça criminal.

Pelo disposto no art. 16°, n° 3, cabe ao ministério público, atendendo às circunstâncias do caso, realizar um juízo prognóstico sobre a pena em concreto que o arguido mereça, caso a acusação seja provada, determinando por esse modo a competência do tribunal singular quando entender que essa pena não ultrapassará o máximo de cinco anos de prisão. Ou seja, o art. 16°, n° 3, do C.P.P. português de 1987 prevê que o tribunal singular é competente para julgar os processos por crimes previstos no artigo 14°, n° 2, alínea b [104] – cuja competência normal é do tribunal colectivo –, mesmo em caso de concurso de infracções, desde que o ministério público, na acusação, ou, em requerimento, quando seja superveniente o conhecimento do concurso, entenda não dever ser aplicada, em concreto, pena de prisão superior a cinco anos[105]. Complementando, estabelece o n° 4 do art. 16° que na hipótese de aplicação do mencionado n° 3 o tribunal não pode aplicar pena de prisão superior a cinco anos.

Desde logo, a observação no sentido de que este método concreto de determinação da competência se encontra legalmente previsto "à custa

---

[104] Artigo 14: Competência do tribunal colectivo. (...)."2 – Compete ainda ao tribunal colectivo julgar os processos que, não devendo ser julgados pelo tribunal singular, respeitarem a crimes: (...); b) cuja pena máxima, abstractamente aplicável, seja superior a cinco anos de prisão, mesmo quando, no caso de concurso de infracções, seja inferior o limite máximo correspondente a cada crime". Na redacção anterior do artigo 16°, n° 3, já alterada pelo Dec.-Lei n° 317 de 28-11-95, não estava prevista a especificação da alínea b), situação que gerou a dúvida a respeito da possibilidade de desvio da competência também no caso da alínea a), que prevê a competência do tribunal colectivo para julgar os crimes "dolosos ou agravados pelo resultado, quando for elemento do tipo a morte de uma pessoa". Posicionando-se sobre a questão, MARQUES DA SILVA (SILVA, Germano Marques da. *Curso...*, v. I, cit., p. 129-130) defendia que a remissão respeitava apenas à alínea b) do n° 2. Concretizando este posicionamento, a redacção actual resulta da alteração introduzida pelo art. 1° da Lei n° 59/98, de 25 de Agosto.

[105] Evidenciando a dinâmica do processo de reforma iniciado em 1987 e do mesmo modo revelando a tendência para um processo penal mais simplificado, ressalte-se que na formulação original do C.P.P. português o limite de pena para a determinação da competência tratada no texto era de três anos; esse marco foi alterado para cinco anos a partir do Dec.-Lei n° 317 de 28-11-95.

468   *O Processo Penal como Instrumento de Política Criminal*

do sacrifício assumido – com todas as implicações decorrentes – da verdade material"[106].

O Instituto que ora se analisa foi privilegiado em grande medida no C.P.P. de 1987, a incidir mesmo no caso de concurso de infracções, visto não ser impedida a sua aplicação por uma eventual oposição do assistente da acusação e até mesmo por uma eventual discordância do tribunal singular. "Trata-se de um poder-dever do MP, e não de uma faculdade arbitrária, pelo que o desvio de competência, cujos pressupostos estão definidos na lei, não é inconstitucional"[107].

Os problemas surgem justamente a partir da parte final deste posicionamento, relacionado com a constitucionalidade desse desvio da competência. A este respeito afirma-se que, para além da intenção inicial de se ter uma simples regra de fixação da competência pelo *método da determinação concreta*, fundada em meras razões de simplificação processual, parece que a interpretação dada à *Autorização Legislativa* (Lei nº 43 de 26 de Setembro de 1986) acaba por limitar os poderes do tribunal de determinação da medida da pena no caso, visto que o conteúdo que foi atribuído à norma em análise ultrapassa em muito a mera fixação precária da competência[108].

Assim, a compatibilidade do chamado *método de determinação concreta da competência* com diversos princípios constitucionais é por diversos motivos colocada em dúvida[109].

Representando um dos pólos da controvérsia, PIMENTA[110] afirma terminantemente que o nº 3 do artigo 16º do C.P.P. é inconstitucional

---

[106] ANDRADE, Manuel da Costa. Consenso e oportunidade, cit., p. 338.

[107] GONÇALVES, M. Maia. *Código de processo penal anotado*, cit., p. 80.

[108] SILVA, Germano Marques da. *Curso...*, v. I, cit., p. 128-129. Ressalvando a posição favorável ao Instituto constante nos Acórdãos do Tribunal Constitucional (nº 393/89 e 435/89), de forma mais atenuada CANOTILHO e VITAL MOREIRA (CANOTILHO, J. J. Gomes, MOREIRA, Vital. *Constituição da república portuguesa anotada*, cit., p. 207) mencionam uma dificuldade de compatibilização entre o método descrito no art. 16º, nº 3 e 4 e o sentido clássico do princípio da fixação da competência por lei anterior.

[109] Qualificando o artigo 16 do C.P.P. como uma manifestação da administrativização da justiça, NORONHA NASCIMENTO (NASCIMENTO, Luís António Noronha. O código de processo penal, o incidente do acelerador e a limitação acusatória do M. P. conferida pelo art. 16. *Tribuna da Justiça*, Lisboa, nº 1, p. 41-53, dez 1989, p. 51 e seguintes) formula uma pesada crítica a este dispositivo legal, afirmando tratar-se de uma forma do Executivo influenciar o exercício da função jurisdicional, através da regra geral da obediência hierárquica a que fica sujeita a organização do ministério público.

[110] PIMENTA, José da Costa. *Código de processo penal anotado*, cit., p. 74-77.

Modelo Português 469

por todos os lados e viola os direitos do homem, com base nos seguintes argumentos: violação do *princípio do juiz natural*, consagrado no art. 32º, nº 7, da Constituição, com a consequente frustração do *direito subjectivo público* contido nesse preceito; violação dos direitos fundamentais da pessoa humana, mais propriamente do disposto no art. 6º, nº 1, da Convenção Europeia dos Direitos do Homem, que assegura a qualquer pessoa "'o direito a que a sua causa seja examinada (...) por um tribunal estabelecido pela *lei'*, e nunca por um tribunal escolhido pela acusação"; violação do princípio acusatório, uma vez que possibilita à acusação pública escolher, como único juiz de julgamento, o juiz de instrução que interveio na fase de inquérito (ou de intrução, desde que não tenha proferido ele o despacho de pronúncia); violação do princípio da defesa consagrado no artigo 32º, nº 1, da Constituição portuguesa. Ao argumento de não resultar em prejuízo para o arguido o desvio, frente ao dever de objectividade a que está vinculado o ministério público, responde-se com a constatação de que esta Instituição, quando acusa, joga todos os trunfos no sentido da obtenção de uma sentença penal condenatória[111]. Estabelecendo o nº 4 do art. 16º que "no caso previsto no número anterior – nº 3 –, o tribunal não pode aplicar pena de prisão superior a cinco anos", também este dispositivo vem atacado de inconstitucional, por violar o *princípio do Estado de Direito*, o *princípio da legalidade* das reacções criminais, o *princípio da igualdade* e o *princípio da independência dos tribunais*[112].

No polo oposto, em defesa da constitucionalidade do art. 16º, nº 3, argumenta-se com o carácter abstracto e dogmaticamente objectivável do referido *método*. Quanto à objecção fundada numa possível lesão ao princípio do monopólio da função jurisdicional, porquanto o "entendimento" que o ministério público é chamado a fazer pode ser tido como um julgamento sobre a pena a ser aplicada ao caso, argumentava-se com a filosofia contida no Anteprojecto do C.P.P., onde se previa a não vinculação do tribunal singular à posição adoptada pelo ministério público e a dependência da não oposição pelo assistente e pelo arguido. Tendo sido previsto na versão definitiva daquele Estatuto processual o poder do ministério público *fixar definitivamente a competência* material e funcional do tribunal singular, mesmo que o juiz no final do julgamento tenha a convicção da aplicabilidade de pena superior ao marco pré-

---

[111] Idem, ibidem, p. 82, nº 102.
[112] Idem, ibidem, p. 77-78.

470   *O Processo Penal como Instrumento de Política Criminal*

-determinado, ele deve limitar-se a aplicar a sanção que se encontra no âmbito da sua competência, ou seja, cinco anos (art. 16°, n° 4). Entende-se com isto não ser violado o princípio do monopólio da jurisdição[113]. Portanto, acerca deste último tópico defende-se que a regra do art. 16°, n° 4, não só não proibe como até parece sugerir que na hipótese em que o tribunal singular entenda que a pena a ser aplicada deverá ser superior a três anos – cinco anos – se declare incompetente, remetendo os autos ao tribunal colectivo[114].

Também investindo no problema da constitucionalidade do disposto no art. 16°, n° 3, manifestou-se o Tribunal Constitucional no Ac. de 22 de Janeiro de 1991, Proc. 211/89, *AJ*, n° 15/16, 77/78, conforme se segue.

Sendo sempre o juiz quem julga, competindo-lhe determinar a medida concreta da pena nos limites da moldura penal abstractamente prevista, a qual não se limita àquela prevista na lei substantiva penal mas abrangendo também aquela ditada pelo marco inserido no art. 16°, n° 3, do C.P.P., este dispositivo não viola o princípio da reserva da função jurisdicional.

Sendo considerado como uma "expressão muito moderada" de uma "manifestação do princípio da oportunidade", a norma em apreço não colide com o princípio da legalidade da acção penal, na medida em que a determinação da competência do tribunal singular é fruto de um juízo prognóstico, formulado com base nos critérios legais de aplicação das penas.

Muito embora o julgamento perante o tribunal singular assegure ao arguido menores garantias de defesa do que aquele que é feito perante o tribunal colectivo, a não condição de parte do ministério público e o seu interesse apenas na descoberta da verdade material e na realização do direito exclui o risco para o vector garantia. Na mesma linha é o argumento fundado no dever de estrita legalidade e objectividade da actuação do ministério público.

---

[113] DIAS, Jorge de Figueiredo. Sobre os sujeitos processuais no novo código de processo penal, cit., p. 19-21; Idem, *Código de processo penal e outra legislação processual penal*, cit., p. 14. Acompanhando as razões ditadas pelo Autor citado, também MARQUES DA SILVA (SILVA, Germano Marques da. *Do processo penal preliminar*. Lisboa: Universidade Católica Portuguesa, 1990. Tese (Doutoramento em Direito) – Faculdade de Direito, Universidade de Lisboa, 1989, p. 273) assevera: "não cremos que se possam suscitar questões de inconstitucionalidade sobre o princípio emergente do art. 16°/3".

[114] FERREIRA, Manuel Marques. Art. 16° – n° 3 e n° 4 do cpp – normas de efeitos restritos e meramente processuais, cit., p. 115.

Modelo Português 471

Não há a violação do princípio do juiz natural por esse dispositivo, porquanto assenta em critérios objectivos de determinação concreta da medida da pena, apenas sendo utilizado esse critério também para a fixação da competência para julgamento.

Da mesma forma não se verifica a violação do princípio da igualdade, perante o quadro de estrita vinculação objectiva assinalado, assegurando assim um tratamento efectivamente igual para situações objectivamente iguais.

Não se verifica também uma usurpação da função legislativa pelo ministério público, considerando-se que a moldura abstracta das reacções previstas na lei para cada tipo de crime permanece inalterada.

Com base nos citados argumentos, defende-se a constitucionalidade desse art. 16°, n° 3, do C.P.P. de 1987, conforme ainda, Ac. RL de 12 de Dezembro de 1990; *CJ*, XV, tomo 5, 163; Ac. TC, de 18.5.89, *AJ*, n° 0, p. 67; divergindo desse entendimento o Ac. RP de 6 de Junho de 1990; *CJ*, XV, tomo 3, 237 e *TJ*, tomo 1, 45 e segs.[115].

Outro ponto controvertido a respeito deste método concreto de determinação da competência refere-se ao controle do poder de decisão exercido pelo ministério público nos termos do n° 3, do art. 16°, C.P.P.. A questão reside em saber se o juízo efectuado pelo ministério público, relativo à determinação da competência, é definitivo e, nesta medida, se é incontrolável pelos demais intervenientes processuais[116].

Manifestando-se sobre o tema, conclui MARQUES FERREIRA[117] que a decisão do ministério público nos termos do art. 16°, n° 3, afigura-se

---

[115] A jurisprudência no sentido da constitucionalidade deste Instituto é farta, podendo ser encontrados inúmeros acórdãos referenciados em: Jurisprudência do tribunal constitucional sobre o novo código de processo penal. *Revista do Ministério Público*, Lisboa, a. 13, n° 49, p. 179-181, jan/mar 1992, p. 179-180.

[116] Recorde-se que na formulação do *Projecto* o n° 2 do art. 16° condicionava à não oposição do assistente ou arguido a determinação concreta da competência efectuada pelo ministério público; assim também, a redacção original do n° 4 desse mesmo artigo estabelecia que "se o tribunal singular obtiver, em qualquer momento a convicção fundada de que, no caso, deve ser aplicada pena ou medida de segurança superior a três anos, assim o declara em despacho fundamentado, do qual não há recurso, e ordena a remessa dos autos ao tribunal colectivo competente para julgamento". Ambas as hipóteses de controle do poder de decisão do ministério público sobre o processo foram eliminadas na redacção definitiva do Código. A supressão foi justificada por razões de economia processual, face ao risco dos intervenientes processuais utilizarem de forma indiscriminada esse poder de oposição.

[117] Art. 16° – n° 3 e n° 4 do cpp – normas de efeitos restritos e meramente processuais, cit., p. 116. Segundo o Autor, as hipóteses em que se verifica essa possibilidade

472 *O Processo Penal como Instrumento de Política Criminal*

como tendencialmente definitiva, assegurando-se dessa forma a eficácia do sistema introduzido por essa norma; todavia, excepcionalmente, admite "a possibilidade de oposição ao M.P. por parte do arguido, do assistente ou do tribunal como forma de garantir a segurança do sistema face a eventuais excessos". Segundo FIGUEIREDO DIAS[118], a alteração produzida no texto original do Projecto, suprimindo o controle directo a ser feito pelo tribunal, pelo arguido ou pelo assistente, deveu-se às preocupações da Assembleia da República para com a "eficiência do sistema, ligada ao maior alargamento possível da competência do tribunal singular".

A despeito da controvérsia suscitada, a decisão do ministério público encontra-se sujeita a um controle pelo imediato superior hierárquico, conforme dispõe a Circular nº 8 de 21 de Dezembro de 1987 da Procuradoria-Geral da República: deverá ser enviada ao imediato superior hierárquico cópia da acusação ou do requerimento bem como do despacho que sobre ele incidiu, em que seja suscitada a intervenção do tribunal singular com fundamento na medida concreta da pena ou da medida de segurança de internamento. A cópia será posteriormente transmitida ao procurador-geral-adjunto e ao Procurador-Geral da República. Por sua vez, os Agentes (não magistrados) do MP submeterão os procedimentos de fixação de competência (art. 16º do CPP) a autorização prévia do imediato superior hierárquico, observando-se na sequência o procedi-

---

de oposição à decisão do ministério público decorrem do próprio funcionamento global do sistema processual penal, referindo-se aos seguintes casos: "possibilidade de o tribunal se opor à opção do M.P. de fazer julgar em tribunal singular apenas algum ou alguns dos agentes de uma conexão de processos (art. 24º nº 1, b e c), para que em princípio seja competente o tribunal colectivo, ao permitir que o tribunal recuse a separação dos processos quando entenda que o caso concreto não é reconduzível a nenhuma das situações enunciadas no art. 30º do CPP"; arguição da nulidade prevista no art. 120º, nº 2, d, do C.P.P. pelo arguido ou pelo assistente, com o argumento de uma insuficiência do inquérito; requerimento da instrução pelo assistente ou arguido, resultando numa impossibilidade da intervenção do tribunal singular (p. 106-107). Registe-se que as citadas letras b e c, do nº 1, do art. 24º, foram alteradas pelo art. 1º da Lei nº 59/98, de 25 de Agosto: a letra b passou a figurar como letra c ("o mesmo crime tiver sido cometido por vários agentes em comparticipação"); a anterior letra c teve a sua redacção desmembrada, passando a figurar como letra d ("vários agentes tiverem cometido diversos crimes em comparticipação, na mesma ocasião ou lugar, sendo uns causa ou efeito dos outros, ou destinando-se uns a continuar ou ocultar os outros") e letra e ("vários agentes tiverem cometido diversos crimes reciprocamente na mesma ocasião e lugar").

[118] Sobre os sujeitos processuais..., cit., p. 20.

Modelo Português 473

mento anteriormente mencionado[119]. Sustenta-se, outrossim, a possibilidade de uma fiscalização pelo próprio juiz do tribunal singular, o qual poderá recusar a competência que lhe está a ser atribuída pelo ministério público.

Segundo MAIA GONÇALVES[120] "a expectativa de que a norma do n° 3 viria a incutir simplificação e celeridade veio a ter confirmação". No primeiro ano de vigência do Código foram julgados pelo tribunal singular mais de 1000 processos, a despeito da novidade introduzida por esse Instituto. No ano de 1991 o número de processos de inquéritos findos por acusação com aplicação do art. 16°, n° 3, foi de 2.162, representando 2,3% do total das acusações deduzidas em inquérito. Em função dos elementos colhidos, estimou-se que o recurso ao Instituto contribuiu para a diminuição de cerca de 15% dos processos da competência do tribunal colectivo, implicando, por outro lado, um acréscimo de apenas 2% nos processos distribuidos ao tribunal singular.

Registada a base eficientista que sedia o Instituto ora enfocado, ressaltada vem a necessidade da sua análise a partir das "vantagens e desvantagens político-criminais" que ele representa "para a máxima realização possível das finalidades antinómicas do processo penal"[121]. Ou seja, se a eficiência propiciada ao *Sistema Jurídico-Penal* pelo método concreto de determinação da competência pode ser demonstrada pelos próprios dados estatísticos, importa verificar o reflexo desse "eficientismo" na funcionalidade deste mesmo *Sistema*, visto a controvérsia a respeito do comprometimento do vector garantia que ele pode propiciar, em especial quanto à sua compatibilidade com alguns princípios constitucionais. Do que se trata uma vez mais é da necessidade de se estabelecer uma concordância prática entre esses objectivos, de modo a reduzir ao máximo a preponderância de algum dos termos antinómicos em prejuízo dos demais.

---

[119] O Dec.-Lei n° 298/99, de 4 de Agosto, regulamentou a base de dados da PGR sobre a fixação da competência do tribunal singular nos termos do art. 16, n° 3, C.P.P..

[120] *Código de processo penal anotado*, cit., p. 80. É esse também o posicionamento de LOPES DA MOTA (MOTA, José Luís Lopes da. A fase preparatória do processo penal, cit., p. 25), formulado após o sexto ano de vigência do C.P.P. de 1987, com fundamento no facto de que nesse período o desvio da competência representou cerca de 3% do número de acusações, possibilitando uma redução de cerca de 15% dos casos submetidos a julgamento pelo tribunal colectivo e um acréscimo de apenas 3% dos processos do tribunal singular.

[121] DIAS, Jorge de Figueiredo. Sobre os sujeitos processuais…, cit., p. 22.

474 *O Processo Penal como Instrumento de Política Criminal*

§ 6 – Alteração substancial dos factos.

Uma outra alternativa de natureza processual para o problema da hipertrofia do *Sistema Jurídico-Penal* introduzida no C.P.P. português de 1987 é aquela da continuação do julgamento no caso de *alteração substancial dos factos descritos na acusação ou pronúncia*, conforme o art. 359°, n° 2. Nessa hipótese, a contribuição para a viabilidade do *Sistema* decorreria do facto de essa solução fazer um certo compromisso com o espaço de consenso no processo penal[122], possibilitando uma solução mais economicista e pragmática.

Avulta, pois, a importância da elucidação do conceito de *alteração substancial dos factos*, estabelecendo a alínea f, do artigo 1° do C.P.P. que alteração substancial dos factos é "aquela que tiver por efeito a imputação ao arguido de um crime diverso ou a agravação dos limites máximos das sanções aplicáveis".

Para efeito de verificação da alteração substancial, factos "são as várias circunstâncias da vida real que integram os elementos constantes da acusação ou da pronúncia do requerimento para abertura da instrução, acção ou omissão, evento, nexo de causalidade, elementos subjectivos, circunstâncias agravantes ou atenuantes"[123].

Especificada, pois, a noção de *factos* no contexto em análise, mais árdua é a missão voltada para o esclarecimento do que vem a ser a *alteração substancial*. Dois são os critérios apontados pela alínea f, do artigo 1° para a concreta definição da *alteração substancial*. O primeiro, de natureza *material*, vem sintetizado no conceito de "crime diverso", não se verificando um adequado esclarecimento do grau de diversidade que importa para que ocorra a alteração substancial. O segundo, de natureza *formal*, relaciona-se com as situações de agravamento do limite superior da moldura penal e visa evitar a colocação do arguido em situação mais gravosa, impedindo-lhe defender-se eficazmente, mesmo frente à ampliação do objecto do processo[124].

---

[122] Pimenta, José da Costa. *Introdução...*, cit., p. 82.

[123] Idem, *Código de processo penal anotado*, cit., p. 31.

[124] Moura, José Souto de. Inquérito e instrução, cit., p. 136. Também identificando esta duplicidade de critérios, Isasca (Isasca, Frederico. *Alteração substancial dos factos...*, cit., p. 114) atribui ao primeiro a natureza qualitativa enquanto ao segundo se reconhece uma natureza quantitativa, nada impedindo a ocorrência de uma cumulação entre ambos.

Quanto ao critério *material* ou, *qualitativo*, impõe-se, pois, a tentativa de se precisar o sentido da expressão "crime diverso" adoptada pelo Legislador.

Para COSTA PIMENTA[125] são três os casos que compõem a noção de crime diverso: "o episódio da vida humana, avaliado na sua pertinência jurídica, diferente do relatado na acusação ou na pronúncia, mesmo que o tipo legal preenchido seja o mesmo", portanto, a partir do critério do *objecto do processo*; já pelo critério do *tipo legal* crime diverso é o crime tipicamente diferente do constante da acusação ou da pronúncia; enfim, crime diverso é aquele que não está numa relação de unidade criminosa com o constante na acusação ou na pronúncia, levando-se em conta o critério do *concurso aparente*. Considerando-se a diversidade de elementos que podem estar contidos nesta noção (fácticos e jurídicos), adequada é a generalização conducente à conclusão de que o conceito de crime diverso não fica exclusivamente dependente de um quadro de referências jurídico-penais, mas também e independentemente dele, dos próprios elementos que formam o pedaço de vida jurídico-penalmente qualificável como crime[126].

Entre as alternativas aventadas, MARQUES DA SILVA[127] posiciona-se no sentido de que "só por referência ao tipo legal de crime podemos determinar se a alteração de qualquer elemento ou circunstância do facto implica ou não alteração relevante, crime diverso ou agravação dos limites máximos das sanções aplicáveis". Porém, vinculando a questão ao problema da potencial consciência da ilicitude, na medida em que a referência à norma incriminadora na própria acusação determina o sentido do desvalor do comportamento atribuído ao arguido, segue-se que é justamente essa indicação da norma incriminadora que possibilitará a este último a "consciência da protecção penal do interesse violado"[128]. Conclui-se desse modo que, "enquanto a variação do tipo incriminador não implicar alteração do critério essencial de valoração do interesse, o arguido não fica defraudado no seu direito de defesa". Ou seja, a diversidade de tipo penal, por si mesma, pode não conduzir a uma diversidade

---

[125] *Código de processo penal anotado*, cit., p. 724.

[126] ISASCA, Frederico. *Alteração substancial dos factos…*, cit., p. 118.

[127] SILVA, Germano Marques da. *Curso…*, v. III, cit., p. 269 e seguintes.

[128] Assim, já não se exige o efectivo conhecimento da norma proibitiva por parte do arguido mas apenas o conhecimento da protecção penal que incide sobre o interesse ou bem jurídico protegido; numa palavra, a existência da potencial consciência de que o interesse é juridicamente tutelado.

476 — *O Processo Penal como Instrumento de Política Criminal*

de qualificação jurídica quando dela não resultar uma "alteração essencial do sentido de ilicitude do comportamento do arguido", *v.g.*, nos casos em que os tipos diversos se encontram numa relação de especialidade.

Por seu turno, entende MOURA[129] que "crime diverso" não é tipo legal diverso, sendo possível haver tipo legal diverso sem que se esteja perante crime diverso e, inversamente, é possível estar exactamente face ao mesmo tipo legal e o crime ser diverso. Portanto, conclui, "o conceito de crime diverso há-de ir buscar-se ao de 'objecto do processo diferente'. O crime será diverso então, se se tiverem ultrapassado os limites pré-existentes do objecto do processo".

Por conseguinte, importa fixar também o que venha ser o objecto do processo, afirmando-se então que "é um conjunto de *factos humanos*, devidamente situados no tempo e no espaço, que integram os pressupostos de que depende a aplicação ao seu autor de uma pena ou medida de segurança criminais"[130]. Um mais amplo desenvolvimento faz-se mister, com vista a verificar como se concretiza a fixação desse objecto, em virtude da diversidade de formas em que ela poderá ocorrer[131].

Partindo-se do pressuposto de que havendo acusação é nela que se fixa o objecto do processo, algumas situações anómalas podem ocorrer quando não se chega a essa acusação ou quando antes dela intervem outra fase processual: a instrução.

Advirta-se, preliminarmente, que as decisões de arquivamento constantes nos números 1 e 2 do art. 277º do C.P.P. português, respectivamente relacionadas com a prova bastante de se não ter verificado o crime, de o arguido não o ter praticado a qualquer título, de ser legalmente inadmíssivel o procedimento e com a inexistência de indícios suficientes da verificação do crime e de quem foram os seus agentes, não fixam o objecto do processo. Todavia, se após as mencionadas decisões de arqui-

---

[129] Inquérito e instrução, cit., p. 136-137. No entendimento também de ISASCA (ISASCA, Frederico. *Alteração substancial dos factos...*, cit., p. 111), a noção de alteração substancial dos factos liga-se directamente ao objecto do processo e só é operante quando operante se torna a vinculação temática.

[130] PIMENTA, José da Costa. *Introdução...*, cit., p. 22-23.

[131] Para o que se segue sobre a fixação do objecto do processo, consultar: MOURA, José Souto de. Notas sobre o objecto do processo (a pronúncia e a alteração substancial dos factos). *Revista do Ministério Público*, Lisboa, a. 12, nº 48, p. 41-73, 1991, p. 45-47. Para a abordagem da mesma questão em relação ao *arquivamento em caso de dispensa de pena* (art. 280) e à *suspensão provisória do processo* (art. 281º): *infra*.

vamento ocorrer o requerimento da fase de instrução (facultativa), será esse requerimento a produzir a fixação do objeto do processo, culminando nas possíveis situações a seguir aventadas.

Se ocorrer o arquivamento em alguma das modalidades do art. 277º, C.P.P., a instrução somente poderá ser desencadeada por requerimento do assistente, operando-se então a fixação do objeto do processo através dos factos nele constantes.

Se o inquérito termina com acusação e a instrução é requerida pelo arguido, será ainda essa acusação a fixar o objeto do processo, uma vez que o requerimento somente poderá reportar-se aos factos constantes naquela peça processual.

Se o inquérito finda com acusação e for o assistente a requerer a instrução, pretendendo ver abrangidos factos não contidos na peça acusatória, a fixação do objeto operar-se-á tanto em função da acusação como do requerimento de instrução, tendo em conta a ampliação produzida por este último naquela.

Se à instrução se segue a pronúncia, esta última substitui a fixação do objecto operada com a acusação ou com o requerimento do assistente[132]. Se, ao invés, a decisão instrutória for de não pronúncia, o processo será arquivado, verificando-se o efeito de caso julgado meramente formal.

Por fim, se não houve instrução o juiz de julgamento ou rejeita a acusação (art. 311º, nº 2, a) ou lhe dá seguimento para o julgamento dos factos nela descritos, sem os modificar, confirmando então ser através dela que se fixa o objecto do processo.

Portanto, esclarecida a noção do objecto do processo e apontadas as formas por que ocorre a sua fixação, retornemos à missão destinada à identificação da *alteração substancial*, particularmente relacionada com a questão do *crime diverso*, já agora na perspectiva daquele objecto.

Passando em revista os diversos posicionamentos acerca da identificação do "crime diverso", opina ISASCA[133] que somente a partir da combinação do critério da *valoração social*[134] com o da *imagem*

---

[132] MOTA, José Luís Lopes da. A revisão…, cit., p. 167.

[133] *Alteração substancial dos factos…*, cit., p. 144.

[134] Citando Achenbach, ISASCA (Ob. cit., p. 141) elucida que pelo critério da *valoração social* a identidade do facto deve ser apreciada de acordo com a experiência modelar de um observador não juridicamente formado; e, por citação de Roxin, complementa que *valoração social* é a unidade de sentido que o acontecimento tem em termos sociais.

478 O Processo Penal como Instrumento de Política Criminal

social[135] daquele pedaço de vida que forma o objecto do processo é possível, com segurança, concluir pela diversidade do crime e determinar se a alteração dos factos é substancial. Decisiva será, então, tanto a *valoração social* como a *imagem social* do acontecimento trazido a juízo e, consequentemente, a forma como o pedaço de vida é representado ou valorado do ponto de vista do homem médio ou, da experiência social. "Sempre que ao pedaço individualizado da vida, trazido pela acusação, se juntem novos factos e dessa alteração resulte uma imagem *ou* uma valoração não idênticas àquela criada pelo acontecimento descrito na acusação, *ou* que ponha em causa a defesa, estaremos perante uma alteração substancial dos factos".

Quanto ao critério *formal* ou *quantitativo*, relacionado com a agravação dos limites máximos das sanções aplicáveis, ISASCA[136] adverte que o problema se coloca e se resolve em sede da questão de facto e não em termos de uma questão de direito. Por esse critério impede-se que se puna com uma sanção mais grave do que aquela que, em abstracto, corresponderia aos factos acusados, quando esse agravamento tiver por base uma factualidade diversa daquela em que se fundamentou a acusação. Ou seja, complementa, "o centro de gravidade continua a ser, em face do próprio critério da lei, o facto processual – o pedaço de vida acusado – e não a qualificação jurídica que dele fizeram outros sujeitos processuais. É a base factual que determina os limites da pena e não a qualificação jurídica, é por aquela e não por esta que se hão-de medir os limites máximos das sanções aplicáveis".

Analisados os dois critérios, importa ainda verificar uma outra questão relacionada com a definição da *alteração substancial dos factos*, já intuída no parágrafo anterior, concernente à questão de saber se nela podem ser abrigados os casos de alteração da qualificação jurídica.

Segundo ISASCA[137] a especificação de uma determinada alteração como substancial (ou não) depende de uma prévia qualificação de certa realidade. Somente nos casos em que se verifique uma modificação da realidade fáctica é que se torna possível qualificá-la como substancial ou não. Assim, uma situação fáctica que não se modifique durante a

---

[135] Que não se confunde com a *valoração social*.
[136] *Alteração substancial dos factos…*, cit., p. 151.
[137] Idem, ibidem, p. 60-61. Também informando o entendimento firmado de que não se aplica o regime da alteração, substancial ou não, dos factos aos casos de alteração da qualificação jurídica: MOTA, José Luís Lopes da. A revisão…, cit., p. 171-172.

tramitação processual, embora susceptível de uma diversa qualificação jurídica, não se enquadra no conceito versado. Efectivamente, também na jurisprudência há o entendimento de que a *alteração substancial* não abrange os casos de diversa qualificação jurídica dos factos contidos na acusação, não sendo de reconhecer o aspecto *substancial* da alteração quando os factos merecem um diverso enquadramento jurídico-penal, mesmo que mais gravoso[138]. Portanto, como diz a própria expressão, a alteração substancial deve incidir em relação a determinados factos.

A controvérsia suscitada quanto à consideração da alteração da qualificação jurídica como sendo substancial ou não teve desfecho a partir da incorporação do nº 3 no art. 358º, C.P.P.[139], estabelecendo que a alteração da qualificação jurídica dos factos descritos na acusação ou na pronúncia sujeita-se ao regime da alteração *não* substancial, aplicando--se ao caso o nº 1 do mesmo art. 358º. Portanto, havendo a alteração da qualificação jurídica, "com relevo para a decisão da causa, o presidente, oficiosamente ou a requerimento, comunica a alteração ao arguido e concede-lhe, se ele o requerer, o tempo estritamente necessário para a preparação da defesa". Acrescenta a doutrina que a comunicação ao arguido não é necessária quando a alteração da qualificação jurídica é para uma infracção que representa um *minus* em relação à da acusação ou da pronúncia, pois que o arguido teve conhecimento de todos os seus ele-mentos constitutivos e possibilidade de os contrariar[140].

---

[138] Ac. STJ de 8 de Janeiro de 1992; CJ, XVII, tomo 1, 5. Nos termos do Ac. do Plenário das secções criminais do STJ de 17 de Janeiro de 1992; DR, I Série-A, de 10 de Março do mesmo ano, "para os fins dos arts. 1º al. f; 120; 284, nº 1; 303, nº 3; 309, nº 2; 359, nºs 1 e 2; 379, al. b, do CPP, não constitui alteração substancial dos factos descritos na acusação ou na pronúncia a simples alteração da respectiva qualificação jurídica (ou convolação), ainda que se traduza na sumissão de tais factos a uma figura criminal mais grave". Ver, ainda: Ac. STJ de 27 de Maio de 1992; CJ, XVII, tomo 3, 40; Ac. STJ nº 2/93, de 27 de Janeiro; Ac. STJ nº 4/95, de 7 de Junho; Ac. Tribunal Constitucional nº 445/97, de 25 de Junho. Em sentido contrário: Ac. STJ de 16 de Janeiro de 1991; CJ, XVI, tomo 1, 5, onde se lê: "I – O CPP, dando cumprimento ao reforço dos direitos da defesa emanados da Constituição, fez abranger pelo princípio do contraditório, não só a matéria de facto, mas também o tratamento que a esta é dado para o efeito de a subsumir aos preceitos incriminadores. II – Por isso, a condenação por crime diverso do constante da acusação, ainda que baseada nos factos aí escritos, traduz-se em alteração substancial da acusação, que só pode ser permitida com as formalidades do art. 359º, nº 2".

[139] Incorporação por meio da já citada Lei nº 59/98, de 25 de Agosto.

[140] GONÇALVES, M. Maia. *Código de processo penal...*, 11ª Ed., cit., p. 647.

480   *O Processo Penal como Instrumento de Política Criminal*

Intentada a explicitação da expressão *alteração substancial dos factos*, é possível agora verificarmos as consequências processuais decorrentes da sua verificação.

Parte-se da regra de que "uma alteração substancial dos factos descritos na acusação ou na pronúncia, se a houver, não pode ser tomada em conta pelo tribunal para o efeito de condenação no processo em curso; mas a comunicação da alteração ao Ministério Público vale como denúncia para que ele proceda pelos novos factos" (art. 359º, nº 1, C.P.P.). Acresça-se que a proibição alcança inclusive a alteração substancial que conduza a um crime menos grave. Verificando-se essa alteração substancial, diz o Código que ela deverá ser comunicada ao ministério público, valendo a comunicação como denúncia para que ele proceda pelos novos factos. A dúvida existente é a de saber em que consiste o proceder pelos novos factos a que alude o Código.

MARQUES DA SILVA[141] propõe o reconhecimento de uma *excepção inominada*, de forma que o processo seja remetido à fase do inquérito, possibilitando assim que uma nova investigação possa abranger, se for o caso, o facto novo surgido na audiência de julgamento.

Já para ISASCA[142], há que distinguir as situações em que os novos factos, que implicam a modificação, são completamente autónomos, podendo fundamentar uma incriminação autónoma em face do objecto do processo, daquelas outras em que os novos factos apurados formam com os constantes da acusação ou pronúncia uma tal unidade de sentido que não permite a sua autonomização. Na primeira hipótese entende o Autor

---

[141] SILVA, Germano Marques da. *Curso...*, v. III, cit., p. 274. Na jurisprudência, registe-se a decisão constante no Ac. STJ de 28 de Abril de 1993, *in: BMJ*, 426, 408, do qual se extrai a seguinte passagem elucidativa: "(...) se os novos factos apurados formam juntamente com os constantes da acusação uma unidade que não permita a sua autonomização, não sendo possível proceder à sua cisão sob pena de os tornar irrelevantes e não se poder valorar o comportamento do arguido, impõe-se a abertura de novo inquérito quanto a todos os factos, e não somente quanto aos factos novos. (...) Em tal situação, o processo em curso não deve ser arquivado, por não ser aplicável ao caso o regime de extinção da instância; antes deve o tribunal, por aplicação subsidiária das normas do CPC, ordenar a suspensão da instância, tendo por objecto a totalidade dos factos na reabertura do inquérito".

[142] *Alteração substancial dos factos...*, cit., p. 203 e seguintes. Digna de menção é, ainda, a conclusão do Autor no sentido de que o ministério público conserva toda a sua independência, de modo que ele procederá pelos novos factos se e na medida em que tal se imponha face aos critérios de legalidade, objectividade, imparcialidade e obrigatoriedade a que está vinculado.

que somente uma solução parece possível: a abertura de inquérito, desencadeando um outro processo penal autónomo e independente daquele em que os novos factos surgiram. Na segunda hipótese, passadas em revista e descartadas as demais soluções propostas pela doutrina, entende o Autor que, não sendo possível a continuidade do julgamento pelos novos factos sem o acordo do arguido nem se admitindo que o tribunal os leve em consideração por iniciativa ou conhecimento próprio, eles poderão fundamentar a agravação da pena concreta a aplicar, dentro da moldura penal máxima que corresponde ao objecto do processo, tal como este foi delimitado pela acusação ou pela pronúncia. Ou seja, propõe-se que os novos factos possam ser conhecidos pelo tribunal, devendo, com base neles, agravar a pena até ao seu limite máximo (se for o caso), levando-se em conta a moldura penal correspondente ao objecto do processo que se encontra previamente delimitado pela acusação ou despacho de pronúncia. Segundo defende, nesta solução não há qualquer alteração substancial, pois não se imputa qualquer crime diverso, nem se agravam os limites máximos das sanções aplicáveis.

Vale a ressalva de que é indiferente de onde provenham os novos factos, tanto da acusação como da defesa, mas o ministério público deverá ter legitimidade para por eles proceder, caso contrário a remessa mencionada no art. 359º, nº 1, C.P.P. não terá lugar[143].

Sintetizando, em regra não pode o tribunal condenar por factos que impliquem uma alteração substancial dos descritos na acusação ou na pronúncia, isto é, por crime diferente (mesmo que menos grave[144]) ou por circunstâncias modificativas agravantes. Trata-se de uma consequência da correlação entre a acusação e a decisão, pressuposta pelo processo de estrutura acusatória. Nesse caso, a alteração deverá ser comunicada ao ministério público para que proceda ao alargamento do objecto do processo, de forma a abranger os novos factos.

Ao que de perto nos interessa, uma excepção à regra da proibição de que o tribunal conheça os novos factos encontra-se no nº 2 do art. 359º, o qual prevê a possibilidade da continuação do julgamento pelos novos factos desde que para tanto estejam de acordo o ministério público,

---

[143] PIMENTA, José da Costa. *Código de processo penal anotado*, cit., p. 725.

[144] Neste pormenor, na jurisprudência: "não há alteração, substancial ou não, da acusação, para os efeitos dos arts. 358º e 359º do CPP, quando os factos considerados provados representem um *minus* relativamente aos da acusação e nenhuns novos são introduzidos" (Ac. STJ de 3 de Abril de 1991; *CJ*, XVI, tomo 2, 17).

482   *O Processo Penal como Instrumento de Política Criminal*

o arguido e o assistente e os factos novos não determinem a incompetência do tribunal[145]. Nesse caso o presidente concede ao arguido, a requerimento deste, prazo não superior a dez dias para preparação da defesa, com o consequente adiamento da audiência, se necessário[146]. A este respeito, há o entendimento doutrinário sustentando que o presidente não tem que perguntar ao arguido se necessita de prazo para a preparação da defesa, a este compete, querendo, requerer; pois não havendo pedido nesse sentido pode nem se dar a interrupção da audiência[147].

Nesta alternativa "há como que uma redefinição ou reformulação do objecto do processo que passa pelo acordo dos sujeitos processuais directamente interessados na resolução rápida e justa do caso concreto, criando-se, deste modo, um espaço de diálogo que viabiliza uma solução de consenso", não se verificando mesmo a influência do juiz de julgamento[148].

Acerca de uma possível inconstitucionalidade do disposto no nº 2, do art. 359º, em virtude da violação que ele propicia do princípio acusatório estabelecido na Constituição portuguesa bem como por dar margem a uma desconfiança sobre a imparcialidade dos juízes, argumenta-se em favor da solução legislada com fundamento no elemento consensual a que ela se condiciona, dependente que fica da anuência do arguido[149]. Desta forma, se em atenção à plenitude da defesa o tribunal,

---

[145] O fundamento para tanto reside em que, se a vinculação temática está ao serviço do vector garantia, "pode a defesa prescindir das garantias decorrentes dessa vinculação dentro de certos limites", conf.: MOURA, José Souto de. Notas sobre o objecto do processo, cit., p. 48.

[146] Na linha dos tópicos anteriores, adiante-se já que, "no caso de oposição ao prosseguimento do julgamento depois de indiciada a situação de alteração substancial dos factos da acusação, nos termos do art. 359, nº 1, do CPP, deve o tribunal mandar extrair certidão de todo o processado, ordenar o arquivamento do processo e remeter essa certidão ao MP", conf.: Ac. STJ de 17 de Dezembro de 1997, *in*: CJ, Acs. do STJ, V, t. 3, 257).

[147] PIMENTA, José da Costa. *Código de processo penal anotado*, cit., p. 725.

[148] ISASCA, Frederico. *Alteração substancial dos factos...*, cit., p. 200-201. Acresce ainda o Autor que essa solução preserva o princípio do acusatório, tutela os direitos da defesa, não deixa de atender aos interesses da vítima (ou de quem a represente) e não compromete a perseguição do crime, uma vez que o assistente ou o ministério público podem perfeitamente inviabilizar o acordo: "é perfeita a trilogia, Estado/agente/vítima, na possibilidade que se deixa em aberto, de ultrapassar e resolver um conflito – numa zona de tensão do processo penal –, pelas regras do diálogo, do consenso e da tolerância".

[149] GONÇALVES, M. Maia. *Código de processo penal anotado*, cit., p. 519.

em regra, não deveria conhecer factos novos após a definição do objecto da acusação, a excepção só será admissível se não for adulterada a essência dessa acusação ou, havendo essa adulteração, desde que o arguido consinta[150].

A despeito da disciplina legal prevista para a *alteração substancial do factos descritos na acusação ou na pronúncia* no momento do julgamento (art. 359º C.P.P.), um tratamento diferenciado mereceu a *alteração dos factos descritos na acusação ou no requerimento para abertura da instrução* (art. 303º).

Diversamente do privilégio atribuído ao consenso e aos fins de deflação processual no caso do art. 359º, nº 2, na hipótese desse art. 303º houve a adopção de um duplo critério para a alteração dos factos constantes na acusação do ministério público ou do assistente, ou no requerimento para abertura da instrução.

O nº 1 do art. 303º estabelece que se a partir dos actos de instrução ou do debate instrutório ocorrer uma *alteração dos factos* descritos na acusação do ministério público ou do assistente, ou no requerimento para abertura da instrução, o juiz, a requerimento ou oficiosamente, comunica a alteração ao defensor, interroga o arguido sobre ela sempre que possível e concede-lhe, a requerimento, um prazo para preparação da defesa não superior a oito dias[151], com o consequente adiamento do debate, se necessário. Ressalvada vem no nº 2 a incompetência do juiz de instrução determinada pela alteração substancial.

Preservando a estrutura acusatória do Código, já no nº 3 desse art. 303º encontra-se previsto que se dos actos de instrução ou do debate instrutório resultar fundada suspeita de uma *alteração substancial* da acusação ou do requerimento para abertura da instrução, o ministério público deverá obrigatoriamente abrir inquérito quanto a eles[152].

---

[150] SILVA, Germano Marques da. *Curso...*, v. III, cit., p. 265.

[151] O prazo anteriormente previsto era de cinco dias. A redacção actual resulta da alteração introduzida pelo art. 1º da Lei nº 59/98, de 25 de Agosto.

[152] Já vista a disciplina legal da alteração substancial dos factos ocorrida na fase de julgamento, ISASCA (ISASCA, Frederico. *Alteração substancial dos factos...*, cit., p. 202) aponta uma subtil mas relevantíssima diferença entre ela e a que agora se analisa: no artigo 359º, nº 1, o Legislador dispôs que o ministério público deverá proceder pelos novos factos, sem esclarecer o sentido dessa expressão; na previsão do artigo 303º, nº 3, o mesmo Legislador foi expresso: o ministério público abre obrigatoriamente inquérito quanto aos novos factos.

Atente-se na distinção existente nas duas situações: enquanto no nº 1 se fala em *alteração dos factos*, já no nº 3 a hipótese é de *alteração substancial* da acusação, justificando assim a diversidade de tratamento[153].

Ainda, segundo o art. 309º é nula a decisão instrutória na parte em que pronunciar o arguido por factos que constituam alteração substancial dos descritos na acusação do ministério público ou do assistente ou no requerimento para abertura da instrução (nº 1), devendo a nulidade ser arguida no prazo de oito dias contados da data da notificação da decisão (nº 2)[154]. Face ao disposto nesse nº 2, percebe-se que a nulidade aqui prevista é sanável, ficando sanada no prazo de oito dias se não arguida.

Vale a ressalva de que, se os novos factos forem completamente distintos dos que constam do processo e foram apontados na acusação ou no requerimento, a abertura do novo inquérito não impede que o processo siga em relação aos factos e infracções que dele já constam; porém, se os novos factos se relacionam com a infracção que já consta no processo, *v.g.*, por relação de consunção ou de especialidade ou mesmo continuação criminosa, sugere-se a abertura do inquérito quanto aos factos novos, efectuando-se a sua apreciação em conjunto com os antigos[155].

Confrontando o tratamento dado à alteração substancial dos factos no julgamento e na instrução, MAIA GONÇALVES[156] identifica uma "incoerência do sistema" e entende que "a solução do art. 359º é certamente mais pragmática e economicista, enquanto que a do art. 303º, nº 3, respeita mais o princípio acusatório".

---

[153] ISASCA, Frederico. Ob. cit., p. 176.

[154] O prazo anteriormente previsto era de cinco dias. A redacção actual resulta da alteração introduzida pelo art. 1º da Lei nº 59/98, de 25 de Agosto.

[155] GONÇALVES, M. Maia. *Código de processo penal anotado*, cit., p. 458. ISASCA (ISASCA, Frederico. *Alteração substancial dos factos...*, cit., p. 183) fala de uma "reabertura do inquérito" por todos os factos, significando que não se instaura um novo processo mas apenas ele regressa à fase de investigação. Acerca do destino da instrução nesse caso, o Autor defende o recurso às regras do processo civil, para se admitir a suspensão da instância, sendo que, findo o inquérito, ou o ministério público conclui pela suficiência dos indícios e deduz acusação quanto a todos os factos, incluídos os novos, ou então não conclui naquele sentido e mantém a primeira acusação; diversa não seria a solução no caso de requerimento da instrução pelo assistente ou arguido, aos quais se reconhece a possibilidade de provocar o controle judicial da actividade do acusador público (p. 185-187).

[156] *Código de processo penal anotado*, cit., p. 518.

Analisando esta situação, MOURA[157] defendia a possibilidade de uma atenuação da vinculação temática a que fica sujeito o juiz na hipótese do art. 303º, nº 3, mesmo perante factos decorrentes de uma alteração substancial, visto competir a instrução a um juiz diverso daquele do julgamento no regime do C.P.P. de 1987, preservando-se, pois, o princípio acusatório. Sustentava-se assim "a possibilidade de se prosseguir, pese embora a verificação dos factos que acarretam alteração substancial, se nisso estivessem de acordo o Mº. Pº, o arguido e o assistente". Ou seja, prestigiando a economia processual, propunha-se a solução constante no nº 2, do art. 359º, para a fase de julgamento (*supra*) também para a fase de instrução[158]. A este respeito, FIGUEIREDO DIAS[159], após um primeiro momento em que sustentava a admissibilidade de uma solução de fundo mais consensual, aceitando que mesmo no caso de uma *alteração substancial* pudessem os novos factos constituir objecto da pronúncia, desde que ao arguido tivesse sido dado conhecimento deles e oportunidade de deles se defender, com a edição do C.P.P. de 1987 passou a considerar adequada a solução constante no nº 3 do art. 303º, na medida da tutela dos interesses de realização da justiça e preservação do princípio da acusação.

Em relação a essa alternativa processual para o problema do *Sistema Jurídico-Penal* pode ser verificada com facilidade a oposição entre opções por uma maior concessão a mecanismos processuais de deflação, consequentes da busca de um maior eficientismo (art. 359º, nº 2), e opções centradas no objectivo de conservar a tradicional função de garantia do processo penal, principalmente no que concerne à conservação da estrutura acusatória, com os princípios e garantias que lhe são inerentes (art. 303º).

§ 7 – Arquivamento em caso de dispensa da pena.

Uma outra forma de diversificação processual que pode ser reconduzida às hipóteses de manifestação do princípio da oportunidade é

---

[157] Inquérito e instrução, cit., p. 135.

[158] Sustentando essa proposta, ISASCA (ISASCA, Frederico. *Alteração substancial dos factos...*, cit., p. 178, nº 1) identifica na natureza relativa da nulidade prevista no art. 309º C.P.P. português (*supra*) uma forma de se atingir "por portas travessas" essa solução de cunho mais consensual, visto que se tem por sanada a nulidade se não arguida em tempo hábil (art. 121º, nº 1).

[159] Sobre os sujeitos processuais..., cit., p. 17.

486   *O Processo Penal como Instrumento de Política Criminal*

aquela do *arquivamento em caso de dispensa da pena*, previsto no art. 280° do C.P.P. português. Este enquadramento jurídico nas hipóteses abrangidas pelo princípio da oportunidade deve-se ao facto da iniciativa poder partir do ministério público (art. 280°, n° 1), do condicionamento a que fica sujeito o arquivamento à concordância do juiz de instrução e do facto de se fundar directamente em razões de economia processual[160]. Trata-se de um caso de oportunidade incondicionada, em virtude de não se condicionar o arquivamento a uma contrapartida por parte do arguido, diversamente do que ocorre em relação às injunções e regras de conduta do art. 281° (*suspensão provisória do processo*). Não obstante, também aqui o princípio da oportunidade acusatória se move dentro de critérios estritos de objectividade e de imparcialidade[161].

Conforme previsto no próprio dispositivo legal (art. 280°, n° 1, C.P.P.), esta hipótese aplica-se aos casos em que "o processo for por crime relativamente ao qual se encontre expressamente prevista na lei penal a possibilidade de dispensa da pena"[162]; ou seja, aplica-se especificamente às situações em que o facto constitua crime punível com pena de prisão não superior a seis meses, ou só com multa não superior a 120 dias, "a ilicitude do facto e a culpa do agente forem diminutas, o dano tiver sido reparado e à dispensa se não opuserem razões de prevenção" (art. 74°, n° 1, do Código Penal português).

Não sendo esta a sede para um aprofundamento especial sobre o Instituto da "dispensa de pena", urge uma tomada em consideração a seu respeito, ainda que superficial, face ao vínculo directo com a medida processual ora em análise[163]. Para além dos aspectos dogmáticos men-

---

[160] SILVA, Germano Marques da. *Curso...*, v. III, cit., p. 103.

[161] GONÇALVES, M. Maia. *Código de processo penal...*, 11ª Ed., cit., p. 537.

[162] Ressalte-se que na sua formulação original esse art. 280 falava em *dispensa ou isenção* de pena, o que provocava grande polémica acerca destes conceitos. Através do Dec.-Lei n° 317/95 a redacção passou a limitar-se aos casos de dispensa da pena. O fundamento para tanto reside na diversidade das duas situações; com efeito, "os casos de isenção de pena são casos em que não existe culpa nem punibilidade, e que portanto dão sempre lugar à não abertura de processo, ou arquivamento deste, se tiver sido aberto. Os casos de dispensa de pena são casos de culpa muito diminuta, em que se não justifica a aplicação de qualquer reacção criminal", conf.: MAIA GONÇALVES, Ob. loc. cit.. Reforçando e exemplificando, segundo o mesmo Autor (Idem, *Código penal português...*, 13ª Ed., cit., p. 264) os casos de isenção de pena "são aqueles em que a pena é excluída porque não existem razões para a punibilidade do facto, como sucede na desistência voluntária da tentativa".

[163] Sobre o que se segue em relação aos pressupostos para a *dispensa de pena* e, por consequência, para o respectivo arquivamento, consultar: DIAS, Jorge de Figueiredo.

Modelo Português   487

cionados – a partir da verificação dos pressupostos constantes no art. 74º do C. P. português –, "'dispensa de pena é declaração de culpa sem declaração de pena'". Portanto, no caso de dispensa de pena verificam-se comportamentos que satisfazem todos os pressupostos da punibilidade, ou seja, condutas humanas típicas, ilícitas e culposas, às quais, porém, não se liga a aplicação de qualquer pena, em virtude do seu carácter bagatelar e da não necessidade de punição do facto concreto[164]. Não tendo a natureza de uma causa extintiva da punibilidade, a dispensa de pena liga-se directamente ao problema das "consequências jurídicas do crime", representando uma forma de determinação da pena. Nos termos do art. 375º, nº 3, do C.P.P. português, o pronunciamento da dispensa de pena é uma sentença condenatória, implicando, pois, na consideração do Instituto como sendo uma *medida alternativa à prisão*. Afirma-se mesmo que na hipótese de dispensa de pena o que ocorre, na verdade, é que se substitui a pena prevista para o caso pela *pena de declaração de culpa*[165]. Verificando-se um concurso de crimes, nada obsta, igualmente, à aplicação da medida em relação a qualquer dos crimes singulares, face ao qual se verifiquem os pressupostos necessários; a justificação para esse entendimento decorre do facto de que em relação a esse crime singular ocorreu a dispensa de pena e, portanto, não pode ser ele considerado para a formação da moldura penal do concurso[166]. Tratando-se de casos de condenação do arguido, com a respectiva declaração de culpa, ainda que sem pena, nada impede a condenação em taxa de justiça e custas, dando lugar, igualmente, à remessa de boletins para o registo criminal.

Apreciadas, ainda que epidermicamente, as características do Instituto da *dispensa de pena*, voltemos ao arquivamento respectivo, desde logo salientando a identidade de alguns dos pressupostos exigidos nos dois casos.

O instituto da dispensa de pena: algumas notas. *Revista de Legislação e de Jurisprudência*, Coimbra, v. 123, nº 3796-3797, p. 196-203, 1991; Idem, *Direito penal português – parte geral II*, cit., p. 317-320.

[164] No mesmo sentido: GONÇALVES, M. Maia. *Código penal português anotado e comentado*. 12ª Ed.. Coimbra: Livraria Almedina, 1998, p. 260, enfatizando que o uso desta medida pressupõe a verificação de um juízo de culpa.

[165] DIAS, Jorge de Figueiredo. *Direito penal português – parte geral II*, cit., p. 314-317.

[166] Idem, ibidem, p. 317-318.

Pressuposto inicial do *arquivamento em caso de dispensa da pena* é, pois, a existência de indícios da prática de crime e da responsabilidade do arguido, exigindo-se a verificação dos pressupostos para que o ministério público possa deduzir a acusação. Assim, se não estiverem suficientemente indiciados o crime e a responsabilidade do arguido, o arquivamento deverá ser feito nos termos do art. 277º do C.P.P. e não de acordo com o art. 280º[167].

Sobre o limite máximo da pena de prisão pressuposto para a dispensa de pena e, pois, para o arquivamento, ou seja, seis meses, vale a observação de que com isso se pretende abranger a "pequena criminalidade" ou, bagatelas penais, avaliada nem tanto em concreto como em abstracto; vale isso por dizer que o crime deve ser daqueles que, apreciada a sua *espécie* e *natureza* a partir da pequena gravidade da pena aplicável, possa ser considerado como *leve*.

Quanto ao requisito da culpa diminuta do agente, afirma-se que "o artigo 280º abrange os casos jurídico-penais que se situam *abaixo* das exigências mínimas dos princípios fundamentais da subsidiariedade, proporcionalidade e culpa – culpabilidade –". Desde que situado abaixo desse limiar mínimo, é ilegítima a intervenção do Direito Penal, face à sua característica de ser a *ultima ratio* do *Sistema*[168].

Pressuposto para a dispensa de pena e, por consequência, para o arquivamento nos termos do art. 280, C.P.P., é também a ocorrência da reparação do dano pelo arguido[169]. Acerca deste pressuposto dispõe o art. 74º, nº 2, que "se o juiz tiver razões para crer que a reparação do dano está em vias de se verificar, pode adiar a sentença para reapreciação do caso dentro de um ano, em dia que logo marcará". Não basta para a satisfação deste pressuposto que o agente se tenha esforçado seriamente

---

[167] SILVA, Germano Marques da. *Curso...*, v. III, cit., p. 104.

[168] PIMENTA, José da Costa. *Introdução...*, cit., p. 130. Aliás, é isso um resultado da distinção fundamental que se estabelece entre o *arquivamento em caso de dispensa de pena* (art. 280º) e a *suspensão provisória do processo* (art. 281º). No mesmo sentido manifestou-se ANDRADE, Manuel da Costa. Consenso e oportunidade, cit., p. 352, *in verbis*: "a fenomenologia coberta pelo artigo 280º situa-se abaixo do limiar mínimo estabelecido pelos princípios da subsidiariedade, proporcionalidade e da culpa, e abaixo do qual é em princípio ilegítima a intervenção da *ultima ratio* que é o direito penal. Já nas situações previstas no artigo 281º aqueles princípios, não vedando em absoluto a intevenção do direito penal, sugerem, contudo, o recurso a meios menos gravosos de atingir os fins próprios do sistema penal".

[169] Consultar: OLIVEIRA, Odete Maria de. *Problemática da vítima de crimes. Reflexos no sistema jurídico português*. Lisboa: Rei dos Livros, 1994, p. 144, nº 193.

Modelo Português 489

no sentido de realizar a reparação. Assim, a reparação do dano nada tem a ver com a culpabilidade, não sendo possível dizer que circunstâncias posteriores – o comportamento reparatório feito pelo arguido – possam influenciar na medida daquela ao ponto de excluí-la; a reparação do dano liga-se mais ao problema da necessidade ou não de prevenção.

No que respeita à *falta de oposição de exigências preventivas* pressuposta por essa modalidade de arquivamento, é a própria declaração de culpabilidade do arguido que supre a necessidade de prevenção geral positiva, por um lado, e a verificação dos demais requisitos legais da *dispensa de pena* revela a não exigência de prevenção especial, por outro[170].

A competência para realizar o arquivamento antes da dedução da acusação é do ministério público, condicionado, todavia, à concordância do juiz de instrução, de forma vinculante. Deduzida a acusação, a competência passa para o juiz de instrução, devendo para esse fim ser ouvidos o ministério público e o arguido, sendo da mesma forma vinculante esta consulta[171]. Por conseguinte, o consenso do juiz de instrução, no primeiro caso, e a concordância do ministério público e do arguido, no segundo, são também pressupostos para esta modalidade de arquivamento.

Controvertida é a questão acerca do alcance da concordância do juiz de instrução a que se condiciona o arquivamento no caso do nº 1 do art. 280º. A dúvida consiste em saber se o controle que o juiz é chamado a fazer reside apenas na verificação dos pressupostos legais para a decisão de arquivamento tomada pelo ministério público ou se deve abranger também um juízo acerca da adequação ou oportunidade da medida, envolvendo o próprio mérito dessa decisão. A este respeito entende MARQUES DA SILVA[172] que "no contexto do projecto do Código parecia não ficarem dúvidas que o juiz devia formular um juízo sobre o mérito da decisão e não só sobre os seus pressupostos, mas no contexto do Código é legítima a dúvida, atenta a disciplina do art. 16º, nº 3"; ou seja, parte-se da observação de que a norma por último citada permite ao ministério público vincular o tribunal ao limite máximo de pena a aplicar no caso, sem o controle judicial do mérito.

---

[170] Detalhes em: COSTA, José de Faria. Diversão…, cit., p. 37.

[171] Sobre o carácter vinculante do parecer favorável do ministério público manifestou-se de modo crítico COSTA PIMENTA (PIMENTA, José da Costa. *Código de processo penal anotado*, cit., p. 614), face à possível lesão do princípio da independência dos órgãos jurisdicionais, estabelecido no art. 27 da Constituição portuguesa.

[172] *Curso…*, v. III, cit., p. 105.

490   *O Processo Penal como Instrumento de Política Criminal*

Uma outra perplexidade decorre da ausência de previsão legal sobre a necessidade da concordância do ofendido-assistente, contrariamente ao que ocorre na *suspensão provisória do processo*. Com o argumento de que os casos de dispensa de pena abrangem hipóteses de culpa diminuta bem como levando-se em conta o condicionamento a que fica sujeito o arquivamento à circunstância de estar o dano reparado, sustenta-se que acertada foi a opção do Legislador de não condicionar esse arquivamento do art. 280º ao consenso do ofendido/assistente, seja no momento anterior à acusação (nº 1) seja quando esta já tiver sido deduzida e a competência para o arquivamento passar ao juiz de instrução (nº 2)[173].

Em relação à possibilidade de se proceder a esse arquivamento mesmo tratando-se de procedimento dependente de acusação particular, conclui-se no sentido da não necessidade da concordância do ofendido/ /assistente; ressalvada vem, todavia, a necessidade de a ouvir não como medida hábil a opor-se ao arquivamento e sim como forma de melhor compreensão dos seus interesses e maior facilidade quanto a uma possível composição[174].

Acerca do momento processual para a sua incidência, sustenta-se na doutrina que se a instrução já estiver encerrada ou já tiver sido deduzida acusação, não mais poderá ocorrer o arquivamento nos termos do art. 280º, C.P.P.[175].

Uma outra questão sobre este Instituto resulta da previsão contida no nº 3 do art. 280, estabelecendo que a decisão de arquivamento em caso de dispensa de pena não é susceptível de *impugnação*.

Identificando o *arquivamento em caso de dispensa de pena* (art. 280º) como sendo uma das hipóteses do espaço de consenso introduzido no C.P.P. de 1987, MOURA[176] informa que nesse caso a iniciativa parte do ministério público, à qual se junta a concordância do juiz de instrução, sendo inatacável a decisão tomada após essa providência. Nessa concordância do juiz de instrução implicado vem um mecanismo de controle do espaço de oportunidade reconhecido ao ministério público, dispensando-se a via da impugnação.

---

[173] OLIVEIRA, Odete Maria de. *Problemática da vítima de crimes*, cit., p. 145-147. Em sentido contrário manifestou-se: SILVA, Germano Marques da. *Do processo penal preliminar*, cit., p. 428-429.

[174] OLIVEIRA, Odete Maria de. *Problemática da vítima de crimes*, cit., p. 156 e seguintes.

[175] GONÇALVES, M. Maia. *Código de processo penal...*, 11ª Ed., cit., p. 537.

[176] Inquérito e instrução, cit., p. 114-115; SILVA, Germano Marques da. *Do processo penal preliminar*, cit., p. 429.

Analisando o problema, numa primeira manifestação sustentava COSTA PIMENTA[177] que do despacho do juiz discordando do arquivamento cabe *recurso*. Assim também, mesmo havendo a concordância do juiz de instrução, desde que não se verifiquem os pressupostos de dispensa ou isenção de pena cabe reclamação hierárquica da decisão do ministério público, a ser exercida pelas pessoas legitimadas a constituirem-se assistentes. Por fim, em relação ao arquivamento realizado por decisão do juiz de instrução, após a dedução da acusação e condicionado à concordância do ministério público e do arguido, afirmava o Autor a possilidade de *recurso* se não estiverem presentes os pressupostos de dispensa ou isenção de pena. A legitimidade para o recurso neste último caso seria do ministério público, do arguido e do assistente. Já na anotação a esse nº 3, do art. 280º, C.P.P., a afirmação taxativa é de que "o despacho do magistrado ou agente do Ministério Público ou do juiz de instrução *não* é susceptível de *impugnação* – mediante reclamação hierárquica, no primeiro caso, ou recurso, no segundo. Há, pois, consoante a hipótese, *caso decidido* ou *caso julgado*"[178].

Entendendo que o fundamento desse nº 3 do art. 280º é óbvio, uma vez que, tendo o ministério público a iniciativa (nº 1) ou condicionada a medida à sua concordância (nº 2) e sendo favorável ao arguido o arquivamento, nenhum deles teria interesse em agir, MAIA GONÇALVES[179] considera que "a decisão do juiz no sentido de não aceitar o arquivamento, e antes se decidir pelo prosseguimento do processo é susceptível de ser impugnada mediante recurso". Afirma ainda que "também a decisão de arquivamento é impugnável pelo assistente, com o fundamento de que se não verificam os pressupostos dos números anteriores", ou seja, os requisitos para a dispensa de pena.

Contendo a descrição dos factos, a sua incriminação e a consideração dos factores que levariam à dispensa de pena, sustenta-se que a proposta de arquivamento deverá ser tida como equivalente à acusação, de modo que, não aceite pelo juiz de instrução, deverá ser remetida ao juízo de pronúncia competente[180].

Conjuntamente com a suspensão provisória do processo, a expectativa depositada no arquivamento em caso de dispensa de pena é de

---

[177] *Introdução...*, cit., p. 136.

[178] Idem, *Código de processo penal anotado*, cit., p. 614.

[179] *Código de processo penal anotado*, cit., p. 433, nº 5.

[180] SANTOS, Gil Moreira dos. *Noções de processo penal*. 2ª Ed.. Porto: O Oiro do Dia, 1994, p. 324.

492 O Processo Penal como Instrumento de Política Criminal

que por essa via seja resolvida grande parte dos casos de pequena criminalidade, aliviando-se os tribunais da morosa tarefa de julgamento[181]. Pressuposto é, pois, que se compare esta expectativa com os dados estatísticos levantados em relação a esse Instituto.

Por informação de RUI DO CARMO[182], "o arquivamento previsto no art. 280º do Código de Processo Penal, de acordo com os dados constantes das 'Estatísticas da Justiça', foi aplicado: no inquérito, em 161 casos em 1997 e 73 em 1998; na instrução, em 526 casos em 1996, 454 em 1997 e 407 em 1998. Na fase de julgamento, por sua vez, foram registadas 233 decisões de dispensa da pena no ano de 1997 e 261 no ano de 1998".

§ 8 – Confissão.

No período anterior à reforma de 1987 o art. 174º do C.P.P. português de 1929 exigia uma confissão qualificada para que tivesse alguma eficácia, não valendo, portanto, aquela que fosse feita desacompanhada de quaisquer outros elementos de prova[183]. Entretanto, nesse mesmo período já se levantavam vozes em prol da atribuição de um maior relevo processual à confissão integral e sem reservas[184].

Uma longa e exaustiva argumentação a favor da validade da confissão livremente obtida foi realizada por BARREIROS[185], cuja tónica central

---

[181] GONÇALVES, M. Maia. *Código de processo penal...*, 11ª Ed., cit., p. 537.

[182] FERNANDO, Rui do Carmo Moreira. O ministério público face à pequena e média criminalidade..., cit., p. 235.

[183] LOPES, Ricardo. O problema da confissão do réu. *Scientia Ivridica*, Lisboa, t. IX, nos 48/49, p. 408-415, jul/out 1960, p. 408. Digno de registo é, ainda, o entendimento jurisprudencial da época, no sentido de que se o crime estava plenamente provado deveria ser entendido que a confissão não era espontânea mas produto da coacção, pela evidência a que estava sujeito o arguido, não podendo conduzir à eficácia de atenuante de natureza geral. A relevância deste posicionamento decorria do facto de que o Código Penal considerava a confissão como circunstância atenuante de carácter geral.

[184] Escrevendo sobre a narcoanálise como meio para a obtenção da confissão, RICARDO LOPES (Ob. cit., p. 414) sustentava que a recusa da sua admissibilidade não deveria ser total, devendo ser admitida quando realizada no exclusivo interesse da defesa e decorrente de solicitação do próprio arguido. Pode ser verificada nesta manifestação um prenúncio da validade da confissão quando produto de acto livre do arguido.

[185] Processo penal: os anos do fim, cit., p. 26 e seguintes. São também do Autor as considerações que se seguem quanto ao tratamento da confissão no período anterior à *Reforma*.

Modelo Português

reside em reconhecer que o efeito dessa confissão para o processo penal deve ser não uma supressão de termos subsequentes à sua ocorrência mas sim a aceleração do processamento a seguir.

Porém, a validade da confissão nesses termos não deveria dispensar uma certa cautela quanto à verificação do seu carácter espontâneo, envolvendo a necessidade de uma sindicância por parte do juiz tanto acerca dos factores endógenos – capacidade e liberdade de autodeterminação – quanto exógenos – livre manifestação de vontade, ausência de coacção (negativa ou positiva) – que a ela conduziram[186]. De se acrescentar que a confissão prestada não deveria dispensar averiguações tendentes a corroborá-la, mas, e nisso reside o diferenciador, apenas na medida necessária para a sua confirmação, não podendo o Direito impor mais do que isso.

Na vigência do C.P.P. de 1987 a confissão deve ser perspectivada a partir do princípio geral assegurador da participação dos sujeitos processuais, inclusive o arguido, na conformação da decisão final, bem como na sua liberdade de manifestação da vontade. Portanto, o pano de fundo do tratamento a ser dado à confissão no Ordenamento Jurídico português é a tutela da *liberdade de declaração* do arguido. A respeito desta última, afirma COSTA ANDRADE[187] que para atribuir eficácia ao princípio *nemo tenetur se ipsum prodere* a Lei processual penal portuguesa outorga ao arguido um *direito ao silêncio* quanto aos factos que lhe são imputados (art. 61º, nº 1, al. c), irrestrito e contínuo, ou seja, válido para todas as fases do processo. Acresce que isso dá-se em nome do postulado de que todas as contribuições probatórias do arguido terão de corresponder ao exercício esclarecido da sua liberdade[188].

Aliás, no texto do documento "grandes princípios orientadores da elaboração do projecto de código de processo penal", elaborado pela Comissão de Reforma e endereçado ao Ministro da Justiça, já se previa a "possibilidade de a confissão da culpabilidade pelo arguido – formalizada em momento inicial do julgamento em termos que não levantem dúvidas de autenticidade, e sempre que o julgamento não deva ter lugar perante o colectivo ou o júri – evitar a produção da prova, permitindo que se passe imediatamente à determinação da sanção".

---

[186] LOPES, Ricardo. O problema da confissão do réu, cit., p. 411.

[187] ANDRADE, Manuel da Costa. Sobre as proibições de prova..., cit., p. 202.

[188] Uma concretização desse reconhecimento dá-se através do dever de advertência a que estão sujeitas todas as autoridades judiciárias ou de polícia criminal perante as quais o arguido deva comparecer, informando-o dos direitos que lhe assistem, logo também e sobretudo o *direito ao silêncio*, sob pena da *proibição de valoração* da prova.

Todavia, o tratamento atribuído à confissão no Projecto de C.P.P. não ficou isento de críticas, sendo afirmado que, como posto, poderia implicar um atropelo ao princípio da plenitude da defesa[189]. Em oposição a essas críticas, o fundamento para a validade atribuída à confissão no C.P.P. português é procurado na consideração de que a medida não se inspira em uma exclusiva e pura "lógica da produtividade", prevista apenas por razões de celeridade, simplificação e economia processuais, mas sim decorre antes duma "lógica de justiça", visando levar tão longe quanto possível o consenso no processo penal e assim limitar no que for possível a "cerimónia degradante" que ele traduz[190].

Disciplinando a matéria, o artigo 344º, nº 1, C.P.P. acentua, sob pena de nulidade, a obrigatoriedade do tribunal indagar sobre a liberdade de manifestação da vontade do arguido que confessa, distinguindo a seguir a confissão integral e sem reservas daquela parcial e com reservas[191]. "Para o efeito, deve considerar-se *confissão integral* aquela que abrange todos os factos imputados, e *confissão sem reservas* aquela que não acrescenta novos factos susceptíveis de dar aos imputados um tratamento diferente do pretendido (ex. confissão dos factos da acusação integradores de ofensas corporais, mas com acrescento de novos factos configurativos de uma legítima defesa) "[192].

---

[189] ANDRÉ, Adélio Pereira. Processo penal, justiça criminal e garantias fundamentais, cit., p. 62.

[190] DIAS, Jorge de Figueiredo. Código de processo penal e outra legislação processual penal, cit., p. 18.

[191] Aliás, a distinção quanto a essas duas modalidades de confissão e a diversidade do relevo a cada uma delas atribuído já era sustentada mesmo antes da *Reforma*, negando--se à confissão parcial ou sujeita a qualquer condição ou reserva a plena validade processual, conf.: BARREIROS, José António. Processo penal: os anos do fim, cit., p. 30. Assim se pronunciou a este respeito o Supremo Tribunal de Justiça no Acórdão de 9 de Outubro de 1991, emitido no Processo nº 42.083: "CONFISSÃO – ARTIGO 344º DO CÓDIGO DE PROCESSO PENAL. I – Quer na hipótese de confissão integral e sem reservas – com ou sem verificação dos óbices descritos no nº 3 do artigo 344º do Código de Processo Penal – quer no caso de confissão parcial ou com reservas, o tribunal mantém intacta a sua liberdade de apreciação e, consequentemente, pode admitir ou não a confissão. II – E, assim, a confissão do arguido – mesmo no caso de ser admitida – não impede necessariamente a produção de prova em audiência, mormente no que concerne à prova da defesa para o efeito da escolha e da medida da reacção criminal a aplicar" *In: Boletim do Ministério da Justiça*, Lisboa, nº 410, p. 591-599, nov/1991.

[192] GONÇALVES, M. Maia. *Código de processo penal...*, 11ª Ed., cit., p. 628.

Modelo Português 495

O art. 344°, n° 2, estabelece as consequências de uma confissão integral e sem reservas: "a) renúncia à produção da prova relativa aos factos imputados e consequente consideração destes como provados; b) passagem de imediato às alegações orais e, se o arguido não dever ser absolvido por outros motivos, à determinação da sanção aplicável; e c) redução da taxa de justiça em metade".

O efeito vinculante da confissão integral e sem reservas para o fim de se chegar directamente ao julgamento (absolvição por outros motivos ou determinação da sanção aplicável) só é eliminado em três casos: a) houver co-arguidos e não se verificar a confissão integral, sem reservas e coerente de todos eles[193]; o tribunal, na sua convicção, suspeitar do carácter livre da confissão, nomeadamente por dúvidas sobre a imputabilidade plena do arguido ou da veracidade dos factos confessados; o crime for punível com pena de prisão superior a cinco anos (art. 344°, n° 3)[194].

No caso de confissão parcial ou com reservas, ou mesmo nas hipóteses mencionadas no art. 344°, n° 3, o tribunal decide, em sua livre convicção, se deve ter lugar e em que medida, quanto aos factos confessados, a produção da prova (art. 344°, n° 4)[195].

---

[193] Na jurisprudência: "I – Não resulta do art. 344° do CPP que não podem ser valoradas as declarações de um co-arguido quando haja co-arguidos que não confessaram integralmente e sem reservas. O que o n° 3 desse dispositivo afasta é a força probatória pleníssima, e não todo e qualquer valor probatório e as consequências que o n° 2 estabelece para a confissão integral e sem reservas. II – Sendo os crimes puníveis com pena superior a 3 anos e existindo co-arguidos que não confessaram integralmente e sem reservas, as declarações de um arguido constituem um meio de prova válido, a apreciar livremente pelo Tribunal (Ac. STJ de 19 de Dezembro de 1996; *CJ, Acs. do STJ*, IV, tomo 3, 214) ".

[194] Esclareça-se que na redacção primitiva do C.P.P. estava prevista a eliminação do efeito vinculante se o crime fosse punido com pena de prisão superior a três anos. O alargamento dos casos de admissibilidade do efeito vinculante da confissão deu-se através do art. 1° da Lei n° 59/98, de 25 de Agosto. Na jurisprudência: "No caso de confissão integral e sem reservas dos factos imputados na acusação que integrem pena superior a 5 anos de prisão, o art. 344° do CPP não proíbe a dispensa de produção de prova quanto aos factos confessados, mas apenas estabelece que tal confissão não a implica necessariamente, cabendo ao tribunal decidir, em sua livre convicção, sobre se, e em que medida, relativamente a esses factos, deve ter lugar a produção de prova" (Ac. STJ de 6 de Janeiro de 1999, proc. 1304/98-3ª; *SASTJ*, n° 27, 65).

[195] "A confissão, salvo nos casos do art. 344° do CPP, é um elemento de prova a apreciar livremente pelo tribunal e que pode ser contrariado por outros elementos de prova produzidos no processo" (Ac. de 3 de Abril de 1991 do Supremo Tribunal de Justiça, Proc. n° 41.612/3ª).

Em sintonia com os já citados"grandes princípios orientadores da elaboração do projecto de código de processo penal", sustenta-se na doutrina que, não sendo o Código explícito a esse respeito, deve ser entendido que a declaração do arguido de que pretende confessar os factos deve ser feita nas declarações iniciais da audiência. Embora lhe seja possível prestar declarações em qualquer momento da audiência (art. 343º, nº 1), o arguido deverá aproveitar as primeiras declarações que presta para o efeito da confissão, uma vez que a declaração prestada em momento posterior pode não ter qualquer interesse processual e resultar até da evidência da prova produzida[196].

Do tratamento legal atribuído à confissão decorre para o arguido o benefício de não se sujeitar à estigmatização provocada pela realização dos actos judiciários. Em termos de política criminal, para além do efeito de deflação do Sistema que este tratamento produz, ele facilita a obtenção das finalidades de reintegração social, uma vez que são procuradas com a colaboração do próprio arguido[197].

§ 9 – Suspensão provisória do processo.

A suspensão provisória do processo insere-se num programa político-criminal adoptado no C.P.P. português de 1987, o qual recolhe soluções de diversão, desjudiciarização, participação, oportunidade e consenso, relativamente a crimes de pequena gravidade, ao mesmo tempo que visa criar um quadro potenciador de desburocratização, simplificação, desformalização e celeridade da justiça penal[198].

1 – Noção.

Dispõe o art. 281º, nº 1, do C.P.P. português de 1987 que "se o crime for punível com pena de prisão não superior a cinco anos ou com sanção diferente da prisão, pode o Ministério Público decidir-se, com a concordância do juiz de instrução, pela suspensão do processo, mediante

---

[196] GONÇALVES, M. Maia. *Código de processo penal...*, 11ª Ed., cit., p. 628.
[197] COSTA, José de Faria. Diversão..., cit., p. 59.
[198] MOTA, José Luís Lopes da. A revisão..., cit., p. 165.

Modelo Português

a imposição ao arguido de injunções e regras de conduta", desde que se verifiquem os demais pressupostos legais previstos[199].

Ao lado do procedimento sumaríssimo, a *suspensão provisória do processo* vem apontada como integrante das soluções consensuais típicas inseridas no C.P.P. português de 1987, sendo disciplinada nos artigos 281º e 282º do Código. Pode ser afirmado que ela é uma das opções abertas para o ministério público aquando do encerramento do inquérito ou mesmo na fase de instrução[200].

2 – Âmbito de incidência.

No Ordenamento Jurídico português o Legislador procurou uma diversificação do tratamento processual a partir de uma tensão dialéctica entre espaços abertos a soluções de consenso e outros em que as soluções de conflito surgem como a alternativa mais viável, determinando dessa forma a existência de respostas descontínuas à fenomenologia criminal[201].

Constrói-se dessa forma um sistema de coordenadas, no qual o eixo horizontal é representado pelo espaço compreendido entre a pequena criminalidade e a criminalidade grave e o eixo vertical compreende o espaço respectivamente ocupado pelas soluções de consenso em um pólo e as soluções de conflito no outro.

---

[199] Redacção dada pelo artigo 1º da Lei nº 59/98, de 25 de Agosto, que alterou o prazo do nº 1 do art. 281º, passando de três para cinco anos o tempo máximo de prisão em que se mostra admissível a suspensão. Na sua previsão original o prazo não superior a três anos era doutrinariamente considerado como o espaço típico da pequena e média criminalidade (*infra*).

[200] A possibilidade da suspensão provisória do processo na fase de instrução foi introduzida no C.P.P. pelo artigo 1º da Lei nº 59/98, de 25 de Agosto, que acrescentou o nº 2 ao art. 307º (o qual trata da decisão instrutória), assim redigido: "é correspondentemente aplicável o disposto no artigo 281, obtida a concordância do Ministério Público". Retratanto uma certa aproximação deste Instituto ao seu paradigma alemão (previsto no § 153, a, da *StPO*), no que respeita à terminologia a *suspensão* por vezes vem tratada como "arquivamento contra injunções ou regras de conduta".

[201] Sobre o que se segue, consultar: ANDRADE, Manuel da Costa. Consenso e oportunidade, cit., p. 334-335; DIAS, Jorge de Figueiredo. La riforma del processo penale portoghese, cit., p. 235; Idem, O novo código de processo penal, cit., p. 13-14; Idem, *Código de processo penal e outra legislação processual penal*, cit., p. 32-33; Idem, Principes généraux de la politique criminelle portugaise, cit., p. 93; DIAS, Jorge de Figueiredo, ANDRADE, Manuel da Costa. Democracia e criminologia: a experiência portuguesa. *Revista de Direito e Economia*, Coimbra, a. VIII, nº 1, p. 3-23, jan/jun 1982, p. 18-19.

Os dois eixos referidos, o vertical (consenso/conflito) e o horizontal (pequena criminalidade/criminalidade grave), tendem a separar a fenomenologia criminal segundo linhas que se sobrepõem, interceptando-se, porém, necessariamente. É essa a distinção a ser utilizada para a opção entre soluções de conflito ou de consenso no processo penal, sendo afirmado que no tratamento processual da pequena criminalidade ocorre dar prioridade a soluções consensuais e nos casos de grave criminalidade a solução deve tender a um reconhecimento e a um esclarecimento do conflito[202].

Sendo o espaço onde devem ser estimulados o antagonismo e a contraditoriedade, devendo por isso mesmo intervir o máximo de garantias processuais, podem ser citadas como exemplos de soluções assentes no conflito: a oposição do arguido à desistência da queixa ou acusação particular, determinando assim a condução do processo até ao fim (art. 51º, nº 3); a subordinação do arquivamento em caso de dispensa de pena à concordância do arguido; o reforço do papel do assistente, entre outras[203].

No espaço de consenso do C.P.P. português de 1987 predominam soluções de pacificação social e de reafirmação das normas violadas, assentes na reconciliação[204], portanto, também orientadas para objectivos de política criminal. Compreende-se dessa forma que o domínio da pequena criminalidade seja, por excelência, o âmbito de incidência das soluções de natureza consensual, muito embora não se deva deixar de maximizar os elementos de cooperação também em relação à criminalidade grave, como demonstra a extensão de formas de consenso igualmente à média criminalidade.

Portanto, a questão da adopção de procedimentos fundados num consenso no âmbito do processo penal português encontra-se indisso-

---

[202] DIAS, Jorge de Figueiredo. Due diverse incarnazioni del modello accusatorio, cit., p. 181, esclarecendo que esta é a solução possível, considerando que ela conserva a conflitualidade real decorrente do delito nos casos de grande criminalidade, objectivando alcançar a paz jurídica que foi violada pelo dano social causado e pelo alarme colectivo. Advirta-se que, não obstante o propósito no sentido do texto – adoptado no C.P.P. de 1987 –, a experiência revelou que, na prática, a mencionada distinção não assumiu visibilidade significativa, assistindo-se a um tratamento tendencialmente uniforme das diversas formas de criminalidade, conf.: MOTA, José Luís Lopes da. A revisão..., cit., p. 172. Foi para obviar também esse problema que se empreendeu a Reforma através da Lei 59/98, de 25 de Agosto.

[203] ANDRADE, Manuel da Costa. Consenso e oportunidade, cit., p. 336 e seguintes.

[204] PIMENTA, José da Costa. Introdução..., cit., p. 81.

Modelo Português 499

luvelmente ligada à gravidade do delito cometido, identificada a partir da pena que hipoteticamente virá a ser imposta no final do processo. Assim, pois, com acentuado destaque verifica-se no Ordenamento Jurídico português o reconhecimento da necessidade de uma distinção entre os diversos tipos de criminalidade: *grave, média* e *pequena*, variando em igual medida a forma e o teor da reacção formal[205]. O critério para a aferição desse grau da criminalidade resulta da duração da pena de prisão abstractamente prevista ou concretamente imposta. Assim, as penas de prisão podem ser distinguidas em curta, média e de longa duração: "as primeiras não superiores a 6 meses, as segundas não superiores a 3 anos e as últimas superiores a este limite". Nesse sentido a respectiva "correspondência às categorias criminológicas da *pequena criminalidade*, da *criminalidade média* e da *grande* (ou *grave*) *criminalidade*"[206].

Revelando um critério predominantemente formal, no caso português "o legislador considera pequena criminalidade o conjunto de crimes a que, no entendimento abstracto da lei ou concreto do Ministério Público, não determinem a aplicação ao agente de pena ou medida de segurança detentivas superiores a três anos"[207].

Estas informações doutrinárias devem ser necessariamente confrontadas com a ampliação processada pelas Reformas do C.P.P. nos marcos de admissibilidade dos "processos especiais", em especial o alargamento do âmbito de incidência da *suspensão provisória* para os casos de crimes puníveis com pena de prisão não superior a cinco anos. Com efeito, a caracterização da pequena criminalidade viu-se dificultada com o advento do Dec.-Lei nº 317 de 28-11-95, uma vez que, tendo sido mantido o marco em três anos para a *suspensão provisória do processo* nos termos do art. 281º, já no que se refere à *determinação concreta da competência* do art. 16º, nº 3, (*supra*) esse marco foi ampliado para cinco anos. Foi visando obviar a esta diversidade de tratamento que o artigo 1º da Lei nº 59/98, de 25 de Agosto, alterou o prazo do nº 1 do art. 281º, passando de três para cinco anos o tempo máximo de prisão em que se mostra admissível a suspensão.

---

[205] DIAS, Jorge de Figueiredo. *Due diverse incarnazioni del modello accusatorio*, cit., p. 178.

[206] Idem, *Direito penal português – parte geral II*, cit., p. 106-107.

[207] PIMENTA, José da Costa. *Introdução...*, cit., p. 81. O acréscimo da possibilidade de uma determinação "concreta" pelo ministério público da natureza de pequena criminalidade refere-se às hipóteses constantes no art. 16º, especialmente no seu nº 3, já estudada.

Já visto, um modelo centrado num consenso entre as partes, inspirado em razões de celeridade processual, ganha corpo em relação à chamada *pequena criminalidade*, para a qual se propõem alternativas de *diversão*, com a admissibilidade de um certo espaço para o consenso e para o princípio da oportunidade[208]. Concretamente, inserem-se no campo das soluções de oportunidade ou consenso as hipóteses legais do arquivamento do processo previsto no art. 280°, o processo sumaríssimo do art. 392° e a suspensão provisória do processo do art. 281°, já abordados os dois primeiros. De forma mais abrangente, após as reformas parciais empreendidas no C.P. e no C.P.P. o quadro geral das diversificações processuais ficou assim delineado: nos casos em que a pena máxima aplicável ao crime não excede os seis meses de prisão ou 120 dias de multa, mostra-se cabível o arquivamento em caso de dispensa de pena; quando a pena máxima aplicável ao crime não excede os três anos de prisão, é possível a aplicação do processo sumário e do sumaríssimo; nas hipóteses em a pena não excede os cinco anos de prisão, mostra-se aplicável a suspensão provisória do processo, os processos abreviado e comum[209]. Portanto, estas soluções procesuais são naturalmente vocacionadas para a área da pequena e média criminalidade[210].

Não se esqueça que um tratamento diferenciado para a pequena criminalidade somente se concebe ainda dentro do processo penal. A observação é relevante face ao risco que representa a simples desconsideração da sua expressão criminal, com vista a alcançar tão somente os

---

[208] GASPAR, António Henriques. Processos especiais, cit., p. 362. Tenha-se sempre em mente o sentido amplo atribuído ao termo *diversão*, não se restringindo aos casos em que o conflito é excluído do *Sistema penal*, mas abrangendo também os casos em que se verifica uma contracção da sua intervenção.

[209] FERNANDO, Rui do Carmo Moreira. O ministério público face à pequena e média criminalidade..., cit., p. 132. Acresce o Autor (p. 133) uma distinção própria quanto aos espaços de conflito e consenso, situando no primeiro o processo sumário, o processo abreviado e o processo comum, e no segundo, como manifestações típicas de consenso, o arquivamento em caso de dispensa de pena, a suspensão provisória do processo e o processo sumaríssimo.

[210] GONÇALVES, M. Maia. *Código de processo penal anotado*, cit., p. 435; PIMENTA, José da Costa. *Introdução...*, cit., p. 81; NETO, Manuela. *Do inquérito*. Porto: Elcla Editora, 1994, p. 80-81; TORRES, Mário. O princípio da oportunidade no exercício da acção penal, cit., p. 241; ANDRADE, Manuel da Costa. Consenso e oportunidade, cit., p. 319. Também para FIGUEIREDO DIAS (DIAS, Jorge de Figueiredo. *Direito processual penal. Lições...*, cit., p. 19) as mencionadas hipóteses dos arts. 280° e 281° do C.P.P. português são expressão da ideia de diversão ou desjudiciarização.

Modelo Português 501

objectivos de *maximização da eficácia* e de *optimização político-criminal das reacções*; assim deve ser considerando-se a necessidade de valorar também o agente e não só o facto por ele cometido e, finalmente, de um maior *alívio da justiça*, grande aspiração de todos os tempos[211].

Também em Portugal prepondera o entendimento de que o efeito de optimização político-criminal das reacções, através de um tratamento diferenciado para as condutas de nula ou duvidosa danosidade social, visa possibilitar a concentração de esforços das instâncias formais na prevenção, controle e repressão da criminalidade violenta, a qual deve ser o alvo principal do funcionamento eficiente do Sistema criminal[212].

Pelo conjunto das informações anteriormente aduzidas, conclui-se que o âmbito natural de incidência da *suspensão provisória do processo*, prevista nos arts. 281° e 282° do C.P.P. português, é aquele da pequena e média criminalidade, devendo ser assim considerados no actual estágio legislativo os delitos sujeitos a uma pena de prisão não superior a cinco anos[213].

Quanto à categoria dos crimes objecto da *suspensão*, a realidade concreta da sua aplicação revelou que houve um predomínio de incidência em relação aos crimes previstos no Código Penal (55% dos casos analisados) e, entre esses, predominaram os crimes contra o património (55%) e os crimes contra as pessoas (21%). A partir destes dados foi possível concluir que "as suspensões provisórias aplicadas não constituíram, predominantemente, uma reacção a formas de comportamento criminal características da sociedade moderna", como se previa inicialmente[214]. Ressalte-se, porém, que segundo o art. 47°, n° 3, aprovado pelo D.L. 20ᴬ/90, de 15 de Janeiro, alterado pelos DL 394/93, de 24 de Novembro, 140/95, de 14 de Janeiro, e Lei 51ᴬ/96, de 9 de Dezembro, o disposto nos arts. 280, 281 e 282 (arquivamento em caso de dispensa de pena e suspensão provisória do processo) não se aplica aos crimes previstos no Regime Jurídico das Infracções Fiscais Não Aduaneiras.

---

[211] GASPAR, António Henriques. Processos especiais, cit., p. 362.

[212] DIAS, Jorge de Figueiredo. Lei criminal e controlo da criminalidade – o processo legal-social de criminalização e de descriminalização, cit., p. 84.

[213] A justificação para a inserção das informações prévias nesta singela conclusão reside no carácter dinâmico dos marcos definidores do âmbito de incidência das formas de diversificação processual, de modo que, mesmo ocorrendo uma variação desses marcos, as razões da sua fixação são aquelas consubstanciadas nas informações precedentes.

[214] ALMEIDA, Maria Rosa Crucho de. A suspensão provisória do processo penal, cit., p. 60 e 62.

3 – Pressupostos.

Para a *suspensão provisória do processo* importa, pois, que do inquérito realizado tenham resultado suficientemente indiciados os pressupostos jurídico-criminais da acusação (Ac. RL, de 26/4/89, *in* CJ, XIV, 2º, 171), de modo que, caso não se verifique o consenso do juiz, do arguido ou do assistente, o ministério público deverá deduzir a acusação, devendo proceder do mesmo modo se o arguido não cumprir as injunções e regras de conduta a que fica sujeito[215].

Já demonstrado, pressuposto inicial para a *suspensão* é que para o crime esteja prevista pena de prisão não superior a cinco anos ou que a sanção estabelecida seja diferente da prisão.

Não bastando a adequação ao marco punitivo estabelecido, desde logo há que se evidenciar também a relevância da manifestação da vontade dos sujeitos intervenientes pressuposta para a *suspensão* do processo, revelando assim o seu característico aspecto consensual.

No que se refere ao ministério público, a necessidade da sua manifestação de vontade evidencia-se por ser ele quem decide pela suspensão, sempre com obediência a critérios de estrita objectividade (Ac. RL, de 26/4/89, *in* CJ, XIV, 2º, 171).

Quanto ao controle do poder de decisão do ministério público nesse caso, competindo-lhe a iniciativa da suspensão e a fixação das correlatas injunções e regras de conduta, a concordância do arguido por si só mostra-se insuficiente, pressupondo, igualmente, a concordância do juiz de instrução, tendo em vista o gravame representado pela imposição das citadas regras e injunções[216].

Portanto, nos termos do art. 281º, nº 1, do C.P.P. português a suspensão provisória do processo condiciona-se também à concordância do juiz de instrução[217]. De se ressaltar, inicialmente, que ao contrário do que se verifica em relação ao § 153, a, nº 2, da *StPO*[218], no Ordenamento

---

[215] MOURA, José Souto de. Notas sobre o objecto do processo, cit., p. 43; SILVA, Germano Marques da. *Curso de processo penal*, v. III, cit., p. 109.

[216] MOURA, José Souto de. Inquérito e instrução, cit., p. 115.

[217] Diga-se, desde logo, que foi esta uma das grandes modificações introduzidas pelo controle prévio de constitucionalidade realizado pelo Tribunal Constitucional na disciplina legal do Instituto no Projecto de C.P.P., resultando então na exigência desta concordância do Juiz de Instrução.

[218] Paradigma alemão da suspensão provisória do processo.

Modelo Português 503

Jurídico português não se encontra prevista a iniciativa do Tribunal, após a dedução da acusação pelo ministério público, quanto à suspensão provisória do processo. Sendo exigida essa concordância do juiz de instrução (art. 281°, n° 1), alguma perplexidade surge em relação à sua natureza.

A perplexidade refere-se à questão de saber se essa concordância do juiz de instrução implica apenas um controle sobre a legalidade, intelegibilidade e voluntariedade da decisão de suspensão ou se envolve também algum controle sobre o mérito[219].

Afirma-se na doutrina que a concordância do juiz de instrução "não respeita só à fiscalização dos pressupostos de que a lei faz depender esse poder do MP e à legalidade das injunções e regras de conduta propostas, mas também à oportunidade da decisão do MP"[220]. Afirma-se ainda que, sendo considerada como condição *sine qua non*, essa concordância do juiz apresenta a feição de um acto homologatório: não se verificando a concordância o processo deverá seguir os trâmites normais como se o ministério público não se tivesse decidido pela suspensão[221].

Também atribuindo-lhe "a feição de um acto homologatório", na jurisprudência há o entendimento de que "a intervenção do Juiz, quando dá ou nega a concordância, visa a fiscalização jurisdicional da legalizada decisão do Ministério Público e da verificação no caso concreto dos pressupostos que condicionam a suspensão do processo e designadamente a subsunção jurídico-penal dos factos imputados ao arguido; a regularidade formal da concordância do arguido e do assistente; o grau de culpa do arguido e se as injunções ou regras de conduta adoptadas são ofensivas da sua dignidade" (Ac. RL, de 26/4/89, *in* CJ, XIV, 2°, 171). Segue o mesmo acórdão afirmando que o juiz de instrução "tem plena legitimidade para qualificar diversamente os factos imputados ao arguido e de ajuizar se os pressupostos que condicionam a suspensão do processo estão substancialmente configurados nos autos e resultam dos elementos indiciários apurados no inquérito e se se observam os requisitos formais de concordância do arguido e do assistente".

---

[219] Desde logo, na jurisprudência: "a intervenção do juiz na suspensão provisória do processo não se limita à verificação dos respectivos pressupostos, competindo-lhe, para além disso, exercer um juízo sobre as injunções ou regras de conduta que o MP entendeu de impor ao arguido, a partir do que deverá ou não dar a sua anuência" (Ac. RC de 26 de Junho de 1991; CJ, XVI, tomo 3, 109).

[220] SILVA, Germano Marques da. *Curso…*, v. III, cit., p. 110, n. 2.

[221] GONÇALVES, M. Maia. *Código de processo penal anotado*, cit., p. 436.

504   *O Processo Penal como Instrumento de Política Criminal*

Entretanto, sendo perfeitamente possível que o juiz de instrução discorde da proposta de suspensão do processo, nessa hipótese não se lhe reconhece a possibilidade de impor outra solução processual diversa, *v.g.*, o arquivamento em caso de dispensa de pena (art. 280º C.P.P.). Com fundamento no princípio da autonomia das duas Magistraturas (ministério público e judicial), reputou-se desaconselhável "que o Juiz de Instrução sugira a solução que se lhe afigura mais adequada ao caso concreto ou antecipe a sua intenção de concordância a uma solução diferente da preconizada pelo Ministério Público" (Ac. RL, de 26/4/89, *in* CJ, XIV, 2º, 171)[222]. Ou seja, face ao angustiante problema da possibilidade de o juiz tomar a iniciativa de uma medida processual de diversão, no Ordenamento Jurídico português esse Acórdão posiciona-se no sentido da sua impossibilidade quanto à *suspensão provisória do processo*. Diversamente da opção adoptada no modelo alemão, já visto, procura-se com isso resguardar a vigência do princípio do acusatório formal, distinguindo perfeitamente os papeis do órgão de acusação daquele julgador.

Já na previsão constante no nº 46 da *Autorização Legislativa em matéria de processo penal* (Lei nº 43/86) estava estampada a relevância da concordância do arguido e do ofendido como um outro pressuposto para a *suspensão provisória do processo*.

A necessidade de manifestação da vontade do arguido (art. 281º, nº 1, a) expressa-se *ab initio* pela possibilidade da sua recusa à suspensão e à sujeição às injunções e regras de conduta bem como pela possibilidade de se furtar em qualquer momento ao cumprimento destas últimas depois de suspenso o processo. Como já assinalado anteriormente, o consenso do arguido é, na generalidade dos casos, invocado como elemento adequado para eliminar os problemas de compatibilidade

---

[222] Nos termos literais do acórdão: "o Juiz de Instrução, ao apreciar a acusação deduzida pelo Ministério Público, e a proposta deste Magistrado, de suspensão provisória do processo, não está vinculado a aceitar esta última, em virtude de, nesse caso, ter de intervir na plenitude da sua jurisdição, e de, assim, ter o poder-dever de apreciar se, no caso concreto, se verificam as condições e pressupostos que condicionam tal suspensão pelo que lhe é perfeitamente lícito discordar da proposta do Ministério Público, quer quanto à pedida suspensão, quer quanto ao próprio âmbito da incriminação ou da qualificação dos factos acusados. Se se verificar essa discordância, o processo seguirá o seu curso normal, por o Juiz de Instrução não poder impor outra solução processual e, designadamente o arquivamento dos autos, nos termos do art. 280º do Código de Processo Penal".

constitucional destas formas de diversificação processual de natureza consensual ou fundadas em atenuações ao princípio da legalidade[223].

É ainda o art. 281º, nº 1, a, a prever a necessidade da concordância do assistente como pressuposto para a suspensão, podendo manifestar a sua discordância através da oposição, pura e simples, ou mediante a dedução de reclamação hierárquica, com o fundamento, *v.g.*, de que não existiu a sua concordância ou que a sua manifestação de vontade foi viciada[224].

É também requisito para a *suspensão provisória do processo* a "ausência de antecedentes criminais do arguido" (art. 281º, nº 1, b). Perante a dúvida que este pressuposto poderia a princípio suscitar, a respeito de aludir apenas à reincidência específica ou também àquela genérica, parece-nos que pelo seu vínculo também a pressupostos político-criminais de natureza preventiva, apenas a reincidência específica poderá ser obstáculo à concessão da *suspensão*. Significa dizer, somente no caso de o juiz verificar que o delito ou delitos anteriores se relacionam com aquele cujo processo se pretende suspender é que a *suspensão* estará impedida, pois revelará a insuficiência preventiva das condenações anteriores.

A letra c, do nº 1, do art. 281º, alude ainda ao requisito de "não haver lugar a medida de segurança de internamento", evidentemente levando em conta a incompatibilidade da *suspensão* com o estado de perigosidade criminal.

No que se refere aos pressupostos político-criminais, são destacadamente previstos o "carácter diminuto da culpa" – culpabilidade – (art. 281º, nº 1, d) e "ser de prever que o cumprimento das injunções e regras de conduta responda suficientemente às exigências de prevenção que no caso se façam sentir" (art. 281º, nº 1, e).

O carácter diminuto da culpa é uma questão que só pode ser resolvida no caso concreto, valendo, para tanto, todas as circunstâncias que, pela via da culpabilidade, são relevantes para a operação de medida da

---

[223] DIAS, Jorge de Figueiredo. *Direito penal português – parte geral II*, cit., p. 67-68.

[224] Vale a observação de que o ofendido deve efectivamente estar constituído como *assistente* para poder figurar no processo penal (*infra*). Com efeito, "seja lembrado que ofendido, em direito processual penal, não é propriamente sujeito ou interveniente no processo. Há-de intervir neste como assistente, como parte civil ou em ambas as qualidades ou apenas como testemunha", conf.: PIMENTA, José da Costa. *Código de processo penal anotado*, cit., p. 616.

[225] Pela sua relevância prática, convém então acompanhar de perto e literalmente FIGUEIREDO DIAS (DIAS, Jorge de Figueiredo. *Direito penal português – parte geral II*,

pena[225]. Percebe-se, sem dificuldades, a sintonia dessa noção do "carácter diminuto da culpa" com a "culpabilidade leve" (*Geringe Schuld*) do Ordenamento Jurídico alemão, ambas não divergindo da culpabilidade pressuposta pelo Direito Penal material e relacionadas com a reprovabilidade a ser feita ao agente. Na perspectiva que ora se toma, o limite da culpabilidade deverá indispensavelmente situar-se na zona inferior da moldura penal[226].

As "exigências de prevenção" dizem respeito à suficiência das regras de conduta e injunções para suprirem as necessidades de prevenção especial e geral.

No que se refere à prevenção especial, é possível supor que, atendidos os pressupostos legais e cumpridas as regras de conduta e injunções pelo arguido, não se possa falar numa necessidade da sua "neutralização" ou "inocuização", em sentido negativo, nem mesmo na sua "socialização", em sentido positivo, como ocorre nos casos de agente ocasional ou situacional. Aliás, é a própria voluntariedade do arguido em sujeitar-se a este programa político-criminal, através da sua concordância com a *suspensão provisória do processo*, a evidenciar a não necessidade das mencionadas medidas. Por outro lado, a expectativa é de que a atenuação da intervenção estatal formal não produza os efeitos de estigmatização, os quais poderiam ser perniciosos para a finalidade de prevenção especial.

Do ponto de vista da prevenção geral, é o próprio cumprimento das regras de conduta e injunções a "revalidar" a norma violada e, por conseguinte, a possibilitar a defesa do ordenamento jurídico como um todo, com o que se alcança o limiar mínimo de prevenção geral de integração.

---

cit., p. 318-319) quando acentua que "não fica completamente excluída a possibilidade de se concluir por uma culpa diminuta só por no caso se verificar a existência de um qualquer factor ou circunstância agravante. O que importa é apenas que, sopesados todos os factores, atenuantes e agravantes, que relevam para a culpa, se deva concluir, através da *imagem global* que eles fornecem, que a culpa do agente pelo ilícito típico cometido é pequena ou diminuta".

[226] Aderindo ao entendimento de que tanto esse requisito do *carácter diminuto da culpa* como aquele da *ausência de exigência de prevenção* são expressões das "categorias lógico-conceituais, normativas e teleológico-axiológicas próprias do direito penal substantivo", COSTA ANDRADE (ANDRADE, Manuel da Costa. Consenso e oportunidade, cit., p. 352) acentua que "no que à *culpa* concerne, é predominante o entendimento de que há-de tratar-se da culpa relativa à *medida da pena*". Aliás, a similitude entre as formas de diversão típicas do Ordenamento Jurídico português e aquelas adoptadas na Alemanha foi devidamente apontada, conf.: COSTA, José de Faria. Diversão…, cit., p. 58.

Modelo Português 507

É, pois, nos critérios da *culpa* e nas *exigências de prevenção* que se estabelece a interpenetração e comunicabilidade entre o Direito Penal e o Processo Penal; é também por esses critérios que se estabelecem "os limiares mínimos e máximos de intervenção das reacções alternativas e concorrentes: ou a *pena* formal ou as *injunções e regras de conduta*"[227].

4 – Injunções e regras de conduta.

Dizendo o art. 281º, nº 2, do C.P.P. que durante a *suspensão* são oponíveis ao arguido *injunções* e *regras de conduta*, importa inicialmente distinguir as duas expressões. As *injunções* são obrigações de resultado, que tomam a forma de acções positivas e que se extinguem pelo cumprimento; já as *regras de conduta* requerem uma acção ou uma abstenção que se prolonga no tempo[228].

O rol das injunções e regras de conduta que podem ser atribuídas ao arguido consta das alíneas do nº 2 do art. 281º, consistindo em: a) indemnizar o lesado; b) dar ao lesado satisfação moral adequada; c) entregar ao Estado ou a instituições privadas de solidariedade social certa quantia; d) não exercer determinadas profissões; e) não frequentar certos meios ou lugares; f) não residir em certos lugares ou regiões; g) não acompanhar, alojar ou receber certas pessoas; h) não ter em seu poder determinados objectos capazes de facilitar a prática de outro crime; i) qualquer outro comportamento especialmente exigido pelo caso.

Pelo disposto na citada alínea i é fácil perceber que a relação legal das regras de conduta e injunções a que fica sujeito o arguido não é exaustiva, admitindo-se a atribuição de qualquer outro comportamento que seja adequado à necessidade do caso. Atende-se com isso à necessidade de que incida também na fixação das regras de conduta e injunções o princípio da individualização, procurando atribuir ao arguido as regras e injunções que melhor se adequem à sua condição pessoal.

Todavia, é o próprio Código a estabelecer um limite a essa natureza aberta do mencionado rol, estabelecendo o nº 3 do art. 281º que "não são oponíveis injunções e regras de conduta que possam ofender a dignidade do arguido".

---

[227] ANDRADE, Manuel da Costa. Consenso e oportunidade, cit., p. 353.
[228] ALMEIDA, Maria Rosa Crucho de. A suspensão provisória do processo penal, cit., p. 63.

508   *O Processo Penal como Instrumento de Política Criminal*

É de acrescentar que no Ordenamento Jurídico português o Tribunal Constitucional, ao efectuar o controle preventivo da constitucionalidade do C.P.P. de 1987, declarou inconstitucional o nº 4 do art. 281º do Projecto, o qual previa a modificabilidade das injunções e regras de conduta inicialmente fixadas para um determinado caso, considerando-o violador do princípio da segurança estatuído no art. 27º, nº 1, da Constituição. Analisando esta questão, TORRES[229] divergiu da decisão do Tribunal Constitucional, entendendo que pelo facto de estar condicionada aos requisitos consensuais, nomeadamente o consentimento do assistente e do arguido, a possibilidade de modificação podia funcionar em benefício do último dos mencionados sujeitos processuais, *v.g.*, pela substituição de injunções mais gravosas por outras menos gravosas. "Assim sendo, não se vê como possa ofender o direito constitucional de segurança a modificação de condições feitas com o consentimento do interessado e que até podiam resultar em seu benefício". Segundo COSTA ANDRADE[230] "pode legitimamente acreditar-se que o efeito de consenso da *Suspensão provisória do processo* seria potenciado pela possibilidade de posterior adaptação ou modificação das injunções e regras de conduta. Que emprestaria plasticidade ao sistema e o aproximaria mais das concretas e mutáveis exigências do caso concreto".

Acerca das injunções e regras de conduta em espécie, verifica-se um certo paralelismo entre as especificadas para a suspensão do processo e aquelas previstas no CP para a suspensão da execução da pena, sendo compreensível o facto, porque na suspensão como que ocorre uma antecipação do tratamento jurídico criminal, "que dispensa uma actividade processual que poderia vir a ter custos elevados, nos casos em que, presumivelmente, seria aplicada na sentença suspensão da execução da pena"[231].

Destaque-se que na hipótese da alínea c, do nº 2, art. 281º do C.P.P.[232], do mesmo modo que o previsto para a suspensão da execução da pena no art. 51º, nº 1, c, do C. P., a quantia a ser entregue ao Estado ou a instituições privadas de solidariedade social não deve atingir o

---

[229] O princípio da oportunidade no exercício da acção penal, cit., p. 242-243.

[230] Consenso e oportunidade, cit., p. 351.

[231] GONÇALVES, M. Maia. *Código de processo penal...*, 11ª Ed., cit., p. 540.

[232] (...)

"c) Entregar ao Estado ou a instituições privadas de solidariedade social certa quantia;".

Modelo Português 509

limite máximo estabelecido para o quantitativo da pena de multa[233]. O destaque atribuído a essa injunção corresponde à constatação de que ela foi a que mais se utilizou na prática da *suspensão*, mantendo grande distância do uso do pagamento de indemnizações às vítimas. Em parte, essa predominância pode ser explicada pela circunstância de terem sido os crimes sem vítima aqueles em que maioritariamente os respectivos processos foram suspensos, como também pelo facto de que a categoria dos crimes com vítima em que houve uma maior incidência da *suspensão* foi a de furto, crime que, geralmente, não justifica a atribuição de indemnização, face à pronta recuperação dos bens[234].

Demonstrando o interesse em que a imposição das regras de conduta e injunções não se torne medida meramente formal, estabelece ainda o Código, no vigente nº 4, do art. 281º, a possibilidade de o Juiz de Instrução e o ministério público, consoante os casos, recorrerem aos serviços de reinserção social (IRS), a órgãos de polícia criminal e às autoridades administrativas para apoio e vigilância do cumprimento das medidas atribuídas[235]. Trata-se de uma medida de grande importância prática, uma vez que somente assim é possível efectivar o programa político criminal a que a *suspensão provisória do processo* visa atender. Porém, na prática da *suspensão* verificou-se que na maioria dos casos não houve nenhuma entidade especialmente encarregada de fiscalizar ou acompanhar o cumprimento das obrigações fixadas[236].

---

[233] SANTOS, Gil Moreira dos. *Noções de processo penal*, cit., p. 324.

[234] ALMEIDA, Maria Rosa Crucho de. A suspensão provisória do processo penal, cit., p. 64. A Autora acresce, ainda, a informação (p. 67) de que no interior desta injunção houve um claro predomínio da obrigação de entregar a uma instituição de solidariedade social e não ao Estado a quantia monetária.

[235] A redacção actual deste nº 4 foi dada pelo art. 1º da Lei nº 59/98, de 25 de Agosto, ampliando o rol das entidades que podem dar apoio e vigilância ao cumprimento das injuções e regras de conduta. Na redacção original constava que para a "fiscalização e acompanhamento" das injunções e regras de conduta o juiz de instrução e o ministério público poderiam recorrer aos serviços de reinserção social, exclusivamente.

[236] As percentagens correspondentes aos sete primeiros anos de vigência do C.P.P. foram os seguintes: responsabilidade atribuída ao IRS (7% dos casos); responsabilidade atribuída a outras entidades (1%); sem menção de qualquer entidade (92%), conf.: ALMEIDA, Maria Rosa Crucho de. A suspensão provisória do processo penal, cit., p. 70, acrescendo que, em parte, isso se deve ao facto de que a obrigação mais vezes imposta consistiu na entrega de um donativo a uma instituição de solidariedade social.

4.1 – Natureza jurídica.

Sendo através do cumprimento das injunções e regras de conduta que se processa a satisfação do interesse público na perseguição do delito, importa agora identificar a natureza jurídica dessas medidas a que o arguido fica sujeito.

Segundo ANABELA RODRIGUES[237] é de notar "que estas injunções e regras de conduta não têm o carácter de verdadeiras 'penas' – nem poderiam ter, uma vez que são aplicadas por uma entidade que não é naturalmente competente para tal – antes se inscrevem na linha de medidas que visam alertar o arguido para a validade da ordem jurídica e despertar nele o sentimento de fidelidade ao direito". Nenhuma dificuldade para se identificar a alusão feita ao escopo de prevenção geral positiva perseguido com a imposição das injunções e regras de conduta.

A informação é pertinente, uma vez que entre as críticas dirigidas à suspensão provisória do processo há aquela fundada numa possível violação do art. 205° da Constituição portuguesa, posto que a imposição de injunções e regras de conduta é considerada como uma função *materialmente jurisdicional*. Na linha desta crítica, as injunções e regras de conduta são consideradas verdadeiras penas, cuja imposição está reservada ao juiz (art. 27° da Constituição) e não ao ministério público[238].

---

[237] O inquérito no novo código de processo penal, cit., p. 75. Também para COSTA PIMENTA (PIMENTA, José da Costa. *Introdução...*, cit., p. 25) as injunções e regras de conduta não são reacções criminais mas um seu *sucedâneo processual*; Idem. *Código de processo penal anotado*, cit., p. 616. Aproximando a discricionariedade que se reconhece ao ministério público de optar pela submissão do arguido a julgamento ou aplicação de uma injunção ou regra de conduta à discricionariedade atribuída ao juiz de aplicar a lei entre os limites legais da pena aplicável, é ainda MARQUES DA SILVA (SILVA, Germano Marques da. *Curso...*, v. III, cit., p. 112) a enfatizar que as regras de conduta ou injunções não possuem a natureza de penas criminais. Enfim, COSTA ANDRADE (ANDRADE, Manuel da Costa. Consenso e oportunidade, cit., p. 353) considera as injunções e regras de conduta como "equivalentes funcionais" da sanção penal típica, pois somente assim se pode esperar que elas realizem, alternativamente, o mesmo interesse público procurado com a aplicação de uma pena.

[238] Com efeito, por época mesmo do ainda Projecto de C.P.P. já se questionava a extrema gravidade das injunções e regras de conduta que podiam ser impostas ao arguido, argumentando-se com o facto de elas serem impostas por parte de quem não exerce a função jurisdicional, conf.: TORRES, Mário. O princípio da oportunidade no exercício da acção penal, cit., p. 241-242. A tomada de posição do Autor por último citado nas *Jornadas de Processo Penal* em que a sua comunicação foi proferida culminou na conclusão lançada no final pelo Sindicato dos Magistrados do Ministério Público,

Como já foi adiantado, não se desconhece um certo paralelismo entre as regras de conduta e injunções especificadas para a suspensão provisória do processo e os deveres e regras de conduta previstas para a suspensão da execução da pena no Código Penal, sendo a suspensão provisória como que uma antecipação do tratamento jurídico criminal a ser determinado na sentença. Não obstante, afirma-se que enquanto os deveres previstos no C.P. para a suspensão da pena de prisão se destinam a reparar o mal do crime, as regras de conduta prestam-se a facilitar a reintegração na sociedade[239].

A partir do sentido de antecipação atribuído à suspensão do processo compreende-se a afirmação de que "o cumprimento das injunções e regras de conduta actua assim como causa de extinção do procedimento"[240].

Quanto ao prazo, importa salientar que nos termos do art. 282º, nº 1, não se encontra fixada uma moldura legal no espaço da qual será fixada a duração do período de suspensão, estando estabelecido tão somente o limite máximo do prazo em que ela poderá ocorrer: dois anos. Nesse sentido o entendimento doutrinário de que, mesmo não tendo sido fixado o marco mínimo do prazo, ele não poderá ser inferior a três meses[241].

Posto isto, a experiência concreta da *suspensão* revelou que, em regra, somente após ter decorrido o prazo estipulado é que o ministério público avaliava a situação e proferia um despacho, arquivando o processo, ou acusando e fazendo-o prosseguir. Porém, por vezes aconteceu que o despacho de arquivamento por cumprimento fosse antecipado: depois de satisfeita a obrigação[242] o ministério público dava por encerrado o caso, sem aguardar o termo do prazo que havia estabelecido para

---

promotores do evento, nos seguintes termos: "é inadmissível num Estado de Direito a possibilidade de o Ministério Público decretar injunções ou regras de conduta que envolvam atentados aos direitos civis e políticos dos cidadãos, como são as que prevêem a interdição de certas profissões ou a proibição de residência em certas regiões". Para uma resenha sobre as várias críticas dirigidas ao modelo das regras de injunção e conduta e a adequada resposta a cada uma delas, consultar: ANDRADE, Manuel da Costa. Consenso e oportunidade, cit., p. 349-350.

[239] ALMEIDA, Maria Rosa Crucho de. A suspensão provisória do processo penal, cit., p. 63.

[240] SILVA, Germano Marques da. *Curso...*, v. III, cit., p. 109.

[241] PIMENTA, José da Costa. *Código de processo penal anotado*, cit., p. 619.

[242] Principalmente tratando-se de *injunções* que, como visto, são acções positivas que se extinguem pelo cumprimento.

512 O Processo Penal como Instrumento de Política Criminal

a suspensão do processo. Como benefícios desta antecipação do período de prova apontam-se a economia processual gerada e a diminuição da intervenção estatal. No que se refere à admissibilidade legal dessa antecipação, ela é procurada justamente no facto de a Lei não estabelecer nenhum período mínimo para a *suspensão*, o que permite concluir que o art. 282° parece admitir que ela nasça e acabe quase em simultâneo[243].

5 – Antecedentes.

Antes mesmo da vigência do C.P.P. de 1987 verificava-se no Ordenamento Jurídico português a existência de algumas excepções ao rigor do princípio da legalidade, as quais podem ser concebidas como antecedentes das hipóteses mais alargadas destas excepções inseridas no vigente Estatuto processual penal[244].

Digna de menção a esse respeito é a hipótese constante no art. 38° do DL n° 430, de 13 de Dezembro de 1983, sobre o consumo e tráfico ilícito de drogas, admitindo que nos casos de aquisição ou detenção ilícita de substâncias ou preparados para consumo pessoal, o ministério público não exerça a acção penal, desde que verificados os demais requisitos: ser o arguido menor de 21 anos à data da prática dos factos; tratar-se do primeiro processo instaurado por factos dessa natureza; o arguido comprometer-se, em declaração proferida nos autos, que será lida perante o magistrado, a não repetir factos semelhantes[245].

No mesmo Diploma legal encontra-se uma outra hipótese que, embora não sendo uma manifestação concreta do princípio da oportunidade, não deixa de significar uma certa atenuação ao princípio da legalidade. Trata-se da previsão constante no art. 51°, n° 1, estabelecendo

---

[243] ALMEIDA, Maria Rosa Crucho de. A suspensão provisória do processo penal, cit., p. 63-64.

[244] Sobre o que se segue: TORRES, Mário. O princípio da oportunidade no exercício da acção penal, cit., p. 224-225; COSTA, José de Faria. Diversão..., cit., p. 60.

[245] O mencionado Decreto Lei foi substituido pelo Dec. Lei n° 15 de 1993, o qual também prevê nos artigos 40° a 47° manifestações do princípio da oportunidade em relação ao consumo de drogas. É de se observar que o art. 56 desse Dec. Lei n° 15 de 1993 introduziu algumas alterações no regime geral da suspensão provisória do processo do art. 281° do C.P.P., mormente a dispensa que foi feita acerca da concordância do assistente, suscitando alguma restrição por parte da doutrina, conf.: OLIVEIRA, Odete Maria de. *Problemática da vítima de crimes*, cit., p. 189 e seguintes.

Modelo Português   513

que, caso a caso, o juiz de instrução ou o Procurador da República poderão autorizar, conforme a fase do processo, a não actuação da polícia judiciária em relação aos portadores de substâncias estupefacientes ou psicotrópicas quando em trânsito por Portugal, com vista a colaborar com o país ou países destinatários e outros eventuais países de trânsito na identificação e arguição do maior número de participantes no narcotráfico. Descaracterizando a hipótese como sendo caso típico do princípio da oportunidade, ressalva a Lei que isso ocorrerá "sem prejuízo do exercício da acção penal pelos factos aos quais a lei portuguesa é aplicável".

Caso típico de aplicação do princípio da oportunidade antes do C.P.P. português de 1987 consta na Circular nº 11 de 26 de Fevereiro de 1982 da Procuradoria-Geral da República, autorizando os agentes do ministério público a não fazerem oposição, devendo mesmo promover ou "convir na suspensão até seis meses dos processos por infracções fiscais que digam respeito a omissões de declarações fiscais, atrasos e irregularidades de escrita e falta de pagamento de impostos, se os factos caracterizadores tiverem ocorrido no período em que as empresas infractoras estavam sujeitas aos regimes de ocupação ou de intervenção pelo Estado e a gestão por elementos alheios aos seus órgãos próprios".

6 – Natureza jurídica da suspensão provisória do processo.

Dissertando sobre a forma acusatória do processo penal e nela sediando o espaço adequado para a existência de mecanismos de transacção, como o demonstra a *plea bargaining* da experiência dos países de *common law*, COSTA PIMENTA[246] identifica nesse Instituto uma inspiração para a *suspensão provisória do processo* do art. 281º do C.P.P. português. Segue-se que, "aqui, no fundo, o que o Ministério Público diz ao arguido é o seguinte: ou aceitas as injunções e regras de conduta que eu te imponho ou levo-te a julgamento público, onde provavelmente serás condenado". Advertido para o risco de que um arguido inocente possa sujeitar-se à imposição do M. P. como forma de evitar a afronta de se sentar no banco dos réus, o argumento fundado na existência do controle judicial para se evitar este risco é descartado, uma vez considerado como mera rotina.

---

[246] *Introdução...*, cit., p. 67, n. 89.

514   *O Processo Penal como Instrumento de Política Criminal*

Na *suspensão provisória do processo* verifica-se uma espécie de "transacção" sobre o êxito do processo, pela qual o arguido concorda (nº 1, a) que lhe sejam impostas "injunções e regras de conduta", renunciando, "eventualmente à sua pretensão de inocência, para não ter que enfrentar o *risco* de prossecução do processo e submissão a uma audiência pública, cujo êxito final é sempre incerto"[247]. Não é difícil, pois, reconhecer o conteúdo negocial da *suspensão provisória do processo*, ainda que a sua natureza contratual seja em muito diversa daquela existente no Direito Privado.

7 – Sujeitos processuais envolvidos na *suspensão provisória do processo*.

No modelo processual penal introduzido com o C.P.P. português de 1987 são considerados sujeitos processuais o *tribunal* (juízo singular ou colegial), o ministério público, o *arguido*, o *defensor* e o *assistente*[248].

Afirma-se, pois, que "sujeitos do processo penal são as pessoas entre as quais se estabelece a relação jurídica processual – que termina com a decisão final irrecorrível". Dessa forma, distinguem-se os *sujeitos* processuais, dos *participantes* processuais (art. 86º, nº 4, C.P.P.) e dos *intervenientes* (art. 99º, nº 3, a e art. 102º, nº 3, b, C.P.P.), referindo-se a primeira categoria a uma visão global do processo penal, enquanto as duas últimas se referem a uma "visão atomística do *acto* processual[249].

Englobados todos estes sujeitos no género *participantes processuais*, sob outra óptica "importa distinguir aqueles participantes processuais que *conduzem activamente o processo*, cuja actividade tem *função determinante da decisão final*, e que se denominam *sujeitos processuais*, daqueles outros que apenas colaboram no processo, mas não têm faculdades de iniciativa ou de decisão com respeito ao processo", designados *meros participantes* ou *participantes processuais*[250].

---

[247] Idem, *Código de processo penal anotado*, cit., p. 616.

[248] DIAS, Jorge de Figueiredo. Sobre os sujeitos processuais..., cit., p. 9.

[249] PIMENTA, José da Costa. *Código de processo penal anotado*, cit., p. 52. Aos *participantes processuais* cabe apenas a prática no processo de actos singulares, cujo conteúdo processual se esgota na própria actividade; já aos sujeitos processuais pertencem direitos autónomos de conformação da concreta tramitação do processo como um todo (DIAS, Jorge de Figueiredo. Código de processo penal e outra legislação processual penal, cit., p. 12)

[250] SILVA, Germano Marques da. *Curso...*, v. I, cit., p. 95.

Modelo Português 515

Considerando a divisão que se efectua no processo comum do C.P.P. português, em relação à competência informa-se que *inquérito, instrução* e *julgamento* são presididas, respectivamente, pelo ministério público, juiz de instrução e juiz[251]. Ainda quanto a essa divisão, informa-se que sujeitos da relação jurídica processual de *inquérito* são, necessariamente, o ministério público e o arguido e, eventualmente, o assistente e o juiz de instrução criminal, este último para a realização dos actos materialmente jurisdicionais, visando a garantia de direitos fundamentais; na fase de instrução a relação jurídica processual forma-se com o respectivo juiz, o ministério público e o arguido e, eventualmente, o assistente e os órgãos de polícia criminal; na fase de julgamento são necessariamente sujeitos processuais o tribunal, o ministério público e o arguido e, eventualmente, o assistente, o lesado e o civilmente responsável; na fase de recurso serão sempre sujeitos o tribunal respectivo, o recorrente e o recorrido[252]. No que respeita aos sujeitos processuais, portanto, identifica-se uma clara estrutura acusatória, integrada por um princípio da investigação, do processo penal português, com delimitação nítida de funções entre o ministério público, o juiz de instrução e o juiz de julgamento[253].

Como premissa interpretativa e metodológica da análise do estatuto dos vários sujeitos processuais envolvidos na suspensão provisória do processo, vale a consagração da ideia de *subjectividade* feita por LABORINHO LÚCIO[254], a qual, correspondendo à identificação de um direito penal em que são considerados os comportamentos dos respectivos sujeitos, é uma peça chave para o desenvolvimento de mecanismos de consenso no âmbito do processo penal. Aliás, a mudança de mentalidade dos aplicadores do direito figura mesmo como essencial para a adopção de qualquer medida inovadora de política criminal – mormente as de fundo consensual –, tendo em conta a injustificável resistência e inaceitável desconfiança desses órgãos de aplicação do Direito Penal em relação à efectivação daqueles programas político-criminais[255]. Portanto, a

---

[251] MOURA, José Souto de. Inquérito e instrução, cit., p. 98.

[252] PIMENTA, José da Costa. *Código de processo penal anotado*, cit., p. 52.

[253] MOTA, José Luís Lopes da. A revisão..., cit., p. 166.

[254] Sujeitos do processo penal, cit., p. 45.

[255] ANDRADE, Manuel da Costa. Consenso e oportunidade, cit., p. 321; DIAS, Jorge de Figueiredo. O sistema sancionatório do direito penal português no contexto dos modelos da política criminal, cit., p. 825; BARREIROS, José António. Processo penal: os anos do fim, cit., p. 41.

questão não é indiferente também no Ordenamento Jurídico português, tendo a doutrina apontado a injustificável e inaceitável atitude de desconfiança e de resistência dos órgãos de aplicação do direito penal face ao programa político-criminal implantado pelo Legislador[256].

No que respeita propriamente ao consenso, a ideia está patente no seguinte: reconhecimento de um espaço de previsão legislativa a ele reservado[257]; operacionalização do consenso "numa fase prévia, em sede de política legislativa e sendo, por isso, um dado pré-existente ao sistema positivo que é, assim, sua decorrência, valendo aqui, de pleno, o relevo a conceder, no campo interpretativo, ao princípio da concordância prática"; responsabilização dos próprios sujeitos participantes do processo para o encontro de soluções consensuais. Tudo, diga-se de passagem, "procurando a vocação teleológica que agora, cada vez mais, se reconhece ao próprio direito processual penal"[258].

7.1 – Ministério público.

Afirmada a relevância da participação dos sujeitos processuais na implementação do modelo processual penal de cunho consensual, o papel do ministério público é destacado a esse respeito, considerando ser ele, numa linguagem criminológica, o *gate-keeper* do sistema jurisdicional de resposta ao crime. Ou seja, é o ministério público que, em última instância, decide se a comunidade deve ou não dar uma resposta formal a um caso concreto[259].

Verificada também em Portugal uma polémica sobre a posição jurídica do ministério público, com anterioridade já se sustentava ser a Instituição um órgão autónomo da *administração da justiça*, no sentido

---

[256] DIAS, Jorge de Figueiredo. *Direito penal português – parte geral II*, cit., p. 86.

[257] Suspensão provisória do processo (art. 281), competência do juiz singular para o julgamento de casos, em abstracto, pertinentes à competência do tribunal colectivo (art. 16, nº 3), processo sumaríssimo (art. 392).

[258] LÚCIO, A. Laborinho. Sujeitos do processo penal, cit., p. 46.

[259] DIAS, Jorge de Figueiredo, ANDRADE, Manuel da Costa. *Criminologia*, cit., p. 471-472. Não sem razão, pois, a afirmação de que a exacta apreensão da natureza e do estatuto do ministério público – que se projectam, de forma estruturante, no processo penal português –, é absolutamente essencial para se entender, com todo o rigor e alcance, a posição e as funções deste órgão no processo (MOTA, José Luís Lopes da. A revisão..., cit., p. 166, n. 10) e, porque não, para se compreender melhor o seu papel relevante não só para a suspensão provisória do processo mas também para todos os demais processos especiais fundados num consenso.

Modelo Português

de ser independente dos tribunais, "embora com eles material e funcionalmente conexionado, e dotado de uma estrutura e organização próprias – cuja actividade se não deixa reconduzir exactamente nem à 'função executiva comum', nem à 'função judicial'"[260].

Vale ressaltar e enfatizar que a proibição da recondução do ministério público à função judicial diz respeito, obviamente, à função jurisdicional, ou seja, à função de dizer o direito no caso concreto. Evita-se com isso a negação de que o ministério público seja considerado como *órgão de justiça* bem como se reforça a diferenciação e o paralelismo entre o seu estatuto e aquele da magistratura judicial[261]. É dessa sua caracterização como *órgão de justiça* que decorre "a exigência de que, em todas as suas intervenções no processo penal, obedeça a critérios de estrita objectividade jurídica", cujo conteúdo é ainda aqui o de competir-lhe "trazer à luz não só tudo aquilo que possa demonstrar a culpa do arguido, mas também todos os indícios da sua inocência ou da sua menor culpa"[262].

Resumindo os traços essenciais do estatuto do ministério público no Ordenamento Jurídico português, pode ser afirmada a sua *autonomia* perante a magistratura judicial, a sua condição de *órgão de administração da justiça* e os critérios de *objectividade* e *legalidade* que devem presidir às suas intervenções processuais[263].

Segundo o artigo 170°, n° 4, do *Estatuto Judiciário*, vigente no período anterior à reforma empreendida no C.P.P. de 1987, a hierarquia do ministério público português estava assim escalonada: Ministro da Justiça, Procurador-geral da República, Procuradores da República, ajudantes do Procurador-geral, ajudantes e delegados do Procurador da

---

[260] DIAS, Jorge de Figueiredo. *Direito processual penal*, cit., p. 368. Uma ampla notícia sobre esta polémica pode ser lida em BARREIROS, José António. Programa para um estatuto do ministério público, cit., p. 157 e seguintes.

[261] RODRIGUES, José Narciso da Cunha. Sobre o princípio da igualdade de armas. *Revista Portuguesa de Ciência Criminal*, Lisboa, a. I, fasc. 1, p. 77-103, jan/mar 1991, p. 84-85.

[262] RODRIGUES, José Narciso da Cunha. A posição institucional e as atribuições do ministério público e das polícias na investigação criminal. *Boletim do Ministério da Justiça*, Lisboa, n° 337, p. 15-43, jun/84, p. 38; DIAS, Jorge de Figueiredo. *Direito processual penal*, cit., p. 368-369.

[263] DIAS, Jorge de Figueiredo. Os princípios estruturantes do processo e a revisão de 1998 do código de processo penal. *Revista Portuguesa de Ciência Criminal*, Coimbra, a. 8, fasc. 2°, p. 205.

República, ao qual se subordinam, e subdelegados dos delegados do Procurador da República, sendo organizados através de uma *dependência* orgânica e estrutural[264].

Analisando a questão dessa *dependência* na organização estrutural do ministério público, opinava FIGUEIREDO DIAS[265] que não se deveria reconhecer a esta Instituição a mesma dependência prevista para a magistratura judicial. Portanto, admitia-se que os agentes do ministério público estivessem vinculados às *ordens de serviço* emanadas das instâncias administrativas superiores, no limite estabelecido pelo princípio da legalidade e sujeitas ao controle judicial quando afectassem os direitos fundamentais do cidadão.

Posta a questão nestes termos, carece de melhor aprofundamento o problema do *poder de direcção* e o do *dever de obediência* no âmbito do ministério público português, com particular referência à sua abrangência. Por um lado, importa então identificar se esse poder de direcção deve referir-se apenas a uma generalidade de casos ou também à hipótese de um concreto processo; por outro, o problema relaciona-se com a origem desse *poder de direcção*: exclusivamente no âmbito *interno* da Instituição ou também decorrente do âmbito *externo*, por actuação do Ministro da Justiça. Ressalte-se que, embora detendo indiscutível poder hierárquico sobre o ministério público, o Ministro da Justiça não se enquadra como "órgão da administração da justiça", sendo antes órgão do Poder Executivo.

Entendendo que a transgressão do *poder de direcção* só pode determinar consequências no plano *orgânico* (responsabilidade disciplinar, civil e criminal) mas não efeito funcional (o acto processual continua e válido), FIGUEIREDO DIAS[266] indica as balizas a que ele deve estar submetido, conforme a seguir se verá.

Independentemente de se referir a uma generalidade de casos ou a um processo concreto e de se limitar ao âmbito interno da Instituição ou partir de fontes externas, o *poder de direcção* encontra-se inapelavelmente delimitado pelo princípio da legalidade.

Estabelecida esta premissa, não se apontam inconvenientes para o *poder de direcção* geral, relacionado com uma generalidade de casos, seja interno ou externo, concebido que é para viabilizar uma unidade de actuação do ministério público no processo penal.

---

[264] Idem, *Direito processual penal*, cit., p. 372.

[265] Idem, ibidem, p. 372-373.

[266] Idem, ibidem, p. 375, que traça um panorama acerca de toda esta problemática.

Modelo Português 519

Rechaçadas as críticas de ordem constitucional ou de política criminal, acerca do *poder de direcção* externo afirma-se a legitimidade do seu exercício concreto pelo Ministro da Justiça, desde que contido em limites estritos e só excepcionalmente exercido.

Nenhuma objecção é levantada também no que se refere ao *poder de direcção* em relação a um processo concreto, mas agora desde que emanado do âmbito interno da Instituição.

Por último, identifica-se "na convicção jurídica do subordinado um limite ao poder de direcção do superior hierárquico", relativamente à posição a tomar num concreto caso processual: "a obediência não deveria ser imposta sempre que representasse uma *coacção psíquica* para abandono de uma convicção formada segundo critérios objectivos"[267]. Essa limitação não implica "um risco considerável para a consecução das superiores finalidades político-criminais que à magistratura do MP cumpre realizar; pois sempre será possível fazer vingar a orientação do superior hierárquico, através do uso do poder de devolução e de substituição que lhe cabe"[268].

De grande relevância é esta questão para as formas de atenuação ao rigor do princípio da legalidade, tendo-se em vista que num modelo em que vale com toda a plenitude o princípio da oportunidade o principal risco existente é a utilização desse *poder de direcção* para a manipulação do ministério público em função de interesses estranhos ao processo penal, como são os de índole política.

Uma outra questão que agitava a doutrina antes do advento do C.P.P. de 1987 dizia respeito ao controle do poder de decisão de que o ministério público desfrutava nas diversas fases do processo penal. A compreensão desses mecanismos de controle pressupõe um esclarecimento sobre as fases em que se dividia o processo penal português anteriormente à mencionada reforma.

Objecto de várias reformas parciais, o C.P.P. português de 1929 apresentava uma estrutura dividida em três fases básicas: *instrução*; *acusação e defesa*; *julgamento*. A primeira, a fase de instrução, era dividida

---

[267] Por convicção formada segundo critérios objectivos entenda-se a necessidade de que, segundo o parecer do subordinado, a sua decisão corresponda a uma exacta aplicação do direito.

[268] "Por *poder de devolução* (ou de *avocação*) entende-se o poder do superior hierárquico de chamar a si o exercício concreto da função do subordinado; por *poder de substituição* o poder do superior hierárquico de designar outro subordinado para o exercício concreto da função do agente normalmente competente".

520 *O Processo Penal como Instrumento de Política Criminal*

em duas: preparatória e contraditória[269]. Com o advento do Decreto-Lei 605/75, que introduziu uma outra fase anterior à instrução preparatória, intitulada de *inquérito preliminar*, somaram-se as cinco etapas em que se dividia a estrutura do processo penal português[270].

Abrangendo tanto a preparatória como a contraditória, a fase de instrução como também o inquérito preliminar tinham um fim comum de se destinarem ao fundamento da acusação, variando em que a instrução preparatória era realizada exclusivamente pelo ministério público e a instrução contraditória, já dirigida contra uma pessoa determinada, deveria logo que possível tomar a forma contraditória e ser dirigida por um juiz[271].

O controle da decisão positiva, no sentido da dedução da acusação, efectuava-se pelo condicionamento à existência dos "indícios suficientes" ou, "prova bastante", cuja noção, como já visto, se refere a uma alta probabilidade de condenação do arguido, ou quando esta se revele mais provável que a absolvição[272].

No que se refere à decisão negativa[273], "o legislador previu, para controlo da decisão de abstenção do MP, uma *fiscalização apenas hierárquica*". Foi a "reconhecida insuficiência de uma tal fiscalização, face às exigências do princípio da legalidade, que levou a jurisprudência a admitir a acusação dos particulares assistentes por crimes públicos mesmo

---

[269] Ressalte-se que, em virtude do acentuado destaque atribuído à verdade material como fim do processo, o Código de 1929 optou por uma estrutura processual de natureza inquisitória, atribuindo ao juiz a direcção da instrução e reservando ao ministério público um papel de mero acusatório formal. Somente com o advento do Decreto-Lei nº 35.007, de 15 de Outubro de 1945, foi consagrada a estrutura acusatória do processo, integrada pelo princípio da investigação, atribuindo a direcção da instrução preparatória e a titularidade da acção penal ao ministério público, bem como foi reorganizada a instrução contraditória, obrigatória nos crimes mais graves, sujeitando-a à direcção do juiz.

[270] FERREIRA, Manuel Cavaleiro de. *Curso de processo penal*. Lisboa: Editora Danúbio, Lda., 1986, v. 2, p. 73.

[271] Idem, ibidem, p. 133.

[272] DIAS, Jorge de Figueiredo. *Direito processual penal*, cit., p. 133.

[273] As hipóteses de abstenção da acusação no regime processual vigente em Portugal anteriormente à reforma eram: "se se verificar não ter havido crime, ou estar extinta a acção penal, ou se houver elementos de facto que comprovem a irresponsabilidade do arguido", tendo como consequência que "o MP abster-se-á de acusar, declarando nos autos as razões de facto ou de direito justificativas" (art. 25º DL nº 35.007); "se não houver prova bastante dos elementos da infracção, ou de quem foram os seus agentes" e se não "for de presumir que possa completar-se a prova indiciária" o MP "abster-se-á de acusar, comunicando o facto ao Procurador da República, nos termos do art. 23º" (art. 26º DL 35.007).

Modelo Português

quando o MP se tenha abstido de a deduzir"[274]. Nesse caso, ou seja, quando o ministério público entendesse não dever prosseguir o processo, arquivando-o ou determinando que aguardasse melhor prova, já se sustentava que o ofendido pela infracção deveria ter direito a que a mencionada decisão fosse estritamente controlada quanto à sua legalidade[275].

O que se disse sobre o controle da decisão negativa aplicava-se ao caso de abstenção da acusação pelo ministério público após a chamada fase da *instrução preparatória*, não também daquela da *instrução contraditória*, sendo previsto a respeito desta última hipótese que "se o MP tiver promovido que o processo se arquive ou aguarde a produção de melhor prova e o juiz entender que há elementos para se prosseguir no processo, assim o declarará em despacho fundamentado, ordenando que volte com vista ao MP para deduzir a acusação" (art. 44º DL nº 35.007). Ressalte-se que era apontada a virtual lesão ao princípio do acusatório por esta última solução, tendo em vista serem os mesmos o juiz da instrução contraditória e aquele da pronúncia[276].

A disciplina legal da Instituição do ministério público português encontra-se actualmente prevista no *Estatuto do Ministério Público*, cuja base original corresponde à *Lei Orgânica do Ministério Público*, aprovada pela Lei nº 47/86, de 15 de Outubro, tendo sido sucessivamente alterada pelas Leis n.ᵒˢ 2/90, de 20 de Janeiro, 23/92, de 20 de Agosto, 10/94, de 5 de Maio e, finalmente, pela Lei nº 60/98, de 27 de Agosto,

---

[274] DIAS, Jorge de Figueiredo. *Direito processual penal*, cit., p. 406-407. O C.P.P. português de 1929 previa uma fiscalização directamente exercida pelo juiz (arts. 346º, 350º e 351º), a qual vinculava o ministério público, devendo os agentes desta Instituição proceder conforme aquele decidisse. Face à virtual ofensa que esse modelo produzia no sistema acusatório, o D.L. 35.007 estabeleceu para a não acusação que se siga à instrução preparatória, já não para a contraditória, uma fiscalização e controle exclusivamente hierárquicos (arts. 27º e 29º do D.L. 35.007). Tendo em vista o estado de não independência que revestia a Instituição do ministério público daquela época, bem como a necessidade de defesa do princípio da legalidade e a possível lesão que a não acusação poderia produzir em direitos e legítimos interesses de particulares (especialmente do ofendido), esse sistema de controle hierárquico era tido por insuficiente; defendia-se, então, a vantagem de um sistema que admitisse a possibilidade de controle judicial directo da abstenção de acusação do MP por um tribunal de recurso ou por um juiz de instrução diverso daquele que deveria julgar o facto. De modo crítico quanto à existência de um mero controle hierárquico sobre a decisão do ministério público: BARREIROS, José Antonio. Programa..., cit., p. 42.

[275] DIAS, Jorge de Figueiredo. *Direito processual penal*, cit., p. 134.

[276] Idem, ibidem, p. 409.

522   *O Processo Penal como Instrumento de Política Criminal*

resultando desta última reforma a citada denominação de *Estatuto*[277]. No art. 2º do *Estatuto* estão traçadas as características essenciais da Instituição, com destaque para a "autonomia em relação aos demais órgãos do poder central, regional e local" (nº 1), a qual se concretiza "pela sua vinculação a critérios de legalidade e objectividade e pela exclusiva sujeição dos magistrados do Ministério Público às directivas, ordens e instruções previstas nesta lei" (nº 2).

No regime do C.P.P. de 1987 o ministério público continua a ser um órgão de administração da justiça, competindo-lhe "colaborar com o tribunal na descoberta da verdade e na realização do direito, obedecendo em todas as intervenções processuais a critérios de estrita objectividade" (art. 53º, nº 1)[278]. Tendo sido resumidas no dispositivo apontado as atribuições essenciais do ministério público português, resta acrescentar a sua independência efectiva, nomeadamente do Executivo, e a sua autonomia funcional[279].

Aspecto do critério de objectividade que deve dirigir a sua actuação, no que respeita à independência do ministério público face ao Executivo ela manifesta-se de forma clara no relacionamento entre a Ins-

---

[277] Detalhes em: LOPES-CARDOSO, Álvaro. *Estatuto do ministério público*. Coimbra: Almedina, 2000.

[278] LÚCIO, A. Laborinho. Sujeitos do processo penal, cit., p. 52; ANDRADE, Manuel da Costa. Sobre as proibições de prova..., cit., p. 206/207. Segundo COSTA PIMENTA (PIMENTA, José da Costa. *Código de processo penal anotado*, cit., p. 53) "até pela posição sistemática que ocupa no presente Código se vê que o Ministério Público não é órgão de jurisdição, embora seja autoridade judiciária".

[279] RODRIGUES, Anabela Miranda. O inquérito no novo código de processo penal, cit., p. 65. O conjunto destas ideias acerca do ministério público constava no *programa* para a reforma do C.P.P. português elaborado por DIAS, Jorge de Figueiredo. Para uma reforma global do processo penal português, cit., p. 212. Aliás, bem antes do advento do C.P.P. de 1987 a autonomia do MP em relação ao Poder Executivo vinha efectivamente proclamada, segundo: PINHEIRO, Rui, MAURÍCIO, Artur. *A constituição e o processo penal*. Lisboa: Diabril, 1976, p. 111. Afirmando a pertinência do ministério público ao poder executivo, a sua função de colaborar com o poder judicial (mesmo não lhe pertencendo) na realização do Direito e a sua condição de órgão de Administração da justiça: CUNHA, José Manuel Damião da. *O ministério público e os órgãos de polícia criminal no novo código de processo penal*. Braga: APPACDM, 1993, p. 94-96. Registe--se ainda que a nova roupagem atribuída ao ministério público no C.P.P. de 1987 foi objecto de críticas, conf.: ANDRÉ, Adélio Pereira. Processo penal, justiça criminal e garantias fundamentais, cit., p. 25, nº 11; NASCIMENTO, Luís António Noronha. O código de processo penal, o incidente do acelerador e a limitação acusatória do M. P. conferida pelo art. 16º, cit., p. 49-50.

Modelo Português

tituição e o Ministro da Justiça, particularmente no que se refere ao angustiante problema do poder de emitir directivas.

A esse respeito afirmava-se na vigência do texto original da Lei nº 47/86, de 15 de Outubro, que o Ministro da Justiça somente podia dirigir ao Procurador Geral da República instruções – directivas – de ordem genérica e nunca atinentes a um processo concreto[280]. Uma fundamentação para a admissibilidade desse poder de emissão de directivas de ordem genérica residia, por um lado, na necessidade de se evitar a constituição do ministério público como um quarto poder do Estado, constitucionalmente não previsto; por outro, na competência atribuída ao Executivo de efectivar os propósitos globais de política criminal, nem sempre possível se condicionada à produção legislativa, por vezes morosa. Estabelecia-se assim um canal entre o Poder Executivo e os Tribunais, com vista a actualizar os objectivos de política criminal, nos limites legais[281]. Sob essa óptica o ministério público é visto como uma Instituição de mediação política, tarefa já exercida através do juízo valorativo que lhe cabe efectuar quanto às prioridades sociais, ao seleccionar as condutas a investigar, ao optar pela sujeição a juízo imediato de certos factos, ao promover diligências instrutórias que levarão ao sucesso da acusação, ao decidir-se pelo zelo persecutório quanto a certas infracções, e tudo isto ao lado de omissões acusatórias; em síntese, todas as hipóteses de discricionariedade na sua actuação, as quais possuem uma intrínseca natureza política[282].

Entretanto, o relacionamento entre a Instituição do ministério público e o Ministro da Justiça viu-se alterado, considerando que a introdução da *Lei de Autonomia do MP* (Lei 23/92)[283] no Ordenamento

---

[280] RODRIGUES, Anabela Miranda. O inquérito no novo código de processo penal, cit., p. 74. A base legal para este poder de formular directivas de ordem genérica decorria da previsão constante no art. 2º, nº 2 c/c art. 59º, alínea a da Lei nº 47 de 15 de Outubro de 1986 (Lei Orgânica do Ministério Público), dispondo a possibilidade de interferências externas apenas nos casos legalmente previstos e, no caso do Ministro da Justiça, apenas "instruções de ordem genérica". Também sustentando a possibilidade de emissão de directivas genéricas: BARREIROS, José Antonio. Programa para um estatuto do ministério público, cit., p. 38; DIAS, Jorge de Figueiredo. Código de processo penal e outra legislação processual penal, cit., p. 16.

[281] MOURA, José Souto de. Inquérito e instrução, cit., p. 109.

[282] BARREIROS, José Antonio. Programa..., cit., p. 37; DIAS, Jorge de Figueiredo, ANDRADE, Manuel da Costa. *Criminologia*, cit., p. 482.

[283] A já citada Lei 23/92 suprimiu os poderes concedidos ao Ministro da Justiça face ao MP, previstos no art. 59, a, do texto original da Lei Orgânica do Ministério Público.

Jurídico português atenuou em certa medida o poder de emissão de instruções de ordem genérica. Escrevendo já na vigência da mencionada Lei 23/92, Canotilho/Vital Moreira[284] anotam que "parece estar afastada a possibilidade de o Governo dar ordens ou instruções ao MP, uma vez que, nos termos constitucionais, ele goza de autonomia, e o seu 'órgão superior' do MP é a PGR". Resta, pois, a indagação a respeito da possibilidade do governo realizar os objectivos de política criminal na ausência de um tal poder[285].

Ligada a essa indagação há a opinião de que, tendo *a gestão da acção penal* "essencialmente que ver com as opções políticas de fundo da sociedade, não pode ser deixada autonomamente e sem qualquer controlo das instâncias políticas a um ministério público de todo independente e que, pelo contrário, a propulsão processual, para fazer face aos imperativos da justiça social, haverá que alinhar o passo com as entidades constitucionalmente competentes para determinar a prioridade das exigências colectivas"[286]. Afirma-se, deste modo, que o exercício da acção penal passa a exigir decisões prévias quanto à hierarquia de valores relacionados com cada processo bem como quanto à vantagem social da sua decisão imediata. Obtém-se, assim, uma *racional gestão dos tempos de processamento criminal*, produto de uma relativa oportunidade de critério, a qual não é vedada pela regra da legalidade acusatória, mas que, diversamente, "é hoje uma inegável prática forense"[287]. Essa gestão racional removeria os obstáculos que impedem a celeridade processual, alcançando por essa via a maximização dos objectivos de política criminal, relacionados com a prevenção geral e especial – e até a própria ressocialização – que de outro modo se perderiam completamente com o decurso de um excessivo lapso de tempo entre a comissão da infracção e a sua sujeição a julgamento[288].

As razões por último mencionadas são os fundamentos de política criminal que baseiam a possibilidade de uma certa atenuação ao rigor do princípio da legalidade no Ordenamento Jurídico português, admi-

---

[284] Canotilho, J. J. Gomes, Moreira, Vital. *Constituição da república portuguesa anotada*, cit., p. 831.

[285] Cunha, José Manuel Damião da. *O ministério público e os órgãos de polícia criminal no novo código de processo penal*, cit., p. 98.

[286] Barreiros, José Antonio. Programa..., cit., p. 37.

[287] Ob. loc. cit..

[288] Ob. loc. cit., n. 11.

Modelo Português

tindo-se uma margem para o princípio da oportunidade na actuação do ministério público, consequência da sua missão de ser o gestor da política criminal. Efectivamente, o ministério público "participa na execução da política criminal definida pelos órgãos de soberania, exerce a acção penal orientada pelo princípio da legalidade e defende a legalidade democrática", nos termos da Constituição, do Estatuto da Instituição e da lei (art. 1° do *Estatuto do Ministério Público*).

Resultando também da parte final do citado artigo 53°, n° 1, do C.P.P. português os critérios básicos de *objectividade* e *legalidade* que presidem à actuação do ministério público, no que respeita ao critério da *legalidade* afirma-se que a sua observância não implica a "exigência de que a cada crime cometido e esclarecido corresponda, por necessidade, um processo penal". Com efeito, reconhece-se a possibilidade de coexistência pacífica de um critério de legalidade com uma margem mais ou menos ampla de oportunidade na dedução da acusação. Argumenta-se a esse respeito que o critério de legalidade permanece intocado "onde a lei permite ao ministério público omitir a acusação em casos e sob pressupostos legalmente determinados e em função da realização de finalidades pré-estabelecidas, em homenagem às quais o poder discricionário é justamente conferido"[289]. Também ANABELA RODRIGUES[290] entende "que não se deve conferir validade absoluta a qualquer dos princípios opostos, consagrando antes um sistema que combina o princípio básico da legalidade com uma margem de oportunidade, expressamente reconhecida e regulamentada em pormenor". Numa palavra, trata-se da discricionariedade regulada.

Sobre as hipóteses concretas de discricionariedade regulada no exercício da acção penal no Ordenamento Jurídico português afirma-se que: "da margem de oportunidade que os arts. 280° e 281° do novo Código conferem ao ministério público não deriva, pois, qualquer obstáculo ou qualquer risco para a função de 'defender a legalidade democrática' que àquele é cometida" pela Constituição[291]. De modo ainda mais incisivo, afirma-se que nas hipóteses legais dos artigos 16°, n° 3, 280°, 281°, 392°, do C.P.P. de 1987, entre outras, abriu-se ao ministério público "um

---

[289] DIAS, Jorge de Figueiredo. Sobre os sujeitos processuais..., cit., p. 25.

[290] O inquérito no novo código de processo penal, cit., p. 74. Do mesmo teor sobre o princípio da oportunidade legalmente disciplinado: TORRES, Mário. O princípio da oportunidade no exercício da acção penal, cit., p. 221.

[291] DIAS, Jorge de Figueiredo. Sobre os sujeitos processuais..., cit., p. 25-26.

526   *O Processo Penal como Instrumento de Política Criminal*

conjunto de opções que pressupõem a formação dum juízo sobre a culpa, ainda na fase do inquérito", tudo inspirado na ideia de um processo penal "prospectivo"[292].

Particularmente quanto a estas hipóteses e com referência à fase de inquérito, atribui-se ao ministério público "o saneamento substantivo que as modernas correntes criminológicas e de política criminal vêm a reconhecer numa fase prévia à da jurisdicionalização stricto sensu do conflito", aumentando a sua responsabilidade na eficácia do processo, "na defesa dos princípios do Estado de Direito democrático e na gestão da política criminal em acção"[293].

Sendo justamente no espaço aberto por essas hipóteses que avulta o papel do ministério público na fase do inquérito e na da sua conclusão, à Instituição pertence "a gestão da política criminal positiva concreta, reivindicando para si a posição principal na dinâmica do processo de consenso que constitui hoje pedra angular do sistema jurídico-penal". Ressalte-se, porém, que bem distinta é a actuação do ministério público no espaço de consenso previsto para as diversas fases do processo penal, na medida em que, enquanto na primeira fase lhe compete o papel de promotor activo do consenso, após a introdução do facto em juízo, "ou passado o processo à fase de instrução quando requerida pelo arguido, entra o Ministério Público num primeiro espaço de conflito que, não negando a possibilidade processual e real do funcionamento de mecanismos de consenso, o encontram agora menos como promotor deste, e mais como possível *aderente* à solução que nesse espaço venha a desenhar-se". Na fase por último citada a situação de consenso decorrerá mais da previsão legal do que da acção "política" do ministério público,

---

[292] MOURA, José Souto de. Inquérito e instrução, cit., p. 111.

[293] Em relação à passagem transcrita e ao que se segue no texto: LÚCIO, A. Laborinho. Sujeitos do processo penal, cit., p. 52-53. Não sem razão, pois, mesmo após já decorridos alguns anos da Reforma do C.P.P. – incluídas aquelas parciais –, continua-se a afirmar em relação ao ministério público a "necessidade de reformular os moldes da realização e da direcção da investigação criminal; necessidade de recensear, projectar e implementar os meios humanos, técnicos e organizacionais imprescindíveis ao enfrentar das novas exigências; (...) Com vista a procurar assegurar que o caminho fosse o da progressiva implementação dos novos conceitos, das novas funcionalidades, da nova política criminal, e não o caminho da sua adaptação à velha rotina, aos velhos métodos de trabalho e às velhas concepções, ou seja da sua inaplicabilidade e desfiguração", conf.: FERNANDO, Rui do Carmo Moreira. O ministério público face à pequena e média criminalidade..., cit., p. 131.

v.g., a possibilidade do arguido prestar confissão e as consequências daí decorrentes (art. 344°, n° 2). Em suma, sendo o titular da acção penal e competindo-lhe, formalmente, a direcção do inquérito, ao intervir "num espaço de consenso como promotor dinâmico de uma política criminal concreta e casuística" o ministério público terá como referências essenciais as "ideias de *subjectividade*, manifestadas nos requisitos da 'ausência de antecedentes criminais do arguido" (art. 281°, al. b) e do carácter reduzido da culpabilidade (art. 281°, al. d).

Não foi desconsiderada no C.P.P. português de 1987 a questão da necessidade de *fiscalização e controlo da actividade do Ministério Público*, particularmente em relação às mencionadas hipóteses de discricionariedade[294]. Afirma-se, de forma genérica, que qualquer decisão de entidades instrutórias (ou seja, tomadas na fase de instrução preliminar) que se relacione com direitos constitucionais de defesa do arguido e de tutela da liberdade individual deve ser vista como uma verdadeira decisão judicial, com as consequentes características substanciais da recorribilidade[295]. Para a análise dos mecanismos de controle referidos, mister se faz o conhecimento da divisão em que se estrutura o processo penal no vigente C.P.P. português.

No modelo introduzido pelo C.P.P. de 1987 o processo comum foi dividido em apenas duas fases: a preparatória e a de julgamento. A primeira delas, a fase preparatória, efectiva-se por uma só, ou duas fases preliminares, ou seja, um inquérito que é obrigatório e uma instrução sempre facultativa[296]. Perante as diversas modalidades de poder de decisão

---

[294] Para uma ampla abordagem dos mecanismos de controle nos diversos casos de arquivamento previstos no C.P.P., consultar: MOURA, José Souto de. Inquérito e instrução, cit., p. 113-115.

[295] DIAS, Jorge de Figueiredo. *Direito processual penal*, cit., p. 388.

[296] MOURA, José Souto de. Inquérito e instrução, cit., p. 84. Uma visão panorâmica, ainda que a traços largos, da tramitação do processo penal português no modelo introduzido pelo C.P.P. de 1987 irá revelar que ele se inicia com o recebimento da notícia do crime pelo ministério público (art. 241°), ensejando a abertura da fase de inquérito, dirigida por esta Instituição com a assistência dos órgãos de polícia criminal (art. 262° e seguintes). Como titular da fase de inquérito, o ministério público encerra-a (nos prazos abstractamente previstos em função da gravidade do crime e de o arguido se encontrar ou não privado da sua liberdade: art. 276°) proferindo despacho de acusação ou arquivamento. Segue-se uma fase autónoma de instrução, dirigida por um juiz diverso daquele que intervirá no julgamento e destinada à comprovação da decisão do ministério público de deduzir a acusação ou arquivar o inquérito. A abertura dessa fase de instrução é uma faculdade que se reconhece ao arguido (em relação aos factos acusados) ou ao assistente

528   *O Processo Penal como Instrumento de Política Criminal*

do ministério público sobre o processo previstas nesse Estatuto processual, verificam-se, igualmente, instrumentos de controle e fiscalização diversificados.

Desde logo, ao ministério público compete decidir sobre o inquérito, segundo critérios de legalidade e objectividade, arquivando o processo, deduzindo acusação, ou, então, optando por soluções de tratamento informal (suspensão do processo) ou simplificado (processo sumaríssimo)[297]. A este respeito sustenta-se doutrinariamente que "não há qualquer controlo judicial incidente sobre a decisão do M.P., uma vez terminado o inquérito, quanto ao rumo dado ao próprio processo: acusação ou arquivamento"[298].

Já visto, o desvio de competência provocado pelo ministério público nos termos do art. 16°, n° 3, encontra-se submetido a um controle hierárquico e, eventualmente, judicial (*supra*).

No que se refere à decisão negativa quanto à persecução penal, uma forma de controle do poder de decisão do ministério público sobre o processo é o registo a que fica obrigado a proceder das denúncias que lhe forem transmitidas, sendo facultado ao denunciante, a todo o momento, requerer certificado desse registo (art. 247°). De posse desse certificado pode o denunciante desencadear o processo penal contra o magistrado ou agente do ministério público que indevidamente não deu seguimento à sua denúncia[299].

(relativamente aos factos não acusados). Finda a instrução, ou não requerida a sua abertura, segue-se o julgamento, a ser realizado perante um juiz singular, um tribunal colectivo, ou pelo tribunal do júri, conforme a gravidade (e excepcionalmente) a natureza do crime acusado. Tem-se, no final, a fase dos recursos, organizada consoante o princípio do recurso penal em um único grau; operou-se dessa forma uma repartição horizontal de competência em matéria de recursos, tendo, por um lado, os tribunais de relação e, por outro, o Supremo Tribunal de Justiça: os tribunais de relação conhecem dos recursos interpostos das decisões interlocutórias de todos os tribunais de primeira instância e de decisões finais do tribunal singular; o Supremo Tribunal de Justiça conhece dos recursos interpostos das decisões finais do tribunal colectivo ou do tribunal do júri e assim também dos designados "recursos extraordinários" (revisão e fixação de jurisprudência) e *habeas corpus*. Os recursos ordinários revestem-se da forma de "revista ampliada", admitindo-se a abrangência tanto de questão de direito como de facto, desde que estes últimos decorram do texto da decisão recorrida (DIAS, Jorge de Figueiredo. Código de processo penal e outra legislação processual penal, cit., p. 8 e seguintes).

[297] MOTA, José Luís Lopes da. A revisão..., cit., p. 167.

[298] NETO, Manuela. *Do inquérito*, cit., p. 67. A afirmação deve ser necessariamente confrontada com o que se segue no texto.

[299] PIMENTA, José da Costa. *Introdução...*, cit., p. 125.

Modelo Português 529

O poder de decisão do ministério público sobre o processo, manifestado na decisão de acusação ou de não acusação, é submetido a um controle judicial, através do direito que é atribuído tanto ao arguido, no caso de acusação (art. 287°, n° 1, alínea a̱), como ao assistente, na hipótese de não acusação (art. 287°, n° 1, alínea ḇ), de requererem a abertura da instrução, fase processual esta, já visto, destinada a comprovar judicialmente a decisão de submeter ou não a causa a julgamento[300].

Ainda assim encontra-se prevista uma forma de controle hierárquico, nos casos em que a fiscalização judicial (representada pela abertura da instrução) não for desencadeada, conforme estabelecido no art. 278° do C.P.P.[301]. Está previsto o uso desse controle hierárquico para o caso de arquivamento, mas agora destinado não à verificação da legalidade da abstenção da acusação mas sim a ser utilizado de forma excepcional naqueles casos escandalosos em que não haja partes interessadas, visto a "impossibilidade do exercício dos poderes gerais de avocação após o encerramento do inquérito"[302]. Apesar do silêncio do C.P.P., também os assistentes ou quaisquer pessoas que nisto mostrem interesse legítimo podem provocar essa *intervenção hierárquica*, em alternativa ao pedido de abertura de instrução[303]. Nesse caso, pressuposto é que não tenha sido requerida a abertura da instrução nem tenha decorrido o prazo de 30 dias estabelecido no art. 278° para a *intervenção hierárquica*.

Exercidas as modalidades de poder de decisão do ministério público sobre o processo na forma de despachos (art. 97°, n° 2) – os quais deverão ser devidamente fundamentados (art. 208° da Constituição da República Portuguesa) –, imperativa é a necessidade de notificação do arguido e do defensor[304], viabilizando assim o controle a ser eventualmente exercido.

---

[300] RODRIGUES, Anabela Miranda. O inquérito no novo código de processo penal, cit., p. 76.

[301] MOTA, José Luís Lopes da. A revisão…, cit., p. 168. Art. 278° C.P.P. português: "no prazo de 30 dias, contado da data do despacho de arquivamento ou da notificação deste ao assistente ou ao denunciante com a faculdade de se constituir assistente, se a ela houver lugar, o imediato superior hierárquico do Ministério Público, se não tiver sido requerida a abertura da instrução, pode determinar que seja formulada acusação ou que as investigações prossigam, indicando, neste caso, as diligências a efectuar e o prazo para o seu cumprimento".

[302] RODRIGUES, Anabela Miranda. O inquérito no novo código de processo penal, cit., p. 76.

[303] Ac. RC, de 21/6/90 (CJ, XV, 3°, 82).

[304] Ac. RL, de 26/4/90 (CJ, XV, 3°, 157); Ac. RL, de 7/7/92 (CJ, XVII, 4°, 193); Ac. Plenário das secções criminais do S.T.J., de 25/5/92 (DR, I, n° 157-A, 10/7/92).

530 *O Processo Penal como Instrumento de Política Criminal*

Deve ressaltar-se que, em qualquer dos casos previstos no art. 277°, n° 1, C.P.P.[305] e também naqueles em que não tiver sido possível ao Ministério Público obter indícios suficientes da verificação do crime ou de quem foram os agentes (art. 277°, n° 2), o arquivamento nunca se revestirá da força de caso julgado definitivo, ficando sempre condicionado à não superveniência dSe novos elementos de prova (que devem considerar-se *novos* em relação aos já apreciados), possibilitando assim a reabertura do inquérito, caso haja o deferimento do ministério público[306].

Particularmente no que se refere às hipóteses da *suspensão provisória do processo* (art. 281° e 282°) e do processo sumaríssimo (art. 392°), também se encontram previstos instrumentos de controle. Para a análise dos mesmos remeta-se às respectivas abordagens específicas, com destaque para o elemento da manifestação da vontade dos sujeitos processuais interessados a que ficam sujeitas essas hipóteses. Importa evidenciar, por ora, o lúcido posicionamento no sentido de que a atitude do ministério público não pode ser a de um mero funcionário, cuja função seja a de acusar a todo o custo; diversamente, como órgão autónomo da administração da justiça, o ministério público tem que levar em conta o efeito negativo que a submissão a julgamento poderá ter em ordem à ressocialização, a despeito de outras razões confiadas por lei à Instituição[307].

Em termos conclusivos, a partir de uma concepção do processo penal como instrumento de política criminal ao ministério público compete a missão de ser o gestor dessa política, ecfetuando a selecção das prioridades no espaço de discricionariedade que lhe é *legalmente* reconhecido, inclusive, podendo optar por soluções de natureza consensual.

Não obstante, após os sete primeiros anos de implantação da *suspensão provisória* no Ordenamento Jurídico português – uma das mani-

---

Dúvida havia na jurisprudência quanto à possibilidade de se efectuar esta notificação pela forma de edital, pronunciando-se o primeiro dos acórdãos citados no sentido da impossibilidade; já admitindo a notificação por edital há o Ac. Rel. Porto, de 30.5.90, *in* C.J. XV, III, p. 236. A questão foi decidida pelo Ac. do S.T.J. de 25/3/92 *in* D.R. de 10/7/92, admitindo a segunda das mencionadas posições, ou seja, a possibilidade da notificação via edital.

[305] São eles: "prova bastante de se não ter verificado crime, de o arguido não o ter praticado a qualquer título ou de ser legalmente inadmissível o procedimento".

[306] RODRIGUES, Anabela Miranda. O inquérito no novo código de processo penal, cit., p. 76.

[307] SILVA, Germano Marques da. *Curso...*, v. III, cit., p. 111.

Modelo Português 531

festações do processo penal como instrumento de política criminal –, desalentadora é a constatação de que, sendo o ministério público a figura chave para que a política criminal afirmada em abstracto pelas instâncias legislativas se converta numa jurisprudência quantitativamente relevante, não foi essa a tendência verificada[308].

7.2 – Arguido.

Analisando o período anterior à Reforma do C.P.P. de 1987, importa salientar desde logo a distinção terminológica existente no Ordenamento Jurídico português acerca do sujeito processual ora em estudo. Nos termos do artigo 251º do C.P.P. de 1929, com redacção dada pelo DL nº 185/72, considerava-se *arguido* aquele sobre quem recaísse forte suspeita de ter perpetrado uma infracção, cuja existência estivesse suficientemente comprovada. Por seu turno, o artigo 252º do mesmo Diploma legal caracterizava como *suspeito* "todo aquele a respeito de quem se procure na instrução averiguar dos fundamentos da suspeita de ter cometido uma infracção", desde que não se tratasse de uma suspeita ainda forte nos termos do artigo 251º. Por fim, intitulava-se como *réu* o arguido já pronunciado, ou seja, aquele que teve recebida por um juiz a acusação que sobre ele pesa[309].

Cabível é a advertência de que a distinção terminológica se revestia de valor meramente formal, uma vez que "o arguido é desde a sua constituição, autónomo sujeito do processo penal"[310]. Portanto, sinal por excelência do processo penal de um Estado de Direito, em Portugal atribui-se ao arguido a condição de sujeito e não objecto do processo; isso implica o reconhecimento de "uma posição jurídica que lhe permita uma participação constitutiva na declaração do direito do caso concreto, através da concessão de *autónomos direitos processuais, legalmente definidos*, que hão-de ser respeitados por *todos* os intervenientes no pro-

---

[308] ALMEIDA, Maria Rosa Crucho de. A suspensão provisória do processo penal, cit., p. 51. A Autora salienta que entre as explicações apresentadas para justificar a objecção do ministério público à utilização corrente da suspensão provisória do processo, aquelas relacionadas com o carácter experimental da medida e com as dúvidas sobre a sua constitucionalidade parecem já ultrapassadas pelo tempo, restando a constatação de um limite estrutural para o crescimento da sua implementação.

[309] DIAS, Jorge de Figueiredo. *Direito processual penal*, cit., p. 424-427.

[310] Idem, ibidem, loc. cit..

532 *O Processo Penal como Instrumento de Política Criminal*

cesso penal"; de se acrescer a necessidade de que todos os seus actos sejam *expressão da sua livre personalidade*, como manifestação da sua dignidade pessoal[311].

A condição do arguido como sujeito processual implicava, pois, o reconhecimento do seu *direito à assistência de defensor*, consequência do próprio direito de defesa, pressupondo que ele fosse devidamente esclarecido *quanto ao objecto da culpa e da prova*. Isso conduz-nos ao problema verificado em diversos outros ordenamentos jurídicos, relacionado com a assistência devida aos arguidos que não possuam condições económicas para constituir defensor. A esse respeito, antes mesmo da reforma empreendida no C.P.P. já se sustentava a necessidade de prover a assistência judiciária dos arguidos economicamente débeis, com vista à obtenção de uma efectiva igualdade material no âmbito do processo penal[312].

No que respeita à autonomia da vontade, afirmava-se doutrinariamente que o arguido não poderia ser submetido a medidas que visassem "a extorsão de declarações ou de quaisquer actos processuais que não sejam expressão da sua livre personalidade moral"[313].

Mantida a designação de arguido pelo C.P.P. de 1987[314], a preponderância da sua condição de sujeito face à de objecto do processo vem confirmada pelo art. 60º, o qual estabelece que lhe é "assegurado o exercício de direitos e de deveres processuais, sem prejuízo da aplicação de medidas de coacção e de garantia patrimonial e da efectivação de diligências probatórias, nos termos especificados na lei". Portanto, o sinal indelével que marca o arguido no Ordenamento Jurídico português – de forma destacada após a reforma empreendida no C.P.P. em 1987 –, é a acentuação da sua consideração como *sujeito do processo* face à sua dimensão de "objecto", quer de medidas coactivas quer como "meio" de prova[315].

---

[311] Idem, ibidem, p. 429/430.

[312] Idem, Para uma reforma global do processo penal português, cit., p. 211. Defendia-se, então, que esta assistência não deveria limitar-se à possibilidade da nomeação de defensor para o arguido mas também deveria ser viabilizado o seu acesso aos exames periciais e aos departamentos especializados na investigação criminal e recolha de material probatório.

[313] Idem, *Direito processual penal*, cit., p. 436.

[314] Comparada à terminologia utilizada nos demais ordenamentos para descrever este sujeito processual, é ainda FIGUEIREDO DIAS (ibidem, p. 427) quem informa que a preferência pelo termo arguido funda-se na sua maior abrangência em relação ao de suspeito, acusado e pronunciado.

[315] ANDRADE, Manuel da Costa. Sobre as proibições de prova…, cit., p. 88.

Uma visita panorâmica ao Código permitirá uma melhor compreensão do estatuto deste sujeito processual.

Estabelece o art. 57º, nº 1, que "assume a qualidade de arguido todo aquele contra quem for deduzida acusação ou requerida instrução num processo penal". Para além dessa regra geral, prevê o art. 58º, nº 1, a a d, que é obrigatória a constituição formal como arguido nos seguintes casos: havendo inquérito contra pessoa determinada, ela prestar declarações perante qualquer autoridade judiciária ou órgão de polícia criminal; quando se verificar a necessidade de ser aplicada a qualquer pessoa uma medida de coacção ou de garantia patrimonial; logo que um suspeito for detido, nos termos e para os efeitos da detenção prevista nos artigos 254º a 261º C.P.P. (em flagrante delito – fora de flagrante delito); quando for levantado auto de notícia que atribua a uma determinada pessoa a prática de um crime e aquele lhe for comunicado. Segundo o disposto no art. 59º, nº 1, a constituição como arguido dar-se-á também no caso de, durante a inquirição de uma pessoa que não é o arguido, surgir fundada suspeita de ela ter cometido um crime.

A constituição como arguido ocorre através de comunicação, oral ou por escrito, feita ao visado por uma autoridade judiciária ou por um órgão de polícia criminal, implicando, se necessário, a explicitação dos direitos e deveres que essa qualidade lhe atribui (art. 58º, nº 2); a constituição como arguido implica a entrega, sempre que possível no próprio acto, de documento de que constem a identificação do processo e do defensor, se este tiver sido nomeado, e os direitos e deveres processuais inerentes a essa condição (art. 58º, nº 3); a omissão ou violação destas formalidades conduz a que as declarações prestadas pela pessoa visada não possam ser utilizadas como prova contra ela (art. 58º, nº 4).

São direitos do arguido assim constituído: direito de presença em actos processuais que directamente lhe digam respeito; ser ouvido pelo tribunal ou pelo juiz de instrução sempre que eles devam tomar qualquer decisão que pessoalmente o afecte; silêncio sobre os factos que lhe forem imputados e sobre o conteúdo das declarações que acerca deles prestar[316]; de escolher ou solicitar a nomeação de defensor; de assistência

---

[316] Neste pormenor impõe-se verificar se o arguido tem ou não um verdadeiro *direito de mentir* sobre os factos que fundamentam a culpabilidade. No entendimento de MAIA GONÇALVES (GONÇALVES, M. Maia. *Código de processo penal...*, 11ª Ed., cit., p. 193) a questão não apresenta alcance prático, tendo em vista que, em qualquer caso, sempre seria inexigível o cumprimento do dever de verdade em relação a tais factos.

534   *O Processo Penal como Instrumento de Política Criminal*

de defensor em todos os actos processuais em que participar e, quando detido, comunicar, mesmo em privado, com ele; de intervenção no inquérito e na instrução, oferecendo provas e requerendo diligências; de informação sobre os direitos que lhe assistem e de recurso (art. 61º, nº 1).

Em contrapartida, atribuem-se-lhe os seguintes deveres: de comparecimento perante o juiz, ministério público ou os órgãos de polícia criminal sempre que a lei o exigir e for devidamente convocado; de responder com verdade às perguntas feitas por entidade competente sobre a sua identidade e, quando a lei o impuser, sobre os seus antecedentes criminais; prestar termo de identidade e residência logo que assuma a qualidade de arguido; de sujeição a diligências de prova e medidas de coacção e garantia patrimonial especificadas na lei e ordenadas e efectuadas por entidade competente (art. 61, nº 3).

Em síntese, em relação ao estatuto processual do arguido na Ordem Jurídica portuguesa afirma-se que ele "não pode ser fraudulentamente induzido ou coagido a contribuir para a sua condenação, *sc.*, a carrear ou oferecer meios de prova contra a sua defesa. Quer no que toca aos factos relevantes para a chamada questão da 'culpabilidade' quer no que respeita aos atinentes à medida da pena. Em ambos os domínios, não impende sobre o arguido um dever de colaboração nem sequer um *dever de verdade*". Segue-se que, "o que aqui está fundamentalmente em jogo é garantir que qualquer contributo do arguido, que resulte em desfavor da sua posição, seja uma afirmação esclarecida e livre de autorresponsabilidade. Na liberdade de declaração espelha-se, assim, o estatuto do arguido como autêntico *sujeito processual*"[317]. Também FIGUEIREDO DIAS[318] enfatiza que "só no exercício de uma plena liberdade da vontade pode o arguido decidir se e como deseja tomar posição perante a matéria que constitui objecto do processo".

Todavia, não existe o direito ao silêncio e existe o dever de obediência à verdade relativamente ao nome, filiação, freguesia e concelho de naturalidade, data de nascimento, estado civil, profissão, residência, número de documento oficial que permita a identificação, se já foi preso alguma vez, quando e porquê e se foi ou não condenado e por que crimes. Advertindo que a este respeito a falta de resposta e a falsidade da mesma são sancionadas penalmente, a mesma fonte (loc. cit.) pondera que deve ser feita uma excepção neste caso, pois na audiência o arguido não é perguntado sobre os seus antecedentes criminais.

[317] ANDRADE, Manuel da Costa. Sobre as proibições de prova..., cit., p. 121.

[318] Sobre os sujeitos processuais..., cit., p. 27-28.

Modelo Português 535

É especialmente em relação a este sujeito processual que se verifica a conjugação da liberdade da manifestação da vontade com a regra geral da "efectividade de um consistente direito de defesa", traduzido na real possibilidade dada ao arguido de influenciar a decisão final[319], criando assim as bases para um modelo judicial que também admita formas consensuais.

Apontando a "recusa terminante do novo Código em conceder, num jeito inaceitavelmente paternalista, (pseudo) tutelas ao arguido contra si próprio ou – o que é dizer o mesmo – contra a livre determinação da sua vontade" FIGUEIREDO DIAS[320] afirma que "é no fundo, e antes de tudo o mais, esta ideia que dá justificação, em geral, aos reclamados 'espaços de consenso' no seio da nova regulamentação e, em particular, ao regime da *confissão* constante do art. 344º". Na base de um semelhante modelo há "uma lógica de justiça penetrada pela ideia de levar o discurso do consenso tão longe quanto seja possível no processo penal", apoiada na já demonstrada liberdade de auto-determinação do arguido.

7.3 – Defensor.

Da mesma forma que o ministério público, o defensor no Ordenamento Jurídico português, antes mesmo da reforma de 1987, era considerado na doutrina como um *órgão autónomo de administração da justiça*, devendo *colaborar com o tribunal na descoberta da verdade e na realização do direito*. Trata-se, na verdade, de uma função pública de administração da justiça[321]. Assim, a missão do defensor limita-se à exposição de toda a verdade favorável ao arguido, devendo trazer para o processo todo o material capaz de convencer da inocência ou menor culpa do seu constituinte. Não estando obrigado, nem sequer autorizado, a carrear para o processo o material destinado a demonstrar a culpa do arguido, não deve ele actuar de modo a entravar a administração da justiça[322].

---

[319] Idem, ibidem, p. 28.

[320] Idem, ibidem, p. 29. É FARIA COSTA (COSTA, José de Faria. Diversão..., cit., p. 6) quem também condiciona as medidas de diversão ao elemento fundamental da participação voluntária do infractor, aduzindo ainda que a adesão consciente deste sujeito processual revela inclusive a sua livre aceitação das finalidades e metas – político-criminais – que se pretendem atingir.

[321] DIAS, Jorge de Figueiredo. *Direito processual penal*, cit., p. 471.

[322] Idem, ibidem, p. 474.

536   *O Processo Penal como Instrumento de Política Criminal*

Quanto ao relacionamento com o arguido, atribuía-se ao defensor a missão de lhe prestar "o mais completo e esclarecedor *conselho jurídico* de que for capaz" sobre a sua "situação jurídica material e processual"[323].

Ainda com referência ao período anterior à Reforma do C.P.P de 1987, é de se registar que não se admitia uma *defesa activa* na fase de instrução preparatória, não sendo reconhecido ao defensor o direito de proceder a *"investigações autónomas* do material fáctico, paralelas às que cabem ao MP e aos órgãos seus auxiliares"; não se lhe reconhecia o direito a quaisquer meios de coacção processual mas apenas a possibilidade de apresentar ao MP memoriais ou requerimentos de diligências de prova, cuja realização era facultativa, caso contribuíssem para a descoberta da verdade (art. 13º, § único, DL nº 35.007)[324].

Nenhuma mudança se verificou no tratamento atribuído ao defensor no período após a *Reforma*, o qual continuou a ser considerado como um órgão de administração da justiça, devendo actuar exclusivamente em favor do arguido[325]. É bom que se reforce o sentido da qualificação do defensor como órgão de administração da justiça, estando excluído o entendimento de que dessa sua caracterização decorra o dever de colaboração na realização dos fins do Estado na administração da

---

[323] Idem, ibidem, p. 487.

[324] Idem, ibidem, p. 488. Saliente-se que grandes eram as divergências acerca do direito do arguido à assistência do defensor durante a fase de *instrução preparatória*, sustentando-se que no caso de medidas relacionadas com a sua esfera jurídico-constitucional a assistência era indispensável (p. 491-497). Na vigência do C.P.P. de 1987 foram mantidas as restrições a essa defesa activa, entendendo-se que é incompatível com as finalidades do processo a realização de investigações autónomas pela defesa nessa fase processual, conf.: RODRIGUES, José Narciso da Cunha. Sobre o princípio da igualdade de armas, cit., p. 90; COSTA, Eduardo Maia. A defesa e o defensor em processo penal. *Revista do Ministério Público*, Lisboa, a. 13, nº 49, p. 85-93, jan/mar 1992, p. 90.

[325] DIAS, Jorge de Figueiredo. Sobre os sujeitos processuais..., cit., p. 11. Também em relação a este sujeito processual prevaleceu o *programa* elaborado por FIGUEIREDO DIAS para a reforma do C.P.P, no qual ele vinha considerado como órgão da administração da justiça, competindo-lhe actuar em favor da posição do arguido, conf.: Idem, Para uma reforma global do processo penal português, cit., p. 215. No mesmo sentido escrevem CANOTILHO e VITAL MOREIRA (CANOTILHO, J. J. Gomes, MOREIRA, Vital. *Constituição da república portuguesa anotada*, cit., p. 204) que funcionalmente a missão do defensor é a de garantir e defender os direitos do arguido no processo; "todavia, como a sua assistência é obrigatória em algumas fases, conclui-se que, do ponto de vista institucional, é uma parte no processo e um 'órgão independente da justiça', o que aponta para uma posição jurídica materialmente independente quer perante o tibunal quer perante o constituinte".

Modelo Português 537

justiça; diversamente, essa qualificação refere-se apenas à indispensabilidade do defensor no processo penal, como emanação directa do princípio da protecção da dignidade da pessoa humana[326].

Abrangendo tanto o papel de *defensor* do arguido como aquele de *assistente* do ofendido, deve ser destacada "a relevante acção do advogado na obtenção de soluções consensuais que, a um tempo, militem a favor da justiça, da busca de resultados coerentes em termos de política criminal concreta e, evidentemente, do interesse do arguido ou do assistente, consoante os casos", sobressaindo o facto de que a intervenção pedagógica do defensor assume importância não inferior à do próprio tribunal[327]; ressalta-se, desta forma, o seu dever de esclarecimento e orientação.

Portanto, numa conformação político-criminal do processo penal também o defensor exerce o papel de promotor de resultados coerentes com essa política, desde que no interesse do arguido e a partir do seu esclarecimento e orientação. Sendo fundamental para as formas consensuais no âmbito do processo penal a livre manifestação de vontade do arguido, pressuposto necessário é que ele venha devidamente esclarecido pelo seu defensor a esse respeito. O limite para essa actividade promocional do defensor é, pois, a adequação das medidas de política criminal aos interesses do arguido, de forma a não se tornar um instrumento para a realização dos fins do Estado.

7.4 – Vítima.

Mencionando uma "redescoberta da vítima" no processo penal, COSTA ANDRADE[328] delineia os traços fundamentais desse movimento, apon-

---

[326] Esclarecendo que o sentido da função de *órgão de administração da justiça* não deve ser aferido em virtude da necessidade do defensor para o processo mas sim a partir do conjunto de pressupostos e enquadramentos (institucional, estatutário e processual) de cada um daqueles que nele intervêm, CUNHA RODRIGUES (RODRIGUES, José Narciso da Cunha. Sobre o princípio da igualdade de armas, cit., p. 88) revela uma hesitação quanto à consideração do defensor como órgão de administração da justiça. Acompanhando a divergência por último citada, opina MAIA COSTA (COSTA, Eduardo Maia. A defesa e o defensor em processo penal, cit., p. 88) no sentido do reconhecimento do carácter ambíguo ou ambivalente do defensor, reconhecendo-lhe tanto a posição de fidelidade ao arguido como de fidelidade ao Direito e à Justiça.

[327] LÚCIO, A. Laborinho. Sujeitos do processo penal, cit., p. 56.

[328] Sobre o estatuto e função da criminologia contemporânea, cit., p. 499. Do mesmo modo mencionando o fenómeno da "redescoberta da vítima" bem como apontando a

538   *O Processo Penal como Instrumento de Política Criminal*

tando como suas propostas centrais: a revalorização da reparação como reacção penal específica; a formalização de sistemas de reparação pública a cargo da colectividade, consequência de uma ideia de solidariedade e responsabilidade social frente ao crime; o reconhecimento da vítima como *gate-keeper* do sistema penal, portanto, como filtro de acesso às instâncias formais de controle.

Anteriormente à reforma do C.P.P. português de 1987 a vítima era incluída no género *ofendido*, referindo-se à pessoa que, segundo o critério extraído do tipo preenchido pela conduta criminosa, detém a titularidade do interesse jurídico-penal violado ou posto em perigo (art. 4º, nº 2, DL nº 35.007 e art. 2º C.P.P.). Considerado como conceito *estrito* ou *típico*, ele era defendido em relação aos aspectos especificamente penais decorrentes da infracção, cabendo à designação *lesado* a amplitude necessária para abranger também *todas as pessoas civilmente lesadas pela infracção penal*[329].

A título de premissa, registe-se que o questionamento sobre o estatuto processual da vítima envolve o problema da reparação dos danos decorrentes do delito, pressupondo, pois, a sua análise.

Entre as opções de considerar a indemnização como objecto exclusivamente do processo civil ou admiti-la da mesma forma no processo penal, o Sistema vigente em Portugal anteriormente à reforma de 1987 filiou-se na segunda alternativa, dispondo o artigo 29º do C.P.P. de 1929 que "o pedido de indemnização por perdas e danos resultantes de um facto punível, por que sejam responsáveis os seus agentes, deve fazer-se no processo penal em que correr a acção penal e só poderá ser feito separadamente em acção intentada nos tribunais civis nos casos previstos neste código". Complementando, estabelecia o artigo 34º do mesmo Diploma legal que "o juiz, no caso de condenação, arbitrará aos ofendidos uma quantia como reparação por perdas e danos, ainda que lhe não

---

preocupação para com a reparação de danos como a primeira manifestação dessa tendência: RODRIGUES, Anabela Maria Pinto de Miranda. L'assistant, une curiosité du droit procedural portuguais. *In: Quelques aspects des sciences criminelles*, Paris: Éditions Cujas, 1990. Também FARIA COSTA (COSTA, José Francisco de Faria. O perigo em direito penal, cit., p. 175 s.) aponta a ascensão da vítima à categoria dogmática do discurso jurídico-penal, sendo analisada sob a óptica do Direito como "sistema aberto", apto a absorver e mediatizar constantemente todos os conteúdos que a prática for considerando como axiologicamente relevantes para a correcta e justa solução do caso concreto.

[329] DIAS, Jorge de Figueiredo. *Direito processual penal*, cit., p. 509.

Modelo Português 539

tenha sido requerida"[330]. Dessa forma, o arbitramento da indemnização devida por um crime passa a ser considerado como uma autêntica *parte da pena pública*, um momento essencial da repressão penal, inseparável da pena proferida, tendo como consequência a "*obrigatoriedade* de *adesão* da acção civil ao processo penal e de arbitramento da indemnização em caso de condenação"[331].

A máxima que sustentava o modelo exposto decorria do entendimento de que "o dano ex delicto, essencialmente diverso do dano ex contracto e subsistente em qualquer infracção penal, deveria ser sempre e obrigatoriamente reparado no interesse da defesa social, pois que, não sendo embora teoricamente uma pena, constituiria em todo o caso uma *sanção reparatória* que, surgindo como consequência necessária da infracção, seria imposta 'não só para legítima reparação da parte lesada, mas também como sanção suficiente para a violação sobrevinda da lei penal'". A estas devem ser acrescidas também razões fundadas em "exigências compreensíveis de economia processual"[332]. Anote-se, pois, o destaque atribuído à consideração da suficiência da "reparação da parte lesada" como sanção pela violação provocada à lei penal bem como a finalidade de economia processual que o modelo propiciava.

Uma outra questão que agitava a doutrina do processo penal no período anterior à reforma dizia respeito à natureza da reparação de perdas e danos arbitrada em processo penal. Apontado o entendimento maioritário que o arbitramento de uma reparação ao lesado correpondia

---

[330] Uma ampla e exaustiva abordagem a este respeito pode ser encontrada em DIAS, Jorge de Figueiredo. Sobre a reparação de perdas e danos arbitrada em processo penal. *Boletim da Faculdade de Direito da Universidade de Coimbra. Estudos "in memoriam do Prof. Doutor José Beleza dos Santos I*, Coimbra, n° especial, p. 87-138, 1966. Partindo do reconhecimento de que no modelo vigente à época a reparação dos danos emergentes de um delito consistia num *efeito penal da condenação*, representando um interesse eminentemente público e sendo *um momento essencial da repressão penal* (p. 103), o Autor já prognosticava uma mudança nessa sua conformação legal. No sentido por último mencionado, FIGUEIREDO DIAS apontava uma provável renúncia à consideração da reparação arbitrada em processo penal como sendo um efeito penal da condenação (p. 133 e seguintes).

[331] RODRIGUES, Anabela Maria Pinto de Miranda. L'assistant..., cit..; DIAS, Jorge de Figueiredo. *Direito processual penal*, cit., p. 541-542.

[332] DIAS, Jorge de Figueiredo. *Direito processual penal*, cit., p. 542-543. A ideia exposta resulta dos postulados da Escola Positiva italiana, conf. FERRI, E.. *Principii di diritto criminale* (1928), p. 577 seguintes.

540 *O Processo Penal como Instrumento de Política Criminal*

a "uma decisão em coisa *cível* – uma verdadeira indemnização *civil* de perdas e danos", não de todo pacífica se mostrava a tese[333].

Não se pode, com efeito, deixar de verificar um problema de compatibilidade existente entre a atribuição da natureza civil à reparação de danos e a característica pública do processo penal, face à incidência de princípios como o da indisponibilidade da acção neste último (o que impediria uma transacção sobre a reparação, caso ela fosse considerada matéria penal), assim também o da inércia da jurisdição no sector do processo civil (impedindo que o juiz penal estabelecesse a reparação de danos, *ainda que lhe não tenha sido requerida*).

Ainda mais angustiante é o problema da compatibilidade dos critérios de avaliação que presidem a cada um dos danos a serem apurados. Enquanto para a indemnização civil é decisivo o *critério do dano*, apurado à luz da *teoria da diferença* entre o *status quo ante* e o *posterior* nos casos de danos materiais, e pela *compensação* ou *satisfação* quando versar sobre danos não patrimoniais, para a responsabilidade penal impera o princípio da culpabilidade. Neste caso a perplexidade resultava do facto do artigo 34°, § 2°, do C.P.P. prever que na determinação da reparação deveria ser atendido "em primeira linha à *gravidade da infracção* antes que aos danos patrimoniais e não-patrimoniais dela resultantes", culminando numa possível diversidade entre o montante da reparação de danos a ser arbitrada em processo penal e aquele que seria fixado a título de indemnização civil.

Posto isto, havia a conclusão de que "a reparação de perdas e danos arbitrada em processo penal é um *efeito penal da condenação* – como aliás claramente o inculca o disposto no art. 75°, 3 do CP –, hoc sensu uma 'parte da pena pública', que não se identifica, nos seus fins e nos seus fundamentos, com a indemnização civil, nem com ela tem de coincidir no seu montante".

A importância prática da polémica resulta do questionamento sobre a eficácia do arbitramento de uma reparação de danos a ser feita no processo penal, ou seja, se ela produziria o efeito do caso julgado, impedindo o recurso do ofendido à instância cível caso não se contentasse com o montante fixado, ou a negação desse efeito, tornando possível uma posterior acção reparatória de natureza civil.

---

[333] Para o que se segue: DIAS, Jorge de Figueiredo. *Direito processual penal*, cit., p. 543-562.

Modelo Português 541

A esse respeito afirmava-se que na hipótese de um pedido de indemnização deduzido pelo próprio lesado no processo penal, no qual a reparação arbitrada fosse coincidente ou superasse esse pedido (*v.g.*, por razões de ordem preventiva), eliminado estaria o *interesse processual* legitimante de uma posterior acção civil. Assim também deveria ocorrer nos casos em que, tendo sido a reparação arbitrada sem a respectiva dedução do pedido pelo lesado, se verificasse uma renúncia aos direitos que lhe eram conferidos pela lei civil ou houvesse uma coincidência entre os critérios civis determinantes da indemnização e os critérios penais relativos à reparação.

Diversamente deveria ocorrer, porém, quando o lesado não tivesse deduzido no processo penal o seu pedido de indemnização ou, tendo deduzido, ele não fosse plenamente reconhecido: admissível deveria ser o recurso ao processo civil para pleitear o seu direito à correcção do montante da reparação.

Hipótese especial ocorria em relação aos crimes chamados *particulares* ou *semi-públicos*, dependentes de participação ou acusação particular, estabelecendo o § 1º do artigo 30º que "se a acção penal depender de participação ou acusação particular, a acção civil pode ser livremente intentada, mas, se o for, ficará por esse facto extinta a acção penal". Acresça-se, outrossim, que a transacção na acção civil impedia o exercício posterior do processo penal (artigo 31º, C.P.P. de 1929).

Um reforço do princípio da dependência do pedido de indemnização civil relativamente ao processo penal verificava-se no *Código da Estrada*, cujo artigo 67º estabelecia que poderiam ser obrigadas a intervir nos processos penais que tinham por objecto infracções previstas naquele Estatuto os próprios *responsáveis civis* pelo facto atribuído ao arguido. Nesta última hipótese defendia-se uma bipartição do critério de avaliação da reparação conforme fosse referido ao arguido ou ao civilmente responsável, em relação a este preponderando apenas o critério de natureza civil.

À guisa de conclusão deste escorço histórico, destaque-se a defesa da manutenção do processo de adesão da reparação ao processo penal, com vista aos seguintes objectivos: incremento do fim retributivo e preventivo da pena; exclusão de julgamentos contraditórios; propiciação de uma economia processual; satisfação de forma mais barata e rápida do direito do lesado à indemnização.

Situação já verificada em relação ao período anterior, com o advento do C.P.P. português de 1987 o papel do ofendido pode ser analisado a partir da figura do assistente, sendo afirmado que "ao tratar o ofendido como mero participante processual e ao vincular à sua constituição como assistente para assumir a veste de sujeito do processo, é ainda da formalização necessária a uma realização mais consistente e efectiva dos direitos da vítima que se trata"[334]. Ou seja, caracterizada como *ofendido*, no processo penal português a vítima assume o papel de sujeito processual a partir da sua constituição como assistente[335].

Posto isto, "para uma autêntica protecção da vítima, mais decisivo ainda que o auxílio 'social' em sentido amplo que lhe possa ser prestado é o conferir-lhe voz autónoma logo *ao nível de processo penal*, permitindo-lhe uma acção conformadora do sentido da decisão final e tornando possível que, sem incómodos e despesas que não possam ser suportados, a vítima possa obter no próprio processo penal a indemnização das perdas e danos sofridos com o crime", devendo a sua intervenção processual ser formalizada "na veste de assistente"[336]. Se uma das finalidades atribuídas ao processo penal português é justamente o restabelecimento da paz jurídica (*supra*), nada mais acertado que se procure a reabilitação também do ofendido, muitas vezes obtida através da sua participação efectiva e responsável no modelar da decisão final[337].

No que à reparação dos danos respeita, a reforma manteve o *princípio geral da adesão*, estabelecendo o artigo 71º do C.P.P. que "o pedido de indemnização civil fundado na prática de um crime é deduzido no processo penal respectivo, só o podendo ser em separado, perante o tribunal civil, nos casos previstos na lei". Os casos por último citados são aqueles constantes nas diversas alíneas do artigo 72º, nº 1, sendo que alguns deles constituem verdadeiras alternativas abertas à vítima

---

[334] DIAS, Jorge de Figueiredo. Sobre os sujeitos processuais..., cit., p. 10.

[335] RODRIGUES, Anabela Maria Pinto de Miranda. L'assistant..., cit..

[336] DIAS, Jorge de Figueiredo. Sobre os sujeitos processuais..., cit., p. 10. Uma manifestação legislativa nesse sentido pode ser encontrada no DL nº 432/91, que trata a *indemnização dos lesados por um crime*. No sentido do texto é o que literalmente afirma ANABELA RODRIGUES (RODRIGUES, Anabela Maria Pinto de Miranda. L'assistant..., cit..): "ce qui se traduit déjà par une *véritable* protection de la victime est de lui conférer une voix autonome immédiatement au niveau de la procédure pénale, rendant ainsi possible que, sans soucis et dépenses qui ne puissent être supportées, la victime puisse obtenir, au niveau même du procès pénal, l'indemnisation des dommages et intérêts entraînés par le crime, ce que notre système rend totalement possible (...) avec son intervention en qualité d'*assistant*".

[337] OLIVEIRA, Odete Maria de. *Problemática da vítima de crimes*, cit., p. 169.

face ao *princípio geral da adesão*, falando-se em relação a elas na predominância de um *princípio da opção*.

O fundamento para a consagração do *princípio geral da adesão* é procurado na perspectiva tanto do interesse da vítima como do interesse geral. Quanto à vítima, a adesão propicia uma economia de tempo e dinheiro, pois este processo é mais célere e barato que o processo cível ou administrativo, além de favorecer o aproveitamento das provas carreadas para o processo pelo ministério público e pelas demais entidades repressivas. Quanto ao interesse geral, a adesão pode constituir um remédio para a inércia probatória do ministério público como também beneficia o objectivo da descoberta da verdade – a que tende o processo penal –, tendo em vista os elementos de prova fornecidos pela vítima. Por outro lado, através da adesão verifica-se uma maior eficácia da prevenção geral e especial, levando-se em conta o reforço que a indemnização pelos danos sofridos acrescenta à pena. Enfim, com a adesão afasta-se o risco de contradição entre os julgados civil e penal[338].

Se, como ocorria no período anterior, a reparação de danos arbitrada em processo penal tinha natureza especificamente penal, sendo considerada uma parte da pena pública, após a *Reforma* foi determinada a característica de uma verdadeira acção civil dessa reparação (art. 377º C.P.P.)[339], conquanto mantida a obrigatoriedade da sua adesão ao processo penal, salvo as excepções legais[340], já visto.

A conclusão no sentido da natureza exclusivamente civil da reparação de perdas e danos arbitrada em processo penal decorre dos seguintes elementos: respeito pelos princípios básicos do processo civil, nomeadamente o princípio da necessidade do pedido[341]; a vinculação do

---

[338] PIMENTA, José da Costa. *Código de processo penal anotado*, cit., p. 236.

[339] Confirmando, na jurisprudência: "A indemnização por perdas e danos provocados pela prática de um crime é regulada pela lei civil, pelo que a essa lei – arts. 483º e segs. do CC – se têm de ir buscar não só os pressupostos da responsabilidade civil, como também as regras de determinação dos danos a indemnizar" (Ac. STJ de 26 de Outubro de 1989; *AJ*, nº 2, 4). E mais: "O art. 377º, nº 1, do CPP, tem em vista, tão somente, as situações em que apesar de o arguido ser absolvido pelos factos que constituem ilícito criminal, permaneçam factos que constituam responsabilidade civil objectiva, nos termos previstos no art. 483º, nº 2, do CC" (Ac. STJ de 20 de Maio de 1999, proc. nº 77/99-3ª; *SASTJ*, nº 31, 88).

[340] DIAS, Jorge de Figueiredo. Sobre os sujeitos processuais..., cit., p. 15; Idem, *Direito processual penal. Lições...*, cit., p. 71-72.

[341] Princípio do pedido (*ne procedat judex ex officio*; *ne eat judex ultra vel extra petita partium*) este que foi objecto de alterações significativas a partir da Lei nº 59/98,

544   *O Processo Penal como Instrumento de Política Criminal*

tribunal ao direito civil no que toca ao *an* e ao *quantum respondeatur*; a decisão penal em matéria cível constitui caso julgado nos termos em que a lei atribui eficácia de caso julgado às sentenças civis[342].

Tal situação foi consequência da forma como a reparação de danos passou a ser configurada no âmbito do Direito Penal material, estabelecendo o art. 129 do Código Penal português de 1982[343] que "a indemnização de perdas e danos emergente de crime é regulada pela lei civil", passando assim a ser matéria estranha à doutrina das reacções criminais[344].

---

de 25 de Agosto, visando melhorar a protecção do lesado no processo penal. Exemplificativamente, dispõe o actual art. 75º do C.P.P. que "logo que, no decurso do inquérito, se tomar conhecimento da existência de eventuais lesados, devem estes ser informados, pela autoridade judiciária ou pelos órgãos de polícia criminal, da possibilidade de deduzirem pedido de indemnização civil em processo penal e das formalidades a observar". A omissão do dever de informação do lesado passa a constituir fundamento para a dedução do pedido em separado (art. 72º, nº 1, i), sendo esse dever alargado aos órgãos de polícia criminal, quando for caso disso. Estabelece-se a obrigação de as pessoas interessadas em deduzir o pedido de indemnização o declararem no processo até ao encerramento do inquérito, de modo a garantir mais eficazmente a constituição de partes civis e a sua intervenção no processo, através dos procedimentos de notificação próprios e obrigatórios para esse fim (art. 75º, nº 2).

[342] Elucidativo a este respeito na jurisprudência: "I – A indemnização de perdas e danos emergentes de crime é regulada pela lei civil quantitativamente e nos seus pressupostos; porém, processualmente, é regulada pela lei processual penal. II – Em processo penal vigoram os princípios da investigação e da livre apreciação da prova, mesmo em relação ao pedido de indemnização por perdas e danos. III – Por isso, não há, mesmo nesse aspecto, que considerar o princípio do ónus da prova, e não tem efeitos cominatórios a falta de contestação (Ac. STJ de 12 de Janeiro de 1995; *CJ, Acs. do STJ*, III, tomo 1, 181).

[343] Já com a alteração introduzida pelo Dec.-Lei nº 48/95, de 15 de Março, correspondendo, com ligeira alteração de forma, ao art. 128º da versão original.

[344] O mencionado dispositivo legal gerou acesa polémica a respeito do enquadramento jurídico que ele atribuía à reparação de danos: se eliminava o anterior processo de adesão do pedido de reparação à acção penal respectiva; se ele apenas conferia natureza civil à decisão pronunciada em processo penal a esse respeito; se ele afectava a subsistência do carácter oficioso da reparação, entre outros aspectos controvertidos. Em relação à controvérsia escreveu BARREIROS (BARREIROS, José António. O futuro do processo criminal. *Revista do Ministério Público*, Lisboa, a. 4, v. 15, p. 75-106, 1983, p. 81, nº 4) que "não parece no entanto que o art. 128º do Código Penal tenha um alcance mais amplo do que o de decidir a querela sobre a natureza jurídica da decisão proferida em processo penal quanto à questão das perdas e danos, matéria sobre a qual o legislador se decidiu pela qualificação de tal decisão como de natureza civil com os concomitantes efeitos do caso julgado no foro penal e civil".

Modelo Português 545

Conquanto fosse esse o quadro legislativo, doutrinariamente não se ignorava a proposta de se conferir relevo penal à indemnização emergente do crime, podendo ser identificada a existência de uma defesa dos méritos político-criminais de uma substituição da concepção bipolar das consequências do delito (penas e medidas de segurança) por uma concepção tripolar (penas, medidas de segurança e indemnização, ou reparação, do dano). Quanto a este aspecto havia o entendimento de que a proposta deveria merecer a maior atenção por parte do Legislador português do futuro[345]. Mantida a simpatia pela ideia, a indagação que restava era a de saber se a reparação deveria figurar necessariamente como um *tertium genus* das sanções penais, ao lado das penas e das medidas de segurança, ou se, ao invés, não bastaria (ou seria preferível) o seu enquadramento como um *efeito da condenação*, reconhecendo-lhe um estatuto processual correspondente[346].

Somente com a entrada em vigor do art. 2º, da Lei nº 59/98, de 25 de Agosto, a ideia ganhou corpo, tendo sido incluído no C.P.P. português o art. 82º-A, o qual prevê a possibilidade do tribunal oficiosamente arbitrar, como efeito penal da condenação, uma reparação pelos prejuízos sofridos quando o imponham particulares exigências de protecção da vítima. Com efeito, dispõe o art. 82º-A, C.P.P., que "não tendo sido deduzido pedido de indemnização civil no processo penal ou em separado, nos termos dos artigos 72º e 77º, o tribunal, em caso de condenação, pode arbitrar uma quantia a título de reparação pelos prejuízos sofridos quando particulares exigências de protecção da vítima o imponham". No caso de arbitramento dessa reparação, além da necessidade de se assegurar o respeito pelo contraditório, a quantia arbitrada deverá ser levada em conta na acção que conheça autonomamente do pedido civil de indemnização (art. 82º-A, nºs 2 e 3). Preserva-se com isso a autonomia e a natureza civil do pedido de indemnização, mas não se posterga a protecção das vítimas carentes, viabilizando-se um processo em que não se exige qualquer formalidade[347].

Particularmente quanto ao papel da vítima nos módulos de natureza consensual, a despeito de a Lei nº 43/86 (Autorização Legislativa) ter previsto para a *suspensão provisória do processo* a necessidade de concordância do *ofendido* (art. 2º, nº 2, al. 46), o art. 281º, nº 1, a̲,

---

[345] DIAS, Jorge de Figueiredo. *Direito penal português – parte geral II*, cit., p. 46.
[346] Idem, ibidem, p. 79.
[347] MOTA, José Luís Lopes da. A revisão..., cit., p. 178.

546   *O Processo Penal como Instrumento de Política Criminal*

elegeu como pressuposto para o mencionado Instituto a concordância do *assistente*. O silêncio acerca da necessidade de manifestação da vontade especificamente do ofendido gerou certa perplexidade na doutrina, tendo em conta que outras pessoas além dele podem constituir-se como assistentes no processo penal (art. 68°, n° 1).

Relativamente a essa perplexidade há o entendimento de que o condicionamento à concordância do assistente atende a um interesse de se limitar a aplicação da *suspensão provisória do processo*, de modo que ao exigir a sua aquiescência o Código ampliou o leque das pessoas que podem opor-se à referida *suspensão*. Assim, ampliando o rol das pessoas que podem intervir na modelação do decurso do processo penal verifica-se uma restrição ao uso da *suspensão*, exigindo-se um consenso mais alargado[348]. Daí decorre o entendimento de que não somente o ofendido deve ser ouvido quanto à suspensão mas também aqueles outros que possam ser revestidos do estatuto de assistente.

Portanto, a circunstância de o Código ter aludido ao *assistente* e não ao *ofendido* não pode conduzir ao entendimento de que o legislador se desinteressa pela perspectiva deste último e, com isso, posterga os direitos e interesses da vítima. Ao invés, sustenta-se a admissibilidade de intervenção efectiva da vítima no modelar da decisão relativa à suspensão provisória do processo. Ou seja, a previsão do art. 281°, n° 1, a, não exclui a vítima do espaço de consenso aberto pela *suspensão*, mas apenas diz respeito à necessidade da concordância do assistente, caso haja a sua constituição como tal no processo[349].

Em síntese, levando-se em conta que nos casos de incidência do art. 281° C.P.P. persiste o interesse público na persecução, "impõe-se que à vítima seja dada a oportunidade de, constituindo-se assistente, poder opor-se àquela suspensão provisória do processo", face às limitadas possibilidades que lhe são abertas de actuar na conformação da decisão final[350].

---

[348] OLIVEIRA, Odete Maria de. *Problemática da vítima de crimes*, cit., p. 177-178.

[349] Idem, ibidem, p. 180-181. Aliás, aponta-se mesmo a preocupação do Legislador para com os interesses e direitos da vítima, como se percebe pela inclusão das injunções de "indemnizar o lesado" e de "dar ao lesado satisfação moral adequada" no rol das injunções oponíveis ao arguido.

[350] Idem, ibidem, p. 182. Segue-se a proposta (p. 185-186) nos termos seguintes: dever do ministério público de ouvir o ofendido na busca de caminhos alternativos para a pacificação do conflito; necessidade do ministério público avisar o ofendido do encaminhamento do processo no sentido de uma eventual *suspensão provisória*; dever de

Modelo Português 547

Contudo, apesar das justas expectativas de se obter a reabilitação da vítima através da suspensão provisória do processo, principalmente com vista ao estabelecimento de um espaço para a interacção entre as partes em busca do diálogo, do consenso e da reconciliação, na "praxis" dos tribunais que suspenderam processos a vítima aparece numa situação de debilidade, conquanto a posição processualmente forte foi reservada apenas à vítima que se constituiu assistente: só esta, como sujeito processual, tem direitos assegurados, nomeadamente o de se opor à suspensão. Considerando o quase total apagamento da figura do assistente na prática da *suspensão* (*infra*), é inevitável a conclusão de que esta "medida só muito excepcionalmente poderá servir como um campo para experiências de mediação entre vítimas e delinquentes"[351].

7.5 – Assistente.

Já demonstrada no estudo sobre a vítima a importância da figura do *assistente* também para as hipóteses de natureza consensual do C.P.P. português, impõe-se um maior aprofundamento sobre o seu estatuto processual.

Pode ser afirmado que o assistente é a veste obrigatória para que a vítima intervenha no processo penal, ressalvadas as hipóteses de ela figurar como parte civil ou apenas como testemunha. É o próprio C.P.P. português a dispor no seu art. 68°, n° 1, a, a possibilidade de "os ofendidos, considerando-se como tais os titulares dos interesses que a lei especialmente quis proteger com a incriminação, desde que maiores de 16 anos", se constituirem assistentes no processo penal. Desde logo, portanto, a informação de que não se confundem as figuras do assistente e da vítima, esta última integrante do conceito mais genérico de ofendido.

Revestido, pois, da condição de assistente, o ofendido actua como verdadeiro colaborador do ministério público, subordinando a este último a sua intervenção no processo (art. 69°, n° 1) e sendo titular de direitos

---

informação do ofendido, investido na condição de assistente, da possibilidade da sua oposição à *suspensão*; dever de comunicação ao ofendido do despacho de suspensão provisória, arquivamento ou prosseguimento do processo.

[351] ALMEIDA, Maria Rosa Crucho de. A suspensão provisória do processo penal, cit., p. 61 e 77. Na primeira das citadas passagens (p. 61) é apontado pela Autora um dos factores que favoreceram a pouca expressão da vítima na *suspensão provisória do processo*: o facto de terem sido suspensos com mais frequência processos por crimes sem do que com vítimas (valores de 56% e de 44%, respectivamente).

548 *O Processo Penal como Instrumento de Política Criminal*

processuais autónomos que lhe permitem, inclusive, exercer uma acção conformadora no sentido da decisão final[352].

Ao assistente são reconhecidas as seguintes possibilidades: de intervir no inquérito e na instrução, oferecendo provas e requerendo as diligências que se afigurem necessárias; de deduzir acusação independente da exercida pelo ministério público e, no caso de procedimento dependente de acusação particular, ainda que aquele a não deduza; de requerer instrução em relação aos factos pelos quais o ministério público não tenha deduzido acusação; de interpor recurso das decisões que o afectem, mesmo que o ministério público não o tenha feito (art. 69º, nº 2). Ele intervém no processo penal, nessa condição, mesmo em relação a crimes de acção penal pública, na medida em que se revele titular "dos interesses que a lei quis especialmente proteger com a incriminação" (art. 68º, nº 1, a).

Assim sendo, a concordância do assistente como pressuposto legal da suspensão provisória do processo, por um lado, e a consideração das consequências para a vítima e a conduta do agente, por outro, são identificados como aspectos da *bilateralidade* que sugere essa alternativa processual de base consensual.

Pese embora a expectativa depositada no plano formal, "quando se passa do plano existencial da vítima para o plano jurídico do assistente, opera-se uma transformação substancial, pois vítima e assistente são realidades bem distintas". Dessa forma, "a experiência revela que a troca da figura da vítima/ofendido pela figura do assistente serve mal alguns dos objectivos político-criminais atribuídos à suspensão provisória". "Por conseguinte, a expectativa de que, através desta medida, a vítima viesse a desempenhar um papel de primeiro plano na procura de soluções de consenso malogrou-se, na prática, devido ao quase total apagamento da figura do assistente"[353].

---

[352] RODRIGUES, Anabela Maria Pinto de Miranda. L'assistant..., cit..; DIAS, Jorge de Figueiredo. Código de processo penal e outra legislação processual penal, cit., p. 19-20. Estabelece o artigo 69º, nº 1, do C.P.P. português que "os assistentes têm a posição de colaboradores do ministério público, a cuja actividade subordinam a sua intervenção no processo, salvas as excepções da lei".

[353] ALMEIDA, Maria Rosa Crucho de. A suspensão provisória do processo penal, cit., p. 53-54. O comentário tem como base o levantamento estatístico realizado após o sétimo ano de vigência do C.P.P., com referência particular aos anos de 1993 e 1994.

7.6 – Tribunal.

Estabelece o art. 9°, n° 1, do C.P.P. de 1987 que "os tribunais judiciais administram a justiça penal de acordo com a lei e o direito". Afirma-se então que "a ordem de preferência – lei e direito – significa que a primeira tarefa na aplicação da justiça penal é a subsunção à lei (em sentido material, escrita e formalmente válida), e só em segunda linha e de modo subsidiário se colocará a aplicabilidade do ordenamento ou das normas que tenham todos os requisitos de legitimidade e de justiça intrínseca embora não os da lei no sentido que ficou definido". Com isso consagra-se no Código o monopólio da jurisdição penal e a sujeição dos tribunais à lei[354].

Importante é a independência do juiz e a sua submissão à lei e ao direito, na medida em que isso subtrai à sua responsabilidade a promoção do melhoramento efectivo da situação de facto no que se refere ao respeito pelas leis e à manutenção dos valores fundamentais da ordem jurídica; não lhe cabe, portanto, a directa responsabilidade pelo combate à criminalidade, pelo que se encontra desvinculado de tomar decisões úteis para a mais eficaz realização daquela missão mas que sejam potencialmente desconformes com a lei[355].

Com peculiar sagacidade e considerando cada uma das fases do processo penal, FIGUEIREDO DIAS[356] diferencia este sujeito processual consoante o estatuto específico que lhe é reservado: como titular da fase de julgamento ou da instrução; como entidade competente para praticar em todo o processo determinados actos processuais singulares quando traduzirem um ataque directo a direitos, liberdades e garantias das pessoas constitucionalmente protegidos. Diferenciadas as duas situações, segue-se a distinção dos princípios jurídico-constitucionais incidentes com primazia em cada uma delas.

No C.P.P. de 1987 foi mantida a integral jurisdicionalização da fase de investigação, no sentido exacto de estar prevista a competência para um juiz de instrução intervir (autorizando ou em alguns casos praticando) em todas medidas investigatórias "que directamente contendem

---

[354] GONÇALVES, M. Maia. *Código de processo penal anotado*, cit., p. 68-69.

[355] SILVA, Germano Marques da. *Curso...*, v. I, cit., p. 165.

[356] Sobre os sujeitos processuais..., cit., p. 15-16. Assim que, *v.g.*, se um princípio como o da *independência* alcança ambas as posições processuais por ele exercidas, já princípios como os do monopólio da jurisdição e do juiz natural dizem respeito mais directamente à sua condição de *dominus* de uma fase processual.

550 O Processo Penal como Instrumento de Política Criminal

com os direitos, liberdades e garantias das pessoas", cabendo somente aos juízes "a totalidade das funções materialmente judiciais"[357]. A razão subjacente a uma tal construção é a de evitar a crítica fundada numa transformação da função judicial em trabalho de polícia e naquela exercida pelos órgãos encarregados da investigação, diversamente da sua atribuição natural que é a de dar decisões.

É particularmente relevante o estatuto deste sujeito processual para o fim de criação de um ambiente propício às formas de diversificação processual. Efectivamente, segundo COSTA ANDRADE[358] duas são as notas reveladoras do *pathos* de que se reveste o juiz na Ordem processual penal portuguesa: desde logo é de enaltecer que seja somente sobre a livre convicção do tribunal que assenta a decisão da causa, convertendo-o em instância de subjectivização e unificação da prova; por outro lado – e de grande importância para as formas de diversificação processual – é decisiva a circunstância de o juiz português protagonizar de algum modo a interacção dramática da acção de julgamento, pois, interagindo com os demais sujeitos processuais, converte-se em "outro significante", aberto e comunicativo, figurando dessa forma como referente de expectativas e frustrações e objecto possível de "manipulação". Para as formas de diversificação processual esta última característica releva na medida em que atenua a compreensão da decisão como epifania inefável da graça do juiz, à margem de toda a intervenção conformadora e legitimadora dos demais sujeitos processuais. Assim, concretamente, a existência de uma comunicação entre o tribunal e o acusado possibilita que transpareçam – por meio da natureza e direcção das suas investigações – o modo como o primeiro está a formar a sua livre convicção, permitindo a este último formular melhor a sua estratégia processual, inclusive, com a abertura para um consenso.

Já vista a importância da função de controle a ser exercida pelo juiz quanto à voluntariedade e intelegibilidade da anuência que é prestada nos Institutos fundados num consenso, no que se refere à *suspensão provisória do processo* do Ordenamento Jurídico português essa intervenção do juiz é vista como mera *rotina*, apontada a sua insuficiência para afastar os inconvenientes a que dá lugar esta *suspensão*[359].

---

[357] RODRIGUES, Anabela Miranda. O inquérito no novo código de processo penal, cit., p. 64-65.

[358] ANDRADE, Manuel da Costa. Sobre as proibições de prova..., cit., p. 207/208.

[359] PIMENTA, José da Costa. *Código de processo penal anotado*, cit., p. 616.

Diga-se de passagem que antes mesmo do advento do C.P.P. português de 1987 e das manifestações de consenso nele inseridas já se apontava o poder moderador atribuído ao juiz nessa matéria, incumbindo-lhe vedar a ocorrência de acordos processuais leoninos, simulados, coactivos, ou que pusessem em risco as características essenciais do sistema acusatório[360].

A ideia repercutiu-se na jurisprudência sobre a *suspensão provisória do processo*, sendo discutido o âmbito dos poderes de apreciação do juiz de instrução quanto à proposta de *suspensão* apresentada pelo ministério público e a admissibilidade de recurso do despacho negativo do juiz de instrução. Quanto à primeira questão, a jurisprudência tem-se mostrado defensora de uma interpretação ampla dos poderes de apreciação do juiz de instrução: o juiz pode examinar a qualificação dos factos criminosos feita pelo ministério público (Ac. Relação de Lisboa de 26 de Abril de 1988), bem como pode apreciar o conteúdo das injunções e regras de conduta que se pretende impor ao arguido (Ac. Relação de Coimbra de 26 de Junho de 1991). No que se refere à admissibilidade de recurso do despacho do juiz de instrução desfavorável à proposta de suspensão formulada pelo ministério público, o Ac. da Relação de Lisboa de 26 de Junho de 1990 pronunciou-se no sentido de ser irrecorrível aquele despacho, "uma vez que o instituto foi estruturado dentro de um esquema de um acordo de vontades convergentes, e que tal acordo só pode existir quando cada um dos intervenientes obrigados a manifestar a sua vontade o exprime no mesmo sentido dos demais". Não obstante, quanto a este último aspecto verifica-se uma divergência jurisprudencial, tendo em vista que o Ac. da Relação de Coimbra de 16 de Junho de 1993 implicitamente reconheceu a admissibilidade de recurso contra o despacho negativo do juiz de instrução.

Formalmente, pois, a subordinação da suspensão à concordância do juiz de instrução dá lugar a um espaço institucional de consenso, onde se busca uma *convergência de opnião* para decidir da conveniência da suspensão e uma identificação da injunção ou regra de conduta a ser imposta.

---

[360] BARREIROS, José António. Processo penal: os anos do fim, cit., p. 32.

552   *O Processo Penal como Instrumento de Política Criminal*

8 – Pronunciamento jurisdicional.

8.1 – Natureza jurídica.

Não sem razão afirma-se que "a suspensão do inquérito implica, porém, a 'suspensão' da opção de fixar o objecto do processo". Assim, não se verificando o cumprimento das injunções e regras de conduta a acusação subsequente é que irá produzir a fixação do objecto do processo; diversamente, se houver o cumprimento das injunções e o processo for arquivado não mais poderá ser reaberto[361].

Em virtude mesmo da consequência por último assinalada, surge o problema acerca da natureza da decisão de arquivamento operada após o cumprimento das regras de conduta. Ressalvada a necessidade de que nessa decisão intervenha o juiz de instrução criminal (JIC), opina SOUTO DE MOURA[362] que o arquivamento nos termos do nº 3 do art. 282º terá que se revestir da força de caso julgado material, importando, pois, na delimitação da matéria fáctica sobre a qual recaiu a opção de arquivar ou suspender os autos; caso contrário não seria possível fixar os limites do caso julgado que se pretende operar.

Sustenta-se, então, que o despacho do ministério público decidindo arquivar (art. 280º) ou suspender (art. 281º) o processo deverá conter, necessariamente, o esclarecimento dos factos que ele entenda por indícios suficientes. Ou seja, nos mencionados despachos deverão ser inseridas não só a identificação do arguido como também a narração dos factos, ainda que sintética, como se se estivesse a formular a acusação nos termos do art. 283º, nº 3, a e b do C.P.P.. Somente assim poderá ocorrer, após o cumprimento das regras de conduta ou injunção, a fixação do objecto da *suspensão* e o efeito de caso julgado em relação aos factos por ela abrangidos[363].

Portanto, atribuindo às medidas tomadas nos arts. 280º e 281º do C.P.P. de 1987 (*arquivamento em caso de dispensa de pena* e a *suspensão provisória do processo*) a natureza de "decisões de mérito sobre o

---

[361] MOURA, José Souto de. Notas sobre o objecto do processo, cit., p. 43.

[362] Idem, ibidem, p. 44. O argumento utilizado para a defesa da necessidade de intervenção do JIC reside em que, em primeiro lugar, somente assim se pode lograr o efeito do caso julgado material, e em segundo lugar, a omissão da previsão legal a esse respeito deve-se apenas ao facto de ser o ministério público quem preside à fase do inquérito.

[363] Idem, ibidem, p. 45.

fundo da causa", MOURA[364] sustenta que "não se trata pois só de decisões meramente absolutórias ou negativas que se produzirão com base na fase investigatória" mas, tendo em vista a imposição de injunções e regras de conduta mais ou menos graves para o arguido, essas decisões "sempre exigem a completa apreciação do caso, como se da fase de julgamento se tratasse". Decorre disso a sujeição das citadas medidas à intervenção do juiz de instrução criminal, preservando-se assim "o monopólio do juiz para a prática de actos materialmente jurisdicionais". Todavia, sendo decisiva nestas duas hipóteses, a palavra do ministério público adquire um carácter *sui generis*: ainda que os seus actos não possam ser considerados juridicionais, também não se caracterizam como actos administrativos, pura e simplesmente.

A despeito do mencionado posicionamento, há o entendimento de que "o arquivamento é sempre uma decisão de natureza meramente processual; não implica nunca um juízo de mérito, embora possa ser determinado por razões materiais e não simplesmente processuais"; e, ainda, que "mesmo nas hipóteses dos arts. 280° e 282° o arguido há-de continuar a presumir-se inocente, pois o juízo que determinou o arquivamento ao abrigo do art. 280° ou a imposição de injunções e regras de conduta no âmbito do art. 281° é meramente hipotético"[365].

8.2 – Verificação da responsabilidade penal.

Após negar a característica de penas das injunções e regras de conduta a serem impostas na *suspensão provisória do processo*, COSTA PIMENTA[366] sustenta tratarem-se de medidas de natureza processual, sendo condições impostas para o arquivamento do processo, "não obstante a verificação da culpabilidade do arguido". Deduz-se, pois, que defendida foi a necessidade de verificação da responsabilidade penal para os fins da *suspensão*.

Diversamente, para COSTA ANDRADE[367] a imposição das injunções e regras de conduta ocorre pondo-se entre parêntesis a comprovação da

---

[364] Idem, ibidem, p. 98.

[365] SILVA, Germano Marques da. *Curso...*, v. III, cit., p. 103. Especificamente quanto ao arquivamento em caso de dispensa de pena, mesmo na hipótese em que ele é realizado por iniciativa do juiz de instrução (art. 280°, n° 2), não implica uma decisão de fundo, assumindo apenas a natureza processual (p. 105).

[366] *Código de processo penal anotado*, cit., p. 617.

[367] Consenso e oportunidade, cit., p. 354.

culpabilidade do arguido. Aliás, com anterioridade, já sustentava FARIA COSTA[368] que o âmbito da diversão em sentido preciso, no espaço da qual opera a suspensão provisória do processo, se refere à resolução das situações conflituais que ocorram antes da declaração da culpabilidade, ou antes da determinação da pena.

9 – Efeitos.

Ligada ao tema por último enfocado está a questão a respeito dos efeitos da *suspensão provisória do processo*.

Efeito de ordem geral é que se o arguido cumpre as injunções e regras de conduta no período determinado o ministério público arquiva o processo, não podendo ser reaberto, com a consequência do efeito do *caso julgado*; se o arguido não as cumprir o processo prossegue (acusação, eventual instrução e julgamento) e as prestações feitas não podem ser repetidas (art. 282º, nº 3).

Quanto a esta última hipótese vale a ressalva de que "não pode ser um não cumprimento *objectivo* que tem a virtualidade de desencadear o prosseguimento dos autos e a irrepetibilidade das prestações", não bastando mesmo a mera negligência. "Há-de tratar-se de um incumprimento doloso". Por outro lado, não se reconhece ao ministério público qualquer juízo de oportunidade oficial neste caso: deverá necessariamente emitir o despacho que faz cessar a suspensão do processo e dar-lhe andamento; ou seja, não lhe é permitido modificar as regras de conduta e injunções, como, por exemplo, advertir o arguido sobre o incumprimento ou exigir dele uma garantia a esse respeito ou mesmo prorrogar o período de suspensão[369].

Por seu turno, para MAIA GONÇALVES[370] é necessário que o não cumprimento das injunções e regras de conduta "seja imputável ao arguido pelo menos a título de culpa"; entende ainda o Autor que as faltas mínimas, cujo desvalor ético-jurídico seja de significado reduzido, podem ser supridas por uma solene advertência, ao contrário de se prosseguir com o processo.

---

[368] Diversão…, cit., p. 5.

[369] PIMENTA, José da Costa. *Código de processo penal anotado*, cit., p. 619.

[370] *Código de processo penal anotado*, cit., p. 437; NETO, Manuela. *Do inquérito*, cit., p. 87.

Vale salientar que após o sétimo ano de vigência do C.P.P. a percentagem de arquivamentos ocorridos a seguir à aplicação da *suspensão* foi de 75% (setenta e cinco por cento), sendo de apenas 2% (dois por cento) os casos de prosseguimento do processo, na sua maioria decorrentes do não cumprimento das injunções de entregar donativos ou de indemnizar as vítimas. Assim, embora tenha sido inexpressivo o número de utilizações da *suspensão provisória* (*infra*), o escasso número de insucessos permite concluir que ela provou ser uma medida bem sucedida, pelo menos sob o ponto de vista de conseguir o assentimento ou a obediência dos arguidos quanto ao cumprimento das obrigações estipuladas[371].

É o próprio art. 282°, n° 2, a estabelecer que um outro efeito da *suspensão provisória do processo* é em relação ao prazo prescricional, o qual se mantém suspenso durante o período em que ela foi fixada. A este respeito afirma-se que "não ficam inutilizados os prazos que já decorreram até ao momento da suspensão; se o processo prosseguir, o prazo volta a correr, contando o tempo decorrido até ao momento em que foi decidida a suspensão provisória do processo"[372].

10 – Fundamentação.

As decisões tomadas nos casos de *arquivamento em caso de dispensa de pena* (art. 280°) e de *suspensão provisória do processo* (art. 281°) devem ser obrigatoriamente fundamentadas com a prova recolhida no inquérito e só nela[373].

11 – Recursos.

Afirma-se expressamente que os casos de encerramento 'conjunto' do processo, pelo M° P° e pelo juiz de instrução – cfr. arts. 280° e 281° –, são inimpugnáveis[374]. É o próprio n° 5 do artigo 281° do C.P.P. a estabe-

---

[371] ALMEIDA, Maria Rosa Crucho de. A suspensão provisória do processo penal, cit., p. 78-79.

[372] GONÇALVES, M. Maia. *Código de processo penal anotado*, cit., p. 437.

[373] SILVA, Germano Marques da. *Curso...*, v. III, cit., p. 101.

[374] MOURA, José Souto de. Inquérito e instrução, cit., p. 115.

lecer que a decisão sobre a *suspensão provisória do* processo, tomada em conformidade com o nº 1 do mesmo artigo, não é susceptível de impugnação.

A interdição da impugnação não inviabiliza a natureza consensual da *suspensão*, visto que o arguido pode invalidá-la a qualquer tempo, furtando-se, pura e simplesmente, ao cumprimento das injunções; assim sendo em relação ao arguido, defendia-se a possibilidade de a vítima--assistente impugnar a decisão, nos termos previstos para a decisão instrutória de não pronúncia[375].

Quanto à decisão denegatória, na jurisprudência há o entendimento de que "são irrecorríveis os despachos do Juiz que não apliquem uma suspensão provisória do processo, por discordar da proposta do Ministério Público nos termos do artigo 281º do Código de Processo Penal" – Ac. Rl, de 26.6.90, CJ, 1990, tomo 3, p. 170.

12 – Delimitação da aplicação.

Tenha-se como certa a advertência feita por FIGUEIREDO DIAS[376] de que a lei ordinária nunca deverá eliminar o *núcleo essencial* dos direitos fundamentais constitucionalmente assegurados ao cidadão, "mesmo quando a Constituição conceda àquela lei liberdade para os regulamentar".

---

[375] ANDRADE, Manuel da Costa. Consenso e oportunidade, cit., p. 350-351.

[376] *Direito processual penal*, cit., p. 74. Tratando amplamente do modelo funcional de Direito Penal, orientado para as consequências e, pois, fundado na prevenção, após repudiar uma coerência sem limites com uma política criminal preventiva, ANABELA RODRIGUES (RODRIGUES, Anabela Maria M.. *A determinação da medida da pena privativa de liberdade*, cit., p. 309) pondera que a esse paradigma são essenciais e irrenunciáveis certos limites, tais como os princípios do Estado de Direito, da humanidade e da tolerância, além de outras opções fundamentais da Constituição. Significa dizer que o Sistema Penal não pode encerrar-se, em termos de caracterização esgotante, numa racionalidade funcional (*Zweckrationalität*) absoluta. Afirma ainda que não devem ser esquecidos os elevados custos de um Direito Penal assim orientado para a eficácia, custos que não devem ser pagos a todo o preço, pois implicam a renúncia a princípios politicamente valiosos e que, na óptica unilateral apontada, são difíceis de manter. Em síntese, deve ser afastada toda a rejeição de princípios decorrente de uma euforia preventiva. Se estas considerações são basilares para o Sistema Penal como um todo, que o diga em relação ao processo penal – quando perspectivado a partir de uma orientação político criminal –, tendo em vista a sua natural vocação garantista.

É imprescindível, pois, a submissão do modelo consensual ao crivo da constitucionalidade; aliás, por este condicionamento deveria passar toda a regulamentação do processo penal, face à imanência destes dois sectores do Ordenamento Jurídico. Todavia, nada desautoriza a ponderação de que a aferição da constitucionalidade de um sistema processual penal não deve ser realizada pela mera subsunção estática dos institutos jurídicos concretos que ele admita aos comandos abstractos da Constituição; diversamente, essa aferição deverá levar em conta a análise ponderada da respectiva estrutura constitucional, com vista a identificar os seus grandes princípios estruturadores, reconstituir o jogo de inter-relações entre os vários agentes intervenientes nesse processo, fixar os módulos, fases e graus do procedimento[377].

Digno de nota é que foi a própria Lei n° 43/86, *Autorização Legislativa em matéria de processo penal*, a condicionar a admissibilidade da *suspensão provisória do processo* aos "determinantes constitucionais".

O problema da delimitação dos novos Institutos processuais tem que ser cotejado com a livre manifestação de vontade dos sujeitos processuais, provocando implicações no modelo processual tradicional, inspirado este pelos princípios da publicidade, oficialidade, indisponibilidade, entre outros[378]. A livre manifestação de vontade do "visado" surge, pois, como o antídoto eficaz para afastar a generalidade das críticas – mesmo em termos jurídico-constitucionais – que são dirigidas aos procedimentos de diversificação, neles incluídos, por óbvio, os de base consensual. Ademais, esse assentimento do envolvido confere aos mencionados procedimentos um sentido positivo, tornando-os em inestimáveis instrumentos de política criminal, justificados nem tanto por uma "lógica de produtividade" (resultante da necessidade de deflação do sistema formal de controle: *eficientismo*) mas também por uma "lógica de justiça"[379].

---

[377] BARREIROS, José António. A nova constituição processual penal, cit., p. 435. Parte-se da constatação de que as normas que disciplinam o processo penal na Constituição devem ser interpretadas de acordo com a ordem infra-constitucional vigente num determinado espaço de tempo. Dessa forma, se ocorre uma alteração na Legislação processual penal infra-constitucional é necessária uma acomodação dos dispositivos constitucionais a essa nova Ordem, e não só o sentido inverso, em respeito à natureza aberta dos preceitos inseridos na Constituição.

[378] TORRES, Mário. O princípio da oportunidade no exercício da acção penal, cit., p. 231.

[379] DIAS, Jorge de Figueiredo. *Direito penal português – parte geral II*, cit., p. 68.

558 *O Processo Penal como Instrumento de Política Criminal*

Contudo, pese embora ser um referente necessário aos ritos de natureza consensual, a liberdade de manifestação da vontade não está isenta de abusos e desvios, pressupondo, pois, uma delimitação da sua validade. Citando AMELUNG[380], COSTA ANDRADE[381] aponta dois desses perigos: "a) a manipulação abusiva do consentimento para fins de legitimação e integração sistémico-social; b) a manifestação de 'consentimento' sem liberdade, dada a assimetria na interacção entre, v.g., um suspeito e um agente da polícia criminal".

A partir mesmo de uma fusão que se verifica entre os direitos fundamentais e os princípios estruturais do processo penal, é possível afirmar-se que também estes princípios são tutelados por aqueles direitos fundamentais. Estando os direitos fundamentais voltados não só para a protecção do cidadão mas também para a tutela do interesse comunitário em que o processo judicial decorra segundo as regras do Estado de Direito, inadmissível se mostra que o interessado possa, sem mais, renunciar à observância de tais máximas processuais, "já que por essa via não seriam só os seus interesses mas também os do Estado a ser postos em causa"[382]. Urge, pois, efectuar a conformação jurídico-constitucional e processual dessas hipóteses de manifestação de vontade no âmbito de soluções processuais de natureza consensual.

12.1 – Limites constitucionais.

Nos termos da prescrição anteriormente anunciada, procedeu bem o Legislador português ao decidir-se pela realização do controle prévio de constitucionalidade do C.P.P. de 1987, através do proc. nº 302/86, verificando-se a partir desse controle a correcção de diversos problemas que poderiam ser gerados com a aplicação prática do Código. Resultado do mencionado controle foi o acórdão nº 7/87 do Tribunal Constitucional, de 09 de Janeiro de 1987, publicado no suplemento ao *Diário da República* do mesmo ano.

---

[380] AMELUNG, K. *Die Einwillingung in die Beeinträchtigung eines Grundrechtsgutes. Eine Untersuchung im Grenzbereich von Grundrechts-und Strafrechtsdogmatik*, Berlin, 1981, p. 10.

[381] ANDRADE, Manuel da Costa. Consenso e oportunidade, cit., p. 332.

[382] Idem, ibidem, p. 333. Em outra fonte, o mesmo COSTA ANDRADE (*Idem, Sobre as proibições de prova...*, cit., p. 118) aponta os *direitos fundamentais* como imanentes aos princípios constitucionais, mormente o do modelo do Estado de Direito e da protecção da dignidade da pessoa humana, devendo ser erigidos em complexidade irredutível do discurso da criminalização, seja no plano do Direito Penal material, seja no plano do processo penal.

Modelo Português 559

No que respeita aos Institutos com base consensual do C.P.P., particularmente em relação à *suspensão provisória do processo* o controle de constitucionalidade incidiu em diversos pontos: declarando a inconstitucionalidade da redacção original dos números 1 e 2 do art. 281º, enquanto não previam qualquer intervenção do juiz (violação dos arts. 32º, nº 4, e 206º da Constituição portuguesa); pronunciando-se pela inconstitucionalidade também do nº 4 desse artigo, o qual previa a possibilidade de modificação das injunções e regras de conduta no curso da suspensão, na medida em que a redacção original violava o direito à segurança previsto no nº 1 do art. 27 da Constituição. Os mencionados pontos foram objecto de correcção anterior à publicação do Código[383].

Tenha-se sempre em mente que no Ordenamento Jurídico português a tese da constitucionalidade dos mecanismos consensuais arranca-se a partir da dependência em que fica a sua efectivação da *concordância* do arguido[384].

Com efeito, antes mesmo da entrada em vigor do actual C.P.P. português, prevendo os mecanismos consensuais dos artigos 280º e 281º, já se advertia para os problemas de compatibilidade constitucional que

---

[383] Um rol dos argumentos apresentados em sustentação da inconstitucionalidade da *suspensão provisória do processo*, especialmente relacionados com a violação do princípio da legalidade (art. 224º, nº 1, da Constituição), ofensa ao princípio da igualdade (art. 13º CRP) e usurpação do exercício da função jurisdicional pode ser encontrado em: SILVA MIGUEL, João Manuel da. Princípio da oportunidade, cit., p. 77. Partindo do entendimento de que a *suspensão provisória do processo* não viola o nº 4 do art. 32º e o nº 1 do art. 224º, ambos da Constituição, uma vez que a atribuição que no primeiro se faz ao juiz da competência para a instrução não é obstáculo para que o ministério público dirija e encerre o inquérito, arquivando-o ou deduzindo acusação, o Tribunal Constitucional assim se manifestou neste Acórdão sobre os pontos focados: quanto à admissibilidade da *suspensão* em si mesma foi afirmado que ela não levanta, em geral, qualquer obstáculo constitucional; foi declarada a inadmissibilidade da atribuição ao ministério público da competência para a suspensão do processo e imposição das injunções e regras de conduta previstas na lei sem a intervenção de um juiz, o de instrução, por violação dos artigos 32º, nº 4, e 206º da Constituição; a possibilidade de modificação das injunções e regras de conduta impostas até ao final do período de suspensão foi considerada inconstitucional por ofensa ao direito à segurança consagrado no nº 1 do artigo 27º da Constituição; por consequência, também foi declarada a inconstitucionalidade da parte do nº 5 do art. 281º que permitia o recurso aos serviços de reinserção social para efeito de modificação das injunções e regras de conduta, admitida no nº 4, conf.: Acórdão nº 7/87, de 9 de Janeiro de 1987, Processo nº 302/86 – 2ª Secção. *In: Boletim do Ministério da Justiça*, Lisboa, nº 363, p. 109-173, fev/1987, p. 140-141.

[384] PIMENTA, José da Costa. *Código de processo penal anotado*, cit., p. 617.

560 O Processo Penal como Instrumento de Política Criminal

essas soluções provocariam, nomeadamente no que se refere ao assegurar das garantias de defesa nos seus diversos aspectos, sendo proposto então que a eficácia definitiva destas formas processuais deveria ser posta na dependência de uma concordância esclarecida do juiz, do ministério público e do arguido, "assumindo neste sentido carácter puramente *facultativo*"[385].

Reitere-se que esse *assentimento* do visado confere um sentido *positivo* aos instrumentos político-criminais fundados em hipóteses de *diversão*, na medida em que passam a ser justificados não apenas por uma "lógica de produtividade" e maior eficiência do sobrecarregado sistema formal de controle mas também por uma "lógica de justiça" material[386].

12.1.1 – Estado de direito.

Representando a indispensabilidade da sujeição do Estado à lei e à justiça bem como a necessidade do respeito pelo propósito de garantia dos direitos fundamentais[387], o princípio do estado de direito é, por assim dizer, a porta de acesso para qualquer novo instituto num ordenamento jurídico que o consagre.

Uma vez mais é FIGUEIREDO DIAS[388] quem nos oferece a primeira concretização dessa delimitação constitucional a que fica sujeita a total regulamentação do processo penal e, em consequência, também as formas consensuais admitidas no seu interior. "Do que se trata – afirma – é do princípio axiológico que preside à ordem jurídica de um Estado de Direito material: o princípio da dignidade do homem, da sua intocabilidade e da consequente obrigação de a respeitar e de a proteger". Segue que "em qualquer ponto do sistema ou da regulamentação processual penal, que esteja em causa a garantia da dignidade da pessoa – em regra do arguido, mas também de outra pessoa –, nenhuma transacção é possível, havendo pois que dar prevalência à finalidade do processo penal que dê total cumprimento àquela garantia constitucional".

---

[385] DIAS, Jorge de Figueiredo. Para uma reforma global do processo penal português, cit., p. 235-236.

[386] Idem, O sistema sancionatório do direito penal português no contexto dos modelos da política criminal, cit., p. 809-810. Conforme reafirmação posterior demonstrada acima.

[387] DIAS, Jorge de Figueiredo, ANDRADE, Manuel da Costa. *Criminologia*, cit., p. 95.

[388] *Direito processual penal. Lições...*, cit., p. 25-26.

Modelo Português

12.1.2 – Direitos e garantias fundamentais.

Ainda com referência ao espaço de legitimidade constitucional para as formas consensuais afirma-se que os direitos fundamentais previstos na Constituição possuem uma *dupla dimensão*: devem ser pensados não apenas sob o ponto de vista dos indivíduos mas também na perspectiva da comunidade, como fins que esta se propõe prosseguir. Nesta última projecção os direitos fundamentais passam a valer como elementos estruturais da ordenação social, devendo ser protegidos como *instituições* do próprio Estado de Direito. Portanto, alguns limites devem ser postos à admissibilidade do consenso, pois não se pode aceitar que o indivíduo indiscriminadamente modifique os fundamentos da organização de toda a sociedade. Partindo do pressuposto de que há direitos fundamentais que se projectam e se fundem com os princípios e estruturas do processo penal, "o cidadão não poderá, por isso, renunciar sem mais à observância de tais máximas processuais, já que por essa via não seriam só os seus interesses mas também os do Estado a ser postos em causa"[389].

12.1.3 – Princípio da presunção de inocência.

Sintetizando o princípio em análise FIGUEIREDO DIAS[390] acentua que "a persistência de dúvida razoável após a produção da prova tem de actuar em sentido favorável ao arguido e, por conseguinte, *conduzir à consequência imposta no caso de se ter logrado a prova completa da circunstância favorável ao arguido*". Assim, "a dúvida sobre a existência dos factos incriminatórios, cuja prova incumbe ao Ministério Público, resolve-se a favor do réu – a tanto se limita em matéria de prova a presunção de inocência do arguido"[391]. Nesse sentido o princípio da presunção da inocência ou, *in dubio pro reo*, acaba por ser um correlato do princípio da culpabilidade, na medida em que veda a imposição de uma pena sem a devida comprovação da responsabilidade penal.

Sustentando que na hipótese da *suspensão provisória do processo* se verifica por parte do arguido uma renúncia à sua pretensão de inocên-

---

[389] ANDRADE, Manuel da Costa. Consenso e oportunidade, cit., p. 333.

[390] *Direito processual penal*, cit., p. 215.

[391] PINHEIRO, Rui, MAURÍCIO, Artur. *A constituição e o processo penal*, cit., p. 88. Também aproximando o princípio da presunção da inocência daquele do "in dubio pro reo" e à exclusão da consagração de um ónus da prova para o arguido: SILVA, Germano Marques da. Princípios gerais do processo penal e constituição da república portuguesa. *Direito e Justiça*, Lisboa, v. III, p. 163-177, 1987-1988, p. 164 e seguintes.

cia, COSTA PIMENTA[392] afirma que a atitude de concordância que lhe cabe nesse caso de arquivamento há-de se manifestar mesmo quando o processo *objectivamente* contenha elementos que favoreçam a *absolvição*, apresentando-se a acusação frouxamente sustentada.

Já adiantado anteriormente que o arquivamento nos casos de dispensa de pena (art. 280º do C.P.P. português) tem que assentar na indiciação da prática de crime e da responsabilidade do arguido, por conseguinte devendo fundar-se na verificação dos pressupostos para que o ministério público possa deduzir a acusação (*supra*), surge o problema da presunção de culpabilidade a que essa exigência dá lugar. Argumenta-se a este respeito que também nessa hipótese o arguido deve ser presumido inocente, visto não equivaler a decisão de arquivamento à decisão de julgamento, não implicando qualquer decisão de fundo e tendo apenas natureza processual[393].

12.1.4 – Princípio da culpabilidade.

Não é de estranhar o apelo constante ao princípio da culpabilidade como um dos principais obstáculos a um modelo de diversão que arranca de maiores concessões ao princípio da oportunidade processual. Com efeito, "a consagração do princípio *nulla poena sine culpa*, independentemente de se considerar a culpa como fundamento ou apenas como limite da pena, implica, de modo necessário, que a cominação de qualquer reacção criminal tenha de ter na sua base um juízo de censura ao agente"[394].

A dúvida que surge, pois, é se na *suspensão provisória do processo* haveria a imposição de sanção sem a respectiva comprovação da responsabilidade penal.

Já demonstrado o posicionamento maioritário no sentido de que as injunções e regras de conduta a serem impostas na *suspensão* não possuem a natureza de sanção penal típica, não há que se falar na violação do princípio da culpabilidade.

---

[392] *Código de processo penal anotado*, cit., p. 616.

[393] SILVA, Germano Marques da. *Curso...*, v. III, cit., p. 104.

[394] COSTA, José de Faria. Diversão..., cit., p. 36.

[395] ANDRÉ, Adélio Pereira. Processo penal, justiça criminal e garantias fundamentais, cit., p. 50. Noticiando a existência desta crítica: PIMENTA, José da Costa. *Código de processo penal anotado*, cit., p. 617.

Modelo Português

12.1.5 – Princípio da igualdade.

Conforme se verá, uma das críticas dirigidas à *suspensão provisória do processo* reside no juízo de *oportunidade* que ela favorece ao ministério público, apontada assim uma possível violação do princípio da *igualdade* dos cidadãos perante a lei, consagrado no art. 13º da Constituição portuguesa[395].

12.1.6 – Princípio da igualdade de armas.

Um modelo consensual de justiça penal encontra o seu espaço natural num "processo de partes", sendo esta última uma característica elementar dos sistemas processuais fundados no acusatório puro. Negada essa característica no que se refere ao vigente C.P.P. português, o que importa é ampliar os espaços de igualdade material entre os protagonistas do processo.

Portanto, diversamente da igualdade *formal* entre os sujeitos processuais interessados, o princípio da igualdade de armas deve apontar para a obtenção de uma igualdade *material* entre eles, cujo conteúdo seja o de procurar a progressiva eliminação da desigualdade fáctica entre o poder oficial do ministério público e o poder privado dos arguidos bem como dos próprios arguidos entre si, levando-se em conta os respectivos *status* económico e social[396].

12.2 – Limites processuais.

Pese embora o controle prévio de constitucionalidade a que foi submetido o C.P.P. e a despeito das alterações que esse controle determinou no regime legal dos Institutos fundados num consenso, em especial naquele da *suspensão provisória do processo*, algumas objecções ainda foram dirigidas contra essa alternativa de natureza consensual.

Impõe-se a observação preliminar de que a distinção efectuada entre limites constitucionais e processuais não desconsidera a imanência existente entre eles bem como não desconhece a sede constitucional reconhecida a muitos dos princípios tipicamente processuais.

---

[396] DIAS, Jorge de Figueiredo. Para uma reforma global do processo penal português, cit., p. 210.

12.2.1 – Princípio da legalidade[397].

Já visto, o princípio da legalidade pode ser desdobrado na proibição tanto da renúncia à acusação (*obrigatoriedade*) como da desistência daquela já proposta (*indisponibilidade*)[398]. Na sua fundamentação legitimadora o princípio relaciona-se com o princípio da *igualdade na aplicação do direito*, que em Portugal encontra assento no artigo 5º da Constituição.

Fazendo a profissão de fé de que o princípio da legalidade *deve continuar a constituir o ponto de partida da modelação do sistema*, acentua FIGUEIREDO DIAS[399] que uma sua mitigação se mostra admissível em certos casos concretos, nos quais a promoção e a prossecução obrigatórias do processo penal causem maior dano que vantagem, devendo nesses casos ser reconhecida uma certa margem de discricionariedade no procedimento.

A isso acresce a constatação da margem de oportunidade informal que se verifica na prática da persecução penal também em Portugal[400].

Efectivamente, bem acentuado foi por FIGUEIREDO DIAS e COSTA ANDRADE[401] o alto índice de "mortalidade dos casos criminais operada ao longo do corredor da delinquência", verificando-se uma grande discrepância entre a selecção abstracta, potencial e provisória, realizada pela lei penal e a selecção efectiva e definitiva realizada pelas instâncias formais de controle, o que, por vezes, nem sempre é desaprovado.

---

[397] Para uma exposição das razões a favor de um modelo estruturado sob o dogma da legalidade e daquelas justificadoras da adopção do princípio da oportunidade processual, inclusive com alusão às experiências do Direito Comparado, consultar: BARREIROS, José António. *Processo penal*. Coimbra: Livraria Almedina, 1981, v. 1, p. 281-290.

[398] DIAS, Jorge de Figueiredo. *Direito processual penal*, cit., p. 127.

[399] Idem, ibidem, p. 130/131. Depois: Idem, *Direito processual penal. Lições...*, cit., p. 96. Não menos adequada a argumentação científica tecida pelo Autor (DIAS, Jorge de Figueiredo. Due diverse incarnazioni del modello accusatorio, cit., p. 179), sustentando a adopção de um novo e mais rico princípio da legalidade: "um principio aperto, appunto, a quel programma, in cui si inscrive il carattere frammentario e sussidiario dell'intervento penale e la conseguente attribuzione, alla pena, di una finalità di riaffermazione della validità della norma violata e, ogni volta que ciò sia possibile, di risocializazione del reo". Destacada a opção privilegiada pela finalidade de prevenção geral positiva frente à prevenção especial de ressocialização do arguido.

[400] TORRES, Mário. O princípio da oportunidade no exercício da acção penal, cit., p. 235-236.

[401] *Criminologia*, cit., p. 366 e seguintes. Também descrevendo o filtro por que passa a apuração dos delitos, e mesmo assim somente os que são conhecidos: ANDRADE, Manuel da Costa. A polícia e as instâncias não formais de controle, cit., p. 212-213.

Desse modo, tanto em relação à polícia como em relação ao próprio tribunal verifica-se uma certa margem de discricionariedade informal quanto à persecução dos delitos e ao rigor com que ela deve ocorrer. Uma exaustiva explanação acerca do "papel da polícia no processo de selecção" foi efectuada por FIGUEIREDO DIAS e COSTA ANDRADE[402], com a ampla demonstração de que ela "é não só a instância que processa o caudal mais volumoso de *deviance*, mas também a que o faz em condições de maior *discricionaridade*".

Acerca dessa oportunidade informal, continua-se com FIGUEIREDO DIAS[403] quando afirma que "mais vale a lei reconhecer expressamente e regulamentar em pormenor, nos termos expostos ou noutros semelhantes, a margem de oportunidade que quer conceder às entidades encarregadas da perseguição das infracções, do que continuar a preconizar farisaicamente um princípio de legalidade a todo o custo e sem excepção que, como se vê, não pode pura e simplesmente ser cumprido na prática".

Apesar do lúcido posicionamento doutrinário expendido, registe-se que com o advento do C.P.P. de 1987 o poder discricionário reconhecido ao ministério público na *suspensão provisória do processo* foi atacado por violar o disposto no art. 221°, n° 1, da Constituição portuguesa, do qual decorre a obrigação imposta ao ministério público de exercer a acção penal segundo critérios de *legalidade* e não conforme o sentido da *oportunidade*[404].

Não obstante, afirma-se expressamente que a suspensão provisória do processo e o arquivamento em caso de dispensa de pena são manifestações do princípio da oportunidade[405]. Apesar disso, não se reconhece uma substituição do princípio da legalidade por aquele da oportunidade no exercício da acção penal mas tão somente se admitem mitigações ao

---

[402] *Criminologia*, cit., p. 443 e seguintes; ANDRADE, Manuel da Costa. A polícia e as instâncias não formais de controle, cit., p. 222 e seguintes.

[403] *Direito processual penal*, cit., p. 132.

[404] ANDRÉ, Adélio Pereira. Processo penal, justiça criminal e garantias fundamentais, cit., p. 44, n. 45. Informando sobre a existência dessa crítica: PIMENTA, José da Costa. *Código de processo penal anotado*, cit., p. 617. Não se filiando no posicionamento crítico, porém concebendo o princípio da legalidade como o referente normativo que maiores dificuldades acarreta à aplicação de medidas de diversão e mediação: COSTA, José de Faria. Diversão (desjudiciarização) e mediação: que rumos?, cit., p. 39.

[405] SILVA, Germano Marques da. *Curso...*, v. III, cit., p. 111; ALMEIDA, Maria Rosa Crucho de. A suspensão provisória do processo penal, cit., p. 49.

primeiro dos mencionados princípios[406]. Ou seja, também aqui o que se busca é uma maior porosidade e uma relatividade de valores que permitam uma concordância prática entre os dois princípios, tendo em conta a inadmissibilidade de um critério geral de oportunidade face aos ditames constitucionais[407].

Assim, não se negando que a *suspensão provisória do processo* seja uma expressão da integração político-criminal do processo penal, não se lhe reconhece nenhuma autonomia face ao programa de política criminal desenhado pela Lei Penal substantiva, de modo que, antes de se falar numa adesão indiscriminada ao princípio da oportunidade, talvez fosse mais acertado falar-se no caso de uma *legalidade aberta*[408].

12.2.2 – Princípio da indisponibilidade.

Uma ponte entre o princípio da legalidade e o da verdade material é feita pelo princípio da indisponibilidade do objecto da acusação, também ele representando uma delimitação para o consenso no âmbito do processo penal.

Indiscutivelmente, um dos obstáculos a serem transpostos por um modelo consensual de administração da justiça penal reside justamente na *indisponibilidade do objecto* processual penal, visto ele implicar a "impossibilidade de *desistência* da acusação pública, de *acordos* eficazes entre a acusação e a defesa e de limitações postas ao tribunal na *apreciação jurídica* do caso submetido a julgamento"[409].

12.2.3 – Princípio da verdade material.

Identificado com o *princípio da investigação* que, como foi visto, integra o *sistema acusatório* do processo penal português, o *princípio da verdade material* implica que "a actividade investigatória do tribunal não é limitada pelo material de facto aduzido pelos outros sujeitos processuais, antes se estende *autonomamente* a todas as circunstâncias que devam reputar-se relevantes"[410]. Mais concretamente, o princípio da verdade material no Ordenamento Jurídico português "vai até ao ponto de

---

[406] TORRES, Mário. O princípio da oportunidade no exercício da acção penal, cit., p. 235.

[407] ANDRADE, Manuel da Costa. Consenso e oportunidade, cit., p. 345.

[408] Idem, ibidem, p. 352.

[409] DIAS, Jorge de Figueiredo. *Direito processual penal*, cit., p. 195.

[410] Idem, ibidem, p. 192.

permitir ao juiz que conheça de factos instrumentais da acusação, surgidos de novo. O que sempre estará fora de questão, é que o juiz conheça de factos novos e não instrumentais, num processo basicamente acusatório"[411].

A delimitação desse *princípio da verdade material* ou, *da investigação*, é dada pelo *princípio da acusação*, enquanto à entidade julgadora compete *investigar e julgar dentro dos limites que lhe são postos por uma acusação fundamentada e deduzida por um órgão diferenciado* (em regra o MP ou um juiz de instrução). Portanto, a questão relaciona-se com o problema do objecto do processo penal, que nada mais é do que o objecto da acusação, o qual fixa e delimita os *poderes de cognição do tribunal*[412].

Aqui também há o angustiante problema do conteúdo e do sentido dessa verdade material que se procura identificar através da actuação do tribunal. Trata-se da questão da real possibilidade de se chegar a uma verdade absoluta que corresponda efectivamente aos factos ocorridos.

Afirma-se, então, que "a chamada 'verdade material' continua a ser, ainda aqui, uma verdade *intraprocessual*" que, "não sendo 'absoluta' ou 'ontológica', há-de ser antes de tudo uma verdade *judicial, prática*", ou seja, *processualmente válida*[413]. A partir desta concepção do princípio da verdade material nada obsta a que ela seja obtida a partir de um consenso estabelecido entre os diversos sujeitos processuais, desde que no interior do próprio processo, respeitadas as suas máximas.

Segundo ANABELA RODRIGUES[414] "o acordo das partes em um processo de negociação não pode fundar por si só nem a verdade nem a validade da decisão judicial que o assume". O primeiro problema da verdade consensual é o acto de aceitação e, em concreto, o das condições necessárias e suficientes para que se possa falar de uma aceitação racional. "Com efeito, cabe perguntar o que pode ter a ver com a existência ou inexistência de um facto, com a verdade, o consenso baseado em considerações de carácter táctico-processual, por exemplo, a aceitação de uma oferta razoável de pena por parte de um juiz". Em suma, "para fundamentar a validade da decisão judicial, nem a verdade pode

---

[411] MOURA, José Souto de. Notas sobre o objecto do processo, cit., p. 49

[412] DIAS, Jorge de Figueiredo. *Direito processual penal*, cit., p. 136/137 e 144/145. Posteriormente acrescentando o Autor (Idem, *Direito processual penal. Lições...*, cit., p. 103) que a isso se chama vinculação temática do tribunal.

[413] DIAS, Jorge de Figueiredo. *Direito processual penal*, cit., p. 194/195.

[414] Os processos sumário e sumaríssimo ou a celeridade e o consenso no código de processo penal, cit., p. 533.

ser obtida a todo custo, nem o consenso pode ser um tal que não assegure em si a adequação aos interesses gerais da justiça"[415].

12.2.4 – Princípio da publicidade.

Desde que revestidos de um carácter informal, os módulos de justiça penal consensual expõem a perigo o princípio da publicidade imperante nesse sector do Ordenamento Jurídico, uma vez que pressupõem negociações veladas entre a acusação e a defesa. Isto mostra-se em contradição com um modelo processual que se pretende inspirado na regra do Estado de Direito, face à importância desse princípio para o processo penal.

O princípio da publicidade é um factor de grande relevância também para os fins de política criminal, pois inescondível é o seu papel de fomentar e aguçar o sentimento jurídico dos membros da comunidade[416].

À delimitação oferecida pelo princípio da publicidade adequa-se a *suspensão provisória do processo*, considerando o carácter formal de que ela se reveste.

12.2.5 – Princípio da oralidade.

Vale ressaltar o maior relevo atribuído ao princípio da oralidade pelo C.P.P. português de 1987 em relação à fase de julgamento, estabelecendo o artigo 355 a proibição de valoração das provas que não tenham sido produzidas ou examinadas em audiência, ressalvadas as excepções legalmente previstas.

Nenhuma lesão provoca a *suspensão provisória do processo* a este princípio, tendo em vista que o momento processual próprio para a sua realização é o do encerramento do inquérito, como uma das opções abertas ao ministério público, portanto, não incidindo directamente na característica oral pressuposta para a fase de julgamento.

13 – Estatísticas.

Uma análise estatística impõe-se, com vista a retratar a evolução que a aplicação do Instituto da *suspensão provisória do processo* mereceu no Ordenamento Jurídico português, possibilitando, assim, aferir melhor o processo de conversão da *law in books* em *law in action*.

---

[415] Idem, ibidem, p. 534.
[416] DIAS, Jorge de Figueiredo. *Direito processual penal*, cit., p. 224.

No primeiro ano de vigência do C.P.P., ou seja 1988, considerando o universo de 83% dos tribunais portugueses, incluindo-se Lisboa e Porto, ocorreram 190 casos de suspensão provisória do processo perante um total de 240.034 inquéritos instaurados nesse ano, o que representa, em termos percentuais, 0,07% desse total e 0,6% das acusações efectivamente oferecidas, cujo número foi de 31.202. Em relação aos inquéritos findos, que totalizaram 156.022 em 1988, a percentagem dos casos de suspensão foi de 0,12%[417].

Do total de casos de *suspensão provisória*, 19% ocorreu em relação a crimes de furto simples, 15% a transgressões ao Código da Estrada e a crimes de consumo de substâncias estupefacientes, 8% a crimes de injúrias e ofensas a funcionários e ofensas corporais simples.

Digno de menção, tendo em conta a carga de valor ético dos bens atingidos, é o facto de terem ocorrido suspensões provisórias também nos casos de crime de homicídio negligente, maus tratos a menor, omissões de assistência material à família, incêndio, ofensas corporais com dolo de perigo e contrabando, ainda que numa percentagem estatística sem expressão.

Acerca das regras de conduta e injunções aplicadas, 53% delas consistiram em impor indemnização a favor do lesado e/ou entrega de determinada quantia a favor de certas instituições de solidariedade social. Vale ressaltar que nas hipóteses de consumo ilícito de estupefacientes, em regra, foi imposta aos arguidos a obrigação de se submeterem a tratamento médico.

Ainda em relação ao ano de 1988, no tocante aos prazos da *suspensão provisória do processo* as aplicações variaram entre um mínimo de 10 (dez) dias e o máximo legal, ou seja, dois anos, com predominância para os prazos de um ano (47% dos casos) e seis meses (23% dos casos).

Apesar da pequena expressão da utilização do Instituto no primeiro ano de vigência do Código, quanto à eficácia da suspensão provisória do processo vale acrescentar que, neste período, em apenas dois casos ocorreu o prosseguimento da acusação, ambos pelo não cumprimento da injunção imposta, ao passo que em 13% do total houve o arquivamento do processo.

---

[417] Para a confimação destas informações e das que se seguem sobre o primeiro ano de vigência do C.P.P. português, consultar: SILVA MIGUEL, João Manuel da. Princípio da oportunidade. *Cadernos da Revista do Ministério Público: Balanço de um ano de vigência do código de processo penal*, Lisboa, nº 4, p. 71-78, 1990, p. 73-75.

570 *O Processo Penal como Instrumento de Política Criminal*

Sendo esta pequena expressão da utilização do Instituto consequência também das críticas que lhe foram dirigidas nesse primeiro período, afirma-se, então, que essas críticas eram de índole corporativa, resultantes de uma dificuldade em compreender e aceitar a ruptura que o novo C.P.P. representava frente ao processo tradicional[418].

Já em relação ao ano de 1989 "a suspensão provisória do processo foi aplicada em 558 casos, o que significa mais do dobro do ano anterior", não sendo suficiente, porém, para impedir as críticas que persistiram nesse período acerca da morosidade da justiça. Da mesma forma moderada foi a utilização do Instituto no ano de 1990, verificando-se a ocorrência de 788 casos, tendo sido apontado como um dos factores de dificuldade para a sua validade os problemas de articulação intersistemática com o Código Penal; registe-se, todavia, que nesse período a percentagem de arquivamentos subsequentes à suspensão foi de 90%. Em relação ao ano de 1991 o número de casos de suspensão provisória do processo foi de 786, considerado como expressão da sobriedade com que o Instituto vinha sendo utilizado[419].

Retomando a linha de crescimento iniciada com a entrada em vigor do Código, no ano de 1992 a suspensão provisória do processo ocorreu em 883 casos, representando 0,9% do total das acusações deduzidas e alguma coisa a mais do que 0,2% dos inquéritos findos. Acerca dos delitos em que a suspensão mais incidiu, os de furto simples, consumo de estupefacientes e ofensas corporais voluntárias simples representaram a maior expressão estatística. Dentro do espectro legal de regras de conduta e injunções aplicadas, predominaram as imposições de "atribuição de determinada quantia a favor de certas instituições de solidariedade social" e "não praticar qualquer facto ilícito". No que se refere aos prazos da suspensão, na sua maioria foram fixados os prazos de um ano e o de seis meses[420].

---

[418] RODRIGUES, José Narciso da Cunha. Intervenção.... *Cadernos da Revista do Ministério Público: Balanço de um ano de vigência do código de processo penal*, Lisboa, n° 4, p. 15-19, 1990, p. 16.

[419] Os dados constam, respectivamente, em: RODRIGUES, José Narciso da Cunha. Ministério público – 1989. *Revista do Ministério Público*, Lisboa, a. 11, n° 41, p. 9-22, 1990, p. 14; Idem, Ministério público – 1990. *Revista do Ministério Público*, Lisboa, a. 12, n° 45, p. 9-19, 1991, p. 16; Idem, Ministério público – 1991. *Revista do Ministério Público*, Lisboa, a. 13, n° 49, p. 9-21, 1992, p. 13.

[420] MOTA, José Luís lopes da. Relatório dos serviços do ministério público do ano de 1992. Dados relativos ao sistema de justiça penal. *Revista Portuguesa de Ciência Criminal*, Lisboa, v. 3, n. 2-4, p. 585-596, 1993, p. 593.

Modelo Português 571

Após seis anos de vigência do C.P.P. português, em 1993 a *suspensão provisória do processo* foi aplicada num total de 1328 casos, mais 445 que em 1992, representando assim uma clara tendência de crescimento da sua utilização. Estes casos de *suspensão* representaram 1,2% do total das acusações deduzidas e menos que 0,4% dos inquéritos findos no mesmo período[421].

Do total de 2073 processos que estavam suspensos até 1993, 1021 foram arquivados e 64 prosseguiram após o prazo de suspensão; dos casos de prosseguimento do processo 39 conduziram à acusação e 3 foram arquivados.

Mantendo a situação verificada no ano anterior, acerca dos crimes em que a *suspensão* incidiu foi possível verificar a predominância dos delitos de furto simples, consumo de estupefacientes e de ofensas corporais voluntárias simples. Quanto às regras de conduta e injunções aplicadas, seguiu-se a preferência pela imposição da "atribuição de determinada quantia a favor de certas instituições de solidariedade social" e "não praticar qualquer facto ilícito". Verificou-se uma variação entre o mínimo de 10 dias e o máximo de um ano relativamente aos prazos da suspensão, tendo sido fixados na maior parte dos casos em três meses.

Perante estes números e percentagens, segue-se o comentário de se tratar de uma solução em expansão que, apesar da baixa expressão estatística, se apresenta como um instrumento adequado ao tratamento de fenómenos localizados de pequena criminalidade[422].

Levando-se em conta os objectivos de política criminal e tendo por base ainda o sexto ano de vigência do C.P.P. português (1993), pela primeira vez "assistiu-se a uma nítida desaceleração dos índices de criminalidade", tendo-se verificado um aumento de apenas 2,9%[423].

Somados os inquéritos vindos do ano anterior e os 387.370 registados em 1993, particularmente em relação ao objectivo de agilização processual alcançou-se o número de 595.231 inquéritos, considerado

---

[421] Sobre os dados estatísticos de 1993 que se seguem: MOTA, José Luís Lopes da. Relatório de actividade do ministério público do ano de 1993. Dados relativos ao sistema de justiça penal. *Revista Portuguesa de Ciência Criminal*, Lisboa, a. 4, fasc. 4, p. 611-622, out/dez 1994, p. 618-619.

[422] MOTA, José Luís Lopes da. A fase preparatória do processo penal, cit., p. 26.

[423] Para o que se segue: MOTA, José Luís Lopes da. Relatório de actividade do ministério público do ano de 1993, cit., p. 612 e seguintes. É bom que se recorde que nos anos anteriores esses índices de aumento da criminalidade foram de: 13 a 14% em 1989; 8% em 1990; 11,6% em 1991 e 17,8% em 1992.

572 *O Processo Penal como Instrumento de Política Criminal*

como o maior volume até então e representando, embora com menor expressão, uma insuficiente capacidade de resposta do ministério público (em 1992 o déficit de resposta foi de 28,2% e em 1993 de 12,5%); o número de inquéritos findos foi de 361.295, considerado o maior volume até então; também a percentagem de acusações oferecidas (30,2%) foi considerada como a maior frente às anteriores.

Ainda sobre a aceleração processual, o número de processos findos foi de 404.089, representando uma das quotas mais elevadas até então (mais 55.200 do que em 1992, mais 73.088 que em 1991 e mais 100.106 que em 1990); todavia, verificou-se uma continuidade da subida dos índices de pendências (de 207.216 para 228.783). Ao que de perto nos interessa, esse "acréscimo (+ 10,4%), embora bastante inferior ao registado em 1992 (25,3%) e no triénio 1988-1991 (variação anual média de + 28%) confirma a insuficiência de resposta do sistema anteriormente diagnosticada e, apesar de alguns sintomas de melhoria, merece ser atentamente ponderado"[424].

É importante acrescentar que em relação ao exercício da acção penal o número de acusações foi de 110.524, considerado como francamente positivo o índice respectivo de 30,1%, um dos mais elevados até então; também o número de inquéritos registados se distanciou substancialmente dos valores mais elevados das fases preliminares na vigência do C.P.P. anterior à reforma, representando certa eficácia da *Reforma* no sentido da deflação processual.

Tendo em vista que também em Portugal a responsabilidade pela morosidade processual era atribuída ao emperramento das suas fases preparatórias, os números apresentados conduzem à opinião de que a experiência de aplicação do Código de Processo Penal de 1987 se revela como pacificamente positiva[425].

Todavia, essa avaliação positiva quanto ao desempenho em geral do Código não se mostra uniforme em relação a todos os Institutos nele inseridos. Com efeito, voltando ao ponto que nos interessa, vale ressaltar que, decorridos sete anos da aprovação e vigência do C.P.P., afirma-se que "a suspensão provisória está a operar muito aquém das expectativas que lhe foram atribuídas quando da sua criação legislativa"[426].

---

[424] conf. nota anterior, p. 614.

[425] MOTA, José Luís Lopes da. A fase preparatória do processo penal, cit., p. 24.

[426] ALMEIDA, Maria Rosa Crucho de. A suspensão provisória do processo penal, cit., p. 52.

Modelo Português 573

A actualização dos dados estatísticos confirma a pouca utilização do Instituto. Em 1996, perante um total de 406.815 inquéritos findos, somente em 1.210 casos a suspensão provisória do processo foi aplicada, correspondendo apenas a 0,30% do total. Em 1997, perante um total de 424.227 inquéritos findos, somente em 1.161 casos a suspensão provisória do processo foi aplicada, correspondendo apenas a 0,27% do total. Em 1998, perante um total de 434.685 inquéritos findos, somente em 1.081 casos a suspensão provisória do processo foi aplicada, correspondendo apenas a 0,24% do total[427].

De facto, no que se refere à sua utilização efectiva, os dados estatísticos apurados revelaram que a suspensão provisória do processo tem sido pouco utilizada, ainda que ano a ano se tenha mantido estável o número de sua aplicação, como vimos. "Na generalidade dos tribunais esta medida não faz ainda parte de uma cultura judiciária instalada, operante independentemente das pessoas concretas investidas na magistratura do MP"[428].

Também quanto à aceleração dos tempos processuais, os resultados obtidos com a aplicação da *suspensão* não foram muito promissores nos sete primeiros anos da sua vigência. Com efeito, numa área em que se lida com uma criminalidade pouco complexa e com autores cuja identificação, geralmente, não é problemática, constatou-se que o tempo médio entre a data da ocorrência do facto e a efectiva suspensão foi de 13 meses em 1993 e de 12 meses em 1994[429].

Analisada, pois, *in action*, afirma-se que os dados "permitem inferir, em jeito de conclusão, que a suspensão provisória do processo penal não tem correspondido às expectativas que fundamentaram a sua instituição, em 1987": "não pôde contribuir para promover a eficácia do sistema" – considerando a sua aplicação em apenas 1% das acusações deduzidas –; "não logrou ultrapassar a morosidade, no tratamento processual da pequena criminalidade" – considerando que operou, em média, com uma demora de doze meses relativamente à data dos factos –; não

---

[427] FERNANDO, Rui do Carmo Moreira. O ministério público face à pequena e média criminalidade..., cit., p. 137. O mesmo Autor informa (Ob. cit. p. 140) que nos anos referidos no texto (1996, 1997 e 1998) a percentagem de casos em que posteriormente à suspensão ocorreu a dedução da acusação foi de 1,8%, 2% e 2,4%, respectivamente, revelando que, quando aplicada, ela foi uma medida bem sucedida.

[428] ALMEIDA, Maria Rosa Crucho de. A suspensão provisória do processo penal, cit., p. 57.

[429] Idem, ibidem, p. 83.

574 *O Processo Penal como Instrumento de Política Criminal*

tornou efectivo o papel das vítimas na busca de soluções de consenso com os arguidos – considerando que a participação processual das vítimas que se constituíram assistentes se restringiu a 1% –; não se confirmou "a expectativa de que a suspensão do processo pudesse promover a mediação entre vítimas e autores como instrumento de pacificação social"[430].

Passando em revista, de novo, os argumentos apontados na vigência inicial da suspensão como sendo motivadores da sua modesta aplicação, após refutar aqueles fundados na inconstitucionalidade do Instituto, na necessidade de um período prévio de experimentação, "de rodagem", no temor de interferências hierárquicas, e confirmar aqueles fundados numa resistência ou passividade quanto à sua utilização, num conflito entre a "lógica de produção" e "lógica de justiça", conclui RUI DO CARMO[431] que as insuficiências existentes não justificam, por si, tão reduzida aplicação da suspensão provisória do processo. Pondo em dúvida a aptidão do alargamento do âmbito de incidência da suspensão para o fim da sua maior aplicação, afirma que, antes de mais, a efectivação da medida passa pela plena assunção por cada magistrado do ministério público, no dia-a-dia do seu exercício funcional, dos princípios informadores dos novos contornos da sua intervenção no exercício da acção penal, pelo rompimento com as atitudes de acomodação, com a lógica de funcionamento voltada para o interior do Sistema.

---

[430] Idem, ibidem, p. 84. Referindo-se, em geral, às medidas representativas de manifestações do princípio da oportunidade inseridas no C.P.P., também CUNHA RODRIGUES (RODRIGUES, José Narciso da Cunha. O sistema processual penal português, cit., p. 28) aponta a sua "modesta aplicação".

[431] FERNANDO, Rui do Carmo Moreira. O ministério público face à pequena e média criminalidade…, cit., p. 150.

SECÇÃO 4

Modelo brasileiro.

Segundo se informa, a Lei 9.099/95, que introduziu determinadas formas de diversificação processual no Ordenamento Jurídico brasileiro, não possui no seu interior nenhuma medida de descriminalização em sentido estrito, ou seja, que retire o carácter ilícito de alguma infracção penal; diversamente, a mencionada Lei possui quatro medidas *despenalizadoras*, concebidas como sendo as que procuram evitar a pena de prisão: nas hipóteses de infracções de menor potencial ofensivo, se houver a composição civil nas acções penais de iniciativa privada ou pública condicionada à representação, o acordo homologado acarreta a renúncia ao direito de queixa ou representação, resultando na extinção da punibilidade (art. 74°, § único); não se verificando a composição civil e havendo representação ou tratando-se de crime de acção pública incondicionada, não sendo o caso de arquivamento, é admissível a aplicação imediata de pena restritiva de direitos ou multa (art. 76°); as lesões corporais culposas ou leves passam a requerer representação (art. 88°); no caso de crimes cuja pena mínima não seja superior a um ano é possível a suspensão provisória do processo[1].

§ 1 – Composição dos danos civis.

Nas diversificações processuais no âmbito da Lei 9.099/95 há que distinguir as hipóteses de *conciliação* daquelas de *transacção* (art. 2°), funcionando a *conciliação* como género que comporta as espécies: *composição civil* e *transacção*[2].

---

[1] GOMES, Luiz Flávio. *Suspensão...*, cit., p. 98-99.

[2] Idem, ibidem, p. 34; BATISTA, Weber Martins, FUX, Luiz. *Juizados...*, cit., p. 313; MIRABETE, Julio Fabbrini. *Juizados...*, cit., p. 21; JESUS, Damásio Evangelista de. *Lei...*, cit., p. 56.

576   *O Processo Penal como Instrumento de Política Criminal*

A composição civil vem disciplinada no art. 72° da Lei 9.099/95, o qual estabelece que na audiência preliminar, estando presentes o representante do ministério público, o autor do facto e a vítima e, em sendo possível, o responsável civil, acompanhados pelos seus advogados, o juiz esclarecerá sobre a possibilidade da composição dos danos.

Devendo a audiência revestir-se do carácter o mais informal possível, afirma-se que o comparecimento do autor do facto e da vítima é um ónus, o qual, não sendo cumprido, levará à perda da oportunidade de nela haver composição. No entanto, para o autuado esse comparecimento pode ser considerado um dever, na medida em que a sua não ocorrência é sancionada com a possível perda dos benefícios previstos no art. 69°, parágrafo único, da Lei (não imposição de prisão em flagrante nem exigência de fiança, com fundamento no compromisso de comparecimento à audiência). No que respeita à presença dos advogados do autuado e da vítima, a medida justifica-se face à necessidade de que estes últimos sejam tecnicamente orientados de forma devida, em resguardo da livre manifestação da vontade[3].

Na base da possibilidade de se colocar frente a frente o ofendido e o agente reside a expectativa de que, dependendo da gravidade do facto, a simples possibilidade de 'conversar' com o juiz, exteriorizando as suas preocupações e justificativas, já basta para resolver a lide penal e satisfazer a pretensão do ofendido. Por outro lado, também em relação ao autor do facto se verificam os efeitos da medida, pois ele vê-se face à vítima, sob supervisão do juiz e do representante do ministério público, devendo justificar a sua conduta perante todos. Assim, nos crimes de acção de iniciativa privada ou condicionada à representação, "a vítima poderá dar-se por satisfeita pela simples narrativa do facto ao Juiz e a reprimenda deste ao acusado"[4].

Grande foi o relevo atribuído pelo Legislador à possibilidade de reparação dos danos decorrentes do delito, via *composição civil*, não

---

[3] GRINOVER, Ada Pellegrini, GOMES FILHO, Antonio Magalhães, FERNANDES, Antonio Scarance, GOMES, Luiz Flávio. *Juizados especiais criminais. Comentários à Lei 9.099 de 26.09.1995.* 3ª Ed.. São Paulo: RT, 1999, p. 120-121. Na mesma lição, o entendimento no sentido de que no caso de comparecimento da vítima e, eventualmente, do responsável civil desacompanhados de advogado, o juiz nomear-lhes-á defensor de ofício, em simetria com o que ocorre com o autuado.

[4] LOPES JÚNIOR, Aury Celso Lima. Breves considerações sobre as inovações processuais penais da lei n° 9.099/95. *Ajuris*, Porto Alegre, a. 23, n° 67, p. 335-370, jul. 1996, p. 349.

Modelo Brasileiro

sendo de se estranhar a previsão dessa hipótese como a primeira medida de diversificação processual contemplada na Lei 9.099/95[5]. Portanto, nos termos do próprio art. 72º da Lei, o objecto da composição serão os danos civis resultantes do delito. A este respeito importa salientar que se deve procurar sempre a liquidez dos termos do acordo firmado, ou seja, a fixação da forma e prazos para a reparação dos danos. Se de todos os modos essa liquidação se mostra inviável, deve ser procurado então o acordo quanto ao dever do autor do facto pagar a totalidade ou determinada percentagem dos danos que vierem a ser apurados no final[6].

Sendo a reparação dos danos civis o objecto da composição, defende-se doutrinariamente que, face aos termos genéricos utilizados pelo Legislador, nada impede que se procure até mesmo a composição decorrente de eventuais danos morais, passíveis de indemnização consoante o art. 5º, X, da C. F.[7]. Nesse caso, se os danos materiais forem imediatamente compostos mas estiverem pendentes de apuração no juízo cível os danos morais, a composição, ainda que parcial, importará, de qualquer modo, na renúncia ao direito de representação ou queixa, com a consequente extinção da punibilidade[8].

Em conformidade com o que dispõe o art. 74º da Lei 9.099/95, "se houver transacção para a reparação dos danos, sua homologação pelo próprio juiz penal caracteriza título executivo que, descumprido, dará margem à execução forçada no juízo cível"[9]. Portanto, a competência para a execução da composição celebrada é do juízo cível, sendo disciplinada pelas normas do Código de Processo Civil. De se acrescentar a possibilidade de a vítima renunciar à reparação do dano, devendo, também nesse caso, ser objecto de homologação judicial.

No que se refere aos efeitos, estabelece o parágrafo único do citado art. 74º que "tratando-se de acção penal de iniciativa privada ou de acção penal pública condicionada à representação, o acordo homologado acarreta a renúncia ao direito de queixa ou representação". Uma distinção impõe-se, desde logo, relativa aos casos em que se verifique uma

---

[5] Acerca da primazia desta medida face àquela da necessidade de representação nos casos de lesão corporal leve ou culposa (art. 91º): TACRIMSP, Apel. 993.067.0, Rel. Nuevo Campos, 30.01.1996; TACRIMSP, Apel. 993.685.3, Rel. Nuevo Campos, 30.01.1996.

[6] BATISTA, Weber Martins, FUX, Luiz. *Juizados...*, cit., p. 315.

[7] PAZZAGLINI FILHO, Marino *et alli*. *Juizado especial criminal*. 2ª Ed.. São Paulo: Atlas, 1997, p. 42; MIRABETE, Julio Fabbrini. *Juizados...*, cit., p. 72.

[8] GRINOVER, Ada Pellegrini, *et alli*. *Juizados....* 3ª Ed., cit., p. 130

[9] Idem, *Juizados...*, cit., p. 31.

578 *O Processo Penal como Instrumento de Política Criminal*

pluralidade de envolvidos na composição. Pese embora o princípio da indivisibilidade – do qual decorre a regra de que a renúncia incondicionada da acção penal em relação a um determina a renúncia quanto a todos os agentes –, se houver uma pluralidade de autores do facto e somente um se compõe com a vítima, defende-se que só a ele aproveita a renúncia e a extinção da punibilidade, podendo a queixa ou representação ser oferecida quanto aos que não celebraram a composição. Porém, segundo a mesma lição, se apenas um dos autores do facto transaccionar mas a reparação dos danos for integral, haverá a renúncia tácita e extinção da punibilidade em relação aos demais. "No caso de pluralidade de vítimas, a composição civil entre o autor do facto e uma das vítimas só tem efeitos com relação a esta, não impedindo que a outra represente ou exerça o direito de queixa"[10].

A renúncia ao direito de queixa ou representação decorrente da *composição civil* (art. 74º, § único) é considerada uma condição de procedibilidade, impeditiva do agir do ministério público nos casos de acção penal pública (condicionada)[11]. Assim, percebe-se que tratando-se de acção penal pública incondicionada a homologação judicial da *composição civil* não interfere no *direito de agir* do ministério público, não vedando a sua iniciativa (art. 76º da Lei 9.099/95)[12].

Na perspectiva do Direito material, o efeito da *composição civil* nos casos de acção penal de iniciativa privada ou de ação penal pública condicionada à representação é a extinção da punibilidade, uma vez que o acordo homologado pelo juiz acarreta a renúncia ao direito de queixa ou representação que, como se sabe, é causa extintiva da punibilidade (C. P., art. 107º, V)[13].

---

[10] Idem, *Juizados….* 3ª Ed., cit., p. 133-134.

[11] GOMES, Luiz Flávio. *Suspensão…*, cit., p. 65. Pertinente é o termo *renúncia* utilizado pelo Legislador, uma vez que neste momento processual ainda não houve a propositura da acção penal.

[12] Até porque se trata de acto meramente homologatório, não se revestindo da natureza decisória em matéria processual penal, segundo: LOPES, Mauricio Antonio Ribeiro, *In*: FIGUEIRA JUNIOR, Joel Dias, LOPES, Mauricio Antonio Ribeiro. *Comentários…*, cit., p. 275. Porém, como regista MIRABETE (MIRABETE, Julio Fabbrini. *Juizados…*, cit., p. 38), neste caso o ofendido não poderá promover no cível a execução da eventual sentença penal condenatória transitada em julgado ou de acção ordinária na inexistência desta, admitindo-se, contudo, a ocorrência dos efeitos do arrependimento posterior (art. 16 C.P.) em favor do autor do delito.

[13] GOMES, Luiz Flávio. *Suspensão…*, cit., p. 34. Neste caso, não incide o disposto no art. 104, parágrafo único do C.P., o qual dispõe que não implica em renúncia tácita ao direito de queixa o facto de receber o ofendido a indemnização do dano causado pelo crime.

Modelo Brasileiro

É sobre o ponto por último focado que recai a preocupação de RIBEIRO LOPES[14], visto que, condicionando-se a renúncia ao direito de queixa ou representação à homologação do acordo e não ao seu efectivo cumprimento, o ofendido expõe-se ao risco de aderir à composição – e com isso abrindo mão do direito de demandar penalmente o agressor – na expectativa de ver satisfeita a reparação dos danos por ele sofridos que, no final, não ocorre, sujeitando-o à execução civil do título resultante do acordo. Assim exposto, indaga o Autor se não teria sido mais adequado condicionar-se a renúncia não à homologação do acordo mas sim ao cumprimento espontâneo do avençado entre as partes e homologado pelo juiz. Em resposta, o próprio Autor entende que a solução legal parece razoável, uma vez que a alternativa aventada implicaria um risco para o ideal de segurança jurídica, além do que, sustenta, a solução adoptada é mais adequada à teleologia que inspira o Sistema introduzido pela Lei dos Juizados Especiais Criminais.

Em virtude de expressa previsão no art. 74º da Lei 9.099/95, trata-se de sentença o acto que homologa a composição dos danos civis, estabelecendo ainda a citada norma que é irrecorrível este acto jurisdicional. Não obstante, defende-se doutrinariamente a admissibilidade tanto da acção anulatória prevista no art. 486º C.P.C., por motivo de vícios dos actos jurídicos previstos no Código Civil, como dos embargos de declaração nos casos em que na decisão homologatória se verificar obscuridade, contradição, omissão ou dúvida, bem como para a correcção de erros materiais [15]. Caso o juiz entenda não ser passível de homologação o acordo firmado, em virtude da ausência dos pressupostos legais, é cabível o recurso de apelação[16].

Tratando-se de uma hipótese de "oportunidade regulada", em não sendo possível a composição civil e, pois, havendo representação, desde

---

[14] *Comentários…*, cit., p. 307 e seguintes. A preocupação é pertinente, visto a opinião doutrinária de que, havendo composição homologada, o juiz deve declarar extinta a punibilidade, independentemente mesmo do transcurso do prazo de decadência previsto nos arts. 38º do C.P.P. e 103º do C.P., conf.: MIRABETE, Julio Fabbrini. *Juizados…*, cit., p. 77. Noticiam GRINOVER *et alli* (*Juizados…*. 3ª Ed., cit., p. 226) a existência de uma prática nos casos em que a composição civil implica o pagamento de alguma importância em parcelas, aguardando-se a quitação de todas para só depois extinguir a punibilidade.

[15] GRINOVER, Ada Pellegrini, *et alli. Juizados…*, cit., p. 117-118.

[16] JESUS, Damásio Evangelista de. *Lei…*, cit., p. 58. Segundo o mesmo Autor, é este também o recurso cabível se o juiz, em desacordo com as partes, reduz ou amplia os limites do acordo civil.

580   *O Processo Penal como Instrumento de Política Criminal*

que estejam presentes as demais condições da acção o ministério público terá que agir, mesmo que ainda no âmbito dos Juizados Especiais. Ou seja, não se verificando a composição civil, ainda assim poderá o ministério público propor a aplicação imediata de pena não privativa de liberdade – restritiva de direitos ou multa – (art. 72º Lei 9.099/95), admitindo-se, na hipótese do tipo penal prever exclusivamente a pena de multa, a sua redução pelo juiz até metade[17]. Segundo a mencionada lição, portanto, não há que se falar no retomar do rito comum nesses casos, passando-se, então, à transacção penal.

Previamente, porém, na própria audiência, será aberta a possibilidade de o ofendido exercer verbalmente o direito de representação – ou de oferecer a queixa – (art. 75º Lei 9.099/95), dispondo do prazo legal de seis meses (art. 103º C.P.) para essa providência, caso não a realize na mencionada oportunidade.

§ 2 – Aplicação imediata de pena não privativa de liberdade.

Já visto, se a homologação da *composição civil* tem o efeito extintivo da punibilidade na acção penal de iniciativa privada ou na pública condicionada à representação do ofendido, em virtude da renúncia ao direito de queixa ou representação, o mesmo não ocorre com a acção penal de iniciativa pública. Portanto, nos casos de acção penal pública condicionada em que não se verificar a *composição civil* e houver a representação do ofendido ou nos casos de acção penal de iniciativa pública em que não for cabível o arquivamento[18], "o Ministério Público poderá propor a aplicação imediata de pena restritiva de direitos ou multa, a ser especificada na proposta". Assim, não havendo composição civil "passa-se à transacção penal", expressão utilizada pela doutrina para definir a hipótese prevista no art. 76º da Lei 9.099/95[19].

---

[17] GOMES, Luiz Flávio. *Suspensão...*, cit., p. 65.

[18] Obviamente que os motivos ensejadores do arquivamento serão aqueles mesmos previstos para o procedimento comum, em especial os que constam do art. 43º do C.P.P. para a rejeição da denúncia: o facto narrado não constituir crime em tese; inexistência de elementos que indiquem a prática de ilícito penal; a ocorrência de causa extintiva da punibilidade; entre outros. Aplica-se, igualmente, o procedimento previsto no art. 28º do C.P.P., a incidir nas hipóteses de divergência entre a opção de arquivamento formulada pelo ministério público e o entendimento judicial, devendo então os autos ser remetidos ao procurador-geral para que se manifeste a respeito.

[19] JESUS, Damásio Evangelista de. *Lei...*, cit., p. 59. Registe-se que foi o próprio Legislador constituinte a introduzir formalmente a expressão no Ordenamento Jurídico

Modelo Brasileiro 581

Efectivamente, conforme dispõe o art. 76º, *caput*, o ministério público poderá propor ao autor da infracção a aplicação imediata de pena restritiva de direitos ou multa, a ser especificada na proposta, desde que se verifiquem determinados requisitos negativos (art. 76º, § 2º); aceite a proposta pelo autor da infracção e pelo seu defensor, o acordo resultante será submetido à apreciação do Juiz (art. 76º, § 3º), o qual poderá proceder ou não à respectiva homologação; acolhendo a proposta do ministério público aceite pelo autor da infracção, o juiz aplicará a pena restritiva de direitos ou multa (art. 76º, § 4º).

Percebe-se, portanto, que na base desta alternativa processual encontra-se o acordo prévio entre o ministério público, o autuado e o seu defensor a respeito da sanção a ser imposta, cabendo ao juiz a realização do controle judicial no sentido de proceder ou não à homologação. Disto decorre a característica tipicamente consensual desta hipótese de aplicação de pena[20].

Sendo claramente consensual a base da *transacção*, essa característica não a aproxima do *guilty plea* (declaração de culpabilidade) nem do *plea bargaining* (negociação de culpabilidade) do modelo anglo-saxão, considerando-se a maior restrição de possibilidades do objecto do acordo no modelo brasileiro.

A legitimação do Instituto é encontrada na consideração de que ele é expressão da autonomia de vontade do autuado, sendo consequência de uma livre manifestação de defesa. Conforme foi salientado nas linhas introdutórias deste estudo, essa autonomia de vontade do autuado é invocada como suficiente para eliminar uma possível violação dos princípios da presunção de não culpabilidade, do contraditório, da busca da verdade material e da ampla defesa que poderia decorrer da prática da transacção[21].

---

brasileiro, ao prever no art. 98º, I, da C.F. de 1988 a possibilidade de "transacção" nos casos de infracções penais de menor potencial ofensivo.

[20] Fala-se mesmo na substituição do conceito de *verdade material* pelo de *verdade consensual*, "com inegáveis vantagens", conf.: BITENCOURT, Cezar Roberto. *Juizados...*, cit., p. 101. Nesse sentido, certa reserva merece a afirmação categórica de que "em matéria estritamente processual penal não há conciliação, nela não se enfeixando o tema da transacção", conf.: LOPES, Mauricio Antonio Ribeiro, *In*: FIGUEIRA JUNIOR, Joel Dias, LOPES, Mauricio Antonio Ribeiro. *Comentários...*, cit., p. 275. Advirta-se que a ideia de consenso envolve não só aquelas hipóteses em que as partes entram em efectiva negociação mas também aquelas em que uma delas faz uma determinada proposta, incumbindo à outra aceitá-la ou não.

[21] JESUS, Damásio Evangelista de. *Lei...*, cit., p. 63.

582 *O Processo Penal como Instrumento de Política Criminal*

Manifestando-se sobre esta invocação da autonomia da vontade para sanar a eventual lesão que a transacção penal pode provocar em alguns direitos fundamentais tradicionalmente reconhecidos aos acusados no âmbito do processo penal, argumenta AZEVEDO[22] que na sua fundamentação perde-se de vista que a essência de um direito fundamental é a sua irrenunciabilidade. Salienta, ademais, que nessa perspectiva não se cuida de renunciar a uma faculdade ou prerrogativa reconhecida por lei mas sim da disposição de um rol de direitos, vinculados em princípios constitucionais, cujo interesse não é particular deste ou daquele membro da comunhão social, mas que sustenta o próprio Estado democrático. Assim sendo, conclui, não pode a Constituição tolerar semelhante contradição.

Não obstante, o fundamento constitucional para este Instituto no âmbito do processo penal é o disposto no art. 98°, I, da Constituição Federal, o qual admite a transacção nas infracções penais de menor potencial ofensivo, nos termos legais.

Importa, desde logo, definir o que se entende como sendo crimes de menor potencial ofensivo, uma vez que é a partir da sua caracterização que poderemos especificar o âmbito de incidência da transacção penal.

Várias são as tentativas doutrinárias de se definir o que venha a ser crimes de menor potencial ofensivo, tendo sido essa a grande dificuldade encontrada aquando da regulamentação da Lei que introduziu os Juizados Especiais Criminais, e os Institutos correlatos, no Ordenamento Jurídico brasileiro.

---

[22] A culpa penal e a lei 9.099/95, cit., p. 132. O argumento encontra sustentação histórica na lição de MENDES DE ALMEIDA (ALMEIDA, Joaquim Canuto Mendes de. *Princípios fundamentais do processo penal*. São Paulo: RT, 1973, p. 86) quando, tratando do princípio da obrigatoriedade da acção penal, escreve que "não pode existir em processo criminal o mesmo poder dispositivo das partes – verificado no processo civil –, embora expresso em contraditoriedade, porque o interesse colectivo é um interesse de outrem e não do autor e do réu da acção penal. O crime é uma lesão irreparável ao interesse colectivo, reconhecida como tal pela proibição legislativa da sua prática. A cominação de uma pena é uma ameaça tida por necessária e cuja seriedade precisa, por isso mesmo, de ser posta em foco pela efectividade da sanção. Ou a pena é necessariamente reclamada pelo crime, para satisfação do interesse social – e deve ser inflexivelmente aplicada pela acção obrigatória do poder público – ou pode ser discricionariamente evitada pela transacção dos particulares ou funcionários do Estado, e, então, não se justifica a cominação legislativa. O princípio dispositivo seria, no processo criminal, a negação do direito criminal".

Numa conceituação de todo genérica, afirma-se, pois, que "delitos de pequeno potencial ofensivo são os que atingem bens jurídicos de menor valia e, ainda, os chamados crimes de perigo presumido ou concreto"[23], evidenciando a busca do conceito a partir da importância do bem jurídico protegido e da gravidade da lesão ou exposição a perigo a que ele é exposto.

Mais precisamente, partindo da especificação de alguns dos elementos integrantes do tipo penal, CERNICCHIARO[24] vincula o conceito de crime de menor potencial ofensivo a duas variáveis: à existência de um dano de menor monta, apreciado tanto em relação ao valor do bem jurídico como quanto ao impacto do dano ou perigo que lhe é dirigido; à ocorrência de uma conduta de menor reprovação, levando-se em conta a maior ou menor censurabilidade a ser feita ao agente. Esta conceptualização dos crimes de menor potencial ofensivo adequa-se à tentativa de integração político-criminal das formas de diversificação processual, nelas incluída a transacção penal, ora em análise, pois, conforme procuraremos demonstrar, a admissibilidade dessas formas de diversificação processual vincula-se a uma atenuação do juízo de reprovação a ser feito ao agente bem como depende da dimensão do dano, apreciada em função da importância do bem jurídico protegido e da lesão por ele sofrida.

1 – Âmbito de incidência.

Posto isto, pode ser afirmado que o âmbito de incidência da hipótese de transação penal é coincidente com aquele previsto para a actuação dos Juizados Especiais criminais, ou seja, as infracções de menor potencial ofensivo, considerados como tal os crimes com pena máxima não superior a um ano e as contravenções penais (art. 61º, Lei 9.099/95), estas últimas tipicamente de menor ofensividade[25].

Sendo considerado como o âmbito de incidência do modelo de Justiça Penal introduzido pela Lei dos Juizados Especiais as chamadas

---

[23] BARBOSA, Marcelo Fortes. *Garantias constitucionais de direito penal e de processo penal...*, cit., p. 71. Saliente-se que na mesma passagem o Autor destaca que a noção de crimes de menor potencial ofensivo sugerida não se liga obrigatoriamente ao critério de menor pena para caracterizar tais delitos.

[24] *Direito penal na constituição*, cit., p. 180-181.

[25] JESUS, Damásio Evangelista de. *Lei...*, cit., p. 64.

infracções de menor potencial ofensivo[26], intenta-se distinguir essa expressão da equivalente criminalidade de bagatela, a partir da verificação da ocorrência ou não da intervenção penal formal. Assim, enquanto a chamada criminalidade de bagatela "deve entrar no sistema penal", ou seja, deve ser objecto de uma intervenção penal formal, ainda que atenuada, as infracções de menor potencial ofensivo devem ficar fora desse Sistema, "porque não há ofensividade que justifique a intervenção penal"[27].

Pesa-nos divergir da mencionada lição, entendendo que, conforme o próprio Autor citado reconhece em relação à criminalidade de bagatela e na linha de entendimento da doutrina germânica, a natureza dessas infracções deve estar ligada à insignificância da lesão ou do perigo de lesão a que dá lugar esse tipo de delitos, isso em atenção à ideia de um Direito Penal que só se legitima na medida em que estiver voltado para a protecção de bens jurídicos essenciais[28]. Desse modo, se "não há ofensividade que justifique a intervenção penal" o caminho mais adequado é aquele da descriminalização e não o do tratamento penal informal. Como se verá, a opção pelo tratamento penal informal em detrimento da medida de descriminalização somente se justifica face à necessidade de se resguardar o mínimo de tutela penal indispensável para a estabilização contrafáctica das expectativas de vigência da norma[29].

---

[26] Anote-se a adequada ponderação feita no sentido de que a definição das infracções de menor potencial na Lei 9.099/95 se destina à aplicação desta Lei, nada impedindo que leis posteriores possam prever outras infracções de menor potencial ofensivo, utilizando os mesmos critérios da pena máxima e do procedimento especial nela previstos, ou critérios diferentes, como o da natureza da infracção, conf.: GRINOVER, Ada Pellegrini, *et alli. Juizados*…. 3ª Ed., cit., p. 69.

[27] GOMES, Luiz Flávio. *Suspensão*…, cit., p. 36. Uma variante pode ser encontrada em PÓVOA/MELO (PÓVOA, Liberato, MELO, José Maria. *Teoria e prática dos juizados especiais criminais*. 2ª Ed.. Curitiba: Juruá, 1996, p. 24), para os quais os crimes de menor potencial ofensivo se diferenciam dos crimes de bagatela, "pois nestes a conduta não chega a violar o tipo, apresentando-se atípica, insignificante frente à ordem legal. Essa conduta pode corresponder a uma violação dos mores, de dogmas religiosos; enfim, uma conduta antiética, mas que juridicamente não corresponde com exactidão ao tipo penal. A distinção entre as duas espécies reforça a ideia de que o princípio da insignificância continua a ter aplicabilidade, muito embora um tanto esvaziada, diante da nova norma".

[28] A ideia liga-se à *geringe Unrechtsqualitat*, ou seja, escasso conteúdo do ilícito, implicando que nos delitos de bagatela deve haver uma conjugação de pelo menos dois factores: escasso dano social e culpabilidade leve demonstrada pelo agente no facto, conf.: PALIERO, Carlo Enrico. Note…, cit., p. 941.

[29] Certamente por não atentar a essa diferenciação é que GOMES mereceu o dissenso de RIBEIRO LOPES (LOPES, Mauricio Antonio Ribeiro, *In*: FIGUEIRA JUNIOR, Joel Dias,

Modelo Brasileiro 585

É necessário salientar, outrossim, que a fixação do âmbito de incidência a partir da noção das infracções de menor potencial ofensivo revela uma vez mais a necessidade do diálogo a ser estabelecido entre o Direito Penal material e o respectivo modelo processual penal[30]. Isso confirma-se, desde logo, pela simples constatação de que "para fixar a competência em razão da matéria aos Juizados Especiais Criminais, a Lei nº 9.099/95 utiliza, basicamente, a intensidade da sanção abstractamente cominada para o ilícito"[31].

Em termos estatísticos, a fixação dos crimes de menor potencial ofensivo como sendo o âmbito de incidência das formas de diversificação processual, incluída a transacção penal, resulta da constatação de que 70% (setenta por cento) da actuação da Justiça brasileira envolve infracções penais de gravidade mínima (contravenções de direcção de veículo sem habilitação, vias de facto, crimes de lesões corporais dolosas sem expressão, insignificantes lesões culposas no trânsito, brigas de bar, etc.)[32].

Estabelecidas estas premissas, reitere-se que foi a própria Lei 9.099/95 a fixar no seu artigo 61º a abrangência das infracções de menor potencial ofensivo, dispondo que são "as contravenções penais e os crimes a que a lei comine pena máxima não superior a um ano, exceptuados os casos em que a lei preveja procedimento especial"[33].

LOPES, Mauricio Antonio Ribeiro. *Comentários...*, cit., p. 285), ainda que este último ignore uma relevância processual do princípio da insignificância, afirmando que o mencionado princípio conduziria à atipicidade do crime por ausência do seu elemento material e apenas nos casos de menor importância do crime se justificaria uma alternativa processual mais célere. Por sua vez, segundo MIRABETE (MIRABETE, Julio Fabbrini. *Juizados...*, cit., p. 32) "não há que se confundir o conceito de ilícito de menor potencial ofensivo com o crime de bagatela. Neste, pelo princípio da insignificância, há exclusão da tipicidade, conforme doutrina prevalente, é um 'não crime', enquanto naquele o facto é típico, devendo o seu autor ser submetido a processo e julgamento se não for possível a conciliação ou a transacção".

[30] Segundo RIBEIRO LOPES (LOPES, Mauricio Antonio Ribeiro, *In*: FIGUEIRA JUNIOR, Joel Dias, LOPES, Mauricio Antonio Ribeiro. *Comentários...*, cit., p. 277), não se pode negar que a noção de infracções penais de menor potencial ofensivo esteja muito mais ligada ao Direito Penal do que ao processual penal.

[31] MIRABETE, Julio Fabbrini. *Juizados...*, cit., p. 30.

[32] JESUS, Damásio Evangelista de. *Lei...*, cit., p. 8.

[33] Reforçando o que foi dito no parágrafo anterior do texto, a fixação desse marco deveu-se à informação estatística de que 50% (cinquenta por cento) do movimento das varas criminais e grande parte das matérias de competência dos Tribunais de Alçada Criminal compreendia os crimes inseridos nesta faixa, conf.: GRINOVER, Ada Pellegrini, *et alli. Juizados...*, cit., p. 67.

Registe-se, desde logo, a interpretação acertada de que às contravenções não se aplica o limite da pena máxima não superior a um ano, sendo elas em si mesmas crimes de menor potencial ofensivo, independentemente da moldura penal prevista. Nesse sentido, todas as contravenções penais estão abrangidas pelo âmbito de incidência da Lei 9.099/95, mesmo que previstas em legislação especial e ainda que a pena máxima abstractamente prevista seja superior a um ano[34].

Considerando o tipo penal, ou seja, a abstracta moldura penal prevista para o delito, é de acompanhar o entendimento de que nos casos de crimes qualificados o limite máximo a ser considerado é, evidentemente, aquele previsto abstractamente na lei penal para a forma qualificada; assim também devem ser sempre computadas, para aferição do limite máximo estabelecido na lei, as causas de aumento de pena previstas no Código Penal ou em legislação especial. Por outro lado, "na aferição da pena máxima cominada ao crime não deve ser computado eventual aumento da pena por circunstância judicial ou agravante"; "pela mesma razão, a existência de atenuantes (arts. 65º e 66º – C.P.) não inclui na competência do juizado o ilícito quando a pena máxima cominada ao crime é superior a um ano"[35].

---

[34] JESUS, Damásio Evangelista de. Breves notas à lei dos juizados especiais criminais. *Boletim IBCCrim*, São Paulo, a. 3, nº 35, p. 13, nov. 1995; Idem, *Lei...*, cit., p. 36. Todavia, segundo o Autor, isso não implica a exclusão das contravenções da excepção prevista na parte final do art. 61 da Lei. Assim, estando previsto procedimento especial para o processamento e julgamento de determinada contravenção, *v.g.*, a prática do jogo do bicho, ela estará fora do âmbito de incidência da Lei 9.099/95. Acompanhando o posicionamento lançado no texto mas entendendo ser "ilógico afastar-se do Juizado Especial Criminal as contravenções quando a lei estabelece para elas procedimento especial (jogo do bicho e contravenções florestais), posto que foram sempre consideradas, em nosso direito, infracções penais mais leves": PAZZAGLINI FILHO, Marino *et alli. Juizado...*, cit., p. 22-23. Na linha do entendimento por último citado: GRINOVER, Ada Pellegrini, *et alli. Juizados....* 3ª Ed., cit., p. 72.

[35] MIRABETE, Julio Fabbrini. *Juizados...*, cit., p. 32; PAZZAGLINI FILHO, Marino *et alli. Juizado...*, cit., p. 23; JESUS, Damásio Evangelista de. Breves notas à lei dos juizados especiais criminais, cit.. Na jurisprudência: "A causa especial de aumento de pena e a qualificadora reflectem-se na pena cominada (*in abstracto*). A agravante e a atenuante exclusivamente na pena aplicada (*in concreto*). A pena cominada no art. 168, parágrafo único, do Código Penal majora a sanção relativa ao tipo fundamental (*caput*). Logicamente afecta a cominação, ao contrário da agravante e da atenuante, consideradas pelo juiz, nos limites da cominação" (STJ, RHC 2816-5, Rel. Vicente Cernicchiaro, *DJU* de 22-11-93, p. 24.977). Ainda: TFR, AC. Rel. José Candido, *DJU* de 25.11.82, p. 12.047. Defendendo a incidência das circunstâncias agravantes e atenuantes sobre as

Referindo-se à aplicabilidade em geral da Lei 9.099/95, WEBER BATISTA[36] defende que ela ocorra: nos casos de concurso material, quando a soma dos máximos, em abstracto, das penas cominadas para as infracções não exceder um ano; no concurso formal e no crime continuado, desde que a pena máxima prevista para a infracção mais grave, acrescida do *máximo* resultante do concurso e da continuidade, não ultrapasse aquele limite; nos casos de tentativa, considerando a pena máxima cominada para o ilícito, "diminuída de um terço – o que corresponderá à pena máxima, em abstracto, prevista para o ilícito praticado".

Verifica-se uma divergência na doutrina sobre a competência dos Juizados Especiais e, portanto, para a possibilidade de transacção penal, nos casos de conexão e continência de delitos, havendo duas posições contrastantes.

Afirma WEBER BATISTA[37] que mesmo havendo "conexão ou continência entre as infracções, não se cogitará da modificação de competência se apenas uma delas se contiver no limite de pena de um ano", devendo cada uma ser julgada pelo respectivo juízo competente – comum e especial.

Outros sustentam que "na hipótese de conexão ou continência de infracção de menor potencial ofensivo com crime comum, a fim de permitir reconstrução crítica unitária das provas e unidade de julgamento,

---

penas básicas, mesmo quando elas se encontrem já nos limites mínimo e máximo da cominação em abstracto: AC. Rel. Luiz Pantaleão, *TJT*, 150/290.

[36] *Juizados...*, cit., p. 292-293. Entende DALABRIDA (DALABRIDA, Sidney Eloy. Conexão e continência na Lei nº 9.099/95. *Boletim IBCCrim*, São Paulo, a. 5, nº 57, p. 3-4, ago. 1997) que nos casos de concurso (material e formal) e no crime continuado em que a aplicação das respectivas regras implicar a superação do limite previsto para a consideração como crime de menor potencial ofensivo (pena máxima não superior a um ano), "deverá ser oferecida denúncia única, abrangendo todos os delitos, a ser ajuizada no juízo comum, desprezadas as regras da Lei nº 9.099/95, exceto as do art. 88º". Quanto à tentativa, ponderam PAZZAGLINI *et alli* (PAZZAGLINI FILHO, Marino *et alli. Juizado...*, cit., p. 24) que se ela não estiver perfeitamente caracterizada, *prima facie*, no termo circunstanciado lavrado pela autoridade policial, não deve ser considerada na configuração de infracção de menor potencial ofensivo.

[37] *Juizados...*, cit., p. 292-293. Na mesma linha, entende DOORGAL (ANDRADA, Doorgal Gustavo B. de. *A suspensão...*, cit., p. 55) que se houver concurso entre crimes previstos nas Leis Especiais ou com pena máxima superior a um ano e delitos da competência dos Juizados deve ser mantida esta última, sendo o Juízo comum competente para os demais crimes.

588   *O Processo Penal como Instrumento de Política Criminal*

deve haver deslocamento da competência para o juízo de atracção (fôro da infracção à qual for cominada a pena mais grave – art. 78°, II, *a*, do CPP)"[38].

Antecipando a necessidade de ponderação entre os vectores da *eficiência*, *funcionalidade* e *garantia*, bem como já adiantando o entendimento de que a transacção penal é sim um direito do autor da infracção e, portanto, estando ligada ao vector *garantia*, não há como deixar de reconhecer que a separação dos juízos é a medida mais adequada.

2 – Proposta.

Se, como sugere a própria expressão utilizada pelo Legislador constituinte, neste Instituto se verifica uma *transacção* entre o ministério público e o autor do facto, importa precisar qual deverá ser a contribuição de cada um deles para que possa ocorrer o acordo. "No caso, o Ministério Público abre mão do direito de propor a acção e pleitear a condenação do autor do facto a uma pena de prisão. O autor do facto, do direito ao processo, com todas as garantias do devido processo legal". Quanto ao conteúdo da proposta, em síntese, "a transacção permite ao Ministério Público, nos limites estabelecidos pelo Código Penal, não só a escolha quanto à *natureza*, como quanto à *quantidade* da pena a ser imposta"[39].

Nos termos do próprio art. 76°, o objecto da proposta do ministério público será a imposição de uma pena restritiva de direitos ou multa, sendo inadmissível a proposta de aplicação de pena privativa de liberdade (art. 62°), ainda que seja a única abstractamente prevista para o delito.

Quanto ao rol das penas restritivas de direito passíveis de serem propostas, parece-nos que em atenção ao princípio fundamental da legalidade material apenas aquelas previstas na lei poderão ser propostas. Implica isso em dizer que deve ser observado o que dispõe a este respeito o art. 5°, XLVI[40], da Constituição e o art. 43[41] do Código Penal.

---

[38] PAZZAGLINI FILHO, Marino *et alli*. *Juizado...*, cit., p. 21; JESUS, Damásio Evangelista de. *Lei...*, cit., p. 40.

[39] BATISTA, Weber Martins, FUX, Luiz. *Juizados...*, cit., p. 319.

[40] "Art. 5° (...): XLVI – a lei regulará a individualização da pena e adotará, entre outras, as seguintes: a) privação ou restrição da liberdade; b) perda de bens; c) multa; d) prestação social alternativa; e) suspensão ou interdição de direitos;"

[41] "Art. 43°. As penas restritivas de direitos são: I – prestação de serviços à comunidade; II – interdição temporária de direitos; III – limitação de fim de semana."

Porém, tratando-se de penas restritivas de direitos, o que importa é que a sanção a ser proposta mantenha a mesma natureza jurídica daquelas previstas no texto constitucional e não que haja uma correpondência fiel às hipóteses nele elencadas. Desse modo, *v.g.*, quando a Constituição menciona a "prestação social alternativa", é admissível a proposta de imposição de diversas medidas penais, desde que guardem a teleologia que se extrai da norma citada e que não sejam atentatórias da dignidade humana (vexatórias, humilhantes, etc.)[42].

No que se refere à sanção pecuniária, dispõe o § 1º do art. 76º que "nas hipóteses de ser a pena de multa a única aplicável, o juiz poderá reduzi-la até metade". O mais adequado aqui é reconhecer a existência de um poder-dever do juiz, face à constatação de que o mérito do autor do facto já foi apreciado no momento em que a pena de multa foi a única fixada, não podendo influenciar a decisão acerca da redução ou não. Embora falando em "poder discricionário" do juiz, GRINOVER *et alli*[43] afirmam que para a verificação da redução bastará que o acusador tenha proposto a aplicação de pena de multa e o autuado e o seu advogado tenham aceite. De se acrescentar que nos casos em que a pena de multa for a única prevista, *v.g.*, contravenções penais, não poderá o representante do ministério público propor a aplicação de pena restritiva de direitos[44].

Ainda que a reparação dos danos civis não figure como objecto precípuo desta hipótese, nada impede, porém, que ela possa gerar efeitos na transacção penal de iniciativa do ministério público. Ou seja, pode o representante do ministério público levar em conta a reparação dos danos no momento de formular a proposta de aplicação da pena restritiva de direitos ou da multa, acenando com uma atenuação dessas

---

[42] É o caso da imposição do fornecimento de cestas básicas de alimentação para entidades diversas, conf.: PEDROSA, Ronaldo Leite. Cesta básica: penal legal?. *Boletim IBCCrim*, São Paulo, a. 5, nº 59, p. 13-14, out. 1997. Na mesma linha, sustenta-se que "tanto a proposta como a aceitação, bem como a homologação do juiz, podem perfeitamente dizer respeito ao cumprimento de prestação social alternativa (como, por exemplo, a entrega de cestas básicas, vestuário ou remédios à colectividade carente ou instituições assistenciais", conf.: GRINOVER, Ada Pellegrini, *et alli. Juizados....* 3ª Ed., cit., p. 144. Segundo o entendimento de CERNICCHIARO (CERNICCHIARO, Luiz Vicente, COSTA Jr., Paulo José. *Direito penal na constituição*, cit., p. 98), a "prestação social alternativa" prevista na Constituição, substancialmente, corresponde às penas restritivas de direitos, autónomas e substitutivas das penas privativas de liberdade.

[43] GRINOVER, Ada Pellegrini, *et alli. Juizados....* 3ª Ed., cit., p. 145.

[44] JESUS, Damásio Evangelista de. *Lei...*, cit., p. 66.

consequências, com isso estimulando a medida reparatória[45]. O que não se pode fazer é condicionar a transacção à realização da reparação do dano pelo autor do facto, em virtude da inexistência de previsão legal a esse respeito[46]. Para nós, conforme procuraremos demonstrar, a reparação dos danos, ao lado dos tradicionais factores de medição da pena, pode conduzir a uma atenuação do juízo de reprovação inerente à culpabilidade, possibilitando a transacção penal.

Em termos formais, embora não se exija que a proposta do ministério público contenha os requisitos da denúncia, nela devem estar delimitados, ainda que de forma singela, os factos motivadores da resposta estatal, a sua classificação jurídica e a pena que o órgão acusador entende ser justa no caso concreto, possibilitando assim a constatação da tipicidade, o *fumus boni iuris*, eventual litispendência, caso julgado, etc...[47]. Nesse sentido, a proposta de aplicação imediata de pena não privativa de liberdade passa a ser "uma maneira especial de oferecimento da denúncia"[48], afastando-se com isso a objecção de que a medida implicaria na transacção sobre uma sanção penal não resultante de sentença condenatória anterior.

---

[45] LOPES, Mauricio Antonio Ribeiro, *In*: FIGUEIRA JUNIOR, Joel Dias, LOPES, Mauricio Antonio Ribeiro. *Comentários....* 2ª Ed., cit., p. 479. Nesta hipótese, complementa o Autor, deverá a composição que eventualmente for feita ser homologada, nos mesmos termos em que ocorre nos casos de acção penal privada ou condicionada à representação, de tal modo que, face a um eventual incumprimento da reparação dos danos acordada, o ofendido deverá procurar a satisfação no juízo competente, não podendo o representante do ministério público revogar a proposta mais favorável já homologada. Ver, ainda: MIRABETE, Julio Fabbrini. *Juizados...*, cit., p. 85; BATISTA, Weber Martins, FUX, Luiz. *Juizados...*, cit., p. 315.

[46] GRINOVER, Ada Pellegrini, *et alli*. *Juizados....* 3ª Ed., cit., p. 151, que afirmam e reiteram a possibilidade da transacção penal mesmo quando frustrada a tentativa de composição dos danos.

[47] GOMES, Luiz Flávio. *Suspensão...*, cit., p. 66. Segundo GRINOVER *et alli* (GRINOVER, Ada Pellegrini, *et alli*. *Juizados....* 3ª Ed., cit., p. 139), o ministério público somente formulará a proposta de transacção penal quando, num juízo prévio ao oferecimento da denúncia, estiver convencido da necessidade de instauração do processo penal, a partir de um exame *prima facie* do que resulta do termo circunstanciado, devendo pedir o arquivamento se houver falta de tipicidade, ocorrência de prescrição ou inimputabilidade. Contudo, é da mesma fonte por último citada a advertência no sentido de que a análise da justa causa, por envolver a verificação da existência de elementos probatórios, não poderá ser efectuada neste momento.

[48] LOPES, Mauricio Antonio Ribeiro, *In*: FIGUEIRA JUNIOR, Joel Dias, LOPES, Mauricio Antonio Ribeiro. *Comentários....* 2ª Ed., cit., p. 501. Em sentido contrário, entendendo que na transacção penal "não há oferecimento de denúncia": LOPES JÚNIOR, Aury

Modelo Brasileiro 591

Com muita propriedade afirma-se, então, que "quando o Ministério Público apresenta em juízo a proposta de aplicação de pena não privativa de liberdade, prevista no art. 76º da Lei nº 9.099/95 ele está a exercer a acção penal, pois deverá, ainda que de maneira informal e oral – como a denúncia – fazer imputação ao autor do facto e pedir a aplicação de uma pena, embora esta aplicação imediata fique na dependência do assentimento do réu". Ou seja, como na denúncia, o promotor deverá, oralmente, realizar a descrição e atribuição ao autor do facto de uma conduta típica, ilícita e culposa, individualizando-a no tempo e no espaço. Em síntese, na proposta de transacção encontra-se embutida uma acusação penal (imputação mais pedido de aplicação de pena). Assim, conclui, "existe acção penal, jurisdição e processo. Este é o devido processo legal"[49].

Conforme veremos, por mais que se pretenda prestigiar os objectivos de informalidade, celeridade, economia processual, em uma palavra: o *eficientismo* na prestação jurisdicional penal, em atenção ao vector *garantia* é imprescindível que a proposta contenha, igualmente, os elementos ensejadores do juízo da culpabilidade, possibilitando-se apenas a atenuação da valoração que desse juízo decorre: a reprovabilidade.

O momento processual adequado para a formulação da proposta é aquele da audiência preliminar, prevista no art. 72º da Lei, estabelecendo este dispositivo legal a necessidade da presença do representante do ministério público, do autor do facto, da vítima e, eventualmente, do responsável civil, acompanhados pelos seus advogados.

Celso Lima. Breves considerações..., cit., p. 350. Também para SILVA JR. (SILVA JR., Edison Miguel da. Lei nº 9.099/95: descumprimento da pena imediata no estado democrático de direito brasileiro. *Boletim IBCCrim*, São Paulo, a. 6, nº 64, p. 3-4, mar. 1998) "na aplicação imediata de pena inexiste acusação", o que o leva a concluir que, "consequentemente, não há processo penal". Na linha divergente do texto, consultar, ainda: SILVA, Eduardo Araujo da. Da competência para a execução da sanção pecuniária decorrente da transação penal. *Boletim IBCCrim*, São Paulo, a. 6, nº 63, p. 12, fev. 1998.

[49] JARDIM, Afrânio Silva. Os princípios da obrigatoriedade e da indisponibilidade nos juizados especiais criminais. *Boletim IBCCrim*, São Paulo, a. 4, nº 48, p. 4, nov. 1996. Não é menor o acerto de CASTRO SANTOS (SANTOS, Lycurgo de Castro. A natureza jurídico-penal da multa e da restrição de direitos na transação penal – Lei 9.099/95. *Boletim IBCCrim*, São Paulo, a. 4, nº 38, p. 4, fev. 1996) quando afirma que "a transacção representa o devido processo legal nas infracções penais de menor potencial ofensivo, previstas na Lei 9.099/95". Divergindo, afirma AZEVEDO (AZEVEDO, David Teixeira. A culpa penal e a lei 9.099/95, cit., p. 133) que "a compreensão da existência verdadeiramente de um processo nessas circunstâncias parece um excesso".

592   *O Processo Penal como Instrumento de Política Criminal*

Acresça-se, ainda, que é para evitar a transformação do Instituto num verdadeiro "acordo de cavalheiros", celebrado sem o requisito da publicidade, que o texto legal (art. 72º) sugere que a proposta de aplicação de pena seja discutida "na audiência preliminar". Na prática, porém, é usual o ministério público não comparecer à audiência preliminar, limitando-se a informar o juiz ou conciliador dos termos da sua proposta. É evidente que esta prática pode comprometer a natureza consensual do Instituto, uma vez que, se o autor do facto não concorda com a sanção proposta, ou o juiz – e também o conciliador – irá suprir o papel do ministério público ou a transacção será inviabilizada. Pese embora o prestígio que se procura atribuir à informalidade, o certo é que a primeira das mencionadas soluções se mostra francamente em contradição com o não menos importante vector *garantia* e é contrária ao modelo acusatório que se pretende ser o adoptado no Ordenamento Jurídico brasileiro.

Quanto ao termo final, opina DOORGAL[50] que iniciado o processo ele torna-se indisponível, sendo ilegal a aplicação da pena alternativa ou a composição extintiva da punibilidade nesta fase.

3 – Sujeitos processuais intervenientes.

Questão preliminar quanto aos sujeitos processuais intervenientes na transacção é aquela relacionada com a titularidade da acção penal, tendo em vista a necessidade de se precisar a quem a Lei reconhece a atribuição de formular a proposta. A este respeito estabelece o art. 76º, *caput*, que o ministério público poderá formular a proposta, coerentemente com o que dispõe esse mesmo dispositivo legal quanto ao cabimento da transacção nos casos de acção penal pública condicionada em que houve a representação e nos casos de acção penal pública incondicionada. Por imperativo constitucional (art. 129º, I, C.F.), sabidamente nos dois casos por último mencionados o titular da acção penal é o ministério público, incumbindo-lhe, pois, a iniciativa quanto à proposta.

Todavia, apesar do silêncio da Lei acerca do cabimento da transacção penal também nas hipóteses de acção penal de iniciativa privada, a Comissão Nacional de Interpretação da Lei 9.099/95 manifestou-se assim: "o disposto no art. 76º abrange os casos de acção penal privada"[51].

---

[50] *A suspensão...*, cit., p. 66.

[51] Publicada na *RJ* nº 219, p. 146. Filiando-se neste entendimento, GRINOVER *et alli* (GRINOVER, Ada Pellegrini, *et alli. Juizados...*, cit., p. 122) sustentam que ele

Modelo Brasileiro

Em sentido divergente, MIRABETE[52] sustenta a inadmissibilidade de transacção na acção penal de iniciativa privada, em virtude da ausência de previsão legal a esse respeito bem como por não ser o ofendido representante do *jus puniendi* mas somente do *jus persequendi in judicium*. Além desses argumentos, pode acrescentar-se que a acção penal de iniciativa privada é discricionária para o ofendido, sendo possível ocorrer a qualquer tempo o perdão do ofendido, a desistência da acção, o abandono, tornando perempta a acção e, portanto, gerando uma incompatibilidade com o Instituto da transacção penal[53].

Uma certa perplexidade verifica-se quanto à natureza jurídica da actuação de cada um dos sujeitos intevenientes na transacção, particularmente em relação ao ministério público, face à necessidade de se estabelecerem mecanismos de controle para a eficácia do Instituto.

3.1 – Ministério Público.

Em relação ao ministério público a hipótese configura uma admissibilidade do princípio da *discricionariedade regulada* ou, *regrada*[54]. Porém, esta constatação é insuficiente para se enfrentarem os problemas relacionados com o carácter vinculado ou não do oferecimento da proposta por parte deste sujeito processual.

Afirma-se, então, que o ministério público não pode deixar de formular a proposta quando presentes os requisitos legais, pois nesta última

---

decorre do reconhecimento do interesse da vítima não só na reparação civil mas também na punição penal. Também para DOORGAL (ANDRADA, Doorgal Gustavo B. de. *A suspensão...*, cit., p. 52) a vítima poderá fazer a proposta de pena consentida, nos casos de acção penal de iniciativa privada em que não se verificou a composição civil. Afirmando a admissibilidade na jurisprudência: TACrimSP, Emb. Decl. 985.109, *rolo-flash* 1037/202.

[52] *Juizados...*, cit., p. 84. Na linha de divergência, entendendo ser incabível a transacção penal na acção penal privada, consultar, ainda: JESUS, Damásio Evangelista de. *Lei...*, cit., p. 65; ARAÚJO, Francisco Fernandes de. *Juizados especiais criminais: comentários à lei federal n. 9.099/95.* São Paulo: Copola, 1995, p. 58.

[53] PAZZAGLINI FILHO, Marino *et alli. Juizado...*, cit., p. 58.

[54] MIRABETE, Julio Fabbrini. *Juizados...*, cit., p. 81-82; GRINOVER, Ada Pellegrini, *et alli. Juizados...*, cit., p. 16.

[55] LOPES, Mauricio Antonio Ribeiro, *In*: FIGUEIRA JUNIOR, Joel Dias, LOPES, Mauricio Antonio Ribeiro. *Comentários....* 2ª Ed., cit., p. 475; BITENCOURT, Cezar Roberto. *Juizados...*, cit., p. 106; JESUS, Damásio Evangelista de. *Lei...*, cit., p. 66. No sentido do texto: TACRIMSP, Apel. 912.903.1, Rel. Almeida Braga, 29.11.95; TACRIMSP, Apel. 927.827.8, Rel. Evaristo dos Santos, 29.11.95; TACRIMSP, Apel. 1.003.161.3, Rel. Márcio Bártoli, 27.03.96; TACRIMSP, Apel. 1.006.9389.2, Rel. Vico Mañas, 27.03.96.

594   *O Processo Penal como Instrumento de Política Criminal*

hipótese surge para o autor do facto um direito subjectivo[55]. Tratando-se de um poder-dever atribuído ao órgão acusatório, não se lhe reconhece a possibilidade de deixar de formular a proposta por razões de oportunidade[56].

Portanto, neste primeiro entendimento a proposta de transacção surge como um direito subjectivo para o autor do facto e um poder-dever para o ministério público, em virtude da natureza *regulada* ou, *regrada*, do poder discricionário que possui este último. Todavia, não se verifica uma harmonia entre os autores que concebem a transacção como direito subjectivo do autor do facto acerca da forma de controle da actuação desse direito.

Perante o não oferecimento da proposta pelo ministério público, sugere-se uma forma de controle através do art. 28 do C.P.P., previsto para os casos de discordância entre o "acusador" público e o juiz sobre o arquivamento do inquérito. Dessa forma, considerando improcedentes as razões invocadas pelo representante do ministério público para não oferecer a proposta, o juiz fará a remessa das peças de informação ao Procurador-Geral, podendo este oferecer a proposta, designar outro representante para oferecê-la ou insistir na sua não formulação[57].

Segundo se entende, isto não implica o reconhecimento de que possa o juiz, discordando da opção acusatória do ministério público, aplicar *ex officio* pena não privativa de liberdade; diversamente, deverá submeter-se ao procedimento previsto no art. 28º C.P.P. mencionado. Da mesma forma o entendimento de que o requerimento da defesa, no sentido de provocação da proposta de aplicação de pena não privativa de liberdade, deve ter a eficácia apenas de provocar, judicialmente, esse procedimento do art. 28º. Por fim, em consequência de ser considerada como um direito subjectivo do acusado a proposta de transacção, presentes os requisitos legais, defende-se a possibilidade de controle da negação do ministério público a esse respeito através da medida de *habeas*

---

[56] GOMES, Luiz Flávio. *Suspensão...*, cit., p. 68-69. Cite-se, inclusive, o entendimento doutrinário (GRINOVER, Ada Pellegrini, *et alli. Juizados...*, cit., p. 124) de que o próprio autor do facto, devidamente assistido por advogado, poderá apresentar a proposta, desde que ela seja discutida na audiência de conciliação. A inspiração desta última posição no *patteggiamento* da experiência italiana não pode ser escondida.

[57] LOPES JÚNIOR, Aury Celso Lima. Breves considerações..., cit., p. 350; GRINOVER, Ada Pellegrini, *et alli. Juizados...*, cit., p. 126. Afirmando que a proposta de transacção é de iniciativa exclusiva do ministério público, porém propondo o controle através do procedimento previsto no art. 28 C.P.P.: *Conselho Nacional de Procuradores Gerais de Justiça*.

corpus. Neste último caso a competência para a apreciação da medida seria a Turma Julgadora mencionada no art. 82º da Lei 9.099/95[58].

Uma variação deste entendimento pode ser encontrada em BITEN-COURT[59], o qual, também rechaçando a possibilidade de concessão *ex officio*, defendia uma inversão do *ius postulandi*, admitindo-se que o autor do facto, através do seu defensor, pudesse requerer ao juiz a oportunidade do *"exercício do direito de transigir"*, desde que satisfeitos os requisitos legais; formulada a postulação, deveria o juiz decidir a esse respeito. Todavia, ante à inafastável necessidade de que ambas as partes estejam envolvidas na transacção e entendendo inaplicável o controle hierárquico previsto no art. 28º C.P.P., conclui o Autor que a saída é reconhecer a possibilidade do recurso ao *habeas corpus*, em virtude de se tratar de um direito subjectivo do autor do facto.

Filiando-se nos que defendem a possibilidade de controle pelo próprio juiz, uma engenhosa solução é proposta por WEBER BATISTA[60] a este respeito. Também partindo do pressuposto de que a transacção constitui um direito subjectivo do autor da infracção, desde que satisfeitos os requisitos estabelecidos na lei, o Autor admite que o juiz possa tomar a iniciativa de oferecê-la. Parte o Autor do reconhecimento das possíveis medidas a serem tomadas pelo ministério público ao tomar conhecimento do facto, através do termo circunstanciado ou de outra forma: pedir o arquivamento por falta de *justa causa*; propor a transacção; oferecer denúncia. Perante estas medidas do ministério público compete ao juiz, respectivamente: submeter ao controle hierárquico previsto no art. 28º C.P.P. se discorda do arquivamento; acolher ou não a proposta de transacção, desde que aceite pelo autor do facto e presentes os requisitos legais; receber ou rejeitar a denúncia na última hipótese mencionada. Justamente neste último caso o Autor acrescenta uma outra possibilidade a ser reconhecida ao juiz, além do recebimento ou rejeição da denúncia: a iniciativa de oferecer a transacção.

---

[58] LOPES, Mauricio Antonio Ribeiro, *In*: FIGUEIRA JUNIOR, Joel Dias, LOPES, Mauricio Antonio Ribeiro. *Comentários....* 2ª Ed., cit., p. 499.

[59] *Juizados...*, cit., p. 107.

[60] *Juizados...*, cit., p. 321-322. O entendimento aproxima-se do de DAMÁSIO (JESUS, Damásio Evangelista de. *Lei...*, cit., p. 67), o qual defende que tanto no caso de não oferecimento de proposta de transacção como no de não propositura da suspensão provisória do processo, o juiz, se for o caso, aplicará de ofício essas medidas. Registe-se que, quanto à transação penal, o entendimento inicial do Autor era o de que, face à recusa do

596 *O Processo Penal como Instrumento de Política Criminal*

Numa variação do entendimento por último citado, salienta MON-TEIRO[61] que o dever do promotor de tentar a transacção sem dúvida existe; portanto, um correspondente direito subjectivo do autor do facto é inegável. Contudo, na verdade isso corresponde a dizer que o promotor tem o dever de não denunciar sem antes propor a aplicação imediata de pena não privativa de liberdade e o autor do facto tem o direito subjectivo de não ser denunciado sem que o ministério público tenha feito a proposta. Assim, se o promotor exercer a acção penal sem antes procurar o consenso, estando presentes os requisitos legais, deve o juiz rejeitar a denúncia por falta de interesse em agir (C.P.P., art. 43°, III: faltar condição exigida pela lei para o exercício da acção penal), em atenção ao princípio do devido processo legal, uma vez que o ministério público não observou a forma prevista na lei – no caso Lei 9.099/95.

Em posição diametralmente oposta aos posicionamentos que foram expostos até aqui, há o entendimento de que a transacção não se trata de um direito público subjectivo do autor do facto, "de modo a possibilitar que seja apresentada contra a vontade do Ministério Público, quer por iniciativa do juiz, quer por requerimento do interessado". Neste sentido, alega-se que "a proposta de ofício pelo juiz com a consequente homologação em caso de aceitação equivaleria ao exercício da jurisdição sem acção". Ainda, "o princípio da discricionariedade limitada, portanto, permite ao Ministério Público, e só a ele, optar pela apresentação da proposta ou oferecer a denúncia desde logo, segundo a conveniência e necessidade de repressão do crime com maior ou menor intensidade, diante da política criminal que estabelecer". Sendo a proposta de transacção *facultativa* ou *discricionária*, afirma-se que ela não pode ser ao mesmo tempo um direito subjectivo do autor da infracção penal, representando esta opção uma contradição nos próprios termos; também não se pode falar em um poder-dever do ministério público apresentar a

---

ministério público em propor a transacção, "o juiz não pode aplicar, imediatamente, pena restritiva de direitos ou multa", conf.: JESUS, Damásio Evangelista de. Breves notas à lei dos juizados especiais criminais, cit..

[61] MONTEIRO, Marcelo Rocha. Ausência de proposta do ministério público na transacção penal: uma reflexão à luz do sistema acusatório. *Boletim IBCCrim*, São Paulo, a. 6, n° 69, p. 18-19, ago. 1998. Semelhante é o entendimento de GALBIATI, Ricardo. A natureza jurídica da proposta de suspensão condicional do processo penal. *Boletim IBCCrim*, São Paulo, a. 5, n° 60, p. 10, nov. 1997, concebendo a proposta de suspensão do processo como sendo uma condição de procedibilidade da acção penal, cuja ausência impõe ao juiz o não recebimento da denúncia.

Modelo Brasileiro 597

proposta, pois uma *faculdade* não pode ser tida também como dever. Nem mesmo seria possível o recurso ao *habeas corpus* para provocar a transacção, tendo em vista que a recusa do ministério público em efectuar a proposta não implica qualquer constrangimento ilegal. Rechaça-se, inclusive, a possibilidade de adopção do procedimento previsto no art. 28º C.P.P. para provocar a transacção, entendendo-se que este dispositivo legal tem por finalidade impedir que o ministério público arquive indevidamente o inquérito policial e não que se lhe impeça o exercício do direito de acção[62].

Partindo do pressuposto de que a proposta de transacção penal é uma forma de exercício da acção penal, AFRÂNIO JARDIM[63] sustenta que ao juiz é interdito efectuar essa proposta de ofício, pois ele não pode provocar a própria jurisdição. "Não pode o juiz acusar o autor do facto de ter praticado uma determinada infracção de menor potencial ofensivo e sugerir-lhe a aplicação de uma pena", tendo em conta a não presença

---

[62] MIRABETE, Julio Fabbrini. *Juizados...*, cit., p. 82 e seguintes; *Confederação Nacional do Ministério Público*: Conclusões de nº 6 e 7. Expressiva a esse respeito é a conclusão da *Escola Paulista do Ministério Público*, afirmando-se que "não há falar em direito subjectivo do autor da infração à transacção penal, pois, mesmo preenchidos os requisitos legais, pode o Promotor de Justiça, por questão de política criminal, deixar de propô-la fundamentadamente". Enfaticamente, no mesmo sentido sustenta LIMA E SOUZA (LIMA E SOUZA, Amaury de. *Juizados especiais criminais. Lei no. 9.099/95*. Leme: LED – Editora de Direito LTDA, 1998, p. 30) que "não se trata de direito subjectivo do réu ser beneficiado por tal transacção – penal –, mas sim uma virtual faculdade do Órgão Ministerial em oferecê-la, ou não, tendo-se em vista os Princípios da Obrigatoriedade e da Indisponibilidade da Acção Penal", não prescindindo a recusa do MP em oferecê-la da devida fundamentação. Face à não efectivação da proposta – mesmo preenchidos os requisitos legais – entende o Autor ser incabível qualquer forma de controle jurisdicional da negação do MP. Também negando a possibilidade de que a transacção ocorra por iniciativa *ex officio* do juiz, PAZZAGLINI *et alli* (PAZZAGLINI FILHO, Marino *et alli. Juizado...*, cit., p. 54) sustentam ser inadmissível o entendimento de que, presentes os requisitos legais, a transacção corresponde a um direito subjectivo do autor do facto. Na jurisprudência: "a disponibilidade controlada da acção penal pública é uma faculdade ministerial e não um direito subjectivo do acusado, cabendo ao Promotor de Justiça, como órgão responsável, estabelecer política de persecução criminal, para só depois de examinar as condições pessoais do denunciado, circunstâncias e consequências do facto, transaccionar ou propor a suspensão condicional do processo" (TARS, Apel. 295.048.052, Rel. José Antonio Paganella Boschi, 13.02.96).

[63] Os princípios da obrigatoriedade..., cit.. O Autor descarta, inclusive, a aplicação analógica do art. 28º C.P.P. nos casos de não oferecimento da proposta de transacção, sustentando o cabimento desse controle hierárquico apenas nas hipóteses em que o ministério público requer o arquivamento do termo circunstanciado.

598   *O Processo Penal como Instrumento de Política Criminal*

do autor da acção penal que, pela Constituição Federal, é exclusivamente o Ministério Público. Acresce, ademais, que "descabe dizer que o autor do facto tem direito subjectivo de ser acusado da prática de uma infracção de menor potencial ofensivo...".

Examinemos, pois, a controvérsia, com vista apenas a contribuir para o seu deslinde de forma mais adequada.

Parece-nos que nenhuma contradição há em se afirmar que o autor do facto tem direito subjectivo à proposta de transacção – cautelosamente não dizemos direito subjectivo à transacção – e que o ministério público tem o poder-dever de formulá-la, revelando o inconformismo a esse respeito um equívoco quanto à forma como a questão deve ser observada, senão vejamos.

Direito subjectivo a ser acusado da prática de uma infracção o autor do facto realmente não tem; mas tem sim o direito subjectivo público de que a eventual acusação pela prática de uma infracção de menor potencial ofensivo se faça nos termos do devido processo legal instituído pela Lei 9.099/95, ou seja, mediante a proposta de transacção penal, se presentes os requisitos legais previstos. Nem mesmo é necessário cogitar se a proposta de transacção é ou não mais favorável ao autor do facto para, somente em caso de resposta afirmativa, reconhecer o seu direito subjectivo a ela; basta que se reconheça que o autor do facto tem constitucionalmente assegurado o direito ou, talvez numa linguagem mais técnica, a garantia do devido processo legal que, tratando-se de crimes de menor potencial ofensivo, consiste na proposta de transacção.

Por outro lado, como já foi salientado – e parece que não há controvérsia a esse respeito –, a actuação do ministério público na transacção penal pode ser enquadrada como exercício de uma *discricionariedade regulada*. É justamente da análise dos termos que compõem esta expressão que teremos uma resposta satisfatória quanto à actuação deste sujeito processual.

Nada obsta a que se reconheça uma *discricionariedade* – e não *arbitrariedade*, evidentemente – na actuação do ministério público nas hipóteses de transacção penal. Porém, esta discricionariedade não pode, satisfatoriamente, ser confundida com *faculdade* – no sentido de agir ou não agir livremente –, pois o ministério público encontra-se absolutamente cingido à Lei. Esta é a inafastável limitação que a natureza *regulada* impõe à actuação discricionária do ministério público. Portanto, presentes os requisitos legais não há que se falar em *faculdade* mas sim de um verdadeiro poder-dever vinculado do ministério público em oferecer a proposta de transacção.

Complementando, é evidente que mesmo numa conformação do processo penal como instrumento de política criminal o ministério público continua a ser apenas o titular da acção penal pública incondicionada e daquela condicionada à representação, nos termos constitucionais, jamais podendo ser considerado o mentor da respectiva política criminal do Estado em sentido amplo[64].

Nesse sentido, quando o Legislador condiciona a transacção à constatação de "ser necessária e suficiente a adopção da medida" (art. 76°, § 2°, III, *fine*) está a fazer menção clara às razões de política criminal, as quais devem ser consideradas pelo ministério público exclusivamente no caso concreto, aquando da análise a respeito da possibilidade ou não de oferecer a proposta[65]. Todavia, desde que presentes e favoráveis os mencionados requisitos não pode o agente do *parquet* negar a iniciativa.

Implica isso em dizer que, justamente por ser uma hipótese de *discricionariedade regulada*, o óbice que o ministério público pode opor à formulação da proposta é apenas aquele da ausência dos requisitos legais, neles compreendidos os de política criminal, porém analisados em relação ao caso concreto. Mister, por isso mesmo, é a existência de fundamentação pelo *parquet* dos motivos que baseiam a sua opção. Preserva-se com isso a adequação do papel do ministério público como defensor da ordem jurídica e dos interesses sociais e individuais indisponíveis (C.F., art. 127°).

Pois bem, demonstrado o acerto do entendimento no sentido de ser a proposta de transacção penal um direito subjectivo do autor do facto e

---

[64] É inadmissível, pois, prestar adesão à opinião de que "é tempo do Ministério Público formular uma *política criminal*, a partir de um conhecimento mais profundo da realidade que cerca os interesses tutelados pela lei penal", sob o pretexto de que a Instituição tem um pequeno papel como *dominus litis* da persecução penal, apenas cumprindo a função de ser simples intermediária entre a polícia judiciária e o Poder Judiciário, conf.: GUIMARÃES JÚNIOR, João Lopes. *Dominus Litis?. Boletim IBCCrim*, São Paulo, a. 6, n° 65, p. 11, abr. 1998. Ora bem, no mencionado comentário não se leva em conta que o ministério público é o principal *gate-keeper* do processo penal, não se podendo atribuir-lhe a função de formular a política criminal do Estado mas tão somente de ser o seu gestor.

[65] E, mesmo assim, conforme veremos em detalhes posteriormente, jamais poderá invocar razões de prevenção geral do tipo: "a grande incidência da infracção perseguida" ou "a necessidade de resposta mais 'dura' para determinadas infracções", pois, em primeiro lugar, as razões de prevenção geral já foram previamente valoradas abstractamente pelo Legislador, em segundo lugar, a análise da necessidade e suficiência a que o ministério público é chamado a fazer restringe-se ao caso concreto.

600 *O Processo Penal como Instrumento de Política Criminal*

um poder-dever vinculado do ministério público, resta-nos enfrentar a questão acerca do controle a que fica sujeita a actuação deste último.

A esse respeito, é imperativo retomarmos a nossa convicção de que a proposta de transacção penal representa uma forma de exercício da acção penal, ainda que diferenciada. Ora bem, partindo desta premissa, é evidente que não seria adequado reconhecer a possibilidade do juiz aplicar de ofício as medidas cabíveis na transacção penal ou mesmo formular a proposta da sua realização, pois isso equivaleria ao exercício da jurisdição sem acção.

Porém, nada impede que o juiz possa reconhecer que o autor do facto possui o direito à proposta da transacção penal, a partir da constatação da presença dos requisitos legais exigidos, permanecendo com o ministério público a atribuição de formulá-la. Registe-se bem, o juiz não estará a formular de ofício a proposta e muito menos a aplicar ele próprio as medidas não privativas de liberdade, mas apenas a reconhecer o direito subjectivo do autor do facto a que ela seja formulada. A questão que se abre perante esta conclusão é a de identificar a forma adequada para que o juiz possa reconhecer o direito do autor do facto à proposta. Ou seja, é necessário verificar se o juiz, de ofício, pode reconhecer a existência desse direito, se ele deve ser provocado pela iniciativa do autor do facto ou se, face à não formulação da proposta pelo ministério público e verificando a presença dos pressupostos legais, deve o juiz rejeitar a denúncia, incumbindo ao Tribunal manifestar-se a esse respeito se o agente público recorrer.

Embora tendo presente que se trata de um direito subjectivo do autor do facto e mesmo que seja a alternativa processualmente mais económica, parece-nos que a admissibilidade do reconhecimento de ofício implica possibilitar que realmente o juiz exerça a jurisdição sem a devida provocação, o que talvez não seja a solução mais adequada, ressalva feita a uma análise mais acurada. Significa dizer que se o ministério público oferece a denúncia, a tutela jurisdicional requerida versa sobre o conteúdo daquela peça (a apreciação jurisdicional sobre a hipotética ocorrência de uma infracção penal) e não sobre a forma dessa tutela.

Justamente por ser um direito subjectivo do autor do facto, nada obsta a sua iniciativa no sentido de provocar um pronunciamento jurisdicional a respeito da presença dos requisitos legais para a transacção, inclusive pela via do *habeas corpus*.

Face à não formulação da proposta e oferecimento da denúncia pelo ministério público, parece não haver inconveniente em que o juiz

Modelo Brasileiro 601

rejeite a denúncia, desde que verifique a presença dos pressupostos legais para a transacção, incumbindo ao Tribunal manifestar-se a esse respeito se o agente público recorrer.

Análise mais detida merece a proposta de aplicação do art. 28º C.P.P. à hipótese. Sabidamente, a incidência do art. 28º C.P.P. verifica-se quando há um dissenso entre o ministério público e o juiz acerca do arquivamento do inquérito, opinando o primeiro pelo arquivamento e entendendo o segundo ser o caso de exercício da acção penal. Para dirimir o conflito provoca-se a intervenção do procurador-geral, que oferece a denúncia, designa outro subordinado para exercer a acção penal ou insiste no arquivamento. O que temos na hipótese em estudo é a recusa do ministério público em exercer a ação penal nos termos da Lei específica, mas não necessariamente propugnando pelo arquivamento do feito.

Há que distinguir, portanto, duas hipóteses: o ministério público requer o arquivamento do feito, entendendo o juiz que é o caso de exercício da acção penal e, nos termos da Lei específica; o ministério público exercita a acção penal oferecendo a denúncia, entendendo o juiz ser o caso de oferecimento da proposta de transacção. No primeiro caso impõe-se o procedimento previsto no art. 28º C.P.P., resolvendo-se, primeiramente, o problema do exercício ou não da acção penal; no segundo caso e na sequência do primeiro cabe ao juiz rejeitar a acção penal proposta pelo ministério público de forma dissonante àquela prevista na Lei específica, reconhecendo-se a este o direito de recorrer contra essa decisão. Entendendo o Tribunal que estão presentes os pressupostos legais para a proposta, determinará a baixa dos autos para que o ministério público assim proceda[66].

Saliente-se que o Tribunal não estará a exercer a acção penal em substituição do representante do ministério público mas tão somente a reconhecer o direito do autor do facto à proposta de transacção, pela constatação da presença dos pressupostos legais. Portanto, não poderá o Tribunal formular directamente a proposta de transacção mas tão somente reconhecer o direito do autor do facto de ser perseguido na forma prevista na Lei espefícica. Tão pouco se pode afirmar que com essa solução o ministério público está a ser compelido a actuar de forma

---

[66] Aliás, esta foi a solução adoptada para se resolver o problema dos processos que estavam em grau de recurso quando do advento da Lei 9.099/95 e que continham os requisitos necessários para a incidência das formas de diversificação processual nela previstas.

602   *O Processo Penal como Instrumento de Política Criminal*

contrária às sua próprias convicções, de modo a comprometer a sua independência funcional em relação à magistratura, pois aqui não se trata do exercício ou não da acção penal mas sim exclusivamente da sua forma[67].

Em síntese, no procedimento previsto no art. 28º do C.P.P. o que está em jogo é o *jus persequendi in judicium* e, sendo o ministério público o seu titular, somente o superior hierárquico da Instituição pode dar a última palavra a esse respeito; na hipótese da transacção penal o que se discute é o direito subjectivo do acusado à proposta, cabendo apenas ao órgão jurisdicional o pronunciamento sobre a presença dos requisitos legais. Tanto é assim que é o juiz quem irá, posteriormente, verificar se estão presentes os requisitos legais para a homologação ou não da transacção (art. 76º, §§ 3º e 4º).

A solução proposta preserva o vector *garantia*, que mesmo em uma orientação político criminal do processo penal deve necessariamente ser assegurado ao autor do facto.

3.2 – Autor da infracção, defensor e vítima.

Quanto ao autor do facto e à vítima, o comparecimento de ambos à audiência preliminar de conciliação é um ónus "que, não cumprido, levará à perda da oportunidade de compor-se" na referida audiência, visto que não poderão ser coercivamente a ela conduzidos; neste caso o autor do facto é "sancionado com a possível perda dos benefícios do art. 69º, parágrafo único da lei"[68].

Afirma-se, ainda, que a decisão do autor do facto quanto à aceitação da proposta deve ser *pessoalíssima, voluntária* – ausente qualquer resquício de constrangimento –, *formal* e *tecnicamente assistida*. Resultante

---

[67] O não acolhimento da conclusão lançada por último no texto implicaria em reconhecer uma amplitude tão grande à independência funcional do ministério público que ele não estaria vinculado nem mesmo à decisão transitada em julgado dos Tribunais. De se acrescer a impertinência de argumentos no sentido de que a transacção penal é uma hipótese mais favorável ao autor da infração, aproximando-se a uma verdadeira descriminalização, tendo em vista a convicção previamente lançada no sentido de ser a transacção penal uma forma especial de exercício da acção penal, portanto, em nada afectando a atribuição do ministério público.

[68] GRINOVER, Ada Pellegrini, *et alli. Juizados...*, cit., p. 108. Dispõe o art. 69º, § único, Lei 9.099/95: "ao autor do facto que, após a lavratura do termo, for imediatamente encaminhado ao Juizado ou assumir o compromisso de a ele comparecer, não se imporá prisão em flagrante, nem se exigirá fiança".

Modelo Brasileiro

da necessidade do último dos mencionados requisitos, por sua vez a missão do defensor deverá ser de orientação, informação e esclarecimento do autor do facto acerca dos seus direitos, possibilidades de defesa e de êxito final assim também como sobre as consequências da transacção[69]. Por conseguinte, tanto no que se refere à hipótese de composição civil como no caso de transacção penal, indispensável se mostra a presença dos advogados do autor do facto e da vítima na audiência de conciliação, devendo ser nomeado defensor de ofício se comparecem desacompanhados dos respectivos procuradores.

Por expressa previsão legal, é de se acrescentar o possível comparecimento do responsável civil, cuja presença poderá viabilizar a celebração da composição civil.

Outra questão relevante é aquela relacionada com a participação da vítima na transacção penal, sendo afirmado a este respeito que o ofendido não tem qualquer interferência na tentativa de transacção, limitando-se a Lei a valorar apenas a vontade do ministério público e do autuado. A ideia reforça-se com o argumento de que, mesmo que se entenda ter o ofendido interesse não só na reparação dos danos mas também na repressão penal, não se pode a partir disso fazer prevalecer a sua vontade sobre a do ministério público, único titular da acção penal pública, de quem a vítima pode ser apenas assistente simples[70].

3.3 – Juiz.

Quanto ao juiz, afirma-se que ele não deve limitar-se a simplesmente homologar o acordo, devendo efectivamente conduzir ou supervisionar o adequado desenvolvimento da conciliação[71].

---

[69] BITENCOURT, Cezar Roberto. *Juizados...*, cit., p. 101 e seguintes.

[70] GRINOVER, Ada Pellegrini, *et alli*. *Juizados...*. 3ª Ed., cit., p. 151. Também para GENACÉIA DA SILVA (ALBERTON, Genacéia da Silva. Considerações sobre o juizado especial criminal..., cit., p. 272) o assistente de acusação no modelo de justiça penal consensual deverá actuar apenas no sentido de viabilizar a reparação dos danos à vítima, "mas não pode impedir a homologação de transacção penal ou a suspensão do processo nos casos em que couber". Na jurisprudência há o entendimento negando legitimação ao ofendido para impugnar a transacção penal (TACrimSP, Proc. 1020593, j. 07.11.96, *rolo--flash* 1071/511), bem como julgando inadmissível o recurso por esse motivo (TACrimSP, Proc. 1028665, j. 14.11.96, *rolo-flash* 1073/423).

[71] GRINOVER, Ada Pellegrini, *et alli*. *Juizados...*, cit., p. 106. Em manifestação posterior (Idem, *Juizados...*. 3ª Ed., cit., p. 123), a mesma fonte especifica que o juiz deverá conduzir a audiência de maneira informal, de modo que, sem exercer pressões,

604 *O Processo Penal como Instrumento de Política Criminal*

Portanto, o que não pode ser objecto de discussão é que, diversamente dos modelos mais próximos do anglo-saxão, "não existe vinculação do Juiz à proposta formulada e aceite, não cumprindo papel de chancelador de acordos celebrados em arrepio à lei", "podendo reduzir a sua amplitude ou mesmo denegar a aplicação da pena proposta, caso em que processar-se-á a acusação nos termos do art. 77° *et seq*, como no caso em que a proposta é incabível pela falta do requisito objectivo ou subjectivo (art. 76°, § 2°)"[72].

4 – Concurso de pessoas.

Ainda quanto aos sujeitos participantes na transacção, nada impede a sua realização na hipótese de concurso de agentes. Assim, "não há qualquer proibição de que, no caso de concurso de pessoas, a proposta seja formulada quanto a um dos co-autores e não a outros que, eventualmente, estiverem numa das situações previstas no art. 76°, § 2°, incisos I, II e III", sendo perfeitamente admissível que um deles aceite e outro rejeite a proposta. Nesse caso, defende-se a possibilidade de o co-autor que teve a homologação da proposta aceite ser arrolado como testemunha na acção penal que se seguir contra os demais[73].

5 – Requisitos.

O Legislador estabeleceu no art. 76°, § 2°, da Lei 9.099/95 três condições negativas da admissibilidade para a formulação e homologação da proposta de transacção. São elas: I – ter sido o autor da infracção

---

tranquila e serenamente, ele deverá assumir um novo papel no procedimento das infracções penais de menor potencial ofensivo, dialogando com todos os envolvidos e permitindo o amplo debate sobre a conveniência e os inconvenientes, para cada um deles, do acordo civil e da transacção penal. Para WEBER BATISTA (BATISTA, Weber Martins, FUX, Luiz. *Juizados...*, cit., p. 320) nada impede, inclusive, a possibilidade de o juiz participar no acordo, seja sugerindo a sua modificação, por entender incabível a proposta oferecida pelo ministério público e aceite pelo autor do facto, seja para sanar alguma divergência entre os dois.

[72] LOPES, Mauricio Antonio Ribeiro, *In*: FIGUEIRA JUNIOR, Joel Dias, LOPES, Mauricio Antonio Ribeiro. *Comentários...* 2ª Ed., cit., p. 504.

[73] MIRABETE, Julio Fabbrini. *Juizados...*, cit., p. 84-85; PAZZAGLINI FILHO, Marino *et alli. Juizado...*, cit., p. 60.

Modelo Brasileiro 605

condenado, pela prática de crime, a pena privativa de liberdade, por sentença definitiva; II – ter sido o agente beneficiado anteriormente, no prazo de cinco anos, pela aplicação de pena restritiva ou multa, nos termos da transacção; III – não indicarem os antecedentes, a conduta social e a personalidade do agente, bem como os motivos e as circunstâncias, ser necessária e suficiente a adopção da medida.

Antes de se passar em revista cada uma das mencionadas condições, convém acompanhar GRINOVER *et alli*[74] quando sustentam que a Lei não pretendeu dispor que o autuado comprove não incorrer em qualquer das causas impeditivas; diversamente, a técnica utilizada no art. 2º do art. 76º significa, na prática, que, se o ministério público não conseguir demonstrar a existência de uma das condições negativas arroladas nos três incisos mencionados, a proposta poderá (ou deverá) ser formulada e a transacção penal homologada por sentença.

Relativamente às condições em análise, ressalte-se que a expressão "sentença definitiva" contida na redacção do nº I obviamente se refere à necessidade de uma "sentença transitada em julgado" e, em que pese algum entendimento doutrinário[75], há que se observar sim a regra da temporariedade; deste modo, por analogia ao que prevê o art. 76, § 2º, II, a restrição apenas alcança as condenações ocorridas nos cinco anos anteriores[76].

Registe-se, ademais, o entendimento jurisprudencial no sentido de não impedir o benefício a existência de processo em curso (TACrimSP, Proc. 298008, j. 27.11.96, *rolo-flash* 1076/537), também não sendo empecilho a verificação de anterior condenação a pena de natureza pecuniária (TACrimSP, Proc. 1004727, j. 07.08.96, *rolo-flash* 1071/372).

Nada a objectar, porém, quanto ao entendimento de que, não tendo sido fixado no inciso II os marcos para a contagem do lapso temporal

---

[74] GRINOVER, Ada Pellegrini, *et alli. Juizados…*. 3ª Ed., cit., p. 146-147.

[75] MIRABETE, Julio Fabbrini. Ob. cit., p. 87; PAZZAGLINI FILHO, Marino *et alli*. Ob. cit., p. 49; ARAÚJO, Francisco Fernandes de. *Juizados…*, cit., p. 60, sugerindo, todavia, uma mitigação jurisprudencial da regra.

[76] GRINOVER, Ada Pellegrini, *et alli. Juizados…*. 3ª Ed., cit., p. 147. No sentido do texto, por aplicação analógica do art. 64, I, do C.P., o qual prevê que a condenação anterior não prevalece para os fins de aferição da reincidência se entre a data do cumprimento ou extinção da pena e a infracção posterior tiver decorrido um lapso de tempo superior a cinco anos: BATISTA, Weber Martins, FUX, Luiz. *Juizados…*, cit., p. 323; ANDRADA, Doorgal Gustavo B. de. *A suspensão…*, cit., p. 57. Na jurisprudência, entendendo ser aplicável o benefício na hipótese da condenação anterior ter transitado em julgado há mais de cinco anos: TACrimSP, Proc. 1030229, j. 18.11.96, *rolo-flash* 1075/292.

606 O Processo Penal como Instrumento de Política Criminal

dos cinco anos em que foi concedido anteriormente o benefício, deva ele ser contado entre a transacção anterior efectuada e a data da audiência preliminar[77].

Entre essas condições negativas da admissibilidade importa destacar aquela relacionada com a necessidade de que os antecedentes, a conduta social e a personalidade do agente, bem como os motivos e circunstâncias, revelem ser necessária e suficiente a adopção da medida (inciso III).

Com efeito, percebe-se que os requisitos de admissibilidade previstos neste inciso III correspondem aos que o Legislador penal estabeleceu no art. 77º, inciso II, do Código Penal para a concessão da suspensão condicional da pena, com excepção da culpabilidade demonstrada no facto.

Em virtude da não menção à culpabilidade demonstrada no facto, entende-se que este elemento não deve ser valorado na transacção, com o fundamento de que neste momento está-se diante do autuado, que nem mesmo foi denunciado ainda[78]. Desde logo, vale salientar que o argumento vale menos do que aparenta, considerando o já citado entendimento de que a proposta de aplicação imediata de pena não privativa de liberdade é uma maneira especial de oferecimento da denúncia.

Ademais, é necessário observar que os requisitos mencionados no inciso III do art. 76º, § 2º, são também alguns daqueles que o art. 59º do Código Penal prevê para a operação da medida da pena, deixando clara a vinculação entre a transacção penal e essa etapa da dinâmica punitiva estatal, ainda que, logicamente, num juízo totalmente preliminar e hipotético[79].

Assim, evidente é a inspiração desse inciso III no art. 59º do Código Penal. Portanto, "para que a transacção possa ser formulada é indispensável que a culpabilidade (conceito omitido no inciso, mas presente em todo o espírito da sua redacção e da própria lei), os antecedentes, a conduta social e a personalidade do agente, bem como os motivos e circunstâncias do crime (extraindo-se a ponderação objectiva das consequências, posto que se trata de infracções penais de menor potencial ofensivo), demonstrem ser necessária e suficiente para a prevenção e reprovação dos actos (conceito também omitido e indicador da finalidade

---

[77] MIRABETE, Julio Fabbrini. Ob. loc. cit..

[78] GRINOVER, Ada Pellegrini, *et alli*. *Juizados...*, cit., p. 130.

[79] BATISTA, Weber Martins, FUX, Luiz. *Juizados...*, cit., p. 323; ANDRADA, Doorgal Gustavo B. de. *A suspensão...*, cit., p. 58.

Modelo Brasileiro 607

tanto da pena como da transacção e até mesmo da suspensão do processo) a adopção da medida"[80]. Não sendo assim, as referidas medidas de diversificação processual, em oposição aos paradigmas do Direito comparado – confessadamente a sua fonte de inspiração – não se vinculariam aos chamados "pressupostos materiais", que justamente expressam as categorias lógico-conceituais, normativas e, com destaque, teleológico-axiológicas próprias do Direito Penal.

É por demais evidente que quando o art. 76°, § 2°, III, da Lei menciona expressamente a "necessidade" e "suficiência" da medida, do mesmo modo que ocorre no art. 59° do C. P. está a referir-se à correspondência da pena proposta à culpabilidade demonstrada no facto – esta a partir de um juízo hipotético, reforce-se – e às finalidades da sanção penal.

Trata-se de uma perfeita demonstração de como no modelo de diversificação processual, proposto com a transacção penal, o processo penal passa a ser estruturado como um instrumento de política criminal. Ou seja, como expressão do vector *garantia* a pena proposta deve ser *limitada* pela culpabilidade demonstrada no facto, de modo que jamais poderá superar a medida desta – ainda que se admita a sua fixação num nível inferior –; como manifestação do vector *funcionalidade* a pena proposta deve ser adequada à satisfação das finalidades de política criminal. Nesta última dimensão a pena proposta, por um lado, deve ser suficiente para actuar de forma positiva (reforço das expectativas de vigência da norma e determinação ao agir conforme o seu comando), por outro, não deve actuar de forma negativa: deve ser medida de forma o menos estigmatizante possível[81].

---

[80] LOPES, Mauricio Antonio Ribeiro, *In:* FIGUEIRA JUNIOR, Joel Dias, LOPES, Mauricio Antonio Ribeiro. *Comentários...*, cit., p. 348; LIMA E SOUZA, Amaury de. *Juizados...*, cit., p. 55; ARAÚJO, Francisco Fernandes de. *Juizados...*, cit., p. 60; AZEVEDO, David Teixeira. A culpa penal e a lei 9.099/95, cit., p. 132-133, o qual arremata com a ponderação de que "a necessária 'referibilidade' da transacção e da suspensão condicional do processo – *infra* – à culpa torna absolutamente temerária a afirmação definitiva de que no sistema da nova legislação não há reconhecimento da culpa porque não há processo que alcance o seu termo, revestindo da força e efeito da coisa julgada a declaração judicial da culpabilidade".

[81] Registe-se que o próprio Legislador penal já procurou actuar no último dos mencionados sentidos, limitando as espécies de penas a serem propostas àquelas restritivas de direito e de multa. Na prática judicial concreta isso implica em dizer que não deverão ser propostas sanções que possam contribuir para a estigmatização do autuado, como pode ocorrer, *v.g.*, nos casos de imposição a jovens autores de infracção penal a prestação de serviços à comunidade de natureza *vexatória*.

608   *O Processo Penal como Instrumento de Política Criminal*

Vale acrescentar que o posicionamento aqui sustentado diz com a necessidade de que seja valorada – num juízo hipotético – a culpabilidade demonstrada no facto, para fins de verificação da necessidade e suficiência da medida, de modo algum implicando a defesa da necessidade do seu reconhecimento por parte do autor do facto ou mesmo da sua declaração jurisdicional no momento da homologação da transacção.

Uma outra condição, agora para a homologação da transacção, é que a proposta seja aceite pelo autor da infracção e pelo seu defensor (art. 76º, § 3º). Havendo divergência entre o autor da infração e o seu defensor a respeito da aceitação da proposta de transacção penal, prevalecerá a vontade do primeiro, tendo em conta a natureza tipicamente consensual deste Instituto, impondo a liberdade da manifestação de vontade do interessado[82].

6 – Pronunciamento jurisdicional.

Disciplinando o acto pelo qual o juiz acolhe a proposta do ministério público – aceite pelo autor da infracção – e aplica a pena restritiva de direitos ou multa, o § 5º do art. 76º da Lei atribui-lhe a natureza de sentença, contra a qual é cabível apelação.

Assim sendo, relativamente à natureza do pronunciamento jurisdicional afirma-se que no Juizado Criminal o autor do facto é "condenado" – mesmo tratando-se de uma sentença imprópria –, não podendo em nenhum outro momento discutir a sua culpabilidade, ressalvada a hipótese de revisão criminal[83]. Contudo, isso não exclui a existência de certa polémica a este respeito.

---

[82] BITENCOURT, Cezar Roberto. *Juizados...*, cit., p. 103; BATISTA, Weber Martins, FUX, Luiz. *Juizados...*, cit., p. 312; LIMA E SOUZA, Amaury de. *Juizados...*, cit., p. 56; GRINOVER, Ada Pellegrini, *et alli*. *Juizados...*. 3ª Ed., cit., p. 150. Neste sentido, ainda, a conclusão da *Comissão Nacional de Interpretação da Lei 9.099, de 26 de setembro de 1995*. Em sentido contrário e, a nosso ver, sem razão, manifestou-se: RIBEIRO LOPES (LOPES, Mauricio Antonio Ribeiro, *In*: FIGUEIRA JUNIOR, Joel Dias, LOPES, Mauricio Antonio Ribeiro. *Comentários...*. 2ª Ed., cit., p. 503), para quem a recusa do arguido ou do seu defensor é óbice fatal à aplicação imediata de pena não privativa de liberdade. Na mesma linha de divergência: PAZZAGLINI FILHO, Marino *et alli*. *Juizado...*, cit., p. 50-51; MIRABETE, Julio Fabbrini. *Juizados...*, cit., p. 88-89; ARAÚJO, Francisco Fernandes de. *Juizados...*, cit., p. 60-61.

[83] É esse o entendimento de MIRABETE (MIRABETE, Julio Fabbrini. *Juizados...*, cit., p. 90), afirmando que "a sentença homologatória da transacção tem carácter

Modelo Brasileiro 609

Efectivamente, em oposição ao mencionado posicionamento defende--se que "a aplicação da sanção penal será feita por sentença, que não se poderá considerar condenatória, uma vez que não houve sequer acusação. Trata-se de sentença nem condenatória nem absolutória, mas simplesmente de sentença homologatória de transacção penal, com eficácia de título executivo"[84].

Na mesma linha, porém partindo do argumento de que as medidas a serem impostas na transacção (multa e restrição de direitos) não podem ser encaradas como sanções de natureza penal em sentido estrito, DEMERCIAN e MALULY[85] afirmam que a sentença a ser emitida pelo juiz tem natureza meramente homologatória, prestando-se apenas ao escopo

---

condenatório e não é simplesmente homologatória, como muitas vezes se tem afirmado". Ver, ainda: GOMES, Luiz Flávio. *Suspensão...*, cit., p. 202; BATISTA, Weber Martins, FUX, Luiz. *Juizados...*, cit., p. 318, cujo entendimento é de que se trata de *sentença condenatória imprópria*. Posteriormente (p. 344), o Autor por último citado sustenta o cabimento da *revisão criminal* contra todas as decisões proferidas nos processos de competência dos Juizados Especiais Criminais, em virtude de ser um direito subjectivo do condenado. Na jurisprudência, sustentando a natureza condenatória da sentença homologatória: TACrimSP, Rec. 1018331, j. 15.08.96 (maioria), *rolo-flash* 1066/096.

[84] GRINOVER, Ada Pellegrini, *et alli*. *Juizados...*, cit., p. 202. Aproximando-se desse entendimento, sustenta RIBEIRO LOPES (LOPES, Mauricio Antonio Ribeiro, *In*: FIGUEIRA JUNIOR, Joel Dias, LOPES, Mauricio Antonio Ribeiro. *Comentários...*, cit., p. 275) que a homologação a ser realizada pelo juiz possui natureza decisória, devendo ser proferida por sentença, sendo cabível o recurso de apelação para a turma julgadora do próprio juizado. Mais enfático, para DAMÁSIO (JESUS, Damásio Evangelista de. *Lei...*, cit., p. 68) a sentença que aplica a pena restritiva de direitos alternativa ou a multa alternativa não é condenatória. Segundo afirma BITENCOURT (BITENCOURT, Cezar Roberto. *Juizados...*, cit., p. 103) trata-se de uma *sentença declaratória constitutiva*, consequência do seu carácter homologatório. Na jurisprudência há o entendimento no sentido de não ser de natureza condenatória nem absolutória a sentença homologatória (TACrimSP, Proc. 1022901, j. 31.10.96, *rolo-flash* 1071/274), bem como negando a natureza condenatória (TACrimSP, Ap. 1.010.823-3).

[85] DEMERCIAN, Pedro Henrique, MALULY, Jorge Assaf. Breves considerações sobre a proposta do ministério público (lei nº 9.099/95). *Boletim IBCCrim*, São Paulo, a. 3, nº 35, p. 12, nov. 1995. Saliente-se, contudo, que um dos argumentos usados pelos Autores citados para a negação da natureza penal das medidas impostas na transacção é o entendimento de MANUEL DA COSTA ANDRADE que, segundo eles, afirma em relação ao Ordenamento Jurídico português que essas medidas não devem ser consideradas penas. Todavia, uma leitura mais atenta do texto escrito pelo renomado processualista português irá revelar que, na verdade, ele refere-se às medidas a serem impostas na *suspensão provisória do processo* prevista no C.P.P. daquele Ordenamento Jurídico, a qual se assemelha mais à suspensão condicional do processo prevista na Lei 9.099/95 e não à transacção penal.

610 *O Processo Penal como Instrumento de Política Criminal*

de verificar a legalidade do acordo celebrado e que, portanto, aquelas medidas não são passíveis de processo de execução. Assim sendo, defendem que na hipótese de eventual incumprimento das medidas impostas deverá ocorrer o oferecimento da denúncia ou a realização do procedimento preparatório para esse fim.

Na mesma linha, analisando o problema gerado pelo incumprimento da sanção alternativa pactuada, conclui SILVA JR[86] que, não se verificando o cumprimento da pena acordada, a sentença homologatória que a fixou não é passível de execução, pois que não é condenatória nem absolutória, restando apenas ao ministério público a via de intentar o *procedimento sumaríssimo* (art. 77º Lei 9.099/95). "Logo – sustenta – não sendo sentença condenatória, é inaplicável a execução penal prevista para aquela. Vale dizer, a sentença homologatória de transacção penal não pode ser executada na forma dos arts. 84-86 da Lei 9.099/95, ou do Código Penal, ou da Lei de Execução Penal, porque não há identificação das situações, sequer similitude entre elas". Ou seja, se o autor do facto não cumpre injustificadamente a sanção alternativa consensualmente fixada não pode de imediato ser preso, pela conversão da pena acordada em privativa de liberdade, pois, segundo defende, não houve o devido processo legal, ao qual se seguiu o reconhecimento de culpa e respectiva sentença condenatória.

Embora também negando a natureza de sentença condenatória à decisão que homologa a transacção, em virtude de conceber que não se tratam de penas as medidas fixadas através dela, ARAUJO DA SILVA[87] entende que, não sendo possível a execução da multa pactuada e não paga nas Varas da Execução Criminal ou da Fazenda Pública, restará ao ministério público a sua execução perante o Juizado Especial Criminal, aplicando, no que couber, as regras dos arts. 164/169 da Lei das Execuções Criminais.

---

[86] Lei nº 9.099/95..., Ob. loc. cit.; SIRVINSKAS, Luís Paulo. Consequências do incumprimento da transacção penal. (Solução jurídica ou prática). *Boletim IBCCrim*, São Paulo, a. 6, nº 62, p. 13-14, jan. 1998. Na jurisprudência, também entendendo que nesse caso deve ser promovida a acção penal: TACRIMSP, AC nº 1.072.105/8, Rel. Damião Cogan, j. 09.10.97, v.u..

[87] SILVA, Eduardo Araujo da. Da competência para a execução da sanção pecuniária decorrente da transacção penal. *Boletim IBCCrim*, São Paulo, a. 6, nº 63, p. 12, fev. 1998, que da mesma forma fundamenta a não natureza de sanção penal das medidas a serem impostas na transacção numa equivocada leitura do texto de MANUEL DA COSTA ANDRADE.

Modelo Brasileiro

Enfaticamente, em sentido contrário sustentam GRINOVER *et alli*[88] ser "inquestionável que a homologação da transacção configure sentença, passível de fazer coisa julgada material, dela derivando o título executivo penal". Por consequência, em momento algum o Legislador previu que o incumprimento da pena aplicada consensualmente possa conduzir à instauração do processo; se a denúncia for oferecida nessas condições o juiz deverá rejeitá-la.

6.1 – Reconhecimento da culpabilidade.

Ligada ao problema da natureza jurídica do pronunciamento jurisidicional emitido na transacção penal está a questão acerca do reconhecimento ou não da culpabilidade neste Instituto. A este respeito afirma-se que, havendo aceitação pelo acusado e pelo seu advogado da proposta formulada pelo ministério público, "isso significa admissão de culpa – culpabilidade –, porque em seguida o juiz aplicará a sanção 'penal' aceite. Considerando-se o princípio do *nulla poena sine culpa*, o nosso sistema não admite pena sem culpa"[89]. Na mesma linha, impõe-se

---

[88] GRINOVER, Ada Pellegrini, *et alli. Juizados....* 3ª Ed., cit., p. 155. O apoio jurisprudencial para este entendimento é procurado na decisão do TACRIMSP, Ap. nº 1.127.645/9, Rel. Evaristo dos Santos, *Boletim AASP*, 2.098, 15-21.03.99, p. 920, onde se lê: "aperfeiçoada a transacção penal, exauriu-se a prestação jurisdicional, descabido, portanto, retomar o andamento do processo findo. Uma vez preclusas as vias de impugnação, fará coisa julgada material, impedindo que se volte a discutir o caso, ainda na hipótese de não cumprimento da sanção resultante do consenso entre as partes". Dando o devido respaldo à tese ventilada, o Superior Tribunal de Justiça entendeu que não é possível instaurar o processo, pois a sentença gera coisa julgada material e formal, conf.: STJ RE 172.951-SP, j. 27.04.99, 5ª T, RE 196.090-SP, j. 20.04.99, *DJU* 24.05.99, p. 192.

[89] GOMES, Luiz Flávio. *Suspensão...*, cit., p. 67; BITENCOURT, Cezar Roberto. *Juizados...*, cit., p. 100; ANDRADA, Doorgal Gustavo B. de. *A suspensão...*, cit., p. 37. Antes (p. 28), o Autor por último citado já havia apontado essa admissão da culpabilidade como solução para que a transacção não viole o princípio da presunção de inocência. Reconhecendo como sendo condenatória a natureza da sentença homologatória da transacção penal, PAZZAGLINI *et alli* (PAZZAGLINI FILHO, Marino *et alli. Juizado...*, cit., p. 57) afirmam que há nessa sentença um reconhecimento da culpabilidade do autor do facto, necessário para a aplicação da sanção penal. Em sentido contrário manifestaram-se GRINOVER *et alli* (GRINOVER, Ada Pellegrini, *et alli. Juizados...*, cit., p. 14 e 90), afirmando que "a aceitação da proposta do Ministério Público não significa reconhecimento da culpabilidade penal, como, de resto, tão pouco implica reconhecimento da responsabilidade civil". Em passagem posterior (p. 127) chega-se ao ponto de afirmar

612   *O Processo Penal como Instrumento de Política Criminal*

reproduzir o entendimento de que a expressão "autor do facto" utilizada pelo Legislador em relação à transacção penal implica, num primeiro momento, imputação objectiva do facto ao agente do delito (relação de causalidade entre o comportamento do agente e o facto), e também, num segundo momento, a imputação subjectiva (culpabilidade pelo facto)[90].

É bom que se esclareça e complemente: além do nexo causal objectivo, uma coisa é a necessidade de imputação pessoal, no sentido de atribuição, tanto do facto-típico ao agente (a título de dolo directo ou eventual, ou culpa em sentido estrito)[91] como da ilicitude a esse mesmo agente (através do juízo da culpabilidade)[92]; outra, diversa, é o reconhecimento e valoração dessa culpabilidade, com vista aos efeitos que isso

---

que a proposta deverá referir-se ao facto narrado no termo de ocorrência, "mas sem qualquer tipificação legal", porque a aplicação da sanção não indica reconhecimento da culpabilidade. Analisando a natureza das consequências jurídicas a serem impostas ao autor do facto na transacção, afirma GIACOMUZZI (GIACOMUZZI, Vladimir. Aspectos penais na lei nº 9.099/95. *Ajuris*, Porto Alegre, a. 23, nº 67, p. 247-251, jul. 1996, p. 249) "que não se está aqui diante de uma 'pena' em sentido próprio, de uma reprovação ético-jurídico-penal", em virtude de não decorrer de um juízo de censura ao agente, após uma decisão judicial. Segue que, defende, "são medidas penais alternativas à pena, para as quais se dispensa a constatação da culpabilidade do autor do facto". No mesmo sentido: ALBERTON, Genacéia da Silva. Considerações sobre o juizado especial criminal..., cit., p. 273; SILVA, Eduardo Araujo da. Da competência para a execução da sanção pecuniária, cit.. Afirmando a inexistência de um juízo definitivo do ministério público acerca da culpabilidade, porque não foram produzidas todas as provas nesse sentido, MIRABETE (MIRABETE, Julio Fabbrini. *Juizados...*, cit., p. 82) fala em "juízo de probabilidade de culpabilidade, numa antevisão da necessidade da aplicação da pena com os elementos que lhe são apresentados no momento". Na jurisprudência a tese contrária ao posicionamento inserido no texto encontra assento na decisão do TJMS, Apel. 42.118.7, Rel. Atapoã da Costa Feliz, 14.11.95, sustentando-se que "a transacção operada no Juizado Especial Criminal não induz ao reconhecimento de culpabilidade nem produz efeitos no cível".

[90] SANTOS, Lycurgo de Castro. A natureza jurídico-penal da multa, cit..

[91] Ao actuar ele deve ter tido: a voluntariedade da conduta e a previsibilidade e voluntariedade do resultado – dolo directo –; voluntariedade da conduta, previsibilidade e involuntariedade do resultado, ainda que assumindo o risco de o produzir – dolo eventual; a voluntariedade da conduta, previsibilidade (culpa consciente) ou não (culpa inconsciente) do resultado e involuntariedade deste – culpa em sentido estrito.

[92] Que se possa afirmar que ele tinha a capacidade de compreender – imputabilidade – e conhecer – potencial consciência da ilicitude – que estava em situação de contradição com o Ordenamento Jurídico como um todo, sendo possível exigir dele que tivesse actuado de forma a não entrar nessa relação de contradição – exigibilidade de conduta diversa.

Modelo Brasileiro 613

projecta. Quanto aos mencionados juízos de atribuição (imputação), ambos são absolutamente inevitáveis mesmo no modelo de diversificação processual que está a ser estudado. Mais delicada é a questão do reconhecimento e valoração da culpabilidade neste modelo processual, pelo que remetemos a sua abordagem para o Capítulo sobre a *integração político--criminal das formas de diversificação processual*, onde será detidamente analisada. Advirta-se que o só facto da previsão legal da não ocorrência de determinados efeitos penais no caso da transacção não deve conduzir ao entendimento de que a culpabilidade carece de valoração neste Instituto.

Evidentemente não cabe aqui o argumento de que ao admitir a transacção penal nas infracções de menor potencial ofensivo o disposto no art. 98º, I, da Constituição Federal legitimaria a imposição de pena sem o reconhecimento da culpabilidade penal, muito menos sem a devida tipificação. Se adoptado este entendimento, o mencionado dispositivo constitucional estaria francamente em contradição com diversas outras normas constitucionais (art. 5º, LIV – devido processo legal –, LVII – presunção de inocência), as quais, figurando entre os "direitos e garantias fundamentais", devem ser privilegiadas em caso de conflito intra--constitucional[93].

Não se esqueça que o facto de duas normas se situarem no mesmo nível hierárquico na escala normativa não impede a existência de conflito entre elas, hipótese particularmente reconhecida em sede constitucional, sendo patente a necessidade do reconhecimento de privilégio às normas relacionadas com os direitos e garantias fundamentais. Assim sendo, "quando o dispositivo tem residência constitucional deve ser ele interpretado à luz dos princípios constitucionais e dentro da lógica do sistema normativo constitucional. Não poderia o texto Maior, depois de consagrar com proeminência e preeminência os direitos e garantias individuais, de centralizar a dignidade da pessoa humana como valor fundante do sistema jurídico-político, em capítulo concernente tão apenas à orga-

---

[93] A afirmação reforça-se quando se comprova que a sanção imposta na transacção "tem natureza penal" (GRINOVER, Ada Pellegrini, *et alli. Juizados...*, cit., p. 31), tornando mais eloquente a inconstitucionalidade que seria gerada se não houvesse a admissão da culpabilidade. Acerca da hierarquia entre as normas constitucionais, com a devida exaltação do primado "dos direitos e garantias fundamentais", consultar: BARBOSA, Marcelo Fortes. *Garantias constitucionais de direito penal e de processo penal...*, cit., p. 56 e seguintes.

614 *O Processo Penal como Instrumento de Política Criminal*

nização do Poder Judiciário, e fazendo referência tão-só à possibilidade de transacção, não poderia estar a admitir a aplicação da grave pena criminal em abandono de toda a principiologia democrática agasalhada na Carta Magna". Segue que, "o admitir o legislador constituinte a transacção nos domínios do processo penal não significou *ipso juris* o consentimento de aplicação de uma pena criminal sem culpa e sem processo"[94].

Portanto, inadmissível é a submissão consentida à sanção penal, pura e simples, não sendo esse o sentido mais adequado a reconhecer à relevância da manifestação de vontade do acusado.

Nesse sentido, distingue-se a hipótese em análise, considerada como conformidade "penal", por haver a aceitação de aplicação imediata de uma "pena", daquela da *suspensão condicional do processo*, considerada como conformidade exclusivamente processual, envolvendo tão somente direitos e garantias fundamentais[95].

Tão pouco merece ser acompanhado o entendimento de que as consequências jurídicas a serem impostas ao autor do facto na transacção não possuem a natureza penal. Tal posicionamento contraria o disposto no art. 5º, inciso XLVI, da C.F., que expressamente relaciona a suspensão ou interdição de direitos (leia-se: restrição de direitos) e a multa como sendo típicas sanções penais[96].

7 – Recursos.

Estabelece o art. 76º, § 5º, da Lei 9.099/95 que da sentença que homologa a transacção aceite caberá apelação, nos termos do art. 82 da mesma Lei, ou seja, o recurso poderá ser julgado pela Turma recursal prevista neste último dispositivo legal. A previsão legal poderá ter incidência nos casos da proposta homologada não se adequar aos termos acordados entre as partes ou quando o autor do facto alegar que não houve a aceitação da proposta. Neste caso, sustenta-se que o mencionado recurso deverá ter o efeito suspensivo.

---

[94] AZEVEDO, David Teixeira. A culpa penal e a lei 9.099/95, cit., p. 133-134.

[95] GOMES, Luiz Flávio. *Suspensão…*, cit., p. 68.

[96] Conforme o entendimento também de AZEVEDO (AZEVEDO, David Teixeira. A culpa penal e a lei 9.099/95, cit., p. 134), as medidas restritivas de direitos e a multa representam uma drástica restrição a um direito individual, o que lhes preserva a natureza específica do direito punitivo.

Modelo Brasileiro 615

Por outro lado, segundo WEBER BATISTA[97] o juiz poderá rejeitar a homologação do acordo não só em virtude de estarem ausentes as condições de admissibilidade da transacção, previstas de forma negativa no § 2º do art. 76º da Lei 9.099/95, como também quando a transacção importe incumprimento de uma norma de Direito Penal, *v.g.*, aplicação de pena incabível na espécie, em qualidade ou quantidade, ou ainda por entender que a hipótese é de arquivamento do termo circunstanciado. Sustentando tratar-se de verdadeira sentença o pronunciamento juris-dicional que o juiz emitirá a esse respeito, conclui que também nesse caso cabível se mostra o recurso de apelação.

Por seu turno, defende MIRABETE[98] que se o juiz não homologa a transacção celebrada, considerando-a descabida, deve ser aplicado o proce-dimento previsto no art. 28º do C.P.P., atribuindo-se ao Procurador-Geral de Justiça a decisão acerca da manutenção da proposta ou oferecimento da denúncia. Nessa hipótese, cabível se mostra, ainda, a iniciativa pro-cessual dos envolvidos na transacção: o autor do facto, através do recur-so à ordem de *habeas corpus*, com fundamento no constrangimento gera-do pela iminência de ser instaurada contra ele a acção penal mesmo tendo aceite a proposta de transacção; o promotor de justiça, mediante o uso do mandado de segurança, com o fundamento da existência do direito líquido e certo à homologação; acresça-se, ademais, a possibilidade do próprio ministério público formular o pedido de *habeas corpus* em favor do autor do facto. Defende-se, ainda, o cabimento da apelação contra decisão do juiz que não homologar a proposta aceite e não determinar a remessa dos autos ao Procurador-Geral de Justiça, optando pelo pros-seguimento da audiência.

---

[97] *Juizados...*, cit., p. 328 e seguintes. Também entendendo que o recurso cabível contra a decisão do juiz que não homologa a transacção é a apelação: JESUS, Damásio Evangelista de. *Lei...*, cit., p. 68.

[98] *Juizados...*, cit., p. 91; PAZZAGLINI FILHO, Marino *et alli. Juizado...*, cit., p. 52-53. Acompanhando alguns pontos do posicionamento mencionado, salientam GRINOVER *et alli* (GRINOVER, Ada Pellegrini, *et alli. Juizados...*, cit., p. 135-136) que a decisão que indefere a homologação "somente será impugnável por mandado de segurança contra acto jurisdicional, que poderá ser impetrado pelo Ministério Público e também pelo autuado, ou ainda por *habeas corpus*, pelo autuado ou pelo promotor em seu favor, na hipótese de o desenvolvimento do processo poder culminar na aplicação de uma pena privativa de liberdade". Defende-se, inclusive, a impossibilidade do recurso em sentido estrito contra essa decisão interlocutória, em virtude de não se enquadrar nas hipóteses taxativamente previstas no art. 581º C.P.P..

616 *O Processo Penal como Instrumento de Política Criminal*

Pelas razões já expostas aquando da análise da forma de controle sobre a negação do ministério público em formular a proposta, temos reservas quanto a alguns pontos da afirmação por último lançada. Aliás, entendemos que na passagem que acaba de ser citada se verificam vários argumentos favoráveis ao entendimento que foi defendido naquela oportunidade.

Desde que efectivado o consenso bilateral de natureza *processual*, no sentido da celebração da transacção, se o ministério público manifesta discordância quanto ao conteúdo da resposta estatal de natureza *material* (o *quantum* de pena alternativa – restritiva de direitos ou multa – a ser imposta), da mesma forma se defende a aplicação do art. 28º do C.P.P. (de ofício pelo juiz ou a requerimento do interessado), "deixando--se nas mãos do Procurador-Geral a última palavra sobre o que o Ministério Público, como instituição guiada pelo princípio da unidade, entende, no caso concreto, como reacção justa à infracção". Sobre a manifestação do Procurador Geral não incidiria nenhum controle judicial, cabendo ao acusado aceitar ou não o *quantum* de pena que este entendesse correcto[99].

Por fim, quanto à sentença que homologa uma transacção na qual estavam ausentes alguns dos requisitos legais, opina-se que ela já não poderá ser modificada quando os recursos cabíveis se tiverem esgotado ou escoado o prazo para a sua interposição[100].

8 – Efeitos.

Quanto aos efeitos, "a aplicação da pena não importa em reincidência (§ 4º do art. 76º), não constará de registos penais – salvo para o efeito de impedir nova transacção, pelo prazo de cinco anos – nem de certidão de antecedentes (§§ 4º e 6º do mesmo dispositivo); e a transacção penal não acarreta efeitos civis, cabendo aos interessados propor no juízo cível competente a acção de conhecimento reparatória dos danos (§ 6º do art. 76)"[101].

---

[99] GOMES, Luiz Flávio. *Suspensão...*, cit., p. 149.

[100] BATISTA, Weber Martins, FUX, Luiz. *Juizados...*, cit., p. 331.

[101] TACRIMSP, Apel. 939.143.5, Rel. Barbosa de Almeida, 08.02.96; TACRIMSP, Apel. 975.871.9, Rel. Wilson dos Santos, 10.01.96. GRINOVER, Ada Pellegrini, *et alli. Juizados...*, cit., p. 91; MIRABETE, Julio Fabbrini. *Juizados...*, cit., p. 93.

Modelo Brasileiro 617

Importa salientar que cumprida a pena restritiva de direitos ou paga a multa ocorre a extinção da punibilidade.

Grande ponderação merece, porém, a proposta de conversão das *sanções alternativas* aplicadas em pena privativa de liberdade nos casos de incumprimento[102], face mesmo à proibição, agora legal (Lei 9.268/96), da conversão da pena de multa não paga em pena privativa de liberdade. Efectivamente, no art. 85° da Lei 9.099/95 encontra-se previsto que não sendo efectuado o pagamento da multa, será feita a conversão em pena privativa de liberdade, ou restritiva de direitos, nos termos legalmente previstos. Ora bem, com o advento da Lei 9.268, de 01.04.96, foi suprimida a possibilidade da conversão da pena de multa em detenção, originariamente admitida no art. 51° do C.P. e no art. 182° da Lei de Execução Penal, que eram os termos legalmente previstos a que deveria reportar-se quando da aplicação do art. 85° da Lei 9.099/95. Não havendo já a possibilidade de conversão, sem efeito fica a norma por último citada a esse respeito.

Análise mais detida merece a possibilidade de conversão da multa não paga em pena restritiva de direitos, da mesma forma prevista no art. 85° da Lei. Quanto a esta possibilidade, o problema reside na inexistência de previsão legal anterior que ofereça os parâmetros da conversão. Frente à apontada lacuna, propõe-se doutrinariamente que o ministério público, ao propor a aplicação imediata da pena de multa, já especifique a pena restritiva a ser imposta no caso de não pagamento, de modo que,

---

[102] BITENCOURT, Cezar Roberto. *Juizados...*, cit., p. 111.

[103] GRINOVER, Ada Pellegrini, *et alli. Juizados....* 3ª Ed., cit., p. 199 e s.. Grande é a controvérsia a este respeito também na jurisprudência. Por um lado, negada vem a possibilidade de conversão em restritiva de direitos, em decorrência da alteração produzida no art. 51° do C.P. pela citada Lei 9.268/96, determinando a inscrição da multa não paga como dívida activa da Fazenda Pública: TACRIMSP, 1ª Câm., Agravo 1028191, *rolo-flash* 1062/034; Ap. 1049927, 5ª Câm., Proc. 1049919, *rolo-flash* 1112/528; 12ª Câm., *rolo-flash* 1105/073. Defendendo a admissibilidade da conversão em restritiva de direitos, por ter a Lei 9.268/96 suprimido apenas a hipótese de conversão em privativa de liberdade: TACRIMSP, 2ª Câm., Proc. 1054295, *rolo-flash* 1102/046; 7ª Câm., Agravo 1032297, *rolo-flash* 1081/249; 13ª Câm., Proc. 1043497, *rolo-flash* 1089/504; Proc. 1036129/7, j. 10.12.96, *rolo-flash* 1078/401. O Supremo Tribunal Federal assim se manifestou a esse respeito: "mesmo não tendo o art. 85 da Lei 9.099/95 sido revogado pela Lei 9.268/96, que altera dispositivos do Código Penal – Parte Geral, subsiste o obstáculo referente à falta de critério legal", impedindo a conversão da pena de multa em restritiva de direitos (HC 78.200-SP, rel. Min. Octavio Gallotti, 09.03.99, *Boletim Informativo STF* 141/2).

618 O Processo Penal como Instrumento de Política Criminal

havendo a concordância do autor do facto e da defesa, como também sendo homologado o acordo, possível seria a conversão. Não havendo acordo nesse sentido e sendo fixada a pena de multa, afirma-se que inadmissível seria a conversão em restritiva de direitos[103].

Na perspectiva do processo penal como instrumento de política criminal, afirma-se que a transacção penal não atende à doutrina da coacção psicológica de *Feuerbach* – que sabidamente reconhece na sanção penal um conteúdo intimidatório –, não residindo o seu fundamento na teoria segundo a qual a severidade e efectividade na aplicação da pena cominada é uma forma eficaz para o combate à criminalidade. Diversamente, o fundamento para a transacção residiria na constatação de que o sistema penal é selectivo e estigmatizante, reproduzindo e aprofundando as desigualdades sociais. Adicionalmente, é o próprio carácter deletério da prisão, a sua ineficácia como instrumento ressocializador, além do seu alto custo social e financeiro a basear essa medida processual diversificada[104].

§ 3 – Procedimento sumaríssimo.

Sendo a acção penal de iniciativa pública, quando não houver a aplicação de pena, em virtude da ausência do autor do facto, ou em razão da sua não aplicação imediata nos termos do art. 76° (transacção penal) – não formulação de proposta, ausência dos pressupostos legais, não aceitação da proposta ou a sua não homologação –, o ministério público oferecerá ao juiz, de imediato, denúncia oral, desde que não haja a necessidade de diligências imprescindíveis (art. 77°)[105]. Do mesmo

---

[104] SILVA JR., Edison Miguel da. Lei n° 9.099/95..., Ob. loc. cit..

[105] Sendo a remessa do termo circunstanciado ao Juízo Comum a consequência da verificação da necessidade de realização de diligências imprescindíveis, defende-se doutrinariamente que tal providência não deva ter lugar sempre, admitindo-se que o ministério público possa requerer o adiamento do procedimento ou a redesignação da audiência para possibilitar a realização de diligências que, embora imprescindíveis ao oferecimento da denúncia, não se revelem complexas, podendo ser realizadas prontamente, conf.: PAZZAGLINI FILHO, Marino *et alli. Juizado...*, cit., p. 65. Ainda que emitido em relação à alternativa de, nesse caso, se submeter à apreciação do Procurador-Geral para, nos termos do art. 28 C.P.P., reapreciar a necessidade da providência, há posicionamento contrário na doutrina, sustentando que outro caminho não restará ao magistrado, senão o de encaminhar os autos, de acordo com a postulação do ministério público, conf.: GRINOVER, Ada Pellegrini, *et alli. Juizados....* 3ª Ed., cit., p. 163-164.

Modelo Brasileiro   619

modo, não se verificando a composição dos danos na acção penal privada, também o ofendido poderá formular queixa oral (art. 77º, § 3º).

Portanto, a partir da vigência da Lei 9.099/95 o procedimento sumaríssimo é o rito a ser observado nos casos que tenham por objecto as contravenções penais e aqueles dos crimes cuja pena prevista é de no máximo um ano[106].

Melhor explicitando o disposto na Lei 9.099/95: na fase preliminar do julgamento perante os Juizados Especiais Criminais está prevista a realização de uma audiência preliminar (art. 72º), na qual, presentes os pressupostos legais, se intentará a composição dos danos civis (art. 72º c/c art. 74º) ou a transacção penal (art. 72c c/c art. 76c), já analisadas; em não sendo possível a ocorrência dessas alternativas, na mesma audiência preliminar o ministério público oferecerá ao juiz, de imediato, denúncia oral (art. 77c, *caput*), ou o ofendido formulará a queixa oral (art. 77c, § 3º), seguindo-se o procedimento sumaríssimo com a designação de dia e hora para a realização da audiência de instrução e julgamento[107].

Trata-se de procedimento destinado a prestigiar a verdadeira oralidade, com todos os seus corolários, visando desburocratização e simplificação das formas[108], com resguardo da vigência do princípio da legalidade processual e garantia do contraditório.

No cotejo dos vectores que estamos a identificar nestas alternativas processuais, a preocupação para com o *eficientismo* na prestação jurisdicional vem expressa pela celeridade prevista para este procedimento especial. Assim sendo, a denúncia ou queixa, oralmente oferecidas, devem ser reduzidas a termo, entregando-se cópia ao acusado presente na audiência preliminar, ficando desde já citado e informado do dia e hora para a audiência de instrução e julgamento, da mesma forma sendo informados

---

[106] Idem, ibidem, p. 159. O suporte jurisprudencial para a afirmação consta no acórdão do TACRIMSP, Ap. nº 1.035.795/6, Rel. Ericson Maranhão, j. 12.12.96, assentando que o não cabimento da transacção penal não autoriza a adopção de outro rito diverso daquele da Lei 9.099/95. A mesma fonte evidencia, contudo, que na prática alguns juízes vêm entendendo que o novo rito somente será aplicável quando ocorrer a instalação efectiva dos Juizados Especiais.

[107] Registe-se que prevê o art. 79 da Lei a possibilidade da tentativa de composição dos danos civis e da transacção penal no início da audiência de instrução e julgamento, caso não tenha sido possível a sua realização na fase preliminar. Nessa hipótese, sustenta parte da doutrina (PAZZAGLINI FILHO, Marino *et alli. Juizado...*, cit., p. 70) que isso somente poderá ocorrer nos casos em que não foi possível aquela realização por ausência do autor do facto.

[108] GRINOVER, Ada Pellegrini, *et alli. Juizados...*, cit., p. 15.

620   *O Processo Penal como Instrumento de Política Criminal*

o Ministério Público, o ofendido, o responsável civil e os seus advogados (art. 78°, *caput*). Aliás, essa preocupação está patente também no disposto no art. 80° da Lei, o qual estabelece que "nenhum acto será adiado, determinando o Juiz, quando imprescindível, a condução coercitiva de quem deva comparecer".

Na hipótese do acusado estar ausente na audiência preliminar, a sua citação será pessoal, por mandado[109], sendo informado da data da audiência de instrução e julgamento bem como advertido de que se não comparecer acompanhado de advogado ser-lhe-á será nomeado defensor público[110].

Se o acusado não for localizado para a citação, apurando-se que se encontra em lugar incerto e não sabido, deverão as peças ser encaminhadas para o Juízo comum para a adopção do procedimento previsto na Lei[111], não se admitindo a citação por edital. Neste último caso, face ao silêncio da Lei 9.099/95 sobre a possibilidade da devolução da competência ao Juizado Especial quando do posterior comparecimento do acusado, opina-se no sentido da impossibilidade, defendendo-se que o Juízo comum deva levar a cabo o processo, decidindo o mérito ou mesmo viabilizando a suspensão do processo nos termos do art. 89°[112]. No enten-

---

[109] Admitida, inclusive, a citação por precatória se ele estiver fora do território jurisdicional do Juizado.

[110] Vale ressaltar a opinião de que nos casos de prisão em flagrante em que o autor do facto se comprometeu a apresentar-se ao Juizado Especial – com isso, livrando-se solto – "se não comparecer, a vinculação do compromisso não poderá gerar a possibilidade de prisão", apenas ele não poderá contar com os benefícios previstos para a fase preliminar (composição civil, transacção penal, suspensão do processo), conf.: ALBERTON, Genacéia da Silva. Considerações sobre o juizado especial criminal..., cit., p. 266.

[111] Com efeito, se não for encontrado o autor da infracção para ser citado, será tomada a providência da sua citação pessoal, encaminhando-se o processo para o juízo comum. Nesta última hipótese fala-se na ocorrência de uma "'causa modificadora da competência'", conf.: LOPES JÚNIOR, Aury Celso Lima. Breves considerações..., cit., p. 355.

[112] LOPES, Mauricio Antonio Ribeiro, *In*: FIGUEIRA JUNIOR, Joel Dias, LOPES, Mauricio Antonio Ribeiro. *Comentários....* 2ª Ed., cit., p. 534. Note-se, porém, que como observam PAZZAGLINI FILHO *et alli* (PAZZAGLINI FILHO, Marino *et alli. Juizado...*, cit., p. 33) caso se realize a citação do acusado no juízo comum "e fique comprovado que não foi possível realizá-la no Juizado Especial Criminal por 'vício' do mandado (omissão dos endereços constantes dos autos ou erro ortográfico ou de numeração dos mesmos) ou por erro do próprio oficial de justiça encarregado de cumpri-lo, deve ser adoptado o procedimento sumaríssimo, que é mais favorável ao réu, o que inclusive permitirá, na hipótese de não ter sido realizada a audiência preliminar, a tentativa de conciliação civil e a proposta de transacção penal".

Modelo Brasileiro 621

dimento de MIRABETE[113], "a audiência – de instrução e julgamento – deve ser realizada à revelia do acusado que, citado pessoalmente, deixou de comparecer".

Estabelece o art. 79° da Lei 9.099/95 que no dia e hora designados para a audiência de instrução e julgamento, se na fase inicial não tiver ocorrido a possibilidade de tentativa de conciliação e de oferecimento de proposta de transacção, proceder-se-á com vista a essas duas alternativas, nos termos em que se encontram legalmente disciplinadas. Ainda que a simples leitura do texto legal conduza ao entendimento de que não se trata de uma *segunda* tentativa de conciliação, frustrada a anterior pela não composição das partes, mas sim de uma *primeira* oportunidade para a sua verificação, defende-se que não deve ser excluída a possibilidade de renovação de uma tentativa de conciliação anteriormente fracassada, em atenção ao espírito da Lei[114].

É a própria *concentração* que se prevê para a audiência de instrução e julgamento a evidenciar a busca de *eficiência* no procedimento sumaríssimo, devendo nela serem realizadas a produção da defesa prévia, a decisão sobre o recebimento da denúncia ou queixa, a realização dos actos de instrução, as alegações finais das partes e a decisão final (art. 81°).

Por outro lado, de grande relevo é o privilégio que foi reconhecido ao vector *garantia* no procedimento sumaríssimo, através da introdução da possibilidade do contraditório prévio antes do recebimento da denúncia ou queixa e do deslocamento do interrogatório para um momento posterior à produção das demais provas[115].

Saliente-se que no contraditório prévio a ser realizado na audiência de instrução e julgamento "devem ser arguidos todos e quaisquer vícios que poderiam levar à rejeição da denúncia e da queixa, nos termos do art. 43° do CPP, e também a eventual falta de *justa causa* (o *fumus boni iuris*), que igualmente caracteriza a ilegalidade da persecução (art. 648°, I, CPP)"[116].

---

[113] *Juizados...*, cit., p. 104.

[114] GRINOVER, Ada Pellegrini, *et alli*. *Juizados....* 3ª Ed., cit., p. 171. Assim, "mesmo já oferecida a denúncia, será cabível a transacção".

[115] Neste sentido a afirmação de que o procedimento em análise é mais garantidor, sob certo prisma, que o próprio procedimento comum, conf.: LOPES, Mauricio Antonio Ribeiro, *In*: FIGUEIRA JUNIOR, Joel Dias, LOPES, Mauricio Antonio Ribeiro. *Comentários....* 2ª Ed., cit., p. 528.

[116] GRINOVER, Ada Pellegrini, *et alli*. *Juizados...*, cit., p. 150; MIRABETE, Julio Fabbrini. *Juizados...*, cit., p. 95. Hipótese a ser verificada é aquela relacionada com a

622   *O Processo Penal como Instrumento de Política Criminal*

Como consequência do afirmado, a denúncia ou a queixa não devem ser recebidas sempre que estiverem ausentes os requisitos formais previstos no art. 41° do C.P.P. bem como devem ser rejeitadas nas hipóteses previstas no art. 43° do mesmo Diploma Legal. Neste último caso quando se verificar que: o facto narrado evidentemente não constitui crime; já estiver extinta a punibilidade, pela prescrição ou outra causa; for manifesta a ilegitimidade da parte ou faltar uma condição exigida pela lei para o exercício da acção penal[117].

Já mencionado, na sistemática introduzida pelo procedimento sumaríssimo o interrogatório do acusado passa a ser realizado no final da instrução, reforçando a sua natureza de meio de defesa[118].

Na sentença a ser proferida após os debates orais deverão ser mencionados os elementos de convicção do juiz, dispensando-se, porém, o relatório (art. 81°, § 3°, Lei 9.099/95). Contudo, isto não implica a dispensa da fundamentação, conforme exige o art. 93°, inc. IX, da C.F. para todas as decisões do Poder Judiciário, sob pena de nulidade.

Tanto nos casos de rejeição da denúncia ou da queixa como no de sentença, o recurso cabível será o de apelação (art. 82° Lei 9.099/95). Isso não impede, porém, que se proponha a admissibilidade de outros recursos.

Distinguindo a hipótese de *não recebimento*[119] da denúncia ou queixa da hipótese de *rejeição*[120] dessas mesmas peças, entende BITENCOURT[121] que no primeiro caso o recurso cabível é o em sentido estrito, previsto no art. 581°, I, C.P.P.; no segundo caso, sendo final a sentença que rejeita as mencionadas peças, ela põe termo ao processo e o recurso cabível é a apelação.

---

opção do defensor de não apresentar a defesa prévia ou apresentá-la de forma sucinta. Nada impede a ocorrência dessa opção, desde que seja efectivamente facultada a sua apresentação, pois do contrário a nulidade por cerceamento de defesa deve ser declarada.

[117] Detalhes a respeito em: FERNANDES, Fernando Andrade. *Da acção penal condenatória*, cit., p. 64 e seguintes.

[118] LOPES JÚNIOR, Aury Celso Lima. Breves considerações..., cit., p. 343; BATISTA, Weber Martins, FUX, Luiz. *Juizados...*, cit., p. 338; BITENCOURT, Cezar Roberto. *Juizados...*, cit., p. 87.

[119] Considerando os aspectos formais, extrínsecos, previstos no art. 41° do C.P.P.

[120] Relacionada com os aspectos materiais, essenciais, arrolados no art. 43° do C.P.P.: atipicidade do facto narrado; extinção da punibilidade; manifesta ilegitimidade de parte; ausência de condição legalmente exigida para o exercício da acção penal.

[121] *Juizados...*, cit., p. 90. Em sentido contrário, defendendo a admissibilidade apenas do recurso de apelação, conforme dispõe a Lei: LOPES JÚNIOR, Aury Celso Lima. Breves considerações..., cit., p. 356.

Devendo a decisão de acolhimento da denúncia ou queixa ocorrer na própria audiência de instrução e julgamento, após o contraditório prévio, defende-se que o recurso cabível neste caso é o de apelação contra a sentença de mérito[122]. Não obstante, parte da doutrina defende o cabimento de *habeas corpus* contra a decisão que recebe a acusação[123].

Portanto, como já foi adiantado, nada obsta à utilização de outros recursos no âmbito dos Juizados Especiais. Admissível se mostra o recurso em sentido estrito (TACRIMSP, RSE nº 1.036.133/9, 4ª Câmara, Rel. Canellas de Godoy), nas hipóteses em que o CPP prevê o seu cabimento, devendo ser julgado pelas próprias *turmas recursais*. Em relação aos embargos infringentes, a sua admissibilidade é defendida limitadamente perante os tribunais de apelação, excluída a sua utilização no caso das *turmas recursais*, em virtude da restrição decorrente do C.P.P.. Havendo julgamento de recurso por *tribunal* – e não por *turmas recursais* –, defende--se o cabimento tanto do recurso especial para o *STJ* como do recurso extraordinário para o *STF*; contra as decisões proferidas pelas *turmas recursais* será apenas admissível o recurso extraordinário para o *STF*, pois o recurso especial para o *STJ* pressupõe a existência de uma decisão proferida, em única ou última instância, por um *tribunal*, nessa categoria não se enquadrando as *turmas recursais*. Defende-se,

---

[122] É só nesse sentido que se pode acompanhar o entendimento de que "é irrecorrível a decisão de recebimento da denúncia" (MIRABETE, Julio Fabbrini. *Juizados...*, cit., p. 109), ou seja, no sentido de que, sendo a audiência una, a eventual discordância quanto ao recebimento da denúncia deverá ser veiculada através da apelação prevista contra a decisão que encerra essa mesma audiência. Não deve prevalecer, contudo, a restrição sobre o objecto de conhecimento pela Turma Julgadora, conforme pretende alguma jurisprudência (TARS, Apel. 295.048.052, Rel. José Paganella Boschi, 13.02.96), no sentido de que o direito da parte a novo julgamento, através da apelação, ficou restrito às questões legais, pela natural impossibilidade de a Turma julgadora identificar, em toda a extensão e profundidade, os aspectos da matéria de facto, só resumidamente registados. Prevalecendo este entendimento, ter-se-á o que hoje já se verifica lastimavelmente em relação à medida de *habeas corpus* contra o recebimento da denúncia ou queixa, ou seja, uma garantia meramente formal do duplo grau de jurisdição.

[123] LOPES JÚNIOR, Aury Celso Lima. Breves considerações..., cit., p. 356. A única forma de se identificar alguma eficácia a esta hipótese seria reconhecer uma possibilidade de se suspender a audiência até que fosse julgada a ordem de *habeas corpus*, o que não se encontra legalmente previsto. Do contrário, devendo a sentença ser emanada na mesma audiência em que se deu o recebimento da denúncia, parece que a apelação seria o único recurso admissível. Há que se levar em conta, porém, a maior presteza do *habeas corpus*, que nesse caso seria uma medida mais adequada aos interesses de garantia do acusado, caso fosse tecnicamente possível.

624   *O Processo Penal como Instrumento de Política Criminal*

ademais, ser inequívoca a admissibilidade do habeas corpus, da revisão criminal e do mandado de segurança no âmbito dos Juizados Especiais e das suas *turmas recursais*. Em particular, acerca do habeas corpus há que se registar o reconhecimento da competência das *turmas recursais* para conhecer da medida (TARS, HC 296.039878-RS, Rel. Tupinambá Pinto de Azevedo, j. 14.11.96, *JUTARS* 100/91; *STJ*, HC 5267/PB, rel. Min. Fernando Gonçalves, j. 12.05.97, *DJU* 09.06.97, p. 25.567); outrossim, tratando-se de coacção atribuída a uma *turma recursal*, considerada como órgão de segundo grau, a competência para conhecer da medida do habeas corpus não será do tribunal estadual mas sim do Supremo Tribunal Federal (*STF* HC 78.317-RJ, j. 11.05.99, Rel. Min. Octavio Gallotti)[124]. A admissibilidade de embargos de declaração no âmbito dos Juizados Especiais está expressamente prevista no art. 83° da Lei 9.099/95, sendo cabível quando na sentença ou acórdão se verificar obscuridade, contradição, omissão ou dúvida. No caso de interposição de embargos de declaração, estabelece o § 2° do art. 83° que ficará suspenso o prazo para o recurso.

Na perspectiva do processo penal como instrumento de política criminal, é possível constatar que nesse procedimento ocorre uma real tentativa de conciliação entre os vectores do *eficientismo* e o da *garantia*, na medida em que, conforme salientou DAMÁSIO[125], embora tenha sido estabelecido um rito sumaríssimo e informal, "a ampla defesa não foi relegada a segundo plano, procurando-se conciliá-la com a necessidade de maior eficiência na prestação jurisdicional".

§ 4 – Representação nos crimes de lesões corporais leves e lesões culposas.

Dispõe o art. 88° da Lei 9.099/95 que "além das hipóteses do Código Penal e da legislação especial, dependerá de representação a acção penal relativa aos crimes de lesões corporais leves e lesões culposas".

Segundo doutrina autorizada, estamos diante de um Instituto despenalizador que, "sem retirar o carácter ilícito do facto, isto é, sem descriminalizar, passa o ordenamento jurídico a dificultar a aplicação da

---

[124] Por todos: GRINOVER, Ada Pellegrini, *et alli. Juizados....* 3ª Ed., cit., p. 181 e s.. Esclareça-se que as *turmas recursais* estão previstas no art. 82° da Lei 9.099/95, compondo-se de 3 (três) juízes em exercício no primeiro grau de jurisdição.

[125] *Lei...*, cit., p. 28.

Modelo Brasileiro 625

pena de prisão", através da transformação da acção penal pública incondicionada em condicionada[126]. Trata-se, pois, de mais um Instituto idealizado para se enfrentar a "overload" do Sistema Jurídico Penal.

Não é que a necessidade de representação constitua uma novidade no Ordenamento Jurídico brasileiro, pois que a mencionada Lei 9.099/95 tão somente ampliou o âmbito de incidência do que já dispunha a esse respeito o Código Penal e o Código de Processo Penal.

Por conseguinte, a alteração de monta introduzida pela Lei refere-se ao âmbito de incidência da necessidade de representação. Assim, o âmbito de incidência da necessidade de representação passa a ser aquele compreendido pelas hipóteses inseridas no Código Penal, na Legislação Penal Especial[127] e, a partir da Lei 9.099/95, os casos de lesão corporal negligente e lesão corporal dolosa leve (art. 88°).

Saliente-se, contudo, a observação de que não se deve confundir lesão corporal simples com lesão corporal leve. Desse modo, defende-se a aplicabilidade do art. 88° da Lei 9.099/95 nas formas simples, privilegiada e agravada de lesão corporal dolosa leve (C.P., art. 129°, *caput* e §§ 4°, 5° e 7°), excluindo-se apenas as figuras qualificadas, correspondentes às lesões corporais graves em sentido amplo (previstas nos §§ 1° e 2° do art. 129°) e lesão corporal seguida de morte (prevista no § 3°, art. 129°)[128]. Quanto às lesões corporais negligentes, não se discute a respeito da necessidade de representação, sendo simples ou agravadas (art. 129°, §§ 6° e 7°).

Uma perplexidade verifica-se quanto à exigibilidade da representação também no caso da contravenção de vias de facto (art. 21°, Dec.-Lei 3.688 de 1941), sendo discutida a aplicabilidade do art. 88° da Lei 9.099/95 a esta hipótese.

---

[126] GOMES, Luiz Flávio. *Suspensão...*, cit., p. 347; BITENCOURT, Cezar Roberto. *Juizados...*, cit., p. 95.

[127] Conforme lecciona JOSÉ BARCELOS (SOUZA, José Barcelos de. *Teoria e prática...*, cit., p. 54), "é a lei penal (CP e leis especiais) que determina quando só se procede mediante representação. O Código Penal, porém, não enumera os crimes de acção pública condicionada a representação. Cuida da matéria em sua *Parte Especial*, quase sempre em parágrafo do artigo em que é definido o crime".

[128] JESUS, Damásio Evangelista de. *Lei...*, cit., p. 86. Informa ainda o Autor que para efeito de enquadramento na competência dos Juizados Especiais criminais não deve ser considerada a forma agravada, uma vez que nela se verifica uma elevação da pena acima do limite previsto no art. 61 da Lei 9.099/95; porém, tendo o Legislador utilizado no art. 88 da referida Lei a expressão lesões corporais leves, estão abrangidas as agravadas por causa de aumento da pena.

Partindo da referência ao bem jurídico protegido, entende uma corrente que, tendo a Lei 9.099/95 previsto a necessidade da representação quando o bem jurídico protegido (integridade corporal) é atingido de forma mais grave, através de uma lesão corporal – leve ou negligente –, com maior razão seria necessária essa representação quando se verificasse apenas o perigo de lesão a esse bem jurídico, como ocorre nas vias de facto. Seria o princípio da intervenção mínima a incidir neste caso[129].

Por outro lado, partindo da teleologia que inspira a necessidade de representação, entende parte da doutrina que a contravenção prevista no art 21° da Lei das Contravenções Penais ('vias de facto'), embora configure perigo de lesão do bem jurídico integridade física, continua a ser de acção penal pública incondicionada. A tese é sustentada com o argumento de que a teleologia que se encontra na base do condicionamento à representação é a de priorizar a reparação dos danos em favor da vítima, ao passo que nas vias de facto geralmente não se verificam danos directos passíveis de reparação[130]. A este último posicionamento acrescenta-se, ainda, o argumento da inexistência de previsão legal no sentido de também a contravenção de vias de facto passar a ser incondicionada, impedindo, pois, essa transformação[131].

Nas hipóteses em que a lesão corporal integra a descrição típica de algum outro crime, "segue-se a regra do art. 100° do CP: se a lei nada diz, cuida-se de acção penal pública incondicionada. A lesão corporal,

---

[129] Segundo MIRABETE (MIRABETE, Julio Fabbrini. *Juizados...*, cit., p. 140), "a esdrúxula situação criada pela lei, porém, deve levar a jurisprudência a exigir a representação nas acções penais relativas à contravenção de vias de facto ainda que no silêncio da lei", apesar de reconhecer que esta situação poderá provocar insegurança na aplicação do direito face aos diversos outros delitos de menor gravidade do que a lesão corporal, previstos no C. P.. É esse o entendimento também de CINTRA JÚNIOR (CINTRA JÚNIOR, Dyrceu Aguiar Dias. A necessidade de representação da vítima na contravenção de vias de fato. *Boletim IBCCrim Jurisprudência Comentada*, São Paulo, a. 5, n° 52, p. 183, mar. 1997), acrescendo à fundamentação o argumento relacionado com a identidade do elemento subjectivo verificado na hipótese de vias de facto e na da lesão corporal. Na jurisprudência: TACrimSP, Apelação n° 998533, Rel. Teodomiro Mendez, *Rolo/Flash* 1037/357; TACrimSP, Apelação n° 975655, Rel. Dyrceu Cintra, *Rolo/Flash* 1013/489; TACrimSP, Apelação n° 986917, Rel. Francisco Bruno, *Rolo/Flash* 1018/376.

[130] GOMES, Luiz Flávio. *Suspensão...*, cit., p. 349-351. Na jurisprudência: TACrimSP, Apelação n° 995589, Rel. Xavier de Aquino, Rolo/Flash 1036/125.

[131] GRINOVER, Ada Pellegrini, *et alli*. *Juizados...*, cit., p. 180. Ainda que criticando a solução a que conduz a interpretação legal, é esse o posicionamento de JESUS, Damásio Evangelista de. *Lei...*, cit., p. 86-87.

Modelo Brasileiro

nessas hipóteses, perde sua autonomia. Logo, não há que se falar em representação da vítima". Porém, se nesses casos a lesão corporal é punida autonomamente (delito de resistência: art. 329°, C.P.), a representação da vítima mostra-se necessária: na sua ausência falta uma condição de procedibilidade. "Na denúncia o órgão acusador só pode postular a condenação autónoma da lesão corporal, desde que leve obviamente, se houve representação da vítima"[132].

Ocorrendo a desclassificação do delito para uma das hipóteses previstas na Lei n° 9.099/95 – lesões corporais leves e lesões negligentes –, inequívoca é a constatação da necessidade de representação[133]. Indaga-se, então, se pode ser considerada para esse fim a manifestação anterior da vítima no sentido de ser o autor do facto processado ou acusado, permitindo-se ao juiz sentenciar imediatamente, ou se a representação deve ser feita após a desclassificação, intimando-se a vítima para o seu oferecimento.

Considerando mais prática a primeira alternativa, segundo GOMES[134] o oferecimento posterior da representação implica uma maior segurança na aplicação do direito, viabilizando, outrossim, a celebração de uma audiência de conciliação para esse mister, na qual, estando presente também o autor do facto, possível é a ocorrência de algum dos outros Institutos previstos na Lei 9.099/95, ou seja, a composição civil extintiva da punibilidade (art. 74°, § único), a transacção penal (art. 76°) ou mesmo a suspensão do processo (art. 89°).

Por seu turno, entende MIRABETE[135] que verificando-se a desclassificação para o crime de lesões corporais leves, tanto em processo comum como da competência do Tribunal do Juri, se não tiver sido oferecida a representação no prazo legal deve o juiz competente decretar a extinção da punibilidade pela decadência. Ressalta, todavia, o Autor que, segundo entendimento jurisprudencial, a representação não exige formalidades, cabendo ao juiz verificar se ficou demonstrada em algum momento dos autos a intenção do ofendido de que a acção penal fosse instaurada.

---

[132] GOMES, Luiz Flávio. *Suspensão...*, cit., p. 349.

[133] Sobre a necessidade de observância do art. 88 da Lei 9.099/95 nestes casos: STJ, RHC n° 7.661-AC, rel. Min. Luiz Vicente Cernicchiaro, *DJU* de 03.11.98, p. 208.

[134] GOMES, Luiz Flávio. *Suspensão...*, cit., p. 382; GRINOVER, Ada Pellegrini, *et alli. Juizados....* 3ª Ed., cit., p. 229. Também para DAMÁSIO (JESUS, Damásio Evangelista de. *Lei...*, cit., p. 87) o juiz não pode condenar o réu nos casos de desclassificação sem que se intime o ofendido para que ofereça a representação.

[135] *Juizados...*, cit., p. 139.

628 — O Processo Penal como Instrumento de Política Criminal

A respeito da relevância dessa manifestação anterior da vítima no sentido de que seja instaurada a acção penal contra o autor do facto, pondera LOPES JÚNIOR[136] que "a notícia-crime feita na polícia pela vítima, em crime de acção penal pública condicionada, serve apenas para autorizar a expedição do termo circunstanciado a ser remetido ao juizado, não servindo para suprir a condição de procedibilidade, pois o art. 75º é claro ao determinar que, após a frustração da composição civil, será dada a palavra ao ofendido para que este, querendo, exerça o direito de representação". Ou seja, se nos casos de não efectivação da composição civil a própria Lei determina a ratificação da representação, ainda que tenha havido a notícia-crime anterior, é porque esta última é considerada insuficiente para o prosseguimento da acção.

No mais, segue perfeitamente em vigor o tratamento que o C.P.[137] e o C.P.P.[138] atribuem à acção penal pública condicionada e à representação a ela ligada.

Conforme semelhante previsão no art. 100º, § 1º, do C.P., dispõe o art. 24º do C.P.P. que "nos crimes de acção pública, esta será promovida por denúncia do Ministério Público, mas dependerá, quando a lei o exigir, de requisição do Ministro da Justiça, ou de representação do ofendido ou de quem tiver qualidade para representá-lo". Complementando, estabelece o § 1º desse art. 24º que no caso de morte do ofendido ou quando declarado ausente por decisão judicial, o direito de representação passará ao cônjuge, ascendente, descendente ou irmão.

No que respeita à natureza jurídica, afirma-se que a representação, assim como a requisição que deve ser feita pelo ministro da justiça em determinados casos, é uma *condição de procedibilidade*, condicionante

---

[136] Breves considerações..., cit., p. 347-348. Expressamente reforça o Autor na mesma passagem: "assim, entendemos que um acto não supre o outro nesse caso, pois a manifestação do ofendido, na fase policial, servirá exclusivamente para possibilitar a expedição do termo circunstanciado, sendo necessária a representação em juízo para que a acção penal se inicie". No mesmo sentido, segundo GRINOVER *et alli* (GRINOVER, Ada Pellegrini, *et alli. Juizados....* 3ª Ed., cit., p. 215) mesmo que a representação seja feita na fase policial, ela deverá ser ratificada em juízo, tendo em vista que a composição civil (art. 74) lhe é prejudicial. Nesse caso o autor do facto tem o direito de ver realizada a audiência preliminar, com vista à mencionada composição. Afirma a mesma fonte que nas hipóteses de prisão em flagrante em crime de acção penal pública condicionada à representação, é necessária a manifestação da vítima para que a prisão se mantenha.

[137] Arts. 100, § 1º; 102; 103.

[138] Arts. 24, *caput* e § 1º; 25; 38, *caput* e § único; 39 §§ 1º a 5º.

Modelo Brasileiro 629

até mesmo da instauração do inquérito policial[139]. Também asseverando que a representação constitui uma *condição de procedibilidade da acção penal condicionada*, RIBEIRO LOPES[140] enfatiza a sua natureza mista (processual e material), em virtude de conduzir à extinção da punibilidade, pela renúncia ou pela decadência.

O aspecto formal da representação vem disciplinado no art. 39º do C.P.P.[141]. Registe-se, porém, que na vigência da Lei 9.099/95 persiste a dúvida se a representação deve revestir-se das formalidades legais ou se basta a demonstração informal pela vítima do interesse em ver apurado o delito[142].

Importa salientar que a previsão contida no art. 91º da Lei 9.099/95, no sentido de ser de trinta dias o prazo para o oferecimento da representação, é uma regra de transição, a ser aplicada aos factos ocorridos antes da sua vigência ou nos casos de existência de processo em curso aquando dessa entrada em vigor. Duas observações devem ser feitas a este respeito: o termo inicial para a contagem do prazo de trinta dias é o da

---

[139] GRINOVER, Ada Pellegrini, *et alli. Juizados...*, cit., p. 179, sustentando uma das Autoras em outra Obra (conf.: GRINOVER, Ada Pellegrini. *As condições...*, cit., p. 176 e s.) que a representação pode ser reconduzida à possibilidade jurídica do pedido, sabidamente uma outra condição a que se sujeita o exercício da acção penal.

[140] *Comentários....* 2ª Ed., cit., p. 561 e seguintes. No sentido de se tratar de condição de procedibilidade consultar, ainda: FERNANDES, Fernando Andrade. *Da acção penal condenatória*, cit., p. 119. Para MIRABETE (MIRABETE, Julio Fabbrini. *Juizados...*, cit., p. 137) trata-se de uma *condição suspensiva de procedibilidade* que não obriga à denúncia do ministério público, o qual pode requerer o arquivamento do termo circunstanciado, face à constatação dos motivos legais.

[141] "Art. 39º. O direito de representação poderá ser exercido, pessoalmente ou por procurador com poderes especiais, mediante declaração, escrita ou oral, feita ao juiz, ao órgão do Ministério Público, ou à autoridade policial. § 1º A representação feita oralmente ou por escrito, sem assinatura devidamente autenticada do ofendido, do seu representante legal ou procurador, será reduzida a termo, perante o juiz ou autoridade policial, presente o órgão do Ministério Público, quando a este houver sido dirigida. § 2º A representação conterá todas as informações que possam servir à apuração do facto e da autoria. § 3º Oferecida ou reduzida a termo a representação, a autoridade policial procederá a inquérito, ou, não sendo competente, remetê-lo-á à autoridade que o for. § 4º A representação, quando feita ao juiz ou perante este reduzida a termo, será remetida à autoridade policial para que esta proceda a inquérito. § 5º O órgão do Ministério Público dispensará o inquérito, se com a representação forem oferecidos elementos que o habilitem a promover a acção penal, e, neste caso, oferecerá a denúncia no prazo de 15 (quinze) dias."

[142] Na linha do segundo entendimento: TAMG, HC nº 213785-7, Rela. Jane Silva; TACrimSP, Apelação nº 969523, Rel. Pires Neto, Rolo/Flash 1018/309.

630   *O Processo Penal como Instrumento de Política Criminal*

data da intimação ou inequívoca ciência do ofendido; se a vítima ou o seu representante não forem encontrados para a intimação, alguns defendem a paralisação do processo, aguardando-se o transcurso do prazo prescricional, outros sustentam a possibilidade de intimação por edital[143]. Fora das mencionadas hipóteses o prazo continua a ser de seis meses, conforme estabelece o C.P. (art. 103°) e o C.P.P. (art. 38°)[144].

Sobre a possibilidade de retractação da representação oferecida, estabelece o art. 102° do C.P. e o art. 25° do C.P.P. que ela será irretractável após o oferecimento da denúncia. Assim sendo, afirma-se que a vítima poderá retractar-se até ao momento anterior ao oferecimento da denúncia oral pelo ministério público, levando-se em conta que a audiência preliminar em que ela representou contra o autor do facto ocorre em fase pré-processual[145].

Em termos das consequências que produz, a ausência de representação do ofendido é uma causa extintiva da punibilidade, repercutindo-se na pretensão punitiva do Estado. Disso decorre o reconhecimento da natureza também de Direito Penal da necessidade de representação, uma vez que o não exercício desse direito gera a decadência.

Tendo sido assim estruturada, esta alternativa não fica isenta de posicionamentos críticos. Ainda que de forma epidérmica, pondera DAMÁSIO[146] que é discutível a iniciativa do Legislador a este respeito, considerando que a incolumidade física é um bem jurídico indisponível, em relação ao qual prepondera o interesse público ao do sujeito passivo. Dessa forma, a opção que ora se estuda seria justificada, fundamentalmente, pela necessidade de agilização da justiça.

Sendo assim, pode ser afirmado que, diversamente do procedimento sumaríssimo anteriormente visto, aqui o Legislador fez uma clara opção pelo vector do *eficientismo* em detrimento do vector *garantia*.

---

[143] No linha do último dos citados posicionamentos: TACrimSP, Apelação n° 955.595, Rel. Ubiratan de Arruda, *Rolo/Flash* 1043/511; TACrimSP, Apelação n° 944.557, Rel. Roberto Mortari, *Rolo/Flash* 1048/468; TJCE, Recurso em Sentido Estrito 96.06266-1, rel. Ximenes Rocha, j. 15.04.97.

[144] Em sentido divergente, sustentando o prazo de seis meses também para os factos anteriores: TACrimSP, HC n° 292026, Rel. Renato Nalini, Rolo/Flash 1047/036.

[145] ALBERTON, Genacéia da Silva. Considerações sobre o juizado especial criminal..., cit., p. 271.

[146] *Lei...*, cit., p. 30.

Modelo Brasileiro 631

§ 5 – Suspensão condicional do processo.

1 – Noção.

Estabelece o art. 89º da Lei 9.099/95:

"Art. 89º. Nos crimes em que a pena mínima cominada for igual ou inferior a 1 (um) ano, abrangidas ou não por esta Lei, o Ministério Público, ao oferecer a denúncia, poderá propor a suspensão do processo, por 2 (dois) a 4 (quatro) anos, desde que o acusado não esteja sendo processado ou não tenha sido condenado por outro crime, presentes os demais requisitos que autorizariam a suspensão condicional da pena (art. 77º do CP)".

É possível acompanhar o entendimento de que "a suspensão condicional do processo consiste, assim, em sustar-se a acção penal após o recebimento da denúncia, desde que o réu preencha determinados requisitos e obedeça a certas condições durante o prazo prefixado, findo o qual ficará extinta a punibilidade quando não der causa à revogação do benefício"[147].

Quanto à legitimação material do Instituto, afirma WEBER BATISTA[148] que a decisão que concede a suspensão condicional do processo permite ao juiz não apenas fazer justiça mas também parecer justo aos olhos do interessado. Considerando a confissão implícita do beneficiado – ao não se opor à suspensão – bem como as demais provas obtidas, o juiz poderá ter a certeza de que foi justo; por seu turno, aceitando livremente a suspensão, ao próprio beneficiado a decisão surge como justa.

2 – Antecedentes.

Antecedentes próximos da Lei 9.099/95, instituidora dos juizados especiais criminais e do "novo modelo de Justiça criminal", foram certamente as experiências introduzidas nos Estados do Mato Grosso do

---

[147] MIRABETE, Julio Fabbrini. *Juizados...*, cit., p. 143-144. Em sentido convergente, para GRINOVER *et alli* (GRINOVER, Ada Pellegrini, *et alli. Juizados....* 3ª Ed., cit., p. 234) a suspensão condicional do processo "é a paralisação do processo, com potencialidade extintiva da punibilidade, caso todas as condições acordadas sejam cumpridas, durante determinado período de prova".

[148] *Juizados...*, cit., p. 359. Por ora não se entrará no mérito de saber se a aceitação da suspensão pelo interessado implica ou não em confissão implícita.

632 O Processo Penal como Instrumento de Política Criminal

Sul (Lei nº 1.071/90), Mato Grosso e Paraíba, que, através de Lei local, criaram os respectivos juizados[149], na esteira da delegação inserida na C. F. de 1988.

3 – Âmbito de incidência.

Já visto o âmbito de incidência geral dos Juizados Especiais Criminais (*supra*), no que se refere aos casos de cabimento da suspensão condicional do processo menciona-se a criminalidade de médio potencial ofensivo, correspondente aos crimes cuja pena mínima cominada seja igual ou inferior a um ano (art. 89º Lei 9.099/95). Portanto, a suspensão condicional do processo não se destina apenas aos delitos pertencentes ao âmbito de incidência dos juizados especiais criminais.

Desde logo, digno de destaque é que também no Ordenamento Jurídico brasileiro a adopção de um tratamento processual diversificado para a a criminalidade de pequeno e médio potencial ofensivo destina-se a possibilitar uma dedicação prioritária às infracções penais mais graves, que realmente estão a exigir uma maior atenção[150].

Embora a Lei estabeleça como primeiro critério para a suspensão tratar-se o facto de um crime, sustenta-se a possibilidade da aplicação do Instituto também nas hipóteses de contravenção penal, visto ser esta um *menos* frente ao *mais* que representa aquele. Nesse caso, importa salientar a necessidade de que seja primeiramente tentada a transacção prevista no art. 76º[151]. Em sustentação da admissibilidade da suspensão

---

[149] GOMES, Luiz Flávio. *Suspensão...*, cit., p. 35. No que se refere à Lei nº 5.466/91 do Estado da Paraíba, que no seu art. 59 regulamentou o funcionamento dos Juizados Especiais no Estado, mesmo na ausência de Lei Federal disciplinando a matéria, o *STF* manifestou-se no sentido da sua inconstitucionalidade, conf.: STF, HC nº 72.582-1, Rel. Min. Ilmar Galvão; DJU de 20.10.95.

[150] GRINOVER, Ada Pellegrini, *et alli. Juizados...*, cit., p. 10; BATISTA, Weber Martins, FUX, Luiz. *Juizados...*, cit., p. 358. DAMÁSIO (JESUS, Damásio Evangelista de. *Lei...*, cit., p. 8) menciona a necessidade de descriminar as contravenções, instituir juizados criminais especiais, etc., com vista a desafogar os Juízos criminais, que assim poderiam dedicar mais tempo a tratar com cuidado dos delitos de maior gravidade, permitindo condenações em tempo abreviado, contribuindo assim para a "certeza da punição".

[151] JESUS, Damásio Evangelista de. *Lei...*, cit., p. 91; Idem, Breves notas à lei dos juizados especiais criminais. *Boletim IBCCrim*, São Paulo, a. 3, nº 35, p. 13, nov. 1995;

condicional do processo nas hipóteses de contravenção penal vale perfeitamente o argumento doutrinário de que elas nada mais são do que um "delito anão", pressupondo assim os elementos característicos do crime na sua forma normal[152].

Critério objectivo para a fixação do âmbito de incidência da suspensão condicional do processo é também que a pena mínima abstractamente fixada seja igual ou inferior a um ano. Ou seja, verificando-se a moldura penal (mínimo e máximo de pena) que o legislador cominou abstractamente para o delito, se o marco inferior (pena mínima) for igual a um ano ou abaixo dessa medida, é cabível a suspensão.

Nas hipóteses em que são cominadas penas alternativamente, *v.g.*, privativa de liberdade ou multa, e a privativa de liberdade seja superior a um ano, mesmo assim defende-se a aplicabilidade da suspensão condicional do processo, visto que se o Legislador previu, ainda que de forma alternativa, uma pena mínima inferior ao marco exigido (no caso a multa), demonstrou com isso a sua suficiência para a obtenção dos objectivos de política criminal esperados[153].

GOMES, Luiz Flávio. *Suspensão...*, cit., p. 220. A *Comissão do Ministério Público do Estado do Paraná*, ao realizar a interpretação da Lei, concluiu que "1 – Os crimes e contravenções com procedimentos especiais não são atingidos pela Lei 9.099/95, consoante o seu artigo 61 (abuso de autoridade, tóxicos, crimes falimentares, 'jogo do bicho', contravenções eleitorais e florestais, entre outros)". Registe-se, contudo, que tratando-se da suspensão condicional do processo o âmbito de incidência não é aquele restrito da Lei 9.099/95. No sentido do cabimento da suspensão nas hipótese de contravenção: TACrimSP, Apelação nº 1006179, Rel. Fábio de Araújo, Rolo/Flash 1027/128; TACrimSP, Apelação nº 1017171, Rel. Figueiredo Gonçalves, Rolo/Flash 1041/237; TACrimSP, Apelação nº 1072641, Rel. Ericson Maranho, j. 09.10.97; em sentido contrário: TACrimSP, Apelação nº 1008949, Rel. Pires Neto, Rolo/Flash 1036/020.

[152] Segundo lucidamente afirmou MIRABETE (MIRABETE, Julio Fabbrini. *Juizados...*, cit., p. 31), "quanto à contravenção, a sua menor ofensividade não está ligada nem à quantidade da pena cominada nem ao procedimento penal adoptado, mas decorre de sua própria natureza, de tal modo que a lei não a caracterizou como crime, mas como infracção menor, impondo-lhe pena de prisão simples, sem rigor carcerário ou simplesmente multa. Por essa razão, aliás, a doutrina qualifica como 'crime anão'". Posteriormente (p. 147), o Autor afirma categoricamente que cabe a proposta de suspensão do processo no caso de contravenção. No sentido de ser a contravenção penal um ilícito de menor potencial ofensivo manifestou-se WEBER BATISTA (BATISTA, Weber Martins, FUX, Luiz. *Juizados...*, cit., p. 290).

[153] MIRABETE, Julio Fabbrini. *Juizados...*, cit., p. 145; GOMES, Luiz Flávio. *Suspensão...*, cit., p. 212. Na mesma passagem o Autor por último citado defende a aplicabilidade da suspensão também naqueles casos em que, estando abstractamente prevista pena

634 O Processo Penal como Instrumento de Política Criminal

Passível de acompanhamento é o entendimento de que as causas de aumento ou diminuição da pena, diversamente do que ocorre com as circunstâncias atenuantes e agravantes, "devem ser levadas em conta na pena abstracta cominada para o efeito de se admitir ou não a suspensão do processo". Assim, "nas causas de diminuição devemos considerar o máximo da diminuição em abstracto (pois é desse modo que se descobre a pena mínima). Nas causas de aumento impõe-se a adopção do mínimo de aumento (porque assim descobrimos a pena mínima cominada em abstracto)"; excluem-se desta lógica apenas as regras do concurso formal e do crime continuado, já imaginadas para beneficiar o acusado[154]. Como ocorre na tentativa, também em relação às causas de aumento e diminuição obrigatórias da pena temos como que a formação de um novo tipo penal que altera as balizas (mínimo e máximo) da moldura penal, impondo-se que elas sejam levadas em conta para a aferição do marco mínimo de pena pressuposto pela suspensão.

Portanto, em nada se pode censurar o entendimento que defende a admissibilidade da suspensão nas hipóteses de tentativa, sendo melhor doutrina a que sustenta a consideração do máximo de diminuição em abstracto (dois terços) para a finalidade de se verificar o cabimento do Instituto[155]. Aliás, é a própria compreensão do tipo da tentativa como

---

mínima inferior a um ano, a entrada em vigor da Lei tenha alcançado processos em curso, nos quais a pena concreta fixada foi superior a um ano mas não havia ainda o trânsito em julgado. Importando para a suspensão condicional do processo a pena abstracta, também nos mencionados casos ela poderia ser aplicada (TACrimSP, Apelação nº 1010665, Rel. S. C. Garcia, Rolo/Flash 1038/333). No sentido da solução informada no texto: TACrimSP, Apelação nº 1062835, Rel. Evaristo dos Santos, Rolo/Flash 1129/003.

[154] GOMES, Luiz Flávio. *Suspensão...*, cit., p. 214; LOPES, Mauricio Antonio Ribeiro, *In*: FIGUEIRA JUNIOR, Joel Dias, LOPES, Mauricio Antonio Ribeiro. *Comentários....* 2ª Ed., cit., p. 590. Ainda que admitindo a relevância das causas de aumento e diminuição para a aferição da incidência da suspensão, entende DOORGAL (ANDRADA, Doorgal Gustavo B. de. *A suspensão...*, cit., p. 95) que no cálculo resultante da sua incidência deve ser levado em conta o máximo da pena mínima abstracta, considerando-se o aumento ou diminuição no seu limite mais desfavorável ao réu. Acerca da relevância das causas de aumento e diminuição para o cabimento ou não da suspensão na jurisprudência: STF, HC nº 74.234-3, Rel. Min. Celso de Mello; *DJU* de 02.08.96, p. 25.799; STF, HC nº 74.134-3, Rel. Min. Carlos Velloso, *DJU* de 12.11.96, p. 49.946; STJ, HC nº 6.014-MG, Rel. Min. Vicente Leal; *DJU* de 31.03.97, p. 9.643; STJ, HC nº 7.056-MG, Rel. Min. Vicente Leal; *DJU* de 16.02.98, p. 132; STJ, HC nº 4.780-SP, Rel. Min. Vicente Leal; *DJU* de 31.03.97, p. 9.642.

[155] BATISTA, Weber Martins, FUX, Luiz. *Juizados...*, cit., p. 365; GOMES, Luiz Flávio. *Suspensão...*, cit., p. 215; LOPES, Mauricio Antonio Ribeiro, *In*: FIGUEIRA JUNIOR,

Modelo Brasileiro   635

sendo um tipo subordinado, através do qual se processa uma extensão de cada um dos tipos penais abstractamente previstos[156], a reforçar o acerto da consideração da diminuição de pena da tentativa para o fim de se constatar o marco mínimo previsto para a suspensão condicional do processo. Ou seja, na tentativa o tipo penal a ser considerado é o resultante da conjugação entre aquele inserido no art. 14º da Parte Geral do C. P. e o tipo do crime consumado, de modo que aquele, evidentemente, altera a moldura penal abstracta deste último, figurando como pena mínima a que decorrer da redução de dois terços.

Conforme veremos posteriormente, a subordinação da suspensão condicional do processo ao marco inferior da moldura penal decorre do facto de ser esse o mínimo irredutível da necessidade de prevenção geral em relação a cada delito, demonstrando cabalmente que na base deste Instituto reside um objectivo de política criminal. Confirma-se, assim, a integração político-criminal do processo penal pressuposta pelas formas de diversificação processual, nelas incluída a suspensão condicional do processo.

Importa destacar, outrossim, a importância da classificação da infracção feita pelo ministério público no momento do oferecimento da denúncia, com vista à admissibilidade ou não da suspensão condicional do processo. Portanto, é com base na classificação dada ao delito na denúncia pelo ministério público que se verificará o cabimento ou não da suspensão condicional do processo, levando-se em conta a pena prevista para o crime denunciado.

Joel Dias, LOPES, Mauricio Antonio Ribeiro. *Comentários*.... 2ª Ed., cit., p. 580; MIRABETE, Julio Fabbrini. *Juizados*..., cit., p. 32 e 146. Em divergência, sustenta DOORGAL (ANDRADA, Doorgal Gustavo B. de. *A suspensão*..., cit., p. 95) que no caso da tentativa a diminuição a ser efectuada deverá ser de um terço para a aferição da pena mínima. Na jurisprudência o entendimento exposto no texto encontra assento em: TACrimSP, Apelação nº 881949, Rel. Haroldo Luz, Rolo/Flash 1039/077; TACrimSP, Apelação nº 1010665, Rel. S. C. Garcia, Rolo/Flash 1038/333; TACrimSP, Apelação nº 1019113, Rel. Mathias Coltro, Rolo/Flash 1043/300; TACrimSP, Apelação nº 1027633, Rel. Nicolino del Sasso, Rolo/Flash 1075/085. Em sentido contrário: TACrimSP, HC nº 286754, Rel. Damião Cogan, Rolo/Flash 1031/238; TACrimSP, Apelação nº 1016217, Rel. Junqueira Sangirardi, Rolo/Flash 1040/330. Divergindo de todos os posicionamentos citados, por entender inadmissível qualquer tipo de redução da pena prevista em abstracto – como ocorre na tentativa – para fins de admissibilidade da suspensão: LOPES JÚNIOR, Aury Celso Lima. Breves considerações..., cit., p. 361.

[156] FRANCO, Alberto Silva. *Temas de direito penal*, cit., p. 50, nota 5; ZAFFARONI, Eugenio Raúl, PIERANGELLI, José Henrique. *Da tentativa*. São Paulo: RT, 1992, p. 39.

636 *O Processo Penal como Instrumento de Política Criminal*

Todavia, pode suceder que a classificação inicialmente feita pelo ministério público na denúncia sofra alguma alteração no curso do processo, sendo necessário analisar o cabimento da suspensão condicional do processo nesses casos. Várias são as hipóteses passíveis de ocorrer perante uma alteração dos termos da denúncia, em virtude de uma alteração da classificação inicialmente feita pelo ministério público.

Uma primeira hipótese é a da *emendatio libeli*, em que o juiz corrige na sentença a definição jurídica constante na denúncia ou queixa (art. 383º C.P.P.), mantendo-se, porém, os factos nela narrados. Sendo legalmente admitida a possibilidade aquando da prolação da sentença, predomina o entendimento jurisprudencial no sentido de que não é possível ao juiz interferir na tipificação contida na peça acusatória no momento do seu recebimento. Porém, considerando a importância dessa classificação inicial para a admissibilidade ou não da suspensão do processo, defende-se a possibilidade de o juiz corrigir, fundamentadamente, o enquadramento no momento do recebimento da denúncia[157].

Se, todavia, na denúncia foi narrado um delito mais grave, *v.g.*, com inclusão de alguma qualificadora que eleve a pena mínima além de um ano, não se verificando a "justa causa" para a sua manutenção, defende-se que deverá o juiz rejeitar a peça acusatória, cabendo ao ministério público oferecer denúncia pelo crime menos grave ou recorrer[158].

Ocorrendo a desclassificação no momento da sentença condenatória e com ela verificando-se a adequação à pena mínima admissível, alega-se que apesar disso preclusa está a oportunidade de suspensão, em virtude de já ter decorrido todo o processo, não tendo sentido a sua suspensão[159].

---

[157] ANDRADA, Doorgal Gustavo B. de. *A suspensão...*, cit., p. 81. Mais incisivo e de forma mais abrangente, afirma WEBER BATISTA (BATISTA, Weber Martins, FUX, Luiz. *Juizados...*, cit., p. 369) que, verificando, pela prova existente, que a correcta classificação do facto importará na possibilidade de conceder ao acusado a suspensão do processo – o que não ocorreria se mantida a definição jurídica dada pelo ministério público –, o juiz não apenas *poderá* mas sim *deverá* corrigir a classificação errónea constante da peça inicial.

[158] ANDRADA, Doorgal Gustavo B. de. *A suspensão...*, cit., p. 82; COUTO, Carlos Magno. Uma hipótese de suspensão condicional do processo. *Boletim IBCCrim*, São Paulo, a. 6, nº 69, p. 9-10, ago. 1998. MIRABETE (MIRABETE, Julio Fabbrini. *Juizados...*, cit., p. 147) fala em rejeição da denúncia na parte excessiva. Divergindo deste entendimento, sustenta GOMES (GOMES, Luiz Flávio. *Suspensão...*, cit., p. 234-235) que, "constatando o juiz que não existe *fumus boni iuris* para a qualificadora ou causa de aumento de pena, deve receber a denúncia sem o excesso (muitas vezes claramente abusivo), admitindo-se o facto tão só na forma simples".

[159] ANDRADA, Doorgal Gustavo B. de. *A suspensão...*, cit., p. 83.

Divergindo do entendimento por último citado, sustenta GOMES[160] que se foi oferecida denúncia por um delito na sua forma qualificada e, encerrada a instrução, percebe-se que a qualificadora não ficou provada, o juiz deverá proceder nos termos do art. 383° do C.P.P.. Se com a desclassificação se tornou possível a suspensão do processo, opina-se no sentido de que "o juiz, antes de condenar, antes de externar o dispositivo final, deve ensejar a possibilidade de suspensão". Nesse caso, impõe--se o exame das provas e a conclusão, via decisão interlocutória, no sentido da desclassificação; antes, porém, de emitir o dispositivo final o juiz deverá proceder à abertura de vista ao ministério público para que se manifeste sobre a suspensão. Se o ministério público está de acordo com a nova classificação jurídica e desde logo opina sobre a suspensão, esta deverá ser processada; diversamente, se não verificada a concordância o juiz deve concluir a sua decisão, desclassificando a infracção, cabendo ao ministério público a apelação desta decisão. Se o tribunal "concluir que a desclassificação é correcta, urge, antes do dispositivo final confirmatório da condenação de primeiro grau, converter o julgamento em diligência para que, em primeira instância, se decida sobre eventual suspensão do processo"[161].

Por outro lado, se a desclassificação ocorrer na sentença de pronúncia, prolatada no procedimento relativo aos crimes da competência do Tribunal do Júri, defende-se a possibilidade da suspensão, visto ainda não ter ocorrido o encerramento do processo. Diversamente, havendo a desclassificação pelo Tribunal do Júri para um crime da competência do Juiz singular, cuja pena mínima não seja superior a um ano, afirma-se que deverá ser proferida a sentença sem discutir a suspensão, uma vez que encerrada estará a instrução e a prestação jurisdicional de primeiro

---

[160] *Suspensão...*, cit., p. 271/272; SERGIO, Marcelo. Nova definição jurídica do facto narrado na denúncia e aplicação da Lei 9.099/95. *Boletim IBCCrim*, São Paulo, a. 6, n° 62, p. 12, jan. 1998. Na jurisprudência a admissibilidade da proposta de suspensão nos casos de desclassificação aquando da prolação da sentença condenatória é sustentada em: STF HC n° 75.894-SP, Rel. Min. Marco Aurélio, j. 01.04.98, *Informativo* n° 105 de 16.04.98; TACrimSP, Apelação n° 984.353-0, Rel. Almeida Braga, 03.01.96. Em sentido contrário: TACrimSP, Apelação n° 1.073.575, Rel. Samuel Junior, *rolo-flash* 1157/062.

[161] Na jurisprudência, fixando este entendimento: TACrimSP, Apelação n° 984.353-0, Rel. Almeida Braga, 03.01.96. Todavia, se o ministério público obtém êxito no recurso a suspensão do processo torna-se inviável: STF HC n° 75.393-1, Rel. Min. Sepúlveda Pertence, *DJU* de 19.12.97, p. 42; STF HC n° 75.775-8, Rel. Min. Sepúlveda Pertence, *DJU* de 07.11.97.

638 *O Processo Penal como Instrumento de Política Criminal*

grau está a terminar. Isso resulta do argumento de que "na fase da sentença, a *suspensão* não alcançará os objectivos de evitar o constrangimento do interrogatório, das audiências, a audição das testemunhas, o desgaste psicológico da demora, etc., tudo já ocorrido". Com base no mesmo argumento é o entendimento de que também nos casos em que se verifica uma desclassificação no provimento de recurso, em que o tribunal desclassifica o delito para outro que atenda ao limite da pena mínima, a suspensão será incabível, em virtude da superação do momento processual[162].

Divergindo, sustenta GOMES[163] que se na decisão dos jurados se verificou a desclassificação da infracção, tornando possível a aplicação da suspensão, cabe ao juiz reconhecer em decisão interlocutória a desclassificação e, "antes do dispositivo final, ouvir o Ministério Público (presente) sobre tal decisão dos jurados. Se estiver de acordo, impõe-se manifestar sobre a suspensão; se não concorda, deve o juiz concluir a sua decisão e proferir a sentença condenatória, nos termos do que resultou julgado pelos jurados". Apelando o ministério público, se o tribunal entender que a decisão foi justa, antes da confirmação da condenação de primeiro grau, "deve converter o julgamento em diligência para, em primeira instância, se verificar a pertinência da suspensão". Acresce, ainda, que se no procedimento comum o ministério público já havia opinado favoravelmente à desclassificação, "o juiz analisará as provas e verificará do acerto ou desacerto da manifestação. Sendo efectivamente caso de desclassificação, decidirá (interlocutoriamente) nesse sentido e

---

[162] ANDRADA, Doorgal Gustavo B. de. *A suspensão...*, cit., p. 84-85. Entendendo estar sujeita à preclusão a possibilidade de proposta de suspensão do processo, nessa mesma linha opina MIRABETE (MIRABETE, Julio Fabbrini. *Juizados...*, cit., p. 157) que não se aplicam as mencionadas regras quando a desclassificação se opera com fundamento no art. 383° do C.P.P., em virtude dela ocorrer na própria sentença condenatória, bem como se ela ocorrer nos termos do art. 492°, § 2°, do mesmo Diploma, por decisão do Tribunal do Juri. Em ambos os casos estaria precludida a possibilidade de proposta de suspensão.

[163] *Suspensão...*, cit., p. 272-273. Também divergindo do posicionamento anteriormente exposto, por seu turno sustenta GENACÉIA DA SILVA (ALBERTON, Genacéia da Silva. Considerações sobre o juizado especial criminal..., cit., p. 261) que se for reconhecida a prática de infracção da competência do Juizado Especial Criminal, deveria o Juiz-Presidente possibilitar a proposta de transacção pelo Ministério Público ou a suspensão do processo, em atenção à economia processual e ao critério da celeridade. Contudo, segue, do ponto de vista prático é mais viável encaminhar o processo para o Juizado Especial. Alinhando-se ao posicionamento por último citado: PAZZAGLINI FILHO, Marino *et alli*. *Juizado...*, cit., p. 115.

abrir-lhe-á vista para opinar sobre a suspensão". Se o ministério público já se tinha manifestado nas alegações finais a respeito da suspensão, após a decisão interlocutória cabe ao juiz marcar a audiência para colher a manifestação de vontade do acusado e do seu defensor.

Quanto à hipótese de *mutatio libeli*, ou seja, em que se verifica a possibilidade de nova definição jurídica do facto, em consequência de prova existente nos autos de circunstância elementar, não contida, explícita ou implicitamente, na denúncia ou na queixa (art. 384º C.P.P.)[164], afirma-se que é inadmissível a sua aplicação no momento do despacho de recebimento da denúncia, pois condiciona-se ao surgimento das circunstâncias elementares novas durante a instrução do processo. Duas são as situações possíveis de ocorrer, a saber.

Com a nova classificação do delito verifica-se uma diminuição ou manutenção da pena (art. 384º, *caput*). Nesse caso, se declarada a nova classificação durante o processo e implicando uma pena mínima compatível, cabível é a suspensão[165]. Com maiores detalhes, sustentam GRINOVER *et alli*[166] que na mencionada hipótese o juiz deverá analisar as provas e decidir pela desclassificação por meio de decisão interlocutória. Porém, antes de proclamar o veredicto final deverá ouvir a defesa e depois o ministério público tanto sobre a desclassificação vislumbrada como sobre a suspensão do processo.

Com a nova classificação do delito verifica-se a possibilidade de aplicação de pena mais grave (art. 384º, parágrafo único). Nesse caso, se houve homologação da suspensão em virtude da classificação anterior e na nova classificação o benefício já não se mostra admissível, deve ser cassada a suspensão[167].

Ainda na perspectiva do limite de pena em que cabível se mostra a suspensão condicional do processo, é de se registar que em termos comparativos o marco utilizado no Ordenamento Jurídico brasileiro alinha com os mais baixos: pena mínima igual ou inferior a um ano[168].

---

[164] "Art. 384. Se o juiz reconhecer a possibilidade de nova definição jurídica do facto, em consequência de prova existente nos autos de circunstância elementar, não contida, explícita ou implicitamente, na denúncia ou na queixa, baixará o processo, a fim de que a defesa, no prazo de 8 (oito) dias, fale e, se quizer, produza prova, podendo ser ouvidas até três testemunhas".

[165] ANDRADA, Doorgal Gustavo B. de. *A suspensão*..., cit., p. 82.

[166] GRINOVER, Ada Pellegrini, *et alli. Juizados*.... 3ª Ed., cit., p. 272.

[167] ANDRADA, Doorgal Gustavo B. de. *A suspensão*..., cit., p. 83. No mesmo sentido: GOMES, Luiz Flávio. *Suspensão*..., cit., p. 274.

[168] Já visto, esse marco alcança as penas de prisão não superiores a três anos na

640   *O Processo Penal como Instrumento de Política Criminal*

Seguindo em relação ao âmbito objectivo de admissibilidade do Instituto, verifica-se uma certa perplexidade quanto ao cabimento ou não da suspensão, tendo em vista a titularidade da acção penal.

Sendo natural o cabimento da suspensão nos casos de acção penal pública incondicionada, defende-se, igualmente, o seu cabimento nas hipóteses de acção penal pública condicionada à representação do ofendido, considerando-se que nesta última, oferecida a denúncia pelo ministério público, não há mais que falar em renúncia do direito de representação ou retractação do ofendido bem como levando-se em conta a impossibilidade do autor do facto realizar a reparação dos danos com vista à composição civil extintiva da punibilidade[169].

Divergência séria existe, porém, quanto ao cabimento da suspensão nos casos de acção penal de iniciativa privada.

Com o fundamento do cabimento da renúncia, decadência, reconciliação, perempção, entre outras hipóteses, na acção penal de iniciativa

---

suspensão provisória do processo do Ordenamento Jurídico português, as penas de prisão ou de arresto não superiores a dois anos no *patteggiamento* da experiência italiana e limita-se também aos casos de pena privativa de liberdade mínima inferior a um ano no arquivamento por razões de oportunidade previsto nos §§ 153 e seguintes da *StPO* germânica. Vale ressaltar que entre os antecedentes próximos dos juizados especiais criminais no próprio Ordenamento Jurídico brasileiro, a Lei nº 1.071/90 do Estado de Mato Grosso do Sul fixava a sua abrangência aos crimes dolosos punidos com detenção até dois anos; os crimes culposos e as contravenções. Na doutrina, BITENCOURT (BITENCOURT, Cezar Roberto. *Juizados...*, cit., p. 116) considera uma ousadia do Legislador a fixação do marco mencionado no art. 89º da Lei 9.099/95, entendendo ser "preocupante" essa postura, em virtude de poder conduzir a uma despenalização maciça. O Autor menciona, inclusive, um risco de se oficializar a impunidade.

[169] LOPES, Mauricio Antonio Ribeiro, *In*: FIGUEIRA JUNIOR, Joel Dias, LOPES, Mauricio Antonio Ribeiro. *Comentários...*, 2ª Ed., cit., p. 579; MIRABETE, Julio Fabbrini. *Juizados...*, cit., p. 150. Para a aceitação desta possibilidade nenhuma dificuldade resulta do facto, por vezes alegado, de que a representação oferecida pelo ofendido decorrerá quase sempre da não ocorrência de composição civil acerca da reparação dos danos, de modo que a própria suspensão estaria inviabilizada, em virtude de ser a reparação do dano a primeira condição para que se possa suspender condicionalmente o processo. Com efeito, enfrentando essa aparente dificuldade afirma WEBER BATISTA (BATISTA, Weber Martins, FUX, Luiz. *Juizados...*, cit., p. 364) que, em primeiro lugar, a maioria dos casos de cabimento da suspensão não comporta a solução da composição civil extintiva da punibilidade; ademais, a simples inexistência da composição civil não inviabiliza a suspensão, visto que o próprio Legislador incluiu uma excepção à obrigatoriedade da condição de reparação dos danos na suspensão do processo ao ressalvar a impossibilidade do interessado a efectuar (art. 89º, § 1º, I).

privada, sustenta parte da doutrina e jurisprudência que nesse tipo de acção não se aplicaria a suspensão condicional do processo[170].

Em posição divergente, defende-se a necessidade do reconhecimento do interesse da vítima não apenas na reparação civil, mas também na punição penal[171], sustentando-se, então, o cabimento da suspensão condicional do processo também na acção penal privada[172], uma vez que "se o querelante pode o mais, que é perdoar, é evidente que também pode o menos (optar pela solução alternativa do litígio)"[173].

Quanto à natureza do rito procedimental, não se estendendo à suspensão condicional do processo a excepção prevista para a incidência da Lei dos Juizados Especiais nos casos em que a lei preveja procedimento especial (art. 61º), é perfeitamente possível também em relação a eles a aplicação da suspensão condicional do processo, tendo em vista que no art. 89º não consta nenhuma excepção a esse respeito[174].

Ainda relacionado com o problema do âmbito de incidência temos a questão acerca da competência para a aplicação da Lei 9.099/95, por consequência envolvendo também o espaço de aplicabilidade da suspensão condicional do processo. A este respeito é perfeitamente possível acompanhar o entendimento de que "a composição do art. 74º, a tran-

---

[170] LOPES JÚNIOR, Aury Celso Lima. Breves considerações..., cit., p. 353; ANDRADA, Doorgal Gustavo B. de. *A suspensão...*, cit., p. 79; JESUS, Damásio Evangelista de. *Lei...*, cit., p. 91; BITENCOURT, Cezar Roberto. *Juizados...*, cit., p. 121; MIRABETE, Julio Fabbrini. *Juizados...*, cit., p. 149. Na jurisprudência acompanha esse entendimento: TJSC, Apelação Criminal nº 34.581, Rel. José Roberge.

[171] GRINOVER, Ada Pellegrini, *et alli. Juizados...*, cit., p. 122.

[172] Com ampla fundamentação, conf.: Idem, *Juizados....* 3ª Ed., cit., p. 259 e s..

[173] GOMES, Luiz Flávio. *Suspensão...*, cit., p. 229 e seguintes; BARBIERO, Louri Geraldo. Na acção penal privada, cabe a suspensão condicional do processo?. *Boletim IBCCrim – Jurisprudência Comentada*, São Paulo, a. 6, nº 64, p. 235-236, mar. 1998; BATISTA, Weber Martins, FUX, Luiz. *Juizados...*, cit., p. 363 e seguintes, entendendo este último que não se pode negar a quem cometeu uma infracção em regra de menor gravidade, com menor repercussão, o direito que se assegura ao que praticou um crime de acção penal pública. Na jurisprudência: TACrimSP, Embargos de Declaração nº 985109, Rel. Ricardo Lewandowski, Rolo/Flash 1037/202; TACrimSP, Apelação nº 988.437, Rel. José Urban, *rolo-flash* 1071/105; TACrimSP, Apelação nº 1.071.171, Rel. Claudio Caldeira, *rolo-flash* 1176/104; STJ, HC nº 5.585-RJ, Rel. Min. Cid Flaquer Scartezzini; *DJU* de 02.03.98, p. 120, no sentido do cabimento em caso de crime de imprensa.

[174] TACrimSP, Apelação nº 1.068.821, Rel. Ricardo Feitosa, *rolo-flash* 1131/039. Discordando da aplicabilidade em casos previstos na Lei de Tóxicos, para os quais se encontra previsto procedimento especial: TJSP, Apelação nº 215.249-3-0, Rel. Andrade Cavalcanti; TJSP, Apelação nº 203.513-3-2, Rel. Djalma Lofrano.

642   *O Processo Penal como Instrumento de Política Criminal*

sacção do art. 76°, a representação do art. 88° e a suspensão do art. 89°, poderão e deverão ser aplicados pelos juízos comum (estadual e federal), militar e eleitoral. As Justiças Federal, Militar e Eleitoral não terão juizado especial (CF, art. 98°, I). Isso, no entanto, não impede que seus juízes apliquem os dispositivos *penais* da nova lei"[175]. Ou seja, uma coisa é a nova estrutura processual introduzida pela Lei, a ser aplicada no âmbito por ela mesma definido; outra coisa são os Institutos que foram introduzidos no bojo da Lei e que possuem aplicação mais ampla: representação nas lesões corporais negligentes leves (art. 88°) e suspensão condicional do processo (art. 89°). Em complemento, é óbvio que é perfeitamente cabível a suspensão do processo nas infracções da competência dos Juizados Especiais Criminais (JEC).

Importa ainda acompanhar o entendimento de que com a criação e instalação dos Juizados Especiais Criminais "tudo o que for da sua competência não poderá, em princípio, ser conhecido e julgado pelos juízos comuns (há excepções nos artigos 66°, § único e 77°, §§ 2° e 3°). Isso significa que o autor do delito não poderá escolher o juízo. Matéria de competência é de ordem pública e dela não pode dispor o infractor"[176].

4 – Pressupostos.

Respeitado o âmbito de incidência, prevê o art. 89° da Lei 9.099/95 que a suspensão condicional do processo se sujeita à condição de que "o acusado não esteja sendo processado ou não tenha sido condenado por outro crime, presentes os demais requisitos que autorizariam a suspensão condicional da pena (art. 77° do Código Penal)".

A respeito do primeiro requisito mencionado, ou seja, que o acusado não esteja a ser processado, a interpretação a ser dada não pode deixar de ser restritiva. Efectivamente, "outro processo em andamento pode significar forte indício de que o acusado tem personalidade voltada para a delinquência. Pelo seu carácter, portanto, pode-se chegar à con-

---

[175] GOMES, Luiz Flávio. *Suspensão...*, cit., p. 195. Com clareza inexcedível o Autor afirma em passagem posterior (p. 281) que "a suspensão do processo, por razões de oportunidade, acabou sendo disciplinada na Lei dos Juizados Especiais, mas não é instituto dos Juizados Especiais". Defendendo a aplicabilidade do Instituto também nos processos afectos ao Tribunal do Juri, a esse entendimento filia-se MIRABETE, Julio Fabbrini. *Juizados...*, cit., p. 145-146.

[176] GOMES, Luiz Flávio. *Suspensão...*, cit., p. 197.

Modelo Brasileiro 643

clusão de que não faz jus à suspensão do processo. Mas invocá-lo pura e secamente como empecilho à suspensão não é correcto"[177]. A consideração pura e simples da existência de outro processo como obstáculo para a suspensão sem dúvida alguma viola o princípio da presunção de não culpabilidade. Mais enfático ainda, entende RIBEIRO LOPES[178] que soa a inconstitucional impedir a concessão da suspensão do processo nos casos em que exista apenas processo em andamento contra o denunciado, mesmo tendo a Lei ressalvado essa hipótese.

Divergindo deste posicionamento, para MIRABETE[179] o mencionado requisito não viola o princípio da presunção de inocência ou, de não culpabilidade, não podendo, pois, ser considerado inconstitucional. O Autor invoca em sustentação do seu entendimento o argumento de que a situação se assemelha aos casos de prorrogação do período de prova na *suspensão condicional da pena* e no *livramento condicional* face à existência de outros processos durante os mencionados benefícios.

Ora bem, no *Sursis* e no *livramento condicional* o agente está em período de prova, após ter sido formalmente sentenciado; diversamente, na suspensão do processo não há condenação. Portanto, na linha do entendimento doutrinário mencionado acima, a existência do processo

---

[177] Idem, ibidem, p. 289. Nada a censurar, igualmente, ao entendimento do Autor de que se o acusado já é beneficiário de outra suspensão, portanto não se podendo falar em processo em curso, essa situação deverá ser valorada quanto ao mérito do acusado para receber o segundo benefício (Ob. loc. cit.). No sentido do texto: TAMG, HC nº 214.653-4, Rel. Sérgio Braga. Em divergência: TJSC, Apelação nº 96000019-4, Rel. Nilton Machado.

[178] *In*: FIGUEIRA JUNIOR, Joel Dias, LOPES, Mauricio Antonio Ribeiro. *Comentários....* 2ª Ed., cit., p. 591.

[179] *Juizados...*, cit., p. 150; FAGGIONI, Luiz Roberto Cicogna. Da constitucionalidade do requisito negativo da reincidência processual na suspensão condicional do processo. *Boletim IBCCrim*, São Paulo, a. 6, nº 67, p. 12-13, jun. 1998. Também para BITENCOURT (BITENCOURT, Cezar Roberto. *Juizados...*, cit., p. 117-118) o mencionado requisito não é inconstitucional, sendo justa a preocupação legal, posto que a suspensão destina-se especialmente àqueles cuja violação da ordem jurídica representa apenas um *acidente de percurso*, não demonstrando nenhum desvio de personalidade. No sentido da constitucionalidade do requisito, consultar, ainda: BATISTA, Weber Martins, FUX, Luiz. *Juizados...*, cit., p. 370. A tese da constitucionalidade encontra respaldo na jurisprudência: STF, HC 73793-5, Rel. Maurício Correia, *DJU* de 20.09.96, p. 34.356; STJ HC nº 5.577, Rel. Min. Edson Vidigal; TJSC, Ap. 96.000019-4, Rel. Nilton Macedo Machado, 14.05.96. Sustentando a impossibilidade da suspensão havendo processo em andamento: TACRIM, Apel. 977.981.4, Rel. Roberto Mortari, 27.02.96; TACRIM, Apel. 998.299.1, Rel. S. C. Garcia, 15.02.96.

644 *O Processo Penal como Instrumento de Política Criminal*

anterior quando muito poderia influenciar o mérito do acusado quanto à suspensão. Aliás, este entendimento adequa-se perfeitamente à noção do processo penal como instrumento de política criminal, na qual, como veremos, podem ser inseridas as formas de diversificação processual – particularmente a suspensão condicional do processo –, atribuindo-se primazia à finalidade de prevenção especial. Por conseguinte, o facto de o acusado estar a ser processado pode ser relevante para os fins de prevenção especial.

É também pressuposto para a suspensão condicional do processo a inexistência de condenação anterior por outro crime.

Não mencionando a Lei a necessidade de que o acusado seja reincidente para a interdição da suspensão do processo, bastando a existência de sentença penal condenatória transitada em julgado pela prática de crime, sustenta-se a inaplicabilidade do limite temporal de cinco anos, previsto em relação aos efeitos da reincidência no art. 64°, I, do C.P.[180].

A esse respeito há que se mencionar, inicialmente, a observação bem posta no sentido de que a Lei fala em "outro crime", deixando "evidente que a condenação anterior por contravenção, em princípio, não impede a suspensão do processo", devendo ser valorada apenas quanto ao mérito, para o fim de se apurarem as condições judiciais[181]. E, diversamente do afirmado no parágrafo anterior, há o entendimento de que, não mencionando o texto legal qualquer limite temporal quanto à condenação anterior, importa a aplicação analógica do art. 64°, I, C.P., de modo a respeitar o limite de cinco anos[182].

---

[180] MIRABETE, Julio Fabbrini. *Juizados...*, cit., p. 151. Descarta-se, inclusive, a eficácia da reabilitação para eliminar a restrição gerada pela condenação anterior.

[181] LOPES, Mauricio Antonio Ribeiro, *In*: FIGUEIRA JUNIOR, Joel Dias, LOPES, Mauricio Antonio Ribeiro. *Comentários...*. 2ª Ed., cit., p. 591/593, acrescentando que a reabilitação gera condições para a suspensão do processo. Na jurisprudência, acompanhando o texto: TACRIM, Apel. 941.343.4, Rel. Rulli Júnior, 14.01.96; TACRIM, Apel. 996.187.2, Rel. Lopes de Oliveira, 15.02.96; TACRIM, Apel. 986.699.1, Rel. Paulo Dimas, 08.02.96; TACRIM, Apel. 998.299.1, voto vencido Juiz Lopes de Oliveira, 15.02.96.

[182] GOMES, Luiz Flávio. *Suspensão...*, cit., p. 292; BATISTA, Weber Martins, FUX, Luiz. *Juizados...*, cit., p. 369. No sentido das duas conclusões mencionadas no parágrafo pronunciou-se BITENCOURT (BITENCOURT, Cezar Roberto. *Juizados...*, cit., p. 118-119). Na jurisprudência, afirmando que a condenação anterior que não gera a reincidência não é apta a impedir a suspensão do processo: TACrimSP, Apelação n° 1.015.621, Rel. Fernando Matallo, *rolo-flash* 1071/273. Sustentando que a condenação anterior

Modelo Brasileiro 645

Tratando-se do requisito de não ter sido o acusado condenado por outro crime, uma outra perplexidade pode ocorrer na hipótese da existência de processo anterior, no qual se reconheceu a prescrição da pretensão punitiva. Nesse caso não há que se afirmar que o acusado esteja a ser processado nem que tenha sido condenado por outro crime. Frente a esta situação, sustenta-se que "o facto infraccional precedente pode e deve ser levado em conta em termos de aferibilidade da personalidade do agente", podendo conduzir à inviabilidade da suspensão do processo[183].

Dispõe o art. 77°, I, do C.P. que a suspensão condicional da pena não será concedida se o condenado for reincidente em crime doloso. Por expressa previsão legal, a esse mesmo requisito se sujeita a suspensão condicional do processo. Assim sendo, defende-se doutrinariamente que sejam aplicados os critérios mais benéficos do art. 77°, I, do C.P., que fala em reincidência e não em prática de outro crime (art. 89°, Lei 9.099/95), de forma a ser pressuposto para impedir a suspensão apenas a sentença penal condenatória com trânsito em julgado pelo crime anterior (art. 63°, C.P.). Sustenta-se, outrossim, que, face ao silêncio da Lei 9.099/95, seja aplicado o art. 77°, I, do C.P. também quanto à natureza do outro crime a que foi condenado o acusado, vedando-se a suspensão apenas nos casos de reincidência em crime doloso[184].

Ao que de perto nos interessa, também é requisito para a suspensão condicional do processo que sejam favoráveis ao acusado as circunstâncias previstas no art. 77°, II, do C.P. para a suspensão condicional da pena, ou seja, que "a culpabilidade, os antecedentes, a conduta social e personalidade do agente, bem como os motivos e as circunstâncias autorizem a concessão do benefício".

É a perfeita integração político-criminal da suspensão condicional do processo, considerando que, assim como os paradigmas deste Instituto

---

é geradora de maus antecedentes: TACrimSP, Apelação n° 1.044.775, Rel. Eduardo Pereira, *rolo-flash* 1129/238.

[183] GOMES, Luiz Flávio. *Suspensão...*, cit., p. 286. Na jurisprudência há o entendimento de que a existência de inquéritos policiais em andamento impedem a concessão da suspensão: TACrimSP, Apelação n° 1015057, Rel. S. C. Garcia, Rolo/Flash 1038/367.

[184] LOPES, Mauricio Antonio Ribeiro, *In*: FIGUEIRA JUNIOR, Joel Dias, LOPES, Mauricio Antonio Ribeiro. *Comentários...*. 2ª Ed., cit., p. 592. Em sentido divergente manifestou-se BITENCOURT (BITENCOURT, Cezar Roberto. *Juizados...*, cit., p. 119), entendendo que basta a existência de condenação anterior, independentemente da reincidência, bem como estendendo a restrição tanto no caso de condenação anterior por crime negligente como doloso.

646 — *O Processo Penal como Instrumento de Política Criminal*

(Ordenamento Jurídico alemão e português) mencionam a necessidade de "culpabilidade leve", também aqui o cabimento da suspensão do processo pressupõe que a culpabilidade demonstrada pelo agente no facto não seja grave, possibilitando assim uma atenuação do juízo de reprovação a ela inerente. De se acrescentar, ainda, que o espaço aberto pela atenuação do juízo de reprovação deverá ser preenchido por razões de política criminal (prevenção geral e especial). Desta forma, as razões superiores de política criminal deverão ser valoradas aquando da proposta de suspensão condicional do processo[185].

5 – Natureza Jurídica.

Na doutrina brasileira é evidenciada a natureza de *transacção* da suspensão condicional do processo, sendo enquadrada na modalidade da chamada *conformidade processual*[186]. Afirma-se, ademais, que a natureza jurídica da suspensão condicional do processo na Lei 9.099/95 se aproxima da figura do *nolo contendere*, uma forma de defesa na qual o acusado não contesta a imputação mas também não admite a culpabilidade nem proclama a sua inocência. Acresça-se o entendimento de que se trata de acto bilateral, nada impedindo que o acusado, ao discordar dos termos da proposta do ministério público, particularmente no que se refere às condições, faça uma contraproposta[187].

Apesar dos traços de natureza processual do Instituto, afirma-se categoricamente que a sua natureza jurídica é de norma *processual penal material*, sendo regido pelos princípios constitucionais da proibição da retroactividade da lei penal desfavorável e da imposição da retroactividade da lei penal mais benéfica[188]. De grande relevância é essa questão a respeito da natureza jurídica da suspensão condicional do processo, visto que é a partir do seu adequado deslinde que serão resolvidas diversas outras questões relacionadas com o inovador Instituto.

---

[185] Bem próximo do que consta no texto é o entendimento de BITENCOURT (BITENCOURT, Cezar Roberto. *Juizados...*, cit., p. 123), evidenciando, inclusive, um relacionamento entre a suspensão e "os elementos definidores da medida da pena". Com detalhes e respectiva fundamentação a esse respeito: *infra*.

[186] GOMES, Luiz Flávio. *Suspensão...*, cit., p. 128.

[187] Idem, ibidem, p. 130.

[188] LOPES, Mauricio Antonio Ribeiro, *In*: FIGUEIRA JUNIOR, Joel Dias, LOPES, Mauricio Antonio Ribeiro. *Comentários...*. 2ª Ed., cit., p. 604 e seguintes.

Desde logo, um dos intrigantes problemas relacionados com a natureza jurídica da suspensão condicional do processo é aquele do carácter vinculado ou não da proposta a ser feita pelo ministério público: tratar-se-ia de um poder discricionário, de um seu poder-dever, ou de um direito público subjectivo do acusado? Essa iniciativa do ministério público estaria ou não submetida a algum tipo de controle? Seria possível a iniciativa de ofício pelo próprio julgador? Várias são as divergências a respeito destas questões.

Uma primeira corrente sustenta que a proposta de suspensão condicional do processo é um acto discricionário do ministério público, cujos agentes possuem a faculdade absoluta quanto à sua formulação ou não. Caberia ao ministério público, como agente da política criminal estatal, a análise da conveniência ou não da formulação da proposta[189].

As críticas a este entendimento foram abundantemente tecidas por GOMES[190], basicamente centradas nos seguintes argumentos: é ao Poder Político que compete traçar as linhas de política criminal que pretende alcançar, restando ao ministério público a função de agente dessa política; o ministério público não é soberano no sentido de traçar essas regras de política criminal, não se lhe reconhecendo o poder de analisar a *conveniência* da actuação, visto estar atrelado às regras do Estado de Direito Democrático; o espaço de oportunidade que se reconhece ao ministério público encontra-se delimitado por específicas regras legais, sendo portanto mitigado e não de natureza pura; tratando-se de uma nova política criminal, o seu âmbito de incidência foi traçado previamente pelo Legislador, não cabendo, pois, ao ministério público analisar abstractamente a pertinência da sua aplicação a um determinado delito; a disponibilidade da acção penal que se reconhece ao ministério público é meio e não fim da execução da nova política criminal.

---

[189] DEMERCIAN, Pedro Henrique, MALULY, Jorge Assaf. *Juizados especiais criminais – Comentários*. Rio de Janeiro: Aide, 1996, p. 109. Provavelmente em virtude de, equivocadamente, entender como paradigma perfeito da suspensão condicional do processo da Lei 9.099/95 o Instituto do arquivamento mediante injunções e regras de conduta previsto no § 153, a, StPO da experiência germânica (*supra*), é este o entendimento de ARAÚJO DA SILVA (SILVA, Eduardo Araújo da. Da disponibilidade da acção penal na lei nº 9.099/95. *Boletim IBCCrim*, São Paulo, a. 3, nº 35, p. 17, nov. 1995). Alinhando-se com o texto na jurisprudência: TACrimSP, HC nº 286.754, Rel. Damião Cogan, Rolo/Flash 1031/238.

[190] *Suspensão...*, cit., p. 140 e seguintes.

648   *O Processo Penal como Instrumento de Política Criminal*

Em outra perspectiva, decorrente da sua natureza transaccional, afirma-se que "a suspensão condicional do processo é instituto de natureza processual, atrelado ao princípio da discricionariedade regrada, cabendo ao Ministério Público a escolha da via reactiva ao delito. A suspensão, de outro lado, de modo algum poderia ser concebida sem a transacção explícita do órgão acusatório". Tem-se, pois, a natureza de transacção consensual bilateral da suspensão condicional do processo, de modo que não se verificando o consenso do ministério público não pode haver a suspensão. Para esta corrente a suspensão condicional do processo pressupõe o acordo entre ambas as partes (acusação e defesa), competindo ao julgador, órgão imparcial, suspender ou não o processo[191].

Também contra este posicionamento se insurge GOMES[192], com o fundamento básico da distinção entre os Institutos da transacção penal (art. 76°) e da suspenção condicional do processo (art. 89°) bem como da distinção entre o objecto do acordo que se verifica em cada uma delas, aduzindo, em síntese, o seguinte: há uma transacção de natureza *processual*, no sentido de se disporem as partes a transaccionar o conteúdo da resposta penal estatal (art. 76°) e no sentido de se suspender condicionalmente o processo (art. 89°), e uma transacção de natureza *material*, no sentido de se convencionar o conteúdo concreto da resposta estatal; enquanto na transacção do art. 76° se verifica uma composição tanto no que se refere à disponibilidade para a transacção (*processual*) como acerca da resposta penal estatal (*material*), na suspensão condicional do processo verifica-se uma transacção apenas quanto à disposição das partes para que se suspenda condicionalmente o processo, pois o conteúdo da resposta estatal (condições a que fica sujeita a suspensão) é fixado pelo próprio juiz, ficando na dependência apenas do consenso do acusado e não assim do ministério público. Na suspensão condicional do processo não há que se falar – segue – em consenso bilateral entre os intervenientes acerca do conteúdo da resposta estatal. Ao ministério público, nesse caso, compete apenas manifestar a sua opção pela suspensão[193], oferecendo a respectiva proposta; por sua vez, o acusado

---

[191] GRINOVER, Ada Pellegrini, *et alli*. *Juizados...*, cit., p. 211; MIRABETE, Julio Fabbrini. *Juizados...*, cit., p. 153 e seguintes.

[192] *Suspensão...*, cit., p. 147 e seguintes.

[193] Registe-se que, segundo este entendimento, nada obsta a que o ministério público possa sugerir a imposição de determinadas condições; porém, não pode o acusador público impor qualquer tipo de condição. Ainda nessa perspectiva, como veremos adiante, se o ministério público discorda das condições impostas pode interpor a devida apelação.

Modelo Brasileiro 649

deve concordar tanto com essa opção do ministério público (*processual*) como, depois, com as condições que forem judicialmente fixadas. Afirma-se, em suma, que enquanto na transacção do art. 76° o consenso é *bilateral*, na suspensão condicional do processo é *unilateral*, apenas pelo acusado.

Talvez tudo isto possa ser melhor esclarecido pelo explícito reconhecimento de que enquanto na transacção penal se verifica uma clara manifestação processual de natureza *consensual*, quanto à suspensão condicional do processo, ainda que ela possua traços de um certo espaço de consenso – de natureza exclusivamente processual, como se pretende –, o Instituto liga-se mais a uma certa atenuação ao princípio da legalidade.

É justamente a partir das críticas às anteriores posições que resulta a conclusão no sentido de ser a suspensão condicional do processo um direito público subjectivo do acusado. Ou seja, desde que presentes os requisitos legais, o acusado tem o direito público subjectivo à suspensão condicional do processo, não se vinculando a sua verificação a qualquer tipo de conveniência por parte do ministério público, ao invés, cabendo a última palavra sempre ao judiciário. "Sendo a suspensão do processo um direito público subjectivo do acusado, uma vez comprovada a existência dos seus requisitos, em síntese, nem o Ministério Público pode recusar a formulação da proposta de suspensão nem o juiz pode deixar de concedê-la"[194].

---

[194] GOMES, Luiz Flávio. *Suspensão...*, cit., p. 158; BATISTA, Weber Martins, FUX, Luiz. *Juizados...*, cit., p. 375; JESUS, Damásio Evangelista de. *Lei...*, cit., p. 89; ANDRADA, Doorgal Gustavo B. de. *A suspensão...*, cit., p. 73 e 90; CERNICCHIARO, Luiz Vicente. Lei n° 9.099/95 (I) suspensão condicional do processo. *Boletim IBCCrim*, São Paulo, a. 3, n° 36, p. 4, dez. 1995. No sentido do texto, cite-se, ainda: LOPES, Mauricio Antonio Ribeiro, *In*: FIGUEIRA JUNIOR, Joel Dias, LOPES, Mauricio Antonio Ribeiro. *Comentários...*. 2ª Ed., cit., p. 591, acrescendo que se o promotor de justiça, sendo o caso de oferecimento da proposta de suspensão, assim não proceder ao oferecer a denúncia, o interessado poderá solicitá-la directamente ao juiz que, ouvido o ministério público, poderá concedê-la. Acresce ainda a possibilidade de recurso ao *habeas corpus* nas mencionadas condições. Também concebendo a suspensão do processo como um *direito subjectivo* do acusado, BITENCOURT (BITENCOURT, Cezar Roberto. *Juizados...*, cit., p. 124-125) descarta tanto a possibilidade da sua propositura *ex officio* pelo juiz como a disponibilidade absoluta do Ministério Público quanto à formulação da proposta. Significativa é a jurisprudência a respeito do entendimento consignado no texto: STJ HC n° 7.312/RS, 5ª T., Rel. Min. Edson Vidigal, j. 07.05.98, v.u., *DJU* 01.06.98, p. 153/154; TACrimSP, HC n° 290906/6, Rel. Érix Ferreira; TACrimSP, Apelação n° 991833, Rel. Márcio Bártoli, Rolo/Flash 1020/177; TACrimSP, Apelação n° 970435, Rel. Oldemar

650   *O Processo Penal como Instrumento de Política Criminal*

Revelando o aspecto problemático da questão, em oposição ao entendimento por último informado alega-se que, sendo a suspensão do processo uma actividade discricionária do ministério público, não há como se reconhecer ao mesmo tempo a sua natureza de direito do acusado. Alega-se ainda que, prevendo o art. 129º, I, da C.F. a titularidade privativa da acção penal pública do ministério público, não se lhe pode retirar o direito de pedir a prestação jurisdicional quando entenda que deve exercê-la. Ademais, pondera-se que a atenuação ao princípio da indisponibilidade da acção penal pública – este último previsto no art. 42º do C.P.P. – não pode conferir um direito subjectivo à suspensão do processo[195].

Sem prejuízo da necessidade de posterior aprofundamento, acentue-se que o alegado direito subjectivo relaciona-se com a forma procedimental a ser adoptada pelo ministério público, verificando-se os requisitos legais, independentemente de ser ou não um benefício para o acusado. Parte-se da insistência de que a suspensão condicional do processo é o devido processo legal nas condições previstas no art. 89º da Lei 9.099/95 e, pois, nada obstando ao reconhecimento da sua natureza de direito subjectivo do acusado.

O aprofundamento a respeito da possibilidade ou não de controle da opção feita pelo ministério público quanto à suspensão condicional do processo será feito oportunamente, aquando da abordagem específica do estatuto desse sujeito processual.

6 – Momento processual.

Segundo GOMES[196], "o momento do oferecimento da denúncia é o correctamente adequado, em princípio, para a concretização da proposta

---

Azevedo, Rolo/Flash 1042/427; acrescendo a possibilidade de concessão *ex officio* pelo juiz: TACrimSP, Ap nº 1024921/7, Rel. Renato Nalini, 01.10.96.

[195] PAZZAGLINI FILHO, Marino *et alli. Juizado...*, cit., p. 97-98; MIRABETE, Julio Fabbrini. *Juizados...*, cit., p. 153. Vale ressaltar a inconsistência do argumento utilizado pela primeira das fontes mencionadas, no sentido de que o reconhecimento de um direito subjectivo do acusado à suspensão implicaria a inconstitucionalidade do art. 89º da Lei 9.099/95, "uma vez que exclui do gozo deste '*suposto direito*' os acusados de acção penal privada, sendo, portanto, incompatível com o princípio da igualdade (art. 5º, *caput*)". Absolutamente, as duas situações não podem e não devem ser confundidas, face à distinção dos respectivos titulares da acção penal.

[196] *Suspensão...*, cit., p. 127. A consequência do incumprimento da imposição

de suspensão". Aliás, a confirmação do que ora se afirma resulta do entendimento de que "o juiz só suspenderá o processo 'se receber a denúncia'" e que o recebimento da denúncia é pressuposto da suspensão condicional[197], implicando, pois, o exercício da acção penal.

Assim sendo, acertada é a afirmação de que "o juízo de admissibilidade da denúncia, exigido pela lei, deve anteceder a designação da audiência de conciliação", tendo em vista que "se o juiz desde logo percebe que é o caso de rejeição, não deve sequer marcar a audiência. Deve imediatamente rejeitar a peça acusatória"[198].

Estas as razões que se encontram na base das propostas no sentido da possibilidade do acusado – antes de aceitar a proposta de suspensão – se manifestar, através do seu defensor, sobre a viabilidade da denúncia, cabendo ao juiz decidir na hora a esse respeito. Na mesma linha é a prática adoptada por alguns juizes de interrogar o acusado previamente à concessão da suspensão condicional do processo, com vista a uma sua eventual revogação por desaparecimento do acusado; ou seja, na hipótese de revogação posterior da suspensão a consequência imediata será o reinício do processo; e caso isso ocorra, não vamos contar nos autos com a versão do acusado sobre os factos. "O processo vai ter prosseguimento porque o acusado dele tomou conhecimento pessoalmente (foi informado). Mas se não foi interrogado, debilitada resultará a sua auto-defesa." Assim, em atenção ao princípio constitucional da ampla defesa propõe-se o interrogatório prévio do acusado[199].

Uma variação desse momento típico para a proposta de suspensão do processo pode ocorrer naqueles casos em que se verifique uma desclassificação posterior do delito inicialmente imputado, já visto.

---

legal de se formular a proposta é a ineficácia dos actos judiciais subsequentes, "sob pena de se frustrar o benefício legal em favor do acusado e da administração da própria justiça, conf.: STJ, Resp. nº 146.652-RJ, Rel. Min. José Arnaldo, *DJU* de 03.08.98, p. 286.

[197] MIRABETE, Julio Fabbrini. *Juizados...*, cit., p. 159; BATISTA, Weber Martins, FUX, Luiz. *Juizados...*, cit., p. 381; GOMES, Luiz Flávio. *Suspensão...*, cit., p. 132. Também para GRINOVER *et alli* (GRINOVER, Ada Pellegrini, *et alli*. *Juizados....* 3ª Ed., cit., p. 294): "antes do oferecimento da denúncia é impossível a proposta, porque a suspensão só pode ser feita com base em um facto concreto, com a sua qualificação jurídica".

[198] GOMES, Luiz Flávio. *Suspensão...*, cit., p. 316.

[199] Idem, ibidem, p. 318. Ressalte-se que a consequência do seguimento do processo na hipótese por último citada resulta do que dispõe a Lei 9.271/96, a qual estabelece que o acusado, citado por edital, que não comparece nem constitui advogado terá o processo suspenso.

652   *O Processo Penal como Instrumento de Política Criminal*

Importa agora analisar a questão acerca dos limites temporais em que se mostra admissível a suspensão. Já adiantado o termo *a quo* como sendo aquele do oferecimento da denúncia, em relação ao termo *ad quem* verifica-se certa perplexidade.

Sustenta parte da doutrina que se o acusado recusa a proposta de suspensão não poderá posteriormente voltar atrás, pleiteando o benefício em momento processual posterior. Ocorre no caso a *preclusão temporal*, consistente na perda da faculdade ou direito processual, em virtude do não exercício em tempo útil[200].

Para DOORGAL[201] o termo limite para a suspensão provisória do processo é aquele do deferimento das provas, não sendo admissível a sua homologação após iniciada a recolha de provas. Assim, até ao despacho da defesa prévia admissível se mostra a suspensão, sendo que após aquela medida processual entende o Autor estar preclusa a possibilidade de se suspender o processo.

De forma intermediária, propõe GOMES[202] que se o acusado não aceitar a suspensão na audiência conciliatória ele poderá arrepender-se e aceitá-la até ao momento do interrogatório.

Por seu turno, entende DAMÁSIO[203] que "em qualquer momento posterior à denúncia e antes da sentença é admissível o *sursis* processual".

Acerca desse limite *ad quem*, parece-nos que é conveniente distinguir as hipóteses em que a proposta de suspensão é oferecida ao acusado no seu momento próprio e ele a recusa daquelas em que, por qualquer motivo, a proposta não foi formulada anteriormente. Concebida como sendo a perda do direito de praticar o acto após decorrido o prazo

---

[200] BATISTA, Weber Martins, FUX, Luiz. *Juizados...*, cit., p. 385. Na jurisprudência: "impossível conceder-se a suspensão do processo ou a transacção ao acusado que, tendo recusado a proposta feita pelo Ministério Público no momento oportuno, requer, após a produção da prova na instrução criminal, a transacção penal, conf.: TACrimSP, RSE n° 1.053.647, Rel. Di Rissio Barbosa. No mesmo sentido, havendo recusa da suspensão com o consequente prosseguimento do feito "fica vedado às partes repristinar a transacção e encetar novo acordo, posto que superada essa fase e alcançada pela preclusão" (TACrimSP, Apelação n° 1.088.119, Rel. Rui Stoco, Rolo/Flash 1174/087).

[201] *A suspensão...*, cit., p. 92. Diversamente da opinião lançada no parágrafo anterior, entende o Autor que, sendo a suspensão um direito público subjectivo do acusado, manifestação da ampla defesa, "poderá requerê-la, mesmo se a havia rejeitado" (*sic*).

[202] *Suspensão...*, cit., p. 315.

[203] *Lei...*, cit., p. 92. Na jursiprudência: STF HC n° 75.706-AM, Rel. Min. Maurício Corrêa, j. 12.12.97, *Informativo* n° 96, p. 2;

Modelo Brasileiro 653

fixado para a sua realização (ressalvadas as situações em que se provar que ele não foi realizado por justa causa: art. 183º C.P.C.), se de preclusão se puder falar, ela só ocorrerá na primeira das hipóteses mencionadas, na qual o acusado teve efectivamente a oportunidade de exercer o direito.

7 – Objecto.

Afirma-se que na suspensão condicional do processo a contrapartida oferecida pelo acusado é a *conformidade processual*, no sentido de se suspender condicionalmente o processo ou a sua não contestação à imputação que lhe está a ser dirigida[204]. Em contrapartida "o sistema legal oferece a não realização do interrogatório e tão pouco haverá colheita de provas (audiências), sentença, rol de culpados, reincidência, maus antecedentes", e, se são inteiramente cumpridas as condições da suspensão, a punibilidade será extinta[205].

Por outro lado, descarta-se a possibilidade de que a suspensão do processo tenha como objecto qualquer tipo de composição sobre o delito que se imputa ao acusado. Não há que se falar, pois, nem na imputação de um delito menos grave do que aquele efectivamente ocorrido nem na acusação por apenas algum entre vários delitos cometidos. Sinteticamente, na suspensão condicional do processo não se verifica acordo sobre a imputação, seja em relação aos factos que a integram seja em relação à sua qualificação jurídica.

Mais delicada e passível de uma reflexão mais criteriosa é a afirmação de que na suspensão do processo tão pouco se verifica uma composição acerca das consequências jurídicas do delito, sendo de natureza exclusivamente processual o "acordo" celebrado entre ministério público e acusado. Efectivamente, a afirmação pode ser adequada à linha de entendimento daqueles que sustentam a natureza não penal das condições a serem impostas na suspensão condicional do processo; porém, se aceite o entendimento daqueles que defendem que as mencionadas condições possuem a mesma natureza das sanções penais típicas, é possível falar-se numa composição quanto às consequências jurídicas do delito. Nesta última hipótese, mesmo levando-se em consideração que é o juiz

---

[204] Caracterizada pela expressão peninsular *nolo contendere*, tão apreciada por certo sector da doutrina processual.

[205] GOMES, Luiz Flávio. *Suspensão...*, cit., p. 95; GRINOVER, Ada Pellegrini, *et alli. Juizados...*, cit., p. 17.

654   *O Processo Penal como Instrumento de Política Criminal*

quem deverá fixar as condições, é óbvio que ele só o fará desde que o acusado aceite previamente a suspensão. Deste modo, não é estranho referir-se que houve uma composição a esse respeito, tendo em vista que a motivação que poderá estar na base da decisão do acusado é o interesse na imposição de uma sanção diversa daquela prevista para a infracção penal. Nem mesmo se alegue que na suspensão o beneficiário aceita ou não aceita a proposta de suspensão, independentemente das condições que posteriormente vierem a ser fixadas, pois, de todo modo, a sua decisão será tomada com a certeza de que ao menos não ficará sujeito à sanção penal previamente estabelecida para o delito. Uma coisa é certa: frente à suspensão do processo que lhe é proposta o acusado compromete-se ao cumprimento de determinadas condições.

7.1 – Condições.

Do mesmo modo que se verifica nos Ordenamentos Jurídicos que lhe são paradigmas, também no Ordenamento Jurídico brasileiro se verifica certa perplexidade quanto à natureza jurídica das condições a serem impostas na suspensão condicional do processo.

A este respeito afirma-se enfaticamente que não são penas as condições a serem impostas na suspensão. Com efeito, sustenta-se que "essas condições, embora representem a necessidade de se submeter o acusado a regras específicas de conduta, não se constituem em penas e, assentando na liberdade de decisão do arguido, só se aplicam quando há o seu consentimento"[206].

Valendo-se do argumento de que as condições a serem impostas na suspensão do processo traduzem as mesmas condições previstas para a suspensão da pena e enfatizando a natureza punitiva e sancionatória desta última, em divergência conclui TONINI[207] que o legislador estabe-

---

[206] MIRABETE, Julio Fabbrini. *Juizados...*, cit., p. 145; ANDRADA, Doorgal Gustavo B. de. *A suspensão...*, cit., p. 31; GOMES, Luiz Flávio. *Suspensão...*, cit., p. 133. Na jurisprudência: "A suspensão do processo implica o encerramento da acção penal sem que haja aplicação da pena. A acção penal é ajuizada e o Juiz, após o recebimento da denúncia, pode acolher a proposta ministerial e suspender o processo" (TACRIM, Apel. 984.353.0, Rel. Almeida Braga, 03.01.96); TACRIM, Apel. 930.147.1, Rel. Nicolino del Sasso, 06.12.95.

[207] TONINI, Wagner Adilson. Da inconstitucionalidade das condições legais e judiciais da suspensão condicional do processo. *Boletim IBCCrim*, São Paulo, a. 6, n° 68, p. 10-11, jul. 1998; AZEVEDO, David Teixeira. A culpa penal e a lei 9.099/95, cit., p. 136.

Modelo Brasileiro 655

leceu penas como condições para a suspensão condicional do processo. Acresce, ainda, que o mesmo legislador permitiu ao juiz fixar outras penas limitadoras da liberdade de ir e vir como condições para o Instituto, violando com isso o direito à presunção de inocência.

Quanto a nós, na linha da integração político-criminal do processo penal que estamos a procurar demonstrar, entendemos que, mesmo sendo negada a identidade da natureza de ambas as consequências jurídicas[208], as condições a serem impostas na suspensão são equivalentes funcionais às sanções penais típicas, devendo cumprir a mesma função e perseguir as mesmas finalidades destas últimas[209].

7.1.1 – Espécies.

Prevista no art. 89º, § 1º, I, da Lei 9.099/95, a primeira condição para a suspensão condicional do processo é a de que o acusado realize a "reparação do dano, salvo impossibilidade de fazê-lo". A este respeito, adequado é o entendimento de que a reparação do dano "não é condição da concessão da suspensão, senão condição da extinção da punibilidade. Não é preciso que haja reparação prévia, isto é, não é necessário pagar os danos antecipadamente para se obter a suspensão. Ao longo do período de prova é que deve ocorrer a reparação dos danos"[210].

Segundo se afirma, o ministério público não tem como impedir que a vítima dê quitação total da reparação, mesmo tendo recebido um valor inferior ao que poderia ser considerado justo[211]. Todavia, diversamente do entendimento de que a reparação parcial é suficiente para demonstrar que o acusado se preocupou com a "sua" vítima e, pois, pura e simples, possibilite a suspensão condicional do processo[212], nesse caso parece ser mais correto condicionar a suspensão à manifestação da vítima quanto

---

[208] Considerando, como já salientado, o condicionamento a que se sujeita a imposição das condições à liberdade de decisão do acusado.

[209] Inclusive quanto à necessidade de serem o menos estigmatizantes possíveis, visando um objectivo de não "dessocialização". Nesta linha de raciocínio, talvez seja por reconhecer nestas condições uma finalidade de reprovação, face à restrição verificada no bem jurídico do beneficiário, mesmo que na medida mínima, que se defende que elas correspondem às sanções penais típicas.

[210] GOMES, Luiz Flávio. *Suspensão...*, cit., p. 333. No mesmo sentido na jurisprudência: *STJ* HC nº 7.637/GO, 5ª T., Rel. Min. Felix Fischer, j. 22.09.98, v.u., *DJU* 26.10.98, p. 129.

[211] GOMES, Luiz Flávio. *Suspensão...*, cit., p. 160.

[212] Idem, ibidem, p. 333.

656   O Processo Penal como Instrumento de Política Criminal

à satisfação com aquilo que lhe está a ser oferecido[213], ainda que não esteja legalmente prevista essa possibilidade, tendo em conta o preponderante interesse de pacificação social. Por outro lado, a demonstração da impossibilidade do beneficiário efectuar a reparação integral é requisito legal expresso para a sua relevância quanto à suspensão.

Também merece reservas o entendimento de que na pendência de acção civil sobre o montante da reparação e esgotado o período de prova, a extinção da punibilidade poderá ser reconhecida. Conforme em diversos outros pontos controvertidos da Lei 9.099/95 e da suspensão condicional do processo, não servem as soluções "mágicas", voltadas apenas para forçar a incidência dos respectivos Institutos "a todo o custo". A Lei prevê a reparação como condição para a extinção da punibilidade; se ela não ocorre ou está pendente bem como se não se demonstra a impossibilidade da sua realização, a extinção da punibilidade não pode ocorrer enquanto não for implementada a condição. Talvez seja o caso de se admitir uma prorrogação do período de prova, mas o que não é possível é defraudar não só a previsão legal como também a própria teleologia que lhe dá suporte.

Hipótese que carece de uma reflexão mais pormenorizada é aquela em que, havendo responsável civil ele se recuse a providenciar a reparação do dano, por entender que não houve culpa na causação do evento, tendo sido a proposta de suspensão do processo formulada ao acusado, que se mostra propenso a aceitá-la, embora lhe seja absolutamente impossível reparar o dano[214].

Tendo em vista as características do Instituto e as finalidades que persegue, não se pode deixar de reconhecer o direito do acusado de beneficiar com a suspensão do processo nessa hipótese, desde que devidamente preenchidos os demais requisitos legais. A solução contrária, ou seja, impeditiva da suspensão, implicaria em transformar o Instituto num mero expediente para se obter a reparação do dano em tempo mais breve.

---

[213] Da mesma forma que se exige para o arrependimento posterior do art. 16 do C. P. (FRANCO, Alberto Silva. *Temas de direito penal*. São Paulo: Saraiva, 1986, p. 77), cuja matriz político criminal é a mesma da suspensão condicional do processo. A admissibilidade da aplicação subsidiária do C. P. está prevista no art. 92º da Lei 9.099/95.

[214] É o caso típico de acidente de trânsito em que ocorra o evento morte ou lesão corporal, sendo o resultado imputado ao agente, motorista profissional, que trabalha para um terceiro, proprietário do veículo.

Modelo Brasileiro 657

Nem se argumente que isso poderá favorecer o responsável civil de má fé[215], em prejuízo da vítima, tendo em vista que esta poderá propor a respectiva acção de reparação de danos contra aquele, além da possibilidade de verificação da sua eventual responsabilidade penal.

No contexto da orientação político-criminal do processo penal o condicionamento da suspensão provisória do processo à reparação do dano é de grande importância, pois favorece a reeducação do condenado de duas formas: uma, porque torna eficaz a reprimenda, de outra forma inócua; a segunda "porque contribui, com as suas características de rapidez e informalidade, para reverter o descrédito em que se encontra a justiça diante da população, e que se deve exactamente ao excesso de formalismo e burocratização"[216].

Conforme veremos, a imposição de determinadas condições para que se admita esta forma de diversificação processual, ou seja, a suspensão do processo, destina-se ao fim precípuo de resguardar o mínimo de prevenção geral que se encontra representado no marco inferior da moldura inserida abstractamente no tipo penal. Ora bem, a reparação do dano atende de forma satisfatória a essa finalidade, na medida em que sugere uma ideia de recomposição do bem jurídico lesado ou exposto a perigo – ainda que na forma de indemnização –, com isso reforçando o seu valor e a vigência da norma que o protege. Ou seja, através das condições o acusado *confirma a validade da norma que eventualmente tenha desrespeitado*, o que faz tanto em relação a ele próprio como em relação à comunidade jurídica em geral.

Contra a condição prevista no art. 89°, § 1°, n° II, "proibição de frequentar determinados lugares", insurge-se MIRABETE[217], considerando-a sem razão de ser e inadequada naquelas situações em que as circunstâncias do crime e as condições pessoais do agente não têm relação com os locais frequentados pela pessoa. Explícita no mencionado comentário é a relevância que também esta condição deve ter para as finalidades de

---

[215] Que em grande parte dos casos é o verdadeiro responsável pelo evento, ao não cuidar adequadamente do veículo e "compelir" o preposto a utilizá-lo em condições inadequadas.

[216] WEBER BATISTA, citando voto do juiz Carvalho Neto (*Juta*, v. 88, p. 321) *In*: BATISTA, Weber Martins, FUX, Luiz. *Juizados...*, cit., p. 390-391.

[217] *Juizados...*, cit., p. 160. Nesse sentido, indica-se que a condição somente deverá ser exigida nas hipóteses em que a frequência destes lugares se ligar, ainda que de forma ténue, ao delito e à pessoa do acusado, conf.; WEBER BATISTA, *In*: BATISTA, Weber Martins, FUX, Luiz. *Juizados...*, cit., p. 394.

política criminal, na medida em que ela só se mostrará eficaz se puder ser posta em relação com o crime cometido e com a pessoa apontada como seu autor.

Completando o rol das condições legais, há a "proibição de ausentar-se da comarca onde reside, sem autorização do Juiz" (art. 89°, § 1°, III) e "comparecimento pessoal e obrigatório a juízo, mensalmente, para informar e justificar as suas actividades" (art. 89°, § 1°, IV). Em termos de política criminal, essas duas condições somente se justificam na medida em que favorecem o controle do *programa* a que está a ser submetido o beneficiário da suspensão provisória do processo e, nesse sentido, elas devem possuir um conteúdo informativo, destinando-se a possibilitar o controle judicial do período de prova.

Decorrendo de expressa previsão legal, a imposição das condições previstas no § 1° é obrigatória; o que não implica, segundo BITENCOURT[218], que necessitam de ser todas aplicadas conjuntamente e muito menos que devam ser sempre acrescidas de outras condições judiciais. Ou seja, conforme este entendimento, ao fazer a adequação ao facto e à situação pessoal do acusado o juiz deverá verificar a necessidade de aplicar todas ou algumas das condições elencadas.

Estabelecendo o art. 89°, § 2°, que "o juiz poderá especificar outras condições a que fica subordinada a suspensão, desde que adequadas ao facto e à situação pessoal do acusado", deduz-se que o rol constante nos incisos do § 1° não é taxativo, admitindo-se a imposição de outras regras. Todavia, face ao texto legal parece não ser admissível que as regras previstas nos mencionados incisos sejam substituídas por outras; se a fixação de condições extra ao rol mencionado é possível, já não é a fixação de regras substitutivas das que ele contém. Consideradas facultativas, as condições desse § 2° devem ser adequadas ao facto e à situação pessoal do acusado[219], admitindo-se mesmo a sua modificabilidade, exclusão ou substituição quando prejudiciais à obtenção das finalidades de política criminal[220].

---

[218] *Juizados...*, cit., p. 127. A relatividade na aplicação das condições já foi corroborada pelo *STF*, admitindo-se a dispensa das condições de apresentação mensal ao juiz e de autorização para afastamento da Comarca em que reside: *STF* Inq. n° 641-6, Questão de Ordem, Rel. Min. Marco Aurélio, J. 16.04.98, v.u., *DJU* 05.06.98, p. 4.

[219] LOPES JÚNIOR, Aury Celso Lima. Breves considerações..., cit., p. 364, o qual fala em "proporcionalidade entre o facto e as condições impostas na suspensão".

[220] A admissibilidade de modificação da condição imposta, em virtude da impossibilidade de cumprimento do que foi acertado, pode ser lida em: STJ HC n° 6.147/SP, 5ª T., Rel. Min. Edson Vidigal, j. 04.03.97, v.u., *DJU* 05.05.97, p. 17.065.

Escrevendo sobre as condições judiciais a serem impostas na suspensão condicional da pena – identificada em termos de política criminal com a suspensão condicional do processo –, assevera OSCAR FELTRIN[221] que elas são determinadas pelo prudente arbítrio do juiz e, ao que de perto nos interessa, tendo em vista as finalidades político--criminais do substituto penal e a adequabilidade à situação pessoal do condenado e à natureza do facto criminoso realizado. Aliás, como bem acentua BITENCOURT[222], uma vez mais são as razões de política criminal – particularmente aquele "carácter eminentemente educativo e correctivo, característico da prevenção geral" – que irão determinar a adequação das condições.

Assim, sendo os objectivos de política criminal a base da suspensão condicional do processo, não se descarta a hipótese de uma relativa flexibilização no momento da imposição das condições ao acusado[223], visando adequá-las aos citados objectivos. Porém, não se pode perder de vista que, para além dos objectivos de maior *funcionalidade* perseguidos pelo Instituto, é imprescindível, igualmente, a ponderação através do vector *garantia*. Assim, grande deve ser a cautela quanto a essa flexibilização das condições, evitando-se que sob as vestes de um aparente tratamento mais favorável do acusado se esconda uma flagrante violação do seu direito ao respeito pelo princípio da legalidade e, porque não, à própria proporcionalidade das medidas.

Portanto, a fixação de condições judiciais na suspensão provisória do processo também está balizada pelos vectores da *funcionalidade* – as condições devem ser adequadas às finalidades de política criminal – e da *garantia* – sendo vedada a fixação de condições que possam implicar uma imposição dissimulada de uma verdadeira pena ou que se traduzam em situação de constrangimento (vexatórias, humilhantes) para o beneficiário.

7.1.2 – Período de prova.

Conforme prevê o art. 89º, *caput*, da Lei 9.099/95, a suspensão do processo poderá ser proposta pelo prazo de dois a quatro anos, por

---

[221] *In*: FRANCO, Alberto Silva *et al.. Código penal e sua interpretação jurisprudencial*. 4ª Ed.. São Paulo: RT, 1993, p. 513.

[222] *Juizados...*, cit., p. 128.

[223] LOPES, Mauricio Antonio Ribeiro, *In*: FIGUEIRA JUNIOR, Joel Dias, LOPES, Mauricio Antonio Ribeiro. *Comentários....* 2ª Ed., cit., p. 596; ANDRADA, Doorgal Gustavo B. de. *A suspensão...*, cit., p. 99.

consequência sendo esses os marcos do período de prova a que ficará sujeito o beneficiário. Na suspensão condicional do processo, pois, do mesmo modo que na suspensão condicional da pena, o acusado fica sujeito a um período de prova, durante o qual se submete ao cumprimento de determinadas condições ou regras.

Em relação ao prazo desse período de prova, informa-se que cabe ao juiz a sua fixação, por provocação do ministério público, variando segundo a gravidade da infracção penal, a quantidade de pena abstractamente cominada para o fato criminoso, as suas circunstâncias, e as condições pessoais do acusado[224]. Por seu turno, afirma RIBEIRO LOPES[225] que "será tanto maior o período de prova para a suspensão condicional do processo quanto menos permitirem presumir as condições subjectivas do arguido, que este não incidirá novamente no cometimento de ilícitos penais".

Desde que aceite a possibilidade da suspensão condicional do processo também nas hipóteses de contravenção penal (*supra*), entende GOMES[226] que o art. 11º do Decreto 3.688 de 3 de Outubro de 1941 (Contravenções Penais) deve ser aplicado supletivamente, fixando-se o período de prova de um a três anos. Nesse caso, entende o Autor que deverá haver uma maior flexibilidade também no que se refere às condições a serem impostas, até ao ponto mesmo de não se impor nenhuma condição.

Vale acrescentar a observação de que "o prazo inicialmente fixado, não importa o que venha a acontecer durante o período de prova, não está sujeito a qualquer modificação", ao contrário da possibilidade de prorrogação prevista para a suspensão condicional da pena (C.P., art. 81º, §§ 2º e 3º) no caso de o réu ser processado por outro crime ou contravenção durante o período[227].

8 – Sujeitos processuais.

Conforme ocorreu na experiência de outros ordenamentos, também no modelo de diversificação processual introduzido no Ordenamento

---

[224] MIRABETE, Julio Fabbrini. *Juizados...*, cit., p. 164. Na mesma linha, entende GOMES (GOMES, Luiz Flávio. *Suspensão...*, cit., p. 324-325) que "justifica-se propor maior período de prova conforme a natureza e gravidade da infracção".

[225] *In*: FIGUEIRA JUNIOR, Joel Dias, LOPES, Mauricio Antonio Ribeiro. *Comentários....* 2ª Ed., cit., p. 595.

[226] *Suspensão...*, cit., p. 325. No sentido da limitação do período de prova entre um a três anos nas contravenções, também se pronunciaram: JESUS, Damásio Evangelista de. *Lei...*, cit., p. 93; ANDRADA, Doorgal Gustavo B. de. *A suspensão...*, cit., p. 79.

[227] Criticamente: BATISTA, Weber Martins, FUX, Luiz. *Juizados...*, cit., p. 372.

Jurídico brasileiro se enfatizou, e muito, a necessidade de uma mudança de mentalidade dos operadores jurídicos para o seu adequado funcionamento[228].

A este respeito escreveram GRINOVER *et alli*[229] que os operadores do direito (juízes, promotores, advogados, etc.), para além da necessidade de se prepararem para a correcta aplicação da lei, devem também estar preparados para o desempenho de um novo *papel*: o de propulsores da conciliação no âmbito penal, sob a inspiração dos princípios da oralidade, infomalidade, economia processual e celeridade (arts. 2º e 62º).

8.1 – Ministério público.

Concebida como "instituição permanente, essencial à função jurisdicional do Estado, incumbindo-lhe a defesa da ordem jurídica, do regime democrático e dos interesses sociais e individuais indisponíveis" (art. 127º, C.F.), verifica-se certa perplexidade quanto à posição institucional do ministério público, da mesma forma que verificamos em relação aos Ordenamentos Jurídicos precedentemente estudados.

Com efeito, mesmo tendo esse assento constitucional, discute-se, ainda hoje, a questão acerca da pertinência do ministério público ao Poder Legislativo, ao Poder Judiciário, ao Poder Executivo ou se a Instituição configuraria um poder autónomo dentro dos quadros institucionais do Estado.

Asseverando a natureza administrativa das principais funções que a Constituição Federal lhe atribui, afirma MIRABETE[230] que a solução

---

[228] ANDRADA, Doorgal Gustavo B. de. *A suspensão...*, cit., p. 40; GOMES, Luiz Flávio. *Suspensão...*, cit., p. 295.

[229] *Juizados...*, cit., p. 18.

[230] *Processo penal.* 8ª Ed., cit., p. 329. Escrevendo anteriormente à vigência da C. F. de 1988, segundo HÉLIO TORNAGHI (TORNAGHI, Hélio. *Curso...*, cit., p. 486) o ministério público é órgão do Poder Executivo, não pertencendo ao Poder Judiciário, tão pouco podendo ser concebido como um quarto poder. Aliás, pitoresca é a comparação utilizada pelo Autor para sustentar o seu entendimento, afirmando que "o facto de o Ministério Público funcionar junto ao Poder Judiciário não o faz pertencer a esse poder, nem lhe retira o carácter executivo, da mesma forma que o embaixador do Brasil junto à França não vira francês nem deixa de ser brasileiro". Negando a configuração do ministério público como órgão do Poder Legislativo e afirmando que a sua actividade não tem carácter judiciário, para FREDERICO MARQUES (MARQUES, José Frederico. *Elementos...*, v. 1, cit., p. 43 e seguintes) os membros da Instituição "são funcionários da Administração Pública, isto é, do Poder executivo", mas com uma certa independência que não

662   *O Processo Penal como Instrumento de Política Criminal*

adequada não é erigir o ministério público num suposto "quarto Poder", nem inseri-lo dentro dos esquemas rígidos da divisão tripartida, mas sim considerá-lo isoladamente como órgão de cooperação nas actividades governamentais, exercendo de forma independente a sua função, e estando voltado para a defesa da sociedade e não do Estado.

Alinhando-se o seu enquadramento institucional à ideia de uma magistratura autónoma que vimos em relação ao Ordenamento Jurídico português, ele adequa-se ao papel que o ministério público deve assumir em relação às formas de diversificação processual introduzidas na Ordem Jurídica brasileira, tendo em vista, especialmente, a característica da independência que deve nortear a sua actuação. Independência, porém, que não se confunde com arbítrio nem liberdade absoluta, pois com primazia o ministério público está jungido absolutamente à lei. Assim sendo, talvez mais afortunado do que considerar o ministério público como defensor do Estado ou mesmo da sociedade é continuar a concebê-lo como um intransigente fiscal da lei, não estando vinculado às determinações emanadas do Poder Executivo – as quais somente deverá acatar se acobertadas pelo manto da legalidade –; devendo relacionar-se de forma cooperativa com o Poder Judiciário, no intuito da actuação da lei; não lhe competindo exercer funções típicas do Poder Legislativo.

Uma correcção necessária ao que se acaba de afirmar decorre da previsão constitucional da incumbência do ministério público actuar na "defesa da ordem jurídica". Percebe-se com clareza que defesa da ordem jurídica não é absolutamente coincidente com defesa da lei. A "defesa da ordem jurídica" pressupõe a observação de toda a principiologia subjacente ao Ordenamento, inclusive dos previstos na própria Constituição Federal.

Destarte, na interpretação de um qualquer dispositivo legal, visando a sua aplicação e defesa, é imperativo que o ministério público não se atenha ao seu sentido literal, realizando uma interpretação meramente gramatical, mas que conjugue esse dipositivo com a Ordem Jurídica – valores e princípios – no seu todo. Isto em nada aumenta desmesurada-

---

possuem os funcionários dessa categoria. Já na vigência do texto constitucional mencionado no texto, afirma TUCCI (TUCCI, Rogério Lauria. *Direitos e garantias individuais no processo penal brasileiro*, cit., p. 176) que, não obstante funcionar junto ao Poder Judiciário, o ministério público não faz parte deste, cuidando-se de uma Instituição que ocupa um lugar especial na administração pública, sendo-lhe assegurada autonomia funcional e administrativa (art. 127º, § 2º, da Constituição), junto aos Poderes da Federação.

mente o poder discricionário do ministério público, mas sim, ao contrário, torna mais estreitos os limites desse poder, impondo uma escrupulosa fundamentação das opções que, na prática, os representantes da Instituição são chamados a fazer[231].

Particularmente quanto ao relacionamento com o Poder Executivo, é necessário salientar que no Ordenamento Jurídico brasileiro *o ministério público é funcionalmente independente* (C.F., art. 127º, § 1º). "Embora órgão da Administração pública, o funcionário do Ministério Público não é instrumento do Executivo, de forma que no domínio da acção pública, que se lhe delega em toda plenitude, indébita é qualquer intromissão estranha"[232].

A independência funcional do ministério público é, assim, o limite intransponível para qualquer poder de emissão de directivas em relação a um determinado caso criminal. De se acrescer, ainda, que mesmo um poder de emissão de directivas genéricas, ainda que mais funcional – considerando a morosidade do processo legislativo –, é menos garantidor do que o reconhecimento apenas à lei da condição de traçar as linhas gerais da política criminal do Estado.

Emanação da necessidade de harmonia entre essa independência funcional e a organização hierárquica da Instituição, não se admite que o superior hierárquico imponha convicções aos seus subordinados no que se refere a um determinado processo, mesmo que se reconheça a faculdade de um funcionário de grau superior exercer – ele mesmo ou por substituição – uma função atribuída a um funcionário de categoria inferior[233].

---

[231] Ainda que o contexto não seja o mais adequado para se proceder a uma maior verticalidade na abordagem do que consta no texto, um exemplo talvez seja elucidativo: diante de um suposto fáctico conducente à imputação da prática do delito previsto no art. 229º da ainda vigente Parte Especial do C.P. (*Casa de prostituição*), o ministério público deverá levar em conta na análise acerca do exercício ou não da acção penal os princípios da *lesividade*, da *intervenção mínima*, da *última ratio*, entre outros. Isto em nenhuma medida pode conduzir o ministério público a usurpar funções típicas do Poder Legislativo mas sim a proceder a uma interpretação do dispositivo legal que seja consentânea com os princípios fundantes do modelo de Direito Penal plasmado pela Constituição. Embora o exemplo possa induzir à conclusão sobre o nosso posicionamento acerca do tormentoso problema, advirta-se que ele foi tomado aleatoriamente, considerando as questões axiológicas que nele radicam.

[232] É a lição sempre viva de MARQUES, José Frederico. *Elementos...*, v. 1, cit., p. 49.

[233] Ilação extraída da leitura do art. 28º C.P.P., que nos casos de dissenso entre o promotor e o juiz acerca do oferecimento da denúncia ou arquivamento do feito, mesmo

Essa configuração institucional do ministério público é de extrema importância face às formas de diversificação processual ora em estudo – e a orientação político criminal que está na sua base –, justificada, portanto, a sua abordagem.

Efectivamente, nas formas de diversificação pocessual o ministério público deverá deixar-se conduzir apenas pelos ditames legais, sendo--lhe interdito acatar qualquer determinação emanada do Poder Executivo que não esteja legalmente baseada, incumbindo-lhe ser o gestor da política criminal do Estado tão somente nos termos da lei[234]; tão pouco pode o ministério público revestir-se da condição de Legislador ou mesmo de representante do Poder Executivo e procurar traçar ele próprio, ou a Instituição com um todo, as linhas da política criminal a ser executada, embaraçando a incidência dos novos Institutos processuais, sob o pretexto de perseguir a defesa da sociedade[235]. Digno de transcrição literal é, pois, o entendimento de que "o ministério público, destarte, não se transformou no *dominus* exclusivo da condução da política criminal no Brasil. É ele um dos grandes responsáveis por essa política, mas não o único". E mais, com absoluta adequação: o ministério público "pode dispor da *persecutio criminis* projectada pela lei, para adoptar uma via alternativa. Mas não pode deixar de agir por razões de oportunidade. Presentes os requisitos legais, tem que actuar em favor da via alternativa eleita pelo legislador. Quem traçou a política criminal consensual, portanto, foi o legislador. Não é o Ministério Público o detentor dessa política. Ele cumpre-a"[236]. Reafirme-se: o ministério público, particular-

---

autorizando ao procurador-geral a designação de outro promotor para oferecê-la (a denúncia), não lhe permite impor convicções aos seus subordinados, "tanto que, pedido o arquivamento por um deles, só outro promotor pode oferecer a denúncia", conf.: MARQUES, José Frederico, Ob. loc. cit..

[234] Desse modo, *v.g.*, num processo por delito de trânsito em que estejam presentes todos os pressupostos legais para a suspensão condicional do processo, o ministério público não poderá negar-se ao oferecimento da proposta com o argumento de que se trata de delitos que estão a exigir um maior rigor punitivo por parte do Estado.

[235] As hipóteses mencionadas não são nem um pouco absurdas quando se verifica que na prática dos novos Institutos já começa a ser lugar comum a conduta de alguns promotores que, face à debilidade do material de prova, diversamente de opinarem pelo arquivamento, "arriscam" uma suspensão condicional do processo, com vista a obterem qualquer tipo de resposta estatal frente ao arguido, com isso adoptando a lógica, de todo censurável, do "se prosperar...".

[236] GRINOVER, Ada Pellegrini, *et alli. Juizados....* 3ª Ed., cit., p. 236 e 241. Aliás, em sintonia plena com a ideia vertida no texto, afirma a mesma fonte (p. 248) que, sendo

mente nas formas de diversificação processual, deverá actuar com independência, mas em absoluta vinculação à lei.

Em relação à titularidade da acção penal, a característica básica acerca do *status* do ministério público no Ordenamento Jurídico brasileiro é a atribuição privativa que lhe foi conferida pela Constituição (art. 129º, I) quanto ao exercício da acção penal pública[237].

Especificamente quanto à suspensão condicional do processo, enfatiza-se que o que se espera do ministério público é a sua opção por essa via alternativa, não sendo necessário o seu consenso acerca do conteúdo da resposta estatal, ainda que conveniente em função do seu *status* institucional e da disciplina constitucional que o rege[238]. Tratando-se de um "poder-dever", "nos crimes que, em tese, pela pena, é admissível a suspensão condicional do processo, o Ministério Público tem obrigação de se manifestar sobre ela, positiva ou negativamente"[239].

Portanto, imprescindível se mostra a abordagem das formas previstas para se controlar esse "poder-dever" do ministério público, do mesmo modo que se verifica em relação aos modelos de direito comparado, em atenção ao enquadramento institucional que foi visto quanto à Instituição[240].

No que se refere ao controle da actuação positiva, vale dizer, sobre a opção do ministério público no sentido de formular a proposta de suspensão condicional do processo, parece claro que essa sua escolha será controlada através da apreciação judicial a que está sujeita a suspensão. De facto, tendo o juiz a última palavra sobre a suspensão ou

---

pertinente ao Legislador a escolha do âmbito de incidência da "nova política criminal transaccional, alternativa, conciliatória", desencorajada deve ser "a posição de se denegar a proposta de suspensão só porque o delito é grave ou porque se repercute na violência do trânsito etc.".

[237] Alega-se doutrinariamente (BARBOSA, Marcelo Fortes. *Garantias constitucionais de direito penal e de processo penal...*, cit., p. 74) que essa exclusividade da acção penal conferida pela Constituição Federal ao ministério público pode, em alguma medida, violar a regra do direito à jurisdição, consagrada no art. 5º, inciso XXXV, da mesma Carta Política, particularmente no que se refere à proibição da acção penal popular que decorre dessa atribuição privativa feita ao fiscal da Lei.

[238] GOMES, Luiz Flávio. *Suspensão...*, cit., p. 160.

[239] Idem, ibidem, p. 305. No mesmo sentido: TJSC, Apelação nº 34.013, Rel. Nilton Macedo Machado; TJSC, Apelação nº 34.140, Rel. Jorge Mussi.

[240] A respeito da imprescindibilidade dessas formas de controle, consultar: LOPES, Mauricio Antonio Ribeiro, *In*: FIGUEIRA JUNIOR, Joel Dias, LOPES, Mauricio Antonio Ribeiro. *Comentários....* 2ª Ed., cit., p. 461 e seguintes.

666 *O Processo Penal como Instrumento de Política Criminal*

não do processo, como já visto, essa manifestação funciona como um controle sobre a opção do ministério público quanto ao oferecimento da proposta[241].

Perante a actuação positiva do ministério público, é o caso de se indagar também sobre a possibilidade de algum tipo de controle a ser realizado pela vítima, previamente à manifestação jurisdicional, visando que a suspensão não se concretize. Ou seja, importa verificar se seria pertinente a admissibilidade de uma manifestação contrária da vítima antes que o juiz decida sobre a suspensão e posteriormente ao acordo "processual" entre o acusado e o ministério público.

Uma coisa é certa a este respeito: ainda que se admita essa possibilidade, com vista a viabilizar a adequada satisfação da regra de reparação dos danos, a manifestação da vítima em hipótese alguma poderá ser vinculante, visto que, diversamente da hipótese da composição prevista no art. 74º, aqui o acordo "processual" a ser estabelecido é entre o acusado e o representante do ministério público[242]. Portanto, impertinente seria um pronunciamento jurisdicional impeditivo da suspensão, com fundamento apenas na manifestação em sentido contrário por parte da vítima.

Mais delicado e passível de entendimentos divergentes é o problema do controle da manifestação negativa do ministério público acerca da suspensão condicional do processo[243], senão vejamos.

Acatado o entendimento de que a suspensão condicional do processo é um acto discricionário do ministério público, a princípio não seria possível qualquer forma de controle frente à sua recusa injustificável quanto à suspensão.

---

[241] Em sentido convergente, escrevem GRINOVER *et alli* (GRINOVER, Ada Pellegrini, *et alli*. *Juizados....* 3ª Ed., cit., p. 238) que "a transacção processual celebrada no sentido da suspensão do processo é mero acto de postulação, pois cabe ao juiz a última palavra. Ele 'poderá' suspender o processo. É bem verdade que se trata de um poder-dever, de qualquer modo não se pode negar que a palavra final é do juiz. Ao Ministério Público cabe *propor*; ao acusado, *aceitar*; ao juiz, *suspender*. Há sempre controle judicial, inclusive do uso do princípio da oportunidade".

[242] Idem, ibidem, p. 288.

[243] Desde logo, a informação de que no modelo disciplinado pelo C.P.P. o controle a respeito da negação ao exercício da acção penal realiza-se seja através do reexame pelo Procurador-Geral de Justiça do pedido de arquivamento formulado pelo ministério público, nos casos em que o juiz entender improcedentes as razões invocadas para tanto (art. 28º), seja através do exercício da acção penal privada subsidiária da pública (art. 29º).

Acatada como sendo acto consensual bilateral a natureza jurídica da suspensão – nos moldes da transacção do art. 76º da Lei 9.099/95 –, a forma de controle da actuação do ministério público quanto ao oferecimento ou não da proposta seria o controle hierárquico previsto no art. 28º do C.P.P., reconhecendo-se no Procurador-Geral de Justiça o Órgão controlador da opção do subordinado[244].

Contra esta posição alega-se que, enquanto o art. 28º C.P.P. se destina ao controle do princípio da obrigatoriedade da acção penal, a ser aplicado nos casos em que se verifique um dissenso entre o ministério público e o juiz no momento e quanto à propositura da acção, na suspensão condicional do processo a acção já foi iniciada, incidindo o controle apenas quanto à sua suspensão ou não. Por outro lado, estando em jogo na suspensão o *ius libertatis* do acusado – direito de natureza fundamental –, a sua tutela cabe ao Poder Judiciário e não ao ministério público, através do Procurador-Geral. Ademais, é a própria natureza de direito público subjectivo do acusado que se atribui à suspensão a determinar que o controle seja judicial e não hierárquico[245].

Entende MIRABETE[246] que o ministério público deve justificar as razões todas as vezes em que não propõe a suspensão do processo, já

---

[244] ABADE, Denise Neves. A suspensão condicional do processo e o ministério público: comentários à decisão do STF. *Boletim IBCCrim*, São Paulo, a. 6, nº 66, p. 5, mai. 1998; PAZZAGLINI FILHO, Marino *et alli*. *Juizado...*, cit., p. 102-103; TORON, Alberto Zacharias. Drogas: novas perpectivas com a lei nº 9.099/95. Boletim *IBCCrim*, São Paulo, a. 3, nº 35, p. 6, nov. 1995. Afirmando tratar-se a suspensão de acto bilateral (p. 360), a essa posição filia-se LOPES JÚNIOR (LOPES JÚNIOR, Aury Celso Lima. Breves considerações..., cit., p. 362), defendendo que, "caso o Juiz não concorde com as razões invocadas pelo Ministério Público, o melhor caminho será a aplicação analógica do art. 28". Na jurisprudência: STF HC nº 75.343-MG, pleno, j. 12.11.97, *Informativo* nº 92; STF HC nº 76.439-SP, 1ª T., Rel. Min. Octávio Gallotti, j. 12.05.98, *Informativo* nº 110, de 20.05.98; STJ REsp nº 155.426/SP, 5ª T., Rel. Min. Felix Fischer, j. 17.02.98, v.u., *DJU* 18.05.98, p. 134; STJ RMS nº 9.801/MG Rel. Min. José Dantas, *DJU* 14.12.98, p. 262; TACrim, Apelação nº 1017745, Voto vencedor Junqueira Sangirardi, Rolo/Flash 1048/563; TACrim, Apelação nº 1017745, Rel. Walter Guilherme, Rolo/Flash 1048/563.

[245] GOMES, Luiz Flávio. *Suspensão...*, cit., p. 166. Na jurisprudência, também contrária à aplicação do art. 28: STJ REsp nº 123.995 Rel. Min. Fernando Gonçalves, *DJU* 12.08.97, p. 36.294.

[246] *Juizados...*, cit., p. 154. Registe-se que, mesmo discordando da natureza de direito subjectivo do acusado, também MIRABETE (p. 155) entende inaplicável o controle hierárquico à espécie, uma vez que na hipótese do art. 28 C.P.P. o ministério público pretende o arquivamento do processo, ao passo que aqui ele deseja a sua instauração. Acompanhando a posição lançada no texto, na jurisprudência: TJSC, *JCAT*, 75/713-4.

668   *O Processo Penal como Instrumento de Política Criminal*

que se trata de uma faculdade discricionária regulada por Lei; assim sendo, continua, "a justificação pode ser fundada não só em óbices legais expressos, como na apreciação subjectiva das circunstâncias do crime (gravidade maior do facto, agravantes, causas de aumento de pena), mesmo as de carácter pessoal do agente (antecedentes, personalidade, conduta social, motivação, etc.) e, inclusive, por política criminal justificada", tudo não por critério puramente abstracto mas sim em virtude das peculiaridades e circunstâncias do caso concreto, "com ênfase especial para a culpabilidade do autor". Assim sendo, o controle a ser verificado deve incidir sobre a falta de justificação da não apresentação da proposta pelo ministério público, constituindo constrangimento ilegal a ausência dessa justificação, sanável pela via do *habeas corpus*. Concedida a ordem, deve ser determinada a anulação dos actos processuais a partir do recebimento da denúncia, incumbindo ao membro do ministério público oferecer a proposta ou justificar porque não o faz.

Concebida a suspensão condicional do processo como sendo um direito público subjectivo do acusado (*supra*), o controle a que se sujeita a opção do ministério público no sentido de propor ou não a sua realização é de natureza judicial. Ou seja, verificando-se uma omissão ou relutância infundada, juridicamente não amparada, do ministério público em optar pela suspensão, essa sua recusa poderá ser judicialmente controlada e eventualmente suprida. "Se o MP se recusa ilegalmente a formular a proposta de suspensão, a consequência será submeter tal ilegalidade ao controle judicial". Isso decorre, obviamente, do entendimento de que a proposta de suspensão é um poder-dever do ministério público, impondo-lhe a formulação, desde que presentes os pressupostos necessários[247].

Sugerem-se como formas através das quais poderia ser verificado esse controle judicial: a concessão *ex officio* pelo juiz; a inversão da iniciativa postulatória; recurso especial ou medida de *habeas corpus*.

Segundo WEBER BATISTA[248], sendo indiscutível que o juiz não tem a iniciativa da acção, depois de proposta esta, no entanto, as decisões a

---

[247] GOMES, Luiz Flávio. *Suspensão...*, cit., p. 162 e seguintes.

[248] *Juizados...*, cit., p. 379 e seguintes. Também para DAMÁSIO (JESUS, Damásio Evangelista de. *Lei...*, cit., p. 92), "o juiz, desde que presentes as condições legais, deve, de ofício, suspender o processo, cabendo recurso de apelação". Idem, Breves notas à lei dos juizados especiais criminais. *Boletim IBCCrim*, São Paulo, a. 3, nº 35, p. 13, nov. 1995. Na jurisprudência: TAMG, Mandado de Segurança nº 213.581-9, Rel. Duarte de

Modelo Brasileiro 669

serem tomadas – recebimento ou rejeição, deferimento ou indeferimento de provas, prisão ou libertação do acusado, entre outras – competem ao magistrado, não ao órgão do ministério publico. Assim sendo, conclui que "a concessão, ou não, da suspensão condicional do processo está incluída entre as decisões que o juiz pode tomar de ofício".

Em oposição à possibilidade de concessão de ofício pelo juiz alega--se que, sendo o ministério público o titular do *jus accusationis*, antes da concessão judicial da suspensão do processo impõe-se a superação da fase da disponibilidade da acção penal que se reconhece ao agente público. Ou seja, havendo recusa injustificada do ministério público em optar pela suspensão, ela poderá ser efectivada por determinação judicial, mas "concretizada dentro do devido processo legal, evidentemente", não se podendo falar em concessão *ex officio*[249]. Concebendo a suspensão condicional do processo como sendo uma forma de mitigação do princípio da indisponibilidade da acção penal pública, também AFRÂNIO JARDIM[250] se opõe à possibilidade da sua concessão de ofício, visto que o juiz estaria a dispor daquilo que não possui, ou seja, o direito de acção, excluindo da relação processual o ministério público, impedindo-o de exercer o mencionado direito.

Do mesmo modo opondo-se à possibilidade da concessão *ex officio* pelo magistrado bem como negando a aplicabilidade do controle hierárquico previsto no art. 28º C.P.P., BITENCOURT[251] defendia a tese da "inversão do *ius postulandi*", entendida como sendo a possibilidade atribuída

---

Paula; TACrim, Apelação nº 991735, Rel. Breno Guimarães, Rolo/Flash 1039/481; TJSP, Apelação Criminal nº158.135-3, Rel. Devienne Ferraz; TACrim, Apelação nº 978641, Rel. Almeida Braga, Rolo/Flash 995/007; STJ REsp nº 157.211-SP, 6ª T., Rel. Min. Luiz Vicente Cernicchiaro, *DJU* 13.10.98, p. 196; STJ HC nº 5.494-SP, Rel. Min. Luiz Vicente Cernicchiaro, j. 09.04.97; STJ RHC nº 7.583-SP, Rel. Min. Edson Vidigal, *DJU* 31.08.98, p. 110; STJ REsp nº 136.511-SP, Rel. Min. Anselmo Santiago, *DJU* 03.08.98, p. 336; STJ REsp nº 142.912-SP, Rel. Min. William Patterson, *DJU* 29.09.97, p. 48.366.

[249] GOMES, Luiz Flávio. *Suspensão...*, cit., p. 168. O *STJ* já se manifestou no sentido do cabimento do mandado de segurança para combater o acto do juiz que, *ex officio*, ignorando manifestação contrária do *parquet*, determinou a suspensão do processo nos termos do art. 89 da Lei 9.099/95 (MS nº 8.761, 5ª T., Rel. Min. José Arnaldo, j. 19.05.98, *DJU* 29.06.98, p. 241). No sentido da decisão por último citada: STJ REsp nº 164.094-SP, Rel. Min. José Arnaldo, *DJU* 09.11.98, p. 137; STJ RMS nº 8.084-MG, Rel. Min. Felix Fischer, *DJU* 02.02.98, p. 121.

[250] Os princípios da obrigatoriedade..., cit.; PAZZAGLINI FILHO, Marino *et alli*. *Juizado...*, cit., p. 100 e seguintes.

[251] *Juizados...*, cit., p. 124-125.

670 *O Processo Penal como Instrumento de Política Criminal*

ao acusado de requerer judicialmente a suspensão, desde que presentes os requisitos legais, consequência do reconhecimento de ser um direito público subjectivo que ele possui e face à não proposta do ministério público. Todavia, como é imprescindível a participação de ambas as partes nessa outra espécie de transacção, conclui o Autor que a única saída possível é o recurso ao *habeas corpus*, desde que presentes os requisitos legais para a suspensão. Ressalte-se que, em todo o caso, sendo a pena mínima cominada igual ou inferior a um ano, entende o Autor que "Ministério Público e Juiz deverão pronunciar-se motivadamente sobre a suspensão do processo".

A tese da inversão da iniciativa postulatória pode esbarrar no problema de se condicionar a suspensão à disponibilidade da acção por parte do ministério público, a qual é justamente o obstáculo que se procura superar. Apesar da apontada restrição, esta forma vem considerada como a mais rápida e singela, encontrando acolhimento na jurisprudência[252]. Sugere-se que neste caso o juiz ouça o representante do ministério público antes de decidir sobre o requerimento do acusado, ainda restando ao agente público a via do recurso caso discorde da decisão[253].

Para a realização do controle em análise defende-se, outrossim, a criação pela legislação estadual de um recurso especial, a ser manejado pelo acusado nos casos de injustificada recusa do ministério público em propor a suspensão[254]. As objecções a esta hipótese são de natureza formal, relacionadas com a competência legislativa dos Estados para disciplinar semelhante recurso e com o facto da suspensão não se ligar apenas aos juizados especiais criminais mas também alcançar outros delitos que fogem do seu âmbito de abrangência[255].

Por fim, propõe-se "o *habeas corpus* como remédio adequado para a superação da recusa ilegal de se formular a proposta de suspensão do processo", com o fundamento de ser a não formulação injustificada um atentado ao *ius libertatis* da pessoa humana, constitucionalmente assegurado. Assim, o objecto desse *habeas corpus* seria a determinação judicial ao ministério público para a formulação da proposta, logicamente após a demonstração prévia dos requisitos da suspensão e da recusa

---

[252] TAMG, Mandado de Segurança nº 213.581-9, Rel. Duarte de Paula; TACrim, Apelação nº 990135, Rel. Aroldo Viotti, Rolo/Flash 1037/283.

[253] GOMES, Luiz Flávio. *Suspensão...*, cit., p. 170.

[254] CERNICCHIARO, Luiz Vicente. Lei nº 9.099/95 (I) suspensão condicional do processo. *Boletim IBCCrim*, São Paulo, a. 3, nº 36, p. 4, dez. 1995.

[255] GOMES, Luiz Flávio. *Suspensão...*, cit., p. 171.

injusta e ilegal do acusador público. Competente para conhecer desse *habeas corpus* seria o tribunal com competência para o conhecimento de eventual recurso nessa matéria, ou as próprias Turmas Recursais nos Juizados Especiais Criminais. No caso da recusa ser do juiz, estando de acordo o ministério público e o acusado, cabível seria também o *habeas corpus*, cujo objecto agora seria a própria suspensão do processo e não apenas a proposta nesse sentido[256].

8.2 – Acusado.

Desde logo, importa salientar que em relação ao sujeito processual em análise a Lei 9.099/95 pautou-se por um primor terminológico, utilizando a expressão "autor do facto" (art. 68º) para se referir à sua condição antes da instauração do processo e "acusado" para a sua caracterização após o oferecimento da denúncia ou queixa (art. 78º, *caput*)[257].

Conforme se verifica em outros modelos, o elemento que distingue este sujeito processual nas formas de diversificação processual é a autonomia da sua manifestação de vontade, sendo imprescindível o seu consenso no que se refere à suspensão condicional do processo[258]. Sob essa óptica, a opção pela suspensão condicional do processo passa a ser uma estratégia da defesa, implicando, pois, também a manifestação de vontade do defensor.

O problema a ser resolvido a este respeito refere-se uma vez mais às situações em que se verifique um dissenso entre o interessado e o seu

---

[256] Idem, ibidem, p. 171 e seguintes. Acompanhando o texto na jurisprudência: TACrim, HC nº 290906/6, Rel. Érix Ferreira. No sentido da possibilidade da suspensão condicional do processo ser concedida *ex officio* em *habeas corpus*: TACrimSP, HC nº 288.676/5, Rel. Thyrso Silva. Declarando a competência originária do *STF* para o julgamento de *habeas corpus* contra decisão emanada de Turma Recursal de Juizados Especiais Criminais: *STF*, HC nº 76.915-0-RS, Turma Recursal, Rel. Min. Marco Aurélio, j. 18.03.98, *DJU* de 24.03.98, p. 23; *STF*, HC nº 76.915-RS, Plenário, Rel. Min. Marco Aurélio, j. 17.06.98, *Informativo* nº 115 de 24.06.98.

[257] Para semelhante preocupação terminológica em relação ao modelo "convencional" de Justiça criminal já despertara FREDERICO MARQUES (MARQUES, José Frederico. *Elementos...*, v. 1, cit., p. 54), afirmando que a denominação "réu", de uso frequente na linguagem processual, indica o sujeito passivo da acção penal, ao passo que a de "acusado" expressa o sujeito passivo da pretensão punitiva.

[258] MIRABETE, Julio Fabbrini. *Juizados...*, cit., p. 157; GOMES, Luiz Flávio. *Suspensão...*, cit., p. 161. Na jurisprudência: TACrimSP, Correição Parcial nº 1.016.227, Rel. Evaristo dos Santos, *rolo-flash* 1047/354.

672   *O Processo Penal como Instrumento de Política Criminal*

defensor sobre a suspensão do processo. Tendo em vista os objectivos de política criminal que estão na base dessa forma de diversificação processual (*infra*), entendemos que, assim como na hipótese de transacção penal, deve prevalecer a livre manifestação de vontade do interessado, não se impedindo a suspensão em virtude do dissenso do defensor[259].

Sendo imprescindível essa manifestação de vontade do acusado, deve tratar-se de acto pessoalíssimo[260], voluntário[261], não condicionado[262],

---

[259] LIMA E SOUZA, Amaury de. *Juizados...*, cit., p. 72; ANDRADA, Doorgal Gustavo B. de. *A suspensão...*, cit., p. 91. No mesmo sentido WEBER BATISTA: BATISTA, Weber Martins, FUX, Luiz. *Juizados...*, cit., p. 384, acrescentando o Autor, correctamente, que isso não reduz a importância da participação do defensor no acto de aceitação, uma vez que a sua presença evitará que a manifestação do acusado seja contaminada por algum vício de vontade. Aproximando-se desse entendimento, a jurisprudência tem-se encaminhado no sentido de enfatizar que o que é imprescindível é a presença do defensor: TJSP, Apelação nº 240.350-3/9, 1ª Câm. Crim., Rel. Fortes Barbosa, *Boletim AASP* 2066, p. 662; TACrimSP, Apelação nº 1.066.529, Rel. Claudio Caldeira, *Rolo/Flash* 1169/084. Em sentido contrário, entendendo que a aceitação da proposta deve ser feita cumulativamente pelo arguido e seu defensor, de modo que a recusa de um deles deve ser interpretada como um óbice para a suspensão: ARAÚJO, Francisco Fernandes de. *Juizados...*, cit., p. 107; LOPES, Mauricio Antonio Ribeiro, *In*: FIGUEIRA JUNIOR, Joel Dias, LOPES, Mauricio Antonio Ribeiro. *Comentários...*. 2ª Ed., cit., p. 593; MIRABETE, Julio Fabbrini. *Juizados...*, cit., p. 158.

[260] "Ninguém pode aceitar a suspensão no lugar do acusado, mesmo porque ela tem por fundamento a autodisciplina e o senso de responsabilidade. Nunca será possível tal acto por procurador, ainda que conte com poderes especiais. (...) Se o acusado é revel ou não comparece (salvo motivo justo) na audiência de conciliação, torna-se impossível a suspensão", inclusive por motivos de prevenção geral e especial, conf.: GOMES, Luiz Flávio. *Suspensão...*, cit., p. 309. Isso reforça o entendimento visto anteriormente de que ao acusado, não ao seu defensor, cabe a decisão sobre o seu direito, devendo o procurador apenas orientá-lo a esse respeito, conf.: TACrimSP, Apelação nº 1.096.297, Rel. Samuel Junior, *Rolo/Flash* 1174/402. Julgando Habeas Corpus impetrado contra a suspensão do processo por um dos co-réus, entendeu o Supremo Tribunal Federal (STF, HC nº 75.924-5, Rel. Min. Marco Aurélio, *DJU* de 15.05.98, p. 44) que não cabe estender a ordem aos demais, em virtude de se tratar de acto pessoalíssimo.

[261] A voluntariedade da aceitação da suspensão pelo acusado pressupõe que a sua manifestação de vontade seja consciente e livre. Deve ser livre na medida em que não pode ser objecto de qualquer tipo de coacção seja por parte do ministério público, seja por parte do juiz. Deve ser consciente, enquanto pressupõe o devido esclarecimento do acusado acerca de todas as "regras do jogo", tais como a possibilidade de não aceitação da proposta, o direito ao devido processo legal, as condições a que estará sujeito e o prazo para o seu cumprimento, entre outras.

[262] "Não pode estar atrelada a nenhuma condição fixada pelo acusado que transborde os limites da legalidade ou da moralidade ou da dignidade humana. A aceitação,

formal[263], vinculante[264], tecnicamente assistido[265], a ser realizado perante o juiz[266].

Não se encontra legalmente prevista a possibilidade de retractação do acusado após a manifestação de vontade no sentido da suspensão, porém, a todo momento ele pode provocar a sua revogação, tacitamente, *v.g.*, com o não cumprimento das condições, ou expressamente.

8.3 – Defensor.

A defesa técnica em processo penal – e a função de orientação que lhe é inerente – é vista como uma consequência da própria garantia à ampla defesa, com todos os meios e recursos a ela inerentes (art. 5°, LV, C.F.), única forma de se ter uma verdadeira igualdade de armas[267]. Tudo, enfim, expressão do devido processo legal.

Grande foi o relevo concedido pela Lei 9.099/95 à figura do defensor, estabelecendo o § 1°, do art. 89°, relevância à sua manifestação acerca da suspensão condicional do processo[268].

No âmbito da Lei, do mesmo modo que nos modelos que lhe são paradigmas, destacada é a função de orientador que se atribui ao advo-

---

ademais, não pode implicar uma obrigação ou compromisso para terceira pessoa", conf.: GOMES, Luiz Flávio. *Suspensão...*, cit., p. 310.

[263] Deve estar revestido de todos os requisitos legais e ser celebrado "na presença do juiz" (art. 89, § 1°).

[264] Vincula-se ao facto que lhe deu causa e às condições em que foi celebrado.

[265] Pressupõe a assistência do defensor, que também deve anuir à suspensão. Já visto, divergindo a manifestação de vontade do defensor daquela do acusado, prevalece esta última por dedução do que dispõe o § 7° do art. 89: "se o acusado não aceitar a proposta prevista neste artigo, o processo prosseguirá em seus ulteriores termos", conf.: GOMES, Luiz Flávio. *Suspensão...*, cit., p. 311.

[266] O autor do facto será intimado da necessidade de comparecer em juízo acompanhado de advogado, "com a advertência de que, na sua falta, ser-lhe-á designado defensor público" (art. 68). Se o acusado residir em outra comarca poderá ser intimado informalmente (art. 67) para comparecer ao juízo em que o feito se processa ou a realização da audiência conciliatória poderá ser deprecada ao juiz do lugar em que ele (acusado) se encontra, constando da precatória a denúncia, a proposta de suspensão e as condições judicialmente fixadas: GOMES, Luiz Flávio. *Suspensão...*, cit., p. 312.

[267] TUCCI, Rogério Lauria. *Direitos e garantias individuais no processo penal brasileiro*, cit., p. 186 e 200.

[268] Na jurisprudência verifica-se o entendimento no sentido de ser nula a audiência realizada sem a presença do defensor: TACrimSP, HC n° 293.604, Rel. Haroldo Luz, *Rolo/Flash* 1066/364.

674   *O Processo Penal como Instrumento de Política Criminal*

gado defensor, incumbindo-lhe esclarecer o seu assistido sobre as consequências do eventual consenso[269].

Houve, igualmente, uma destacada preocupação com a situação dos acusados privados de recursos para constituir defensor, estabelecendo o art. 68° da Lei 9.099/95 que o autor do facto será informado na intimação a ele dirigida ou na citação endereçada ao acusado que, comparecendo no juizado sem o acompanhamento de advogado, "ser-lhe-á designado defensor público".

8.4 – Vítima.

Na linha da evolução do movimento vitimológico verificado na experiência comparada, também o modelo brasileiro de diversificação processual assenta na preocupação com a vítima, concentrando-se os esforços no sentido da sua satisfação – civil ou penal[270].

Adequada é a vinculação estabelecida entre a necessidade de protecção dos interesses da vítima e o princípio do Direito Penal como a *ultima ratio* do Sistema, visto que se outras medidas menos drásticas se revelarem adequadas para o efeito preventivo – como ocorre com a reparação de danos –, não se deve verificar a incidência desse Sector do Ordenamento Jurídico[271].

Entende GOMES[272] que, por razões de justiça com a vítima, não é que o Estado não deva nunca renunciar à parcial (e, às vezes, total) imposição ou execução da pena de prisão, quando se verificar a reparação integral dos danos e prejuízos, a qual deve ser estimulada principalmente nos delitos patrimoniais cometidos sem violência ou grave ameaça

---

[269] GRINOVER, Ada Pellegrini, *et alli*. *Juizados...*, cit., p. 23. No contexto do modelo processual "convencional", afirma FREDERICO MARQUES (MARQUES, José Frederico. *Elementos...*, v. 1, cit., p. 66) que a função do defensor é a de assistir tecnicamente o réu e a de representá-lo no processo.

[270] Segundo MIRABETE (MIRABETE, Julio Fabbrini. *Juizados...*, cit., p. 72) "uma das proposições da Lei n° 9.099/95 é facilitar a reparação imediata dos danos sofridos pelo ofendido em decorrência do ilícito penal, preocupação dos mais recentes estudos da Vitimologia e outras ciências penais, em que se condena o esquecimento da vítima do delito, desprotegida pelo ordenamento jurídico". No mesmo sentido: PAZZAGLINI FILHO, Marino *et alli*. *Juizado...*, cit., p. 25; GRINOVER, Ada Pellegrini, *et alli*. *Juizados...*, cit., p. 10; BITENCOURT, Cezar Roberto. *Juizados...*, cit., p. 130; ANDRADA, Doorgal Gustavo B. de. *A suspensão...*, cit., p. 33.

[271] GOMES, Luiz Flávio. *Suspensão...*, cit., p. 34-35.

[272] Idem, ibidem, p. 33.

Modelo Brasileiro 675

à pessoa. Afirma-se, pois, que "dentro do Juizado Especial Criminal, assim como da suspensão condicional do processo, a meta primeira deve ser, portanto, a reparação dos danos à vítima", postulação doutrinária inserida parcialmente no âmbito da Lei 9.099/95, de modo que "a melhor destinação das medidas patrimoniais decretadas sob a inspiração do princípio da oportunidade é, inequivocamente, a composição dos danos sofridos pela vítima"[273].

É a própria Lei 9.099/95 a prever (art. 62º) a reparação dos danos sofridos pela vítima como um dos critérios de orientação para o processo perante o Juizado Especial Criminal.

Particularmente no que se refere à suspensão condicional do processo, face à não previsão legal da presença da vítima no momento da conciliação, afirma-se que a transacção sem a sua presença será um acordo pela metade, não resultará na plena solução do conflito, visto que ela não poderá formalmente intervir na fixação da reparação dos danos a que fica condicionada a suspensão. Sugere-se então que o juiz determine a intimação da vítima para comparecer à audiência especial de conciliação[274], viabilizando dessa forma uma adequada fixação da reparação bem como a pacificação entre ela e o acusado[275].

8.5 – Responsável civil.

De grande importância é a figura do responsável civil para o êxito das formas de diversificação processual, centradas basicamente na reparação dos danos como forma de pacificação, uma vez que muitas vezes lhe competirá essa reparação.

Todavia, embora o art. 72º da Lei 9.099/95 estabeleça a possibilidade da presença do responsável civil na audiência preliminar, visando com isso uma maior probabilidade de composição dos danos civis, não se encontra legalmente prevista esta mesma possibilidade tratando--se da suspensão condicional do processo. Logicamente, essa ausência de previsão legal não impede, porém, que o responsável civil participe também da suspensão do processo, particularmente no que se refere à sua informação sobre a necessidade de reparação dos danos.

---

[273] Idem, ibidem, p. 47.

[274] Por aplicação subsidiária do art. 156 do C.P.P., que estabelece a possibilidade do juiz, "no curso da instrução ou antes de proferir sentença, determinar, de ofício, diligências para dirimir dúvida sobre ponto relevante".

[275] GOMES, Luiz Flávio. *Suspensão...*, cit., p. 300.

8.6 – Juiz.

Na perspectiva do "novo paradigma" da justiça penal impõe-se repensar a função do juiz, sustentando-se, então, que ele deveria deixar de ser apenas um "solucionador da controvérsia, em seu papel de ditar o direito, para assumir as vestes de um verdadeiro mediador de conflitos"[276].

Na linha de semelhantes modelos da experiência comparada, na suspensão condicional do processo a posição do juiz não é meramente homologatória: ele "fiscaliza a voluntariedade da aceitação, explica as consequências da suspensão, fixa as suas condições etc. Em suma, delimita o seu conteúdo"[277]. Efectivamente, afirma-se que "não existe vinculação do Juiz à proposta formulada e aceite, não cumprindo papel de chancelador de acordos celebrados em arrepio à lei"[278].

Portanto, ainda que no âmbito de um modelo diversificado de justiça penal, do mesmo modo que se afirma em relação ao modelo tradicional, não pode o juiz permanecer inerte durante o processo e limitar-se ao passivo papel de espectador de uma luta onde apenas intervém quando solicitado por algum dos contendores. Ao invés, mesmo nesse modelo diversificado conserva o juiz aqueles poderes que são inerentes a toda a actividade jurisdicional: poder de instrução; poder de disciplina; poder de impulsão[279].

---

[276] GRINOVER, Ada Pellegrini, *et alli*. *Juizados...*, cit., p. 10.

[277] GOMES, Luiz Flávio. *Suspensão...*, cit., p. 163. De modo ainda mais enfático, em passagem posterior (p. 319) o Autor lecciona que "o juiz deve esclarecer bem as consequências da suspensão para o acusado e, acima de tudo, deve estar atento para que a sua manifestação de vontade seja consciente e livre".

[278] LOPES, Mauricio Antonio Ribeiro, *In*: FIGUEIRA JUNIOR, Joel Dias, LOPES, Mauricio Antonio Ribeiro. *Comentários....* 2ª Ed., cit., p. 594.

[279] A afirmativa em relação ao modelo tradicional é de MARQUES, José Frederico. *Elementos...*, v. 1, cit., p. 10 e seguintes. A especificação dos poderes citados no texto é feita pelo próprio Autor: poder de instrução é a possibilidade de o juiz determinar a realização de diligências para dirimir dúvidas sobre ponto relevante, conforme preceitua o art. 156º do C.P.P. (p. 11); os poderes de disciplina do juiz visam coordenar e inspeccionar a actividade das partes, estimulando-a quando deficiente, e reprimindo-a quando excessiva (p. 13); incluem-se nos poderes de impulsão todas as providências que o juiz pode tomar para o seguimento do processo em forma regular e legal (p. 14). Seria realmente grande equívoco identificar uma incompatibilidade entre esses poderes e os modelos de diversificação processual, pois eles referem-se à própria actividade jurisdicional e não ao modelo processual através do qual ela é realizada. Assim, o juiz conserva o seu poder de instrução também no caso da *transacção penal* e da *suspensão condicional do processo*, respectivamente previstas nos arts. 76º e 89º da Lei 9.099/95, considerando que

Modelo Brasileiro 677

9 – Concurso de agentes.

No caso de concurso de agentes em que um ou alguns dos acusados faça juz à suspensão e outros não, sustenta-se, regra geral, a separação do processo. Sendo conveniente para a verificação da verdade material em relação ao agente que não foi beneficiado com a suspensão, sugere-se que antes da separação do processo se realize o interrogatório do co-réu que será alcançado pelo Instituto, procedendo-se a seguir à separação e à suspensão[280].

Semelhante solução é defendida também para o caso de vários acusados em que uns aceitam a suspensão e outros não, suspendendo-se o processo para aqueles que a aceitaram e prosseguindo em relação aos demais. Nesse caso, se no final do processo é reconhecida a atipicidade do facto ou outra causa que elimine o carácter injusto do facto em relação a todos, a suspensão ficará sem efeito[281]. Concretamente, nos casos em que ocorrer a situação por último citada, ou seja, um concurso de pessoas, frente ao qual se possibilite a suspensão do processo para alguns agentes e não para outros, verificando-se, no final, uma sentença absolutória (art. 386° C.P.P.[282]) em relação ao agente cujo processo não foi suspenso, sugere-se a revogação da suspensão em relação ao que a ela fez juz para que possa ser absolvido, com fundamento no art. 580° C.P.P.[283].

---

lhe compete apreciar o consenso a que chegaram as partes. Desse modo, o juiz deverá recusar a homologação se discorda do acordo firmado, determinando a sequência do processo.

[280] GOMES, Luiz Flávio. *Suspensão...*, cit., p. 229.

[281] MIRABETE, Julio Fabbrini. *Juizados...*, cit., p. 158-159; GOMES, Luiz Flávio. *Suspensão...*, cit., p. 315; ANDRADA, Doorgal Gustavo B. de. *A suspensão...*, cit., p. 91.

[282] "Art. 386°. O juiz absolverá o réu, mencionando a causa na parte dispositiva, desde que reconheça: I – estar provada a inexistência do facto; II – não haver prova da existência do facto; III – não constituir o facto infracção penal; IV – não existir prova de ter o réu concorrido para a infracção penal; V – existir circunstância que exclua o crime ou isente o réu de pena (arts. 17°, 18°, 19°, 22° e 24°, § 1°, do Código Penal – actuais arts. 20°, 22°, 23°, 26° e 28°, § 1° da Nova Parte Geral do C.P. -); VI – não existir prova suficiente para a condenação". Evidente que as hipóteses previstas nos citados incisos I, II e III se adequam perfeitamente à solução proposta no texto; já as hipóteses dos incisos IV, V e VI podem ocorrer em relação a alguns dos agentes e não em relação aos demais. Nesse caso, há que se ter cautela quanto à aplicabilidade da extensão prevista no art. 580°.

[283] CASTELLAR, João Carlos. Lei n° 9.099/95 – co-autoria – suspensão do processo – absolvição do acusado remanescente – extensão da decisão (art. 580° do CPP).

678   *O Processo Penal como Instrumento de Política Criminal*

10 – Concurso de delitos.

Formaram-se três correntes sobre a admissibilidade e a forma da suspensão condicional do processo no caso de concurso de delitos.

Por um lado, há os que entendem que não podem ser somadas as penas mínimas de cada delito para o fim de se excluir a possibilidade da suspensão. Nesse caso, defende-se que as penas dos crimes em concurso devem ser consideradas autonomamente, identificando-se em relação a cada um deles a sanção mínima abstracta em que se mostra cabível a suspensão, do mesmo modo que ocorre com a disciplina da prescrição[284].

Por outro lado, há os que defendem que as penas mínimas dos vários crimes em concurso devem ser somadas, sendo cabível a suspensão apenas se não resulta superada a medida mínima de um ano[285].

Boletim IBCCrim, São Paulo, a. 5, nº 54, p. 14-15, mai. 1997. Diz o art. 580 C.P.P.: "no caso de concurso de agentes (Código Penal, art. 25º – actual art. 29º C.P.), a decisão do recurso interposto por um dos réus, se fundado em motivos que não sejam de carácter exclusivamente pessoal, aproveitará aos outros".

[284] ANDRADA, Doorgal Gustavo B. de. *A suspensão...*, cit., p. 93. Filiando-se nesse entendimento, GOMES (GOMES, Luiz Flávio. *Suspensão...*, cit., p. 222) introduz o por ele denominado "critério bifásico individual-global", através do qual, sendo aplicável o raciocínio constante no texto para a verificação do pressuposto objectivo da pena mínima, a análise do merecimento ou não da suspensão, num segundo momento, seria feita a partir de um critério global, devendo ser levado em conta o conjunto dos crimes. Especificamente quanto à impossibilidade do somatório das penas mínimas abstractas para o impedimento da medida, consultar: JESUS, Damásio Evangelista de. *Lei...*, cit., p. 100. Na jurisprudência filiam-se ao entendimento constante do texto: STJ HC nº 6.066/SP, 5ª T., Rel. Min. José Arnaldo, j. 28.04.97, v.u., *DJU* 06.10.97, p. 50.016; STJ HC nº 7.809/DF, Rel. Min. Luiz Vicente Cernicchiaro, *DJU* 09.11.98, p. 172; TAMG, Mandado de Segurança nº 213.581-9, Voto vencedor de Wander Marotta; TACrim, Apelação nº 980.527/8, Rel. Bento Mascarenhas; TACrim, Apelação nº 963943, Rel. Walter Guilherme, Rolo/Flash 1003/104; TACRIM, Apel. 939.143.5, Rel. Barbosa Almeida, 08.02.96.

[285] LOPES, Mauricio Antonio Ribeiro, *In*: FIGUEIRA JUNIOR, Joel Dias, LOPES, Mauricio Antonio Ribeiro. *Comentários....* 2ª Ed., cit., p. 600. Filiando-se neste entendimento e distinguindo as hipóteses de concurso, informa MIRABETE (MIRABETE, Julio Fabbrini. *Juizados...*, cit., p. 148-149) que "no caso de concurso material de crimes, só é possível a suspensão condicional do processo se, somadas as penas mínimas dos delitos, não superam elas, no total, o limite de um ano"; "no caso de concurso formal e crime continuado, se a soma da pena mínima cominada ao crime mais grave e o aumento mínimo de um sexto não superarem o limite também será cabível a suspensão". Acompanhando literalmente o Autor por último citado: BATISTA, Weber Martins, FUX, Luiz. *Juizados...*, cit., p. 365. Na jurisprudência: STJ HC nº 5.966/RS, 5ª T., Rel. José Dantas, j. 02.09.97, v.u., *DJU* 29.09.97, p. 48.233; TACrim, Apelação nº 006085, Rel.

Modelo Brasileiro

Por fim, uma outra corrente entende que não é admissível a suspensão condicional do processo no caso de crimes com pena mínima abstracta de um ano, porém cometidos em concurso[286].

Ainda no caso de prática pelo acusado de mais de um delito, verificando-se a satisfação do requisito da pena mínima em relação a uns e não em relação a outros, propõe-se a utilização do critério bifásico (individual-global). Assim, satisfeito num primeiro momento o requisito objectivo quanto a algum dos delitos realizados, a admissibilidade da suspensão quanto ao mérito deve ser feita de forma global, considerando-se todos os crimes cometidos para a aferição da culpabilidade, grau de reprovação, intensidade do dolo, entre outros[287]. A hipótese relaciona-se com a questão de saber se é ou não admissível a suspensão condicional do processo diante de um concurso de delitos, no qual uma ou algumas das infracções satisfaça o requisito objectivo da pena mínima inferior a um ano e outras não.

Em relação à competência dos Juizados Especiais Criminais em geral, formaram-se duas correntes a respeito do concurso de delitos.

Um primeiro entendimento defende que "não podem ser apreciados pelo Juizado Especial os crimes de menor potencial ofensivo quando praticados em concurso com crimes que estão excluídos de tal competência". Suporte para este posicionamento é a previsão constante no art. 78º, II, a, do C.P.P., estabelecendo que, havendo conexão, prevalece a competência do lugar da infracção mais grave[288].

Nogueira Filho, Rolo/Flash 1033/461; TJSC, Apelação nº 96.001531-0, Rel. Nilton Macedo Machado.

[286] TACrim, Apelação nº 289884, Rel. Luiz Ambra, Rolo/Flash 1036/207.

[287] GOMES, Luiz Flávio. *Suspensão...*, cit., p. 227. Passível de ser acompanhado é também o entendimento do Autor (p. 228), no sentido de que nas hipóteses de infracções conexas em que uma delas admita a transacção e outra a suspensão, a segunda – a suspensão – deve ser aplicada nos dois casos, em virtude da própria existência do delito de "gravidade média" que, em tese, já mereceria a sua aplicação, inviabilizando a imposição da sanção alternativa prevista para a transacção. Em divergência com esse último posicionamento: TJSP, Correição Parcial nº 205.563-3/4, Rel. Nelson Fonseca).

[288] MIRABETE, Julio Fabbrini. *Juizados...*, cit., p. 34; ALBERTON, Genacéia da Silva. Considerações sobre o juizado especial criminal..., cit., p. 260. No mesmo sentido pronunciou-se a *Comissão do Ministério Público do Estado do Paraná*, concluindo que "em se tratando de concurso entre infracções afectas ao Juizado Especial e outras, em que a complexidade se anuncia ou havendo conexão ou continência, os factos devem ser apurados através de inquérito policial, remetendo-se à Justiça comum, posteriormente". A tese ampara-se, ainda, no entendimento jurisprudencial de que, "havendo conexão,

680   *O Processo Penal como Instrumento de Política Criminal*

Uma outra corrente entende que, "verificando-se, outrossim, conexão ou continência entre uma infracção penal de menor potencial ofensivo, sujeita portanto às regras de direito material e processual dos Juizados Especiais Criminais – e outra de natureza diversa, impõe-se a separação obrigatória dos processos"[289].

No que respeita propriamente à suspensão condicional do processo, parece que o deslinde da questão se liga, uma vez mais, ao problema da natureza jurídica do Instituto. Desse modo, prevalecendo o entendimento de que a suspensão é um direito subjectivo do acusado – o que nos parece mais correcto, inclusive pela sua fundamentação constitucional –, é inequívoco que deve ser efectuada a separação dos processos, possibilitando a suspensão em relação àqueles em que os requisitos forem favoráveis. Registe-se que, como visto acima, a existência dos outros processos pode conduzir à inadmissibilidade da suspensão em virtude da ausência de mérito do interessado. Não afasta esta solução o argumento de que nesse caso haveria um comprometimento claro dos objectivos de *eficiência* e *celeridade* processual, visto que a preponderância do vector *garantia* aqui é inafastável. Ressalte-se que a mencionada regra do art. 78º, II, a, CPP mostra-se impertinente para afrontar o direito subjectivo do interessado de base constitucional.

11 – Pronunciamento jurisdicional.

11.1 – Natureza jurídica.

Segundo RIBEIRO LOPES[290] "trata-se de decisão interlocutória, posto que é acto através do qual o juiz, no curso do processo, resolve questão incidente".

---

prevalece a competência do lugar da infracção mais grave (art. 78º, II, a, do CPP)" STJ, CComp 3.568-4-SP, Rel. Min. Assis Toledo, *RT* 696/408.

[289] Procuradoria-Geral de Justiça do Estado de São Paulo.

[290] *In*: FIGUEIRA JUNIOR, Joel Dias, LOPES, Mauricio Antonio Ribeiro. *Comentários...*, cit., p. 276; BATISTA, Weber Martins, FUX, Luiz. *Juizados...*, cit., p. 386; JESUS, Damásio Evangelista de. *Lei...*, cit., p. 100; LOPES JÚNIOR, Aury Celso Lima. Breves considerações..., cit., p. 362. Por seu turno, entende GOMES (GOMES, Luiz Flávio. *Suspensão...*, cit., p. 163) que na suspensão condicional do processo verifica-se "uma decisão com força de definitiva porque encerra um incidente processual. Logo, cabe apelação". Em manifestação posterior (p. 201) o Autor enfatiza essa ideia, sustentando que, enquanto na transacção do art. 76º o pronunciamento jurisdicional representa uma verdadeira sentença, cabendo apelação, na suspensão condicional do processo não se

Modelo Brasileiro

Ligada ao problema da natureza jurídica do pronunciamento jurisdicional está a questão de saber se ele possui ou não a natureza condenatória, indagando-se ainda se há ou não o reconhecimento da culpabilidade na suspensão do processo.

11.1.1 – Reconhecimento da culpabilidade.

Na doutrina há o entendimento de que "a decisão que decreta a suspensão condicional do processo não julga o mérito nem discute a culpa – culpabilidade –, não absolve, não condena, não julga extinta a punibilidade e, em consequência, não gera nenhum efeito penal secundário próprio da sentença penal condenatória"[291].

Aproximando a suspensão condicional do processo do Instituto da suspensão da execução da pena já aplicada (*Sursis*), considerada aquela como uma antecipação desta, também GOMES[292] enfatiza que na suspensão processual se inicia prontamente o período de prova, "sem se discutir a culpabilidade", desde que haja a aceitação do acusado e do seu defensor. Por consequinte, segundo este entendimento o juízo sobre a culpabilidade vem suprido pela relevante manifestação de vontade do acusado.

Enfaticamente, pois, afirma-se que na suspensão condicional do processo não se chega a fazer um juízo de reprovação da conduta do réu, uma vez que não se discute a sua culpabilidade, o poder-agir-de--outro-modo. Assim sendo, a sentença que suspende o processo não implica admissão de culpa por parte do acusado, tendo a natureza do *nolo contendere*, que consiste numa forma de defesa em que o acusado não contesta a imputação, mas não admite a culpa nem proclama a sua inocência[293].

---

trata de uma sentença (porque não decide o mérito), "é uma decisão interlocutória 'com força de definitiva' (porque provoca o sobrestamento do feito)", também cabendo apelação.

[291] MIRABETE, Julio Fabbrini. *Juizados...*, cit., p. 144. No sentido do texto na jurisprudência: TJSC, Proc. 96.002025-0 –25-Lages, Rel. Nilton Macedo Machado, 25.05.96. Ainda na jurisprudência, sustenta-se que "o art. 89 da Lei 9.099/95, que permite a suspensão condicional do processo, pode resultar na extinção da punibilidade, evitando a condenação, se não for revogada durante o período de sua duração" TJGO, Apel. 15.994, Rel. Remo Palazzo, 09.04.96; no mesmo sentido: TJSP, Apel. 158.135.5, Rel. Devienne Ferraz, 18.12.95.

[292] *Suspensão...*, cit., p. 95.

[293] LOPES JÚNIOR, Aury Celso Lima. Breves considerações..., cit., p. 362; GRINOVER, Ada Pellegrini, *et alli. Juizados....* 3ª Ed., cit., p. 302.

682   *O Processo Penal como Instrumento de Política Criminal*

12 – Efeitos.

Entre os diversos efeitos resultantes da suspensão do processo, o mais saliente é a paralização do processo dela decorrente, realizando-se apenas os actos urgentes, nos termos do art. 225º C.P.P.[294].

Por outro lado, estabelece o § 6º do art. 89º que "não correrá a prescrição durante o prazo de suspensão do processo". A previsão justifica-se, tendo em vista que na suspensão provisória do processo está ausente a inércia do Poder Público na persecução do delito. Conforme deixa claro o mencionado dispositivo legal, trata-se de suspensão da prescrição e não de interrupção; dessa forma, se revogada a suspensão do processo reinicia-se o curso prescricional suspenso, contando-se o tempo anteriormente decorrido.

A suspensão condicional do processo não gera nenhum efeito típico de sentença penal condenatória, não afectando nem mesmo os direitos políticos do acusado.

Por fim, "expirado o prazo sem revogação, o juiz declarará extinta a punibilidade" (art. 89º, § 5º). Ou seja, desde que sejam cumpridas todas as condições acordadas na suspensão condicional do processo, "resulta extinta a punibilidade, isto é, desaparece a pretensão punitiva estatal decorrente do facto punível descrito na denúncia"[295]. Portanto, se a revogação não ocorrer durante o período de prova não poderá verificar--se, mesmo que se constate o não cumprimento de alguma condição para o benefício durante aquele período[296].

13 – Recursos.

Inicialmente cabe a observação de que aqui não se trata dos meios de controle sobre a decisão do ministério público quanto ao oferecimento ou não da proposta, tendo em conta a sua abordagem anterior. As hipóteses de recurso que serão agora analisadas estão relacionadas com o pronunciamento jurisdicional que homologa ou não homologa a suspensão do processo.

---

[294] Acerca do que a seguir será exposto, consultar: GOMES, Luiz Flávio. *Suspensão...*, cit., p. 322-323.

[295] GOMES, Luiz Flávio. *Suspensão...*, cit., p. 127.

[296] BATISTA, Weber Martins, FUX, Luiz. *Juizados...*, cit., p. 411.

Além de sustentar a admissibilidade de apelação tanto no caso da transacção (art. 76º) como da suspensão condicional do processo (art. 89º), entende GOMES[297] que "se o juiz indefere a transacção, de modo abusivo, cabe *habeas corpus* (a ser impetrado seja pelo interessado, seja pelo Ministério Público como *custus legis*). Esse *remédio heróico* será julgado pela segunda instância de cada Justiça, não pelas Turmas Recursais". Portanto, considerando-se como decisão interlocutória com força de definitiva o pronunciamento jurisdicional que defere a suspensão do processo, defende-se que o recurso cabível é o de apelação, cujo objecto poderá ser a discordância tanto do acusado como do ministério público acerca das condições que foram fixadas pelo juiz. No caso de indeferimento da homologação da suspensão resta o recurso ao *habeas corpus*, dirigido ao Tribunal quando a decisão for no âmbito da justiça "ordinária" ou à Turma Julgadora dos Recursos (art. 82º, Lei 9.099/95) quando a decisão for no Juizado Especial Criminal[298].

---

[297] *Suspensão...*, cit., p. 201. No que se refere ao cabimento da apelação contra a decisão que negar a suspensão do processo ou a transacção penal, consultar: LOPES JÚNIOR, Aury Celso Lima. Breves considerações..., cit., p. 357.

[298] GOMES, Luiz Flávio. *Suspensão...*, cit., p. 321; JESUS, Damásio Evangelista de. *Lei...*, cit., p. 102; MIRABETE, Julio Fabbrini. *Juizados...*, cit., p. 159. É evidente que na hipótese de indeferimento o *habeas corpus* poderá ser proposto tanto pelo acusado como pelo ministério público. No sentido do cabimento da medida de *habeas corpus* pronunciou-se também RIBEIRO LOPES (LOPES, Mauricio Antonio Ribeiro, *In*: FIGUEIRA JUNIOR, Joel Dias, LOPES, Mauricio Antonio Ribeiro. *Comentários...*. 2ª Ed., cit., p. 594 e seguintes), acrescentando que pelo facto de se tratar de um direito subjectivo do arguido – estando presentes os requisitos legais –, pode o Juiz conceder, *ex officio*, a suspensão, após receber a denúncia. Nesse caso restaria ao ministério público a possibilidade de manejar o recurso em sentido estrito. Advirta-se, porém, que deve ser evitada a tão criticada prática de se restringir o objecto de conhecimento da *ordem*, conforme alguma jurisprudência: "o *habeas corpus* é meio inidóneo para análise de aspectos subjectivos e objectivos quanto à suficiência e necessidade da suspensão do processo dependente de aprofundado exame probatório, não se exibindo, *prima facie*, motivos para o impulso da actividade ministerial", conf.: TACRIM, hc 286.078.8, Rel. Rubens Elias, 01.02.96. Tal posicionamento alinha-se à série daqueles outros, infelizmente tornada praxe, que entende inadmissível a análise de provas em sede de *habeas corpus* proposto contra o recebimento de denúncia. Se, efectivamente, a produção e análise de provas em sede do *habeas corpus* se mostra *a princípio* impertinente, quando ela resultar cristalina e devidamente demonstrada na própria peça processual respectiva deve ser abandonado o mencionado zelo, sob pena de se esvaziar o sentido garantidor da *ordem*. Aliás, diga-se que ainda hoje o *habeas corpus* é o único instrumento a ser manejado pela defesa neste momento crucial para o acusado que é o recebimento da denúncia e, com o

684   *O Processo Penal como Instrumento de Política Criminal*

Também considerando que a sua natureza é interlocutória, WEBER BATISTA[299] sustenta que cabe recurso em sentido estrito tanto da decisão que concede como da que nega a suspensão condicional do processo; acresce, ainda, que se o erro do juiz, ao não conceder a suspensão do processo, for evidente, perceptível ao primeiro olhar, cabível será a propositura de *habeas corpus* para sanar a ilegalidade ou abuso de poder.

14 – Revogação.

As causas de revogação da suspensão podem ser divididas em obrigatórias (§ 3º, art. 89º)[300] e facultativas (§ 4º, art. 89º).

14.1 – Obrigatória.

Formula-se uma crítica à causa de revogação obrigatória na hipótese em que o "beneficiário vier a ser processado por outro crime". Com efeito, alega-se que, na forma como exposta na Lei, essa causa obrigatória de revogação implica uma flagrante violação do princípio constitucional da presunção de inocência, uma vez que "ninguém será considerado culpado até ao trânsito em julgado de sentença penal condenatória" (art. 5º, LVII, C. F.)[301].

---

advento da Lei 9.099/95, é também aquele de que se deve fazer uso no caso de indeferimento da suspensão. Na jurisprudência há a sustentação de que "cabe recurso em sentido estrito contra a decisão de juiz que, discordando da oposição do agente do Ministério Público, defere ao réu a suspensão condicional do processo prevista no art. 89º da Lei 9.099/95" (TRF – 4ª Região, Rel. Vladimir Freitas, DJU de 22.05.96, p. 33.349)

[299] *Juizados...*, cit., p. 388. Nessa mesma linha, entende DOORGAL (ANDRADA, Doorgal Gustavo B. de. *A suspensão...*, cit., p. 90) que se a suspensão for homologada sem a adesão do ministério público, por entender este último que faltam os requisitos legais, cabível é o recurso em sentido estrito. Anteriormente (p. 74), o Autor já se havia pronunciado no sentido do cabimento da medida de *habeas corpus* ou do recurso em sentido estrito nos casos de negação pelo juiz da homologação da suspensão.

[300] Estas pressupondo, necessariamente, pronunciamento judicial a respeito, conf.: LOPES, Mauricio Antonio Ribeiro, *In*: FIGUEIRA JUNIOR, Joel Dias, LOPES, Mauricio Antonio Ribeiro. *Comentários....* 2ª Ed., cit., p. 598.

[301] LOPES JÚNIOR, Aury Celso Lima. Breves considerações..., cit., p. 365. Há opiniões contrárias: BITENCOURT, Cezar Roberto. *Juizados...*, cit., p. 129; MIRABETE, Julio Fabbrini. *Juizados...*, cit., p. 166, entendendo que não se verifica a violação do princípio

Modelo Brasileiro 685

A solução de se entender que nesse caso o Legislador "quis dizer" condenado e não processado somente se legitima se houver uma aplicação subsidiária (admitida, desde logo) do que estabelece o art. 81º, I, do C. P.[302] para a suspensão condicional da pena também à suspensão do processo.

Desde que aceite a tese de que a causa de revogação obrigatória se refere à condenação e não à condição de processado, é irrelevante se ela tem por objecto crime anterior ou posterior à suspensão. Ressalvada neste caso é a hipótese de condenação na qual se imponha exclusivamente pena de multa, defendendo-se não ser o caso de revogação[303].

Por outro lado, mantendo-se a interpretação literal do texto da Lei, propõe-se como forma de sanar a alegada inconstitucionalidade a admissão de que se o "beneficiário está sendo processado por outro crime ou contravenção, considera-se prorrogado o período do prazo da suspensão até ao julgamento definitivo", consoante estabelece o art. 81º, § 2º, do C. P. para a suspensão condicional da pena[304].

Contra esta última solução alega-se que na suspensão não há pena a ser cumprida se o benefício for revogado: reinicia-se o processo com todos os direitos de defesa, podendo o acusado vir a ser absolvido. Assim sendo, não considerou o Legislador a possibilidade de prorrogação do período de prova se o dano não for reparado ou se o beneficiário vier a ser processado por outro crime, tendo em vista que a reabertura do processo não acarreta cumprimento de pena[305].

---

constitucional de não culpabilidade, visto que a revogação da suspensão não implica a declaração de culpa do acusado nem a imposição de pena, ocorrendo apenas a sequência do processo. No mesmo sentido e com os mesmos argumentos: ANDRADA, Doorgal Gustavo B. de. *A suspensão...*, cit., p. 110. Também WEBER BATISTA (BATISTA, Weber Martins, FUX, Luiz. *Juizados...*, cit., p. 404 e seguintes) defende a constitucionalidade desta causa obrigatória de revogação, partindo do raciocínio de que ela se liga ao requisito do máximo de pena mínima abstractamente prevista em que a suspensão do processo se mostra possível. Ou seja, entende o Autor que a imputação de mais de um delito ao beneficiário pode implicar a superação do limite máximo de pena em que a suspensão se mostra admissível, justificando, pois, a condição.

[302] Que prevê a revogação obrigatória da suspensão condicional da pena quando o beneficiário é *condenado*, em sentença irrecorrível, por crime doloso.

[303] GOMES, Luiz Flávio. *Suspensão...*, cit., p. 340.

[304] LOPES, Mauricio Antonio Ribeiro, *In*: FIGUEIRA JUNIOR, Joel Dias, LOPES, Mauricio Antonio Ribeiro. *Comentários....* 2ª Ed., cit., p. 598.

[305] ANDRADA, Doorgal Gustavo B. de. *A suspensão...*, cit., p. 109.

686   *O Processo Penal como Instrumento de Política Criminal*

Mencionando a Lei a revogação quando o beneficiário vier a ser processado por outro *crime*, desde que mantida esta causa revogatória é evidente que ela não se aplica de forma obrigatória no caso de novo processo por *contravenção*. Além do mais, para a eficácia da causa revogatória é necessário que se verifique o recebimento de denúncia ou queixa com citação, não bastando a realização de outro tipo de medida preliminar, *v.g.*, inquérito policial.

A segunda causa de revogação obrigatória dá-se quando o beneficiário "não efectuar, sem motivo justificado, a reparação do dano". Ora, partindo do pressuposto de que a reparação é condição não da suspensão mas sim da extinção da punibilidade (*supra*), é evidente que a revogação somente poderá ocorrer no término do período de prova, desde que essa reparação não se verifique ou se demonstre a impossibilidade de a realizar.

Há que se acrescentar que muitas vezes a apuração do valor do dano a ser reparado estará condicionada a uma decisão no juízo cível competente – excepção apenas quando houver a composição civil prévia –, de modo que, não tendo a Lei 9.099/95 previsto a prorrogação do período de prova, defende-se que o juiz criminal deverá julgar extinta a punibilidade do facto findo o prazo da suspensão, extinguindo o processo sem julgamento do mérito, mesmo que haja um processo civil em curso tendo por objectivo a reparação. Com isto, a condição perde em muito o seu valor[306].

14.2 – Facultativa.

Atribui-se um vício de inconstitucionalidade também à causa facultativa de revogação da suspensão quando "o acusado vier a ser processado, no curso do prazo, por contravenção". Conforme vimos quanto à primeira causa de revogação obrigatória, afirma-se que esta causa facultativa de revogação viola o princípio constitucional da presunção de não culpabilidade, na medida em que a instauração de um processo não pode gerar os efeitos decorrentes da existência de uma condenação. Portanto, somente entendendo-se esta causa como relacionada com a ocorrência de uma condenação no curso do prazo é que ela poderia ser considerada facultativamente operante. Ainda que tanto nesse caso como no da revogação obrigatória pelo surgimento de novo processo por *crime*

---

[306] BATISTA, Weber Martins, FUX, Luiz. *Juizados...*, cit., p. 404.

se possa argumentar que a solução legalmente prevista se adequa à conformação do processo penal como instrumento de política criminal, enquanto valora esse novo processo para os fins de se medir a necessidade de prevenção especial, portanto, a solução legal seria adequadamente *funcional*, a *garantia* da presunção de não culpabilidade torna questionável o argumento.

Na ausência de cumprimento de qualquer outra condição imposta, da mesma forma facultativa é a revogação da suspensão.

Contra a decisão que revoga a suspensão condicional do processo é cabível o recurso de apelação, nada impedindo, igualmente, que o beneficiário faça uso do *habeas corpus*, em virtude do constrangimento ilegal verificado.

15 – Delimitação da aplicação.

Conforme se verifica nos modelos de diversificação processual de outros Ordenamentos Jurídicos, também no que se refere à experiência do Ordenamento Jurídico brasileiro a admissibilidade destas formas de diversificação processual, particularmente a suspensão condicional do processo, sujeita-se ao juízo de compatibilidade com os princípios que tradicionalmente orientam o processo penal, visando a preservação da sua peculiar função de *garantia*. Assim, também no Ordenamento Jurídico brasileiro as formas de diversificação processual estão epistemologicamente delimitadas.

Ainda que referindo-se ao Direito Penal material, não é sem razão, pois, a afirmação de RIBEIRO LOPES[307] de que "a procura de princípios básicos do Direito Penal exprime o esforço para, a um só tempo, caracterizá-lo e delimitá-lo".

15.1 – Limites constitucionais.

Sendo a Constituição Federal a sede onde se situa o conjunto de princípios básicos do processo penal, a organização da Justiça Criminal

---

[307] *In*: FIGUEIRA JUNIOR, Joel Dias, LOPES, Mauricio Antonio Ribeiro. *Comentários...*, cit., p. 277. Reconhecendo as normas e princípios constitucionais como limites penais e processuais relativos à segurança individual: DOTTI, René Ariel. As bases constitucionais..., cit., p. 25.

688 — O Processo Penal como Instrumento de Política Criminal

e o funcionamento dos seus órgãos deve sofrer a influência directa dos valores éticos e políticos que informam a ordem jurídico-constitucional, sendo imprescindível a fixação dos princípios, dos quais decorram os preceitos que estruturam as categorias jurídicas necessárias para a construção científica dos fundamentos normativos do Direito Processual Penal[308].

Ao entrar no tema relacionado com a delimitação constitucional da aplicabilidade da suspensão condicional do processo, importa, desde logo, indicar a base em que o mencionado Instituto radica na Constituição.

Dúvida não há de que o fundamento constitucional para a Lei dos Juizados Especiais Criminais (Lei 9.099/95) – que prevê a suspensão condicional do processo –, é o art. 98º, *caput* e inciso primeiro da Constituição[309].

Não obstante, indica-se o disposto no art. 129º, I, da C. F. como base para a suspensão condicional do processo. Com efeito, estabelece o mencionado dispositivo constitucional que "são funções institucionais do ministério público: I – promover, privativamente, a acção penal pública, na forma da lei". Ora, cabendo à lei estabelecer os contornos do exercício da acção penal pública e prevendo a Lei 9.099/95 a hipótese da suspensão condicional, legitimado está o mencionado Instituto[310].

Portanto, a base para o modelo processual inserido na Lei 9.099/95 e para a possibilidade de suspensão condicional do processo encontra-se na própria Constituição, pressupondo, assim, uma harmonia entre o Texto Maior, o inovador modelo e os Institutos correlatos[311].

Realmente, ao tratar *dos direitos e deveres individuais e colectivos* (Capítulo I), inseridos entre os *direitos e garantias fundamentais* (Título II), o art. 5º da Constituição arrola uma série de princípios inerentes ao

---

[308] MARQUES, José Frederico. *Elementos...*, v. 1, cit., p. 74-75.

[309] "Art. 98. A União, no Distrito Federal e nos Territórios, e os Estados criarão: I – juizados especiais, providos por juízes togados, ou togados e leigos, competentes para a conciliação, o julgamento e a execução de causas cíveis de menor complexidade e infracções penais de menor potencial ofensivo, mediante os procedimentos oral e sumaríssimo, permitidos, nas hipóteses previstas em lei, a transacção e o julgamento de recursos por turmas de juízes de primeiro grau".

[310] GOMES, Luiz Flávio. *Suspensão...*, cit., p. 152.

[311] Dissertando sobre o *Processo penal e direitos fundamentais*, escreveu VARGAS (VARGAS, José Cirilo de. *Processo penal...*, cit., p. 57) que "a Constituição é que forma o arcabouço jurídico-político de toda Nação, contendo, ou não, regras democráticas. E para ninguém é novidade que a Constituição é que traça os pressupostos de todos os sectores da ordem jurídica; com o Processo não poderia ser diferente".

Direito e processo de natureza penal. Impõe-se desta forma uma compatibilidade entre a *suspensão condicional do processo* e os direitos e garantias fundamentais[312] previstos na Constituição, por essa via adequando-a aos princípios processuais penais ou, em terminologia defendida na doutrina, *regramentos constitucionais do processo penal*[313].

Desde logo, é pertinente a observação no sentido de que a introdução no Ordenamento Jurídico brasileiro da Lei 9.099/95, que contém a suspensão condicional do processo, não inaugurou uma nova principiologia no Sistema, inserindo-se no contexto do modelo processual existente[314] e, portanto, sujeita à delimitação pelos princípios até então previstos, ainda que sob uma "nova roupagem".

De forma mais incisiva, salienta AZEVEDO[315] que o facto de a Constituição permitir "a criação dos juizados especiais e, neles, a transacção como forma de extinção do processo ou da punibilidade, não significou a derrogação de tantos outros princípios caros ao estatuto Constitucional e ao Estado de cariz democrático, como o da presunção de inocência, da necessidade e obrigatoriedade do processo, da culpabilidade e de sua medida, da proporcionalidade da resposta sancionatória e, por fim, da fundamentação das decisõeas judiciais".

A mencionada "nova roupagem" resulta, como enfatizado no prefácio, da atenuação de alguns princípios tradicionais do Direito e Processo Penal – obrigatoriedade da acção penal, devido processo legal, verdade material, ampla defesa e do contraditório – abrindo-se espaço para a livre manifestação de vontade do acusado[316].

15.1.1 – Princípio constitucional do Estado Democrático de Direito.

Por expressa previsão na Constituição, "a República Federativa do Brasil, formada pela união indissolúvel dos Estados e Municípios e do

---

[312] GOMES, Luiz Flávio. *Suspensão...*, cit., p. 68.

[313] TUCCI, Rogério Lauria. *Direitos e garantias individuais no processo penal brasileiro*, cit., p. 47.

[314] GRINOVER, Ada Pellegrini, *et alli. Juizados...*, cit., p. 61-62; PAZZAGLINI FILHO, Marino *et alli. Juizado...*, cit., p. 27. Também AFRÂNIO JARDIM (JARDIM, Afrânio Silva. Os princípios da obrigatoriedade..., cit.) entende que "é preciso interpretar a Lei nº 9.099/95 dentro dos postulados dos princípios que informam o nosso sistema processual acusatório e não como desejaríamos que o legislador tivesse dito".

[315] A culpa penal e a lei nº 9.099/95, cit., p. 133.

[316] MIRABETE, Julio Fabbrini. *Juizados...*, cit., p. 144.

690   *O Processo Penal como Instrumento de Política Criminal*

Distrito Federal, constitui-se em Estado Democrático de Direito"[317], tornando inequívoco o modelo político nela contido.

Partindo da observação bem posta por JOSÉ AFONSO DA SILVA[318] de que "a configuração do *Estado Democrático de Direito* não significa apenas unir formalmente os conceitos de Estado Democrático e Estado de Direito", consistindo, na verdade, na criação de um conceito novo, é possível, porém, reconhecer que o modelo de Estado de Direito também está contido neste novo conceito. Por consequência, o modelo plasmado na Constituição deve ser conformado também às regras do Estado de Direito, implicando a subordinação do próprio Estado, em sentido amplo, à vontade impessoal das regras jurídicas[319].

Saliente-se, desde logo, que um dos aspectos relevantes do Estado de Direito é a submissão do Estado ao Poder Judiciário, de modo que os "actos legislativos, executivos, administrativos e também judiciais ficam sujeitos ao controle jurisdicional no que tange à legitimidade constitucional e legal"[320].

Por outro lado, estabelecida previamente a estreita vinculação existente entre o modelo político representado na Constituição e o processo penal (*supra*), é evidente que este último também deverá estar submetido às regras do Estado de Direito. Portanto, isso implica que também as formas de diversificação processual, particularmente a suspensão condicional do processo, devem estar submetidas a essa regra do Estado de Direito.

15.1.2 – Protecção da dignidade da pessoa humana.

Expressão fundamental do vector *garantia* dentro de um Estado Democrático de Direito[321], a protecção da dignidade humana apresenta um particular e destacado relevo tratando-se do *Sistema Jurídico-Penal* e da ordem jurídica que lhe dá sustentação, tendo em vista a importância dos valores com que lidam.

---

[317] C. F., art. 1º, *caput*.

[318] SILVA, José Afonso. *Curso de direito constitucional positivo*. 9ª Ed.. São Paulo: Malheiros, 1994, p. 108.

[319] VARGAS, José Cirilo de. *Processo penal...*, cit., p. 42.

[320] SILVA, José Afonso. *Curso de direito constitucional positivo*, cit., p. 104.

[321] GOMES FILHO, Antonio Magalhães. "O princípio da presunção de inocência..., cit., p. 32; CERNICCHIARO, Luiz Vicente, COSTA Jr., Paulo José. *Direito penal na constituição*, cit., p. 102.

Modelo Brasileiro 691

Todavia, diversamente da afirmação de que o respeito pela dignidade da pessoa humana se apresenta como um limite intransponível para o Direito Penal[322], parece mais adequado reconhecer que este último tutela a dignidade humana e deve ser a infranqueável barreira para as medidas de política criminal, como preconizou VON LISZT no início do século. Deste modo, qualquer medida de cunho *funcional*, material ou processual, que se pretenda introduzir num *Sistema Jurídico-Penal* assim baseado deve estar devidamente delimitada por essa necessidade de protecção da dignidade humana.

Portanto, também a suspensão condicional do processo encontra uma barreira constitucional intransponível no respeito pela dignidade da pessoa humana (art. 1°, III, C. F.), particularmente no que tange à natureza das regras que podem ser impostas ao acusado.

Melhor dizendo, na perspectiva da suspensão condicional do processo a necessidade de protecção da dignidade humana deve revestir-se de um carácter não meramente formal, representando uma norma de conteúdo apenas programático, mas sim deve estar dotada de uma eficácia plena, actuando desde o reconhecimento da livre manifestação de vontade do acusado, no sentido da aceitação ou não da suspensão, até à limitação das condições que lhe serão impostas durante o período de prova, cuidando para que ele não seja submetido a regras atentatórias dessa sua dignidade de pessoa humana.

Preliminarmente, é essencial, pois, que a adesão do acusado à suspensão do processo seja produto da sua livre manifestação de vontade. Nenhuma novidade até aí, se não fosse o caso da necessidade de se traduzir concretamente essa autonomia de vontade do acusado. Ou seja, é imprescindível que a adesão livre do acusado à proposta de suspensão seja real e não apenas uma alternativa que se enquadre na lógica: "dos males o menor". Assim sendo, por maior que seja o *eficientismo* e a *funcionalidade* da suspensão do processo num caso concreto, se for possível vislumbrar uma exclusão da responsabilidade penal do acusado, por negativa da autoria ou qualquer outra causa, ele deve ser devidamente informado dessa possibilidade.

Por outro lado, por mais *funcional* que possa parecer uma determinada condição a ser imposta na suspensão do processo, se ela for, em

---

[322] CAMARGO, A. L. Chaves. Direito penal, processo penal e dogmática jurídica, cit., p. 26.

692   *O Processo Penal como Instrumento de Política Criminal*

alguma medida, atentatória da dignidade humana, deverá ser recusada a sua aplicação. Diga-se, aliás, que uma regra que viole a dignidade da pessoa humana dificilmente poderá ser efectivamente funcional, pois a indignação gerada no próprio obrigado poderá conduzir a um reforço da sua disposição em se opor à ordem jurídica.

Registe-se, por fim, que quando falamos em dignidade humana não estamos a referir-nos apenas aos seus aspectos mais salientes, relacionados com a vida, a liberdade, a sobrevivência de forma digna, a honra, entre outros, mas também àqueles outros seus aspectos não menos aparentes como a intimidade, a privacidade, a imagem e outros relacionados com o livre desenvolvimento da condição humana. Também quanto a estes últimos deve verificar-se uma limitação – no sentido de proporcionalidade – das condições a serem impostas na suspensão condicional do processo, procurando-se limitar ao mínimo necessário as restrições que neles poderá eventualmente provocar o cumprimento das regras de conduta[323].

15.1.3 – Princípio da presunção de inocência.

Previsto no art. 5º, inciso LVII, da Constituição Federal[324] e também entendido como presunção do estado de inocência ou da não-culpabilidade[325], alguma perplexidade pode resultar acerca da compatibilidade da suspensão condicional do processo com o princípio da presunção de inocência.

---

[323] Recordando sempre que estamos diante de uma perspectiva do processo penal como instrumento de política criminal, na qual, se não é de todo seguro afirmar que o processo deve estar voltado para a obtenção das finalidades de política criminal, principalmente aquelas de natureza negativa, é plenamente aceitável a ideia de que ele deve ser conformado de forma a não prejudicar essas mesmas finalidades, em especial aquelas de natureza positiva, devendo ser estruturado de forma o menos estigmatizante possível. Assim, não cabe aqui alçar bandeiras do tipo simbólico, fundadas na necessidade de uma resposta mais "dura" a ser dada aos autores de delito, mesmo aqueles de menor potencial ofensivo.

[324] "Art. 5º (...). LVII – ninguém será considerado culpado até ao trânsito em julgado de sentença penal condenatória".

[325] BARBOSA, Marcelo Fortes. *Garantias constitucionais de direito penal e de processo penal...*, cit., p. 84 e seguintes, informando que "isto significa dizer que o réu, no nosso sistema, não é ainda presumivelmente inocente, só por causa do artigo 5º, LVII, mas tão somente não pode ser considerado culpado até ao trânsito em julgado da sentença condenatória".

Segundo VARGAS[326], "a Constituição estabeleceu a regra, insculpida, aliás, nos ordenamentos jurídicos mais modernos, de que só o veredicto condenatório passado em julgado, ou seja, que não mais pode ser impugnado por qualquer recurso, constitui razão jurídica para que o cidadão seja considerado culpado por prática de infracção penal. Antes, não; antes, ele é inocente".

Sob pena de um tratamento meramente superficial deste importante princípio, ainda que não seja esta a sede própria para se aprofundar a seu respeito, busquemos uma sua maior concretização, visando confrontá-lo com a suspensão condicional do processo.

Autoridade no assunto na doutrina brasileira, GOMES FILHO[327] contesta a restrição do princípio ao aspecto apenas de um "estado de inocência" ou de "não culpabilidade", afirmando que ele deve ser visto em duas perspectivas distintas: como regra probatória e como regra de tratamento.

Como regra probatória o princípio liga-se a uma presunção de inocência, de modo que o acusado não está obrigado a fornecer provas da sua inocência, pois ela é presumida. Disto decorre que sobre a acusação recai o ónus da prova, pois o acusado tem a presunção de inocência a seu favor; qualquer dúvida sobre os factos arguidos deve levar à absolvição, considerando-se a regra do *in dubio pro reo*[328].

Como regra de tratamento o princípio relaciona-se com a presunção de não culpabilidade ou, estado de inocência, impedindo a adopção de medidas restritivas da liberdade antes do reconhecimento da culpabilidade, salvo aquelas de natureza cautelar. Assim, antes de uma condenação definitiva é intolerável qualquer punição antecipada ou qualquer medida que importe em reconhecimento prévio da culpabilidade[329].

---

[326] *Processo penal...*, cit., p. 263; TUCCI, Rogério Lauria. *Direitos e garantias individuais no processo penal brasileiro*, cit., p. 402.

[327] "O princípio da presunção de inocência...", cit., p. 30 e seguintes.

[328] Consequências concretas desta concepção são: o processo penal deve visar a verificação dos factos imputados e não a investigação sobre as desculpas do acusado; o processo penal não deve servir à mera ratificação dos elementos colhidos na fase do inquérito, mas sim deve comprovar a imputação; a adopção, produção e utilização dos dados probatórios somente pode ocorrer através do devido processo legal; o acusado não está obrigado a colaborar na apuração dos factos; a absolvição fundada na insuficiência de provas não pode conduzir a um tratamento desfavorável do acusado absolvido sob esse fundamento.

[329] Aponta-se, exemplificativamente, como violações a este aspecto do princípio da presunção de inocência: a posição em que se coloca o acusado na sala de audiências (*v.g.* a posição do acusado no Tribunal do Júri: separado do defensor e entre dois

694   *O Processo Penal como Instrumento de Política Criminal*

Desse modo, deve ser inequívoco o reconhecimento de um *estado de inocência*, vedando que o acusado sofra antecipadamente qualquer consequência inerente a um provimento jurisdicional condenatório, havendo ainda dúvidas sobre a existência dos factos incriminatórios ou face ao carácter ténue do suporte probatório. Entendido nestes termos, do princípio decorrem as seguintes consequências: a restrição à liberdade do acusado antes da sentença definitiva somente poderá ser admitida na forma de medida cautelar, de necessidade ou conveniência, nos termos legais; o acusado não tem o dever de provar a sua inocência, cabendo ao acusador provar a sua culpa; para a condenação do acusado o juiz deve ter a convicção de que ele é responsável pelo delito, bastando para a absolvição a dúvida a respeito da sua culpa[330].

À vista das mencionadas consequências, é fácil perceber que o problema da compatibilidade entre o princípio da presunção de não culpabilidade e a suspensão do processo se liga às duas questões mais sensíveis acerca deste novo Instituto, ou seja, a identificação se na suspensão há ou não um reconhecimento da culpabilidade do agente e a afirmação ou não da natureza jurídica de sanção penal típica das condições que nele são impostas ao beneficiário.

Desde que se entenda que na suspensão do processo não há um reconhecimento da culpabilidade do agente e que não são sanções penais típicas as condições, a cujo cumprimento se sujeita o beneficiário, nenhuma incompatibilidade há entre ela – a suspensão – e o princípio da presunção de não culpabilidade. Consequentemente, nesta perspectiva a mencionada perplexidade vem sumariamente resolvida com a afirmação de que na suspensão condicional do processo não foi prevista a imposição de penas nem se presumiram responsabilidades antes do trânsito em julgado da sentença penal condenatória[331].

---

polícias); a utilização de algemas durante o julgamento; a exposição do acusado aos abusos dos meios de comunicação; algumas hipóteses de prisão anterior à condenação definitiva, particularmente aquela decorrente de pronúncia ou de sentença recorrível.

[330] MIRABETE, Julio Fabbrini. *Processo penal*. 2ª Ed., cit., p. 42. Nesta perspectiva o princípio põe-se a salvo das críticas contra ele formuladas – noticiadas pelo Autor na mesma passagem –, fundadas no argumento de que, levado às últimas consequências, não permitiria qualquer medida coactiva contra o acusado, nem mesmo a prisão provisória ou o próprio processo.

[331] JESUS, Damásio Evangelista de. *Lei...*, cit., p. 31. Na mesma linha de entendimento, sustenta GOMES (GOMES, Luiz Flávio. *Suspensão...*, cit., p. 193-194) que na suspensão o acusado não é considerado culpado, que ele não cumpre pena, senão condições, e que o Instituto deriva da autonomia da sua manifestação de vontade. Acresça-se

Por outro lado, se vem afirmada a natureza de sanção penal típica das condições e se entende que na suspensão do processo se verifica o reconhecimento da culpabilidade do acusado, esta alternativa processual pode arranhar o princípio da presunção de não culpabilidade. Ou seja, nessa perspectiva o acusado sofreria uma restrição, de natureza não cautelar, à sua liberdade antes da sentença definitiva, considerando a necessidade de cumprimento de algumas espécies de condições[332], bem como a sua culpabilidade seria reconhecida sem a necessidade da devida comprovação pelo acusador público, da mesma forma não prescindindo o juiz da plena convicção da culpa do agente no cumprimento do delito.

Todavia, tanto num caso como no outro a saída encontrada para a não ocorrência desta incompatibilidade com o princípio da não culpabilidade é procurada a partir do reconhecimento da livre manifestação de vontade do acusado em aderir à suspensão. Parte-se do entendimento de que o consenso que o acusado presta ao acordo processual tem o efeito de atribuir valor probatório ao material até então obtido, de tal modo que o seu acto afasta a presunção de não culpabilidade que o Ordenamento Jurídico reconhecia a seu favor. Fala-se, então, numa renúncia ao *estado de inocência*.

Ora bem, revelando que as coisas não são assim tão tranquilas deve ser argumentado que, se o acusado não tem o dever de provar a sua inocência, a adesão que ele presta ao acordo processual não pode significar que esteja a abrir mão do seu estado de inocência: ainda assim a demonstração da culpabilidade pelo acusador público é pressuposta, pois como vimos o processo penal deve comprovar a imputação e não meramente confirmar os elementos colhidos na fase de inquérito; por outro lado, essa adesão do acusado ao acordo processual não deve ser bastante para eliminar a dúvida do juiz acerca da sua culpabilidade, tanto é que, se este último entender que o caso é de absolvição, deverá recusar a homologação da suspensão e emitir o pronunciamento absolutório.

---

ainda a afirmação peremptória de que "na suspensão resta incólume a questão da culpabilidade", de modo que se for revogada a suspensão o acusado não é presumido inocente, impondo ao órgão da acusação a demonstração eloquente da culpabilidade, dentro do devido processo legal.

[332] Ainda que aparentemente desnecessário, é bom que se registe que falamos em "algumas espécies de condições", deixando claro que nem todas se ligam directamente a uma restrição do bem jurídico liberdade individual.

696 O Processo Penal como Instrumento de Política Criminal

15.1.4 – Regra do devido processo legal.

A concretização da adequação do processo penal à regra do Estado de Direito implica a consagração da correlata regra do devido processo legal, que na Constituição Federal de 1988 se encontra expressa no art. 5º, inciso LVI, nos seguintes termos: "ninguém será privado da liberdade ou de seus bens sem o devido processo legal".

Confrontada a mencionada regra com os modelos de diversificação processual, resta a constatação de que, sendo legalmente disciplinados esses modelos, não se verifica uma lesão do aspecto formal do devido processo legal.

Contudo, é de se observar que o relevo maior deve ser dado nem tanto ao aspecto formal mas sim ao material da regra do *due process of law*, implicando a necessidade de observação de uma série de outros princípios, traduzidos nas seguintes garantias: de acesso à Justiça Penal; do juiz natural em matéria penal; de tratamento paritário dos sujeitos parciais do processo penal, assegurado principalmente pela regra do contraditório; da plenitude de defesa do indiciado, acusado, ou condenado, com todos os meios e recursos a ela inerentes; da publicidade dos actos processuais penais; da motivação dos actos decisórios penais; da fixação de prazo razoável de duração do processo penal; e da legalidade da execução penal[333].

Impõe-se uma conformação das formas de diversificação processual com algumas destas garantias, visando excluir uma possível lesão do aspecto *material* do princípio do devido processo legal.

15.2 – Limites processuais.

Saliente-se que a distinção feita entre limites constitucionais e processuais é meramente metodológica, não sendo ignorado que, a bem da verdade, uns e outros devem necessariamente estar referidos à Constituição.

15.2.1 – Princípio da legalidade.

Ainda que se verifique certa tendência para se equiparar o princípio da legalidade ao da obrigatoriedade e o da oportunidade ao da

---

[333] Com pequenas ampliações, é este o rol fornecido por TUCCI, Rogério Lauria. *Direitos e garantias individuais no processo penal brasileiro*, cit., p. 70-71, sendo certo que ele não esgota todas as necessárias manifestações do devido processo penal.

disponibilidade da acção penal[334], também no Ordenamento Jurídico brasileiro é possível distinguir a obrigatoriedade, enquanto ligada à necessidade de propositura da acção penal, da indisponibilidade, ligada à proibição da disposição da acção penal já proposta – nesta última perspectiva ligando-se mais ao princípio da indesistibilidade da acção penal[335] –; ambas, porém, como espécies do género legalidade processual. Correlatamente, o princípio da oportunidade diz mais com as situações em que o ministério público deixa de propor a acção penal, enquanto a ideia de disponibilidade se liga mais aos casos em que o acusador público não dá seguimento a uma acção penal já proposta.

Levando-se em conta esta distinção, melhor será reconhecer que na suspensão condicional do processo se verifica uma mitigação do princípio da indisponibilidade da acção penal pública condenatória, previsto no art. 42º do Código de Processo Penal[336], tendo em vista que o recebimento da denúncia é pressuposto para a suspensão.

Não obstante, segundo se entende, a suspensão condicional do processo é uma manifestação do princípio da oportunidade que se reconhece na actuação do agente do ministério público. Porém, trata-se de uma hipótese de oportunidade não absoluta mas sim regrada. Desse modo, se como titular da acção penal pública o ministério público não podia dela dispor, agora pode. "Mas essa disposição está adstrita a critérios legais, não *institucionais* (por isso falamos em discricionariedade *regrada*). Fazer ou não a proposta de suspensão não é consequência de uma decisão baseada em critérios *pessoais* ou *institucionais*, senão nos descritos em lei". Acresça-se a isto o dever de motivação a que se vincula o ministério público em todas as suas manifestações processuais[337]. Assim, conforme se enfatiza, a regra continua a ser a da legalidade processual.

---

[334] GOMES, Luiz Flávio. *Suspensão...*, cit., p. 64.

[335] FERNANDES, Fernando Andrade. *Da acção penal condenatória*, cit., p. 41-42.

[336] JARDIM, Afrânio Silva. Os princípios da obrigatoriedade..., cit.; LIMA E SOUZA, Amaury de. *Juizados...*, cit., p. 33.

[337] GOMES, Luiz Flávio. *Suspensão...*, cit., p. 153 e seguintes. Complementa o Autor (p.157) dizendo que o ministério público agora tem o poder de formular a proposta de suspensão; porém, esse poder transforma-se em dever quando presentes todos os requisitos legais da medida alternativa; a margem de recusa de formular ou não a proposta é dada pela lei: os requisitos da suspensão. "Dentro dessa margem o Ministério Público deve actuar". Posicionam-se no mesmo sentido GRINOVER *et alli* (GRINOVER, Ada Pellegrini, *et alli*. *Juizados...*, cit., p. 62), sustentando que "não se cuida de aceitação do princípio da oportunidade, mas de mitigação da obrigatoriedade por via

698 · O Processo Penal como Instrumento de Política Criminal

Portanto, é a natureza regulada ou, regrada, da actuação do ministério público em relação à suspensão condicional do processo que propicia a sua compatibilização com o princípio da legalidade.

Também aqui a atenuação ao rigor do princípio da legalidade processual, na dimensão da indisponibilidade, decorre do reconhecimento da existência de uma *oportunidade* informal, de modo que "na prática, operam diversos critérios de selecção informais, e politicamente caóticos, inclusive entre os órgãos da persecução penal e judiciais"[338].

Retratando com invulgar perspicácia o fundamento político-criminal dessa atenuação ao rigor do princípio da legalidade processual, enquanto ligando-a ao interesse geral na persecução, muito antes do advento das hipóteses contempladas na Lei 9.099/95 já vaticinava FREDERICO MARQUES[339]:

"Muito embora tenhamos sempre sustentado a vigência do princípio da obrigatoriedade da acção penal, no direito brasileiro, curvamo-nos à lógica e bom-senso desta argumentação, para reconhecer, assim, que o postulado dominante no processo penal pátrio é o da obrigatoriedade mitigada ou relativa da propositura da acção penal pública. Se o exame da aplicação, *hic et nunc*, da lei penal levar à conclusão de que o interesse geral será mais bem resguardado sem a persecução penal acusatória, a acção penal pode deixar de ser proposta."

15.2.2 – Princípio da verdade material.

No seu aspecto mais saliente, o princípio em análise pode ser concebido como a necessidade de que a investigação levada a cabo no procedimento de natureza penal não se encontre limitada na forma ou pela iniciativa das partes, devendo o juiz suprir a eventual inércia ou omissão

---

procedimental". Estendendo esse sentido também à hipótese de transacção pela aplicação imediata de pena restritiva de direitos ou multa (art. 76°): LOPES, Mauricio Antonio Ribeiro, *In*: FIGUEIRA JUNIOR, Joel Dias, LOPES, Mauricio Antonio Ribeiro. *Comentários....* 2ª Ed., cit., p. 453.

[338] GRINOVER, Ada Pellegrini, *et alli. Juizados...*, cit., p. 26. LOPES, Mauricio Antonio Ribeiro, *In*: FIGUEIRA JUNIOR, Joel Dias, LOPES, Mauricio Antonio Ribeiro. *Comentários....* 2ª Ed., cit., p. 458.

[339] MARQUES, José Frederico. Sobre a acção penal. *In*: *Estudos de direito processual penal*. Rio de Janeiro: Forense, p. 105-107, 1960, p. 107. Se discutido foi o acerto da conclusão do Autor, na medida em que referida à possibilidade de arquivamento pelas *razões invocadas* pelo ministério público, prevista no art. 28° C.P.P., quanto às hipóteses previstas na Lei 9.099/ 95 ela adequa-se com perfeição.

Modelo Brasileiro 699

dos outros sujeitos processuais, procurando descobrir a verdade a respeito dos factos objecto da acção penal. Com base neste princípio temos o sistema da livre investigação das provas, "não podendo o juiz satisfazer--se com a verdade formal"[340].

Segundo WEBER BATISTA[341], "apesar das garantias com que se cerca o processo, a verdade real continua sendo um ideal nem sempre atingível, satisfazendo-se a Justiça com a afirmação de uma verdade meramente formal".

Com o advento da Lei 9.099/95 sustenta-se, então, que "ao lado do clássico princípio da verdade material, agora temos que admitir também a verdade *consensuada*"[342]. O fundamento para a admissibilidade desta verdade *consensuada* residiria na constatação de que "a finalidade do processo penal comum, de descobrir a verdade real, é colocada em plano secundário nas infracções penais de menor potencial ofensivo, predominando a busca da paz social com um mínimo de formalidade"[343].

No que respeita especificamente à suspensão provisória do processo, opina-se no sentido de que o referido princípio não é por ela violado, tendo em vista que nela o Estado, voluntariamente, recua no uso e acolhimento de determinados direitos em benefício de medidas que são de capital importância para o legislador na solução de problemas da criminalidade: economia processual, custo do delito, subrepovoação carcerária, etc.. Atenuando esse privilégio quase que absoluto atribuído aos vectores da *funcionalidade* e do *eficientismo*, continua-se a afirmar que não se verifica nenhuma lesão ao princípio, tendo em vista o respeito pela autonomia de vontade do acusado, que, voluntariamente, dispõe das suas garantias constitucionais e processuais[344].

---

[340] NOGUEIRA, Paulo Lúcio. *Curso completo de processo penal*. 3ª Ed.. São Paulo: Saraiva, 1987, p. 7.

[341] *Juizados...*, cit., p. 358. Aliás, é lugar comum na doutrina a afirmação de que "no processo penal brasileiro o princípio da verdade real não vige em toda a sua inteireza", ainda que esta constatação diga respeito especificamente aos casos da acção penal de iniciativa privada, à acção penal condicionada à representação, à proibição da rescisão do provimento jurisdicional absolutório transitado em julgado, mesmo com o surgimento de novas provas contra o agente, entre outras hipóteses, conf.: MIRABETE, Julio Fabbrini. *Processo penal*. 2ª Ed., cit., p. 45.

[342] GRINOVER, Ada Pellegrini, *et alli*. *Juizados...*, cit., p. 18; PAZZAGLINI FILHO, Marino *et alli*. *Juizado...*, cit., p. 19; GOMES, Luiz Flávio. *Suspensão...*, cit., p. 96.

[343] MIRABETE, Julio Fabbrini. *Juizados...*, cit., p. 72.

[344] JESUS, Damásio Evangelista de. *Lei...*, cit., p. 90-91.

700 *O Processo Penal como Instrumento de Política Criminal*

Portanto, não se pode esconder a fundamentação político-criminal que se encontra na base desse princípio da verdade material, na medida em que ele é ditado pelo interesse de prevenção geral, pois de outro modo a norma jurídica não poderia continuar a funcionar como directiva de orientação para os comportamentos fiéis ao direito.

15.2.3 – Princípio da publicidade.

Um dos crivos de legitimidade por que têm que passar as formas de diversificação processual é justamente o da publicidade dos actos, evitando-se dessa forma que o procedimento penal se torne um mero "acordo de cavalheiros" (*gentlemen's agreement*) celebrado "por debaixo da mesa" (*underneath the table*)[345].

Cuidando deste aspecto, a Lei 9.099/95 estabeleceu no seu art. 64° a regra da publicidade dos actos processuais, procurando evitar os mencionados efeitos danosos. Registe-se, contudo, a advertência no sentido de que essa publicidade dos actos deverá ser relativizada todas as vezes que a defesa da intimidade exigir o sigilo ou nos casos de inconveniência grave ou perigo de perturbação da ordem, nos termos do § 1° do art. 792°, combinado com o § 2° do art 77°, ambos do C.P.P.[346].

16 – Críticas.

Antecipando-se a possíveis críticas ao Instituto, fundadas na preocupação de que com ele poderão concordar acusados inocentes, por temer a sujeição a um processo do qual resultem consequências mais graves, entende WEBER BATISTA[347] que, diversamente do modelo *anglo-americano* da *plea bargaining*, na suspensão do processo a sua aceitação será feita livremente pelo interessado, que não estará sujeito a qualquer prejuízo pelo facto de a rejeitar. Acaso rejeite a suspensão e

---

[345] Sobre o mencionado princípio, consultar: VARGAS, José Cirilo de. *Processo penal...*, cit., p. 222-223, onde o Autor demonstra uma certa perda de efectividade do princípio na prática forense.

[346] LOPES, Mauricio Antonio Ribeiro, *In*: FIGUEIRA JUNIOR, Joel Dias, LOPES, Mauricio Antonio Ribeiro. *Comentários...*. 2ª Ed., cit., p. 435. Enfatiza MIRABETE (MIRABETE, Julio Fabbrini. *Juizados...*, cit., p. 43) que "trata-se de garantia do indivíduo no tocante ao exercício da jurisdição, que pode obstar arbitrariedades e violências contra o acusado, benéfica para a própria Justiça que, em público, estará mais livre de eventuais pressões, realizando seu fim com mais transparência".

Modelo Brasileiro 701

venha a ser condenado no processo que se seguir, o interessado não estará sujeito a uma pena maior somente por isso, podendo, inclusive, obter a mesma vantagem, através da suspensão condicional da pena.

17 – Estatísticas.

Embora não se referindo especificamente à suspensão do processo mas sim ao conjunto dos instrumentos processuais baseados no consenso que foram introduzidos no Ordenamento Jurídico brasileiro, informa-se que eles "têm logrado, de modo significativo, alcançar seus objetivos de celeridade, tendo a média de feitos extintos em sua fase preliminar excedido a 95%"[348].

É fácil perceber, todavia, que os números revelam o êxito das formas de diversificação processual tão somente no que se refere ao vector do *eficientismo*, deixando na sombra a demonstração da adequação *funcional* destas diversificações, a qual deveria ser a contrapartida mínima resultante do sacrifício ou atenuação de algumas *garantias* processuais. Que fique bem claro: é de se rechaçar todo o modelo processual baseado exclusivamente numa lógica de custo/benefício, voltado apenas para um eficientismo na prestação jurisdicional e tendo como meta apenas o objectivo de despachar processos.

Portanto, se não ficar demonstrado que o modelo processual introduzido pela Lei 9.099/95 e os Institutos nela contidos propiciaram algum efeito positivo em termos de política criminal[349], em vão terá sido o ingente esforço realizado para a sua elaboração e justificação teórica. Contudo, mesmo se assim for, isso não contradiz em medida alguma a ideia da orientação político-criminal do processo penal, devendo ser questionado, então, o próprio modelo idealizado para se atingir este desiderato[350].

---

[347] *Juizados...*, cit., p. 360.

[348] SANTOS, Luiz Felipe Brasil. Requisitos do termo circunstanciado. *Ajuris*, Porto Alegre, a. 23, n° 67, p. 394-398, jul. 1996, p. 394. Registe-se, porém, que a informação data de 1996, ou seja, apenas um ano após a entrada em vigor da Lei 9.099/95, que introduziu os citados intrumentos processuais.

[349] Particularmente o efeito de não estigmatização dos agentes, de modo a que não voltem a novas práticas delituosas.

[350] Ao ponto de se pensar – quanto a nós, de forma injustificável – se então não seria válido fazer maiores concessões a uma orientação político criminal repressiva do

702 — O Processo Penal como Instrumento de Política Criminal

processo penal, como tem se verificado em algumas leis recentemente editadas no Ordenamento Jurídico brasileiro, nas quais são suprimidas algumas garantias processuais, tais como a possibilidade de concessão da liberdade mediante pagamento de fiança, a possibilidade de liberdade provisória, a proibição do apelo em liberdade, a ampliação dos prazos de prisão provisória, a delação premiada, entre outros, claramente voltada para a obtenção das finalidade político-criminais, porém, por uma via oposta à que se se está a procurar demonstrar no texto. Portanto, conforme já aventado, também estas hipóteses demonstram perfeitamente a possibilidade de uma orientação do processo penal em termos de política criminal, estando estruturado de forma a propiciar ou não impedir a obtenção das finalidades político-criminais, pese embora o repúdio que podem provocar as formas por último mencionadas.

PARTE IV
AS FORMAS DE DIVERSIFICAÇÃO PROCESSSUAL COMO INSTRUMENTO DE POLÍTICA CRIMINAL

SECÇÃO 1

Fundamentos.

Na linha da pretendida integração político-criminal do processo penal, esta providência mostra-se indispensável em relação aos institutos consensuais em análise, com vista à tentativa de se obter a conciliação entre o vector *funcionalidade* (utilidade político-criminal), *eficientismo* (deflação e aceleração processual) e aquele da *garantia* (representado pelos princípios processuais que delimitam as formas consensuais).

Já abordados os vectores do *eficientismo* e o da *garantia*, quanto ao vector da *funcionalidade* a análise deve ser feita por referência às finalidades esperadas da imposição da sanção penal[1].

Registe-se que não será feita aqui a análise detida a respeito de cada uma dessas finalidades da pena, nem tão pouco será enfrentada a questão da adequação e da predominância de cada uma delas; para o objectivo que se pretende basta a alusão às finalidades típicas a que se vincula a sanção penal: retribuição na medida da culpabilidade e aquelas de natureza preventiva, geral e especial.

§ 1 – No Ordenamento Jurídico italiano.

É corrente o entendimento de que na *aplicazione della pena su richiesta* verifica-se uma verdadeira transferência da operação de medida da pena, originariamente realizada pelo juiz, para as próprias partes[2].

---

[1] Informando sobre a existência de um movimento destinado à modernização da Justiça Criminal, propondo-se, por um lado, uma sua maior funcionalidade, por outro, uma limitação da intervenção penal, GOMES (GOMES, Luiz Flávio. *Suspensão...*, cit., p. 72) assinala que a necessidade dessa modernização "está estreita e teleologicamente vinculada com o conceito e com a função que se assinala à pena".

[2] PATERNITI, Carlo. Influenze e rapporti del nuovo codice di procedura penale con la legislazione penale sostanziale, cit., p. 119; CONTI, Giovanni, MACCHIA, Alberto. *Il nuovo*

Após um entendimento inicial de que na *applicazione della pena su richiesta delle parti* mudam não só os sujeitos mas também os critérios que presidem à operação da medida da pena, visto não parecer plausível que a composição entre acusado e ministério público chegue a um montante de pena correspondente à gravidade do delito e à capacidade de delinquir do condenado, com o advento da sentença nº 313 de 1990[3] DOLCINI[4] opina no sentido de que ela restituiu integralmente ao juiz a operação da medida da pena no *patteggiamento*, levando-se em conta a possibilidade dele rejeitar a *richiesta* quando entender incoerente o tratamento sancionatório proposto pelas partes. Mais em geral, assevera--se que valorar a congruência da pena nos termos da Sentença nº 313 de 1990 significa pôr em relevo a gravidade do crime, a espécie e a medida da pena, o grau do dolo e da culpa demonstrada pelo agente, em suma, nada mais é do que a realização pelo juiz da operação da medida da pena prevista no art. 133º do *C.P.It.*, evitando assim a transformação do processo em um *affare di parti* (negócio entre partes)[5].

Apesar destas últimas observações, ao menos não se pode deixar de reconhecer o fim do monopólio do juiz da fase de conhecimento na

---

processo penale, cit., p. 9; PADOVANI, Tullio. Il nuovo codice di procedura penale e la riforma del codice penale, cit., p. 937; LEONE, Giovanni. Intervento.... *In*: *Il nuovo processo penale dalla codificazione all'attuazione*. Atti del Convegno presso l'Università di Bari Ostuni, 8-10 settembre 1989. Milano: Dott. A. Giuffrè Editore, p. 1-7, 1991, p. 6. Afirma CORDERO (CORDERO, Franco. *Procedura penale*, cit., p. 839-840) que "gli artt. 444º sg. incidono sulla valenza penalistica del fatto, quoad poenam: i petita concordi o la sola richiesta dall'imputato, purché tempestivi, immettono nel quadro una norma speciale; a tale stregua, la pena è determinabile nella misura chiesta, sotto il minimo edittale e oltre le riduzioni da attenuanti, con gli effetti post-giudicato previsti dall'art.445º". Unilateral e, portanto, objecto de grande cautela deve ser o entendimento de FAZIO (FAZIO, Giuseppe. L'equità della pena nel patteggiamento. *Cassazione Penale*, v. XXXII, p. 1948-1951, 1992, p. 1950), no sentido de que no regime do *Codice* se verifica uma atribuição ao ministério público do encargo da quantificação da pena a ser aplicada no caso concreto.

[3] Conforme se verá, a mencionada sentença declarou a ilegitimidade constitucional do *patteggiamento*, na medida em que não prevê que o juiz deva realizar uma análise sobre a congruência da pena requerida pelas partes e a finalidade constitucionalmente atribuída à sanção penal.

[4] Razionalità nella commisurazione della pena, cit., p. 810.

[5] ANNUNZIATA, Pietro Maria. Patteggiamento e principio rieducativo. *Giurisprudenza di merito*, a. XXVII, n. 1, p. 185-190, p. 188. Para uma actualizada demonstração da ampliação dos poderes do juiz na operação da medida da pena após a sentença n. 313 de 1990: CONFALONIERI, Antonietta. Volontà delle parti e controlli del giudice nel patteggiamento. *In*: *Cassazione Penale*, nº 4, p. 1002-1005, 1994.

Fundamentos 707

operação da medida da pena e o surgimento de uma pluralidade de actores participantes nesta operação. Daí decorre a conclusão de que no *patteggiamento* os actores da operação da medida da pena são directamente as partes; ao juiz, mesmo após a intervenção da *Corte Costituzionale*, resta um mero poder de veto sobre a forma do rito e não de correcção imediata da pena *patteggiata*[6], pois se entender que a pena requerida é incongruente ele apenas pode rejeitar a *richiesta* e não alterar a medida da pena proposta. Não é de se estranhar, pois, esta vinculação directa dos ritos fundados num encontro de vontade entre as partes ao problema da medida da pena bem como o mais detalhado tratamento que isso sugere, tendo em vista que o controle judicial da operação da medida da sanção sempre exerceu a função de *garantia* de que a pena infligida fosse justa[7].

Se, como já visto, na nova perspectiva do processo penal se procura encontrar o termo de compromisso adequado entre necessidades de *garantia* e de *funcionalidade*, é óbvio que um dos pontos de maior relevância será aquele da operação da medida da pena.

Entretanto, se, por um lado, a discussão em termos de Direito Penal material reside em definir se na medida da pena deve ser considerada a culpabilidade demonstrada pelo agente no facto, a necessidade de prevenção do delito (geral ou especial), ou os dois factores de forma integrada (*infra*), por outro, a adopção de mecanismos baseados no encontro de vontade entre as partes, com o correspondente tratamento premial, pode conduzir ao entendimento de que na medida da pena se considera apenas o comportamento colaborativo do acusado e o tempo processual economizado com essa colaboração. É a dura crítica dirigida ao modelo consensual assim estruturado.

Quanto ao caso italiano, de modo crítico afirma-se que no sistema da justiça penal consensual "a pena não é mais ligada à avaliação do facto previsto pela lei como crime, mas sim à conduta processual do acusado"[8]. Fala-se mesmo num modelo de pena *patteggiada* qualifi-

---

[6] PALIERO, Carlo Enrico, MONACO, Lucio. Variazioni in tema di "crisi della sanzione", cit., p. 433-434.

[7] Idem, ibidem, p. 441.

[8] FERRAJOLI, Luigi. Patteggiamenti e crisi della giurisdizione, cit., p. 373; DOLCINI, Emilio. Razionalità nella commisurazione della pena, cit., p. 805. Idêntica é a preocupação de FIGUEIREDO DIAS (DIAS, Jorge de Figueiredo. Due diverse incarnazioni del modello accusatorio, cit., p. 183), acrescentando que os factores de determinação da medida da pena devem ser extraídos das circunstâncias concretas do caso e não de forma abstracta,

cável, sob o perfil da sua medida (*commisurativo*), como medida (*commisurazione*) rito-dependente, ou seja, orientada exclusivamente para o fim da economia processual[9]. E mais, sustenta-se que na verdade estaríamos diante de uma *pseudo-commisurazione*, tendo em conta a ausência dos elementos característicos da operação da medida da pena: fixação da sanção a partir de um facto concretizado numa sentença penal e não em função de uma *fattispecie astratta*, esta última registada numa simples imputação na sequência de uma *notitia criminis*[10].

Inclusive, ainda que a *Corte Costituzionale* se tenha pronunciado no sentido de que a congruência da pena negociada deve ser feita em relação ao fim de prevenção especial, há o cerrado posicionamento crítico afirmando que "o desconto de pena concedido nos ritos especiais não responde às exigências de prevenção nem geral nem especial; mas – agrade ou não – justifica-se somente sob o registo do tempo economizado"[11]. Acresce FERRAJOLI[12] que no *patteggiamento* é desprezado todo o sistema de garantias, particularmente a exigência do nexo causal e proporcional entre delito e pena, uma vez que a medida desta não dependerá da gravidade do crime mas sim da habilidade negocial da defesa, do espírito de aventura do acusado e da discricionariedade da acusação.

Importa, pois, verificar se é possível a vinculação entre o modelo de processo penal adoptado no Ordenamento Jurídico italiano e as finalidades esperadas da imposição da sanção penal bem como analisar a possibilidade dessa mesma vinculação no que se refere ao rito especial do *patteggiamento*.

Em Itália prepondera a opção por um sistema processual orientado para os objectivos preventivo-gerais, sendo afirmado que "código penal e código de processo penal servem em igual medida a função de prevenção geral, a qual é característica do sistema, no seu complexo, antes que da singular e específica norma substantiva considerada na sua individualidade"[13]. Dessa forma, o processo penal funciona como instrumento de

---

em função tão somente da colaboração que o acusado prestou para o desfecho mais ágil do processo.

[9] PALIERO, Carlo Enrico, MONACO, Lucio. Variazioni in tema di "crisi della sanzione", cit., p. 433.

[10] Idem, ibidem, p. 445; BLAIOTTA, Rocco. Il giudice e la pena nel patteggiamento, cit., p. 340.

[11] FERRUA, Paolo. *Studi sul processo penale II*, cit., p. 34.

[12] *Derecho y razón*, cit., p. 749.

[13] PADOVANI, Tullio. Il nuovo codice di procedura penale e la riforma del codice penale, cit., p. 917.

dissuasão, uma vez que a celeridade e a rapidez na obtenção da condenação do culpado asseguram a seriedade da cominação penal; mas, não menos importante, actua também quanto ao fim de *persuasão*, isto é, de reforço da orientação sócio-cultural que é componente da prevenção geral positiva, em respeito à necessidade de o processo garantir a ocorrência apenas de condenações justas, libertando o mais rápido possível os inocentes[14]. Reconhecendo a dificuldade de se demonstrar o efectivo funcionamento da prevenção geral e, por consequência, a impossibilidade de se atestar essa eficácia pela *prontidão* na aplicação da pena no *patteggiamento*, conclui PADOVANI[15] que não é ilógico supor que a aceitação "pronta" de uma pena, ainda que reduzida, se converte na representação de uma "capitulação" do acusado frente ao Ordenamento, traduzindo-se por isso numa mensagem dissuassiva e persuasiva de eficácia bem superior àquela expressa hoje por um sistema capaz de prometer tudo mas em condição de realizar bem pouco.

Necessário é, portanto, a demonstração de como a *prontidão* com que vem acertada a pretensão punitiva no *patteggiamento*, ao lado dos elementos da *severidade* da sanção[16] e da *certeza* da intervenção estatal, pode gerar uma eficácia de ordem preventivo-geral. Ou seja, sendo estes os pressupostos para uma eficácia preventiva e sendo a *certeza* e a *prontidão* obtidos a partir de um processo mais simples e ágil, é posta a questão se em atenção a uma estrutura processual desta natureza seria possível uma mitigação do elemento *severidade proporcional* ao delito cometido[17] como ocorre no *patteggiamento*.

Uma análise menos detida poderia conduzir ao entendimento no sentido da impossibilidade dessa mitigação, uma vez que na consciência popular a correlação estabelece-se entre a gravidade do delito e a medida da pena, não se considerando a *prontidão* e *certeza* na aplicação da sanção[18]. Perante essa análise urge esclarecer que na consciência popular a exigência de rigor punitivo varia na proporção do tempo transcorrido entre o facto e a imposição da pena, sendo necessário racionalizar esse aspecto emotivo, sob pena de um retorno a concepções meramente

---

[14] Idem, ibidem, loc. cit..

[15] Idem, ibidem, p. 935.

[16] Que deve ser proporcional à gravidade do delito e à culpabilidade do agente.

[17] PAGLIARO, Antonio. Riflessi del nuovo processo sul diritto penale sostanziale, cit., p. 39.

[18] Idem, ibidem, loc. cit..

retributivas[19]. Assim, se de uma sanção aplicada com *certeza* e *prontidão* se pode esperar um efeito preventivo maior do que de uma sanção destinada a permanecer apenas imposta mas não executada ou, na melhor das hipóteses, aplicada com atraso de muitos anos, é possível concluir que, considerado suficiente o efeito preventivo geral obtido na primeira hipótese, quanto mais suficiente, e por isso justa, será uma sanção que no seu conteúdo abstracto seja também mitigada mas certamente e prontamente aplicada[20].

É bom que se esclareça: a atribuição de uma finalidade de prevenção geral ao *patteggiamento* resulta da necessidade de se procurar a máxima simplificação das formas e a celeridade da decisão, obtendo-se a sua maior efectividade, por consequência satisfazendo o imperativo de uma resposta global do ordenamento face à violação da norma[21]. Portanto, a relação do processo penal com a finalidade de prevenção geral seria de natureza meramente instrumental, evitando assim a instrumentalização do indivíduo em atenção aos fins de política criminal, como se verifica numa concepção de natureza negativa dessa prevenção geral.

1 – Na Sentença nº 313 de 1990 da *Corte Costituzionale*.

Se parecia sedimentada a tese de que o fim visado com o *patteggiamento* era um efeito de prevenção geral positiva, acendeu-se uma verdadeira polémica com o advento da Sentença da *Corte Costituzionale* nº 313 de 1990[22], que declarou parcialmente ilegítimo o art. 444º, in-

---

[19] Idem, ibidem, p. 39 e 44.

[20] Idem, ibidem, p. 39.

[21] BARGI, Alfredo. *Procedimento probatorio e giusto processo*, cit., p. 120. Anteriormente (p. 75-76, n. 97) o Autor já havia enfatizado o carácter instrumental da prevenção geral a ser operada pelo processo penal, descartando que ele assuma um papel de prevenção geral no sentido de atender às necessidades de defesa social, ou seja, despido das garantias que lhe são inerentes. Enfatizando uma função de defesa social a ser atribuída ao processo penal, também para PISAPIA a finalidade de política criminal é alcançada através da abreviação do procedimento (PISAPIA, Gian Domenico. Il nuovo processo penale: esperienze e prospettive. *Rivista Italiana di Diritto e Procedura Penale*, Milano, nuova serie, a. XXXVI, fasc. 1, p. 3-20, gen/mar 1993, p. 6).

[22] Para uma panorâmica integral sobre a sentença nº 313 de 02 de julho de 1990, inclusive com demonstração de que, a bem da verdade, o escopo que inspirou a sua elaboração foi muito mais o de confirmação das premissas em ordem sistemática do *patteggiamento* do que a declaração da inconstitucionalidade parcial do instituto, *vide*:

Em síntese, a sentença evidenciou que as razões de deflação que induziram o Legislador italiano a exaltar nos ritos alternativos o "processo de partes" não podem prevalecer ao ponto de transformar em letra morta o princípio da ressocialização inserido na Constituição italiana; a liberdade de consenso das partes em determinar a espécie e a medida do tratamento punitivo encontra um irrenunciável limite no juízo de congruência que o juiz é obrigado a efectuar, visando uma desejável eficácia reeducativa da pena[24].

ciso 2º, na medida em que não previa a possibilidade de o juiz realizar a análise da congruência da pena pactuada com os fins de reeducação do condenado. O juízo de congruência deveria ser efectuado em relação à necessidade de verificação se a pena acordada se presta ao fim de reinserção social do acusado[23].

Em síntese, a sentença evidenciou que as razões de deflação que induziram o Legislador italiano a exaltar nos ritos alternativos o "processo de partes" não podem prevalecer ao ponto de transformar em letra morta o princípio da ressocialização inserido na Constituição italiana; a liberdade de consenso das partes em determinar a espécie e a medida do tratamento punitivo encontra um irrenunciável limite no juízo de congruência que o juiz é obrigado a efectuar, visando uma desejável eficácia reeducativa da pena[24].

Perante a manifestação da *Corte Costituzionale* a doutrina passou a asseverar a necessidade de que o juiz verifique a adequação da pena acordada e proposta aos fins de reeducação do condenado[25], finalidade atribuída à sanção penal pela própria Constituição (art. 27, inciso terceiro). Aliás, a finalidade é prevista não só a nível constitucional para o sistema punitivo como um todo mas também é o escopo que a Lei Penitenciária italiana de 20-07-75 atribui à sanção penal. Se, portanto, a pena acordada resulta inadequada para a obtenção da mencionada finalidade, seja em relação à sua medida seja em relação à sua natureza, o juiz deverá rejeitar a *richiesta* declarando os fundamentos da sua rejeição[26].

Sendo correcta a última observação, é imperativo reconhecer que a partir da sentença nº 313 de 1990 a verificação da adequação da pena aos fins de reeducação do condenado passa a ser necessária não somente no momento da execução penal mas também na própria fase de conhe-

---

CRISTIANI, Antonio. Le modifiche al nuovo processo penale, cit., p. 158-162. Segundo TRANCHINA, na sentença mencionada verifica-se a tentativa de uma solução de compromisso entre uma consciente suspeita de inconstitucionalidade da norma e as exigências de salvar um Instituto que se propõe provocar uma verdadeira revolução no modo de conceber o processo penal, oferecendo uma maior celeridade na solução das controvérsias penais em prejuízo de uma decisão puramente jurisprudencial (TRANCHINA, Giovanni. Patteggiamento e principî costituzionali, cit., p. 2394).

[23] NAPPI, Aniello. *Guida...*, cit., p. 458. CONSO, Giovanni. La giustizia costituzionale nel 1990, cit., p. 131.

[24] FIANDACA, Giovanni. Pena "patteggiata" e principio rieducativo, cit., p. 2391.

[25] MACCHIA, Alberto. *Il patteggiamento*, cit., p. 14-15.

[26] Idem, ibidem, p. 38.

712 *O Processo Penal como Instrumento de Política Criminal*

cimento, aquando da imposição da sanção. Isto em alteração a um entendimento de que, sendo polifuncionais as finalidades da pena em relação a toda a sua dinâmica, as preocupações para com a prevenção especial seriam destacadas apenas no momento da execução, através da concretização do processo individualizador[27].

Assim, numa análise preliminar, parece evidente que a *Corte Costituzionale*, ainda que não tenha excluído uma polifuncionalidade da sanção aplicada *su richiesta*, estabeleceu uma nítida hierarquia entre as finalidades que dela se esperam, asseverando como fim certamente primário, se não exclusivo, a prevenção especial na sua dimensão reeducativa[28]. Se isto é correcto – segue –, a *Corte Costituzionale* erige uma teoria da pena que recusa a ideia de retribuição, atribui à prevenção geral um papel apenas acessório e valoriza a reeducação como aspecto da prevenção especial, esta última apta a interferir inclusive no princípio da proporcionalidade da sanção, admitindo-se a imposição de pena excedente à medida da culpabilidade nos casos em que assim for necessário para a obtenção da finalidade reeducativa mencionada[29]. Desse modo, a *Corte* não somente rompeu com uma tradição de não se manifestar sobre as teorias das finalidades da sanção punitiva como também fez uma clara profissão de fé em torno do fim reeducativo da sanção penal, até então considerado em baixa cotação na "bolsa" das finalidades da pena[30].

Demonstrado o entendimento da *Corte Costituzionale*, seguiu-se uma grande turbulência nos modos de se conceber o relacionamento entre a pena resultante do *patteggiamento* e as finalidades dela esperadas.

Em relação à prevenção geral positiva, ao argumento de que a aceitação imediata de uma pena, mesmo que reduzida, se converteria em uma capitulação do acusado frente ao ordenamento jurídico, traduzindo-se

---

[27] Salienta-se que "in passato, come si sa, la giurisprudenza della Corte aveva attribuito al principio della rieducazione del condannato un ambito di operatività circoscritto al solo momento esecutivo"; a partir do condicionamento imposto pela própria *Corte Costituzionale* de congruência entre a pena decorrente do *patteggiamento* e o fim de ressocialização do condenado provoca-se uma alteração na disciplina da fixação da medida da pena (FERRUA, Paolo. *Studi sul processo penale II*, cit., p. 35).

[28] DOLCINI, Emilio. Razionalità nella commisurazione della pena, cit., p. 811.

[29] Idem, ibidem, p. 812.

[30] PALIERO, Carlo Enrico, MONACO, Lucio. Variazioni in tema di "crisi della sanzione", cit., p. 435. As críticas à escolha feita sucedem-se em todo o trabalho dos Autores.

em uma mensagem de dissuasão e persuasão para os demais (*supra*), foi contraposto o argumento de que, ao contrário de representar uma capitulação, o condicionamento da eficácia do *patteggiamento* à vontade concordante do acusado demonstra a incapacidade de funcionamento do sistema[31].

Analisados os já mencionados elementos constitutivos da prevenção geral, acerca da *prontidão* afirma-se que no *patteggiamento* a mensagem transmitida aos demais consorciados é a de que os tempos da justiça penal poderão ser céleres apenas quando o acusado esteja disposto a colaborar, com isso enfraquecendo a força motivadora da condenação[32].

Também em relação ao elemento *certeza*, integrante da prevenção geral positiva, podem ser postas dúvidas consistentes no caso do *patteggiamento*, fundadas no argumento de que para crimes de diversa gravidade pode vir a ser imposta uma pena da mesma severidade bem como não descartado o risco de se impor uma pena a um acusado não culpado, premido pelas circunstâncias e pela sua própria debilidade a aceitar a sanção, também assim comprometendo a capacidade de interiorização do valor dos bens jurídicos tutelados[33].

Não escapam às críticas nem mesmo os argumentos anteriormente citados, fundados na necessidade de racionalização do sentimento popular frente ao delito e o da hipotética capitulação do acusado frente ao ordenamento: ao primeiro opõe-se a ponderação de não ter pertinência a necessidade de promover uma racionalização da consciência social para fins de legitimar o *patteggiamento* em termos de prevenção geral; quanto ao segundo, pondera-se que antes de representar uma capitulação do acusado frente ao ordenamento parece mais provável a ideia oposta, a capitulação do ordenamento à vontade do acusado[34].

De forma ainda mais contundente, afirma-se que entre a escolha do acusado pelo rito especial e as exigências de ressocialização não subsiste nenhum nexo, imperando apenas razões de cunho utilitarístico que não só impedem a análise do comportamento do acusado face aos

---

[31] FIANDACA, Giovanni. Pena "patteggiata" e principio rieducativo, cit., p. 2388/2389. Desacreditando, pelos mesmos motivos, da eficácia preventiva geral dos novos ritos: CERQUA, Luigi Domenico. Riti alternativi e incentivi premiali, cit., p. 1706.

[32] DOLCINI, Emilio. Razionalità nella commisurazione della pena, cit., p. 808.

[33] Idem, ibidem, cit., p. 808.

[34] Idem, ibidem, cit., p. 809.

714 *O Processo Penal como Instrumento de Política Criminal*

valores por ele violados como também compromete a orientação do tratamento punitivo para finalidades reeducativas. Quanto à identificação na base das formas consensuais de justiça penal de uma disponibilidade do acusado de entrar em comunicação com o ordenamento jurídico violado, evitando assumir comportamentos impeditivos à sua actuação, a bem da verdade esse comportamento cooperativo dá-se por mero cálculo de conveniência, não implicando uma vontade efectiva de dialogar e muito menos um arrependimento. Por último, objecta-se mesmo a erosão provocada pelos ritos consensuais na operação de medida da pena, agora sob o enfoque de que o consenso impede uma adequada individualização da sanção, requisito este essencial para os fins de prevenção especial[35].

Pondera-se, outrossim, que uma pena que se mantenha excessivamente abaixo do nível de severidade proporcionado pela gravidade do delito e o grau da culpabilidade do agente, longe de surtir efeitos de prevenção geral, provoca desorientações e corre o risco de comprometer a confiança institucional dos cidadãos[36].

Após estas considerações demolidoras, uma concessão ao aspecto funcional-preventivo do *patteggiamento* é exposta por FIANDACA[37], a partir da consideração de que o fim de prevenção especial ressocializadora esperado do Instituto pela *Corte Costituzionale* decorreria da proporcionalidade entre o tratamento punitivo e a gravidade do delito. Assim sendo, a demonstração dessa proporcionalidade ao acusado constitui um pressuposto essencial da potencial aceitação psicológica de uma punição voltada para favorecer a recuperação da sua capacidade de reconhecer os valores tutelados pelo Ordenamento.

Todavia, mesmo após a manifestação da *Corte Costituzionale* e das considerações críticas dela decorrentes a doutrina italiana não deixou de reconhecer uma finalidade de prevenção geral positiva no âmbito do processo penal, sendo afirmado que "inevitável é pensar o procedimento

---

[35] FIANDACA, Giovanni. Pena "patteggiata" e principio rieducativo, cit., p. 2389. Acompanhando integralmente o entendimento por último citado: CERQUA, Luigi Domenico. Riti alternativi e incentivi premiali, cit., p. 1705. Segundo DOLCINI (DOLCINI, Emilio. Razionalità nella commisurazione della pena, cit., p. 807) a escolha feita pelo acusado em favor do rito especial reflecte um mero cálculo de oportunidade, totalmente inidóneo a projectar uma luz favorável sobre a prognose relativa ao seu comportamento futuro.

[36] FIANDACA, Giovanni. Pena "patteggiata" e principio rieducativo, cit., p. 2388.

[37] Idem, ibidem, p. 2392.

Fundamentos   715

penal como um meio necessário para restabelecer a ordem jurídica violada e para reafirmar, em resposta à violação de uma norma jurídica, o valor cogente do direito"[38].

Assim sendo, na linha de sustentação da finalidade de prevenção geral da pena resultante do *patteggiamento* intenta-se conciliar este entendimento com aquele sustentado pela *Corte Costituzionale* na sentença nº 313 de 1990, de forma a identificar a real hierarquia estabelecida entre as finalidades político-criminais esperadas do Instituto. Explicitando melhor: afirma-se que a pena resultante do "acordo" deveria perseguir

---

[38] DALIA, Andrea Antonio, FERRAIOLI, Marzia. *Corso...*, cit., p. 3. Embora não desconheça uma certa combinação entre as exigências de prevenção especial e a aceitação de um rito simplificado (p. 367), enfatiza RICCIO que os ritos diferenciados "producono un diretto riflesso sulla 'tenuta' complessiva del sistema penale, non essendo estranea ai bisogni della prevenzione generale la prontezza della risposta istituzionale al crimine, obiettivo raggiungibile solo mediante la rimozione delle cause dell'endemica lentezza dei processi, per effetto della quale la crisi della giustizia si è intrecciata con l'aumento del tasso di criminalità" (RICCIO, Giuseppe. Procedimenti speciali, cit., p. 350). Pondo em evidência o relacionamento existente entre a pena resultante do *patteggiamento* e as finalidades da sanção penal, entende BARGI que, muito embora a Contituição determine a congruência da pena com os fins de prevenção especial, no que se refere aos acordos processuais deve ser prescindido o facto de que a aceitação do acusado seja expressão de uma real consciência dos valores transgredidos e de um efeito da sua reinserção social; isto é assim em virtude de que os critérios que presidem à sua escolha são utilitarísticos, voltados apenas para um tratamento sancionatório mitigado. Desse modo, face à absoluta ineficácia do consenso em termos de prevenção especial, a colaboração prestada pelo acusado coloca-se na lógica da mais eficaz prevenção geral, considerando-se a certeza e prontidão do provimento jurisdicional e a consequente maior efectividade da sanção penal (BARGI, Alfredo. *Procedimento probatorio e giusto processo*, cit., p. 132-133). Da mesma forma evidenciando as críticas tecidas à expectativa de um efeito preventivo especial no *patteggiamento* e passando em revista os argumentos favoráveis ao escopo de prevenção geral, BEVERE condiciona este último efeito à disponibilidade do acusado em colaborar com a deflação do Sistema (BEVERE, Antonio. Il patteggiamento..., cit., p. 357). Há ainda aqueles que identificam a pena resultante dos acordos celebrados no *patteggiamento* com as diversas finalidades de natureza preventiva atribuídas à sanção penal, com isso reafirmando o direito violado como também demonstrando a capacidade do Estado de reprimir os crimes em tempo razoável: PISANI, M., MOLARI, A., PERCHINUNNO, V., CORSO, P.. *Appunti...*, cit., p. 407. Demonstrando que apesar dessa predominância o entendimento não é pacífico, entende PIGNATELLI que o relacionamento da prevenção geral com a pena resultante do acordo implicaria em instrumentalizar o indivíduo frente aos fins gerais de política criminal (PIGNATELLI, Amos. Patteggiamento e giurisdizione, cit., p. 356), com isto apegando-se a uma concepção já superada da finalidade de prevenção geral e desconhecendo a natureza meramente instrumental com que o processo penal contribuiria para a obtenção desse escopo.

716 *O Processo Penal como Instrumento de Política Criminal*

as finalidades de prevenção geral, através da *prontidão* e *certeza* da sua aplicação, limitada, porém, pela proporcionalidade à gravidade do delito e à culpabilidade do agente, admitindo-se a sua fixação em medida diversa da exigida por essa proporção apenas quando presentes razões de prevenção especial; na hipótese por último mencionada atendendo ao pronunciamento da *Corte Costituzionale*. Assim, sob o manto da prevenção especial camufla-se uma preocupação francamente de prevenção geral, isto é, o temor de que um *patteggiamento* sistematicamente reduzido ao nível baixo da sanção penal enfraqueça a capacidade geral-preventiva do sistema[39].

Em outros termos, devendo sempre ser verificada a proporcionalidade entre a sanção e a culpabilidade do agente, na melhor das hipóteses esta correlação seria o limite para a prevenção tanto geral como especial; na pior das hipóteses ela estaria subordinada às mencionadas exigências preventivas, garantindo uma medida da pena sempre "spinta verso l'alto", com isso reforçando dissimuladamente o efeito preventivo geral[40].

Na melhor das hipóteses, por primeiro citada, teríamos então que a medida máxima da sanção penal seria equivalente à medida da culpabilidade, admitindo-se a interferência de razões de natureza preventiva até esse limite máximo. Entre as razões preventivas a prevenção geral seria obtida pela *prontidão* e *certeza* com que a pena vem aplicada, sendo possível a aplicação de pena diversa daquela decorrente da culpabilidade e das razões de prevenção geral apenas quando superiores razões de prevenção especial assim exigirem.

E esta é justamente a via eleita para se evitar que o acusado assuma um papel de mero instrumento para a obtenção das finalidades de política criminal, sendo afirmado que a culpabilidade do acusado deve ser o limite máximo que a pena em concreto pode atingir, enquanto às exigências de prevenção especial (reinserção e neutralização) é reservada a eventual redução abaixo desse limite[41].

Em termos conclusivos, não restando alternativa ao Legislador italiano quanto à irrenunciabilidade dos ritos negociais, importa racionali-

---

[39] PALIERO, Carlo Enrico, MONACO, Lucio. Variazioni in tema di "crisi della sanzione", cit., p. 440.

[40] Idem, ibidem, p. 443.

[41] PADOVANI, Tullio. Il nuovo codice di procedura penale e la riforma del codice penale, cit., p. 934.

zar o sistema agindo sobre a operação da medida da pena. Especificamente quanto ao *patteggiamento*, talvez ele possa ser justificado por razões de prevenção geral, escassamente compatível com a finalidade de prevenção especial e de todo inconciliável com o fim de retribuição[42].

Com o escopo de actualização da polémica tem-se a opinião de BLAIOTTA[43] que, reconhecendo no *patteggiamento* uma finalidade apenas processual, assevera o seu conflito com o fim preventivo da sanção penal, tanto geral como especial.

Reforçando, pois, a necessidade de que o processo penal seja guiado pela mesma orientação político-criminal que inspira o sistema punitivo total, com a sentença nº 313 de 1990 houve o inequívoco reconhecimento de que a finalidade da sanção penal representa, por assim dizer, a estrela polar da operação de medida da pena, tornando mais viável o objectivo de uma racionalização dessa actividade, com vista a limitar a discricionariedade judicial[44].

§ 2 – No Ordenamento Jurídico alemão.

Demonstrada a polémica doutrinária e jurisprudencial sobre a integração político-criminal do *patteggiamento* na experiência italiana, não menos importante é a tentativa de realizar essa mesma integração no que se refere às excepções ao princípio da legalidade na Alemanha.

Antes, porém, da tentativa de um enquadramento político criminal das excepções/atenuações ao princípio da legalidade é pressuposto uma compreensão de como se comportam as finalidades da pena no *Sistema jurídico-penal* alemão como um todo. Ressalte-se que é dessa compreensão que poderão resultar, inclusive, os elementos necessários para uma adequada concepção a respeito da orientação político-criminal do processo penal.

---

[42] PALIERO, Carlo Enrico, MONACO, Lucio. Variazioni in tema di "crisi della sanzione", cit., p. 455.

[43] BLAIOTTA, Rocco. Il giudice e la pena nel patteggiamento. *Cassazione Penale*, Milano, v. XXXV, n. 2, p. 445-453, 1995, p. 451.

[44] DOLCINI, Emilio. Razionalità nella commisurazione della pena, cit., p. 812-813. A tendência para adoptar um critério funcional para a operação da medida da pena, através da racionalização da actividade e diminuição da discricionariedade judicial, foi exaltada também por PALIERO-MONACO (PALIERO, Carlo Enrico, MONACO, Lucio. Variazioni in tema di "crisi della sanzione", cit., p. 423).

Por certo, uma compreensão adequada da matéria pressuporia a abordagem das divresas teorias que no evoluir dos tempos procuraram identificar as finalidades a que pode estar ligada a imposição de uma sanção de natureza penal, desde as formulações mais remotas, ligadas a um fim meramente retributivo, até aquelas que se vinculam a fins de natureza preventiva[45]. Não sendo esta a sede oportuna para uma tal empreitada, vale salientar que, partindo de uma compreensão isolada de cada uma das *Teorias*, no Ordenamento Jurídico alemão há uma tendência para abandonar o tratamento parcelar dessas finalidades e vincular--se às chamadas "Teorias unificadoras", em cujo interior reside uma tentativa de combinação de aspectos particulares de cada uma das *Teorias* isoladamente concebidas. Ou seja, intenta-se uma unificação dos fins de retribuição, prevenção especial e prevenção geral, os quais deveriam actuar simultaneamente.

Numa primeira manifestação, ainda que postas lado a lado as distintas finalidades, ter-se-ia um predomínio da finalidade retributiva, fundada na necessidade de expiação, figurando as finalidades preventivas em segundo plano; dito de outro modo, as finalidades preventivas somente poderiam ser valoradas no marco traçado pelo fim de retribuição. Trata-se das *Teorias unificadoras retributivas*.

Em virtude das limitações impostas por este predomínio reconhecido à retribuição, nessa mesma linha unificadora busca-se atribuir um igual nível de influência às distintas finalidades, de modo que, segundo as necessidades e o momento da dinâmica punitiva estatal, uma ou outra possam ser colocadas em evidência.

---

[45] É sabido como ainda hoje se verifica uma acirrada polémica entre os partidários das diversas correntes, sendo possível distingui-las em dois grupos principais. Por um lado, há as *Teorias absolutas*, cuja fundamentação se encontra em um ideal de justiça e no sentido de expiação que se lhe atribui; sinal característico desse grupo é que não se identifica na pena qualquer fim socialmente útil, mas sim há o reconhecimento de que através da imposição da pena se retribui, equilibra e expia a culpabilidade do agente pelo facto cometido. Por outro lado, há as denominadas *Teorias relativas*, na medida em que estão voltadas ou, referem-se, ao fim de prevenção de delitos; por sua vez, as finalidades perseguidas por estas últimas podem ser distinguidas em: *prevenção especial*, centrada na ideia de que a finalidade da pena consiste unicamente em prevenir que o delinquente pratique novos delitos, devendo a pena actuar sobre o autor individual (especial), com vista a evitar que cometa novos delitos; *prevenção geral*, cuja tónica reside em estar voltada para exercer uma influência não sobre o autor do delito mas sim sobre a comunidade, tendo a sanção penal como finalidade primeira a missão de actuar frente aos delinquentes em potencial de modo a que se abstenham da prática de delitos.

Fundamentos 719

Considerando acertado esse posicionamento de se atribuir relevo aos distintos fins, pondera ROXIN[46] que passível de objecção – por falta de fundamentação teórica – é a ideia de simplesmente pôr lado a lado, como fins da pena, a compensação da culpabilidade e a prevenção, geral e especial. Segue que, uma "teoria unificadora aditiva" dessa espécie não supre as deficiências das diferentes opiniões relativas a cada uma das *Teorias* particulares mas apenas determina um ir e vir sem sentido entre as diferentes finalidades. Propõe-se, pois, uma "teoria unificadora preventiva 'dialéctica'", de tal modo que possam ser conservados os aspectos correctos e afastadas as deficiências dos distintos posicionamentos teóricos sobre a pena.

Sob a óptica da "teoria unificadora preventiva" a finalidade da sanção penal somente pode ser de tipo preventivo, abrangendo a prevenção tanto geral como especial, tendo em vista que os delitos podem ser evitados pela influência da sanção penal sobre o particular como também sobre a colectividade. O que deve ser procurado, então, é que a sanção penal seja fixada de modo a poder atender a estas duas finalidades. Isso conduz a que mesmo nos casos em que não haja uma relevante necessidade (re)socializadora – por inexistência do perigo da reincidência – ainda assim a sanção penal poderá ser justificada pelo fim de prevenção geral.

Não se podendo afirmar que as *Teorias unificadoras* sejam o final dos tempos em relação à matéria das finalidades da pena, o certo é que a jurisprudência não deixou de se manifestar favoravelmente a respeito delas. Assim é que se afirma na decisão do *BverfG* 45, 187, 253 s.: "o Tribunal Constitucional federal ocupou-se repetidamente do sentido e fim da pena estatal sem ter tomado, em princípio, posição sobre as teorias penais defendidas na doutrina.... Assinalou-se como missão geral do Direito penal a protecção dos valores elementares da vida em comunidade. Como aspectos de uma sanção penal adequada assinalamse a compensação da culpabilidade, a prevenção, a ressocialização do sujeito, a expiação e a retribuição pelo ilícito cometido". Em outra decisão (*BverfG* 39, 1, 57) o mesmo *Tribunal Constitucional federal* pronunciou-se no sentido de que a sanção penal é "– sem prejuízo da sua missão de intimidar e ressocializar – retribuição pelo ilícito cometido".

---

[46] ROXIN, Claus. *Derecho penal*, cit., p. 94, n. m. 34.

720 O Processo Penal como Instrumento de Política Criminal

1 – A operação de fixação e medida da pena.

A bem da verdade, sob pena de um tratamento meramente superficial da matéria, a análise das finalidades da sanção penal no Ordenamento Jurídico germânico pressupõe a abordagem de uma outra questão com ela directamente relacionada, que é o tormentoso problema da operação de fixação e medida da pena (*Strafssungsmass*). Aliás, grandes são os reflexos da teoria da medida da pena na concepção político-criminal do processo penal, como veremos.

Frente à ainda não resolvida polémica, na Alemanha o problema da operação da medida da pena pode ser analisado a partir de algumas teorias básicas aparentemente opostas. Efectivamente, superadas, em certa medida, as teorias isoladas a respeito da finalidade da sanção penal, as quais centravam a atenção ora em razões de natureza retributiva ora em razões de natureza preventiva, com destaque para as teorias isoladas da prevenção geral e da prevenção especial, prevalece a tendência actual de se tratar de forma unitária essas finalidades da sanção penal, de forma a que seja possível uma interacção entre elas (*supra*).

Apesar de ser realmente possível a constatação da tentativa de se estabelecer essa interacção, tal iniciativa mostra-se absolutamente insuficiente para a conclusão de que com a sua concretização já teríamos alcançado respostas definitivas quanto às finalidades esperadas da imposição da sanção penal. Diversamente, se é possível a identificação de um certo consenso no que se refere à necessidade dessa interacção, a forma como ela se deve processar na prática encontra-se ainda totalmente indefinida, verificando-se uma grande polémica doutrinária e jurisprudencial a este respeito.

Acerca desta última questão, a confirmação da polémica que sobre ela se verifica decorre da própria existência de várias teorias sobre o tema, sendo difícil apontar alguma que seja predominante no estado actual da discussão, ainda que a jurisprudência alemã demonstre a tendência para uma determinada opção, como veremos.

Não nos é vedado apontar como os pontos genéricos e centrais da discussão o problema do relacionamento entre culpabilidade e prevenção, por um lado, e o grau de interferência de cada uma das finalidades preventivas (prevenção geral e prevenção especial), por outro. É das diversas possibilidades de arranjo entre estes pontos que decorrem as teorias sobre a fixação e a medida da pena no Ordenamento Jurídico germânico.

1.1 – Teoria da fórmula básica.

Iniciando a análise a partir da previsão legal[47], temos a chamada *Teoria da fórmula básica*, que se afirma estar contida nos §§ 46 e seguintes do *StGB*[48], introduzido pela Reforma de 25 de Junho de 1969. A este dispositivo legal devem ser acrescidos ainda o § 47, nº 1[49], e § 56, nº 1 e nº 3[50], ambos do *StGB*. O conjunto formado por estes

---

[47] Disso não se deduz que a ordem utilizada no texto tenha sido a ocorrida em termos cronológicos. Ao contrário, a ordem eleita prende-se com o interesse de uma maior facilidade de compreensão.

[48] "§ 46. Princípios para a operação de medida da pena.

(1) A culpabilidade do autor é o fundamento da operação de medida da pena. Devem ser levados em consideração os efeitos que são de esperar que a pena tenha sobre a vida futura do autor na sociedade.

(2) Para a operação de medida da pena o juiz ponderará as circunstâncias favoráveis e contrárias ao autor. Deverão ser consideradas as seguintes circunstâncias:
– os motivos e os fins do autor,
– a atitude que se depreende do facto e a vontade nele demonstrada,
– o grau de infracção do dever,
– o modo de execução e as consequências do facto que podem ser atribuídas ao autor,
– a vida anterior do autor, suas circunstâncias pessoais e económicas,
– assim como o seu comportamento posterior ao facto, especialmente os seus esforços para reparar o dano como também os seus esforços para conseguir a reparação do ofendido.

(3) Não devem ser levadas em consideração aquelas circunstâncias que já são elementos do tipo penal".

[49] "§ 47. Pena privativa de liberdade breve somente em casos excepcionais.

(1) O juiz impõe uma pena privativa de liberdade inferior a seis meses somente se circunstâncias particulares relativas ao facto ou à personalidade do autor tornam indispensável a sua imposição para um resultado eficaz sobre o autor ou para a defesa do ordenamento jurídico".

[50] "§ 56. Suspensão da pena.

(1) No caso de condenação a uma pena privativa de liberdade inferior a um ano o juiz suspende condicionalmente a sua execução nas hipóteses em que se pode esperar que a própria condenação seja suficiente para censurar o condenado e para assegurar que ele não cometerá novos factos penais mesmo sem a efectiva execução da pena. Para essa finalidade devem ser valoradas a personalidade do condenado, a sua vida anterior, as circunstâncias do facto cometido, o seu comportamento posterior ao facto, a sua situação de vida e os efeitos que sobre ele produzirá a suspensão da pena.

(2) (…).

(3) No caso de condenação a uma pena de menos de seis meses não se suspende a execução apenas se a tutela do ordenamento o determina."

dispositivos é considerado a base legal para a operação de medida da pena, em sentido amplo, no Ordenamento Jurídico germânico. A partir da interpretação desse conjunto de normas é que se procuram identificar as bases da individualização e da operação da medida da pena no Ordenamento Jurídico germânico e é também em confronto com esta fórmula básica que são analisadas as diversas teorias existentes sobre o tema. Com efeito, são várias as questões suscitadas pela interpretação da fórmula contida nesses dispositivos legais, cada uma conduzindo à aproximação a uma determinada teoria sobre a individualização e a operação da medida da pena.

Desde logo, portanto, já nos deparamos com uma grande dificuldade que resulta da própria imprecisão dos termos utilizados, ou seja, culpabilidade e prevenção.

No que se refere ao primeiro, ou seja, a culpabilidade, para além das escabrosas questões a respeito do seu fundamento – se ela se fundamenta em um genérico poder de actuar de outro modo, livre arbítrio, ou se é a existência de uma "legalidade causal", determinismo, que a baseia; se ela estaria representada no facto do agente ou no próprio agente do fato, na sua conduta ou no seu carácter – cuja abordagem nesta sede será meramente marginal, resta ainda o problema da sua função e do seu conteúdo, o qual diz respeito directamente à individualização da pena.

Quanto à função importa precisar se a culpabilidade se refere à imputação jurídico-penal, integrante da teoria do delito, ao juízo de reprovação que é feito ao autor, ou a ambos[51]; quanto ao conteúdo é necessário identificar se a culpabilidade deve conter uma reprovação moral ao autor, uma finalidade preventiva, ou se ela comporta ambas. Aceitando-se que a culpabilidade possui um conteúdo preventivo deve ser verificado ainda se ele se funda em razões de prevenção geral ou de prevenção especial.

Definidos a função e o conteúdo, torna-se necessário, ainda, verificar se a culpabilidade mencionada se refere a uma medida exacta de pena (*Punktstrafe*) ou a uma margem de liberdade ou, marco de culpabilidade, (*Spielraumtheorie*). Feita a opção pela segunda hipótese, importa identificar como deve ser fixada a pena concreta dentro do marco de culpabilidade; é dizer, sendo a resposta a este último questionamento as

---

[51] MAURACH, Reinhart, GÖSSEL, Karl Heinz, ZIPF, Heinz. *Derecho penal. Parte geral 2*. Trad. Jorge Bofill Genzsch. Buenos Aires, 1995, p. 724, nº marg. 19.

razões de natureza preventiva, deve ser identificada qual das finalidades é que deve ser levada em consideração, a prevenção geral, a especial, ou ambas. Ainda na hipótese de adesão à teoria da margem de liberdade, deve ser verificada a possibilidade de superar o limite superior do marco de culpabilidade, em virtude de razões de natureza preventiva e, em caso afirmativo, qual a finalidade preventiva que poderia conduzir a esse efeito. Na mesma hipótese indaga-se ainda se é possível fixar a pena abaixo do marco inferior de culpabilidade por razões preventivas e, também aqui, a indagação sobre a natureza da prevenção que determinaria essa consequência.

Como se pode constatar, a quantidade de questões suscitadas é um indício claro da polémica existente sobre o tema, impondo-se a sua análise mais pormenorizada.

Acerca da prevenção, além do confronto entre prevenção geral e especial, há que se distinguir também se cada uma delas deve possuir um sentido *positivo* ou *negativo*. Ou seja, em relação à prevenção geral é necessário verificar se ela deve estar voltada para a intimidação (*sentido negativo*), como forma de evitar novos crimes, ou se deve procurar reforçar os valores que a norma procura proteger (*sentido positivo*), demonstrando através da imposição da pena a tutela que lhes é conferida; sobre a prevenção especial mister é que se identifique se ela deve estar voltada para a punição do agente pura e simples, como forma de dissuadi-lo ou, intimidá-lo, da prática de novos delitos, para a sua mera segregação (ambas analisadas no *sentido negativo*), ou para a sua (re) socialização (sentido positivo), na forma de não estigmatização.

Na tentativa de enfrentar estas questões e ao mesmo tempo estabelecer a possível comunicação que pode haver entre as diversas finalidades da pena temos então as várias teorias, cada uma delas dando margem a diferenciações relevantes.

A grande maioria dos doutrinadores e da jurisprudência estabelece uma vinculação entre a pena e a culpabilidade, não se limitando à ponderação apenas de fins preventivos[52]. Em virtude da conexão estabelecida

---

[52] Para uma notícia a respeito da manutenção do princípio da culpabilidade como base da teoria das consequências jurídicas do delito no Ordenamento Jurídico alemão, pese embora a existência de projectos (Projecto Alternativo) no sentido da introdução de uma maior valoração dos fins de natureza preventiva, consultar: ESER, Albin. Germany. *In*: The political of criminal law reform. *The American Journal of Comparative Law*, v. 21, p. 245-262, 1973, p. 252-253. Na jurisprudência a vinculação da pena à culpabilidade expressa-se claramente em: *BGHSt* 2, 200 (1952), onde pode ser lido que "a pena

724   O Processo Penal como Instrumento de Política Criminal

com a culpabilidade, por vezes todas as hipóteses pertencentes a esse grupo são cunhadas como *teorias da retribuição*[53].

Contudo, é bom que se esclareça que quando agora se fala em *teorias da retribuição* não se está a aludir às já superadas *teorias absolutas*, fundadas na mera retribuição pelo facto, mas sim àquelas centradas na retribuição da culpabilidade[54].

1.2 – Teoria da pena exacta.

No âmbito das *teorias da retribuição* da culpabilidade uma pequena parte sustenta que a medida da culpabilidade está representada na moldura penal de forma fixa, correspondendo à medida definitiva da pena. A valoração da culpabilidade demonstrada no fato concreto conduz a uma medida exacta da pena, ou seja, conduz a um ponto claramente determinável dentro do marco penal típico. As necessidades preventivas são consideradas elementos ou critérios para a aferição da própria culpabilidade, os quais estariam satisfeitos pela adequação da pena à medida da culpabilidade. À culpabilidade somente pode corresponder uma pena exactamente determinada. Trata-se da *Teoria da pena exacta* (*Punktstrafe*)[55].

---

pressupõe culpabilidade. Culpabilidade é reprovabilidade... O fundamento interior do juízo de reprovação de culpabilidade consiste em que o homem dispõe de uma capacidade livre, responsável e moral de autodeterminação e que, portanto, pode decidir-se pelo Direito contra a sua negação"; *BVerfGE* 20, 331 (1966), segundo a qual a pena sem culpabilidade seria "uma retribuição incompatível com o princípio do Estado de Direito que lesaria o afectado no seu direito fundamental emergente do art. 2°, inciso 1° da *G.G. – Grundgesetz* (Lei Fundamental) –".

[53] Entre as várias decisões do *Tribunal Constitucional Federal* alemão neste sentido, consta da *BverfGE* 22, 132, que "qualquer pena criminal é, segundo a sua essência, uma retribuição mediante a causação de um mal".

[54] VOLK, Klaus. *Introduzione al diritto penale tedesco. Parte generale*. Padova: CEDAM, 1993, p. 23. Segundo assinala ROXIN (ROXIN, Claus. *Derecho penal*, cit., p. 84, n. m. 6), estabelecendo o § 46, I, n°1, que "a culpabilidade do autor é o fundamento da operação de medida da pena", esta frase não tem que interpretar-se necessariamente no sentido da teoria da retribuição, porém tão pouco exclui uma interpretação deste teor. Na jurisprudência do *Tribunal Supremo Federal* (*BGH*) afirma-se em *BGHSt* 24, 134, que "a pena não pode desvincular-se quanto ao seu conteúdo nem acima nem abaixo da sua determinação como compensação justa da culpabilidade".

[55] Sobre a *teoria da pena exacta* consultar: ROXIN, Claus. La determinacion de la pena a la luz de la teoria de los fines de la pena. Trad. Francisco Muñoz Conde. *In: Culpabilidad y prevención en derecho penal*. Madrid: REUS, p. 93-113, 1981, p. 96;

As críticas a esta *Teoria*, basicamente dirigidas à consideração de que a culpabilidade conduz a um ponto firmemente fixado dentro do marco penal e à consequência a que chega no sentido de que a pena exacta não permite nenhuma consideração de pontos de vista preventivos no processo de determinação da pena, conduzem a que na actualidade ela tenha pouca expressão, ao menos no que se refere à sua formulação original.

1.3 – Teoria da margem de liberdade.

Na linha das *teorias da retribuição* temos também a *Teoria do marco da culpabilidade*, também denominada *Teoria da margem de liberdade*, *Spielraumtheorie*, desenvolvida como um aprimoramento da *Punktstrafe* e, portanto, por vezes com ela cotejada.

Segundo esta teoria "a pena deve corresponder à medida da culpabilidade, devendo verificar-se um marco limitado, na sua parte superior, pela pena que, *todavia*, é adequada à culpabilidade e, na sua parte inferior, pela pena que já é adequada à culpabilidade. No interior deste espaço de jogo o juiz deverá poder determinar a pena atendendo a critérios preventivos, resultando inadmissível transpor o espaço de jogo tanto por cima como por baixo dos limites estabelecidos em virtude da medida da culpabilidade"[56].

Dito em palavras breves, a pena deve corresponder à medida da culpabilidade, apresentando um marco inferior e um superior no interior do qual poderão actuar as finalidades de prevenção. Em síntese, trata-se da introdução da finalidade de prevenção no marco delimitado pela culpabilidade[57].

MAURACH, Reinhart, ZIPF, Heinz. *Derecho penal. Parte geral 1*, cit., p. 113/114; ZIPF, Heinz. Principios fundamentales de la determinacion de la pena. Trad. Santiago Mir Puig. *Cuadernos de Política Criminal*, Madrid, nº 17, p. 353-359, 1982, p. 356, o qual atribui a essa teoria a característica de um imobilismo político-criminal.

[56] Informação de SCHÜNEMANN, Bernd. La función del principio de culpabilidad en el Derecho penal preventivo. Trad. Jesús-María Silva Sánchez. *In*: SCHÜNEMANN, Bernd (comp.). *El sistema moderno del derecho penal: cuestiones fundamentales*. Madrid: TECNOS, 1991, p. 173.

[57] Sobre esta teoria da *margem de liberdade* consultar ainda: MAURACH, Reinhart, ZIPF, Heinz. *Derecho penal. Parte geral 1*, cit., p. 115, nº marg. 25; ROXIN, Claus. La determinacion de la pena a la luz de la teoria de los fines de la pena, cit., p. 96; ZIPF, Heinz. Principios fundamentales de la determinacion de la pena, cit., p. 357, o qual, fazendo uma comparação com a *Punktstrafe*, afirma a respeito da *teoria da margem de*

Na Jurisprudência, esta formulação original da *Spielraumtheorie* foi versada nos seguintes termos: "não se pode determinar com precisão que pena corresponde à culpabilidade. Existe aqui uma margem de liberdade (*Spielraum*) limitada no seu grau máximo pela pena todavia adequada. O juiz não pode ultrapassar o limite máximo. Não pode, portanto, impor uma pena que na sua medida ou natureza seja tão grave que já não seja por ele considerada como adequada à culpabilidade. Porém, o juiz ... pode sim decidir até onde pode chegar dentro desta margem de liberdade"[58].

Contra a *Teoria da margem de liberdade* levantam-se, em geral, objecções dirigidas à ideia do *marco de culpabilidade*, sendo questionada a real possibilidade da sua obtenção e a sua função no processo judicial de medida da pena. A partir dessas críticas diversas colorações diferenciadas foram dadas a esta *Teoria*, determinando a sua evolução.

Com efeito, não sendo possível apontar na actualidade adeptos da *teoria da pena exacta* na sua formulação original (*supra*), a discussão centra-se no âmbito da *teoria da margem da liberdade*, com as devidas evoluções a seu respeito e as reformulações que lhe são posteriores.

Portanto, firmado, por ora, o domínio da *teoria da margem de liberdade*, no seu interior devemos distinguir a natureza da razão preventiva que se defende poder ser utilizada para a incidência no marco da culpabilidade.

1.3.1 – Teoria da margem de liberdade com centro de gravidade na prevenção especial e Teoria da proibição do excesso sobre o marco da culpabilidade.

Uma primeira corrente, que podemos designar por *Teoria da margem de liberdade com centro de gravidade na prevenção especial*, sustenta basicamente que a conjugação das citadas normas do *StGB* possibilita a conclusão de que o Legislador construiu um modelo de medição em que a pena deve ser adequada à medida do marco de culpabilidade, no interior do qual actuam razões de natureza preventiva, fundamental-

---

liberdade que ela "evita, por um lado, o imobilismo político-criminal da pena exacta ou pontual; porém, por outro lado, tão pouco concede toda a liberdade de acção que a proibição de ultrapassar a culpabilidade – *infra* – permite ao juiz na determinação da pena".

[58] Formulação original em *BGHSt* 7, p. 32.

Fundamentos 727

mente orientadas para as exigências de prevenção especial e, excepcionalmente, limitação da prevenção especial por exigências superiores de prevenção geral, como ocorre quando se verifica a necessidade de defesa do Ordenamento Jurídico[59]. Percebe-se a clara preferência pelo princípio da prevenção individual sobre a prevenção geral, admitindo-se excepcionalmente a limitação dos pontos de vista preventivo-especiais pelas exigências de defesa do Ordenamento Jurídico.

Filiando-se nesta *Teoria*, STRATENWERTH[60] parte de uma precisão do conceito de culpabilidade que integra este modelo. Ou seja, "a culpabilidade determinante da medida da pena poderá ser somente a 'culpabilidade pelo facto', no sentido que esta expressão tem no amplo uso que dela se faz", deixando fora de consideração neste conceito, dentro do possível, os factores que nele foram incluídos sob o título de consideração total da personalidade do autor; estes factores somente deverão ser considerados a partir de pontos de vista preventivos. A partir desta depuração do conceito de culpabilidade afirma STRATENWERTH[61] que "o parágrafo 46 (*StGB*) permite esperar que – dentro de uma harmonia básica dos fins da pena – apenas ocasionalmente se podem efectuar correcções marginais de tipo preventivo em relação a uma pena determinada em primeiro lugar pela medida da culpabilidade", deixando clara a sua adesão à teoria da margem de liberdade[62]. Com relação ao complemento da margem de liberdade por razões de natureza preventiva, STRATENWERTH[63] defende, em síntese, o conteúdo de prevenção geral da pena adequada à medida da culpabilidade que, face à inexistência de razões de prevenção especial deve ser fixada no marco mínimo; em sentido inverso, a existência de razões de prevenção especial somente poderá conduzir a pena ao marco superior da culpabilidade desde que exista uma perspectiva concreta de real ressocialização.

Desde logo, portanto, pode ser percebida uma funcionalização do conceito de culpabilidade, tendo em conta a identificação do conteúdo de prevenção geral da pena adequada à culpabilidade.

---

[59] ZIPF, Heinz. Principios fundamentales de la determinacion de la pena, cit., p. 355.

[60] STRATENWERTH, Gunter. Culpabilidad por el hecho y medida de la pena. Trad. Enrique Bacigalupo y Zugaldía. *In: El futuro del principio juridico penal de culpabilidad*. Madrid, 1980, p. 48 e seguintes. Em sentido convergente: MAURACH, Reinhart, GÖSSEL, Karl Heinz, ZIPF, Heinz. *Derecho penal. Parte geral 2*, cit., p. 719, nº marg. 5 e seguintes.

[61] Culpabilidad por el hecho y medida de la pena, cit., p. 65-66.

[62] Idem, ibidem, p. 77.

[63] Idem, ibidem, p. 80.

728   *O Processo Penal como Instrumento de Política Criminal*

Paradigmática a respeito desta *Teoria* é a predominante orientação jurisprudencial[64]. Já demonstrada a adesão da jurisprudência à *Teoria da margem de liberdade* a partir da formulação na decisão do *BGHSt* 7, 32 (*supra*), tendo sido excluída a possibilidade de valoração do ponto de vista da expiação, ou seja, impossibilidade de se levar em conta na sentença a mera retribuição pelo facto (*BGH, MDR* 70, 380), a pena "somente se encontra justificada se supõe ao mesmo tempo um meio necessário para realizar a função de protecção preventiva do Direito penal" (*BGHSt*, 24, 40). Esta função preventiva não pode, porém, conduzir à fixação da pena abaixo ou acima dos marcos da culpabilidade (*BGHSt* 20, 264, 267). Sobre a natureza da prevenção que prepondera no interior desse marco de culpabilidade, deve ser levado em conta "o facto de que a lei não mencione expressamente a finalidade da prevenção geral da pena referindo-se, pelo contrário, em numerosas ocasiões à ideia de adaptação social (§§ 13, 1 2, 14 1, 23 1 [na sua versão anterior; agora: §§ 46 1 2, 47 1, 56 1) *StGB*], põe em manifesto a sua intenção de mudar o ponto de gravidade da individualização da pena para a ideia de prevenção especial", admitindo-se a influência de considerações de prevenção geral apenas na medida em que sejam necessárias para a "defesa do Ordenamento Jurídico" (*BGHSt*, 24, 40). No interior da *margem de liberdade* é possível a fixação da pena no marco superior da culpabilidade por razões de prevenção geral negativa (intimidação), a despeito de no caso concreto, sob o ponto de vista da retribuição e da prevenção especial, se revelar suficiente uma pena fixada no marco mínimo da culpabilidade (*BGHSt*, 7, 28). Todavia, essa consideração dos fins preventivos não pode conduzir a pena a uma medida inferior ao marco mínimo da culpabilidade (*BGHSt*, 24, 132/4; *BGHSt*, 29, 319/321; *BGH JZ*, 1976, p. 650 seguintes).

Sintetizando os pontos de vista da posição jurisprudencial a respeito do tema podemos constatar que: parte-se da ideia da culpabilidade como *fundamento* da pena, de modo que não pode ser imposta pena sem

---

[64] Expressamente se diz na sentença do Tribunal Constitucional Federal, *BverfGE* 35, 202, 235 s.: "como portador de direitos fundamentais resultantes da dignidade humana e que garantem a sua protecção, o delinquente condenado deve ter a oportunidade de se integrar novamente na sociedade após o cumprimento da pena. Na perspectiva do autor este interesse pela ressocialização decorre do seu direito fundamental previsto no art. 2, nº 1, combinado com o art. 1 *GG*. Na perspectiva da sociedade, o princípio do Estado social reclama previsões e acções sociais estatais". Em sentido convergente: *BverfGE* 36, 174 (188); 45, 187 (239).

Fundamentos 729

culpabilidade; essa culpabilidade, porém, não é fixada de forma exacta, como um ponto fixo, mas sim existe um *marco de culpabilidade*, limitado nos níveis inferior e superior, permitindo uma margem de liberdade para a fixação da medida da pena; nessa margem de liberdade deverão actuar as razões de natureza preventiva, com primazia para a prevenção especial; admissibilidade de considerações de prevenção geral apenas na medida em que sejam necessárias para a defesa do Ordenamento Jurídico; inadmissibilidade de fixação da pena acima ou abaixo dos marcos de culpabilidade por razões de natureza preventiva, funcionando a culpabilidade também como *limite* da sanção penal; possibilidade de fixação da pena no marco superior da culpabilidade por razões de prevenção geral negativa (intimidação), mesmo que uma pena fixada no marco mínimo seja suficiente sob os pontos de vista da retribuição e da prevenção especial; impossibilidade de fixação de pena abaixo do marco inferior da culpabilidade por razões de prevenção especial[65].

É quanto aos dois pontos por último citados que se verifica uma certa divergência de ROXIN[66] a respeito deste posicionamento jurisprudencial, dando margem a um desdobramento da *Teoria da margem de liberdade.*

Antes, porém, de verificarmos a opinião de ROXIN a respeito dos dois pontos mencionados mister é que procuremos identificar a sua opção perante as diversas teorias, com vista à constatação de que ela nada mais é do que um desdobramento da *Teoria da margem de liberdade com centro de gravidade na prevenção especial* que estamos a abordar.

Desde logo, ROXIN[67] é enfático ao acentuar o acerto do entendimento de que "a teoria da margem de liberdade se ajusta melhor à realidade do acto de determinação da pena", sendo que "a pena adequada à culpabilidade serve à prevenção geral na medida em que favorece que a condenação seja aceite pela sociedade como uma condenação

---

[65] Analisando alguns desses pontos, salienta VOLK (VOLK, Klaus. *Introduzione al diritto penale tedesco. Parte generale*, cit., p. 27) que "la colpevolezza fonda e limita la pena" e que o § 46, *StGB*, reafirma "innanzitutto che non può esserci pena senza colpevolezza". Menciona ainda (Ob. loc. cit.) a divergência sobre o entendimento jurisprudencial no sentido de que enquanto o marco superior de culpabilidade não é ultrapassado é possível agravar a pena com base na necessidade de que a comunidade seja intimidada.

[66] La determinacion de la pena a la luz de la teoria de los fines de la pena, cit., p. 93 e seguintes.

[67] Idem, ibidem, p. 96/98.

730 *O Processo Penal como Instrumento de Política Criminal*

adequada (justa), ajudando assim à estabilização da consciência jurídica geral". Tratar-se-ia da pena sentida como justa pela generalidade e pelo delinquente, cujo conteúdo de prevenção geral contribuiria para a estabilização da consciência jurídica geral e para a manutenção da fidelidade ao direito pelo público, assegurando-se a paz jurídica e a validade das normas. Aqui também é de se registar, inicialmente, a identificação feita do conteúdo de prevenção geral da pena adequada à culpabilidade, para o Autor colocada em primeiro plano pelo § 46 do *StGB*, com isso determinando a funcionalização deste último conceito[68].

A margem de liberdade deixada pela pena adequada à culpabilidade só pode ser preenchida levando-se em conta pontos de vista preventivos, admitindo-se sem limites as considerações de prevenção especial positiva, sobretudo voltadas para alcançar a ressocialização[69]. Portanto, a pena fixada por razões de prevenção especial dentro da margem de liberdade deve servir o máximo possível a ressocialização, ou pelo menos não deve prejudicá-la[70].

Sendo estas as bases da *Teoria da proibição do excesso*, coincidentes com a *Teoria da margem de liberdade com centro de gravidade na prevenção especial*, as diferenciações decorrem da forma como a prevenção geral deverá influenciar esse marco da culpabilidade.

Afirmado o conteúdo de prevenção geral positiva da pena adequada à culpabilidade, diversamente de um dos dois últimos pontos citados a respeito do posicionamento jurisprudencial, entende ROXIN[71] "que o juiz não deve poder, por razões puramente intimidatórias, impor uma pena

---

[68] A especificação do conteúdo desta prevenção geral é feita posteriormente, afirmando ROXIN (ROXIN, Claus. *Derecho penal*, cit., p. 91) que na prevenção geral positiva podem ser distinguidos três fins e efeitos distintos, ainda que imbricados entre si: o efeito "pedagógico-social" de aprendizagem, traduzido no exercício para a fidelidade ao Direito, que é exercido sobre a população através da administração da justiça penal; o efeito de confiança, que surge quando o cidadão comprova que o Direito é aplicado; e, finalmente, o efeito de pacificação, que se produz quando a consciência jurídica geral se tranquiliza, em virtude da sanção, em relação à violação da lei e considera solucionado o conflito com o autor. A este último efeito se alude frequentemente com a utilização do termo "prevenção integradora", afirma o Autor, fazendo crer que esta não se confunde com a prevenção geral positiva, da qual é apenas uma parte.

[69] La determinacion de la pena a la luz de la teoria de los fines de la pena, cit., p. 100.

[70] Idem, Prevencion y determinacion de la pena. Trad. Francisco Muñoz Conde. *In*: *Culpabilidad y prevención en derecho penal*. Madrid: REUS, p. 115-145, 1981, p. 139.

[71] La determinacion de la pena a la luz de la teoria de los fines de la pena, cit., p. 102.

no grau máximo do marco da culpabilidade quando considerações de prevenção especial demonstrem ser aconselhável impor a pena no grau mínimo desse marco".

Sintetizando o até agora estudado sobre o pensamento de ROXIN[72], pode ser dito "que a pena adequada à culpabilidade deve ser entendida no sentido da teoria da margem de liberdade e que a pena definitiva a ser imposta, dentro do marco da culpabilidade, deve satisfazer somente as exigências preventivo-especiais, já que a pena adequada à culpabilidade, inclusive a imposta no seu grau mínimo, cobre as necessidades da prevenção geral, entendida como prevenção integradora socialmente, e tão pouco a lei prevê uma prevenção intimidatória que permita ir mais longe. Igualmente, também por razões político-criminais deve ser rechaçada uma agravação da pena motivada por razões preventivas intimidatórias".

Explícito na síntese acima feita o conteúdo político criminal do conceito de culpabilidade (prevenção geral integradora), a fixação do centro de gravidade na prevenção especial e a negação da possibilidade do agravamento da pena por razões de prevenção geral negativa (intimidação), face à inexistência de razões de prevenção especial. Resta por resolver, contudo, a questão atinente à possibilidade de redução da pena abaixo do marco inferior da culpabilidade por motivos de prevenção especial.

Registe-se, desde já, o entendimento de ROXIN[73] no sentido de que a finalidade protectora do princípio da culpabilidade "impede que, tanto por razões preventivas gerais como especiais, possa ser imposta uma pena superior ao grau máximo do marco de culpabilidade", em sintonia com o posicionamento jurisprudencial citado. Dito isto, o problema da fixação da pena abaixo do marco inferior da culpabilidade por razões de prevenção especial é resolvido por duas vias, conforme a seguir se verá.

Nos casos normais o juiz deverá fixar a pena em atenção a critérios preventivos especiais, certamente dentro dos limites da margem de liberdade, sem que possa fixá-la abaixo desse marco[74].

Todavia, opondo-se ao último dos pontos do entendimento jurisprudencial citado anteriormente (*BGHSt* 24, 132/4: *supra*), opina ROXIN[75] que "não se pode sustentar que o *StGB* da República Federal da Alemanha

---

[72] Idem, ibidem, p. 103.
[73] Ob. loc. cit..
[74] Idem ibidem, p. 107.
[75] Idem, ibidem, p. 108.

proíba de um modo geral, e inclusive em algum caso excepcional, impor uma pena abaixo da margem de liberdade que permite a culpabilidade. Pois se se considera a concepção total da lei é possível comprovar que nela esta possibilidade é contemplada".

Com efeito, dispõe o § 47 *StGB* (*supra*) que o juiz poderá impor uma pena privativa de liberdade inferior a seis meses apenas nos casos em que particulares circunstâncias relativas ao facto ou à personalidade do autor tornem indispensável a sua imposição para um resultado eficaz sobre o autor ou para a defesa do Ordenamento Jurídico. Por seu turno, estabelece o § 56, nº 3, *StGB* (*supra*) que no caso de condenação a uma pena de menos de seis meses não se verifica a suspensão da execução da pena, apesar dela ser indicada sob um ponto de vista de prevenção especial, apenas se a defesa do Ordenamento Jurídico assim o exigir. Não mencionando nada a respeito da culpabilidade, os mencionados dispositivos legais admitem a não imposição de uma pena privativa de liberdade inferior a seis meses e a suspensão condicional da execução de uma pena da mesma medida, independentemente do limite inferior do marco de culpabilidade, nos casos em que não se verificarem razões de prevenção especial ou assim não for exigido pela defesa do Ordenamento Jurídico. Segundo o próprio ROXIN[76], destes preceitos, considerados em conjunto, é possível deduzir que o Legislador obriga a, ou permite impor, por razões de prevenção especial, uma pena inferior à correspondente à culpabilidade quando a pena correspondente à culpabilidade possa ter no caso concreto um efeito prejudicial para a ressocialização. Implica isto a afirmação de que o Legislador parte abertamente de que nos casos em que a pena adequada à culpabilidade possa ter um efeito contrário à ressocialização, a sociedade tolera uma certa perda no tratamento justo e igualitário em benefício da prevenção especial. Somente quando a imposição de uma pena inferior à correspondente ao grau de culpabilidade parecer incompreensível para a sensibilidade jurídica geral é que a prevenção especial cede em favor da "defesa do ordenamento jurídico".

Em síntese, no caso normal parte o Legislador do entendimento de que a pena adequada à culpabilidade é a "merecida" e como tal representa também o óptimo desde o ponto de vista preventivo geral, confiando que as finalidades preventivas especiais se realizem de um modo suficiente no marco da margem de liberdade; "em outros casos permite

---

[76] Idem, ibidem, p. 109.

Fundamentos 733

impor uma pena inferior à correspondente a esse marco, quando a imposição da pena correspondente à culpabilidade teria desde o princípio um efeito dessocializador, confiando então, inversamente, que o efeito preventivo geral possa ser alcançado de alguma maneira através do freio da defesa do ordenamento jurídico"[77]. Nesse sentido, a defesa do ordenamento jurídico corresponderia ao limite mínimo, abaixo do qual a pena ou a sua substituição seriam incompreensíveis e intoleráveis para o sentimento jurídico geral.

Ainda no âmbito das teorias fundadas no marco da culpabilidade podemos identificar, com pequenas diferenciações, outros entendimentos a respeito deste tema.

Segundo DREHER[78], "a finalidade última da pena, tanto no momento da ameaça como no da sua imposição, é reagir face ao cometimento de delitos (prevenção geral genérica – 'allgemeine Generalprävention')". A Ordem Jurídica criada, especialmente os bens jurídicos pertencentes à generalidade e os do indivíduo, deve ser protegida através desta prevenção geral (*defesa do Ordenamento Jurídico*). Isto resulta mais eficaz se o autor do delito recebe a pena prevista na lei na medida da sua culpabilidade (*princípio da medida da culpabilidade – Schuldmassprinzip*), de modo que ao mesmo tempo se intente dissuadir aqueles que corram perigo de cometer um facto semelhante (*prevenção geral especial*) e se actue sobre o próprio autor, não somente para o dissuadir do cometimento de novos factos mas também para o ajudar a superar as dificuldades de adaptação relacionadas com a realização do facto (*prevenção especial positiva e negativa*). "A pena imposta também deve compensar a culpabilidade do autor, possibilitando a oportunidade de obter a sua expiação através do seu cumprimento (princípio da culpabilidade-expiação – *Schuld-Sühne-Prinzip*)".

Elementos deste posicionamento são: funcionalização do conceito de culpabilidade, através do reconhecimento do conteúdo de prevenção geral que possui a pena adequada à culpabilidade; a prevenção geral como forma de defesa dos bens jurídicos abrigados pela Ordem Jurídica; a defesa do Ordenamento Jurídico como manifestação de prevenção geral; efeito da prevenção geral especial, visando dissuadir os autores

---

[77] Idem, ibidem, p. 112.

[78] DREHER *In*: DREHER, Eduard, TRÖNDLE, Herbert. *Strafgesetzbuch und Nebengesetze*. 45ª Ed.. München, 1991, § 46, nota marginal 2.

em potencial do facto delituoso, e da prevenção especial positiva e negativa, actuando sobre o autor do delito; pena como *expiação* da culpabilidade.

Comentando a jurisprudência constante na decisão *BGHSt* 24, 40, entende ESER[79] que "a pena tem na medida da *culpabilidade* tanto o seu fundamento como o seu limite", defendendo também que nenhum dos seus fins tradicionais, retribuição, culpabilidade-expiação, prevenção geral e especial, podem ser absolutos mas sim devem contribuir na mesma medida para a realização do sentido da pena por meio de uma *imbricação escalonada das suas distintas funções*, de forma a que somente em parte uma finalidade se sobreponha à outra. Melhor dizendo, segundo a etapa pela qual o Direito Penal deve efectivar-se (a ameaça penal legal – a imposição judicial de uma pena – a execução penal) é possível outorgar aos diversos fins uma função com diversos graus de intensidade. Assim, acerca da relação entre as finalidades preventivas em análise, afirma o Autor que "a *prevenção geral* é a razão de ser do Direito penal em geral", passando a finalidade preventivo-especial a um primeiro plano no momento da imposição da pena: a (re-) *socialização* do autor. "Por conseguinte, desta maneira complementa-se a finalidade global preventivo-geral, que se mediatiza através da finalidade imediata da influência preventivo-especial". A operação da medida da pena fica limitada pela inviolabilidade da *dignidade humana* e pela *proibição do excesso*, sendo isso importante tanto para a prevenção geral como para a prevenção especial sobre o autor, uma vez que esses fins somente poderão ser alcançados se o condenado sente o mal que lhe será imposto como algo justo, merecido pelo facto cometido e adequado à culpabilidade. Também aqui se verifica a funcionalização do conceito de culpabilidade, através da prevenção geral obtida pela fixação da pena adequada à medida da culpabilidade.

Tendo em vista o condicionamento às mencionadas limitações, este posicionamento e aqueles que lhe são próximos[80] são englobados na *Teoria da proibição do excesso sobre o marco da culpabilidade*[81], cuja

---

[79] ESER, Albin, BURKHARDT, Björn. *Derecho penal. Cuestiones fundamentales de la teoría del delito sobre la base de casos de sentencias.* Trad. Silvina Bacigalupo e Manuel Cancio Meliá. Madrid: COLEX, 1995, p. 37-38.

[80] *Supra.*

[81] A respeito da *proibição do excesso sobre o marco da culpabilidade*, consultar: MAURACH, Reinhart, ZIPF, Heinz. *Derecho penal. Parte geral 1*, cit., p. 115, nº marg. 24;

génese se encontra na posição adoptada pela *Grande Comissão do Direito Penal*, reunida para discutir a reforma do *StGB*, e que, a partir da crítica dirigida à vinculação estreita entre a pena e a medida da culpabilidade, se expressou no sentido de que "a pena não deve superar a medida da culpabilidade", deixando aberta a possibilidade de diminuição da pena abaixo desta última por razões de prevenção especial.

Discípulo de Roxin, parte RUDOLPHI[82] da asserção de que a missão dos imperativos jurídicos consiste em motivar os destinatários das normas, através de mandatos e proibições, para que não danifiquem, protejam da exposição ao perigo, ou, inclusive, criem positivamente determinadas realidades consideradas valiosas. No âmbito penal essa missão corporiza-se na *protecção preventiva de bens jurídicos*, obtida pelos meios da cominação, imposição e execução da pena, com os quais o Direito Penal se esforça por garantir a observância das normas penais de conduta. Desse modo, o fim imediato da cominação, imposição e execução da pena, ou seja, o fim imediato da norma penal é a estabilização ou a simples imposição das normas que existem para a protecção dos bens jurídicos, sendo os mandatos e proibições pautas vinculantes do comportamento humano. "Assim, pois, a *cominação penal* persegue, em primeiro lugar, uma finalidade *preventivo-geral*", com vista a impedir infracções das normas penais de conduta, "ameaçando a todo aquele que contraria uma destas com a imposição de um mal". Relativamente ao que não desiste da acção proibida pelo próprio conteúdo valorativo da norma de conduta, deve (provavelmente) ser motivado, através da cominação de um mal, para que omita aquela acção[83]. Por seu turno, na *imposição da pena* são perseguidos uma pluralidade de fins[84]: por um

---

ZIPF, Heinz. Principios fundamentales de la determinacion de la pena, cit., p. 356-357, salientando o Autor que essa concepção "abre uma enorme margem de acção político-criminal para o juiz na hora de determinar a pena".

[82] RUDOLPHI, Hans-Joachim. El fin del derecho penal del estado y las formas de imputación jurídico-penal. Trad. Jesús-María Silva Sánchez. *In*: SCHÜNEMANN, Bernd (comp.). *El sistema moderno del derecho penal: cuestiones fundamentales*. Madrid: TECNOS, p. 81-93, 1991, p. 81 e seguintes.

[83] Assim, na normalidade dos casos espera-se que as pessoas se abstenham do comportamento antinormativo em atenção ao próprio valor que a norma visa tutelar, surgindo a sanção penal tão somente como um *reforço* ou, *reafirmação*, para os casos em que falhar ou for deficiente o papel motivador a ser exercido autonomamente por aquele valor. Entende-se, pois, que a norma penal tende a um reforço na motivação ao agir conforme a norma.

[84] Registe-se que o Autor deixa explícita essa polivalência no momento da imposição penal.

lado, visa-se assegurar de modo preventivo-geral, para o futuro, a vigência fáctica e normativa da norma de conduta vulnerada, através da desaprovação da conduta antinormativa realizada, confirmando a norma infringida e estabilizando – de modo contrafáctico – a confiança geral na observância das normas penais de conduta; não obstante, a imposição da pena persegue também a finalidade de prevenção especial, no sentido de motivar o concreto autor da acção proibida para o respeito e observância da norma de conduta que infringiu. A última das finalidades mencionadas adquire especial relevo no momento da *execução da pena*; nesta fase da dinâmica punitiva avulta a função de motivação do autor em relação ao respeito pelas normas jurídicas de conduta, através de uma execução ressocializadora, reforçando no autor os modelos normativos de comportamento. Tudo isso possibilita a conclusão de que a finalidade da cominação, imposição e execução da pena é reafirmar as normas penais de conduta de forma preventivo-geral face a todos bem como a sua imposição de modo preventivo-especial face ao concreto autor, com vista a "garantir a vigência fáctica e normativa destas normas". No que à culpabilidade toca, ela surge como um pressuposto da pena, no sentido de imputabilidade individual da vulneração da norma, implicando em que o comportamento antinormativo possa ser reprovado individualmente ao autor, pelo facto de que ele poderia evitar a conduta, visto estar dotado de capacidade de autodeterminação, ter o conhecimento potencial da ilicitude e ser-lhe exigido comportamento diverso. Somente diante destes pressupostos se poderá afirmar que o autor, podendo e devendo evitar, colocou em causa a norma penal de conduta, surgindo a pena como reafirmação contrafáctica dessa norma e, assim, como instrumento de prevenção geral e especial. Ademais, a culpabilidade "serve para limitar as necessidades da protecção preventiva de bens jurídicos à medida proporcional, isto é, àquela que pode ser compatível com a autonomia e dignidade do homem", mantendo dessa forma a sua autonomia face às necessidades preventivas, e, pois, não podendo ser absolutamente funcionalizada.

Enfatize-se no posicionamento descrito: a predominância atribuída à finalidade de prevenção geral de integração no momento da *cominação*; a concorrência dos fins de prevenção geral – pela forma exposta, também aqui de integração – e especial no momento da imposição e destaque também para esta última no momento da execução; a culpabilidade como pressuposto e limite da pena.

1.3.2 – Teoria da margem de liberdade com centro de gravidade na prevenção geral.

Acentuando de forma aguda a funcionalização do conceito de culpabilidade verificada nos posicionamentos anteriormente expostos, pondera JAKOBS[85] que "se é certo que a pena traz algo para a manutenção da ordem social, isto é, se pode empregar-se de forma útil, apesar de estar limitada, de acordo com o princípio da culpabilidade, pela culpabilidade, e, ademais, esta limitação é de certa importância, então a culpabilidade mesma contém uma finalidade". Dito de forma ainda mais precisa: "na sociedade desmistificada o princípio da culpabilidade tem uma função"[86]. Por outro lado, segundo JAKOBS[87] "a pena é sempre reacção face à infracção de uma norma. Mediante a reacção sempre se põe em manifesto que a norma deve ser observada. E a reacção demonstrativa sempre tem lugar à custa do responsável por ter infringido a norma". Desta afirmação já pode ser deduzido o normativismo que se encontra na base do seu pensamento.

É sobre a base destas considerações que JAKOBS[88] edifica a sua *Teoria da prevenção geral positiva*. Parte-se do pressuposto de que a existência da norma visa a obtenção de uma certa regularidade dos comportamentos que possibilite a celebração de contactos sociais. Ou seja, a vida em sociedade pressupõe uma certa segurança e estabilidade das expectativas de cada sujeito perante o comportamento dos demais. As normas jurídicas expressam justamente expectativas estabilizadas de comportamento, cuja validade não depende do seu cumprimento fáctico. Estabilizando as expectativas sociais, as normas servem de orientação

---

[85] El principio de culpabilidad, cit., p. 126-127

[86] Idem, ibidem, p. 133. Saliente-se que em JAKOBS verifica-se uma clara e assumida normativização da culpabilidade, a partir do abandono da indagação acerca da capacidade do agente de se determinar conforme a norma. O que importa é verificar se a acção do agente e a situação em que ele se encontrava correspondem a um quadro normativo típico em relação ao qual a norma impõe uma consequência. Portanto, no juízo de culpabilidade não se vai procurar demonstrar uma realidade – a liberdade de autodeterminação na situação concreta – mas apenas a atribuição de uma responsabilidade, em virtude da correspondência da acção do agente e a situação em que ele se encontrava com aquela em relação à qual a norma impõe a consequência, descartando-se qualquer referência de cunho ontológico ou metafísico.

[87] JAKOBS, Gunther. *Derecho penal – parte general. Fundamentos y teoría de la imputación*. Trad. Joaquin Cuello Contreras y Jose Luis Serrano Gonzalez de Murillo. Madrid: MARCIAL PONS, 1995, p. 8, nº m. 2.

[88] Idem, ibidem, p. 9 e seguintes, a partir do nº m. 4.

para o comportamento dos cidadãos nas suas relações no meio social. Se ocorre uma frustração na expectativa da vigência da norma isso não pode conduzir a uma renúncia a essa vigência, pois ela poderá ser mantida através de uma medida *contrafáctica*: a pena. Missão da pena é, portanto, "a manutenção da norma como modelo de orientação para os contactos sociais"; ou seja, através dela obtém-se a estabilização *contrafáctica* da norma; através da pena demonstra-se a todos que o delito não debilitou a manutenção da norma. Assim sendo, a pena propicia um exercício de confiança na norma. Nessa medida, o Direito Penal deve estar vocacionado para a estabilização social, a orientação da acção e a institucionalização das expectativas pela via da restauração da confiança na vigência das normas.

Rematando a sua *Teoria*, sustenta JAKOBS[89] que a pena deve proteger as condições para a existência da interacção social – claros estão aqui a referência e relevo ao sistema social – e tem, portanto, uma função *preventiva*, realizada através do exercício destinado ao reconhecimento da norma. A protecção tem lugar reafirmando para o que confia na norma a sua confiança. Conteúdo desta reafirmação não é que posteriormente ninguém mais vá infringir a norma, porque a pena faça desistir os delinquentes potenciais, e menos ainda se trata de qualquer prognóstico favorável ao comportamento futuro do autor. A norma não se destina primariamente a algumas pessoas enquanto autores potenciais mas sim a todos, dado que ninguém pode viver sem interacções sociais e, por isso, todos devem saber o que delas podem esperar. Nesta medida a pena serve para *exercitar a confiança em relação à norma*. Ademais, a pena grava o comportamento infractor da norma com consequências custosas, aumentando a probabilidade de que esse comportamento seja considerado como uma alternativa que não deve ser levada em conta. Deste último modo a pena serve para *exercitar a fidelidade ao Direito*. Ao menos, através da pena demonstra-se a conexão do comportamento com o dever de assumir os custos, mesmo quando a norma já foi infringida, apesar do que se aprendeu; aqui a pena destina-se *a exercitar a aceitação das consequências*. Sendo destinada a todos e a cada um, trata-se de *prevenção geral mediante o exercício destinado ao reconhecimento da norma, prevenção geral positiva ou colectiva*. A isso se acresça, secundariamente, a função de intimidação exercida pela pena em relação

---

[89] Idem, ibidem, p. 18, nº m. 14 e 15.

Fundamentos

aos terceiros para que se abstenham de realizar factos delituosos futuros (prevenção geral negativa).

Porém, esta *Teoria* não se estende a cada sector do processo punitivo na sua totalidade mas sim deixa alguma brechas, as quais devem ser preenchidas, *a um nível inferior*, por outras teorias, mais propriamente apenas pela prevenção especial subsidiária, em especial no momento da execução penal[90]. Diversamente de ser a culpabilidade, aqui é a *prevenção geral positiva* que delimita o marco da punibilidade, uma vez que não cabe separar os dois conceitos. Esse marco pode ser completado por razões de prevenção especial, não se admitindo que elas possam conduzir a fixação da pena abaixo do marco inferior mínimo. Ao lado desta forma de unificar a prevenção geral positiva com a prevenção especial subsidiária, a margem de liberdade pode ser completada por ambas as prevenções, como *equivalentes possíveis* para a solução de conflitos. A forma desta equivalência deve ser determinada em função da maior eficácia para solucionar o conflito. A resposta à questão sobre que modo de solucionar o conflito deverá ser eleita não tem que recair sempre a favor de uma única forma, *v.g.*, a defesa do Ordenamento Jurídico do § 56, nº 3, mas sim pode ser atribuída uma parte a cada modo de solução, unificando nesse sentido tais modos[91].

Criticando com veemência o posicionamento que acaba de ser exposto, particularmente no que se refere à substituição completa da categoria da culpabilidade, como pressuposto da punibilidade, pela necessidade preventivo geral da pena – considerada essa substituição incorrecta em termos dogmáticos e ameaçadora do Direito Penal fundado nos princípios do Estado de Direito –, entende SCHÜNEMANN[92] que "a finalidade preventiva fundamenta a necessidade da pena, o princípio da culpabilidade limita a sua admissibilidade". Ou seja, abandonadas as teorias absolutas da retribuição, nas quais a culpabilidade assumia o papel determinante da punibilidade, a sua função actual é de delimitação, no sentido de que é inadmissível pena sem culpabilidade. Desse modo, atribui-se ao princípio da culpabilidade um significado jurídico-penal

---

[90] Idem, ibidem, p. 35, nº m. 50.

[91] Idem, ibidem, p. 36 e nº m. 51.

[92] SCHÜNEMANN, Bernd. La función del principio de culpabilidad en el derecho penal preventivo. *In*: SCHÜNEMANN, Bernd (comp.). *El sistema moderno del derecho penal: cuestiones fundamentales*. Trad. Jesús-María Silva Sánchez. Madrid: TECNOS, 1991, p. 172.

740   *O Processo Penal como Instrumento de Política Criminal*

autónomo, devendo funcionar como uma barreira de garantia contra a aplicação de penas sem culpabilidade que, apesar de poder ser funcional, careceria de legitimação num Estado de Direito.

Num Direito Penal preventivo e moderno, que defende o abandono das teorias da retribuição, "uma pena que serve unicamente uma função preventiva somente pode ser determinada, no que se refere ao seu conteúdo, pelo mesmo fim preventivo e a sua medida deve ser estabelecida também desde um ponto de vista preventivo". Dado que a prevenção geral é obtida através do processo de interiorização de normas e valores culturais pela população, o Direito Penal, em virtude do interesse numa protecção eficaz dos bens jurídicos, deve reagir contra as lesões de tais bens de forma distinta, escalonada em função do valor dos concretos bens e do grau da sua exposição a perigo expressa no facto. "Assim, a medida da pena depende, a partir de perspectivas preventivas, em primeiro lugar, da gravidade da lesão dos bens jurídicos e, em segundo lugar, da intensidade da energia criminal". Ao princípio da culpabilidade deve corresponder, da mesma forma que na fundamentação da pena, "uma mera função de limitação, impedindo que sejam levadas em consideração todas aquelas circunstâncias que o autor não pode conhecer e que, portanto, não lhe podem ser reprovadas"[93]. Na operação da medida da pena assim esboçada as considerações de prevenção especial deverão desempenhar um papel apenas em relação às decisões de prognóstico, como aquelas que são exigidas nos casos de suspensão da pena conforme o § 56 *StGB* e decisões similares (medida da pena em sentido amplo), de modo que as mesmas nunca poderão incidir sobre a pena preventivo-geral em prejuízo do autor mas sim apenas em seu favor (no caso de prognóstico favorável)[94].

1.4 – Teoria do valor do emprego.

É na linha da separação por último mencionada que se funda a *Teoria do valor do emprego* (*Stellenwerttheorie*), erigida supostamente como uma superação das deficiências verificadas na *Teoria da margem de liberdade*. Em poucas palavras, esta teoria procura solucionar o problema da antinomia dos fins da pena levando em conta tanto o ponto de vista da retribuição como o da prevenção, porém atribuindo a cada um deles um valor de emprego na lei completamente diferente.

---

[93] Idem, ibidem, p. 173.
[94] Idem, ibidem, p.176.

Assim, a perspectiva preventiva somente deve ser considerada em relação à operação da medida da pena em sentido amplo, *v.g.*, a questão sobre a remissão da pena, enquanto a medida da pena em sentido estrito somente deve ser fixada considerando-se o conteúdo da ilicitude e culpabilidade pelo facto[95].

Amplamente: a determinação da medida da pena nos termos do § 46, *StGB*, deve ser realizada unicamente conforme o grau da culpabilidade, com abstracção de todo o critério preventivo, enquanto que a determinação da pena em sentido amplo, ou seja, as decisões, segundo os §§ 47 e seguintes do *StGB* – sobre a substituição da pena privativa de liberdade pela pecuniária, sobre a suspensão condicional da pena e a liberdade condicional, sobre a admoestação com reserva de pena e a dispensa de pena –, devem ser tomadas exclusivamente em função de razões de natureza preventiva. "Retribuição da culpabilidade e prevenção aparecem aqui, portanto, como graus sucessivos e independentes da determinação da pena"[96].

Opondo diversas objecções a esta teoria, principalmente no que se refere à eliminação de toda a influência da prevenção especial na determinação da medida da pena em sentido estrito, entende ROXIN[97] que ela é correcta "nas suas três quartas partes". É correcta na sua primeira metade, enquanto pretende determinar a medida da pena em sentido amplo (as consequências jurídicas previstas nos §§ 47 e seguintes *StGB*)

---

[95] Notícias em: MAURACH, Reinhart, ZIPF, Heinz. *Derecho penal. Parte geral 1*, cit., p. 114, n° marg. 23.

[96] ROXIN, Claus. Prevencion y determinacion de la pena. Trad. Francisco Muñoz Conde. *In*: *Culpabilidad y prevención en derecho penal*. Madrid: REUS, p. 115-145, 1981, p. 118. Numa abordagem sobre a operação da medida da pena não poderia deixar de ser referido aquele que, segundo ROXIN (Ob. loc. cit.), foi o grande impulsionador e mestre da determinação da pena: HANS-JÜRGEN BRUNS. Inicialmente, BRUNS (BRUNS, Hans-Jürgen. *Strafzumessungsrecht*. 1ª Ed., 1967, p. 252) qualificou a pena correspondente à culpabilidade como a melhor forma de se acabar com a antinomia dos fins da sanção penal. Após a entrada em vigor do § 46, *StGB*, BRUNS (BRUNS, Hans-Jürgen. *Strafzumessungsrecht*. 2ª Ed., 1974, p. 221) abandonou essa concepção, reprovando igualmente a *Teoria do valor do emprego*, entendendo que ela estava em contradição com a regulação legal e era insustentável nos seus resultados. Posteriormente, BRUNS (BRUNS, Hans-Jürgen. *Stellenwerttheorie oder Doppelspurige Strafhöhenbemessung. In*: *Festschrift für Dreher*, 1977, p. 251 e seguintes) opina que há uma série completa de razões favoráveis à *Teoria do valor do emprego* e que não seria de se lamentar que esta *Teoria* predominasse na doutrina e na praxe.

[97] Prevencion y determinacion de la pena, cit., p. 144.

742 *O Processo Penal como Instrumento de Política Criminal*

exclusivamente em função de critérios de prevenção especial. É também correcta enquanto exclui a prevenção geral como componente autónomo agravante na determinação da pena em sentido estrito, ou seja, conforme o § 46, *StGB*. Enfim, ao menos tendencialmente, ela é correcta no sentido de que no marco do § 46 *StGB* a retribuição da culpabilidade deve ser posta em primeiro plano, porém, quanto às decisões a tomar nos termos dos §§ 47 e seguintes a prevenção assume o primeiro plano. Apontados estes acertos, a conclusão resultante é a de que deve ser reconhecido um marco de culpabilidade na determinação da pena segundo o § 46, *StGB*, o qual será completado, dentro do possível, por necessidades de prevenção especial.

2 – O futuro do princípio jurídico-penal da culpabilidade.

Após todas estas considerações e apesar da tentativa dos partidários da *Teoria do valor do emprego* de manter a pureza do conceito de culpabilidade, é o momento de indagar se realmente tem futuro o princípio jurídico-penal da culpabilidade.

Respondendo a esta questão, STRATENWERTH[98] identifica uma tendência voltada para a superação do princípio da culpabilidade em um tempo mais ou menos curto, através de outros princípios relativos ao tratamento do comportamento desviado. De forma mais clara, segundo STRATENWERTH[99] pode ser percebida a defesa de que o conceito de culpabilidade tem que absorver princípios político-criminais (ou que sempre os absorveu). Pelo menos, a ideia de culpabilidade surge penetrada por exigências de prevenção geral.

Não se equivoca STRATENWERTH quando faz esta constatação, ao menos no que se refere a dois dos posicionamentos doutrinários vistos anteriormente: ROXIN e JAKOBS. Com efeito, analisando o posicionamento dos dois autores citados é possível constatar a proposta de introdução de elementos de política criminal no princípio jurídico-penal da culpabilidade: para ROXIN a pena adequada à medida da culpabilidade serve à prevenção geral, ou seja, da pena adequada à culpabilidade decorrem

---

[98] STRATENWERTH, Gunter. El futuro del principio juridicopenal de culpabilidad. Trad. Enrique Bacigalupo y Zugaldía. *In*: *El futuro del principio juridico penal de culpabilidad*. Madrid, 1980, p. 89.

[99] Idem, ibidem, p. 99-100.

Fundamentos 743

também efeitos de prevenção geral; para JAKOBS a culpabilidade fundamenta-se pela prevenção geral e mede-se de acordo com ela, ou seja, a culpabilidade deve ser reconduzida à prevenção geral.

Isto conduz a que em ROXIN[100] a culpabilidade perca o seu conteúdo de possibilidade de conduta diversa, relacionando-se mais com a questão de se, e em que medida, é possível deixar de aplicar a pena a um comportamento, em princípio punível, quando ele for realizado sob circunstâncias irregulares; substitui-se a categoria sistemática da *culpabilidade* pela da *responsabilidade*[101]. Por seu turno, em JAKOBS[102] a culpabilidade estaria ligada apenas à exigência de imputação ou, atribuição, ao autor do comportamento que violou a norma, fazendo-o responder por essa violação: "o que se denomina por culpabilidade é um déficit de fidelidade ao ordenamento jurídico", que deve ser corrigido por razões de *prevenção geral positiva*.

Portanto, ainda que com distinta abrangência e intensidade, em ambos os casos pode ser verificada uma "contaminação" político-criminal do princípio jurídico penal da culpabilidade: mais atenuada em ROXIN, maximizada em JAKOBS.

Manifestando-se a respeito desta tendência, apesar de reconhecer uma finalidade de prevenção geral na pena adequada à culpabilidade (*supra*), assevera STRATENWERTH[103] que o princípio da culpabilidade afirma plenamente a sua independência. "As considerações preventivas não permitem interpretá-lo suficientemente nem são capazes de substituí-lo. Porém, tão pouco poderá desconhecer-se que as exigências da culpabilidade jurídico-penal, na sua própria consideração, contêm ele-

---

[100] *Política criminal y sistema del derecho penal*, cit., p. 40-41. Literalmente: "a categoria delitiva que tradicionalmente denominamos *culpabilidade* tem na realidade muito menos que ver com a averiguação do poder de actuar de um modo distinto, algo empiricamente difícil de constatar, e mais com o problema normativo de se e até que ponto nos casos de circunstâncias pessoais irregulares, ou condicionadas pela situação, convém uma sanção penal a uma conduta que, em princípio, está ameaçada com uma pena. Para responder a esta questão devem incluir-se no trabalho dogmático tanto a função limitadora da pena que representa o princípio da culpabilidade como as considerações de prevenção geral e especial".

[101] Esclarecendo mais detidamente esta categoria utilizada por ROXIN, pode ser dito que, mantida a noção da culpabilidade apenas como limite da medida da pena, ao juízo da *responsabilidade* caberá a indagação acerca da necessidade da pena em virtude das exigências de política criminal, por referência às finalidades da sanção penal.

[102] El principio de culpabilidad, cit., p. 154.

[103] El futuro del principio juridicopenal de culpabilidad, cit., p. 121 e seguintes.

744   *O Processo Penal como Instrumento de Política Criminal*

mentos mais ou menos amplos de política criminal". Portanto, o caminho mais adequado para a teoria da culpabilidade do Direito Penal no futuro será determinar de forma mais precisa a influência dos pontos de vista preventivos no conceito de culpabilidade e submetê-los à crítica. Afirmando, pois, categoricamente a natureza imprescindível do princípio da culpabilidade nos casos de aplicação de uma pena, conclui STRA-TENWERTH[104] que o que se transforma é o seu significado. Concebido na forma acima mencionada, não existe nenhuma alternativa quanto à consideração da culpabilidade como ponto central da imputação jurídico--penal, muito menos havendo um modelo de pensamento diferente. Todavia, parece que o juízo de culpabilidade perde paulatinamente, não só na teoria mas também na consciência de amplos sectores da opinião, o componente de reprovação moral.

Neste último sentido deverá ser efectuada uma diferenciação entre culpabilidade como *fundamento* da pena (*Strafbegründungsschuld*), relacionada com a imputação jurídico-penal, e culpabilidade como critério para a medida da pena (*Strafzumessungsschuld*), neste último sentido conduzindo ao juízo de reprovabilidade ou de responsabilidade. Insurgindo-se contra esta diferenciação, considerada como uma distinção exclusivamente terminológica, pois entre fundamento da pena e a sua medida subsiste uma geral relação de dependência[105], também SCHÜNEMANN[106] ratifica e defende "o significado central que no direito penal a ideia da culpabilidade representa para as particulares questões da imputação e quanto é

---

[104] Idem, ibidem, p. 124-125.

[105] SCHÜNEMANN, Bernd. L'evoluzione della teoria della colpevolezza nella repubblica federale tedesca. Trad. Vincenzo Militello. *Rivista Italiana di Diritto e Procedura Penale*, p. 3-35, 1990, p. 17-18.

[106] Idem ibidem, p. 35. Com anterioridade já afirmava SCHÜNEMANN (SCHÜNEMANN, Bernd. La función del principio de culpabilidad en el derecho penal preventivo, cit., p. 178) que é possível sintetizar a sua ideia acerca do princípio da culpabilidade em três conclusões: "que o abandono do Direito penal retributivo – absoluto – não implica por si mesmo, de modo algum, o abandono da noção de culpabilidade, que pode continuar a manter-se contra a crítica do determinismo"; que a culpabilidade deve ser mantida, como princípio de *limitação*, junto à prevenção, como princípio de fundamentação da pena, o que implica necessariamente uma ampliação da sistemática tradicional do Direito penal com a categoria da responsabilidade; que no lugar de uma pena pela culpabilidade, concebida no sentido da teoria da margem de liberdade, deve surgir uma pena preventiva, orientada para a medida da ameaça do delito para a sociedade e, portanto, que garanta o princípio da igualdade, mantendo-se o significado da culpabilidade apenas como princípio de limitação da pena.

importante, hoje como ontem, a sua função como baluarte contra uma exagerada ampliação preventiva do direito penal". Assim sendo, resulta inaceitável qualquer tentativa de substituir a função dogmática da culpabilidade por um conceito puramente preventivo.

Ora bem, o que resulta de toda esta longa, mas necessária, abordagem senão a constatação, através da evolução das teorias, de uma erosão, em menor ou maior medida, do princípio jurídico-penal da culpabilidade, tendo em conta a introdução de razões de política criminal no seu interior. Se esta erosão pode ser considerada um dado inequívoco e, talvez, irreversível, fica por resolver quais os aspectos ou dimensões do princípio da culpabilidade que devem ser preservados e quais são os que podem, ou devem, ser sacrificados.

Uma tentativa de resposta é oferecida por HASSEMER[107] a partir da identificação das funções que podem ser atribuídas ao princípio da culpabilidade: *possibilitar a imputação subjectiva*, ou seja, a vinculação de um acontecer injusto com uma pessoa actuante; *excluir a responsabilidade pelo resultado*, significa dizer que culpado de uma lesão somente pode ser quem pelo menos teve a possibilidade de governar o acontecimento lesivo (*critério de responsabilidade*); *diferenciar os graus de participação interna*, possibilitando distinguir e valorar os respectivos graus de responsabilidade; *estabelecer a proporcionalidade das consequências jurídicas*, fixando a sanção equitativa e justa para o delinquente e possibilitando uma concretização do próprio princípio da proporcionalidade, da proibição de excessos e de limites de sacrifício; *possibilitar o juízo de reprovação*, de modo que a formação da vontade que conduz à decisão de cometer o delito deva ser reprovável.

Tecendo vários argumentos contrários à manutenção da última das dimensões mencionadas, o *juízo de reprovação*, HASSEMER[108] conclui de forma precisa e preciosa:

---

[107] HASSEMER, Winfried. Alternativas al princípio de culpabilidad? Trad. Francisco Muñoz Conde. *Doctrina Penal*, Buenos Aires, a. 5, nº 18, p. 233-244, abr/jun 1982, p. 236 e seguintes. As duas dimensões por último citadas penetrando já no estágio da operação da medida da pena (p. 239) e, pois, estando ligadas à culpabilidade critério (*Strafzumessungsschuld*).

[108] Idem, ibidem, p. 244. Ainda que o Direito Penal e a vida quotidiana não possam prescindir da ideia da liberdade de vontade, tão pouco as relações humanas em geral ou as conformadas juridicamente possam existir ou serem entendidas sob a hipótese determinista da direcção causal, pois a mencionada liberdade é condição não só de uma comunicação humana mas de qualquer comunicação interpessoal, esta ideia não

"O princípio da culpabilidade está a ser hoje ameaçado, tanto na teoria como na prática, pelos interesses de uma política criminal eficaz. É válido explicar e defender as missões irrenunciáveis que lhe são atribuídas: possibilidade de imputação subjectiva, exclusão da responsabilidade objectiva, diferenciar e valorar a participação interna no acontecimento externo e garantir a proporcionalidade das consequências jurídico-penais. Não o é, por outro lado, manter a reprovação de culpabilidade que hoje se formula contra o autor de um delito em nome do princípio de culpabilidade, porque desde o ponto de vista teórico é insustentável e desde o ponto de vista prático prejudicial. Um ordenamento jurídico-penal que procure evitar, na medida do possível, moléstias às pessoas e fundamentar honestamente as suas intevenções deve renunciar a essa reprovação."

Mantém-se, dessa forma, o conteúdo da culpabilidade como sendo o "fazer-responsável" pessoalmente por um facto ilícito, porém, permite--se adequar o "tratamento" conforme a real necessidade político-criminal do caso, independentemente do juízo de reprovação da culpabilidade. Se em ROXIN e JAKOBS se abre caminho para uma nova conformação

---

é, todavia, apta a servir de base para uma reprovação de culpabilidade face ao delinquente. "O que se pode identificar com o instrumental do processo penal não é a liberdade do acusado para actuar de outro modo mas sim as limitações materiais da liberdade, os indicadores do déficit de liberdade". Portanto, a polémica sobre a liberdade de vontade é totalmente irrelevante para o princípio da culpabilidade, inclusive porque uma posição indeterminista é incapaz de ajudar a ministrar um fundamento ao juízo de reprovação de culpabilidade. "Falsa e perigosa" é a ideia de que o Direito Penal deveria manter o juízo de reprovação face ao delinquente do mesmo modo que ocorre na vida quotidiana, ainda que essa reprovação somente possa ser vaga e que apenas se possa apoiar na diferença entre esse delinquente e o "homem médio". As reformas no "âmbito político direito penal" não podem ignorar ou iludir uma cultura quotidiana, porém tão pouco têm que reflecti-la ao pé da letra. O juízo de reprovação de culpabilidade desvia a atenção das demais circunstâncias humanas e sociais que estão ligadas ao delito, *v.g.*, a conduta da vítima, o índice de desemprego, a crise familiar, entre outras. O juízo de reprovação de culpabilidade não limita nada, diversamente, estende em grande medida o peso que representa para o delinquente a consequência jurídico-penal. Por fim, em termos prognósticos, a supressão do juízo de reprovação de culpabilidade não implica em uma privação da legitimação ética do Direito Penal. "A justificação do direito penal é sempre uma justificação ético-social que não se encontra no âmbito individual – na 'culpabilidade' do indivíduo –." Esta justificação encontra-se na força do Direito penal para elaborar os conflitos mais graves que a desviação propicia, de tal modo que com isso fiquem, na medida em que for possível, protegidos os direitos de todos os participantes e também os da sociedade afectada.

do princípio da culpabilidade, através da sua impregnação por considerações de política criminal, em STRATENWERTH, SCHÜNEMANN e HASSEMER ratifica-se a vigência do princípio e identificam-se os seus novos contornos.

A esta altura a intrigante questão que nos é proposta é sobre o que toda esta análise sobre a operação da medida da pena tem a ver com a ideia da orientação político-criminal do processo penal e com as formas diversificadas que estão a ser paulatinamente introduzidas no seu interior. A resposta não pode deixar de ser enfática: *tudo*.

Arrancando da afirmação de que "o princípio da culpabilidade está a ser bombardeado", inclusive pelo próprio legislador, que foi erodindo as suas paredes mestras naqueles pontos em que o princípio impedia levar a cabo uma eficaz política criminal, HASSEMER[109] pondera que "quando a pena não parece uma resposta adequada à culpabilidade, há instituições como a dispensa de pena, a advertência com reserva de pena, as amplas faculdades para suspender provisoriamente o processo penal, que no moderno direito penal permitem desconectar a pena da culpabilidade ou que, inclusive, impedem pronunciar um veredicto de culpabilidade".

Portanto, as formas diversificadas que estão a ser introduzidas no processo penal, expressamente citada a suspensão provisória do processo (§ 153, a, e seguintes *StPO*), são consequência também da abertura que se verifica do princípio da culpabilidade às considerações de política criminal. Efectivamente, as excepções/atenuações ao princípio da legalidade na Alemanha têm como pano de fundo a ideia de um Direito Penal "orientado para as consequências jurídicas"[110] (*Zweckstrafrecht*), especificamente através de uma orientação político-criminal do processo penal.

A demonstração de que as atenuações ao princípio da legalidade previstas nos §§ 153 e seguintes da *StPO* se inserem num movimento pendular entre garantias a serem reconhecidas ao acusado, de um lado, e funcionalidade do sistema, de outro, bem como a vinculação entre elas e as finalidades da sanção penal encontram-se no pensamento de SCHÖNE[111],

---

[109] Alternativas al princípio de culpabilidad?, cit., p. 233-234. De forma genérica: "face ao crescente interesse político-criminal na produção de consequências favoráveis através do direito penal, o princípio da culpabilidade vai perdendo cada vez mais o poder de fundamentar ou de medir a pena sobre a base da culpabilidade".

[110] HASSEMER, Winfried. La persecución penal: legalidad y oportunidad, cit., p. 9.

[111] Líneas generales del proceso penal alemán, cit., p. 177.

748 O Processo Penal como Instrumento de Política Criminal

o qual assevera que "os princípios da legalidade e oportunidade, que em relação à sua proveniência estão relacionados com as teorias absolutas e relativas da pena, representam hoje em dia, respectivamente, a ideia da unidade e igualdade na aplicação das leis penais ('controle do uso do poder estatal'), por um lado, e a necessidade de fazer concessões às possibilidades práticas da persecução penal, por outro".

Esse fundamento político-criminal das atenuações ao princípio da legalidade no Ordenamento Jurídico germânico, através da referência às finalidades da pena, não escapou também a TIEDEMANN[112], o qual demonstra que o estabelecimento de uma obrigação de persecução rigorosa dos delitos na formulação original da *StPO* de 1877 correspondeu à ideia de retribuição então dominante, segundo a qual o Estado devia castigar, para a realização da justiça absoluta, cada violação de uma Lei penal, sem excepções. Depois de esta teoria absoluta se considerar hoje superada e de prevalecerem razões de prevenção geral e especial quanto aos fins da pena já não é absoluta a validade ilimitada do princípio da legalidade, principalmente quanto aos delitos de bagatela, uma vez que a rigidez da obrigatoriedade ocasionaria uma sobrecarga total para a administração da justiça penal.

Também no que se refere às hipóteses de acordos informais existentes na prática processual germânica (*supra*), HASSEMER[113] afirma que o modelo fundado num consenso promete satisfazer as necessidades preventivas do processo, mediante uma influência benéfica no delinquente no próprio processo penal (*er verspricht, die präventiven Bedürfnisse nach heilsamer Beeinflussung des Delinquenten schon im Strafverfahren zu befriedigen*).

Precisa é a demonstração feita também por JUNG[114] do vínculo existente entre os módulos de justiça penal negociada e os objectivos de política criminal, sustentando que "la complexité accrue des procès pénaux et l'instrumentalisation du pénal pour des buts préventifs, les exigences du principe de célérité et une réadaptation de la position du citoyen vis-à-vis d'Etat ont tous contribué au renforcement d'eléments de négociation dans le cadre de la procédure pénale".

---

[112] *In*: ROXIN, Claus, ARZT, Gunther, TIEDEMANN, Klaus. *Introducción...*, cit., p. 171. Sem discrepância: MAURACH, Reinhart, ZIPF, Heinz. *Derecho penal – parte general*, v. 1, cit., p. 112, nº 18.

[113] Pacta sunt servanda – auch im Strafprozess?, cit., p. 893; SCHMIDT-HIEBER, Werner. *Verständigung im Strafverfahren*, cit., p. 11.

[114] Le ministere public: portrait d'une institution, cit., p. 22.

Em termos genéricos, o desenvolvimento acelerado do procedimento penal contribui para a eficácia das sanções penais no interesse da política criminal[115].

§ 3 – No Ordenamento Jurídico português.

Pode-se conceber o direito penal português como lastreado no princípio da culpa pelo facto[116], admitida, porém, a influência de fins de natureza preventiva[117]. Verifica-se, assim, uma convivência harmónica

---

[115] GREBING, Gerhard. La procedure acceleree..., cit., p. 152.

[116] Cabe aqui a advertência de que o Projecto de Parte Geral de Código Penal de 1963, considerado a base do C.P. de 1982, contemplava a valoração da culpa do agente pelo *facto* e pela sua *personalidade*. Esta formulação foi suprimida na redacção definitiva do Código, evitando-se a consagração expressa na lei da doutrina da culpa na formação da personalidade de modo geral, visto a questão encontrar sede mais adequada na doutrina. Não obstante, isso não conduz à conclusão de ter havido uma rejeição da culpa pela formação da personalidade, a qual mereceu tratamento em diversos casos dispersos no Código.

[117] LÚCIO, A. Laborinho. Sujeitos do processo penal, cit., p. 40. Segundo FIGUEIREDO DIAS (DIAS, Jorge de Figueiredo. A reforma do direito penal português, cit., p. 111 e seguintes), no regime do Código Penal de 1886 havia uma conciliação de um sistema clássico, de base retributiva, com as exigências de prevenção especial, decorrente estas últimas de uma preocupação humanista para com o delinquente. Já na reforma principiada no início dos anos 60 a ideia central era a da culpa – culpabilidade –, partindo do pressuposto de que "ser homem tem o sentido de ser responsável". Todavia, não uma culpabilidade referida a um hipotético livre arbítrio mas sim decorrente da necessidade de se criarem condições de uma vida social suportável. Assim, a culpa era identificada como o *ponto óptimo* de confluência entre as necessidades de defesa da liberdade da pessoa e os interesses da sociedade. Conteúdo material dessa culpa é o agente "ter que responder pela personalidade que fundamenta um facto ilícito-típico", em virtude do dever que sobre ele pende de conformar essa sua personalidade às exigências do Direito. Resultante dessa reforma, pode ser dito que o Direito Penal português encontra-se assim construído: "protecção de bens jurídicos, ou função de exterioridade; limitação desta função pela culpa da personalidade, ou função de interioridade; pena com sentido dinâmico de reparação das tendências do delinquente para o crime através da sua readaptação social, só assim se realizando capazmente a proteção dos bens jurídicos". Numa formulação ainda mais concisa, é possível afirmar, com ALMEIDA COSTA (COSTA, António Manuel de Almeida. Alguns princípios para um direito e processo penais europeus, cit., p. 207), que "ao nível da solução dos casos concretos, em hipótese alguma a pena poderá ultrapassar a medida de uma proporcionalidade com a culpa do agente – nada

750 *O Processo Penal como Instrumento de Política Criminal*

entre as finalidades preventivas do *Sistema* e o princípio da culpa (*culpabilidade*). O que se quer evidenciar com estas colocações preliminares é, portanto, tão somente a composição dos vectores que devem influenciar na operação da medida da pena – finalidades preventivas; culpabilidade – sem, por ora, especificar o conteúdo de cada um deles e sem apontar alguma preponderância. Antecipando, porém, para que não pairem dúvidas sobre o relacionamento entre estas finalidades, pode ser dito que o Direito Penal português se funda numa concepção da pena que, partindo da chamada prevenção geral de integração, evidencia dialecticamente as dimensões da culpa e da socialização do agente[118].

É esta a inequívoca conclusão que se extrai do tratamento legislativo dado à matéria das finalidades das penas, estabelecendo o nº 1 do art. 40º do C.P.[119] que "a aplicação de penas e de medidas de segurança visa a protecção de bens jurídicos e a reintegração do agente na sociedade". Por sua vez, estabelece o nº 2 do mesmo dispositivo legal que "em caso algum a pena pode ultrapassar a medida da culpa". Portanto, à culpa reserva-se o papel de *pressuposto* indispensável da imposição da sanção, funcionando como *limite* máximo e inultrapassável da pena. No interior desta concepção básica há que se distinguir, todavia, os dois momentos mais salientes da individualização da pena: a operação da pena em

---

obstando, porém, a que fique aquém desse parâmetro, sempre que uma sanção menos grave satisfaça as exigências de prevenção geral e especial".

[118] DIAS, Jorge de Figueiredo. Les nouvelles tendances de la politique criminelle du portugal. *Archives de Politique Criminelle*, Lyon, nº 6, p. 193-207, 1983, p. 198; Idem, Para uma reforma global do processo penal português, cit., p. 216; Idem, Os novos rumos da política criminal e o direito penal português do futuro, cit., p. 24. Prevenção geral de integração que se traduz no "reforço da consciência jurídica comunitária e do seu sentimento de segurança face à violação da norma ocorrida; numa palavra, como estabilização das expectativas comunitárias na validade e na vigência da norma infringida", conf.: DIAS, Jorge de Figueiredo. O sistema sancionatório do direito penal português no contexto dos modelos da política criminal, cit., p. 815; Idem, *Direito penal português – parte geral II*, cit., p. 72. No que à socialização concerne, foi-lhe conferido o mais decidido relevo no Código Penal português, sob a óptica de uma autêntica *prevenção especial de (re)socialização*, apesar das restrições que contra ela são dirigidas doutrinariamente, conf.: DIAS, Jorge de Figueiredo. O sistema das "penas acessórias" no novo código penal português. *In: Criminología y Derecho Penal al servicio de la persona. Libro-homenaje al Profesor Antonio Beristain*. San Sebastian: Instituto Vasco de Criminología, p. 499-511, 1989, p. 503; Idem, *Direito processual penal. Lições...*, cit., p. 6.

[119] Redacção introduzida no C.P. pela revisão levada a cabo através do Dec. Lei nº 48/95, de 15 de Março.

Fundamentos 751

sentido estrito e a operação da pena em sentido amplo, conforme expressa distinção efectuada pelo próprio Código[120].

Dispondo sobre os *critérios de escolha da pena*, estabelece o art. 70º do C.P.[121] que "se ao crime forem aplicáveis, em alternativa, pena privativa e pena não privativa da liberdade, o tribunal dá preferência à segunda sempre que esta realizar de forma adequada e suficiente as finalidades da punição". Traduzindo a preponderância que esta norma atribui às considerações preventivas na operação de medida da pena em sentido amplo[122], afirma-se que "em todo o caso, o texto actual exprime mais vincadamente o pensamento legislativo, no sentido de que a medida da pena depende fundamentalmente da culpa[123] e nada tem a ver com a escolha da pena quando há penas alternativas ou de substituição; a opção pela pena alternativa da prisão terá que ser feita sempre que através dela se possam realizar as finalidades da punição. Quer dizer, a escolha entre a pena de prisão e a alternativa ou de substituição depende unicamente de considerações de prevenção geral e especial"[124]. Firmada a questão

---

[120] A distinção afirmada no texto é confirmada pela própria rubrica que intitula o Capítulo IV do Código, sintetizada na expressão "escolha e medida da pena", permitindo a conjunção aditiva utilizada a ilação de que são estapas distintas integrantes de um mesmo processo.

[121] Redacção conforme a revisão do Código efectuada pelo Dec. Lei nº 48/95, de 15 de Março.

[122] Que, diga-se de passagem, não se restringe à escolha da sanção aplicável, mas também envolve outros Institutos, como, por exemplo, a suspensão da execução da prisão.

[123] Advirta-se para a correcção que esta primeira parte da afirmação merecerá a seguir.

[124] GONÇALVES, M. Maia. *Código penal português anotado e comentado.* 12ª Ed.. Coimbra: Livraria Almedina, 1998, p. 245. Vale a ressalva de que, enquanto o citado art. 70 parece aludir expressamente apenas às *penas alternativas*, envolvendo os casos nos quais a punição prevista para o crime cometido admite a aplicação *em alternativa* de duas penas principais (*v.g.*, pena de prisão *ou* pena de multa), devendo o tribunal escolher qual das duas espécies de pena vai aplicar, antes mesmo de proceder à determinação da medida da espécie de pena escolhida, na anotação doutrinária citada são abrangidas também as *penas de substituição*, a respeito das quais, uma vez determinada a medida de uma pena de prisão, o tribunal verifica se pode aplicar, no seu lugar, uma pena substitutiva, seguindo com a determinação da medida desta. Na mesma linha de entendimento, ao abordar o problema do critério geral de escolha ou de substituição da pena, FIGUEIREDO DIAS (*Direito penal português – parte geral II*, cit., p. 331) já acentuava que "um tal critério é, em toda a sua simplicidade, o seguinte: o tribunal deve preferir à pena privativa de liberdade uma pena alternativa ou de substituição *sempre*

752   *O Processo Penal como Instrumento de Política Criminal*

da irrelevância da culpa para o problema da escolha da pena, são as considerações de prevenção especial de socialização que preponderantemente irão actuar nessa operação, tanto no sentido da opção pela pena alternativa ou de substituição como em relação à escolha entre as espécies de penas substitutivas postas ao dispor do julgador. À prevenção geral reserva-se um conteúdo mínimo de prevenção de integração, necessário à defesa do ordenamento jurídico, devendo funcionar como limite às razões de prevenção especial de socialização, vedando a escolha da pena alternativa ou daquela de substituição todas as vezes que em causa estiver a indispensável tutela dos bens jurídicos e a estabilização contrafáctica das expectativas de vigência da norma[125].

Conforme veremos, esta última ideia repercutir-se-á directamente no enquadramento político-criminal das formas de diversificação processual, na medida em que se admita o preenchimento do espaço deixado pela atenuação do juízo de reprovação, inerente à culpabilidade, por razões de natureza preventiva.

---

que, verificados os respectivos pressupostos de aplicação, a pena alternativa ou a de substituição se revelem adequadas e suficientes à realização das finalidades da punição. O que vale logo por dizer que são *finalidades exclusivamente preventivas*, de prevenção especial e de prevenção geral, não finalidades de compensação da culpa, que justificam (e impõem) a preferência por uma pena alternativa ou por uma pena de substituição e a sua efectiva aplicação". A posição defendida encontrou ressonância na jurisprudência a partir do Ac. STJ de 21 de Março de 1990, onde se sustentou que a aplicação de uma pena de substituição (no caso em análise, a pena de multa substitutiva) depende, *exclusivamente*, de considerações de prevenção especial, nomeadamente de prevenção especial de ressocialização, e de prevenção geral sob a forma de satisfação do "sentimento jurídico da comunidade". Já na vigência das alterações introduzidas pelo Dec. Lei nº 48/95, de 15 de Março, uma franca adesão a este entendimento pode ser encontrada no Ac. RC, de 17 de Janeiro de 1996, *in*: *CJ*, XXI, tomo 1, 38, onde se lê, entre outros argumentos, que a escolha da pena, nos termos do art. 70º do CP revisto, depende unicamente de considerações de prevenção geral e especial.

[125] DIAS, Jorge de Figueiredo. *Direito penal português – parte geral II*, cit., p. 333. Abordando o problema da influência das finalidades preventivas na determinação da pena em sentido amplo, escreveu SOUSA BRITO (BRITO, José de Sousa. A medida da pena no novo código penal. *In*: *Textos de apoio de direito penal*. Lisboa: AAFD, p. 333-360d, 1983/84, t. II, p. 360/360a) que a prevenção especial exclusivamente justifica a escolha pelos regimes que integram essa operação (suspensão da execução da pena; dispensa de pena; regime de prova), tendo primazia sobre a prevenção geral, até ao limite das necessidades impostas por esta última.

Fundamentos

1 – A determinação da medida da pena.

A compreensão a respeito de como se comportam as finalidades da sanção penal no Ordenamento Jurídico português exige uma abordagem do modelo doutrinariamente proposto como sendo o adequado para a operação de medida da pena. Pressuposto, porém, para a compreensão desse modelo é a constatação inequívoca de que se verifica no seu interior a concorrência da *culpa* (culpabilidade) e da *prevenção*, já visto. Aliás, é a própria redacção dada ao art. 71°, n° 1[126], do C. P. português de 1982 a enfatizar estas duas dimensões, estabelecendo que "a determinação da medida da pena, dentro dos limites definidos na lei, é feita em função da culpa do agente e das exigências de prevenção".

Importa precisar que "através do requisito de que sejam levadas em conta as exigências da *prevenção* dá-se lugar à necessidade *comunitária* da punição do caso concreto e, consequentemente, à realização *in casu* das finalidades da pena". Através do requisito da culpa do agente traduz-se a exigência de que "a vertente *pessoal* do crime – ligada ao mandamento incondicional de respeito pela eminente dignidade da pessoa do agente – *limite* de forma inultrapassável as exigências de prevenção"[127]. Duas características já podem ser deduzidas das considerações até aqui tecidas: a ideia da *pena necessária* para os fins de prevenção e a função de *limite* da culpa, esta última decorrente do mandamento constitucional relativo ao respeito pela dignidade da pessoa humana.

A prevenção é aqui considerada em termos concretos, é dizer, *prevenção especial* e *prevenção geral*, esta última no sentido da *prevenção geral positiva* ou, *integradora*, que, como veremos, será considerada o momento mais essencial da aplicação da pena. Por seu turno, a *culpa* (culpabilidade) é identificada de forma unívoca, abrangendo tanto aquela

---

[126] Redacção conforme a revisão do Código efectuada pelo Dec. Lei n° 48/95, de 15 de Março. Anteriormente à revisão, a este art. 71 correspondia o art. 72, que no seu n° 1 dispunha que "a determinação da medida da pena, dentro dos limites fixados na lei, far-se-á em função da culpa do agente, tendo ainda em conta as exigências de prevenção de futuros crimes". Considerando o disposto no mencionado art. 72°, n° 1, antes mesmo da Reforma já afirmava SOUSA BRITO (BRITO, José de Sousa. A medida da pena..., cit., p. 353) a relevância das exigências preventivas também para a medida judicial da pena (sentido estrito), sendo, pois, de descartar que tenha sido adoptada no Ordenamento Jurídico português a *Stellenwerttheorie*, que, como vimos, valora as as finalidades preventivas apenas em relação à operação de medida da pena em sentido amplo.

[127] DIAS, Jorge de Figueiredo. *Direito penal português – parte geral II*, cit., p. 215.

754   *O Processo Penal como Instrumento de Política Criminal*

relacionada com a medida da pena como aquela considerada como elemento constitutivo do conceito de crime. Inclusive, uma pesada crítica é dirigida à distinção entre culpa fundamento e culpa critério para a medida da pena[128].

Estabelecidas estas premissas e indicados os pontos criticáveis das demais teorias (*Teoria do valor do emprego*; *Teoria da pena exacta*; *Teoria da margem de liberdade*)[129], segundo FIGUEIREDO DIAS[130] "as finalidades da *aplicação* de uma pena residem *primordialmente na tutela dos bens jurídicos e, na medida possível, na reinserção do agente na comunidade*. Por outro lado, *a pena não pode ultrapassar, em caso algum, a medida da culpa* – culpabilidade –". É a partir da precisão conceitual destes elementos que o Autor constrói a sua proposta de modelo de operação da medida da pena, também aqui acentuado o relacionamento

---

[128] Idem, ibidem, p. 216 e seguintes. A crítica à distinção funda-se nos argumentos de que ela resulta de uma deficiente determinação do conceito de culpa na doutrina do crime, numa inadequada compreensão da forma como se relacionam a culpa e a prevenção na operação de medida da pena e, ainda, numa incorrecta apreensão do tipo de relacionamento que deve existir entre os princípios regulativos e os concretos factores da medida da pena e da forma como estes devem ser imputados àqueles. Acresça-se ainda que uma tal distinção, segundo o Autor, ignora que através da culpa torna-se possível a consideração dos elementos do tipo-de-ilícito, uma vez que ela não se esgota em um mero juízo de censura mas inclui também a razão da censura e aquilo que se censura ao agente. A crítica é repetida e reforçada posteriormente (p. 240). Neste particular, entende SOUSA BRITO (BRITO, José de Sousa. A medida da pena..., cit., p. 346-347) que os critérios da medida da culpa na análise do crime (culpabilidade fundamento) não podem ser substituídos por outros critérios de medida da culpa pelo facto na determinação da pena (culpabilidade critério) sem ofensa à conexão entre o crime e a pena, a qual não é só de presumir em qualquer interpretação razoável das leis penais, mas que é também um aspecto do princípio constitucional da legalidade das penas, pondo-se em risco, inclusive, o fundamento constitucional do princípio da culpa na dignidade do homem. O raciocínio é amplamente desenvolvido posteriormente: p. 337b e seguintes.

[129] Abordando a questão no âmbito da Teoria dos sistemas, FARIA COSTA (COSTA, José Francisco de Faria. O perigo em direito penal, cit., p. 113, n. 72) aponta algumas restrições a um modelo que estivesse centrado na ideia da pena fixa, salientando que isso conduziria não a uma redução da complexidade – objectivo por excelência da estrutura sistémica – mas ao invés a um seu acréscimo. Efectivamente – segue – se o delinquente captasse a pena como imposição injusta de um mal (situação que não pode ser controlada pelo sistema) fácil é de ver que, quanto a ele, a prevenção especial não seria operante e voltaria a delinquir (consequência: aumento de complexidade, com o respectivo aumento de conflito).

[130] *Direito penal português – parte geral II*, cit., p. 227.

Fundamentos

existente entre as finalidades e a medida da pena[131] que, do mesmo modo, determinará consequências directas na orientação político criminal do processo penal.

"Assim pois, primordialmente, a medida da pena há-de ser dada pela *medida da necessidade de tutela* dos bens jurídicos face ao caso concreto. (...) Aqui, pois, protecção de bens jurídicos assume um significado *prospectivo*, que se traduz na tutela das expectativas da comunidade na manutenção (ou mesmo no reforço) da vigência da norma infringida. Um significado, deste modo, que por inteiro se cobre com a ideia da *prevenção geral positiva* ou *prevenção de integração*", decorrente de forma essencial do princípio político-criminal básico da *necessidade da pena*[132]. Trata-se de um "'sociologismo' axiológico", no qual a ideia de estabilização das expectativas comunitárias na validade da norma violada é uma forma de se traduzir a função primordial do Direito Penal que é a tutela de bens jurídicos[133]. A necessidade de tutela de bens jurídicos é um acto de valoração "in concreto" a ser realizado pelo juiz. Há uma "medida óptima" de tutela dos bens jurídicos e das expectativas comunitárias que não pode ser excedida em nome de considerações de qualquer tipo. Mas abaixo desse ponto óptimo outros existem em que aquela tutela é ainda efectiva e consistente, nos quais a medida da pena pode ainda situar-se sem que perca a sua função essencial, isto até um *limiar mínimo*, abaixo do qual já não é comunitariamente suportável a fixação da medida da pena sem pôr em risco a sua função tutelar[134].

Comparada com as *Teorias* anteriormente analisadas[135], mais particularmente com a da *margem de liberdade* em função da culpa, pode ser

---

[131] Idem, ibidem, p. 192/215/227.

[132] Idem, ibidem, p. 227-228. Ainda que com matizes diferentes, a ideia da prevenção geral como forma de tutela de bens jurídicos já tinha ganho a simpatia de DREHER (*supra*)

[133] DIAS, Jorge de Figueiredo, Ob. loc. cit.. A especificação metodológica deve-se ao interesse de apontar a divergência, neste ponto, com a *Teoria da prevenção geral positiva* de JAKOBS (*supra*), inequivocamente e declaradamente a matriz do modelo que ora se expõe. A divergência reside em que para o Autor por último citado "não se pode considerar como missão da pena evitar lesões de bens jurídicos", conf.: JAKOBS, Gunther. *Derecho penal – parte general. Fundamentos y teoría de la imputación*, cit., p. 13.

[134] DIAS, Jorge de Figueiredo. *Direito penal português – parte geral II*, cit., p. 229.

[135] Veja-se a respeito a operação de fixação e medida da pena no Ordenamento Jurídico alemão. Defendendo, com argumentos próprios, a Teoria da margem de liberdade em função da culpa: BRITO, José de Sousa. A medida da pena..., cit., p. 347 s.. Com efeito, partindo de objecções aos fundamentos de ordem gnoseológica (p. 342) e

756 O Processo Penal como Instrumento de Política Criminal

afirmado que "*é a prevenção geral positiva*, ela sim (não a culpa – culpabilidade –), *que fornece um 'espaço de liberdade ou de indeterminação', uma 'moldura de prevenção'*, dentro dos quais podem (e devem) actuar considerações extraídas das exigências da prevenção especial de socialização"[136]. No que se refere à medida da culpa, a ideia liga-se à *proibição de excesso*. "A culpa constitui um *limite inultrapassável* de todas e quaisquer considerações preventivas – sejam de prevenção geral positiva ou antes negativa, de integração ou antes de intimidação, sejam de prevenção especial positiva ou negativa, de socialização, de segurança ou de neutralização."[137] Ou seja, a função da culpa "é a de estabelecer o *máximo de pena concreta* ainda compatível com as exigências de preservação da dignidade da pessoa e de garantia do livre desenvolvimento da sua personalidade nos quadros próprios de um Estado de direito democrático"[138], ainda que a medida óptima de tutela dos bens jurídicos possa situar-se em um ponto inferior à medida da culpa.

---

preventivista (344/345) utilizados para justificar a Teoria da margem de liberdade em função da culpa, SOUSA BRITO pondera que nada impede considerar que a culpa existe realmente na cabeça do delinquente – e não da sociedade – como base de uma valoração determinada do direito – um certo desvalor –, a que correspondem várias penas possíveis dentro de uma certa escala ou quadro. Posto isto, acresce que não há uma culpa de extensão variável mas só quantidades ou gravidades determinadas de culpa. Não variando a gravidade da culpa em função de uma escala contínua, como os dias de prisão, mas variando para mais ou para menos segundo algumas, relativamente poucas, circunstâncias, conclui (p. 348): "é assim explicável que a uma certa gravidade de culpa corresponde um quadro de penas entre uma pena máxima e uma pena mínima e que uma variação da culpa em função de certa circunstância corresponde a uma variação do quadro de penas ajustadas à culpa". Para uma ampla crítica a respeito de cada uma das teorias nas suas formulações originais: RODRIGUES, Anabela Maria M.. *A determinação da medida da pena privativa de liberdade*, cit., p. 489 s..

[136] DIAS, Jorge de Figueiredo. *Direito penal português – parte geral II*, cit., p. 229. A idéia já tinha sido prenunciada antes (p. 218). Na jurisprudência: STJ de 10 de Abril de 1996; *CJ, Acs. do STJ*, IV, tomo 2, 168.

[137] DIAS, Jorge de Figueiredo. *Direito penal português – parte geral II*, cit., p. 230. GONÇALVES, M. Maia. *Código penal português anotado e comentado*. 12ª Ed.. Coimbra: Livraria Almedina, 1998, p. 248. Neste mesmo sentido na jurisprudência: STJ de 21 de Setembro de 1994, proc. 46290/3ª; STJ de 20 de Março de 1995, proc. 47727/3ª; STJ de 24 de Maio de 1995, proc. 47386/3ª.

[138] DIAS, Jorge de Figueiredo. *Direito penal português – parte geral II*, cit., p. 238; Idem, Sobre o estado actual da doutrina do crime, cit., p. 30. Em sintonia ampla com esta ideia e com a precedente, lançadas no texto: ANDRADE, Manuel da Costa. A "dignidade penal" e a "carência de tutela penal"..., cit., p. 180.

Fundamentos

757

Saliente-se, contudo, o "reconhecimento da extensão em que já a determinação do conceito jurídico-penal de culpa (como, de resto, o de todas as outras categorias dogmáticas jurídico-penais) é comandado por considerações político-criminais e, por conseguinte, também de prevenção"[139].

Sintetizando os dois elementos até agora vistos, pode ser dito que "até ao máximo consentido pela culpa, é *a medida exigida pela tutela dos bens jurídicos* – ou, o que para nós é o mesmo (...), pela estabilização das expectativas comunitárias na validade da norma violada – que vai determinar a medida da pena", não se confundindo essa medida, necessariamente, com a moldura legal[140].

"Dentro dos limites consentidos pela prevenção geral positiva ou de integração – entre o ponto óptimo e o ponto ainda comunitariamente suportável de medida da tutela dos bens jurídicos –, podem e devem actuar *pontos de vista de prevenção especial de socialização*[141], sendo eles *que vão determinar, em último termo, a medida da pena*". Assim, a medida da pena deve, ao máximo possível, evitar a quebra da inserção social do agente e servir à sua reintegração na comunidade[142]. Eis o

---

[139] Idem, ibidem, p. 220. O Autor (p. 222) fala mesmo numa "sensibilidade do conceito de culpa a perspectivas político-criminais".

[140] Idem, ibidem, p. 241. Esta autonomia da prevenção geral em relação à culpa não encontra fiel correspondência no pensamento de SOUSA BRITO (BRITO, José de Sousa. A medida da pena..., cit., p. 360a s.), o qual afirma que, sendo a moldura penal abstracta fixada por razões de prevenção geral, estas já seriam satisfeitas pela fixação da pena no interior daquela moldura, só excepcionalmente se admitindo que o juiz, dentro de certos limites, valore as necessidades de prevenção geral, em função de circunstâncias que implicam diferenças de ilicitude material – que fazem variar correspondentemente a culpa – dentro do mesmo tipo de crime. Sinal dessa excepção ocorre nos casos em que se verifica uma ampla extensão entre os limites máximo e mínimo da moldura legal. "Mas mesmo então a prevenção geral nunca pode agravar a pena acima da medida da culpa e só intervirá como impedimento <u>excepcional</u>, que se opõe (arts. 53º nº 1, 75 nº 1 – redação original do C.P. –) à relevância da prevenção especial para determinar a pena dentro da medida da culpa e abaixo dela".

[141] Não se dispensa o reforço: prevenção especial de socialização que já não pode mais ser concebida como socialização 'forçada', mas tem de surgir como dever estadual de proporcionar ao delinquente as melhores condições possíveis para alcançar voluntariamente a sua própria socialização, conf.: DIAS, Jorge de Figueiredo. Sobre o estado actual da doutrina do crime, cit., p. 32.

[142] Idem, *Direito penal português – parte geral II*, cit., p. 230-231. Coerentemente com a Teoria que adopta (*margem de liberdade* em função da culpa, já visto), sustenta SOUSA BRITO (BRITO, José de Sousa. A medida da pena..., cit., p. 357) que "deve fixar-se, em princípio, a pena no ponto da escala correspondente à culpa que melhor sirva as exigências de prevenção especial".

outro elemento da operação da medida da pena neste modelo. Vale acrescentar que deverão ser valorados todos os factores de medida da pena relevantes para qualquer uma das funções que o pensamento da prevenção especial realiza: *socialização, advertência individual, segurança ou inocuização*. Nessa mesma linha, de nosso particular interesse é a constatação de que, ainda que a função de *socialização* constitua – e deva constituir no futuro – o vector mais importante da prevenção especial, ela só entrará em jogo em relação ao agente *carecido de socialização*; não se verificando uma tal carência, será o caso de conferir à pena apenas uma função de *advertência* ao agente, aproximando-a do mínimo necessário à prevenção geral positiva ou de integração, ou mesmo com ele coincidindo[143]. Portanto, esses *pontos de vista de prevenção especial de socialização* poderão baixar a pena até uma medida que não precisa de coincidir com o mínimo previsto no marco inferior da moldura legal, pois pode acontecer que determinadas circunstâncias do caso concreto obriguem a fixar o mínimo suportável de prevenção geral positiva acima do mínimo legal[144]. E é justamente esse "mínimo de pena capaz de, perante as circunstâncias concretas do caso relevantes, se mostrar ainda comunitariamente suportável à luz da necessidade de tutela dos bens jurídicos e da estabilização das expectativas comunitárias na validade da norma violada" que se denomina *defesa do ordenamento jurídico*[145], um regulador da prevenção especial[146].

---

[143] DIAS, Jorge de Figueiredo. *Direito penal português – parte geral II*, cit., p. 243-244.

[144] Idem, ibidem, p. 231.

[145] DIAS, Jorge de Figueiredo. Ob. loc. cit.. Constituindo uma *orientação geral básica* em toda a doutrina da medida da pena, essa cláusula da *defesa do ordenamento jurídico* não precisa de estar expressamente contida na lei, como ocorre em Portugal.

[146] SOUSA BRITO (BRITO, José de Sousa. A medida da pena…, cit., p. 357 s.) defende que nos casos em que as exigências de prevenção especial determinarem uma medida de pena superior à da culpa, deve ser escolhida esta última, em respeito ao próprio princípio da culpa. Por outro lado, nos casos em que a medida da pena ditada pelas exigências de prevenção especial for inferior à da culpa, também deve prevalecer esta última (a correspondente à culpa), face à "primazia do fim de retribuição da culpa sobre os fins preventivos, que está implícita na redacção do nº 1 do art. 72º – redacção original do C.P. – e no sistema da lei". Todavia, quando a medida da pena pela culpa for incompatível com as exigências da prevenção especial, pois mesmo o limite mínimo daquela medida tem um efeito dessocializador, "torna-se necessário desistir de uma parte da pena correspondente à culpa para respeitar o mandamento legal de ter em conta a prevenção especial".

Na síntese do próprio FIGUEIREDO DIAS[147] acerca de tudo o que foi exposto sobre a sua proposta:

"(...) a necessidade de tutela dos bens jurídicos – cuja medida óptima, relembre-se, não tem de coincidir sempre com a medida da culpa – não é dada como um ponto exacto da pena, mas como uma espécie de 'moldura de prevenção'; moldura cujo máximo é constituído pelo ponto mais alto consentido pela culpa do caso e cujo mínimo resulta do *quantum* de pena imprescindível, também no caso concreto, à tutela dos bens jurídicos e das expectativas comunitárias. É esta medida mínima da 'moldura de prevenção' que merece o nome de *defesa do ordenamento jurídico*. Uma tal medida em nada pode ser influenciada por considerações seja de culpa, seja de prevenção especial. Decisivo só pode ser o *quantum* de pena indispensável para que se não ponham irremediavelmente em causa a crença da comunidade na validade de uma norma e, por essa via, os sentimentos de confiança e de segurança dos cidadãos nas instituições jurídico-penais."

Ainda quanto ao Ordenamento Jurídico português, temos a posição de ANABELA RODRIGUES, declaradamente coincidente com aquela que acabamos de abordar[148]. Também aqui pode ser verificado o destaque atribuído ao facto de que, para se obter uma base firme em que se

---

[147] *Direito penal português – parte geral II*, cit., p. 242-243. Ou, numa perspectiva dinâmica: "parte-se da função de tutela de bens jurídicos; atinge-se uma pena cuja aplicação é feita em nome da estabilização das expectativas comunitárias na validade da norma violada; limita-se em seguida esta função pela culpa pessoal do agente; para se procurar atingir a socialização do delinquente como forma por excelência de realizar eficazmente a protecção dos bens jurídicos", conf.: DIAS, Jorge de Figueiredo. Sobre o estado actual da doutrina do crime, cit., p. 32. No mesmo diapasão e reportando-se ao pensamento do Autor citado no texto, segundo COSTA ANDRADE (ANDRADE, Manuel da Costa. A "dignidade penal" e a "carência de tutela penal"..., cit., p. 179) a ameaça, aplicação e execução da pena só pode ter como finalidade a reafirmação e estabilização contrafáctica da validade das normas, o restabelecimento da paz jurídica e da confiança nas normas, bem como a (re)socialização do condenado e, numa perspectiva negativa, a pena não pode estar preordenada à compensação (retribuição, expiação) da culpa.

[148] RODRIGUES, Anabela Maria M.. *A determinação da medida da pena privativa de liberdade*, cit., p. 545. Ainda que se espere terem ficado devidamente esclarecidos os pontos relevantes do modelo de medição de pena que acabamos de analisar, dada a clareza do seu mentor, impõe-se a abordagem do mesmo nas palavras da Autora, considerando-se a verticalidade com que se dedicou ao citado modelo.

assente a determinação da medida da pena, é necessário ordenar, relacionando-as, a culpa, prevenção geral e prevenção especial[149].

Parte ANABELA RODRIGUES da explicitação da finalidade de prevenção geral positiva, apontando como seu conteúdo a necessidade de protecção de bens jurídicos[150]. A seguir, a Autora fixa que essa protecção de bens jurídicos obtém-se mediante a estabilização das expectativas comunitárias na validade das normas jurídicas[151].

Estabelecida esta premissa, assevera-se que a medição da pena deve estar voltada essencialmente para a protecção de bens jurídicos essenciais, pela via da citada estabilização das expectativas na validade da norma[152]. Ou seja, *a pena deve ser medida por razões de prevenção geral*[153].

---

[149] Idem, ibidem, p. 487.

[150] Esta ideia é esboçada quando a Autora afirma que a racionalidade funcional do Sistema Penal deve estar preordenada à salvaguarda de bens jurídicos fundamentais (p. 308). A concretização posterior é enfática (p. 368): "a finalidade de prevenção geral que aqui está em causa é limitada pela referência ao bem jurídico e sua importância". Digno de registo é o relevo dado à importância do bem jurídico protegido para o efeito de prevenção geral, circunstância que será de grande valia para a integração político-criminal das formas de diversificação processual.

[151] Ou seja, cotejados os sentidos *negativo* (intimidação geral – coacção psicológica) e *positivo* da prevenção geral, afirma-se (p. 320-321) que "é com uma dimensão *positiva* que a prevenção geral hoje logra sobretudo reconhecimento". Resulta que o ponto de vista em causa tem um cariz "compensador", de "integração" ou "estabilizador", em que o que se pretende é assegurar o restabelecimento e a manutenção da paz jurídica perturbada pelo cometimento do crime, através do fortalecimento da consciência jurídica da comunidade no respeito pelos comandos jurídico-criminais; "ou, por outras palavras, garantir a estabilização das expectativas comunitárias na validade e na vigência da norma violada. É esta hoje, sem dúvida, uma concepção de prevenção geral largamente difundida, acolhida favoravelmente por um amplo sector doutrinal como teoria que limita de forma racional a tendência da intimidação penal para o terror".

[152] Deixando claro a Autora (p. 318) que, com este conteúdo, o ponto de referência necessário para a prevenção geral passa a ser o momento da *aplicação* da pena. Assim elaborada, a Teoria poderia dar margem à objecção fundada em que se corre o risco de conduzir a uma dupla valoração, uma vez que ao fixar a moldura penal abstracta o Legislador já valorou a necessidade de protecção de bens jurídicos, estabelecendo a moldura penal de acordo com a necessidade de estabilização da confiança na validade da norma. A esta objecção responde-se (p. 570, n. 276) com o argumento exemplificativo de que em determinados casos – principalmente em relação à criminalidade mais grave – a interiorização da proibição é tão profunda que não abala o reconhecimento da validade da norma, decorrendo o efeito de prevenção geral somente da aplicação da pena ameaçada.

Por outro lado, aponta-se uma variação da necessidade de estabilização das expectativas na validade da norma, de acordo com a gravidade do facto praticado[154]. A aferição da gravidade do facto praticado faz-se em função do abalo provocado pelo delito na confiança na validade da norma. Portanto, a prevenção geral pressupõe uma proporção entre a medida da pena e a gravidade do facto praticado[155]. Assim, variando a prevenção geral conforme a gravidade do facto, também a medida da pena variará em conformidade com essa gravidade[156]. Posto isto, a prevenção geral não fornecerá uma medida exacta mas sim uma moldura de pena[157], segundo a menor ou maior necessidade de tutela das expectativas na validade das normas – por consequência, necessidade de protecção de bens jurídicos –, em função da gravidade do facto. *Obtém-se desta forma uma moldura de prevenção.* A medida de pena que a comunidade entende necessária à tutela das suas expectativas na validade da norma conduzirá ao limite máximo de pena nessa moldura de prevenção; a medida de pena que a comunidade entende que já é suficiente, dentro do necessário, para assegurar a protecção dessas expectativas conduz ao marco mínimo da moldura penal. Esse marco mínimo da moldura de prevenção corresponde à *defesa da ordem jurídica*[158].

A pena efectivamente fixada por razões de prevenção geral não tem que necessariamente coincidir com a pena adequada à medida da culpa[159]. *A prevenção geral é, pois, considerada de forma autónoma em relação à culpa.* Nega-se com isto que seja só a pena adequada à culpa que satisfaz as necessidades de prevenção geral[160]. Não havendo conflito

---

[153] O fundamento para a pena reside, pois, na sua necessidade (p. 488).

[154] Expressamente (p. 337-338, n. 81): "as necessidades preventivas que a pena satisfaz e em que se fundamenta limitam-se pela proporcionalidade da pena à gravidade do facto (e não pela culpa) ". De forma ainda mais explícita, afirma a Autora (p. 340, nº 90): "por nossa parte, o que entendemos é que a prevenção geral logra o sentido (positivo) de 'fortalecer a consciência jurídica da comunidade' ao serem aplicadas penas correspondentes (*proporcionais*) à gravidade do ilícito praticado (que, além do relevo que tem ou pode ter para a culpa, tem ou pode tê-lo também para a prevenção). É este o limite – o da proporcionalidade à gravidade do ilícito cometido – que a prevenção geral postula (…) e não o da culpa".

[155] Conf.: p. 369.

[156] Conf.: p. 370 s..

[157] Conf.: p. 571.

[158] Loc. cit..

[159] Conf.: p. 374 s..

[160] Aliás, grande é a cautela da Autora no sentido de evitar uma radical funcionalização da culpa, desde logo a partir mesmo da premissa de que ela surge como

760 *O Processo Penal como Instrumento de Política Criminal*

entre a medida da pena determinada pela culpa e aquela fixada por razões de prevenção geral, esta última possui um conteúdo próprio, distinto da culpabilidade. Não obstante, *a medida da culpa deve ser o incontestável limite a que pode chegar a fixação da medida da pena por razões de prevenção geral*[161]. *Portanto, a pena medida por razões de prevenção geral não pode, em caso algum, ultrapassar a medida da culpa, em respeito pela eminente dignidade humana do delinquente, constitucionalmente assegurada*[162]. Além de limite não ultrapassável das finalidades preventivas, a culpa "continua a valer como *pressuposto* da punição", de modo que, não sendo uma condição suficiente, é sim uma condição necessária; desse modo, a culpa funciona como um princípio de legitimação especial, na medida em que possa parecer perante o cidadão que sofre a imposição da pena como uma medida justa e merecida[163].

Os limites de pena fixados pela necessidade de protecção de bens jurídicos (moldura de prevenção) não podem ser ultrapassados em nome da realização da finalidade de prevenção especial[164]. Disto decorre que *a prevenção especial somente poderá actuar, determinando a medida da pena, nos limites determinados pela moldura de pena necessária para satisfazer as necessidades de prevenção geral*[165]. A prevenção especial[166]

---

uma dimensão indispensável de um Direito Penal que não a deve substituir integralmente pela "necessidade", conf. p. 311.

[161] Antes (p. 311 s.), já havia sido afirmado que "a 'culpa' surge aqui como uma dimensão indispensável de um direito penal que não a deve substituir integralmente pela necessidade". Sendo reclamada pelas ideias de Estado de Direito e dignidade humana, a culpa continua a valer como *pressuposto* da punição – isto é, se não como sua condição suficiente, como sua condição necessária – e a funcionar como um princípio de legitimação especial e independente para a intervenção punitiva estatal. Ademais, deve a culpa actuar, necessariamente, como um princípio de limitação. Isso conduzirá a que a Autora repudie terminantemente a absoluta funcionalização da culpa pelas razões de prevenção geral, afirmando que deve ser evitado a todo custo o entendimento de que a culpa é fundada na prevenção geral e deve ser medida exactamente de acordo com esta, ou seja, que se torne um conceito construído em sentido 'funcional' em relação às exigências da finalidade da pena.

[162] Conf.: p. 368.

[163] Conf.: p. 312.

[164] Conf.: p. 574.

[165] "Subordinada à prevenção geral, é também a prevenção especial chamada a intervir na determinação da medida da pena" (p. 558).

[166] Cujo conteúdo básico "limita-se à *oferta* ao delinquente do máximo de condições favoráveis ao prosseguimento de uma vida sem que pratique crimes" (p. 367).

Fundamentos 763

diz respeito às exigências individuais e concretas de *socialização* do agente, também devendo ser levado em linha de conta o cuidado de se evitar a *dessocialização*; não se verificando uma necessidade de socialização (o agente pode responder normalmente ao apelo da norma) ou sendo impossível a sua verificação empírica – acrescida a hipótese em que a socialização se mostre inviável – passam-se a valorar as necessidades de intimidação pessoal e de segurança individual[167]. Também nesse caso funcionando a culpa como limite inultrapassável, que deve ser observado naqueles casos em que a sua medida for inferior ao marco superior da moldura de prevenção geral ou, numa linguagem mais própria da Teoria em análise, nos casos em que a realização no ponto óptimo das exigências de prevenção coloque maiores exigências de pena do que a culpabilidade, devendo a prevenção especial actuar nos limites postos por esta última.

Relativamente ao hipotético conflito entre a pena necessária para satisfazer as necessidades de prevenção geral e a necessária para satisfazer as necessidades de prevenção especial, os limites postos para esta última, enquanto voltada para a socialização, serão: o ponto óptimo de realização das finalidades de prevenção geral – marco superior da moldura de prevenção – nos casos de carência de socialização; e o limiar mínimo de defesa da ordem jurídica – o imprescindível para a realização da finalidade de prevenção geral – nos casos de não carência de socialização[168].

Analisadas as bases da operação de medida da pena no Ordenamento Jurídico português, encontra-se aberto o espaço político-criminal para a justificação das formas de diversificação processual. Portanto, também no Ordenamento Jurídico português pode ser constatada a vinculação entre as formas de diversificação processual e os objectivos de política criminal.

Desde logo, saliente-se a reivindicação, já antiga, de uma articulação entre as finalidades visadas pelo Direito Penal substantivo e as finalidades intrínsecas do sub-sistema processual penal, através de uma

---

[167] Ainda no plano conceitual da prevenção especial, já havia sido feito o esclarecimento (p. 323, nº 26) de que no termo *socialização* estariam englobadas as situações em que se trata de facultar ao recluso, quer uma "socialização-substituta", quer uma "re-socialização".

[168] Conf.: p. 575-576.

764   *O Processo Penal como Instrumento de Política Criminal*

retroacção dos fins que o sistema aponta para as penas criminais, alcançando-se, assim, uma unidade de finalidade ao longo da acção penal e penitenciária[169].

Especificamente sobre as limitações ao princípio da legalidade no sentido da oportunidade constantes dos arts. 280º e 281º do C.P.P. português, FIGUEIREDO DIAS[170] acentua que elas traduzem a opção por uma nova e mais rica concepção da legalidade processual, a qual se encontra aberta ao programa político-criminal subjacente ao Direito Penal substantivo e, nesse sentido, a uma solução de diversão. Nesta nova leitura o princípio da legalidade deixa de ser orientado apenas por uma ideia de igualdade formal típica dos Estados liberais, assumindo também as intenções político-criminais básicas do sistema penal.

Aliás, foi a própria Lei nº 43/86, *Autorização Legislativa em matéria de processo penal*, a prever no nº 46 que a *suspensão provisória do processo* deveria estar condicionada, para além do carácter diminuto da culpa, também ao cumprimento pelo arguido das injunções e regras de conduta suficientes para responder às exigências de prevenção que no caso se façam sentir, com isso demarcando os limites de política criminal que circunscrevem o Instituto.

§ 4 – No Ordenamento Jurídico brasileiro.

Da mesma forma que vimos em relação aos Ordenamentos Jurídicos precedentes, também no Ordenamento Jurídico brasileiro a fundamentação para a admissibilidade de formas de diversificação processual que importem uma exclusão/atenuação do princípio da legalidade processual será procurada na actividade de operação de medida da pena. Saliente-se, desde logo, que a análise a ser feita compreenderá o modelo de medição de pena no seu complexo, ainda que a alusão se prenda mais à operação de medida da pena privativa de liberdade, dada a sua maior conexão com os objectivos desta investigação.

---

[169] BARREIROS, José António. A ressocialização e o processo penal. *In*: *Cidadão delinquente. Reinserção social?*. Lisboa: Instituto de Reinserção Social, p. 101-131, 1983, p. 127; Idem, O futuro do processo criminal, cit.,, p. 86.

[170] *Direito processual penal. Lições...*, cit., p. 97-98. Aliás, no seu *programa* para a reforma do C.P.P. português o Autor já consignava directamente o vínculo entre as hipóteses relacionadas com uma maior concessão ao princípio da oportunidade e os objectivos de política criminal, conf.: DIAS, Jorge de Figueiredo. Para uma reforma global do processo penal português, cit., p. 235.

Fundamentos   765

1 – A operação de fixação e medida da pena.

A base legal para a operação de medida da pena no Ordenamento Jurídico brasileiro é, sabidamente, o disposto no art. 59º do C.P., onde se encontram descritas as directrizes a serem observadas nessa operação. Portanto, é a partir deste dispositivo legal que se procurará identificar como o Legislador disciplinou a matéria[171].

Dispõe o art. 59º da Parte Geral do Código Penal:

"Art. 59º. O juiz, atendendo à culpabilidade, aos antecedentes, à conduta social, à personalidade do agente, aos motivos, às circunstâncias e consequências do crime, bem como ao comportamento da vítima, estabelecerá, conforme seja necessário e suficiente para reprovação e prevenção do crime: I – as penas aplicáveis dentre as cominadas; II – a quantidade de pena aplicável, dentro dos limites previstos; III – o regime inicial de cumprimento da pena privativa de liberdade; IV – a substituição da pena privativa de liberdade aplicada, por outra espécie de pena, se cabível".

Desde logo, é possível perceber que o dispositivo legal em análise abrange tanto a operação da medida da pena em sentido estrito, relacionada com fixação da quantidade de pena a ser aplicada, dentro da moldura legal prevista (inciso II), como a operação da medida da pena em sentido amplo, relacionada com a escolha da espécie da pena aplicável entre as cominadas (inciso I), com a fixação do regime inicial de cumprimento da pena privativa de liberdade (inciso III) e com a substituição da pena privativa de liberdade por outra espécie de pena, desde que cabível (inciso IV). Inclua-se nesta última também a decisão acerca da concessão ou não da suspensão condicional da pena (art. 157º da L.E.P.). Portanto, este tratamento conjunto já indicia a identidade de circunstâncias a serem valoradas em cada uma das mencionadas operações.

Conforme já analisado em relação a outros ordenamentos jurídicos, também aqui deverá ser enfrentado o problema do relacionamento entre

---

[171] Ressalvando que esta não é a sede própria para um questionamento crítico acerca da estruturação do citado dispositivo legal, cuja pertinência seria plenamente justificada, mas que, todavia, extrapolaria os limites da investigação. Portanto, as posições a seguir assumidas terão como base o disposto na mencionada norma legal, na forma como se encontra redigida no C.P. e não como entendemos que seria o tratamento mais adequado a ser dado à matéria.

culpabilidade e prevenção, por um lado, e o grau de interferência de cada uma das finalidades preventivas (prevenção geral e prevenção especial), por outro.

Ao tratar "da aplicação da pena", a *Exposição de Motivos da Nova Parte Geral do Código Penal* salienta que a finalidade da individualização da sanção penal está esclarecida na parte final do art. 59, *caput*, importando em optar, "dentre as penas cominadas, pela que for aplicável, com a respectiva quantidade, à vista de sua necessidade e eficácia para 'reprovação e prevenção do crime'". Afirma-se, ademais, que "nesse conceito se define a Política Criminal preconizada no *Projecto*, da qual se deverão extrair todas as suas lógicas consequências". Muito embora a *Exposição de Motivos* sugira que a suficiência da sanção para os fins de reprovação e prevenção do delito deva ser considerada apenas no que se refere à operação da medida da pena em sentido estrito, ou seja, para a identificação da pena aplicável e sua medida, o critério sistemático e a disciplina legal de cada uma das respectivas fases não permite excluir desse juízo de suficiência também a operação da medida da pena em sentido amplo, voltada para a fixação do regime inicial de cumprimento de pena, para a análise acerca da possibilidade de substituição da pena privativa de liberdade imposta e também para a verificação da possibilidade de concessão ou não da suspensão condicional da pena.

Com peculiar e já enaltecida autoridade, SILVA FRANCO[172] afirma que "o art. 59º da PG/84, ao contrário do art. 42º da PG/40, tomou posição a respeito dos fins da pena: ela deve ser necessária e suficiente para a reprovação e prevenção do crime, isto é, deve servir, de um lado, à retribuição justa da culpabilidade e, de outro, a um fim de prevenção". Registe-se, desde logo, a vinculação entre a finalidade de reprovação e a retribuição da culpabilidade.

Conjugando-se os termos expressos do *caput* do art. 59º do C.P. com a sua *Exposição de Motivos* e incidindo sobre eles o mencionado

---

[172] *In*: FRANCO, Alberto Silva et al.. *Código penal e sua interpretação jurisprudencial*, cit., p. 342. A prevenção e a reprovação são consideradas também por CERNICCHIARO (CERNICCHIARO, Luiz Vicente, COSTA Jr., Paulo José. *Direito penal na constituição*, cit., p. 134) como as finalidades da sanção penal no Ordenamento Jurídico brasileiro, muito embora a primeira – a prevenção – seja concebida pelo Autor como a finalidade, restrita à fase de execução, de incutir no condenado a ideia de não voltar a delinquir e à segunda – à reprovação – seja atribuída uma natureza retributiva, sem se precisar se essa retribuição seria da culpabilidade demonstrada pelo agente no facto.

Fundamentos 767

posicionamento doutrinário, é possível desde logo concluir que no modelo brasileiro de operação da medida da pena deverão interagir a retribuição justa da culpabilidade demonstrada pelo agente no facto com as finalidades de natureza preventiva. Este o relacionamento entre culpabilidade e prevenção no modelo em foco. Contudo, resta por resolver o núcleo desta afirmação, ou seja, a caracterização de cada um desses vectores e a forma da interacção entre eles.

No que se refere à reprovação do crime, salienta SILVA FRANCO[173] que "o legislador de 84 foi muito claro, incluindo a culpabilidade entre os indicadores, que o juiz deve examinar, atribuindo-lhe assim não apenas uma função fundamentadora, mas também uma função limitadora da pena". Aquele que, justificadamente, é considerado um dos *luminares* da doutrina penal nacional da actualidade segue afirmando que na fixação da pena deve ser levada em conta, em primeiro lugar, a culpabilidade do agente, "culpabilidade essa que é também o seu limite máximo, motivo pelo qual nenhuma pena poderá transpô-lo". Das palavras do referido Doutrinador já podem ser extraídas duas conclusões fundamentais para a elucidação do tema que ora se analisa: a vinculação entre a pena e a culpabilidade – ressaltada a primazia atribuída a esta última –, não se admitindo a ponderação apenas de fins preventivos[174] nem a sua

---

[173] *In*: FRANCO, Alberto Silva et al.. *Código penal e sua interpretação jurisprudencial*, cit., p. 342. Também para DOTTI (DOTTI, René Ariel. As bases constitucionais..., cit., p. 33), a culpabilidade do autor é o fundamento e o limite da pena.

[174] Também para BITENCOURT (BITENCOURT, Cezar Roberto. *Manual de direito penal. Parte Geral*. 4ª Ed.. São Paulo: RT, 1997, p. 528) a *culpabilidade* constitui-se no balizador máximo da sanção penal a ser aplicada, ainda que se invoquem, igualmente, objectivos ressocializadores ou de recuperação social. Para ANÍBAL BRUNO (BRUNO, Aníbal. *Direito penal, parte geral, tomo 3º: pena e medida de segurança*. 4ª Ed.. Rio de Janeiro: Forense, 1984, p. 156) é natural que a grandeza da culpabilidade seja um dos dados mais influentes na operação de medida da pena. Na mesma linha: JESUS, Damásio E. de. *Direito penal. Parte geral*. 18ª Ed.. São Paulo: Saraiva, 1994, v. 1, p. 507-508. De forma ainda mais absoluta, sustenta AZEVEDO (AZEVEDO, David Teixeira. A culpa penal e a lei 9.099/95, cit., p. 129 e seguintes) que "a culpa penal constitui-se no centro ético do direito punitivo. Não há pena sem culpabilidade, como também a pena não pode exceder-lhe a medida. Pena e culpa são binómios que se juntam, indissociavelmente, consistindo no exacto ponto de ligadura e de penetração da teoria das consequências jurídicas na teoria do delito". Feita a profissão de fé, segue AZEVEDO formulando pesadas críticas à funcionalização que se verifica actualmente em relação ao conceito de culpabilidade – através da ideia de que a pena já não se fundamenta nesta última mas sim na finalidade da sanção penal –, afirmando que dessa funcionalização decorre "o perverso efeito de tornar relativo o conceito de culpa penal, consciente ou incons-

768   *O Processo Penal como Instrumento de Política Criminal*

preponderância; a função da culpabilidade tanto como *fundamento* – e não apenas *pressuposto* – quanto como *limite* da operação de medida da pena[175]. Acerca do vector culpabilidade é possível afirmar, pois, que no modelo brasileiro ela foi expressamente adoptada como critério para a operação de medida da pena, levando-se em conta o juízo de reprovação a ela inerente, para além da sua função fundamentadora, decorrente do princípio *nulla poena sine culpa*. Portanto, no juízo de culpabilidade "deve-se aferir o maior ou menor índice de reprovabilidade do agente, não só em razão de suas condições pessoais, como também em vista da situação de facto em que ocorreu sua conduta"[176]. Sem nos atrevermos, por ora, a uma abordagem mais vertical a este respeito, é possível afirmar

---

cientemente degradando o direito punitivo à função de simples controle social". Desse modo, prossegue, a pena teria um conteúdo meramente utilitarístico, o que o leva a concluir que não menos daninho é o empirismo em que degenera essa concepção. Revelando o carácter não pacífico da questão, ao analisar o poder discricionário que o juiz possui na operação de medida da pena, de forma divergente afirma FRAGOSO (FRAGOSO, Heleno Cláudio. *Lições de direito penal...*, cit., p. 334) que ele possui esse poder para actuar os fins próprios do direito penal, que são o de prevenir a prática de crimes. A ideia é enfatizada posteriormente (p. 336), sendo asseverado que os fins da pena criminal gravitam em torno da prevenção. Não excluindo o "carácter retributivo da pena criminal no momento de sua aplicação" e não desconhecendo que a pena concretizada é pena da culpabilidade, nesta mesma linha TOLEDO (TOLEDO, Francisco de Assis. *Princípios...*, cit., p. 3 e seguintes) enaltece o vector prevenção, asseverando que "a característica do ordenamento jurídico penal que primeiro salta aos olhos é a sua finalidade preventiva: antes de punir, ou com o punir, quer evitar o crime".

[175] Esta última conclusão parece encontrar assento jurisprudencial, tendo decidido o STF que não é idónea a individualização da pena fundada em elementos essenciais à tipicidade e à culpabilidade: "Sentença condenatória: individualização da pena: inidoneidade da fundamentação que, para exacerbação da pena, cinge-se – além de referência genérica aos critérios do art. 59º do Código Penal – a aludir a elementos essenciais à culpabilidade ou à tipicidade do facto" (HC nº 76.693-7/RS, 1ª Turma, rel. min. Sepúlveda Pertence, j. 24.11.98, v.u., *DJU* 12.03.99, p. 3). A desconsideração para com um conteúdo material da culpabilidade parece, pois, evidente.

[176] DELMANTO, Celso. *Código penal comentado*. São Paulo: Freitas Bastos, 1986, p. 88, complementando o Autor que, porém, deve ser sempre levada em conta a conduta que era exigível do agente na situação em que o facto ocorreu. Para BITENCOURT (BITENCOURT, Cezar Roberto. *Manual de direito penal*, cit., p. 528) "impõe-se que se examine aqui a maior ou menor censurabilidade do comportamento do agente, a maior ou menor reprovabilidade do comportamento praticado, não se esquecendo, porém, a realidade concreta em que o mesmo ocorreu, especialmente a maior ou menor exigibilidade de outra conduta". Dignos de registo neste posicionamento são a não menção à relevância das condições pessoais do agente e a consideração da exigibilidade de conduta diversa – um dos elementos da *culpabilidade fundamento* – como um dos factores para a *culpabilidade critério para a medida da pena*.

Fundamentos

que uma semelhante conclusão releva para a culpabilidade pela personalidade do agente apenas e tão somente enquanto esta última estiver registada no facto: culpabilidade pela personalidade na medida da culpabilidade pelo facto.

Deixando intacto o aspecto de critério para a medida da pena desse vector, o único correctivo que se impõe ao que restou exposto a seu respeito reside na sua característica fundamentadora[177]. Com efeito, a afirmação peremptória de que a culpabilidade é *fundamento* da pena mostra-se inadequada quando se constata, com acerto, que ela não basta para justificar a sanção, não visando esta última só e exclusivamente retribuir a conduta culposa. "Destarte, a culpabilidade, só por si, não é suficiente para basear a pena, se nenhum efeito de prevenção geral ou especial se torne necessário"[178]. Sendo assim, talvez com mais propriedade se possa afirmar que a culpabilidade é *pressuposto* e não *fundamento* da pena[179]. Não se trata de questão meramente terminológica, uma vez que, entendida como fundamento, a culpabilidade sempre exigiria a pena como consequência; diversamente, se correctamente compreendida como pressuposto, a verificação da culpabilidade em determinados casos pode não conduzir a uma resposta processual e penal formal, conforme entendemos[180].

---

[177] Sem, contudo, nos comprometermos com uma fundamentação mais desenvolvida a este respeito nesta sede.

[178] FRANCO, Alberto Silva *In*: FRANCO, Alberto Silva et al.. *Código penal e sua interpretação jurisprudencial*, cit., p. 344.

[179] Também DAMÁSIO (JESUS, Damásio E. de. *Direito penal...*, cit., p. 452-453) aponta a culpabilidade como pressuposto da pena, asseverando que "a imposição da pena depende da culpabilidade do agente. Além disso, a culpabilidade limita a quantidade da pena: quanto mais culpável o sujeito, maior deverá ser a quantidade da sanção penal". Presentes no posicionamento citado as ideias da culpabilidade como pressuposto e limite da pena. Ainda que, quanto a nós, não se pode concordar em absoluto com as consequências que o Autor extrai dessa constatação, no sentido de que, por isso, a culpabilidade não seria elemento estrutural do delito. O equívoco que supomos existir neste posicionamento radica no não reconhecimento de que, sendo um juízo de reprovação, a culpabilidade implica também os pressupostos deste juízo. Ademais, na parte final da transcrição acima o Autor, aparentemente, incorre numa contradição, pois se a culpabilidade é só pressuposto e limite, não há que se ter uma escrupulosa equivalência entre a sua medida e a quantidade da sanção penal. A contradição avulta-se quando posteriormente (p. 507) o Autor, ao tratar da cominação e aplicação da pena, intitula o n° 2, do Cap. LVI, como "juízo de culpabilidade como fundamento da imposição da pena".

[180] Nunca se deve esquecer, porém, que a culpabilidade envolve também os *pressupostos do juízo de reprovação* (sentido material da culpabilidade), só nesse sentido não sendo totalmente equivocada a expressão *culpabilidade fundamento*.

O *Processo Penal como Instrumento de Política Criminal*

A primeira constatação a ser feita em relação ao vector prevenção é a de que no art. 59°, C.P., o Legislador fala genericamente em "prevenção do crime", não especificando qual a finalidade preventiva a que se refere. Aliás, digno de nota é o facto da Constituição Federal se silenciar sobre a finalidade para a qual deve estar voltada a sanção penal, estabelecendo apenas que a lei regulará a sua individualização (art. 5°, XLVI). Tendo em vista essa ausência de especificação, é possível concluir que na operação de medida da pena deverão ser consideradas tanto as finalidades de prevenção geral como as de prevenção especial. Do mesmo modo, não especifica o Legislador qual é o sentido a ser atribuído a essas finalidades de natureza preventiva, é dizer, não se define se elas deverão estar voltadas para um sentido *positivo* ou se, diversamente, elas se destinam a um sentido *negativo*. No seu sentido *positivo* a finalidade de prevenção geral liga-se à necessidade de estabilização das expectativas de vigência das normas que protegem bens jurídicos essenciais, considerados detentores de dignidade penal, motivando ao agir conforme o comando normativo; concebida de forma *negativa*, a prevenção geral volta-se para a intimidação dos integrantes do corpo social para que não cometam delitos, através da coacção psicológica que representa a pena. Na sua vertente *positiva* a prevenção especial vincula-se ao objectivo de (re)socialização[181] ou, reintegração social, do condenado, ou pelo menos, à sua não estigmatização; no seu sentido *negativo* a prevenção especial liga-se à ideia de intimidação pessoal do condenado e à sua segregação do meio social para que não pratique novos delitos. Considerando que o esclarecimento da questão anteriomente suscitada se prende directamente com a própria dinâmica do modelo de medição de pena, para o momento da abordagem desta última remetemos o seu deslinde.

A respeito da forma de interacção entre os vectores da reprovação e da prevenção do crime, talvez seja frutífero partir da distinção prévia dos fundamentos e finalidades que se reconhece à pena em relação a cada um dos momentos da dinâmica punitiva estatal, sabidamente compreendida pelas fases da *cominação*, *aplicação* ou, *imposição*, e *execução*. Salientando, desde logo, que a forma como a matéria se encontra disposta no citado art. 59° não permite um amplo espaço de manobra, se se quer ser fiel ao seu texto.

---

[181] Admitida, portanto, em alguns casos, a necessidade de uma própria *socialização*.

1.1 – Etapas do processo de individualização da pena.

No momento da cominação o fundamento para a sanção penal é, não se duvida, a necessidade de protecção de bens jurídicos essenciais, através do reforço das expectativas de vigência da norma que os protege. A finalidade da sanção penal neste primeiro momento não pode deixar de ser, pois, a de prevenção geral. Assim, no momento da cominação "a pena começa a pairar como advertência, diante de todos, exercendo a sua função de prevenção geral, pela intimidação (...) conjuntamente, a pena, com o seu carácter de sanção máxima posta como garantia de observância da norma assinala a importância que a ordem jurídica atribui ao preceito e ao bem tutelado, cumprindo, assim, a função educativa, social-jurídica, do Direito Penal, na definição dos valores cuja protecção é julgada necessária à segurança comum"[182]. Em poucas palavras: neste primeiro momento da dinâmica punitiva sobressai a finalidade de prevenção geral, *positiva* e *negativa*. É esta *prevenção geral positiva* que vai determinar a moldura penal – mínimo e máximo – abtractamente prevista no tipo penal básico[183]. Desse modo, agora sim ganha conteúdo e sentido a lúcida constatação de que "a tarefa imediata do direito penal é, portanto, de natureza eminentemente jurídica e, como tal, resume-se à proteção de bens jurídicos"[184]. Pela sua relevância posterior, importa frisar que nesta fase da dinâmica punitiva estatal o legislador deverá considerar o valor social do bem jurídico objecto da tutela. Dessa forma, na sua previsão abstracta na lei, a gravidade da pena altera-se conforme o valor que a Ordem Jurídica atribui ao bem jurídico protegido, levando-se em conta a hierarquia de valores que a própria Constituição estabelece.

Não se descura, porém, que mesmo nesse primeiro momento da dinâmica punitiva já se verifica um conteúdo de reprovação, uma vez

---

[182] BRUNO, Aníbal. *Direito penal*, parte geral, tomo 3º, cit., p. 101-102. Segundo JAIR LEONARDO (LOPES, Jair Leonardo. *Curso de direito penal: parte geral*. 2ª Ed.. São Paulo: RT, 1996, p. 186), "a pena criminal, enquanto abstractamente prevista na lei, como ameaça de um mal dirigido (*sic*) a todos, tem uma função *preventiva geral*, consistente numa advertência para que não se pratique a conduta proibida pela lei penal, sendo que àquele que a pratica será imposta a pena cominada".

[183] A especificação ao tipo penal básico presta-se a esclarecer a constatação feita a seguir, no sentido de que em determinados casos já na própria moldura penal o legislador considera previamente razões de reprovação e prevenção especial, criando tipos penais derivados e as respectivas molduras penais.

[184] TOLEDO, Francisco de Assis. Princípios..., cit., p. 13-14.

772   *O Processo Penal como Instrumento de Política Criminal*

que o Legislador realiza uma graduação da pena segundo a gravidade do crime, levando em conta o bem jurídico protegido[185]. Com efeito, há casos em que o Legislador já na própria fixação da moldura penal considera determinadas circunstâncias e consequências do delito como carecedoras de um mais grave juízo de censura, levando em conta esse critério na fixação dos limites máximo e mínimo da sanção a ser aplicada; é o que ocorre, exemplificativamente, em determinadas formas qualificadas de crime (art. 121°, § 2°, I a V, C.P.). Do mesmo modo, em determinados casos o legislador valora previamente as razões de prevenção especial a serem consideradas no momento da aplicação da pena em concreto, fixando a moldura penal em atenção para com essas razões; é o que sucede em determinadas causas obrigatórias de diminuição de pena, tanto da Parte Geral (art. 16°) como da Parte Especial (art. 312°, § 3°) do C.P.[186].

O grande problema quanto à fase de individualização concreta da pena ou, imposição, reside justamente em identificar qual é o seu fundamento; é do deslinde desta questão – à luz do que estabelece o art. 59°, C.P. – que se poderá especificar qual a finalidade preponderante nessa fase: reprovação, através da retribuição justa da culpabilidade, ou prevenção, mediante o reforço das expectativas de vigência e validade da norma.

Uma primeira hipótese consiste em reconhecer que no momento da aplicação ou, imposição, o fundamento da sanção penal é predominantemente o facto-crime (ilícito-típico) realizado pelo agente, por óbvio através da lesão ou exposição a perigo do bem jurídico penalmente protegido, que determinou a "representação" da relação de contradição com a norma e, por via de consequência, pôs em causa a função de protecção de bens jurídicos essenciais atribuída ao Direito Penal[187]. Decorrência

---

[185] BRUNO, Aníbal. *Direito penal*, parte geral, tomo 3°, cit., p. 153. Com todas as reservas, somente nesse sentido mais do que restrito é possível considerar como não equivocada a afirmação de que "a cominação da pena, a primeira fase da individualização, expressa o índice de reprovabilidade ao agente", conf.: CERNICCHIARO *In*: CERNICCHIARO, Luiz Vicente, COSTA Jr., Paulo José. *Direito penal na constituição*, cit., p. 181.

[186] O fundamento preventivo da última das mencionadas espécies resulta claro do predominante entendimento jurisprudencial no sentido de que não há que se atribuir relevância à reparação do dano no caso de peculato doloso. Ou seja, não basta a reintegração do bem jurídico lesado.

[187] Obviamente que esse facto crime deverá estar caracterizado numa sentença penal condenatória, a qual, por isso mesmo, conterá os elementos essenciais, basicamente: o relatório, fundamentação e dispositivo; esse o motivo pelo qual, inadvertidamente, se

Fundamentos

lógica de ser esta a fundamentação, a finalidade da pena no momento da imposição deverá ser primordialmente a reprovação do crime, levando--se em conta as circunstâncias em que ele ocorreu. Na segunda hipótese, o fundamento da sanção penal, da mesma forma que no momento da cominação, continua a ser predominantemente a necessidade de protecção de bens jurídicos essenciais; nessa perspectiva, a finalidade primordial da pena continua a ser a prevenção geral positiva, obtida através da estabilização das expectativas comunitárias depositadas na norma, no *limite* do juízo de reprovação inerente à culpabilidade, o qual não poderá ser ultrapassado.

Já antecipado, quase que em uníssono a doutrina nacional sustenta a precedência e predominância do juízo de reprovação inerente à culpabilidade na fase da dinâmica punitiva ora em análise[188]. Resulta – menos

---

afirma, por vezes, que no momento da imposição o fundamento da pena é a sentença penal condenatória, como também é esse o motivo da importância dos elementos que a compõem.

[188] Defendendo que os dois critérios mencionados no art. 59º C.P., necessidade e suficiência, correspondem respectivamente à reprovação inerente à culpabilidade e à prevenção – ainda que no texto legal não se verifique essa especificação – DAMÁSIO (JESUS, Damásio E. de. *Direito penal...*, cit., p. 509/510) entende que num primeiro momento deve o juiz, com fundamento no princípio da pena retributiva, fixar a sua qualidade e quantidade em atenção à necessidade de reprovação, através do juízo de culpabilidade; posteriormente, atendendo ao princípio preventivo da pena, faz um juízo sobre o futuro, considerando a personalidade do agente, a sua conduta posterior ao facto, entre outros requisitos, para fixar o regime inicial de cumprimento e a eventual aplicação de sanções substitutivas. De se acrescer que o Autor já havia (p. 483/484) especificado a relevância das circunstâncias previstas no art. 59º para a verificação da culpabilidade do sujeito, nada mencionando acerca de algum conteúdo preventivo de alguma delas, além de, mais uma vez, fazer equivaler a reprovabilidade à medida da pena. A aproximação à Teoria do valor de emprego no pensamento do Autor é clara. Não muito distante é o pensamento de MIRABETE (MIRABETE, Julio Fabbrini. *Manual de direito penal*. 13ª Ed.. São Paulo: Atlas, 1998, v. 1, P. 287, s.), da mesma forma enfatizando que a culpa do agente é a base fundamental para a individualização da sanção a ser aplicada, além de enaltecer que ela é o fundamento e a medida da responsabilidade penal. De forma expressa, sustenta BITTENCOURT (BITENCOURT, Cezar Roberto. *Manual de direito penal*, cit., p. 528) que a culpabilidade constitui-se no balizador máximo da sanção aplicável, ainda que se invoquem objectivos ressocializadores ou de recuperação social. Destoando, em certa medida, dos posicionamentos anteriores, afirma FRAGOSO (FRAGOSO, Heleno Cláudio. *Lições de direito penal...*, cit., p. 341) que o poder discricionário que é conferido ao juiz na individualização da pena serve para fazer actuar os fins próprios do Direito Penal que são os de evitar a prática de crimes. Assim sendo, na imposição da pena deverá o juiz ter presente o efeito nocivo da prisão,

pela nossa adesão à ideia, mas mais pelos termos do art. 59 e pelo entendimento doutrinário a este respeito – que no Ordenamento Jurídico brasileiro é à culpabilidade que se reserva o papel preponderante na operação de medida da pena. Assim sendo, a finalidade por excelência perseguida na imposição da pena é aquela de reprovação a ser feita ao agente.

A dúvida que permanece é a de saber se, para além do juízo acerca das respectivas circunstâncias – particularmente as de natureza pessoal –, voltado para o aperfeiçoamento da reprovação, deverá o juiz efectuar também um juízo prognóstico em relação a elas, com vista a dosear a pena também em conformidade com os objectivos de prevenção. Ou seja, indaga-se se estamos diante de uma possibilidade de se medir a pena por uma medida exacta de culpabilidade ou se, diversamente, o que temos é uma moldura ou limite desta, que permite uma margem de liberdade para a fixação da pena levando-se em conta as finalidades preventivas.

No que se refere à operação da medida da pena em sentido estrito – fixação da espécie e quantidade da sanção – indaga-se, pois, da possibilidade de se valorarem as razões de prevenção especial para a sua realização. Mais intrigante ainda é a questão de saber se e em que medida pode o magistrado levar em conta nesta fase da dinâmica punitiva as razões de prevenção geral, relacionadas com a finalidade de protecção de bens jurídicos essenciais, através da estabilização contrafáctica das normas e de intimidação, já valoradas previamente pelo Legislador[189].

---

devendo ser parcimonioso na sua imposição. O Autor arremata dizendo que na aplicação da pena torna-se cada vez mais importante a preocupação com as consequências e não com os pressupostos.

[189] Numa análise epidérmica da questão, a resposta a esta indagação deveria ser negativa, tendo em vista que a admissibilidade dessa ponderação poderia implicar uma dupla valoração; implica isso em dizer que teríamos a hipótese do Legislador fixar a moldura penal com vista à finalidade de prevenção geral positiva e, posteriormente, o juiz, considerando essa mesma finalidade, entre outras, determinar a sanção a ser aplicada. Ocorre que a valoração do legislador, inspirada por razões de prevenção geral, conduz tão somente à fixação da moldura penal – mínimo e máximo de pena aplicável – que, em determinados casos, pode ser ampla, *v.g.*, seis a vinte anos no crime de homicídio (art. 121º C.P.), indagando-se, pois, se para a fixação da pena concreta no interior dessa moldura poderá o juiz considerar mais uma vez as razões de prevenção geral, juntamente com os outros critérios. Uma coisa já é certa, ele jamais poderá ultrapassar o marco máximo da moldura penal, porque se o fizer aí sim ocorrerá dupla valoração. A questão será melhor analisada aquando da tentativa de se estruturar a dinâmica do modelo de medição de pena que ora se estuda.

Fundamentos 775

Por outro lado, é de se indagar se, fixado o marco mínimo da moldura de culpabilidade, no caso concreto o juiz poderá então fixar uma medida de pena abaixo desse marco, seja por entender que não se verificam necessidades preventivas a justificar essa medida mínima, seja por, ainda que reconhecendo esse limite mínimo, o considerar incompatível com razões de política criminal de outra ordem, por exemplo, prevenção especial.

Em síntese, o que se tem de inequívoco em relação a esta fase da dinâmica punitiva estatal é que a operação da medida da pena em sentido estrito – determinação da espécie e da quantidade da pena – tem como fundamento a culpabilidade demonstrada pelo agente no facto e a sua finalidade mais saliente é a reprovação a ser feita por se ter colocado em relação de contradição com o Ordenamento Jurídico como um todo, tendo em conta a lesão ou exposição a perigo que provocou no bem jurídico protegido pela norma penal.

Ainda em relação à fase da aplicação ou, imposição, importa agora verificar os factores a serem considerados para a sua realização, tendo em vista os termos expressos do art. 59º, C.P.[190]. Ou seja, nesse dispositivo legal o Legislador inseriu como critérios para a fixação da pena os antecedentes, a conduta social, a personalidade do agente, os motivos, as circunstâncias e consequências do crime, bem como o comportamento da vítima, sem, contudo, precisar a qual finalidade (reprovação ou prevenção) se vincula cada um desses critérios, motivo pelo qual, como vimos, a doutrina é levada ao entendimento de que relevam apenas para a culpabilidade. Não sendo esta a sede própria para se enfrentar a questão, fixemos alguns desses critérios, no intuito exclusivo de confirmar a sua vinculação às duas finalidades mencionados no art. 59º.

Um dos critérios que diz com as circunstâncias do crime é a maneira da sua execução, repercutindo-se directamente no juízo de reprovação a ser feito ao agente[191]. Quanto aos motivos do crime, afirma-se

---

[190] Não será feita a análise acerca do carácter taxativo ou exemplificativo dos factores contidos no art. 59º, C.P., dada a não vinculação directa com o objecto desta investigação. A título de registo, segundo FRAGOSO (FRAGOSO, Heleno Cláudio. *Lições de direito penal...*, cit., p. 341) "a doutrina tem afirmado que a enumeração contida no art. 42º – actual 59 –, CP, é *taxativa* e não meramente exemplificativa. Todavia, a referência genérica a 'circunstâncias' permitem ao julgador considerar toda espécie de elementos acidentais relacionados com o facto".

[191] STJ – RE 11.517 – Rel. Vicente Cernicchiaro – *DJU* de 30.9.91, p. 13.500.

que eles devem ser considerados em função da culpabilidade demonstrada pelo agente no facto[192]. Esses motivos podem ser externos (necessidade económica, motivação política, etc.) ou internos (ódio, ânimo de lucro, paixão, entre outros). Do mesmo modo, as consequências do crime actuam aumentando ou diminuindo a gravidade do malefício, referindo-se ao juízo de reprovação inerente à culpabilidade[193]. Também o comportamento da vítima se liga à finalidade de reprovação, uma vez que ele poderá minorar a censurabilidade do comportamento delituoso[194]. Por sua vez, os factores relacionados com os antecedentes, a conduta social e a personalidade permitem avaliar a maneira de ser do agente[195], servindo, pois, a um adequado juízo de natureza preventiva.

Por fim, no momento da execução o fundamento da pena é, aqui sim, a sentença penal condenatória nos termos em que foi emanada[196]. Na execução a finalidade primordial da pena é a prevenção especial, principalmente positiva, devendo ser estruturada de forma o menos estigmatizante possível[197].

---

[192] BRUNO, Aníbal. *Direito penal*, parte geral, tomo 3º, cit., p. 158; DELMANTO, Celso. *Código penal comentado*, cit., p. 89. Na jurisprudência: TACRIM-SP AC – Rel. Dante Busana – *RT* 610/350.

[193] FRAGOSO, Heleno Cláudio. *Lições de direito penal...*, cit., p. 338. Acresça quanto aos motivos, a afirmação do Autor de que a sua maior ou menor reprovabilidade influencia a gravidade da culpabilidade e, pois, do delito. Acerca das consequências, na jurisprudência: "na aplicação da pena, deve o julgador atender, entre outras circunstâncias enumeradas no art. 59º do CP, às circunstâncias e consequências do crime, para de tudo inferir o grau de culpabilidade e de reprovabilidade da conduta criminosa (TJSP – AC – Rel. Marino Falcão – *RJTJSP* 110/476).

[194] BITENCOURT, Cezar Roberto. *Manual de direito penal*, cit., p. 531; DELMANTO, Celso. *Código penal comentado*, cit., p. 89. Segundo SILVA FRANCO (*In*: FRANCO, Alberto Silva et al.. *Código penal e sua interpretação jurisprudencial*, cit., p. 351), o comportamento da vítima, embora não justifique o crime, diminui a censurabilidade da conduta do autor do ilícito, implicando um abrandamento da pena.

[195] FRAGOSO, Heleno Cláudio. *Lições de direito penal...*, cit., p. 336, ressaltando o Autor que a personalidade do agente deve ocupar o primeiro plano, assumindo posição preponderante na determinação da pena, coerentemente com a primazia que atribui aos fins de natureza preventiva.

[196] Nesta sede não vamos entrar no mérito sobre a indagação se a afirmação lançada no texto é apenas uma meia verdade – considerando que no curso da execução *deverão* ocorrer alterações destinadas a adequá-la à finalidade a que se liga a pena –, visto extrapolar os objectivos que motivaram a abordagem da operação da medida da pena.

[197] Com peculiar lucidez, afirma BRUNO (BRUNO, Aníbal. *Direito penal*, parte geral, tomo 3º, cit., p. 161-162) que nesta fase a pena começa verdadeiramente a actuar sobre o delinquente, que se mostrou insensível à ameaça contida na cominação, através

Fundamentos 777

1.2 – A dinâmica do processo de individualização concreta da pena.

Analisados os fundamentos e as finalidades da pena em cada momento do seu processo de individualização, talvez agora já nos seja possível tentar compreender o modelo de operação da medida da pena do Ordenamento Jurídico brasileiro, considerando a sua dinâmica e as diversas teorias que procuram explicar esse processo.

Parte-se da ideia básica de que, nos termos do art. 59º, C.P., *a culpabilidade é um pressuposto e limita a medida da pena, estabelecendo um marco, abaixo do qual actuam as finalidades de prevenção.*

No interior da moldura abstractamente prevista na lei penal, por razões de prevenção geral, a medida da culpabilidade será fixada em conformidade com o necessário e suficiente para a reprovação do delito. Logicamente que para a adequação dessa reprovação o juiz deverá considerar não só as circunstâncias fácticas mas também aquelas de natureza pessoal que se plasmaram no facto-crime realizado, com vista a melhor efectuar o juízo de reprovação[198]. A medida da culpabilidade corresponde, assim, ao limite máximo da medida da pena a ser imposta no caso concreto.

---

da sua efectivação. Na execução – segue –, "o delinquente passa a sofrer realmente a restrição ou privação do bem jurídico sobre o qual incide a pena aplicada, e sobre ele vai exercer-se o tratamento pelo qual se tentará ressocializá-lo". Vale ressaltar que o Autor implicitamente nega à finalidade de reprovação qualquer relevo nesta fase, asseverando que "quando se passa à execução da medida penal, o crime ficou para trás. O que o estabelecimento penitenciário recebe é o homem, que o crime contribuiu para definir, mas cuja personalidade complexa excede a manifestação do facto punível. A esse homem real, na sua íntima natureza, como a observação de todos os dias irá revelar, é que deverá ajustar-se o tratamento ressocializador que a execução da pena representa". Decadente e criticado o mito da "ressocialização" (conf.: CErnicchiaro *In*: Cernicchiaro, Luiz Vicente, Costa Jr., Paulo José. *Direito penal na constituição*, cit., p. 108-109), complentaríamos que na execução se tentará ao menos impedir que ela provoque uma maior "dessocialização". Apegando-se ao sentido *negativo* (de intimidação) desta finalidade, para Jair Leonardo (Lopes, Jair Leonardo. *Curso de direito penal...*, cit., p. 186) "quando se impõe e executa a pena, o objectivo é a *prevenção especial*, isto é, tentar evitar que o mesmo indivíduo volte a cometer outras violações da lei penal, conscializando-o e aos seus concidadãos em geral de que a ameaça da pena é séria e realmente cumpre-se por sua aplicação e execução".

[198] Segundo Bruno (Bruno, Aníbal. *Direito penal*, parte geral, tomo 3º, cit., p. 156), "o peso da reprovabilidade será tanto mais forte quanto maior for a quota do pessoal e íntimo do agente na determinação do seu acto, isto é, quanto mais profundamente mergulharem as raízes do crime na sua personalidade". Busca-se com isso – continua – "descobrir todos os elementos pessoais que o agente pôs na sua culpabilidade".

Conforme dispõe o art. 59°, C.P., abaixo do marco máximo de culpabilidade a pena deve ser fixada de acordo com o necessário e suficiente também para a prevenção. Não distinguindo o Legislador, são razões de prevenção tanto geral como especial a preencher esse espaço.

Parece-nos que, sendo possível falar em prevenção especial, em regra não o é no seu sentido negativo, ou seja, influenciando a escolha da espécie e quantidade da pena a ser imposta apenas com vista à segregação total ou parcial do condenado (espécie da pena) e ao aumento da duração dessa segregação (quantidade de pena), não podendo a pena ser fixada com vista exclusivamente à intimidação pessoal (salvo casos excepcionais)[199]; quando muito poder-se-á defender que as finalidades de prevenção especial deverão operar no sentido de conduzir à escolha da espécie e quantidade de pena que melhor possam favorecer a (re)socialização (nos casos em que houver necessidade) e a não estigmatização do condenado, com isso alcançando o sentido positivo daquelas finalidades[200]. Quanto à operação da medida da pena em sentido amplo – fixação

---

No mesmo sentido, afirma SILVA FRANCO (*In*: FRANCO, Alberto Silva et al.. *Código penal e sua interpretação jurisprudencial*, cit., p. 349) que "o exame da personalidade permitirá ao juiz verificar em que medida o comportamento criminoso é reflexo dela, tornando-o mais ou menos reprovável". Na jurisprudência: "o juiz sentenciante não poderá desprezar a personalidade concreta do agente na individualização da pena, mas não poderá, como é óbvio, valorá-la a ponto de transformar a pena imposta numa verdadeira pena de autor, o que contraria o Direito Penal pátrio, firmemente ancorado no facto criminoso" (TACRIM-SP Rev. – v.v.: Silva Franco – *JUTACRIM* 77/43). Portanto, ainda aqui, fundamentalmente, culpabilidade pela personalidade na medida estrita da sua demonstração no facto, sem qualquer concessão à culpabilidade pelo carácter.

[199] Levando-se em conta a lucidez e a adequação do comentário ao texto, não é demais invocar novamente o magistério de FRAGOSO (FRAGOSO, Heleno Cláudio. *Lições de direito penal...*, cit., p. 341) quando afirma que "a probabilidade de reincidência é maior se o condenado vai para a prisão – espécie – e será tanto maior quanto mais longa – quantidade – for a pena imposta". A possibilidade de um agravamento da espécie e da quantidade da pena a ser imposta com vista à finalidade de prevenção especial de ressocialização é claramente contrastada pela constatação de que o rigor punitivo, antes de ressocializar, estigmatiza. Portanto, grande é a cautela que se deve ter na aceitação da afirmação de que "na prevenção especial a pena visa o autor do delito, retirando-o do meio social, impedindo-o de delinquir e procurando corrigi-lo", conf.: JESUS, Damásio E. de. *Direito penal...*, cit., p. 457.

[200] É uma vez mais BRUNO (BRUNO, Aníbal. *Direito penal*, parte geral, tomo 3°, cit., p. 156) a lastrear esse entendimento, sustentando que a determinação das circunstâncias pessoais do acusado servirá também para o ajustamento da pena ao fim de recuperação social, visto que a sanção penal não é só retribuição mas também esforço

Fundamentos 779

do regime inicial de cumprimento, análise da possibilidade de substituição ou suspensão condicional – a resposta é enfática: o juiz deverá levar em conta as finalidades de prevenção especial[201].

Quanto à prevenção geral, deve ser especificado se a fixação da pena no âmbito do marco de culpabilidade já é suficiente para atender às suas exigências ou se ao juiz se reserva a possibilidade de valorizá-las no momento da imposição da sanção. Via de regra, a pena medida de acordo com a culpabilidade já será apta a satisfazer as necessidades de prevenção geral; todavia, excepcionalmente, a pena fixada na medida da culpabilidade pode não ser necessária para a prevenção geral. Assim, como vimos em relação ao modelo de medida da pena previsto para o Ordenamento Jurídico português e coerentemente com o aproveitamento que faremos das Teorias de medida da pena para a justificação político criminal das formas de diversificação processual, não há uma obrigatória correspondência entre a medida da culpabilidade e as necessidades de protecção de bens jurídicos essenciais (através da prevenção geral positiva). Implica isso em dizer que a medida de pena necessária para a estabilização das expectativas na vigência e validade da norma pode situar-se num ponto inferior ao da medida da culpabilidade, hipótese em que esta última deve ceder em proveito daquela. Feita a opção pela inexistência de uma margem de liberdade de culpabilidade, devendo esta última actuar apenas como o limite máximo da pena a ser imposta, fica sem efeito a indagação acerca da possibilidade de se transpor o seu marco inferior, reconhecendo-se tanto à prevenção geral como à especial a aptidão para actuar no sentido de rebaixamento da medida da pena até ao mínimo da moldura penal abstracta. Não é censurável, pois, acompa-

---

dirigido à ressocialização do criminoso. De grande relevância é, ainda, a opinião do Autor, consignada na mesma passagem, segundo a qual "não devemos esquecer que não só os antecedentes, mas um comportamento subsequente ao crime pode contribuir para a determinação da personalidade do réu e, assim, não deve ser desprezado na medição da pena". Tem-se desta forma uma legitimação para a valoração do comportamento processual não obstativo do acusado.

[201] Próxima deste entendimento é a opinião de JESUS, Damásio E. de. *Direito penal...*, cit., p. 509/510. Antecipando o que veremos em detalhe posteriormente, é nessa mesma lógica que deve ser inserido o juízo acerca da possibilidade de concessão da suspensão condicional do processo. Ou seja, a prevenção especial é uma das finalidades – senão a mais saliente – que deverá estar na base do juízo acerca da suspensão condicional do processo, motivo pelo qual está a procurar-se a sua aproximação à operação de medida da pena, particularmente no seu sentido amplo.

[202] *Lições de direito penal...*, cit., p. 339.

nhar FRAGOSO[202] quando sustenta que "não existe uma magnitude perfeita, que se ajuste e corresponda à reprovabilidade e às exigências da prevenção. Por isso mesmo, é inafastável uma certa margem de liberdade, na ponderação do *quantum* de pena a ser imposto, com critérios valorativos, nos limites estabelecidos na sanção correspondente ao tipo legal de crime".

A moldura contida abstractamente no tipo penal continua a ser o limite máximo de prevenção geral a que pode chegar a medida da pena adequada à culpabilidade. Todavia, no interior dessa moldura penal abstracta é a medida da culpabilidade – ainda que inferior ao marco superior do tipo penal – que vai funcionar como limite máximo da pena concreta. Veda-se, pois, a aplicação de uma pena funcional – adequada à finalidade preventivo-geral – mas superior à medida da culpabilidade. Não se desconhece aqui que em determinados tipos penais ou, talvez, numa parte considerável deles, a moldura penal possui uma extensão tão elástica (oito, dez, quinze anos) que sugere um espaço para considerações de prevenção geral, ligadas a diferenças de ilicitude material num mesmo tipo de crime; mas, como já foi salientado, ainda assim a medida da culpabilidade será o texto máximo a que se pode chegar e, por conseguinte, se em razões de prevenção geral se pode falar, elas encontram-se limitadas pelo juízo de culpabilidade.

É FRAGOSO[203] quem mais uma vez oferece o lastro seguro a tudo o que foi dito acerca do relacionamento entre culpabilidade e prevenção geral, ao asseverar:

> "Por outro lado, a prevenção geral não pode agravar a pena. A culpabilidade do réu é aqui limite intransponível. Não pode o juiz instrumentalizar a punição do culpado, para atingir supostos fins de prevenção geral, sob pena de misturar o homem com o direito das coisas (*Kant*). A prevenção geral é também supostamente atingida com a aplicação da pena justa, de que é efeito secundário (*Nebenwirkung*)."

Por outro lado, se a prevenção especial pode conduzir a um abaixamento da pena, que já é adequada à culpabilidade, não pode, contudo, conduzir à fixação da sanção penal abaixo do marco mínimo de prevenção geral previsto no tipo penal[204]. Dir-se-á, então, que são as razões de

---

[203] *Lições de direito penal...*, cit., p. 341.

[204] Não sendo a oportunidade adequada para se tratar do assunto, antecipe-se que nisto reside a chave para se desvendar a intrigante questão acerca da possibilidade ou não das causas de diminuição e atenuantes conduzirem a uma medida da sanção inferior

prevenção geral que – relativamente ao marco inferior da moldura penal – estão a funcionar como limite para a interferência das finalidades de prevenção especial, o que não seria de todo equivocado, conduzindo-nos a reconhecer o acerto da *Teoria da proibição do excesso* nesse particular. Com efeito, especificando o art. 59º, II, C.P., que o juiz deverá fixar "a quantidade de pena aplicável, dentro dos limites previstos", parece não ser possível a fixação da pena abaixo da moldura penal mínima, ainda que assim indiquem as razões superiores de prevenção especial. Uma interpretação mais favorável que a tanto almejasse esbarraria nos expressos termos utilizados pelo Legislador, que não dão margem, inclusive, para que se entenda que na verdade a menção feita se refere apenas ao limite superior da moldura penal, face à previsão no plural dos marcos punitivos. Nem mesmo seria fundada a alegação de que a utilização da expressão "limites" no plural decorreria tão somente de uma pretendida generalização quanto aos marcos punitivos genericamente previstos, visto que, tendo o inciso I já determinado a escolha da natureza da pena aplicável, o critério sistemático impediria tal interpretação. É a partir desta restrição imposta à eficácia da prevenção especial que surge o espaço para a operação da pena em sentido amplo e, quanto a nós, também para as formas de diversificação processual.

Vistos os critérios a serem observados para a operação de medida da pena em sentido estrito, analisemos agora as etapas da operação de medida da pena em sentido amplo.

Sendo uma das etapas da operação de medida da pena em sentido amplo, na tarefa de estabelecer o regime inicial de cumprimento da pena privativa da liberdade (art. 59º, III, C.P.) o juiz deverá considerar os mesmos factores contidos no art. 59º, *caput*, C.P., através de uma valoração complexiva das circunstâncias do crime e da personalidade do agente, com vista, primordialmente, às finalidades de prevenção especial positiva de não estigmatização, abandonando-se toda a ideia de retribuição ou castigo. "Deve o condenado ser alojado no regime de menor segurança possível, porque sabemos que a prisão fechada, pelas condições anormais de convivência que proporciona, favorece a reincidência"[205].

---

ao marco mínimo da moldura penal básica. Limitemo-nos a observar que em relação às primeiras – as causas de diminuição –, não sendo irrazoável afirmar que elas conduzem à formação de um novo tipo penal, é a moldura mínima de prevenção geral decorrente da sua incidência que deverá limitar a pena a ser imposta e não aquela prevista no tipo básico.

[205] FRAGOSO, Heleno Cláudio. *Lições de direito penal...*, cit., p. 308.

782   *O Processo Penal como Instrumento de Política Criminal*

Também integrando essa operação de medida da pena em sentido amplo, a seguir o Código prevê a possibilidade de substituição da pena privativa de liberdade aplicada por outra espécie de pena, se cabível (art. 59°, IV). Assim, de forma não taxativa previu o Legislador para a operação de medida da pena em sentido amplo a possibilidade de substituição daquela privativa de liberdade aplicada por outra espécie de pena, se cabível. Portanto, não limitou o Legislador, *numerus clausus*, as hipóteses de substituição, estabelecendo apenas a necessidade de cabimento legal da medida[206]. Vale salientar que na hipótese de substituição da pena privativa de liberdade por outra restritiva de direitos o legislador condicionou-a a que "a culpabilidade, os antecedentes, a conduta social e a personalidade do condenado, bem como os motivos e as circunstâncias" demonstrem a suficiência dessa substituição (art. 44°, III, C.P.). Não ficando expressa no texto legal a finalidade para a qual a substituição deve revelar-se suficiente, sustenta-se que ela deve atender às necessidades de reprovação e prevenção do crime[207].

Do mesmo modo, para a substituição da pena privativa de liberdade pela de multa (art. 60°, § 2°) o Legislador remeteu expressamente para o art. 44°, III, C.P., já visto, condicionando a sua efectivação à suficiência da medida, levando-se em conta "a culpabilidade, os antecedentes, a conduta social e a personalidade do condenado bem como os motivos e as circunstâncias". Considerando-se a remissão feita, também aqui fica não esclarecida a finalidade para a qual a substituição deve ser suficiente. Conforme vimos quanto ao art. 44°, III, C.P., prepondera o entendimento de que o juízo de suficiência da substituição deve ser feito em relação às necessidades de reprovação e prevenção do crime[208].

Relacionada com a operação de medida da pena em sentido amplo, também a concessão da suspensão condicional da pena se sujeita ao

---

[206] Conforme ficou previsto nos arts. 44°, 60°, § 2°, 77° e 78°, § 2°, todos do C.P..

[207] FRANCO, Alberto Silva *In*: FRANCO, Alberto Silva et al.. *Código penal e sua interpretação jurisprudencial*, cit., p. 311.

[208] Idem, ibidem, p. 370. Na jurisprudência: TACRIMSP, AC., Rel. Carmona Morales, *RT* 614/313 – *RT* 88/363; TACRIMSP, AC n° 384.745/7, Rel. Dante Busana. Digna de nota é a posição jurisprudencial que se reporta tanto aos fins de prevenção geral como aos de prevenção especial, dispondo que "o requisito da suficiência desta – substituição – há-de ser analisado (*sic*.) à luz dos interesses da sociedade, atingida pelo crime e também do indivíduo a ser corrigido e recuperado pela pena; não é razoável remeter ao cárcere quem dele não precisa, bastando-lhe a imposição de reprimenda menor", conf.: TJMTS – AC n° 667/88 – Rel. José Riskallah.

Fundamentos 783

requisito de que "a culpabilidade, os antecedentes, a conduta social e personalidade do agente, bem como os motivos e as circunstâncias autorizem a concessão do benefício" (art. 77°, II). Fácil é perceber que agora o Legislador já não utiliza a expressão suficiência da medida mas sim a sua autorização, levando-se em conta os elementos citados. Porém, em nada se altera a relação quanto à suficiência, como já foi visto, devendo ser também aqui as necessidades de reprovação e prevenção a determinarem a possibilidade ou não da concessão do benefício, particularmente no que se refere às finalidades da pena[209].

Por fim, também a substituição das condições a que fica sujeito o condenado no *sursis* especial se condiciona à sua adequação aos critérios previstos no art. 59° do C.P. (art. 78°, § 2°), ou seja, à culpabilidade, aos antecedentes, à conduta social, à personalidade do agente, aos motivos, às circunstâncias e consequências do crime, bem como ao comportamento da vítima. Feita a expressa referência ao art. 59°, C.P., é evidente que também essa substituição se condiciona à suficiência da medida para os fins de reprovação e prevenção do delito.

Ora, a referência feita em todas as citadas etapas à "suficiência" para a satisfação das necessidades de reprovação e prevenção do delito, da mesma forma que ocorre em relação ao art. 59° do C.P. revela a vinculação dessa operação da medida da pena em sentido amplo à culpabilidade demonstrada pelo agente no facto – *reprovação* – e às finalidades de política criminal – *prevenção do delito*. Quanto à culpabilidade, pois, importa verificar se o grau de reprovação a ser feito ao agente admite ou não a medida substitutiva[210], o que se dará nos casos de uma atenuação desse juízo de reprovação. No que se refere à prevenção do delito, são basicamente as razões de prevenção especial que irão influenciar a operação de medida da pena em sentido amplo. Desta forma, não podendo ser ultrapassado o marco mínimo da moldura penal abstracta – esta última, reitere-se, fixada por razões de prevenção geral – as razões

---

[209] REALE JÚNIOR, Miguel. *Penas e medidas de segurança no novo código*, Forense, p. 215, afirmando o Autor que "o raciocínio, portanto, que indica a opção advém do próprio fim emprestado às penas, que por meio de suas qualidades modulam-se na necessidade e suficiência", *apud*: FELTRIN, Sebastião Oscar *In*: FRANCO, Alberto Silva et al.. *Código penal e sua interpretação jurisprudencial*, cit., p. 493.

[210] Consignada a nossa veemente discordância quanto a esta vinculação directa entre operação de medida da pena em sentido amplo e juízo de reprovação inerente à culpabilidade.

784   *O Processo Penal como Instrumento de Política Criminal*

de prevenção especial poderão conduzir a que se substitua a consequência jurídica do delito – que a princípio é a adequada à culpabilidade – por outra menos estigmatizante.

Sintetizando. As finalidades de prevenção geral são os limites – máximo e mínimo – intransponíveis na operação de medida da pena em sentido estrito e estão representadas nos marcos inferior e superior da moldura prevista para cada tipo penal. No interior dessa moldura actuarão as finalidades de reprovação, inerentes à culpabilidade, que poderão determinar a fixação da pena acima do marco inferior da moldura penal abstracta mas jamais além do marco superior dessa mesma moldura. Ainda no momento da imposição, as razões de prevenção especial poderão actuar na operação de medida da pena em sentido estrito, também baixando a medida da pena já adequada à culpabilidade. Contudo, as finalidades preventivo-especiais não poderão conduzir à fixação da pena abaixo do limite inferior previsto na moldura penal abstracta. Nesse caso, estas razões de prevenção especial, ao lado de uma culpabilidade que se revele leve, podem conduzir à fixação de um regime inicial de cumprimento de pena menos rigoroso, à substituição da espécie de pena que, a princípio, seria já adequada à culpabilidade por outra menos estigmatizante e à suspensão condicional da execução[211].

Postas as coisas nestes termos, podemos afirmar que, mesmo sendo condicionada à moldura penal abstracta, a operação de medida da pena em sentido amplo, através das várias alternativas que abre, é uma forma de se transpor o marco mínimo de prevenção geral, o qual é intransponível em relação à operação de medida da pena em sentido estrito.

1.2.1 – E o art. 59° do Código Penal.

O raciocínio acima desenvolvido em relação à operação de medida da pena, tanto em sentido estrito como em sentido amplo, adequa-se harmoniosamente ao disposto no art. 59° da Parte Geral do C.P., conforme se passa a demonstrar.

Desde logo, é o próprio artigo a fazer menção à culpabilidade como critério para a medida da pena, ainda que na formulação legal ela

---

[211] Ao que nos interessa, é esse o raciocínio a ser feito também em relação à exclusão/atenuação do rigor do princípio da legalidade processual. Neste último caso, devendo o juízo de cabimento ser realizado antecipadamente e, como veremos, desde que presentes determinados requisitos.

surja como um dos factores – antecedentes, conduta social, motivos do crime, etc. – que, na verdade, conduzirão à sua medida.

O art. 59°, *caput*, menciona indistintamente circunstâncias fácticas e pessoais como factores para a operação de medida da pena, permitindo, então, que as últimas – as de natureza pessoal – sejam também consideradas para o juízo de reprovação inerente à culpabilidade.

Contudo, como o mencionado artigo faz menção à necessidade e suficiência da pena também para os fins de prevenção do crime, é evidente que o Legislador não vinculou a sanção a uma medida exacta da culpabilidade mas sim a um limite, abaixo do qual actuam as finalidades preventivas.

Sendo a pena adequada à culpabilidade eficaz para os fins de prevenção geral, atende-se dessa forma ao que a ela se refere no dispositivo em análise.

Tendo em vista que o Legislador não distinguiu a que tipo de finalidade preventiva estava a fazer menção, é possível a interferência de razões de prevenção especial no espaço limitado pela culpabilidade, tanto no que se refere à operação de medida da pena em sentido estrito quanto na operação de medida da pena em sentido amplo. No primeiro caso as razões de prevenção especial determinarão a fixação da espécie e quantidade de pena mais adequadas à (re)socialização do agente e que forem menos estigmatizantes; no segundo caso elas operarão para fundamentar a opção por outra medida, conforme admite o próprio artigo.

Finalmente, menciona o art. 59°, II, "a quantidade de pena aplicável, dentro dos limites previstos", vedando então a fixação da sanção abaixo do marco inferior e acima do marco superior da moldura abstractamente prevista no tipo penal, mas não impedindo a determinação da pena abaixo do marco de culpabilidade. Com efeito, o Legislador mencionou a culpabilidade como critério para a medida da pena mas não estabeleceu os seus limites. Assim, se inadmissível se mostra a superação da sua medida máxima – mesmo que inferior ao marco superior da moldura penal –, uma vez que dessa forma a culpabilidade deixaria de ser limite para a medida da pena, nada obsta a que se possa fixar a sanção abaixo desse marco.

A dúvida que permanece em aberto é a de saber de qual das Teorias que tentam explicar a operação de medida da pena se aproxima o modelo brasileiro. A resposta a essa indagação há-de ser feita pela análise dos pontos em que esse modelo diverge das Teorias existentes.

786 *O Processo Penal como Instrumento de Política Criminal*

1.2.2 – E as Teorias acerca da operação de medida da pena.

O modelo brasileiro diverge da *Teoria da pena exacta*, no aspecto em que esta última não prevê a consideração de pontos de vista preventivos na operação de medida da pena.

Quanto à *Teoria da margem de liberdade de culpabilidade*, ainda que o modelo brasileiro dela se aproxime, dela diverge enquanto não permite o reconhecimento de um marco inferior de culpabilidade mas tão somente que ela é o limite máximo da medida da pena.

Em relação à *Teoria da margem de liberdade de culpabilidade com centro de gravidade na prevenção especial*, já apontada a divergência quanto ao não reconhecimento de uma margem de liberdade, pela inexistência do marco inferior de culpabilidade, o modelo brasileiro distingue-se nos seguintes pontos: diversamente dessa *Teoria*, o modelo brasileiro não prioriza a finalidade de prevenção especial, mesmo que lhe atribua um papel relevante, principalmente na operação de medida da pena em sentido amplo; divergindo da *Teoria* em foco, no modelo brasileiro as circunstâncias de natureza pessoal também podem ser relevantes para o juízo de reprovação; no modelo brasileiro as razões de prevenção especial não podem agravar a pena para além do marco da culpabilidade.

As divergências do modelo brasileiro em relação à *Teoria da margem de liberdade com centro de gravidade na prevenção geral* são as seguintes: diversamente desta *Teoria*, no modelo brasileiro, ainda que seja a prevenção geral a determinar a moldura abstracta prevista em cada tipo penal, por necessidade de estabilização da norma protectora do bem jurídico, no interior dessa moldura é a culpabilidade que delimitará a pena. Assim, a culpabilidade não é substituída pelas necessidades de prevenção geral nem é esta que exclusivamente delimita o marco da punibilidade.

O modelo brasileiro diverge da *Teoria do valor do emprego*, enquanto admite a valoração das finalidades preventivas também para a operação de medida da pena em sentido estrito, com vista a fixar a espécie e quantidade de pena.

Assinaladas estas divergências, é possível afirmar que nenhuma das mencionadas *Teorias* se adequa perfeitamente ao caso brasileiro, configurando o art. 59º, C.P., um particular modelo de operação de medida da pena, que *guarda* mais similitude com a *Teoria da proibição do excesso*.

Fundamentos 787

Postas nestes termos as coisas, retornemos então ao ponto do nosso particular interesse, relacionado com a constatação – resultado da análise que acabou de ser feita – da possibilidade da interferência de razões de prevenção especial na operação de medida da pena em sentido amplo, paralelamente a uma atenuação do juízo de reprovação inerente à culpabilidade, conduzindo às hipóteses de determinação do regime inicial de cumprimento da pena, substituição da pena privativa de liberdade por outra espécie e suspensão condicional da execução. É nesta lógica que se inserem os casos de atenuação/exclusão do rigor do princípio da legalidade processual, admitindo-se Institutos como o da *suspensão condicional do processo* do Ordenamento Jurídico brasileiro, conforme procuraremos demonstrar[212].

Implica isso em dizer que a relevância das formas de diversificação processual surge quando se está diante de situações que se colocam abaixo do marco mínimo de prevenção geral, situado no limite inferior da moldura penal abstracta. É a partir desse ponto que surge o espaço para Institutos como a dispensa da pena e, no limite máximo desse espaço, para as formas de diversificação processual[213]. A esse espaço pode-se chegar, por um lado, em virtude da exiguidade do juízo de reprovação inerente à culpabilidade (*culpabilidade leve*)[214]; por outro lado, deve estar ausente o interesse público (leia-se: prevenção geral) na imposição da sanção ou esse interesse ser tão escasso que possa ser satisfeito com a imposição de consequências diversas da sanção penal típica (*equivalentes funcionais*). Se a tudo isso for acrescido que, além de não ser necessária a imposição da sanção penal típica, a instauração do próprio processo formal for danosa para a finalidade preventivo--especial de (re)socialização e de não estigmatização, devem intervir as formas de diversificação processual. Ou seja, os casos de atenuação/ /exclusão do princípio da legalidade processual – incluído o da suspen-

---

[212] Aliás, o parentesco entre a suspensão condicional do processo e a suspensão condicional da pena é algo que se proclama aos quatro ventos.

[213] Não é de estranhar, portanto, que uma das principais críticas dirigidas às formas de diversificação processual – com destaque para aquelas oriundas do sector do Direito penal mínimo – seja no sentido de que os casos em que se aplicam estas formas constituem hipóteses típicas de descriminalização.

[214] Estarem de tal modo ausentes os factores desfavoráveis de medida da culpabilidade (juízo de reprovação) e, até mesmo, serem favoráveis esses factores, que a fixação da pena no seu mínimo edital se mostre, antecipadamente, iníqua.

são condicional do processo – inserem-se na mesma lógica da operação de medida da pena em sentido amplo, ainda que a partir de um juízo realizado de forma antecipada, de modo que resultam de uma atenuação do juízo de reprovação inerente a uma culpabilidade leve com predominância para as razões de prevenção especial.

É nesta aparente funcionalização do conceito de culpabilidade que, enfim, também AZEVEDO[215] sedia o modelo de diversificação processual introduzido pela Lei 9.099/95 no Ordenamento Jurídico brasileiro. Indo mais além, assevera que no modelo consensual brasileiro não é a culpa penal que justifica a sanção, mas a justificação da sanção antecipada[216] achar-se-ia no risco da sentença futura, que, fazendo nascer *ab ovo* a culpa, geraria uma resposta jurídica com esta compatível. "A pena criminal, portanto, não seria o resultado da culpa pessoal, porque esta não surgiria com a barganha. A pena remeter-se-ia a critérios de oportunidade e conveniência para o imputado e não se ligaria à culpa pessoal, porque esta somente ganharia realidade com a sentença condenatória".

Emblemática no sentido de que a suspensão condicional do processo do Ordenamento Jurídico brasileiro se relaciona com o problema da operação da medida da pena, envolvendo, pois, a questão do juízo de reprovação derivado da culpabilidade, é a conclusão, bem posta, de que as condições a serem impostas ao acusado aquando da suspensão devem ser adequadas ao facto e à sua situação pessoal. "No que pertine ao fato, impõe-se levar em consideração: o grau da sua culpabilidade (censurabilidade, que pode ser dolosa ou culposa), seus motivos (nobres, fúteis etc.), suas consequências (graves, leves etc.), suas circunstâncias (local onde foi cometido, instrumento utilizado, *modus operandi* etc.), o comportamento da vítima etc."[217], em síntese, os mesmos elementos previstos no art. 59º do C.P. para a operação da medida da pena. Ademais, de forma lapidar quanto à necessidade da integração político-criminal da suspensão condicional do processo:

"O objectivo que deve ser buscado no momento de se fixar as condições da suspensão é duplo: urge que se cuide da prevenção geral (eficácia intimidatória do direito penal – ainda é a coacção psicológica

---

[215] A culpa penal e a lei 9.099/95, cit., p. 130 e seguintes.

[216] Para o Autor nesses casos verifica-se uma antecipação da sanção, particularmente nas hipóteses da transacção penal (art. 76) e da suspensão condicional do processo (art. 89º).

[217] GOMES, Luiz Flávio. *Suspensão...*, cit., p. 327.

Fundamentos 789

de Feuerbach –, mesmo quando está estrategicamente posto em posição secundária, servindo apenas como 'pando de fundo'), bem como da prevenção especial (eficácia derivada das condições mesmas no sentido de permitir a ressocialização do infractor pela via alternativa). Cabe ainda acrescentar que na suspensão está presente também a reafirmação do ordenamento jurídico, isto é, não se pode negar a possível motivação pela aplicação da norma, tal como propõe a teoria da prevenção geral positiva (Jakobs)"[218].

Contudo, os elementos lançados na afirmação devem ser melhor equacionados, sob pena de se ter uma desvirtuação dessa integração político-criminal das formas de diversificação processual.

---

[218] Idem, ibidem, p. 327-328. O Autor já se tinha manifestado anteriormente (p. 69), no sentido de que na *suspensão condicional do processo* "há uma certa individualização da resposta estatal, de tal forma que não menoscabe a prevenção geral e especial (efeito intimidatório e ressocializador da resposta estatal)".

SECÇÃO 2

Integração político-criminal das formas de diversificação processual.

Já demonstrada a raiz criminológica das formas de diversificação processual, incluída a exclusão/atenuação do princípio da legalidade, na teoria do *labeling approach*, segundo ZIPF[1] "somente uma consideração político-criminal pode, em último termo, fazer justiça ao *labeling approach* e à problemática de selecção por ele suscitada". Aliás, na mesma Obra o Autor já atribuía à política criminal a missão de identificar os critérios para a limitação da persecução penal e fixá-los na lei[2]. Isso impõe-se em atenção ao método prescrito em relação a uma estruturação do *Sistema Jurídico-Penal* segundo o modelo do Sistema teleológico-funcional, fundado na necessidade de "transformar os conhecimentos criminológicos em exigências político-criminais e estas, por sua vez, em regras jurídicas de *lege lata* ou *ferenda*", com vista ao estabelecimento do socialmente justo[3].

Portanto, verificando-se na teoria do *labeling approach* a identificação tanto de uma selecção abstracta (delito) como de uma selecção concreta (persecução ou não persecução do delito em particular), a política criminal não deve encobrir ou ignorar essa selecção mas sim deve incluí-la e justificá-la na concepção, com vista a que a selecção se efectue acertadamente e, assim, negue ou confirme as opções legislativas bem como determine a sua adopção ou modificação. Lançada a ideia, resta verificar a sua pertinência e qual é a conformação menos imperfeita de que ela se pode revestir. Melhor dizendo, é necessário que se verifique como pode ocorrer essa integração político-criminal das formas de diversificação processual.

---

[1] *Introducción...*, cit., p. 120-121.
[2] Idem, ibidem, p. 125-126.
[3] ROXIN, Claus. *Política criminal y sistema del derecho penal*, cit., p. 77.

792   *O Processo Penal como Instrumento de Política Criminal*

Advirta-se, desde logo, que as considerações a seguir expostas numa perspectiva processual penal alinham-se, uma vez mais, com a estrutura do delito desenvolvida e sustentada pelas mais actualizadas concepções do Sistema Teleológico funcional ou Teleológico racional, na medida em que os fundamentos sistemáticos para a admissibilidade das formas de diversificação processual serão procurados nos dois níveis em que se defende residir a base do *Sistema Jurídico-Penal*: *ilícito* e *responsabilidade*[4].

A primeira questão a ser resolvida a este respeito é a de saber como a natureza de pequeno potencial ofensivo do delito[5] pode determinar a opção pelo tratamento processual diversificado numa concepção fundada na orientação do *processo penal por considerações de política criminal*[6].

É relevante para o deslinde desta questão a necessidade de determinação político-criminal do conteúdo do tipo penal – de modo incensurável posta em evidência por AMELUNG[7] –, pressupondo a "referência ao carácter especial do ilícito descrito tipicamente"[8] e, pois, implicando

---

[4] Detalhes em: SCHÜNEMANN, Bernd. Introducción..., cit., p. 71/72.

[5] Não é censurável a expressão delito de pequeno potencial ofensivo, uma vez que ela pode referir-se tanto ao bem jurídico tutelado (pequeno valor) quanto ao grau da lesão que ele sofre (lesão leve). É nesta dupla perspectiva que continuamos a utilizar no texto a expressão.

[6] Uma aproximação entre a questão dos delitos de pequeno potencial ofensivo e as finalidades de política criminal pode ser encontrada em ANABELA RODRIGUES (RODRIGUES, Anabela Maria M.. *A determinação da medida da pena privativa de liberdade*, cit., p. 182, n. 81), a qual, manifestando-se sobre os fins utilitários que hoje se identificam nas Teorias da retribuição, sustenta que se admite, pelo menos no domínio da pequena e média criminalidade, que a adesão a um rígido esquema retributivo não produziria resultados satisfatórios sob o ponto de vista político-criminal, em virtude da irrenunciabilidade absoluta à pena a que conduz uma férrea lógica retribucionista clássica.

[7] AMELUNG, Knut. Contribución a la crítica del sistema jurídico-penal de orientación político-criminal de Roxin. Trad. Jesús-María Silva Sánchez. *In*: SCHÜNEMANN, Bernd (comp.). *El sistema moderno del derecho penal: cuestiones fundamentales*. Madrid: TECNOS, p. 94-107, 1991, p. 96 e s.. Certamente, as origens remotas de uma tal compreensão do tipo penal remontam à mudança verificada quanto ao destinatário do seu conteúdo; ou seja, se numa primeira acepção o tipo penal tinha como destinatários os próprios órgãos de administração da justiça penal, dizendo respeito às indicações do que se tem de fazer quando ocorre um ilícito penal, numa correcta compreensão do seu conteúdo nele estão contidas ao mesmo tempo normas dirigidas ao indivíduo (normas primárias), cujo sentido é a determinação do agir, conf.: SCHROEDER, Friedrich-Christian. *Strafprozessrecht*, cit., p. 4.

[8] Aqui estamos novamente de acordo com AMELUNG (Ob. loc. cit.) e também com SCHÜNEMANN (Introducción..., cit., p. 72) quando atribuem ao tipo a finalidade de descrever um ilícito punível, a matéria de proibição, (merecedor e necessitado de pena).

uma ponderação entre o valor do bem jurídico e os "interesses que incidem na configuração do tipo penal", quanto a nós, evidentemente de natureza político-criminal.

Assim, a previsão da possibilidade de uma exclusão/atenuação do princípio da legalidade processual no plano legislativo decorre da interferência de razões superiores de política criminal, considerando-se o relacionamento entre o valor do bem jurídico tutelado e as finalidades da sanção penal[9], particularmente o fim de estabilização das expectativas de vigência da norma, com vista à motivação ao agir conforme o seu comando[10] e à viabilização da harmónica convivência social. Portanto, não é sem razão que hoje se apregoa – um pouco por toda a parte – a imanência entre o conceito de bem jurídico e o respectivo modelo de Direito Penal, de modo que a perspectivação deste último como *extrema ratio*, fundado nos critérios de proporcionalidade e subsidiariedade[11], impõe uma mais que escrupulosa definição de bem jurídico, centrada na ideia da sua essencialidade.

No fundo, a ideia não é mais do que a projecção do que hoje se entende assente no estudo do bem jurídico, no sentido da sua relevância para a ordenação social. Assim, a relevância do bem jurídico deve ser procurada na ordem social, devendo ser considerado crime apenas a

---

[9] Uma correcção desde logo se impõe, com vista a aproveitar ao máximo as contribuições do *funcionalismo sistémico*: antes de uma relação entre bem jurídico e finalidades da sanção penal, pura e simples, o vínculo deve ser estabelecido entre aquele – o bem, e a danosidade social que a sua lesão representa – e a própria função do Direito Penal no contexto social. Portanto, os possíveis casos, a seguir no texto, de uma irresistível tentação para a limitação do relacionamento com as finalidades da sanção penal deverão ser corrigidos por esta óptica. Certeiro a esse respeito é, aliás, o pensamento de ROXIN (ROXIN, Claus. Franz Von Liszt e a concepção político-criminal do projecto alternativo. *In*: *Problemas fundamentais de direito penal*. Trad. Ana Paula dos Santos Luís Natscheradetz. 2ª Ed.. Lisboa: Vega Universidade, p. 49-89, 1993, p. 61), que, aludindo ao bem jurídico, assevera tratar-se "apenas de uma denominação daquilo que é lícito considerar digno de protecção na perspectiva *dos fins do direito penal*. Deste modo, uma vez definidos os fins da pena, há que derivar daí aquilo que se considera bem jurídico".

[10] Não seria aventureiro nem precipitado afirmar que com isso entramos directamente no tormentoso problema da "dignidade penal" e "carência de tutela penal" – particularmente este último – de que magistralmente nos fala ANDRADE, Manuel da Costa. A "dignidade penal" e a "carência de tutela penal"…, cit., p. 173 e seguintes.

[11] Apontados inicialmente como molas propulsoras para a viabilização da administração da justiça criminal no âmbito do Direito Material.

794 O Processo Penal como Instrumento de Política Criminal

danosidade social que a lesão a um dado bem jurídico essencial representa[12]. Ao nível dos elementos estruturais do delito, tudo isso condiz plenamente com a constatação de que, em virtude da referência material-axiológica (de base constitucional) ao bem jurídico, o tipo é portador de um juízo de intolerabilidade, de uma expressão de danosidade digna e carecida de pena[13], em perfeita adequação ao ambiente *racional* e *teleológico-funcional* em que se desenvolve o presente estudo. Não deve surpreender, pois, quando se afirma que o princípio da insignificância seria uma regra de interpretação geral que pode ser aplicada já ao nível da interpretação legal dos tipos penais (*OLG* Hamm, *NJW* 1980, 2537)[14].

---

[12] Se se quer com isso exprimir uma interpretação social do bem jurídico, nada obsta. É também COSTA ANDRADE (ANDRADE, Manuel da Costa. Consentimento..., cit., p. 18) a afirmar a importância da valência sistémico-social para o conceito de bem jurídico. Mesmo que a questão seja deixada à margem nesta sede, tratando-se das formas de diversificação processual de típica conformação consensual não é menor a relevância do bem jurídico para a sua viabilização. Ou seja, na esteira de COSTA ANDRADE (Ob. cit., p. 17) é possível identificar uma interacção entre o bem jurídico típico, objecto da tutela – consequente também das exigências sistémico-sociais – e a autonomia da manifestação da vontade – produto da exigência pessoal de liberdade. Dito isto, a despeito da lição ter sido proferida em relação ao consentimento relevante no âmbito do Direito Penal material, é possível seguir o Autor citado quando enfatiza que "autonomia pessoal e programa de protecção de bens jurídicos emergem como fonte recíproca de complexidade e frustração e, por vias disso, de conflitualidade potencial". Havendo, pois, uma continuidade entre a autonomia e o bem jurídico típico, e sendo menores as exigências sistémico-sociais de protecção deste último, tanto mais longe poderá ser levado o programa consensual. O critério (des)motivador do não aprofundamento deste aspecto da questão reside em que ela respeita mais a um paradigma consensual típico, no qual às próprias partes materiais estaria outorgada a legitimidade para a solução do conflito.

[13] Conf.: ANDRADE, Manuel da Costa. Consentimento..., cit., p. 22. Semelhante é o entendimento de AMELUNG, Knut. Contribución..., cit, p. 97, asseverando que a função político-criminal do tipo define-se cada vez mais com a ajuda de considerações jurídico-constitucionais. Nesse sentido, são determinantes do seu conteúdo a proporcionalidade, a necessidade e a idoneidade de uma reacção jurídico-penal, considerada a forma de reacção mais grave do ordenamento jurídico. Com isso, o objecto da decisão político--criminal já não surge da questão de saber se uma acção deve estar, em geral, proibida, mas sim pela indagação sobre se deve estar proibida sob a imposição de uma pena. "Deste modo, a delimitação do injusto punível como *injusto agravado* converte-se na função essencial do tipo penal".

[14] Pela sua importância pontual, vale a transcrição literal do trecho a esse respeito contido na decisão mencionada no texto: "Dass ganz geringfügige Rechtsgutsbeeinträchtigungen materiell schon den Tatbestand einer Strafnorm nicht

Integração Político-Criminal das Formas de Diversificação Processual   795

Se é discutível que o princípio da insignificância realmente corresponda a uma regra de interpretação tão extensa, devendo em casos particulares atribuir razão ao Tribunal, de todo modo "ao nível do processo penal existe hoje a possibilidade de solucionar relações conflituais desse tipo"[15].

Parte-se da ideia, já lançada, de que no momento da cominação – primeira fase da dinâmica punitiva estatal – o fundamento da pena é a necessidade de tutela de bens jurídicos penalmente relevantes[16] e a sua finalidade saliente é a motivação para o agir conforme a norma, através da estabilização contrafáctica das expectativas na sua vigência: prevenção geral positiva ou de integração, com vista à viabilização das condições essenciais para uma pacífica convivência social.

Assim sendo, é possível identificar uma variação da necessidade de estabilização das expectativas de vigência da norma segundo o valor que se reconhece ao bem jurídico que se pretende proteger através dela. Levando-se em conta a ideia de que a estabilização das expectativas comunitárias na validade da norma violada (*prevenção geral* positiva) é uma forma de se traduzir a função primordial do Direito Penal que é a tutela de bens jurídicos, é possível agora compreender como isso se repercute directamente no tratamento processual a ser dado aos crimes de menor potencial ofensivo[17]. Ou seja, é possível estabelecer uma rela-

---

erfüllen, auch wenn sie von dessen Wortlaut formell mit umfasst werden, ist für eine Reihe spezieller Vergehen – wie Körperverletzung, Sachbeschädigung, Freiheitsberaubung, Bestechung, Verkehrsunfallflucht – ausdrücklich anerkannt" (em síntese: o facto de que restrições mínimas de bens jurídicos não cumprem materialmente já o tipo de uma norma penal é expressamente reconhecido para uma série de delitos específicos, tais como, lesões corporais, danos materiais, privação de liberdade, suborno e fuga após causação de acidente).

[15] RANFT, Otfried. *Strafprozessrecht*. 2 neubearbeitete Auflage. Verlag, 1995, p. 273.

[16] Sempre ancorados na proposição fundamental de que *o Direito penal só pode intervir para assegurar a protecção, necessária e eficaz, dos bens jurídicos fundamentais*, imprescindíveis ao livre desenvolvimento ético da pessoa e à subsistência e funcionamento da sociedade democraticamente organizada, conf.: ANDRADE, Manuel da Costa. A "dignidade penal" e a "carência de tutela penal"..., cit., p. 178.

[17] Tendo sempre em mente a advertência de que isto não nos pode conduzir a uma *coerência* sem limites de uma política criminal preventiva, do que se trata é de, conforme acentuou ANABELA RODRIGUES (RODRIGUES, Anabela Maria M.. *A determinação da medida da pena privativa de liberdade*, cit., p. 308-309), atentar para o facto de que a racionalidade funcional a que esta relação pode conduzir-nos deve estar preordenada à salvaguarda de bens jurídicos fundamentais. "O que, se quer dizer que o sistema não se autolegitima, significa também a sua fragmentaridade. Limites contidos nesta referência ao bem jurídico – a delimitação dos bens jurídicos a proteger pelo direito penal envolve

796   *O Processo Penal como Instrumento de Política Criminal*

ção entre o valor do bem jurídico tutelado e as expectativas comunitárias na validade da norma infringida[18], de tal modo que de acordo com o valor que a comunidade atribui a um determinado bem jurídico é que irá variar a necessidade de estabilização da norma[19] e, por consequência, variará também o rigor e a *forma* da resposta estatal[20].

---

a mobilização (...) dos conceitos de dignidade e carência punitiva que vinculam, desde logo, o legislador a uma ideia de proporcionalidade a limitar em geral a intervenção penal – apenas podem ser 'tolerados' pela 'ideia de fim' e entendidos como factores de 'disfuncionalidade' por uma política criminal norteada pela prevenção". Concebida como válida para o Direito Penal material, a ideia citada repercute-se directamente no critério legislativo para as formas de diversificação processual, conforme procuraremos demonstrar.

[18] Na base desta relação encontra-se o certeiro entendimento de ANABELA RODRIGUES (Ob. cit., p. 325), quando sustenta que "pode dizer-se que, quanto mais as normas penais protegem bens jurídicos cuja tutela *penal* é *necessária*, tanto mais naturalmente os cidadãos estarão dispostos a respeitá-las e aceitá-las como regras de conduta; e que a obtenção desta finalidade – respeito pela (*sic.*) normas jurídico-penais – exige simplesmente que à sua violação se siga uma punição certa e rápida".

[19] Aproxima-se desta ideia o pensamento de RIBEIRO LOPES (LOPES, Mauricio Antonio Ribeiro, *In*: FIGUEIRA JUNIOR, Joel Dias, LOPES, Mauricio Antonio Ribeiro. *Comentários...*, cit., p. 260) quando, citando Muñoz Conde, reconhece um duplo aspecto da função de tutela a ser exercida pelo Direito Penal: a protecção de bens jurídicos e a motivação dos membros do grupo social para que evitem condutas direccionadas contra esses bens jurídicos tutelados. Segue-se que ambas as funções estão intimamente unidas, "a protecção pressupõe a motivação e somente dentro dos limites em que a motivação pode evitar determinados resultados, pode também lograr-se a protecção de bens jurídicos. Escrevendo sobre a necessidade de uma *retribuição proporcionada* no âmbito do Direito Penal, salienta DOTTI (DOTTI, René Ariel. As bases constitucionais..., cit., p. 34) que o repertório das medidas antidedituais e a sua modulação, tendo como ponto de partida a natureza do bem jurídico afectado e a intensidade da lesão, revelam a perspectiva democratizante do sistema de sanções do Código Penal, posto que a objectividade jurídica corresponda à valoração dos bens e interesses penalmente tutelados.

[20] Segundo PALIERO (PALIERO, Carlo Enrico. Note..., cit., p. 929-930), quanto mais leve e inofensivo for o crime determinado, tanto mais numerosos são os elementos que condicionam o processo de selecção (no sentido de uma escolha mais rigorosa dos factos que devem ser perseguidos) e tanto maior decorre, portanto, a pressão selectiva. Disso é possível deduzir, em termos político-criminais, que a selecção é racionalizada a nível de legislação substancial, através da despenalização, ou sobre o terreno processual, através dos filtros oferecidos para um exercício selectivo da acção penal. Deve ser acrescida, ademais, uma ulterior constatação (p. 940-941), fundada em dados estatísticos, de que entre a gravidade objectiva do delito e a frequência do seu cometimento existe uma estreita ligação: tanto mais vem cometido um delito, quanto mais leve ele for considerado na consciência social. Assim sendo, é também em virtude da necessidade de se enfrentar o problema da sobrecarga dos tribunais, provocada pelos delitos de menor

O relacionamento entre o valor do bem jurídico protegido e as expectativas de vigência da norma, com reflexos na variação do juízo de reprovação inerente à culpabilidade e no rigor da resposta estatal, está patente na seguinte passagem extraída da Obra de ANÍBAL BRUNO[21]:

"Para isso distingue o Estado determinados valores e lhes confere a protecção do Direito, atribuindo-lhes o carácter de bens jurídicos. Em relação a alguns desses bens, de natureza individual ou social, mas julgados essenciais à estabilidade da convivência, segundo o regime admitido, recorre o Estado a meios mais enérgicos de protecção, tornando-os objecto de normas especiais, de mais rigoroso imperativo, e reforça o vigor do preceito nelas contido pela severa sanção com que ameaça o seu possível transgressor. Esta sanção, que é a pena, exprime a reprovação que a ordem de Direito faz pesar sobre o facto e reafirma a vontade do Estado de assegurar a validez do preceito. É o complemento necessário da norma, para assegurar-lhe toda a sua força coactiva".

Nas palavras do Autor podem ser constatadas claramente as seguintes asserções: bem jurídico como sendo determinado valor, individual ou social, dotado do carácter de essencialidade para a convivência em sociedade, segundo o modelo de Estado e, pois, acrescentamos, em conformidade com a ordem constitucional; pena como instrumento de protecção de bens jurídicos essenciais, através do reforço das expectativas de vigência das normas que os protegem; pena como reprovação feita ao agente do facto que lesou ou expôs a perigo o bem jurídico protegido, reafirmando, contrafacticamente, a validez do preceito. Por ora, enquanto centrada a atenção no plano legislativo, interessa-nos a segunda das mencionadas afirmações, reservando-se a terceira para a abordagem da questão no plano propriamente judicial.

Desse modo, se o bem jurídico objecto da lesão é de natureza bagatelar, em função do seu pequeno valor para a comunidade – avaliado

---

potencial ofensivo, que se justifica a relação entre o valor do bem jurídico tutelado, as expectativas comunitárias na validade da norma infringida e o rigor da resposta estatal, penal e processual, conforme consta no texto.

[21] *Direito penal*, parte geral, tomo 3º, cit., p. 28. É também da plataforma formada pelos pilares da relevância jurídico-penal do bem protegido e da necessidade de reafirmação e estabilização contrafáctica da validade das normas – agora conjuntamente considerados e aos quais se acresce a finalidade de (re)socialização do condenado – que COSTA ANDRADE (ANDRADE, Manuel da Costa. A "dignidade penal" e a "carência de tutela penal"..., cit., p. 178 s.) deriva a sua análise sobre a dignidade penal e a carência de tutela penal.

esse pequeno valor pelo próprio legislador quando, no momento da cominação, valendo-se de considerações de prevenção geral, estabeleceu a moldura penal a incidir nos casos em que ele for lesado – ou se a danosidade social da conduta é de pequena monta, a norma pode não carecer da resposta penal típica (processual e penal) para a manutenção e reforço da sua vigência.

Em outra perspectiva, sumamente relevante para a teleologia garantística a que está naturalmente vinculado o processo penal: em determinados casos o carácter valioso do bem jurídico pode ser tão evidente que dipense uma excessiva formalização da resposta estatal (processual e penal) para a garantia da vigência das normas que o protegem, sob pena de, colateralmente, se produzirem também efeitos estigmatizantes[22].

Na última das mencionadas hipóteses o dilema liga-se à questão muito bem posta por COSTA ANDRADE[23], ao fazer um juízo de censura a JAKOBS, "pois, nada impõe, sequer sugere, que as normas incriminatórias das infracções mais graves sejam, por definição, as que carecem de uma mais expressiva reafirmação simbólica contrafáctica. Tudo, pelo contrário, parece apontar no sentido inverso: por via de regra, são as normas correspondentes aos crimes graves as que contam com uma interiorização mais estabilizada e uma mais generalizada fidelidade", considerando o

---

[22] Tenha-se em mente que também para nós o carácter preventivo do Ordenamento Jurídico Penal "é mais eficaz e bem menos romântico do que se tem, por vezes, erroneamente pensado". Com efeito, "é possível que a grande maioria dos criminosos potenciais não deixe de levar a cabo os seus intentos ilícitos ou de dar vazão aos seus impulsos, diante da simples previsão legal da pena – ou da ameaça de se sujeitar a um processo de natureza penal, acrescentamos –. Não menos provável, porém, é que bom número deles deixe de concretizar o projecto criminoso, ou se iniba, diante de um guarda ou do policiamento ostensivo em local próximo ao daquele em que seria cometido o crime, o que, segundo assinalamos, não deixa de ser consequência da previsão legal da pena – ou do temor da exposição pública ocorrida num processo de natureza penal – ", conf.: TOLEDO, Francisco de Assis. Princípios..., cit., p. 4. O acréscimo que lançamos por último deve-se à constatação de que em muitos delitos, considerando-se a posição social de determinados agentes e dada a natureza da pena, *v.g.*, pecuniária, ou a sua pequena quantidade, a "ameaça" penal típica é menos motivadora ao agir de acordo com a norma do que a ameaça ao *status dignitatis*, através do processo. Não se descuida, ademais, o reconhecimento de que as formas de diversificação processual se apresentam como um meio de manter o alcance do *Sistema* também em relação à criminalidade de menor potencial ofensivo, de modo que funcionem como via suficiente e adequada para a estabilização das normas jurídicas que tutelam os bens alcançados por esse tipo de delitos.

[23] ANDRADE, Manuel da Costa. Consentimento..., cit., p. 119, s..

Integração Político-Criminal das Formas de Diversificação Processual 799

valor do bem jurídico tutelado, completaríamos. O que poderia conduzir-nos à conclusão precipitada, no sentido da legitimidade da extensão das alternativas processuais também aos casos de lesão a bens jurídicos de acentuado conteúdo axiológico, porquanto não carentes de reforço as normas que os protegem. Nada mais equivocado, porém, pois, tendo em vista o rigor da resposta estatal nesses casos, o vector garantia sobreleva o vector funcionalidade, determinando a maior formalização. Aqui surge como não ultrapassável a citada teleologia garantística do processo penal, acerca da qual desde o início estamos a chamar a atenção para a sua inafastabilidade, sendo admissível apenas que ocorra a orientação político-criminal do processo penal, nos limites dessa sua natural vocação garantística.

O conjunto das ideias lançadas cobre-se por inteiro com a noção de *dignidade penal*, concebida como a expressão de um "*juízo qualificado de intolerabilidade social*, assente na valoração ético-social de uma conduta, na perspectiva da sua criminalização e punibilidade", assegurando que só os bens jurídicos de eminente *dignidade de tutela* devem gozar de protecção penal[24], implicando, quanto a nós, também uma variação quanto ao rigor (processual/penal) dessa tutela. Trata-se de um referente axiológico ligado à importância do bem tutelado (o seu carácter essencial) e à gravidade da lesão que sobre ele pende (carácter grave, danoso ou intolerável da lesão). É o que reconhece expressamente também JAKOBS[25], ainda que já na sua acentuada perspectiva normativista, ao asseverar que "em alguns casos, para a estabilização da norma pode bastar a comprovação formal do conflito"; pese embora a alusão feita referir-se aos casos de substituição e de dispensa de pena (§§ 49, nº 2, 60, *StGB*), ressalte-se que a sua matriz funcional não diverge da suspensão provisória do processo (§ 153 e seguintes *StPO*).

A confirmação do relacionamento entre as formas de diversificação processual e a função de protecção de bens jurídicos essenciais vem de FIGUEIREDO DIAS[26], ao identificar as intenções político-criminais que estão por detrás da exclusão/atenuação do princípio da legalidade com a "ideia de que a intervenção do sistema formal de controlo deve estritamente limitar-se pelas máximas da mais lata diversão e da menor

---

[24] A concepção é de: ANDRADE, Manuel da Costa. A "dignidade penal" e a "carência de tutela penal"..., cit., p. 184.

[25] *Derecho penal – parte general. Fundamentos y teoría de la imputación*, cit., p. 590.

[26] *Direito processual penal. Lições...*, cit., p. 98.

800   *O Processo Penal como Instrumento de Política Criminal*

intervenção socialmente suportáveis, o que por sua vez radica na ideia matriz de que a função de toda a intervenção penal só pode ser a protecção de bens jurídicos ou – fazendo uso de uma expressão luhmanniana de JAKOBS – a estabilização contrafáctica das expectativas comunitárias na norma violada".

Portanto, se em função do valor do bem jurídico tutelado a norma não carece de uma vigorosa resposta estatal para a estabilização da expectativa de que ela se encontra vigente, admissível é que se atenue essa resposta, ao que nos interessa, também a de natureza processual, visando com isso a obtenção de efeitos político criminais também de outra ordem. Ou seja, se o bem jurídico já não é assim tão essencial ou a lesão provocada num bem relevante não é de grande monta[27], sendo menor a danosidade social consequente à sua lesão, e não ousando o legislador excluí-lo da protecção penal – o que talvez seja muito mais correcto, desde que não haja uma residual necessidade de protecção –, essa alteração de valor verificada quanto a esse bem *deve* repercutir-se directamente na necessidade de tutela e, assim, na própria consequência jurídica (processual/penal) que se liga à eventual lesão de que ele for objecto.

A proposição assenta na ideia da *carência de tutela penal*[28], expressão dos princípios da *subsidiariedade, ultima ratio* e *proporcionalidade*, pelos quais o Direito Penal só deve intervir quando a protecção dos bens

---

[27] Este segundo critério resulta da constatação de que "o ilícito deve ser valorado pelo juiz em função da gravidade do ataque ao objecto em·particular. Os danos ocasionados, a extensão dos efeitos produzidos, em suma, o 'efeito externo', determinam então para o juiz, no momento da fixação da pena, o significado do facto para a ordem jurídica violada", conf.: RODRIGUES, Anabela Maria M.. *A determinação da medida da pena privativa de liberdade*, cit., p. 481.

[28] Invocando novamente o magistério de COSTA ANDRADE (ANDRADE, Manuel da Costa. A "dignidade penal" e a "carência de tutela penal"..., cit., p. 186), "a carência de tutela penal dá expressão ao princípio de *subsidiariedade* e de *ultima ratio* do direito penal. O direito penal só deve intervir quando a protecção dos bens jurídicos não possa alcançar-se por meios menos gravosos para a liberdade. A afirmação da carência de tutela penal significa 'que a tutela penal é também *adequada* e *necessária* (*geeignet und erforderlich*) para a prevenção da danosidade social, e que a intervenção do direito penal no caso concreto *não desencadeia efeitos secundários, desproporcionadamente lesivos*'. A carência de tutela penal analisa-se, assim, num duplo e complementar juízo: em primeiro lugar, um juízo de *necessidade* (*Erforderlichkeit*), por ausência de alternativa idónea e eficaz de tutela não penal; em segundo lugar, um juízo de *idoneidade* (*Geeignetheit*) do direito penal para assegurar a tutela, e para o fazer à margem de custos desmesurados no que toca ao sacrifício de outros bens jurídicos, máxime a liberdade".

Integração Político-Criminal das Formas de Diversificação Processual   801

jurídicos não possa alcançar-se por meios menos gravosos. Trata-se de um referente político criminal, de cunho particularmente *funcional*, que implica um duplo juízo: o da *necessidade*, dizendo respeito à inexistência de outros meios – jurídicos ou não – capazes de oferecer uma tutela adequada e suficiente (*subsidiariedade*); o da *idoneidade*, relativo à aptidão e eficácia da tutela penal para a protecção do bem (*adequação*); o da *proporcionalidade*, implicando uma verificação das vantagens e desvantagens político-criminais da intervenção penal, com vista a poder afirmar-se que a tutela não gera mais custos que benefícios.

Havendo, pois, alternativas menos formais, idóneas e eficazes para a função de tutela que, ademais, não impliquem custos desmesurados em relação a outros bens jurídicos relevantes, sem hesitação devem ser preferidas. Oferecendo o lastro mais do que seguro para o que se expôs, é o próprio COSTA ANDRADE[29] a declarar ser "manifesto que também o processo penal se mostra aberto ao juízo de carência de tutela penal. É o que paradigmaticamente revela a disciplina de institutos como a *voläufige Einstellung* do § 153 a) da StPO germânica ou a suspensão provisória do processo do artigo 281° do Código de Processo Penal português".

Assim, nas formas de diversificação processual fundadas na exclusão/atenuação do princípio da legalidade ou num consenso entre as partes verifica-se uma atenuação da resposta estatal, em virtude do valor do bem jurídico protegido (natureza bagatelar, em sentido amplo), determinando uma menor necessidade de reforço das expectativas de vigência das normas que o protegem, resultando uma amenização da resposta processual/penal a ser dada aos factos lesivos. Quanto à primeira – a resposta processual – admite-se, pois, que ela se traduza apenas numa comprovação formal do conflito, inclusive pela via do consenso[30]; quanto à segunda – a resposta penal – admite-se a imposição de equivalentes funcionais à sanção penal típica.

---

[29] Idem, ibidem, p. 200. Aliás, com maestria, o Autor já havia anteriormente (p. 187) afirmado que "não deve, de todo modo, desatender-se o peso acrescido dos momentos de finalidade no juízo de carência de tutela penal e a respectiva orientação preferencial para a fronteira do *out-put*, característica dos *programas finais*. E, por vias disso, a sua abertura aos dados empírico-criminológicos, em permanente renovação, mas indispensáveis à ponderação da eficácia relativa do sistema penal face às alternativas não penais".

[30] Não se confunda: o conflito refere-se à lesão produzida no bem jurídico protegido; o consenso refere-se à forma utilizada para o esclarecimento desse conflito.

Em síntese, nas hipóteses em que se encontram presentes os requisitos para a diversificação processual não se verifica um comprometimento do esperado efeito de estabilização contrafáctica das normas, ou a obtenção desse efeito pode, inclusive, ser potenciada através do recurso a meios diversos da sanção penal típica. Nesses casos, a diversificação processual, nos moldes até então estudados, pode ser suficiente e mais adequada em termos de política criminal, visto que mesmo com a sua ocorrência a norma continua válida para a comunidade, por consequência mantém-se a função tutelar do Direito Penal, permitindo-se a obtenção de outros efeitos político-criminais também importantes, *v.g.*, a não estigmatização do acusado. O limite aqui reside nas hipóteses em que a gravidade da danosidade social, certificada pela lesão ou exposição a perigo do bem jurídico, determine uma vigorosa resposta penal para o atendimento das finalidades político-criminais; nesse caso, a telelologia garantística do processo penal sobreleva as mencionadas finalidades, justificando o recurso à resposta processual mais formalizada.

É justamente destas últimas considerações que se pode deduzir o carácter maleável dos limites a serem reconhecidos às hipóteses de diversificação processual, permitindo-se a sua retracção ou evolução conforme os critérios legislativos utilizados para a valoração dos diversos bens jurídicos penalmente tutelados. Assim é que se pode perceber que em determinadas experiências ou em determinados momentos a diversificação processual esteja circunscrita à pequena criminalidade e em outros possa evoluir alcançando também algum espaço no âmbito da criminalidade de grau médio. Compreende-se da mesma forma o critério geralmente utilizado para a selecção das matérias em que pode ser admitida a diversificação processual[31]. Aliás, essa maior maleabilidade já foi apontada (*supra*) como uma das vantagens decorrentes da repercussão dos objectivos de política criminal no processo penal.

Uma fundamentação a mais, no sentido da confirmação das razões até agora avançadas, advém da própria conformação telelológico-funcional do *Sistema Jurídico-Penal*, que elegemos como base metodológica para toda a orientação político-criminal do processo penal.

Parte-se da ideia de que a questão do relacionamento entre o grau da danosidade social – constatado pela referência axiológica ao bem

---

[31] Como foi possível verificar a primazia dada ao tratamento diversificado da criminalidade de natureza económica no Ordenamento Jurídico germânico (*supra*).

[32] Conf.: ROXIN, Claus. *Derecho penal*, cit., p. 218, n. m. 54 e s..

Integração Político-Criminal das Formas de Diversificação Processual   803

jurídico e a sua respectiva lesão ou exposição a perigo – e as finalidades de política criminal é patente no plano do tipo penal, cuja função político-criminal, na perspectiva do sistema teleológico funcional, consiste em, por um lado, afirmar a necessidade abstracta de pena para o caso regular, independentemente da pessoa do sujeito concreto e da concreta situação da actuação, e, por outro, possibilitar o conhecimento da protecção e respectiva cominação penal abstracta, com vista à determinação ao agir conforme a norma (prevenção geral)[32]. Transposta a consideração dessas funções para o processo penal, temos que o relacionamento entre a referência axiológica ao bem jurídico e as finalidades de política criminal poderá indicar o grau de formalização do procedimento que é necessário para a motivação ao agir conforme a norma que protege esse bem (política criminal), como também o grau maior ou menor dessa formalização em virtude do rigor da consequência jurídica abstractamente prevista (garantia).

Confirmando todo o desenvolvimento anterior a partir da análise dos modelos em espécie já vistos – à luz do que já nos advertiu COSTA ANDRADE –, especificamente no que se refere ao § 153, a, StPO, do Ordenamento Jurídico alemão, a imposição de uma regra de conduta evita o efeito estigmatizante de uma condenação, ou mesmo do próprio processo, ao mesmo tempo que atende também à finalidade de prevenção geral, na medida em que reforça o valor do bem jurídico efectivamente lesado[33].

Registado o destaque atribuído à finalidade de *prevenção geral de integração* no Ordenamento Jurídico português, especificamente sobre a *suspensão provisória do processo* afirma-se que, contando ela com o assentimento do arguido e do assistente, "tal significa a confirmação, pelo melhor, da validade da norma mesmo perante a comunidade jurídica. Ao que acresce que deste modo se logra, da forma mais autêntica, o restabelecimento da paz jurídica posta em causa pelo crime e, assim, não apenas uma das finalidades precípuas do processo penal como o verdadeiro cerne da prevenção geral de *integração*"[34]. Realçando a natureza consensual da *suspensão provisória do processo* e identificando-a como medida voltada para a protecção dos bens jurídicos tutelados e a ressocialização dos delinquentes, ao lado do requisito do carácter leve

---

[33] GÖSSEL, Karl-Heinz. Principios fundamentales..., cit., p. 885.

[34] DIAS, Jorge de Figueiredo. Código de processo penal e outra legislação processual penal, cit., p. 15-16.

804   *O Processo Penal como Instrumento de Política Criminal*

da culpa, também MARQUES DA SILVA[35] aponta o seu fundamento político-criminal ao vincular o Instituto à possibilidade de se atingirem por meios mais benignos do que a pena criminal os fins esperados da incriminação em abstracto dos factos.

Por fim, aludindo às hipóteses de revogação da suspensão condicional do processo do Ordenamento Jurídico brasileiro, BITENCOURT[36] liga o Instituto à prevenção geral, a qual, segundo entende, deverá ser o princípio reitor desta "nova *política criminal*".

Mudando o foco, no que ao plano judicial respeita, ou seja, relativamente ao pronunciamento jurisdicional acerca das formas de diversificação processual, não se pode ignorar que as hipóteses de exclusão/ /atenuação do princípio da legalidade inseridas nos §§ 153 e seguintes da *StPO* se ligam directamente ao problema da operação da medida da pena, particularmente no que se refere ao requisito da "culpabilidade leve"[37]. Não se pode ignorar, pois, o relacionamento entre as formas de diversificação processual e a operação da medida da pena, ainda que a actividade jurisdicional acerca de cada uma delas ocorra em momentos distintos e com diverso grau de elementos de sustentação[38].

Portanto, assim como verificámos em relação à operação da medida da pena nos Ordenamentos estudados, também no que se refere à orienta-

---

[35] *Curso...*, v. III, cit., p. 109-110.

[36] *Juizados...*, cit., p. 117; LOPES JÚNIOR, Aury Celso Lima. Breves considerações..., cit., p. 337-338.

[37] ZIPF, Heinz. *Introducción...*, cit., p. 148. Aludindo ao *patteggiamento* da experiência italiana, antes mesmo da Reforma introduzida pelo *C.P.P.It.* de 1989 PALIERO (PALIERO, Carlo Enrico. "Minima non curat praetor", cit., p. 461) já falava de um "modelli di commisurazione in senso lato" – modelo de operação de medida da pena em sentido amplo.

[38] Portanto, tenha-se sempre em mente a advertência feita por GOSSEL (GOSSEL, Karl-Heinz. Reflexiones sobre la importancia del principio de legalidad..., cit., p. 21) em relação ao Ordenamento Jurídico alemão, no sentido de que, apesar da fixação de determinadas "sanções" (regras de conduta), o arquivamento conforme o § 153, a, *StPO*, não pode ser visto como uma actividade sentenciadora em sentido estrito (prevista nos §§ 261, 264 da *StPO*), mas sim como uma medida processual de descriminalização e ressocialização já na fase do ajuizamento, a qual não está reservada ao juiz, não implicando a suplantação da jurisdição. Ou seja, a ideia que a seguir será exposta no texto não conduz à afirmação da existência de uma correspondência absoluta entre a operação de medida da pena e as formas de diversificação processual que estão a ser analisadas, mas tão somente uma aproximação entre estas duas actividades, particularmente no que se refere ao aspecto teleológico que, como vimos na Seção 1 da Parte I, deve ser o elemento integrador do *Sistema Jurídico-Penal*.

Integração Político-Criminal das Formas de Diversificação Processual   805

ção político-criminal do processo penal é necessário enfrentar a questão do relacionamento entre a dogmática da culpabilidade e as finalidades de política criminal, a partir mesmo da situação actual da controvérsia no Direito Penal, em virtude da complementaridade funcional existente entre esses dois Sectores. Só dessa forma é possível uma aproximação aos *pressupostos materiais* das formas de diversificação processual, particularmente aquelas consistentes numa provisória e condicional suspensão da persecução (em sentido amplo).

A análise inicia-se pela tentativa de identificação da forma como a culpabilidade deve ser tratada nesse relacionamento com a política criminal, com vista a uma aproximação ao conceito de *culpabilidade leve* que seja mais adequado a essa relação. Isto justifica-se considerando ser esse um requisito comum tanto à *suspensão provisória do processo penal* do C.P.P. português (art. 281º, nº 1, d) como ao semelhante Instituto constante nos §§ 153 e seguintes da *StPO* e, conforme estamos a defender, também é indispensável para a legitimação material da suspensão condicional do processo do Ordenamento Jurídico brasileiro.

Sendo consistentes os argumentos tecidos por ROXIN[39] em defesa de um conteúdo político-criminal para a culpabilidade, ou seja, em defesa da manutenção da culpabilidade como fundamento, complementada por razões de política criminal, fundidas na categoria da responsabilidade e conducente a que na base das causas de exclusão da culpabilidade imperem também razões de política criminal, no que se refere às dimensões dessa culpabilidade é pertinente a tese de HASSEMER[40] quando, conservando intacta a culpabilidade fundamento ou, pressupostos do juízo de reprovação, admite uma progressiva eliminação do juízo de reprovação que dela decorre. É nesta última hipótese que se podem incluir de forma satisfatória os casos de diversificação processual por culpabilidade leve.

Com efeito, são duas as situações que devem ser distinguidas. No caso das causas de exclusão da culpabilidade o que ocorre é que o juízo de reprovação não pode ser efectuado, em virtude de que a ausência dos elementos da culpabilidade fundamento[41] torna desnecessária a pena por

---

[39] Segundo o próprio Autor com apoio inclusive dos seus críticos, conf.: ROXIN, Claus. Culpabilidad, prevencion y responsabilidad en derecho penal, cit., p. 154, nota 16.

[40] Analisada aquando da abordagem do tópico relativo ao "futuro do princípio jurídico-penal da culpabilidade", *supra*.

[41] Ou, numa linguagem mais próxima de FIGUEIREDO DIAS e SCHÜNEMANN, ausência dos pressupostos ou, requisitos, do juízo de reprovação.

806 O Processo Penal como Instrumento de Política Criminal

razões de política criminal[42]. Nos casos de diversificação processual – representados na exclusão/atenuação do princípio da legalidade – com *fundamento* na *culpabilidade leve*, como demonstra esta expressão, estão presentes os pressupostos do juízo de reprovação, o qual, todavia, pode ser efectuado em grau *leve*. Nesta última hipótese é possível o juízo de imputação subjectiva, o juízo de responsabilidade (o reconhecimento da própria responsabilidade pelo acusado, manifestado pela sua não oposição), a gradação da participação interna (o carácter leve da culpabilidade) e a proporcionalidade das consequências (não ultrapassar o marco máximo de culpabilidade); porém, na linha do pensamento de HASSEMER[43], o juízo de reprovação pode ser atenuado ou eliminado.

O que significa dizer que nas causas de exclusão da culpabilidade o juízo de reprovação não existe, tendo em vista a ausência dos elementos constitutivos da culpabilidade fundamento ou, pressupostos do juízo de reprovação[44], o que torna a pena desnecessária em termos de política criminal; nas formas de diversificação processual estão presentes os pressupostos do juízo de reprovação inerentes à culpabilidade, porém este juízo não se efectua ou é atenuado em virtude da existência de fins superiores de política criminal.

Portanto, nos casos de diversificação processual pela exclusão/atenuação do princípio da legalidade os elementos da culpabilidade fundamento estão todos presentes, variando apenas o juízo de reprovação inerente à culpabilidade critério para a medida da pena. Isto é, se a culpabilidade fundamento está ausente nos casos de crimes de menor potencial ofensivo[45], não é possível efectuar o juízo de reprovação por

---

[42] Com acerto o entendimento de ROXIN a este respeito. Tão pouco se desconhece que também ROXIN identifica uma interferência político-criminal na culpabilidade critério para medida da pena, como se pode constatar no reconhecimento que ele faz do efeito de prevenção geral integradora decorrente da adequação da pena à medida da culpabilidade. Ressalte-se que não será aqui apreciada a tese que procura uma distinção entre *causas excludentes da culpabilidade*, relacionadas com os elementos desse conceito, ou seja, imputação subjectiva, conhecimento virtual da ilicitude, exigibilidade, e *causas de exclusão da culpa*, relacionadas com os casos de legítima defesa e estado de necessidade *desculpante*, admitindo-se a interferência das razões de política criminal apenas nestas últimas.

[43] *Supra.*

[44] Apesar de as duas expressões não serem absolutamente coincidentes.

[45] É dizer, se é constatada a inimputabilidade, o erro de proibição inevitável e a inexigibilidade de conduta diversa.

Integração Político-Criminal das Formas de Diversificação Processual 807

razões de política criminal (ROXIN), excluindo-se a própria culpabilidade, pois nesta condição não se abala a expectativa na validade da norma; se a culpabilidade é leve, ainda assim ela permanece íntegra, mas as razões de política criminal interferem no juízo de reprovação, eliminando-o ou atenuando-o. No caso de atenuação os equivalentes funcionais à sanção penal (regras de conduta e injunções) compensam o déficit de reprovação.

Ainda que, acompanhando FIGUEIREDO DIAS e SCHÜNEMANN[46], possa ser negado o acerto da distinção entre culpabilidade fundamento e culpabilidade critério para a medida da pena, a conclusão que acaba de ser feita não é de forma alguma afectada, nem mesmo no seu grau mínimo, senão vejamos. Com inteira razão FIGUEIREDO DIAS[47] quando acentua que a culpabilidade jurídico penal é um conceito material que não se esgota num puro juízo de censura ao agente, mas também inclui a *razão* da censura e *aquilo* que lhe é censurado. Ora bem, completaríamos nós, a *razão* da censura e *aquilo* que é censurado são pressupostos do *juízo de censura* ou, *reprovação*. Ou seja, sendo a *razão* da censura a existência de possibilidade de comportamento diverso (imputabilidade, conhecimento potencial da ilicitude e exigibilidade de conduta diversa) e *aquilo* que se censura é o agente não se ter determinado, como podia, de acordo com a norma, estes dois requisitos são imprescindíveis para o *juízo de censura*, ou *reprovação*. Assim, o que aqui foi apontado como culpabilidade fundamento são os pressupostos ou, requisitos, do juízo de reprovação; o que vem considerado como culpabilidade critério para a medida da pena, com especial destaque para a proporcionalidade, é o juízo de reprovação. É bom que se esclareça que não está a ser afirmada uma coincidência entre estes conceitos, ou seja, que a culpabilidade fundamento abrange tão somente os pressupostos ou, requisitos, do juízo de reprovação e que a culpabilidade critério para a medida da pena contém apenas o juízo de reprovação. Diversamente, se em alguma medida pode ser aceite esta terminologia, a culpabilidade fundamento abrange *também* os pressupostos ou, requisitos, do juízo de reprovação e a culpabilidade critério para a medida da pena *contém* o juízo de reprovação[48].

---

[46] Consultar o posicionamento de cada um dos autores em relação à operação da medida da pena no tópico correspondente a esse assunto, *supra*.

[47] *Direito penal português – parte geral II*, cit., p. 218.

[48] Aliás, isso não exclui que também outros elementos integrem o *juízo de censura*, inclusive, o da própria *proporcionalidade*; mantida, portanto, a possibilidade de que

Posto isto, o que se contém na conclusão acima é a ideia acerca da possibilidade de se desconectarem esses dois momentos, os pressupostos ou, requisitos, da censura e o próprio *juízo de censura*, independentemente dos primeiros serem englobados numa categoria denominada culpabilidade fundamento e o juízo de reprovação ser ligado à categoria da culpabilidade critério para a medida da pena.

A pergunta que talvez continue em aberto é como se mostra possível desconectar o juízo de reprovação do juízo completo de culpabilidade. A resposta não requer mais do que a constatação de que a lei penal não sanciona, de nenhum modo, toda a infracção reprovável da norma. "A reprovabilidade, como reprovação de quem, apesar da sua capacidade para cumprir o dever, agiu antijuridicamente é, por certo, o marco ôntico previamente dado de todo o direito penal de culpabilidade; porém, inversamente, não constitui já o fundamento necessário da pena". Ainda, "'reprovabilidade' apenas significa que se dão as condições de uma reprovação", podendo esta última ser grave, leve ou mesmo não ser formulada[49].

De forma ainda mais contundente e em perfeita adequação com as considerações anteriormente tecidas, é ainda KAUFMANN[50] quem assevera:
"A reprovabilidade como atributo desvalioso dá-se já com a existência dos seus elementos constitutivos. Se esses elementos, ao contrário, não se verificam, não existe relação valorativa alguma. A 'reprovabilidade', portanto, *existe* ou *não existe*; outra possibilidade não existe. Porém, o juízo de reprovação que a fundamenta pode ser quantificado, numa escala que vai da reprovação leve à grave. (...) O juízo de reprovação de culpabilidade pode ser tão leve no caso concreto que, na prática, é dizer, por parte do legislador ou do tribunal, na realidade, nem sequer é formulado."

---

sejam considerados para esse fim os elementos do tipo-de-ilícito e os componentes relativos à personalidade do agente, conforme defende FIGUEIREDO DIAS (Ob. loc. cit.) e pode ser suposto a partir da leitura do art. 71, nº 2, a do C.P. português.

[49] KAUFMANN, Armin. *Teoría de las normas. Fundamentos de la dogmática penal moderna*. Trad. Enrique Bacigalupo y Ernesto Garzón Valdés. Buenos Aires: DEPALMA, 1977, p. 268. Apontando um desenvolvimento na teoria do delito, a partir do qual o conceito de culpabilidade passa a ser susceptível de uma graduação: PALIERO, Carlo Enrico. Note..., cit., p. 952.

[50] Ob. loc. cit. e p. 269. Para que não gere nenhum equívoco, quando o Autor (p. 275) expressamente trata da hipótese constante no § 153 *StPO* a dúvida suscitada não se refere à possibilidade de incidência do entendimento versado no texto a esse caso mas sim versa sobre a sua conceituação como "desculpa fáctica".

Integração Político-Criminal das Formas de Diversificação Processual 809

Tratando-se do Ordenamento Jurídico brasileiro, foi a própria *Exposição de Motivos da Nova Parte Geral do Código Penal* a reconhecer que o juízo de censura inerente à culpabilidade é graduável, "cujo índice, maior ou menor, incide na quantidade da pena".

Acatada a possibilidade de se desconectarem os dois juízos, nas formas de diversificação processual os pressupostos do juízo de reprovação devem ser demonstrados mas admite-se uma atenuação/eliminação do juízo de reprovação, com privilégio para as razões de política criminal.

A questão que aparentemente estaria ainda em aberto relaciona-se com a indagação acerca de quais seriam os critérios a serem concretamente valorados para não só conduzir à atenuação do juízo de reprovação mas também – e isso é de extrema importância – para basear, fundamentar, a manifestação jurisdicional que a declare.

Nenhuma dificuldade existe a este respeito, uma vez que os critérios a serem considerados continuam os mesmos que até hoje são considerados para a verificação da culpabilidade na operação da medida da pena. Ou, numa linguagem mais adequada às considerações anteriores, devem ser considerados os mesmos factores utilizados para a aferição da *culpabilidade critério para a medida da pena*. O que se altera, então, é que esses critérios possam conduzir a um grau de culpabilidade tão leve que o juiz – normalmente aquando da operação de medida da pena, mas aqui, antecipadamente – poderá atenuar o juízo de reprovação e com isso ultrapassar o marco mínimo da moldura penal, seja para admitir uma pena inferior, ou diversa na sua espécie, pactuada entre as partes, seja para aceitar que o ministério público suspenda o procedimento penal sob determinadas condições[51].

Nunca é demais repetir a preciosa lição de FIGUEIREDO DIAS[52] a este respeito:

"É óbvio que o carácter diminuto da culpa não pode resultar, sem mais, da circunstância de aquela se referir a uma bagatela penal; é esta, antes, uma questão que o tribunal só poderá resolver *em*

---

[51] Quanto ao Ordenamento Jurídico brasileiro, deste resultado aproxima-se WEBER BATISTA (BATISTA, Weber Martins, FUX, Luiz. *Juizados...*, cit., p. 319) quando, escrevendo sobre o Instituto da *transacção penal*, afirma que "se as circunstâncias judiciais (CP, art. 59), bem como as legais (art. 61 a 66 do CP), indicam – por exemplo – que aquela pena deveria ficar no mínimo, ou próxima dela – ou, completaríamos, abaixo do mínimo – a proposta de transacção poderá consistir na imposição de pena restritiva de direito pelo prazo de três meses ou pouco mais".

[52] *Direito penal português – parte geral II*, cit., p. 318-319.

810   *O Processo Penal como Instrumento de Política Criminal*

concreto, de acordo com o disposto no art. 72°, n° 1: jogam pois aqui o seu papel *todas* as circunstâncias que, pela via da culpa, são relevantes para a medida da pena. Deste modo, não fica completamente excluída a possibilidade de se concluir por uma culpa diminuta só por no caso se verificar a existência de um qualquer factor ou circunstância agravante. O que importa é apenas que, sopesados todos os factores, atenuantes e agravantes, que relevam para a culpa, se deva concluir, através da *imagem global* que eles fornecem, que a culpa do agente pelo ilícito típico cometido é pequena ou diminuta. Que tal só aconteça, porém, quando os factores de atenuação sobrelevam em valor e importância os factores agravantes, é uma evidência que mal precisa ser encarecida: só deste modo, na verdade, o limite da culpa se situará, como se torna indispensável, na *zona inferior da moldura penal.*"

Não obstante, é imprescindível que a decisão seja devidamente fundamentada, através da demonstração não só dos critérios ou, factores, que determinaram a atenuação do juízo de reprovação como também das razões de política criminal que influenciaram no sentido da diversificação da resposta estatal, conforme se passa a analisar.

A subtileza deste raciocínio oculta a sua relevância extraordinária tratando-se de uma conformação político-criminal do processo penal. Efectivamente, se resultou claro nas considerações tecidas nos capítulos anteriores que somente uma solução de compromisso entre *funcionalidade*, *eficiência* e *garantia* pode sustentar essa ideia do *processo penal como instrumento de política criminal*, então a comprovação da culpabilidade fundamento ou, pressuposto do juízo de reprovação, é imprescindível para o resguardo do último dos vectores mencionados, a *garantia*, enquanto a *funcionalidade* e a *eficiência* podem ser melhor atendidas quando se atenua ou exclui esse juízo de reprovação, admitindo-se a interferência das razões de política criminal.

Especificamente quanto às consequências desta solução de compromisso para as formas de diversificação processual, pode ser dito que, mesmo sendo admissível uma exclusão/atenuação do princípio da legalidade, em virtude do interesse numa maior *funcionalidade* e *eficiência*, motivado pela preponderância de razões de política criminal, o vector *garantia* torna indispensável a demonstração dos pressupostos do juízo de reprovação. De modo ainda mais prático: nos casos de crimes de menor potencial ofensivo em que seja admissível a exclusão/atenuação

Integração Político-Criminal das Formas de Diversificação Processual   811

do princípio da legalidade, ao manifestar-se nesse sentido o ministério público *está obrigado* a demonstrar os pressupostos do juízo de reprovação – imputabilidade, conhecimento virtual da ilicitude, exigibilidade e, por óbvio, o próprio ilícito típico – e o juiz *deve* demonstrar esses elementos na sua fundamentação, ainda que oriundos de um juízo preliminarmente efectuado[53].

Uma coisa é o acusado não contestar a imputação a ele dirigida nem assumir a culpabilidade (*nolo contendere*) – e nisto reside a economia processual[54] – outra bem diversa é permitir que se lhe imponha o cumprimento de determinadas condições[55] sem que haja a demonstração dos fundamentos para tanto[56]. No primeiro caso basta a demonstração dos pressupostos do juízo de reprovação pelo ministério público, ainda que de forma sumária, à qual não se segue a contestação do acusado; no segundo caso, para além dessa demonstração, importa superar judicialmente os argumentos postos pelo acusado em sua defesa.

Tratando-se da suspensão condicional do processo do Ordenamento Jurídico brasileiro, é a própria exigência do prévio recebimento da denúncia a também sustentar este entendimento, possibilitando que o juiz tenha elementos para avaliar a viabilidade da peça acusatória e, se for o caso, possa rejeitá-la. O argumento reforça-se quando se inclui entre os requisitos que o juiz deve verificar para o recebimento da denúncia aquele do *fumus boni iuris*. Ainda que não com o alcance sustentado no texto, do mencionado posicionamento aproxima-se o entendimento de que tanto na transacção do art. 76º como na suspensão condicional do processo do art. 89º, ambos da Lei 9.099/95, "a proposta tem que versar sobre *factos* certos (delimitados), com a respectiva *qualificação jurídica*"[57]. Com toda a razão RIBEIRO LOPES[58] quando lecciona que "o

---

[53] No Ordenamento Jurídico brasileiro é a própria incidência do Pacto de San José, que no seu art. 8º, nº 2, estabelece que a culpabilidade deve ser demonstrada no processo, a fundamentar essa afirmação.

[54] Sabido é que na maioria dos casos são as intervenções da defesa a determinar o alongamento dos processos de natureza penal.

[55] Registe-se que estamos a mencionar fundamentos para a subordinação ao cumprimento de determinadas condições e não fundamentos para a imposição de pena.

[56] Somente nesse sentido é admissível a informação de que no modelo introduzido pela Lei 9.099/95 no Ordenamento Jurídico brasileiro é possível "a aplicação da pena sem antes discutir a questão da culpabilidade", conf.: GRINOVER, Ada Pellegrini, *et alli. Juizados...*, cit., p. 14.

[57] GOMES, Luiz Flávio. *Suspensão...*, cit., p. 200-201.

[58] *In*: FIGUEIRA JUNIOR, Joel Dias, LOPES, Mauricio Antonio Ribeiro. *Comentários....* 2ª Ed., cit., p. 457.

processo, pois, só tem sentido quando se atribui a alguém a prática de um facto delituoso, ou seja, quando presentes a tipicidade, a culpabilidade e a antijuridicidade". Isto decorre do facto de ser o processo penal, inclusive a sua forma diversificada, acrescentaríamos, a garantia maior do indivíduo para resistir à pretensão punitiva do Estado, sendo a regra do devido processo legal um privilégio para o indivíduo em defesa do seu direito à liberdade.

Extremando intencionalmente os conceitos, podemos dizer que nem mesmo se pode considerar o processo penal como instrumento para a confirmação da pretensão punitiva estatal. Ao invés, essa pretensão já se encontra afirmada no momento em que o órgão de persecução, público ou privado, realiza a sua dedução em juízo, restando ao sujeito passivo dessa pretensão o direito de se contrapor a ela através do processo. A tese reforça-se pela natureza indisponível do processo penal, até então sustentada, de tal modo que mesmo no caso de o acusado não pretender valer-se do processo como instrumento da sua defesa, ao Estado cumpre sujeitar, ainda assim, a sua pretensão às regras processuais respectivas[59].

Esta última conclusão em nenhuma medida afecta a orientação político-criminal do processo penal, pois o que se persegue com essa ideia não é que o processo esteja voltado para a mera concretização da pretensão punitiva estatal, através da imposição de uma consequência jurídica ao autor de um ilícito penal; diversamente, nessa conformação o processo penal conserva plenamente a sua função de garantia para o acusado, variando apenas quanto à necessidade de que, para além dessa sua tradicional finalidade, ele não seja estruturado de forma a impedir as relevantes finalidades de política criminal. Inclusive, em determinados casos as razões de política criminal poderão indicar até mesmo a não imposição de uma sanção penal ao acusado ou a sua não sujeição ao procedimento judicial formal. Conforme se verá, é justamente essa situação que permite em determinados delitos que o acusado abra mão do processo formal para o exercício da sua defesa, admitindo soluções diversificadas como a da suspensão condicional do processo do Ordenamento Jurídico brasileiro, a suspensão provisória do processo do

---

[59] Com toda a razão, por conseguinte, a opinião de LOPES JÚNIOR (LOPES JÚNIOR, Aury Celso Lima. Breves considerações..., cit., p. 342) ao asseverar: "frise-se que entendemos o processo penal como instrumento de tutela dos direitos e garantias individuais, e não como mecanismo estatal para que ao próprio Estado seja dada a possibilidade de punir. Não é mero instrumento para o exercício do *jus puniendi*, mas, sim, de garantia do *jus libertatis*".

Ordenamento Jurídico Português e a suspensão com imposição de regras de conduta do § 153, *StPO*. Porém, para tanto é imprescindível que haja a afirmação da pretensão punitiva estatal decorrente da prática do acto desvalioso[60] e a relevante manifestação de vontade do acusado.

Aliás, a solução proposta mostra-se mais adequada inclusive nos casos em que ocorrer a revogação da suspensão condicional do processo como prevista no art. 89º da Lei 9.099/95 do Ordenamento Jurídico brasileiro. Efectivamente, já efectuada a imputação e não podendo o ministério público aproveitar-se da manifestação de vontade do acusado exposta por época da suspensão como elemento de convicção, resta então apenas abrir a oportunidade para que a defesa ofereça a devida resposta, ganhando-se consideravelmente em economia processual. Não se pode, pois, sem reservas, acompanhar o entendimento de que apenas "na eventualidade de revogação da suspensão, cabe ao órgão acusatório fazer prova a respeito da culpabilidade"[61]. Ao invés, no momento da proposta de suspensão o ministério público deve demonstrar os pressupostos do juízo de reprovação[62] e as circunstâncias do ilícito-típico. A tese confirma-se pela própria necessidade de que a proposta de suspensão seja formulada com o oferecimento da denúncia. Aliás, só assim é possível falar-se em *nolo contendere*. Ou seja, na suspensão o que o acusado não discute não é a pertinência das condições, mas sim a própria imputação (objectiva e subjectiva) a ele dirigida. Inadequado, outrossim, seria o entendimento de que essa ideia implicaria uma confissão por parte do acusado, nos termos da *guilty plea* (confissão de culpa) do modelo anglo saxónico, visto que ele apenas não contesta a imputação[63].

---

[60] Não se entrará no mérito de saber se é ou não possível falar da existência de uma pretensão punitiva no âmbito do processo penal, nos termos do conceito de lide como pretensão resistida de que fala CARNELUTTI, bastando apenas a comprovação de que a prática do acto penalmente desvalioso gera para o Estado uma expectativa de recomposição da ordem violada.

[61] GOMES, Luiz Flávio. *Suspensão...*, cit., p. 313. A não reserva só não se verifica desde que se entenda que a prova mencionada pelo Autor não diz respeito à demonstração prévia dos elementos gerais da imputação: tipicidade, ilicitude e culpabilidade, mas tão somente à sustentação probatória (*v.g.*, testemunhal) desses mesmos elementos.

[62] É esse o entendimento de AZEVEDO (AZEVEDO, David Teixeira. A culpa penal e a lei 9.099/95, cit., p. 133), ao sustentar que na suspensão condicional do processo é imprescindível a referência à culpa pessoal, tendo em vista a remissão que o art. 89º da Lei 9.099/95 faz para os requisitos que o Código Penal (art. 77º) prevê para a suspensão condicional da pena, onde se verifica a expressa menção à culpabilidade (art. 77º, II).

[63] Os próprios autores que afirmam que "não há na suspensão do processo a declaração de culpabilidade" chegam a um resultado semelhante ao que consta do texto

814   *O Processo Penal como Instrumento de Política Criminal*

Carece de razão um argumento contrário ao que acaba de ser sustentado, fundado em que a admissibilidade da afirmação dos pressupostos do juízo de reprovação, a partir de um simples juízo preliminar, seria prejudicial ao acusado, da mesma forma ofendendo o vector *garantia*. Totalmente equivocado está um semelhante argumento, tendo em vista que desconsidera o essencial: a relevância da manifestação de vontade do acusado. Ou seja, se o acusado discorda da aferição da culpabilidade fundamento a partir de um mero juízo preliminar, cabe-lhe opor-se à diversificação processual. O que não é suportável é o sacrifício da *garantia* ligada ao reconhecimento dos pressupostos do juízo de reprovação, com toda a razão neste sentido os críticos das formas processuais diversificadas, representadas numa exclusão/atenuação do princípio da legalidade ou mesmo num consenso entre as partes. À alegação de que esse dever de demonstração dos pressupostos do juízo de reprovação poderá conduzir ao comprometimento do efeito de deflação, de economia processual, esperado das formas de diversificação processual responde-se que não deve haver nenhuma hesitação na preferência por uma *garantia* dessa natureza em detrimento do objectivo de *eficiência*.

Alguma perplexidade poderia resultar face às hipóteses de fundo consensual mais típico, como ocorre na prática do *patteggiamento* da experiência italiana, em virtude da possibilidade, aventada por determinados sectores da doutrina, de que não só a pena mas também a própria imputação possa ser objecto de pacto entre as partes. Assim, não teria sentido falar-se na necessidade da demonstração da imputação subjectiva, pois ela estaria referida a uma base fáctica resultante de um acordo. Desde logo, é a própria proibição legal, também reconhecida doutrinariamente e jurisprudencialmente (*supra*), dos pactos sobre a imputação a tornar sem efeito esta perplexidade. Porém, ainda que se admita a prática processual desse pacto sobre a imputação, vale esclarecer que se trata da imputação objectiva, em nada afectando a necessidade da imputação subjectiva, abrangente também do juízo de culpabilidade.

---

ao sustentarem que se o acusado não aceita as condições ou, completaríamos, se ocorre a revogação, "lhe restituem a possibilidade de ampla defesa no devido processo legal". Ou seja, no *nolo contendere* "o acusado não contesta a acusação, não admite a culpa nem proclama a sua inocência, mas aceita condições para que não seja submetido ao processo", conf.: Mirabete, Julio Fabbrini. *Juizados...*, cit., p. 145. Não se infira disto, porém, que o órgão da acusação não deva demonstrar os pressupostos do juízo de reprovação inerente à culpabilidade.

Firmada a possibilidade de uma separação entre os pressupostos da culpabilidade e o *juízo de reprovação* que deles decorre – ou, com FIGUEIREDO DIAS, a separação entre a *razão* da censura, *aquilo* que se censura e o próprio *juízo de censura* – importa a esta altura verificar a base de legitimação para que este último, o *juízo de censura*, ceda espaço às razões de prevenção, podendo conduzir à não incidência de uma resposta penal formal (persecutória e punitiva). Adentramos, pois, no problema do relacionamento entre culpabilidade e finalidades preventivas nas formas de diversificação processual.

Efectuada a distinção entre culpabilidade fundamento (*Strafbegründungsschuld*) e culpabilidade critério para a medida da pena (*Strafzumessungschuld*)[64] – com toda a controvérsia que a distinção sugere – no que à primeira concerne, segundo ROXIN[65] as tradicionais "causas de exclusão da culpabilidade" são na verdade casos de exclusão da responsabilidade baseadas nos fins da pena e que, portanto, "são considerações de prevenção geral e especial as que, nas hipóteses de dificuldade para poder actuar de modo diverso, aconselham o legislador a renunciar ou não à sanção". Quanto à culpabilidade critério para a determinação da medida da pena (*Strafzumessungschuld*), é de se destacar o seu efeito limitador, visto que com a sua gradação ela limita – em atenção ao resguardo da liberdade individual – qualquer tipo de prevenção geral negativa (intimidatória) e qualquer tipo de prevenção especial dirigida ao tratamento, sem prejuízo para o efeito de prevenção geral integradora que ela propicia.

---

[64] ROXIN, Claus. Culpabilidad, prevencion y responsabilidad en derecho penal. Trad. Francisco Muñoz Conde. *In: Culpabilidad y prevención en derecho penal*. Madrid: REUS, p. 147-186, 1981, p. 172 e 180.

[65] Idem, ibidem, p. 151. Vale recordar que também para ROXIN (p. 150) a dogmática jurídico penal deve abrir-se às finalidades político-criminais e que a categoria da "responsabilidade" por ele engendrada se funda no entendimento de que "a 'culpabilidade' é apenas uma condição necessária, porém não suficiente, para exigir uma responsabilidade penal" (p. 155). Da mesma forma "funcionalizando" a culpabilidade fundamento, ainda que na perspectiva da prevenção geral positiva, e, portanto, relacionando a ausência dos elementos da culpabilidade com a inquebrantabilidade do ordenamento jurídico (o acto realizado pelo inimputável ou em virtude de erro de proibição não afecta a fidelidade à norma): JAKOBS, Günther. El principio de culpabilidad, cit., p. 149 e seguintes. De forma ainda mais contundente, afirma JAKOBS (JAKOBS, Günther. *Derecho penal – parte general. Fundamentos y teoría de la imputación*, cit., p. 582) que "a norma pressupõe a possibilidade do seu reconhecimento. Se falta tal reconhecimento há ilícito. Porém, a questão de que esse ilícito possa ser atribuído a quem actua injustamente decide-se com referência à fidelidade ao Direito e constitui o problema da culpabilidade".

816   O Processo Penal como Instrumento de Política Criminal

Não obstante, por outro lado, também as razões de prevenção especial limitam o grau da pena, na medida em que é possível impor no caso concreto uma pena inferior à correspondente ao marco oferecido pela medida da culpabilidade quando se fizer necessário para evitar o perigo de uma maior dessocialização[66]. Portanto, admite ROXIN que razões preventivas possam interferir também na culpabilidade critério para a medida da pena, onde, por lógica, estaria situado o juízo de reprovação. A ideia por último enunciada encontra-se assente também na *teoria da prevenção geral positiva* de JAKOBS[67], quando o Autor enfatiza que "o legislador, em virtude de fins mais amplos, determina que a estabilização geral da norma ceda espaço a outros efeitos, sobretudo a educação do autor ou o evitar de danos na socialização através da pena, como ocorre, por exemplo, radicalmente, no § 67, inciso 1, nº 1, *StGB*, e é evidente no facto de que seja possível a suspensão da pena, etc... (conf. §§ 47, 56, 57 e 59 *StGB*)", já vistos. Na jurisprudência alemã a tese encontra-se patente na decisão do *BGHSt* 24, 42, na qual se sustenta "que a pena não tem como missão compensar por si mesma a culpabilidade senão que somente está justificada quando, ao mesmo tempo, se apresenta como meio necessário para a realização da função preventiva do Direito Penal".

Também no Ordenamento Jurídico português, FIGUEIREDO DIAS[68] entende que "para efeito de escolha da pena, devem valer apenas pontos

---

[66] ROXIN, Claus. Culpabilidad, prevencion y responsabilidad en derecho penal, cit., p. 186. A hipótese por último citada resulta da recíproca limitação que ROXIN (p. 170) reconhece entre política criminal e a ideia de culpabilidade, de modo que, por um lado, a culpabilidade impõe limites ao abuso político-criminal do poder punitivo, porém, por outro, uma política criminal orientada segundo o critério do preventivamente indispensável impede que um comportamento seja castigado apenas pela sua culpabilidade. Assim, não se verifica uma limitação menor do poder punitivo do que aquela favorecida pela concepção tradicional da culpabilidade; diversamente, em muitos casos as necessidades preventivas não reclamam uma sanção penal, apesar da existência da culpabilidade.

[67] *Derecho penal – parte general. Fundamentos y teoría de la imputación*, cit., p. 590. Registada já a funcionalização radical que o Autor atribui ao conceito de culpabilidade, de tal forma que esta última seria consequência das necessidades de *prevenção geral positiva*. Não nos parece, portanto, que se possa estabelecer uma vinculação estreita entre o movimento da "lei e ordem" e a prevenção geral positiva, conforme defende GOMES (GOMES, Luiz Flávio. *Suspensão...*, cit., p. 74), visto que esta última nem sempre pressupõe a "efectiva e inarredável" aplicação da pena.

[68] *Direito penal português – parte geral II*, cit., p. 222.

de vista preventivos, não considerações de culpa. Não é exacto, porém, que o *quantum* concreto de pena (a medida da pena em sentido estrito) deva – ou sequer possa – ser obtido *exclusivamente* à luz de considerações de culpa". Ou seja, se não há dúvida que a operação de medida da pena em sentido amplo (escolha da pena: substituição, suspensão, livramento) deve ser governada por pontos de vista preventivos, também na medição da pena em sentido estrito (em função da culpabilidade) deverão ser levadas em conta as exigências de *prevenção* (art. 71º, nº 1, C.P. português de 1982).

Chegamos então à conclusão de que, embora a pena suponha culpabilidade e que também é limitada na sua medida por esta, não é absoluto que um comportamento culposo exija sempre uma pena. Ao contrário, o comportamento culposo somente deve ser castigado quando as razões preventivas, ou seja, a missão do Estado de assegurar a convivência em paz e liberdade, tornam indispensável o castigo[69]. Portanto, se como vimos em relação à operação de medida da pena, e agora reforçamos, as razões de natureza preventiva podem conduzir a uma menor necessidade de pena ou à substituição e dispensa desta última, quando essas mesmas razões assim indicarem o *juízo de reprovação* deve ceder espaço às finalidades de natureza preventiva, substituindo-se a resposta processual penal formal por outros equivalentes, porém, sempre com fundamento no reconhecimento dos pressupostos ou, requisitos, daquele *juízo de reprovação*.

Isto vale tanto para uma concepção que mantenha a ideia do marco de culpabilidade (ROXIN, STRATENWERTH) como para um modelo no qual é a *prevenção geral positiva* que determina essa margem de liberdade (JAKOBS, FIGUEIREDO DIAS). No primeiro caso, é a própria suplantação do *juízo de reprovação* pelas razões de política criminal que determina a exclusão/atenuação do princípio da legalidade; no segundo caso, essa exclusão/atenuação dá-se em virtude de que as considerações particulares do caso (delito de menor potencial ofensivo) não determinam o enfraquecimento das expectativas de validade da norma e, correlatamente, outras razões de política criminal fazem-se mais prementes.

Ora bem, por diversas vezes foi afirmada a possibilidade dessas "outras razões de política criminal" afectarem o juízo de reprovação

---

[69] ROXIN, Claus. Concepcion bilateral y unilateral del principio de culpabilidad. Trad. Francisco Muñoz Conde. *In: Culpabilidad y prevención en derecho penal.* Madrid: REUS, p. 187-200, 1981, p. 189.

818   *O Processo Penal como Instrumento de Política Criminal*

inerente à culpabilidade nos casos de diversificação processual, não tendo sido feita a devida precisão a respeito de quais seriam: prevenção geral ou prevenção especial. Cumpre-nos agora enfrentar esta questão, apesar de já ter sido possibilitada a intuição a esse respeito.

Em uma perspectiva dogmática pode ser observado que, ao menos em tese, há uma base legal para o reconhecimento de que o espaço político-criminal das formas de diversificação processual deve ser preenchido por razões de prevenção especial, especialmente aquelas representadas pelo interesse na não estigmatização do acusado. Uma recordação de como o problema vem tratado no que se refere à operação da medida da pena nos Ordenamentos Jurídicos enfocados nesta abordagem talvez seja útil para a confirmação do que agora se afirma.

Já analisada a pesada crítica a que está exposta a expressão, a "capacità a delinquere del reo", que o art. 133 do *C.P.It.* pressupõe deva ser levada em conta na operação da medida da pena, sugere uma referência às razões de prevenção especial. Esta interpretação é corroborada pelo disposto no art. 27, inciso 3º, da Constituição italiana – ainda que este dispositivo constitucional tenha sido por vezes relacionado com o momento da execução penal, exclusivamente.

Especificamente em relação ao *patteggiamento*, essa tendência no sentido de se prestigiar a prevenção especial, na modalidade de ressocialização, encontrou assento pleno na jurisprudência, através da Sentença nº 313 de 1990. Se, por um lado, há autores acompanhando e defendendo esse posicionamento jurisprudencial, por outro, verifica-se em Itália que parte da doutrina identifica razões de prevenção geral no rito do *patteggiamento*, entendendo que a pena negociada não poder ser correlacionada com a gravidade do facto nem com as exigências de prevenção especial. Para estes últimos a prevenção geral estaria ligada à *prontidão* e *certeza* do provimento jurisdicional no rito especial do *patteggiamento*[70].

Na Alemanha há a previsão constante no § 46, nº 1, 2ª parte, *StGB*, de que deverão ser considerados os efeitos que a pena possa ter sobre a vida futura do autor em sociedade, o que levou a jurisprudência (BGHSt 24, 40) e parte da doutrina a identificar uma intenção de se mudar o ponto de gravidade da prevenção geral para a prevenção especial na operação da medida da pena. Ao menos no que se refere à operação de

---

[70] Ver a esse respeito o modelo de operação de medida da pena exposto no tópico "na sentença nº 313 da *Corte* Costituzionale", supra.

Integração Político-Criminal das Formas de Diversificação Processual 819

medida da pena em sentido amplo (suspensão condicional, substituição por pena pecuniária, dispensa de pena, entre outros) parece haver um consenso acerca da prevalência de razões de natureza preventiva e, no interior destas, aquelas representadas pela prevenção especial.

Todavia, uma correcção a essa predonderância da prevenção especial é dada pela necessidade de defesa do Ordenamento Jurídico (*Verteidigung der Rechtsordnung*: §§ 47, nº 1, 56, nº 3, *StGB*), apontada como sendo um nítido critério de prevenção geral[71]. Segundo JAKOBS[72], "não é que se possa afirmar que o conteúdo do Direito penal alemão vigente esteja concebido na medida da prevenção especial por inteiro ou, acaso, somente nas suas peças essenciais; o que se postula é que o Direito penal deve configurar-se de *lege ferenda* de modo que sirva à prevenção especial, ou substituí-lo por medidas de segurança idóneas. A exigência mínima consiste em prescindir daquelas penas cuja execução inclusive eleva a probabilidade de que o autor cometa novos delitos". Não se ignore, contudo, a vinculação que o Autor faz dessa não estigmatização à prevenção geral positiva por ele defendida.

Transposta a ideia para as formas de diversificação processual, entre as vantagens relacionadas com a economia processual propiciada pelo arquivamento previsto nos §§ 153 e 153, a, da *StPO*, destaca BAUMANN[73] a inexistência da mácula gerada pela imposição da sanção penal, com isso aproximando aquelas medidas do fim de prevenção especial, tendo em vista o interesse na não estigmatização do acusado.

Também em Portugal a menção feita pelo art. 71º, nº 1[74], às "exigências de prevenção" permite que se reconheça entre essas exigências aquela relacionada com a prevenção especial. Tal se confirma pela

---

[71] Escrevendo sobre "a 'renúncia à pena' como instrumento político-criminal", após identificar a mesma matriz de política criminal entre ela e as hipóteses previstas nos §§ 153 e 153a da *StPO* (conf. p. 114 e 123), afirma HASSEMER (HASSEMER, Winfried. La "renuncia a la pena" como instrumento político-criminal. *In*: MIR PUIG, Santiago (Ed.). *La reforma del derecho penal*. Barcelona, 1981, p. 124) que ao introduzir a nota de "defesa da ordem jurídica" o legislador traçou a fronteira além da qual não é sustentável uma orientação político-criminal em relação aos interesses do autor – prevenção especial.

[72] *Derecho penal – parte general. Fundamentos y teoría de la imputación*, cit., p. 29.

[73] *Derecho procesal penal...*, cit., p. 66.

[74] Redacção conforme a revisão levada a efeito pelo Dec. Lei nº 48/95, de 15 de Março.

820   *O Processo Penal como Instrumento de Política Criminal*

asserção de FIGUEIREDO DIAS[75] no sentido de que são os *pontos de vista de prevenção especial de socialização* que vão determinar, em último termo, a medida da pena. Porém, também aqui uma correcção a essa prevenção especial é dada pela regra da defesa do Ordenamento Jurídico, representada pelo mínimo de pena necessário para a tutela de bens jurídicos e estabilização contrafáctica das normas. Este ponto de vista repercute-se directamente nas formas de diversificação processual, senão vejamos.

Qualificando a *suspensão provisória do processo* como sendo uma hipótese de *desjudiciarização com intervenção*, diversamente da *desjudiciarização simples*, na qual não se verifica a imposição de regras de conduta, ANABELA RODRIGUES[76] vincula-a directamente aos fins de política criminal, especificados na socialização do delinquente e na diminuição do efeito estigmatizante sobre ele exercido pela sanção penal. Referindo-se ao movimento de *diversão* – diversificação – abrangente dessa alternativa processual, como já visto, afirma FIGUEIREDO DIAS[77] que dele se espera um impedimento ao efeito estigmatizante, e não menos criminógeno, da submissão ao sistema formal da justiça penal e da respectiva imposição de sanções criminais, de forma a potenciar a socialização ou a não de-socialização dos possíveis delinquentes, sem com isso afectar as quotas mínimas exigíveis pelas expectativas comunitárias de manutenção da ordem jurídica. Portanto, em termos práticos

---

[75] Abordada no tópico "a operação de fixação e medida da pena" no Ordenamento Jurídico português, *supra*.

[76] O inquérito no novo código de processo penal, cit., p. 75. Sob a mesma óptica: MOURA, José Souto de. Inquérito e instrução, cit., p. 93-94. MOREIRA DOS SANTOS (SANTOS, Gil Moreira dos. Noções de processo penal, cit., p. 324) fala em eficácia das regras de injunção e conduta para os fins de reprovação e prevenção especial. Ver, ainda, FIGUEIREDO DIAS (DIAS, Jorge de Figueiredo. *Direito penal português – parte geral II*, cit., p. 67), o qual fala não só no sentido de uma socialização mas também do próprio impedimento de uma dessocialização. Ao lado dos objectivos de contribuir para evitar o estrangulamento do normal sistema de aplicação da justiça penal, imprimir maior rapidez na resolução dos conflitos e dar melhor resposta aos interesses das vítimas, RUI DO CARMO (FERNANDO, Rui do Carmo Moreira. O ministério público face à pequena e média criminalidade…, cit., p. 134) atribui às soluções de consenso inseridas no C.P.P. português – espaço onde se situa a suspensão provisória do processo, já visto – a missão de reduzir ao máximo a estigmatização social do arguido e intensificar a perspectiva da sua reabilitação, da sua reintegração na sociedade.

[77] O sistema sancionatório do direito penal português no contexto dos modelos da política criminal, cit., p. 809.

cabe aos agentes do ministério público "proceder à avaliação dos conflitos penais em função do grau de culpa do agente, da gravidade da ilicitude ou danosidade social e das exigências de prevenção, tendo em vista a promoção da sua resolução consensual – o que tem particular importância na perspectiva da aplicação do instituto da suspensão provisória do processo"[78].

A experiência concreta da *suspensão provisória do processo* no Ordenamento Jurídico português veio a confirmar a importância dessa atenção para com o objectivo de não estigmatização dos delinquentes, tendo em vista a comprovação de que os arguidos que mais frequentemente tiveram os seus processos suspensos eram indivíduos socialmente integrados, autores mais ou menos ocasionais de comportamentos criminosos[79].

No que respeita ao Ordenamento Jurídico brasileiro, recorde-se o nosso ponto de vista de que em relação à operação de medida da pena em sentido estrito as razões de prevenção especial deverão actuar também no sentido de conduzir à fixação de um *quantum* de pena que seja o menos estigmatizante possível; na operação de medida da pena em sentido amplo é a prevenção especial que irá governar a escolha da natureza da pena, o regime inicial de cumprimento e as hipóteses de substituição. Registada a aproximação que fizemos da suspensão condicional do processo à operação de medida da pena em sentido amplo, também na base da Lei 9.099/95 do Ordenamento Jurídico brasileiro reside o interesse na obtenção de respostas menos estigmatizantes para o acusado, de modo que não impeçam o processo ressocializador[80].

Emblematicamente afirma-se, pois, que a finalidade mais marcante da suspensão condicional do processo prevista na mencionada Lei "é evitar a estigmatização derivada do próprio processo"[81]. Registe-se, ademais, que um dos critérios orientadores do processo no âmbito da Lei

---

[78] FERNANDO, Rui do Carmo Moreira. O ministério público face à pequena e média criminalidade..., cit., p. 131.

[79] ALMEIDA, Maria Rosa Crucho de. A suspensão provisória do processo penal, cit., p. 74.

[80] CORRÊA, Gilberto Niederauer. Crimes eleitorais e a lei nº 9.099/95. *Ajuris*, Porto Alegre, a. 23, nº 67, p. 276-295, jul. 1996, p. 288, o qual fala em "malefícios dos estigmatizantes procedimentos criminais"; SILVA, Eduardo Araújo. Da disponibilidade da acção penal na lei nº 9.099/95. *Boletim IBCCrim*, São Paulo, a. 3, nº 35, p. 17, nov. 1995.

[81] GRINOVER, Ada Pellegrini, *et alli. Juizados...*, cit., p. 17; GOMES, Luiz Flávio. *Suspensão...*, cit., p. 190.

9.099/95, que introduziu a suspensão condicional do processo no Ordenamento Jurídico brasileiro, é justamente a aplicação de pena não privativa de liberdade, visto o seu inequívoco efeito estigmatizante. Comentando os fundamentos da Suspensão Condicional do Processo, afirma MIRABETE[82]:

"Parte-se do princípio de que o que mais importa ao Estado não é punir, mas integrar ou reintegrar o autor da infracção penal e reconduzi-lo à sociedade como parte componente daqueles que respeitam o direito da liberdade alheia, em seu mais amplo entendimento, que é o limite do direito de outrem. Toda vez que essa integração social possa ser obtida fora das grades de um cárcere, e independentemente do cumprimento de outra sanção penal, recomendam a lógica e a melhor política criminal que não seja o autor do facto punido ou mesmo submetido ao processo, desde que se obrigue ao cumprimento de determinadas exigências. A suspensão condicional do processo é um dos meios de conceder crédito de confiança ao criminoso primário, estimulando-o a que não volte a delinquir."

Na passagem citada a referência às razões de política criminal é clara, para além da inescondível vinculação às motivações de prevenção especial que estão na base da suspensão do processo.

Portanto, nada obsta, aliás, tudo indica, que sejam as razões de prevenção especial as que se sobreponham à culpabilidade leve nos casos de diversificação processual, representadas pela exclusão/atenuação do princípio da legalidade e, por que não dizer, também nas formas fundadas em um consenso[83]. Como vimos, entre essas razões de prevenção especial um consenso parece existir no que se refere ao destaque que deve ser atribuído ao interesse na não estigmatização do condenado. Realmente, não é difícil identificar nas soluções processuais diversificadas o interesse na não estigmatização do acusado, cuja satisfação ocorre em virtude da sua não submissão ao sistema formal de controle e da não incidência do juízo formal de reprovação[84].

---

[82] *Juizados...*, cit., p. 143.

[83] GOMES (GOMES, Luiz Flávio. *Suspensão...*, cit., p. 30) expressamente vincula o *espaço de consenso* a ser reconhecido no processo penal à finalidade de ressocialização do autor do facto. Não se perca de vista, porém, a crise pela qual passa a ideia de *prevenção especial*, sendo questionada a real possibilidade de se obter algum efeito positivo sobre o condenado através das "medidas" penais, conf.: BITENCOURT, Cezar Roberto. *Juizados...*, cit., p. 19.

[84] Não deve ser ignorado, contudo, o relevante efeito de (*re)socialização* que pode decorrer das formas de diversificação processual em relação a determinado grupo de

Integração Político-Criminal das Formas de Diversificação Processual   823

A esta altura seria perfeitamente cabível uma objecção ao raciocínio anteriormente tecido acerca da situação da culpabilidade fundamento e da culpabilidade critério para a medida da pena nos casos de diversificação processual. Ou seja, poderia ser questionada a compatibilidade do reconhecimento dos pressupostos do juízo de reprovação, ainda que preliminar, com o interesse na não estigmatização do acusado. Evidentemente que também essa objecção seria totalmente infundada, tendo em vista que é o juízo de reprovação que conduz à estigmatização e não o reconhecimento dos seus pressupostos (pela atenuação ou ausência do juízo de reprovação a diversificação processual deixa sempre aberta a questão acerca da efectiva responsabilidade penal do agente). Aliás, a verificação desses pressupostos a que não se siga o correspondente juízo de reprovação funciona para o próprio agente como uma *advertência* para que não repita o comportamento realizado, excluído o efeito de estigmatização pela ausência do juízo de reprovação.

Na linha de entendimento de alguns sectores da doutrina italiana (*supra*), é possível que deste tratamento processual diversificado decorra também o atendimento das finalidades de prevenção geral, propiciado pela *certeza, prontidão* e *celeridade* com que a prestação jurisdicional ocorre. É possível mesmo que por detrás do alegado interesse na não estigmatização do acusado se esconda um objectivo preponderante de

---

agentes. Com efeito, não se pode pôr em dúvida que, considerando o *status* social de que desfrutam determinados agentes do delito e a irrelevância que uma sanção de natureza pecuniária teria em relação a eles – ainda que fixada no seu grau máximo – a ameaça ao *status dignitatis* pelo risco de exposição a um processo de natureza penal é muito mais eficaz do que qualquer sanção penal típica. Se, como parece correcto, cada vez mais se constata que o Direito Penal deve servir a generalidade dos homens sensíveis aos apelos normativos, através da prevenção geral – por suposto, de cariz predominantemente positivo –, é justamente em relação a esses destinatários que o processo surge como uma ameaça muito mais temida do que a própria imposição e execução de uma pena – que, na actualidade, tratando-se de privação da liberdade, encontra várias formas de não ser executada (alternativas, substitutivas, suspensão), e em relação às pecuniárias podem ser executadas sem alarde. Portanto, não resta dúvida que a advertência mais eficaz preventivamente falando é a ameaça ao *status dignitatis* pela sujeição a um processo de natureza penal. Ora, se a advertência mais eficaz para os mencionados detinatários é o processo (*v.g.*, o jovem "socialmente ajustado" que se envolve num delito de trânsito; o destacado empresário que pratica um delito ambiental, muitos deles não carentes de uma socialização, mas muito mais em risco de dessocialização), é evidente que a diversificação processual pode servir esse fim sem ser ao mesmo tempo estigmatizante.

824   *O Processo Penal como Instrumento de Política Criminal*

prevenção geral, centrado na economia processual e baseado numa mera busca de maior *eficiência* na administração do Sistema jurídico-penal[85]. Todavia, num Sistema em que se pretenda conjugar a *eficiência* com a *funcionalidade* e no qual não se afaste totalmente o vector *garantia*, somente o interesse na não estigmatização do acusado pode justificar de forma legítima a diversificação processual[86]. Qualquer efeito diverso deste será colateral, ainda que admissível.

Contudo, com estas considerações não fica resolvido o problema do mínimo de pena necessário para a estabilização contrafáctica das normas e, por consequência, para a tutela de bens jurídicos. É dizer, a possibilidade de uma diversificação processual através da exclusão/ /atenuação do princípio da legalidade funda-se num interesse na não dessocialização do acusado, mas que pode chocar directamente com a necessidade de *defesa do ordenamento jurídico* que, como vimos, encontra o seu lugar na operação da medida da pena como uma correcção à prevenção especial nos casos de residual necessidade de tutela do bem jurídico.

Partindo do pressuposto de que nos modelos estudados, particularmente o alemão e o português, um dos requisitos para a exclusão/atenuação do princípio da legalidade é a ausência do interesse público na persecução ou a sua supressão através do cumprimento das regras de conduta e injunções, parece ser essa a correcção a que ficam sujeitas as razões de prevenção especial. Na base desta afirmação reside o raciocínio de que a pena somente ganha legitimidade quando útil à sociedade. Impede-se com isso que qualquer pena, sem interesse público, possa afectar o património moral do condenado ou, em poucas palavras: nenhuma pena pode afrontar a dignidade da pessoa humana. Ademais, devem ser repelidas as penas que possam estigmatizar o condenado[87]. *Assim, nos casos em que não se verifica o interesse público na persecução inexiste perigo para a estabilização da norma e para a tutela do bem jurídico, não se podendo falar em um mínimo de pena necessário para a obtenção desse efeito, sendo possível então a exclusão/atenuação do princí-*

---

[85] Aliás, no Ordenamento Jurídico alemão não se discute a matriz funcional, voltada para a economia processual, que rege as hipóteses dos §§ 153 e seguintes da *StPO*, conf.: AMELUNG, Knut. Constitution et procès pénal en Allemagne, cit., p. 471.

[86] Principalmente naqueles Ordenamentos Jurídicos em que se defende a predominância do fim de prevenção geral positiva também na operação de medida da pena em sentido estrito.

[87] CERNICCHIARO *In*: CERNICCHIARO, Luiz Vicente, COSTA Jr., Paulo José. *Direito penal na constituição*, cit., p. 105.

pio da legalidade; diversamente, naqueles casos em que se verifica um interesse público residual são os equivalente funcionais à pena – regras de conduta e injunções – que irão satisfazer o mínimo necessário para a estabilização das normas[88].

É neste espaço que entram em cena as razões de prevenção geral, como correcção da prevenção especial, de modo que, verificando-se o interesse público na persecução, devem ser impostas as regras de conduta ou injunções para que seja atendido aquele mínimo de reacção necessário para a estabilização das normas. As injunções ou regras de conduta são cabíveis naqueles casos em que, mesmo face a uma culpabilidade leve e preponderância de razões de prevenção especial, as razões de prevenção geral remanescentes, concretizadas na existência do interesse público na persecução, tornam indispensável a sua imposição.

Concretizando: em termos de política criminal a *suspensão provisória do processo* do Ordenamento Jurídico português abrange as situações que se colocam acima da linha mínima traçada pelos princípios da subsidiariedade, da proporcionalidade e da culpa – culpabilidade – em Direito Penal, face às quais a comunidade deve reagir através do processo penal. Entretanto, para esta reacção bastam meios menos gravosos para se atingirem os fins próprios do *Sistema*, como o são as regras de conduta e injunções[89].

Não é diferente a situação verificada no Ordenamento Jurídico brasileiro, no qual, como vimos, na operação de medida da pena em sentindo estrito a sanção não poderá ser rebaixada a um nível inferior ao fornecido pela moldura de prevenção geral inserida abstractamente no tipo penal. Ora bem, no que se refere à operação de medida da pena em sentido amplo, acerca da qual vimos a possibilidade de que as razões de prevenção especial atenuem o juízo de reprovação a incidir em uma

---

[88] A ideia é em muitos pontos coincidente com o pensamento de JAKOBS (JAKOBS, Günther. *Derecho penal – parte general. Fundamentos y teoría de la imputación*, cit., p. 24) ao afirmar que, "quando há equivalentes funcionais da 'vulneração da vulneração' de Hegel, a pena não é necessária". Recorde-se que, como confessa o próprio JAKOBS (p. 22-23), a sua *Teoria da prevenção geral* positiva diferencia-se pouco da configuração que HEGEL dá à teoria absoluta, sendo a pena para JAKOBS uma "réplica face à infracção da norma" (p. 13). Aliás, abordando as hipóteses de solução do conflito penal sem pena, JAKOBS (p. 16) insere nessa modalidade a suspensão do processo nos termos do § 153 e seguintes da *StPO*, considerando-a como um caso de desaprovação pública com a ameaça de intensificar tal desaprovação à custa do autor.

[89] PIMENTA, José da Costa. *Introdução…*, cit., p. 131.

culpabilidade leve, também há que se reconhecer um mínimo de prevenção geral que não pode ser ultrapassado pelas medidas substitutivas – por excelência, aquelas relacionadas com a exclusão/atenuação do princípio da legalidade processual. É para atender a esse mínimo de necessidade de prevenção geral que as condições inseridas no art. 89º da Lei 9.099/95 devem estar voltadas. Porém, difícil e inadequado seria reconhecer a interferência de razões de prevenção geral negativa e retributiva nessas hipóteses de imposição de regras de conduta ou injunções, face à exclusão/atenuação do juízo de reprovação.

Portanto, ao seleccionar as injunções, regras de conduta ou condições a serem impostas nos casos de condicionada e provisória suspensão do processo, *o juiz jamais poderá valorar qualquer necessidade de reprovação do agente, mas tão somente adequar esses equivalentes funcionais à pena à situação que melhor favoreça a obtenção das finalidades de política criminal, particularmente a estabilização das expectativas de vigência da norma (v.g., reforçando o valor do bem jurídico protegido por meio da imposição do dever de reparar o dano) e a não estigmatização do agente.*

Estruturada desta forma a integração político criminal das excepções/atenuações ao princípio da legalidade, não fica ela isenta de posicionamentos críticos.

Aceitando-se, pois, que o princípio da legalidade possa enquadrar-se entre as teorias penais absolutas, dele decorrendo o automatismo, a igualdade e a justa expiação do acto, e que o princípio da oportunidade se enquadre entre as teorias relativas, porquanto defende a ponderação no caso concreto, a consideração das particularidades do caso e uma inteligente orientação para as consequências, este último parece revestir-se de maiores predicados e é mais "moderno" do que aquele "clássico" da legalidade. Todavia, deve ser levado em conta que um Sistema penal orientado exclusivamente numa direcção moderna ameaça anular as clássicas barreiras do Direito penal e converter-se em terrorismo de Estado[90].

Portanto, a ponderação central que se pode dirigir a um processo penal orientado para as consequências e, portanto, eficaz e funcional, é o risco de ele oferecer uma funcionalidade e uma eficácia meramente simbólicas. Ou seja, na medida em que revela objectivamente um alto grau de rendimento processual (*output*), resolvendo maciçamente os con-

---

[90] HASSEMER, Winfried. La persecución penal: legalidad y oportunidad, cit., p. 10.

Integração Político-Criminal das Formas de Diversificação Processual   827

flitos de natureza penal, o Sistema Punitivo Estatal pode estar a encobrir um elevado déficit de eficácia no que se refere à sua função primeira: evitar os conflitos futuros a partir da solução dos actuais.

Ademais, entre as razões a favor da manutenção do princípio da legalidade, cotejadas com as razões favoráveis à introdução do princípio da oportunidade, em relação à finalidade de prevenção geral positiva destaca HASSEMER[91] que uma implantação unicamente selectiva e oportunista de normas jurídico-materiais no processo penal debilita tais normas a longo prazo, especialmente aquelas cuja aplicação se veja menosprezada por essa selecção oportunista. Com isso se vê minado o efeito de reafirmação e asseguramento das normas fundamentais de uma sociedade, o qual se espera como consequência da prevenção geral positiva, uma vez que esse efeito pressupõe a aplicação pelo processo penal das normas como previstas no Direito Penal material.

Com aguda percepção, parte-se da ideia de que, enquanto referidos à persecução penal, os princípios da legalidade e da oportunidade vinculam-se a distintas partes da ideia de Direito: a legalidade sublinha a *justiça*; a oportunidade ressalta a *finalidade* (efectividade, funcionalidade). Uma opção político-criminal deveria, portanto, levar em conta que a justiça é a meta, porém a finalidade é a condição restritiva para se alcançar essa meta. Portanto, deve, por um lado, ser mantido o quanto possível o princípio da legalidade, por outro, deve ser reconhecido o princípio da oportunidade quanto seja necessário[92]. Reforça-se com isso a necessária integração que deve haver entre os vectores da *garantia* e da *funcionalidade* no âmbito das modernas tendências do processo penal.

Em síntese conclusiva: por detrás das tendências que tratam o delito de forma cooperativa actuam poderosas correntes de política criminal; essa orientação político-criminal inspira-se na busca de finalidades de natureza preventiva no processo penal, das quais, na melhor das hipóteses, expressada na "prevenção integradora", a qual identifica como uma das tarefas essenciais do Direito Penal o restabelecimento da paz jurídica por meio da reconciliação. Desde esta óptica pode tender-se a uma ponte que "estabeleça uma conexão com as ideias relativas aos objectivos do Direito Processual Penal, que poderiam vincular direito material e formal"[93]. Tudo isto, é óbvio, desde que as formas cooperativas

---

[91] Idem, ibidem, p. 8.
[92] Idem, ibidem, p. 10.
[93] ROXIN, Claus. Sobre el concepto global para una reforma procesal penal, cit., p. 316.

828 *O Processo Penal como Instrumento de Política Criminal*

sejam realizadas com todo o respeito pelos princípios constitucionais[94] e que a contribuição a ser dada pelo processo penal para a obtenção desse escopo continue a ser apenas instrumental. Quanto à real possibilidade de uma convivência harmónica entre um modelo de justiça consensual e os princípios constitucionais do processo penal, vale a ressalva de que os princípios constitucionais não são prejudicados quando o acusado colabora voluntariamente no processo da sua reintegração social[95]. É tudo quanto se espera ter sido demonstrado neste trabalho.

---

[94] Idem, ibidem, p. 317.
[95] Idem, ibidem, p. 318.

CONCLUSÃO

É não só possível mas também indicada a construção de um *Sistema Jurídico-Penal*, o qual deve englobar os diversos sub-sistemas que cuidam do delito e da sanção, tanto em relação à sua previsão legal (Direito Penal material) como em relação à respectiva persecução (processo penal, na veste do Direito Processual Penal).

Todavia, essa ideia de um *Sistema Jurídico-Penal* deve vir permeada por considerações *problemáticas*, através da política criminal.

Portanto, é necessária uma composição entre o *pensamento sistemático*, a dogmática jurídico penal (material e processual), e o *pensamento problemático*, a política criminal.

A política criminal deve ser transcendente em relação às demais Ciências Criminais, estabelecendo-se entre estas e aquela uma autêntica unidade funcional.

É possível reconhecer entre o Direito Penal e o Direito Processual Penal uma relação mútua de *complementariedade funcional*, estando ambos integrados no *Sistema Jurídico-Penal*.

Portanto, integrado no *Sistema Jurídico-Penal*, também o processo penal deve estar aberto a conformar proposições de política criminal, nos limites postos pelo modelo jurídico-constitucional. Em uma expressão: resguardada a sua tradicional função de garantia, o processo penal não deve ser obstáculo à obtenção das proposições de política criminal perseguidas pelo *Sistema Jurídico-Penal*.

Propõe-se, pois, a inserção do processo penal no âmbito geral da política criminal, de modo que na sua estruturação se levem em conta também as intenções político-criminais que orientam o Sistema Jurídico--Penal como um todo.

O pressuposto básico para que se intente a construção de um semelhante modelo processual reside na possibilidade de conciliar ao mesmo tempo as necessidades de *garantia* do cidadão com as não menos necessárias *funcionalidade* e *eficiência* do Sistema Punitivo total. Parte-se, pois, da ideia de se procurar uma maior eficiência e funcionalidade do processo penal no interior da sua tradicional função de garantia.

Ademais, para além do seu carácter retrospectivo, voltado para a reconstrução da verdade, o processo penal deve estar conformado levando--se em conta as conjecturas de natureza político-criminal. Assim, na estruturação do processo penal deve ser reservado um espaço para que na sua actuação concreta sejam considerados os prognósticos de natureza político-criminal, possibilitando uma diversificação de procedimentos em conformidade com o sentido para o qual apontam esses prognósticos.

Torna-se imprescindível, igualmente, que haja uma sintonia entre as finalidades de natureza política criminal estruturantes do *Sistema* como um todo e aquelas que baseiam o modelo processual respectivo. Mesmo que não seja adequado abandonar a autonomia teleológica de cada um dos sub-sistemas integrantes do *Sistema Jurídico-Penal*, na mesma medida não deve haver uma exclusão recíproca das finalidades de política criminal em que cada um deles se baseia.

Desse modo estruturado, não é equivocado afirmar que o processo penal passa a ser também ele um instrumento de política criminal, funcionando o Direito Processual Penal como a forma através da qual as proposições político-criminais actuam no *modus* da validade e da vigência jurídicas.

Consequência do modelo jurídico-penal herdado das concepções filosóficas do iluminismo e das preocupações para com as garantias individuais dele decorrentes, afirma-se a existência de uma crise no sistema punitivo estatal, representada na perda da sua *eficiência* e da sua *funcionalidade.*

A concretização dessa ineficiência e dessa perda de funcionalidade dá-se a partir da constatação de uma inflação legislativa em matéria penal e de uma morosidade processual.

Entre as diversas alternativas aventadas para se enfrentar o problema, nelas incluídas aquelas de direito material, no que ao processo penal diz respeito defende-se uma sua adequação ao princípio da proporcionalidade, de modo que também ele esteja ancorado na máxima da "extrema ratio".

Ainda na perpectiva da conformação do processo penal às proposições de política criminal, devem ser efectuadas diversificações no procedimento penal típico, a começar por um rígido controle sobre o exercício da acção penal, visando alcançar uma deflação do sub-sistema processual.

Face a essas alternativas de natureza processual reage-se, sustentando-se o não esgotamento dos recursos próprios do Direito Penal para se enfrentar o problema. É necessária, portanto, a adopção da ideia do "direito penal mínimo", através de medidas de descriminalização.

Excluída a hipótese mais radical desse tipo de *diversão*, centrada na devolução do conflito às próprias partes envolvidas e subtraindo-o às instâncias formais, é possível e até aconselhável que se verifique uma maior flexibilidade na solução dos conflitos de natureza penal, abrangendo tanto as alternativas de base consensual típicas, relacionadas com a atenuação da obrigatoriedade da exacta descoberta dos factos – princípio da verdade material – como hipóteses centradas em uma maior discricionariedade na persecução do delito, relacionadas com a atenuação do dogma da legalidade processual.

Portanto, uma das formas para se lograr essa diversificação dos ritos processuais, nos termos preconizados, é a adopção de um modelo de justiça penal consensual.

Se não é possível afirmar-se com toda a tranquilidade o fundamento dessas alternativas processuais nas ideias desenvolvidas pelos expoentes da *Tecnologia Social*, o seu fundamento criminológico na teoria do *labeling approach* é inequívoco.

Estas alternativas processuais foram paulatinamente introduzidas nos diversos ordenamentos jurídicos, verificando-se uma certa diferenciação entre os modelos resultantes; se em Itália pode ser verificada uma maior aproximação ao modelo consensual mais típico, na Alemanha e Portugal a opção liga-se mais a uma exclusão/atenuação do princípio da legalidade. Entretanto, nos três Ordenamentos Jurídicos citados podem ser identificadas formas processuais baseadas em um consenso.

Todavia, qualquer que seja o modelo adoptado, indispensável se mostra o seu cotejo com os limites de natureza constitucional e processual, através dos princípios correlatos, com vista à adequação ao vector *garantia*, na linha já antecipada da necessária integração deste vector com aquele da *funcionalidade*.

Torna-se necessária, pois, a delimitação dessa orientação político--criminal do processo penal pelos princípios que lhe são imanentes e que representam a conformação jurídico-constitucional ao modelo de Estado de Direito.

A bem da verdade, e não é despiciendo acrescentar, a limitação da integração político-criminal do processo penal de nada mais resulta do que da autonomia epistemológica que ainda se reconhece válida em

832   *O Processo Penal como Instrumento de Política Criminal*

relação a cada um dos sectores do *Sistema*. Se, por um lado, nada obsta, aliás tudo aconselha, a uma *unidade funcional* dos diversos sub-sistemas integrantes do *Sistema Penal*, através da política criminal, por outro lado, tudo impõe a autonomia epistemológica de cada um desses sectores do Ordenamento Jurídico.

Portanto, os limites de natureza epistemológica à *complementariedade funcional* entre o Direito Penal material e o respectivo processo penal são justamente os princípios garantidores imanentes a este último, a respeito dos quais não se deve falar nessa *complementariedade funcional*.

Imprescindível mostra-se a integração político-criminal das formas de diversificação processual, fundadas em um consenso típico ou na exclusão/atenuação do princípio da legalidade, visando a conciliação entre os vectores da *eficiência*, da *funcionalidade* e da *garantia*.

Somente uma consideração político-criminal pode, em último termo, fazer justiça às formas de diversificação processual.

É a natureza de bagatela do bem jurídico protegido, avaliada pelo legislador no momento da fixação da moldura penal, através de razões de prevenção geral, que conduz a que nos casos de diversificação processual, mesmo com a sua ocorrência a expectativa na manutenção da norma não seja abalada. Ou seja, sendo a estabilização das expectativas comunitárias na validade da norma (prevenção geral positiva ou de integração) uma forma de se traduzir a função primordial do Direito Penal que é a tutela de bens jurídicos, nos casos em que o bem jurídico objecto da lesão é de natureza bagatelar a norma pode não carecer da resposta penal típica para a manutenção e reforço da sua vigência, admitindo-se, pois, a diversificação processual de natureza consensual ou fundada na exclusão/atenuação do princípio da legalidade. Nesses casos basta a comprovação formal do conflito.

Nestas hipóteses a diversificação processual pode ser suficiente e mais adequada em termos de política criminal, visto que mesmo com a sua ocorrência a norma continua válida para a comunidade, por consequência mantém-se a função tutelar do Direito Penal, permitindo-se a obtenção de outros efeitos político-criminais também importantes.

No plano judicial, esta integração político-criminal das formas de diversificação processual deve ser efectuada através do seu relacionamento com as finalidades da sanção penal, mais propriamente com a operação de determinação e de medida da pena, ainda que sejam actividades claramente distintas.

Portanto, há um vínculo estreito entre as hipóteses de diversificação processual, pelo consenso típico ou pela atenuação ao princípio da legalidade, e a operação de fixação e medida da pena. Este vínculo estabelece-se entre as formas de diversificação processual e o tratamento mais adequado a ser dado à relação que se verifica entre os elementos integrantes da operação de determinação e medida da pena: a culpabilidade e as razões de prevenção, geral e especial.

Quanto ao primeiro elemento, expressão paradigmática do vector *garantia*, as formas de diversificação processual encontram espaço na erosão que actualmente se verifica na culpabilidade, provocada pelas razões de política criminal.

Assim, nas formas de diversificação processual verifica-se a manutenção dos pressupostos ou, requisitos, do juízo de reprovação inerentes à culpabilidade – a imputabilidade, o conhecimento virtual da ilicitude, a exigibilidade de conduta diversa e o próprio ilícito-típico – mas atenua-se o respectivo juízo de reprovação, em virtude da interferência de razões superiores de política criminal.

Portanto, em atenção ao vector *garantia* decorrente do princípio da culpabilidade – uma das expressões máximas da regra do modelo de Estado de Direito – nas formas de diversificação processual *deverão* ser demonstrados os pressupostos ou, requisitos, do juízo de reprovação, admitindo-se apenas a atenuação ou eliminação deste juízo de reprovação por razões superiores de política criminal.

São de natureza preventiva essas razões superiores de política criminal que determinam a eliminação ou atenuação do juízo de reprovação inerente à culpabilidade e, por consequência, conduzem às formas de diversificação processual.

Entre essas razões de natureza preventiva prepondera o interesse na obtenção da prevenção especial, na modalidade de não estigmatização do condenado, obtida pela sua não submissão ao sistema formal de controle e pela não incidência do juízo formal de reprovação. Admissível se mostra que dessas formas de diversificação processual decorram também efeitos de prevenção geral, em virtude da *prontidão, certeza* e *celeridade* da decisão jurisdicional; porém, trata-se de efeito meramente colateral.

O mínimo de resposta processual formal necessário para a estabilização contrafáctica das normas e, por consequência, para a tutela de bens jurídicos é obtido por razões de prevenção geral, pela supressão do residual interesse público na persecução, mediante a imposição de equivalentes funcionais à pena: injunções, regras de conduta ou condições.

Inadmissível é que estas regras de conduta e injunções sejam impostas por razões de prevenção geral negativa ou, intimidatória, e retributiva.

Reconhecido, pois, que por detrás das tendências que tratam o delito de forma cooperativa actuam poderosas correntes de política criminal, centradas na estabilização das expectativas comunitárias na validade da norma e voltadas para a obtenção do interesse de prevenção especial de não estigmatização, isso somente poderá ser obtido através de uma conexão funcional e teleológica entre direito material e formal e com respeito por uma escrupulosa imbricação entre os vectores da *eficiência*, da *funcionalidade* e da *garantia*.

BIBLIOGRAFIA

ABADE, Denise Neves. A suspensão condicional do processo e o ministério público: comentários à decisão do STF. *Boletim IBCCrim*, São Paulo, a. 6, nº 66, p. 5, mai. 1998.

ACCATTATIS, Vincenzo. Il patteggiamento alla luce del diritto comparato e della normativa costituzionale. *In: Questione Giustizia*, Milano, n. 3-4, p. 577-607, 1992.

Acórdão nº 7/87, de 9 de Janeiro de 1987, Processo nº 302/86 – 2ª Secção. *In: Boletim do Ministério da Justiça*, Lisboa, nº 363, p. 109-173, fev. 1987.

ALBERTON, Genacéia da Silva. Considerações sobre o juizado especial criminal: competência, infrações de menor potencial ofensivo e audiência preliminar. *Ajuris*, Porto Alegre, a. 23, nº 67, p. 252-275, jul. 1996.

ALMEIDA, Joaquim Canuto Mendes de. *Princípios fundamentais do processo penal*. São Paulo: RT, 1973.

ALMEIDA, Maria Rosa Crucho de. A suspensão provisória do processo penal. Análise estatística do biénio 1993-1994. *Revista do Ministério Público*, Lisboa, a. 19, n. 73, p. 49-84, jan/mar 1998.

Alternativ-Entwurf Wiedergutmachung (AE-WGM), München, 1992.

AMBOS, Kai. Procedimientos abreviados en el proceso penal alemán y en los proyectos de reforma sudamericanos. *Revista de Derecho Procesal*, Madrid, nº 3, p. 545--597, 1997.

AMELUNG, Knut. Constitution et procès pénal en allemagne. *Revue de Science Criminelle et de Droit Pénal Comparé*, Paris, n. 3, p. 459-476, jul./sep. 1994.

_____. Contribución a la crítica del sistema jurídico-penal de orientación político--criminal de Roxin. Trad. Jesús-María Silva Sánchez. *In*: SCHÜNEMANN, Bernd (comp.). *El sistema moderno del derecho penal: cuestiones fundamentales*. Madrid: TECNOS, p. 94-107, 1991.

AMODIO, Ennio. Un «accusatorio all'europea» per la riforma della procedura penale continentale. *In: Il nuovo codice di procedura penale visto dall'estero*. Atti del Seminario di Torino 4-5 maggio 1990. A cura di Mario Chiavario. Milano: Dott. A. Giuffrè Editore, p. 225-231, 1991.

ANCA, Giovanna Maria. Pena, applicazione su richiesta delle parti. *In: Digesto – Discipline Penalistiche*, Torino, v. IX, p. 365-416, 1995.

ANDRADA, Doorgal Gustavo B. de. *A suspensão condicional do processo penal*. 2ª Ed.. Belo Horizonte: Del Rey, 1996.

ANDRADE, Manuel da Costa. A «dignidade penal» e a «carência de tutela penal» como referências de uma doutrina teleológico-racional do crime. *Revista Portuguesa de Ciência Criminal*. Lisboa, a. 2, fasc. 2, p. 173-205, abr/jun 1992

836 O Processo Penal como Instrumento de Política Criminal

_____. A polícia e as instâncias não formais de controle. *In: Ciências criminais: sumários das lições proferidas ao curso complementar de ciências jurídicas da faculdade de direito.* Coimbra: João Abrantes, p. 209-236, 1976.

_____. Consenso e oportunidade. *In: Jornadas de direito processual penal: o novo código de processo penal.* Coimbra: Livraria Almedina, p. 319-358, 1989.

_____. Consentimento e acordo em direito penal (contributo para a fundamentação de um paradigma dualista. Coimbra: Coimbra Editora, 1991.

_____. Liberdade de imprensa e inviolabilidade pessoal.Uma perspectiva jurídico-criminal.* Coimbra: Coimbra Editora, 1996.

_____. Sobre as proibições de prova em processo penal.* Coimbra: Coimbra Editora, 1992.

_____. Sobre o estatuto e função da criminologia contemporânea. *Revista da Ordem dos Advogados,* Lisboa, a. 44, p. 481-522, 1984.

ANDRÉ, Adélio Pereira. Processo penal, justiça criminal e garantias fundamentais. *Cadernos da Revista do Ministério Público: Jornadas de Processo Penal,* Lisboa, n° 2, p. 19-75, 1987.

ANNUNZIATA, Pietro Maria. Patteggiamento e principio rieducativo. *Giurisprudenza di merito,* a. XXVII, n. 1, p. 185-190, 1993.

ARICÒ, Giovanni. Aplicazione della pena su richiesta delle parti. *In: I procedimenti speciali.* Napoli: Jovene Editore, p. 97-113, 1989.

ARZT, Gunther, ROXIN, Claus, TIEDEMANN, Klaus. *Introducción al derecho penal y al derecho penal procesal.* Trad. Luis Arroyo Zapatero y Juan-Luis Gómez Colomer. Barcelona: Editorial Ariel, S.A., 1989

ARZT Gunther. Offener oder versteckter Rückzug des Strafrechts vom Kampf gegen Ladendiebstahl? *Juristenzeitung,* 1976.

BARBOSA, Marcelo Fortes. *Garantias constitucionais de direito penal e de processo penal na constituição de 1988.* São Paulo: Malheiros Editores Ltda, 1993.

BARGI, Alfredo. *Procedimento probatorio e giusto processo.* Napoli: Jovene Editore, 1990.

BARGIS, Marta, CONSO, Giovanni. *Glossario della nuova procedura penale.* Milano: Giuffrè Editore, 1992.

BARREIROS, José António. A nova constituição processual penal. *Revista da Ordem dos Advogados,* Lisboa, a. 48, p. 425-448, 1988.

_____. A ressocialização e o processo penal. *In: Cidadão delinquente. Reinserção social?.* Lisboa: Instituto de Reinserção Social, p. 101-131, 1983.

_____. O futuro do processo criminal. *Revista do Ministério Público,* Lisboa, a. 4, v. 15, p. 75-106, 1983.

_____. Os novos critérios penais: liberalismo substantivo, autoridade processual?. *Revista do Ministério Público,* Lisboa, a. 4, v. 14, p. 53-75, 1983.

_____. Processo penal.* Coimbra: Livraria Almedina, 1981. v. 1.

_____. Processo penal: os anos do fim. *Boletim do Ministério da Justiça,* Lisboa, n° 343, p. 5-47, fev. 1985.

_____. Programa para um estatuto do ministério público. *In: Sindicato dos Magistrados do Ministério Público. O ministério público numa sociedade democrática.* Lisboa: Livros Horizonte LDA, p. 31-48, 1984.

Bibliografia 837

_____. Programa para um estatuto do ministério público. *Revista da Ordem dos Advogados*, Lisboa, p. 157-178, 1983.

BARROS, Romeu Pires de Campos. *Direito processual penal brasileiro*. São Paulo: Sugestões Literárias, 1971, v. 2.

BASSI, Alessandra. Principio dispositivo e principio di ricerca della verità materiale: due realtà di fondo del nuovo processo penale. *Cassazione Penale*, Milano, p. 1370-1380, 1993.

BATISTA, Weber Martins, FUX, Luiz. *Juizados especiais cíveis e criminais e suspensão condicional do processo penal*. Forense: Rio de Janeiro, 1997.

BAUMANN, Jürgen. *Derecho procesal penal. Conceptos fundamentales y principios procesales*. Trad. Conrado A. Finzi. Buenos Aires: Ediciones Depalma, 1986.

_____. La situacion del proceso penal en alemania. Trad. Ursula Vestweber. *Justicia*, Barcelona, n. I, p. 87-108, 1983.

_____. Minima non curat praetor. *In: Einheit und Vielfalt des Strafrechts – Festschrift für Karl Peters zum 70. Geburtstag*. Tübingen, 1974.

BETTIOL, Giuseppe. Su alcune caratteristiche giuridiche e politiche del processo penale. *In: Scritti Giuridici in onore di Francesco Carnelutti: Diritto Pubblico e Storia del Diritto*. Padova: CEDAM – Casa Editrice Dott. Antonio Milani, p. 121-133, 1950. v. 4.

BEVERE, Antonio. Il patteggiamento: la gestione negoziale degli affari penali, le parti e i loro diritti; i poteri e i doveri del giudice. *Questione Giustizia*, Milano, n. 2, p. 352-369, 1992.

BITENCOURT, Cezar Roberto. *Juizados especiais criminais e alternativas à pena de prisão*. Porto Alegre: Livraria do Advogado, 1996.

_____. *Manual de direito penal. Parte Geral*. 4ª Ed.. São Paulo: RT, 1997.

BLAIOTTA, Rocco. Il giudice e la pena nel patteggiamento. *Cassazione Penale*, Milano, v. XXXV, n. 2, p. 445-453, 1995.

BLAU, Gunter, FRANKE, Einhard. Diversion and mediation – Federal Republic of Germany. *Revue Internationale de Droit Pénal*, Toulouse, a. 54, p. 929-940, 3º et 4º trim. 1983.

Boletim do Ministério da Justiça, Lisboa, nº 410, p. 591-599, nov/1991.

BOSCHI, Marco. Sentenza di condanna atipica per l'applicazione di pena patteggiata. *La Giustizia Penale*, Roma, v. XCV, III, p. 645-648, 1990.

BOTTCHER, Reinhard. The relations between the organization of the judiciary and criminal procedure in the federal republic of germany. *Revue Internationale de Droit Pénal*, Toulouse, a. 60, p. 973-991, 3º et 4º trim. 1989.

BRITO, José de Sousa. A medida da pena no novo código penal. *In: Textos de apoio de direito penal*. Lisboa: AAFD, p. 333-360d, 1983/84, t. II.

BRUNO, Aníbal. *Direito penal, parte geral, tomo 3º: pena e medida de segurança*. 4ª Ed.. Rio de Janeiro: Forense, 1984.

BÜLLESBACH, Alfred. Enfoques de teoría de sistemas. Trad. Juan Antonio García Amado. *In:* KAUFMANN, Arthur, HASSEMER, Winfried (Ed.). *El pensamento jurídico contemporáneo*. Madrid: Editorial Debate, 1992.

CALLEGARI, André Luís. O critério da bagatela para o crime de descaminho e o princípio da insignificância. *Boletim IBCCrim*, São Paulo, a. 5, nº 56, p. 9, jul. 1997.

838   *O Processo Penal como Instrumento de Política Criminal*

CAMARGO, A. L. Chaves. Direito penal, processo penal e dogmática jurídica. *Revista do Advogado*, São Paulo, n° 42, p. 25-29, abr/94.

CANARIS, Claus-Wilhelm. *Pensamento sistemático e conceito de sistema na ciência do direito*. Trad. António Menezes Cordeiro. Lisboa: Fundação Calouste Gulbenkian, 1989.

CANOTILHO, José Joaquim Gomes, MOREIRA, Vital. *Constituição da república portuguesa anotada*. 3ª Ed.. Coimbra: Coimbra Editora, 1993.

CANOTILHO, José Joaquim Gomes. Teoria da legislação geral e teoria da legislação penal. *Boletim da Faculdade de Direito da Universidade de Coimbra: Estudos em Homenagem ao Prof. Dr. Eduardo Correia*, Coimbra, número especial, p. 827-858, 1984.

CAPRIOLI, Francesco. Il consenso dell'imputato all'applicazione della pena: revocabile o no?. *Giurisprudenza Italiana*, Torino, p. 17-30, 1993.

CASTELLI, Claudio. Esigenze di deflazione e risposte possibili tra obbligatorietà e discrezionalità dell'azione penale. *Questione Giustizia*, Milano, n. 1, p. 97-106, 1990.

CENCI, Daniele. Giustizia negoziata, volontà delle parti e possibilità di ripensamenti. *In: Materiali d'esercitazione per un corso di procedura penale*. Padova: CEDAM, p. 265-281, 1995.

CERNICCHIARO, Luiz Vicente, COSTA Jr., Paulo José. *Direito penal na constituição*. 2ª ed.. São Paulo: Editora Revista dos Tribunais, 1991.

CERNICCHIARO, Luiz Vicente. Lei n° 9.099/95 (I) suspensão condicional do processo. *Boletim IBCCrim*, São Paulo, a. 3, n° 36, p. 4, dez. 1995.

CERQUA, Luigi Domenico. Riti alternativi e incentivi premiali: implicazioni di natura sostanziale. *Cassazione Penale*, Milano, v. XXXII, p. 1702-1707, 1992.

CHIAVARIO, Mario. Aperçus sur la procédure d'audience en italie entre réforme et "post--réforme". *Revue de Science Criminelle et de Droit Pénal Comparé*, Paris, n. 2, p. 207-215, avr./jui. 1994.

_____. I procedimenti speciali. *In*: ASSOCIAZIONE TRA GLI STUDIOSI DEL PROCESSO PENALE. *Il codice di procedura penale: esperienze, valutazioni, prospetive*, 23-24 ott. 1992. Roma. Milano: Dott. A. Giuffrè Editore, 1994.

_____. La justice negociee: une problematique a construire. *Archives de Politique Criminelle*, Lyon, n. 15, p. 27-35, 1993.

_____. *La riforma del processo penale. Appunti sul nuovo codice*. 2ª edizione. Torino: UTET – Unione Tipografico-Editrice Torinese, 1989.

_____. *Procedura penale un codice tra "storia" e cronaca*. Torino: Giappichelli Editore, 1994.

_____. *Processo e garanzie della persona*. 2ª Ed.. Milano: Dott. A. Giuffrè Editore, 1982.

_____. Qualche sollecitazione per un confronto. *In: Il nuovo codice di procedura penale visto dall'estero*. Atti del Seminario di Torino 4-5 maggio 1990. A cura di Mario Chiavario. Milano: Dott. A. Giuffrè Editore, p. 3-20, 1991.

CHOUKR, Fauzi Hassan. Qual justiça penal?. *Boletim IBCCrim*, São Paulo, a. 3, n° 35, p. 15, nov. 1995.

CONFALONIERI, Antonietta. Volontà delle parti e controlli del giudice nel patteggiamento. *Cassazione Penale*, Milano, n. 4, p. 1002-1005, 1994.

Bibliografia 839

CONSO, Giovanni, BARGIS, Marta. *Glossario della nuova procedura penale*. Milano: Giuffrè Editore, 1992.

CONSO, Giovanni. I nuovi riti differenziati tra "procedimento" e "processo". *La Giustizia Penale*, Roma, fasc. III, p. 193-201, 1990.

_____. La giustizia costituzionale nel 1990. *Il Foro Italiano*, Bologna, a. CXVI, n. 3, p. 109-160, mar. 1991.

CONTI, Giovanni, MACCHIA, Alberto. *Il nuovo processo penale*. 3ª Ed.. Roma: Buffetti Editore, 1991.

CORDEIRO, António Menezes. Introdução.... *In*: CANARIS, Claus-Wilhelm. *Pensamento sistemático e conceito de sistema na ciência do direito*. Trad. António Menezes Cordeiro. Lisboa: Fundação Calouste Gulbenkian, 1989.

CORDERO, Franco. *Codice di procedura penale*. 2ª Ed.. Torino: UTET, 1992.

_____. *Procedura penale*. Milano: Giuffrè, 1991.

CORDERO, Giuditta. Oltre il "patteggiamento" per i reati bagatellari? La limitata discrezionalità dell'azione penale operante nell'ordinamento tedesco-federale e il "nostro" art.112 cost.. *La Legislazione Penale*, Roma, a. VI, p. 658-669, 1986.

CORRÊA, Gilberto Niederauer. Crimes eleitorais e a lei nº 9.099/95 (juizados especiais cíveis e criminais). *Ajuris*, Porto Alegre, a. 23, nº 67, p. 276-295, jul. 1996.

COSTA, António Manuel de Almeida. Alguns princípios para um direito e processo penais europeus. *Revista Portuguesa de Ciência Criminal*, Lisboa, a. 4, nº 2, p. 199-215, 1994.

COSTA, Eduardo Maia. A defesa e o defensor em processo penal. *Revista do Ministério Público*, Lisboa, a. 13, nº 49, p. 85-93, jan./mar. 1992.

COSTA, José de Faria. Diversão (desjudiciarização) e mediação: que rumos? *Boletim da Faculdade de Direito da Universidade de Coimbra*, Coimbra, v. LXI, p. 1-71, 1985.

_____. *O perigo em direito penal. contributo para sua fundamentação e compreensão dogmáticas*. Coimbra: Coimbra Editora, 1992.

COSTA Jr., Paulo José, CERNICCHIARO, Luiz Vicente. *Direito penal na constituição*. 2ª ed.. São Paulo: Editora Revista dos Tribunais, 1991.

COUTO, Carlos Magno. Uma hipótese de suspensão condicional do processo. *Boletim IBCCrim*, São Paulo, a. 6, nº 69, p. 9-10, ago. 1998.

CREMONESI, Luca. Il patteggiamento nel concorso di persone. *Difesa Penale*, Bucalo-Latina, p. 76-90, 1991.

CRISTIANI, Antonio. *Le modifiche al nuovo processo penale e la giurisprudenza costituzionale*. Torino: Giappichelli, 1993.

CUNHA, José Manuel Damião da. *O ministério público e os órgãos de polícia criminal no novo código de processo penal*. Braga: APPACDM, 1993.

DÁ MESQUITA, Paulo. Os processos especiais no código de processo penal português – respostas processuais à pequena e média criminalidade. *Revista do Ministério Público*, Lisboa, a. 17, nº 68, p. 101-117, out/dez 1996.

DALABRIDA, Sidney Eloy. Conexão e continência na Lei nº 9.099/95. *Boletim IBCCrim*, São Paulo, a. 5, nº 57, p. 3-4, ago. 1997.

DALIA, Andrea Antonio, FERRAIOLI, Marzia. *Corso di diritto processuale penale*. Padova: CEDAM, 1992.

DALIA, Andrea Antonio. Giudizio direttissimo. *In*: DALIA, Andrea Antonio. *I procedimenti speciali*. Napoli: JOVENE, p. 147-174, 1989.

_____. Giudizio immediato. *In*: DALIA, Andrea Antonio. *I procedimenti speciali*. Napoli: JOVENE, p. 211-247, 1989.

_____. Il giudizio direttissimo. *In*: *I riti differenziati nel nuovo processo penale*. Milano: Dott. A. Giuffrè Editore, p. 191-222, 1990.

DE ROBERTO, Giovanni. La motivazione della sentenza di "patteggiamento" secondo le sezioni unite della corte di cassazione. *Giurisprudenza Italiana*, Torino, v. CXLV, p. 203-206, 1993.

DEAN, Giovanni. L'accertamento giudiziale nei procedimenti semplificati e l'efficacia extrapenale del giudicato. *In*: *Questioni nuove di procedura penale*. Padova: Cedam, p. 345-362, 1989.

Declaration of Basic Principles of Justice for Victims of Crime and Abuse of Power (United Nations, 1986, 43-48).

DEL VECCHIO, Giorgio. Nota sul risarcimento del danno in relazione alla pena. *In*: *Scritti Giuridici in onore di Francesco Carnelutti: Filosofia e Teoria Generale del Diritto*. Padova: CEDAM – Casa Editrice Dott. Antonio Milani, p. 335-344, 1950. v. 1.

DELL'ANNO, Pierpaolo. Problemi di costituzionalità del patteggiamento sulla pena con riferimento al controllo giurisdizionale. *La Giustizia Penale*, Roma, p. 364-380, 1990, III.

DELMANTO, Celso. *Código penal comentado*. São Paulo: Freitas Bastos, 1986.

DEMERCIAN, Pedro Henrique, MALULY, Jorge Assaf. Breves considerações sobre a proposta do ministério público (lei n° 9.099/95). *Boletim IBCCrim*, São Paulo, a. 3, n° 35, p. 12, nov. 1995.

_____. *Juizados especiais criminais – Comentários*. Rio de Janeiro: Aide, 1996.

DEMURO, Gian Paolo. Finalità risarcitoria e teorie della pena. *La Giustizia Penale*, Roma, v. XCIX, n. II, p. 641-656, 1994.

DENCKER, Friedrich, HAMM, Rainer. *Der Vergleich im Strafprozess*. Frankfurt an Main: Metzner, 1988.

DENCKER, Friedrich. Die Bagatelldelikte im Entwurf eines *EGStGB*. *Juristenzeitung*, p. 144-151, 1973.

DI IASI, Camilla. Un'elasticità non funzionale al fine deflattivo del patteggiamento. *Critica del Diritto*, Torino, a. XX, n. 2, p. 68-70, apr. 1994.

DIAS, Jorge de Figueiredo, ANDRADE, Manuel da Costa. *Criminologia. O homem delinquente e a sociedade criminógena*. Coimbra: Coimbra Editora, 1984.

_____. Democracia e criminologia: a experiência portuguesa. *Revista de Direito e Economia*, Coimbra, a. VIII, n° 1, p. 3-23, jan./jun. 1982.

DIAS, Jorge de Figueiredo. A lei criminal – o processo legal-social de criminalização e de descriminalização. *In*: *Ciências criminais: sumários das lições proferidas ao curso complementar de ciências jurídicas da faculdade de direito*. Coimbra: João Abrantes, p. 189-208, 1976.

_____. A nova constituição da república e o processo penal. *Revista da Ordem dos Advogados*, Lisboa, a. 36, p. 99-109, 1976.

_____. A reforma do direito penal português – princípios e orientações fundamentais. *Boletim da Faculdade de Direito da Universidade de Coimbra*, Coimbra, v. XLVIII, p. 107-144, 1972.

_____. A revisão constitucional e o processo penal. *In*: SINDICATO DOS MAGISTRADOS DO MINISTÉRIO PÚBLICO. *A revisão constitucional o processo penal e os tribunais*. Lisboa: Livros Horizonte LDA, p. 43-56, 1981.
_____. *Código de processo penal e outra legislação processual penal*. Lisboa: Aequitas Editorial Notícias, 1992.
_____. *Direito penal português – parte geral II. As consequências jurídicas do crime*. Lisboa: Aequitas, 1993.
_____. *Direito penal. Lições*. Coimbra: Universidade de Coimbra, 1975.
_____. *Direito penal. Sumários....* Coimbra: Universidade de Coimbra, 1975.
_____. *Direito processual penal*. Coimbra: Coimbra Editora, LDA, 1974. v. 1.
_____. *Direito processual penal. Lições...* Coimbra: Universidade de Coimbra, 1988-9.
_____. Due diverse incarnazioni del modello accusatorio. *In*: *Il nuovo codice di procedura penale visto dall'estero*. Atti del Seminario di Torino 4-5 maggio 1990. A cura di Mario Chiavario. Milano: Dott. A. Giuffrè Editore, p. 169-184, 1991.
_____. La riforma del processo penale portoghese. *La Legislazione Penale*, Torino, nº 2, p. 229-243, 1989.
_____. Lei criminal e controlo da criminalidade – o processo legal-social de criminalização e de descriminalização. *Revista da Ordem dos Advogados*, Lisboa, a. 36, p. 69-98, 1976.
_____. Les nouvelles tendances de la politique criminelle du portugal. *Archives de Politique Criminelle*, Lyon, nº 6, p. 193-207, 1983.
_____. O defensor e as declarações do arguido em instrução preparatória. *Revista de Direito e de Estudos Sociais*, Coimbra, a. XVIII, p. 159-226, 1971.
_____. O instituto da dispensa de pena: algumas notas. *Revista de Legislação e de Jurisprudência*, Coimbra, v. 123, nº 3796-3797, p. 196-203, 1991.
_____. O novo código de processo penal. *Boletim do Ministério da Justiça*, Lisboa, nº 369, p. 5-23, 1987.
_____. *O problema da consciência da ilicitude em direito penal*. 3ª Ed.. Coimbra: Coimbra Editora, Limitada, 1987.
_____. O sistema das "penas acessórias" no novo código penal português. *In*: *Criminología y Derecho Penal al servicio de la persona. Libro-homenaje al Profesor Antonio Beristain*. San Sebastian: Instituto Vasco de Criminología, p. 499-511, 1989.
_____. O sistema sancionatório do direito penal português no contexto dos modelos da política criminal. *Boletim da Faculdade de Direito da Universidade de Coimbra*, Coimbra, nº especial: Estudos em Homenagem ao Prof. Doutor Eduardo Correia, p. 783-825, 1984, v. I.
_____. Os novos rumos da política criminal e o direito penal português do futuro. *Revista da Ordem dos Advogados*, Lisboa, 1983.
_____. Os princípios estruturantes do processo e a revisão de 1998 do código de processo penal. *Revista Portuguesa de Ciência Criminal*, Coimbra, a. 8, fasc. 2º, p. 199-213, abr-jun 1998.
_____. Para uma reforma global do processo penal português – da sua necessidade e de algumas orientações fundamentais. *In*: *Para uma nova justiça penal*. Coimbra: Livraria Almedina, p. 189-242, 1983.

842   *O Processo Penal como Instrumento de Política Criminal*

_____. Principes généraux de la politique criminelle portugaise. *Revue de Science Criminelle et de Droit Pénal Comparé*, Paris n° 1, p. 87-94, jan./mar. 1987.

_____. Sobre a reparação de perdas e danos arbitrada em processo penal. *Boletim da Faculdade de Direito da Universidade de Coimbra. Estudos «in memoriam do Prof. Doutor José Beleza dos Santos I*, Coimbra, n° especial, p. 87-138, 1966.

_____. Sobre o estado actual da doutrina do crime. Sobre os fundamentos da doutrina e construção do tipo-de-ilícito. *Revista Brasileira de Ciências Criminais*. São Paulo, n° especial lançamento, p. 23-52, dez. 1992.

_____. Sobre os sujeitos processuais no novo código de processo penal. *In*: *Jornadas de direito processual penal*: *o novo código de processo penal*. Coimbra: Livraria Almedina, p. 3–34, 1993.

DOLCINI, Emilio. Razionalità nella commisurazione della pena: un obiettivo ancora attuale? *Rivista Italiana di Diritto e Procedura Penale*, Milano, p. 797-814, 1990.

_____. Sanzione penale o sanzione amministrativa: problemi di scienza della legislazione. *In*: *Diritto penale in trasformazione*. A cura di Giorgio Marinucci e Emilio Dolcini. Milano: Dott. A. Giuffrè Editore, p. 371-402, 1985.

DOTTI, René Ariel. As bases constitucionais do direito penal democrático. *Revista de Informação Legislativa*, Brasília, a. 22, n° 88, p. 21-44, out./dez. 1985.

DREHER, Eduard, TRÖNDLE, Herbert. *Strafgesetzbuch und Nebengesetze*. 45ª Auflage. München, 1991.

DREHER, Eduard. Die Behandlung der Bagatellkriminalität. *In*: *Festschrift für Hans Welzel zum 70. Geburtstag*, Berlin, p. 917-940, 1974.

DÜNKEL, Frieder, RÖSSNER, Dieter. Law and practice of victim/offender agreements. *In*: WRIGHT, Martin, GALAWAY, Burt (ed.). *Mediation and criminal justice*. London: SAGE, p. 152-177, 1989.

ENGISCH, Karl. Sentido y alcance de la sistemática jurídica. Trad. Marcelino Rodriguez Molinero. *Anuario de Filosofia del Derecho*, Madrid, nueva epoca, t. III, p. 7-40, 1986.

ESER, Albin, BURKHARDT, Björn. *Derecho penal. Cuestiones fundamentales de la teoría del delito sobre la base de casos de sentencias*. Trad. Silvina Bacigalupo e Manuel Cancio Meliá. Madrid: COLEX, 1995.

ESER, Albin. Acerca del renacimiento de la víctima en el procedimiento penal. Trad. Fabricio O. Guariglia y Fernando J. Córdoba. *In*: MAIER, Julio B. J. (comp.). *De los delitos y de las víctimas*. Buenos Aires: AD-HOC S.R.L., p. 13-52, 1992.

_____. Germany. *In*: The political of criminal law reform. *The American Journal of Comparative Law*, v. 21, p. 245-262, 1973.

_____. La posizione giuridica dell'imputato nel processo penale tedesco. Trad. Luca Marafioti. *Il Giusto Processo*, Roma, n. 9-12, p. 274-297, 1991.

_____. La tutela penale dell'ambiente in germania. Trad. Mauro Catenacci. *L'Indice Penale*, Padova, a. XXIII, p. 231-247, 1989.

FAGGIONI, Luiz Roberto Cicogna. Da constitucionalidade do requisito negativo da reincidência processual na suspensão condicional do processo. *Boletim IBCCrim*, São Paulo, a. 6, n° 67, p. 12-13, jun. 1998.

FAZIO, Giuseppe. L'equità della pena nel patteggiamento. *Cassazione Penale*, Milano, v. XXXII, p. 1948-1951, 1992.

FERNANDES, Fernando Andrade. *Da ação penal condenatória*. Belo Horizonte: Faculdade de Direito, 1992. Dissertação (Mestrado em Direito) – Faculdade de Direito, Universidade Federal de Minas Gerais, 1992.

FERNANDO, Rui do Carmo Moreira. O ministério público face à pequena e média criminalidade (em particular, a suspensão provisória do processo e o processo sumaríssimo). *Revista do Ministério Público*, Lisboa, a. 21, nº 81, p. 129-150, jan/mar 2000.

FERRAIOLI, Marzia. Giudizio abbreviato. *In*: DALIA, Andrea Antonio. *I procedimenti speciali*. Napoli: JOVENE, p. 3-30, 1989.

FERRAJOLI, Luigi. *Derecho y razón. Teoría del garantismo penal*. Trad. Perfecto Andrés Ibáñez *et alli*. Madrid: Trotta, 1995.

_____. Patteggiamenti e crisi della giurisdizione. *Questione Giustizia*, Milano, n. 2, p. 371-383, 1989.

FERRANTE, Umberto. L'applicazione della pena su richiesta delle parti dinanzi alla corte costituzionale. *Giurisprudenza di Merito*, Milano, v. XXII, p. 840-851, 1990.

FERREIRA, Manuel Cavaleiro de. *Curso de processo penal*. Lisboa: Editora Danúbio, LDA., 1986. v. I.

_____. *Curso de processo penal*. Lisboa: Editora Danúbio, LDA., 1986, v. 2.

FERREIRA, Manuel Marques. Art. 16 – nº 3 e nº 4 do cpp – normas de efeitos restritos e meramente processuais. *Tribuna da Justiça*, Lisboa, nº 2, p. 101-116, fev./mar. 1990.

FERRI. *Sociologia criminale*. Torino, 1930, v. 2.

FERRUA, Paolo. *Studi sul processo penale II. Anamorfosi del processo accusatorio*. Torino: Giappichelli Editore, 1992.

FIANDACA, Giovanni. Pena "patteggiata" e principio rieducativo: un arduo compromesso tra logica di parte e controllo giudiziale. *Il Foro Italiano*. Bologna, p. 2385-2393, 1990.

FIGUEIRA JUNIOR, Joel Dias, LOPES, Mauricio Antonio Ribeiro. *Comentários à lei dos juizados especiais cíveis e criminais*. São Paulo: RT, 1995.

_____. *Comentários à lei dos juizados especiais cíveis e criminais*. 2ª Ed.. São Paulo: RT, 1997.

FRAGOSO, Heleno Cláudio. *Lições de direito penal – A nova parte geral*. 8ª Ed.. Rio de Janeiro: FORENSE, 1985.

FRANCO, Alberto Silva. *Temas de direito penal*. São Paulo: Saraiva, 1986.

FRANKE, Einhard, BLAU, Gunter. Diversion and mediation – Federal Republic of Germany. *Revue Internationale de Droit Pénal*, Toulouse, a. 54, p. 929-940, 3º et 4º trim. 1983.

FRIEDMAN, Lawrence M.. *Il sistema giuridico nella prospettiva delle scienze sociali*. Trad. Giovanni Tarello. Bologna: Il Mulino, 1978.

FRONTINI, Giorgio. In tema di qualificazione della sentenza emessa a seguito di patteggiamento. *Temi Romana*, Milano, III, p. 256-260, 1990.

FUMU, Giacomo. Giudizio immediato. *In*: CHIAVARIO, Mario (coord.). *Commento al nuovo codice di procedura penale*. Torino: UTET, p. 835-858, 1990.

FUX, Luiz, BATISTA, Weber Martins. *Juizados especiais cíveis e criminais e suspensão condicional do processo penal*. Forense: Rio de Janeiro, 1997.

844   *O Processo Penal como Instrumento de Política Criminal*

GAITO, Alfredo. Accusa e difesa di fronte ai nuovi istituti: problemi di scelta e strategia processuale. *In*: *Questioni nuove di procedura penale*. Padova: Cedam, p. 7-30, 1989.

_____. Giudizio direttissimo. *In*: DALIA, Andrea Antonio. *I procedimenti speciali*. Napoli: JOVENE, p. 175-207, 1989.

_____. Giudizio immediato. *In*: DALIA, Andrea Antonio. *I procedimenti speciali*. Napoli: JOVENE, p. 249-265, 1989.

GALBIATI, Ricardo. A natureza jurídica da proposta de suspensão condicional do processo penal. *Boletim IBCCrim*, São Paulo, a. 5, nº 60, p. 10, nov. 1997.

GALLO, Marcello. Introduzione.... *In*: *Il nuovo codice di procedura penale visto dall'estero*. Atti del Seminario di Torino 4-5 maggio 1990. A cura di Mario Chiavario. Milano: Dott. A. Giuffrè Editore, p. 23-27, 1991.

GASPAR, António Henriques. Processos especiais. *In*: *Jornadas de direito processual penal*: *o novo código de processo penal*. Coimbra: Livraria Almedina, p. 359-377, 1993.

GIACOMUZZI, Vladimir. Aspectos penais na lei nº 9.099/95. *Ajuris*, Porto Alegre, a. 23, nº 67, p. 247-251, jul. 1996.

GIARDA, Angelo. I tempi processuali nel sistema del nuovo processo penale. *In*: CARAVOGLIA, Mario (Coord.). *Profili del nuovo processo penale*. Padova: CEDAM – Casa Editrice Dott. Antonio Milani, p. 141-153, 1988.

GOMES FILHO, Antonio Magalhães. "O princípio da presunção de inocência na constituição de 1988 e na convenção americana sobre direitos humanos (pacto de são josé da costa rica)". *Revista do Advogado*, São Paulo, nº 42, p. 30-34, abr/94.

GOMES, Luiz Flávio. *Suspensão condicional do processo penal*. 2ª Ed.. São Paulo: RT, 1997.

GONÇALVES, M. Maia. *Código de processo penal anotado*. Coimbra: Livraria Almedina, 1994.

_____. *Código de processo penal anotado e comentado*. 11ª Ed.. Coimbra: Livraria Almedina, 1999.

_____. *Código penal português anotado e comentado*. 12ª Ed.. Coimbra: Livraria Almedina, 1998.

_____. *Código penal português anotado e comentado*. 13ª Ed.. Coimbra: Livraria Almedina, 1999.

GÖSSEL, Karl-Heinz. A posição do defensor no processo penal de um estado de direito. Trad. Anabela Maria Miranda Rodrigues. *Boletim da Faculdade de Direito da Universidade de Coimbra*, Coimbra, v. LIX, p. 241-283, 1983.

_____. Principios fundamentales de las formas procesales descriminalizadoras, incluidas las del procedimiento por contravenciones al orden administrativo y las del proceso por orden penal, en el proceso penal aleman. Trad. Vicente Gimeno Sendra y Juan-Luis Gómez Colomer. *Justicia*, Barcelona, n. IV, p. 877-892, 1985.

_____. Reflexiones sobre la importancia del principio de legalidad en el procedimiento penal del estado de derecho. Trad. Katrin Lemberg. *Nuevo Foro Penal*, n. 23, p. 5-29, 1984.

_____. Reflexiones sobre la situación del ministerio público en el procedimiento penal de un estado de derecho y sobre sus relaciones con la policía. Trad. Annelies Krempf de Villanueva y Julio B. J. Maier. *Doctrina Penal*, Buenos Aires, a. 4, n. 13-16, p. 621-659, 1981.

Bibliografia 845

GRANATA, Antonino. Patteggiamento e coimputati di concorso nel medesimo reato. *Archivio nuova procedura penale*, Piacenza, 1994.

GREBING, Gerhard. La procedure acceleree dans le proces penal en republique federale d'allemagne. *Archives de Politique Criminelle*, Lyon, n. 5, p. 151-159, 1982.

GREVI, Vittorio. Archiviazione per «inidoneità probatoria» ed obbligatorietà dell'azione penale. *In: Il nuovo processo penale dalla codificazione all'attuazione*. Atti del Convegno presso l'Università di Bari Ostuni, 8-10 settembre 1989. Milano: Dott. A. Giuffrè Editore, p. 53-104, 1991.

_____. Déjudiciarisation (diversion) et médiation. *Revue Internationale de Droit Pénal*, Toulouse, a. 54, p. 1017-1035, 3° et 4° trim. 1983.

GRINOVER, Ada Pellegrini, GOMES FILHO, Antonio Magalhães, FERNANDES, Antonio Scarance, GOMES, Luiz Flávio. *Juizados especiais criminais. Comentários à Lei 9.099 de 26.09.1995*. São Paulo: RT, 1996.

GRINOVER, Ada Pellegrini, GOMES FILHO, Antonio Magalhães, FERNANDES, Antonio Scarance, GOMES, Luiz Flávio. *Juizados especiais criminais. Comentários à Lei 9.099 de 26.09.1995*. 3ª Ed.. São Paulo: RT, 1999.

GRINOVER, Ada Pellegrini. *As condições da ação penal*. São Paulo: Bushatsky Editor, 1977.

HABERMAS, Jürgen. *Faktizität und Geltung. Beiträge zur Diskurstheorie des Rechts und des demokratischen Rechtsstaats*. Frankfurt: Suhrkamp Verlag, 1992.

_____. Osservazioni propedeutiche per una teoria della competenza comunicativa. *In: Teoria della società o tecnologia sociale*. Milano: Etas Libri, p. 67-94, 1973.

_____. *Problemas de legitimación en el capitalismo tardío*. Buenos Aires: Amorrortu, 1975.

_____. *Teoría de la acción comunicativa: complementos y estudios previos*. Trad. Manuel Jiménez Redondo. 2ª Ed.. Madrid: Ediciones Cátedra, 1994.

HANACK, Ernst-Walter. Das Legalitätsprinzip und die Strafrechtsreform. *In: Festschrift für Wilhelm Gallas zum 70. Geburtstag*, Berlin, p. 339-364, 1973.

HASSEMER, Winfried, MUÑOZ CONDE, Francisco. *La responsabilidad por el producto en derecho penal*. Valencia: Tirant lo blanch, 1995.

HASSEMER, Winfried. Alternativas al princípio de culpabilidad? Trad. Francisco Muñoz Conde. *Doctrina Penal*, Buenos Aires, a. 5, n° 18, p. 233-244, abr./jun. 1982.

_____. Crisis y caracteristicas del moderno derecho penal. Trad. Francisco Muñoz Conde. *Actualidad Penal*, Madrid, n. 43-22, p. 635-646, nov. 1993.

_____. Derecho penal y filosofía del derecho en la república federal de alemania. Trad. Francisco Muñoz Conde. *Doctrina Penal*, Buenos Aires, a. 14, n. 53-54, p. 87-100, ene./jun. 1991.

_____. *Fundamentos del derecho penal*. Trad. Francisco Muñoz Conde y Luis Arroyo Zapatero. Barcelona: Bosch, 1984.

_____. La ciencia jurídico penal en la república federal alemana. Trad. Hernán Hormazábal Malarée. *Anuario de Derecho Penal y Ciencias Penales*, Madrid, t. XLVI, f. I, p. 35-80, ene./abr. 1993.

_____. La persecución penal: legalidad y oportunidad. Trad. M. A. Cobos Gomez de Linares. *Jueces para la Democracia*, Madrid, n. 4, p. 8-11, Sep. 1988.

_____. Pacta sunt servanda – auch im Strafprozess? – *BGH, NJW 1989, 2270*. *Juristische Schulung*, Heft 11, p. 890-895, 1989.

846   *O Processo Penal como Instrumento de Política Criminal*

_____. *Três temas de direito penal*. Trad. Carlos Eduardo Vasconcelos. Porto Alegre: Fundação Escola Superior do Ministério Público, 1993.

HEINE, Günter. Derecho penal del medio ambiente. Especial referencia al derecho penal aleman. Trad.: Miguel Polaino Navarrete. *Cuadernos de Política Criminal*, Madrid, nº 61, p. 51-67, 1997.

HERRMANN, Joachim. Diversion and mediation – Federal Republic of Germany. Trad. Marc E. Leistner. *Revue Internationale de Droit Pénal*, Toulouse, a. 54, p. 1043- -1058, 3º et 4º trim. 1983.

HIRSCH, Hans Joachim. Il risarcimento del danno nell'ambito del diritto penale sostanziale. Trad. Gabriele Fornasari. *In*: *Studi in Memoria di Pietro Nuvolone*. Milano: Dott. A. Giuffrè Editore, p. 275-304, 1991. v. 1.

_____. La posicion del ofendido en el derecho penal y en el derecho procesal penal, con especial referencia a la reparacion. Trad. Roberto L. Sánchez-Ocaña Chamorro. *Cuadernos de política criminal*, Madrid, n. 42, p. 561-575, 1990.

_____. Zur Behandlung der Bagatellkriminalität in der Bundesrepublik Deutschland. *Zeitschrift für die Gesamte Strafrechtswissenschaft (ZStW)*, Heft 90, p. 218-254, 1980.

HÜNERFELD, Peter. A pequena criminalidade e o processo penal. Trad. Manuel Costa Andrade. *Revista de Direito e Economia*, Coimbra, a. IV, n. 1, p. 25-47, jan./jun. 1978.

ILLUMINATI, Giulio. I procedimenti a conclusione anticipata e speciali nel nuovo codice di procedura penale. *Politica del Diritto*, Bologna, a. XXI, n. 2, p. 251-296, giu. 1990.

_____. Il giudizio immediato. *In*: *I riti differenziati nel nuovo processo penale*. Milano: Dott. A. Giuffrè Editore, p. 139-177, 1990.

ISASCA, Frederico. *Alteração substancial dos factos e sua relevância no processo penal português*. Coimbra: Livraria Almedina, 1992.

JAKOBS, Günther. *Derecho penal – parte general. Fundamentos y teoría de la imputación*. Trad. Joaquin Cuello Contreras y Jose Luis Serrano Gonzalez de Murillo. Madrid: MARCIAL PONS, 1995.

_____. El principio de culpabilidad. Trad. Manuel Cancio Meliá. *Derecho penal y criminologia*, Bogotá, v. XV, n. 50, p. 125-155, may./ago. 1993.

JARDIM, Afrânio Silva. *Direito processual penal – estudos e pareceres*. Rio de Janeiro: Forense, 1987.

_____. *Direito processual penal*. 4ª Ed.. Rio de Janeiro: Forense, 1991.

_____. Os princípios da obrigatoriedade e da indisponibilidade nos juizados especiais criminais. *Boletim IBCCrim*, São Paulo, a. 4, nº 48, p. 4, nov. 1996.

JESCHECK, Hans-Heinrich. Il contributo della comparazione del diritto alla riforma del processo penale tedesco. Trad. Francesca Molinari. *Annali della Facoltà di Giurisprudenza – Università degli Studi di Genova*, Milano, a. XIV, p. 96-112, 1975.

_____. Il nuovo codice di procedura penale italiano visto dalla germania. *In*: *Il nuovo codice di procedura penale visto dall'estero*. Atti del Seminario di Torino 4-5 maggio 1990. A cura di Mario Chiavario. Milano: Dott. A. Giuffrè Editore, p. 29-45, 1991.

_____. *Tratado de derecho penal. Parte General*. Trad. José Luis Manzanares Samaniego. Granada: Comares, 1993.

JESUS, Damásio Evangelista de. *Direito penal. Parte geral.* 18ª Ed.. São Paulo: Saraiva, 1994, v. 1.

_____. Breves notas à lei dos juizados especiais criminais. *Boletim IBCCrim*, São Paulo, a. 3, nº 35, p. 13, nov. 1995.

_____. *Lei dos juizados especiais criminais anotada.* São Paulo: Saraiva, 1995.

JUNG, M. Heike. La reconstrucció d'una posició: el paper de la víctima en el procediment penal. *Justiforum*, II època, nº 5, p. 27-39, 1996.

_____. Le ministere public: portrait d'une institution. Trad. Claude Witz. *Archives de Politique Criminelle*, Lyon, n. 15, p. 15-27, 1993.

_____. Le rôle du ministère public en procédure pénale allemande. Trad. Claude Witz. *Revue de Science Criminelle et de Droit Pénal Comparé*, Paris, n. 1, p. 223- -233, jan./mar. 1983.

_____. Vers un nouveau modèle du procès pénal? Réflexions sur les rapports "la mise en état des affaires pénales". Trad. Claude Witz. *Revue de Science Criminelle et de Droit Pénal Comparé*, Paris, n. 3, p. 526-536, jui./sep. 1991.

KALB, Luigi. Procedimento per decreto. *In*: DALIA, Andrea Antonio. *I procedimenti speciali.* Napoli: JOVENE, p. 303-324, 1989.

KAUFMANN, Armin. *Teoría de las normas. Fundamentos de la dogmática penal moderna.* Trad. Enrique Bacigalupo y Ernesto Garzón Valdés. Buenos Aires: DEPALMA, 1977.

KAUSCH, Erhard. *Der Staatsanwalt. Ein Richter vor dem Richter? (Untersuchungen zu § 153a StPO).* Berlim, 1980.

KERNER, Hans-Jürgen. Conciliacion victima-ofensor y reparacion de dãnos en el derecho penal aleman. Consideraciones sobre la nueva situacion juridica y las experiencias de la aplicacion practica. *Cuadernos de Política Criminal*, Madrid, nº 62, p. 367-383, 1997.

KLEINKNECHT, Theodor, MEYER, Karlheinz. *Strafprozessordnung.* 37ª Auflage. München: Verlagsbuchhandlung, 1985.

_____. *Strafprozessordnung.* 41ª Auflage. München: Verlagsbuchhandlung, 1993.

KRAUSS, Detlef. La vittima del reato nel processo penale. *Dei delitti e delle pene*, a. I, n. 2, p. 283-298, mag./lug. 1983.

KREVZER, Arthur. Las drogas en la republica federal de alemania – problematica y aspectos politicos-criminales. Trad. Pablo Martín Sainz. *In*: Marino Barbero Santos *et alli* (Ed.). *La reforma penal.* Madrid: Edissa, p. 71-98, 1982.

KÜHNE, Hans-Heiner. Germany. *In*: WYNGAERT, C. Van Den (ed.). *Criminal procedure systems in the european community.* Londres: Butterworths, p. 137-162, 1993.

_____. *Strafprozesslehre. Eine systematische Darstellung für Prüfung und Praxis.* 4ª Auflage. Heidelberg: C. F. Müller Juristischer Verlag, 1993.

LEMMO, Elio. Il passaggio dal vecchio al nuovo processo penale: problemi di coordinamento e di diritto transitorio. *In*: *Il nuovo processo penale dalla codificazione all'attuazione.* Atti del Convegno presso l'Università di Bari Ostuni, 8-10 settembre 1989. Milano: Dott. A. Giuffrè Editore, p. 181-210, 1991.

_____. Il procedimento per decreto penale. *In*: *I riti differenziati nel nuovo processo penale.* Milano: Dott. A. Giuffrè Editore, p. 179-190, 1990.

LEONE, Giovanni. Intervento.... *In*: *Il nuovo processo penale dalla codificazione all'attuazione.* Atti del Convegno presso l'Università di Bari Ostuni, 8-10 settembre 1989. Milano: Dott. A. Giuffrè Editore, p. 1-7, 1991.

848   *O Processo Penal como Instrumento de Política Criminal*

_____. Pena e processo, nuove prospettive. *In: Rivista Italiana di Diritto e Procedura Penale*, Milano, nuova serie, a. XXVI, p. 3-17, 1983.

LIMA E SOUZA, Amaury de. *Juizados especiais criminais. Lei no. 9.099/95.* Leme: LED – Editora de Direito LTDA, 1998.

LISZT, Franz. *Strafrechtliche ausfsätze und Vorträge.* Berlim: Guttentag, 1905. t. I.

LOPES JÚNIOR, Aury Celso Lima. Breves considerações sobre as inovações processuais penais da lei nº 9.099/95. *Ajuris*, Porto Alegre, a. 23, nº 67, p. 335-370, jul. 1996.

LOPES, Jair Leonardo. *Curso de direito penal: parte geral.* 2ª Ed.. São Paulo: RT, 1996.

LOPES, Maurício Antonio Ribeiro. Suspensão do processo e *vacatio legis. Boletim IBCCrim*, São Paulo, a. 3, nº 34, p. 4, out. 1995.

LOPES, Ricardo. O problema da confissão do réu. *Scientia Ivridica*, Lisboa, t. IX, nᵒˢ 48/49, p. 408-415, jul./out. 1960.

LOPES-CARDOSO, Álvaro. *Estatuto do ministério público.* Coimbra: Almedina, 2000.

LORUSSO, Sergio. *Provvedimenti "allo stato degli atti" e processo penale di parti.* Milano: Giuffrè, 1995.

LÖWE, Ewald, ROSENBERG, Werner. *Die Strafprozessordnung und das Gerichtsverfassungsgesetz. Grosskommentar.* 24ª Auflage. Berlin, 1987-1989.

LOZZI, Gilberto. Aplicazione della pena su richiesta delle parti. *In:* DALIA, Andrea Antonio. *I procedimenti speciali.* Napoli: Jovene Editore, p. 115-143, 1989.

_____. Il patteggiamento e l'accertamento di responsabilità: un equivoco che persiste. *Rivista Italiana di Diritto e Procedura Penale*, Milano, nuova serie, a. XLI, p. 1396-1403, 1998.

_____. *Lezioni di procedura penale.* Torino: G. Giappichelli Editore, 1994.

LÚCIO, A. Laborinho. Sujeitos do processo penal. *In: Jornadas de direito processual penal: o novo código de processo penal.* Coimbra: Livraria Almedina, p. 35-57, 1993.

LÜDERSSEN, Klaus. Petty offenses. *In:* SYMPOSIUM: THE NEW GERMAN PENAL CODE. *The American Journal of Comparative Law*, v. 24, p. 754-767, 1976.

LUHMANN, Niklas. *Legitimação pelo procedimento.* Trad. Maria da Conceição Côrte--Real. Brasília: Editora Universidade de Brasília, 1980.

_____. *Sistema juridico y dogmatica juridica.* Trad. Ignacio de Otto Pardo. Madrid: Centro de Estudios Constitucionales, 1983.

LUISI, Luiz. *Os princípios constitucionais penais.* Porto Alegre: Sérgio Antonio Fabris Editor, 1991.

LUPO, Ernesto. Il giudizio abbreviato e l'applicazione della pena negoziata. *In: Questioni nuove di procedura penale.* Padova: Cedam, p. 61-82, 1989.

MACCARRONE, Attilio. Ancora sulla natura della sentenza emessa ex art. 444 c.p.p.. *La Giustizia Penale*, Roma, a. XCIX, fasc. VII, p. 413-416, lug., 1994.

MACCHIA, Alberto, CONTI, Giovanni. *Il nuovo processo penale.* 3ª Ed.. Roma: Buffetti Editore, 1991.

MACCHIA, Alberto. *Il patteggiamento.* Milano: Giuffrè Editore, 1992.

MAIWALD, Manfred. Appunti sul ruolo del pubblico ministero nell'esperienza processuale tedesca. Trad. Alessandra Ippoliti. *Il Giusto Processo*, Roma, n. 13-16, p. 8-24, 1992.

_____. Il processo penale vigente in germania. *Quaderni di procedura penale e diritto processuale comparato*, Messina, a. 1, nº 1, p. 9-43, 1992.

MARAFIOTI, Luca. *La giustizia penale negoziata*. Milano: Dott. A. Giuffrè Editore, 1992.

MARQUES, José Frederico. *Elementos de direito processual penal*. Rio de Janeiro: Forense, 1961, v. 1.

_____. O recebimento da denúncia. *In: Estudos de direito processual penal*. Rio de Janeiro: Forense, p. 145-148, 1960.

_____. Sôbre a ação penal. *In: Estudos de direito processual penal*. Rio de Janeiro: Forense, p. 105-107, 1960.

_____. *Tratado de direito processual penal*. São Paulo: Saraiva, 1980, v. 2.

MARZADURI, Enrico. Interventi.... *in: I riti differenziati nel nuovo processo penale*. Milano: Dott. A. Giuffrè Editore, p. 235-241, 1990.

_____. *L'applicazione di sanzioni sostitutive su richiesta dell'imputato*. Milano: Dott. A. Giuffrè Editore, 1985.

MASSELLI, Graziano. L'applicazione della pena su richiesta delle parti. *In:* GARAVOGLIA, Mario (Coord.). *Profili del nuovo processo penale*. Padova: CEDAM, p. 164-171, 1988.

MAURACH, Reinhart, GÖSSEL, Karl Heinz, ZIPF, Heinz. *Derecho penal – parte general 2*. Trad. Jorge Bofill Genzsch. 7ª Ed.. Buenos Aires: Astrea, 1995, v. 2.

MAURACH, Reinhart, ZIPF, Heinz. *Derecho penal. Parte geral 1*. Trad. Jorge Bofill Genzsch y Enrique Aimone Gibson. 7ª Ed.. Buenos Aires: Astrea, 1994.

MIR PUIG, Santiago. *Derecho Penal. Parte Geral*. 3ª Ed.. Barcelona: PPU, 1995.

MIRABETE, Julio Fabbrini. *Juizados especiais criminais*. São Paulo: Atlas, 1996.

_____. *Manual de direito penal*. 13ª Ed.. São Paulo: Atlas, 1998, v. 1.

_____. *Processo penal*. 2ª Ed.. São Paulo: Atlas, 1992.

_____. *Processo penal*. 8ª Ed.. São Paulo: Atlas, 1998.

MODONA, Guido Neppi. Processo accusatorio e tradizioni giuridiche continentali. *In: Il nuovo codice di procedura penale visto dall'estero*. Atti del Seminario di Torino 4-5 maggio 1990. A cura di Mario Chiavario. Milano: Dott. A. Giuffrè Editore, p. 263-273, 1991.

MONTEIRO, Marcelo Rocha. Ausência de proposta do ministério público na transação penal: uma reflexão à luz do sistema acusatório. *Boletim IBCCrim*, São Paulo, a. 6, n° 69, p. 18-19, ago. 1998.

MONTI, Umberto. La sentenza di "patteggiamento" come sentenza di condanna: una soluzione che sembra l'unica possibile. *Archivio nuova procedura penale*, Piacenza, p. 175-178, 1992.

MOREIRA, Vital, CANOTILHO, José Joaquim Gomes. *Constituição da república portuguesa anotada*. 3ª Ed.. Coimbra: Coimbra Editora, 1993.

MOSSIN, Heráclito Antônio. *Curso de processo penal*. São Paulo: Atlas, 1997, v. 1.

MOTA, José Luís Lopes da. A fase preparatória do processo penal. O processo penal português. Comunicação apresentada na École Nationale de la Magistrature sobre "La phase préparatoire du procès pénal", 14-18 mar. 1994, Paris, 26p. digitadas.

_____. A revisão do código de processo penal. *Revista Portuguesa de Ciência Criminal*, Coimbra, a. 8, fasc. 2°, p. 163-198, abr-jun 1998.

_____. Relatório de actividade do ministério público do ano de 1993. Dados relativos ao sistema de justiça penal. *Revista Portuguesa de Ciência Criminal*, Lisboa, a. 4, fasc. 4, p. 611-622, out./dez. 1994.

850 O Processo Penal como Instrumento de Política Criminal

_____. Relatório dos serviços do ministério público do ano de 1992. Dados relativos ao sistema de justiça penal. *Revista Portuguesa de Ciência Criminal*, Lisboa, v. 3, n. 2-4, p. 585-596, 1993.

MOURA, José Souto de. Inquérito e instrução. *In*: *Jornadas de direito processual penal*: *o novo código de processo penal*. Coimbra: Livraria Almedina, p. 81-145, 1993.

_____. Notas sobre o objecto do processo (a pronúncia e a alteração substancial dos factos). *Revista do Ministério Público*, Lisboa, a. 12, nº 48, p. 41-73, 1991.

MUHM, Raoul. Dependência do ministério público do executivo na alemanha. Trad. Eduardo Maia Costa. *Revista do Ministério Público*, Lisboa, a. 16, n. 61, p. 121-128, jan./mar. 1995.

MUÑOZ CONDE, Francisco. Prólogo.... *In*: HASSEMER, Winfried. Fundamentos del derecho penal. Barcelona: Bosch, 1984.

NAPPI, Aniello. *Guida al codice di procedura penale*. 4ª ed.. Milano: Giuffrè Editore, 1995.

NASCIMENTO, Luís António Noronha. O código de processo penal, o incidente do acelerador e a limitação acusatória do M. P. conferida pelo art. 16. *Tribuna da Justiça*, Lisboa, nº 1, p. 41-53, dez. 1989.

NAUCKE, Wolfgang. La filosofía social del derecho penal orientado a las ciencias sociales. Trad. Joan-Josep Queralt Jiménez. *In*: *Derecho penal y ciencias sociales*. Barcelona: Servicio de Publicaciones de la Universidad Autónoma de Barcelona, p. 73-96, 1982.

NETO, Manuela. *Do inquérito*. Porto: Elcla Editora, 1994.

NEVES, António Castanheira. O actual problema metodológico da realização do direito. Separata do *Boletim da Faculdade de Direito da Universidade de Coimbra*, Coimbra, nº especial: "Estudos em Homenagem ao Prof. Doutor António de Arruda Ferrer Correia", p. 3-50, nov. 1990

_____. O princípio da legalidade criminal. Separata do *Boletim da Faculdade de Direito da Universidade de Coimbra*, Coimbra, nº especial: Estudos em Homenagem ao Prof. Doutor Eduardo Correia, p. 1-165, 1984, v. I.

_____. *Sumários de processo criminal* (1967-1968). Coimbra, 1968.

NOGUEIRA, Paulo Lúcio. *Curso completo de processo penal*. 3ª Ed.. São Paulo: Saraiva, 1987.

OLIVEIRA, Alberto Augusto Andrade de, SILVA MIGUEL, João Manuel da. O inquérito e instrução no projecto do código de processo penal (breves considerações). *Cadernos da Revista do Ministério Público: Jornadas de Processo Penal*, Lisboa, nº 2, p. 77-103, 1987.

OLIVEIRA, Odete Maria de. *Problemática da vítima de crimes. Reflexos no sistema jurídico português*. Lisboa: Rei dos Livros, 1994.

PADOVANI, Tullio. Il crepusculo della legalità nel processo penale. *L'indice penale*, Verona, a. II, nº 2, Mag/Ago, p. 527-543, 1999, p. 529.

_____. Il nuovo codice di procedura penale e la riforma del codice penale. *Rivista Italiana di Diritto e Procedura Penale*, Milano, p. 916-939, 1989.

PAGLIARO, Antonio. Riflessi del nuovo processo sul diritto penale sostanziale. *Rivista Italiana di Diritto e Procedura Penale*, Milano, p. 36-54, 1990.

PALIERO, Carlo Enrico, MONACO, Lucio. Variazioni in tema di "crisi della sanzione": la diaspora del sistema commisurativo. *Rivista Italiana di Diritto e Procedura Penale*, Milano, v. 2, p. 421-456, 1994.

PALIERO, Carlo Enrico. "Minima non curat praetor". Ipertrofia del diritto penale e decriminalizzazione dei reati bagatellari. Padova: CEDAM, 1985.

PALIERO, Carlo Enrico. Note sulla disciplina dei reati "Bagatellari". *Rivista Italiana di Diritto e Procedura Penale*, nuova série, a. XXII, p. 920-991, 1979.

PALMIERI, Ettore. I procedimenti speciali nel nuovo cpp. *Quaderni di Procedura Penale e Diritto Processuale Comparato*, Messina, a. 1, n. 1, p. 127-142, 1992.

PAOLOZZI, Giovanni. I meccanismi di semplificazione del giudizio di primo grado. *In*: *Questioni nuove di procedura penale*. Padova: Cedam, p. 31-60, 1989.

_____. *Il giudizio abbreviato nel passaggio dal modello "tipo" al modello pretorile*. Padova: CEDAM, 1991.

PATERNITI, Carlo. Influenze e rapporti del nuovo codice di procedura penale con la legislazione penale sostanziale. *Quaderni di Procedura Penale e Diritto Processuale Comparato*, Messina, a. 1, n. 1, p. 117-120, 1992.

PAZZAGLINI FILHO, Marino, MORAES, Alexandre de, SMANIO, Gianpaolo Poggio, VAGGIONE, Luiz Fernando. *Juizado especial criminal*. 2ª Ed.. São Paulo: Atlas, 1997.

PEDROSA, Ronaldo Leite. Cesta básica: penal legal?. *Boletim IBCCrim*, São Paulo, a. 5, nº 59, p. 13-14, out. 1997.

PEREIRA, Luís Silva. Os processos especiais do código de processo penal após a revisão de 1998. *Revista do Ministério Público*, Lisboa, a. 20, nº 77, p. 139-154, jan/mar 1999.

PETERS, Karl. Evoluzione del processo penale. Trad. Francesca Molinari. *Annali della Facoltà di Giurisprudenza*, Genova, a. XIII, p. 530-544, 1974.

_____. Le ministère public. *Revue Internationale de Droit Pénal*, Toulouse, a. 34, n. 3-4, p. 3-17, 1963.

PIGNATELLI, Amos. Patteggiamento e giurisdizione: il punto di vista della corte costituzionale. *Questione Giustizia*, Milano, v. IX, n. 2, p. 347-360, 1990.

PIMENTA, José da Costa. *Código de processo penal anotado*. 2ª Ed..Lisboa: Rei dos Livros, 1991.

_____. *Introdução ao processo penal*. Coimbra: Livraria Almedina, 1989.

PINHEIRO, Rui, MAURÍCIO, Artur. *A constituição e o processo penal*. Lisboa: Diabril, 1976.

PINI, Valeria. La struttura della sentenza nelle decisioni patteggiate. *Cassazione Penale*, Milano, v. XXXV, n. 2, p. 357-359, 1995.

PISANI, M., MOLARI, A., PERCHINUNNO, V., CORSO, P.. *Appunti di procedura penale*. 2ª Ed.. Bologna: Monduzzi Editore, 1994.

PISAPIA, Gian Domenico. Allocuzione.... *In*: *Il nuovo codice di procedura penale visto dall'estero*. Atti del Seminario di Torino 4-5 maggio 1990. A cura di Mario Chiavario. Milano: Dott. A. Giuffrè Editore, p. 114-118, 1991.

_____. Il nuovo processo penale: esperienze e prospettive. *Rivista Italiana di Diritto e Procedura Penale*, Milano, nuova serie, a. XXXVI, fasc. 1, p. 3-20, gen./mar. 1993.

_____. *Lineamenti del nuovo processo penale*. 2ª Ed.. Padova: CEDAM, 1989.

POTT, Christine. La pérdida de contenido del principio de legalidad y su manifestación en la relación entre el delito de encubrimiento por funcionario (§ 258, a, StGB) y el sobreseimiento (§ 153 sigs. StPO). Trad. Elena Iñigo Corroza y Guillermo Benlloch Petit. *In*: Instituto de Ciencias Criminales de Frankfurt (ed.). *La insostenible situación del derecho penal*. Granada: Comares, p. 79-100, 2000.

852   *O Processo Penal como Instrumento de Política Criminal*

Póvoa, Liberato, Melo, José Maria. *Teoria e prática dos juizados especiais criminais.* 2ª Ed.. Curitiba: Juruá, 1996.

Proto, Pietro. Questioni sul c.d. "patteggiamento": compatibilità e incidenza sulla determinazione quantitativa della pena. *Giurisprudenza di merito*, Milano, p. 827-836, 1990.

Ramajoli, Sergio. *I procedimenti speciali nel codice di procedura penale.* Padova: CEDAM, 1993.

Ranft, Otfried. *Strafprozessrecht.* 2 neubearbeitete Auflage. Verlag, 1995.

Rawls, John. *Uma teoria da justiça.* Trad. Carlos Pinto Correia. Lisboa: Editorial Presença, 1993.

Recomendações para a melhoria da situação jurídica das vítimas no Direito e Processo Penal, aprovadas em 28 de Junho de 1985 pelo Conselho de Ministros do Conselho da Europa.

Relazione al progetto preliminare del codice di procedura penale, In Suplemento Ordinario, n. 2 alla Gazzetta Ufficiale del 24 ottobre 1988, n. 250.

Revista do Ministério Público, Lisboa, a. 13, nº 49, p. 179-181, jan./mar. 1992.

Riccio, Giuseppe. Procedimenti speciali. *In: Profili del nuovo codice di procedura penale.* A cura di Giovanni Conso e Vittorio Grevi. 2ª ed.. Padova: CEDAM – Casa Editrice Dott. Antonio Milani, p. 347-399, 1992.

Riess, Peter. Die Zukunft des Lagalitätsprinzips. *Neue Zeitschrift für Strafrecht*, p. 2-10, 1981.

Rivello, Pier Paolo. *Il giudizio immediato.* Padova: CEDAM, 1993.

Rodrigues, Anabela Miranda. A celeridade no processo penal. Uma visão de direito comparado. *Revista Portuguesa de Ciência Criminal*, Coimbra, a. 8, fasc. 2º, p. 233-250, abr-jun 1998.

_____. *A determinação da medida da pena privativa de liberdade.* Coimbra: Faculdade de Direito, 1995. Tese (Doutoramento em Direito) – Faculdade de Direito, Universidade de Coimbra, 1995.

_____. L'assistant, une curiosité du droit procedural portuguais. *In: Quelques aspects des sciences criminelles*, Paris: Éditions Cujas, 1990.

_____. O inquérito no novo código de processo penal. *In: Jornadas de direito processual penal: o novo código de processo penal.* Coimbra: Livraria Almedina, p. 59-79, 1993.

_____. Os processos sumário e sumaríssimo ou a celeridade e o consenso no código de processo penal. *Revista Portuguesa de Ciência Criminal*, Coimbra, a. 6, fasc. 4, p. 525-544, out./dez. 1996.

Rodrigues, José Narciso da Cunha. A posição institucional e as atribuições do ministério público e das polícias na investigação criminal. *Boletim do Ministério da Justiça*, Lisboa, nº 337, p. 15-43, jun. 84.

_____. Direito processual penal – tendências de reforma na europa continental – o caso português. *Boletim da Faculdade de Direito da Universidade de Coimbra*, Coimbra, v. LXIV, p. 21-55, 1988.

_____. Discurso da sessão de abertura do ano judicial de 1997. *Revista do Ministério Público*, a. 18, nº 69, p. 23-32, jan/mar 1997.

_____. Intervenção.... *Cadernos da Revista do Ministério Público: Balanço de um ano de vigência do código de processo penal*, Lisboa, nº 4, p. 15-19, 1990.

Bibliografia 853

_____. Ministério público – 1989. _Revista do Ministério Público_, Lisboa, a. 11, nº 41, p. 9-22, 1990.

_____. Ministério público – 1990. _Revista do Ministério Público_, Lisboa, a. 12, nº 45, p. 9-19, 1991.

_____. Ministério público – 1991. _Revista do Ministério Público_, Lisboa, a. 13, nº 49, p. 9-21, 1992.

_____. O sistema processual penal português. _Polícia e Justiça – Revista do Instituto Nacional de Polícia e Ciências Criminais_, Lisboa, II Série, nos 6-7, p. 13-30, dez 93/jun 94.

_____. Recursos. _In_: _Jornadas de direito processual penal: o novo código de processo penal_. Coimbra: Livraria Almedina, p. 379-471, 1993.

_____. Sobre o princípio da igualdade de armas. _Revista Portuguesa de Ciência Criminal_, Lisboa, a. I, fasc. 1, p. 77-103, jan/mar 1991.

RÖNNAU, Thomas. _Die Absprache im Strafprozess. Eine rechtssystematische Untersuchung der Zulässigkeit von Absprachen nach dem geltenden Strafprozessrecht_. Baden Baden: Nomos Verlagsgesellschaft, 1990.

ROXIN, Claus, ARZT, Gunther, TIEDEMANN, Klaus. _Introducción al derecho penal y al derecho penal procesal_. Trad. Luis Arroyo Zapatero y Juan-Luis Gómez Colomer. Barcelona: Editorial Ariel, S.A., 1989.

ROXIN, Claus. Concepcion bilateral y unilateral del principio de culpabilidad. Trad. Francisco Muñoz Conde. _In_: _Culpabilidad y prevención en derecho penal_. Madrid: Reus, p. 187-200, 1981.

_____. _Culpabilidad y prevencion en derecho penal_. Trad. Francisco Muñoz Conde. Madrid: Reus, 1981.

_____. Culpabilidad, prevencion y responsabilidad en derecho penal. Trad. Francisco Muñoz Conde. _In_: _Culpabilidad y prevención en derecho penal_. Madrid: Reus, p. 147-186, 1981.

_____. _Derecho penal. Parte general_. Trad. Diego-Manuel Luzón Peña, Miguel Díaz y García Conlledo y Javier de Vicente Remesal. Madrid: Civitas, 1997.

_____. Franz Von Liszt e a concepção político-criminal do projecto alternativo. _In_: _Problemas fundamentais de direito penal_. Trad. Ana Paula dos Santos Luís Natscheradetz. 2ª Ed.. Lisboa: Vega Universidade, p. 49-89, 1993.

_____. Introduccion a la ley procesal penal alemana de 1877. Trad. Juan-Luis Gomez Colomer. _Cuadernos de Política Criminal_, Madrid, n. 16, p. 171-186, 1982.

_____. La determinacion de la pena a la luz de la teoria de los fines de la pena. Trad. Francisco Muñoz Conde. _In_: _Culpabilidad y prevención en derecho penal_. Madrid: Reus, p. 93-113, 1981.

_____. La posizione della vittima nel sistema penale. Trad. Mauro Catenacci. _L'Indice Penale_, Padova, a. XXIII, p. 5-18, 1989.

_____. La reparación civil dentro del sistema de los fines penales. _Universitas_, v. XXIV, n. 3, p. 213-221, 1987.

_____. _Política criminal y sistema del derecho penal_. Trad. Francisco Muñoz Conde. Barcelona: Bosch, 1972.

_____. Prevencion y determinacion de la pena. Trad. Francisco Muñoz Conde. _In_: _Culpabilidad y prevención en derecho penal_. Madrid: Reus, p. 115-145, 1981.

854   *O Processo Penal como Instrumento de Política Criminal*

_____. Risarcimento del danno e fini della pena. Trad. Luciano Eusebi. *Rivista Italiana di Diritto e Procedura Penale*, Milano, nuova serie, a. XXX, p. 3-23, 1987.

_____. Sobre el concepto global para una reforma procesal penal. *Universitas*, v. XXIV, n. 4, p. 311-318, 1987.

_____. *Strafverfahrensrecht*. 22ª Auflage. München: Beck, 1991.

RUDOLPHI, Hans-Joachim. El fin del derecho penal del estado y las formas de imputación jurídico-penal. Trad. Jesús-María Silva Sánchez. *In*: SCHÜNEMANN, Bernd (comp.). *El sistema moderno del derecho penal: cuestiones fundamentales*. Madrid: TECNOS, p. 81-93, 1991.

RUGGIERI, Francesca. Imputazione in diritto processuale penale comparato. *In*: *Digesto*, Torino, v. VI, p. 292-296, 1992.

RÜPING, Hinrich. Sociedad y procedimiento penal. *Universitas*, v. XIX, n. 2, p. 107-111, 1981.

SAMMARCO, Angelo Alessandro. Ammissione di colpevolezza e rinuncia al proscioglimento ex art. 129 c.p.p. nella richiesta di applicazione della pena da parte dell'imputato. *La Giustizia Penale*, Roma, v. XCV, n. III, p. 249-257, 1994.

SANNA, Alessandra. Applicazione della pena negoziata e reato continuato. *Giurisprudenza Italiana*, Torino, v. 142, p. 435-440, 1990.

SANTOS, Gil Moreira dos. *Noções de processo penal*. 2ª Ed.. Porto: O Oiro do Dia, 1994.

SANTOS, Luiz Felipe Brasil. Requisitos do termo circunstanciado. *Ajuris*, Porto Alegre, a. 23, nº 67, p. 394-398, jul. 1996.

SANTOS, Lycurgo de Castro. A natureza jurídico-penal da multa e da restrição de direitos na transação penal –Lei 9.099/95. *Boletim IBCCrim*, São Paulo, a. 4, nº 38, p. 4, fev. 1996.

SAU, Silvio. Sulla motivazione della sentenza che applica il patteggiamento. *Giurisprudenza Italiana*, Torino, v. 146, nº II, p. 569-573, 1994.

SCHLÜCHTER, Ellen. *Derecho procesal penal*. 2ª Ed.. Valencia: Tirant lo Blanch, 1999.

SCHMIDHÄUSER, Eberhard. Freikaufverfahren mit Strafcharakter im Strafprozess? *Juristenzeitung*, p. 529-536, 1973.

SCHMIDT-HIEBER, Werner. *Verständigung im Strafverfahren: Möglichkeiten und Grenzen für die Beteiligten in den Verfahrensabschnitten*. München: C. H. Beck, 1986.

SCHMITT, Rudolf. Das Strafverfahren zweiter Klasse. *Zeitschrift für die Gesamte Strafrechtswissenschaft*, nº 89, 1977.

SCHNEIDER, Hans Joachim. La posicion juridica de la victima del delito en el derecho y en el proceso penal. Trad. Silvina Bacigalupo. *Cuadernos de Política Criminal*, Madrid, n. 35, p. 355-376, 1988.

_____. Recompensacion en lugar de sancion. Restablecimiento de la paz entre el autor, la victima y la sociedad. *Derecho Penal y Criminologia*, Bogotá, v. XV, n. 49, p. 153-168, ene./abr. de 1993.

SCHÖNE, Wolfgang. Líneas generales del proceso penal alemán. *In*: *Acerca del orden jurídico penal*. San José: Juricentro, p. 161-186, 1992.

_____. Reforma constitucional y orden jurídico-penal. *In*: *Acerca del orden jurídico penal*. San José: Juricentro, p. 187-254, 1992.

SCHREIBER, Hans-Ludwig. *Die Bedeutung des Konsenses der Beteiligten im Strafprozess*. *In*: JAKOBS, Günther (Ed.). *Rechtsgeltung und Konsens*, 1976.

Bibliografia 855

_____. Verfahrensrecht und Verfahrenswirklichkeit. _Zeitschrift für die gesamte Strafrechtswissenschaft_, Heft 88, p. 117-161, 1976.

SCHROEDER, Friedrich-Christian. _Strafprozessrecht._ München: VERLAGSBUCHHANDLUNG, 1997.

SCHÜNEMANN, Bernd. Crisis del procedimiento penal? Marcha triunfal del procedimiento penal americano en el mundo? Trad. Silvina Bacigalupo. _In_: ESPANHA. CONSEJO GENERAL DEL PODER JUDICIAL. _Jornadas sobre la "reforma del derecho penal en alemania"._ Madrid: Consejo General del Poder Judicial, p. 49-58, 1991.

_____. Die Verständigung im Strafprozess – Wunderwaffe oder Bankrotterklärung der Verteidigung?. _Neue Juristische Wochenschrift_, Heft 31, p. 1895-1903, 1989.

_____. La función del principio de culpabilidad en el derecho penal preventivo. _In_: SCHÜNEMANN, Bernd (comp.). _El sistema moderno del derecho penal: cuestiones fundamentales._ Trad. Jesús-María Silva Sánchez. Madrid: TECNOS, p. 147-178, 1991.

_____. L'evoluzione della teoria della colpevolezza nella repubblica federale tedesca. Trad. Vincenzo Militello. _Rivista Italiana di Diritto e Procedura Penale_, Milano, p. 3-35, 1990.

SELVAGGI, Eugenio. Procedimento per decreto. _In_: CHIAVARIO, Mario (coord.). _Commento al nuovo codice di procedura penale._ Torino: UTET, p. 859-881, 1990.

SESSAR, Klaus. Prosecutorial discretion in germany. _In_: McDONALD, William F. (ed.). _The prosecutor._ Beverly Hills-London: SAGE, p. 255-276, 1979.

SILVA FRANCO, Alberto _et al.. Código penal e sua interpretação jurisprudencial._ 4ª Ed.. São Paulo: RT, 1993.

SILVA FRANCO, Alberto. Novas tendências do direito penal. _Boletim IBCCrim – I Seminário Sul-Matogrossense de Direito Penal_, São Paulo, a. 5, nº 56, p. 2, jul. 1997.

SILVA JR., Edison Miguel da. Lei nº 9.099/95: descumprimento da pena imediata no estado democrático de direito brasileiro. _Boletim IBCCrim_, São Paulo, a. 6, nº 64, p. 3-4, mar. 1998.

SILVA MIGUEL, João Manuel da. Princípio da oportunidade. _Cadernos da Revista do Ministério Público: Balanço de um ano de vigência do código de processo penal_, Lisboa, nº 4, p. 71-78, 1990.

SILVA SÁNCHEZ, Jesús María. _Aproximación al derecho penal contemporáneo._ Barcelona: Bosch, 1992.

SILVA, Eduardo Araujo da. Da competência para a execução da sanção pecuniária decorrente da transação penal. _Boletim IBCCrim_, São Paulo, a. 6, nº 63, p. 12, fev. 1998.

_____. Da disponibilidade da ação penal na lei nº 9.099/95. _Boletim IBCCrim_, São Paulo, a. 3, nº 35, p. 17, nov. 1995.

SILVA, Germano Marques da. _Curso de processo penal._ Lisboa: Editorial Verbo, 1994, v. III.

_____. _Curso de processo penal._ Lisboa: Editorial Verbo, 1993, v. I.

_____. _Do processo penal preliminar._ Lisboa: Faculdade de Direito, 1990. Tese (Doutoramento em Direito) – Faculdade de Direito, Universidade Católica Portuguesa, 1989.

_____. Princípios gerais do processo penal e constituição da república portuguesa. _Direito e Justiça_, Lisboa, v. III, p. 163-177, 1987-1988.

856   *O Processo Penal como Instrumento de Política Criminal*

SILVA, José Afonso. *Curso de direito constitucional positivo*. 9ª Ed.. São Paulo: Malheiros, 1994.

SIRACUSANO, D., GALATI, A., TRANCHINA, G., ZAPPALÀ, E.. *Diritto processuale penale*. Milano: Dott. A. Giuffrè Editore, 1994. v. I.

SIRVINSKAS, Luís Paulo. Consequências do descumprimento da transação penal. (Solução jurídica ou prática). *Boletim IBCCrim*, São Paulo, a. 6, nº 62, p. 13-14, jan. 1998.

SOARES, Olavo Berriel. Lei nº 9.099/95: uma nova política criminal. Boletim *IBCCrim*, São Paulo, a. 3, nº 35, p. 5, nov. 1995.

SOMMA, Emanuele. Il giudizio abbreviato. *In*: *I riti differenziati nel nuovo processo penale*. Milano: Dott. A. Giuffrè Editore, p. 65-137, 1990.

SOTTANI, Sergio. Osservazioni critiche sul nuovo patteggiamento. *In*: *Questioni nuove di procedura penale*. Padova: Cedam, p. 119-129, 1989.

SOUZA, José Barcelos de. *Direito processual civil e penal*. Rio de Janeiro: Forense, 1995.

_____. *O princípio do prejuízo na teoria das nulidades do processo penal*. Belo Horizonte: UFMG, 1991, 114p.. Tese – Faculdade de Direito, Universidade Federal de Minas Gerais, 1991.

_____. *Teoria e prática da ação penal*. São Paulo: Saraiva, 1979.

STEFANI, Eraldo. *La difesa attiva nel giudizio abbreviato e nel patteggiamento*. Milano: Giuffrè, 1994.

STRATENWERTH, Günter. Culpabilidad por el hecho y medida de la pena. Trad. Enrique Bacigalupo y Zugaldía. *In*: *El futuro del principio juridico penal de culpabilidad*. Madrid, 1980.

_____. El futuro del principio juridicopenal de culpabilidad. Trad. Enrique Bacigalupo y Zugaldía. *In*: *El futuro del principio juridico penal de culpabilidad*. Madrid, 1980.

TAFI, Francesco. Sugli aspetti premiali connessi al ricorso alla «applicazione della pena su richiesta delle parti». *Archivio nuova procedura penale*, Piacenza, p. 493-499, 1993.

TAORMINA, Carlo. Patteggiamento sulla pena e vecchi processi: correto e ragionevole lo sbarramento temporale?. *La Giustizia Penale*, Roma, v. XCV, III, p. 159-166, 1990.

_____. Premessa per una rimeditazione sugli obiettivi di una strategia processuale differenziata. *La Giustizia Penale*, Roma, a. C (XXXVI della 7ª serie), fasc. 1, p. 1-13, gen. 1995.

_____. Qualche altra riflessione sulla natura giuridica della sentenza di patteggiamento. *La Giustizia Penale*, Roma, III, p. 649-653, 1990.

TEUBNER, Gunther. Juridificação – noções, características, limites, soluções. Trad. José Engrácia Antunes. *Revista de Direito e Economia*, Coimbra, a. XIV, p. 17-100, 1988.

TIEDEMANN, Klaus, ROXIN, Claus, ARZT, Gunther. *Introducción al derecho penal y al derecho penal procesal*. Trad. Luis Arroyo Zapatero y Juan-Luis Gómez Colomer. Barcelona: Editorial Ariel, S.A., 1989

TIEDEMANN, Klaus. El derecho penal económico: visión global del derecho substantivo y del derecho procesal penal. Trad. Teresa Martín. *In*: *Lecciones de derecho penal económico*. Barcelona: PPU, p. 25-53, 1993.

Bibliografia 857

TOLEDO, Francisco de Assis. *Princípios básicos de direito penal*. São Paulo: Saraiva, 1991.

TONINI, Wagner Adilson. Da inconstitucionalidade das condições legais e judiciais da suspensão condicional do processo. *Boletim IBCCrim*, São Paulo, a. 6, n° 68, p. 10-11, jul. 1998.

TORNAGHI, Hélio. *Comentários ao código de processo penal*. Rio de Janeiro: Forense, 1956, v. 1, t. 2.

_____. *Curso de processo penal*. 4ª Ed.. São Paulo: Saraiva, 1987, v. 1.

TORON, Alberto Zacharias. Drogas: novas perpectivas com a lei n° 9.099/95. Boletim *IBCCrim*, São Paulo, a. 3, n° 35, p. 6, nov. 1995.

TORRES, Mário. O princípio da oportunidade no exercício da acção penal. *Cadernos da Revista do Ministério Público: Jornadas de Processo Penal*, Lisboa, n° 2, p. 221-243, 1987.

TOURINHO FILHO, Fernando da Costa. *Processo penal*. 9ª Ed.. São Paulo: Saraiva, 1986, v. 1.

TRANCHINA, Giovanni. Patteggiamento e principi costituzionali: una convivenza piuttosto difficile. *Il Foro Italiano*. Bolongna, p. 2394-2396, 1990.

TRIFFTERER, Otto. The pre-trial phase (the police and prosecution). *In*: THE CRIMINAL JUSTICE SYSTEM OF THE FEDERAL REPUBLIC OF GERMANY, 12 apr. 1980, Chicago. *Nouvelles Études Pénales*, n° 2. Toulouse, AIDP-Erès, p. 29-63, 1981.

TUCCI, Rogério Lauria. *Direitos e garantias individuais no processo penal brasileiro*.São Paulo: Faculdade de Direito, 1993. 501p. Tese (Titular de Direito Processual Penal) – Faculdade de Direito, Universidade de São Paulo, 1993.

UFFICIO V DELLA DIREZIONE GENERALE AFFARI PENALI DEL MINISTERO. Nuovo codice di procedura penale monitoragio. *Documenti Giustizia*, n° 11, 1994.

VARGAS, José Cirilo de. *Processo penal e direitos fundamentais*. Belo Horizonte: Del Rey, 1992.

VIEHWEG, Theodor. *Tópica e jurisprudência*. Trad. Tércio Sampaio Ferraz Júnior. Brasília: Imprensa Nacional, 1979.

VIVIANI, Agostino. *Il nuovo codice di procedura penale: una riforma tradita*. Itália: Spirali/Vel, 1990.

VOLK, Klaus. *Introduzione al diritto penale tedesco. Parte generale*. Padova: CEDAM, 1993.

_____. Verità, diritto penale sostanziale e processo penale. Trad. Luca Marafioti. *Il Giusto Processo*. Roma, n° 8, p. 385-411, dic. 1990.

VOLKMANN-SCHLUCK, Thomas. La evolucion del proceso aleman en el siglo XX. Trad. José Vicente Gimeno Sendra. *Cuadernos de política criminal*, Madrid, n. 9, p. 75-84, 1979.

ZAFFARONI, Eugenio Raúl, PIERANGELLI, José Henrique. *Da tentativa*. São Paulo: RT, 1992.

_____. *Manual de direito penal brasileiro. Parte Geral*. 2ª Ed.. São Paulo: RT, 1999.

ZIPF, Heinz. *Introducción a la política criminal*. Trad. Miguel Izquierdo Macías-Picavea. JAÉN: EDERSA, 1979.

858   *O Processo Penal como Instrumento de Política Criminal*

_____. Principios fundamentales de la determinacion de la pena. Trad. Santiago Mir Puig. *Cuadernos de Política Criminal*, Madrid, nº 17, p. 353-359, 1982. 7.2 – Defensor.

A distinção é adotada no Ordenamento Jurídico brasileiro por BITENCOURT (BITENCOURT, Cezar Roberto. *Juizados...*, cit., p. 39-40), o qual, após especificar cada um desses aspectos do princípio, conclui que não há pena sem culpabilidade, disso decorrendo que: não há responsabilidade objetiva pelo simples resultado; a responsabilidade penal é pelo fato, e não pelo autor; a culpabilidade é a medida da pena.

ÍNDICE

PREFÁCIO 5

INTRODUÇÃO 9

PARTE I – FUNDAMENTOS 15

Secção 1 – Pensamento sistemático e Direito Penal. 17
    § 1 – O método sistemático na realização do Direito. 17
    § 2 – O método sistemático e a Ciência Jurídico-Penal. 25
    § 3 – O processo penal no Sistema Jurídico-Penal. 36
    § 4 – Orientação político-criminal do processo penal. 43
        1 – Aproximação conceitual à política criminal. 47

Secção 2 – O processo penal como instrumento de política criminal. 53
    § 1 – O processo penal funcional e garantidor. 54
    § 2 – Conteúdo prognóstico do processo penal. 67
    § 3 – Integração teleológica do processo penal. 73

Secção 3 – Modelos estruturais do processo penal. 79

Secção 4 – A influência do modelo de processo penal no estado do Sistema
    Jurídico-Penal 87
    § 1 – Processo penal e modelo de Estado. 87
    § 2 – Princípio da legalidade. 89
        1 – No Direito Penal. 89
        2 – No processo penal. 90
    § 3 – Consequências do princípio da legalidade para o Estado e para o cidadão:
        segurança X liberdade. 92
        1 – Estado: monopólio da economia punitiva. 92
        2 – Cidadão: Estado providência em matéria de segurança. 93

Secção 5 – A crise no sistema punitivo estatal. 95
    § 1 – Situação do problema. 96
        1 – Inflação legislativa em matéria penal. 96
        2 – Congestionamento processual. 99

Secção 6 – Alternativas aventadas. 105
    § 1 – Medidas de Direito material. 105

860   *O Processo Penal como Instrumento de Política Criminal*

1 – Considerações gerais. 105
   1.1 – Princípio da intervenção mínima. 106
   1.2 – Princípio da *última ratio*. 106
   1.3 – Princípio da proporcionalidade. 107
2 – Direito penal mínimo. 109
§ 2 – Medidas de natureza processual. 115
   1 – Controle sobre o exercício da acção penal. 116
      1.1 – Itália.. 117
      1.2 – Alemanha. 119
      1.3 – Portugal... 121
      1.4 – Brasil... 123

PARTE II – DIVERSIFICAÇÃO DE RITOS PROCESSUAIS. 131

Secção 1 – Diversão... 133
§ 1 – Modelo consensual de justiça criminal. 139
   1 – Fundamento filosófico. 141
   2 – Fundamento criminológico. 156

PARTE III – DOS MODELOS DE DIVERSIFICAÇÃO PROCESSUAL EM
ESPÉCIE... 165

Secção 1 – Modelo italiano.. 167
§ 1 – *Giudizio abbreviato*. 172
§ 2 – *Giudizio direttissimo*. 177
§ 3 – *Giudizio immediato*. 180
§ 4 – *Procedimento per decreto*. 182
§ 5 – *Applicazione della pena su richiesta delle parti*. 188
   1 – Noção.. 188
   2 – Antecedentes... 188
   3 – Terminologia... 191
   4 – *A applicazione della pena su richiesta delle parti e o sistema acusatório*. 193
   5 – Campo de incidência. 196
   6 – Objecto... 198
      6.1 – De natureza pública (sanção). 198
         6.1.1 – A imputação (guilt plea). 199
         6.1.2 – As consequências jurídicas do delito........ 200
         6.1.2.1 – A medida da pena. 200
            6.1.2.1.1 – Natureza jurídica da redução de pena. 203
            6.1.2.1.2 – Medida da redução. 205
          6.1.2.2 – Contrapartida diversa da redução de pena. ... 208
            6.1.2.2.1 – Substituição. 208
            6.1.2.2.2 – A suspensão condicional da pena. 209
   7 – Sujeitos processuais. 212
      7.1 – Ministério público. 214
      7.2 – Defensor. 216

Índice 861

7.3 – Acusado. 219
7.4 – Vítima. 220
7.5 – Juiz. 223
8 – Pluralidade de sujeitos e pluralidade de objecto. 229
   8.1 – Concurso de agentes. 230
   8.2 – Concurso de delitos. 232
9 – Natureza jurídica. 234
   9.1 – Revogabilidade. 235
   9.2 – Incumprimento. 237
   9.3 – Confissão. 238
10 – Procedimento. 239
11 – Forma. 241
12 – Momento da realização. 242
   12.1 – Termo final. 242
   12.2 – Termo inicial. 244
   12.3 – Exercício da acção penal. 246
13 – Pronunciamento jurisdicional. 248
   13.1 – Verificação da responsabilidade penal. 248
   13.2 – Natureza jurídica. 254
   13.3 – Efeitos. 256
      13.3.1 – Efeitos no juízo cível e administrativo. 257
      13.3.2 – Efeitos quanto à extinção do crime. 258
      13.3.3 – Efeitos quanto às penas acessórias, à medida de segurança e ao confisco. 259
      13.3.4 – Efeitos quanto à habitualidade, reincidência e profissionalidade. 261
   13.4 – Fundamentação. 261
14 – Recursos. 263
15 – Delimitação da aplicação (vector garantia). 263
   15.1 – Limites constitucionais. 264
      15.1.1 – Estado de Direito. 267
      15.1.2 – Dignidade Humana. 268
      15.1.3 – Direitos e garantias fundamentais. 268
         15.1.3.1 – Princípio do direito à jurisdição. 268
         15.1.3.2 – Princípio da presunção de inocência. 270
         15.1.3.3 – Princípio da igualdade. 271
   15.2 – Limites processuais. 272
      15.2.1 – Princípio da legalidade. 273
      15.2.2 – Princípio da disponibilidade. 277
      15.2.3 – Princípio da verdade material. 278
      15.2.4 – Princípio do contraditório. 280
      15.2.5 – Princípio da publicidade. 281
      15.2.6 – Princípio da ampla defesa. 282
      15.2.7 – Princípio da igualdade. 283
      15.2.8 – Princípio da oralidade. 283
   15.3 – Limite temporal. 283

862   *O Processo Penal como Instrumento de Política Criminal*

16 – Perspectivas. 285

Secção 2 – Modelo alemão. 287
§ 1 – Procedimento de acção privada (*Privatklageverfahren*). 288
§ 2 – Procedimento acelerado (*beschleugnite Verfahren*). 291
§ 3 – Procedimento por decreto de ordem penal (*Strafbefehlsverfahren*). 297
§ 4 – Limitações ao dever de acusação (*Durchbrechungen des Anklagezwanges*). 309
     1 – Noção. 311
     2 – Antecedentes. 312
     3 – Âmbito de incidência. 314
     4 – Pressupostos. 319
         4.1 – Falta de interesse público na persecução (*Fehlen des öffentlichen Interesses an der Verfolgung*). 320
         4.2 – Culpabilidade leve (*geringe Schuld*). 323
     5 – Características. 328
         5.1 – Não persecução por razões de insignificância (§ 153, StPO). 328
         5.2 – Arquivamento contra injunções e regras de conduta (*Einstellung gegen Auflagen und Weisungen*: § 153, a, 1, StPO). 332
             5.2.1 – Natureza Jurídica. 339
         5.3 – § 153, a, 2, StPO. 341
     6 – Controle. 343
     7 – Sujeitos processuais. 353
         7.1 – Ministério público. 354
         7.2 – Inculpado. 363
         7.3 – Defensor. 367
         7.4 – Vítima. 373
         7.5 – Tribunal. 385
     8 – Pronunciamento jurisdicional. 387
         8.1 – Natureza jurídica (condenatório/absolutório). 388
         8.2 – Reconhecimento da culpabilidade. 389
         8.3 – Fundamentação. 389
         8.4 – Efeitos. 390
             8.4.1 – Caso Julgado. 390
             8.4.2 – Reincidência. 391
             8.4.3 – Prescrição. 392
     9 – Recursos. 392
     10 – Delimitação da aplicação. 393
         10.1 – Limites constitucionais. 393
             10.1.1 – Estado de Direito Democrático. 394
             10.1.2 – Direito à jurisdição. 395
             10.1.3 – Presunção de Inocência. 395
             10.1.4 – Princípio da igualdade de armas. 396
         10.2 – Limites Processuais. 397
             10.2.1 – Legalidade. 397
             10.2.2 – Publicidade. 403
             10.2.3 – Igualdade. 404

10.2.4 – Verdade Material.		405
10.2.5 – Oralidade.		407
11 – Críticas.		407
12 – Estatísticas.		412
§ 5 – Acordos informais (Vergleiches).		415

Secção 3 – Modelo português. 433
§ 1 – Procedimento dependente de queixa ou de acusação particular. 435
§ 2 – Processo sumário. 442
§ 3 – Processo abreviado. 453
§ 4 – Processo sumaríssimo. 458
§ 5 – Método concreto de determinação da competência. 466
§ 6 – Alteração substancial dos factos. 474
§ 7 – Arquivamento em caso de dispensa da pena. 485
§ 8 – Confissão. 492
§ 9 – Suspensão provisória do processo. 496
    1 – Noção. 496
    2 – Âmbito de incidência. 497
    3 – Pressupostos. 502
    4 – Injunções e regras de conduta. 507
        4.1 – Natureza jurídica. 510
    5 – Antecedentes. 512
    6 – Natureza jurídica da suspensão provisória do processo. 513
    7 – Sujeitos processuais envolvidos na suspensão provisória do processo. 514
        7.1 – Ministério público. 516
        7.2 – Arguido. 531
        7.3 – Defensor. 535
        7.4 – Vítima. 537
        7.5 – Assistente. 547
        7.6 – Tribunal. 549
    8 – Pronunciamento jurisdicional. 552
        8.1 – Natureza jurídica. 552
        8.2 – Verificação da responsabilidade penal. 553
    9 – Efeitos. 554
    10 – Fundamentação. 555
    11 – Recursos. 555
    12 – Delimitação da aplicação. 556
        12.1 – Limites constitucionais. 558
            12.1.1 – Estado de direito. 560
            12.1.2 – Direitos e garantias fundamentais. 561
            12.1.3 – Princípio da presunção de inocência. 561
            12.1.4 – Princípio da culpabilidade. 562
            12.1.5 – Princípio da igualdade. 563
            12.1.6 – Princípio da igualdade de armas. 563
        12.2 – Limites processuais. 563
            12.2.1 – Princípio da legalidade. 564

864   *O Processo Penal como Instrumento de Política Criminal*

12.2.2 – Princípio da indisponibilidade. 566
12.2.3 – Princípio da verdade material. 566
12.2.4 – Princípio da publicidade. 568
12.2.5 – Princípio da oralidade. 568
13 – Estatísticas. 568

Secção 4 – Modelo brasileiro. 575
§ 1 – Composição dos danos civis. 575
§ 2 – Aplicação imediata de pena não privativa da liberdade. 580
1 – Âmbito de incidência. 583
2 – Proposta. 588
3 – Sujeitos processuais intervenientes. 592
3.1 – Ministério Público. 593
3.2 – Autor da infracção, defensor e vítima. 602
3.3 – Juiz. 603
4 – Concurso de pessoas. 604
5 – Requisitos. 604
6 – Pronunciamento jurisdicional. 608
6.1 – Reconhecimento da culpabilidade. 611
7 – Recursos. 614
8 – Efeitos. 616
§ 3 – Procedimento sumaríssimo. 618
§ 4 – Representação nos crimes de lesões corporais leves e lesões negligentes.   624
§ 5 – Suspensão condicional do processo. 631
1 – Noção.   631
2 – Antecedentes.   631
3 – Âmbito de incidência. 632
4 – Pressupostos.   642
5 – Natureza Jurídica. 646
6 – Momento processual. 650
7 – Objecto. 653
7.1 – Condições. 654
7.1.1 – Espécies. 655
7.1.2 – Período de prova. 659
8 – Sujeitos processuais. 660
8.1 – Ministério público. 661
8.2 – Acusado. 671
8.3 – Defensor. 673
8.4 – Vítima. 674
8.5 – Responsável civil. 675
8.6 – Juiz. 676
9 – Concurso de agentes. 677
10 – Concurso de delitos. 678
11 – Pronunciamento jurisdicional. 680
11.1 – Natureza jurídica. 680
11.1.1 – Reconhecimento da culpabilidade. 681

12 – Efeitos.	682
13 – Recursos.	682
14 – Revogação.	684
14.1 – Obrigatória.	684
14.2 – Facultativa.	686
15 – Delimitação da aplicação.	687
15.1 – Limites constitucionais.	687
15.1.1 – Princípio constitucional do Estado Democrático de Direito.	689
15.1.2 – Protecção da dignidade da pessoa humana.	690
15.1.3 – Princípio da presunção de inocência.	692
15.1.4 – Regra do devido processo legal.	696
15.2 – Limites processuais.	696
15.2.1 – Princípio da legalidade.	696
15.2.2 – Princípio da verdade material.	698
15.2.3 – Princípio da publicidade.	700
16 – Críticas.	700
17 – Estatísticas.	701

PARTE IV – AS FORMAS DE DIVERSIFICAÇÃO PROCESSSUAL COMO INSTRUMENTO DE POLÍTICA CRIMINAL. 703

Secção 1 – Fundamentos.	705
§ 1 – No Ordenamento Jurídico italiano.	705
1 – Na Sentença nº 313 de 1990 da Corte Costituzionale.	710
§ 2 – No Ordenamento Jurídico alemão.	717
1 – A operação de fixação e medida da pena.	720
1.1 – Teoria da fórmula básica.	721
1.2 – Teoria da pena exacta.	724
1.3 – Teoria da margem de liberdade.	725
1.3.1 – Teoria da margem de liberdade com centro de gravidade na prevenção especial e Teoria da proibição do excesso sobre o marco da culpabilidade.	726
1.3.2 – Teoria da margem de liberdade com centro de gravidade na prevenção geral.	737
1.4 – Teoria do valor do emprego.	740
2 – O futuro do princípio jurídico-penal da culpabilidade.	742
§ 3 – No Ordenamento Jurídico português.	749
1 – A determinação da medida da pena.	753
§ 4 – No Ordenamento Jurídico brasileiro.	764
1 – A operação de fixação e medida da pena.	765
1.1 – Etapas do processo de individualização da pena.	771
1.2 – A dinâmica do processo de individualização concreta da pena.	777
1.2.1 – E o art. 59 do Código Penal.	784
1.2.2 – E as Teorias acerca da operação de medida da pena.	786

Secção 2 – Integração político-criminal das formas de diversificação processual.... 791

CONCLUSÃO 829

BIBLIOGRAFIA 835